Lehrbuch der Klinischen Kinderpsychologie und -psychotherapie

Lehrbuch der Klinischen Kinderpsychologie und -psychotherapie

herausgegeben von
Franz Petermann

5., korrigierte Auflage

Hogrefe · Verlag für Psychologie
Göttingen · Bern · Toronto · Seattle

Prof. Dr. Franz Petermann, geb. 1953. 1972-1975 Studium der Mathematik und Psychologie in Heidelberg. Wissenschaftlicher Assistent an der Universität Heidelberg und Bonn. 1977 Promotion; 1980 Habilitation. 1983-1991 Leitung des Psychosozialen Dienstes der Universitäts-Kinderklinik Bonn, gleichzeitig Professor am Psychologischen Institut. Seit 1991 Lehrstuhl für Klinische Psychologie an der Universität Bremen und seit 1996 Direktor des Zentrums für Klinische Psychologie und Rehabilitation. *Arbeitsschwerpunkte:* Psychologie in der Kinderheilkunde, Behandlung von Entwicklungs- und Verhaltensstörungen im Kindes- und Jugendalter.

Die Deutsche Bibliothek – CIP-Einheitsaufnahme

Ein Titeldatensatz für diese Publikation ist bei
Der Deutschen Bibliothek erhältlich.

Die ersten drei Auflagen des Buches sind unter dem Titel „Lehrbuch der Klinischen Kinderpsychologie", herausgegeben von Franz Petermann, erschienen.

© Hogrefe-Verlag GmbH & Co. KG, Göttingen • Bern • Toronto • Seattle 1995, 1996, 1998, 2000 und 2002
Rohnsweg 25, D-37085 Göttingen

http://www.hogrefe.de
Aktuelle Informationen • Weitere Titel zum Thema • Ergänzende Materialien

Umschlaggestaltung: schmidtgrafik göttingen
Druck: Schlütersche GmbH & Co. KG Verlag und Druckerei
Printed in Germany
Auf säurefreiem Papier gedruckt

ISBN 3-8017-1651-1

Vorwort

Mit dem Erscheinen der ersten Auflage dieses Buches – vor sieben Jahren – wurde im deutschen Sprachraum die Bezeichnung Klinische Kinderpsychologie eingeführt. Dieser Begriff sollte ein wenig bekanntes Gebiet der Klinischen Psychologie kennzeichnen, das jedoch sehr an Bedeutung gewann. Das zunehmende Interesse an der Klinischen Kinderpsychologie wurde durch die Aktualität von Themen, wie „Gewalt in Familien und unter Jugendlichen", „Chronisch kranke Kinder und ihre Familien", gefördert. Seit gut zehn Jahren lieferten großangelegte, internationale Forschungsprogramme eine Vielzahl von Ergebnissen, die zu fundierten Diagnose- und Interventionsverfahren für das Kindes- und Jugendalter führten, die wiederum die klinische und pädagogische Praxis verbessert haben.

Das Lehrbuch möchte verschiedene Anwendungsgebiete der Klinischen Kinderpsychologie bekannt machen oder vertiefen. Der erweiterte Titel betont zunächst einmal die Kinderpsychotherapie. In diesem Bereich setzen sich immer stärker multimodale Therapieansätze durch, die zumindest kind- und familienbezogene Interventionen verbinden. Eine solche Vorgehensweise ist die konsequente Antwort auf die multikausalen Modellvorstellungen zur Erklärung psychischer Störungen.

Alle Autoren versuchten bei der Gestaltung des Lehrbuches dem Anspruch gerecht zu werden, aus neuen wissenschaftlichen Ergebnissen direkt umsetzbare Handlungsrichtlinien abzuleiten. Im Dialog mit den Autoren stellte ich wiederholt die Frage: „Wie kann man unter Beachtung der neuen Forschungsergebnisse die klinische Praxis verbessern, wie kann man Kindern und Familien damit konkret besser helfen?" Aus diesem Grund wurden die Ausführungen an vielen Stellen durch praxisnahe Materialien und Beispiele angereichert, die den Text illustrieren und den Leser anregen sollen, Neues in der klinischen Praxis zu erproben.

Die Kinderpsychotherapie bildet jedoch nur ein Anwendungsgebiet der Klinischen Kinderpsychologie. Zumindest zwei weitere Gebiete verdienen es, in der Zukunft mehr beachtet zu werden: die Klinische Kinderneuropsychologie und Pädiatrische Psychologie. Auf beide Gebiete wird in dem vorliegenden Buch verstärkt Bezug genommen, und Kapitel 1 des Lehrbuches skizziert diese interdisziplinären Anwendungsperspektiven.

In den vier Hauptteilen des Lehrbuches werden neue Ergebnisse und Interventionsverfahren der Klinischen Kinderpsychologie praxisnah vermittelt. Der Grundlagenteil behandelt die Klassifikation und Diagnostik psychischer Störungen, die Entwicklungspsychopathologie sowie Prävention und Gesundheitsförderung. Unter der Rubrik „emotionale Störungen und Verhaltensstörungen" werden die hyperkinetische Störung, Aggression, Angst- und Zwangsstörungen sowie die Depression dargestellt. In sieben Unterkapiteln werden kognitive und Entwicklungsstörungen (z.B. Autismus, Lese-Rechtschreibstörungen) ausgeführt, wobei neuropsychologischen Gesichtspunkten eine große Bedeutung eingeräumt wird. Der letzte Hauptteil des Buches beschäftigt sich mit chronischen Krankheiten, psychosomatischen Störungen (z.B. Eßstörungen) und Schmerz; diese Themen werden für die Praxis des Klinischen Kinderpsychologen detailliert aufbereitet.

Ich hoffe, daß auch diese korrigierte Auflage des Lehrbuches dazu beiträgt, die Klinische Kinderpsychologie und ihre Anwendungsgebiete noch stärker in der Praxis zu verankern. Allen Autoren und meinen Mitarbeitern danke ich für die wertvollen und kritischen Anmerkungen sowie für ihre Unterstützung bei der Fertigstellung dieses Buches.

Bremen, im März 2002   Franz Petermann

Inhaltsverzeichnis

IV. Chronische Krankheiten und psychosomatische Störungen

1 Grundbegriffe und Trends der Klinischen Kinderpsychologie und Kinderpsychotherapie
von Franz Petermann

1 Einleitung

Das vorliegende Lehrbuch gibt eine Übersicht über die Grundlagen der Klinischen Kinderpsychologie sowie neue Erklärungs- und Interventionsansätze für Verhaltensstörungen, emotionale Störungen, Entwicklungsstörungen und psychosomatische Krankheiten; zudem wird auf körperliche Krankheiten mit chronischem Verlauf und die Bewältigung der damit verbundenen Belastungen eingegangen.

In diesem Kapitel sollen wichtige Grundbegriffe geklärt, in die Themengebiete des Buches eingeführt und die Neuentwicklungen des jungen Forschungs- und Anwendungsgebiets Klinische Kinderpsychologie thematisiert werden. Die vielfältigen Neuentwicklungen sollen verdeutlichen, wie stark die Klinische Kinderpsychologie zur Zeit an Profil gewinnt.

Die Klinische Kinderpsychologie entstand an der Schnittstelle zwischen Klinischer Psychologie und Entwicklungspsychologie; sie untersucht in Abgrenzung zur Entwicklungspsychologie, die sich mit der normalen Entwicklung beschäftigt, Entstehung und Auswirkungen von Entwicklungsabweichungen. Das Verhalten von Kindern und Jugendlichen ist alters- und kulturabhängig sowie in spezifischer Weise in Familie und Gesellschaft eingebunden. Viele Jahre sind Kinder von ihren erwachsenen Bezugspersonen abhängig, von denen sie in der Regel soziale Unterstützung erhalten. In ihrem Entwicklungsverlauf müssen sie altersspezifische Anforderungen und Aufgaben bewältigen. Vielfach ergeben sich aus diesen Anforderungen Belastungen, die Kinder für Krisen besonders anfällig machen. Aus diesen Konstellationen resultieren für die unterschiedlichen Altersgruppen spezifische Fragestellungen, mit denen sich die Klinische Psychologie des Erwachsenenalters nicht auseinandersetzen muß. Einige spezifische Sichtweisen der Klinischen Kinderpsychologie stellt Kasten 1 zusammen.

Die Klinische Kinderpsychologie wurde entscheidend durch ihre Nachbardisziplinen geprägt, die eine längere Tradition aufweisen. Die zentralen Nachbardisziplinen bilden die

- Kinderheilkunde,
- Heil- und Sonderpädagogik,
- Kinderneurologie sowie
- Kinder- und Jugendpsychiatrie.

Gemeinsam mit ihren Nachbardisziplinen wendet sich die Klinische Kinderpsychologie Problemstellungen der Diagnostik und Intervention im Kindes- und Jugendalter zu. Besonders differenziert konnten die Ergebnisse der Klinischen Kinderpsychologie in Interventionsstrategien im Bereich Prävention und Gesundheitsförderung, Kinderpsychotherapie und Kinderrehabilitation umgesetzt werden (vgl. Abb. 1). Das traditionelle Anwendungsgebiet der Klinischen Kinderpsychologie bildet jedoch immer noch die Kinderpsychotherapie; daneben gewinnen die Pädiatrische Psychologie und Klinische Kinderneuropsychologie als neue Anwendungsgebiete an Bedeutung; auf diese Gebiete geht Abschnitt 10 ein.

Die Klinische Kinderpsychologie liefert wesentliche Grundlagen einer kind- und familienorientierten Intervention; aus ihren Befunden lassen sich wirksame Psychotherapiekonzepte entwickeln und neue Akzente für die klinische Praxis setzen (vgl. Fonagy, 1997). Wesentliche Grundlagen der Klinischen Kinderpsychologie stammen aus der Entwicklungspsychologie, wobei entwicklungspsychologische Befunde in der klinischen Praxis eine besondere oder neue Bedeutung erhalten. So veränderten die neuen Erkenntnisse der modernen Säuglings- und Kleinkindforschung die Vorstellungen zur frühen Entwicklung und damit die Konzepte, die eine wirksame Kinderpsychotherapie begründen können (vgl. Zimmermann, Suess, Scheuerer-Englisch & Grossmann, 1999). Die detaillierte Analyse der frühen

Kasten 1:
Fragestellungen der Klinischen Kinderpsychologie (nach Petermann, 2000, S. 16f.).

1. Welche psychischen Merkmale bilden Frühindikatoren für Störungen in späteren Entwicklungsphasen (z. B. für die Entstehung der kindlichen Aggression oder Depression)?
2. Welche entwicklungs- beziehungsweise altersbedingten Verletzlichkeiten (Vulnerabilitäten) kennzeichnen eine krisenhafte Entwicklung und worin unterscheidet sich diese von einer normalen Entwicklung?
3. Von welchen Bedingungen hängt die psychische Widerstandsfähigkeit eines Kindes (= psychische Robustheit) im Kontext der Belastungs- und Krisenbewältigung ab?
4. Von welchen Faktoren wird das Belastungsempfinden und die Aktivierung oder Herausbildung von Ressourcen beeinflußt?
5. Durch welche Merkmale sind psychisch robuste Kinder gekennzeichnet, die unter besonders widrigen Umständen keine Auffälligkeiten entwickeln?
6. In welcher Form beeinflussen frühe sozial-emotionale Faktoren, frühe Interaktionsmuster, Aspekte der Temperamentsentwicklung und Formen der Emotionsregulierung die kindliche Entwicklung?
7. Welche symptombezogenen Entwicklungsmodelle können einer entwicklungsorientierten Diagnostik und Interventionsplanung zugrunde gelegt werden?

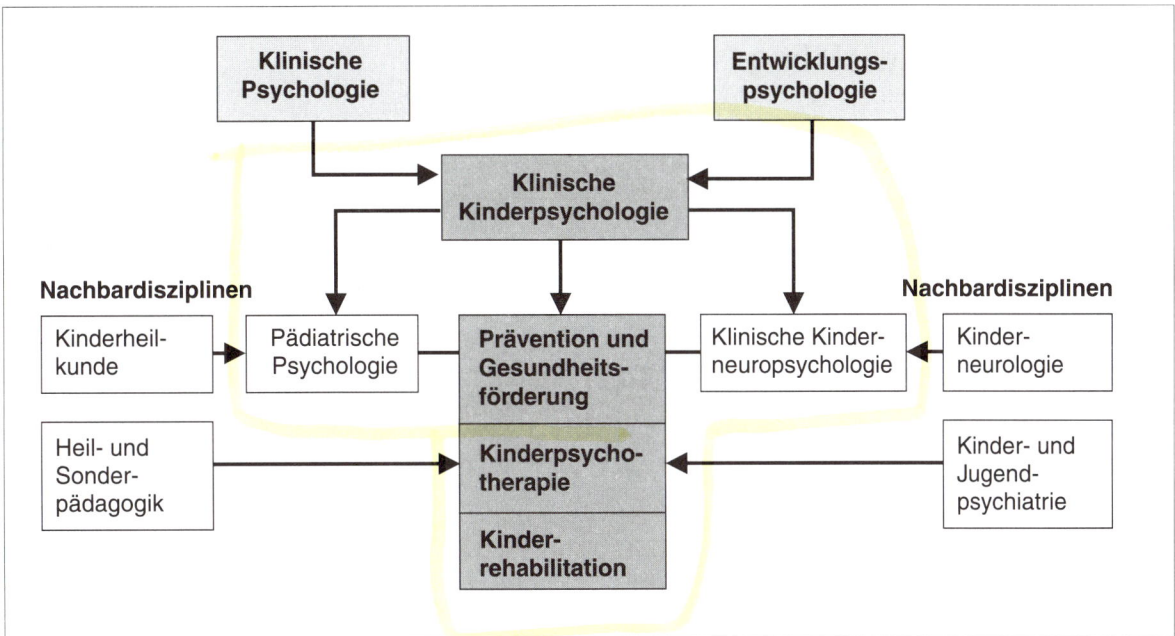

Abbildung 1:
Grundlagen, Nachbardisziplinen und Anwendungsgebiete der Klinischen Kinderpsychologie.

Mutter-Kind-Interaktion, das Wissen um die Temperamentsentwicklung und die Gedächtnisleistung von Säuglingen und Kleinkindern führt zu einem neuen Verständnis von Kinderpsychotherapie (vgl. Herrle, Laucht, Esser, Dinter-Jörg & Schmidt, 1999; Herpetz-Dahlmann & Remschmidt, 1995; Zentner, 1998).

Die Bindungsforschung widmete sich in den letzten Jahrzehnten zunehmend frühen Beziehungs- und Bindungserfahrungen des Kindes sowie deren Auswirkungen auf die weitere Entwicklung und die Gestaltung zukünftiger Beziehungen (vgl. Zimmermann et al., 1999). Seit einigen Jahren rückt neben der frühen Mutter-Kind-Bindung auch zunehmend der Einfluß des Vaters oder der Beziehungen zu den Geschwistern, Großeltern, Gleichaltrigen etc. in den Mittelpunkt des Interesses (Rutter, 1998b). Vor allem bei jungen Kindern ist die Qualität der Beziehung des Kindes zu primären Bezugspersonen entscheidend für die psychische Entwicklung (vgl. Eyberg, Schuhmann & Rey, 1998).

Darüber hinaus prägen natürlich auch noch andere Faktoren, wie zum Beispiel sozioökonomische Bedingungen der Familie die kindliche Entwicklung. Diese Erkenntnisse haben dazu geführt, daß die Kinderpsychotherapie in den letzten Jahrzehnten immer stärker das soziale Umfeld, vor allem die Familie und Schule, in die Intervention einbezogen hat. Das Ausmaß und die Form, in dem das soziale Bezugsfeld berücksichtigt wird, hängt vor allem vom Alter der betroffenen Kinder ab (vgl. Eyberg et al., 1998). Vor allem die familienorientierte Intervention bildet eine wichtige Vorgehensweise, die Noeker und Petermann in diesem Buch ausführlich vorstellen.

Entscheidungen bei Kindern hängen von deren Entwicklungsstand und ihrem sozialen Kontext ab. Dies verdeutlicht, daß ohne fundierte entwicklungspsychologische Kenntnisse kaum tragfähige klinische Urteile möglich sind. Ein wesentliches Merkmal der Klinischen Kinderpsychologie bildet somit ihre Entwicklungsorientiertheit. Diese Sichtweise bezieht sich vor allem auf die

- Entstehung und den Verlauf psychischer Störungen (= Entwicklungspsychopathologie),
- Diagnosestellung (= entwicklungsorientierte Diagnostik) und
- Therapie des Kindes und seiner Familie (= entwicklungsorientierte Intervention).

Definitionsversuch. Die Klinische Kinderpsychologie beschäftigt sich mit der Entstehung, dem Verlauf, der Diagnostik und der Intervention bei psychosozialen Belastungen, psychischen Störungen und körperlichen Erkrankungen im Kindes- und Jugendalter. Hierbei sind risikoerhöhende und risikomildernde Faktoren und Bedingungen des Kindes und der Familie bedeutsam, die in der kindlichen Entwicklung wirksam werden (vgl. Scheithauer & Petermann, 1999). Je präziser solche Auswirkungen erforscht und je differenzierter Entwicklungsverläufen abbildbar werden, desto umfassender wird der Erkenntnisstand der Klinischen Kinderpsychologie sein. Aus dem Vergleich günstiger und ungünstiger Verläufe erhält man auch entwicklungspsychologische Hinweise auf die generelle „Funktionsweise" der kindlichen Psyche.

2 Risiko- und Schutzfaktoren kindlicher Entwicklung

Die Klinische Kinderpsychologie kann (noch) kein in sich geschlossenes theoretisches Bezugssystem vorweisen, das in der Lage ist, klinisches Handeln zu begründen. Zur Überbrückung dieses Zustandes greift man als Ordnungsschema für klinisches Handeln auf die Klassifikation von Risiko- und Schutzfaktoren der kindlichen Entwicklung zurück (vgl. Petermann, 2000). In der Weiterführung dieser Diskussion sprechen Scheithauer und Petermann (1999) von *risikoerhöhenden und risikomildernden Faktoren und Bedingungen*, um der Vielfalt der beteiligten Aspekte und Wirkmechanismen besser zu entsprechen (vgl. Abb. 2).

Abbildung 2 illustriert risikoerhöhende Faktoren und Bedingungen auf Seiten des Kindes (Vulnerabilität) und Umgebungsfaktoren (Risikofaktoren). Die *Vulnerabilität* gibt die Verletzlichkeit des Kindes gegenüber äußeren (ungünstigen) Einflußfaktoren an. Weitere kindbezogene Faktoren beziehen sich sowohl auf genetische Dispositionen und chronische Krankheiten als auch auf psychosoziale Merkmale, wie eine niedrige Intelligenz, eine hohe Ablenkbarkeit oder ein schwieriges Temperament. Risikoerhöhende Faktoren in der Umgebung des Kindes umfassen sowohl sozioökonomische Bedingungen sowie familiäre Belastungen als auch Faktoren im weiteren sozialen Umfeld des Kindes.

Abbildung 2 führt auch *Phasen erhöhter Vulnerabilität* im Entwicklungsverlauf an. Solche Bedingungen sind durch soziale Entwicklungsübergänge gegeben, wie zum Beispiel

- die Einschulung,
- die körperliche Reifung (im Jugendalter) oder
- der Eintritt in das Berufsleben,
- Übergänge, die durch die kognitive Entwicklung, zum Beispiel ein differenziertes Urteils- und Selbstreflexionsvermögen, bedingt sind.

Besonders das Jugendalter stellt eine Phase vielfältiger Übergänge und damit erhöhter Vulnerabilität dar (vgl. Garber, Lewinsohn, Seeley & Brooks-Gunn, 1997). In dieser Entwicklungsphase ereignen sich komplexe Veränderungen im Leben des Jugendlichen, die biologische, kognitive und soziale Aspekte betreffen.

Risikomildernde Faktoren und Bedingungen tragen dazu bei, daß bestimmte Belastungen nicht zu Störungen führen. Eine sich entwickelnde *Widerstandsfähigkeit* gegenüber extremen Belastungen nennt man *Resilienz*. Psychische Widerstandsfähigkeit bedeutet, daß Kinder oder Familien relativ unbeschadet mit den negativen Folgen von Streß (z. B. belastenden Lebensumständen) umgehen können, ohne körperliche oder psychische Symptome zu entwickeln. Besonders widerstandsfähige Kinder weisen folgende Merkmale auf:

- ein günstiges Temperament,
- gute Problemlösefähigkeiten,
- ein positives Selbstwertgefühl,
- eine emotional sichere Bindung zu wenigstens einer Bezugsperson,
- ein anregendes Erziehungsklima,

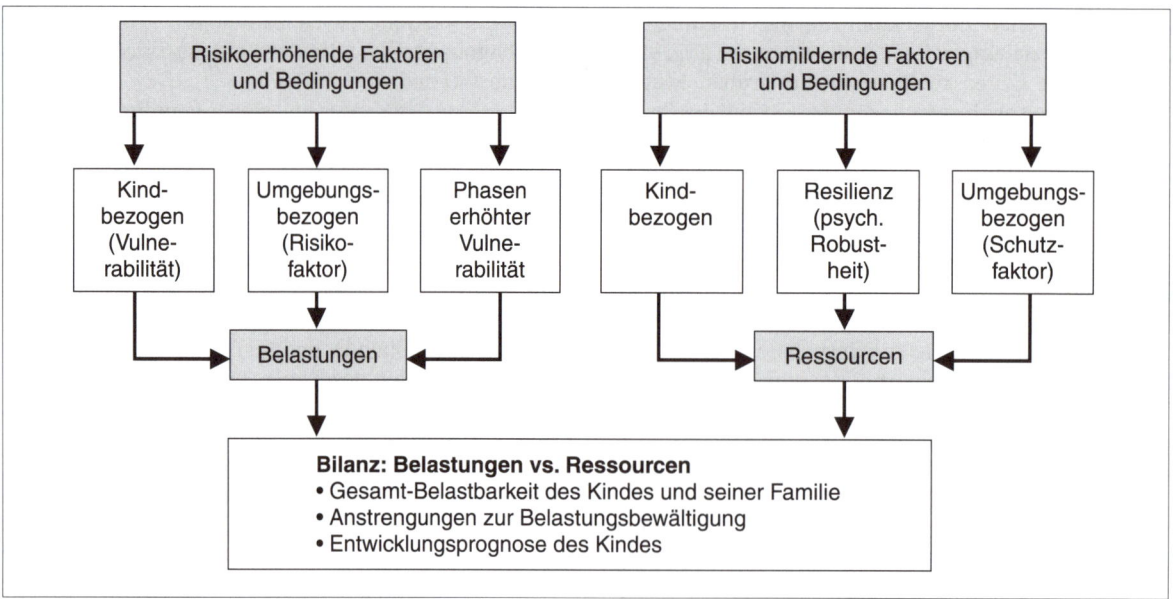

Abbildung 2:
Risikoerhöhende und risikomildernde Faktoren und Bedingungen in der kindlichen Entwicklung (modifiziert nach Scheithauer & Petermann, 1999, S. 4).

- soziale Unterstützung in der Familie und
- eine eindeutige Wertorientierung.

Die Resilienz ist nicht angeboren, sondern entwickelt sich allmählich im Kontext der Kind-Umwelt-Interaktion. Weitere risikomildernde Faktoren können kind- oder umgebungsbezogener Natur sein (vgl. Abb. 2). Positive kindbezogene Faktoren liegen zum Beispiel vor, wenn Kinder ein positives Sozialverhalten zeigen und ein stabiles Selbstwertgefühl besitzen. Günstige umgebungsbezogene Bedingungen sind gegeben, wenn stabile Freundschaften bestehen und eine hinreichende familiäre Unterstützung des Kindes erfolgt. – In den weiteren Ausführungen soll vereinfachend von Risiko- und Schutzfaktoren gesprochen werden, ohne damit die eingeführte begriffliche Differenzierung aufgeben zu wollen (vgl. Scheithauer & Petermann, 1999).

Aus dem Entstehungszeitpunkt und dem Ausmaß der Entwicklungsabweichungen kann der Klinische Kinderpsychologe Hinweise für die Interventionsplanung ableiten. So erhält man Hinweise unter anderem auf

- die Stabilität und Prognose von psychischen Störungen,
- die Komorbidität von Merkmalskonstellationen (z. B. den Übergang von Aggression zur Depression im Jugendalter) und
- das Ausmaß von Entwicklungsverzögerungen oder Entwicklungsbeeinträchtigungen, die sich auf verschiedene Lebensbereiche auswirken.

Berücksichtigt man dies und das Entwicklungsalter des Kindes, dann wird sich die Wirksamkeit von Interventionsstrategien erhöhen.

In den letzten Jahren wurden vor allem risikoerhöhende Faktoren untersucht, die in den ersten Lebensjahren die kindliche Entwicklung beeinflussen. Man kann dabei zwischen biologischen Faktoren, Auswirkungen der Eltern-Kind-Interaktion sowie familiären und sozialen Einflüssen unterscheiden (vgl. Tab. 1). Die Befunde basieren auf Längsschnittstudien, bei denen Risikokinder (z. B. sehr Frühgeborene mit niedrigem Geburtsgewicht; vgl. Wolke & Roth, 1999) im Hinblick auf Lern-, Verhaltens- und psychische Probleme untersucht wurden.

Tabelle 1:
Ausgewählte risikoerhöhende Faktoren der kindlichen Entwicklung innerhalb der ersten drei Lebensjahre (nach Zeanah, Boris & Larrieu, 1997).

Biologische Faktoren
• Prä-, peri- und postnatale Faktoren (Frühgeburt, Geburtskomplikationen, Erkrankungen des Säuglings, niedriges Geburtsgewicht etc.) • schwieriges Temperament des Kindes (z. B. sehr unruhig und impulsiv)
Faktoren innerhalb der Eltern-Kind-Interaktion
• Bindungsverhalten (unsicher-vermeidende, unsicher-ambivalente und desorganisierte Bindungserfahrungen) • psychische Störungen der Eltern
Familiäre und soziale Faktoren
• Konflikte der Eltern • Erziehungsverhalten der Eltern (z. B. Uneinigkeit, inkonsequentes oder vorwiegend strafendes Erziehungsverhalten) • Gewalt und Mißhandlung innerhalb der Familie • sehr junge Eltern (z. B. Elternschaft vor dem 18. Lebensjahr) • niedriger sozioökonomischer Status

3 Entwicklungs- psychopathologie

Die Fortschritte der Klinischen Kinderpsychologie wurden in den letzten Jahren vor allem durch die neuen Erkenntnisse der Entwicklungspsychopathologie möglich. Mit diesem Zugang gelingt es, nicht nur Störungen zu beschreiben und zu klassifizieren, sondern darüber hinaus die Wege von Entwicklungsabweichungen und psychischen Störungen vom frühen Kindes- bis zum Erwachsenenalter nachzuzeichnen.

Selbstverständlich ist der allgemeine Anspruch der Entwicklungspsychopathologie, die Entstehung und den Verlauf psychischer Störungen zu begreifen, nicht neu.

Jeder Kinderpsychotherapeut erklärt den Familienmitgliedern, „woher" eine Störung des Kindes kommen könnte; in der Regel fragen die Eltern auch besorgt, welche negativen Folgen aus der aktuellen Problematik noch erwachsen können. Aus einer differenzierten Elternexploration und Familienanamnese läßt sich in der Regel ein „fallbezogenes Entwicklungs- und Erklärungskonzept" einer psychischen Störung ableiten. Klinisches Handeln basiert demnach auf plausiblen, aber vielfach ungeprüften Annahmen über die Entstehung und den Verlauf psychischer Störungen. Solche Annahmen werden von der Entwicklungspsychopathologie seit ca. 15 Jahren intensiv systematisiert und wissenschaftlich überprüft. Darüber hinaus vergleicht man in der Entwicklungspsychopathologie pathologische Phänomene mit der normalen Entwicklung.

Viele entwicklungspsychologische Theorien betonen Teilaspekte der kindlichen Entwicklung so einseitig, daß sie den komplexen klinischen Störungsbildern nicht gerecht werden. Neue Theorien versuchen hingegen, die kindliche Entwicklung durch die *Interaktion biopsychosozialer Faktoren auf unterschiedlichen Ebenen* zu beschreiben und damit dieser Komplexität gerecht zu werden (vgl. Eisenberg, 1998; Petermann, Kusch & Niebank, 1998). Hierbei erweist sich die *emotionale Entwicklung* als besonders bedeutsam (vgl. Eisenberg, 1998); so kann eine *negative Affektivität* (z. B. Gefühle der Angst oder depressive Verstimmungen) bei der Entstehung vieler psychischer Störungen beteiligt sein. Ebenso äußern sich depressive Verstimmungen, je nach Alter des Kindes, sehr unterschiedlich. So gelingt es bei der Depression im Kindesalter erst durch eine entwicklungsorientierte Sichtweise, die unterschiedlichen (alterstypischen) Erscheinungsformen der Depression zu ordnen (vgl. Essau & U. Petermann in diesem Buch).

Niebank und Petermann zeigen in diesem Buch auf, warum es erforderlich ist, die abweichende mit der normalen Entwicklung zu vergleichen. Ziel ist es, daß jede Disziplin Erkenntnisse aus den Befunden der anderen Disziplin gewinnen kann: Die *Psychopathologie*, indem sie auf der Basis der normalen Entwicklung zunächst definieren kann, was auffällig und behandlungsbedürftig ist (s. Petermann, Döpfner, Lehmkuhl & Scheithauer in diesem Buch); die *Entwicklungspsychologie*, indem sie aus dem Wissen über abweichendes Verhalten die Mechanismen der normalen Entwicklung aus einer anderen Perspektive analysiert und auf diese Weise Entwicklungsabweichungen in komplexeren Modellen umfassender berücksichtigt.

Die Entwicklungspsychopathologie beschäftigte sich besonders intensiv mit der Schnittstelle zwischen Biologie und Psychologie. Sie integriert dabei Ergebnisse aus der Entwicklungsneurobiologie, Humangenetik, Klinischen Psychologie, Psychoanalyse und aus sozialwissenschaftlichen Ansätzen (vgl. Niebank & Petermann in diesem Buch). Dieses Bemühen ist nachvollziehbar, da besonders massive Einschnitte im Entwicklungsverlauf, wie zum Beispiel das Einsetzen der Pubertät, nur durch die komplexen Wechselwirkungen zwischen biologischen und psychischen Veränderungen erklärt werden können (vgl. Cicchetti, 1989); diese Wechselwirkung wird die Art und Ausprägung einer möglichen psychischen Symptomatik bestimmen.

4 Biopsychosoziales Krankheitsmodell

In der Regel ist einer psychischen Störung ihre Pathogenese nicht unmittelbar anzusehen. Nach dem biopsychosozialen Krankheitsmodell kann man, wie bereits dargestellt, von einem komplexen Wechselspiel von neurobiologischen beziehungsweise genetischen und psychosozialen Einflüssen ausgehen (vgl. Neuhäuser, 1998; siehe Kasten 2). Für den Klinischen Kinderpsychologen bedeutet dies, daß er sich künftig stärker mit den Zusammenhängen zwischen *Nervensystem* und *Verhaltensregulation* auseinandersetzen muß. In den nächsten Jahren werden die Ergebnisse zu den genetischen Grundlagen einer geistigen Behinderung (vgl. Schmidt in diesem Buch) und einer psychischen Störung die Aussage „Eine Störung X tritt familiär gehäuft auf!" in einem neuen Licht erscheinen lassen (vgl. Kasten 2).

Das biopsychosoziale Krankheitsmodell verändert die Klinischen Kinderpsychologie. Diese Behauptung läßt sich schon heute am Beispiel des nächtlichen Einnässens (Enuresis nocturna) belegen (vgl. von Gontard, 1998). Noch vor 100 Jahren führte man das Einnässen von Kindern auf Faulheit, Feigheit oder Angst zurück.

Die Psychoanalyse sah unter anderem in der Enuresis ein Symptom verdrängter Sexualität oder unbewußter Konflikte. Vielfach wurde Enuresis psychoanalytisch als verdeckte Aggression gegenüber den Eltern gedeutet. Seit einigen Jahrzehnten sieht die Verhaltenstherapie in der Enuresis ein Lerndefizit und behandelt einnässende Kinder mit dem Klingelapparat erfolgreich. Die jüngste genetische Forschung geht zumindest bei der primären Enuresis von einer *genetisch determinierten biologischen Störung* aus, die man am ehesten als Entwicklungsstörung interpretieren kann, ähnlich einer sprachlichen oder motorischen Entwicklungsverzögerung (vgl. Petermann & Petermann in diesem Buch).

Die Einbeziehung von Erkenntnissen aus der Genetik ist jedoch nicht gleichbedeutend mit dem Ende der Kinderpsychotherapie. Selbstverständlich kann man ungünstige Entwicklungen von Kindern psychotherapeutisch beeinflussen, auch wenn wir deren genetische Disposition, das heißt den genetisch bedingten Anteil einer Störung, nicht verändern können. Wir müssen zukünftig die biologischen und psychosozialen Anteile genauer erkennen und beachten, wenn wir eine psychische Störung (im Verhalten) *angemessen analysieren, verstehen* und mit wissenschaftlich begründeten Methoden *verändern* wollen.

Kasten 2:
Die Anlage-Umwelt-Debatte.

Theorien zur Entstehung psychischer Störungen betonen zumeist entweder anlagebedingte oder umweltbedingte (erfahrungsabhängige) Ursachen. Nur für einige Störungsbereiche liegen Vorstellungen vor, mit deren Hilfe man zum Beispiel beschreiben kann, wie sich aggressives Verhalten bei bestimmten Kindern entwickelt (vgl. Dishion, French & Patterson, 1995). Zwar konnten Studien starke genetische Anteile bei einigen Störungsbildern ermitteln (z. B. Schizophrenie, Bipolare Störungen), dennoch ist nicht bekannt, wie es genau zur intergenerativen Übertragung kommt (Rutter, 1998b). Sicher ist allerdings, daß auch die intergenerative Weitergabe bestimmter Verhaltensmerkmale wesentlich von sozialen Faktoren abhängt, wie zum Beispiel der Wahl des Partners, obwohl dieser Aspekt zumeist in Studien vernachlässigt wird (Rutter, 1998b). So weiß man inzwischen, daß Personen mit aggressivem Verhalten dazu neigen, sich einen Lebenspartner zu suchen, der ebenfalls antisoziales Verhalten zeigt (Farrington, Barnes & Lambert, 1996). Grundsätzlich wird angenommen, daß das elterliche Erziehungsverhalten zur intergenerativen Übertragung und damit zur Kontinuität psychischer Störungen beitragen kann; es herrscht jedoch noch Unklarheit, wie bestimmte Erziehungspraktiken und psychische Störungen zusammenhängen. Lediglich für aggressives Verhalten konnte von Patterson (1998) in systematischen Studien gezeigt werden, welches Erziehungsverhalten einen Einfluß besitzt (vgl. Scheithauer & Petermann in diesem Buch).

Man kann berechtigte Zweifel daran hegen, daß man auf der alleinigen Basis von Gen-Mutationen psychische Störungen erklären kann. Vielmehr scheinen die meisten psychischen Störungen multifaktoriell bedingt zu sein. Erst durch die Interaktion von biologischen und psychosozialen Faktoren wird man erklären können, wie psychische Störungen tatsächlich entstehen (vgl. Plomin & Rutter, 1998; Stattin & Magnusson, 1996). So sind neurobiologische Mechanismen komplex mit der kognitiven, emotionalen und sozialen Entwicklung verknüpft. Als wichtige neurobiologische Mechanismen in der frühkindlichen Entwicklung sind bekannt: Neurotransmitterveränderungen, Synapsenbildungen als Funktion von Erfahrungsprozessen und die Gen-Aktivierung; diese Mechanismen werden durch die soziale Umwelt beeinflußt (Shore, 1997).

5 Entwicklungsmodelle und entwicklungsorientierte Diagnostik

So plausibel fallbezogene Entwicklungs- und Erklärungskonzepte sein können, genauso folgenschwer können die Fehlinterpretationen ausfallen. Nur aus systematischen Längsschnittstudien an unauffälligen *und* Risikokindern sowie dem Vergleich der Ergebnisse aus solchen Studien lassen sich *Entwicklungsmodelle* für spezifische Störungsbilder und Interventionsstrategien ableiten. Besonders umfassende Ergebnisse konnten vor allem für folgende Störungen zusammengestellt werden:

- aggressives, dissoziales Verhalten (vgl. Loeber, Farrington, Stouthammer-Loeber & Van Kammen, 1998),
- autistische Störungen (vgl. Kusch & Petermann, 2001),
- depressive Störungen (vgl. Essau & Petermann, 1999) und die
- soziale Phobie (vgl. Beidel & Turner, 1998).

So kann zum Beispiel aggressives Verhalten einen unterschiedlich stabilen Verlauf zeigen. Bei manchen Kindern wird es sich lediglich um ein zeitlich begrenztes Verhalten handeln, bei anderen um eine Entwicklung, die bis ins Erwachsenenalter reicht. Kasten 3 geht in Anlehnung an Scheithauer und Petermann (in diesem Buch) auf drei Entwicklungswege aggressiven Verhaltens ein. Diese Unterscheidung wird sich bei der Planung einer Kinderpsychotherapie auswirken.

Kasten 3:
Drei Entwicklungswege aggressiven Verhaltens (nach Loeber et al., 1998; s. Scheithauer & Petermann in diesem Buch).

1. Früh auftretende, stabile Aggression
Das Verhalten tritt von der Kindheit bis ins Erwachsenenalter auf; die Schwere und Ernsthaftigkeit des Verhaltens nehmen mit der Zeit zu. Der Störungsbeginn liegt im Kindergartenalter; ein Teil der Kinder weist eine hyperkinetische Störung auf. Andere entwickeln oppositionelles und daraus im weiteren Verlauf aggressives Verhalten.

2. Zeitlich begrenztes Auftreten der Aggression
Das aggressive Verhalten verliert sich wieder während der Grundschulzeit oder besteht ausschließlich während einer kurzen Zeitspanne während der Jugendzeit.

3. Später Entwicklungsbeginn der Aggression
Aggressives oder gewalttätiges Verhalten tritt erstmals zu Beginn des Erwachsenenalters auf.

Kasten 3 gibt eine grobe Vorstellung darüber, welch unterschiedliche Verläufe aggressives Verhalten aufweisen kann. Solche Ergebnisse ermöglichen es heute, Entwicklungsmodelle für komorbide Störungen zu erstellen; so bestehen zum Beispiel differenzierte Vorstellungen darüber, wie Aggression (als Vorläufer-Störung) und Depression (als Folge-Störung) verknüpft werden können (Reicher, 1999; Petermann & Scheithauer, 1998).

Empirisch gut belegte Entwicklungsmodelle tragen nicht nur dazu bei, psychische Störungen im Kindes- und Jugendalter besser zu verstehen, sondern auch die Entstehungsbedingungen psychischer Störungen des Erwachsenenalters genauer zu erklären. Möchte man Entwicklungsmodelle psychischer Störungen im Rahmen der Therapieplanung umsetzen, benötigt man diagnostische Verfahren, die entwicklungsbezogene Merkmale der kindlichen Störung und des familiären Kontextes erfassen können. Weist zum Beispiel ein Kind mit einer Depression aufgrund seiner Passivität in der Schule auch kognitive Rückstände (Lernstörungen/umschriebene Entwicklungsstörungen) auf, so muß unter anderem in dem Entwicklungsmodell der kindlichen Depression geklärt werden, ob

- die kognitiven/Entwicklungsstörungen wirklich eine Folge der (primären) depressiven Störung darstellen;
- eine familiäre Depressionsneigung besteht und
- das depressive Verhalten des Kindes durch die Depression eines Familienmitgliedes (z. B. der Mutter) verursacht und/oder wesentlich aufrechterhalten wird.

Für den konkreten Fall wird man entscheiden müssen, ob eine kognitive Therapie des Kindes, eine Pharmakotherapie (als Initialbehandlung) oder eine familienbezogene Intervention besonders aussichtsreich erscheint (vgl. Essau & U. Petermann in diesem Buch).

Um zu überprüfen, ob ein Entwicklungsmodell für eine spezifische Störung aussagekräftig ist, benötigt man eine Diagnosestrategie, die sowohl die Störung exakt klassifiziert als auch *Aussagen zur Pathogenese* zuläßt. Jede Exploration und Anamnese wird mehr oder weniger systematisch solche entwicklungsorientierten Informationen erheben. Die systematische, auf einem Entwicklungsmodell basierende Vorgehensweise soll als *entwicklungorientierte Diagnostik* bezeichnet werden. Ein solches Vorgehen sollte durch folgende Merkmale gekennzeichnet sein:

- Frühe Auffälligkeiten/Entwicklungsabweichungen und Indikatoren (Vorboten) von Störungen sollten besonders beachtet werden, da sie den weiteren Störungsverlauf stark beeinflussen.
- Die Erhebungsverfahren müssen faire Urteile zulassen, das heißt dem Entwicklungsstand und den Fähigkeiten des Kindes (z. B. zur Selbstreflexion) entsprechen.
- Die diagnostizierte Störung des Kindes muß altersbezogen spezifiziert werden. So ist eine Aussage „Fritz ist aggressiv" ziemlich wertlos, da sich aggressives Verhalten bei Sechs-, Neun- und Zwölfjährigen in der Ausprägung und Form stark unterscheidet.
- Jeder Entwicklungsstand eines Kindes ist auf der *Verhaltensebene* zu beschreiben.
- Das gezeigte Verhalten sollte danach bewertet werden, ob es altersangemessen ist; des weiteren sollte eine Aussage darüber getroffen werden, in welchem Ausmaß die Anforderungen und/oder Reaktionen des sozialen Umfeldes das Verhalten des Kindes bedingen.
- Wird ein nicht dem Alter angemessenes Verhalten diagnostiziert, so muß differenziert werden, ob der Entwicklungsrückstand durch
  – das soziale Umfeld,
  – die Störung oder
  – die Folgen der Störung bedingt sind.
- Der Förderbedarf und die notwendigen Therapieschritte sollten erkennbar sein, um dem Kind möglichst human und effektiv eine normale Entwicklung zu ermöglichen.

Eine *entwicklungsorientierte Diagnostik* in der Klinischen Kinderpsychologie sollte auch Vorhersagen darüber zulassen, welche Prognose das Kind besitzt, wenn keine sachgemäße Behandlung durchgeführt wird. Stehen mehrere Interventionsstrategien zur Verfügung, sind zumindest Aussagen zur relativen Wirksamkeit der Maßnahmen und der Stabilität des jeweiligen Erfolgs wünschenswert (Fonagy, 1997).

6 Klassifikation und Diagnostik psychischer Störungen

Eine erfolgreiche Kinderpsychotherapie setzt eine differenzierte, das heißt dem Entwicklungsstand sowie der Problemlage des Kindes und der psychosozialen Situation der Familie angemessene Diagnosestellung voraus (vgl. Döpfner, Lehmkuhl, Petermann & Scheithauer in diesem Buch). Der Ausprägungsgrad und die konkrete Erscheinungsform einer psychischen Störung hängen vom Alter und vielfach auch vom sozialen Umfeld des Kindes ab. Einige psychosoziale Probleme im Kindesalter erfüllen zwar nicht die spezifischen Kriterien einer psychischen Störung, jedoch wäre eine Intervention erforderlich oder zumindest wünschenswert. Die Klassifikation und Diagnostik psychischer Störungen sollte dies in ihren Modellvorstellungen beachten; einen Vorschlag hierzu unterbreiten Wolraich, Felice und Drotar (1997).

Der Hauptabschnitt des von Wolraich et al. (1997) konzipierten Klassifikationssystems ist in Verhaltenscluster unterteilt, wie zum Beispiel „negatives/aggressives Verhalten", für die jeweils drei Kategorien beschrieben werden, die das Spektrum von „normal", über „problematisch" bis hin zur „Störung" abdecken (vgl. Tab. 2). Diese Spektrum-Kategorien umfassen auch konkrete Hinweise, um die Bedeutsamkeit und den Interventionsbedarf der Symptome abzuschätzen. Es werden vier Altersperioden unterschieden:

- Kleinkindalter (Geburt bis zum 2. Lebensjahr),
- frühe Kindheit (3. bis 5. Lebensjahr),
- mittlere Kindheit (6. bis 12. Lebensjahr) sowie
- Jugendalter (ab 13. Lebensjahr).

Jeder Altersperiode lassen sich unterschiedlich ausgeprägte (problematische) Verhaltensweisen zuordnen.

Tabelle 2 gibt am Beispiel des normalen und negativen Sozialverhaltens eine Präzisierung der Idee von Wolraich et al. (1997) wieder. Der Vorteil einer solchen Klassifikation liegt darin, daß sie der konkreten Interventionsplanung zugrunde gelegt werden kann. Die konkrete Verhaltensausprägung würde dann darüber entscheiden, ob man präventiv, kinderpsychotherapeutisch oder familienbezogen arbeitet.

In den letzten Jahren erzielte die Diagnostik im Bereich der Klinischen Kinderpsychologie erhebliche Fortschritte. Einige wichtige Neuerungen sollen genannt werden:

- Döpfner, Berner, Flechtner, Lehmkuhl und Steinhausen (1999) legten ein umfassenderes *Befund-System für Kinder und Jugendliche (CASCAP-D)* vor, das die wichtigsten Merkmale psychischer Störungen im Kindes- und Jugendalter erfaßt (vgl. Döpfner et al. in diesem Buch).
- Das National Center for Infants, Toddlers, and Families (1999) publizierte in deutscher Sprache ein *Klassifikationssystem für Säuglinge und Kleinkinder* (bis 3 Jahre), mit dem entwicklungsbedingte Störungen erfaßt werden können.
- Aldridge und Wood (1998) entwickelten *Methoden*, mit denen sehr junge Kinder (ab 3 Jahre) *interviewt* werden können; ein praktischer Leitfaden liegt vor, der auch im Bereich der Rechtspsychologie einsetzbar ist.

Altersstufe	Normales Verhalten	Problematisches Verhalten	Psychische Störung
Kleinkindalter (bis 2 Jahre)	Kind kommt Anforderungen nach und läßt sich helfen	Kind verweigert Anforderungen; kann jedoch von Erwachsenen beeinflußt werden	Kind verweigert sich völlig
Frühe Kindheit (3.-5. Lebensjahr)	Kind ist eigenständig, ohne Anforderungen abzulehnen	Kind ärgert andere absichtlich	Kind ist häufig wütend und beleidigt andere
Mittlere Kindheit (6.-12. Lebensjahr)	Kind behauptet angemessen seinen Standpunkt	Kind streitet häufig	Prügelt sich häufig mit anderen Kindern
Jugendalter (ab 13 Jahre)	Kind ist im Konfliktfall kooperationsbereit und kompromißfähig	Versucht unangemessen, sich Vorteile zu verschaffen	Erpreßt andere

Tabelle 2:
Beispiele für normales und negatives Sozialverhalten.

- Petermann und Stein schlossen im Jahre 2000 die Arbeiten an einem mehrdimensionalen, neuen *Entwicklungstest* ab, der für Kinder der Altersgruppe zwischen sechs Monaten bis sechs Jahre geeignet ist. Mit diesem Test läßt sich der Entwicklungsstand eines Kindes auf sieben Dimensionen überprüfen; zudem können frühe Entwicklungs- und Verhaltensstörungen identifiziert werden.
- Heubrock und Petermann (2000) illustrierten die Einsatzmöglichkeiten der neuropsychologischen Diagnostik im Bereich der Klinischen Kinderpsy-

chologie und Kinderrehabilitation (vgl. auch Neuhäuser & Heubrock in diesem Buch).

An diesen Trends wird deutlich, daß sich die Diagnostik in der Klinischen Kinderpsychologie um neue Ansätze bemüht, mit denen es gelingt, Entwicklungsabweichungen bereits im frühen Lebensalter zu erkennen. Solche Ansätze gestatten es vermutlich, einige psychische Störungen – wie den Autismus (Kusch & Petermann in diesem Buch) – aussichtsreicher zu behandeln (vgl. auch Kusch & Petermann, 2001).

7 Prävention und Gesundheitsförderung

Präventive Maßnahmen wurden ursprünglich mit dem Anspruch entwickelt, die Entstehung von Krankheiten zu vermeiden. Es handelt sich hierbei um kein abgegrenztes Handlungsfeld, sondern um einen Sammelbegriff für Interventionen, die einen optimalen Gesundheitszustand sichern wollen (vgl. Hurrelmann & Settertobulte in diesem Buch). Es geht also weniger um die Behandlung diagnostizierbarer Erscheinungen, sondern um die Verhinderung von psychischen Störungen und körperlichen Krankheiten. Präventionsprogramme können sich von ihrem *Spezifitätsgrad* unterscheiden. Eine spezifische Prävention zielt auf eine bestimmte Risikogruppe und bezieht sich auf eine eng umschriebene Problematik (z. B. die Drogenprävention; s. Silbereisen, 1998). Programme zur *primären Prävention* sind in der Regel unspezifisch und wollen die allgemeine Streßbelastetheit von Kindern reduzieren; ein solches Programm stellen Hurrelmann und Settertobulte (in diesem Buch) in Anlehnung an Hampel und Petermann (1998) dar. Bei solchen Vorgehensweisen sollen die allgemeinen Bedingungen verändert werden, die zur Entstehung von psychischen Störungen und Gesundheitsbeeinträchtigungen beitragen.

Primär präventive Programme bezeichnet man auch als *Maßnahmen zur Gesundheitsförderung*. Mit einem solchen Vorgehen sollen gesunde Lebensbedingungen entwickelt und dadurch die Lebensqualität von Kindern verbessert werden. Leider wird der Gesundheitsförderung in Deutschland eine zu geringe Bedeutung zugewiesen, wobei dieser Tatbestand mit dem Entwicklungspotential des Kindes- und Jugendalters und unserer Verantwortung gegenüber dieser Altersgruppe völlig unvereinbar ist.

Wie erwähnt, unterscheiden sich Präventionsprogramme hinsichtlich ihres Spezifitätsgrades, das heißt für bestimmte Risikogruppen konzipierte Programme möchten *störungsspezifische Risikofaktoren* reduzie-

ren. Diese Programme sind in der Regel intensiver und komplexer, das heißt sie weisen nach Hurrelmann und Settertobulte (in diesem Buch) eine *höhere Eingriffsintensität* auf. Ramey und Ramey (1998) benennen für Programme, die sich an besonders gefährdete Kinder wenden, einige Prinzipien, die eine erfolgreiche Prävention auszeichnen:

- Maßnahmen, die bereits sehr *früh einsetzen* (z. B. im Säuglingsalter) und längere Zeit andauern, sind wirksamer als später beginnende und kurzfristige Präventionen;
- Programme mit *intensiveren Maßnahmen* (z. B. einer höheren Anzahl von Hausbesuchen pro Woche oder pro Monat) sind effektiver als weniger intensive Programme; die Kinder und Eltern, die am aktivsten am Programm teilnehmen, profitieren auch am meisten;
- Kinder, die *direkt gefördert* werden, ziehen einen stärkeren und längerfristigen Nutzen aus der Maßnahme (gegenüber Maßnahmen, die sich ausschließlich auf die Eltern beziehen);
- umfassendere Maßnahmen, die auf *verschiedenen Ebenen* die kindliche Entwicklung fördern (z. B. Ernährung des Kindes, Fertigkeiten des Kindes), weisen die stärksten Effekte auf;
- die erzielten Effekte bleiben langfristig bestehen, wenn *eine weitere Unterstützung durch das soziale Umfeld* erfolgt.

Da viele Störungen des Erwachsenenalters im Kindesalter beginnen, kann man mit Präventionsmaßnahmen diesen Störungen bereits im Kindesalter entgegenwirken. Besonders schwierig gestalten sich allerdings Präventionsprogramme für Störungen, die sich bereits sehr früh manifestieren (wie z. B. die hyperkinetische Störung; vgl. Döpfner in diesem Buch).

Für den Einsatz von *primären Präventionsprogrammen*, die meistens im Kindergarten oder der Schule mit allen Kindern durchgeführt werden, sprechen folgende Argumente:

- Es sind wenige Indikatoren bekannt, aufgrund derer man Entwicklungsrisiken abschätzen und damit Risikokinder auswählen kann.
- Es sind zwar Frühindikatoren einer psychischen Störung bekannt, diese lassen sich jedoch schlecht oder nur sehr aufwendig in der Allgemeinbevölkerung (z. B. einer Schulklasse) identifizieren.
- Ein Präventionsprogramm wirkt sich erwiesenermaßen generell positiv auf die kindliche Entwicklung aus und sollte aus ethischen Gründen keinem Kindergartenkind oder Grundschüler vorenthalten werden.
- Ein Programm zeigt gut belegte Langzeiteffekte, die bei allen – auch unauffälligen – Kindern die Entwicklungsprognose positiv beeinflussen (vgl. Kasten 4).

Im Kindesalter lassen sich Ansätze der Prävention und Rehabilitation schwer voneinander trennen. So versucht zum Beispiel die stationäre *Kinderrehabilitation*, den psychosozialen Folgen chronischer Krankheiten vorzubeugen und familiäre Belastungen zu lindern (vgl. Petermann & Warschburger, 1999). Problemstellungen des *Krankheitsmanagements* und der Therapiemitarbeit (Compliance) bilden damit die Kernthemen der Kinderrehabilitation. Solche Fragestellungen werden in allen Beiträgen des Themenbereichs „Chronische Krankheiten und psychosomatische Störungen" in diesem Buch behandelt. Der Leser, der sich mit den konzeptuellen und strukturellen Anforderungen und Problemen der Kinderrehabilitation beschäftigen möchte, kann auch die Buchpublikation von Petermann und Warschburger (1999) zu Rate ziehen.

Kasten 4:
Effekte primärer Prävention im Grundschulalter.

Primäre Präventionsprogramme können oft mit einfachen Mitteln (z. B. Hausbesuche von Krankenschwestern während der Schwangerschaft, um Mütter auf die Geburt und den Umgang mit ihrem Kind vorzubereiten) zu positiven Entwicklungsverläufen beitragen. Mit solchen Programmen gelingt es beispielsweise, das Risiko für aggressives Verhalten langfristig und anhaltend zu reduzieren (Olds et al., 1998). Die Arbeitsgruppe von Hawkins, Catalano, Kosterman, Abbott und Hill (1999) konnte beispielsweise nach sechs Jahren über positive Ergebnisse der folgenden Präventionsmaßnahme berichten: Die Schüler nahmen an einem Kompetenztraining teil, mit den Eltern wurde ein positiver Erziehungsstil eingeübt und schließlich wurden auch die Lehrer durch ein spezielles Training geschult. Die geförderten Kinder unterschieden sich im Alter von 18 Jahren unter anderem in folgenden Aspekten von den nicht-geförderten; sie zeigten

- signifikant weniger gewalttätiges Verhalten,
- einen geringeren Alkoholkonsum und
- stabilere Partnerschaften,
- eine stärkere Einbindung in die Schule,
- bessere Schulleistungen und
- generell weniger Problemverhaltensweisen.

Das Beispiel verdeutlicht, daß Präventionsprogramme auch langfristig zu positiven Entwicklungsverläufen beitragen.

---

8 Familienbezogene Intervention

Es ist einsichtig, daß viele Störungen im Kindesalter ohne die Analyse und den Einbezug des familiären Bezugsfeldes kaum erfolgreich behandelt werden können. Obwohl diese Erkenntnis trivial erscheint, liegen kaum konkret ausgearbeitete familienbezogene Interventionen vor. Die erfolgreiche Arbeit mit Familien setzt zumindest zweierlei voraus:

- Erstens einen *Anforderungskatalog für die Gestaltung der Familienberatung* und

- zweitens ein *mehrstufiges (abgestuftes) Interventionsprogramm für Familien*.

Auf beide Punkte soll kurz eingegangen werden, da es sich bei diesen Anforderungen um Basiskompetenzen eines Klinischen Kinderpsychologen handelt, die störungsübergreifend in der klinischen Praxis angewandt werden können.

Kasten 5:
Leitlinien zur Praxis der familienbezogenen Intervention.

---

1. Am Krankheitskonzept/Störungskonzept der Familie anknüpfen, die Erfahrungswelt der Familie aufgreifen und durch konkrete Situationen aus dem Familienalltag die Sichtweisen aller Beteiligten modifizieren.
2. Die Eltern oder alle Familienmitglieder nach den Problemlösungen fragen, die bislang erprobt wurden. Besonders angemessene Versuche bekräftigen, auch wenn sie nicht zum gewünschten Ziel führten.
3. Nie die Erziehungskompetenz der Eltern grundlegend in Frage stellen; die Eltern sollten darin unterstützt werden, einen positiven Bezug zu ihrer Rolle und ihren Aufgaben im Erziehungsprozeß zu entwickeln. Die Informationen und Erfahrungen der Eltern sind als wertvoll darzustellen; sie bilden den Startpunkt jeder Beratung.
4. Die jeweiligen Beratungsziele sollten in ihrer Bedeutung für die weitere Entwicklung des Kindes erläutert und im Beratungsverlauf wiederholt konkretisiert werden.

5. Die Rolle der Berater ist eindeutig zu klären. Das Expertenwissen sollte feinfühlig eingesetzt und das Problem aus der Sicht des Kindes bearbeitet werden.

6. Mit emotionalen Reaktionen der Eltern ist einfühlsam umzugehen. Viele Themen, wie körperliche Mißhandlungen des Kindes, betreffen den Tabu-Bereich und sollten deshalb besonders sensibel behandelt werden.

7. Mit Humor gelingt es bei belastenden Themen die Betroffenheit der Familienmitglieder zu regulieren; häufig entsteht auf diese Weise so viel Distanz zur familiären Problemlage, daß neue Problemlösungen von seiten der Familienmitglieder benannt werden können.

8. Den Eltern sollten die Stärken ihrer Kinder und damit ihre Entwicklungsmöglichkeiten aufgezeigt werden. Die Eltern sollten auf diese Weise angeregt werden, für das Kind zu Hause Entwicklungsmöglichkeiten zu schaffen.

9. Es sollte vermieden werden, den Familienmitgliedern zu viele „Hausaufgaben" zu übertragen. Die praktische Durchführung dieser Hausaufgaben muß detailliert erläutert werden. Hausaufgaben können sich zum Beispiel auf die Planung und Realisierung von Familienaktivitäten, gezielte Verhaltensbeobachtungen oder das Bekräftigungsverhalten beziehen.

Ein *Beratungsgespräch* mit einer Familie sollte an konkreten Alltagssituationen anknüpfen und einige Leitlinien berücksichtigen, die in Anlehnung an Sanders und Dadds (1993) sowie Petermann und Petermann (2001) in Kasten 5 illustriert sind.

Die australische Arbeitsgruppe um Matthew Sanders entwickelte in den letzten 20 Jahren Trainingsansätze zum Aufbau positiven Elternverhaltens („Positive Parenting Program"). Das Vorgehen bildet ein mehrstufiges Interventionsprogramm für Familien, das fünf Stufen umfaßt (vgl. Abb. 3). Auf Stufe 1 startet man mit einer primären Prävention, die an die Allgemeinbevölkerung gerichtet ist; die nachfolgenden Stufen bearbeiten spezifischere Erziehungs- und Familienthemen, das heißt die Strategien werden von Interventionsstufe zu Interventionsstufe intensiver und komplexer.

Das Vorgehen von Sanders (1998) basiert auf *fünf Prinzipien für eine positive Erziehung:*

- Eine *sichere*, Unfall- und Verletzungsrisiken ausschließende *Umgebung* und *anregende familiäre Förderung* des Kindes tragen dazu bei, daß sich Kinder positiv beschäftigen und Fehlverhalten weniger häufig auftritt.

- *Positive Lernatmosphäre.* Ermutigung und positive Aufmerksamkeit können dazu beitragen, Kinder zum Lernen zu motivieren. Besonders wichtig ist, ein Kind gezielt zu loben, die Zeiten des Miteinanders intensiv dazu nutzen, sich kindgerecht mit dem Sohn oder der Tochter zu unterhalten und zärtlich mit dem Kind zu sein.

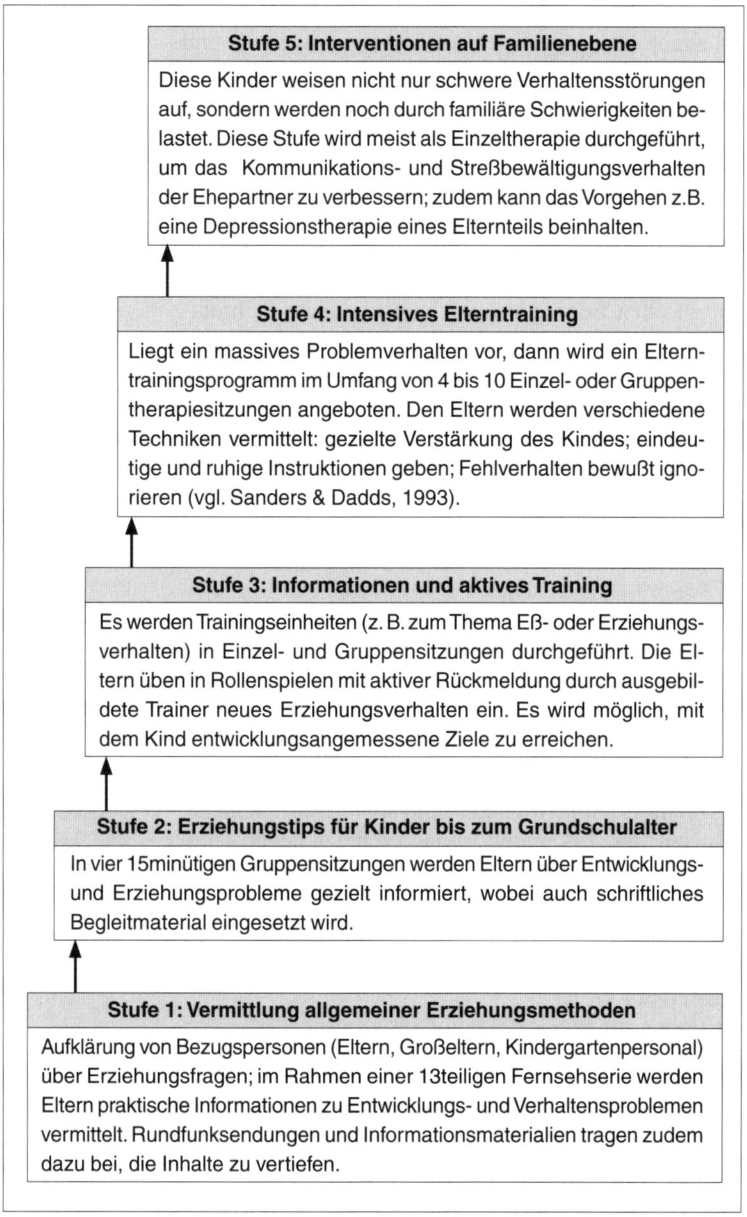

Stufe 5: Interventionen auf Familienebene

Diese Kinder weisen nicht nur schwere Verhaltensstörungen auf, sondern werden noch durch familiäre Schwierigkeiten belastet. Diese Stufe wird meist als Einzeltherapie durchgeführt, um das Kommunikations- und Streßbewältigungsverhalten der Ehepartner zu verbessern; zudem kann das Vorgehen z.B. eine Depressionstherapie eines Elternteils beinhalten.

Stufe 4: Intensives Elterntraining

Liegt ein massives Problemverhalten vor, dann wird ein Elterntrainingsprogramm im Umfang von 4 bis 10 Einzel- oder Gruppentherapiesitzungen angeboten. Den Eltern werden verschiedene Techniken vermittelt: gezielte Verstärkung des Kindes; eindeutige und ruhige Instruktionen geben; Fehlverhalten bewußt ignorieren (vgl. Sanders & Dadds, 1993).

Stufe 3: Informationen und aktives Training

Es werden Trainingseinheiten (z. B. zum Thema Eß- oder Erziehungsverhalten) in Einzel- und Gruppensitzungen durchgeführt. Die Eltern üben in Rollenspielen mit aktiver Rückmeldung durch ausgebildete Trainer neues Erziehungsverhalten ein. Es wird möglich, mit dem Kind entwicklungsangemessene Ziele zu erreichen.

Stufe 2: Erziehungstips für Kinder bis zum Grundschulalter

In vier 15minütigen Gruppensitzungen werden Eltern über Entwicklungs- und Erziehungsprobleme gezielt informiert, wobei auch schriftliches Begleitmaterial eingesetzt wird.

Stufe 1: Vermittlung allgemeiner Erziehungsmethoden

Aufklärung von Bezugspersonen (Eltern, Großeltern, Kindergartenpersonal) über Erziehungsfragen; im Rahmen einer 13teiligen Fernsehserie werden Eltern praktische Informationen zu Entwicklungs- und Verhaltensproblemen vermittelt. Rundfunksendungen und Informationsmaterialien tragen zudem dazu bei, die Inhalte zu vertiefen.

Abbildung 3:
Die fünf Intensitätsgrade der familienbezogenen Intervention nach Sanders (1998).

- *Positive Disziplin.* Auf das Fehlverhalten eines Kindes muß konsequent und entschieden reagiert werden; dies setzt Regeln im Umgang mit dem Fehlverhalten und von seiten der Eltern *Selbstdisziplin* voraus. Vielen Eltern bereitet es Probleme, angemessen zu reagieren, wenn ihr Kind Fehlverhalten zeigt. Mit der Erziehung überforderte Eltern schreien, drohen oder schlagen ihr Kind.
- *Realistische Erwartungen.* Viele Erziehungsprobleme entstehen dadurch, daß Eltern zu früh zu viel von ihrem Kind oder gar ein perfektes Kind erwarten.
- *Eigeninteresse der Eltern.* Eltern können auf die Bedürfnisse ihres Kindes besser eingehen, wenn sie die eigenen Bedürfnisse, zum Beispiel nach Intimität, Erholung und Alleinsein, nicht vernachlässigen.

Die Eltern, die an diesen Trainings teilnahmen, verbesserten ihre Einstellungen und ihr Verhalten gegenüber ihren Kindern deutlich. So vertrauten sie mehr ihren Erziehungskompetenzen, standen ihren Kindern positiver gegenüber, setzten seltener falsche Erziehungspraktiken ein und empfanden die Elternrolle als weniger stressig und deprimierend. Die positiveren Erziehungskompetenzen trugen dazu bei, daß die Eltern den familiären Streßsituationen besser gewachsen waren. Die Eltern waren mit dem Programm zufrieden und bewerteten die erlernten Techniken als effektiv (Sanders, 1999).

9 Multimodale Therapie

In den fünfziger Jahren wurden *psychische Störungen* im Kindesalter global als Verhaltensstörungen klassifiziert (Rutter, 1998a). Fast alle Kinder erhielten die gleiche Langzeit-Behandlung, eine *Spieltherapie*. Ging man zu dieser Zeit noch davon aus, daß Kinder passiv verschiedenen Umweltbedingungen ausgesetzt sind, weiß man heute aus der Temperaments- und Bindungsforschung, daß Kinder umgekehrt auch durch ihr Verhalten ihre Umwelt (z. B. die Eltern) beeinflussen, die wiederum auf das Verhalten des Kindes reagiert (Rothbart & Bates, 1998; Zentner, 1998). So können Kreisläufe und Verhaltenssequenzen entstehen, die letztlich beispielsweise in Erpresserspielen zwischen Kind und Eltern und in Verhaltensstörungen münden können (vgl. Petermann & Petermann, 2001). Kinder sind somit aktiv an der Auswahl der Umweltbedingungen beteiligt, die ihre weitere Entwicklung beeinflussen. Eine Kinderpsychotherapie muß demnach immer auf diese komplexen Wechselwirkungen und die Umweltbedingungen des Kindes bezogen sein.

Der Trend in der Kinderpsychotherapie ist eindeutig: Es setzen sich *multikausale Erklärungskonzepte* für psychische Störungen im Kindes- und Jugendalter durch, und die *Behandlungen erfolgen multimodal.* Unter einer multimodalen Therapie wird ein Vorgehen verstanden, das Kinderpsychotherapie (unter Einbezug der Pharmakotherapie) und die Behandlung des sozialen Umfeldes (Elternhaus, Schule) umfaßt. Ein so intensives und umfassendes Vorgehen ist erforderlich, da viele psychischen Störungen eine ungünstige Prognose aufweisen und verschiedene Bereiche betreffen. Eine frühzeitige und multimodale Behandlung zeigt aus diesem Grund besonders positive Erfolge.

Für viele Störungsbilder und auch für die Unterstützung des Managements einer körperlichen Erkrankung

liegen standardisierte Manuale (Verhaltenstrainings, Patientenschulungsprogramme etc.) vor, die Klinischen Kinderpsychologen und Kinderpsychotherapeuten genaue Richtlinien an die Hand geben und festlegen, welche Standards bei der Planung und der Durchführung einer Intervention beachtet werden müssen. Im Regelfall wird dadurch therapeutisches Handeln planbarer und effizienter (vgl. Fonagy, 1997).

Erste systematische Zusammenstellungen solcher Psychotherapiemanuale (vgl. Herbert, 1998) oder Behandlungsprotokolle (Van Hasselt & Hersen, 1998) liegen vor. Darüber hinaus existieren Übersichten zu spezifischen Interventionsverfahren, zum Beispiel zu Elterntrainings (Briesmeister & Schaefer, 1998), zu sozialen Fertigkeitstrainings (Merrell & Gimpel, 1998) oder praxisnahen Anleitungen für die Therapie autistischer Kinder (Kusch & Petermann, 2001). Weiterhin existieren Zusammenstellungen für spezifische Settings, wie die stationäre Kinderrehabilitation (Petermann & Warschburger, 1999). Die meisten Vorgehensweisen verdienen die Bezeichnung „multimodale Therapie" (vgl. auch Döpfner, 1997).

Seit Mitte der neunziger Jahre sind im deutschen Sprachraum eine Vielzahl psychologisch fundierter und evaluierter Psychotherapiemanuale für die Behandlung von Kindern und deren Familien erschienen. Durch diese Aktivitäten entstand sehr schnell eine umfassende Sammlung von gut standardisierten Interventionsprogrammen, die vom Training mit aggressiven Kindern (Petermann & Petermann, 2001), mehreren Kopfschmerzprogrammen, verschiedenen Asthmatrainings, einem Adipositastraining bis hin zu Förderprogrammen für Scheidungskinder reicht. Durch diese Materialsammlungen und gut organisierte Fortbildungsangebote wird die Praxis der Klinischen Kinderpsychologie stetig bereichert und optimiert.

10 Perspektiven

10.1 Neue Interventionsverfahren

Neue wissenschaftliche Befunde und Sichtweisen führen in der Regel zu neuen diagnostischen Strategien und Erhebungsverfahren. So könnten interessante Trends aus der psychologischen Frühdiagnostik von *Sprachentwicklungsstörungen* resultieren. Eine gestörte Sprachentwicklung repräsentiert ein zentrales Risiko für die weitere kognitive und psychosoziale Entwicklung des Kindes (vgl. Kiese-Himmel, 1999). Besonders wichtig wäre die Identifikation früher Indikatoren einer Sprachentwicklungsstörung in der vorsprachlichen Phase, also im ersten Lebensjahr eines Kindes. In dieser Phase erwerben Kinder ein umfassendes Spektrum an Gesten und Lauten, mit denen sie Intentionen äußern können. Dieses Spektrum setzen Kinder zur Ausgestaltung der frühen Mutter-Kind-Interaktion ein. Das in diesem Alter gezeigte Kommunikationsverhalten läßt sich nach einem Vorschlag von Wetherby und Prizant (1995) diagnostizieren und für die Interventionsplanung heranziehen. Wenn es in diesem Entwicklungsstadium gelingt, eine verzögerte oder abweichende Sprachentwicklung zu erkennen, ist eine Prävention besonders aussichtsreich. Für diesen Altersbereich sind dringend wissenschaftlich begründete Interventionsverfahren zu entwickeln (Grimm, 1999).

Bei manchen psychischen Störungen im Kindes- und Jugendalter ist unser Erkenntnisstand noch sehr gering. So liegen bei der *posttraumatischen Belastungsstörung* erst wenige Studien vor. Eine Beschreibung und Klassifikation gelingt aufgrund der Vielzahl möglicher Traumata und ihrer weitreichenden Auswirkungen nur grob. Eine fundierte Übersicht über dieses wichtige Gebiet lieferten Heemann, Schulte-Markwort, Ruhl und Knölker (1998). In diesem Buch gehen U. Petermann, Essau und Petermann im Kontext der Angststörungen auf dieses Thema ein. Einige Ereignisse, die zur posttraumatischen Belastungsstörung führen können, enthält Kasten 6.

Kasten 6:
Ursachen einer posttraumatischen Belastungsstörung.

1. Naturkatastrophen,
2. (Verkehrs)Unfälle,
3. Gewalttaten (z. B. Entführung eines Schulbusses),
4. beobachtete Gewalterlebnisse (z. B. unfreiwilliger Zeuge eines Mordes),
5. alltäglich erlebte Gewalt,
6. Kriegserlebnisse sowie
7. sexueller und körperlicher Mißbrauch.

Die kurz- und langfristigen Auswirkungen einer posttraumatischen Belastungsstörung sollten zukünftig detailliert untersucht und Behandlungskonzepte daraus abgeleitet werden. Die Entwicklung spezifischer Interventionsverfahren für diesen Bereich bildet eine große Herausforderung für die Klinische Kinderpsychologie und Kinderpsychotherapie.

10.2 Klinische Kinderneuropsychologie

Neue Erkenntnisse der Grundlagenforschung führen häufig zu neuen Sichtweisen in der klinischen Praxis. So beschäftigt sich die *Klinische Kinderneuropsychologie* damit, wie sich vor allem kindliche Hirnfunktionsstörungen auf die psychische und soziale Entwicklung auswirken (vgl. Heubrock & Petermann, 2000; Teeter & Semrud-Clikeman, 1997). Hirnfunktionsstörungen können zu unterschiedlichen Zeitpunkten eintreten und bilden ein beträchtliches Entwicklungsrisiko. Unterschieden werden

- *pränatale Hirnfunktionsstörungen* wie die Alkoholembryopathie oder Schwangerschaftskomplikationen,
- *perinatale Hirnfunktionsstörungen*, etwa die mit einer Frühgeburt verbundenen Komplikationen und
- *postnatale oder erworbene Hirnfunktionsstörungen* in Form von Hirntumoren, neurologischen Erkrankungen oder Schädel-Hirn-Traumen (vgl. Neuhäuser & Heubrock in diesem Buch).

Die Klinische Kinderneuropsychologie versucht, die neuropsychologischen Folgen von Hirnschädigungen zu erfassen und gezielt zu behandeln. Vor diesem Hintergrund konnten verschiedene *Lernstörungen* systematisiert und neuropsychologische Faktoren bei der Entwicklung psychischer Störungen identifiziert werden (vgl. Esser & Wyschkon sowie Warnke & Roth in diesem Buch). Aus solchen Ergebnissen werden sich in den nächsten Jahren neue Ansätze zur Diagnostik und Intervention ableiten lassen (vgl. Tab. 3).

Tabelle 3:
Ausgewählte Aufgabengebiete der Klinischen Kinderneuropsychologie.

Neuropsychologische Diagnostik
- Erfassung der kognitiven und emotionalen Folgen nachgewiesener Hirnschädigungen (z. B. bei Schädel-Hirn-Traumen oder neurologischen Erkrankungen) - Differentialdiagnostische Abklärung von Lern-, Leistungs- und Verhaltensstörungen unklarer Genese (z. B. bei umschriebenen Entwicklungsstörungen) - Abklärung der kognitiven und emotionalen Folgen medizinischer Interventionen bei neurologisch kranken Kindern und Jugendlichen (z. B. bei der Strahlentherapie tumorkranker Kinder) - Dokumentation des Krankheits- oder Therapieverlaufes bei nachgewiesener Hirnschädigung

- Entwicklungsneuropsychologische Zuordnung angeborener und früh erworbener Hirnfunktionsstörungen (z. B. Beschreibung des kognitiven Phänotyps bei genetischen Syndromen)

Neuropsychologische Intervention

- Behandlung und Training beeinträchtigter Hirnfunktionen nach angeborenen oder erworbenen Hirnschädigungen (z. B. Aufmerksamkeits- oder Merkfähigkeitsstörungen)
- Stärken von individuellen Ressourcen, um gestörte Hirnfunktionen zu kompensieren (z. B. Nutzen sprachlicher Codierung bei raumanalytischen Beeinträchtigungen)
- Verhaltenstherapeutische Interventionen bei hirnschädigungsbedingten Verhaltensstörungen (z. B. bei Frontalhirn-Syndromen)
- Biofeedback-Therapie zur Behandlung neurogener Bewegungsstörungen oder bei Hirnfunktionsstörungen (z. B. EEG-Biofeedback bei epilepsiekranken Kindern)

10.3 Pädiatrische Psychologie

Neue Themen entwickeln sich auch an der Schnittstelle zwischen Klinischer Kinderpsychologie und Kinderheilkunde (vgl. Warschburger & Petermann in diesem Buch). Dieses Anwendungsgebiet der Klinischen Kinderpsychologie bezeichnet man als *Pädiatrische Psychologie* (vgl. Bearison, 1998; Roberts, 1995). In diesem Kontext werden psychologische Erkenntnisse und Methoden auf die Behandlung und Betreuung körperlich-kranker Kinder/Jugendlicher übertragen. Hier sollen unter anderem folgende Ziele erreicht werden:

- Aufbau einer Krankheitseinsicht/Krankheitsakzeptanz;
- aktive und eigenverantwortliche Mitwirkung bei der Krankheitsbewältigung (= Krankheitsmanagement);
- Aufbau einer langfristigen Therapiemitarbeit (= Compliance), um eingetretene oder drohende Krankheitsfolgen zu begrenzen;
- Sicherung einer optimalen Lebensqualität des chronisch-kranken Kindes und seiner Familie; und
- aktive Auseinandersetzung mit der beruflichen und privaten Zukunft.

Für die Diagnostik im Bereich der Pädiatrischen Psychologie liegen eine Vielzahl krankheitsspezifischer und krankheitsübergreifender Verfahren vor, die kürzlich Bearison (1998) zusammengestellt hat (vgl. auch Tab. 4).

Pädiatrisch-psychologische Interventionen kann man grob nach drei Ansätzen ordnen: Verhaltensmedizin, Patientenschulung und Familienberatung. Auf diese Ansätze gehen Noeker und Petermann (in diesem Buch) ein und erläutern diese für den Typ-I-Diabetes.

Tabelle 4: Ausgewählte Aufgabenfelder der Pädiatrischen Psychologie.

Pädiatrisch-psychologische Diagnostik

- Diagnostik psychischer Belastungen von chronisch-kranken Kindern und ihren Familien (Angst, Depression, Streß)
- Erfassung von Krankheits- und Behandlungskonzepten beziehungsweise krankheits- und behandlungsbezogenen Ängsten
- Erfassung der Therapiemitarbeit (Compliance) und Lebensqualität als Merkmale zur Optimierung der medizinischen Versorgung
- Psychologische Schmerzdiagnostik

Pädiatrisch-psychologische Intervention

- Familienberatung bei chronischen und lebensbedrohlichen Krankheiten
- Verbesserung des Krankheitsmanagements und der Therapiemitarbeit (Compliance)
- Behandlung psychosomatischer Krankheiten
- Einsatz von Verhaltenstrainings (z. B. zur Veränderung der Eß- und Bewegungsgewohnheiten)
- Durchführung von Patientenschulungsprogrammen
- Schmerzbehandlung (z. B. idiopathischer Bauch- und Kopfschmerz)
- Abbau von Behandlungsängsten und Vorbereitung auf Operationen oder schmerzhafte Prozeduren (z. B. bei der Zahnbehandlung)

Mühlig, Breuker und Petermann (in diesem Buch) illustrieren vor allem den Einsatz von verhaltenspsychologischen Methoden bei der Behandlung des idiopathischen Bauch- und Kopfschmerzes.

Ein weiteres Gebiet der Pädiatrischen Psychologie ergibt sich aus der Anwendung von Verhaltenstrainings bei adipösen Kindern und Jugendlichen (vgl. Fichter & Warschburger in diesem Buch). Diese Kinder und Jugendlichen verändern dadurch ihre Eß- und Bewegungsgewohnheiten sowie andere Aspekte ihres Lebensstils. So essen Adipöse schneller, nehmen größere Bissen und kauen weniger als Normalgewichtige; diese Verhaltensgewohnheiten lassen sich schrittweise verändern (Warschburger, Petermann, Fromme & Wojtalla, 1999).

Auf die Bewältigung chronischer und psychosomatischer Krankheiten geht der Beitrag von Steinhausen (in diesem Buch) ein. Steinhausen berichtet auch darüber, welche Erfolge man mit verhaltenspsychologisch konzipierten Patientenschulungsprogrammen im Rahmen der Behandlung des Asthmas und der Neurodermitis erzielen kann. Die Anwendung solcher Vorgehensweisen wird zukünftig zur Standardversorgung chronischkranker Kinder und Jugendlicher gehören und sicherlich ein wichtiges Gebiet der Pädiatrischen Psychologie bilden.

Heute erstrecken sich die Bemühungen der Pädiatrischen Psychologie vorwiegend auf die Betreuung chronisch kranker Kinder und ihrer Familien. In der Zukunft ist zu hoffen, daß die bewährten verhaltenspsychologischen Methoden auch bei der Akutbehandlung eingesetzt werden. Solche Anwendungsgebiete, wie die Vorbereitung von Kindern auf Operationen oder der Abbau von Behandlungsängsten (u. a. vor der Zahnbehandlung), sollten zukünftig stärker berücksichtigt werden.

Ausblick. Die angesprochenen neuen Themen sollten das umfassende Entwicklungspotential der Klinischen Kinderpsychologie aufzeigen. Themen, Forschungsgebiete und Praxisfelder der Klinischen Kinderpsychologie sind in der Regel interdisziplinär orientiert. In diesem Kontext hängt die Bedeutung der Psychologie aber auch davon ab, wie eindeutig es der Klinischen Kinderpsychologie gelingt, sich als eigenständige Disziplin innerhalb der Anwendungsperspektive der Psychologie zu etablieren.

Zusammenfassung

Die Klinische Kinderpsychologie bildet ein junges Forschungs- und Anwendungsgebiet der Psychologie, das sich mit Fragestellungen der Entstehung und des Verlaufs psychosozialer Belastungen sowie psychischer Störungen und der Bewältigung körperlicher Krankheiten beschäftigt. Die Kinderpsychotherapie bildet den wichtigsten Bereich der Klinischen Kinderpsychologie. In den letzten Jahren haben sich weitere Anwendungsbereiche der Klinischen Kinderpsychologie entwickelt. So untersucht die Klinische Kinderneuropsychologie die Auswirkungen von Hirnfunktionsstörungen auf die psychische und soziale Entwicklung eines Kindes. Die Pädiatrische Psychologie wendet die Erkenntnisse und Methoden der Klinischen Kinderpsychologie auf die Behandlung und Betreuung körperlich-kranker Kinder/Jugendlicher an.

Die Entwicklung im Kindes- und Jugendalter wird durch eine Vielzahl von Risiko- und Schutzfaktoren geprägt; diese Einflüsse werden durch die Bemühungen der Entwicklungspsychopathologie erforscht. Eine entwicklungsorientierte Diagnostik und symptomspezifische Interventionsverfahren geben der Klinischen Kinderpsychologie ein eigenständiges Profil. Immer besser ausgearbeitete Präventions- und Interventionsprogramme beziehen das Kind und seine soziale Umgebung mit ein; hierbei kommt den familienorientierten Interventionen eine immer größere Bedeutung zu. Frühe Interventionen (Präventionsprogramme) sind in der Lage, Kindern mit hohen Risiken eine normale Entwicklung zu ermöglichen.

Verständnisfragen

1. Welche Forschungs- und Anwendungsfelder der Klinischen Kinderpsychologie kennen Sie?
2. Welche Aufgabengebiete der Klinischen Kinderneuropsychologie und der Pädiatrischen Psychologie sind Ihnen bekannt?
3. Was versteht man unter einem biopsychosozialen Krankheitsmodell?
4. Welche Trends liegen bei der Klassifikation und Diagnostik psychischer Störungen vor?
5. Durch welche Prinzipien kann man die Wirksamkeit von Frühinterventionen (Präventionsprogramme) verbessern?
6. Was versteht man unter einer multimodalen Therapie?

Weiterführende Literatur

Herbert, M. (1998). *Clinical child psychology* (2nd edition). Chichester: Wiley.

Heubrock, D. & Petermann, F. (2000). *Lehrbuch der Klinischen Kinderneuropsychologie.* Göttingen: Hogrefe.

Petermann, F. (Hrsg.) (2000). *Fallbuch der Klinischen Kinderpsychologie und -psychotherapie* (2. überarb. Aufl.). Göttingen: Hogrefe.

Petermann, F., Niebank, K. & Scheithauer, H. (Hrsg.) (2000). *Risiken der frühkindlichen Entwicklung.* Göttingen: Hogrefe.

Van Hasselt, V. B. & Hersen, M. (Eds.) (1998). *Handbook of psychological treatment protocols for children and adolescents.* Mahwah: Erlbaum.

Literatur

Aldridge, M. & Wood, I. (1998). *Interviewing children.* Chichester: Wiley.

Bearison, D.J. (1998). Pediatric psychology and children's medical problems. In W. Damon, I.E. Siegel & K.A. Renninger (Eds.), *Handbook of child psychology, Vol. 4. Child psychology in practice* (5thedition, 635-711). New York: Wiley.

Beidel, D.C. & Turner S.M. (1998). *Shy children, phobic adults.* Washington: American Psychological Association.

Briesmeister, J.M. & Schaefer, C.E. (Eds.) (1998). *Handbook of parent training* (2nd edition). New York: Wiley.

Cicchetti, D. (1989). *Rochester symposium on developmental psychopathology, Vol. 1. The emergence of a discipline.* Hillsdale: Erlbaum.

Dishion, T.J., French, D.C. & Patterson, G.R. (1995). The development and ecology of antisocial behavior. In D. Cicchetti & D. J. Cohen (Eds.), *Developmental psychopathology, Vol. 2. Risk, disorder, and adaption* (421-471). New York: Wiley.

Döpfner, M. (1997). Verhaltenstherapie mit Kindern und Jugendlichen – Konzepte, Ergebnisse und Perspektiven der Therapieforschung. In F. Petermann (Hrsg.), *Kinderverhaltenstherapie* (331-366). Baltmannsweiler: Schneider.

Döpfner, M., Berner, W. Flechtner, H., Lehmkuhl, G. & Steinhausen, H.C. (1999). *Psychopathologisches Befund-System für Kinder und Jugendliche (CASCAP-D).* Göttingen: Hogrefe.

Essau, C.A. & Petermann, F. (Eds.) (1999). *Depressive disorders in children and adolescents: Epidemiology, risk factors, and treatment.* Northvale: Jason Aronson.

Eisenberg, N. (1998). Introduction. In W. Damon & N. Eisenberg (Eds.), *Handbook of child psychology, Vol. 3. Social, emotional, and personality development* (5th edition, 1-24). New York: Wiley.

Eyberg, S. M., Schuhmann, E. M. & Rey, J. (1998). Child and adolescent psychotherapy research: Developmental issues. *Journal of Abnormal Child Psychology, 26,* 71-82.

Farrington, D.P., Barnes, G.C. & Lambert, S. (1996). The concentration of offending in families. *Legal and Criminological Psychology, 1,* 47-63.

Fonagy, P. (1997). Evaluating the effectiveness of interventions in child psychiatry. *The Canadian Journal of Psychiatry, 42,* 584-594.

Garber, J. A., Lewinsohn, P. M., Seeley, J. R. & Brooks-Gunn, J. (1997). Is psychopathology associated with the timing of pubertal development? *Journal of the American Academy of Child and Adolescent Psychiatry, 36,* 1768-1776.

Gontard, A. von (1998). Gibt es einen Verhaltensphänotyp der Enuresis nocturna? *Kindheit und Entwicklung, 7,* 70-78.

Grimm, H. (1999). *Störungen der Sprachentwicklung.* Göttingen: Hogrefe.

Hampel, P. & Petermann, F. (1998). *Anti-Streß-Training für Kinder.* Weinheim: Psychologie Verlags Union.

Hawkins, J.D., Catalano, R.F., Kosterman, R., Abbott, R. & Hill, K.G. (1999). Preventing adolescent health-risk behaviors by strengthening protection during childhood. *Archives of Pediatrics and Adolescent Medicine, 153,* 226-234.

Herbert, M. (1998). *Clinical child psychology* (2nd edition). Chichester: Wiley.

Herpetz-Dahlmann, B. & Remschmidt, H. (1995). Entwicklungsabweichungen infolge von Störungen der Kind-Umwelt-Interaktion im Säuglingsalter. *Kindheit und Entwicklung, 4,* 15-24.

Herrle, J., Laucht, M., Esser, G., Dinter-Jörg, M. & Schmidt, M. H. (1999). Dysphorische Säuglinge: Frühe Mutter-Kind-Interaktion und Entwicklung bis zum Vorschulalter. *Kindheit und Entwicklung, 8,* 15-22.

Heubrock, D. & Petermann, F. (2000). Lehrbuch der Klinischen Kinderneuropsychologie. Göttingen: Hogrefe.

Heemann, A., Schulte-Markwort, M., Ruhl, U. & Knölker, U. (1998). Posttraumatische Belastungsstörung bei Kindern und Jugendlichen. *Kindheit und Entwicklung, 7,* 129-142.

Kiese-Himmel, C. (1999). Überlegungen zur psychologischen Frühdiagnostik von Sprachentwicklungsstörungen. *Kindheit und Entwicklung, 8,* 92-99.

Kusch, M. & Petermann, F. (2001). *Entwicklung autistischer Störungen* (3. völlig veränd. Aufl.). Göttingen: Hogrefe.

Loeber, R., Farrington, D.P., Stouthammer-Loeber & Van Kammen, W.B. (1998). *Antisocial behavior and mental health problems.* Mahwah: Erlbaum.

Merrell, K.W. & Gimpel, G.A. (1998). *Social skills of children and adolescents.* Mahwah: Erlbaum.

National Center for Infants, Toddlers, and Families (Hrsg.) (1999). *Diagnostische Klassifikation: 0-3. Seelische Gesundheit und entwicklungsbedingte Störungen bei Säuglingen und Kleinkindern.* Wien: Springer.

Neuhäuser, G. (1998). Entwicklungsbiologie und Umwelt – Einführung in den Themenschwerpunkt. *Kindheit und Entwicklung, 7,* 65-69.

Olds, D., Henderson, C.R., Cole, R., Eckenrode, J., Kitzman, H., Luckey, D., Pettitt, L., Sidora, K., Morris, P. & Powers, J. (1998). Long-term effects of nurse home visitation on children's criminal and antisocial behavior. *Journal of the American Medical Association, 280*, 1238-1244.

Patterson, G. R. (1998). Continuities – A search for causal mechanisms: Comment on the special section. *Developmental Psychology, 34*, 1263-1268.

Petermann, F. (2000). Klinische Kinderpsychologie – Begriffsbestimmung und Grundlagen. In F. Petermann (Hrsg.), *Fallbuch der Klinischen Kinderpsychologie und -psychotherapie* (2., überarb. Auflage; 13-26). Göttingen: Hogrefe.

Petermann, F., Kusch, M. & Niebank, K. (1998). *Entwicklungspsychopathologie. Ein Lehrbuch.* Weinheim: Psychologie Verlags Union.

Petermann, F. & Petermann, U. (2001). *Training mit aggressiven Kindern* (10. völlig veränd. Auflage). Weinheim: Psychologie Verlags Union.

Petermann, F. & Scheithauer, H. (1998). Aggressives und antisoziales Verhalten im Kindes- und Jugendalter. In F. Petermann, M. Kusch & K. Niebank, *Entwicklungspsychopathologie. Ein Lehrbuch.* (243-295). Weinheim: Psychologie Verlags Union.

Petermann, F. & Stein, I. A. (2000). *Der ET 6-6.* Frankfurt: Swets Tests Services.

Petermann, F. & Warschburger, P. (Hrsg.) (1999). *Kinderrehabilitation.* Göttingen: Hogrefe.

Plomin, R. & Rutter, M. (1998). Child development, molecular genetics, and what to do with genes once they are found. *Child Development, 69*, 1223-1242.

Ramey, C.T. & Ramey, C.T. (1998). Early intervention and early experience. *American Psychologist, 53*, 109-120.

Reicher, H. (1999). Depressivität und Aggressivität im Jugendalter: Gemeinsame und spezifische psychosoziale Charakteristika. *Kindheit und Entwicklung, 8*, 171-185.

Roberts, M. C. (Ed.) (1995). *Handbook of pediatric psychology* (2nd edition). New York: Guilford.

Rothbart, M. K. & Bates, J. E. (1998). Temperament. In W. Damon & N. Eisenberg (Eds.), *Handbook of child psycology, Vol. 3. Social, emotional and personality development* (5th edition, 105-176). New York: Wiley.

Rutter, M. (1998a). Practioner review: Routes from research to clinical practice in child psychiatry: Retrospects and prospects. *Journal of Child Psychology and Psychiatry, 39*, 805-816.

Rutter, M. (1998b). Some research considerations on intergenerational continuities and discontinuities: Comment on the special section. *Developmental Psychology, 34*, 1269-1273.

Sanders, M. R. (1998). Verhaltenstherapeutische Familientherapie: Eine „Public-Health" Perspektive. In K. Hahlweg, D. H. Baucom, R. Bastine & H. J. Markman (Hrsg.), *Prävention von Trennung und Scheidung – Internationale Ansätze zur Prädiktion und Prävention von Beziehungsstörungen* (273-288). Stuttgart: Kohlhammer.

Sanders, M. R. (1999). The Triple P-Positive Parenting Program: Towards an empirically validated multi-level parenting and family support strategy for the prevention and treatment of child behavior and emotional problems. *Child and Family Psychology Review, 2*, 71-90.

Sanders, M. R. & Dadds, M. R. (1993). *Behavioral family intervention.* Boston: Allyn & Bacon.

Scheithauer, H. & Petermann, F. (1999). Zur Wirkungsweise von Risiko- und Schutzfaktoren in der Entwicklung von Kindern und Jugendlichen. *Kindheit und Entwicklung, 8*, 3-14.

Shore, R. (1997). *Rethinking the brain: New insights into early development.* New York: Families and Work Institute.

Silbereisen, R. K. (1998). Alkohol und Drogen im Jugendalter. *Kindheit und Entwicklung, 7*, 185-187.

Stattin, H. & Magnusson, D. (1996). Antisocial development: A holistic approach. *Development and Psychopathology, 8*, 617-645.

Teeter, P. A. & Semrud-Clikeman, M. (1997). *Child neuropsychology. Assessment and interventions for neurodevelopmental disorders.* Boston: Allyn & Bacon.

Van Hasselt, V. B. & Hersen, M. (Eds.) (1998). *Handbook of psychological treatment protocols for children and adolescents.* Mahwah: Erlbaum.

Warschburger, P., Petermann, F., Fromme, C. & Wojtalla, N. (1999). *Adipositastraining mit Kindern und Jugendlichen.* Weinheim: Psychologie Verlags Union.

Wetherby, A. M. & Prizant, B. M. (1995). Die „Communication and Symbolic Behavior Scales" (CSBS). *Kindheit und Entwicklung, 4*, 43-50.

Wolke, D. & Meyer, R. (1999). Ergebnisse der Bayerischen Entwicklungsstudie: Implikationen für Theorie und Praxis. *Kindheit und Entwicklung, 8*, 23-35.

Wolraich, M. L., Felice, M. E. & Drotar, D. (1997). *The classification of child and adolescent mental diagnoses in primary care.* Elk Grove Village: American Academy of Pediatrics.

Zeanah, C. H., Boris, N. W. & Larrien, J. A. (1997). Infant development and developmental risk: A review of the past 10 years. *Journal of American Academy of Child and Adolescent Psychiatry, 36*, 165-178.

Zentner, M. R. (1998). *Die Wiederentdeckung des Temperaments. Eine Einführung in die Kinder-Temperamentsforschung.* Frankfurt: Fischer.

Zimmermann, P., Suess, G. J., Scheuerer-Englisch, H. & Grossmann, K. E. (1999). Bindung und Anpassung von der frühen Kindheit bis zum Jugendalter: Ergebnisse der Bielefelder und Regensburger Längsschnittstudie. *Kindheit und Entwicklung, 8*, 36-48.

I. Grundlagen

2 Klassifikation und Epidemiologie psychischer Störungen

von Franz Petermann, Manfred Döpfner, Gerd Lehmkuhl und Herbert Scheithauer

Inhaltsübersicht

1 Konzepte psychischer Störungen

Jede Vorstellung vom Wesen einer psychischen Störung beeinflußt maßgeblich die Therapieziele und das therapeutische Vorgehen. Bisher liegt jedoch kein einheitlicher Krankheits- bzw. Störungsbegriff vor; vielmehr liegt in Abhängigkeit von der zugrunde liegenden Fachrichtung oder theoretischen Orientierung eine Fülle *unterschiedlicher* Vorstellungen darüber vor, was „psychisch gestört" oder „pathologisch" bedeutet (vgl. Nathan & Langenbucher, 1999; Vollmoeller, 1998). Diese Vorstellungen orientierten sich dabei an den vermuteten Ursachen psychischer Störungen.

1.1 Grundlegende Vorstellungen zum Störungskonzept

Eine Vielzahl an Störungsmodellen einzelner Disziplinen kann angeführt werden (s. Übersicht bei Petermann, Kusch & Niebank, 1998). Insbesondere die Grundannahmen des sogenannten medizinischen Krankheitsmodells haben dabei maßgeblich die heutige Konzeption psychischer Störungen beeinflußt. Nach dem medizinischen Krankheitsmodell, das in seiner extremsten Variante lediglich eine Übertragung der Verhältnisse aus der Organmedizin auf das Fach der Psychiatrie darstellte, wurde davon ausgegangen, daß psychische Störungen mit neuropathologischen Veränderungen, also mit aufzeigbaren physischen und abgrenzbaren Ursachen verknüpft sind. Diese Position wurde vor allem von E. Kraepelin (1856-1926) in seiner Konzeption erster nosologischer Klassifikationssysteme psychischer Störungen vertreten. Im engeren Sinne liegen nach dem medizinischen Krankheitsmodell psychischen Störungen körperliche Faktoren (z.B. biochemische Fehlfunktionen, Läsionen im Nervensystem) zugrunde, wenn auch bisherige Methoden in der Diagnostik noch nicht genügend ausgereift sind, diese zu erkennen (Leighton & Murphy, 1997). Bisher konnten jedoch weder psychologische noch biologische Theorien bei ihrer Suche nach Ursachen psychischer Störungen zu einer „Eins-zu-Eins"-Beziehung gelangen (Vollmoeller, 1998). Bis gesicherte ätiologische Befunde vorliegen hat sich somit eine Beschreibung der psychischen Störungen und des „psychischen Gestörtseins" durchgesetzt. Der Begriff der Krankheit (disease), der objektiv aufzeigbare Befunde umschreibt, wurde zunehmend durch den weniger theoriebelasteten Begriff der Störung (disorder) ersetzt.

Der Begriff *pathologisch,* der zuweilen synonym zum Begriff der psychischen Störung verwendet wird, erweist sich dabei gegenüber einzelnen medizinischen Disziplinen im Zusammenhang mit psychischen Störungen als nicht trennscharf. Er beinhaltet einerseits objektiv-beobachtete Phänomene (nach dem medizinischen Krankheitsmodell die objektiv-ermittelbare Lä-

sion eines Organs), andererseits eine subjektive, nicht mit Organdefiziten einhergehende Bewertung eines psychischen Zustandes. „Pathologisch" bezieht sich somit sowohl auf mögliche Ursachen als auch auf damit einhergehende Effekte psychischer Störungen.

Bestimmte psychische Einzelerscheinungen sind zunächst für sich allein genommen nicht „pathologisch", da sie unter Umständen auch bei völlig „gesunden" Personen auftreten können. Erst durch die *Kombination bestimmter Symptome* ergibt sich vor dem Hintergrund von Dauer, Verlauf und Ausprägungsgrad ein nützliches Kriterium zur Begründung einer psychischen Störung (Vollmoeller, 1998). Neben dem Auftreten psychischer Symptome wird angenommen, daß eine *funktionelle Beeinträchtigung,* beispielsweise in verschiedenen *psychosozialen Bereichen* (in der Schule, im Beruf etc.), vorliegen muß, damit von einer psychischen Störung ausgegangen werden kann *(funktioneller Störungsbegriff).* Leighton und Murphy (1997) verdeutlichen, daß auch das Konzept beeinträchtigter Funktionen letztlich auf Befunde aus der Organmedizin zurückgeht. Dysfunktionen im Zusammenwirken von Organen und Organsystemen sind dabei mit einem Risiko für das Überleben eines Organismus verbunden. Im Zusammenhang mit psychischen Störungen umfassen Risiken alle Faktoren, die mit einem „Gesundheitsrisiko" einhergehen.

Für die Konzeption psychischer Störungen wurde der physiologisch-orientierte Pathologiebegriff zunehmend ausgeweitet, so daß auch psychische und soziale Risikoprozesse berücksichtigt wurden, die die individuelle Lebensqualität des Individuums beeinflussen (vgl. Mattejat & Remschmidt, 1998). Die Stärke der Beeinträchtigung durch mögliche Dysfunktionen ist mit der Stärke des Gesundheitsrisikos verknüpft, so daß psychische Symptome und Syndrome (*Syndrom* = Gruppe häufig zusammen auftretender Symptome) als pathologisch einzustufen sind, wenn sie eine Person daran hindern, ein normales Leben zu führen und am Alltag teilzunehmen (vgl. Nathan & Langenbucher, 1999; Leighton & Murphy, 1997). Kritisch anzumerken wäre jedoch, daß auch gesunde Personen zuweilen mit der Tatsache konfrontiert werden, daß sie in ihren Aktionen und in sozialen Austauschprozessen Einschränkungen erfahren (Wakefield, 1997).

Die bisherigen Vorstellungen spiegeln sich in den gängigen *Klassifikationssystemen psychischer Störungen* wider. Demnach sind nicht nur psychische Symptome *an sich* von Bedeutung für die Bestimmung, ob eine psychische Störung vorliegt oder nicht, sondern auch

- die Stärke und Anzahl der Symptome,
- die mit den Symptomen einhergehenden psychosozialen Beeinträchtigungen und
- Leistungsbeeinträchtigungen, die auch durch mögliche Ausgleichsprozesse nicht mehr verhindert werden können sowie

- die Dauer der Symptomatik (Verlaufskriterium) und der Beeinträchtigungen.

Psychische Störungen können entweder vor dem Hintergrund eines natürlichen Kontinuums zwischen normalen und abnormen psychischen Phänomenen betrachtet werden *(Kontinuitätsannahme)* oder aber als ein qualitativer Sprung *(Diskontinuitätsannahme)*. Der Unterscheidung „psychisch normalen" und „psychisch gestörten" Verhaltens liegen dabei verschiedene *Normbegriffe* zugrunde (vgl. Egger, 1992):

- Nach der *idealen Norm* ist derjenige normal, der ohne Beschwerden lebt;
- nach der *sozialen Norm* ist derjenige normal, der lebt, wie es die Gesellschaft von ihm erwartet;
- nach der *statistischen Norm* ist derjenige normal, der der Mehrheit aller Personen angehört;
- nach der *funktionellen Norm* ist derjenige normal, der seine Aufgaben erfüllen kann.

Scharfetter (1991) stellt „normal" im Sinne der Durchschnittsnorm global als das Verhalten dar, das die Mehrzahl der Menschen einer bestimmten Altersgruppe innerhalb eines gemeinsamen soziokulturellen Kreises in spezifischen Situationen zeigt. Problematisch erweist sich dieser Normbegriff vor dem Hintergrund von Befunden aus Quer- und Längsschnittstudien, nach denen keine einigermaßen einheitlichen, „normalen" entwicklungspsychologischen Wege zum Erwachsenenalter isoliert werden konnten (vgl. Vollmoeller, 1998). Darüber hinaus werden positive Abweichungen von der Norm (z.B. eine überdurchschnittlich hohe Intelligenz) gewöhnlich nicht als pathologisch eingestuft. Wakefield (1997) führt den Begriff der *harmful dysfunction* ein, wobei dieser Begriff einerseits eine an sozialen Normen angelehnte Bewertung über die Unerwünschtheit eines Zustandes (harmful) beinhaltet. Andererseits umschreibt der Begriff das Mißlingen eines für eine spezifische psychische oder physische Funktion bestimmten Mechanismus (dysfunction).

Ergänzend lassen sich weitere Aspekte zur Konzeption des Störungsbegriffs anführen (Achenbach, 1995; Vollmoeller, 1998):

- **Abgrenzung zum Gesundheitsbegriff.** Der Krankheits- läßt sich schwer vom Gesundheitsbegriff abgrenzen (vgl. Schmidt, 1998). Gesundheit stellt dabei nicht lediglich das „Nicht-Vorhandensein" von Krankheit dar, sondern umfaßt auch jedes präventive Handeln, gesundheitliche Risiken zu verhüten und positive Lebensweisen zu fördern. Ein allgemeiner Krankheitsbegriff muß dabei auch Abgrenzungen zu nicht-krankhaften Abweichungen von der Norm (z.B. extreme Lebensstile) beinhalten. Grundsätzlich ergibt sich dabei die Frage, ob sich für das gesamte Ge-

sundheitswesen ein verbindlicher, allgemeiner Störungsbegriff definieren läßt.

- **Charakterisierung spezieller Krankheiten und Störungen.** Grundsätzlich wird ein *allgemeiner* von einem *speziellen Störungs-* bzw. *Krankheitsbegriff* unterschieden: Während der allgemeine Störungsbegriff eine Abgrenzung zum „Nicht-Gestörtsein" geben soll, differenzieren spezielle Störungsbegriffe zwischen den einzelnen Störungsformen. Mit Hilfe trennscharfer kategorialer Klassifikationssysteme müßte im Sinne eines speziellen Krankheitsbegriffs genau zwischen einzelnen psychischen Störungen unterschieden werden können.

- **Erleben der eigenen Krankheit bzw. Störung.** Das subjektive Erleben der eigenen psychischen Störung und die individuelle Präsentation der Beschwerden *(Krankheitsverhalten)* ist von Bedeutung. Psychische Störungen gehen allerdings nicht immer mit einem *Leidensdruck* einher.

- **Symptomverlauf (predictive validity).** Aussagen darüber, ob bestimmte psychische Symptome störungsrelevant sind, lassen sich mit Hilfe von Befunden zum weiteren Symptomverlauf stützen.

Ein allgemeiner Störungs- oder Krankheitsbegriff muß demnach Definitionen und Abgrenzungen von *Gesundheit* berücksichtigen. Das Konzept der Gesundheit umschließt jedoch auch Reaktionen des Organismus auf Überforderungen, die pathologischen Reaktionen ähneln, jedoch nicht mit einer Störung verknüpft sind (vgl. Kraus, 1996; Schmidt, 1998). Regier und Mitarbeiter (1998) argumentieren, daß einige Störungssyndrome in der Allgemeinbevölkerung nicht „wirkliche" psychische Störungen repräsentieren, sondern lediglich vorübergehende, homöostatische Reaktionen auf aversive interne oder externe Stimuli (z.B. negative Lebensereignisse) darstellen können. Kraus (1996) bezeichnet Krankheit demzufolge als einen Zustand des Ungleichgewichts, der aus eigener Kraft nicht mehr korrigiert werden kann. Psychische Auffälligkeiten können somit auch als Ausdruck eines Anpassungsversuchs des Individuums an seine Umwelt betrachtet werden (Jensen & Hoagwood, 1997).

1.2 Zum Störungskonzept im Kindesalter

Die dargestellten Konzeptionen psychischer Störungen können in einem bestimmten Maße auch auf das Kindes- und Jugendalter übertragen werden. Darüber hinaus ergeben sich für die Konzeption psychischer Störungen im Kindesalter eine Reihe weiterer, zu berücksichtigender Aspekte. So wurden beispielsweise lange Zeit die diagnostischen Störungskonzepte des Erwachsenenalters auf das Kindesalter übertragen, und erst seit einigen Jahren liegen kindspezifische Verfahren zur Ermittlung psychischer Störungen vor (Hoagwood, Jensen, Petti & Burns, 1996; Jensen & Hoagwood, 1997).

Grundsätzlich lassen sich einige wesentliche Faktoren anführen, die eine Konzeption psychischer Störungen im Kindesalter erschweren (Achenbach, 1995; Graham & Skuse, 1992; Verhulst & Koot, 1992):

- **Dimensionale Struktur psychischer Störungen im Kindesalter.** Die meisten Störungen im Kindesalter fallen nicht in den Bereich klar abgrenzbarer diagnostischer Kategorien. Verhaltensweisen können hinsichtlich ihrer Intensität oder Häufigkeit entweder zu stark (Verhaltensexzesse, z.B. Aggression, motorische Unruhe) oder zu schwach auftreten (Verhaltensdefizite, z.B. sozialer Rückzug).
- **Entwicklungsaspekte.** Insbesondere im Kindesalter erweisen sich biologische, kognitive, emotionale und soziale Entwicklungsveränderungen als besonders bedeutsam und einflußreich. Während sich bestimmte Verhaltensweisen in einem bestimmten Maße bei jungen Kindern als normal erweisen (z.B. Trennungsängste, Trotzreaktionen), erscheinen diese in späteren Jahren als nicht normal. Eine Einschätzung „psychischen Gestörtseins" müßte somit vor dem Entwicklungsstand des Kindes erfolgen. Es gilt dabei zu berücksichtigen, daß bestimmte Defizite (z.B. ein verzögerter Spracherwerb) *nicht unbedingt* störungsrelevant sind, sondern unter Umständen in der weiteren Entwicklung des Kindes ausgegli-

chen werden können. Zwar liegen im Kindesalter oft Bedingungen vor, die lediglich kurze Zeiträume anhalten, dennoch können diese mit Schädigungen für das Kind verbunden sein und bedürfen somit einer Intervention. Erschwert wird die Beurteilung „psychischen Gestörtseins" durch das bisherige Fehlen klar definierter Normen in der psychischen und emotionalen Entwicklung von Kindern, die eine verbindliche Orientierung in der Beurteilung zulassen.

- **Umgebungsabhängigkeit.** Bestimmte Störungen im Kindesalter (z.B. oppositionelles Verhalten) zeigen sich unter Umständen lediglich in bestimmten Umgebungen (z.B. im Kindergarten) oder gegenüber bestimmten Personen (z.B. ausschließlich gegenüber den Eltern). Aus diesem Grund sind unterschiedliche Informationsquellen nötig, um ein umfassendes Bild zu erhalten.

Noch stärker als bei Erwachsenen reicht es in der Konzeption psychischer Störungen im Kindesalter nicht aus, lediglich auf der Symptomebenen zu bleiben; vielmehr sind Aspekte *sozialer Beziehungen,* zum Beispiel zu den Eltern oder zu Gleichaltrigen, Beziehungen zum schulischen Umfeld sowie zur generellen Umgebung des Kindes von besonderer Bedeutung (Hoagwood et al., 1996; Jensen & Hoagwood, 1997). Somit nimmt die Berücksichtigung des sozialen Umfeldes des Kindes (Eltern, Geschwister, Schule, Gleichaltrige etc.) einen besonderen Stellenwert in der Konzeption und Diagnostik psychischer Störungen ein, beispielsweise durch die Betrachtung von Bindungs- oder familiären Interaktionsmustern.

2 Klassifikation psychischer Störungen

Die Klassifikation psychischer Störungen ist seit Jahrzehnten Gegenstand intensiver wissenschaftlicher Bemühungen und hat sich in den letzten zwanzig Jahren erheblich verändert. Die Klassifikation psychischer Störungen kann als Systematik von Störungsgruppen (z.B. Tiefgreifende Entwicklungsstörungen) definiert werden, der einzelne Störungsbilder (z.B. Major Depression) bestehend aus Symptomgruppen (Syndrome) nach bestimmten Kriterien zugeordnet werden. Gegenwärtig lassen sich in der Klassifikation psychischer Störungen im wesentlichen zwei Ansätze unterscheiden (vgl. Döpfner & Lehmkuhl, 1997; Groen, Scheithauer, Essau & Petermann, 1997):

- In der *kategorialen Klassifikation* werden psychische Störungen als diskrete, klar voneinander abgrenzbare und unterscheidbare Krankheits- oder

Störungseinheiten beschrieben. Diesem kategorialen Ansatz sind die beiden *wichtigsten klinischen Klassifikationssysteme* verpflichtet:

- die *Internationale Klassifikation Psychischer Störungen* (ICD) der Weltgesundheitsorganisation, die in ihrer zehnten Version vorliegt (ICD-10; WHO, 1993) und
- das *Diagnostische und Statistische Manual Psychischer Störungen* (DSM) der American Psychiatric Association in seiner vierten Version (DSM-IV; APA, 1996).

- Die *dimensionale Klassifikation* versucht, relativ stabile psychische Merkmale einer Person zu erfassen. Sie basiert auf der methodischen Grundlage der Psychometrie und multivariater statistischer Verfahren und beschreibt psychische Auffälligkeiten anhand von empirisch gewonnenen Dimensionen.

Beide Klassifikationskonzepte unterscheiden sich bereits im Ansatz voneinander. Die kategoriale Klassifikation beinhaltet sich gegenseitig weitgehend ausschließende Kategorien und steht in der Tradition der medizinischen Klassifikation. Ein dimensionales System klassifiziert psychische Auffälligkeiten dagegen nicht durch die Zuweisung zu Kategorien, sondern anhand kontinuierlich verteilter Merkmale und läßt von vornherein bei einem bestimmten Prozentsatz Auffälligkeiten auf mehreren Dimensionen zu.

Abbildung 1 stellt die Unterschiede zwischen kategorialer und dimensionaler Diagnostik dar. In einem Raum, der durch die Dimensionen Hyperaktivität, Aggressivität und Depressivität definiert wird, lassen sich einzelne Individuen entsprechend ihrer Ausprägung auf diesen Dimensionen lokalisieren und beschreiben. Ein Kind kann also beispielsweise eine geringe Depressivität, „mittlere" Hyperaktivität und hohe Aggressivität aufweisen. Die kategoriale Klassifikation verlangt dagegen, wie Abbildung 1 zeigt, die Bestimmung von Grenzwerten, die eine Zuordnung der Individuen zu den diskreten Diagnoseklassen (Diagnose einer hyperkinetischen Störung, einer Störung des Sozialverhaltens oder einer depressiven Störung) ermöglichen.

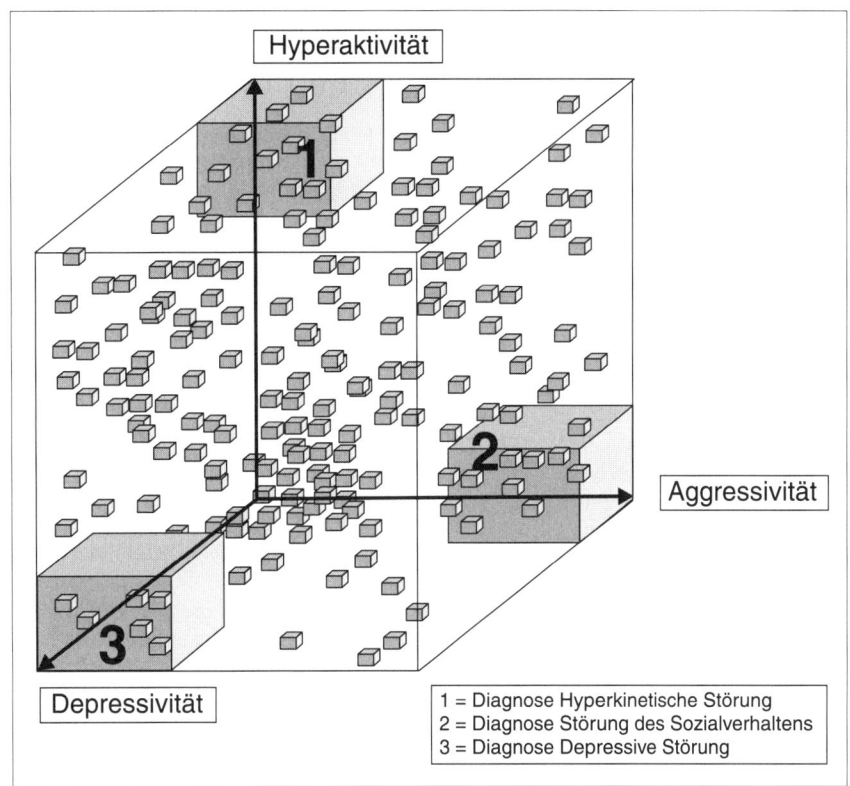

Abbildung 1:
Vergleich von kategorialer und dimensionaler Diagnostik (aus Döpfner & Lehmkuhl, 1997, S. 523).

2.1 Kategoriale Klassifikation psychischer Störungen

Die Internationale Klassifikation Psychischer Störungen (ICD-10) und das Diagnostische und Statistische Manual Psychischer Störungen (DSM-IV) überschneiden sich in ihren aktuellen Fassungen in vielen Bereichen, wenn auch noch einige prinzipielle Unterschiede übrigbleiben. Beide Klassifikationssysteme sind der operationalen Klassifikation verpflichtet, das heißt, sie versuchen durch operationalisierte Diagnosekriterien einen möglichst objektiven diagnostischen Prozeß zu gewährleisten. Das gilt für das DSM-IV in vollem Umfang, in der ICD-10 wurde dies in den Forschungskriterien realisiert.

Studien zur Übereinstimmungszuverlässigkeit (Reliabilität) von strukturierten klinischen Interviews, die auf der Basis dieser Klassifikationssysteme entwickelt wurden, belegen, daß dies zumindest für eine gewisse Anzahl von Diagnosen weitgehend gelungen ist; insbesondere für Diagnosen im Kindesalter liegen jedoch zuweilen niedrige Reliabilitätskoeffizienten sowie eine Reihe weiterer Probleme vor (z.B. die eher geringe Berücksichtigung von Entwicklungsaspekten; vgl. Jensen & Hoagwood, 1997; Nathan & Langenbucher, 1999).

Die Kriterien beziehen sich bei den meisten Diagnosen auf das Erscheinungsbild der Störungen, gelegentlich auch noch auf den Verlauf. Ätiologische Konzepte, die in früheren Klassifikationen häufig angewandt wurden, entfallen bei den meisten Diagnosen, weil sie für die meisten Störungen nicht als gesichert gelten können. Lediglich bei Störungen mit weitgehend gesicherter Pathogenese werden ätiologische Konzepte eingeführt, beispielsweise bei psychischen Störungen bedingt durch Alkohol.

Für die ICD-10 wurden klinisch-diagnostische Leitlinien (WHO, 1993) und Forschungskriterien (WHO, 1994) erarbeitet. Die klinisch-diagnostischen Leitlinien der ICD-10 beinhalten umfassende Beschreibungen der Störungen und lassen dem Diagnostiker einen relativ großen Spielraum, da sie gegenüber den Forschungskriterien entweder auf strikt formulierte und operationalisierte diagnostische Kriterien verzichten oder eine relativ weiche Definition der Diagnosekriterien vornehmen, die im allgemeinen unter dem Grenzwert der Diagnosekriterien des DSM-IV liegen. Die Forschungskriterien dagegen beinhalten strenge und eindeutig operationalisierte Kriterien, die für wissenschaftliche Studien dienen und zu einer Stichprobenhomogenisierung beitragen sollen. Häufig stimmen die DSM-IV-Kriterien und ICD-10-Forschungskriterien in der Formulierung weitgehend überein. Das DSM-IV ist weitaus umfangreicher als die ICD-10 und geht neben der Beschreibung diagnostischer Merkmale, der Definition der Diagnosekriterien und differentialdiagnostischen Erläuterungen auch im Ansatz auf spezifisch kulturelle, Alters- und Geschlechtsmerkmale, auf Prävalenz, Verlauf und familiäre Häufungen ein. Dennoch fehlen insgesamt gesehen bei vielen Diagnosen ausführlichere Angaben beispielsweise zu kulturellen Unterschieden oder Entwicklungsaspekten. Diese Informationen sind in der ICD-10 noch sporadischer zu finden.

Sowohl das DSM-IV als auch die ICD-10 ermöglichen eine sogenannte *multiaxiale Klassifikation.* Auf verschiedenen Achsen oder Ebenen werden psychische Störungen und weitere relevante Bedingungen klassifiziert. Beide Klassifikationssysteme unterscheiden sich auch in der Bestimmung dieser Achsen. Im DSM-IV werden fünf Achsen definiert:

- **Achse I:** klinische Störungen,
- **Achse II:** Persönlichkeitsstörungen und geistige Behinderungen,
- **Achse III:** medizinische Krankheitsfaktoren,
- **Achse IV:** psychosoziale und umgebungsbedingte Probleme und
- **Achse V:** globale Beurteilung des Funktionsniveaus.

In der ICD-10 wird den umschriebenen Entwicklungsstörungen, die nach DSM-IV der ersten Achse zugeordnet werden, eine eigene Achse zugeteilt, und auch das Intelligenzniveau wird auf einer eigenen Achse kodiert. Die Persönlichkeitsstörungen, die nach dem DSM-IV zusammen mit geistigen Behinderungen eine eigene Achse bilden, werden dagegen in der ICD-10 auf der Achse I kodiert. Somit werden in der ICD-10 sechs Achsen definiert. Für das Kindes- und Jugendalter liegt mit dem multiaxialen Klassifikationsschema für Kinder und Jugendliche (Remschmidt & Schmidt, 1994) eine auf der multiaxialen Fassung der ICD-10 basierende Zusammenfassung vor.

Die *psychischen Störungen,* die nach dem DSM-IV auf den ersten beiden Achsen (nach der ICD-10 auf den ersten drei Achsen) klassifiziert werden, sind in der ICD-10 zu insgesamt neun Hauptgruppen zusammengefaßt, die in Kasten 1 dargestellt sind. Das DSM-IV weist eine vergleichbare Einteilung auf.

Kasten 1:
Übersicht über die Hauptkategorien psychischer Störungen nach ICD-10 (WHO, 1993).

F 0: Organische einschließlich symptomatischer psychischer Störungen
F 1: Psychische und Verhaltensstörungen durch psychotrope Substanzen
F 2: Schizophrenie, schizotype und wahnhafte Störungen
F 3: Affektive Störungen
F 4: Neurotische, Belastungs- und somatoforme Störungen
F 5: Verhaltensauffälligkeiten mit körperlichen Störungen und Faktoren
F 6: Persönlichkeits- und Verhaltensstörungen
F 7: lntelligenzminderung
F 8: Entwicklungsstörungen
F 9: Verhaltens- und emotionale Störungen mit Beginn in der Kindheit und Jugend
F 99: nicht näher bezeichnete psychische Störungen (nnb)*

* Restkategorie, die diagnostiziert wird, wenn z.B. das Symptombild nicht vollständig erfüllt wird (z.B. gemischtes Störungsbild), das Symptombild als solches nicht in den Störungskategorien vollständig abgebildet ist, aber ein klinisch bedeutsames Leiden vorliegt.

Unter F8 und F9 sind Störungen zusammengefaßt, die *typischerweise im Kindes- oder Jugendalter beginnen.* Allerdings sind prinzipiell auch alle anderen Störungskategorien auf Kinder und Jugendliche übertragbar, etwa bei der Diagnose von Eßstörungen (unter F5) oder von Depression (unter F3). Im allgemeinen werden bei diesen Diagnosen die gleichen Kriterien für Kinder, Jugendliche und Erwachsene angewandt. Bei einzelnen Diagnosen (z.B. bei Angst- und bei depressiven Störungen) werden im DSM-IV allerdings für Kinder und Jugendliche ergänzend spezifische Kriterien aufgeführt (z.B. unterschiedliche Mindestzeiträume des Auftretens der Symptomatik oder zusätzliche Symptome).

Tabelle 1 gibt eine Übersicht über die in der ICD-10 unter F8 zusammengefaßten Entwicklungsstörungen und die entsprechenden Störungen im DSM-IV. Das DSM-IV wird dabei die Diagnose-Kodierungen von der ICD-10 übernehmen.

Bei den Entwicklungsstörungen geht man gemäß der ICD-10 davon aus, daß

- der Beginn der Störungen ausnahmslos im Kleinkindalter oder in der Kindheit liegt,
- eine Einschränkung oder Verzögerung der Entwicklung von Funktionen vorliegt, die eng mit der biologischen Reifung des Zentralnervensystems verknüpft sind und
- ein stetiger Verlauf ohne die für psychische Störungen sonst typischen Remissionen (Rückgang der Symptomatik) und Rezidive (Rückfall) beobachtet werden kann.

Tabelle 1:
Entwicklungsstörungen (F8) nach ICD-10 (APA, 1993) und entsprechende DSM-IV-Kategorien
(APA, 1996).

Code ICD-10/DSM-IV	ICD-10-Bezeichnung	DSM-IV-Bezeichnung
F80[1] / —	**umschriebene Entwicklungsstörungen des Sprechens und der Sprache**	**(Kommunikationsstörungen)**
F80.0 / 315.39	Artikulationsstörung	Phonologische Störung
F80.1 / 315.31	expressive Sprachstörung	Expressive Sprachstörung
F80.2 / 315.31	rezeptive Sprachstörung	Kombinierte Rezeptiv-Expressive Sprachstörung
F80.3 / —	erworbene Aphasie mit Epilepsie	—
F80.9 / 307.9	nnb[2] Entwicklungsstörung des Sprechens und der Sprache	NNB[2] Kommunikationsstörung
F81[1] / —	**umschriebene Entwicklungsstörungen schulischer Fertigkeiten**	**(Lernstörungen)**
F81.0 / 315.00	Lese- und Rechtschreibstörung	Lesestörung
F81.1 / 315.2	isolierte Rechtschreibstörung	Störung des Schriftlichen Ausdrucks
F81.2 / 315.1	Rechenstörung	Rechenstörung
F81.3 / —	kombinierte Störung schulischer Fertigkeiten	(Mehrfachdiagnosen notwendig)
F81.9 / 315.9	nnb[2] Entwicklungsstörung schulischer Fertigkeiten	NNB[2] Lernstörung
F82 / 315.4	**umschriebene Entwicklungsstörung der motorischen Funktionen**	**Entwicklungsbezogene Koordinationsstörung**
F83 / —	**kombinierte umschriebene Entwicklungsstörungen**	(Mehrfachdiagnosen notwendig)
F84[1] / —	**tiefgreifende Entwicklungsstörungen**	**(Tiefgreifende Entwicklungsstörungen)**
F84.0 / 299.00	frühkindlicher Autismus	Autistische Störung
F84.1 / —	atypischer Autismus	(unter 299.80 kodiert)
F84.2 / 299.80	Rett-Syndrom	Rett-Störung
F84.3 / 299.10	sonstige desintegrative Störung des Kindesalters	Desintegrative Störung im Kindesalter
F84.4 / —	überaktive Störung mit Intelligenzminderung und Bewegungsstereotypien	
F84.5 / 299.80	Asperger-Syndrom	Asperger-Störung
F84.9 / 299.80	nnb[2] tiefgreifende Entwicklungsstörung	NNB[2] Tiefgreifende Entwicklungsstörung
F88 / —	**sonstige Entwicklungsstörungen**	
F89 / —	**nnb[2] Entwicklungsstörungen**	

1 ICD-10-Kategorie F xx.8 = „sonstige Störung ..." wurde nicht in die Tabelle aufgenommen.
2 NNB / nnb = Nicht Näher Bezeichnete Störung; s. Fußtext Kasten 1

Das DSM-IV nimmt diese Gruppierung nicht vor und umgeht damit Abgrenzungsprobleme, beispielsweise zur hyperkinetischen Störung, für die wesentliche Kriterien einer Entwicklungsstörung ebenfalls zutreffen (vgl. Petermann, Lehmkuhl, Petermann & Döpfner, 1995).

Entsprechend des Anspruchs der ICD-10, für jene Störungen, die häufig gemeinsam auftreten, eine Kombinationsdiagnose vorzusehen, wird mit dem Abschnitt F83 eine Diagnosekategorie für „kombinierte umschriebene Entwicklungsstörungen" gebildet, die dann vergeben werden soll, wenn mehr als eine der Diagnosen aus den

Abschnitten F80 bis F82 vorliegen. Nach dem DSM-IV werden in diesem Fall mehrere Diagnosen vergeben.

Tabelle 2 zeigt die in der ICD-10 unter dem Abschnitt F9 zusammengefaßten Verhaltens- und emotionalen Störungen mit Beginn in der Kindheit und Jugend und die entsprechenden Störungen nach dem DSM-IV. Trotz großer Übereinstimmungen auf der Ebene der Diagnosen, lassen sich doch auch hier einige wesentliche Unterschiede zwischen beiden Klassifikationssystemen feststellen, so zum Beispiel:

- Die Aufmerksamkeitsdefizit-/Hyperaktivitätsstörungen werden im DSM-IV in Subtypen unterteilt, nicht jedoch in der ICD-10.

- Bei den Störungen des Sozialverhaltens differenziert die ICD-10 stärker in Subkategorien als das DSM-IV.
- Die Diagnosegruppe der kombinierten Störungen des Sozialverhaltens und der Emotionen entfällt im DSM-IV. Wenn mehrere Störungen auftreten, empfiehlt das DSM-IV Mehrfachdiagnosen (Komorbiditätskonzept).
- Mit Ausnahme der emotionalen Störungen mit Trennungsangst, sieht das DSM-IV keine Kategorie für emotionale Störungen im Kindesalter vor. Die in der ICD-10 vorgegebenen Kategorien für verschiedene Angststörungen werden im DSM-IV unter den allgemeinen Diagnosen für Angststörungen klassifiziert.

Tabelle 2:
Verhaltens- und emotionale Störungen mit Beginn in der Kindheit und Jugend (F9) nach ICD-10 (WHO, 1993) und entsprechende DSM-IV-Kategorien (APA, 1996).

Code ICD-10/DSM-IV	ICD-10-Bezeichnung	DSM-IV-Bezeichnung
F90[1] / 314.xx	**hyperkinetische Störungen**	**Aufmerksamkeitsdefizit- / Hyperaktivitätsstörung (ADHS)**
F90.0 / 314.01	einfache Aktivitäts- und Aufmerksamkeitsstörung	ADHS –Mischtyp
— / 314.00	—	ADHS – Vorwiegend Unaufmerksamer Typ
— / 314.01	—	ADHS – Vorwiegend Hyperaktiv-Impulsiver Typ
F90.1 / —	hyperkinetische Störung des Sozialverhaltens	(Mehrfachdiagnosen notwendig)
F90.9 / 314.9	nnb[2] hyperkinetische Störung	NNB[2] ADHS
F91[1] / 312.8	**Störung des Sozialverhaltens**	**Störung des Sozialverhaltens**
F91.0 / —	auf den familiären Rahmen beschränkte Störung des Sozialverhaltens	—
F91.1 / —	Störung des Sozialverhaltens bei fehlenden sozialen Bindungen	—
F91.2 / —	Störung des Sozialverhaltens bei vorhandenen sozialen Bindungen	—
F91.3 / 313.81	Störung des Sozialverhaltens mit oppositionellem, aufsässigen Verhalten	Störung mit Oppositionellem Trotzverhalten
F91.9 / 312.9	nnb[2] Störung des Sozialverhaltens	NNB[2] Sozial Störendes Verhalten
F92[1] / —	**kombinierte Störung des Sozialverhaltens und der Emotionen**	(Mehrfachdiagnosen notwendig)
F92.0 / —	Störung des Sozialverhaltens mit depressiver Störung	(Mehrfachdiagnosen notwendig)
F92.9 / —	nnb[2] kombinierte Störung des Sozialverhaltens und der Emotionen	—
F93[1] / —	**emotionale Störungen des Kindesalters**	(unter: Andere Störungen im Kleinkindalter, der Kindheit oder Adoleszenz)
F93.0 / 309.21	emotionale Störung mit Trennungsangst des Kindesalters	Störung mit Trennungsangst
F93.1 / —	phobische Störung des Kindesalters	(keine kindheitsspezifische Kategorie, sondern nur: 300.29 Spezifische Phobie)

Fortsetzung Tabelle 2:

Code ICD-10/DSM-IV	ICD-10-Bezeichnung	DSM-IV-Bezeichnung
F93.2 / —	Störung mit sozialer Ängstlichkeit des Kindesalters	(keine kindheitsspezifische Kategorie, sondern nur: 300.23 Soziale Phobie)
F93.3 / —	emotionale Störung mit Geschwisterrivalität	—
F93.80 / —	generalisierte Angststörung des Kindesalters	(keine kindheitsspezifische Kategorie, sondern nur: 300.02 Generalisierte Angststörung)
F93.9 / —	nnb[2] emotionale Störung des Kindesalters	—
F94 / —	**Störungen sozialer Funktionen mit Beginn in der Kindheit und Jugend**	(unter: Andere Störungen im Kleinkindalter, der Kindheit oder Adoleszenz)
F94.0[1] / 313.23	elektiver Mutismus	Selektiver Mutismus
F94.1 / 313.89	reaktive Bindungsstörung des Kindesalters	Reaktive Bindungsstörung im Säuglingsalter oder in der frühen Kindheit / Gehemmter Typus
F94.2 / 313.89	Bindungsstörung des Kindesalters mit Enthemmung	reaktive Bindungsstörung im Säuglingsalter oder in der frühen Kindheit / Ungehemmter Typus
F94.9 / —	nnb[2] Störung sozialer Funktionen im Kindesalter	—
F95[1] / —	**Ticstörungen**	**(Ticstörungen)**
F95.0 / 307.21	vorübergehende Ticstörung	Vorübergehende Ticstörung
F95.1 / 307.22	chronische motorische oder vokale Ticstörung	Chronische Motorische oder Vokale Ticstörung
F95.2 / 307.23	kombinierte, vokale und multiple motorische Tics (Tourette-Syndrom)	Tourette-Störung
F95.9 / 307.20	nnb[2] Ticstörung	NNB[2] Ticstörung
F98[1]	**sonstige Verhaltens- und emotionale Störungen mit Beginn in der Kindheit und Jugend**	(unter: Störungen der Ausscheidung / Fütter- und Eßstörungen / Andere Störungen im Kleinkindalter, in der Kindheit oder Adoleszenz)
F98.0 / 307.6	Enuresis	Enuresis
F98.1 / 307.7	Enkopresis	Enkopresis (ohne Verstopfung und Überlaufinkontinenz)
F98.2 / 307.59	Fütterstörung im frühen Kindesalter	Fütterstörung im Säuglings- oder Kleinkindalter
— / 307.53	—	Ruminationsstörung
F98.3 / 307.52	Pica im Kindesalter	Pica
F98.4 / 307.3	stereotype Bewegungsstörung	Stereotype Bewegungsstörung
F98.5 / 307.0	Stottern	Stottern
F98.6 / —	Poltern	—
F98.9 / 313.9	nnb[2] Verhaltens- und emotionale Störung mit Beginn in der Kindheit und Jugend	NNB[2] Störung im Kleinkindalter, in der Kindheit oder Adoleszenz

1 ICD-10-Kategorie F xx.8 = „sonstige Störung ..." wurde nicht in die Tabelle aufgenommen.
2 NNB / nnb = Nicht Näher Bezeichnete Störung; s. Fußtext Kasten 1

Generell beziehen sich die Kriterien zur Diagnosevergabe für die einzelnen Störungen

- immer auf das Vorliegen von Symptomen, wobei häufig aus einer Liste von mehreren Symptomen eine bestimmte Mindestzahl von Symptomen vorhanden sein muß;
- häufig auf das Zusatzkriterium der klinischen Bedeutsamkeit; zusätzlich zum Vorliegen von Symptomen verlangt dieses Kriterium, daß die Störung ein deutliches Leiden oder eine klinisch bedeutsame Be-

einträchtigung in der sozialen, schulischen oder beruflichen Funktionsfähigkeit verursacht (s. Abschnitt 1);

- häufig auf Ausschlußkriterien, die nicht zutreffen dürfen, weil dann eine andere Störung diagnostiziert wird; diese Kriterien dienen also der differentialdiagnostischen Abgrenzung gegenüber anderen Störungen (s. Abschnitt 2.2);
- teilweise auf den Beginn oder den Verlauf der Symptomatik;
- selten auf ätiologische Faktoren, die zur Entwicklung der Symptomatik beitragen.

Kasten 2:
Kategorien der Achse V nach ICD-10 (assoziierte aktuelle abnorme psychosoziale Umstände; Poustka et al., 1994).

1. Abnorme intrafamiliäre Beziehungen	1.0 Mangel an Wärme in der Eltern-Kind-Beziehung 1.1 Disharmonie in der Familie zwischen Erwachsenen 1.2 Feindliche Ablehnung oder Sündenbockzuweisung gegenüber dem Kind 1.3 Körperliche Kindesmißhandlung 1.4 Sexueller Mißbrauch (innerhalb der Familie)
2. Psychische Störung, abweichendes Verhalten oder Behinderung in der Familie	2.0 Psychische Störung / Abweichendes Verhalten eines Elternteils 2.1 Behinderung eines Elternteils 2.2 Behinderung der Geschwister
3. Inadäquate oder verzerrte intrafamiliäre Kommunikation	—
4. Abnorme Erziehungsbedingungen	4.0 Elterliche Überfürsorge 4.1 Unzureichende elterliche Aufsicht und Steuerung 4.2 Erziehung, die eine unzureichende Erfahrung vermittelt 4.3 Unangemessene Anforderungen und Nötigungen durch die Eltern
5. Abnorme unmittelbare Umgebung	5.0 Erziehung in einer Institution 5.1 Abweichende Elternsituation 5.2 Isolierte Familie 5.3 Lebensbedingungen mit möglicher psychosozialer Gefährdung
6. Akute, belastende Lebensereignisse	6.0 Verlust einer liebevollen Beziehung 6.1 Bedrohliche Umstände infolge Fremdunterbringung 6.2 Negativ veränderte familiäre Beziehungen durch neue Familienmitglieder 6.3 Ereignisse, die zur Herabsetzung der Selbstachtung führen 6.4 Sexueller Mißbrauch (außerhalb der Familie) 6.5 Unmittelbar beängstigende Erlebnisse
7. Gesellschaftliche Belastungsfaktoren	7.0 Verfolgung oder Diskriminierung 7.1 Migration oder soziale Verpflanzung
8. Chronische zwischenmenschliche Belastung im Zusammenhang mit Schule oder Arbeit	8.0 Streitbeziehungen mit Schülern / Mitarbeitern 8.1 Sündenbockzuweisung durch Lehrer / Ausbilder 8.2 Allgemeine Unruhe in der Schule bzw. Arbeitssituation
9. Belastende Lebensereignisse oder Situationen infolge von Verhaltensstörungen oder Behinderungen des Kindes	9.0 Institutionelle Erziehung 9.1 Bedrohliche Umstände infolge Fremdunterbringung 9.2 Ereignisse, die zur Herabsetzung der Selbstachtung führen

Die Klassifikation *medizinischer Krankheitsfaktoren* (Achse III nach dem DSM-IV) bzw. der *körperlichen Symptomatik* (Achse IV nach der ICD-10) beschreibt körperliche Bedingungen, die möglicherweise für den Umgang mit der psychischen Störung oder für deren Verständnis relevant sind. Eine Kausalitätsannahme wird also nicht zwingend unterstellt. Solche medizinischen Faktoren können mit psychischen Störungen in unterschiedlicher Weise verbunden sein. Sie können

- die direkte Ursache für die Entwicklung oder Verschlechterung der psychischen Symptomatik darstellen (z.B. Alkoholintoxikation),
- vermutlich im Zusammenhang mit der Entwicklung der psychischen Symptomatik stehen (z.B. hyperkinetische Störung bei Epilepsie) und/oder
- für die Behandlung von Bedeutung sein (z.B. Anpassungsstörung mit depressiver Reaktion bei Krebserkrankung).

Diese körperlichen Bedingungen werden entsprechend der jeweiligen Kapitel in der ICD-10 zu organischen Erkrankungen verschlüsselt.

Auch bei der Klassifikation *psychosozialer und umgebungsbedingter Probleme* (Achse IV nach dem DSM-IV) beziehungsweise *assoziierter aktueller abnormer psychosozialer Umstände* (Achse V nach der ICD-10) wird nicht zwingend unterstellt, daß diese Faktoren für die Entwicklung oder Aufrechterhaltung entscheidend sind. Es wird lediglich vermutet, daß sie mit der psychischen Störung in Verbindung stehen. Für die Klassifikation liegen verschiedene Systeme vor:

- Das DSM-IV gibt eine Grobklassifikation vor.
- Die ICD-10 empfiehlt Zusatzklassifikationen (kodiert unter dem Abschnitt Z).
- Das multiaxiale Klassifikationsschema für Kinder und Jugendliche (Remschmidt & Schmidt, 1994) legt eine für das Kindes- und Jugendalter spezifische Klassifikation vor. Dieses Schema ist am weitesten ausdifferenziert. Kasten 2 gibt eine Übersicht über die einzelnen Kategorien.

Die *globale Beurteilung des Funktionsniveaus* bzw. der *psychosozialen Anpassung* (ICD-10: Achse VI; DSM-IV: Achse V) wird in beiden Klassifikationssystemen anhand von neun- bis zehnstufigen Skalen erfaßt, die von guten / herausragenden Funktionen auf allen Gebieten (zu Hause, in der Schule und mit Gleichaltrigen) bis hin zu massiven Beeinträchtigungen reicht, die eine beständige Supervision (24-h-Versorgung) notwendig machen (z.B. aufgrund von schwer selbstdestruktivem Verhalten).

Insgesamt ermöglicht die multiaxiale kategoriale Klassifikation eine Beschreibung von Störungen im Kindes- und Jugendalter anhand von Merkmalen, die für die Behandlung und die Beurteilung des weiteren Verlaufs von Bedeutung sind. Kasten 3 zeigt ein Beispiel einer multiaxialen Klassifikation eines Patienten mit Hilfe der ICD-10.

Kasten 3:
Beispiel einer multiaxialen Beurteilung nach ICD-10.

Achse 1 (klinisch-psychiatrisches Syndrom):
- emotionale Störung mit Trennungsangst

Achse 2 (umschriebene Entwicklungsstörung):
- expressive Sprachstörung

Achse 3 (Intelligenzniveau):
- durchschnittliche Intelligenz

Achse 4 (körperliche Symptomatik):
- ohne Befund

Achse 5 (assoziierte aktuelle abnorme psychosoziale Umstände):
- psychische Störung eines Elternteils
- elterliche Überfürsorge

Achse 6 (Globalbeurteilung der psychosozialen Anpassung):
- variable Funktionen mit sporadischen Schwierigkeiten

2.2 Komorbidität und Differential-diagnose in der kategorialen Klassifikation

Der Begriff *Komorbidität* bezeichnet das gleichzeitige Auftreten psychischer Störungen zu einem bestimmten Zeitpunkt (*Querschnitts-Komorbidität;* s. Niebank & Petermann in diesem Buch). Das gleichzeitige Auftreten unterschiedlicher Symptomcluster (Syndrome) wird zwar zuweilen auch als Komorbidität bezeichnet, streng genommen handelt es sich jedoch um eine statistisch ermittelte *Kovariation* (Compas & Hammen, 1994). In der Regel werden jedoch Befunde zur Komorbidität psychischer Störungen auf der Basis eines kategorialen Ansatzes angeführt. Weiterhin liegen Befunde vor, die längsschnittlich zu einer Betrachtung der zugrunde liegenden Zusammenhänge zwischen den komorbiden Störungen (*kausale Komorbidität*) oder zu den chronologischen Abfolgen im Auftreten psychischer Störungen im gesamten *Lebensverlauf (entwicklungsbezogene Komorbidität)* kommen (vgl. Kusch & Petermann, 1997; Petermann et al., 1998). Dabei wird deutlich, daß die Kenntnis über komorbide Störungen wichtige Hinweise darüber gibt, wie psychische Störungen entstanden sind (vgl. Petermann & Scheithauer, 1998). Darüber hinaus beeinflußt ein komorbides Auftreten psychischer Störungen wesentlich den Störungs- und Behandlungsverlauf.

Tabelle 3:
Komorbiditätsraten bei Kindern und Jugendlichen in repräsentativen Stichproben nach einer Metaanalyse von McConaughy und Achenbach (1994).

Störung oder Störungsbereich	Prävalenz (%)	Häufigkeit komorbider Störungen (%)			
		DEP	*ANGS*	*SSV*	*HKS*
Depressive Störungen (*DEP*)	5	—	44	48	24
Angststörungen (*ANGS*)	10	20	—	27	18
Störung d. Sozialverhaltens (*SSV*)	11	20	25	—	31
Hyperkinetische Störungen (*HKS*)	7	16	27	50	—

Das komorbide Auftreten psychischer Störungen ist eher die Regel als die Ausnahme; liegt eine psychische Störung vor, so ist das Risiko für eine weitere Störung deutlich erhöht. Dabei lassen sich bestimmte Muster isolieren: So liegen einerseits hohe Komorbiditätsraten zwischen jenen Störungen vor, die auch jeweils hohe Basisauftretensraten (z.B. Aggression und Depression) aufweisen, andererseits treten internalisierende (z.B. Angst- und depressive Störungen) sowie externalisierende Störungen (z.B. Störungen des Sozialverhaltens und hyperkinetische Störungen) häufig zusammen auf.

Tabelle 3 zeigt die Ergebnisse einer Metaanalyse von McConaughy und Achenbach (1994) zur Komorbidität psychischer Störungen, in der vier Studien an repräsentativen Stichproben von Kindern und Jugendlichen zusammenfassend analysiert wurden. Neben den Komorbiditätsraten sind in Tabelle 3 auch die Prävalenzraten aufgeführt, die nach dieser Metaanalyse für die einzelnen Störungen zwischen 5% und 11% liegen. Komorbide Störungen sind recht häufig; die Komorbiditätsraten liegen zudem deutlich über den Prävalenzraten. Wenn also bereits eine Störung vorliegt, dann ist das Risiko einer zweiten Störung deutlich erhöht.

Für diese relativ hohen Komorbiditätsraten lassen sich potentielle Ursachen benennen (Caron & Rutter, 1991; Sher & Trull, 1996):

- **Überlappende diagnostische Kriterien.** Sowohl nach der ICD-10 als auch nach dem DSM-IV weisen verschiedene Störungen ähnliche oder sich überschneidende diagnostische Kriterien auf. So kann motorische Unruhe und Antriebssteigerung im Rahmen einer hyperkinetischen Störung, einer Pubertätsmagersucht, einer Manie, einer Angststörung oder einer Depression auftreten. Diese Überschneidung kann auf einem Artefakt beruhen, wenn die Symptome sich bei den einzelnen Störungen durchaus unterscheiden, jedoch nicht hinreichend genau definiert sind. Die Überschneidung kann aber auch die Tatsache abbilden, daß ähnliche unspezifische Symptome Ausdruck verschiedener Störungsbilder sind.

- **Artifizielle Aufteilung von Störungen.** Wenn Störungen in Subkategorien unterteilt werden, dann sind hohe Komorbiditätsraten die Folge. So ist im DSM-IV beispielsweise nicht die Diagnose einer emotionalen Störung mit Geschwisterrivalität vorgesehen (wie dies in der ICD-10 der Fall ist), weil diese Diagnose vermutlich eine hohe Überschneidung mit oppositionellem Trotzverhalten aufweist.

- **Entwicklungsbezogene Komorbidität.** Eine Störung kann eine frühe Manifestation einer anderen Störung darstellen. So zeigt die Entwicklungspsychopathologie, daß Störungen mit oppositionellem Trotzverhalten in der Regel im Kindesalter auftreten und häufig Vorläufer von dissozialen Störungen des Sozialverhaltens darstellen (s. Petermann & Scheithauer, 1998; Scheithauer & Petermann in diesem Buch). Zwei Störungen können dabei Ausdruck *eines* zugrunde liegenden, gemeinsamen Störungsprozesses sein.

- **Eine Störung ist Teil einer umfassenden Störung.** In den Klassifikationssystemen werden relativ eng umschriebene, aber auch tiefgreifende Störungen definiert. Bei tiefgreifenden Störungen können auch Symptome von umschriebenen Störungen regelhaft auftreten. Zu solchen Störungen im Kindesalter zählt die autistische Störung; hierbei treten häufig auch Symptome einer hyperkinetischen Störung auf.

Zur Verminderung überhöhter Komorbiditätsraten werden in den Klassifikationssystemen häufig *Ausschlußkriterien* definiert. So darf bei vielen umschriebenen Störungen keine tiefgreifende Störung vorliegen. Häufig muß auch überprüft werden, ob eine Symptomatik nicht besser durch eine andere Störung erklärt werden kann *(Differentialdiagnose)*. Sowohl in der ICD-10 als auch im DSM-IV sind für jede Störung differentialdiagnostische Abgrenzungen formuliert. Das DSM-IV gibt darüber hinaus *differentialdiagnostische Entscheidungsbäume* vor, die allerdings für die Störungen im Kindes- und Jugendalter meist wenig relevant sind. Abbildung 2 zeigt beispielhaft einen Entscheidungsbaum für die Störung mit Trennungsangst.

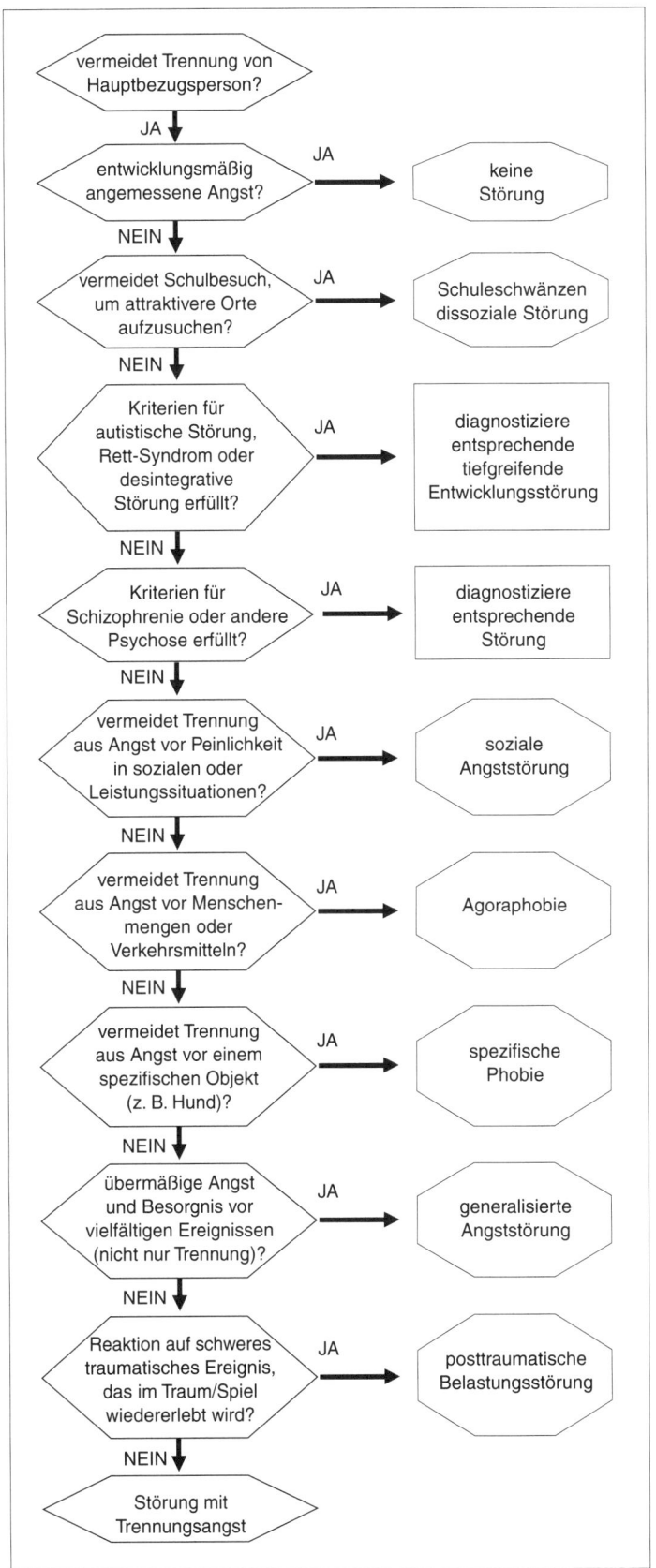

Abbildung 2:
Entscheidungsbaum für die Diagnose einer Störung mit Trennungsangst nach DSM-IV (APA, 1996; aus Döpfner, 2000, S. 151).

2.3 Dimensionale Klassifikation psychischer Störungen

Die dimensionale Klassifikation psychischer Störungen geht von der Annahme aus, daß sich psychische Störungen als kontinuierlich verteilte Merkmale darstellen und sich Kinder und Jugendliche entlang dieser Dimensionen beschreiben lassen. Grundlage der dimensionalen Klassifikationen sind empirisch gewonnene Dimensionen psychischer Störungen; dabei werden multivariate Verfahren eingesetzt, meist Faktorenanalysen. Mit Hilfe von Faktorenanalysen lassen sich viele Merkmale (z.B. Aussagen eines Fragebogens) auf wenige Dimensionen reduzieren. Fast alle dimensionalen Klassifikationssysteme basieren auf Fragebogenverfahren zur Erfassung psychischer Auffälligkeiten.

Quay (1986) gibt eine Übersicht über die Ergebnisse von 61 multivariaten Studien mit Kindern und Jugendlichen, die diesem *dimensionalen Ansatz* verpflichtet sind. Dabei ließen sich weitgehend die beiden globalen Dimensionen *externale* (externalisierende) und *internale* (internalisierende) Verhaltensstörungen nachweisen. Die von Quay zusammengefaßten Studien basieren auf verschiedenen Fragebogenverfahren, die sich in der Art und der Anzahl der Items und in der befragten Informationsquelle (Eltern, Lehrer, Jugendliche selbst) unterscheiden. Dennoch zeigen sich überraschend gute Übereinstimmungen.

Ein in sich schlüssiges dimensionales Klassifikationssystem setzt voraus, daß es auf einer fest definierten Menge von Verhaltensmerkmalen basiert, wie beispielsweise die von Achenbach (1991a; b; c) entwickelte dimensionale Klassifikation, die auf den per Fragebögen erfaßten Urteilen von Eltern, Lehrern und von Jugendlichen beruhen. Diese Fragebögen sind international weit verbreitet. Mittlerweile wurden sie in mehr als 50 Sprachen übersetzt und stellen in den meisten neueren empirischen Studien einen wichtigen Bezugspunkt dar (vgl. Döpfner, Lehmkuhl, Petermann & Scheithauer in diesem Buch). Auf der Grundlage von Faktorenanalysen konnte Achenbach die in Kasten 4 beschriebenen acht Dimensionen sowohl auf der Basis des Elternurteils als auch des Lehrerurteils und des Selbsturteils bilden. Diese acht Skalen sind zu drei Gruppen zusammengefaßt:

- den *internalisierenden,*
- den *externalisierenden* und
- den *gemischten* Auffälligkeiten, die weder den internalisierenden noch den externalisierenden Auffälligkeiten zugeordnet werden können.

Die dimensionale Struktur dieser Verfahren konnte in den Niederlanden und in Deutschland mittels Faktorenanalysen weitgehend repliziert werden (z.B. Döpfner, Berner & Lehmkuhl, 1995; 1997), und auch die interne Konsistenz, die ein Maß für die Homogenität der Dimensionen darstellt, ist für den deutschen Sprachraum bei den meisten Skalen zumindest zufriedenstellend. Ähnliche Dimensionen konnte Achenbach auch mit Fragebogenverfahren extrahieren, die Verhaltensauffälligkeiten bei Zwei- bis Dreijährigen erfassen (Achenbach, 1992); auch diese Dimensionen ließen sich teilweise in anderen Kulturen replizieren (Fegert, 1996).

Annähernd alle dimensionalen Klassifikationen basieren auf den per Fragebogen erhobenen Einschätzungen von Eltern, Lehrern oder den Jugendlichen selbst. Eine der wenigen Ausnahmen bildet die im deutschen Sprachraum entwickelte dimensionale Klassifikation auf der Basis des Psychopathologischen Befund-Systems für Kinder und Jugendliche (CASCAP-D), das eine klinische Beurteilung darstellt (vgl. Döpfner, Lehmkuhl, Petermann & Scheithauer in diesem Buch). Mit dem System läßt sich ein Kind oder ein Jugendlicher anhand von 98 Symptomen beurteilen (z.B. Hyperaktivität, soziale Angst). Dabei werden die Merkmale sowohl hinsichtlich der Symptomatik in der Untersuchungssituation (aktuelle Befindlichkeit, aktuelles Verhalten des Patienten) eingeschätzt als auch hinsichtlich der Symptomatik außerhalb der Untersuchungssituation (z.B. in der Familie oder in der Schule), die durch die Exploration des Patienten und seiner Bezugspersonen erfaßt wird.

Eine dimensionale Klassifikation wurde auf der Basis von Faktoren- und Konsistenzanalysen unter Berücksichtigung inhaltlich-konzeptioneller Aspekte durchgeführt. Folgende Dimensionen wurden gebildet (vgl. Döpfner et al., 1997a; Döpfner, Berner, Flechtner, Lehmkuhl & Steinhausen, 1999):

- aggressive Symptome,
- dissoziale Symptome,

Kasten 4:
Dimensionen psychischer Störungen nach Achenbach (1991a; b; c; d).

Internalisierende Auffälligkeiten

- **Sozialer Rückzug:** Kinder mit hoher Ausprägung auf der Skala möchten lieber alleine sein, sind verschlossen, weigern sich, zu sprechen, sind eher schüchtern, wenig aktiv und häufiger traurig verstimmt.
- **Körperliche Beschwerden:** Die Skala setzt sich aus Items zusammen, die verschiedene somatische Symptome beschreiben (Schwindelgefühle, Müdigkeit, Schmerzzustände und Erbrechen).
- **Ängstlich/Depressiv:** Die Skala erfaßt neben einer allgemeinen Ängstlichkeit und Nervosität auch Klagen über Einsamkeit und soziale Ablehnung, Minderwertigkeits- und Schuldgefühle sowie traurige Verstimmung.

Externalisierende Auffälligkeiten

- **Dissoziales Verhalten:** Die Skala erfaßt dissoziale Verhaltensweisen (z.B. Lügen, Stehlen, Schule-Schwänzen) und Verhaltensweisen, die häufig in Verbindung mit Dissozialität auftreten (z.B. „ist lieber mit Älteren zusammen").
- **Aggressives Verhalten:** Die Skala erfaßt verbal- und körperlich-aggressive Verhaltensweisen sowie Verhaltensweisen, die häufig in Verbindung mit aggressivem Verhalten auftreten (z.B. „spielt den Clown", „redet viel", „sehr laut").

Gemischte Auffälligkeiten

- **Soziale Probleme:** Die Skala umfaßt vor allem Ablehnung durch Gleichaltrige sowie unreifes und erwachsenenabhängiges Sozialverhalten.
- **Schizoid/Zwanghaft:** Die Skala erfaßt neben den Tendenzen zu zwanghaftem Denken und Handeln auch psychotisch anmutende Verhaltensweisen (Halluzinationen) und eigenartiges, bizarres Denken und Verhalten. Achenbach gibt dieser Skala die Bezeichnung „Thought Problems".
- **Aufmerksamkeitsprobleme:** Die Skala setzt sich aus Items zur motorischen Unruhe, Impulsivität, zu Konzentrationsstörungen und aus Items zusammen, die häufig in Verbindung mit hyperkinetischem Verhalten auftreten (z.B. „verhält sich zu jung", „tapsig").

- hyperkinetische Symptome,
- sozial-emotionale Impulsivität,
- soziale und Leistungsangst,
- depressive Symptome,
- Sprachauffälligkeiten und
- Eßstörungen.

In die bisherigen Analysen gingen aus statistischen Gründen allerdings nur die häufigsten Merkmale ein; relativ seltene Merkmale (z.B. psychotische Auffälligkeiten) konnten bislang noch nicht analysiert werden. Vergleicht man die hier gewonnenen Dimensionen auf der Basis klinischer Einschätzungen mit den von Achenbach entwickelten Dimensionen auf der Basis von Eltern-, Lehrer- und Selbsturteilen, so lassen sich doch deutliche Konvergenzen dieser Dimensionen erkennen.

2.4 Möglichkeiten und Grenzen von kategorialer und dimensionaler Klassifikation

Mit dem kategorialen und dimensionalen Ansatz sind jeweils Vor- und Nachteile verbunden (vgl. Döpfner & Lehmkuhl, 1997; Jensen & Hoagwood, 1997; Kasius, van den Berg & Verhulst, 1997):

- **Bestimmung der Grenzwerte in der kategorialen Diagnostik.** Ein kategorialer Ansatz ist dann besonders angemessen, wenn alle Mitglieder einer diagnostischen Klasse weitgehend homogen sind, wenn klare Grenzen zwischen den diagnostischen Klassen und zur „Normalität" hin identifizierbar sind und wenn die Klassen sich gegenseitig ausschließen. Ein dimensionaler Ansatz ist besonders dann angezeigt, wenn das zu beschreibende Phänomen kontinuierlich verteilt ist und keine eindeutig bestimmbaren Grenzen hat. Dies ist vermutlich bei vielen klinischen Phänomenen, wie Aggression, Angst, Depression oder Hyperaktivität im Kindesalter der Fall (s. Abschnitt 1.2). Selbst bei psychischen Störungen, die lange Zeit als qualitativ unterschiedlich von Normalität und Normvariationen eingestuft wurden, beispielsweise bei autistischen Phänomenen oder auch bei pathologischen Phänomenen aus dem schizophrenen Formenkreis, liegen mittlerweile Befunde vor, die darauf hinweisen, daß Verdünnungsformen oder sogenannte Spektrumstörungen relativ häufig vorkommen. Bei diesen Spektrumstörungen sind nicht alle Kriterien für eine Diagnose im Sinne einer kategorialen Diagnostik erfüllt. Dennoch liegen Symptome vor, die von klinischen Beurteilern als relevant oder behandlungsbedürftig betrachtet werden. Sogar die Autoren des DSM-IV betonen, man dürfe nicht davon ausgehen, daß jede Kategorie einer psychischen Störung eine völlig diskrete Einheit darstellt und sich alle Individuen mit der gleichen Diagnose in allen wesentlichen Aspekten gleichen. Bei der Anwendung des DSM-IV sollte man sich deshalb immer bewußt sein, daß sich Individuen mit der gleichen Diagnose sehr wahrscheinlich auch hinsichtlich der Diagnosekriterien unterscheiden und daß Grenzfälle nur schwer zu diagnostizieren sind (DSM-IV; APA, 1996). Das Problem, Grenzwerte bei der Anwendung diskreter Kategorien zur Erfassung kontinuierlich verteilter Merkmale zu definieren, erscheint unlösbar.
- **Definition von Komorbidität.** Epidemiologische und klinische Studien weisen darauf hin, daß eine Komorbidität häufig anzutreffen ist. Dies ist zwar nicht ausschließlich, aber wie bereits diskutiert (s. Abschnitt 2.2), zumindest teilweise auf überlappende diagnostische Kriterien und artifizielle Unterteilungen von Störungen in der kategorialen Diagnostik zurückzuführen. Die dimensionale Herangehensweise hingegen läßt Ausprägungen auf mehreren Dimensionen zu.

- **Mangelnde Reliabilität von Diagnosen.** Mit den Grenzwerten in der kategorialen Diagnostik ist das Problem der mangelnden Reliabilität von Diagnosen eng verknüpft. Während die Beurteilerübereinstimmungen (Interrater-Reliabilität) hinsichtlich der Diagnosekategorien zumindest für einige Störungen sehr gering ausfallen, verbessern dimensionale die Reliabilität. So mußten Shaffer und Mitarbeiter (1996) bei der Prüfung der Reliabilität eines Interviews zur Erfassung von kategorialen Diagnosen teilweise für einzelne Diagnosekategorien geringe Reliabilitäten feststellen, während die Reliabilitäten von Symptomskalen, bei denen die Anzahl der Symptome addiert werden, deutlich besser ausfielen. Die Autoren führen dies auf Reliabilitätsminderungen bei kategorialen Diagnosen zurück, die durch Unschärfen im Bereich der Grenzwerte bedingt sind.
- **Informationsgehalt kategorialer und dimensionaler Systeme.** Ein weiterer Vorteil dimensionaler Systeme liegt in ihrem höheren klinischen Informationsgehalt, weil sie nicht nur das Vorhandensein oder Nichtvorhandensein einer Diagnose feststellen, sondern weil sie auch Informationen über subklinische Ausprägungen liefern. So kann beispielsweise ein Kind als hochgradig hyperkinetisch, als mittelgradig aggressiv und als geringfügig depressiv beurteilt werden.
- **Anzahl und Art von Dimensionen.** Ein Problem der dimensionalen Diagnostik liegt in der Tatsache, daß es bisher keinen Konsens über die für eine Klassifikation optimalen Dimensionen gibt. Dabei ist jedoch zu berücksichtigen, daß sich psychische Phänomene auf einem unterschiedlichen Auflösungsniveau betrachten lassen; die Anzahl der Dimensionen hängt von dem Auflösungsniveau des Instrumentes ab, mit dem ein Phänomen betrachtet wird. Fragebogen, die ein relativ breites Spektrum an psychischen Auffälligkeiten mit einer begrenzten Zahl von Items zu erfassen suchen, bieten zwangsläufig nur ein relativ grobes, dimensionales Raster (z.B. aggressives Verhalten, hyperkinetische Störung, Angst). Dieses Raster kann durch Instrumente verfeinert werden, die ein spezifisches Phänomen ausführlicher erfassen. So läßt sich beispielsweise mit einem Fragebogen, der hyperkinetische Symptome differenziert erfaßt, feststellen, daß diese Problematik in die Dimensionen motorische Unruhe, Ablenkbarkeit und Impulsivität unterteilen läßt (Döpfner & Lehmkuhl, 2000).
- **Berücksichtigung ätiologischer Faktoren.** In der dimensionalen Diagnostik werden ausschließlich Symptome berücksichtigt, während die kategoriale Diagnostik auch andere Kriterien einbeziehen kann, beispielsweise den Beginn, die Dauer oder den Verlauf der Störung, zusätzlich die psychosoziale Beeinträchtigung sowie ätiologische Faktoren. So ist es zweifelsohne von Bedeutung, ob der aktuellen manischen Phase eine depressive Episode oder eine andere manische Phase vorausgegangen ist oder ob dieser Zustand durch eine Alkoholintoxikation aus-

gelöst wurde. Zusätzliche Bewertungen über die Schwere und Intensität der Symptomatik sowie der psychosozialen Belastung sind für die Diagnosevergabe von Bedeutung. Werden diese zusätzlich einschränkenden Kriterien („Schwellenkriterien") nicht berücksichtigt, besteht die Möglichkeit einer Falsch- bzw. „Überdiagnose": So wird etwa diskutiert, ob erst ab einer bestimmten „Schwelle" eine anhaltende, negative Beeinträchtigung der eigenen Person und des Umfeldes vorliegt und somit von einer „Störung" gesprochen werden kann (vgl. Hinshaw, Lahey & Hart, 1993; Regier et al., 1998). Dieser Vorteil der kategorialen Diagnostik ist vor allem dann gravierend, wenn sich die diagnostische Einordnung nicht nur auf eine rein deskriptive Kategorisierung begrenzt, sondern ätiologische Faktoren einbezieht und sich damit nosologischen Einheiten nähert. Je mehr kategoriale Systeme auf einer ausschließlich symptombezogenen Beschreibung basieren, um so mehr fallen die Vorteile dimensionaler Systeme ins Gewicht.

- **Praktikabilität.** Diagnostische Einordnungen dienen auch der Kommunikation zwischen Experten. Numerische dimensionale Beschreibungen sind jedoch weniger geläufig und weniger plastisch als kategoriale Ansätze. Durch eine Kombination dimensionaler und kategorialer Systeme ließe sich dieser Nachteil dimensionaler Systeme allerdings vermindern. Ein Beispiel hierfür stellt die Diagnostik und Klassifikation von Intelligenz und Intelligenzminderungen dar (vgl. Schmidt in diesem Buch). Zur Erleichterung der Kommunikation werden Kategorien wie Lernbehinderung, geistige Behinderung oder Hochbegabung benutzt, obwohl die dimensionale Eigenschaft von Intelligenz (mit Ausnahme schwerer Formen der geistigen Behinderung) unbestritten ist. Durch diese Kombination beider Ansätze werden auch einige Nachteile der kategorialen Diagnostik relativiert. So ist bei der kategorialen Klassifikation der Intelligenz ganz offensichtlich, daß die Grenzen der einzelnen Kategorien unscharf

sind und sich in einem gewissen Maße als beliebig darstellen. In diesem Sinne kann die kategoriale Diagnostik lediglich eine Vereinfachung des dimensionalen Systems darstellen.
- **Entwicklungsabhängigkeit.** Wie bereits im Abschnitt 1.2 beschrieben, können Entwicklungsaspekte das psychische Befinden von Kindern und Jugendlichen wesentlich beeinflussen. Kategoriale Klassifikationssysteme erweisen sich in der Diagnosevergabe jedoch als starr, da sie solche Entwicklungsaspekte zu wenig berücksichtigen.

Die Diskussion zeigt, daß der kategorialen wie der dimensionalen Diagnostik spezifische Vor- und Nachteile zugeordnet werden können und deshalb eine Kombination beider Systeme helfen könnte, die Nachteile des einen Ansatzes durch Vorteile des jeweiligen anderen Ansatzes zu kompensieren. Empirische Studien zeigen auch eine Konvergenz beider Ansätze, die allerdings nicht so stark ist, daß beide Ansätze austauschbar wären (z.B. Bird, Gould & Staghezza, 1992; Gould, Bird & Jaramillo, 1993; Kasisus et al., 1997). Döpfner, Lehmkuhl, Petermann und Scheithauer (in diesem Buch) stellen ein Modell für den diagnostischen Prozeß vor, in dem beide Zugänge miteinander kombiniert werden.

Eine weitere Möglichkeit der Kombination des kategorialen und dimensionalen Ansatzes liegt im sogenannten *Screening.* Hierbei werden Personen in epidemiologischen Studien zunächst mit Hilfe eines dimensionalen Verfahrens befragt. Die Schwellenkriterien zur Diagnosevergabe werden in diesem ersten Schritt sehr niedrig gehalten, um keine Personen mit psychischen Störungen zu übersehen („Falsch-Negative"). Es werden also zunächst auch „Falsch-Positive" eingeschlossen, die im zweiten Schritt mit Hilfe eines strukturierten diagnostischen Interviewverfahrens auf kategorialer Ebene erneut befragt und beim Nicht-Vorliegen psychischer Störungen für weitere Befragungen ausgeschlossen werden.

3 Epidemiologie psychischer Störungen

Erst seit den 50er Jahren werden großangelegte epidemiologische Studien psychischer Störungen an Kindern aus der Allgemeinbevölkerung durchgeführt (Verhulst, 1995a). Die sich seitdem entwickelnde Epidemiologie psychischer Störungen des Kindesalters umfaßt im wesentlichen die Ermittlung (Costello & Angold, 1995; Verhulst, 1995a; Verhulst & Koot, 1992)

- der Manifestation, der Häufigkeit und Verteilung psychischer Störungen oder des Auftretens psychischer Symptome unter einer großen Anzahl von Personen aus unterschiedlichen Bevölkerungsgruppen und in unterschiedlichen Regionen,
- von risikoerhöhenden Faktoren in unterschiedlichen Bevölkerungsgruppen, die den Beginn und den weiteren Störungsverlauf bestimmen sowie die Betrachtung des weiteren Störungsverlaufs,

- von Störungsmechanismen bei Personen mit einem erhöhten Risiko für psychische Störungen,
- von risikomildernden Faktoren, die Personen mit einem erhöhten Störungsrisiko vor psychischen Störungen bewahren und
- des Bedarfs psychosozialer Hilfseinrichtungen und möglicher Kosten, die das Gesundheitssystem aufgrund psychischer Störungen oder deren Folgen belasten.

Epidemiologische Studien können im Rahmen unterschiedlicher Vorgaben durchgeführt werden (Essau, Scheithauer, Groen & Petermann, 1997). In *Querschnittstudien* werden Daten von Personen zu *einem* Zeitpunkt erhoben; dadurch erfolgt eine Momentaufnahme psychischer Störungen und möglicher einhergehender Faktoren. Eine Vorgehensweise liegt dabei im Vergleich einer *Index-Gruppe* (ermittelte Fälle) mit einer *Kontrollgruppe* (störungsfreie Personen), die nach definierten Merkmalen parallelisiert werden (Verhulst & Koot, 1992). Mit Hilfe von Querschnittsstudien können keine verbindlichen Aussagen zu Faktoren gemacht werden, die psychische Störungen verursachen; ebenso können keine Entwicklungsfolgen abgebildet werden (Rutter, 1994; vgl. Petermann, 1999). *Längsschnittstudien* hingegen verfolgen eine Stichprobe über einen ausgedehnten Zeitraum, wobei unterschiedliche Variablen zu bestimmten Intervallen untersucht werden. Es lassen sich im wesentlichen zwei Vorgehensweisen anführen:

- *prospektive Studien,* in denen Personen zu einem ersten Meßzeitpunkt und zu mindestens einem weiteren Meßzeitpunkt, beispielsweise mehrere Jahre später, befragt werden und
- *retrospektive Studien,* in denen Dokumente aus der Vergangenheit (z.B. Schulakten, medizinische Befunde) ausgewertet oder aber rückwirkend Informationen erhoben werden, um auf diese Weise eine Entwicklung zu rekonstruieren.

Insbesondere in Studien im Kindesalter müssen altersspezifische Entwicklungsprozesse berücksichtigt werden (Verhulst, 1995a). Prospektive Studien weisen folgende Vorteile auf (Scheithauer & Petermann, 1999, S. 11):

- Die Erfassung des Beginns und der Dauer psychischer Störungen sowie der Faktoren, die dem Beginn vorausgingen oder mit einem Andauern einhergehen;
- die Ermittlung der zeitlichen Abfolge im Auftreten von psychischen Störungen und den damit einhergehenden Faktoren;
- die Möglichkeit der Ermittlung der genauen Abfolge im Auftreten bestimmter risikoerhöhender und risikomildernder Faktoren;
- die Erfassung möglicher „sleeper-effects", bei denen es sich um durch bestimmte Faktoren (z.B. ein be-

stimmtes elterliches Erziehungsverhalten) bedingte Effekte handelt, die zunächst schwach ausgeprägt sind, jedoch im Entwicklungsverlauf stärker werden, je länger ein Kind den Faktoren ausgesetzt ist;
- die Erfassung, in welchem Ausmaß Kinder, die ein hohes Störungsrisiko aufweisen, einen ungünstigen oder aber günstigen Entwicklungsverlauf einschlagen sowie die Betrachtung beteiligter Wirkmechanismen;
- die Berücksichtigung des Einflusses kritischer Entwicklungsperioden und Entwicklungsübergänge;
- die Untersuchung von interindividuellen Unterschieden und intraindividuellen Veränderungen.

Echtzeit-Längsschnittstudien, die Personen über mehrere Jahre hinweg begleiten, können allerdings mit einer Reihe möglicher Probleme einhergehen: Sie sind meistens sehr kostenintensiv und weisen typische Probleme der Veränderungsmessung auf (z.B. mehrfache Befragung von Personen mit Hilfe derselben Instrumente; vgl. Petermann, 2001). Darüber hinaus werden lange Zeitperioden benötigt, bis Ergebnisse beispielsweise zum Störungsverlauf und zum Einfluß risikoerhöhender und -mildernder Bedingungen vorliegen. Eine mögliche Alternative stellen Studien im *Sequenzdesign* dar, einer Kombination von Quer- und Längsschnittstudie. Hierbei werden mehrere Geburtskohorten (Personen, die innerhalb derselben Zeitperiode geboren wurden) in unterschiedlichen Altersstufen, beginnend im gleichen Jahr, mit Hilfe derselben Methoden zu verschiedenen Zeitpunkten untersucht. Die Personen aus den einzelnen Kohorten werden hinsichtlich bestimmter Merkmale (z.B. sozioökonomischer Status, einzelne Testergebnisse) parallelisiert. Somit können alters- und entwicklungsabhängige Veränderungen ermittelt werden.

Aus Kostengründen und Gründen der Durchführbarkeit werden in epidemiologischen Studien zumeist lediglich ausgewählte Stichproben untersucht. Es sind Studien an *Stichproben aus der Allgemeinbevölkerung* (auslesefreie Stichproben) und an *klinischen Stichproben* zu unterscheiden. Darüber hinaus können *Hoch-Risiko-Gruppen* untersucht werden, die aufgrund vielfältiger risikoerhöhender Bedingungen ein massives Risiko für psychische Störungen aufweisen. Die Ergebnisse aus Studien an Stichproben aus der Allgemeinbevölkerung sind auf die jeweilige Gesamtpopulation (Zielpopulation) übertragbar, wenn eine für diese Population *repräsentative Stichprobe* untersucht wurde. Hierbei gilt es zu beachten, daß streng genommen die Verallgemeinerbarkeit der Ergebnisse nur auf die jeweilige Zielpopulation (z.B. alle Schüler im Alter von sechs bis 18 Jahren in Deutschland) erlaubt ist. Die Ergebnisse aus klinischen Stichproben und an Hoch-Risiko-Gruppen erweisen sich für Kinder und Jugendliche mit psychischen Störungen als nicht repräsentativ, sie spiegeln auch nicht das gesamte Spektrum möglicher Störungen wider. Die Ergebnisse aus Studien an Stichproben aus der Allgemeinbevölkerung unterscheiden sich in mehrfacher Hinsicht von denen aus klinischen Studien: So sind beispielsweise bestimmte Störungsbilder in klinischen Einrichtungen häufiger vertreten (z.B. externalisierende Störungen), da sie im sozialen Umfeld auffälliger sind und vermehrt zur Inanspruchnahme von Hilfseinrichtungen führen (Verhulst, 1995a; Weiss, Jackson & Süsser, 1997). Darüber hinaus weisen Kinder, die wegen psychischer Störungen therapeutische Angebote in Anspruch genommen haben, in einem stärkeren Ausmaß komorbide Störungen und weitere psychosoziale Belastungen auf als Kinder mit psychischen Störungen aus der Allgemeinbevölkerung (vgl. Lahey & Loeber, 1997; Renouf, Kovacs & Mukerji, 1997). Studien an klinischen Stichproben bieten sich insbesondere bei selten auftretenden psychischen Störungen an, die in klinischen Einrichtungen häufiger vertreten sind als in der Allgemeinbevölkerung (Costello & Angold, 1995).

Für die Bestimmung der Auftretenshäufigkeit psychischer Störungen lassen sich unterschiedliche Maße anführen: Während die *Prävalenzrate* alle ermittelten Fälle innerhalb eines definierten Zeitraums umfaßt, gibt die *Inzidenzrate* lediglich die Anzahl neu aufgetretener Fälle in einer Population innerhalb eines definierten Zeitraums wieder. Die Punkt-Prävalenz gibt die Häufigkeit psychischer Störungen in einer Bevölkerungsgruppe zu einem bestimmten Zeitpunkt an. Davon zu unterscheiden sind Studien, die die Auftretenshäufigkeit psychischer Störungen innerhalb einer bestimmten Zeitperiode ermitteln (z.B. Ein-Jahres-Prävalenz oder Lebenszeit-Prävalenz). Die Inzidenzrate wird selten in epidemiologischen Studien psychischer Störungen im Kindesalter bestimmt, da für die Mehrzahl aller psychischen Störungen des Kindesalters kein eindeutig abgrenzbarer Störungsbeginn ermittelt werden kann (Verhulst, 1995a). Die *administrative Prävalenz* oder *Inzidenz* umschreibt das Auftreten psychischer Störungen unter Personen in klinischen Einrichtungen.

Die Ergebnisse aus epidemiologischen Studien führen im Rahmen einer Public-Health-Perspektive zu Möglichkeiten der Kontrolle von risikoerhöhenden Prozessen und damit der Prävention psychischer Störungen. Costello und Angold (1995) sprechen in Abgrenzung zur klassischen Epidemiologie von der *Entwicklungsepidemiologie,* bei der auch jene Faktoren erfaßt und analysiert werden, die mit der Manifestation, dem weiteren Störungsverlauf und der Remission psychischer Störungen einhergehen.

3.1 Prävalenz psychischer Störungen

Tabelle 4 stellt die Ergebnisse einiger ausgewählter *epidemiologischer Studien mit kategorialem Ansatz* zusammen. Demnach läßt sich für 40 bis 50 % der Jugendlichen eine psychische Störung im Verlauf ihres Lebens ermitteln. Die Ein-Jahres-Prävalenz liegt zwischen 22 und 27 %. Für bis zu 17 % der Kinder konnte irgendeine psychische Störung ermittelt werden. Die

hohe Lebenszeit-Prävalenz ist jedoch zu relativieren; zusätzliche Kriterien, wie zum Beispiel die Bestimmung des Schweregrades oder die Stärke psychosozialer Beeinträchtigungen sind für die Bestimmung der Behandlungsbedürftigkeit wesentlich (s. Abschnitt 3.2). Verhulst, van der Ende, Ferdinand und Kasius (1997) beispielsweise ermittelten in ihrer epidemiologischen Studie an Jugendlichen im Alter von 13 bis 18 Jahren, daß sich die Sechs-Monats-Prävalenz psychischer Störungen nach DSM-III-R von ca. 21% auf unter 10% reduzierte, wenn zusätzlich eine mittlere bis starke psychosoziale Beeinträchtigung (ermittelt mit Hilfe der Children's Global Assessment Scale; Shaffer et al., 1993) zugrunde gelegt wurde.

Die Anzahl betroffener Kinder und Jugendlicher erhöht sich, wenn weitere Störungsbereiche hinzugenommen werden (z.B. Entwicklungsstörungen oder geistige Behinderungen). Geistig behinderte Kinder und Jugendliche, beziehungsweise Kinder und Jugendliche mit einem sehr niedrigen Intelligenzquotienten, werden jedoch in epidemiologischen Studien psychischer Störungen oftmals ausgeschlossen, da Verständnisschwierigkeiten in der Durchführung der Interviewverfahren zu erwarten sind.

Die Ermittlung von Prävalenzraten setzt eine *Falldefinition* voraus. Diese wird beim kategorialen Ansatz durch die Klassifikationssysteme vorgegeben. Will man auf der Basis des *dimensionalen Ansatzes* Prävalenzraten bestimmen, so wird deutlich, daß für deren Bestimmung kein eindeutiges Kriterium existiert. Sowohl die klinische Einschätzung von Experten als auch statistische Verfahren werden dabei als Entscheidungskriterien herangezogen.

Achenbach (1991a) bestimmte auf der Basis solcher Analysen für die Problemskalen die 98. Perzentile zur Definition klinischer Auffälligkeiten (der sogenannte *Cut-Off-Wert* bzw. -*Bereich*). Damit wird ein Kind dann auf einer Problemskala als auffällig eingeschätzt, wenn es auf dieser Skala als auffälliger beurteilt wird als 98 Prozent der Gleichaltrigen. Zwischen der 95. und 98. Perzentile wurde ein Grenzbereich definiert, in dem eine Zuordnung weniger eindeutig ist. Achenbach (1991a) betont jedoch auch, daß die mit dem Fragebogen erfaßten Phänomene kontinuierlich verteilt sind und deshalb eine Einteilung anhand eines bestimmten Grenzwertes immer fragwürdig bleibt. In Abhängigkeit von der Festlegung der Anzahl der für eine Diagnose notwendigen Kriterien beziehungsweise der Höhe des Skalenwertes, der als Grenzwert herangezogen wird, werden daher in verschiedenen epidemiologischen Studien mit dimensionalen Meßinstrumenten unterschiedliche Prävalenzraten ermittelt. Verhulst (1995b) gibt eine Übersicht über 49 Studien in repräsentativen Stichproben, die mit der Child Behavior Checklist und anderen Fragebogenverfahren durchgeführt wurden und ermittelte eine durchschnittliche Gesamtprävalenz psychischer Auffälligkeiten von 12,3%.

Tabelle 4:
Auftretenshäufigkeit psychischer Störungen im Kindes- und Jugendalter. Ausgewählte Ergebnisse kategorialer, epidemiologischer Studien.

Studie	Stichprobe	Alter (Jahre)	Anzahl	Instrument/ System	Prävalenz-Zeitraum	Ausgewählte Ergebnisse
Puura et al. (1998) Finnland	Repräsentative Stichprobe (Geburtskohorte)	8 - 9	3397 (Screening) 279	DISC k.a.	k.a.	Irgendeine Störung: 15,1% Jungen: 23,7% Mädchen: 5,3%
Esser et al. (1992) Deutschland	Zufallsstichprobe (Geburtskohorte)	8 13 18	1444 (Screening) hier: 216	Mannheimer Elterninterview ICD-10	k.a. (Lebenszeit)	8: 16,2% 13: 17,8% 18: 16,0%
Steinhausen et al. (1998) Schweiz	Repräsentative Stichprobe (Schweizer Kanton)	7-16	2780 (Screening) hier: 379	DISC DSM-III-R	6 Monate	Irgendeine Störung: 22,5%
Cohen et al. (1993) USA	Ein Kind pro Familie (Zufallsstichprobe)	10-13 14-16 17-20	(Längsschnitt) hier: 776	DISC DSM-III-R	Punkt	10-13: 7,1% 14-16: 12,3% 17-20: 6,6% Externalisierend > Jungen Internalisierend > Mädchen
Essau et al. (1998) Deutschland	Schulstichprobe	12-17	1035 (Längsschnitt) 1. Erhebung	CAPI DSM-IV	Lebenszeit	Irgendeine Störung: 41,9% Mädchen > Jungen Ab 14. Lebensjahr starker Anstieg
Fergusson et al. (1993) Australien	Geburtskohorte (Christchurch)	15	1265 (Längsschnitt) hier: 961	DISC DSM-III-R	1 Jahr	Irgendeine Störung: 27,3% Externalisierend > Jungen Internalisierend > Mädchen
McGee et al. (1990) Australien	Geburtskohorte (Dunedin)	15	1139 (Längsschnitt) hier: 943	DISC DSM-III	1 Jahr	Irgendeine Störung: 22% Jungen: 18,2% Mädchen: 25,9% Externalisierend > Jungen Internalisierend > Mädchen
Canals et al. (1997) Spanien	Schulstichprobe	18	579 (Längsschnitt) hier: 304	SCAN DSM-III-R ICD-10	Punkt	ICD-10: Irgendeine Störung: 30% Jungen: 37,5% Mädchen: 21,7% DSM-III-R: Irgendeine Störung: 21% Jungen: 14,5% Mädchen: 26,9%
Reinherz et al. (1993) USA	Kindergarten-Neuzugänge	18	(Längsschnitt) hier: 386	DIS-III-R DSM-III-R	Lebenszeit	Irgendeine Störung: 49,1% Mädchen > Jungen

k.a.: keine Angaben;
Instrumente: CAPI (Computer-Assisted Personal Interview of the Munich Version of the Composite International Diagnostic Interview - M-CIDI; Wittchen & Pfister, 1996); DISC (Diagnostic Interview Schedule for Children [in unterschiedlichen Versionen]; Costello et al., 1982); SCAN (Schedules for Clinical Assessment in Neuropsychiatry; Wing et al., 1990); DIS-III-R (Diagnostic Interview Schedule, Version III-Revised; Robins et al., 1989); Mannheimer Eltern-Interview (Esser et al., 1989); nach ICD-10 (WHO, 1993), DSM-III (APA, 1984), DSM-III-R (APA, 1989) oder DSM-IV (APA, 1996)

In Deutschland wurde mit der deutschen Fassung der Child Behavior Checklist ebenfalls eine bundesweit repräsentative Studie an fast 3000 Kindern und Jugendlichen im Alter von vier bis 18 Jahren durchgeführt (Studie über *Psychische Auffälligkeiten und Kompetenzen von Kindern und Jugendlichen in Deutschland*, PAK-KID; Döpfner et al., 1997b, 1998b; Lehmkuhl et al., 1998). Ab dem Alter von elf Jahren wurde auch der Fragebogen für Jugendliche (YSR) beantwortet. Tabelle 5 zeigt die relative Häufigkeit, mit der ein Item oder mehrere Items einer Problemskala des Elternfragebogens in der Stichprobe der vier- bis zehnjährigen Kinder als auffällig beurteilt wurde. So zeigen beispielsweise 7,7% aller Jungen in diesem Alter nach Einschätzung der Eltern ein Symptom der Skala „Sozialer Rückzug", bei 1,8% sind es zwei Symptome und bei weiteren 0,2% drei oder mehr. Die Gesamtprävalenz liegt je nach Grenzwert für die Bestimmung von Auffälligkeiten zwischen 13% und 28%.

Mittlerweile liegen mehrere Studien mit der Child Behavior Checklist in verschiedenen Staaten und Kulturen vor, die, was die Mittelwerte der Gesamtauffälligkeiten betrifft, nur relativ geringe Unterschiede feststellen konnten (Crijnen, Achenbach & Verhulst, 1997; Verhulst & Achenbach, 1995).

Die Auftretenshäufigkeit psychischer Störungen *variiert* zwischen einzelnen epidemiologischen Studien teilweise erheblich. Hierfür sind eine Reihe methodischer Inkonsistenzen verantwortlich (Bird, 1996; Verhulst, 1995a; Groen, Scheithauer, Essau & Petermann, 1997; Petermann et al., 1998, S. 189), so zum Beispiel:

- Verwendung von Verfahren mit unterschiedlicher Fragestruktur und variierenden Meßgütekriterien (z.B. strukturierte, kategoriale Interview-

verfahren oder dimensionale Fragebogenverfahren),
- unterschiedlich stark strukturierte Erhebungsverfahren (hoch- oder halbstrukturierte Interviewverfahren),
- Unterschiede in der Stichprobenzusammenstellung (Schulstichproben, Stichproben rekrutiert in Haushalten mit Hilfe des Mikrozensus etc.),
- unterschiedliche Größe der Stichprobe,
- verschiedene Diagnosezeiträume (z.B. Punkt-, Ein-Jahres- oder Lebenszeit-Prävalenz),
- unterschiedliche Studiendesigns (prospektiv vs. retrospektiv; Querschnitt- vs. Längsschnittstudie),
- Unterschiede in der Auswahl erfaßter Störungsbereiche,
- in verschiedenem Ausmaß Stichprobenschwund,
- verschiedene Diagnosekriterien (z.B. verschiedene Versionen des DSM; unterschiedliche Cut-Off-Werte),
- unsystematische Verwendung zusätzlicher Diagnosekriterien (z.B. Stärke der psychosozialen Funktionsbeeinträchtigung oder Stärke der Behandlungsbedürftigkeit),
- unterschiedliche Informationsquellen (Kinder/Jugendliche, Eltern, Lehrer sowie verschiedene Kombinationen) und unterschiedliche Gewichtung und Verknüpfung der erhaltenen Informationen.

3.2 Demographische Unterschiede: Geschlechts- und Altersunterschiede

In der Auftretenshäufigkeit psychischer Störungen zeigen sich grundlegende Geschlechtsunterschiede. Tabelle 6 faßt die Ergebnisse für einige ausgewählte

Tabelle 5:
Häufigkeit psychischer Auffälligkeiten auf den Skalen des Elternfragebogens über das Verhalten von Kindern und Jugendlichen (CBCL/4-18) bei vier- bis zehnjährigen Kindern nach Lehmkuhl et al. (1998).

Skala	Jungen (N = 496) Auffällige Symptome (%)			Mädchen (N = 534) Auffällige Symptome (%)		
	1	2	mind. 3	1	2	mind. 3
Sozialer Rückzug	7,7	1,8	0,2	6,6	2,4	1,1
Körperliche Beschwerden	3,2	0,2	0,2	4,3	0,7	0,2
Ängstlich / depressiv	10,1	1,8	0,6	4,5	3,2	0,9
Soziale Probleme	8,9	1,2	0,8	6,7	1,3	1,1
Schizoid / zwanghaft	2,4	0,6	0,0	3,2	0,6	0,2
Aufmerksamkeitsprobleme	12,5	4,2	2,2	10,3	4,1	1,9
Dissoziales Verhalten	6,5	1,2	0,4	4,9	0,7	0,6
Aggressives Verhalten	15,5	7,5	6,5	14,8	4,5	6,6
Andere Probleme	15,7	5,6	4,2	15,5	8,1	5,1

Störungen des Kindesalters zusammen, wobei Schwankungen aufgrund methodischer Unterschiede zwischen den einzelnen Studien zu berücksichtigen sind.

Als besonders auffällig erweist sich die Tatsache, daß Jungen bei den externalisierenden und Entwicklungsstörungen, Mädchen hingegen bei den internalisierenden und Eßstörungen überwiegen (s. auch Tab. 4). Dies läßt sich durch drei Aspekte erklären (vgl. Hartung & Widiger, 1998; Petermann & Scheithauer, 1998; Steinhausen, 1992):

Tabelle 6:

Geschlechtsunterschiede im Auftreten ausgewählter psychischer oder Entwicklungsstörungen in epidemiologischen Studien (ausgewählte Ergebnisse nach Hartung & Widiger, 1998; Steinhausen, 1992).

Störungsform oder -bereich	Verhältnis im Auftreten Jungen (J) zu Mädchen (M)
Geistige Behinderung	1,6 : 1
Autismus	2,25 : 1 bis 5,7 : 1
Umschriebene Entwicklungsstörungen	ca. 2 : 1
Lern- oder Entwicklungsstörungen	2 : 1 bis 2,5 : 1
Hyperkinetische Störungen	3 : 1 bis 9 : 1
Störungen des Sozialverhaltens	J > M
Störung mit Oppositionellem Trotzverhalten	J > M
Delinquenz	6 : 1 bis 9 : 1
Depression	1 : 2 bis 1 : 3
Angststörungen	1 : 2 bis 1 : 3
Somatoforme Störung	J < M
Eßstörungen	1 : 9
Ausscheidungsstörungen	J > M
Störungen durch Substanzkonsum	J > M

1. Biologische und Entwicklungsfaktoren

- Es wird angenommen, daß genetische Faktoren für ein Überwiegen bestimmter Störungen bei Jungen verantwortlich sein könnten.
- Grundlegende biologische Unterschiede zwischen den Geschlechtern führen zum geschlechtsspezifischen Überwiegen bei den psychischen Störungen. Das männliche Sexualhormon Testosteron beispielsweise ist verknüpft mit aggressivem Verhalten. Hormonelle Veränderungen, bedingt durch das Einsetzen der Pubertät, könnten mit einer erhöhten Vulnerabilität bei den Mädchen beispielsweise gegenüber depressiven Störungen verknüpft sein.
- Jungen sind bei den Entwicklungs- und aggressiven Störungen überrepräsentiert, da sie ihre kognitive sowie physische Entwicklung und Reifung langsamer durchlaufen als Mädchen.

2. Psychosoziale Faktoren

- Unterschiedliche Sozialisationserfahrungen und Erziehungspraktiken bei Jungen und Mädchen tragen zum Geschlechterverhältnis bei. So werden körperliche Aggressionen bei Jungen eher toleriert und verstärkt als bei Mädchen. Treten bei Jungen mit aggressivem Verhalten zusätzlich hyperkinetische Störungen auf, so erhöht sich die Wahrscheinlichkeit, daß ihr Verhalten als störend empfunden wird und in der Umwelt auffällt.
- Soziokulturelle Faktoren (z.B. Darstellungen in Medien, gesellschaftliche Werthaltungen) scheinen beispielsweise verknüpft zu sein mit dem starken Überwiegen von Eßstörungen bei Mädchen, die den gesellschaftlichen Erwartungen und Anforderungen gemäß schlank aussehen wollen.

3. Artefakte in der Erfassung

- Ein unterschiedliches Antwortverhalten in Studien könnte eine Ursache für die Geschlechtsunterschiede sein: Mädchen könnten beispielsweise offener über eigene Gefühle und Ängste reden als Jungen.
- Die diagnostischen Kriterien der Klassifikationssysteme scheinen geschlechtsspezifische Ausdrucksweisen der einzelnen Störungen nicht genügend zu berücksichtigen: Die Kategorien der Störung des Sozialverhaltens beispielsweise umfassen eher aggressive Verhaltensweisen, die typisch sind für Jungen.
- Viele, vor allem ältere Studien haben nicht in einem ausgewogenen Verhältnis Jungen und Mädchen berücksichtigt. Lange Zeit dominierten somit beispielsweise im Bereich aggressiven Verhaltens Erkenntnisse aus Studien, die vorwiegend an Jungen durchgeführt wurden.

Die Geschlechtsunterschiede im Auftreten psychischer Störungen zeigen sich in Abhängigkeit vom Alter der Kinder: Während das Geschlechterverhältnis im Vorschulalter noch zumeist ausgewogen ist, zeigen sich insbesondere mit Eintritt ins Schulalter zunehmend Unterschiede. Insbesondere nach dem Einsetzen der Pubertät sind Geschlechtsunterschiede im Auftreten psychischer Störungen festzustellen. Es wird angenommen, daß Mädchen mit Einsetzen der Pubertät in einem stärkeren Ausmaß psychosozialen und biologischen Stressoren sowie Entwicklungsanforderungen ausgesetzt sind als Jungen. Die Zunahme depressiver Störungen bei Mädchen könnte beispielsweise damit zusammenhängen, daß der Eintritt der Pubertät für

Mädchen kurz vor oder während des Übergangs in die weiterführende Schule fällt, so daß Doppelbelastungen (mehrfache Entwicklungsanforderungen, Auflösung von Freundschaften durch Schulwechsel, Leistungsanforderungen) auftreten (vgl. Scheithauer & Petermann, 1999).

Darüber hinaus lassen sich grundlegende *Alterseffekte im Auftreten psychischer Störungen* anführen. Zwei Trends sind zu verzeichnen:

- Die kontinuierlich zunehmende Störungsbelastung mit steigendem Alter der untersuchten Kinder und Jugendlichen bis zum Heranwachsenden- beziehungsweise Erwachsenenalter (s. Tab. 4) und
- eine generelle Zunahme psychischer Störungen unter Kindern und Jugendlichen innerhalb der letzten Jahrzehnte.

Das Risiko für bestimmte Störungen, wie zum Beispiel für die Störung mit Oppositionellem Trotzverhalten oder für hyperkinetische Störungen, nimmt zwar mit zunehmendem Alter an Bedeutung ab, da das *Durchschnittsalter bei Störungsbeginn* gewöhnlich in der frühen Kindheit oder Kindheit liegt; dennoch ist grundsätzlich mit steigendem Alter eine Zunahme für die Gesamtbelastung durch psychische Störungen zu ermitteln (s. Tab. 4; Smith & Rutter, 1995). Einerseits erhöht sich mit steigendem Alter generell das Risiko für psychische Störungen; so liegt das durchschnittliche Ausbruchsalter der Eßstörungen (Bulimia und Anorexia Nervosa) beispielsweise innerhalb des Jugend- und des Heranwachsendenalters (Smith & Rutter, 1995). Andererseits ist das Auftreten psychischer Störungen in der Kindheit oftmals mit der Herausbildung weiterer psychischer Störungen im Jugend- bzw. Heranwachsendenalter verbunden, so daß eine höhere Auftretenshäufigkeit psychischer Störungen im Jugendalter in Studien, die die Lebenszeit-Prävalenz ermittelten, zu verzeichnen ist.

Im Übergang zum Erwachsenenalter ist zwar für einige Störungsbereiche ein starker Rückgang zu verzeichnen (z.B. aggressives oder delinquentes Verhalten), für andere Störungsbereiche (z.B. Depression) ist hingegen keine Abnahme festzustellen (Smith & Rutter, 1995). Dies spricht für *entwicklungsbedingte Phänomene* im Auftreten bestimmter psychischer Störungen. Insbesondere das Jugendalter erweist sich als eine Periode vielfältiger *Entwicklungsanforderungen und -übergänge* (z.B. Übergang zur weiterführenden Schule, erste sexuelle Kontakte, Übergang ins Berufsleben), die mit einem erhöhten Risiko für psychische Störungen verknüpft sein können (Smith & Rutter, 1995).

Innerhalb der letzten Jahrzehnte war ein *Ansteigen in der Auftretenshäufigkeit und der Stärke psychischer Störungen* unter Kindern und Jugendlichen westlicher Industrienationen zu verzeichnen. Darüber hinaus ließ

sich für eine Reihe psychischer Störungen (Depression, Aggression und Delinquenz, Substanzmißbrauch etc.) ein *früheres Alter bei Erstmanifestation* unter Kindern und Jugendlichen ermitteln (vgl. Achenbach & Howell, 1993; Fombonne, 1998; Rutter & Smith, 1995; Smith & Rutter, 1995). Zusätzlich lassen sich geschlechtsspezifische Muster isolieren, die daraufhin deuten, daß sich die Geschlechtsunterschiede im Auftreten der einzelnen Störungsformen zunehmend angleichen: In einem immer stärkeren Ausmaß weisen beispielsweise auch Mädchen ein delinquentes Verhalten und Jungen Depression auf (Smith & Rutter, 1995).

Für diese Befunde könnten bestimmte, *gesellschaftlich-bedingte (säkulare) Trends* verantwortlich sein: So sind in den letzten Jahrzehnten die Anforderungen im Kindesalter, beispielsweise durch Schule und Ausbildung, stetig angestiegen (Rutter & Smith, 1995; Smith & Rutter, 1995; Verhulst, 1995a). Durch längere Ausbildungszeiten und dem immer früheren Einsetzen der Pubertät hat sich die *Zeit der „Kindheit"* bis zum Erwachsenenalter *zunehmend verlängert;* zusätzliche risikoerhöhende Faktoren treten in einem stärkeren Maße auf (z.B. längere finanzielle Abhängigkeit von den Eltern gegenüber dem Streben nach Autonomie, der immer frühere Einfluß der Gleichaltrigengruppe sowie jugendlicher Subkulturen, frühe sexuelle Erfahrungen etc.; vgl. Moffitt, 1993; Moffitt, Caspi, Dickson, Silva & Stanton, 1996; Rutter & Smith, 1995). Die zunehmende *Veränderung familiärer Strukturen* (z.B. steigende Scheidungs- bzw. Trennungsrate, alleinerziehende Elternteile mit vielfältigen finanziellen und sozialen Belastungen etc.) der letzten Jahrzehnte sowie die schlechte Ausbildungs- und Arbeitsmarktlage und damit die negative Zukunftsperspektive für Jugendliche könnten ebenso verknüpft sein mit einer Zunahme psychischer Störungen (Rutter & Smith, 1995).

3.3 Inanspruchnahmeverhalten

Die Mehrzahl an Kindern aus der Allgemeinbevölkerung mit deutlichem Problemverhalten nimmt keine psychosozialen Hilfen (z.B. Erziehungsberatungsstellen, Psychiater, Psychotherapeuten) in Anspruch (Verhulst & van der Ende, 1997). Schätzungen zufolge suchen lediglich ca. 5 bis 10% der Kinder mit psychischen Störungen professionelle Hilfen auf (vgl. Höger, 1995; Verhulst & van der Ende, 1997). Grundsätzlich ergeben sich aufgrund dieser Befunde zwei Fragen:

- Wird das Inanspruchnahmeverhalten durch bestimmte Faktoren negativ beeinflußt?
- Treten bei einigen Kindern aus der Allgemeinbevölkerung psychische Symptome lediglich vorübergehend auf und sind unter Umständen nicht behandlungsbedürftig?

Regier und Mitarbeiter (1998) argumentieren, daß einige Störungssyndrome in der Allgemeinbevölkerung lediglich vorübergehende homöostatische Reaktionen auf aversive interne oder externe Stimuli (z.B. negative Lebensereignisse) darstellen könnten und nicht wirkliche psychische Störungen repräsentieren. Bei Personen mit diagnostizierten psychischen Störungen, die keine psychosozialen Hilfseinrichtungen aufsuchen, könnte es sich um solche nicht-behandlungsbedürftigen Reaktionen handeln. Bei Kindern kann es sich darüber hinaus um entwicklungsabhängige oder vorübergehende Anpassungserscheinungen handeln. Eine *Behandlungsbedürftigkeit* müßte sich somit an zusätzlichen Kriterien, wie zum Beispiel die Stärke der Symptomatik oder einhergehenden psychosozialen Beeinträchtigungen, Symptomdauer oder dem Auftreten komorbider Störungen, orientieren (vgl. Regier et al., 1998; Spitzer, 1998; Verhulst et al., 1997).

In verschiedenen Studien konnten bestimmte *Merkmale* ermittelt werden, hinsichtlich derer sich Personen mit psychischen Störungen, die fachliche Hilfen aufgesucht haben, von unbehandelten Personen unterscheiden (s. Kasten 5).

Kinder (und meist auch noch Jugendliche) treten in der Regel *über ihre Eltern* in den Kontakt mit Hilfseinrichtungen. Eltern oder Personen im näheren sozialen Umfeld des Kindes (z.B. Lehrer, Kindergärtnerin) entscheiden auch in der Regel, ob ein bestimmtes Verhalten des Kindes deviant ist oder nicht (Verhulst, 1995a). Somit bestimmen gewisse Merkmale der Eltern (s. Kasten 5) wesentlich darüber, ob therapeutische Hilfen in Anspruch genommen werden (Verhulst & Koot, 1992).

Ein besonderes Problem stellt die Tatsache dar, daß psychische Probleme bei Kindern beispielsweise von Kinderärzten oder Allgemeinmedizinern oft nicht erkannt werden. Darüber hinaus kann es einige Zeit in Anspruch nehmen, bis betroffene Kinder oder Jugendliche mit den entsprechend spezialisierten Hilfseinrichtungen in den Kontakt kommen (Verhulst, 1995a). Goldberg und Huxley (1980) kennzeichnen verschiedene „Filter", die auf dem Weg vom ersten Kontakt mit unspezifischen Hilfseinrichtungen bis hin zu den spezialisierten Einrichtungen zu durchlaufen sind. Die Filter umschreiben

- die Entscheidung der Eltern, Hilfe in Anspruch zu nehmen,
- das Erkennen der psychischen Probleme durch den Allgemeinarzt oder den Kinderarzt,
- die Entscheidung des Allgemein- oder Kinderarztes, eine Überweisung zu spezialisierten Einrichtungen (z.B. einem Klinischen Kinderpsychologen) vorzunehmen und
- die Entscheidung beispielsweise des Therapeuten, eine Behandlung einzuleiten.

Pavuluri und Mitarbeiter (1996) erweitern dieses „Filter-Modell" für Kinder im Vorschulalter um folgende Aspekte: Die Eltern müssen

Kasten 5:
Merkmale, die das Inanspruchnahmeverhalten positiv beeinflussen (nach Höger, 1995, S. 4; Lavigne et al., 1998; Pavuluri, Luk & McGee, 1996; Verhulst & van der Ende, 1997).

Kindbezogene Merkmale
- Alter (häufiger jüngere Kinder)
- Geschlecht (häufiger Jungen)
- Störungsform (häufiger externalisierende Störungen)
- Längere Störungsdauer
- Hoher Schweregrad der Störung
Familienbezogene Merkmale
- Höhere soziale Schicht
- Höheres Bildungsniveau der Eltern
- Psychosoziale, familiäre Stressoren
- Psychische Probleme der Eltern
- Fähigkeit der Eltern, die Probleme des Kindes zu erkennen
- Bereitschaft der Eltern, die Probleme des Kindes „zu veröffentlichen"
- Bereitschaft der Eltern, Hilfe in Anspruch zu nehmen
- Soziale Unterstützung
Merkmale des Versorgungsnetzes
- Städtische Wohngegenden
- Hohe Verfügbarkeit von Fachinstitutionen
- Offenheit der Ärzte, eine Überweisung zum psychologischen Fachdienst vorzunehmen
Einstellungen und Krankheitsverhalten
- Unterschiedliche Vorstellungen über die Probleme des Kindes bei Lehrern, Eltern und Experten
- Ungünstiges Krankheitsverhalten der Eltern
- Geringe Schuldzuweisung der Eltern
- Negative Einstellung der Eltern gegenüber professionellen Hilfen

- erkennen, daß ihr Kind Probleme hat oder sich auffällig verhält,
- in Erwägung ziehen, fachliche Hilfe in Anspruch zu nehmen und
- mögliche „Barrieren" (z.B. negative Einstellungen gegenüber Hilfseinrichtungen) überwinden und fachliche Hilfe de facto in Anspruch nehmen.

Eltern müßten somit zunehmend dafür sensibilisiert werden, einerseits psychische Probleme ihrer Kinder zu erkennen und zu akzeptieren, andererseits entsprechende Hilfseinrichtungen aufzusuchen. Pavuluri und Mitarbeiter (1996) führen beispielsweise eine Reihe von Möglichkeiten an, um das Inanspruchnahmeverhalten bei Vorschulkindern zu steigern. Darüber hinaus erscheint es notwendig, die Wege im öffentlichen Gesundheitswesen bis zum spezialisierten Kinder- beziehungsweise Familientherapeuten zu verkürzen.

Zusammenfassung

Es läßt sich kein einheitliches Konzept psychischer Störungen anführen; vielmehr liegen gemäß unterschiedlicher Disziplinen (z.B. Medizin, Psychologie) und theoretischer Orientierungen (z.B. Verhaltenstherapie, Entwicklungspsychopathologie) eine Vielzahl an Störungskonzepten vor. Innerhalb der Klinischen Kinderpsychologie kann man von einer psychischen Störung ausgehen, wenn bestimmte Verhaltensweisen im Vergleich zu Kindern der gleichen Altersgruppe über einen längeren Zeitraum zu häufig oder zu schwach ausgeprägt auftreten. Die Diagnose einer psychischen Störung hängt dabei nicht nur von der Anzahl und Dauer sowie Kombination bestimmter Symptome ab, sondern setzt auch psychosoziale Beeinträchtigungen in unterschiedlichen Bereichen voraus. Insbesondere im Kindesalter ist dabei in der Konzeption psychischer Störungen eine Orientierung an Aspekten der normalen Entwicklung von Bedeutung.

Psychische Störungen können einerseits mit Hilfe kategorialer Systeme klassifiziert werden, die Störungen als diskontinuierliche Einheiten betrachten. Zu den bekanntesten Klassifikationssystemen zählen das DSM und die ICD. Mit Hilfe der multiaxialen Klassifikation werden psychische Störungen auf mehreren Achsen klassifiziert, so daß beispielsweise auch das Auftreten medizinischer Faktoren berücksichtigt oder das psychosoziale Funktionsniveau beurteilt werden kann. Neben den Störungen, die typischerweise im Kindesalter beginnen (verschiedene Entwicklungs-, emotionale oder Verhaltensstörungen), können auch Störungskategorien des Erwachsenenalters auf Kinder und Jugendliche angewandt werden. „Komorbidität" bezeichnet dabei das gleichzeitige Auftreten psychischer Störungen, sofern nicht die Diagnose einer Störung durch Ausschlußkriterien oder Differentialdiagnose ausgeschlossen wird. Eine dimensionale Herangehensweise beschreibt psychische Auffälligkeiten mit Hilfe empirisch gewonnener Dimensionen. Mit Hilfe von Fragebogenverfahren werden Merkmale auf wenige Dimensionen reduziert. Psychische Störungen werden dabei als kontinuierlich verteilte Merkmale dargestellt. Zu den bekannten Verfahren zählen die Child Behavior Checklist und das Youth Self Report. Optimalerweise sollten der kategoriale und der dimensionale Ansatz in der Erfassung psychischer Störungen kombiniert werden.

Epidemiologische Studien versuchen mit Hilfe kategorialer Klassifikationssysteme oder dimensionaler Fragebogenverfahren die Häufigkeit und Verteilung, den Verlauf, risikoerhöhende Bedingungen psychischer Störungen sowie eine Reihe weiterer Faktoren zu ermitteln. Insbesondere Längsschnittstudien sind dafür geeignet, jene Faktoren zu untersuchen, die das Auftreten psychischer Störungen begünstigen, verhindern oder eindämmen. Die Prävalenz psychischer Störungen variiert aufgrund einer Vielzahl methodischer Unterschiede zwischen einzelnen Studien erheblich; 10 bis 20% der Kinder und Jugendlichen weisen bis zum 18. Lebensjahr irgendeine psychische Störung beziehungsweise bedeutende psychische Probleme auf. Dabei zeigen sich sowohl Alters- als auch Geschlechtsunterschiede im Auftreten psychischer Störungen. Einer Vielzahl der betroffenen Kinder und Jugendlichen kommt jedoch keine professionelle Hilfe zu.

Verständnisfragen

1. Worin liegen die Probleme der Bestimmung psychischer Störungen im Kindesalter?
2. Worin liegt der Unterschied zwischen der kategorialen und dimensionalen Diagnostik und welche Vorgehensweise ist vorzuziehen?
3. Welche Gründe sind für die Notwendigkeit von Längsschnittstudien psychischer Störungen im Kindesalter anzuführen?
4. Welche Faktoren bestimmen, ob klinisch-relevante psychische Störungen vorliegen und Hilfseinrichtungen aufgesucht werden?

Weiterführende Literatur

American Psychiatric Association (APA) (1996). *Diagnostisches und Statistisches Manual Psychischer Störungen (DSM-IV)*. Göttingen: Hogrefe.

Remschmidt, H. & Schmidt, M.H. (Hrsg.). (1994). *Multiaxiales Klassifikationsschema für psychische Störungen des Kindes- und Jugendalters nach ICD-10 der WHO (3., revidierte Auflage)*. Bern: Huber.

Verhulst, F.C. & Koot, H.M. (Eds.). (1995). *The epidemiology of child and adolescent psychopathology*. Oxford: University Press.

Literatur

Achenbach, T.M. (1991a). *Manual for the Child Behavior Checklist / 4-18 and 1991 Profile*. Burlington: University of Vermont, Department of Psychiatry.

Achenbach, T.M. (1991b). *Manual for the Teacher's Report Form and 1991 Profile*. Burlington: University of Vermont, Department of Psychiatry.

Achenbach, T.M. (1991c). *Manual for the Youth Self-Report and 1991 Profile*. Burlington: University of Vermont, Department of Psychiatry.

Achenbach, T.M. (1991d). *Integrative Guide for the 1991 CBCL / 4-18, YSR, and TRF Profiles*. Burlington: University of Vermont, Department of Psychiatry.

Achenbach, T.M. (1992). *Manual for the Child Behavior Checklist / 2-3 and 1992 Profile*. Burlington: University of Vermont, Department of Psychiatry.

Achenbach, T.M. (1995). Developmental issues in assessment, taxonomy, and diagnosis of child and adolescent psychopathology. In D. Cicchetti & D.J. Cohen (Eds.), *Developmental psychopathology, Vol. 1. Theory and minds* (57-80). New York: Wiley.

Achenbach, T.M. & Howell, C.T. (1993). Are American children's problem getting worse? A 13-year comparison. *Journal of the American Academy of Child and Adolescent Psychiatry, 32*, 1145-1154.

APA (1984). *Diagnostisches und Statistisches Manual Psychischer Störungen (DSM-III)*. Weinheim: Beltz.

APA (1989). *Diagnostisches und Statistisches Manual Psychischer Störungen (DSM-III-R)*. Weinheim: Beltz.

APA (1996). *Diagnostisches und Statistisches Manual Psychischer Störungen (DSM-IV)*. Göttingen: Hogrefe.

Bird, H.R. (1996). Epidemiology of childhood disorders in a cross-cultural context. *Journal of Child Psychology and Psychiatry, 37*, 35-49.

Bird, H.R., Gould, M.S. & Staghezza, B. (1992). Aggregating data from multiple informants in child psychiatry epidemiological research. *Journal of the American Academy of Child and Adolescent Psychiatry, 31*, 78-85.

Canals, J., Domenech, E., Carbajo, G. & Blade, J. (1997). Prevalence of DSM-III-R and ICD-10 psychiatric disorders in a Spanish population of 18-year-olds. *Acta Psychiatrica Scandinavica, 96*, 287-294.

Caron, C. & Rutter, M. (1991). Comorbidity in child psychopathology: Concepts, issues, and research strategies. *Journal of Child Psychology and Psychiatry 32*, 1063-1080.

Cohen, P., Cohen, J., Kasen, S., Noemi Velez, C., Hartmark, C., Johnson, J., Rojas, M., Brook, J. & Streuning, E.L. (1993). An epidemiological study of disorders in late childhood and adolescence – I. Age- and gender-specific prevalence. *Journal of Child Psychology and Psychiatry, 34*, 851-867.

Compas, B.E. & Hammen, C.L. (1994). Child and adolescent depression: Covariation and comorbidity in development. In R.J. Haggerty, L.R. Sherrod, N. Garmezy & M. Rutter (Eds.), *Stress, risk, and resilience in children and adolescents. Processes, mechanisms, and interventions* (225-267). Cambridge: University Press.

Costello, E.J. & Angold, A. (1995). Developmental epidemiology. In D. Cicchetti & D.J. Cohen (Eds.), *Developmental psychopathology, Vol. 1. Theory and methods* (23-56). New York: Wiley.

Costello, A., Edelbrock, C., Kalas, R., Kessler, M. & Klaric, S.A. (1982). *Diagnostic Interview Schedule for Children (DISC)*. Bethesda, M.D.: NIMH.

Crijnen, A.A.M., Achenbach, T.M. & Verhulst, F.C. (1997). Comparisons of problems reported by parents of children in 12 cultures: Total problems, externalizing, and internalizing. *Journal of the American Academy of Child and Adolescent Psychiatry, 36*, 1269-1277.

Döpfner, M. (2000). Diagnostik und funktionale Analyse von Angst- und Zwangsstörungen bei Kindern und Jugendlichen – ein Leitfaden. *Kindheit und Entwicklung, 9*, 143-160.

Döpfner, M., Berner, W., Flechtner, H., Lehmkuhl, G. & Steinhausen, H.-C. (1999). *Psychopathologisches Befund-System für Kinder und Jugendliche (CASCAP-D): Befundbogen, Glossar und Explorationsleitfaden*. Göttingen: Hogrefe.

Döpfner, M., Berner, W. & Lehmkuhl, G. (1997). Verhaltensauffälligkeiten von Schülern im Urteil der Lehrer - Reliabilität und faktorielle Validität der Teacher's Report Form der Child Behavior Checklist. *Zeitschrift für Differentielle und Diagnostische Psychologie, 18*, 199 - 214.

Döpfner, M., Berner, W. & Lehmkuhl, G. (1995). Reliabilität und faktorielle Validität der Youth Self-Report der Child Behavior Checklist bei einer klinischen Stichprobe. *Diagnostica, 41*, 221-244.

Döpfner, M. & Lehmkuhl, G. (1997). Von der kategorialen zur dimensionalen Diagnostik. *Praxis der Kinderpsychologie und Kinderpsychiatrie, 46*, 519-547.

Döpfner, M. & Lehmkuhl, G. (2000). *Diagnostik-System für Psychische Störungen im Kindes- und Jugendalter nach*

ICD-10 und DSM-IV (DISYPS-KJ) (2., korrigierte u. ergänzte Auflage). Bern: Huber.

Döpfner, M., Lehmkuhl, G., Flechtner, H., Berner, W., von Aster, M. & Steinhausen, H.C. (1997a). Das CASCAP-D in der Kinder- und Jugendpsychiatrie. In H.-J. Haug & R.-D. Stieglitz (Hrsg.), Das AMDP-System in der klinischen Anwendung und Forschung (98 - 107). Göttingen: Hogrefe.

Döpfner, M., Plück, J., Berner, W., Englert, E., Fegert, J.M., Huss, M., Lenz, K., Schmeck, K., Lehmkuhl, G., Lehmkuhl, U. & Poustka, F. (1998). Psychische Auffälligkeiten und psychosoziale Kompetenzen von Kindern und Jugendlichen in den neuen und alten Bundesländern - Ergebnisse einer bundesweit repräsentativen Studie. Zeitschrift für Klinische Psychologie, 27, 9 - 19.

Döpfner, M., Plück, J., Berner, W., Fegert, J., Huss, M., Lenz, K., Schmeck, K., Lehmkuhl, U., Poustka, F. & Lehmkuhl, G. (1997b). Psychische Auffälligkeiten von Kindern und Jugendlichen in Deutschland - Ergebnisse einer repräsentativen Studie: Methodik, Alters-, Geschlechts- und Beurteilereffekte. Zeitschrift für Kinder- und Jugendpsychiatrie und Psychotherapie, 25, 218 - 233.

Egger, J. (1992). Zum Krankheitsbegriff in der Verhaltenstherapie. In A. Pritz & H. Petzold (Hrsg.), Der Krankheitsbegriff in der modernen Psychotherapie (303-322). Paderborn: Junfermann.

Esser, G., Blanz, B., Geisel, B. & Laucht, M. (1989). Mannheimer Elterninterview. Weinheim: Beltz.

Esser, G., Schmidt, M.H., Blanz, B., Fätkenheuer, B., Fritz, A., Koppe, T., Laucht, M., Rensch, B. & Rothberger, W. (1992). Prävalenz und Verlauf psychischer Störungen im Kindes- und Jugendalter. Zeitschrift für Kinder- und Jugendpsychiatrie, 20, 232-242.

Essau, C.A., Karpinski, N.A., Petermann, F. & Conradt, J. (1998). Häufigkeit und Komorbidität psychischer Störungen bei Jugendlichen: Ergebnisse der Bremer Jugendstudie. Zeitschrift für Klinische Psychologie, Psychiatrie und Psychotherapie, 46, 105-124.

Essau, C.A., Scheithauer, H., Groen, G. & Petermann, F. (1997). Forschungsmethoden innerhalb der Entwicklungspsychopathologie. Zeitschrift für Klinische Psychologie, Psychiatrie und Psychotherapie, 45, 245-263.

Fegert, J.M. (1996). Verhaltensdimensionen und Verhaltensprobleme bei zweieinhalbjährigen Kindern. Praxis der Kinderpsychologie und Kinderpsychiatrie, 45, 83-94.

Fergusson, D.M., Horwood, L.J. & Lynskey, M.T. (1993). Prevalence and comorbidity of DSM-III-R diagnoses in a birth cohort of 15 year olds. Journal of the American Academy of Child and Adolescent Psychiatry, 32, 1127-1134.

Fombonne, E. (1998). Increased rates of psychosocial disorders in youth. European Archive of Psychiatry and Clinical Neuroscience, 248, 14-21.

Goldberg, D. & Huxley, P. (1980). Mental illness in the community: The pathway to psychiatric care. London: Tavistock.

Gould, M.S., Bird, H.R. & Jaramillo, B.S (1993). Correspondence between statistically derived behavior problem syndromes and child psychiatric diagnoses in a community sample. Journal of Abnormal Child Psychology 21, 287-313.

Graham, P. & Skuse, D. (1992). The developmental perspective in classification. In H. Remschmidt & M.H. Schmidt (Eds.), Developmental psychopathology (1-6). Lewiston: Hogrefe & Huber.

Groen, G., Scheithauer, H., Essau, C.A. & Petermann, F. (1997). Epidemiologie depressiver Störungen im Kindes- und Jugendalter: Eine kritische Übersicht. Zeitschrift für Klinische Psychologie, Psychiatrie und Psychotherapie, 45, 113-142.

Hartung, C.M. & Widiger, T.A. (1998). Gender differences in the diagnosis of mental disorders: Conclusions and controversies of the DSM-IV. Psychological Bulletin, 123, 260-278.

Hinshaw, S.P., Lahey, B.B. & Hart, E.L. (1993). Issues of taxonomy and comorbidity in the development of conduct disorder. Development and Psychopathology, 5, 31-49.

Hoagwood, K., Jensen, P.S., Petti, T. & Burns, B.J. (1996). Outcome of mental health care for children and adolescents: I. A comprehensive conceptual model. Journal of the American Academy of Child and Adolescent Psychiatry, 35, 1055-1063.

Höger, C. (1995). Wer geht in Behandlung? Einflußgrößen auf das Inanspruchnahmeverhalten bei psychischen Problemen von Kindern und Jugendlichen. Praxis der Kinderpsychologie und Kinderpsychiatrie, 44, 3-8.

Jensen, P.S. & Hoagwood, K. (1997). The book of names: DSM-IV in context. Development and Psychopathology, 9, 231-250.

Kasius, M.C., Ferdinand, R.F., van den Berg, H. & Verhulst, F.C. (1997). Associations between different diagnostic approaches for child and adolescent psychopathology. Journal of Child Psychology and Psychiatry, 38, 625-632.

Kraus, A. (1996). Die Bedeutung der Intuition für die psychiatrische Diagnostik und Klassifikation. In H. Saß (Hrsg.), Psychopathologische Methoden und psychiatrische Forschung (156-169). Jena: G. Fischer.

Kusch, M. & Petermann, F. (1997). Komorbidität von Aggression und Depression. Kindheit und Entwicklung, 6, 212-223.

Lahey, B.B. & Loeber, R. (1997). Attention-deficit/hyperactivity disorder, oppositional defiant disorder, conduct disorder, and adult antisocial behavior: A life span perspective. In D.M. Stoff, J. Breiling & J.D. Maser (Eds.), Handbook of antisocial behavior (51-59). New York: Wiley.

Lavigne, J.V., Arend, R., Rosenbaum, D., Binns, H.J., Christoffel, K.K., Burns, A. & Smith, A. (1998). Mental health service use among young children receiving pediatric primary care. Journal of the American Academy of Child and Adolescent Psychiatry, 37, 1175-1183.

Lehmkuhl, G., Döpfner, M., Plück, J., Berner, W., Fegert, J., Huss, M., Lenz, K., Schmeck, K., Lehmkuhl, U. & Poustka, F. (1998). Häufigkeit psychischer Auffälligkeiten und somatischer Beschwerden bei vier- bis zehnjährigen Kindern in Deutschland im Urteil der Eltern - ein Vergleich normorientierter und kriterienorientierter Modelle. Zeitschrift für Kinder- und Jugendpsychiatrie und Psychotherapie, 26, 83-96.

Leigthon, A.H. & Murphy, J.M. (1997). Nature of pathology: The character of danger implicit in functional impairment. Canadian Journal of Psychiatry, 42, 714-721.

Mattejat, F. & Remschmidt, H. (1998). Zur Erfassung der Lebensqualität bei psychisch gestörten Kindern und Jugendlichen – Eine Übersicht. *Zeitschrift für Kinder- und Jugendpsychiatrie und Psychotherapie, 26*, 183-196.

McConaughy, S.H. & Achenbach, T. (1994). Comorbidity of empirically based syndromes in matched general population and clinical samples. *Journal of Child Psychology and Psychiatry 35*, 1141-1157.

McGee, R., Feehan, M., Williams, S., Partridge, F., Silva, P.A. & Kelly, J. (1990). DSM-III-disorders in a large sample of adolescents. *Journal of the American Academy of Child and Adolescent Psychiatry, 29*, 611-619.

Moffitt, T.E. (1993). "Life-course persistent" vs. "adolescent-limited" antisocial behavior: A developmental taxonomy. *Psychological Review, 100*, 674-701.

Moffitt, T.E., Caspi, A., Dickson, N., Silva, P. & Stanton, W. (1996). Childhood-onset versus adolescent-onset antisocial conduct problems in males: Natural history from ages 3 to 18 years. *Development and Psychopathology, 8*, 399-424.

Nathan, P.E. & Langenbucher, J.W. (1999). Psychopathology: Description and classification. *Annual Review in Psychology, 50*, 79-107.

Pavuluri, M.N., Luk, S.-L. & McGee, R. (1996). Help-seeking for behavior problems by parents of preschool children: A community study. *Journal of the American Academy of Child and Adolescent Psychiatry, 35*, 215-222.

Petermann, F. (Hrsg). (1999). Erträge aus der Längsschnittforschung [Themenheft]. *Kindheit und Entwicklung, 8* Heft 1.

Petermann, F. (2001). Veränderungsmessung. In D.H. Rost (Hrsg.), *Handwörterbuch Pädagogische Psychologie* (2. erweit. Aufl.; 749-755). Weinheim: Psychologie Verlags Union.

Petermann, F., Kusch, M. & Niebank, K. (1998). *Entwicklungspsychopathologie. Ein Lehrbuch.* Weinheim: Psychologie Verlags Union.

Petermann, F., Lehmkuhl, G., Petermann, U. & Döpfner, M. (1995). Klassifikation psychischer Störungen im Kindes- und Jugendalter nach DSM-IV - Ein Vergleich mit DSM-III-R und ICD-10. *Kindheit und Entwicklung, 4*, 171-182.

Petermann, F. & Scheithauer, H. (1998). Aggressives und antisoziales Verhalten im Kindes- und Jugendalter. In F. Petermann, M. Kusch & K. Niebank, *Entwicklungspsychopathologie. Ein Lehrbuch* (243-295). Weinheim: Psychologie Verlags Union.

Poustka, F., Burk, B., Bästlein, M., Denner, S., van Goor-Lambo, G. & Schermer, D. (1994). *Assoziierte aktuelle abnorme Umstände. Achse fünf des Multiaxialen Klassifikationsschemas für psychiatrische Erkrankungen im Kindes- und Jugendalter (ICD-10).* Frankfurt: Swets Test.

Puura, K., Almqvist, F., Tamminen, T., Piha, J., Räsänen, E., Kumpulainen, K., Moilanen, I. & Koivisto, A.-M. (1998). Psychiatric disturbances among prepubertal children in Southern Finland. *Social Psychiatry and Psychiatric Epidemiology, 33*, 310-318.

Quay, H.C. (1986). Classification. In H.C. Quay & J.S. Werry, (Eds.), *Psychopathological disorders of childhood* (1-34). New York: Wiley.

Regier, D.A., Kaelber, C.T., Rae, D.S., Farmer, M.E., Knau-

per, B., Kessler, R.C. & Norquist, G.S. (1998). Limitations of diagnostic criteria and assessment instruments for mental disorders. Implications for research and policy. *Archives of General Psychiatry, 55*, 109-115.

Reinherz, H.Z., Giaconia, R.M., Lefkowitz, E.S., Pakiz, B. & Frost, A.K. (1993). Prevalence of psychiatric disorders in a community population of older adolescents. *Journal of the American Academy of Child and Adolescent Psychiatry, 32*, 369-377.

Remschmidt, H. & Schmidt, M.H. (Hrsg.). (1994). *Multiaxiales Klassifikationsschema für psychische Störungen des Kindes- und Jugendalters nach ICD-10 der WHO (3., revidierte Auflage).* Bern: Huber.

Renouf, A.G., Kovacs, M. & Mukerji, P. (1997). Relationship of depressive, conduct, and comorbid disorders and social functioning in childhood. *Journal of the American Academy of Child and Adolescent Psychiatry, 36*, 998-1004.

Robins, L., Helzer, J., Cottler, L. & Goldring, E. (1989). *NIMH Diagnostic Interview Schedule Version III Revised.* St. Louis: Washington University, Department of Psychiatry.

Rutter, M. (1994). Beyond longitudinal data: Causes, consequences, changes and continuity. *Journal of Consulting and Clinical Psychology, 62*, 928-940.

Rutter, M. & Smith, D.J. (1995). Towards causal explanations of time trends in psychosocial disorders of young people. In M. Rutter & D.J. Smith (Eds.), *Psychosocial disorders in young people. Time trends and their causes* (782-808). Chichester: Wiley.

Scharfetter, C. (1991). *Allgemeine Psychopathologie (3. Auflage).* Stuttgart: Thieme.

Scheithauer, H. & Petermann, F. (1999). Zur Wirkungsweise von Risiko- und Schutzfaktoren in der Entwicklung von Kindern und Jugendlichen. *Kindheit und Entwicklung, 8*, 3-14.

Schmidt, L.R. (1998). Zur Dimensionalität von Gesundheit (und Krankheit*). Zeitschrift für Gesundheitspsychologie, 6*, 161-178.

Shaffer, D., Fisher, P., Dulcan, M.K., Davies, M., Piacentini, J., Schwab-Stone, M., Lahey, B.B., Bourdon, K., Jensen, P.S., Bird, H., Canino, G. & Regier, D.A. (1996). The NIMH Diagnostic Interview Schedule for Children Version 2.3 (DISC-2.3): Description, acceptability, prevalence rates, and performance in the MECA study. *Journal of the American Academy of Child and Adolescent Psychiatry, 35*, 865-877.

Shaffer, D., Gould, M.S., Brasic, J., Ambrosini, P., Fisher, P., Bird, H. & Aluwahlia, S.A. (1983). Children's Global Assessment Scale. *Archives of General Psychiatry, 40*, 1228-1231.

Sher, K.J. & Trull, T.J. (1996). Methodological issues in psychopathology research. *Annual Review in Psychology, 47*, 371-400.

Smith, D.J. & Rutter, M. (1995). Time trends in psychosocial disorders of youth. In M. Rutter & D.J. Smith (Eds.), *Psychosocial disorders in young people. Time trends and their causes* (763-781). Chichester: Wiley.

Spitzer, R.L. (1998). Commentary - Diagnosis and need for treatment are not the same. *Archives of General Psychiatry, 55*, 120.

Steinhausen, H.-C. (1992). Sex differences in developmental psychopathology. In H. Remschmidt & M.H. Schmidt (Eds.), *Developmental psychopathology* (7-16). Lewiston: Hogrefe & Huber.

Steinhausen, H.-C., Winkler Metzke, C., Meier, M. & Kannenberg, R. (1998). Prevalence of child and adolescent psychiatric disorders: The Zürich Epidemiological Study. *Acta Psychiatrica Scandinavica, 98*, 262-271.

Verhulst, F.C. (1995a). The epidemiology of child and adolescent psychopathology: Strenghts and limitations. In F.C. Verhulst & H.M. Koot (Eds.), *The epidemiology of child and adolescent psychopathology* (1-21). Oxford: University Press.

Verhulst, F.C. (1995b). A review of community studies. In F.C. Verhulst & H.M. Koot (Eds.), *The epidemiology of child and adolescent psychopathology* (146-177). Oxford: University Press.

Verhulst, F.C. & Achenbach, T.M. (1995). Empirically based assessment and taxonomy of psychopathology: Cross-cultural applications. A review. *European Child and Adolescent Psychiatry, 4*, 61 - 76.

Verhulst, F.C. & Koot, H.M. (1992). *Child psychiatric epidemiology. Concepts, methods, and findings (developmental clinical psychology and psychiatry series, Vol. 23)*. Newbury Park: Sage.

Verhulst, F.C. & van der Ende, J. (1997). Factors associated with child mental health service use in the community. *Journal of the American Academy of Child and Adolescent Psychiatry, 36*, 901-909.

Verhulst, F.C., van der Ende, J., Ferdinand, R.F. & Kasius, M.C. (1997). The prevalence of DSM-III-R diagnoses in a national sample of Dutch adolescents. *Archives of General Psychiatry, 54*, 329-336.

Vollmoeller, W. (1998). *Was heißt psychisch krank? Der Krankheitsbegriff in Psychiatrie, Psychotherapie und Forensik*. Stuttgart: Kohlhammer.

Wakefield, J.C. (1997). When is development disordered? Developmental psychopathology and the harmful dysfunction analysis of mental disorder. *Development and Psychopathology, 9*, 269-290.

Weiss, B., Jackson, E.W. & Süsser, K. (1997). Effect of co-occurence on the referability of internalizing and externalizing problem behavior in adolescents. *Journal of Clinical Child Psychology, 26*, 198-204.

Wing, J.K., Babor, T., Brugha, T., Burke, J., Cooper, J.E., Giel, R., Jablenski, A., Regier, D. & Sartorius, N. (1990). SCAN: Schedules for Clinical Assessment in Neuropsychiatry. *Archives of General Psychiatry, 47*, 589-593.

Wittchen, H.-U. & Pfister, H. (1996). *DIA-X Manual: Instrumentsmanual zur Durchführung von DIA-X-Interviews*. Frankfurt: Swets & Zeitlinger.

WHO (1993). *Internationale Klassifikation psychischer Störungen. ICD-10, Kapitel V (F). Klinisch diagnostische Leitlinien (2. Auflage)*. Bern: Huber.

WHO (1994). *Internationale Klassifikation psychischerStörungen. ICD-10, Kapitel V (F). Forschungskriterien*. Bern: Huber.

3 Grundlagen und Ergebnisse der Entwicklungspsychopathologie

von Kay Niebank und Franz Petermann

Inhaltsübersicht

1 Einleitung

Die Entwicklungspsychopathologie beschäftigt sich mit der Entstehung, den Ursachen und dem Verlauf abweichenden Verhaltens. Dabei erfolgt die Betrachtung individueller Verhaltensmuster – wie Sroufe und Rutter (1984) betonen – unabhängig davon, in welchem Alter die Störung zuerst auftrat, welche Verhaltensveränderungen zu beobachten waren und wie komplex die an der Entwicklung beteiligten Faktoren sein mögen. Im Laufe der inzwischen gut 20jährigen Geschichte der Entwicklungspsychopathologie wurde deutlich, daß sich ein solch weitreichendes Ziel zwar recht gut formulieren, aber bedeutend schwerer realisieren läßt. Der Grund dafür ist unter anderem, daß zum Verständnis menschlichen Verhaltens nicht nur kognitive, affektive und soziale, sondern ebenso genetische und biochemische Einflüsse beachtet werden müssen, die miteinander in komplexer Wechselwirkung stehen. Das Studium psychischer Störungen im Kindes- und Jugendalter verlangt zudem, altersspezifische Besonderheiten und entwicklungsbedingte Veränderungen zu berücksichtigen. Trotz der geschilderten Schwierigkeiten hat die entwicklungspsychopathologische Forschung in den vergangenen beiden Jahrzehnten zu beachtlichen Ergebnissen geführt, die in diesem Kapitel im Überblick dargestellt werden sollen.

Um dem Anspruch genügen zu können, Entstehung und Verlauf abweichenden Verhaltens zu ergründen, bedarf es eines eigenständigen, interdisziplinären Ansatzes. Nach Ansicht von Rutter (1996) muß die Entwicklungspsychopathologie deshalb mehr sein als eine bloße Ausweitung des Konzepts der Entwicklungspsychologie (z.B. als klinische Entwicklungspsychologie) oder der Psychiatrie (z.B. als Entwicklungspsychiatrie). Er schlägt darum vor, sie als eigenständige Disziplin zu etablieren, die biologische, psychologische und psychosoziale Ansätze in sich vereint, und so die Verbesserung interdisziplinärer Kommunikation ermöglicht. Nach der Vorstellung von Cicchetti und Richters (1997) könnte die Entwicklungspsychopathologie auf diese Weise dazu beitragen, die Kluft zwischen Störungen im Kindes- und Erwachsenenalter, zwischen biologischen und Verhaltenswissenschaften sowie zwischen Entwicklungspsychologie und Psychopathologie zu verringern. Darüber hinaus könnte sie als integrativer Rahmen für die zahlreichen Disziplinen dienen, aus denen sie hervorgegangen ist (z.B. Soziologie, Epidemiologie, Embryologie, Psychiatrie, Neurowissenschaften und -psychobiologie, Psychoanalyse, Klinische Psychologie, Entwicklungs- und experimentelle Psychologie). Wenn man sich die Vielzahl der Forschungsbereiche vergegenwärtigt, auf denen die Entwicklungspsychopathologie fußt, und diese den Disziplinen gegenüberstellt, mit denen sie traditionell verbunden sind, wird die Notwendigkeit eines solchen interdisziplinären Ansatzes deutlich (vgl. Petermann & Niebank, 1999). Ein vollständiges Bild psychopathologischer Entwicklung wird erst möglich, wenn sich die aus unterschiedlichen Blickwinkeln gewonnenen Ergebnisse der einzelnen Disziplinen – von denen hier nur einige aufgezählt sind – ergänzen:

- Psychische Entwicklung und kindliches Verhalten (Entwicklungspsychologie),
- Störungen, abweichendes Verhalten (Psychiatrie, Klinische Psychologie),
- kultureller und sozialer Kontext (Soziologie),
- genetischer Einfluß auf die kognitive Entwicklung (quantitative und Molekulargenetik),
- neuronale Grundlagen des Verhaltens (Neurowissenschaften),
- Lernen und Gedächtnis (Kognitionspsychologie) sowie
- Häufigkeit und Verteilung von Störungen (Epidemiologie).

Kasten 1 faßt die Vielzahl der Forschungsfelder zusammen, in denen die Entwicklungspsychopathologie ihren Beitrag zum Verständnis psychischer Störungen leistet (vgl. Cicchetti & Cohen, 1995; Kusch & Petermann, 1998). Die genannten Bereiche werden in den folgenden Abschnitten ausführlicher behandelt.

Kasten 1: Aufgabenkatalog der Entwicklungspsychopathologie.

- **Normale und abweichende Entwicklung.** Abweichungen werden auch mit der Absicht erforscht, das Wissen um normale Entwicklungsprozesse zu erweitern.
- **Zusammenhang zwischen normalem und abweichendem Verhalten.** Die Kenntnis normaler Entwicklungsverläufe ist die Voraussetzung, um Abweichungen davon aufzudecken und die Faktoren und Mechanismen klären zu können, die ein Individuum von einem bestimmten Verlauf abweichen lassen.
- **Kontinuität und Diskontinuität im Verhalten.** Es wird untersucht, inwieweit sich bestimmte Merkmale im Entwicklungsverlauf unterschiedlich äußern.
- **Altersabhängige Äußerungsformen psychischer Störungen.** Der Wandel im Ausdruck von Störungsbildern wird erfaßt, um zu Hinweisen auf den späteren Verlauf zu gelangen.
- **Empirische Absicherung von Entwicklungsmodellen zum Verständnis psychischer Störungen und Erkrankungen.** Die Interaktion zwischen biologischen und psychosozialen Faktoren über den Entwicklungsverlauf wird erforscht und die gewonnenen Erkenntnisse in Modelle integriert.
- **Entwicklung geeigneter Forschungsansätze.** Die speziellen Fragestellungen der Entwicklungspsychopathologie und die entwicklungsorientierte Sichtweise machen zum Teil andere oder den verstärkten Einsatz

bestimmter methodischer Vorgehensweisen notwendig (z.B. Längsschnittstudien, Zwillingsforschung, Berücksichtigung von Kontextbedingungen).

- **Risiko- und Schutzfaktoren**. Hochrisikogruppen und Gruppen mit Störungen werden aufgrund der Erkenntnisse über die normale Entwicklung untersucht. Mechanismen und Prozesse werden identifiziert, die die Auswirkungen von Risikofaktoren beeinflussen.
- **Resilienz und Vulnerabilität**. Es wird untersucht, warum einige Menschen trotz Risikofaktoren keine Störungen aufweisen und trotz nachteiliger Umstände zu kompetentem Verhalten fähig sind. Besonders berücksichtigt wird dabei, wie biologische, psychische und soziale Faktoren sich auf individuelle Unterschiede auswirken und zu spezifischen Verhaltensmustern führen.
- **Prädiktionsforschung**. Es werden frühe Anzeichen für bestimmte später stattfindende Entwicklungsverläufe identifiziert.
- **Klassifikation, Diagnostik und Intervention abweichenden Verhaltens** unter Berücksichtigung von Entwicklungsgesichtspunkten.

2 Die Beziehung zwischen Norm und Abweichung

Um Ursache und Verlauf abweichenden Verhaltens untersuchen zu können, müssen die Prozesse und Mechanismen bekannt sein, die einer normalen Entwicklung zugrundeliegen. Nur auf Grundlage dieses Wissens kann entschieden werden, ob es sich bei einer Verhaltensauffälligkeit lediglich um die extreme Äußerung normalen Verhaltens handelt, oder unterschiedliche Mechanismen beteiligt sind. Das heißt, es muß bestimmt werden, ob sich eine Störung nur quantitativ von der normalen Verhaltensvariation unterscheidet, oder auf qualitativ unterschiedlichen psychischen Zuständen beruht (vgl. Largo, 1993). Im ersten Fall gibt die Kenntnis solcher Mechanismen möglicherweise Hinweise auf den Ursprung der Störung.

Eine zentrale Annahme der Entwicklungspsychopathologie besagt, daß die Analyse pathologischer Zustände ihrerseits dazu beitragen kann, das Verständnis der normalen Entwicklung zu verbessern. Ein solches Vorgehen ist aus anderen Forschungsgebieten bereits bekannt. So erlaubt etwa die Beobachtung des defizitären Verhaltens hirngeschädigter Patienten Schlußfolgerung über normale Aktivitäten. Wenn solche Patienten beispielsweise Schwierigkeiten haben zu sprechen, das Sprachverständnis aber intakt ist, läßt sich ableiten, daß Sprechen und Verstehen voneinander unabhängige Fähigkeiten sind. Ein weiteres Beispiel ist die Split-Brain-Forschung, wo die künstlich herbeigeführte Trennung der Hirnhemisphären die Untersuchung der funktionellen Asymmetrie erlaubt (vgl. Gazzaniga, 1998). In der Entwicklungspsychopathologie lassen sich die Sonderbegabungen von Kindern mit Savant-Syndrom vor dem Hintergrund ihrer ansonsten unterdurchschnittlichen Fähigkeiten untersuchen. Wenn zum Beispiel die bei ihnen beobachteten erstaunlichen Rechenfertigkeiten mit denen mathematischer Genies vergleichbar sind, läßt sich damit die Annahme isolierter Fähigkeiten unterstützen (vgl. Fein & Obler, 1988).

Cicchetti (1993) unterstreicht darum die Forderung von Seiten der Embryologie, Neurowissenschaft und Psychiatrie sowie der Klinischen und Entwicklungspsychologie, Forschung mit normalen und atypischen Stichproben Hand in Hand durchzuführen, um eine wirklich integrative Entwicklungstheorie zu formulieren, die für normale und abweichende Formen der Ontogenese gleichermaßen gültig ist. Daraus würde sich eine grundsätzlich veränderte Sichtweise des Störungsbegriffs ergeben, die Fehlanpassung nicht mehr als Erkrankung, sondern als Entwicklung betrachtet.

3 Kontinuität, Diskontinuität und Gesetzmäßigkeiten der Entwicklung

Zentral für die Entwicklungspsychopathologie ist die Annahme, daß der Entwicklungsverlauf auf Gesetzmäßigkeiten beruht und von „normalen" wie „zurückgebliebenen" Individuen gleichermaßen durchlaufen wird (Hodapp & Burack, 1990). Diese Gesetzmäßigkeiten widersprechen nicht dem Postulat eines individuellen Entwicklungsverlaufs, sondern bestimmen lediglich einen allgemeinen Entwicklungsrahmen.

Zu diesen gesetzmäßigen Vorgängen gehört neben Veränderungen auch Kontinuität. Für die Entwicklungspsychopathologie ist dabei weniger das Bestehenbleiben von Merkmalen oder das Bewahren bereits erworbener Fertigkeiten von Interesse, sondern eine Kontinuität, die sich trotz offensichtlicher Veränderungen zeigt, die sogenannte *heterotypische Kontinuität*. Mit diesem Begriff wird der Umstand bezeichnet, daß jedes Verhalten im Verlauf der Entwicklung unterschiedliche Formen annehmen kann. Ein Störungsbild ändert sich, während seine grundlegende Bedeutung gleich zu bleiben scheint. Zum Beispiel äußert sich eine Störung des Sozialverhaltens im Kindesalter anders als bei Jugendlichen (s. Scheithauer und Petermann in diesem Buch). Die Kernfrage in diesem Zusammenhang ist, wie sich entscheiden läßt, ob ein Verhalten den gleichen zugrundeliegenden Prozeß repräsentiert wie ein scheinbar anderes Verhalten zu einem späteren Zeitpunkt. Viele Fragen in der Entwicklung beschäftigen sich daher mit den ursächlichen Mechanismen der heterotypischen Kontinuität.

Der Einfluß des Alters und des Entwicklungsstands auf die Äußerungsformen psychischer Störungen begründet den entwicklungsorientierten Ansatz der Entwicklungspsychopathologie. Forschung in diesem Bereich beschäftigt sich mit dem Beginn und Verlauf bestimmter Störungen, ihrem gleichbleibenden Erscheinungsbild oder ihren wechselnden Manifestationen, ihren Prädiktoren und Folgeerscheinungen sowie mit den Problemen, die sich daraus für Diagnostik und Intervention ergeben.

Verhaltens- und Entwicklungsauffälligkeiten sind häufig altersspezifisch: Sie treten in einem bestimmten Alter auf und sind von begrenzter Dauer (vgl. Largo, 1993). Verhaltensweisen, die mit drei Jahren durchaus erwartet werden können, sind mit 13 Jahren möglicherweise unangemessen. Ein Beispiel sind bestimmte Ängste, die in jungen Jahren als „normal" angesehen werden. So ist Angst vor Dunkelheit bei Dreijährigen noch nicht auffällig, bei Jugendlichen wäre sie jedoch nicht mehr entwicklungsangemessen und somit klinisch relevant. Pathologisches Verhalten kann also als fehlgeschlagene Bewältigung von Entwicklungsaufgaben definiert werden. Die Kontinuität oder Diskontinuität solcher Störungen läßt sich prinzipiell durch den Vergleich mit zeitlich gemeinsam auftretenden normativen Entwicklungsveränderungen und Verhaltensindikatoren bestimmen. Die Schwierigkeit, „Altersangemessenheit" zu definieren und zu operationalisieren ist jedoch beträchtlich (Sergenat & Prins, 1997), da hierbei häufig auch noch die Situationsspezifität des Verhaltens berücksichtigt werden muß. So werden Ausgelassenheit und Toben bei Kindern unter drei Jahren meist akzeptiert. Zum Problem wird motorische Unruhe häufig erst später, und auch dann nur in bestimmten Kontexten, wie zum Beispiel im Klassenzimmer.

Die Altersspezifität von Verhaltens- und Entwicklungsauffälligkeiten legt nach Rutter (1996) einen Zusammenhang mit dem Ausreifen bestimmter zentralnervöser Funktionen nahe. Für eine solche Annahme spricht auch, daß Hirnschädigungen in Abhängigkeit vom Alter der Betroffenen unterschiedliche Folgen haben. Während Läsionen in der frühen Kindheit eher zu einer allgemeinen Verschlechterung kognitiver Funktionen führen, verursachen sie in der späten Kindheit oder im Erwachsenenalter deutlich umrissene Muster kognitiver Defizite. Störungen früherer Stadien der neuronalen Entwicklung führen gewöhnlich zu globaleren Beeinträchtigungen in der Entwicklung des Zentralnervensystems und haben folglich größere Auswirkungen auf kognitive Funktionen; spätere Störungen bewirken spezifischere, enger begrenzte Ausfälle. Dies spricht für eine mit wachsendem Alter abnehmende Plastizität. Bei Kindern ist beispielsweise nach einer schweren linksseitigen Schädigung zu beobachten, daß sie die Fähigkeiten zu sprechen vollständig wiedererlangen; ein Hinweis auf die Übernahme von Sprachprozessen durch die rechte Hemisphäre. Diese Fähigkeit geht jedoch irgendwann im Jugendalter verloren. An hirnverletzten Erwachsenen gewonnene Erkenntnisse sind deshalb nur bedingt auf Kinder zu übertragen.

Der „Verdrahtungsprozeß" des Nervensystems während der Entwicklung ist enorm komplex. Milliarden von Neuronen müssen zuerst beträchtliche Entfernungen zu ihrem letztendlichen Bestimmungsort im Gehirn zurücklegen (Migration), ihre Dendriten und Axonendigungen aussenden und schließlich die richtigen synaptischen Verbindungen mit bestimmten Hirnregionen herstellen (vgl. Brodsky & Lombroso, 1998). Diese Vorgänge werden durch das Wechselspiel zwischen der zellulären Umwelt und den in der jeweiligen Zelle aktiven Genen gesteuert.

Beim Menschen trägt etwa ein Drittel seiner Gene die Information für gehirnspezifische Proteine. Viele dieser Gene sind nur während kurzer, kritischer Phasen der neuronalen Entwicklung aktiv, zu einem sehr präzisen Entwicklungszeitpunkt. Da wichtige Schritte der Hirnentwicklung (Nervenzellteilung, Migration, Axonformation, Synaptogenese) schon vorgeburtlich einsetzen und bis zum Ende des ersten Jahres nach der Geburt fortdauern, müssen die betreffenden Gene ebenfalls während dieser Zeit aktiviert werden und danach ausgeschaltet bleiben. Diese Regulationsmechanismen machen Gene sowohl zur Quelle der Flexibilität als auch der Konstanz. Die Vorstellung, daß das Genom einen ziemlich gleichbleibenden Einfluß auf die Entwicklung ausübt, ist durch zahlreiche Beobachtungen widerlegt. Zum Beispiel werden bestimmte Gene erst mit der Pubertät aktiv. Die daraus resultierenden hormonellen Veränderungen führen zum Einsetzen der Menstruation und der Genitalbehaarung (vgl. Vasta, Haith & Miller, 1992). Da Gene nicht über eine interne Uhr verfügen, die den zeitlichen Ablauf von Entwicklungsschritten steuert, spielt auch in diesem Zusammenhang die Interaktion von genetischen und Umweltfaktoren eine wichtige Rolle. Die normale Entwicklung des Nervensystems ist deshalb als eine Reihe von genetischen Ereignissen zu sehen, die von zeitlich genau festgelegten und eintretenden Umweltreizen abhängt (vgl. Ciaranello et al., 1995).

Während der Hirnentwicklung zeigen die einzelnen Regionen spezifische Unterschiede in der Ausbildung synaptischer Verbindungen. Sensorische Systeme entwickeln sich zum Beispiel schneller als motorische. Bereits zum Zeitpunkt der Geburt sind Sehen, Hören und Tasten relativ weit entwickelt (vgl. Todd, Swarzenski, Giovanardi Rossi & Visconti, 1996). Die Synaptogenese findet im primären auditorischen Kortex eher als im visuellen Kortex statt. Im präfrontalen Kortex hingegen erreicht die synaptische Dichte ihren Höhepunkt erst wesentlich später, mit etwa einem Jahr (vgl. Huttenlocher, 1994). Die beschriebenen Unterschiede in der Synaptogenese stehen in enger Beziehung zur hierarchischen Natur der Verhaltensentwicklung. Sehen und Hören gehen der Sprachentwicklung und dem abstrakten Denken also erwartungsgemäß voraus. Bereits bei der Geburt ist die synaptische Entwicklung im auditorischen Kortex weiter fortgeschritten als in den beiden Spracharealen (Huttenlocher, 1994).

3.1 Sensible Phasen

Die Stadien der Hirnentwicklung legen nahe, daß es optimale Zeiten für bestimmte Arten von Erfahrungen gibt. In jedem Entwicklungsstadium sind einige Erfahrungen von besonderer Bedeutung für das Entstehen neuronaler Strukturen. So ist beispielsweise das visuelle System von Katzen in den ersten acht Wochen sehr empfänglich für differenzierte Lichtmuster. Werden ihnen diese Reize vorenthalten, reagieren sie später, als seien sie blind, obwohl ihr visuelles System normal entwickelt ist. Ähnlich verhalten sich Menschen, die durch angeborenen grauen Star (congenitaler Katarakt) völlig erblindet waren und erst im Erwachsenenalter operiert wurden. Sie konnten den optischen Reizen der Umwelt auch lange nach der Operation nur sehr begrenzt Informationen entnehmen (vgl. Sacks, 1995;

Rosenfield, 1996). Wie sich Erfahrungen auf den Organismus auswirken, hängt von seinem gegenwärtigen Entwicklungsstand ab. Ein dreijähriges Kind wird kaum davon profitieren, wenn ihm gezeigt wird, daß sich Gegenstände besser erinnern lassen, die vorher Kategorien zugeordnet wurden. Mit sechs Jahren sind Kinder hingegen eher in der Lage, Kategorien zu bilden und diese Fähigkeit zu nutzen.

Solche Zeitabschnitte, in denen bestimmte Ereignisse den größten Einfluß ausüben und Lebewesen Verhaltensweisen zeigen, die sie für Veränderungen besonders empfänglich machen, werden als sensible oder kritische Phasen bezeichnet. Sensible Phasen können als biologische „Voreinstellung" angesehen werden, aus bestimmten Erfahrungen zu lernen. Die betreffende Region des Nervensystems ist dann gewissermaßen vorbereitet für Lernprozesse. Diese Empfänglichkeit beruht auf einer zeitlich begrenzten Periode rapiden Zellwachstums innerhalb verbundener Hirnregionen. Die sensible Phase kann als Zeitabschnitt definiert werden, in dem genetisch bedingte Synapsenüberproduktion durch umweltdeterminierte Prozesse gezielt verringert oder stabilisiert wird (vgl. Thatcher, 1994).

Um ihre zeitliche Begrenzung zu verdeutlichen, werden sensible Phasen gelegentlich als Zeitfenster beschrieben, die sich für eine gewisse Dauer öffnen – die Reaktionen auf bestimmte Umwelteinflüsse ermöglichen – und wieder schließen. Es fehlen allerdings scharfe zeitliche Begrenzungen (Kandel & Jessell, 1996). Je nach Charakter und Qualität der erwarteten Erfahrung kann die Länge der sensiblen Phase variieren. Wenn der entsprechende Sinnesreiz ausbleibt, kann sich das Schließen des Zeitfensters hinauszögern (vgl. Greenough & Black, 1992). Nach dem endgültigen Ablauf der plastischen Entwicklungsperiode sind diejenigen Synapsen verloren, die zum Aufbau von normalen Verbindungen hätten benutzt werden können. Waren hingegen die entsprechenden Sinnesreize während der sensiblen Phase vorhanden, führt eine anschließende Deprivation kaum noch zu Schädigungen. Die Hirnentwicklung ist also von den Kontextinformationen während der sensiblen Phasen abhängig. Wenn diese Informationen nicht die ausreichende Qualität besitzen oder zur falschen Zeit auftreten, ist die normative Entwicklung gefährdet. Der Entwicklungsabschnitt kann nicht wiederholt werden und auch die nachfolgende Entwicklung ist beeinträchtigt.

3.2 Die Rolle von Erfahrungen

Auch außerhalb der sensiblen Phasen sind Erfahrungen von immenser Bedeutung für die Entwicklung und je nach Art der Interaktion zwischen einem Organismus und seiner Umwelt kommt ihr unterschiedliche Bedeutung zu (Gottlieb, Wahlsten & Lickliter, 1998). Erfahrungen können erhaltend, fördernd und auslösend wirken, aber auch, gegenüber bestimmten

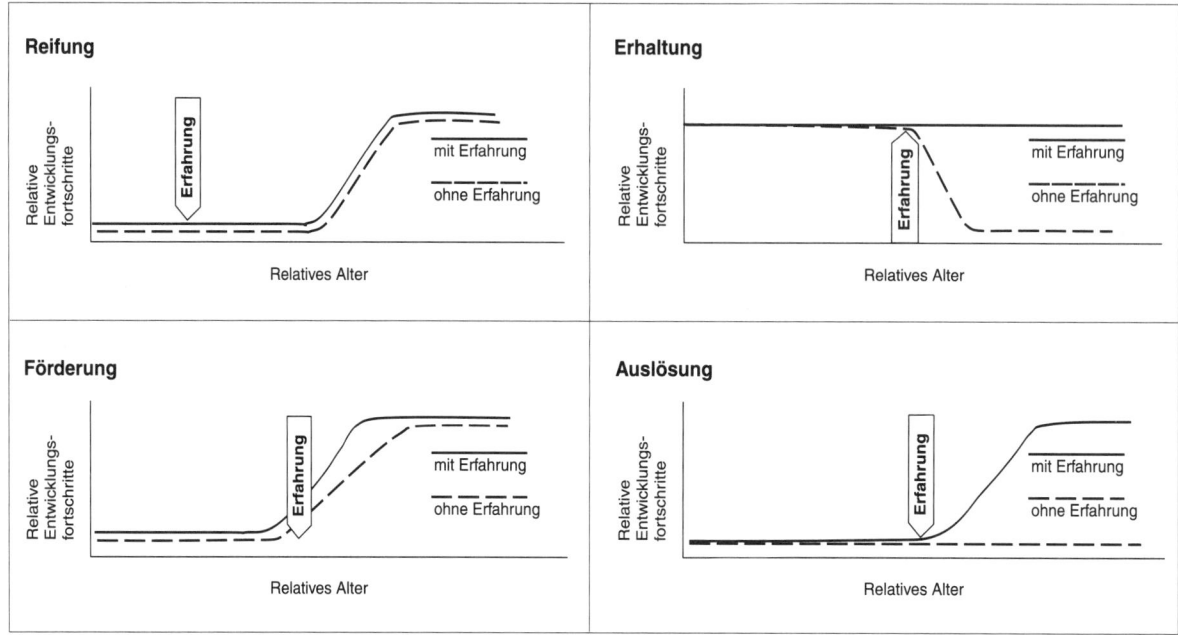

Abbildung 1:
Mögliche Formen der Beeinflussung des Entwicklungsverlaufs durch Erfahrungen (nach Petermann, Kusch & Niebank, 1998).

Reifungsprozessen, völlig wirkungslos sein. Cicchetti und Tucker (1994) beschreiben vier hypothetische Verlaufstypen (vgl. Abb. 1), die den unterschiedlichen Einfluß von Erfahrungen auf die Entwicklung verdeutlichen:

- **Reifung** ist eine von Erfahrung unabhängige Entwicklungsveränderung. Beispiele sind reflexartige Verhaltensweisen wie Saugen und Schlucken.
- Bei der **Erhaltung** hat sich bereits ein Verhalten manifestiert, das ohne entsprechende Erfahrung jedoch wieder verschwinden würde. Ein Beispiel für Erhaltung ist, daß alle Kinder zwischen ihrem dritten und sechsten Monat zu brabbeln beginnen, die anschließende orale Sprachentwicklung jedoch nicht stattfindet, wenn der auditorische Input fehlt (z.B. bei einer Hörschädigung).
- Bei der **Förderung** beschleunigt Erfahrung einen Entwicklungsverlauf, der normalerweise einem Reifungsplan folgt. Beispiele: Säuglinge, die schon früher Erfahrungen mit selbständiger Fortbewegung hatten, meiden Treppenstufen eher als Gleichaltrige, denen diese Erfahrungen fehlen. Nach einiger Übung verfügen auch jüngere Kinder schon über kognitive Konzepte, die sich laut Piaget sonst erst bei älteren Kindern einstellen.
- Von **Auslösung** wird gesprochen, wenn die Entwicklungsveränderung ohne die Erfahrung nicht auftreten würde. So brauchen Kinder beispielsweise sprachliche Reize, um die Sprache ihrer sozialen Gruppe zu lernen. Andere, weniger erfahrungsabhängige kognitive Vorbereitungen können jedoch den Weg ebnen.

Um die Wirkungsweise von Erfahrungen besser erklären zu können, ist es sinnvoll, sie in universelle und individuelle Erfahrungen zu unterteilen. Horowitz (1991) sieht unterschiedliche Formen universeller und individueller Lernerfahrungen als Grundlage der psychischen Entwicklung an:

- **Universelle Lernerfahrungen**, die während einer *relativ kurzen Entwicklungsphase* erworben werden und von sozialen Kontextbedingungen weitgehend unabhängig sind (z.B. der Erwerb sensorischer und motorischer Fähigkeiten). Sie beruhen auf allgegenwärtigen Umweltbedingungen, denen jedes Kind ausgesetzt ist: Alle Säuglinge machen ihre visuellen Erfahrungen in einer dreidimensionalen Umwelt, in der sie kriechen und krabbeln können; sie können Gegenstände berühren und teilweise manipulieren.
- **Universelle Lernerfahrungen**, die während einer *relativ langen Entwicklungsphase* erworben werden und in hohem Maße von spezifischen Kontexterfahrungen abhängig sind (z.B. der Spracherwerb). Auch sie beruhen auf zumeist allgegenwärtigen Umweltbedingungen, zu denen unter anderem die soziale Umwelt des Säuglings, gewöhnlich also die Familie, gehört. Obwohl sich jede Familie unterscheidet (hinsichtlich Größe, Sozialstatus, Besitz, Zusammenhalt etc.), gibt es eine Vielzahl von Gemeinsamkeiten. Alle normal entwickelten Säuglinge hören den Klang der ihnen bald vertrauten Sprache, lernen im Spiel ihre Welt kennen und gehören später Gleichaltrigengruppen an.

- **Individuelle Erfahrungen**, die auf den universellen Lernerfahrungen aufbauen, *über die gesamte Lebensspanne* hinweg erworben, aber auch wieder verlernt werden können, und die vom spezifischen sozio-kulturellen Kontext abhängen (z.B. schulische oder soziale Fertigkeiten). Sie entspringen der individuellen Umwelt und Geschichte eines Kindes.

Die sensumotorische, emotionale, kognitive und sprachliche Entwicklung der ersten Lebensjahre beruht größtenteils auf den universellen Lernerfahrungen. Sie erfolgt während sensibler Phasen, die von spezifischen neurologischen Reifungsprozessen und Umwelteinwirkungen abhängig sind.

3.3 Erfahrungs-erwartende und -abhängige Prozesse

Auf neurobiologischer Ebene sind sensible Phasen durch eine zeitlich begrenzte Überproduktion synaptischer Verbindungen gekennzeichnet (vgl. Greenough & Black, 1992). Dieser Überproduktion folgt eine selektive Rückbildung derjenigen Verbindungen, die sich in der Interaktion der Nervenzellen untereinander als ineffektiv erwiesen haben, während die aktiven Verbindungen erhalten bleiben. Da die soziale Umwelt in Form von Erfahrungen die synaptische Aktivität mitbestimmt, kann sie über diesen Mechanismus die Organisation und Funktion neuronaler Netze beeinflussen. Beginn und Ende der Synapsenentwicklung bestimmen die Dauer der sensiblen Phase und können für unterschiedliche Hirnbereiche stark voneinander abweichen.

Nach dem Modell von Greenough (1984) führen Kontextaspekte durch zwei unterschiedliche Erfahrungsprozesse zur neuronalen Ausprägung von Umwelterfahrungen (vgl. Abb. 2):

- **Erfahrungs-erwartende Prozesse** äußern sich vorrangig in der bereits beschriebenen massiven Zunahme synaptischer Verbindungen („blooming"), scheinbar in „Erwartung" spezifischer Umweltreize, gefolgt von einer selektiven Synapsenrückbildung („pruning"). Ein Beispiel hierfür ist der Erwerb des Sehens, für den normale visuelle Muster während der sensiblen Phase für die Entwicklung der beteiligten Hirnreale unverzichtbar sind. Erfahrungs-erwartende Prozesse bilden die neurobiologische Entsprechung der universellen Lernerfahrungen.

- **Erfahrungs-abhängige Prozesse** verarbeiten Informationen, die durch individuelle Lernerfahrungen erworben werden. Das Auftreten von Erfahrungen kann hier also nicht durch eine verstärkte Produktion von Synapsen vorausgenommen werden. Es gibt keine zeitlich begrenzte sensible Phase, sondern die Synapsen werden bei Bedarf gebildet.

Die Merkmale erfahrungs-erwartender und -abhängiger Prozesse sind einander in Tabelle 1 gegenübergestellt. Die Synapsenüberproduktion bei erfahrungs-erwartenden Prozessen erlaubt die Feinabstimmung neuronaler Verschaltungen durch Umweltreize. Erfahrungen, die „erwartet" werden können, sind solche, die mit großer Wahrscheinlichkeit im Entwicklungsverlauf einer Art auftreten (z.B. Geräusche in einem bestimmten Frequenzbereich, optische Reize mit einer bestimmten Ausrichtung). Entsprechend der weiter oben gegebenen Definition kann hier von universellen Erfahrungen gesprochen werden. Erfahrungs-abhängige Prozesse sprechen hingegen auf Erfahrungen an, die für das Individuum einzigartig sind (Todd et al., 1996) und somit zu den individuellen Erfahrungen zählen. Sie sind wesentlich flexibler und bilden Synapsen nach Bedarf, individuell und weniger umfangreich (vgl. Greenough & Black, 1992).

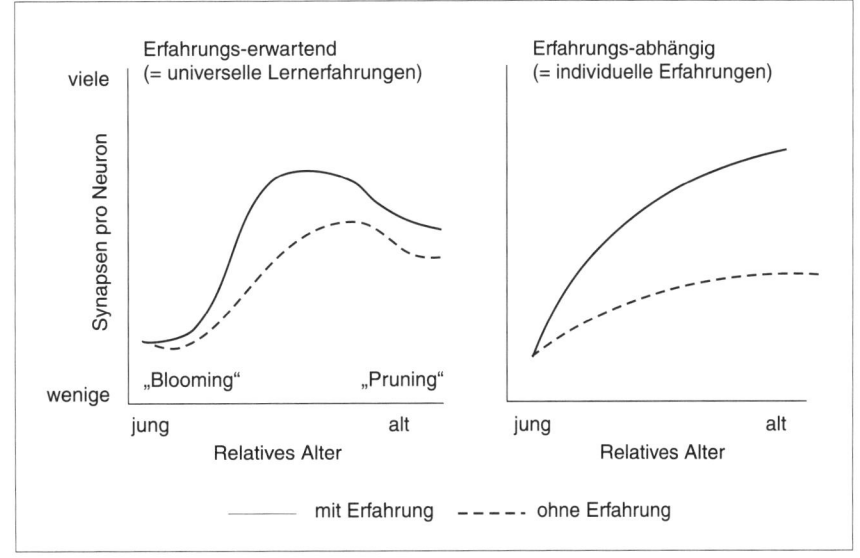

Abbildung 2:
Veränderung der Synapsenzahl bei erfahrungs-erwartenden Prozessen (in „Erwartung" einer universellen Lernerfahrung) und bei erfahrungs-abhängigen Prozessen (abhängig von individuellen Lernerfahrungen) (mod. nach Greenough & Black, 1992).

Tabelle 1:
Merkmale erfahrungs-erwartender und -abhängiger Prozesse (zusammengestellt nach Greenough & Black, 1992; Todd et al., 1996).

Erfahrungs-erwartende Prozesse	Erfahrungs-abhängige Prozesse
• Der Organismus bereitet sich durch Synapsenüberproduktion auf universelle Erfahrungen vor.	• Der Organismus reagiert auf individuelle Erfahrungen mit Synapsenveränderung.
• An sensible Phasen gekoppelt.	• Von sensiblen Phasen unabhängig.
• An Entwicklungsalter gebunden (abhängig von sensibler Phase).	• Das ganze Leben lang möglich.
• Dienen hauptsächlich der Ausbildung von Fertigkeiten.	• Dienen hauptsächlich der Konsolidierung von Erinnerungen.

3.4 Entwicklungspfade

Die bisher dargestellten Aspekte betrachten die Entwicklung sozusagen aus der Nähe und sind eher geeignet, einzelne im Entwicklungsverlauf beobachtbare Mechanismen zu erklären. Pfadmodelle beschreiben die Entwicklung hingegen als Ganzes, gewissermaßen mit einigen Schritten Abstand. Sroufe (1997) verwendet das Bild eines Baumes, um die unterschiedlichen Verläufe zu veranschaulichen, die die Entwicklung eines Kindes nehmen kann (vgl. Abb. 3). Im Konzept der Entwicklungspfade lassen sich vier generelle Verläufe (A-D) unterscheiden, die sich aus der Kombination von Kontinuität oder Diskontinuität mit einem anfänglich günstigen (in der Abb. als heller Ast dargestellt) beziehungsweise ungünstigen Entwicklungsverlauf (dunkler Ast) ergeben, und von Sroufe in seiner schematischen Darstellung bezeichnet werden als

A) kontinuierliche Fehlanpassung, die in eine Störung mündet,
B) kontinuierliche positive Anpassung,
C) anfängliche Fehlanpassung, gefolgt von positiven Veränderungen und
D) anfänglich positive Anpassung, gefolgt von negativen Veränderungen.

Die Entwicklungspfade durchlaufen mit zunehmendem Alter des Kindes verschiedene Entwicklungsstufen, die einer fortschreitenden Differenzierung biologischer, psychischer und psychosozialer Regulationssysteme entsprechen. Dazu gehören unter anderem die Synapsenbildung und Dendritendifferenzierung, die Hemisphärendifferenzierung, die Differenzierung von Repräsentationssystemen, von Interaktion und Kommunikation sowie von Selbst und Anderen. Der Einfluß der genannten Regulationssysteme verändert sich im Verlauf der Entwicklung. Auf der *genetischen Ebene* finden bereits vorgeburtlich Gen-Umwelt-Interaktionen statt. Dabei ist mit „Umwelt" vorrangig das extrazelluläre Milieu gemeint. Die zeitlich begrenzte Aktivität bestimmter Gene hat auf *neurologischer Ebene* zur Folge, daß nach der frühen postnatalen Phase im Gehirn keine weiteren Neuronen mehr entstehen. Da

der frühe Verlust von Neuronen nicht repariert, sondern lediglich kompensiert werden kann, wirken sich Veränderungen zentralnervöser Strukturen, abhängig vom jeweiligen Entwicklungsstand, unterschiedlich auf das Verhalten und die Kompetenzen aus. Wesentlich geringer ist die entwicklungsabhängige Wirkung von Schädigungen auf *neuropsychologischer Ebene*. Da sich neuropsychologische Funktionen in Form der Dendritendifferenzierung und Synapsenformation vorwiegend postnatal auswirken, sind sie auch ein Produkt der Lerngeschichte des Organismus.

Der Entwicklungsverlauf wird in den unterschiedlichen Phasen von biologischen Mechanismen, sozialen Faktoren und nicht zuletzt vom Kind selbst herbeige-

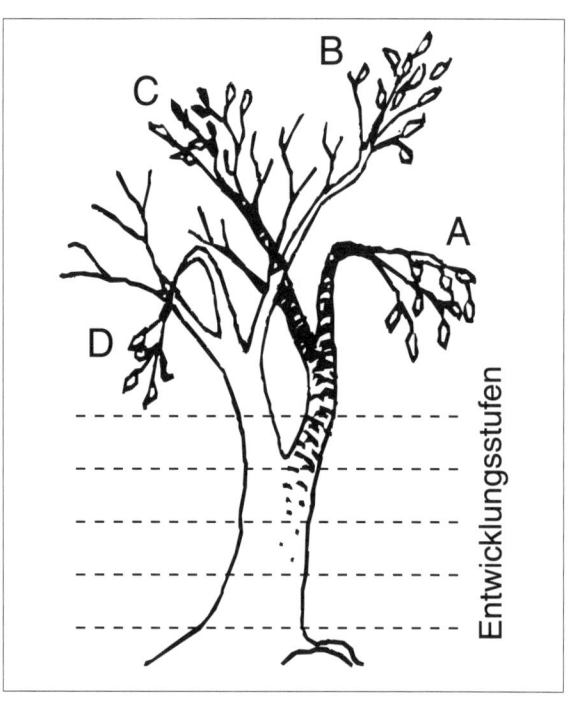

Abbildung 3:
Schematische Darstellung der Entwicklungspfade und unterschiedlicher Entwicklungsausgänge als Baum (mod. nach Sroufe, 1997).

führten Lernerfahrungen beeinflußt. Erfahrungs-erwartende Prozesse schaffen die Voraussetzungen für die Bewältigung unterschiedlicher Entwicklungsaufgaben (z.B. Bindungsbeziehungen oder Sprachfähigkeit). Erfahrungs-abhängige Prozesse führen hingegen aufgrund kritischer Lebensereignisse oder kritischer Lebensentscheidungen zu Veränderungen. Kritische Lebensereignisse stellen erhöhte Anforderungen an die Bewältigungsprozesse des Kindes, während Lebensentscheidungen vom Kind aktiv herbeigeführte kognitiv-emotionale Entschlüsse und Einstellungen sind, denen spezifische Verhaltensweisen folgen.

Das Modell der Entwicklungspfade baut laut Sroufe (1997) auf den folgenden fünf Hauptannahmen auf. Die dazugehörigen Prinzipien der Äqui- und Multifinalität werden ausführlich in Kasten 2 besprochen.

- **Störungen sind mit der Zeit auftretende Abweichungen vom normalen Entwicklungsverlauf**. Diese Annahme setzt das Verständnis normativer Entwicklungsaufgaben (z.B. Aufbau sicherer Bindungen, Zugang zu Gleichaltrigengruppen) und der verschiedenen damit verbundenen günstigen Interaktionsmuster voraus. Einer pathologischen Entwicklung sind demnach wiederholte Fehlanpassungen vorausgegangen, die das Individuum von einem positiven Entwicklungspfad abgebracht haben. Eine ängstliche Bindung wäre folglich erst als Entwicklungsrisiko für eine Störung und noch nicht als pathologischer Entwicklungsausgang zu sehen.
- **Veränderung ist zu vielen Punkten möglich**. Häufig bleibt die Möglichkeit erhalten, zu einem positiven Entwicklungsverlauf zurückzukehren. Eine Störung wird nicht als endgültiger, unveränderlicher Zustand angesehen.
- **Veränderungsmöglichkeiten werden durch vorangegangene Anpassungsprozesse eingeschränkt**. Die Wahrscheinlichkeit, daß die Entwicklung einen positiven Ausgang nimmt, verringert sich, je weiter ein Entwicklungspfad verfolgt wurde und je mehr Entwicklungspfade dabei durchlaufen wurden.
- **Unterschiedliche Pfade können zu einem ähnlichen manifesten Entwicklungsausgang führen (Äquifinalität)**. Normales wie abweichendes Verhalten kann also das Ergebnis vielfältiger Entwicklungsverläufen sein.
- **Unterschiedliche Entwicklungsausgänge können auf den gleichen anfänglichen Pfad zu-**

Kasten 2:
Äquifinalität und Multifinalität.

Das **Prinzip der Äquifinalität** besagt, daß Organismen von unterschiedlichen Anfangsbedingungen aus oder über unterschiedliche Entwicklungspfade das gleiche Entwicklungsziel erreichen können. Normales wie abweichendes Verhalten kann also aus einer Vielzahl von Entwicklungspfaden resultieren. So entwickeln zum Beispiel gehörlose Kinder mit der Gebärdensprache ebenso ein Zeichensystem zur Kommunikation wie hörende Kinder mit der Lautsprache, obwohl ihnen die Sprache der Eltern als Vorbild fehlt (vgl. Goldin-Meadow, 1997). Im Gegensatz zu mechanischen, deterministischen Systemen, für die das Ergebnis völlig vorhersagbar ist, wenn die Ausgangsbedingungen und später einwirkende Kräfte bekannt sind, ist es bei lebenden Systemen unmöglich, aufgrund einer einzigen Ursache ihre Entwicklung zu beschreiben oder vorherzusagen. Der Grund dafür ist, daß sie nicht einfach auf Einflüsse reagieren, sondern selbstorganisierend und selbstkonstruierend sind, und dies innerhalb von Umwelten, die ihrerseits selbstorganisierend und selbstkonstruierend sind (vgl. Ford & Lerner, 1992). So kann beispielsweise aggressives Verhalten im Jugendalter sowohl auf eine familiäre Belastung, eine frühe neurologische Beeinträchtigung oder eine Störung der Eltern-Kind-Beziehung, als auch auf Störungen im Bereich der Gleichaltrigenbeziehungen und der Lebensumstände zurückgeführt werden (vgl. Cicchetti & Richters, 1993). Das Prinzip der Äquifinalität gewährt einen komplizierten aber realistischen Zugang zum Verständnis psychischer Störungen und Entwicklungsverläufe und bewahrt vor dem voreiligen Rückgriff auf einfache Beschreibungsmuster psychischer Funktionen.

Das **Prinzip der Multifinalität** ist dem Prinzip der Äquifinalität komplementär. Individuen mit vergleichbaren Ausgangsbedingungen können sich aufgrund günstiger oder ungünstiger Rahmenbedingungen unterschiedlich entwickeln. So kann beispielsweise ein Kind mit einem „schwierigen Temperament" in einen Kindergarten aufgenommen werden, in dem die Erzieherinnen darauf günstig reagieren, während ein anderes permanent in soziale Konflikte gerät und eine Neigung zu Wutausbrüchen entwickelt. Ein schädigendes Ereignis muß nicht notgedrungen bei jedem Individuum zu Beeinträchtigungen führen. Ebenso muß das „unangemessene" Verhalten eines Individuums nicht zwangsläufig andere beeinträchtigen; es kann durchaus in einer „unangemessenen" Umwelt angemessen sein oder die einzige Möglichkeit bieten, in dieser Umwelt zurechtzukommen.

rückführbar sein (Multifinalität). Bis zu einem bestimmten Zeitpunkt übereinstimmende Entwicklungsverläufe führen zu unterschiedlichen Ergebnissen.

3.5 Komorbidität

Im Zusammenhang mit der eingangs erwähnten heterotypischen Kontinuität sind auch bestimmte Formen der Komorbidität zu sehen. Der Begriff „Komorbidität" bezeichnet im engeren Sinn nur das gleichzeitige

Auftreten zweier Störungen, im weiteren jedoch auch das zeitliche Zusammentreffen unterschiedlicher Symptome oder Symptomgruppen. Wird eine Störung als Ursache für eine andere angesehen, spricht man von zeitlicher oder entwicklungsbezogener Komorbidität (Klerman, 1990). Nach Petermann und Kusch (1993; Kusch & Petermann, 1997) können drei Formen der Komorbidität psychischer Störungen unterschieden werden (vgl. auch Maser & Cloninger, 1990):

- Die **beobachtete oder Querschnitts-Komorbidität** bezeichnet eine einfache, statistisch-ermittelte Komorbidität zu einem bestimmten Zeitpunkt.
- Die **kausalen Komorbidität** benennt ursächliche Zusammenhänge, auf denen psychische Störungen beruhen. So wird zum Beispiel untersucht, ob bei der Aufmerksamkeitsdefizit-/Hyperaktivitätsstörung und der Störung des Sozialverhaltens gemeinsame sozial-interaktive oder -kognitive Mechanismen vorliegen.
- Die **entwicklungsbezogene Komorbidität** untersucht, ob sich spätere Äußerungsformen psychischer Störungen aus früheren Störungen herausgebildet haben. Die während der früheren Entwicklungsperiode vorliegende Störung wird als Voraussetzung für Störungen der darauffolgenden Entwicklungsperiode angesehen. Auch wenn sich die einzelnen Störungen sehr voneinander unterscheiden, können sie dennoch in einem sinnvollen Zusammenhang stehen, da sie vergleichbare Funktionen ausüben.

4 Modelle

Ein angemessenes Modell der Entwicklungspsychopathologie sollte fähig sein, Grundlagen, Entwicklung und Manifestationen einer Störung zu erklären. Darüber hinaus muß es diagnostisches Vorgehen begründen und therapeutische Verfahren verständlich machen können. Um dem Anspruch der Entwicklungspsychopathologie zu genügen, müssen geeignete Modelle normale und abweichende Entwicklung gleichermaßen erklären können. Aus solchen Modellen lassen sich Forschungsstrategien ableiten, die wiederum zur Überprüfung der Modelle herangezogen werden können.

Gegenwärtig ist kein einzelnes Modell in der Lage, diese Anforderungen zu erfüllen, obwohl sich nicht behaupten läßt, daß es der Entwicklungspsychopathologie an Modellen mangelt. Es gibt jedoch Teilmodelle für begrenzte Bereiche, von denen einige exemplarisch dargestellt werden sollen. Der multidisziplinäre Ursprung der Entwicklungspsychopathologie bringt dabei eigene Probleme mit sich, die sich in der scheinbaren Unvereinbarkeit der zahlreichen Teilmodelle zeigen. So ist das Fortbestehen der Anlage-Umwelt-Kontroverse eher darauf zurückzuführen, daß Neurowissenschaftler bevorzugt auf der „Anlage-Seite" verharren, während Psychologen den Vorrang der Umwelt unterstreichen, als auf das Fehlen geeigneter Erklärungsmodelle. Im folgenden soll jedoch gezeigt werden, daß die Zusammenarbeit unterschiedlicher Disziplinen nicht nur mit Schwierigkeiten verbunden ist, sondern auch die Chance zur Entwicklung übergreifender Modelle enthält.

4.1 Der biopsychosoziale Ansatz

Die psychische Entwicklung wird von biologischen, psychischen und sozialen Faktoren bestimmt. Entwicklungsmodelle sollten die Funktion dieser Systeme sowie die Wechselwirkung zwischen ihnen abbilden können. Sie müssen berücksichtigen, daß die unterschiedlichen Einflußfaktoren keinesfalls unabhängig voneinander sind, sondern beispielsweise der Verlauf der Hirnreifung auch von Umweltbedingungen gelenkt wird, geschlechtsspezifisches Verhalten nicht nur auf genetischen Voraussetzungen beruht (sondern ebenso auf Hormonen, Sozialisation, Rollenerwartungen) und Kontextbedingungen auch von der Interpretation durch das Individuum beeinflußt werden.

Modelle, die davon ausgehen, daß das Kind und die Umwelt den Entwicklungsverlauf aktiv mitbestimmen, werden als interaktive Entwicklungsmodelle bezeichnet. Wie sich Verhalten ausformt, wird dabei durch die Fähigkeit des Individuums bestimmt, sich an individuelle Kontextbedingungen anzupassen. Vor diesem Hintergrund ist die Bezeichnung „unangemessenes Verhalten" problematisch, da es in Bezug auf die jeweilige Umwelt durchaus angemessen sein kann, nur nicht im Vergleich mit Verhalten anderer. Ein zentraler Aspekt interaktiver Modelle ist die Transaktion, das heißt der Übergang von einem Zustand zu einem bestimmten Zeitpunkt in einen anderen zu einem späteren Zeitpunkt.

In Abbildung 4 werden ein Interaktionsmodell (A) und zwei Transaktionsmodelle (B und C) nebeneinander-

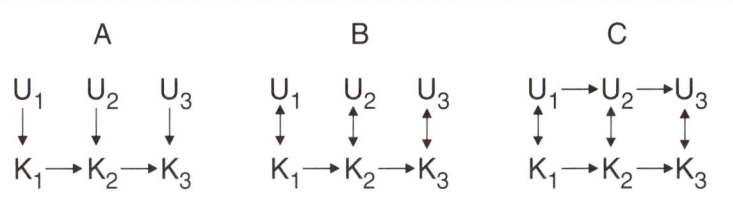

Abbildung 4:
Ursachenmodelle psychischer Entwicklung (K=Kind, U=Umwelt).

gestellt. Alle drei gehören zur oben erwähnten Gruppe der interaktiven Modelle. In Modell A resultiert die Entwicklung des Kindes aus der Verbindung des genetisch festgelegten Reaktionsspielraums mit seinen umweltbedingten Erfahrungen. In Modell B ist die Beziehung zwischen dem Kind und seiner Umwelt bidirektional: Das Verhalten des Kindes verändert auch die Umwelt, und jeder Entwicklungsschritt ergibt sich aus der Verknüpfung von Merkmalen des Kindes und seinen Erfahrungen. Das soziale Regulationsmodell (C; Sameroff, 1995) betont die Kontinuität der Umweltorganisation. Die dem Kind gebotenen Erfahrungen sind weder zufällig noch völlig abhängig von den Merkmalen des Kindes.

Ursachenmodelle, die, wie in Modell B und C angedeutet, davon ausgehen, daß sich alle an einer Interaktion beteiligten Faktoren gegenseitig beeinflussen und dadurch transformiert werden, nennt man Transaktionsmodelle (Sameroff, 1995). Wenn zu einem bestimmten Zeitpunkt ein Merkmal und die Umwelt eines Kindes miteinander interagieren und zu einem neuen Merkmal und einer anderen Umwelt transformiert werden, dann ist es wahrscheinlich, daß auch das ursprüngliche Merkmal und die ursprüngliche Umwelt bereits Ergebnis einer vorausgegangenen Transformation waren, und daher keiner dieser Faktoren unabhängig vom anderen ist. Ein solches Modell widerspricht der Annahme, daß das Kind und die Umwelt jemals unabhängig voneinander existieren. Andere, lineare Entwicklungsmodelle gelten aus Sicht des transaktionalen Modells als unzulänglich. Vielmehr würden nicht-lineare, zyklische Modelle den Entwicklungsverlauf angemessener beschreiben. Die Annahme des transaktionalen Modells, wonach das elterliche Verhalten das Verhalten des Kindes beeinflußt und von diesem beeinflußt wurde und wird, ist verschiedentlich aufgestellt und untersucht worden (z.B. Sameroff & Fiese, 1990). Die Ursachenverknüpfungen bilden eher ein zirkuläres Muster, bei dem das Kind die Umwelt beeinflußt und von dieser beeinflußt wird. Solche Erklärungsmodelle sind von großer Anziehungskraft und werden immer mehr akzeptiert, haben jedoch den Nachteil, empirisch nur schwer überprüfbar zu sein.

Ein solches dynamisches Modell versteht Entwicklung als eine Abfolge qualitativer Reorganisationen verhaltensbezogener und biologischer Systeme, die zu einer kontinuierlichen Anpassung des Individuums an die Umwelt führen (Guidano & Liotti, 1983). Diese Reorganisation ist abhängig von genetischen, konstitutionalen, neurobiologischen, biochemischen, behavioralen, psychischen, umweltbedingten oder sozialen Variablen, die über dynamische Transaktionen miteinander verbunden sind. Normale und beeinträchtigte Entwicklung lassen sich vor dem Hintergrund dieses Modells als Ergebnis unterschiedlicher Formen der Anpassung definieren. Normale Entwicklung ist demnach beschreibbar als eine Abfolge miteinander verwobener sozioemotionaler und kognitiver Kompetenzen einer Entwicklungsperiode, die die Anpassung einer Person an die Umwelt verbessern, und jeweils die Kompetenzen der nächsten Periode vorbereiten (Sroufe & Rutter, 1984). So wird die spätere Anpassung und Integration durch eine vorangehende Anpassung gefördert. Beeinträchtigte Entwicklung kann hingegen verstanden werden als ein Mangel an Integration sozio-emotionaler und kognitiver Kompetenzen, die für die Anpassung zu einem bestimmten Entwicklungszeitpunkt notwendig sind. Eine frühe Beeinträchtigung oder Störung kann zu größeren Folgestörungen führen, da frühere, einfachere Strukturen in nachfolgende, komplexere integriert werden. Ebenso wie das Entstehen von Kompetenzen eine fortschreitende, dynamische Entfaltung umfaßt, in der vorangehende Anpassung mit gegenwärtigen Umständen interagiert, verhält es sich also auch bei Fehlanpassungen oder Störungen.

Um Entwicklungsprozesse zu verstehen, müssen Transaktionen zwischen Individuen, ihren biologischen inneren und sozialen äußeren Abläufen berücksichtigt werden. Kontinuität und Diskontinuität verbinden drei Systeme miteinander: den *Genotyp*, den *Umweltfaktor* und den *Phänotyp* (vgl. Abb. 5).

- Der *Umweltfaktor* umfaßt die kulturellen und sozialen Gegebenheiten, die die Entwicklungsmöglichkeiten von Individuen in der Gesellschaft bestimmen.
- Der *Phänotyp* bezieht sich auf das äußere Erscheinungsbild und das Verhalten (Verhaltensphänotyp) eines Individuums; er steht im Entwicklungsverlauf sowohl mit dem Genotyp als auch dem Umweltfaktor im Austausch.
- Der *Genotyp* ist die Gesamtheit des Erbguts, das ein Individuum von seinen Eltern erhalten hat.

Beim Prader-Willi-Syndrom handelt es sich beispielsweise um ein genetisch bedingtes Syndrom, das in den meisten Fällen auf Veränderungen des Chromosoms 15 beruht (Genotyp). Es zeichnet sich unter anderem durch geistige Behinderung und Übergewicht (Phänotyp) aus. Einer von zahlreichen Umweltfaktoren wäre das Eingehen auf das Symptom der Hyperphagie (maßloses Essen), um dadurch die übermäßige Gewichtszunahme zu reduzieren (vgl. Neuhäuser, 1998).

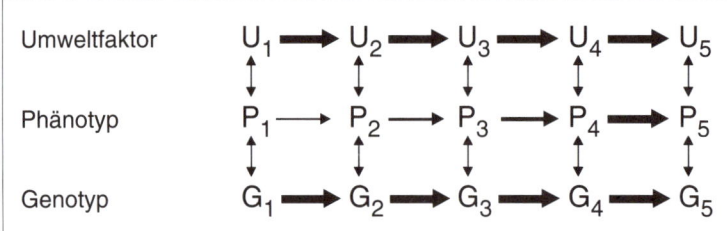

Abbildung 5:
Transaktionsmodell der Entwicklung (U_1=Umweltfaktor zum Zeitpunkt t_1, U_2=Umweltfaktor zum Zeitpunkt t_2 etc.; für Geno- und Phänotyp entsprechend; mod. nach Sameroff, 1995, S. 667).

Der Grad der Ausgewogenheit dieser drei Systeme bestimmt die Kontinuität im Entwicklungsverlauf. In dem Ausmaß, in dem eines der Systeme im Verlauf der Entwicklung eine Reorganisation durchläuft, reorganisiert sich entsprechend das Gesamtsystem. Im Rahmen der biologischen Entwicklung werden Reorganisationen bei Veränderungen (z.B. Gehenlernen) nötig. Auf der Umweltseite gehören Schulbeginn und -abschluß zu den normativen Übergängen. Das Individuum muß die Übereinstimmung zwischen sich und der Umwelt (Äquilibration) herstellen, indem es Anforderungen sucht, die es mit seinen Fähigkeiten bewältigen kann (Assimilation), oder seine Fähigkeiten erweitert, um den Gegebenheiten gewachsen zu sein (Akkomodation). Bei abweichender Entwicklung fehlen entweder die Anforderungen oder die Fähigkeiten. Allerdings erlaubt die Plastizität des Umweltfaktors kompensierende Regulationen, wie zum Beispiel bei Blinden durch das Erlernen des Braille-Alphabets (Blindenschrift).

Der Umweltfaktor (Sameroff & Fiese, 1990) reguliert, wie sich ein Mensch in die Gesellschaft einfügt. Er wirkt über familiäre und kulturelle Sozialisationsmuster und ist aus Subsystemen zusammengesetzt, die nicht nur mit dem Kind, sondern auch untereinander im Austausch stehen. Bronfenbrenner (1977, 1986) hat mit seinem ökologischen Modell die detaillierteste Beschreibung von Umweltorganisationen geliefert (vgl. Kasten 3).

Gottlieb (vgl. Gottlieb et al., 1998) betrachtet die individuelle Entwicklung auf drei funktionalen organismischen Ebenen (genetische Aktivität, neuronale Aktivität und Verhalten) und der Umweltebene, die er in physische, soziale und kulturelle Komponenten unterteilt (vgl. Abb. 6). Die häufigste Kritik an diesem Modell – betont er – sei nicht, daß es zu stark vereinfachend, sondern zu komplex ist. Es

gebe zu viele Einflüsse, die in zu viele Richtungen gehen und dafür sorgen, daß der Ansatz nicht realisierbar scheint.

Ergebnisse empirischer Forschung, nicht zuletzt in der Entwicklungspsychopathologie, lassen Entwicklung als ein komplexes, verflochtenes Netz von Beziehungen, gegenseitigen Beeinflussungen, Ursachen und Wirkungen erscheinen, das tatsächlich noch weit komplexer ist, als es Gottliebs Modell darzustellen vermag. Die Hoffnung, einfache Beziehungen zwischen den unterschiedlichen Ebenen der biologischen Organisation und besonders der molekularen und behavioralen Ebene etablieren zu können, ist deshalb zwar verständlich, würde die Forschung auf diesem Gebiet aber kaum voranbringen. Gottlieb selbst ist der Ansicht, daß sein Ansatz die individuelle Entwicklung auf einem Komplexitätsniveau repräsentiert, das den Entwicklungseinflüssen gerecht wird.

Transaktionsmodelle können als theoretischer Rahmen dienen, in den sich die bereits erwähnten Teilmodelle einpassen lassen, und bieten so eine Möglichkeit, über ihren Nutzen und ihre Anwendbarkeit zu entscheiden. Ein brauchbares Teilmodell muß deshalb nicht nur in sich stimmig sein, sondern sollte sich auch in die Gruppe anderer im Rahmenmodell vereinten Teilmodelle einfügen. Einige dieser Modelle werden im folgenden erläutert.

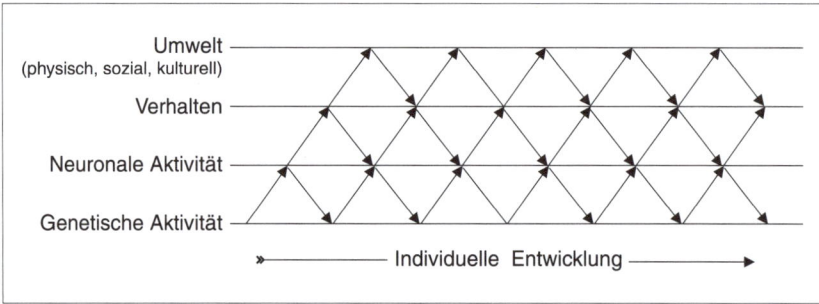

Abbildung 6:
Schematische Darstellung des psychobiologischen Systemansatzes der Entwicklung, der eine zeitliche Beschreibung der Aktivität auf genetischer, neuraler, Verhaltens- und Umweltebene sowie die bidirektionale Wirkung solcher Aktivitäten zwischen den vier Ebenen umfaßt (mod. nach Gottlieb et al., 1998).

4.2 Genetik

Es wird heutzutage kaum bestritten, daß eine Beziehung zwischen dem Genotyp und einer bestimmten Merkmalsausprägung, dem Phänotyp, besteht. Uneinigkeit herrscht jedoch darüber, wie stark diese Beziehung ist und welche Mechanismen für die Vermittlung zwischen Genotyp und Phänotyp verantwortlich sind. Der Vorstellung, die viele Laien hinsichtlich der Wirkung von Genen hegen, liegt eine Konzeption zugrunde, die sich allzuoft auch implizit hinter dem Ansatz wissenschaftlicher Studien verbirgt. Dieses unidirektionale prädeterministische Modell (Gottlieb et al., 1998) läßt sich folgendermaßen darstellen:

Genetische Aktivität → Struktur → Funktion.

Damit ist gemeint, daß die genetische Aktivität die Entstehung eines Proteins bewirkt, dessen Struktur die Form und Funktion der Zelle bestimmt, wodurch letztlich auch das Verhalten des Individuums beeinflußt wird. Die Kausalität verläuft dabei nur in eine Richtung, nämlich vom Gen zur Funktion, und der Entwicklungverlauf wird durch das jeweilige Gen vorherbestimmt.

Weiss (1959) sowie Greenough und Black (1992) haben Modelle vorgeschlagen, die ein weitaus komplexeres Bild zeichnen. Beginnend beim Gen als zentraler Komponente gehen sie über den jeweils nächsten Kontext (Chromosom, Zellkern, Zytoplasma, Gewebe, Organismus) bis hin zur Umwelt. Für dieses System postulieren sie eine wechselseitige Beeinflussung aller Komponenten. Gene wirken danach nicht nur in eine Richtung, sondern werden durch Ereignisse auf jeder anderen Ebene des Systems beeinflußt. So können sich zum Beispiel soziale Interaktionen oder wechselnde Tageslängen auf die Ausschüttung von Hormonen auswirken, die ihrerseits dafür sorgen, daß bestimmte Gene „eingeschaltet" werden, das heißt im Zellkern wird die DNS-Transkription, das Ablesen der genetischen Information, aktiviert. Mittlerweile existieren zahlreiche empirische Belege dafür, daß äußere sensorische und interne neuronale Ereignisse die Genexpression – die Produktion eines Proteins, das durch ein bestimmtes Gen spezifiziert wird – auslösen oder hemmen. Gottlieb und Kollegen halten deshalb ein bidirektionales Modell für angemessen, das sie folgendermaßen darstellen:

Genetische Aktivität ↔ Struktur ↔ Funktion.

Der Weg von der genetischen Aktivität zur Funktion ist hier nicht vorherbestimmt – nicht prädeterminiert – und folglich auch nicht vorhersagbar, sondern kann nur mit einer gewissen Wahrscheinlichkeit vorausgesehen werden.

Die Wechselwirkung zwischen biologischen und psychosozialen Faktoren wird im Zusammenhang mit der Neurobiologie und innerhalb der Anlage-Umwelt-Debatte inzwischen weitgehend akzeptiert. Über ursächliche Mechanismen ist bisher aber immer noch wenig bekannt (vgl. Rutter et al., 1997). Methoden aus der Quantitativen und der Molekulargenetik bieten die Möglichkeit, erste Antworten auf die Frage zu geben, *wie* Gene wirken (vgl. Neuhäuser, 1998; Brodsky &

Lombroso, 1998). Die Erforschung von Umwelteinflüssen befindet sich auf vergleichbarem Stand. Zwar ist auch die Bedeutung von Kontextfaktoren für die psychische Entwicklung inzwischen akzeptiert, doch die Wirkmechanismen sind bisher kaum geklärt.

4.3 Neuronale Aktivität

Als Plastizität wird die Fähigkeit des Gehirns bezeichnet, sich durch strukturelle Veränderungen flexibel auf eine neue Umwelt oder neue Erfahrungen einzustellen (vgl. Ciaranello et al., 1995). Individuelle Erfahrungen können also die Feinabstimmung synaptischer Verbindungen beeinflussen und die wiederholte Aktivierung neuronaler Verknüpfungen kann in vielen Hirnbereichen langanhaltende Veränderungen auslösen.

Die neuronale Plastizität wird als zelluläre Grundlage für entwicklungs- und lernbezogene Veränderungen im ZNS angesehen. Obwohl das sich entwickelnde Gehirn noch wesentlich plastischer ist als das reife, sind die dem Lernen und Gedächtnis zugrundeliegenden Mechanismen denen der Entwicklungsplastizität vergleichbar. Durch diese Feststellung, und somit durch die Widerlegung der Theorie, daß die Umwelt nur psychische Aspekte der Entwicklung wie Erinnerungen und Gewohnheiten beeinflußt, während die Hirnanatomie ihrem festen ontologischen Reifungsplan folgt, hat die neuronale Plastizität das traditionelle Verständnis von Anlage und Umwelt ins Wanken gebracht. Weder Anlage noch Umwelt allein können normale Entwicklungsfortschritte oder psychische Störungen hinlänglich erklären. Umwelterfahrungen sind wichtig für die Differenzierung des Gehirngewebes und ermöglichen erst die Verwirklichung des genetischen Potentials.

Das Konzept der neuronalen Plastizität läßt sich problemlos in den Rahmen eines interaktiven Modells einfügen. Die Anlage wäre dann für die erfahrungserwartenden Prozesse verantwortlich, während die Umwelt für die notwendige Erfahrung sorgt, um die funktional adaptiven Synapsenverbindungen auszuwählen. Eine Theorie, in der die Interaktion dieser Faktoren berücksichtigt wird, ist geeignet, die neuropsychologische Entwicklung zu erklären (vgl. Petermann et al., 1998)

Eine Möglichkeit, wie die Interaktion zwischen genetischen, neuronalen und Umweltfaktoren zur Erklärung von Störungen herangezogen werden kann, beschreibt Kandel (1996). Er hält es für wahrscheinlich, daß emotionale Störungen als Folge umkehrbarer Defekte der Genregulation auftreten, ausgelöst durch Erfahrungs- und Lernvorgänge. Dabei sollen aufgrund von Streß oder Lernvorgängen hormonelle Veränderungen in die Regulation der Genexpression eingreifen. Nach diesem Modell verändern Erfahrungen die Genexpression und bewirken so Veränderungen der neuronalen und synaptischen Funktionen.

4.4 Umweltfaktoren

Menschliche Fähigkeiten existieren und entfalten sich in den meisten Fällen nicht im Vakuum. Stattdessen entstehen sie in einem besonderen kulturellen Umfeld, das bestimmten individuellen und gemeinsamen Bedürfnissen entspricht. Ob und wie sie zum Ausdruck kommen, ist ebenso sehr ein kulturelles und soziales Phänomen, wie es eine Frage der individuellen Neuroanatomie ist.

Sehr umfassend wurde die Organisation der Umwelt von Bronfenbrenner (1977) in seinem ökologischen Modell beschrieben. Danach wird die Entwicklung eines Individuums durch unterschiedliche Kontexte innerhalb von vier ineinander verschachtelten Systemen beeinflußt. Bronfenbrenners Modell wurde im klinischen Bereich erfolgreich umgesetzt, so zum Beispiel in Studien zur Kindesmißhandlung (Belsky, 1980) und zur Ehescheidung (Kurdek, 1983). Trotz der vielversprechenden Einsatzbereiche sind die Umwelteffekte bisher hauptsächlich in der dyadischen Interaktionen untersucht worden (Hinde, 1992).

Kasten 3:
Ökologisches Umweltmodell nach Bronfenbrenner (1977).

Bronfenbrenner beschreibt vier Arten konzentrisch aufgebauter Systeme:

- Das **Mikrosystem** steht im Zentrum des Modells und umfaßt die unmittelbare Umgebung des Kindes, mit bestimmten Merkmalen, Kräften und sozialen Rollen. Dazu gehört jede Gruppe, in der sich auch das Kind befindet (z.B. Mutter und Kind, Kind und zwei Geschwistern, Kind und Freunde, Kind und Lehrer).
- Das **Mesosystem** umfaßt die Beziehungen der unmittelbaren Umgebung des Kindes. Es wird durch die Wechselwirkungen zwischen mehreren Mikrosystemen definiert (z.B. Familie, Nachbarschaft, Gleichaltrigengruppe, Schule, Kirche).
- Das **Exosystem** erweitert das Mesosystem um alle Bereiche, denen das Kind nur mittelbar angehört, die es aber nicht minder beeinflussen (z.B. Arbeitswelt der Eltern, Schulklasse eines Geschwisterkindes, Schulbehörde, Massenmedien).
- Das **Makrosystem** besteht aus den übergeordneten institutionalen Bereichen der Kultur, wie die Ökonomie, das soziale und politische System eines Landes, die sich in den einzelnen Systemen ausdrücken, aber auch Ideologien, Überzeugungen und Normensysteme.

Cicchetti und Aber (1998) weisen auf die Notwendigkeit hin, in der Forschung den Kontext präziser zu konzeptualisieren, operationalisieren und analysieren, um den Einfluß von Umweltbedingungen auf die Entwicklung abweichenden Verhaltens besser zu verstehen. So

kann beispielsweise in Zwillingsstudien nicht prinzipiell von gänzlich unterschiedlichen Umweltgegebenheiten ausgegangen werden, wenn die Kinder in getrennten Familien aufwachsen, sondern die einzelnen Faktoren müssen definiert und die Unterschiede beschrieben, genau erfaßt und gemessen werden.

Den traditionellen Gegenstand psychologischer Studien bilden situative und soziale Einflüsse, Komponenten des Mikrosystems also, das mit den anderen drei Ebenen verwoben ist. Der elterliche Arbeitsplatz, ein gewalttätiges Wohnumfeld, anhaltende Armut oder kulturelle Wertvorstellungen üben ebenfalls ihren Einfluß auf das Individuum aus, sind jedoch Bestandteil der anderen Systeme und stehen eher im Mittelpunkt anthropologischer, soziologischer, demographischer, epidemiologischer oder ökonomischer Forschung. Um zu einer differenzierteren Sichtweise von Kontexteinflüssen zu gelangen, sprechen sich Cicchetti und Aber (1998) deshalb für eine gegenseitige Befruchtung der Entwicklungspsychopathologie und dieser Disziplinen aus.

Das MacArthur Network on Psychopathology and Development (vgl. Boyce et al., 1998) hat eine Reihe theoretisch begründeter Vorannahmen als Grundlage für die zukünftige Erforschung von Kontexteinflüssen aufgestellt:

- **Kontexte sind miteinander verknüpft und multidimensional,** sie ergänzen und verändern sich gegenseitig, während sie die behaviorale und emotionale Entwicklung des Kindes beeinflussen. Jeder Kontext ist in ein soziales Milieu eingebettet.
- **Kontexte verändern sich mit dem Alter.** Infolge der psychischen und körperlichen Entwicklung des Kindes oder aufgrund von Veränderungen bei anderen Mitgliedern des Systems (z.B. Eltern, Lehrer, Gleichaltrige) nehmen Kontexte an Umfang zu; sie werden differenzierter und vertiefen sich. Aber auch normative Entwicklungsveränderungen (z.B. Beginn der Pubertät) oder die Entstehung einer Störung beim Kind können das Beziehungsmuster innerhalb der Familie verändern.
- **Kontexte und genetische Prädispositionen des Kindes beeinflussen sich gegenseitig.** Verhaltensmerkmale des Kindes (z.B. „schwieriges" Temperament, „Schreikind" oder ein sehr stilles Kind) können den Erziehungsstil und das Erziehungsverhalten der Eltern verändern (Gen-Umwelt-Transaktion).
- **Der Einfluß, den ein Kontext auf das Kind ausübt, wird durch die Bedeutung bestimmt, die es ihm beimißt.** Der Kontext ist Bestandteil der subjektive Realität des Kindes. Darum muß die optimale Beurteilung von Kontexteinflüssen die Interpretation durch das Kind berücksichtigen.

Lynch und Cicchetti (1998) konnten diese Annahmen in ihrer Studie teilweise bestätigen. Sie untersuchten Kinder, die Gewalt in ihrem sozialen Umfeld erfuhren und zudem Mißhandlungen oder Vernachlässigungen in der Familie ausgesetzt waren. Beide Faktoren wurden als Quellen möglicher Risiken auf der Ebene des Exo- beziehungsweise des Mikrosystems angesehen. Die Mißhandlungsraten waren allgemein höher bei Kindern, die ein größeres Maß an Gewalt in ihrem Umfeld angaben. Diese Ergebnisse lassen sich darum als Hinweis werten, daß Aspekte des Exosystems ein erhöhtes Risiko für Probleme im Mikrosystem bedeuten können.

4.5 Gen-Umwelt-Beziehungen

Die Wechselwirkung zwischen Anlage und Umwelt kann auf unterschiedlichen Mechanismen beruhen, die sich mit den allgemeinen Kategorien Interaktion und Korrelation beschreiben lassen (vgl. Plomin & Rutter, 1998):

Die *Gen-Umwelt-Interaktion* beruht auf genetischen Unterschieden hinsichtlich der Empfänglichkeit gegenüber Umwelteinflüssen und Erfahrungen. Zum Beispiel können psychosoziale Risiken sich stärker auf Individuen auswirken, die ein genetisches Risiko aufweisen. Dies ist die generelle Form der Interaktion, wie sie das Diathese-Streß-Modell der Psychopathologie vorsieht: Individuen mit einem genetischen Risiko (Diathese) sind sehr empfänglich für Umweltrisiken (Streß).
Die *Gen-Umwelt-Korrelation* beruht auf genetischen Unterschieden im Umgang mit der Umwelt. Kinder mit einer bestimmten genetischen Prädisposition erleben dadurch mit größerer Wahrscheinlichkeit psychische Risiken. Die Prozesse, durch die sich solche Gen-Umwelt-Korrelationen entwickeln, sind als *passiv, evokativ und aktiv* kategorisiert worden. Scarr und McCartney (1983) beschreiben diesen Ansatz in ihrem dynamischeren Interaktionsmodell, das von einer Verstärkung der genetischen Prädisposition durch die Umwelt ausgeht. Im Kontext des Modells werden drei grundlegende Genotyp-Umwelt-Beziehungen unterschieden (vgl. Plomin, Rende & Rutter, 1991):

- **Passiv.** Kinder haben Anlage- und Umwelteinflüsse mit anderen Familienmitgliedern gemeinsam und können so passiv Umweltbeziehungen zusammen mit ihren genetischen Dispositionen erben. Sie finden sozusagen die Umwelt vor, die zu ihrer genetischen Ausstattung paßt.
- **Reaktiv.** Die genetischen Anlagen des Kindes (z.B. ein schwieriges Temperament) rufen bei anderen Menschen spezifische Reaktionen hervor (z.B. Ärger, restriktives Erziehungsverhalten).

- **Aktiv.** Umweltbedingungen, die zu seinen genetischen Anlagen passen, werden vom Kind aktiv ausgewählt oder sogar geschaffen. Scarr (1992) hat dieses Vorgehen als Nischenbildung oder -suche bezeichnet.

4.6 Entwicklungspfade

Waddingtons Modell der Epigenese wird gern anhand einer Berglandschaft veranschaulicht, auf deren Gipfel sich eine Kugel befindet (vgl. Abb. 7). Die Kugel symbolisiert den sich entwickelnden Organismus, die Täler stellen mögliche Entwicklungswege dar. Dabei verhält sich die Kugel den Prinzipien der Selbstorganisation entsprechend – sie „kennt" also weder ihren Weg, noch ist dieser vorherbestimmt.

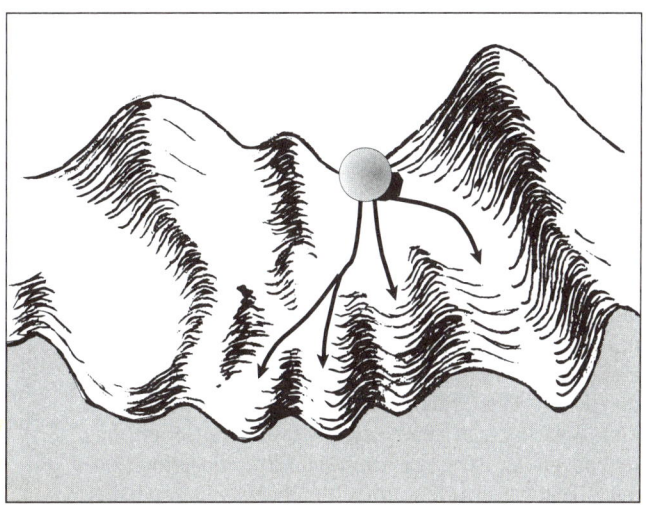

Abbildung 7:
Darstellung von Waddingtons epigenetischer Landschaft. Die verschiedenen Wege, die die Kugel nehmen kann, sind durch Pfeile verdeutlicht.

Das Modell versucht dem Umstand gerecht zu werden, daß Entwicklungspfade durch Umwelteinflüsse unterschiedlich leicht zu beeinflussen sind. In einem flachen Tal kann die Kugel schneller aus der Bahn geworfen werden als in einem tiefen. Die Einschränkung alternativer Phänotypen auf eines oder wenige Ergebnisse bezeichnet Waddington (1957) als *Kanalisierung*. Abhängig vom Grad genotypischer Kontrolle, der Stärke und dem Timing der Ablenkung läßt sich der entwickelnde Phänotyp mehr oder weniger leicht vom eingeschlagenen Pfad ablenken. Ein hoher Grad der Kanalisierung stellt sicher, daß einige Entwicklungsaspekte geradezu universal sind und ein großer Bereich von Umweltereignissen nur geringe oder keine Einflüsse auf die Entwicklung des Phänotyps ausübt. So scheint beispielsweise das Brabbeln der Kleinkinder stark kanalisiert zu sein, da selbst Kinder mit angeborener Taubheit dieses Verhalten zeigen. Doch selbst bei hochgradig kanalisierten Merkmale kann eine Störung an einem Entscheidungspunkt (der Gabelung am Eingang zweier Täler) die Entwicklung des Phänotyps unter Umständen in einen anderen Kanal umlenken. Diese Abzweigungen können sensible Phasen der Entwicklung repräsentieren. Setzen diese Umwelteinflüsse zu einem anderen Zeitpunkt ein, bleiben sie möglicherweise folgenlos. Das Ausmaß der Kanalisierung unterscheidet sich nicht nur von Merkmal zu Merkmal, sondern kann sich auch mit zunehmendem Alter des Kindes ändern.

Wenn man alle Wege nachzeichnet, denen die Kugel in der epigenetischen Landschaft folgen kann, ergibt sich ein verzweigtes Netz von Entwicklungspfaden, die mit zunehmender Entfernung vom Entwicklungsbeginn immer breiter gefächert sind. Dieses Bild ähnelt sehr dem von Sroufe (1997) vorgestellten Entwicklungspfadmodell (vgl. Abschnitt 3.4).

5 Forschungsansätze

Die speziellen Fragestellungen der Entwicklungspsychopathologie und die entwicklungsorientierte Sichtweise machen auf Grundlage der vorangehend erläuterten Annahmen zum Teil den Einsatz anderer oder die verstärkte Verwendung bestimmter methodologischer Vorgehensweisen notwendig. Gleichzeitig bieten die gemeinsamen Bemühungen verschiedener Disziplinen die Möglichkeit, auf sehr unterschiedliche, einander ergänzende Ansätze zurückzugreifen. Die wichtigsten dieser Vorgehensweisen werden anschließend diskutiert. Aus Gründen der Übersichtlichkeit erfolgt eine Einteilung in genetische, neurowissenschaftliche und psychologische Forschungsansätze, die jedoch keinesfalls etwas über eine ausschließliche, sondern lediglich über eine vorrangige Verwendung in den einzelnen Bereichen aussagen soll.

5.1 Forschungsansätze in der Genetik

Die Beziehung zwischen Genen und Merkmalen, psychischen ebenso wie physischen, wird auf unterschiedliche Weise erforscht. Die *Molekulargenetik* kartiert die Lage spezifischer Gene auf einzelnen Chromosomen, um so Hinweise darauf zu finden, welche Gene an der Ausprägung von Krankheiten beteiligt sind. Zu diesem Zweck werden genetische Marker auf den Chromosomen gesucht, mit deren Hilfe sich die Lage von Genen bestimmen läßt (Kopplungsanalyse). Die *Quantitative Genetik* kümmert sich nicht um genetische Ursprünge, sondern erforscht die Verteilung physischer und psychischer Merkmale. Sie kann also keine Aussagen darüber machen, *welche* Gene an der Merkmalsausprägung beteiligt sind. Statt dessen versucht sie, Hinweise zu liefern, *ob und in welchem Ausmaß* bestimmte Merkmale erblich bedingt sind. Anders ausgedrückt: Während die Quantitative Genetik zwischen den physischen und psychischen Merkmalen (Phänotyp) von miteinander verwandten Menschen Beziehungen nachweisen und diese auf genetische Ursachen zurückführen will, weist die Molekulargenetik Gene nach, die mit einem bestimmten Phänotyp gemeinsam auftreten und versucht, den biochemischen Weg vom Gen zur Störung zu entschlüsseln. Ergebnisse der Quantitativen Genetik zur Erblichkeit von Syndromen und Symptomkombinationen können die Forschung in der Molekulargenetik lenken (vgl. Plomin, Owen & McGuffin, 1994), während molekulargenetische Entdeckungen Vermutungen aus der Quantitativen Genetik möglicherweise unterstützen. Beide Verfahren haben inzwischen eine Vielzahl von Techniken entwickelt.

Die Forschung in der Quantitativen Genetik stützt sich bevorzugt auf *Zwillings-*, *Familien-* und *Adoptionsstudien* (vgl. Kasten 4). Diese Verfahren boten einen Ausweg aus dem Dilemma, die tatsächlichen genetischen Grundlage psychischer Merkmale und Fähigkeiten nicht zu kennen und deshalb auch nicht beweisen zu können. Den meisten älteren Zwillingsstudien – von Galtons Anfängen zum Ende des 19. Jahrhunderts bis in die späten 70er Jahre des 20. Jahrhunderts – wurden jedoch methodische und sachliche Mängel vorgeworfen (vgl. Kamin, 1979). Ihre Beweiskraft muß deshalb bezweifelt werden.

Die Zwillingsforschung beruht auf einer relativ einfachen Logik, die jedoch leicht mißverstanden wird. Wenn zum Beispiel einige Forscher argumentierten, daß getrennt aufgewachsene eineiige Zwillinge die Bedeutung von Genen für die psychische Entwicklung aufzeigen können, so ist dies schlicht falsch (vgl. Gottlieb et al., 1998). Ein Unterschied zwischen eineiigen Zwillingen kann natürlich nicht auf unterschiedlichen Genen beruhen, darum bieten sie eine gute Gelegenheit, Umweltunterschiede zu erforschen. Aber auch Übereinstimmung zwischen ihnen muß nicht zwangsläufig die Folge identischer Gene sein, sondern kann auch aus einer sehr ähnlichen Umwelten oder der Verbindung von beidem resultieren. Häufig wird getrenntes Aufwachsen mit völlig anderen Umwelterfahrungen gleichgesetzt und gemeinsames, etwa bei Adoptionsstudien, mit identischen Umwelten. In einigen Familienstudien wird auch die Häufigkeit eines Krankheits-Phänotyps in einer Familie untersucht und mit der Prävalenz in der Gesamtbevölkerung verglichen. Diese Studien können jedoch nicht zeigen, daß genetische Faktoren in diesen Fällen wirksam sind, sondern nur, daß Faktoren existieren – sie mögen genetisch oder umweltbedingt sein – die das Risiko einer bestimmten Störung erhöhen.

Es läßt sich kaum leugnen, daß Überzeugungen dieser Art zumindest implizit auch in wissenschaftlichen Studien eine Rolle spielen, doch kann grundsätzlich davon ausgegangen werden, daß sich die Forschung auf eine Anzahl fundierter Annahmen stützt, die hier kurz formuliert und beschrieben werden sollen.

Kasten 4:
Zwillings-, Familien- und Adoptionsstudien.

Zu den etabliertesten Ansätzen unter den traditionellen Strategien der Genetik zählt der Vergleich zwischen eineiigen (monozygoten; EZ) und zweieiigen (dizygoten) Zwillingen (ZZ). EZ verfügen über identische Gensätze, ZZ weisen hingegen nur eine durchschnittlich 50%ige genetische Übereinstimmung auf. Die hohe Beliebtheit der Zwillingsforschung in der Quantitativen Genetik beruhte auf der Überlegung, daß die identische genetische Ausstattung von EZ Rückschlüsse auf die Bedeutung biologischer und sozialer Faktoren zuläßt. Das heißt der Grad der Übereinstimmung zwischen EZ- und ZZ-Paaren erlaubt zu schätzen, wie sehr genetische Variationen für individuelle Variationen bestimmter Störungen oder Eigenschaften verantwortlich sind. Entsprechend dieser Annahme werden folgende Sonderfälle als besonders aufschlußreich angesehen:

- EZ-Paare, die in früher Kindheit getrennt wurden und in unterschiedlichen Umgebungen aufwuchsen,
- Studien an sich stark unterscheidenden EZ-Paaren und
- Studien an Kindern von EZ und ZZ. Dabei wird davon ausgegangen, daß Kinder von EZ genetisch als Halbgeschwister anzusehen sind, während Kinder von ZZ als einfache Cousins gelten (vgl. Rutter, 1991).

Familienstudien beurteilen den Grad der Übereinstimmung zwischen genetisch verwandten Individuen, die gemeinsam – in der gleichen Umwelt – aufwachsen.
Adoptionsstudien sollen zeigen, inwieweit familiäre Übereinstimmung auf erbliche Übereinstimmung zurückzuführen ist und können die Bedeutung der Umwelt durch die Ähnlichkeit unter Adoptivgeschwistern unterstreichen (Rende & Plomin, 1995).

Annahmen der Quantitativen und Molekulargenetik

- **Anlage und Umwelt sind gleichermaßen wichtig.** Studien zur Erblichkeit von Intelligenz, kognitiven Fähigkeiten und Persönlichkeitsmerkmalen lassen zwar grundlegende genetische Einflüsse vermuten, liefern aber gleichzeitig die besten Beweise für die Wichtigkeit nicht-genetischer Faktoren.

- **Einige Störungen beruhen auf einem Gen, die meisten jedoch auf der kombinierten Wirkung mehrerer Gene.** Für Chorea Huntington, das Fragile-X-Syndrom und früh auftretenden Alzheimer konnte jeweils das verursachende Gen lokalisiert werden, doch hat sich der in den späten 80ern herrschende Enthusiasmus hinsichtlich der Entdeckung einzelner Gene für psychische Störungen merklich gelegt, da sich die Ergebnisse als nicht replizierbar erwiesen (vgl. Gershon & Rieder, 1992; Neuhäuser, 1998). Als unbestritten gelten weiterhin Anzeichen für genetische Einflüsse bei fast allen psychischen Störungen. Allerdings beginnt sich die Überzeugung durchzusetzen, daß hierfür nicht die massive Wirkung einzelner Gene, sondern der Einfluß von Gengruppen verantwortlich zu machen ist. Plomin und Kollegen (1994) schlagen ein Modell vor, mit dem sich die Entstehung komplexer Störungen erklären läßt. Dieses QTL-(quantitative trait loci) Modell geht davon aus, daß komplexe Verhaltensstörungen auf dem Zusammenwirken mehrerer Gene mit veränderlicher Effektstärke beruhen (multigenetische Wirkung). Dabei ist jedes einzelne Gen dieses Systems weder notwendig noch ausreichend, um die Störung hervorzurufen (vgl. Abb. 8).

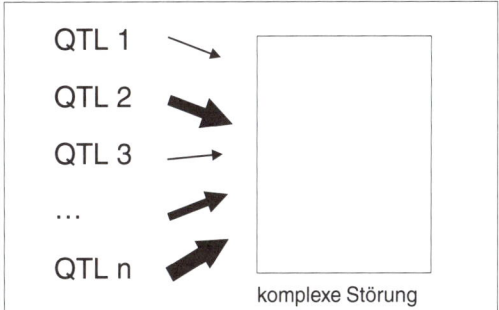

Abbildung 8:
Darstellung des QTL-Ansatzes (mod. nach Plomin et al., 1994).

Sollte es zutreffen, daß nur wenige psychiatrische Störungen – wenn überhaupt – auf der Wirkung eines einzelnen Gens beruhen, ergeben sich daraus auch Probleme für die molekulargenetische Forschung, weil sich in solchen Fällen klassische Kopplungsansätze nicht als erfolgreich erweisen.

- **Die Wirkung von Genen kann sich mit unterschiedlichem Alter einstellen.** Die phänotypische Ausprägung einiger Störungen stellt sich schon in einem sehr frühen Entwicklungsstadium ein (z.B. Fragiles-X-Syndrom und Autismus), für andere wird sie gewöhnlich erst im Jugendalter nachweisbar (z.B. Schizophrenie) oder läßt sich nicht vor dem Erwachsenenalter ausmachen (z.B. Chorea Huntington). Genetische Einflüsse sind also nicht mit einem frühen Störungsbeginn gleichzusetzen.

- **Phänotypisch definierte Störungen können ätiologisch heterogen sein.** Wenn eine Störung aufgrund phänotypischer Merkmale klassifiziert wird, können sich hinter dem Krankheitsbild verschiedene Zustände mit unterschiedlichem Ursprung verbergen (vgl. Plomin & Rende, 1991). Es kann – mit anderen Worten – nicht vom Erscheinungsbild einer Krankheit auf den Verlauf ihrer Entstehung und auf ihre Ursache geschlossen werden. Beim Autismus beispielsweise sind fast 10% der Fälle mit einer bekannten genetischen Komponente wie dem Fragilen-X-Syndrom verbunden (vgl. Rutter, Bailey, Bolton & LeCouteur, 1993). Aber auch die verbleibenden 90% der Autismusfälle müssen nicht notgedrungen genetisch homogen sein. Laut Courchesne, Townsend und Chase (1995) gibt es keine psychische Störung, bei der sich die Kausalkette von den Verhaltenssymptomen zu den biologischen Ursprüngen zurückverfolgen läßt.

- **Phänotypisch unterschiedliche Störungen können ätiologisch homogen sein.** Gleiche Ursachen müssen nicht zwangsläufig zum gleichen Erscheinungsbild führen. Denkbar ist, daß es genetische Einflüsse gibt, die über die diagnostizierten Störungen hinausreichen und sich auf andere Störungen oder ein Spektrum weniger schwerer Symptome erstrecken (Plomin et al., 1991). Hier ist beispielsweise an das Tourette-Syndrom zu denken, zu dessen Erscheinungsbild neben den zentralen Merkmalen wie motorischen und phonetischen Tics auch andere dysfunktionale Bereiche (Zwänge, hyperkinetische Störungen) gehören.

- **Ein Großteil der Umwelteinflüsse wird unterschiedlich erlebt.** Obwohl die familiäre Umwelt für zusammen aufwachsende Geschwister auf den ersten Blick gleich wirkt, können einige Familienmerkmale auf einzelne Geschwister unterschiedlich wirken, weil sie sich in Bezug auf Alter, Temperament oder elterliche Erwartungen unterscheiden – kurz: weil sie Individuen sind. In der gleichen Familie zu leben bedeutet nicht, gleichen Umweltbedingungen ausgesetzt zu sein. Unterschiedliche Erfahrungen außerhalb der Familie (Freundeskreis, Schule) und spezifischer Ereignisse (Unfälle, Krankheiten) können Unterschiede zwischen Geschwistern bewirken, die Kinder derselben Familie in unvorhersagbarer Weise verändern. Eine Mög-

lichkeit, das Ausmaß gemeinsame Erfahrungen für Kinder derselben Familie zu ermitteln, bieten Studien mit Adoptivgeschwistern, da bei ihnen die durchschnittliche genetische Ähnlichkeit zur Adoptivfamilie sehr gering ist (vgl. Plomin et al., 1991). Übereinstimmung müßten dann in hohem Maße umweltbedingt sein.

Die überzeugendsten Beweise für die Bedeutung einer unterschiedlich erlebten Umwelt liefern Studien mit eineiigen Zwillingen, da Unterschiede in ihrer Entwicklung nur auf abweichendem Umwelterleben oder auf Meßfehlern beruhen können. Studien aus den letzten Jahrzehnten (z.B. Gottesman & Shields, 1982) zeigen, daß es sehr wohl Zwillingspaare gibt, bei denen nur ein Geschwister schizophren ist. Da beide das Schizophrenie auslösende Gen in sich tragen, aber nur ein Zwilling die Störung aufweist, müssen Umweltfaktoren eine Rolle spielen.

Die Suche nach nicht-gemeinsamen (non-shared) Umweltfaktoren muß jedoch nicht auf Zwillinge beschränkt werden. Studien mit Geschwistern, die in ihrem antisozialen Verhalten voneinander abwichen, zeigten zum Beispiel, daß delinquente Jungen, verglichen mit ihren Brüdern, weniger positive Interaktionen mit ihren Müttern und wenige enge Beziehungen zu Erwachsenen aufweisen (vgl. Reitsma-Street, Offord & Finch, 1985; Daniels, Dunn, Furstenberg & Plomin, 1985).

5.2 Forschungsansätze in den Neurowissenschaften

In den Neurowissenschaften wird Tierexperimenten aus verschiedenen Gründen ein hoher Stellenwert eingeräumt. Darauf soll in Abschnitt 5.4 eingegangen werden. Immer stärker kommen in Studien, die sich mit der Entwicklung, dem Aufbau und der Funktion des menschlichen Gehirns beschäftigen, bildgebende Verfahren (z.B. Computertomographie) zum Tragen. Ebenso, wie man in der Entwicklungspsychopathologie Störungen untersucht, um daraus auf allgemeine Mechanismen der Entwicklung zu schließen, sind in den Neurowissenschaften beeinträchtigte Hirnfunktionen von besonderem Interesse. Dabei macht man sich teilweise das Vorhandensein längerfristiger Schädigungen zum Beispiel durch Verletzungen, Erkrankungen oder Operationen (z.B. Split-Brain-Patienten) zunutze, führt aber auch vorübergehende Ausfälle künstlich herbei (z.B. Wada-Test). Neuropsychologische Werkzeuge, wie etwa Aufgaben zur Messung der Reaktionszeit, Tests zur Mustererkennung oder Überprüfungen der Gedächtnisleistung stellen eine indirekte Verbindung zwischen der Struktur und Funktion des Gehirns her. Der Vorteil liegt dabei vor allem darin, daß es sich um völlig non-invasive Verfahren handelt.

Läsionen und Behinderungen erlauben Rückschlüsse auf die neuronale Entwicklung. Beispielsweise wird die Theorie sensibler Phasen für die Entwicklung des visuellen Systems durch eine Beobachtung an Menschen unterstützt, bei denen angeborener grauer Star zu völliger Erblindung geführt hatte. Wurden sie erst als Erwachsene operiert, konnten sie den optischen Reizen der Umwelt auch lange nach der Operation nur sehr begrenzt Informationen entnehmen (vgl. Sacks, 1995; Rosenfield, 1996).

Mit künstlich herbeigeführten Funktionsstörungen lassen sich zum Beispiel Unterschiede in den Fähigkeiten der Hemisphären demonstrieren. Der Wada-Test beruht auf der Injektion von Natriumamytal in die Halsschlagader. Er dient vorrangig dazu, die für die Sprachfunktion dominante Hemisphäre festzustellen. Auf der Seite der Injektion tritt eine kurzfristige Funktionsstörung ein, die, wenn die richtige Seite betäubt wurde, zu einem vorübergehenden Ausfall der Sprache führt. Darüber hinaus beeinflußt die Injektion aber auch die Stimmung. Linksseitige Injektionen lösen kurze Depressionen aus, rechtsseitige hingegen Euphorien (vgl. Kupfermann, 1996)

Bei Split-Brain-Patienten wurde der Corpus-callosum, die Verbindung zwischen den beiden Gehirnhälften, chirurgisch durchtrennt. Studien mit solchen Menschen tragen zum Verständnis der Lateralität bei (der Neigung der beiden Hemisphären, sich auf die bestimmte Leistungen zu spezialisieren). Mit Hilfe von Experimenten, in deren Verlauf jede Hirnhälfte mit unterschiedlichen Informationen versorgt wurde, konnte nachgewiesen werden, daß die rechte Seite bei den meisten Betroffenen auch einfachste sprachliche Aufgaben nicht bewältigen kann (vgl. Gazzaniga, 1998).

Mit *neuropsychologischen Verfahren* läßt sich untersuchen, welche Funktionsbeeinträchtigungen mit bestimmten Läsionen einhergehen. Young, Hellawell, Van De Wal und Johnson (1996) stellten bei einer 51jährigen Frau mit teilweiser beidseitiger Schädigung der Amygdala große Schwierigkeiten fest, emotionale Gesichtsausdrücke zu erkennen. Es fiel ihr auch schwer, die gleichen Menschen auf Bildern wiederzuerkennen, wenn sie unterschiedliche Gesichtsausdrücke zeigten. Die Ergebnisse stimmen mit der Annahme überein, daß die Amygdala für das Sozialverhalten von Bedeutung ist und eine Schädigung des limbischen Systems zu Störungen der emotionalen Bewertung von Wahrnehmungen führen kann.

Zwölf Kinder zwischen sechs und 24 Monaten, die an prä- oder perinatalen unilateralen fokalen Hirnschädigungen litten, wurden von Reilly, Stiles, Larsen und Trauner (1995) untersucht. Kinder mit rechtsseitiger Hirnschädigung wiesen deutliche affektive Beeinträchtigungen auf positive Reize auf. Die gesunden Kinder der Kontrollgruppe und Säuglinge mit linksseitiger Hirnschädigung zeigten das gesamte Spektrum angemessenen affektiven Ausdrucks.

Zu den *bildgebenden Verfahren* zählen die Computertomographie (CT), Kernspintomographie (MRT), Positronenemissionstomographie (PET) und die funktionelle Kernspintomographie (fMRI). Sie beruhen auf einer Verknüpfung von Elementen des Stoffwechsels (Veränderungen des Blutsauerstoff-Niveaus, Aufnahme von Glukose) mit kognitiven Aktivitäten (z.B. PET oder fMRI). Elektrophysiologisch synaptische Aktivitäten infolge mentaler oder emotionaler Vorgänge werden zum Beispiel mittels Elektroenzephalographie (EEG) gemessen.

Mit Hilfe bildgebender Verfahren konnten Pascual-Leone und Torres (1993) zeigen, daß das Lesen der Blindenschrift mit der Ausdehnung der sensumotorischen kortikalen Repräsentation des Lesefingers verbunden ist. Bei den blinden Versuchspersonen war der für diesen Finger zuständige Bereich der Hirnrinde ausgedehnter, als für den Kontrollfinger oder bei Menschen, die nicht Blindenschrift lasen. In die gleiche Richtung gehen die Ergebnisse von Elbert, Pantev, Wienbruch, Rockstroh und Taub (1995). Sie konnten feststellen, daß bei Violinisten die kortikale Repräsentation der Finger der linken Hand größer war als in der Kontrollgruppe.

5.3 Forschungsansätze in den Kognitions- und Verhaltenswissenschaften

Für das Feld der Psychologie wurde eine Vielzahl von Tests, experimentellen Vorgehensweisen und Meßverfahren entwickelt, von denen hier nur einige im Überblick dargestellt werden können. Im Mittelpunkt des Forschungsinteresses steht dabei häufig die Frage, welcher Entwicklungsstand erreicht wurde, welches Verhalten und welche kognitiven Fähigkeiten die untersuchten Kinder aufweisen. Die Notwendigkeit, altersangemessene Verfahren zu entwickeln, bringt einige Schwierigkeiten mit sich. So müssen Forschungsansätze dem Umstand gerecht werden, daß die Kinder unter Umständen noch nicht sprechen oder nicht lesen und schreiben können.

Habituierungsexperimente machen sich die „Überraschung" vorsprachlicher Kinder zunutze, um so ihre Fähigkeiten, besonders im Bereich der Wahrnehmung, erfassen zu können. Das Staunen oder das Interesse des Kindes kann sich schon in der Neugeborenenphase darin äußern, wie lange ein Gegenstand fixiert und wie intensiv an einem Schnuller gesaugt wird (vgl. Eimas, 1985). In einem solchen Experiment wird dem Säugling ein bestimmter Reiz wiederholt angeboten und gemessen, wie schnell dieses monotone Ereignis an Attraktivität verliert. Bei neuen Reizen stellt sich das Interesse sofort wieder ein. Auf diese Weise läßt sich feststellen, ob der Säugling zwei Reize unterscheiden kann (den zweiten Reiz als neu erkennt) und ob er beispielsweise schon über einen Begriff von grundlegenden physikalischen Regeln verfügt (vgl. Baillargeon, 1987). Im letzten Fall würde er auf eine scheinbare Verletzung dieser Regeln mit Überraschung reagieren.

Ein anderes Experiment, das keine Sprachfähigkeit voraussetzt, untersucht das Vermögen zu selbstbezogenem Verhalten. Dazu wird einem Kind unbemerkt ein Punkt auf die Nasenspitze gemalt. Dann wird ihm sein Spiegelbild gezeigt. Entdeckt es den Punkt und versucht ihn bei sich – nicht im Spiegel – wegzuwischen, kann davon ausgegangen werden, daß es über ein Bewußtsein seiner selbst verfügt.

Experimente zur *Perspektivenübernahme* untersuchen, inwieweit bereits sprachfähige Kinder sich den Blickwinkel, die Gedanken oder Emotionen anderer Menschen vorstellen können.

Visuelle Perspektivenübernahme. In der „Drei-Berge-Aufgabe" wird Kindern das Modell einer Berglandschaft gezeigt. Piaget und Inhelder (1971) zufolge können Kinder zwischen vier und sechs Jahren nicht erkennen, welches Bild der Perspektive eines anderen Beobachters entspricht. Stattdessen schreiben sie anderen ihre eigene Perspektive zu. Flavell, Everett, Croft und Flavell (1981) konnten hingegen zwei Ebenen der Perspektivenübernahme unterscheiden: Schon ab zwei Jahren können Kinder zumindest verstehen, daß andere etwas sehen, was ihnen selbst verborgen ist. Vor dem dritten oder vierten Jahr begreifen sie jedoch nicht, daß Gegenstände aus unterschiedlichen Perspektiven auch unterschiedlich aussehen.

Kognitive Perspektivenübernahme. In False-belief-Aufgaben wird das Kind mit einer Geschichte konfrontiert, deren Protagonist über eine Information, die dem Kind bekannt ist, nicht verfügt (z.B. weiß er nicht, daß und wo eine Tafel Schokolade in seiner Abwesenheit versteckt wurde). Kinder, die zur kognitiven Perspektivenübernahme fähig sind, werden ihr Wissen nicht einer anderen Person unterstellen, sondern können eine Situation aus der Sicht des anderen beschreiben.

Emotionale Perspektivenübernahme. In einem Experiment, das Avis und Harris (1991) mit Kindern der Baka, einem Jäger-Sammler-Volk in Süd-Ost-Kamerun, durchführten, wurde die False-belief-Aufgabe noch um den Aspekt der Emotion erweitert. Je 17 Kinder aus zwei Altersgruppen (Durchschnittsalter 3,5 bzw. 5 Jahre) sahen einem Erwachsenen dabei zu, wie er eine Speise zubereitete, diese in ein zugedecktes Gefäß legte und für einige Minuten wegging. In seiner Abwesenheit wurde das Essen aus dem Behälter genommen und versteckt. Dann sollten sie voraussagen, wo der Erwachsene suchen, wie er sich vor und nach dem Aufdecken des Gefäßes fühlen würde. Elf der älteren und sechs der jüngeren Kinder sagten richtig voraus, daß der Erwachsene sich dem leeren Behälter zuwenden würde, vor dem Öffnen des Deckels fröhlich und danach traurig sein würde.

Auch zur Erhebung sozialer Kompetenzen wurden sehr aufschlußreiche experimentelle Designs entwickelt. Ein mittlerweile klassisches Verfahren aus dem Bereich der Bindungsforschung ist die „*Fremde Situation*" von Mary Ainsworth (vgl. Ainsworth, Bell & Stayton, 1971). Das Kind wird dabei mit einer Reihe standardisierter Ereignisse konfrontiert (vgl. Kasten 5). Aufgrund seiner Reaktion auf Fremde in An- und Abwesenheit der Mutter kann das Bindungsverhalten des Kindes bestimmt werden. Als Schlüsselelement gilt, wie das Kind die Rückkehr der Mutter aufnimmt. Aufgrund ihrer Beobachtungen erkannte Ainsworth (1982) drei dauerhafte, qualitativ unterschiedliche Beziehungsmuster (vgl. Ainsworth, Blehar, Waters & Wall, 1978), die als sicherer, unsicher-vermeidender und unsicher-ambivalenter Bindungstyp bezeichnet werden.

Kasten 5:
Episoden der fremden Situation (aus Petermann et al., 1998, S. 153).

1. Episode	Kind und Bezugsperson werden in den Beobachtungsraum geführt und dort allein gelassen.
2. Episode	Die Bezugsperson verhält sich ruhig, während das Kind den Raum erkunden kann.
3. Episode	Ein fremder Erwachsener betritt den Raum, ist zuerst ruhig, beginnt sich jedoch nach einer Minute mit der Bezugsperson zu unterhalten und wendet sich nach einer weiteren Minute dem Kind zu. Die Bezugsperson verläßt den Raum.
4. Episode	Die fremde Person und das Kind bleiben allein zurück.
5. Episode	Die Bezugsperson kehrt zurück, die fremde Person geht hinaus. Die Bezugsperson versucht, das Kind zu beruhigen und geht dann wieder hinaus.
6. Episode	Das Kind bleibt im Raum allein.
7. Episode	Die fremde Person kehrt zurück und beginnt zu interagieren.
8. Episode	Die Bezugsperson kommt wieder zurück und die fremde Person geht.

Als *soziale Bezugnahme* wird die Fähigkeit bezeichnet, in den Gesichtern Anderer nach Hinweisen für die Interpretation mehrdeutiger Situationen zu suchen (etwa ab dem Ende des ersten Lebensjahres). Das Kind muß also aus der Mimik auf zugrundeliegende Emotionen schließen können. In einem Experiment von Sorce, Emde, Campos und Klinnert (1985) wurde der Säugling auf die eine Seite einer Visuellen Klippe gesetzt (eine Vorrichtung mit zwei unterschiedlich hohen Ebenen; der scheinbare Abgrund wird jedoch mit einer Glasplatte abgedeckt), während sich seine Mutter am gegenüberliegenden Ende befand. Auf die Glasplatte wurde als Anreiz ein für das Kind erstrebenswertes Spielzeug gelegt. Der Abgrund wurde auf eine Höhe eingestellt, die zu keiner klaren Vermeidung, wohl aber zur Bezugnahme auf die Mutter führte. Die Mütter wurden in verschiedenen Versuchen aufgefordert, jeweils ein ängstliches, fröhliches, ärgerliches, interessiertes oder trauriges Gesicht zu machen. Zeigten die Mütter Angst, überquerte keines der Kinder die tiefe Seite.

Läsionen und Behinderungen. Ebenso wie in den Neurowissenschaften können Untersuchungen an Kindern mit Funktionseinschränkungen in der Psychologie wichtige Hinweise geben. So reagieren Säuglinge mit angeborener Blindheit ebenso wie sehende Kinder auf die Stimme der Mutter oder auf Berührungen mit Lächeln, auch wenn sich diese Reaktion verzögert entwickelt (vgl. Butterworth & Harris, 1994). Da sie jedoch nicht sehen können, daß Menschen zurücklächeln, kann sich bei ihnen keine visuelle Rückkopplungs-Schleife etablieren, und der Übergang zum *sozialen Lächeln* findet nicht statt (vgl. Cole & Cole, 1996). Fraiberg (1974) gelang der Nachweis, daß im Umgang mit blinden Kindern Berührungsreize die Funktion des Zurücklächelns übernehmen können, und sich die Rückkopplungs-Schleife schließen läßt, indem auf Lächeln des Kindes mit Streicheln reagiert wird.

Bellugi, Poizner und Klima (1994) führte eine Studie mit Gehörlosen durch, die die Gebärdensprache beherrschten und eine links- oder rechtsseitige Läsion erlitten hatten. Die Gebärdensprache beruht auf grundlegend gleichen Organisationsprinzipien wie die Lautsprache; die physische Umsetzung erfolgt jedoch auf visuell-gestischem Weg. Die Analyse der Beeinträchtigungen in der Gebärdensprache aufgrund der Läsion konnte Aufschlüsse über die hemisphärische Spezialisierung der Sprache gewähren. Hören und Sprechen scheint für die Entwicklung der Lateralität nicht notwendig zu sein. Der Umstand, daß Probanden mit einer Schädigungen der linken Hemisphäre deutliche Defizite in der Gebärdensprache aufweisen, während ihre Fähigkeit zur Verarbeitung nicht-sprachlicher räumlich-visueller Beziehungen relativ intakt bleibt, läßt für Menschen eine Prädisposition für Sprache in der linken Hemisphäre vermuten.

Beobachtung und Interviews sind Verfahren, mit denen zum Beispiel festgestellt werden kann, zwischen welchen Kindern einer Gruppe Beziehungen bestehen und welche Intensität diese Beziehungen besitzen. Dazu werden die Kinder befragt, mit wem sie gerne spielen oder wen sie nicht mögen und wie sehr sie sich ein bestimmtes anderes Kind als Freund wünschen. Freundschaften oder zumindest häufige Kontakte innerhalb von Gleichaltrigengruppen lassen sich in einem Soziogramm festhalten, der graphischen Darstellung der Beziehungen zwischen allen Kindern einer Gruppe.

5.4 Disziplinenübergreifende Forschungsansätze

Längsschnitt- und Querschnittstudien

Äußerungen fehlangepaßten Verhaltens können sich mit der Zeit ändern. Durch die Verfolgung von Entwicklungsverläufen lassen sich mögliche frühe Anzeichen für eine später auftretende Störung isolieren. *Längsschnittstudien* erlauben die Erfassung dynamischer Verhaltensänderungen sowie der Kontinuität und Diskontinuität von Störungen. Sie liefern die Daten, um anhand von Verhaltensindikatoren und gleichzeitig auftretenden normativen Entwicklungsveränderungen zu ermitteln, wie stark sich psychische Störungen mit der Zeit verändern (vgl. Essau, Scheithauer, Groen & Petermann, 1997). Bei entwicklungsbezogenen Fragestellungen sollten Längsschnittstudien immer das Verfahren der Wahl sein, doch angesichts des hohen Aufwandes und der damit verbundenen Kosten wird häufig auf den Einsatz von Längsschnittdesigns verzichtet.

Zu den wenigen Ausnahmen zählt die 1921 begonnene erste systematische Studie von Lewis Terman mit Hochbegabten. Sie umfaßte ca. 1500 Kinder, die über ihr gesamtes Leben begleitet wurden. Die Überlebenden sind heute über 80, der 6. Band der Studie erschien 1995 (vgl. Winner, 1996).

An der Kauai-Längsschnittstudie (Werner, 1993) nahmen alle 698 im Jahr 1955 auf einer Hawaii-Insel geborenen Kinder teil. Der Lebensweg der Kinder wurde über 35 Jahre verfolgt. Daten wurden im Alter von 1, 2, 10, 18 und 32 Jahren erhoben. Zwei Drittel der aufgrund verschiedener Faktoren (Armut, Alkoholismus oder psychische Erkrankungen in der Familie etc.) zur Hochrisiko-Gruppe gezählten Kinder entwickelten schwere Lern- oder Verhaltensprobleme mit zehn Jahren. Für das verbleibende Drittel resilienter Kinder versuchte die Studie die Merkmale und Faktoren zu ermitteln, die einen positiven Entwicklungsverlauf ermöglichten.

Bei *Querschnittstudien* werden Personen unterschiedlichen Alters zu einem Zeitpunkt untersucht. Solche Studien werden zum Beispiel durchgeführt, um die Häufigkeit einer Störung und ihrer Verteilung innerhalb unterschiedlicher Populationen zu ermitteln und zählen daher zu den grundlegenden Vorgehensweisen zur Untersuchung entwicklungspsychopathologischer Fragestellungen. Querschnittstudien werden beispielsweise eingesetzt, um das Verhalten großer repräsentativer Stichproben zu erforschen, die sehr ungewöhnlichen und bedrohlichen Situationen oder Umständen ausgesetzt waren, wie etwa Überlebende des Holocaust (Epstein, 1979) und Menschen, die Naturkatastrophen oder Flugzeugabstürze miterlebt haben.

Um zwischen den verschiedenen Ursachen einzelner Entwicklungspfade zu unterscheiden, sind nach Ansicht von Loeber, Stouthamer-Loeber, Van Kammen und Farrington (1991) sowohl längs- als auch querschnittliche Ansätze nützlich. Zur Identifikation der Pfade nennen sie mehrere Vorgehensweisen:

- Pfade werden danach unterschieden, wann das Problemverhalten zum ersten Mal auftrat. Das ermittelte Durchschnittsalters für den Beginn eines bestimmten Verhaltens erlaubt es, den Startpunkt der Entwicklung und die zeitliche Abfolge von Entwicklungsabweichungen vorherzusagen. Problematisch ist, daß sich dieses Vorgehen auf die nicht immer vollständige oder genaue Erinnerung der Betroffenen stützt. Zudem kann das Verhalten in einem weit gestreckten Zeitraum auftreten und nicht plötzlich, sondern schrittweise einsetzen.
- Individuen werden zu einem bestimmten Zeitpunkt klassifiziert und Gruppen zugeordnet. Informationen über die zurückliegende Entwicklung werden herangezogen, um die Pfade für die einzelnen Gruppen zu rekonstruieren. Auch hierbei stützt man sich auf die Erinnerungen der Betroffenen.
- Individuen werden zu einem bestimmten Zeitpunkt klassifiziert und anhand von Nacherhebungen auf voneinander abweichende Entwicklungspfade hin untersucht.
- Eine wiederholte Beurteilung des Individuums wird zu mehreren Erhebungszeitpunkten durchgeführt und so der Entwicklungsverlauf nachgezeichnet. Der Ansatz wird dadurch erschwert, daß eine Vielzahl von möglichen Symptomen erfaßt werden muß, um verschiedene Manifestationen in ein heterotypisches Entwicklungsbild zu integrieren.

Tierexperimente

Gerade in den biologisch orientierten Disziplinen werden viele Experimente bevorzugt mit Tieren durchgeführt. Dies geschieht aufgrund ethischer Erwägungen, weil die Reproduktionsdauer kurz und die Zahl des Nachwuchses hoch ist und weil einige Tiere vergleichsweise einfache genetische oder neuronale Strukturen aufweisen.

Die meisten in Menschen gefundenen Gene kommen auch in Mäusen vor, viele Gene der Fruchtfliege sind sowohl in Menschen als auch Mäusen zu finden. Generell sind die Entwicklungsprozesse, die auf molekularer Ebene zu beobachten sind, ebenso wie grundlegende neuronale Mechanismen, für die meisten Arten weitgehend übertragbar, während die höheren Funktionen wie Verhalten und Kognition eher artspezifisch sind. Wenn Prinzipien wie die Gen-Umwelt-Interaktion für viele Arten gültig sind, scheint es unklug, die Ergebnisse nicht auch in Bezug auf den Menschen zu diskutieren (vgl. Gottlieb et al., 1998).

Ein Hund spielte bereits in Pawlows klassischem Konditionierungsexperiment die Hauptrolle. Auch der Versuch von Seligman (1995) zur erlernten Hilflosigkeit wurde mit Hunden durchgeführt. Aufgrund vorangegangener Erfahrungen eigener Hilflosigkeit hielten die Tiere Streßsituationen für unkontrollierbar und versuchten nicht, sich ihnen zu entziehen.

Insel und Mitarbeiter (1986; zit. nach Barlow & Durant, 1995) konnten in einem Experiment mit Tieren demonstrieren, daß psychosoziale Faktoren fähig sind, das Neurotransmitterniveau direkt zu beeinflussen. Sie zogen zwei Gruppen von Rhesusaffen unter gleichen Bedingungen auf, abgesehen von dem Aspekt, daß Gruppe 1 freien Zugang zu Spielsachen und Futter hatte, Gruppe 2 aber nur dann, wenn die erste Gruppe etwas bekam. Gruppe 2 konnte also nicht selbst entscheiden, wann sie spielen oder fressen wollte, und deshalb auch kein Gefühl der Kontrolle entwickeln. Allen Tieren wurde die gleiche Menge eines Neurotransmitters verabreicht. Abhängig von ihrer psychosozialen Geschichte stellten sich bei den Affen unterschiedliche Folgen ein: Während sich Gruppe 2 mit Anzeichen von Angst und Panik verkroch, schienen die Tiere aus Gruppe 1 überhaupt nicht ängstlich zu sein, sondern wütend und aggressiv.

Die Übertragbarkeit von Ergebnissen aus Tierversuchen auf Menschen hat jedoch ihre Grenzen. So scheinen zum Beispiel bei Tieren die Fähigkeiten des Gehirns nicht lateralisiert zu sein. Anders als Split-Brain-Patienten können nämlich Mäuse mit durchtrenntem Corpus callosum bestimmte visuelle Aufgaben immer noch bewältigen (vgl. Gazzaniga, 1998).

5.5 Verknüpfung der Forschungsansätze

Trotz zahlreicher Hinweise auf die starke Wechselwirkung zwischen Individuen und Umwelt, wurden ursächliche Mechanismen bisher kaum berücksichtigt (vgl. Neuhäuser, 1998; Brodsky & Lombroso, 1998). Dabei sind die Forschungsinstrumente zur Beantwortung der meisten Schlüsselfragen vorhanden (vgl. Rutter et al., 1997). Um mehr darüber zu erfahren, *wie* Gene arbeiten, ist der gemeinsame Einsatz quantitativer und molekulargenetischer Verfahren notwendig. Auch für die Umwelteffekte tritt die Frage nach dem „Wie" in den Vordergrund, nachdem ihre Bedeutung für die Entwicklung nicht mehr bezweifelt wird. Rutter und Mitarbeiter (1997) halten die Zeit für gekommen, Ansätze zur Erforschung von Entwicklungsvorgängen, Genetik und Umwelt zusammenzubringen. Die Molekulargenetik erlaubt die direkte Identifikation verdächtiger Gene und somit die Prüfung, ob diese auf diagnosespezifische Weise operieren. Ergebnisse der Quantitativen Genetik weisen darauf hin, daß einige der Unterschiede zwischen psychopathologischen Mustern großenteils auf Umwelteinflüssen beruhen (z.B. bei Angst und Depression). Um diese Möglichkeit überprüfen zu können, müssen nicht nur Umweltrisiken genau erfaßt, sondern die genetischen Risikofaktoren spezifiziert werden; dabei kann nach Ansicht von Plomin und Rutter (1998) die Molekulargenetik helfen.

Ebenso wie die Formulierung geeigneter Modelle von der Interdisziplinarität der Entwicklungspsychopathologie profitiert, sollte man in der Forschung die Möglichkeiten nutzen, die das Spektrum der vorhandenen Ansätze aus unterschiedlichen Disziplinen (vgl. Niebank, Petermann & Scheithauer, 2000) bietet. Für eine gegenseitige Ergänzung der Forschungsansätze in der Entwicklungspsychologie und den Neurowissenschaften sprechen sich Nelson und Bloom (1997) aus. Sie gehen davon aus, daß die verbesserte Kenntnis neurobiologischer Mechanismen, die dem Verhalten zugrundeliegen, sowohl unser Verständnis des Verhaltens als auch der biologischen Entwicklung verbessern würden.

Als Beispiel für eine solche Verbindung von Ansätze wird das Experiment von Weinberg und Tronick (1996) zur *Still-face-Situationen* beschrieben: Im Rahmen dieses Experiments wurde untersucht, wie Kinder auf die erstarrte Mimik („Pokerface") ihres Gegenübers reagieren. Dazu konfrontierte man 50 Kinder im Alter von sechs Monaten mit drei aufeinanderfolgenden Episoden von jeweils zwei bis drei Minuten Dauer:

- Normale soziale Interaktion mit direktem Blickkontakt,
- die Still-face-Episode, in der die Mutter das Kind ansehen, aber nicht mit ihm sprechen oder es berühren durfte und
- die Episode, in der die soziale Interaktion wieder aufgenommen wird.

Auf die Still-face-Episode reagierten die Kinder mit negativen Affekten, Absinken des vagalen Tonus, Anstieg der Herzrate und erhöhter motorischer Aktivität. Sie lächelten die Mutter weniger an, zeigten eine Zunahme negativ affektiver mimischer und vokaler Äußerungen (Weinen) und deutliche emotionale Regulationsmechanismen (Wegsehen, Berühren der eigenen Haare und Kleidung). In dem gewählten experimentellen Rahmen wurden damit sowohl Verhaltensweisen (Bewegungen des Kindes) und emotionale Äußerungen (Lächeln der Mutter) beobachtet, als auch physiologische Parameter (vagaler Tonus und Herzrate) erfaßt.

6 Risiko- und Schutzfaktoren – Resilienz und Vulnerabilität

In Verbindung mit der Entstehung und dem Verlauf von psychischen Störungen ist die Erforschung von Risikofaktoren von besonderem Interesse (Scheithauer, Niebank & Petermann, 2000). Die Entwicklungspsychopathologie versucht darum, vor allem Menschen mit einem hohen Risiko zu identifizieren und die Faktoren zu bestimmen, die bei ihnen zu Störungen führen können. Eng damit verknüpft ist die Erforschung von Schutzfaktoren, die die Anpassung des Individuums an seine Umwelt fördern oder die Manifestation einer Störung erschweren. Die Erkenntnisse auf diesem Gebiet sind von grundlegender praktischer Bedeutung für die Früherkennung und Prävention von Störungen im Kindes- und Jugendalter.

Nachteilige Umweltbedingungen zeigen nicht bei allen Kindern die gleiche Wirkung, sondern weisen deutliche Unterschiede auf. Während einige von ihnen widrige Lebensumstände relativ unbeschadet überstehen, sind bei anderen schwere Probleme zu beobachten (vgl. Rutter, 1994). Bestimmte Kinder scheinen besonders anfällig für Risikofaktoren zu sein – sie besitzen eine hohe Vulnerabilität. Andere hingegen verfügen über Widerstandskräfte (Resilienz) oder es liegen Schutzfaktoren vor, die sie vor Schädigungen bewahren.

Um in diesem Kontext die Frage nach den Ursachen unterschiedlicher Entwicklungsverläufe zu klären, verfolgt die Entwicklungspsychopathologie drei Ziele:

- Es sollen Menschen mit hohem Risiko identifiziert und von solchen unterschieden werden, die bei ähnlichem Risiko *keine* Störungen entwickeln.
- Es soll bestimmt werden, welche Faktoren bei Risikopersonen zu Störungen führen oder sie verhindern.
- Zukünftig sollen die Faktoren identifiziert werden, mit denen zu einem bestimmten Zeitpunkt ein ungünstiger Entwicklungsverlauf *positiv* beeinflußt werden kann.

6.1 Risikofaktoren

Grundsätzlich lassen sich biologisch und psychosozial begründete Risikofaktoren unterscheiden. Zu den ersteren zählen Faktoren, die vorrangig die motorischen Funktionen beeinträchtigten, zum Beispiel Hirnschädigungen, chronische Erkrankungen und Infektionen. Psychosoziale Risikofaktoren wirken sich eher auf die kognitive und sozio-emotionale Entwicklung aus und umfassen Vernachlässigung, psychische Störungen der Eltern oder einen niedrigen sozio-ökonomischen Status (vgl. Laucht et al., 1992). Eine solche Einteilung ist allerdings nur bedingt möglich, da zum Beispiel Krampfanfälle auch das Risiko für kognitive Retardierungen erhöhen können. Aus dem Umstand, daß sich Interventionsverfahren als ein geeignetes Mittel erwiesen haben, den Entwicklungsverlauf vieler Risikogruppen zu verändern, läßt sich auf die Wichtigkeit psychosozialer Faktoren schließen. Die prä- und postnatale psychosoziale Umwelt muß bei der Erforschung biologischer Beeinträchtigungen also ebenfalls berücksichtigt werden (Zeanah, Boris & Larrieu, 1997).

Schon während der Schwangerschaft können zahllose schädigende Einflüsse den Entwicklungsverlauf formen (z.B. genetische Anomalien, Medikamente, Drogenkonsum oder Infektionskrankheiten der Mutter). Der Fötus wird im Uterus vielfältigen Einflüssen ausgesetzt: Nährstoffe durchdringen die Plazenta ebenso wie einige Viren, Drogen und Medikamente; sensorische Reize beeinflussen die Entwicklung des Gehörs, des Bewegungs- und Gleichgewichtssystems. Das Kind nimmt teil an den Erfahrungen der Mutter, an ihren Emotionen, Krankheiten, sozialen Erlebnissen und Ernährungsbedingungen. Ihre physiologischen Reaktionen (Ausschüttung von Endorphinen und Streßhormonen) beeinflussen die Strukturbildung des heranwachsenden Gehirns und somit die Grundlage späterer Verhaltensmuster (vgl. Abb. 9).

Das sich entwickelnde Leben im Mutterleib wird offensichtlich nicht in allen Abschnitten der Schwangerschaft gleichermaßen durch ungünstige Einflüsse beeinträchtigt. Es gibt kritische Wachstumsperioden – Zeiträume, in denen Organe am empfindlichsten auf schädigende Substanzen (Teratogene) reagieren. Besonders anfällig sind schnell wachsende Strukturen – die sich am Übergang von einer Organisationsform zu einer anderen befinden – für Schädigungen durch Erkrankungen, Vergiftungen, Stoffwechselstörungen oder -traumata sowie durch negative Umweltfaktoren wie Fehl- und Mangelernährung oder sensorische Deprivation. Huttenlocher (1994) nennt als Beispiel die schweren Beeinträchtigungen in der Entwicklung des zerebralen Kortex, die durch die Phenylketonurie verursacht werden können. In der (sensiblen) frühen postnatalen Phase kann diese Störung die Zerebralfunktion irreversibel schädigen, während bei älteren Kindern oder Erwachsenen weniger oder keine Auswirkungen auf kortikale Funktionen zu befürchten sind.

Ob ein Kind vulnerabel oder vor Risiken geschützt ist, wird durch das Alter und den Entwicklungsstand mitbestimmt. Für einen Säugling zum Beispiel stellt die vorübergehende Trennung von seinen Eltern noch keine Bedrohung dar. Seine neurobiologische Entwicklung erlaubt noch nicht den Aufbau einer stabilen Bindung und bewahrt ihn so vor nachteiligen Folgen. Vorschulkinder sind durch ihre kognitiv-emotionalen Kompetenzen geschützt. Sie verfügen bereits über eine stabile Eltern-Kind-Bindung und sind fähig, diese trotz gelegentlicher Trennungserfahrungen aufrechtzuerhalten. Das größte Risiko liegt während der kritischen Phase vor, wenn das Kind von der biologischen Regulation seiner Bedürfnisse zur sozialen Regulation übergeht, und die Entwicklungsaufgabe der Bindung noch nicht bewältigt hat (Cicchetti & Beeghly, 1990).

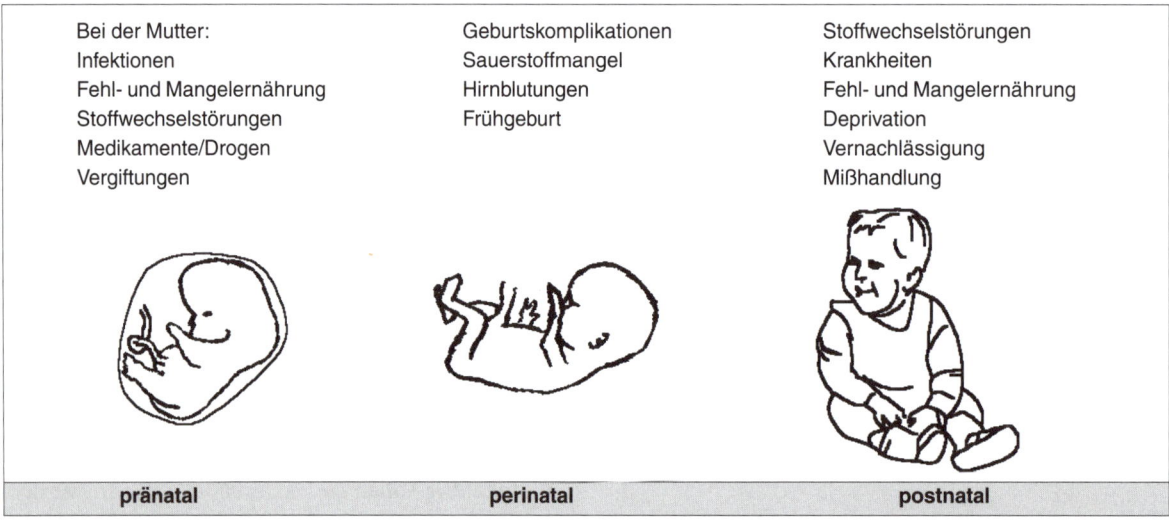

Bei der Mutter:	Geburtskomplikationen	Stoffwechselstörungen
Infektionen	Sauerstoffmangel	Krankheiten
Fehl- und Mangelernährung	Hirnblutungen	Fehl- und Mangelernährung
Stoffwechselstörungen	Frühgeburt	Deprivation
Medikamente/Drogen		Vernachlässigung
Vergiftungen		Mißhandlung
pränatal	**perinatal**	**postnatal**

Abbildung 9:
Beispiele von Risikofaktoren im Verlauf der prä-, peri- und postnatalen Phase.

Im späteren Entwicklungsverlauf sind Phasen erhöhter Vulnerabilität zu Zeiten sozialer Entwicklungsübergänge (z.B. Einschulung oder der Eintritt in das Berufsleben) zu beobachten (vgl. Scheithauer & Petermann, 1999); die schulische Umwelt gewinnt mit zunehmendem Alter ebenso an Bedeutung wie Freundschaften, während der Einfluß der Familie zurückgeht. Wenn es gelingt, in den Auswirkungen von Risikofaktoren altersspezifische Muster zu finden, können psychische Störungen möglicherweise schon frühzeitig vorhergesagt werden.

Die bloße Identifizierung von Risikofaktoren kann angesichts der vielen neuen Erkenntnisse in der Risiko- und Resilienzforschung nicht mehr Ziel der Entwicklungspsychopathologie sein. Statt dessen wendet man sich heute dem Verständnis von Mechanismen und Prozessen zu, die zwischen Risiko- und Schutzfaktoren, Resilienz und Vulnerabilität vermitteln. Neuere Untersuchungen, wie zum Beispiel die Mannheimer Längsschnittstudie (Laucht, Esser & Schmidt, 1993; Laucht et al., 1996) berücksichtigen darum, daß die Auswirkungen früher Risiken durch später auftretende Einflüsse gemildert, stabilisiert oder verstärkt werden können. In dieser Studien konnten nur höchstens 20% der Varianz von Entwicklungsstörungen auf die Wirkung von Schwangerschafts- und Geburtskomplikationen sowie pränatal feststellbaren widrigen Lebensumständen zurückgeführt werden, während der frühen Eltern-Kind-Beziehung ein besonderes Gewicht zukam.

Neuere Studien verfolgen nicht mehr isoliert einzelne Entwicklungsrisiken, sondern untersuchen Risikokonstellationen. Damit versucht man der Erkenntnis gerecht zu werden, daß Risiken selten allein auftreten. So sind zum Beispiel Kinder, deren berufstätiger Elternteil verstirbt, nicht nur durch den Tod an sich belastet, sondern ebenso durch damit verbundene finanzielle Probleme und psychosoziale Folgen.

Rutter (1987, 1989) ermittelte im Rahmen der Isle of Wight-Studie sechs psychosoziale Faktoren, die mit Störungen im Alter von zehn Jahren verbunden waren:

- schwere Eheprobleme der Eltern,
- geringer sozialer Status,
- beengte Wohnverhältnisse oder große Anzahl von Familienmitgliedern,
- Kriminalität der Eltern,
- psychische Störungen auf seiten der Mutter und
- häufiger Kontakt zu Gesundheits- oder Jugendämtern.

Für Kinder, die nur einem oder überhaupt keinem Risikofaktor ausgesetzt waren, betrug die Wahrscheinlichkeit einer psychischen Störung 2%, bei zwei oder drei Risikofaktoren stieg sie bereits auf 6% an und bei Kindern mit vier Risikofaktoren auf 20%. Gemeinsam auftretende Risikofaktoren verstärken sich also gegenseitig. Nicht die Art des Risikofaktors scheint für den Entwicklungsverlauf des Kindes entscheidend zu sein, sondern die Anzahl der Faktoren. Dieses Ergebnis wird durch eine Studie von Laucht und Mitarbeitern (1992) unterstützt, die sich mit den Auswirkungen biologischer und psychosozialer Risiken im Kleinkindalter beschäftigte. Bei Kindern mit schweren organischen Komplikationen verlief die motorische Entwicklung umso schlechter, je belastender die psychosozialen Lebensverhältnisse waren. Psychosozial unbelastete Kinder waren trotz Schwangerschafts- und Geburtskomplikationen mit zwei Jahren in ihrem kognitiven Entwicklungsstand nicht mehr von normalgeborenen Kindern zu unterscheiden.

Inzwischen sind zahlreiche Risikogruppen identifiziert worden: So stellt die Depression eines Elternteils für sich genommen noch kein Risiko dar, sondern erst in Verbindung mit elterlichen Problemen und Ehescheidung (Masten & Coatsworth, 1995). Allerdings geht mütterliche Depression, wie Cicchetti, Rogosch und Toth (1998) in ihrer Studie nachwiesen, häufig mit vermehrten familiären Konflikten und geringerer sozialer Unterstützung einher, während die betroffenen Kleinkinder in höherem Maße unsichere Bindungen aufweisen. Kinder, die in Armut aufwachsen, leiden mit erhöhter Wahrscheinlichkeit auch an schlechter Ernährung oder haben Eltern mit psychischen Störungen (vgl. Zeanah, Boris & Larrieu, 1997). Als weiteres Mehrfachrisiko gilt der Verlust eines Elternteils, da hiermit häufig auch finanzielle Einschränkungen und ein sinkender Sozialstatus verbunden sind (Rende & Plomin, 1993). Im deutschsprachigen Raum wurde die komplexe Sichtweise anstelle der isolierten Betrachtung einzelner Risikofaktoren beispielsweise in der Mannheimer Risikostudie (vgl. Esser, Laucht & Schmidt, 1995) umgesetzt.

Neben der Anzahl der Risikofaktoren scheinen spezifische Wirkmechanismen von Bedeutung zu sein, die sich aus der Wechselwirkung von Risiko-, Vulnerabilitäts-, Schutzfaktoren und Resilienz im Entwicklungsverlauf ergeben. So ist es denkbar, daß prä- und perinatale Komplikationen eine Schädigung des kindlichen Nervensystems nach sich ziehen, die sich in einem schwierigen Temperament, verminderten kognitiven Fertigkeiten und Entwicklungsverzögerungen äußert. Die Folge können schlechte Schulleistungen sein, die sich zusammen mit negativen Leistungsrückmeldungen nachteilig auf das Selbstwertgefühl des Kindes auswirken. Im Kontext mangelnder sozialer Unterstützung, eines ungünstigen Erziehungsstils und möglicher Eltern-Kind-Konflikte kann diese Konstellation zu aggressiven Verhaltensweisen führen.

6.2 Schutzfaktoren

Risiko- und Schutzfaktoren werden gewöhnlich als Gegensatzpaar definiert, obwohl nicht notwendigerweise beide vorliegen müssen. Häufig wird auch das

Fehlen eines Risikofaktors bereits als Schutzfaktor gewertet. Da ein geringer IQ mit Verhaltensproblemen, sozialer Inkompetenz und Schulschwierigkeiten korreliert, wird zum Beispiel ein hoher IQ als Schutzfaktor angesehen. Ein Kind, das unter Risikobedingungen aufwächst, kann durch hinreichende Schutzfaktoren vor einem negativen Entwicklungsverlauf bewahrt werden. Auch in Studien zu Schutzfaktoren interessiert man sich für die individuellen, familiären und umweltbedingten Merkmale sowie für die zwischen ihnen stattfindenden Interaktionen (Rutter, 1987). Studien zu psychosozialen Schutzfaktoren verfolgen drei Wege:

- Epidemiologische Studien untersuchen große repräsentative Stichproben mit dem Ziel, die Ursachen von Anpassung und Fehlanpassung zu erforschen; hierzu zählt zum Beispiel die Kauai-Studie (Werner, 1993).
- Ein anderer Zugang erforscht an großen repräsentativen Stichproben, inwieweit diese in ihrem Verhalten unbeeinträchtigt sind, obwohl sie sehr ungewöhnlichen und bedrohlichen Situationen oder Umständen ausgesetzt waren, wie zum Beispiel Überlebende des Holocaust (Epstein, 1979).
- Die dritte Richtung befaßte sich mit kleinen Stichproben von Individuen, denen ein hohes Risiko für psychische Störungen zugeschrieben wird. Hierzu zählen zum Beispiel Studien mit Kindern psychisch gestörter Eltern (Radke-Yarrow et al., 1994).

Schutzfaktoren können nach Garmezy (1985) drei weitgefaßten Kategorien zugeordnet werden:

- **Disponierende Eigenschaften des Kindes.** Dazu zählen unter anderem ein positives Temperament, Autonomie, positive Selbsteinschätzung, Geschlecht, intellektuelle Fähigkeiten, Humor und soziale Fertigkeiten.

- **Eigenschaften des Familienmilieus.** Hier sind zum Beispiel familiärer Zusammenhalt, emotionale Wärme und Harmonie zu nennen. Für Kinder psychisch gestörter Mütter sind im Schulalter ein positives Selbstkonzept, Schulerfolg, soziale Kompetenz und positive Wahrnehmung der Mutter als Schutzfaktoren nachgewiesen worden (Conrad & Hammen, 1993; vgl. die Zeitschrift „Kindheit und Entwicklung", Themenheft 3/97). Als weitere Schutzfaktoren wurde eine geringe Geschwisterzahl und ein größerer Altersabstand zwischen ihnen identifiziert (Werner, 1993).
- **Eigenschaften der außerfamiliären sozialen Umwelt.** Positive Schulerfahrungen oder die Verfügbarkeit externer Ressourcen können das Bewältigungsverhalten des Kindes stärken. Soziale Unterstützung verringert bestrafendes Verhalten der Eltern gegenüber ihrem Kind (Hashima & Amato, 1994).

In der Kauai-Längsschnittstudie (Werner, 1993) konnten bei Kindern mit erhöhtem Risiko mehrere Gruppen von Schutzfaktoren gefunden werden, die zu einer günstigen Prognose im Erwachsenenalter beitragen:

- Temperamentseigenschaften, die andere Menschen zu positiven Reaktionen veranlassen,
- Fertigkeiten und Werte, die dem Individuum den effektiven Einsatz seiner Fähigkeiten ermöglichen,
- realistische Zukunftspläne,
- regelmäßiges Erledigen von Aufgaben im Haushalt sowie die Übernahme von Verantwortungen im Haus und für Geschwister,
- Merkmale und Erziehungsstile der Eltern, die das Selbstwertgefühl des Kindes fördern,
- unterstützende Erwachsene und
- das Vorhandensein neuer Möglichkeiten an wichtigen Lebensübergängen (z.B. von der Schule ins Berufsleben).

Tabelle 2:
Unterschiedliche Schutzfaktoren für Jungen und Mädchen (aus Petermann et al., 1998, S. 221).

Alter	Mädchen	Jungen
Kleinkind (1.-2. Lj.)	Umgängliches Temperament	Höheres Bildungsniveau, positive mütterliche Interaktion, familiäre Stabilität
Mittlere Kindheit (2.-10. Lj.)	(nonverbale) Problemlösefertigkeiten und das Rollenvorbild einer Mutter mit einem Schulabschluß und ständiger Berufstätigkeit	Emotionale Unterstützung durch die Familie, Anzahl der Kinder in der Familie, Anzahl Erwachsener außerhalb des Haushalts, mit denen das Kind gerne verkehrt
Späte Jugend	Hohe Selbstachtung, internale Kontrollüberzeugung und realistische Bildungsziele	Vorhandensein eines Lehrers als Mentor oder Rollenvorbild und regelmäßige Aufgaben und Verantwortung im Familienalltag

Schutzfaktoren sind in ihrer Wirkung entscheidend vom Geschlecht des Kindes abhängig (vgl. Werner, 1993). Tabelle 2 stellt Faktoren auf unterschiedlichen Altersstufen gegenüber, die im Erwachsenenalter eine erfolgreiche Problembewältigung erwarten lassen. Während bei Mädchen persönliche Eigenschaften (Temperament, Problemlösefertigkeiten, Selbstachtung und internale Kontrollüberzeugung) eine wichtige Rolle spielen, sind für Jungen eher die Unterstützung durch andere Menschen (Mutter, Familienangehörige und Lehrer) von Bedeutung.

6.3 Vulnerabilität

Die Vulnerabilität äußert sich als besondere Empfindlichkeit gegenüber Umweltbedingungen und ist dafür verantwortlich, daß das Vorliegen von Risiken nicht zwangsläufig zu Erkrankungen führt. Sie beeinflußt, in welchem Ausmaß die Entwicklung eines Kindes durch Risikofaktoren beeinträchtigt werden kann. Bei hoher Vulnerabilität genügt das Auftreten weniger Risikofaktoren, um zu negativen Entwicklungsausgängen zu gelangen.

Häufig wird der Begriff „Vulnerabilität" auch mit dem Diathese-Streß-Modell zur Beschreibung von Gen-Umwelt-Interaktionen in Verbindung gebracht. Nach diesem Modell werden mehrere über Gene vererbte Merkmale oder Verhaltensweisen unter Streßbedingungen aktiviert. Diese ererbte Neigung (die Diathese) ist es, die für eine Störung anfällig macht. Der Logik dieses Modells zufolge muß bei geringer Vulnerabilität der erlebte Streß umso größer sein, damit der Entwicklungsverlauf in eine Störung mündet. Bei hoher Vulnerabilität ist hingegen eine geringe Belastung ausreichend.

6.4 Resilienz

Als Resilienz wird die Fähigkeit bezeichnet, sich von den negativen Folgen früherer Erfahrungen schnell zu erholen oder angesichts belastender Lebensumstände ohne offensichtliche psychische Schädigungen zu bestehen. In der Resilienz ist also das positive Gegenstück zur Vulnerabilität zu sehen, die Widerstandsfähigkeit gegen den Einfluß von Risikofaktoren. Einige Kinder scheinen zwar psychisch robuster zu sein als andere, doch wäre es falsch, sie deshalb als invulnerabel zu bezeichnen. Das relativierende Konzept der Resilienz löst damit die Auffassung von einer Invulnerabilität ab, da der Grad der „Unverletzlichkeit" über die Zeit variiert und somit als relativ und nicht als absolut zu bewerten ist (vgl. Rutter, 1985). Die Resilienz stellt vielmehr eine Kapazität dar, die sich im Kontext der Mensch-Umwelt-Interaktion über die Zeit entwickelt und in der Kindheit noch nicht vorliegt (vgl. Egeland, Carlson & Sroufe, 1993). Sie ist nicht zeitlich stabil, sondern kann sich im Entwicklungsverlauf ändern.

In der Kauai-Längsschnittstudie (Werner, 1993) konnte festgestellt werden, daß resiliente Kinder aus einer Hochrisiko-Gruppe außerhalb ihrer Familie emotionale Unterstützung suchten und fanden. Die Teilnahme an außerschulischen Aktivitäten (CVJM, Kirchengemeinde) spielte für die Kinder eine große Rolle und stärkte in ihnen die Zuversicht, daß ihr Leben einen Sinn hatte und ihr Schicksal kontrollierbar war. Bei Mädchen förderte die mütterliche Berufstätigkeit und die sich daraus ergebende Notwendigkeit, auf Geschwister aufzupassen zu müssen, die Autonomie und

das Verantwortungsgefühl. Resiliente Jungen waren häufig Erstgeborene, die die elterliche Aufmerksamkeit nicht teilen mußten. Väter oder andere Männer in der Familie dienten ihnen als Rollenvorbild. Inzwischen wurden mehrere Faktoren nachgewiesen, die bei Hochrisikokindern mit Resilienz einhergehen (vgl. Essau & Petermann, 1997):

- „einfaches" Temperament während der Kindheit (z.B. Ausgeglichenheit, geringe Reizbarkeit),
- hoher Intelligenz oder Problemlösefertigkeiten,
- innige, unterstützende Verbundenheit mit mindestens einem Elternteil,
- starke Interessen oder ein vertrauter Erwachsener außerhalb der Familie und
- die Fähigkeit zur aktiven Umweltgestaltung (z.B. auf andere zugehen, sich Zuwendung und Unterstützung holen, Interessen verwirklichen können).

Da Resilienz auf dynamischen Wechselwirkungen von Kräften inner- und außerhalb des Organismus beruht und während der Entwicklung oder aufgrund akuter Streßepisoden Veränderungen auftreten können, empfehlen Cicchetti und Garmezy (1993), als resilient eingeschätzte Kinder längerfristig zu beobachten. In der Kauai-Studie konnten, in Übereinstimmung mit dieser Forderung, in verschiedenen Lebensabschnitten unterschiedliche Resilienzfaktoren festgestellt werden:

- **Im Säuglingsalter.** Positive Aufmerksamkeit von Familienmitgliedern und von Fremden. Die Kinder zeigten weniger negatives Eß- und Schlafverhalten und bewirkten dadurch bei ihren Eltern weniger Distreß (Wolke, 1997).
- **Im Kleinkindalter.** Autonomie, Suche nach neuen Erfahrungen, positive soziale Orientierung, größere Fortschritte in der Kommunikation, der Fortbewegung und den Selbsthilfefertigkeiten.
- **In der Grundschule.** Gutes Auskommen mit Mitschülern, ein besseres Sprach- und Lesevermögen als die übrigen Kinder mit erhöhtem Entwicklungsrisiko. Obwohl nicht außergewöhnlich begabt, nutzten die Kinder ihre Fertigkeiten effektiv; verfügten über viele Interessen und übten viele Aktivitäten und Hobbies aus.
- **In der höheren Schule.** Entwicklung eines positiven Selbstkonzepts und internaler Kontrollüberzeugungen. Die resilienten Mädchen waren selbstsicherer und unabhängiger als Mädchen mit erhöhtem Risiko.

Vulnerabilität und Resilienz beruhen auf einer Vielzahl interagierender Faktoren, zu denen genetische Prädispositionen zählen, wie sie in Aspekten des Temperaments, der Persönlichkeit und Intelligenz zum Ausdruck kommen, aber auch sozial vermittelte Qualitäten, wie zum Beispiel soziale Fertigkeiten und Selbstachtung. Für die individuell unterschiedliche Wirkung von Risikofaktoren werden viele Erklärungen diskutiert:

- **Kinder nehmen ihre Umwelt unterschiedlich wahr.** Es muß nicht nur berücksichtigt werden, ob zum Beispiel das gesamte Familienklima eher harmonisch oder gespannt ist, sondern auch, ob sich ein Kind ständig benachteiligt fühlt oder bestimmte Situationen (z.B. Streit der Eltern) belastender erlebt als seine Geschwister.
- **Kinder reagieren unterschiedlich auf ihre Umwelt.** Während sich umgängliche Kinder in familiären Streßsituationen „aus der Schußlinie" halten können, kann man davon ausgehen, daß Kinder mit einem schwierigen Temperament eher als Ursache der Belastungen wahrgenommen werden, was ihre schon schwierige Situation noch verschlimmert.
- **Die Umwelt reagiert unterschiedlich auf das Verhalten von Risikokindern.** Radke-Yarrow und Brown (1993) konnten zeigen, daß resiliente Risikokinder (affektive Störungen bei beiden Eltern, chaotisch-gestörtes Familienleben) mit größerer Wahrscheinlichkeit das bevorzugte Kind in der Familie waren und eine positivere Selbstwahrnehmung aufwiesen als andere Risikokinder. Ebenso ist aber auch denkbar, daß ein Kind von familiären Auseinandersetzungen stärker betroffen ist, weil es in der Familie die „Sündenbockrolle" innehat.
- **Frühe positive Zukunftserwartungen gehen mit internalen Kontrollüberzeugungen einher.** Wyman, Cowen, Work und Kerley (1993) konnten bei Neun- bis Elfjährigen, die unter hohem psychosozialen Druck lebten, feststellen, daß sich Zukunftserwartungen auf die Affektregulation, Selbstrepräsentation und Schulleistungen auswirken.
- **Mit zunehmendem Alter werden andere Ausdrucksformen des Temperaments bedeutsam.** Im Säuglingsalter und der frühen Kindheit sind ein schwieriges Temperament und ein hohes Aktivitätsniveau problematisch. In der mittleren Kindheit werden ein Mangel an Beharrlichkeit, eine kurze Aufmerksamkeitsspanne und fehlende Anpassungsfähigkeit an neue Umstände wichtiger (Zentner, 1998).
- **Das Konzept der Resilienz muß unter einem kulturellen Blickwinkel betrachtet werden** (vgl. Cohler, Stott & Musick, 1995). Im Extremfall können Temperamentsäußerungen in einem Kulturkreis negativ bewertet werden, in einem anderen dagegen überlebenswichtig sein. So stellte DeVries (1984) in seiner Studie mit den Massai fest, daß bei einer Dürre nur Kinder mit einem „schwierigen Temperament" ausreichend ernährt worden waren, während die ruhigen Kinder verhungerten.
- **Kinder verarbeiten Belastungen unterschiedlich.** Möglicherweise reagieren resiliente Kinder auf belastende Ereignisse vorrangig internal und zeigen verdecktere Symptomen, wie Depression und Angst. Luthar (zit. nach Luthar & Ziegler, 1991) verglich internalisierende Symptome von resilienten Kindern (hoher Streß, hohe Kompetenz) mit zwei anderen Gruppen (niedriger Streß, hohe Kompetenz/hoher Streß, geringe Kompetenz). Als resilient identifizierte Kinder wiesen weit höhere Depressions- und Angstwerte auf als solche, die auch hohe Kompetenz besaßen, aber geringeren Belastungen ausgesetzt waren.

Ergebnisse aus dem Feld der Risikoforschung decken Ansatzpunkte für erfolgreiche Interventionsverfahren auf. Studien an resilienten Kindern können Aufschluß darüber geben, welche Eigenschaften und Kompetenzen bei Risikokindern möglicherweise zu fördern sind, um einen negativen Entwicklungsverlauf zu verhindern oder abzuschwächen. Cohler et al. (1995) weisen darauf hin, daß Menschen durchaus zu einem Zeitpunkt in ihrem Leben resilient sein können, sich angesichts späterer Probleme aber als viel weniger widerstandsfähig erweisen. Darum müssen auch als resilient eingestufte Kinder unterstützt werden, da sie sonst im Verlauf ihres Lebens möglicherweise vulnerabel werden.

Einige Kinder scheinen von genetisch beeinflußten Störungen, die in ihrer Familie vorliegen, nicht betroffen zu sein. Ob hierfür ihre Resilienz verantwortlich zu machen ist oder sie ganz einfach keinem genetischen Risiko ausgesetzt sind, läßt sich nur entscheiden, wenn das genetische Risiko eindeutig nachgewiesen oder zweifelsfrei ausgeschlossen werden kann. Die Molekulargenetik ermöglicht für einige Erkrankungen die Identifikation eines genetischen Markers und erlaubt so, schon pränatal jene Kinder zu erkennen, die einem genetischen Risiko ausgesetzt sind. Für monogenetische Erkrankungen ist ein Gen notwendig und ausreichend, um die Störung zu verursachen. Resilienz ist dann nicht möglich (vgl. McKusick, 1990), weil das Gen bei allen Individuen mit einem genetischen Risiko zum Tragen kommt, unabhängig von ihrer Umwelt oder ihrem genetischen Hintergrund. Scheinbare Resilienz beruht in diesem Fall also nicht auf Schutzfaktoren, sondern schlicht auf dem Fehlen des Risikos.

Bei multigenetischen psychischen Erkrankungen (vgl. Abschn. 5.1) mit ihrem komplexen Erscheinungsbild wird Umweltfaktoren eine Schlüsselrolle im Entwicklungsverlauf eingeräumt. Sie sind am Vorhandensein von Resilienz beteiligt und tragen dazu bei, daß sich Kinder aus der gleichen Familie unterschiedlich entwickeln. Die Quantitative Genetik vermag zwar Risikofamilien zu identifizieren, doch ist es innerhalb dieser Familien nicht festzustellen, welche Kinder einem besonderen Risiko ausgesetzt sind (vgl. Rende & Plomin, 1993).

Scheithauer und Petermann (1999) fassen in ihrem Modell kindbezogene Faktoren (Vulnerabilität) und umgebungsbezogene Faktoren (Risikofaktoren) zu „risikoerhöhenden Faktoren" zusammen. Bei der Betrachtung zugrundeliegender Wirkmechanismen ist nach ihrer Ansicht besonders zu berücksichtigen,

- in welcher Kombination und Reihenfolge risikoerhöhende Faktoren auftreten,
- wie risikoerhöhende Faktoren über die Zeit interagieren,
- daß sich risikoerhöhende Faktoren gegenseitig verstärken,
- wie risikoerhöhende Faktoren in Phasen erhöhter Vulnerabilität wirken,

- daß Alters- und Geschlechtsunterschiede existieren (entwicklungsorientierte Betrachtung von Entwicklungsrisiken) und
- welchen Einfluß risikomildernde Faktoren (Resilienz und Schutzfaktoren) ausüben und wie sie mit risikoerhöhenden interagieren.

Erkenntnisse über die Wirkmechanismen von risikoerhöhenden und -mildernden Faktoren können in spezifische Entwicklungsmodelle psychischer Störungen einfließen (vgl. Scheithauer et al., 2000). Entwicklungsorientierte Interventionsverfahren und präventive Maßnahmen können sich an diesen Modellen orientieren.

7 Diagnostik und Intervention

Im vorangegangenen Abschnitt wurden Erkenntnisse aus der Risikoforschung dargestellt, die es erlauben, Anzeichen eines negativen Entwicklungsverlaufs frühzeitig zu erkennen und die Folgen durch geeignete Maßnahmen zu verringern. Aus unserem Wissen über Vulnerabilität und Resilienz lassen sich Interventionsansätze ableiten. Wenn die Wirkungsweise bestimmter Risikofaktoren und ihre Auswirkungen bekannt sind, können verschiedene Ressourcen effektiv genutzt werden.

Ergebnisse der Entwicklungspsychopathologie liefern zahlreiche Hinweise für die Therapieplanung. Der Prozeß der Therapieplanung stützt sich auf ein komplexes Gefüge aufeinanderfolgender Entscheidungen, die auf der Gewichtung von Informationen über Patientenmerkmale, dem Behandlungskontext, Beziehungsvariablen und Interventionsstrategien beruhen. Dabei sollte eine erweiterte Diagnostik grundlegend sein, die auch Informationen über Bindungsbeziehungen, Risiko- und Schutzfaktoren, biologische Faktoren (z.B. Temperament) umfaßt, den emotionalen und kognitiven Entwicklungsstand des Kindes berücksichtigt sowie inner- und außerfamiliäre soziale Unterstützung miteinbezieht.

7.1 Die Bedeutung der Entwicklungs- orientierung

Die Entwicklungsbezogenheit widmet sich nicht nur den Merkmalen einer Störung zu einem bestimmten Zeitpunkt, sondern berücksichtigt auch Veränderungen im Entwicklungsverlauf und die Bedeutung von Entwicklungsperioden. Daraus ergeben sich vier diagnostische Fragestellungen, die in der Therapieplanung zu berücksichtigen sind:

- **Verlaufsbezogenheit.** Welche Konsequenzen hat das vorliegende Verhaltensproblem für die weitere Entwicklung des Kindes?
- **Phasenbezogenheit.** Über welche Kompetenzen verfügt das Kind und für welche Entwicklungsperiode sind diese Kompetenzen typisch?
- **Störungsbezogenheit.** Welches Problemverhalten liegt vor und wie spezifisch ist dieses Verhalten für die vorliegende Entwicklungsabweichung?
- **Kontextbezogenheit.** Welche Zusammenhänge zeigen sich zwischen den Kompetenzen des Kindes und seiner sozialen Umwelt?

Von einem entwicklungsorientierten Standpunkt aus ist zwischen dem Problemverhalten des Kindes und der Psychopathologie Erwachsener nicht zwangsläufig eine quantitative Kontinuität anzunehmen. Das heißt die kindliche Störung ist im Vergleich mit einer Störung im Erwachsenenalter nicht einfach geringer ausgeprägt, sondern es ist ebenso möglich, daß das Kind durch qualitativ verschiedene Entwicklungsstadien voranschreitet. Auf jeder dieser Stufen verfügt es über ein vollständiges System für die Interaktion innerhalb seiner Umwelt, das auf der vorhergehenden Stufe aufbaut. Seine Leistungen sind also nicht defizitär, sondern können als qualitativ anders angesehen werden, ohne daß deshalb die Kontinuität im pathologischen Prozeß bestritten werden muß. Die Unterschiede zwischen einem Defizit- und einem Entwicklungsmodell können dadurch verdeutlicht werden, daß gleichaltrige Kinder auf unterschiedlichen Entwicklungsstufen qualitativ unterschiedliche kognitive Leistungen erbringen können.

Welche entwicklungsorientierten Maßnahmen geeignet sind, ist vom kognitiven und sozio-emotionalen Entwicklungsstand des Kindes abhängig, denn verständlicherweise können zum Beispiel kognitiv-behaviorale Techniken in Verbindung mit dem Entwicklungsniveau zu unterschiedlichen Therapieeffekten führen. Denken und Fühlen ist bei Vorschulkindern noch eng an aktuelle Situationen gebunden (kognitiv-emotionale Kontextabhängigkeit), während dies für Schulkinder und Jugendliche in zunehmend geringerem Maße zutrifft.

Als Moderator für den Therapieerfolg bei Störungen im Kindesalter ist das Entwicklungsniveau zu sehen, denn Therapie zielt auf Veränderungen von Verhalten, Gefühlen und Gedanken und ist somit abhängig vom emotionalen und kognitiven Entwicklungsstand. Gewöhnlich können Vorschulkinder ihre Gefühle und inneren Konflikte noch nicht verstehen oder angemessen beschreiben. Entsprechend wird es sich für Kinder als wenig effektiv erweisen, wenn sie mit Interventionsverfahren konfrontiert werden, die auf die kognitiven Möglichkeiten von Jugendlichen zugeschnitten sind. Umgekehrt sind aber auch Elternverhaltenstrainings weniger erfolgreich, wenn es darum geht, Verhaltensprobleme von Jugendlichen zu verringern, während sie bei Vorschulkindern ausgesprochen wirksam sind. Der Grund dafür ist, daß Gleichaltrige mit dem Schuleintritt an Bedeutung gewinnen. Im Jugendalter können hingegen Therapieprogramme, die Gleichaltrigengruppen miteinbeziehen, wirksamer sein als Elterntrainings oder Familientherapie.

Die Abhängigkeit von Erwachsenen macht kleine Kinder besonders anfällig für Einflüsse, die für sie kaum zu kontrollieren sind (schlechte Versorgung durch die Eltern, Ernährung, pränataler Drogenkonsum der Mutter, Mißhandlung und Mißbrauch, Vernachlässigung). Nach Ansicht von Weisz, Rudolph, Granger und Sweeney (1992) kann ein entwicklungsangemessenes Behandlungsprogramm nur gestaltet werden, wenn die altersbedingten Veränderungen in der relativen Bedeutung zwischenmenschlicher Beziehungen verstanden werden. Entwicklungssensitive Interventionsverfahren müssen den Fähigkeiten von Jugendlichen entsprechen, verschiedene kognitive Techniken (Erkennen, Verbalisieren und Modifizieren interner Prozesse) zu nutzen. Jüngere Kinder verfügen über diese Fähigkeiten möglicherweise nur in begrenztem Maße und sind deshalb weniger in der Lage, mit positiven Veränderungen auf direkte Interventionen zu reagieren. Darum müssen Therapien, die auf kognitiver oder verbaler Vermittlung beruhen, an das kognitive Entwicklungsniveau des Kindes angepaßt werden, indem differenzierte, altersgruppenspezifisch gestaltete Therapiemanuale eingesetzt werden, die kind- und zeitgemäß gestaltete Therapiematerialien (z.B. Comics) enthalten.

Die Frage, ob zum Beispiel die Eltern, die Familie oder das Kind im Mittelpunkt des therapeutischen Bemühens zu stehen haben und auf wen die Intervention wirken soll (das Kind, die Eltern oder beide), sind vom Alter des Kindes und der Art der Störung abhängig. So ist etwa aus der Risikoforschung bekannt, daß die Depression eines Elternteils für sich genommen noch keinen Risikofaktor darstellt (vgl. Masten & Coatsworth,

1995), sondern erst in Kombination mit Erziehungsproblemen, Ehescheidung und nachweislich vermehrten familiären Konflikten. Eine Intervention sollte also sinnvollerweise nicht nur bei den betroffenen Kindern ansetzen, sondern auch bei den Eltern.

Auch die Therapiemitarbeit wird vom Alter und dem Entwicklungsstand des Kindes in nicht zu unterschätzendem Maße beeinflußt. Kinder sehen sich häufig nicht als behandlungsbedürftig an (vgl. Kazdin, 1993), sondern es sind die Eltern oder Lehrer, die zur Behandlung drängen, weil sie das Verhalten des Kindes für problematisch halten oder sich dadurch belastet fühlen. Die betroffenen Kinder oder Jugendlichen sind hingegen – aufgrund der fehlenden Problemwahrnehmung – wenig motiviert, an einer Behandlung teilzunehmen oder sie durchzuhalten. Sie kommen selten von sich aus zur Therapie (Shirk & Saiz, 1992). Wenn sie es doch tun, zweifeln sie an der Notwendigkeit, sich verändern zu müssen oder können sich nicht vorstellen, daß Veränderungen von ihrer Therapiemotivation abhängen.

Das Therapieverhalten ist aber nicht nur von der Einstellung der Kinder gegenüber der Therapie und ihrer Überzeugung hinsichtlich der Ursachen von Verhaltensproblemen abhängig, sondern auch von der Fähigkeit zur Selbsterkenntnis. Ob Kinder eigene emotionale und Verhaltensprobleme erkennen können, wird durch ihren Entwicklungsstand bedingt. Kleinen Kindern, denen es an Fertigkeiten zur Perspektivenübernahme mangelt, fällt es schwer, zwischen realem und idealem Selbst zu unterscheiden (Leahy & Huard, 1976); sie überschätzen ihre Kompetenzen und unterschätzen Probleme und Einschränkungen.

Schließlich können Interventionsverfahren auch von Entwicklungsübergängen (z.B. vom Kindergarten in die Schule) profitieren (vgl. Webster-Stratton, 1996), da sie häufig nicht nur für die Kinder, sondern für die ganze Familie eine Neuorientierung erforderlich machen; vielfach ist die Familie deshalb besonders empfänglich für präventive oder unterstützende Maßnahmen.

7.2 Konsequenzen des Entwicklungspfad-Modells

Entwicklungsorientierte Interventionsverfahren berücksichtigen den bisherigen Entwicklungsverlauf sowie die vom Verhalten betroffenen Umgebungen und Personen. Für die Klassifikation und Intervention ergeben sich aus der Übertragung des Entwicklungsverlaufs in Entwicklungspfade verschiedene Vorteile für die Entwicklungspsychopathologie. Die Identifizierung eines Pfades kann helfen, Hinweise auf die Entstehung, die Voraussetzungen und die Prävention einer Störung abzuleiten sowie Ansatzpunkte für Interventionen zu erkennen. Die Dokumentation von Pfaden ermöglicht es, Programme daraufhin zu überprüfen, ob sie das Erreichen altersangemessener Verhaltensziele verbessern.

Auf den ersten Blick einander ähnelnde Störungen können sich hinsichtlich des Alters, in dem sie zuerst auftraten, ihrer Dauer und der Zahl der damit einhergehenden Probleme deutlich unterscheiden. Loeber et al. (1991) verweist auf die große prognostische Relevanz dieser Beobachtung. Aus einer entwicklungsorientierten Perspektive manifestiert sich in solchen Fällen nicht die gleiche Störung, was Caspi und Moffitt (1995) am Beispiel des aggressiven Verhaltens illustrieren. Sie stellen fest, daß Individuen, bei denen das Problemverhalten erst im Jugendalter auftritt, häufig einen positiven Verlauf nahmen. Ein früher Störungsbeginn ist hingegen mit einem Fortbestehen der Störung im Erwachsenenalter verbunden. Trotz vergleichbarer Probleme im Jugendalter befinden sich die Mitglieder beider Gruppen also auf unterschiedlichen Entwicklungspfaden. Sie gehören keiner einheitlichen Störungsgruppe an und sollten eine entsprechend andere Behandlung erfahren, da das gleiche Interventionsverfahren möglicherweise unterschiedlich hilfreich für Kinder ist, die die gleiche Diagnose erhalten haben, sich jedoch auf einem anderen Entwicklungspfad befinden.

Loeber und Hay (1997) konnten für anhaltend aggressive und gewalttätige Jungen im Kindes- und Jugendalter drei Entwicklungspfade identifizieren (vgl. Scheithauer und Petermann in diesem Buch), die jeweils mit einer eigenen zeitlichen Abfolge der Entwicklung vom aggressiven zum gewalttätigen Verhalten verbunden sind (vgl. Abb. 10). Solche Erklärungsansätze, die die Ausdifferenzierung (Diversifikation) von Störungen beleuchten, sind für die Diagnostik und Therapieplanung von grundlegender Bedeutung.

Die traditionelle Klassifikation beruht auf der Beurteilung individuellen Verhaltens zu einem bestimmten Zeitpunkt. Von der Entwicklungspsychopathologie werden so gewonnene Erkenntnisse als unzureichend angesehen. Statt dessen setzt sie auf eine dynamische Klassifikation, die zu mehreren Zeitpunkten gewonnene Eindrücke zusammenfaßt, um so Veränderungen sichtbar zu machen. Dies hat den Vorteil, viele unterschiedliche Entwicklungsstufen zu verbinden. Somit verläßt sich die Entwicklungspsychopathologie nicht auf einzelne Manifestationen einer Störung, sondern versucht, die sich wandelnden Manifestationen und variablen Phänotypen einer bestimmten Störung im Verlauf zu berücksichtigen.

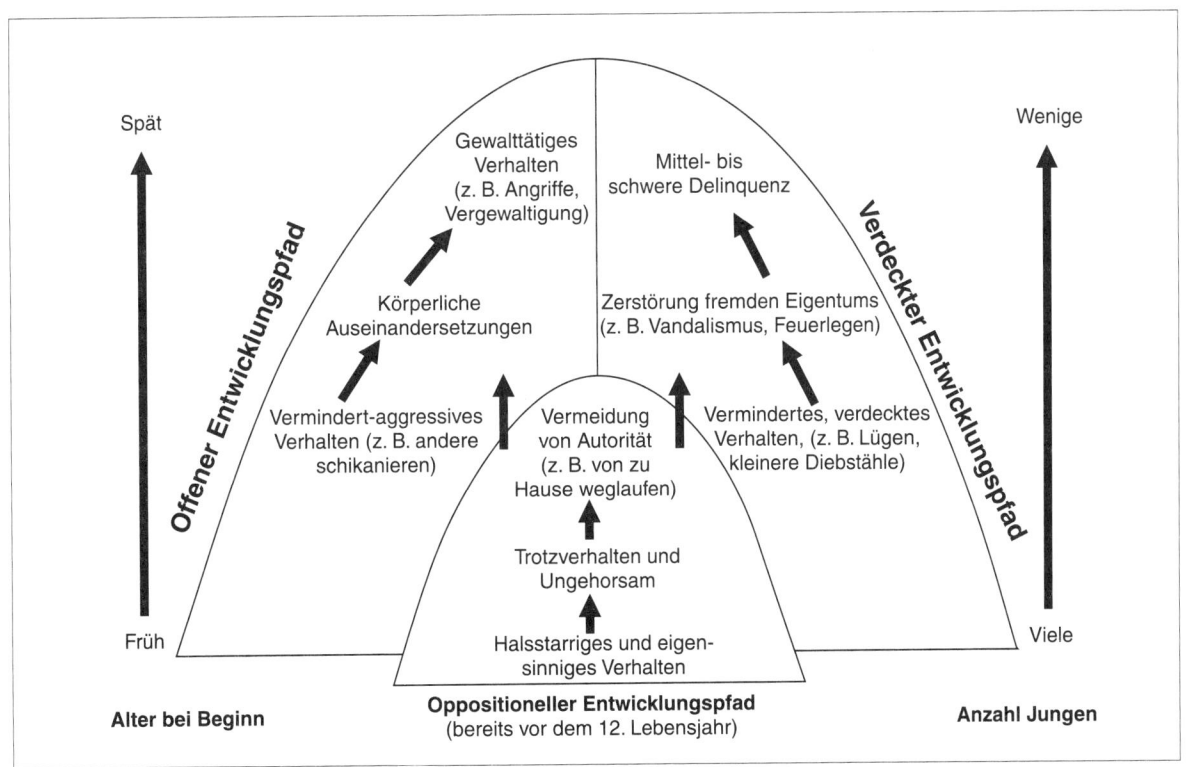

Abbildung 10:
Entwicklungspfade aggressiven und delinquenten Verhaltens bei Jungen (aus Petermann & Scheithauer, 1998, S. 269; mod. nach Loeber & Hay, 1997, S. 385).

Das Entwicklungsmodell sieht Organismus und Kontext als voneinander untrennbar an. Emotionale und Verhaltensstörungen werden als Ergebnis eines Entwicklungsprozesses gesehen und folgen den gleichen Prinzipien, die auch die normale Entwicklung bestimmen. Eine Fehlanpassung beruht also auf der einzigartigen Kombination von Risiko- und Schutzfaktoren. Aus der Entwicklungsperspektive ist Verhalten nicht einfach die Interaktion zwischen Genen und Umwelt, sondern zwischen Genen, Umwelt und der Verhaltensentwicklung bis zum gegenwärtigen Zeitpunkt. Die vorangegangene Entwicklung ist eine wichtige Einflußgröße, die nach Ansicht von Sroufe (1997) allzu oft vernachlässigt wird, obwohl ihr zentrale Bedeutung zukommt. Um eine Alternative zu klassischen Erklärungsmodellen zu bieten, müssen Entwicklungspfade möglichst schon verfolgt werden, bevor die Störung auftritt. Dadurch wäre es möglich, Individuen zu unterscheiden, die zu einem bestimmten Zeitpunkt zwar ähnliche Symptome zeigen, sich aber tatsächlich auf unterschiedlichen Pfaden befinden, was sich erst herausstellt, wenn sie längsschnittlich untersucht werden.

7.3 Die Bedeutung der Komorbidität

Eine Störung, die aufgrund äußerer, phänotypischer Merkmale klassifiziert wird, kann tatsächlich eine Gruppe von Zuständen mit unterschiedlichen ätiologischen Grundlagen widerspiegeln (vgl. Plomin et al., 1991). Es kann – mit anderen Worten – nicht vom Erscheinungsbild einer Krankheit auf den Verlauf ihrer Entstehung und auf ihre Ursache geschlossen werden.

Werden ausschließlich kategoriale Diagnosen berücksichtigt, besteht die Gefahr, daß komorbide, unterschwellige Symptome anderer Störungsbereiche übersehen werden und somit für die Diagnose wertvolle Informationen verloren gehen (Hinshaw, Lahey & Hart, 1993). Die Höhe der Komorbidität psychischer Störungen wird maßgeblich durch das zugrundeliegende Klassifikationssystem beeinflußt. So haben die neuen Diagnosesysteme die Wahrscheinlichkeit einer Komorbidität aufgrund folgender Ursachen erhöht (vgl. Angst, 1994):

- Es wurden zusätzliche Einzelstörungen aufgenommen und Störungen untergliedert.
- Standardisierte Erfassungsinstrumente (strukturierte Interviewverfahren) wurden auf Grundlage spezifischer diagnostischer Kriterien entwickelt.
- Die Kriterien überlappen stark zwischen den einzelnen Kategorien.
- Die Schwellenkriterien für Diagnosestellungen wurden variiert (Anzahl der Symptome, Zeitkriterien).

Das DSM-IV ist von Natur aus kategorial und ignoriert größtenteils die dimensionalen Eigenschaften vieler Syndrome und ihre enge Beziehung zu Umweltfaktoren sowie die vorangegangene Geschichte des Indivi-

duums (Leckman & Mayes, 1998). Fehldiagnosen sind zu erwarten, wenn sich die komorbiden Störungen nicht als getrennte, gut unterscheidbare Symptomkomplexe manifestieren, sondern gleiche, sich überlappende diagnostische Kriterien aufweisen oder Teil eines Syndroms sind, das durch die Definition im Rahmen des Klassifikationssystems künstlich aufgespalten wird.

In der Therapie stellt die Komorbidität von zwei oder mehr Störungen ein besonderes Problem dar, weil sie die Therapieplanung hinsichtlich des Behandlungsschwerpunktes und der Abfolge der Behandlungskomponenten beeinflußt; oftmals wird nur eine Störung behandelt. Bei depressiven Individuen mit komorbider Persönlichkeitsstörung wird dann beispielsweise die Depression zum Primärziel, während die Persönlichkeitsstörung nur geringe direkte Aufmerksamkeit erfährt (vgl. Clarkin & Kendall, 1992).

Entwicklungsorientierte Interventionsverfahren greifen auf empirisch fundierte Entwicklungsmodelle zurück. In der Therapieplanung sind nach Petermann und Scheithauer (1998) neben einer genauen entwicklungsorientierten Diagnostik und einer funktionalen Analyse folgende Aspekte zu berücksichtigen:

- der Entwicklungsstand des Kindes,
- Vulnerabilitäts- und Risikofaktoren beim Kind und seiner Familie,
- Schutzfaktoren und Resilienz (können gefördert werden),
- mögliche komorbide Störungen,
- günstige Interventionszeitpunkte und
- die Entwicklungsprognose.

Die Entwicklungspsychopathologie hat in den letzten Jahren dazu geführt, daß in vielen Bereichen der Psychiatrie, Psychologie und Sonderpädagogik empirisch fundierte und entwicklungsorientierte Konzepte zur Erklärung psychischer Störungen herangezogen wurden. Durch diese Sichtweise werden in der Diagnostik und Klassifikation zukünftig weniger Krankheitszustände, sondern vielmehr Krankheitsverläufe von Interesse sein. Bei der Erklärung und Prognose einer psychischen Störung wird man deshalb „Vorläufer-Störungen" und die Ausdifferenzierung von Störungen beachten müssen (vgl. Petermann et al., 1998).

Zusammenfassung

Die Entwicklungspsychopathologie ist ein interdisziplinärer Ansatz zum Verständnis der Entstehung, der Ursachen und des Verlaufs psychischer Störungen. Sie entstand vor mittlerweile zwei Jahrzehnten aus der Erkenntnis, daß abweichendes Verhalten auf der komplexen Wechselwirkung kognitiver, affektiver, sozialer, genetischer und biochemischer Einflüsse beruht und somit kaum hinreichend durch eine einzelne der traditionellen Forschungsrichtungen ergründet werden kann. Inzwischen befindet sich die Entwicklungspsychopathologie auf dem besten Weg, eine eigenständige Disziplin zu werden, die die Kompetenzen und Forschungsansätze verschiedener Fachrichtungen in sich vereint.

Neben abweichenden sind auch normale Entwicklungsverläufe Gegenstand der Entwicklungspsychopathologie. Altersabhängige Äußerungsformen psychischer Störungen und entwicklungsbedingte Veränderungen werden aufgrund der beobachteten Kontinuität und Diskontinuität im Verhalten sowie der entwicklungsorientierten Ausrichtung der Entwicklungspsychopathologie besonders beachtet. Um unterschiedliche Entwicklungspfade besser erklären zu können, sind bestehende Konzepte von Risiko- und Schutzfaktoren, Resilienz und Vulnerabilität zukünftig noch eingehender zu untersuchen. In der Entstehung von Störungen muß die Wechselwirkung zwischen diesen Faktoren und den Entwicklungsbedingungen ebenso berücksichtigt werden, wie biopsychosoziale Wechselwirkungen. Dieser Anspruch läßt sich häufig nur durch die kombinierte Nutzung von Forschungsansätzen aus anderen Disziplinen erfüllen, die die Grundlage der Entwicklungspsychopathologie bilden. Diese Ansätze müssen einer entwicklungsorientierten Sichtweise gerecht werden und darüber hinaus einen weiten Symptombereich abdecken, um sicherzustellen, daß andere bedeutsame Symptome nicht übersehen werden.

Die empirische Absicherung und gegebenenfalls die Konzeption neuer Entwicklungsmodelle zum Verständnis psychischer Störungen und Erkrankungen ist ein grundlegendes Ziel der Entwicklungspsychopathologie. Angemessene Modelle müssen idealerweise die Ursachen, Manifestation und Entwicklung einer Störung erklären können, um so zu effektiven Interventionsverfahren zu gelangen. Hierin wird auch weiterhin eine Hauptaufgabe der Entwicklungspsychopathologie zu sehen sein. Bisher gewonnene Erkenntnisse zum Verlauf von Störungen und aus der Risikoforschung fließen in diese Modelle mit ein und haben mittlerweile zu großen Fortschritten geführt, beispielsweise durch die Weiterentwicklung der gebräuchlichen Klassifikationssysteme (ICD-10, DSM-IV).

Verständnisfragen

1. In welchen Punkten unterscheidet sich die Entwicklungspsychopathologie besonders auffällig von der klassischen Entwicklungspsychologie oder Psychiatrie?

2. Sensible Phasen spielen in der Entwicklung jedes Lebewesens eine entscheidende Rolle. Was geschieht während dieser Zeitabschnitte auf neurobiologischer Ebene und welche Bedeutung haben Umweltfaktoren?

3. Läßt sich aus dem gehäuften Auftreten eines bestimmten Merkmals unter eineiigen Zwillingen (z.B. erhöhter Alkoholkonsum) auf eine genetische Ursache für dieses Merkmal schließen?

4. Wie läßt sich erklären, daß widrige Lebensumstände bei einigen Kindern zu schwerwiegenden Beeinträchtigungen führen, während andere unter vergleichbaren Bedingungen relativ unbeschadet aufwachsen?

Weiterführende Literatur

Cicchetti, D. & Cohen, D.J. (Eds.)(1995). *Developmental psychopathology*. Vol. I and II. New York: Wiley.

Kuhn, D. & Siegler, R.S. (Eds.)(1998). *Handbook of child psychology, Vol. 2. Cognition, perception, and language*. New York: Wiley.

Essau, C.A. & Petermann, F. (Eds.)(1997). *Developmental psychopathology*. Amsterdam: Harwood.

Johnson, M.H. (1993)(Ed.). *Brain development and cognition – A reader*. Oxford: Blackwell.

Petermann, F., Kusch, M. & Niebank, K. (1998). *Entwicklungspsychopathologie. Ein Lehrbuch*. Weinheim: Psychologie Verlags Union.

Petermann, F., Niebank, K. & Scheithauer, H. (Hrsg.) (2000). *Risiken in der frühkindlichen Entwicklung. Entwicklungspsychopathologie der ersten Lebensjahre*. Göttingen: Hogrefe.

Literatur

Ainsworth, M.D.S. (1982). Attachment: Retrospect and prospect. In C.M. Parkes & J. Stevenson-Hinde (Eds.), *The place of attachment in human behavior*. New York: Basic Books.

Ainsworth, M.D.S., Bell, S.M. & Stayton, D.J. (1971). Individual differences in strange situation behavior of one-year-olds. In H.R. Schaffer (Ed.), *The origins of human social relations*. London: Academic Press.

Ainsworth, M.D.S., Blehar, M.C., Waters, E. & Wall, S. (1978). *Patterns of attachment: A psychological study of the strange situation*. Hillsdale: Erlbaum.

Angst, J. (1994). Das Komorbiditätskonzept in der psychiatrischen Diagnostik. In H. Dilling (Hrsg.), *Von der ICD-9 zur ICD-10: Neue Ansätze der Diagnostik psychischer Störungen in der Psychiatrie, Psychosomatik und Kinder- und Jugendpsychiatrie* (41-48). Bern: Huber.

APA (1994). *Diagnostic and Statistical Manual of Mental Disorders, 4th ed. (DSM-IV)*. Washington: Author (dt. Bearbeitung von H. Saß, H.-U. Wittchen & M. Zaudig [1996]. *Diagnostisches und Statistisches Manual Psychischer Störungen [DSM-IV]*. Göttingen: Hogrefe).

Avis, J. & Harris, P.L. (1991). Belief-desire reasoning among Baka children: Evidence for a universal conception of mind. *Child Development, 62*, 460-467.

Baillargéon, R. (1987). Object permanence in 3½- and 4½-month-old infants. *Developmental Psychology, 23*, 655-664.

Barlow, D.H. & Durand, V.M. (1995). *Abnormal psychology. An integrative approach*. Pacific Grove: Brooks/Cole.

Bellugi, U., Poizner, H. & Klima, E.S. (1994). Language, modality and the brain. In M.H. Johnson (Ed.), *Brain development and cognition – A reader* (403-423). Oxford: Blackwell.

Belsky, J. (1980). Child maltreatment: An ecological integration. *American Psychologist, 35*, 430-435.

Boyce, W.T., Frank, E., Jensen, P.S., Kessler, R.C., Nelson, C.A., Steinberg, L. & The MacArthur Foundation Research Network on Psychopathology and Development (1998). Social context in developmental psychopathology: Recommendations for future research from the MacArthur Network on Psychopathology and Development. *Development and Psychopathology, 10*, 143-164.

Brodsky, M. & Lombroso, P. (1998). Molecular mechanisms of developmental disorders. *Development and Psychopathology, 10*, 1-20.

Bronfenbrenner, U. (1977). Towards an experimental ecology of human development. *American Psychologist, 32*, 513-531.

Bronfenbrenner, U. (1986). Ecology of the family as a context for human development: Research perspectives. *Developmental Psychology, 22*, 723-742.

Butterworth, G. & Harris, M. (1994). *Principles of developmental psychology*. Hove: Erlbaum.

Caspi, A. & Moffitt, T.E. (1995). The continuity of maladaptive behavior: From description to understanding in the study of antisocial behavior. In D. Cicchetti & D.J. Cohen (Eds.), *Developmental psychopathology, Vol. 2* (472-511). New York: Wiley.

Ciaranello, R., Aimi, J., Dean, R.S., Morilak, D., Porteus, M.H. & Cicchetti, D. (1995). Fundamentals of molecular neurobiology. In D. Cicchetti & D.J. Cohen (Eds.), *Developmental psychopathology, Vol. 1. Theory and method* (109-160). New York: Wiley.

Cicchetti, D. (1993). Developmental psychopathology: Reactions, reflections, projections. *Developmental Review, 13*, 471-502.

Cicchetti, D. & Aber, L. (1998). Editorial: Contextualism and developmental psychopathology. *Development and Psychopathology, 10*, 137-141.

Cicchetti, D. & Beeghley, M. (1990). *The self in transition: Infancy to childhood*. Chicago: University of Chicago Press.

Cicchetti, D. & Cohen, D.J. (1995). Perspectives on developmental psychopathology. In D. Cicchetti & D.J. Cohen (Eds.), *Developmental psychopathology, Vol. 1* (3-20). New York: Wiley.

Cicchetti, D. & Garmezy, N. (1993). Prospects and promises in the study of resilience. *Development and Psychopathology, 5*, 497-502.

Cicchetti, D. & Richters, J. E. (1993). Developmental considerations in the investigation of conduct disorder. *Development and Psychopathology, 5*, 331-344.

Cicchetti, D. & Richters, J.E. (1997). Examining the conceptual and scientific underpinnings of research in developmental psychopathology. *Development and Psychopathology, 9*, 189-191.

Cicchetti, D., Rogosch, F.A. & Toth, S.L. (1998). Maternal depressive disorder and contextual risk: Contributions to the development of attachment insecurity and behavior problems in toddlerhood. *Development and Psychopathology, 10*, 283-300.

Cicchetti, D. & Tucker, D. (1994). Development and self-regulatory structures of the mind. *Development and Psychopathology, 6,* 533-549.

Clarkin, J.F. & Kendall, P.C. (1992). Comorbidity and treatment planning: Summary and future directions. *Journal of Consulting and Clinical Psychology, 60,* 904-908.

Cohler, B.J., Stott, F.M & Musick, J.S. (1995). Adversity, vulnerability, and resilience: Cultural and developmental perspectives. In D. Cicchetti & D.J. Cohen (Eds.), *Developmental psychopathology, Vol. 2* (753-800). New York: Wiley.

Cole, M. & Cole, S.R. (1996). *The development of children* (3rd edition). New York: Freeman.

Conrad, M. & Hammen, C. (1993). Protective and resource factors in high- and low-risk children: A comparison of children with unipolar, bipolar, medically ill, and normal mothers. *Development and Psychopathology, 3,* 593-607.

Courchesne, E., Townsend, J. & Chase, C. (1995). Neurodevelopmental principles guide research on developmental psychopathologies. In D. Cicchetti & J.C. Cohen (Eds.), *Developmental psychopathology, Vol. 1. Theory and methods* (195-226). New York: Wiley.

Daniels, D., Dunn, J., Furstenberg, F.F. & Plomin, R. (1985). Environmental differences within the family and adjustment differences within pairs of adolescent siblings. *Child Development, 56,* 764-774.

DeVries, M. W. (1984). Temperament and infant mortality among the Masai of east africa. *American Journal of Psychiatry, 141,* 1189-1194.

Döpfner, M. & Lehmkuhl, G. (1997). Von der kategorialen zur dimensionalen Diagnostik. *Praxis der Kinderpsychologie und Kinderpsychiatrie, 46,* 519-547.

Egeland, B.R., Carlson, E. & Sroufe, L.A. (1993). Resilience as process. Special Issue: Milestones in the development of resilience. *Development and Psychopathology, 5,* 517-528.

Eimas, P.D. (1985). The perception of speech in early infancy. *Scientific American, 252,* 46-52.

Elbert, T., Pantev, C., Wienbruch, C., Rockstroh, B. & Taub, E. (1995). Increades cortical representation of the fingers of the left hand in string players. *Science, 270,* 305-307.

Epstein, H. (1979). *Children of the Holocaust.* New York: Penguin Books.

Essau, C.A. & Petermann, F. (1997). Introduction and general issues. In C.A. Essau & F. Petermann (Eds.), *Developmental psychopathology* (1-18). Amsterdam: Harwood.

Essau, C.A., Scheithauer, H., Groen, G. & Petermann, F. (1997). Forschungsmethoden innerhalb der Entwicklungspsychopathologie. *Zeitschrift für Klinische Psychologie, Psychiatrie und Psychotherapie, 45,* 245-263.

Esser, G., Laucht, M. & Schmidt, M.H. (1995). Der Einfluß von Risikofaktoren und der Mutter-Kind-Interaktion im Säuglingsalter auf die seelische Gesundheit des Vorschulkindes. *Kindheit und Entwicklung, 4,* 33-42.

Fein, D. & Obler, L.K. (1988). Neuropsychological study of talent: A developing field. In L.K. Obler & D.Fein (Eds.), *The exceptional brain. Neuropsychology of talent and special abilities* (3-15). New York: Guilford Press.

Ford, D.H. & Lerner, R.M. (1992). *Developmental systems theory. An integrative approach.* Newbury Park: Sage.

Fraiberg, S.H. (1974). Blind infants and their mothers: An examination of the sign system. In M. Lewis & L. Rosenblum (Eds.), *The effect of the infant on its caregiver.* New York: Wiley.

Garmezy, N. (1985). Stress-resistant children: The search for protective factors. In J.E. Stevenson (Ed.), *Recent research in developmental psychopathology* (213-233). Oxford: Pergamon Press.

Gazzaniga, M.S. (1998). Rechtes und linkes Gehirn: Split-Brain und Bewußtsein. *Spektrum der Wissenschaft, Dez.,* 84-89.

Gershon, E.S. & Rieder, R.O. (1992). Molekulare Grundlagen von Geistes- und Gemütskrankheiten. *Spektrum der Wissenschaft, Nov.,* 114-123.

Goldin-Meadow, S. (1997). The resilience of language in humans. In C.T. Snowden & M. Hausberger (Eds.), *Social influences on vocal development* (293-311). New York: Cambridge University Press.

Gottlieb, G., Wahlsten, D. & Lickliter, R. (1998). The significance of biology for human development: A developmental psychobiological systems view. In D. Kuhn & R.S. Siegler (Eds.), *Handbook of child psychology, Vol. 2. Cognition, perception, and language* (233-273). New York: Wiley.

Greenough, W.T. (1984). Structural correlates of information storage in the mammalian brain: A review and hypothesis. *Trends in Neuroscience, 7,* 229-233.

Greenough, W.T. & Black, J. E. (1992). Induction of brain structure by experience: Substrates for cognitive development. In M. R. Gunnar & C. A. Nelson (Eds.), *The Minnesota symposia on child psychology, Vol. 24* (155-200). Hillsdale: Erlbaum.

Groen, G. & Petermann, F. (1998). Depression. In F. Petermann, M. Kusch & K. Niebank, *Entwicklungspsychopathologie. Ein Lehrbuch* (327-361). Weinheim: Psychologie Verlags Union.

Gottesman, I.I. & Shields, J. (1982). *Schizophrenia: The epigenetic puzzle.* Cambridge: Cambridge University Press.

Guidano, V.F. & Liotti, G. (1983). *Cognitive processes and emotional disorders: A structural approach to psychotherapy.* New York: Guilford Press.

Hashima, P. Y., & Amato, P. R. (1994). Poverty, social support, and parental behavior. Special Issue: Children and poverty. *Child Development, 65,* 394-403.

Hinde, R.A. (1992). Human social development: An ethological relationship perspective. In H. McGurk (Ed.), *Childhood social development* (13-30). Hillsdale: Erlbaum.

Hinshaw, S.P., Lahey, B.B. & Hart, E.L. (1993). Issues of taxonomy and comorbidity in the development of conduct disorder. *Development and Psychopathology, 5,* 31-49.

Hodapp, R.M. & Burack, J.A. (1990). What mental retardation teaches us about typical development: The example of sequences, rates and cross-domain relations. *Development and Psychopathology, 2,* 213-225.

Holtz, K.-L. (1993). Entwicklungspsychopathologie. *Sonderpädagogik, 23,* 162-166.

Horowitz, F.D. (1991). Behavioral development: Universals and nonuniversals training for a univerdalized developmental perspective. In J. Cantor, C. Spieker & L. Lipsitt (Eds.), *Child behavior and development: Training for diversity* (151-174). Norwood: Ablex.

Huttenlocher, P. R. (1994). Synaptogenesis, synapse elimination, and neural plasticity in human cerebral cortex. In C. A. Nelson (Ed.), *Minnesota symposia on child psychology, Vol. 27. Threats to optimal development: Integrating biological, psychological, and social risk factors* (35-54). Hillsdale: Erlbaum.

Insel, T.R., Champoux, M., Scanlan, J.M. & Suomi, S.J. (1986, May). *Rearing condition and response to anxiogenic drug.* Paper presented at the annual meeting of the American Psychiatric Association, Washington.

Kamin, L. (1979). *Der Intelligenz-Quotient in Wissenschaft und Politik.* Darmstadt: Steinkopff.

Kandel, E.R. (1996). Zelluläre Grundlagen von Lernen und Gedächtnis. In E.R. Kandel, J.H. Schwartz & T.M. Jessell (Hrsg.), *Neurowissenschaften* (685-714). Heidelberg: Spektrum.

Kandel, E.R. & Jessell, T.M. (1996). Sensorische Erfahrung und die Entstehung visueller Schaltkreise. In E.R. Kandel, J.H. Schwartz & T.M. Jessell (Hrsg.), *Neurowissenschaften* (477-493). Heidelberg: Spektrum.

Kazdin, A.E. (1993). Treatment of conduct disorder: Progress and directions in psychotherapy research. *Development and Psychopathology, 5,* 277-310.

Klerman, G.L. (1990). Approaches to the phenomena of comorbidity. In J.D. Maser & C.R. Cloninger (Eds.), *Comorbidity of mood and anxiety disorders* (13-38). Washington: American Psychiatric Press.

Kupfermann, I. (1996). Kortex und Kognition. In E.R. Kandel, J.H. Schwartz & T.M. Jessel (Hrsg.), *Neurowissenschaften* (353-396). Heidelberg: Spektrum.

Kurdek, L.A. (Ed.) (1983). Early interactions between infants and their post-partum depressed mothers. *Infant Behavior and Development, 7,* 517-523.

Kusch, M. & Petermann, F. (1997). Komorbidität von Aggression und Depression. *Kindheit und Entwicklung, 6,* 212-223.

Kusch, M. & Petermann, F. (1998). Konzepte und Ergebnisse der Entwicklungspsychopathologie. In F. Petermann (Hrsg.), *Lehrbuch der Klinischen Kinderpsychologie* (3., korr. Aufl., 53-93). Göttingen: Hogrefe.

Largo, R.H. (1993). Verhaltens- und Entwicklungsauffälligkeiten: Störungen oder Normvarianten? *Monatsschrift Kinderheilkunde, 141,* 698-703.

Laucht, M., Esser, G. & Schmidt, M.H. (1993). Psychische Auffälligkeiten im Kleinkind- und Vorschulalter. *Kindheit und Entwicklung, 2,* 143-149.

Laucht, M., Esser, G., Schmidt, M.H., Ihle, W., Löffler, W., Stöhr, R.-M., Weinrich, D. & Weinel, H. (1992). „Risikokinder“: Zur Bedeutung biologischer und psychosozialer Risiken für die kindliche Entwicklung in den beiden ersten Lebensjahren. *Praxis der Kinderpsychologie und Kinderpsychiatrie, 41,* 274-285.

Laucht, M., Esser, G., Schmidt, M.H., Ihle, W., Marcus, A., Stöhr, R.-M. & Weindrich, D. (1996). Viereinhalb Jahre danach: Mannheimer Risikokinder im Vorschulalter. *Zeitschrift für Kinder- und Jugendpsychiatrie, 24,* 67-81.

Leahy, R. & Huard, C. (1976). Role-taking and selfimage disparity. *Developmental Psychology, 12,* 504-508.

Leckman, J.F. & Mayes, L.C. (1998). Understanding developmental psychopathology: How useful are evolutionary accounts? *Journal of the American Academy of Child and Adolescent Psychiatry, 37,* 1011-1021.

Loeber, R. & Hay, D. (1997). Key issues in the development of aggression and violence from childhood to early adulthood. *Annual Review in Psychology, 48,* 371-410.

Loeber, R., Stouthamer-Loeber, M., Van Kammen, W. & Farrington, D.P. (1991). Initiation, escalation and desistance in juvenile offending and their correlates. *The Journal of Criminal Law and Criminology, 82,* 36-82.

Luthar, S.S. & Zigler, E. (1991). Vulnerability and competence: A review of research on resilience in childhood. *American Journal of Orthopsychiatry, 61,* 6-22.

Lynch, M. & Cicchetti, D. (1998). An ecological-transactional analysis of children and context: The longitudinal interplay among child maltreatment, community violence, and children’s symptomatology. *Development and Psychopathology, 10,* 235-257.

Maser, J.D. & Cloninger, C.R. (1990). Comorbidity of anxiety and mood disorders: Introduction and overview. In J.D. Maser & C.R. Cloninger (Eds.), *Comorbidity of mood and anxiety disorders* (3-12). Washington: American Psychiatric Press.

Masten, A.S. & Coatsworth, J.D. (1995). Competence, resilience, and psychopathology. In D. Cicchetti & D.J. Cohen (Eds.), *Developmental psychopathology, Vol. 2* (715-752). New York: Wiley.

McKusick, V.A. (1990). *Mendelian inheritance in man* (9th. ed.). Baltimore: Johns Hopkins University Press.

Nelson, C.A. & Bloom, F.E. (1997). Child development and neuroscience. *Child Development, 68,* 970-987.

Neuhäuser, G. (1998). Entwicklungsbiologie und Umwelt – Einführung in den Themenschwerpunkt. *Kindheit und Entwicklung, 7,* 65-69.

Niebank, K., Petermann, F. & Scheithauer, H. (2000). Grundzüge der Entwicklungspsychopathologie. In F. Petermann, K. Niebank & H. Scheithauer (Hrsg.), *Risiken in der frühkindlichen Entwicklung. Entwicklungspsychopathologie der ersten Lebensjahre* (41-64). Göttingen: Hogrefe.

Pascual-Leone, A. & Torres, F. (1993). Plasticity of the sensorimotor cortex representation of the reading finger in Braille readers. *Brain, 116,* 39-52.

Petermann, F. & Kusch, M. (1993). Entwicklungspsychopathologie von Verhaltensstörungen im Kindes- und Jugendalter. In F. Petermann & U. Petermann (Hrsg.), *Angst und Aggression bei Kindern und Jugendlichen. Ursachen, Förderung und Therapie* (31-54). München: Quintessenz.

Petermann, F., Kusch, M. & Niebank, K. (1998). *Entwicklungspsychopathologie. Ein Lehrbuch.* Weinheim: Psychologie Verlags Union.

Petermann, F. & Niebank, K. (1999). Entwicklungspsychopathologie – Konzepte und Ergebnisse. *Psychotherapeut, 44,* 257-264.

Petermann, F. & Scheithauer, H. (1998). Aggressives und antisoziales Verhalten im Kindes- und Jugendalter. In F. Petermann, M. Kusch & K. Niebank, *Entwicklungspsychopathologie. Ein Lehrbuch* (243-295). Weinheim: Psychologie Verlags Union.

Piaget, J. & Inhelder, B. (1971). *Die Entwicklung des räumlichen Denkens beim Kinde.* Stuttgart: Klett-Cotta.

Plomin, R., Owen, M.J. & McGuffin, P. (1994). The genetic basis of complex human behaviors. *Science, 264,* 1733-1739.

Plomin, R., Rende, R. & Rutter, M. (1991). Quantitative genetics and developmental psychology. In D. Cicchetti & S.L. Toth (Eds.), *Internalizing and externalizing expression of dysfunction* (155-202). Hillsdale: Erlbaum.

Plomin, R. & Rutter, M. (1998). Child development, molecular genetics, and what to do with genes once they are found. *Child Development, 69,* 1223-1242.

Radke-Yarrow, M. & Brown, E. (1993). Resilience and vulnerability in children of multiple-risk families. *Development and Psychopathology, 5,* 581-592.

Radke-Yarrow, M., Zahn-Waxler, C., Richardson, D. T., Susman, A. & Martinez, P. (1994). Caring behavior in children of clinically depressed and well mothers. *Child Development, 65,* 1405-1414.

Reilly, J.S., Stiles, J., Larsen, J. & Trauner, D. (1995). Affective facial expression in infants with focal brain damage. *Neuropsychologia, 33,* 83-99.

Reitsma-Street, M., Offord, D.R. & Finch, T. (1985). Pairs of same-sexed siblings discordant for antisocial behaviour. *British Journal of Psychiatry, 146,* 415-423.

Rende, R. & Plomin, R. (1995). Nature, nurture, and the development of psychopathology. In D. Cicchetti & D.J. Cohen (Eds.), *Developmental psychopathology, Vol. 1. Theory and methods* (291-314). New York: Wiley.

Rosenfield, I. (1996). Kein Erkennen ohne Gedächtnis. In C. Maar, E. Pöppel & T. Christaller (Hrsg.), *Die Technik auf dem Weg zur Seele* (139-148). Reinbek: Rowohlt.

Rutter, M. (1985). Resilience in the face of adversity. Protective factors and resistance to psychiatric disorder. *British Journal of Psychiatry, 147,* 598-611.

Rutter, M. (1987). Psychosocial resilience and protective mechanism. *American Journal of Orthopsychiatry, 57,* 316-331.

Rutter, M. (1989). Isle of Wight revisited: Twenty-five years of child psychiatric epidemiology. *Journal of the American Academy of Child and Adolescent Psychiatry, 28,* 633-653.

Rutter, M. (1991). Nature, nurture, and psychopathology: A new look at an old topic. *Development and Psychopathology, 3,* 125-136.

Rutter, M. (1994). Beyond longitudinal data: Causes, consequences, changes and continuity. *Journal of Consulting and Clinical Psychology, 62,* 928-940.

Rutter, M. (1996) Developmental psychopathology: Concepts and prospects. In M.F. Lenzenweger & J.J. Haugaard (Eds.). *Frontiers of developmental psychopathology* (209-237). New York: Oxford University Press.

Rutter, M., Bailey, A., Bolton, P. & LeCouteur, A. (1994). Autism and known medical conditions. Myth and substance. *Journal of Child Psychology and Psychiatry, 35,* 311-322.

Rutter, M., Dunn, J., Plomin, Simonoff, E., Pickles, A., Maughan, B., Ormel, J., Meyer, J. & Lindon, E. (1997). Integrating nature and nurture: Implications of person-environment correlations and interactions for developmental psychopathology. *Development and Psychopathology, 9,* 335-364.

Sacks, O. (1995). *An anthropologist on Mars.* London: Picador.

Sameroff, A.J. (1995). General systems theories and developmental psychopathology. In D. Cicchetti & D. J. Cohen (Eds.), *Developmental psychopathology, Vol.1. Theory and methods* (659-695). New York: Wiley.

Sameroff, A.J. & Fiese, B.H. (1990). Transactional regulations and early intervention. In S.J. Meisels & J.P. Shonkoff (Eds.), *Handbook of early childhood intervention* (119-149). New York: Cambridge University Press.

Scarr, S. (1992). Developmental theories for the 1990's: Development and individual differences. *Child Development, 63,* 1-19.

Scarr, S. & McCartney, K. (1983). How people make their own environment: A theory of genotype environment effects. *Child Development, 54,* 424-435.

Scheithauer, H., Niebank, K. & Petermann, F. (2000). Biopsychosoziale Risiken in der frühkindlichen Entwicklung: Das Risiko- und Schutzfaktorenkonzept aus entwicklungspsychopathologischer Sicht. In F. Petermann, K. Niebank & H. Scheithauer (Hrsg.), *Risiken in der frühkindlichen Entwicklung. Entwicklungspsychopathologie der ersten Lebensjahre* (65-97). Göttingen: Hogrefe.

Scheithauer, H. & Petermann, F. (1999). Zur Wirkungsweise von Risiko- und Schutzfaktoren in der Entwicklung von Kindern und Jugendlichen. *Kindheit und Entwicklung, 8,* 3-14.

Seligman, M.E.P. (1995). *Erlernte Hilflosigkeit.* Mit einem Nachwort von F. Petermann (5. korr. Aufl.). Weinheim: Psychologie Verlags Union.

Sergenat, J.A. & Prins, P.J.M. (1997). Progress and unresolved issues in developmental psychopathology. In C.A. Essau & F. Petermann (Eds.), *Developmental Psychpathology* (447-471). Amsterdam: Harwood.

Shirk, S.R. & Saiz, C.C. (1992). Clinical, empirical, and developmental perspectives on the therapeutic relationship in child psychotherapy. *Development and Psychopathology, 4,* 713-728.

Sorce, J.F., Emde, R.N., Campos, J.J. & Klinnert, M.D. (1985). Maternal emotional signalling: Its effects on the visual cliff behavior of 1-year-olds. *Developmental Psychology, 21,* 195-200.

Sroufe, L.A. (1997). Psychopathology as an outcome of development. Development and Psychopathology, 9, 251-268.

Sroufe, L.A. & Rutter, M. (1984). The domain of developmental psychopathology. *Child Development, 55,* 17-29.

Thatcher, R. W. (1994). Psychopathology of early frontal lobe damage: Dependence on cycles of development. *Development and Psychopathology, 6,* 565-596.

Todd, R. D., Swarzenski, B., Giovanardi Rossi, P. & Visconti, P. (1995). Structural and functional development of the human brain. In D. Cicchetti & D.J. Cohen (Eds.), *Developmental psychopathology, Vol. 1* (161-194). New York: Wiley.

Vasta, R., Haith, M.M. & Miller, S.A. (1992). *Child psychology. The modern science.* New York: Wiley.

Waddington, C.H. (1957). *The strategy of genes.* London: George, Allen & Unwin.

Warnke, A. (1993). Entwicklungspsychopathologie – der

Krankheitsbegriff in der Kinder- und Jugendpsychiatrie im Verhältnis zu psychosomatischer Sichtweise. *Zeitschrift für Kinder- und Jugendpsychiatrie, 21,* 163-179.

Webster-Stratton, C.H. (1996). Early intervention with videotape modeling: Programs for families of children with oppositional defiant disorder or conduct disorder. In E.D. Hibbs & P.S. Jensen (Eds.), *Psychosocial treatments for child and adolescent disorders: empirically based strategies for clinical practice* (435-474). Washington: APA.

Weinberg, M.K. & Tronick, E.Z. (1996). Infant affective reactions to the resumption of maternal interaction after the still-face. *Child Development, 67,* 905-914.

Weiss, P. (1959). Cellular dynamics. *Review of Modern Physics, 31,* 11-20.

Weisz, J.R., Rudolph, K.D., Granger, D.A. & Sweeney, L. (1992). Cognition, competence, and coping in child and adolescent depression: Research findings, developmental concerns, therapeutic implications. *Development and Psychopathology, 4,* 627-653.

Werner, E.E. (1993). Risk, resilience, and recovery: Perspectives from the Kauai Longitudinal Study. *Development and Psychopathology, 5,* 503-515.

Winner, E. (1996). *Gifted children. Myths and realities.* New York: Basic books.

Wolke, D. (1997). Die Entwicklung und Behandlung von Schlafproblemen und exzessivem Schreien im Vorschulalter. In F. Petermann (Hrsg.), *Kinderverhaltenstherapie* (154-203). Baltmannsweiler: Schneider.

Wyman, P.A., Cowen, E.L., Work, W.C. & Kerley, J.H. (1993). The role of children's future expectations in self-system functioning and adjustment to life stress: A prospective study of urban at-risk children. *Development and Psychopathology, 5,* 649-661.

Young, A.W., Hellawell, D.J., Van De Wal, C. & Johnson, M. (1996). Facial expression processing after amygdalatomy. *Neuropsychologia, 34,* 31-39.

Zeanah, C.H., Boris, N.W. & Larrieu, J.A. (1997). Infant development and developmental risk: A review of the past 10 years. *Journal of the American Academy of Child and Adolescent Psychiatry, 36,* 165-178.

Zentner, M.R. (1998). *Die Wiederentdeckung des Temperaments. Eine Einführung in die Kinder-Temperamentsforschung.* Frankfurt: Fischer.

4 Diagnostik psychischer Störungen

von Manfred Döpfner, Gerd Lehmkuhl, Franz Petermann
und Herbert Scheithauer

Inhaltsübersicht

1 Ziele und Aufgaben der Diagnostik

Die klinische Diagnostik umfaßt nicht nur die Feststellung und Benennung einer Störung oder Krankheit, sondern dient neben der Diagnosestellung auch der konkreten Therapieplanung. Der Praxisbezug der klinischen Diagnostik macht es erforderlich, die Effekte praktischen Handelns so gut wie möglich zu erfassen, klinisches Handeln damit nachvollziehbar zu gestalten und gegenüber Dritten zu legitimieren. Diese Forderungen werden im Konzept der *Kontrollierten Praxis* realisiert (vgl. Petermann, 1996a).

Insbesondere die *Verhaltensdiagnostik* bemüht sich darum, dieser Konzeption klinischer Diagnostik zu entsprechen. Sie betont die Verbindung von Diagnostik und Intervention; sie ist am konkreten Einzelfall orientiert und bemüht sich, störungsspezifische Diagnosekonzepte zu entwickeln. Diagnostisches Handeln kann man somit als Problemdefinitions-, -löse- und Entscheidungsprozeß beschreiben, der im Therapieverlauf stets wiederholt werden kann (Bellack & Hersen, 1998; Petermann & Kusch, 1999; Schulte, 1998).

Im folgenden soll der Problemdefinitions-, -löse- und Entscheidungsprozeß als *diagnostischer Prozeß* bezeichnet werden; diesen in mehreren Schritten ablaufenden Prozeß illustriert Abbildung 1. Zur ersten Orientierung wird eine Anamnese und Exploration der Eltern und des Kindes/Jugendlichen durchgeführt; darauf aufbauend werden detaillierte Informationen zu den folgenden Bereichen erhoben:

> - *Verhaltens-* und *Psychodiagnostik*, die der Erfassung psychischer Störungen und psychosozialer Kompetenzen dient;
> - *Entwicklungs-, Intelligenz-* bzw. *Leistungsdiagnostik*;
> - *Diagnostik körperlicher Bedingungen* mittels medizinischer Untersuchungsmethoden;
> - *Diagnostik psychosozialer Bedingungen*, der familiären Bedingungen, der Bedingungen im Kindergarten oder in der Schule, aber auch der Beziehungen zu Gleichaltrigen.

In der Regel wird eine ausführliche Verhaltens- und Psychodiagnostik notwendig sein; andere Verfahren (z.B. aus dem Bereich der Familien- oder neuropsychologischen Diagnostik) werden je nach Indikation eingesetzt.

Für den diagnostischen Prozeß lassen sich die folgenden Ziele identifizieren (vgl. auch Kanfer, Reinecker & Schmelzer, 1996; Petermann & Kusch, 1999; Schulte, 1998; s. Abb. 1):

- **Aufbau einer vertrauensvollen Beziehung**: Obwohl der diagnostische Prozeß andere zentrale Aufgaben aufweist, muß von Anfang an dem Aufbau einer vertrauensvollen Beziehung sowohl zum Kind oder Jugendlichen als auch zu den Bezugspersonen eine besondere Beachtung geschenkt werden (Petermann, 1996b). Ein diagnostischer Prozeß, der sich auf eine möglichst ökonomische Informationssammlung reduziert, verfehlt meist das Ziel. Ein Vertrauensaufbau wird nach Petermann (1996b) durch folgende Aspekte erleichtert:

  - verständnisvolle Kommunikation (z.B. gezielte Aufmerksamkeitszuwendung im Spiel);
  - Abbau bedrohlicher Aspekte, indem der Therapeut sein Handeln durchschaubar gestaltet und eine präzise Rückmeldung erteilt;
  - dem Kind keine falschen oder ungenauen Informationen zukommen lassen, beziehungsweise dem Kind nicht zu anspruchsvolle Aufgaben und damit zu frühzeitig Kompetenzen übertragen.

- **Transformation vager Klientenbeschwerden in konkrete Fragestellungen:** Häufig stehen am Anfang des diagnostischen Prozesses vage Beschwerden des Kindes/Jugendlichen oder der Eltern, beziehungsweise von Lehrern/Erziehern berichtete Auffälligkeiten. Aufgabe des diagnostischen Prozesses ist es, diese vagen Beschwerden durch eine gezielte Exploration und durch andere diagnostische Methoden in konkrete Fragestellungen umzusetzen.

- **Klärung des therapeutischen Auftrags:** Die gewählte Fragestellung legt den therapeutischen Auftrag fest. Im Unterschied zur Erwachsenenpsychotherapie ist der Therapeut bei der Behandlung von Kindern und Jugendlichen häufig mit verschiedenen potentiellen Auftraggebern konfrontiert. In der Kinderpsychotherapie sind die Eltern in aller Regel die primären Auftraggeber; die Perspektive des Kindes, seine Wünsche und Bedürfnisse divergieren jedoch meist von jenen der Eltern.

- **Zuweisung zu einer diagnostischen Kategorie:** Das Ergebnis der detaillierten Informationssammlung führt zu einer *kategorialen Diagnose* auf verschiedenen Achsen (s. Petermann, Döpfner, Lehmkuhl & Scheithauer in diesem Buch). Obwohl die Vergabe einer Diagnose sicher keine ausreichende Grundlage für eine differenzierte Therapieplanung darstellt, kann die diagnostische Zuordnung für die konkrete Interventionsplanung hilfreich sein. So ist es für das weitere Vorgehen wichtig, ob beispielsweise ein aggressives Verhalten im Rahmen einer Störung des Sozialverhaltens, einer autistischen oder einer depressiven Störung zu behandeln ist.

- **Differenzierte Erfassung des problematischen Verhaltens sowie der psychosozialen Belastungen des Patienten:** Weiterhin stellt das Ergebnis der detaillierten Informationssammlung eine *dimensionale Beschreibung* der psychischen Auffälligkeiten des Kindes/Jugendlichen, seiner kognitiven Defizite und Fähigkeiten sowie der psychosozialen Bedingungen (z.B. familiäre Situation) dar. Die einzelnen Auffälligkeiten lassen sich auf der *Verhaltensebene,* der *emotionalen* und der *kognitiven Ebene* erfassen. Sie sollen hinsichtlich der Bereiche, in denen sie auftreten, hinsichtlich ihrer Ausprägung (Intensität), Häufigkeit und ihrer Dauer beschrieben werden. Mit diesem Vorgehen werden kategoriale und dimensionale Konzepte der Klassifikation miteinander verbunden (s. Petermann, Döpfner, Lehmkuhl & Scheithauer in diesem Buch).

- **Erfassung spezieller Ressourcen und Kompetenzen des Patienten und seines psychosozialen Umfeldes:** Der Therapeut benötigt nicht nur problembezogene Daten, sondern auch Informationen über spezielle Ressourcen und Kompetenzen sowohl des Kindes/Jugendlichen als auch seines psychosozialen Umfeldes.

- **Differenzierte Erfassung der situativen Bedingungen, unter denen das Verhalten auftritt und unter denen es erworben wurde:** Die diagnostischen Informationen werden im Rahmen einer Verhaltensanalyse in ein funktionales Bedingungsmodell integriert (s. Abschnitt 8). Hierzu müssen die situativen Bedingungen erfaßt werden, unter denen die Auffälligkeiten auftreten, unter denen sie ursprünglich erworben wurden sowie jene Bedingungen, die die Auffälligkeiten aufrechterhalten; des weiteren sind die psychosozialen Rahmenbedingungen abzuklären.

- **Erfassung von Störungskonzepten, Therapieerwartungen und Therapiezielen:** Die Erfassung von subjektiven Störungskonzepten, das heißt von Vorstellungen des Kindes/Jugendlichen und seiner Bezugspersonen hinsichtlich der Ursachen der Problematik sowie der notwendigen Maßnahmen, kann für die Interventionsplanung von entscheidender Bedeutung sein. Zusammen mit den Therapieerwartungen sowie den Therapiezielen des Patienten und seiner Bezugspersonen stellen diese Informationen eine wesentliche Grundlage für eine Motivationsanalyse dar. Dieser Schritt stellt den Übergang vom diagnostischen in den *therapeutischen Prozeß* dar.

- **Selektive Indikationsentscheidungen:** Auf der Basis der Diagnose und des störungsspezifischen Wissens (z.B. über den Störungsverlauf) sollen vor Beginn der Therapie selektive Indikationsentscheidungen getroffen werden, mit denen sich das Vorgehen begründen läßt (Seidenstücker, 1999).

- **Aufbau von Änderungsmotivation:** Vor allem Kinder, häufig aber auch Jugendliche, suchen im Gegensatz zu Erwachsenen eine Therapie nicht aus einem Leidensdruck oder einem Problembewußtsein heraus auf, sondern sie werden meist von erwachsenen Bezugspersonen vorgestellt. Häufig muß daher beim Kind/Jugendlichen, nicht selten aber auch bei Bezugspersonen, eine tragfähige Änderungsmotivation aufgebaut werden.

- **Therapiebegleitende Diagnostik:** Die Ergebnisse der Therapie werden schließlich in einer *kontinuierlichen Verlaufskontrolle* (therapiebegleitende Diagnostik) überprüft. Erneute Verhaltensanalysen können zum Beispiel durch Veränderungen im psy-

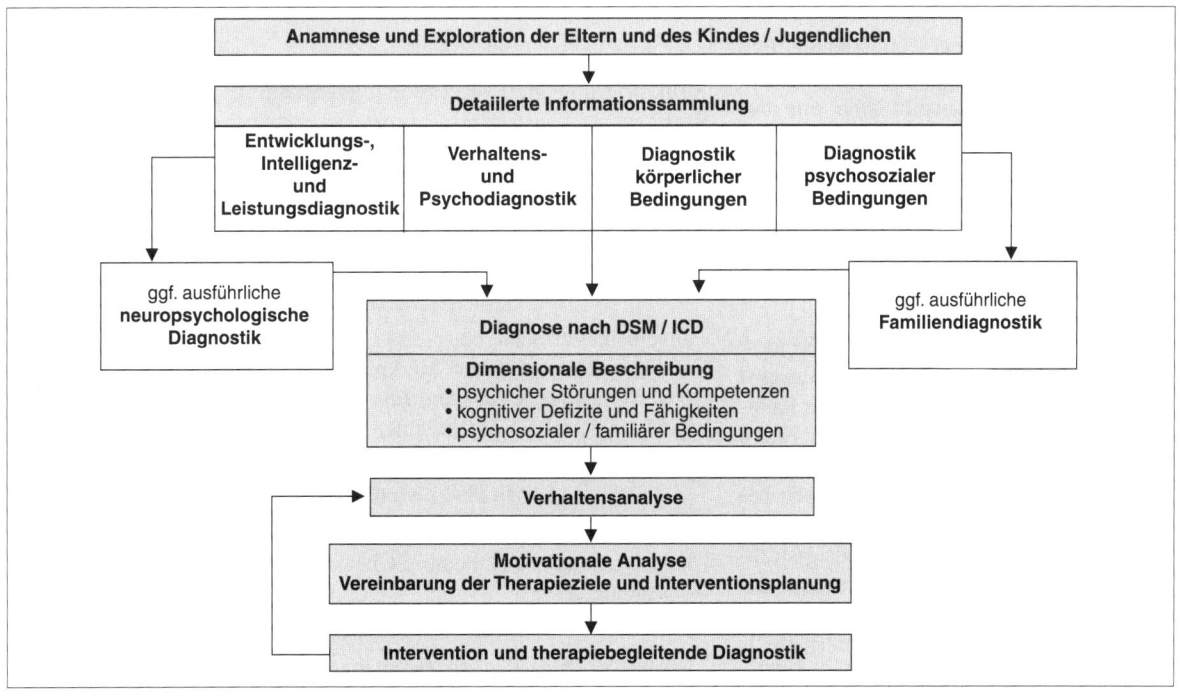

Abbildung 1:
Der diagnostische Prozeß.

chosozialen Umfeld nötig sein. Im Rahmen einer adaptiven Indikation wird die weitere Therapieplanung von der Wirksamkeit der Maßnahmen abhängig gemacht (Seidenstücker, 1999). Die Analyse des Therapieverlaufs erfolgt am Einzelfall (*Einzelfalldiagnostik*; Petermann, 1996a).

Vor dem Hintergrund rapider Entwicklungsveränderungen, insbesondere im Kindes- und Jugendalter, ist eine entwicklungsorientierte Herangehensweise in der Diagnostik und Therapie psychischer Störungen bedeutsam (Ammerman & Hersen, 1993). Die für den diagnostischen Prozeß ausgewählten Verfahren müssen somit dem Entwicklungsstand des Patienten gerecht werden *(entwicklungsorientierte Diagnostik)*.

Während bestimmte diagnostische Methoden und Strategien altersunabhängig angewandt werden (z.B. die Verhaltensbeobachtung), variieren andere in Abhängigkeit vom Alter und Entwicklungsstand des Patienten; so setzen viele Verfahren einen bestimmten kognitiven Entwicklungsstand und die Fähigkeit zur Selbstreflexion voraus. Eine entwicklungsorientierte Diagnostik erfordert darüber hinaus Erhebungsverfahren, die auf *einem Entwicklungsmodell psychischer Störungen* basieren und beispielsweise Alters- und Geschlechtsunterschiede in der Ausprägung (Symptomatik) psychischer Störungen berücksichtigen (vgl. Petermann, Kusch & Niebank, 1998). In den folgenden Abschnitten wird dieses Thema weiter vertieft.

2 Anamnese, Exploration und detaillierte Informationssammlung

Anamnese und Exploration stellen die Grundlagen jeder Diagnostik dar. Häufig werden beide Begriffe synonym verwandt, wobei sich die Anamnese eher auf die Vorgeschichte des Patienten (*Eigenanamnese*) und der Familie (*Familienanamnese*) bezieht und die Exploration mehr die aktuelle Problematik betrifft. Aufbauend auf der Anamnese und Exploration erfolgt eine detaillierte Informationssammlung. Unter *Exploration* wird *im folgenden* sowohl die Ermittlung der aktuellen Problematik als auch die weitere, detaillierte Informationssammlung verstanden.

Die Exploration kann unterschiedlich strukturiert erfolgen (s. Kasten 1). Der Strukturierungsgrad ergibt sich aus der Zielsetzung, dem Vorwissen über die Symptomatik und die Verfügbarkeit von standardisierten Erhebungsmethoden. Der Strukturierungsgrad regelt das diagnostische Vorgehen und das Verhältnis zwischen dem Kliniker und dem Patienten.

Die Exploration der Eltern und des Kindes/ Jugendlichen wird in der Regel zunächst niedrig-strukturiert durchgeführt. Der Kliniker orientiert sich an den von den Eltern oder vom Kind/Jugendlichen vorgebrachten Problemen und holt Informationen zu bestimmten Aspekten ein. Zur Orientierung bei der Durchführung einer niedrig-strukturierten klinischen Exploration kann das Explorationsschema für Psychische Störungen bei Kindern und Jugendlichen (EPSKI) benutzt werden, das im Leitfaden zur Diagnostik psychischer Störungen im Kindes- und Jugendalter (Döpfner et al., 2000) pu-

bliziert wurde. Dieser Leitfaden orientiert sich an den Leitlinien der American Academy of Child and Adolescent Psychiatry (AACAP, 1995; 1997) für die Untersuchung von Kindern und Jugendlichen. Der Leitfaden umfaßt eine Vielzahl spezifischer Hinweise für die Exploration der Eltern und des Kindes/Jugendlichen sowie für die weiteren diagnostische Schritte. In insgesamt zehn Leitlinien werden Hinweise gegeben zu folgenden Punkten:

- Exploration der Eltern oder anderer Hauptbezugspersonen;
- Exploration und psychopathologische Beurteilung des Kindes/Jugendlichen;
- Exploration von Erziehern oder Lehrern;
- Fragebogenverfahren zur Verhaltens- und Psychodiagnostik;

Kasten 1:
Strukturierungsgrad von Erhebungsverfahren.

Unstrukturiert:
weder die zu explorierenden Bereiche noch die Beurteilermaßstäbe werden in differenzierter Weise festgelegt; unsystematische Beobachtungen durch den Kliniker während des diagnostischen Prozesses etc.
Niedriger Strukturierungsgrad:
allgemeine Vorgabe beispielsweise der zu explorierenden Bereiche und der zu beurteilenden Merkmale (z.B. *Psychopathologisches Befund-System für Kinder und Jugendliche, CASCAP-D,* Explorationsleitfäden); grobe Vorgabe einer Beobachtungssituation (z.B. Beobachtung der Familie während der Mahlzeiten) etc.
Mittlerer Strukturierungsgrad:
detaillierte Vorgabe der zu erhebenden Merkmale und des Beurteilungsschemas (z.B. Diagnose-Checklisten); Zeichensysteme zur Beobachtung etc.
Hoher Strukturierungsgrad:
genaue Vorgabe der einzelnen Fragen und der Antwortkategorien (strukturierte klinische Interviews, Fragebogenverfahren); mikroanalytische Kategoriensysteme zur Beobachtung etc.

- Verfahren der Verhaltensbeobachtung und Selbstbeobachtung zur Verhaltens- und Psychodiagnostik;
- projektive Verfahren zur Verhaltens- und Psychodiagnostik;
- Spezielle Verfahren der Familien- und Interaktionsdiagnostik;
- Verfahren der Entwicklungs-, Intelligenz-, Leistungs- oder neuropsychologischen Diagnostik;

- Diagnostik körperlicher Funktionen;
- Integration der Ergebnisse der multimodalen Diagnostik.

Eine umfassende diagnostische Einschätzung setzt voraus, daß Informationen von mehreren Informanten zusammengetragen werden, um ein umfangreiches Bild von dem Kind/Jugendlichen und seiner Probleme zu

Kasten 2:
Übersicht über die Leitlinien zur Exploration der Eltern (American Academy of Child and Adolescent Psychiatry, 1995; 1997; Döpfner et al., 2000).

1. Vorstellungsanlaß und aktuelle psychische Auffälligkeiten:

- **Vorstellungsanlaß:** Wer ist warum besorgt, und warum wird gerade zu diesem Zeitpunkt Hilfe in Anspruch genommen? Einstellungen und Erwartungen hinsichtlich der Konsultation;
- **Einzelheiten der gegenwärtigen Problematik, einschließlich für jedes einzelne Problem:** Dauer, Auftretenshäufigkeit und Intensität, Bedingungen, unter denen das Problem auftritt;
- **Konsequenzen der Problematik:** Ausmaß der damit verbundenen Belastungen und Beeinträchtigungen sozialer, familiärer, kognitiver oder schulischer Funktionen, Auswirkungen auf die Entwicklung des Kindes;
- **Einstellungen zur Problematik:** Eltern, Kind, Gleichaltrige und andere Personen;
- **Vorausgegangene Versuche, Hilfe zur Bewältigung des Problems zu erlangen.**

2. Praktische und formale Aspekte:

- Dauer, Umfang und Zeitplan der Untersuchung, Kosten, Vertraulichkeit;
- Einverständnis, relevante Berichte vom Kindergarten, von der Schule, von anderen sozialen Einrichtungen, von Beratungsstellen oder anderen klinischen Einrichtungen einzuholen.

3. Lebensgeschichtliche Entwicklung des Patienten und der Familie:

Die lebensgeschichtliche Entwicklung bezieht sich sowohl auf die objektiven Fakten als auch auf die emotionale Bedeutung dieser Fakten für die Familie und das Kind. Die zeitliche Abfolge kann sich an wichtigen Ereignissen im Leben des Kindes oder der Familie orientieren oder im Vergleich zur Entwicklung der Geschwister erfragt werden:

- **Umstände der Zeugung, der Schwangerschaft (evtl. der Adoption) und Informationen zur frühen Kindheit:** Schwangerschaftskomplikationen, einschließlich Alkohol- und Drogenkonsum der Mutter, Regulationsstörungen des Kindes sowie Bindungsverhalten in der frühen Kindheit etc.;
- **körperliche Entwicklung und medizinische Vorgeschichte:** fein- und grobmotorische Entwicklung, Sauberkeitserziehung, Schlafverhalten, medizinische Anamnese etc.;
- **sexuelle Entwicklung:** Reifestatus, insbesondere beschleunigte oder verzögerte Entwicklung, Masturbation, andere sexuelle Aktivitäten etc.;
- **kognitive Entwicklung und schulisches Funktionsniveau:** Sprechen und Sprache, intellektuelle und schulische Stärken und Schwächen, schulische Lern- und Leistungsmotivation, Toleranz gegenüber Frustrationen und Kritik, Einstellungen zu Autoritätspersonen etc.;
- **emotionale Entwicklung und Temperament:** Stimmung und Affekt, Angst, sexuelle Interessen, Befürchtungen und Aktivitäten, Regulation von Aggressivität, dissoziale Verhaltensweisen etc.;
- **Beziehungen zu Gleichaltrigen;**
- **Beziehungen in der Familie;**
- **Gewissensbildung und Wertvorstellungen;**
- **Interessen, Hobbies, Talente und Nebenbeschäftigungen;**
- **ungewöhnliche oder traumatische Lebensbedingungen/-ereignisse.**

4. Familiärer und sozialer Hintergrund:

- **Eltern:** Stärken, Schwächen und Konfliktbereiche als Einzelperson, Ehepartner und Elternteil bzw. –paar, Einstellungen der Eltern zum Kind, Art der Bindung der Eltern an das Kind, Bildung, Beruf, finanzielle Möglichkeiten etc.;
- **Familie und Haushalt:** Zusammensetzung der Familie, Grenzen und Allianzen innerhalb der Familie, Problemlöse- und Kommunikationsstil, vorherrschende emotionale Stimmung, Erwartungen der Familie und Familiendisziplin, familiäre Belastungen etc.;
- **medizinische und psychiatrische Vorgeschichte der Familie;**
- **Bedingungen des psychosozialen und kulturellen Umfeldes.**

erhalten. Bei den meisten Kindern/Jugendlichen sind die Eltern (oder andere Hauptbezugspersonen), das Kind selbst und die Lehrer die wichtigsten Informanten; andere Familienmitglieder können jedoch auch zu wichtigen Einschätzungen beitragen. In der Regel ist zumindest eine direkte Exploration der Eltern und des Kindes/Jugendlichen erforderlich. Damit sowohl die Eltern als auch das Kind offen sprechen können, sollten Eltern und Kind auch getrennt exploriert werden. Eine gemeinsame Exploration von Eltern und dem Kind/Jugendlichen ist jedoch häufig ebenfalls wünschenswert, um Eltern und Kind gemeinsam zu erleben und um ihre Interaktionen zu beobachten. Auch Familienbefragungen mit Geschwistern und anderen Bezugspersonen können sehr informativ sein (s. Abschnitt 7). In welcher Reihenfolge und Kombination die Exploration durchgeführt wird, hängt vom Einzelfall und den Rahmenbedingungen ab.

Die *Exploration der Eltern* sollte möglichst beide Elternteile einbeziehen. Kasten 2 enthält eine kurze Zusammenfassung der Leitlinien für die Elternexploration (AACAP, 1995). Für die Exploration von Eltern mit Kleinkindern (0 – 3 Jahre) liegen spezifische Leitlinien vor (AACAP, 1997).

In den Leitlinien für die Diagnostik spezifischer Störungen, die zusammen mit den Leitlinien für die Therapie dieser Störungen publiziert wurden, werden neben der Exploration der Eltern und des Kindes auch andere notwendige diagnostische Verfahren beschrieben, und es werden Hinweise auf Differentialdiagnosen und häufig auftretende komorbide Störungen gegeben (AACAP, 1997; Taylor et al., 1998). Auf der Grundlage solcher spezifischen Leitlinien wurden mittlerweile auf einzelne Störungsbilder abgestimmte Explorationsschemata entwickelt (z.B. das *Explorationsschema für Externale Störungen, EES*; Döpfner, Schürmann & Frölich, 1998).

Kasten 3:
Übersicht über die Leitlinien zur Exploration von Kindern und Jugendlichen (American Academy of Child and Adolescent Psychiatry, 1995; 1997; Döpfner et al., 2000).

1. Exploration des Kindes/Jugendlichen:

Sie umfaßt in flexibler Reihenfolge entsprechend dem Entwicklungsniveau des Kindes/Jugendlichen folgende Aspekte:
- Vorbereitung und Orientierung des Kindes/Jugendlichen vor Beginn der Befragung;
- Klärung des Zwecks der Befragung, einschließlich der Gründe für die Vorstellung des Kindes/Jugendlichen, der Einstellung des Kindes/Jugendlichen zur Vorstellung, der Rolle des Untersuchers, Vertraulichkeit und Dauer der Untersuchung;
- Besprechung der gegenwärtigen Problematik;
- wichtige Funktionsbereiche (s. Kasten 2, Abschnitt 3, zur lebensgeschichtlichen Entwicklung des Patienten und der Familie): Exploration spezieller psychischer Merkmale (Depression, geringes Selbstwertgefühl, suizidaler Gedanken oder Handlungen, Ängste, psychosomatische Symptome, Halluzinationen, Wahngedanken, Zwänge, dissoziales Verhalten, Alkohol- und Drogenkonsum);
- Erfragung potentiell traumatischer Erfahrungen.

2. Psychopathologische Beurteilung und Entwicklungsstand:

- körperliche Erscheinung;
- Art der Beziehungsaufnahme zum Untersucher und zu den Eltern (einschließlich der Fähigkeit, sich kurzzeitig von den Eltern zu trennen);
- Reaktion des Kindes/Jugendlichen auf den Untersucher;
- Stimmung und Affekt, Orientierung hinsichtlich Zeit, Ort und Person;
- motorisches Verhalten (Aktivitätsniveau, Koordination, ungewöhnliche Bewegungsabläufe);
- formales und inhaltliches Denken sowie Wahrnehmung;
- Sprechen, Sprache, Lesen, Schreiben;
- Intelligenz;
- Aufmerksamkeit, Konzentration und Gedächtnis;
- neurologische Funktionen (z.B. soft signs, Lateralität);
- Urteilsfähigkeit und Einsicht.

Kasten 3 enthält eine kurze Zusammenfassung der Leitlinien für die *Exploration von Kindern und Jugendlichen* (AACAP, 1995). Durch die Exploration des Kindes oder Jugendlichen kann man feststellen, wie das Kind oder der Jugendliche das Problem wahrnimmt und den psychischen Zustand des Kindes/Jugendlichen direkt überprüfen (psychopathologische Beurteilung). Bei der Exploration werden Vorgehensweisen eingesetzt, die flexibel und einfühlsam dem kognitiven, sprachlichen und psychischen Entwicklungsniveau des Kindes/Jugendlichen angepaßt sind. Interaktive Spieltechniken und projektive Methoden werden insbesondere bei jüngeren Kindern auch im Rahmen einer verhaltensorientierten Informationssammlung angewandt, wobei weitreichende Interpretationen unterbleiben; sie bieten jedoch häufig einen guten Einblick in die Vorstellungswelt des Kindes (s. Abschnitt 3.5).

Auf die Exploration des Kindes/Jugendlichen folgt eine detaillierte Informationssammlung, die dimensionale Beschreibung der Defizite und Kompetenzen des Kindes/Jugendlichen, die Formulierung einer formalen Diagnose sowie die Ergebnisdarstellung gegenüber den Eltern und dem Kind/Jugendlichen (s. Abb. 1).

3 Verhaltens- und Psycho-diagnostik

Es ist schwierig, eine genaue Definition von *Verhaltensdiagnostik* zu geben und diese von der *Psychodiagnostik* abzugrenzen. Während die *traditionellen diagnostischen Ansätze* auf Theorien fußten, die davon ausgingen, daß Verhalten primär durch Persönlichkeitsmerkmale oder intrapsychische Faktoren bestimmt wird, gingen im Gegensatz dazu frühe *verhaltensdiagnostische Ansätze* davon aus, daß Verhalten primär durch Umgebungseinflüsse und somit vorwiegend situationsspezifisch bedingt ist. Persönlichkeitsorientierte Ansätze verwendeten vorwiegend Persönlichkeitstests, mit deren Hilfe – vor dem Hintergrund spezieller Persönlichkeitstheorien – Schlußfolgerungen von Testantworten auf Persönlichkeitsmerkmale gezogen wurden. Das Verhalten einer Person wurde dabei vorwiegend unabhängig von situativen Veränderungen gesehen. Verhaltensdiagnostische Ansätze hingegen betonten nicht die Eigenschaften einer Person, sondern betrachteten in Verhaltensstichproben die situativen Bedingungen und Konsequenzen des konkreten Verhaltens, die mit Hilfe von Beobachtungsmethoden erfaßt wurden.

Neuere, *interaktionale Ansätze* in der Verhaltensdiagnostik definieren Verhalten als eine Funktion sowohl situationaler als auch persönlicher Faktoren und der Lerngeschichte (Erfahrung) einer Person. Aufgrund der Erkenntnis, daß kognitive Faktoren eine wesentliche Rolle bei der Entstehung, Aufrechterhaltung und Äußerung psychischer Störungen einnehmen können, wurden diese zunehmend in der Verhaltensdiagnostik und der kognitiv-behavioralen Therapie berücksichtigt (Haynes, 1998; Westmeyer, 1994). Darüber hinaus wurden verstärkt Test- und Fragebogenverfahren entwickelt, die sowohl eigenschafts- als auch situationsabhängige Ausprägungen von Verhaltens- und Erlebensmerkmalen erfassen. Ein Beispiel stellt das *State-Trait-Angstinventar (STAI)* von Laux, Glanzmann, Schaffner und Spielberger (1981) dar, mit dessen Hilfe sowohl Ängstlichkeit als stabile Persönlichkeitseigenschaft als auch situationsabhängige Zustandsangst erfaßt werden können.

3.1 Das Konzept der multimodalen Verhaltens- und Psycho-diagnostik

Das Konzept der multimodalen (oder auch multimodalen und multimethodalen) Verhaltens- und Psychodiagnostik wurde in den letzten Jahren vielfach diskutiert (z.B. Baumann & Stieglitz, 1994; Bellack & Hersen, 1998; Seidenstücker & Baumann, 1987). Es bezieht sich auf eine diagnostische Vorgehensweise, die sich durch folgende Merkmale auszeichnet (Döpfner & Lehmkuhl, 1997):

- **Mehrebenen-Diagnostik:** Die multimodale Diagnostik berücksichtigt mehrere Ebenen psychischer Störungen – die kognitive, emotionale, physiologische und die Handlungsebene. Häufig erscheint eine getrennte Betrachtung dieser Ebenen angezeigt, weil die Aussagen auf diesen Ebenen schlecht übereinstimmen. So korrelieren beispielsweise Aufmerksamkeitsstörungen, erfaßt über ein entsprechendes Testverfahren, meist nur gering mit der Beurteilung des Lehrers über die Aufmerksamkeitsfähigkeit des Kindes (Barkley, 1990). Vergleichbare Befunde zum Zusammenhang der einzelnen Ebenen gibt es beispielsweise bei Angststörungen (Ollendick, King & Yule, 1994).

- **Multimethodale Diagnostik:** Die multimodale Diagnostik wendet zur Erfassung psychischer Störungen verschiedene Methoden an – Verfahren zur Erfassung des klinischen Urteils, des Urteils von Eltern, Erziehern, Lehrern und des Patienten selbst sowie Verhaltensbeobachtungen und Testleistungen. Eine Vielzahl von empirischen Studien zeigt, daß die Korrelationen zwischen Eltern-, Lehrer- und Selbsturteilen eher im unteren bis mittleren Bereich liegen – die gemeinsame Varianz übersteigt selten 25% (Achenbach, McConaughy & Towell, 1987; Döpfner, Berner, Fleischmann & Schmidt, 1993; Plück et al., 1997). Diese insgesamt geringe Übereinstimmung zwischen Beurteilern läßt sich prinzipiell auf verschiedene Quellen zurückführen, die in Kasten 4 dargestellt sind.

- **Situationsspezifische Diagnostik:** Die geringen Überschneidungen zwischen verschiedenen Beurteilern weisen auch auf die Situationsabhängigkeit von Verhaltensauffälligkeiten hin. Das Auftreten psychischer Störungen muß daher in verschiedenen Lebensbereichen von Kindern und Jugendlichen – in der Familie, im Unterricht oder in der Gleichaltrigengruppe – erfaßt werden (wie z.B. mit Hilfe des *Erfassungsbogen für aggressives Verhalten in konkreten Situationen, EAS*; Petermann & Petermann, 2000). Psychische Störungen werden bei Kindern und Jugendlichen stärker als bei Erwachsenen durch deren Bezugspersonen definiert. In einer dimensional begründeten Klassifikation, welche die Situationsspezifität der Störung berücksichtigt, läßt sich ein hyperkinetisch auffälliges Kind beispielsweise als ausgeprägt aufmerksamkeitsgestört, mittelgradig hyperkinetisch und nicht oppositionell auffällig in der Schule sowie als ausgeprägt hyperkinetisch, oppositionell auffällig und mittelgradig aufmerksamkeitsschwach in der Familie einordnen (vgl. Döpfner & Lehmkuhl, 1994).

Kasten 4:
Mögliche Quellen für fehlende Übereinstimmungen zwischen Beurteilern (nach Döpfner & Lehmkuhl, 1997; vgl. Cantwell, Lewinsohn, Rohde & Seeley, 1997).

Meßfehler der Erhebungsverfahren:

Der Meßfehler läßt sich auf der Basis von Reliabilitätskennwerten (z.B. interne Konsistenz, Wiederholungszuverlässigkeit) der Erhebungsverfahren abschätzen. Da die Reliabilität der Verfahren in der Regel gut ist, spielen Meßfehler eine eher untergeordnete Rolle.

Tendenzen zum Beschönigen oder Dramatisieren:

Die einzelnen Beurteiler können aus unterschiedlichen Gründen zur Simulation (Dramatisierung) oder Dissimulation (Beschönigung) neigen. Eltern oder Lehrer, die eine Psychotherapie wünschen, können beispielsweise dazu neigen, die Problematik zu dramatisieren, um deutlich zu machen, daß Hilfe dringend benötigt wird. Hingegen können Kinder und Jugendliche Angaben zu aggressivem/oppositionellem Verhalten bewußt beschönigen. Generell werden in klinischen Stichproben aggressive Verhaltensauffälligkeiten häufig durch das Fremdurteil (von Eltern, Lehrern) zuverlässiger erhoben als durch das Selbsturteil. Allerdings berichten Jugendliche aus der Allgemeinbevölkerung im Vergleich zu ihren Eltern häufiger von Verhaltensauffälligkeiten (Plück et al., 1997).

Unterschiedliche Urteilsanker:

Verschiedene Beurteiler können ein Problemverhalten völlig unterschiedlich bewerten. Ein Verhalten, das die Mutter als oppositionell und verweigernd beurteilt, kann vom Jugendlichen selbst ganz anders gesehen werden. Depressive Eltern können die Problematik ihrer Kinder aufgrund ihrer eigenen Depressivität als gravierender empfinden.

Unterschiedliche Informationsbasis:

Generell berichten ältere Kinder und Jugendliche in stärkerem Ausmaß von internalisierenden Verhaltensauffälligkeiten (z.B. Angst, Depressivität) als ihre Bezugspersonen (Eltern, Lehrer; vgl. Achenbach, 1991d; Plück et al., 1997). Dissoziales Verhalten oder Drogenkonsum wird von Jugendlichen in größerem Umfang beschrieben als von den Eltern. Dies ist vermutlich darauf zurückzuführen, daß es sich dabei hauptsächlich um verdeckte Prozesse handelt, die nur bedingt einer Beobachtung zugänglich sind oder die Eltern keine hinreichenden Informationen darüber besitzen. Eltern berichten eher von konflikträchtigen Verhaltensweisen, wie Unruhe, Unaufmerksamkeit, Impulsivität oder oppositionellem Trotzverhalten. Bei der Beurteilung internalisierender Auffälligkeiten sollte daher auf das Selbsturteil und die Exploration von Kindern und Jugendlichen besonderes Gewicht gelegt werden; bei externalisierenden Auffälligkeiten sollten verstärkt die Eltern/Lehrer berücksichtigt werden.

Situationsspezifisch-unterschiedliches Verhalten:

Ein beträchtlicher Teil der Unterschiede in den Beurteilungen wird vermutlich dadurch verursacht, daß ein Verhalten in verschiedenen Situationen unterschiedlich ausgeprägt ist. So zeigen Studien, daß zwischen zwei Beurteilern, die ein Kind im gleichen Kontext (in der Schule, in der Familie) erleben, deutlich bessere Übereinstimmungen zu finden sind als zwischen Beurteilern, die das Kind in unterschiedlichen Kontexten erleben (vgl. Achenbach, 1991d).

- **Individualisierte Diagnostik:** Bestandteil der multimodalen Verhaltens- und Psychodiagnostik ist auch eine individualisierte Diagnostik, mit der die individuellen Ausprägungen psychischer Störungen berücksichtigt werden. Im Rahmen eines solchen Vorgehens kann man die subjektiven Therapieziele durch sogenannte Zielerreichungsbögen erfassen; mit diesen Fragebögen kann man auch den Patienten einschätzen lassen, ob und wie gut ein Therapieziel erreicht wurde (vgl. Frölich & Döpfner, 1997).

- **Behandlungsbezogene Diagnostik:** Schließlich sollte die multimodale Verhaltens- und Psychodiagnostik auch eine behandlungsbezogene Diagnostik sein, aus der sich konkrete Hinweise für die Therapie und die Erfolgskontrolle ableiten lassen.

In der multimodalen Verhaltens- und Psychodiagnostik werden verschiedene Verfahren eingesetzt und miteinander kombiniert:

- Das **klinische Urteil** kann entweder protokolliert oder anhand *von Dokumentationen des psychopathologischen Befundes*, *Diagnose-Checklisten* oder *Interviews* systematisch erfaßt werden. Auf diese Weise bildet sich der Kliniker ein Urteil auf der Basis der Informationen, die er vom Kind/Jugendlichen, von den Eltern oder anderen Bezugspersonen erhält.
- Das **Urteil von Eltern, Lehrern oder anderen Bezugspersonen** kann direkt mit Hilfe eines *Fragebogens* erfaßt werden. Dabei wird das Verhalten des Kindes/Jugendlichen retrospektiv für einen gewissen Zeitraum (z.B. für die letzten sechs Monate) beurteilt.
- Das **Selbsturteil von Kindern und Jugendlichen** kann ebenfalls anhand eines Fragebogens erhoben werden. Das Selbsturteil von Kindern und Jugendlichen läßt sich etwa ab dem Alter von neun bis elf Jahren zuverlässig erheben (Edelbrock, Costello, Dulcan, Kalas & Conover, 1985; Goodyer, 1990). Für die Anwendung von *Selbstbeurteilungsfragebögen* ist eine ausreichende Lesefähigkeit und die Fähigkeit zur Selbstreflexion (Selbstbeobachtung und Introspektion) nötig.

• Die **Verhaltensbeobachtung** kann vom Kliniker selbst, von Bezugspersonen oder von einem unabhängigen Beobachter durchgeführt werden. Dabei wird das Verhalten in einer umschriebenen Situation für einen begrenzten Zeitraum beobachtet und unmittelbar anhand eines Schemas kodiert. Im Gegensatz zur *Fremdbeurteilung mit Hilfe eines Fragebogens*, die immer retrospektiv vorgenommen wird, notiert man bei der *Verhaltensbeobachtung* das Verhalten direkt in der Situation, in der es auftritt.

• Bei der **Selbstbeobachtung** beobachtet das Kind oder der Jugendliche sein eigenes Verhalten und zeichnet es unmittelbar auf. Wie bei Selbstbeurteilungsfragebögen lassen sich Methoden der Selbstbeobachtung in der Regel erst ab dem Alter von acht bis neun Jahren einsetzen.

Jedes dieser Verfahren weist spezifische Vor- und Nachteile auf, die zu einer optimalen Erhebungsstrategie führen, wenn man unterschiedliche Ansätze kombiniert: Fragebogenverfahren etwa sind für unbewußte oder bewußte Beurteilereffekte besonders anfällig; bei der Verhaltensbeobachtung verzerren Erinnerungseffekte oder Vorurteile weniger als bei Fremd-/Selbstbeurteilungen mit Hilfe von Fragebögen. Beobachtungen erfassen allerdings zumeist nur einen eng umgrenzten Verhaltensausschnitt; das zu beobachtende Verhalten wird auch durch den Beobachtungsvorgang beeinflußt.

In den folgenden Abschnitten werden einzelne Methoden illustriert, wobei vor allem neuere Verfahren dargestellt werden, die im deutschen Sprachraum weit verbreitet sind. Wie diese Informationen integriert werden, behandelt Abschnitt 3.6.

3.2 Klinische Beurteilung anhand höher-strukturierter Verfahren

Die niedrig-strukturierte klinische Exploration des Kindes oder Jugendlichen und seiner Bezugsperson(en) orientiert sich an den Beschwerden und Problemen, die das Kind oder der Jugendliche und die Bezugspersonen äußern (s. Abschnitt 2); dieses klinische Vorgehen ist ausgesprochen flexibel. Höherstrukturierte Verfahren wurden vor allem für die Forschung entwickelt, sie können aber auch in der klinischen Praxis nützlich sein, da sie einen systematischen Überblick erleichtern.

Standardisierter psychopathologischer Befund
Ein Kernstück der klinischen Exploration ist die systematische Erfassung psychopathologischer Merkmale. Das aus dieser Exploration hervorgehende klinische Urteil kann durch das *Psychopathologische Befund-*

System für Kinder und Jugendliche (CASCAP-D) erfaßt werden (Döpfner, Berner, Flechtner, Lehmkuhl & Steinhausen, 1999; Döpfner et al., 1995), mit dem sich ein breites Spektrum psychischer Auffälligkeiten bei Kindern und Jugendlichen einschätzen läßt. Anhand dieses Vorgehens können sowohl die von den Eltern oder dem Kind/Jugendlichen explorierten als auch die in der Untersuchungssituation direkt beobachtbaren Symptome bewertet werden. Das *CASCAP-D* besteht aus einem Befundbogen, einem Glossar, in dem die einzelnen Symptome (z.B. motorische Unruhe, Zwangshandlungen, Heißhungerattacken, reizbar/dysphorischer Affekt) definiert werden und einem Explorationsleitfaden. Das Befund-System umfaßt insgesamt 98 Symptome, die in 13 Merkmalsbereichen (z.B. Stimmung und Affekt, Aktivität und Aufmerksamkeit, Denken und Wahrnehmung) zusammengefaßt sind. Die Ausprägungen der einzelnen Merkmale werden anhand einer vierstufigen Skala (von „0 = Symptom nicht vorhanden" bis „3 = Symptom stark vorhanden") beurteilt.

Die in Untersuchungssituationen aktuell explorierbare Symptomatik (z.B. die aktuelle Befindlichkeit) und das während der Untersuchung beobachtbare Verhalten des Patienten unterscheiden sich häufig deutlich von der Symptomatik außerhalb der Untersuchungssituation, die durch die Exploration des Patienten und seiner Bezugspersonen sowie die weitere Informationssammlung erfaßt wird. Aus diesem Grund werden die Symptomatik, wie sie in der Familie, in der Schule und in anderen Lebensbereichen auftritt und die aktuelle, während der Untersuchung beobachtbare Symptomatik, getrennt voneinander beurteilt. Das *CASCAP-D* verbindet daher Methoden der Exploration mit denen der Verhaltensbeobachtung (s. Abschnitt 3.4). Auf die dimensionale Struktur, die auf der Basis dieses Instrumentes entwickelt wurde, haben Petermann, Döpfner, Lehmkuhl und Scheithauer (in diesem Buch) hingewiesen. Das Befundsystem wurde umfassend empirisch überprüft (Döpfner, Berner, Schwitzgebel & Lehmkuhl, 1994; Döpfner et al., 1997).

Diagnose-Checklisten
Checklisten weisen einen höheren Strukturierungsgrad auf als beispielsweise das *Psychopathologische Befund-System*. Solche Checklisten sind unter anderem im *Diagnostik-System für Psychische Störungen im Kindes- und Jugendalter nach ICD-10 und DSM-IV (DISYPS-KJ)* entwickelt worden (Döpfner & Lehmkuhl, 2000). Das Diagnostik-System kombiniert drei Beurteilungsebenen miteinander – das klinische Urteil, das Fremdurteil und das Selbsturteil. Das *DISYPS-KJ* umfaßt

• *Diagnose-Checklisten* zur klinischen Beurteilung durch den Untersucher,
• *Fremdbeurteilungsbögen* für Eltern, Lehrer oder Erzieher und
• *Selbstbeurteilungsbögen* für Kinder und Jugendliche im Alter von zehn bis 18 Jahren.

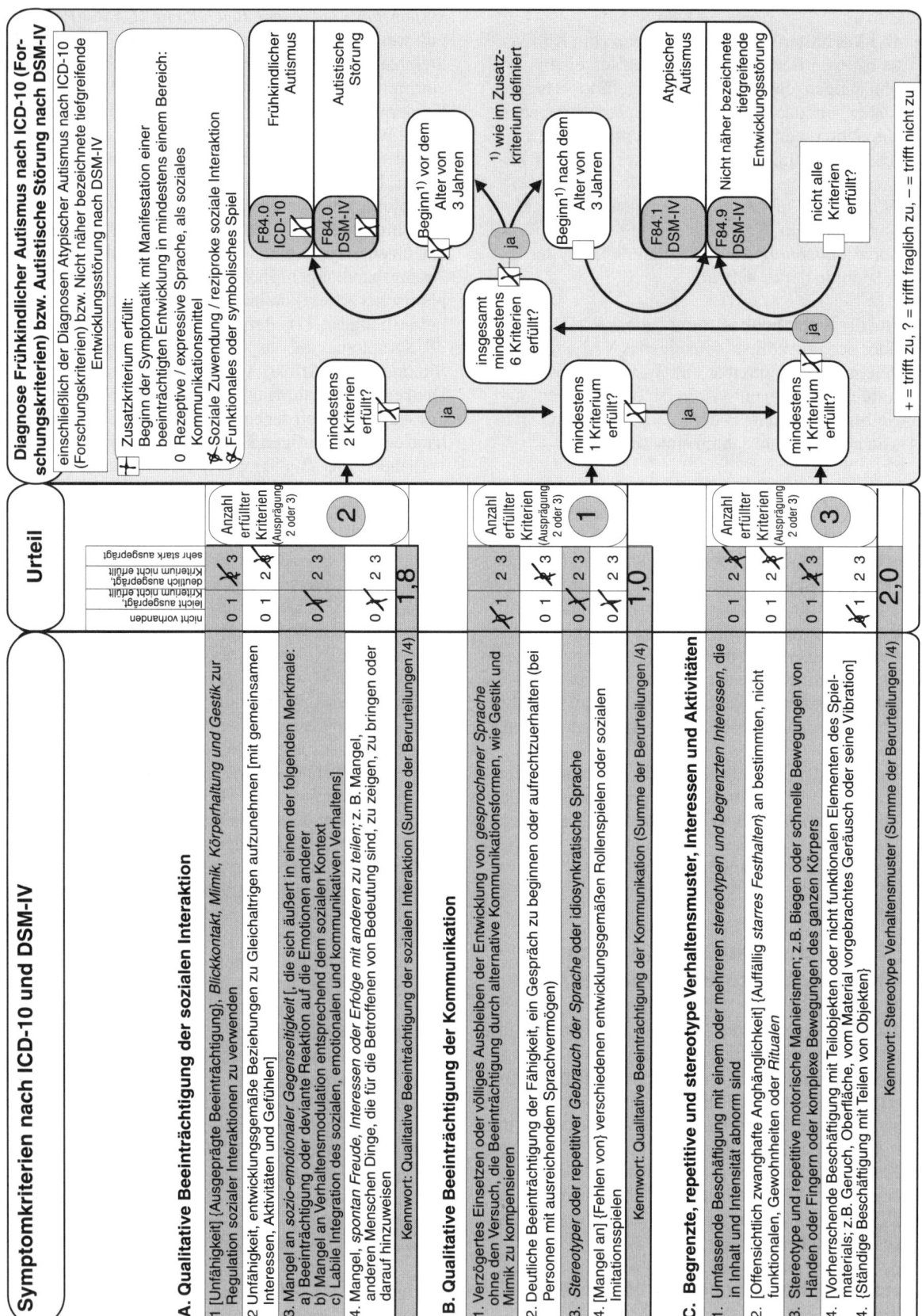

Abbildung 2:
Diagnose-Checkliste für Tiefgreifende Entwicklungsstörungen (TES), Ausschnitt (Döpfner & Lehmkuhl, 2000).

Diese Instrumente wurden auf der Grundlage der Symptomkriterien von ICD-10 (WHO, 1993) und DSM-IV (APA, 1996) für die wichtigsten Diagnosegruppen im Kindes- und Jugendalter entwickelt (hyperkinetische Störungen, Störungen des Sozialverhaltens, Angststörungen, depressive Störungen, Tiefgreifende Entwicklungsstörungen, Tic-Störungen, Störungen sozialer Funktionen).

Die Diagnose-Checklisten können beispielsweise nach einer allgemeinen klinischen Exploration für die detaillierte Informationssammlung eingesetzt werden, um eine spezifische Symptomatik abzuklären. Abbildung 2 zeigt eine Beurteilung anhand der *Diagnose-Checkliste für Tiefgreifende Entwicklungsstörungen (DCL-TES)* mit dem Entscheidungsbaum für frühkindlichen Autismus nach ICD-10 beziehungsweise für die Autistische Störung nach DSM-IV. Da sich die Symptomkriterien nach ICD-10 (Forschungskriterien) und nach DSM-IV weitgehend entsprechen, ist nur eine einzige Checkliste mit den Symptomkriterien notwendig. Inhaltlich bedeutsame Abweichungen in den Symptomkriterien beider Diagnosesysteme sind entsprechend gekennzeichnet.

Zur Beurteilung der einzelnen Kriterien wird eine vierstufige Antwortskala vorgegeben, wobei „0“ kodiert wird, wenn die in dem Kriterium definierte Symptomatik nicht vorhanden ist. Liegt die Symptomatik in einer leichteren Ausprägungsform vor als es im Kriterium definiert ist, dann wird eine „1“ kodiert. Die Kodierungen „2“ und „3“ werden vergeben, wenn das Kriterium erfüllt ist, wobei die Kodierung „3“ dann vorgenommen wird, wenn die Symptomatik deutlich stärker ausgeprägt ist als es im Kriterium definiert wurde. Basis dieser Beurteilung kann die Exploration der Eltern, der Erzieher/Lehrer oder die Beobachtung des Patienten in der Untersuchungssituation sein.

Die Auswertung der Diagnose-Checklisten erfolgt erstens *kategorial* und zweitens *dimensional.* Zur dimensionalen Auswertung werden Kennwerte für die qualitative Beeinträchtigung der sozialen Interaktion, der Kommunikation und für begrenzte, repetitive und stereotype Verhaltensmuster, Interessen und Aktivitäten gebildet, indem die Ausprägungen auf den entsprechenden Items summiert und durch die Anzahl der Beurteilungen dividiert werden. Die kategoriale Auswertung erfolgt mit Hilfe eines Entscheidungsbaumes. Da sich beide Klassifikationssysteme bei der Diagnose für den frühkindlichen Autismus kaum unterscheiden, genügt für dieses Störungsbild ein Entscheidungsbaum. Andere Diagnose-Checklisten enthalten für ICD-10 und DSM-IV getrennte Entscheidungsbäume, die an die Liste der Symptomkriterien angelegt werden können.

Wie das Beispiel in Abbildung 2 zeigt, sind die Symptomkriterien für die Diagnose eines frühkindlichen Autismus / einer Autistischen Störung und die Zusatzkriterien erfüllt. Außerdem trifft keines der Ausschluß-

kriterien zu (die auf einer getrennten Seite beurteilt werden). Für die klinische Diagnostik nach ICD-10 müssen nicht alle Forschungskriterien nach ICD-10 voll erfüllt sein. Als Orientierung sind diese Kriterien jedoch auch für die klinische Praxis sehr hilfreich.

Hoch-strukturierte Interviewverfahren
Diese Verfahren unterscheiden sich von den Diagnose-Checklisten insofern, als daß nicht nur die Kriterien, sondern meist auch die einzelnen Fragen festgelegt sind und daß sie systematisch und intensiv einen größeren Bereich von Diagnosen erfassen (s. Kasten 1). Möglich ist dies beispielsweise mit Hilfe einer besonderen Fragestruktur: Bejaht eine Person *Screening-Fragen,* mit denen zunächst das Auftreten bestimmter Kernsymptome einer psychischen Störung ermittelt wird, so werden weitere Fragen (zur Symptomatik) und Prüffragen gestellt, mit deren Hilfe ausgeschlossen werden soll, daß die angegebenen Symptome auf körperliche Erkrankungen, Medikamente oder Drogen zurückzuführen sind. Erst dann werden weitere Angaben erhoben, beispielsweise zum erstmaligen und letztmaligen Auftreten der Symptomatik. Werden die Screening-Fragen zu den einzelnen psychischen Störungen verneint, werden keine weiteren Fragen zum jeweiligen Störungsbereich gestellt.

Tabelle 1 gibt eine Auswahl über wichtige deutschsprachige und internationale Interviewverfahren für das Kindes- und Jugendalter. Im deutschen Sprachraum legten Esser und Mitarbeiter (1989) das *Mannheimer Elterninterview (MEI)* auf der Basis der ICD-9 (WHO, 1980) vor; es umfaßt 38 kinder- und jugendpsychiatrische Symptome. Die Beurteilerübereinstimmung (Interrater-Reliabilität) wird als zufriedenstellend eingeschätzt.

Das *Diagnostische Interview bei psychischen Störungen im Kindes- und Jugendalter (Kinder-DIPS)* liegt in einer Version für Eltern und für Kinder vor; mit ihm können Diagnosen auf der Basis von ICD-10 und DSM-IV erstellt werden. Mit Hilfe des Interviews können externalisierende Störungen (aggressive und hyperkinetische Störungen), Störungen der Ausscheidung, affektive Störungen, Angststörungen und Eßstörungen erfaßt werden. Außerdem werden Hinweise auf Teilleistungsstörungen, Psychosen und Substanzmißbrauch erhoben. Die Beurteilerübereinstimmung (Interrater-Reliabilität) wird hinsichtlich der Diagnose-Oberklassen meist als zufriedenstellend, teilweise jedoch auch als nicht zufriedenstellend eingeschätzt.

International wurde besonders häufig das *Diagnostic Interview Schedule for Children (DISC 2-3)* eingesetzt, das auf den Kriterien des DSM-III-R (APA, 1989; Vorläuferversion vom DSM-IV) basiert; mittlerweile liegt auch eine Fassung auf der Basis der Kriterien des DSM-IV vor. Das *DISC* stellt ein hoch-strukturiertes Verfahren dar und kann auch von angelernten Laien-Interviewern durchgeführt werden. Der klinische Be-

Tabelle 1:
Ausgewählte strukturierte diagnostische Interviews zur Erfassung eines breiten Spektrums psychischer Störungen.

Name	Autoren	Informant	Altersbereich	Basis*
MEI Mannheimer Eltern-Interview	Esser et al. (1989)	Eltern	6 – 16	ICD-9
Kinder-DIPS Diagnostisches Interview bei psychischen Störungen im Kindes- und Jugendalter	Unnewehr et al. (1995)	Eltern Kind	6 – 18	ICD-10 DSM-IV
DISC 2-3 / DISC-IV Diagnostic Interview Schedule for Children	Shaffer et al. (1996)	Eltern Kind	6 – 18	DSM-III-R DSM-IV
Kiddie-SADS Schedule for Affective Disorders and Schizophrenia in School-Age Children – Revised	Ambrosini et al. (1989)	Eltern Kind	6 – 18	DSM-III-R DSM-IV
DICA-R Diagnostic Interview Schedule for Children – Revised	Welner et al. (1987)	Eltern Kind	6 – 18	DSM-III-R
ADISC-R Anxiety Disorders Interview Schedule – Revised	Silverman (1991)	Eltern Kind	6 – 18	DSM-III-R
CAPA Child and Adolescent Psychiatric Assessment	Angold et al. (1995)	Kind	6 – 18	DSM-III-R

* ICD-9 (WHO, 1980); ICD-10 (WHO, 1993); DSM-III-R (APA, 1989); DSM-IV (APA, 1996)

urteilungsspielraum ist bei solchen Verfahren naturgemäß sehr gering. Der Interviewer kodiert im wesentlichen die Antwort des Interviewpartners. Eine deutschsprachige Fassung wird von Steinhausen und Hautzinger vorbereitet.

Beim *Schedule for Affective Disorders and Schizophrenia in School-Age-Children (Kiddie-SADS)* handelt es sich um ein halb-strukturiertes Interview, das einen breiteren klinischen Beurteilungsspielraum zuläßt; es wird daher eher von klinisch-orientierten Diagnostikern bevorzugt. Die Fragen sind nicht genau vorgegeben – der Interviewer fragt solange, bis er sich ein eigenes Urteil bilden kann. Auch für dieses Verfahren wird gegenwärtig eine deutsche Fassung entwickelt (Delmo, Weiffenbach, Gabriel, Marchia & Poustka, 1998).

Da in strukturierten Interviewverfahren auch Informationen zum erst- und letztmaligen Auftreten und zur Stärke der Symptome sowie in einigen Verfahren auch zur psychosozialen Belastung erhoben werden, resultieren aus diesen Interviews psychiatrische Diagnosen. Die Beurteilerübereinstimmung auf Diagnoseebene ist für einige Diagnosen zufriedenstellend, für andere jedoch ungenügend, vor allem bei den Interviews für Kinder (Bird, 1996; Schwab-Stone et al., 1996). Einige Interviews summieren die Items allerdings auch zu Symptomwerten auf und ermöglichen damit eine dimensionale Abbildung. Die meisten Interviews liegen in einer Fassung für Eltern und in einer Fassung für Kinder/Jugendliche vor. Die Übereinstimmungen in

der Befragung von Eltern und Kindern mit Hilfe strukturierter Interviews sind insgesamt nicht sehr hoch. Die Ursachen für die mangelnde Übereinstimmung zwischen verschiedenen Informanten wurden bereits diskutiert (s. Kasten 4).

Aufgrund des hohen Aufwandes bei der Durchführung hoch-strukturierter Interviews und ihrer begrenzten Anwendungsflexibilität, finden diese Verfahren hauptsächlich im Forschungskontext ihren Einsatzbereich. Für die klinische Praxis kann es hilfreich sein, einzelne, für den konkreten Fall relevante Abschnitte aus den Interviews anzuwenden.

3.3 Fragebogenverfahren

Tabelle 2 gibt eine Übersicht über die wichtigsten deutschsprachigen Fragebogenverfahren, die als *Basisverfahren zur Erfassung eines breiten Spektrums psychischer Auffälligkeiten* eingesetzt werden können. Für Kinder im Alter von drei bis sechs Jahren können die *Verhaltensbeurteilungsbögen für Vorschulkinder (VBV)* eingesetzt werden, die sich aus einem *Elternfragebogen (VBV-EL)* und einem *Erzieherfragebogen (VBV-ER)* zusammensetzen. Beide Verfahren erfassen Verhaltensauffälligkeiten und Verhaltenskompetenzen auf vergleichbaren Skalen, so daß ein direkter Vergleich der Verhaltensweisen in der Familie nach dem Urteil der Eltern und im Kindergarten nach dem Urteil der Erzieherin möglich ist. Beide Fragebögen werden durch eine

Tabelle 2:
Auswahl von Fragebogenverfahren zur Erfassung eines breiten Spektrums psychischer Auffälligkeiten.

Name	Autoren	Alter	Urteilsart	Skalen	Zusätzliche Informationen
VBV-EL Verhaltensbeurteilungsbogen für Vorschulkinder – Elternfragebogen	Döpfner et al. (1993)	3 – 6	Elternurteil	• Sozial-emotionale Kompetenzen • Oppositionell-aggressives Verhalten • Aufmerksamkeitsdefizite und Hyperaktivität vs. Spielausdauer • Emotionale Auffälligkeiten	• 53 Items, zusätzlich Symptomliste mit umschriebenen Auffälligkeiten, Gesamtauffälligkeitswert • Zusätzlich Kurzform (Berner et al., 1992)
VBV-ER Verhaltensbeurteilungsbogen für Vorschulkinder – Erzieherfragebogen	Döpfner et al. (1993)	3 – 6	Erzieherurteil	siehe VBV-EL	• 93 Items, zusätzlich Symptomliste mit umschriebenen Auffälligkeiten, Gesamtauffälligkeitswert • Zusätzlich Kurzform (Berner et al., 1992)
CBCL / 2-3 Elternfragebogen über das Verhalten von Kleinkindern	Arbeitsgruppe Deutsche Child Behavior Checklist (1993b)	2 – 3	Elternurteil	• Sozialer Rückzug • Körperliche Beschwerden; Ängstlich/ Depressiv • Destruktives Verhalten • Aggressives Verhalten • Schlafprobleme	• Deutsche Fassung der CBCL / 2-3 (Achenbach, 1992) • 99 Problem-Items • Übergeordnete Skalen: (1) Externalisierende, (2) Internalisierende Auffälligkeiten, (3) Gesamtauffälligkeit
CBCL / 4-18 Elternfragebogen über das Verhalten von Kindern und Jugendlichen	Arbeitsgruppe Deutsche Child Behavior Checklist (1998a)	4 – 18	Elternurteil	• 3 Kompetenz-Skalen (Aktivitäten, Soziale Kompetenzen, Schulische Leistungen) • 8 Problem-Skalen (Sozialer Rückzug, Körperliche Beschwerden, Ängstlich/ Depressiv, Dissoziales Verhalten, Aggressives Verhalten, Soziale Probleme, Schizoid/ Zwanghaft, Aufmerksamkeitsprobleme)	• Deutsche Fassung der CBCL (Achenbach, 1991a) • Kompetenz-Items und 120 Problem-Items • Übergeordnete Skalen siehe CBCL / 2-3
TRF Lehrerfragebogen über das Verhalten von Kindern und Jugendlichen	Arbeitsgruppe Deutsche Child Behavior Checklist (1993a)	6 – 18	Lehrerurteil	• Keine Kompetenz-Skalen • 8 Problem-Skalen wie CBCL	• Deutsche Fassung der Teacher's Report Form der Child Behavior Checklist (Achenbach, 1991b) • Itemzahl und übergeordnete Skalen siehe CBCL / 2-3
YSR Fragebogen für Jugendliche	Arbeitsgruppe Deutsche Child Behavior Checklist (1998b)	11 – 18	Selbsturteil	• 2 Kompetenz-Skalen (Aktivitäten, Soziale Kompetenzen) • 8 Problem-Skalen wie CBCL	• Deutsche Fassung des Youth Self-Report Form der Child Behavior Checklist (Achenbach, 1991b)
MVL Marburger Verhaltensliste	Ehlers et al. (1978)	6 – 12	Elternurteil		

Fortsetzung Tabelle 2:

Name	Autoren	Alter	Urteilsart	Skalen	Zusätzliche Informationen
PFK 9-14 Persönlichkeitsfragebogen für Kinder	Seitz & Rausche (1993)	9 – 14	Selbsturteil	• Insgesamt 15 Skalen in drei Äußerungsbereichen der Persönlichkeit (Verhaltensstile, Motive, Selbstbild)	
FPI Freiburger Persönlichkeitsinventar	Fahrenberg et al. (1994)	Ab 16	Selbsturteil	• 10 Standardskalen (Lebenszufriedenheit, Soziale Orientierung, Leistungsorientierung, Gehemmtheit, Erregbarkeit, Aggressivität, Beanspruchung, Körperliche Beschwerden, Gesundheitssorgen, Offenheit)	• Verschiedene Fragebogenformen und Kurzfassungen

Symptomliste ergänzt, in der umschriebene Auffälligkeiten (z.B. Einnässen oder Einkoten) erfaßt werden.

International weit verbreitet sind die von Achenbach (1991a; b; c; d) entwickelten Fragebögen. Die Bibliographie der publizierten Studien, welche *die Child Behavior Checklist* oder davon abgeleitete Fragebogen einsetzten, zählt über 2400 Publikationen (Brown & Achenbach, 1998). Für den deutschen Sprachraum wurden diese Verfahren von der Arbeitsgruppe Deutsche Child Behavior Checklist (1993a; b; 1998a; b) adaptiert und überprüft. Die Hauptverfahren, der *Elternfragebogen über das Verhalten von Kindern und Jugendlichen (CBCL / 4-18)*, der *Lehrerfragebogen über das Verhalten von Kindern und Jugendlichen (TRF)* und der *Fragebogen für Jugendliche (YSR)*, bestehen aus jeweils zwei Teilen und erfassen im ersten Teil psychosoziale Kompetenzen von Kindern/Jugendlichen (wie z.B. Anzahl der Freizeitaktivitäten, Anzahl von Freunden) und im zweiten Teil Verhaltensauffälligkeiten sowie emotionale Auffälligkeiten; in allen drei Versionen sind die 89 Problemaussagen identisch. Die dimensionale Struktur dieser Fragebögen stellen Petermann, Döpfner, Lehmkuhl und Scheithauer (in diesem Buch) dar. Für jeden Fragebogen werden acht Problemskalen gebildet, die sich inhaltlich entsprechen. Für die Beurteilung von Kindern im Alter von zwei bis drei Jahren kann der *Elternfragebogen über das Verhalten von Kleinkindern (CBCL / 2-3)* eingesetzt werden, der ähnliche Skalen wie die Fragebogen für ältere Kinder enthält. Die Aussagen beziehen sich jedoch auf die in dieser Altersgruppe typischen Verhaltensweisen; damit wird einer entwicklungsorientierten Diagnostik Rechnung getragen.

Neben dem *Fragebogen für Jugendliche (YSR)* liegen Verfahren aus dem Bereich der Persönlichkeitsdiagnostik vor, die allgemeine Persönlichkeitsdimensionen und nicht nur klinisch relevante Verhaltensauffälligkeiten

erfassen. Am bekanntesten sind der *Persönlichkeitsfragebogen für Kinder (PFK 9-14)* und das *Freiburger Persönlichkeitsinventar (FPI)*, das im Jugendalter eingesetzt werden kann.

Tabelle 3 gibt eine Übersicht über einige Verfahren, die im Rahmen der *störungsspezifischen multimodalen Verhaltens- und Psychodiagnostik* eingesetzt werden können und einzelne Störungsbereiche differenziert erfassen. Solche störungsspezifischen Verfahren sollten vor allem dann eingesetzt werden, wenn der Kliniker nach einer einführenden Exploration und der Erhebung von Verhaltensauffälligkeiten anhand der in Tabelle 2 aufgeführten Breitbandverfahren eine Übersicht über die vorliegenden Störungen gewinnen und die Symptomatik eingrenzen konnte. Tabelle 3 listet exemplarisch wichtige Verfahren zur Erfassung von Angst, Depression, aggressivem Verhalten und hyperkinetischen Störungen auf. Sie enthält auch einige Fragebogenverfahren aus dem *Diagnostik-System für Psychische Störungen im Kindes- und Jugendalter nach ICD-10 und DSM-IV (DISYPS-KJ)*. In den Fremdbeurteilungsbögen dieses Systems werden die Symptomkriterien für die Diagnose der entsprechenden Störungen von den Eltern oder anderen Bezugspersonen (Erzieher, Lehrer) direkt eingeschätzt. Damit ist auf dimensionaler Ebene ein direkter Vergleich zwischen dem klinischen Urteil, dem Elternurteil, dem Urteil von Lehrern oder Erziehern und dem Selbsturteil möglich. Die Studien zur Reliabilität und Validität sowie zur Normierung dieser Instrumente sind bereits teilweise publiziert (Döpfner & Lehmkuhl, 2000; Brühl, Döpfner & Lehmkuhl, 2000) oder in Vorbereitung.

Zwei der in Tabelle 3 aufgeführten Verfahren unterscheiden sich in einem wesentlichen Aspekt von den anderen Verfahren: der *Erfassungsbogen für aggressives Verhalten in konkreten Situationen (EAS)* und der *Elternfragebogen über Problemsituationen in der Fa-*

Tabelle 3:
Auswahl an Fragebogenverfahren zur Erfassung psychischer Auffälligkeiten (für die störungsspezifische Verhaltens- und Psychodiagnostik).

Name	Autoren	Störung	Alter	Urteils-art	Skalen/Aussage-bereiche	Zusätzliche Informationen
AFS Angstfragebogen für Schüler	Wieczerkowski et al. (1974)	Angst	9 – 17	Selbsturteil	• Prüfungsangst • Manifeste Angst • Schulunlust	• Zusätzlich Einschätzskalen für Lehrer
FBB-ANG / SBB-ANG Fremdbeurteilungs- / Selbstbeurteilungsbogen – Angststörungen	Döpfner & Lehmkuhl (1998)	Angst	11 – 18 4 – 18	Selbsturteil Elternurteil	• Trennungsangst • Generalisierte Angst • Soziale Angst • Spezifische Phobie	• Bestandteil vom DISYPS-KJ (Döpfner & Lehmkuhl, 1998), wird ergänzt durch klinisches Urteil in Diagnose-Checkliste (DCL-ANG)
BDI Beck-Depressions-Inventar	Hautzinger et al. (1994)	Depression	Ab 16	Selbsturteil	• Gesamtwert	
DIKJ Depressionsinventar für Kinder und Jugendliche	Stiensmeier-Pelster et al. (1989)	Depression	8 – 17	Selbsturteil	• Gesamtwert	• Deutsche Adaptation des Children's Depression Inventory (Kovacs, 1985)
DTK Depressionstest für Kinder	Rossmann (1993)	Depression	9 – 14	Selbsturteil	• Dysphorische Stimmung/Selbstwertprobleme • Agitiertes Verhalten • Müdigkeit/Andere Psychosomat. Aspekte	
FBB-DES / SBB-DES Fremdbeurteilungs- / Selbstbeurteilungsbogen – Depressive Störungen	Döpfner & Lehmkuhl (1998)	Depression	11 – 18 4 – 18	Selbsturteil Elternurteil	• Depressive Symptome • Somatisches Syndrom • Dysthymia – ICD-10 • Dysthyme Störung – DSM	• Bestandteil vom DISYPS-KJ, wird ergänzt durch klinisches Urteil in Diagnose-Checkliste (DCL-DEP)
FBB-HKS / SBB-HKS Fremdbeurteilungs- / Selbstbeurteilungsbogen – Hyperkinetische Störungen	Döpfner & Lehmkuhl (1998)	Hyperkinetische Störung	11 – 18 4 – 18	Selbsturteil Elternurteil	• Aufmerksamkeitsstörung • Überaktivität • Impulsivität	• Bestandteil vom DISYPS-KJ, wird ergänzt durch klinisches Urteil in Diagnose-Checkliste (DCL-HKS)
EAS-M / EAS-J Erfassungsbogen für aggressives Verhalten in konkreten Situationen	Petermann & Petermann (2000)	Aggression	9 – 14	Selbsturteil	• 22 Konfliktsituationen aus Alltagsbereichen von Kindern	• Situations- und geschlechtsspezifische Diagnostik aggressiven Verhaltens
FBB-SSV / SBB-SSV Fremdbeurteilungs- / Selbstbeurteilungsbogen – Störung des Sozialverhaltens	Döpfner & Lehmkuhl (1998)	Aggression	4 – 18 11 – 18	Selbsturteil Fremdurteil	• Oppositionell-aggressives Verhalten • Dissozial-aggressives Verhalten	• Bestandteil vom DISYPS-KJ, wird ergänzt durch klinisches Urteil in Diagnose-Checkliste (DCL-SSV)

Name des Kindes: Thomas	Datum heute 17.2.99	Beurteilt von: Mutter

Gibt es bei den unten aufgeführten Situationen irgendwelche Probleme mit dem Kind, wenn es **Aufforderungen, Anweisungen oder Regeln befolgen soll?** Wenn ja, dann machen Sie bitte zuerst um das Wort ja einen Kreis **und kreuzen dann eine der nebenstehenden Zahlen von 1 bis 9 an.** Die Zahlen sollen angeben, wie stark das Problem für Sie ist. Dabei bedeutet 1, daß das Problem in der Situation nur schwach ausgeprägt ist, und 9, daß das Problem sehr stark zum Ausdruck kommt.

Wenn es in der angesprochenen Situation **kein Problem** gibt, machen Sie bitte um das Wort nein einen Kreis und gehen weiter zur nächsten Frage.

Situation:	problematisch?		wie stark? schwach → sehr stark
1. Wenn das Kind allein spielt	(Nein)	Ja →	1 2 3 4 5 6 7 8 9
2. Wenn das Kind mit anderen spielt	Nein	(Ja)→	1 2 ⨉ 4 5 6 7 8 9
3. Bei den Mahlzeiten	(Nein)	Ja →	1 2 3 4 5 6 7 8 9
4. Beim An- und Ausziehen	Nein	(Ja)→	1 2 3 4 ⨉ 6 7 8 9
5. Beim Waschen und Baden	(Nein)	Ja →	1 2 3 4 5 6 7 8 9
6. Wenn Sie telefonieren	Nein	(Ja)→	1 2 3 4 5 6 ⨉ 8 9
7. Beim Fernsehen	(Nein)	Ja →	1 2 3 4 5 6 7 8 9
8. Wenn Besuch kommt	Nein	(Ja)→	1 2 3 4 5 ⨉ 7 8 9
9. Wenn Sie andere besuchen	Nein	(Ja)→	1 2 3 4 5 ⨉ 7 8 9
10. In der Öffentlichkeit (Geschäfte, Lokale usw.)	Nein	(Ja)→	1 2 3 4 ⨉ 6 7 8 9
11. Wenn die Mutter zu Hause beschäftigt ist	Nein	(Ja)→	1 2 ⨉ 4 5 6 7 8 9
12. Wenn der Vater zu Hause ist	(Nein)	Ja →	1 2 3 4 5 6 7 8 9
13. Wenn das Kind etwas erledigen soll	Nein	(Ja)→	1 2 3 4 5 6 7 ⨉ 9
14. Bei den Hausaufgaben	Nein	(Ja)→	1 2 3 4 5 6 7 8 ⨉
15. Beim Zubettgehen	Nein	(Ja)→	1 2 3 ⨉ 5 6 7 8 9
16. Im Auto	Nein	(Ja)→	1 2 3 ⨉ 5 6 7 8 9

Prüfen Sie bitte noch einmal, ob Sie alle Fragen beantwortet haben!
Wir bedanken uns für Ihre Mitarbeit.

Wird vom Arzt/Psychologen ausgefüllt		RW	Norm
Anzahl der Probleme	= PROB		
Summe der Problemintensität/16	= PROBINT		

Abbildung 3:
Elternfragebogen über Problemsituationen in der Familie, HSQ-D (Döpfner et al., 1998, S. 238; illustriert an einem Beispiel).

milie (HSQ-D). In beiden Verfahren wird Verhalten in konkreten Situationen erfaßt – beim *EAS* in konkreten Konfliktsituationen (s. Scheithauer & Petermann in diesem Buch), beim *HSQ-D* in konkreten familiären Situationen (s. Abb. 3). Damit wird mit diesen Verfahren die für eine Verhaltensanalyse bedeutsame Verbindung von Situation und Verhalten hergestellt (s. Abschnitt 8). Der *EAS* unterscheidet sich darüber hinaus aus einem weiteren Grund von klassischen Fragebogenverfahren: Er versucht vor dem Hintergrund der Kritik an der traditionellen Fragebogendiagnostik (z.B. hinsichtlich der bloßen Darbietung einzelner Testfragen und deren Interpretation), Text- und Bildinformationen zu verbinden, um eine Identifikation mit der dargestellten Information zu erleichtern. Dadurch wird dem Kind ein besserer Zugang zu den eigenen Erfahrungen ermöglicht und die Testsituation aufgelockert.

3.4 Verhaltensbeobachtung und Selbstbeobachtung

Bei der Exploration von Kindern und Jugendlichen und ihren Bezugspersonen sowie bei der Erfassung psychischer Auffälligkeiten durch Fragebögen wird nicht das Verhalten direkt erhoben, sondern es wird ein retrospektives Urteil über ein Verhalten eingeholt; damit treten Urteils- und Antworttendenzen der Beurteiler auf. Anhand des klinischen Urteils auf der Basis der Exploration des Kindes/Jugendlichen oder seiner Bezugspersonen werden zwar die Informationen nochmals durch eine klinische Einschätzung gefiltert, dennoch macht sich der Kliniker kein eigenes Bild von der Problematik, sondern bildet sich ein Urteil auf der Basis dieser Informationen. Methoden der Verhaltens- und der Selbstbeobachtung können dazu dienen, diese Verzerrungen zu korrigieren.

Methoden der *Verhaltensbeobachtung* können nach dem Ort der Verhaltensbeobachtung, nach dem Strukturierungsgrad und danach eingeteilt werden, ob das nonverbale oder Verbalverhalten einer einzelnen Person oder aber Interaktionen zwischen mehreren Personen erfaßt werden (z.B. Mutter-Kind-Dyade, Gruppenbeobachtungen; s. im weiteren Wallbott, 1994). Verhaltensbeobachtungen können in Untersuchungs- und Testsituationen (*analogen Situationen*) oder in *natürlichen Situationen* durchgeführt werden; sie können *niedrig-* oder *höher-strukturiert* sein.

In der klinischen Routine-Diagnostik sind *niedrig-strukturierte Verhaltensbeobachtungen* in Untersuchungs- und Testsituationen als Teil eines Eindrucksbildungsprozesses am häufigsten anzutreffen. Der Kliniker schätzt das Verhalten des Kindes/Jugendlichen während

- der Exploration des Kindes/Jugendlichen,
- der Durchführung von Testverfahren,

- einer Spielsituation mit dem Kind oder
- einer gemeinsamen Exploration von Eltern und Kind/Jugendlichen ein.

Diese Beobachtungen fließen in das klinische Urteil ein. Die Beobachtungen können anhand von verschiedenen Verfahren kodiert und damit stärker systematisiert werden. So liegen beispielsweise Verfahren vor, denen umfassende Verhaltensbeschreibungen verschiedener psychischer Störungen zugrunde liegen. Aus der Auswertung solcher Verfahren lassen sich Hinweise auf bestimmte psychische Störungen ableiten.

Die Verhaltensbeobachtung, mit deren Hilfe im Rahmen der Exploration ein globales Eindrucksurteil über das Verhalten von Individuen eingeholt wird, ist von der Verhaltensbeobachtung mit Hilfe von Verfahren zu unterscheiden, mit der eine möglichst systematische und objektive *Verhaltensbeobachtung (Fremdbeobachtung)* oder *Selbstbeobachtung* angestrebt wird.

Die Verhaltensbeobachtung während einer diagnostischen Situation ist relativ ökonomisch und leicht durchführbar, sie ist jedoch auch mit mehreren Problemen behaftet. Das größte Problem stellt die *Repräsentativität* des beobachteten Verhaltens dar (= *ökologische Validität*). Untersuchungen stellen zunächst für Kinder und Jugendliche ausgesprochen untypische Situationen dar; das Verhalten in dieser Situation muß daher nicht zwingend das für andere Lebensbereiche typische Verhalten des Kindes/Jugendlichen repräsentieren. Daher ist es notwendig, die Verhaltensbeobachtungen mit anderen Informationen abzugleichen (s. Abschnitt 3.4).

Eine Möglichkeit diesem Problem entgegenzuwirken, besteht in der weitgehend natürlichen Nachbildung einer Situation, welche die Auftretenswahrscheinlichkeit des Verhaltens erhöht. Wird die Beobachtung mit Hilfe von Videoaufzeichnungen unterstützt, so kann auch das Problem der fehlenden Beobachterübereinstimmung gelöst werden.

Verhaltensbeobachtungen in natürlichen Situationen (z.B. im Kindergarten, in der Schule oder in der Familie) sind meist besser geeignet, das reale Verhalten abzubilden. Allerdings kann die natürliche Situation durch die Anwesenheit eines Beobachters derart verändert werden, daß sich ebenfalls Probleme hinsichtlich der ökologischen Validität ergeben. Außerdem haben diese Verhaltensbeobachtungen den Nachteil, daß sie sehr zeitintensiv sind und deshalb überwiegend in der Forschung eingesetzt werden. Ein Beispiel für ein solches Verfahren stellt das von Patterson (1982) entwickelte *Family Interaction Coding System (FICS)* dar, anhand dessen das Verhalten von Familienmitgliedern in 29 Verhaltenskategorien beurteilt wird. Ein wesentlich einfacheres und deshalb auch in der klinischen Praxis gut durchführbares System ist der *Beobachtungsbogen für aggressives Verhalten (BAV;* Petermann &

Urteil	Verhalten
	1. Kind wird beschimpft und angeschrien.
	2. Schadenfreudiges Lachen, zynische Bemerkungen gegenüber Erwachsenen und Kindern, Spotten über andere.
	3. Anschreien, anbrüllen und beschimpfen von Erwachsenen und Kindern.
	4. Kind wird geboxt, getreten, gestoßen, gekratzt, an den Haaren gezogen und bespuckt.
	5. Hinterhältiges beinstellen, stuhlwegziehen, stoßen, schadenfreudiges hilfeverweigern.
	6. Boxen, treten, schlagen, stoßen, beißen, kratzen, spucken, haareziehen, beschmutzen von Personen.
	7. Selbstbeschimpfen, Selbstironie, Fluchen über eigenes Verhalten (z. B. über einen Fehler).
	8. Nägelbeißen, Haareraufen, Kopfanschlagen, selbstschädigende Kopf- und Körperbewegungen.
	9. Beschimpfen und verfluchen von Gegenständen.
	10. Beschädigen von Gegenständen: beschmieren, treten, zerreißen, beschmutzen, Türe zuknallen, und Sachen durch die Luft werfen.
	11. Sich angemessen selbstbehaupten: in normaler Lautstärke seine Meinung oder Kritik äußern, keine verletzenden Worte benutzen.
	12. Kooperativ- und kompromißbereit: Vorschläge unterbreiten, nachgeben, Regeln einhalten, andere unterstützen.
	13. Selbstkontrolle: bei Wut sich mit einer anderen Beschäftigung ablenken, der Steigerung des Konfliktes aus dem Wege gehen, Aufforderungen nachkommen, unaufgefordert Verpflichtungen nachkommen.
	14. Einfühlen und Eindenken in das Gegenüber: anderen zuhören, die Meinung eines anderen akzeptieren, nach Ursachen für Konflikte fragen und nachfragen, wie der andere sich fühlt.

Besondere Beobachtungen und Anmerkungen:

Abbildung 4:
Beobachtungsbogen für aggressives Verhalten (BAV; Petermann & Petermann, 2001, S. 67).

Petermann, 2001). Er besteht aus 14 Kategorien, wobei die ersten zehn aggressives und die weiteren Kategorien sozial kompetentes Verhalten beschreiben (s. Abb. 4). Der *BAV* gestattet die Beurteilung der Aktivitäten des Kindes auf einer Abstufungsskala von „1" (tritt nie auf) bis „5" (tritt immer auf). Weitere Beobachtungsverfahren werden in Abschnitt 7 angeführt.

Die Beobachtungsdaten müssen nach bestimmten Kriterien zergliedert werden (Kötter & Nordmann, 1996). Eine *Kodierung* kann in *zeit-* (z.B. Anzahl der Blickkontakte innerhalb von zwei Minuten) oder *ereignisbezogenen Einheiten* (z.B. Auftreten von Panikattacken zwischen zwei Therapiesitzungen) erfolgen. Eine ereignisbezogene Kodierung bietet sich beispielsweise bei eher selten auftretenden Verhaltensweisen an; die Kodierung zeitbezogener Einheiten erscheint beispielsweise bei komplexen Interaktionsprozessen sinnvoll. Es kann zwischen *mikro-* und *makroanalytischen Kodiereinheiten* und somit in der Gruppe der Kodierinstrumente zwischen mikro- und makroanalytischen Methoden unterschieden werden. Während mikroanalytische Verfahren das zu beobachtende Verhalten in sehr kleine Sequenzen zergliedern, stellen makroanalytische Verfahren eher globale Einschätzungsverfahren dar, mit deren Hilfe größere Beobachtungseinheiten kodiert werden können. Mikroanalytische Verfahren werden beispielsweise in der Säuglingsforschung zur Untersuchung der Interaktionen zwischen Vater/Mutter und dem Säugling auf nonverbaler Kommunikationsebene eingesetzt.

Grundsätzlich können für *Beobachtungen im Labor* folgende Kodierverfahren unterschieden werden (Kötter & Nordmann, 1996):

- **mikroanalytische Kategoriensysteme:** Das gesamte Verhaltensrepertoire soll kodiert werden; unterschiedliche Strategien liegen vor, so zum Beispiel kontinuierliches Kodieren oder aber Kodieren innerhalb ausgesuchter Zeiteinheiten.

- **Zeichensysteme:** Aus der gesamten Interaktion wird nur die Auftretenshäufigkeit bestimmter Verhaltensaspekte protokolliert.
- **makroanalytische Einschätzskalen:** Diese Verfahren (s.o.) sind für den klinischen Alltag besser geeignet.

Neben der Verhaltensbeobachtung stellt die *Selbstbeobachtung* einen weiteren diagnostischen Zugang dar. Im Unterschied zum Selbsturteil, das Kinder und Jugendliche in Fragebogenverfahren abgeben, registrieren sie bei der Selbstbeobachtung ihr Verhalten unmittelbar in der Situation, in der das Verhalten auftritt. Der Einsatz von Selbstbeobachtungsverfahren (aber auch von Selbstbeurteilungsverfahren; s. Abschnitt 3.3) ist besonders geeignet, wenn Merkmale erfaßt werden sollen, die nur schwer oder gar nicht einer Fremdbeobachtung oder -beurteilung zugänglich sind (z.B. Emotionen, Kognitionen).

Ein Beispiel für ein Selbstbeobachtungsverfahren stellt der von Petermann und Petermann (2001) entwickelte *Detektivbogen* dar, auf dem das Kind täglich beurteilt, ob es ein bestimmtes Zielverhalten zeigen konnte (s. Abb. 5).

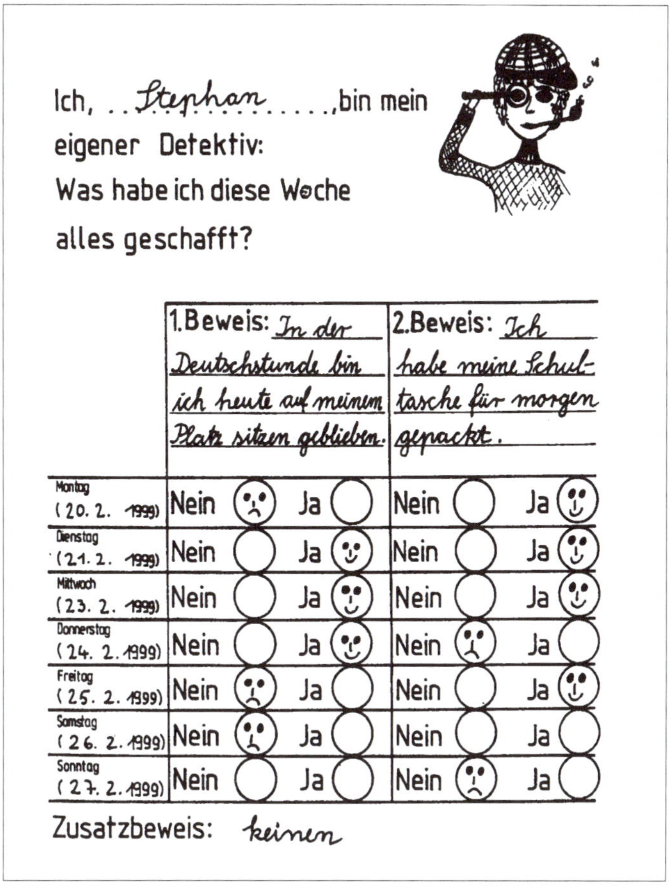
Ich, ..Stephan....., bin mein eigener Detektiv: Was habe ich diese Woche alles geschafft?

	1. Beweis: In der Deutschstunde bin ich heute auf meinem Platz sitzen geblieben.		2. Beweis: Ich habe meine Schultasche für morgen gepackt.	
Montag (20. 2. 1999)	Nein ☹	Ja	Nein	Ja ☺
Dienstag (21. 2. 1999)	Nein	Ja ☺	Nein	Ja ☺
Mittwoch (23. 2. 1999)	Nein	Ja ☺	Nein	Ja ☺
Donnerstag (24. 2. 1999)	Nein	Ja ☺	Nein ☹	Ja
Freitag (25. 2. 1999)	Nein ☹	Ja	Nein	Ja ☺
Samstag (26. 2. 1999)	Nein ☹	Ja	Nein	Ja
Sonntag (27. 2. 1999)	Nein	Ja	Nein ☹	Ja

Zusatzbeweis: keinen

Abbildung 5:
Ausgefüllter Detektivbogen zur Selbstbeobachtung und Selbstkontrolle (aus Petermann & Petermann, 2001, S. 154).

Verfahren der Verhaltensbeobachtung und der Selbstbeobachtung sind oft eng mit Interventionen verknüpft (wie z.B. im *Eltern-Kind-Interaktions-Training in vivo,* bei der es sich um eine diagnostisch-therapeutische Methode der Früherkennung und -behandlung psychischer Störungen im Vorschulalter handelt; Kusch, 1993); sie stellen häufig sogar selbst schon eine Intervention dar. Diese Verfahren werden daher oft im Rahmen der *therapiebegleitenden Diagnostik* eingesetzt.

3.5 Projektive Verfahren

Projektive Verfahren basieren auf einem psychoanalytischen Interpretationsmodell und zeichnen sich dadurch aus, daß durch mehrdeutiges Testmaterial ein Zugang zu intrapsychischen Prozessen (z.B. Bedürfnisse, Motive, Verarbeitungsstile) gefunden werden soll. Man kann die projektiven Verfahren in *Formdeuteverfahren*, *verbal-thematische* und *Gestaltungsverfahren* einteilen. Folgende Verfahren werden im Kindes- und Jugendalter am häufigsten durchgeführt:

- Der *Scenotest* (von Staabs, 1995; Ermert, 1994) ist ein Gestaltungsverfahren und wird vor allem bei jüngeren Kindern eingesetzt. Er besteht aus einem Testkasten mit Bausteinen und mehreren Figuren, die Kinder und Erwachsene, Tiere und andere Symbole sowie Gegenstände des täglichen Lebens darstellen. Das Kind wird aufgefordert, mit diesen Elementen eine Szene zu gestalten, die dann anschließend gedeutet wird.
- Beim Verfahren *Familie in Tieren* (Brem-Gräser, 1995) wird das Kind aufgefordert, seine eigene Familie, einschließlich sich selbst, als Tiere zu zeichnen. Das Kind wird üblicherweise anschließend zu diesen Tieren befragt. Die Interpretation erfolgt hinsichtlich formaler und inhaltlicher Merkmale und soll familiäre Beziehungsmuster offenlegen.
- Der *Thematische Apperzeptionstest* (*TAT*; Revers, 1979) und der *Thematische Gestaltungstest* (*TGT*; Revers & Allesch, 1985) finden vor allem bei älteren Kindern und Jugendlichen Anwendung. Der *TAT* ist das ältere Verfahren und besteht aus 30 Schwarzweißbildern und einer weißen Tafel, die sich je nach Alter und Geschlecht zu 20 Testtafeln zusammenstellen lassen. Das Kind oder der Jugendliche erhält die Aufgabe, zu jeder Tafel eine möglichst dramatische Geschichte zu erfinden.

Die drei genannten Verfahren werden von Rollett (1997), Petermann (1997) und Deegener (1997) kritisch gewürdigt. Insgesamt haben projektive Verfahren heutzutage einen geringeren Stellenwert, da sie nur begrenzt den Gütekriterien der modernen Diagnostik entsprechen; sie sollten daher nur mit größter Vorsicht eingesetzt werden. Als explorative Techniken können sie jedoch weiterhin wichtige Informationen über die Vorstellungswelt von Kindern und ihre Verarbeitungsstrategien liefern, vor allem, wenn sie mit Informationen aus anderen Quellen (Exploration der Eltern, Fragebogenverfahren) verknüpft werden und zur Hypothesenbildung beitragen.

3.6 Integration der Ergebnisse der multimodalen Verhaltens- und Psychodiagnostik

In der Regel stellt es ein recht aufwendiges Unterfangen dar, die Ergebnisse der multimodalen Verhaltens- und Psychodiagnostik zu integrieren, insbesondere bei Einschätzungen verschiedener Beurteiler (einschließlich der Verhaltensbeobachtung). Aus einem solchen Schritt können jedoch wichtige Hinweise auf notwendige therapeutische Interventionen gewonnen werden.

Abbildung 6 gibt eine Übersicht über die einzelnen Schritte bei der Integration der Ergebnisse. Sind zwischen den Beurteilern/Verfahren keine bedeutsamen Diskrepanzen erkennbar, so liegt eine situationsübergreifend stabile Symptomatik vor, die von den Beurteilern in vergleichbarer Weise wahrgenommen wird. Dies kann in der Regel als eine gute Voraussetzung für eine Intervention interpretiert werden. Häufig sind jedoch Diskrepanzen zwischen den Beurteilern festzustellen (s. Kasten 4). In diesem Fall sind die Ursachen für diese unterschiedlichen Einschätzungen, für mögliche Täuschungsversuche und für das situationsspezifische Auftreten des Problemverhaltens abzuklären.

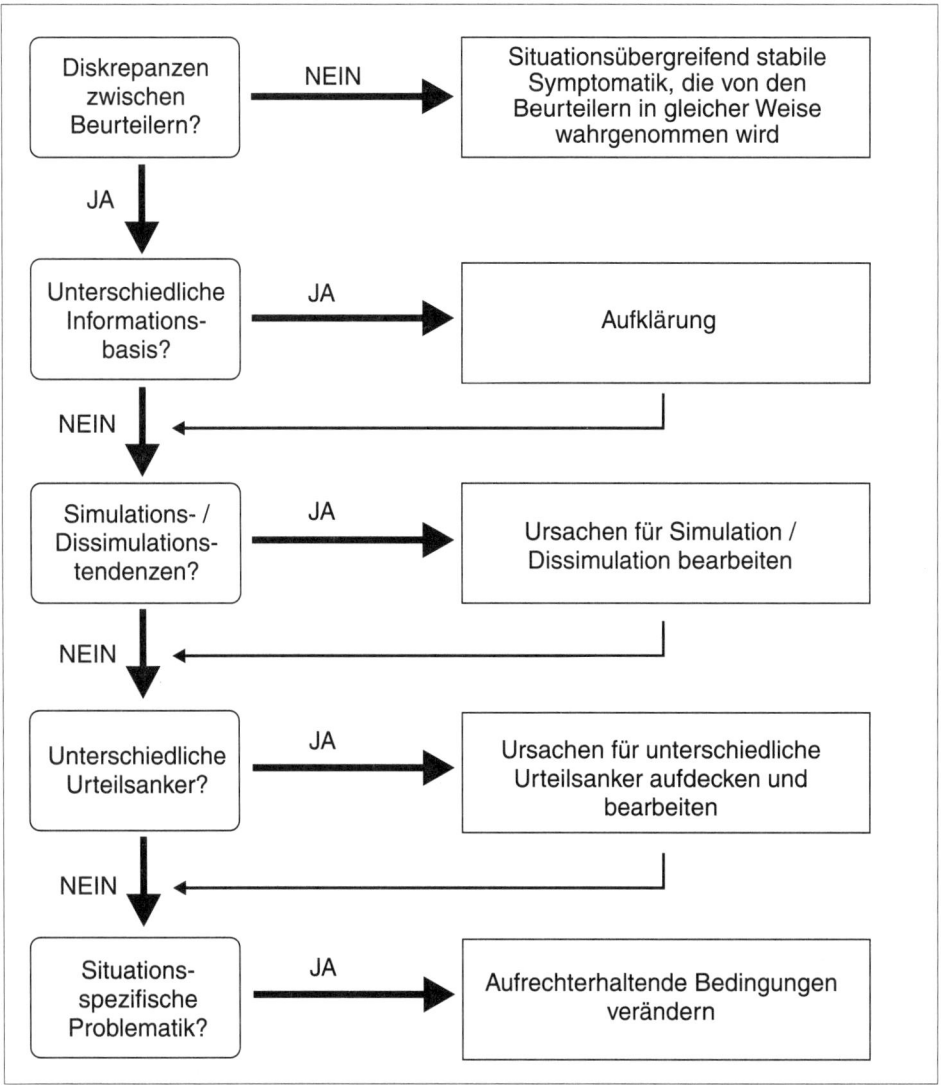

Abbildung 6:
Integration der Ergebnisse der multiplen Verhaltens- und Psychodiagnostik
(aus Döpfner & Lehmkuhl, 1997).

4 Entwicklungs-, Intelligenz- und Leistungsdiagnostik

Der Begriff der *Entwicklungsdiagnostik* wird meist auf das Kleinkind- und Vorschulalter angewandt und umfaßt die Diagnostik der kognitiven Fähigkeiten und spezifischer Leistungen (z.B. der Sprachentwicklung oder der Wahrnehmungsfähigkeit). Die *Intelligenzdiagnostik* erfaßt die kognitive Leistungsfähigkeit von Kindern. In der *Leistungsdiagnostik* werden umschriebene (meist schulische) Leistungen von Kindern und Jugendlichen erfaßt (z.B. Rechtschreibleistung); darüber hinaus kann man auch überprüfen, ob ein Kind in der Lage ist, seine Alltagsanforderungen zu bewältigen.

Eine zumindest orientierende *Entwicklungs-, Intelligenz-* und *Leistungsdiagnostik* ist bei Kindern und Jugendlichen mit psychischen Auffälligkeiten aus drei Gründen unverzichtbar, da

- psychische Auffälligkeiten auch einen Hinweis auf eine schulische Überforderung (in Einzelfällen auch Unterforderung) darstellen können; hierbei ist abzuklären, ob eine generelle Überforderung oder eine Überforderung in Teilbereichen aufgrund von umschriebenen Entwicklungsstörungen vorliegt,
- Auffälligkeiten in Folge von Lernstörungen im Schulalter auftreten, die wiederum eine Folge von Entwicklungsdefiziten sein können und
- die Verhaltensbeobachtung während der Leistungsdiagnostik Hinweise auf den Generalisierungsgrad von Verhaltensauffälligkeiten in Leistungssituationen liefert.

Zur allgemeinen orientierenden Entwicklungsdiagnostik im Säuglings-, Kleinkind- und Vorschulalter hat sich in jüngster Zeit der *ET 6-6* (Petermann & Stein, 2000) etabliert. Mit diesem Inventar kriteriumsorientierter Diagnostik mit Altersnormen kann bereits vor der Schulzeit eine Beschreibung kindlicher Fertigkeiten und Fähigkeiten vorgenommen werden. Dabei findet die Befragung der Eltern bei der Erfassung möglicher Entwicklungsdefizite besondere Berücksichtigung. Bei der testpsychologischen Abklärung von spezifischen kognitiven Defiziten hat sich die deutsche Bearbeitung der *K-ABC* als hilfreich erwiesen. Daneben sind aber auch häufig noch andere Verfahren, vor allem zur Diagnostik des expressiven Sprachniveaus, der visuellen Wahrnehmungsfähigkeit oder der motorischen Fähigkeiten des Kindes indiziert. Ausgewählte Verfahren sind Tabelle 4 zu entnehmen.

Mit Hilfe der Leistungsdiagnostik sollen zunächst *hirnorganische Beeinträchtigungen* ausgeschlossen oder der Anteil einer solchen Beeinträchtigung an der psychischen Störung eingeschätzt werden (Rist, 1994). Darüber hinaus können leistungsdiagnostische Untersuchungen als Entscheidungshilfe bei *Rehabilitationsmaßnahmen* herangezogen werden; so wird beispiels-

weise untersucht, ob nach Abklingen einer psychischen Störung noch kognitive Defizite vorliegen und auf welchen unbeeinträchtigten Leistungsbereichen rehabilitative Maßnahmen aufbauen können. Weiterhin stehen innerhalb rehabilitativer Fragen die Bewältigung sowie Einschränkungen in der Bewältigung alltäglicher Probleme im Zentrum der Betrachtung.

Die Leistungsdiagnostik bei Kindern und Jugendlichen mit *psychischen Störungen* versucht, eine quantitative Aussage über vorhandene *kognitive Leistungen oder Leistungsminderungen* zu geben. Vor dem Hintergrund alters-, geschlechts- und bildungsspezifischer Normen wird die individuelle Leistung des Kindes/Jugendlichen danach beurteilt, ob sie noch im Rahmen normaler Fluktuationen liegt und ob sich einzelne Leistungsbereiche bedeutend voneinander unterscheiden. Im Therapieverlauf unterstützt die Leistungsdiagnostik die Überprüfung von Leistungsverbesserungen.

Hinweise auf Auffälligkeiten im Leistungsbereich ergeben sich aus der Exploration der Eltern und des Kindes/Jugendlichen (s. Abschnitt 2). Bei Schulkindern gibt die Einschätzung der schulischen Leistungen im *Lehrerfragebogen über das Verhalten von Kindern und Jugendlichen* (*TRF*; Arbeitsgruppe Deutsche Child Behavior Checklist, 1993a) einen guten Überblick über die schulische Leistungsfähigkeit des Kindes. Generell sollte zumindest ein orientierender Intelligenztest durchgeführt werden, der die weitgehend *sprach-* und *bildungsunabhängige* intellektuelle Leistungsfähigkeit des Kindes überprüft (z.B. *CPM, CFT1* oder *CFT 20*; s. Tab. 4). Bei Kindern mit schulischen Leistungsproblemen sollte ein differenzierter Intelligenztest, wie *der Hamburg Wechsler Intelligenztest für Kinder* (*HAWIK-R*) oder *die Kaufman Assessment Battery for Children* (*K-ABC*) sowie klassenspezifische Schulleistungstests (Lese-, Rechtschreib-, Rechentest; s. Esser & Wyschkon in diesem Buch) durchgeführt werden. Im engeren Sinne neuropsychologische Testbatterien, wie die *Tübinger Luria-Christensen Neuropsychologische Untersuchungsreihe für Kinder* (*TÜKI*), können ebenfalls eingesetzt werden. Die Beobachtung des Testverhaltens kann Hinweise auf psychische Auffälligkeiten in einer Leistungssituation geben. Hinweise auf weitere Verfahren geben Döpfner und Schmidt (1993).

Beim Einsatz von Verfahren zur Intelligenz- bzw. Leistungsdiagnostik sind eine Reihe von Faktoren zu berücksichtigen (vgl. Halperin & McKay, 1998; Rist, 1994; Wurst, Huder & Zadra, 1997a; b):

- Bei Patienten mit *psychischen Störungen* muß sichergestellt werden, daß sie verstehen, was geprüft werden soll;
- bei Patienten mit einer durch die psychische Störung bedingten *Leistungsschwäche* (z.B. Antriebslosigkeit infolge einer Depression) dürfen nicht zu langwierige Verfahren eingesetzt wer-

Tabelle 4:
Ausgewählte Verfahren zur Intelligenz-, Leistungs- und Entwicklungsdiagnostik im Kindesalter.

Testverfahren	Autoren*	Alters-bereich	Testaufbau	Ergänzende Informationen
Leistungs- und Entwicklungsdiagnostik:				
CPM Raven-Matrizen-Test Coloured Progressive Matrices	Schmidtke, Schaller & Becker (1980)	4 – 11	• Farbige, geometrische Figuren oder Muster, die mit Hilfe vorgegebener Alternativen zu ergänzen sind	• Sprachfreies Verfahren
CFT 1 Grundintelligenztest, Skala 1 (Culture Fair Intelligence Test – Scale 1)	Weiss & Osterland (1980)	5 – 9	• 2 Paralleltestformen (identische Items, geänderte Reihenfolge) • 5 Unterstests in zeichnerischer Darstellungsform	• Sprachfreies Verfahren
CFT 20 Grundintelligenztest, Skala 2	Weiss (1987)	8 – 18 Erwachsene	• 2 Paralleltestformen (identische Items, geänderte Reihenfolge und Lösungsposition) • 2 Testteile mit je 4 Subtests • ergänzend Wortschatz- und Zahlenfolgetest	• Ermittlung der Leistungsfähigkeit unabhängig von soziokulturellen Einflüssen • Sprachfreies und kulurunabhängiges Testmaterial
HAWIK-R Hamburg-Wechsler-Intelligenztest für Kinder – Revision 1983	Tewes (1983)	6 – 15	• Ermittlung eines allgemeinen Intelligenzfaktors • Verbal- und Handlungsteil, insgesamt 11 Unterstests zur Ermittlung spezifischer Intelligenzfähigkeiten	• Version für das Vorschulalter (4 – 6 Jahre, HAWIVA; Eggert, 1975)
K-ABC Kaufmann-Assessment-Battery for Children	Melchers & Preuss (1994)	2 – 12	• 16 Unterstests, von denen in der Einzeluntersuchung max. 13 durchgeführt werden • 2 Skalen (Fertigkeitsskala und Skala intellektueller Fähigkeiten)	• Skalen mit unterschiedlichen Altersanforderungen • Sprachfreie Skala (für Kinder im Alter von 4–12)

* Autoren der jeweiligen deutschen Version

den; unter Umständen muß ein längerer Zeitraum für die Durchführung angesetzt werden als bei „normalen" Personen;
• eine mögliche *Medikation* (z.B. bei psychischen Störungen aber auch bei körperlichen Erkrankungen) kann Auswirkungen auf die Aufmerksamkeit und Konzentration des Patienten haben;
• zwar erweisen sich die Ergebnisse aus Intelligenztests als relativ stabil, der *Grad der Stabilität* nimmt allerdings mit steigendem Alter zu, so daß Messungen in der frühen Kindheit für die Vorhersage einer späteren Leistungsfähigkeit weniger aussagekräftig sind als zu späteren Entwicklungsperioden;
• sollen *Leistungsverbesserungen* überprüft werden, so ist bei der Verwendung desselben Test-

verfahrens auf mögliche *Lerneffekte* zu achten. Unterschiedliche Verfahren können jedoch zu unterschiedlichen Ergebnissen kommen, so daß sich die Verwendung desselben Verfahrens mit genügend großem Abstand (ca. 12 Monate) empfiehlt. Eine weitere Möglichkeit besteht in der Verwendung verschiedener Verfahren, die aufgrund ihrer weitgehenden *Parallelität* für Verlaufsuntersuchungen geeignet sind (vgl. Heubrock & Petermann, 1996);
• Stichprobenmittelwerte unterliegen einem mehr oder weniger stark einzuschätzenden *Verfall*, so daß dem ausgewählten Intelligenz-Testverfahren aktuelle Normierungen zugrunde liegen sollten, da mit *Normverschiebungen* über die Zeit zu rechnen ist.

Fortsetzung Tabelle 4:

Testverfahren	Autoren*	Alters-bereich	Testaufbau	Ergänzende Informationen
Leistungs- und Entwicklungsdiagnostik:				
TÜKI Tübinger Luria-Christensen Neuropsychologische Untersuchungsreihe für Kinder	Deegener et al. (1993)	5 – 16	• 9 Untertestbereiche zu Motorik, Wahrnehmung, mnestische und Denkprozesse, Sprache etc.	• Breitgefächerter neuropsychologischer Untersuchungsbereich
ET 6-6 Entwicklungstest für Kinder im Alter von sechs Monaten bis sechs Jahre	Petermann & Stein (2000)	6 Monate – 6 Jahre	• 13 Entwicklungsdimensionen (Körpermotorik, Handmotorik, kognitive Entwicklung, Sprachentwicklung, soziale Entwicklung, emotionale Entwicklung)	• Breitgefächerter Untersuchungsbereich
HSET Heidelberger Sprachentwicklungstest	Grimm & Schöler (1991)	3 – 9	• 6 Bereiche mit insgesamt 13 Subtests zur Ermittlung des Entwicklungsstandes sprachlicher Fähigkeiten	• Bewertung der Antworten gemäß Entwicklungsabfolge in Stufen (von 0 bis 2)
FEW Frostigs Entwicklungstest der visuellen Wahrnehmung	Lockowandt (1996)	4 – 8	• 5 Untertests zu unterschiedlichen visuellen Wahrnehmungsbereichen	• Bewertung der Antworten gemäß Entwicklungsabfolge in Stufen (von 0 bis 2)
KTK Körperkoordinationstest für Kinder	Kiphard & Schilling (1974)	5 – 13 ältere, behinderte Kinder	• 4 Aufgaben zur Überprüfung der Gesamtkörperbeherrschung	
MOT 4-6 Motoriktest für vier- bis sechsjährige Kinder	Zimmer & Volkamer (1985)	4 – 6, bei Entwicklungsrückstand darüber hinaus	• 18 Aufgaben zur Grob- und Feinmotorik, Koordinations- und Reaktionsfähigkeit etc.	

* Autoren der jeweiligen deutschen Version

5 Neuropsychologische Diagnostik

Die *neuropsychologische Diagnostik* im Kindesalter hat neben dem Nachweis von Hirnschädigungen auch zur Aufgabe, mit Hilfe entsprechender Verfahren das kognitive Funktionsniveau des Kindes/Jugendlichen zu ermitteln. Bei der neuropsychologischen Leistungsdiagnostik werden spezifische Unterbereiche erfaßt, wie zum Beispiel die Problemlösefertigkeiten oder die Abstraktionsfähigkeit; die Ergebnisse werden als Indikator des Zustandes spezifischer Hirn- und kognitiver Funktionen bewertet (vgl. Heubrock & Petermann, 2000; Wittling, Schweiger & Roschmann, 1999).

Die *neuropsychologische Diagnostik* wird insbesondere bei Kindern mit vermuteten Entwicklungs- und Lernstörungen durchgeführt (Halperin & McKay, 1998). Entwicklungsstörungen verzögern oder verändern die Entstehung einer altersentsprechenden Leistungsfähigkeit; sie führen somit nicht zum Verlust erworbener Funktionen, sondern bewirken, daß sich kognitive und soziale Fähigkeiten vor Abschluß ihrer normalen Entwicklung in altersuntypischer Weise ausprägen. Umschriebene Entwicklungsstörungen (s. Esser & Wyschkon in diesem Buch) beschreiben Minderleistungen in einzelnen, abgrenzbaren Funktionsbereichen bei sonst unbeeinträchtigter Intelligenz und kognitiver Leistungsfähigkeit in den Bereichen, die nicht von der Entwicklungsstörung betroffen sind. Hierzu zählen beispielsweise intellektuelle Funktionen (problemlösendes Denken), mnestische Funktionen (Gedächtnis, Lernfähigkeit), motorische Funktionen, sensorische Funktionen, gnostische Funktionen (Fähigkeit zur Sinnentnahme aus Wahrnehmungsinhalten) oder sprachliche Funktionen. Tiefgreifende Entwicklungsstörungen (s. Kusch & Petermann in diesem Buch) hingegen beinhalten eine schwerwiegende, in der frühen Kindheit einsetzende Abweichung von einer normentsprechenden sozial-kognitiven Entwicklung (Heubrock & Petermann, 1996; 1998).

Die *Leistungsdiagnostik im Rahmen neuropsychologischer Untersuchungen* umfaßt drei grobe Bereiche (Heubrock & Petermann, 2000):

- **Aufmerksamkeit:** mit den Aspekten Aufmerksamkeitskontrolle, kognitive Verarbeitungsgeschwindigkeit, selektive, geteilte und Daueraufmerksamkeit;
- **Gedächtnis:** mit den Aspekten Informationsaufnahme, Behalten neuer Informationen und Abruf neuer sowie alter Gedächtnisinhalte;
- **Denken:** mit den Aspekten induktives und divergentes Denken, Planen und Problemlösen.

Ein Teil dieser Komponenten kann dabei nicht unabhängig voneinander getestet werden; eine Bewertung der einzelnen Leistungsaspekte ist nur aus dem Ergebnismuster verschiedener Tests möglich.

Da im Kindesalter Entwicklungsaspekte eine herausragende Funktion einnehmen, spielen in der neuropsychologischen Diagnostik von Kindern vor allem jene psychometrischen Verfahren eine Rolle, die einen Vergleich zwischen den vom untersuchten Kind erbrachten Teilleistungen mit altersbezogenen Normwerten erlauben *(interindividueller Vergleich)*. Darüber hinaus müssen die diagnostischen Verfahren innerhalb des Leistungsprofils des Kindes signifikant abweichende Testwerte aufzeigen können *(intraindividueller Vergleich)*. Die psychometrische Entwicklungsdiagnostik versucht somit, mit Hilfe standardisierter Aufgaben die Verhaltensweisen des Kindes zu erfassen, zu kategorisieren und innerhalb eines relevanten Bezugssystems (z.B. Normwerte altersgleicher Kinder) zu vergleichen (Heubrock & Petermann, 1996). Nach Heubrock und Petermann (2000) umfaßt die neuropsychologische Diagnostik in der Klinischen Kinderneuropsychologie verschiedene Untersuchungsschritte, die letztlich zur Syndromanalyse, Identifikation unbeeinträchtigter Leistungsbereiche, neuropsychologischen Diagnose und damit zur Therapieempfehlung führen (s. Kasten 5). Zu den angeführten Schritten können ergänzend weitere Untersuchungsschritte, beispielsweise zur Differentialdiagnose, nötig sein. Spezifische Verfahren für die einzelnen diagnostischen Aspekte können Heubrock und Petermann (2000) entnommen werden.

Kasten 5:
Untersuchungsschritte der neuropsychologischen Diagnostik innerhalb der Klinischen Kinderneuropsychologie (nach Heubrock, 1999).

Studium vorliegender Befundunterlagen und anderer Informationen:

- Arztbriefe, Befundberichte, Akten und Unterlagen zu bisherigen medizinischen Untersuchungen etc.;
- Entwicklungsberichte aus Kindergärten, Heimen etc.;
- Untersuchungsheft für Kinder, ggf. auch Mutterpaß;
- Schulzeugnisse;
- Psychologische Gutachten (z.B. Befunde nach schul- und erziehungspsychologischen Beratungen);
- Schwerbehinderten-Ausweis.

Neuropsychologische Anamnese:

- Schwangerschaftsverlauf (z.B. Komplikationen, Medikamente, Substanzmißbrauch, Unfälle);
- Geburt (z.B. Komplikationen, Art und Verlauf der Geburt);
- Postnatale Entwicklung (z.B. Schlaf-Wach-Rhythmus, Ernährung, soziale und kommunikative Entwicklung);
- Kindergartenzeit (z.B. Spielverhalten, motorische Geschicklichkeit, Selbständigkeit);
- Schulzeit (z.B. Lern- und Leistungsverhalten, schulische Neigungen, Freizeitverhalten, Kontakt zu Mitschülern und Lehrern);
- Ausbildung (z.B. Verlauf und Ergebnisse der Ausbildung, Entscheidung zur Berufswahl, Gründe für mögliche Schwierigkeiten bzw. Beendigung).

Allgemeine neuropsychologische Exploration:

- Frühere und gegenwärtige Beeinträchtigungen;
- (erfolgreicher und mißlungener) Umgang mit den Beschwerden und Beeinträchtigungen;
- Ziele der Diagnostik/Therapie/Rehabilitation.

Orientierende Untersuchung wichtiger Basisfunktionen:

- Orientierung zu Person, Situation, Zeit und Ort;
- Kulturtechniken (Lese-, Schreib- und Rechenproben unter verschiedenen Bedingungen);
- Rechts-Links-Differenzierung;
- Basale Wahrnehmungsleistungen (visuell, akustisch, olfaktorisch, haptisch);
- Praxie;
- Handpräferenz.

Psychometrische Untersuchung:

- Handdominanz;
- Allgemeine intellektuelle Leistungsfähigkeit;
- Individuelles Leistungsprofil;
- Sprachbezogene Funktionen;
- Psychomotorische Funktionen;
- Mnestische Funktionen;
- Aufmerksamkeit und Konzentration;
- Exekutive Funktionen.

6 Diagnostik körperlicher Bedingungen

Die körperliche Untersuchung und eine weitere apparative Diagnostik stellen bei entsprechenden anamnestischen Hinweisen einen wichtigen Beitrag zur Diagnosestellung und Therapieplanung dar. Die Bedeutung somatischer Befunde für die Bewertung psychischer Störungen wird unterschiedlich beurteilt; einige diagnostische Kategorien der ICD-10 und des DSM-IV verlangen ausdrücklich eine somatische Abklärung. So besteht beispielsweise das Charakteristikum der Somatoformen Störungen in der wiederholten Darbietung körperlicher Symptome, wobei die Patienten hartnäckig eine medizinische Untersuchung einfordern, auch wenn diese wiederholt belegten, daß die Symptome nicht körperlich begründbar sind. Es darf auch nicht übersehen werden, daß körperliche Erkrankungen, insbesondere wenn sie das zentrale Nervensystem betreffen, mit einem deutlich erhöhten Risiko für psychische Störungen einhergehen.

Es gibt mehrere Gründe, die für eine *körperliche Untersuchung* als Teil der Routinediagnostik sprechen (vgl. Bailey, 1995):

- Psychische Störungen können *somatische Ursprünge* haben, wobei ein breites Spektrum verschiedener ätiologischer Mechanismen beachtet werden muß. Hierzu gehören Medikamente- und Drogeneffekte, Infektionen – insbesondere des zentralen Nervensystems wie zum Beispiel Meningitis, Enzephalitis – Schädel-Hirn-Verletzungen, perinatale cerebrale Schädigungen, endokrinologische Störungen, genetische Defekte oder auch der Einfluß toxischer Substanzen wie zum Beispiel Blei.

- Psychische Störungen können *somatische Auswirkungen* haben oder im Zusammenhang mit somatischen Symptomen auftreten (z.B. bei einer Pubertätsmagersucht oder einer Bulimie; s. Fichter & Warschburger in diesem Buch).

In den Leitlinien zur Diagnostik und Therapie kinder- und jugendpsychiatrischer Störungen ist deshalb die körperliche Untersuchung für viele Diagnosen als notwendig eingestuft worden, während eine apparative Diagnostik meistens erst dann nötig ist, wenn bestimmte Hinweise auf körperliche Komplikationen vorliegen. Bei der Beurteilung möglicher körperlicher Befunde muß abgewogen werden, bei welchen Syndromen gehäuft pathologische Ergebnisse zu erwarten sind. Bailey (1995) sieht routinemäßige Untersuchungen bei Patienten mit emotionalen, aggressiven und dissozialen Störungen als wenig ergiebig an, während es bei psychotischen Störungen, Somatisierungsstörungen, dissoziativen Störungen, Anorexia nervosa und Bulimia nervosa, Autismus, Entwicklungsstörungen sowie bei Lern- und geistigen Behinderungen entsprechender Bemühungen bedarf, um eine somatische Ätiologie beziehungsweise Mitbeteiligung zu prüfen.

Die hierarchische *Reihenfolge der einzelnen Untersuchungsschritte* sollte sich hierbei am folgenden Schema orientieren:

- Erhebung der Krankengeschichte, der körperlichen Entwicklung des Auftretens früherer körperlicher Erkrankungen und familiärer Belastungen; zudem müssen Angaben zu bisherigen körperlichen Untersuchungen erfragt werden. Ebenso sind Schwangerschafts- und Geburtsrisiken und Auffälligkeiten aus dem Heft der Vorsorgeuntersuchungen unbedingt zu beachten.

- Bei der körperlichen Untersuchung ist es zunächst bedeutsam, das äußere Erscheinungsbild des Kindes zu beachten und dann spezifische Funktionsbereiche wie Motorik, sensorische Funktionen (Sehen, Hören, Reflexstatus) und die Feinmotorik zu überprüfen. Größe, Gewicht und Kopfumfang sollten gemessen und mit den entsprechenden Normwerten verglichen werden. Die Beurteilung der Reifeentwicklung spielt bei einer Vielzahl von Störungsbildern (wie z.B. Anorexia nervosa) eine wichtige Rolle.

- Bei einer Vielzahl von Entwicklungsverzögerungen des Sehens und Hörens sind Untersuchungen der Fein- und Grobmotorik mit standardisierten Verfahren sowie Funktionsprüfungen erforderlich (z.B. bei der Autistischen Störung).

- Eine weitergehende apparative Diagnostik ergibt sich vor allem dann, wenn bei den genannten Untersuchungen Hinweise auf Auffälligkeiten festgestellt wurden. Auf der Basis dieser Befunde sollten dann gezielte Untersuchungen durchgeführt werden. Die Indikationsstellung ergibt sich einerseits aus der Vorgeschichte und den erhobenen Vorbefunden sowie dem diagnostischen Stellenwert der jeweiligen angewandten Methode (z.B. *EEG*). Die *Elektroenzephalographie (EEG)* ist für die funktionelle Diagnostik bei psychischen Erkrankungen ein nicht-invasives Verfahren (Rothenberger, 1987). Ableitungen der Hirnströme während des Schlafes, insbesondere wenn die Atmung, Herzfrequenz, Muskelaktivität sowie Augenbewegungen erfaßt werden, erweitern die Beurteilung von Schlafstörungen. Als bildgebende Verfahren des Gehirns können die *Computertomographie (CT)*, die *Magnet-Resonanztomographie (MRT)*, die *Single-Photon-Emissions-Computertomographie (SPECT)* und die *Positronen-Emissions-Tomographie (PET)* angeführt werden, die biochemische Vorgänge auf molekularer Ebene abbilden (Weissert & Bekier, 1991).

- Laboruntersuchungen umfassen ein breites Spektrum von Parametern, die im Blut, Urin und Liquor (Rückenmarksflüssigkeit) bestimmt werden. Bedeutsam sind insbesondere das Drogenscreening im Blut und Urin sowie Plasmaspiegel von Psychopharmaka. Der Labordiagnostik kommt sowohl eine Bedeutung für die organische Ausschlußdiagnostik als auch für die Therapieüberwachung bei psychopharmakologischen Behandlungen zu.

Das wichtigste Ziel bei der körperlichen Untersuchung von Kindern und Jugendlichen mit psychischen Störungen besteht darin, eine akute körperliche Erkrankung auszuschließen, die möglicherweise das Krankheitsbild bedingt und aufrechterhält. Wiederholte medizinische Diagnoseprozeduren können jedoch auch eine Fixie-rung hervorrufen und damit eine weitere psychologische Behandlung erschweren. So ist im Einzelfall abzuwägen, ob die bereits erhobenen Befunde den Verdacht einer organischen Ursache hinreichend ausschließen. Im Kindes- und Jugendalter genügt es bei körperlichen Beschwerden (z.B. Kopfschmerzen oder Erbrechen) nicht, diese psychodynamisch oder durch eine Verhaltensanalyse erklären zu wollen, da solche Befunde einer umfassenden Einordnung bedürfen. Um diagnostische Fehleinschätzungen zu vermeiden, sollten sich daher somatische und psychologische Diagnoseschritte ergänzen und aufeinander abgestimmt erfolgen (Lehmkuhl & Kohlmeyer, 1987). Eine Kooperation zwischen dem psychologischen Therapeuten/Kinderpsychotherapeuten und einem Arzt sollte daher eine Selbstverständlichkeit sein.

7 Familiendiagnostik

Die meisten psychischen Störungen äußern sich in der Gestaltung sozialer Beziehungen. Aus diesem Grund kann man aus der Analyse der Gleichaltrigen- und familiären Beziehungen oder des Verhaltens in der Gruppe wichtige Informationen ableiten; in der Klinischen Kinderpsychologie nehmen dabei insbesondere familiendiagnostische Strategien einen großen Stellenwert ein.

Grundlage der *Familiendiagnostik* ist die allgemeine Exploration der Eltern und des Kindes/Jugendlichen. In der allgemeinen Anamnese und Exploration wird jedoch nicht immer genügend Zeit sein, familien- und umfelddiagnostische Fragen zu berücksichtigen, so daß eine spezielle Sitzung nötig erscheint. Die Exploration mit der gesamten Familie kann besonders aufschlußreich sein, weil familiäre Interaktionen direkt beobachtbar sind. Das diagnostische Erstgespräch nimmt dabei eine wichtige Funktion ein, beeinflußt es doch wesentlich die Motivation der Eltern, einer Familienberatung zuzustimmen und den weiteren Therapieverlauf aktiv mitzugestalten (Sanders & Dadds, 1993). Mögliche Leitlinien zur Durchführung des Erstgesprächs, zur Gestaltung der Gesprächssituation und zum Umgang mit problematischen Situationen in der Befragung des Kindes (z.B. bei Verweigerungen) führen Sanders und Dadds (1993) an.

Nach einem eingehenden Erstgespräch werden erste Annahmen hinsichtlich der möglichen Ursachen der Problematik gebildet, die es im weiteren diagnostischen Prozeß zu überprüfen gilt. Der weitere *familiendiagnostische Prozeß* besteht aus

- dem Sammeln von Informationen von Quellen/ Institutionen, die bereits Kontakt zu dem Kind und der Familie hatten (z.B. Hausarzt, Schule),
- der Durchführung ausgewählter *Selbstbeurteilungsfragebögen* und Checklisten,
- dem möglichen Einsatz von *Selbstbeobachtungsverfahren*,
- der *direkten Beobachtung* der familiären und Eltern-Kind-Interaktionen und
- der Befunddarstellung gegenüber den Eltern und dem Erstellen eines Behandlungsplans.

Eine detaillierte Familiendiagnostik zielt darauf ab, die Qualität der *familiären Beziehungen* und *Interaktionen* zu ermitteln (Sanders & Dadds, 1993; vgl. Cierpka, 1996b), so etwa

- die Qualität der Beziehung zwischen den Eltern,
- der Eltern-Kind-Interaktion sowie
- der Beziehungen des Kindes zu seinen Geschwistern und zu wichtigen Personen innerhalb der Familie (z.B. zu den Großeltern),
- die elterlichen Erwartungen an das Kind sowie familiäre Regeln und
- die Beteiligung des Kindes an Entscheidungen hinsichtlich seiner Belange (z.B. Kauf von Kleidung) und an familiären Entscheidungen (z.B. hinsichtlich des Urlaubsziels).

Eine gründliche, multimodale Familiendiagnostik (vgl. Abschnitt 3.1) ist insbesondere dann nötig, wenn eine *familienbezogene Intervention* angezeigt ist. Dies ist beispielsweise der Fall, wenn es im diagnostischen Erstgespräch bedeutende Hinweise darauf gibt, daß wesentliche, soziale Lernmechanismen innerhalb der

Familie für die Entwicklung und Aufrechterhaltung der psychischen Probleme des Kindes verantwortlich sein könnten beziehungsweise komplexe Wechselwirkungen vorliegen. So ist beispielsweise denkbar, daß die gesamten familiären Beziehungen und das gesamte Familienleben durch die psychischen Probleme eines Familienmitglieds gestört oder, daß die individuellen Verhaltensweisen durch die familiären Interaktionsmuster beeinflußt werden. Neben der *Problem- und Motivationslage der Familie* sollen auch *die familiären Ressourcen* erfaßt werden, die den weiteren Therapieverlauf positiv beeinflussen könnten.

Eine Vielzahl unterschiedlicher familiendiagnostischer Verfahren und Techniken kann angeführt werden (vgl. Cierpka, 1996a), wobei zwischen *subjektiven Selbsteinschätzungen* (zumeist Fragebogenverfahren) sowie *Beobachtungsverfahren* (direkte Beobachtung der familiären Interaktionen durch den Kliniker) zu unterscheiden ist. Der Einsatz dieser strukturierten Verfahren ist von der *unstrukturierten, unsystematischen Beobachtung* der Familie während der gesamten Exploration zu unterscheiden, die beispielsweise erste Hinweise auf Faktoren gibt, die dem Problemverhalten vorausgehen oder mit ihm einhergehen sowie auf Umgebungsfaktoren, die das Problemverhalten beeinflussen (z.B. bestimmte räumliche Bedingungen, familiäre Tagesabläufe).

Die von Cierpka und Frevert (1994) publizierten *Familienbögen* dienen der Erfassung von Stärken und Problemen in Familien. Aus der subjektiven Sicht der Familienmitglieder wird die Familie als Ganzes, einzelne Zweierbeziehungen und die eigene Stellung in der Familie erfaßt. Dementsprechend bestehen die Familienbögen aus drei Modulen:

- dem *Allgemeinen Familienbogen*, mit dessen Hilfe die Familie als *System* fokussiert wird,
- dem *Zweierbeziehungsbogen*, der die Beziehungen zwischen bestimmten *Dyaden* untersucht und
- dem *Selbstbeurteilungsbogen*, in dem nach der Funktion des *einzelnen Familienmitgliedes* in der Familie gefragt wird.

In jedem der drei Bögen werden sieben Skalen gebildet, die Aufgabenerfüllung, Rollenverhalten, Kommunikation, Emotionalität, affektive Beziehungsaufnahme, Kontrolle sowie Werte und Normen beschreiben. Mit dem Familienbogen lassen sich vor allem die Elterneinschätzungen erfassen; sie können aber auch von Kindern ab dem Alter von zwölf Jahren beantwortet werden.

Der *Erziehungsstil der Eltern* kann durch Beobachtung oder mit Hilfe von Fragebögen ermittelt werden. Dabei besteht ein Zugang über eine Selbstbeurteilung der Eltern oder über die Beurteilung durch das Kind oder den Jugendlichen; es können generelle Erziehungseinstellungen oder -praktiken beurteilt werden. Die *Skala zur Messung eines entwicklungsförderlichen Erziehungs-*

verhaltens (*EFE-Skala*; Peterander, 1997) beispielsweise erfaßt Elternverhalten, das besonders *förderlich* für eine positive Entwicklung des Kindes ist (z.B. kognitive Kompetenzen der Eltern oder Qualität der emotionalen Eltern-Kind-Beziehung).

Das *Familiendiagnostische Testsystem* von Schneewind (1988) stellt ein Fragebogensystem dar, das zur Erfassung von innerfamiliären Beziehungen entwickelt wurde. Es ist so aufgebaut, daß durch separate Fragebögen jede Beziehungskonfiguration jeweils aus der Perspektive aller beteiligten Familienmitglieder erfragt werden kann. Vor allem die Fragebögen zur Erfassung der mütterlichen/väterlichen Erziehungspraktiken gegenüber dem Sohn oder der Tochter können nützliche Informationen liefern.

Das *Familien-Self-Monitoring-System* (*FASEM*; Perrez, Berger & Wilhelm, 1998) stellt ein Selbstbeobachtungsverfahren zur Erfassung des Erlebens und der Verarbeitung von Belastungen (chronische Belastungen, kritische Lebensereignisse und alltägliche Mikrostressoren) innerhalb der Familie dar. Familiärer Streß wird dabei als Störung des Gleichgewichts auf verschiedenen Personenebenen (individuelles Gleichgewicht der einzelnen Personen, Gleichgewicht zweier oder mehrerer Familienmitglieder sowie der gesamten Familie) betrachtet, so daß die Reaktionen auf diesen verschiedenen Ebenen von Bedeutung sind. Alle Familienmitglieder, die älter als 13 Jahre sind, sollen mit Hilfe dieses Verfahrens Selbstbeobachtungen zu elf Bereichen protokollieren (z.B. Stimmung, Emotion, Ursachenzuschreibung, Kontrollierbarkeit; insgesamt ca. 130 Fragen). Die Protokollierung erfolgt über sieben Tage zu den gemeinsam eingenommenen Mahlzeiten und zu vier weiteren Zeitpunkten des Tages, die durch ein akustisches Signal angezeigt werden. Die durchschnittliche Bearbeitungszeit beträgt dabei pro Aufzeichnung ca. 3 ½ Minuten. Erste Untersuchungen belegen zufriedenstellende bis sehr gute Ergebnisse hinsichtlich der Meßgütekriterien. Das klinische Urteil über *psychosoziale Belastungen* inner- und außerhalb der Familie läßt sich anhand der fünften Achse der ICD-10 erfassen (Poustka et al., 1994). Die fünfte Achse beschreibt in neun Bereichen mit insgesamt 39 Aussagen abnorme psychosoziale Umstände, unter denen Kinder und Jugendlichen leben und die die psychische Entwicklung von Kindern und Jugendlichen beeinflussen können (s. Kasten 2 bei Petermann, Döpfner, Lehmkuhl & Scheithauer in diesem Buch).

Der *Family-Relations-Test* (*Kinder-Version*; Bene & Anthony, 1957) stellt zwar schon ein relativ altes Verfahren dar, gibt jedoch häufig wertvolle Hinweise auf die Verteilung positiver und negativer Beziehungen der einzelnen Familienmitglieder untereinander aus der Perspektive des Kindes. Für dieses Verfahren liegt eine grobe deutsche Normierung und eine Übersetzung der Items vor (Flämig & Wörner, 1977a; b). In der klinischen Praxis hat sich der *Family-Relations-Test* gut bewährt, weil er ein ausgesprochen kindgemäßes Verfahren darstellt. Es liegt eine Fassung für jüngere Kinder (im Alter von fünf bis sechs Jahren) und für ältere Kinder vor. Vor allem die Fassung für ältere Kinder erweist sich für die klinische Praxis als sehr geeignet. Zur Erfassung der subjektiven Familienstruktur bei etwas älteren Kindern kann darüber hinaus das *Subjektive Familienbild* (SFB; Mattejat & Scholz, 1994) verwendet werden. Den Familienmitgliedern werden Adjektivpaare vorgegeben, anhand derer sie die Beziehungen innerhalb ihrer Familie beschreiben sollen. Mit Hilfe dieses Verfahrens kann untersucht werden, ob die Familienmitglieder ein hohes oder aber geringes Maß an emotionaler Verbundenheit sowie individueller Autonomie wahrnehmen.

Innerhalb der Familiendiagnostik werden neben unsystematischen Verhaltensbeobachtungen während der Exploration auch *Beobachtungsverfahren* (s. Abschnitt 3.4) eingesetzt. Diese sind von Bedeutung, um neben der subjektiven Einschätzung der Familienbeziehungen durch die Familienmitglieder selbst einen *objektiveren Zugang zum Interaktionsverhalten* zu gewinnen.

Für *jüngere Kinder* erweisen sich eher *unstrukturierte Beobachtungssituationen* als nützlich, in denen beispielsweise eine Spielsituation zwischen der Mutter und dem Kind und anschließend gemeinsam zu bewältigende Aufgaben vorgegeben werden. Forehand und McMahon (1981) beispielsweise entwickelten ein Verfahren zur Beobachtung der Mutter-Kind-Interaktion. Die Beobachtung findet in einem Spielzimmer statt, wobei zwei Spielsituationen hergestellt werden. In der ersten Situation soll sich die Mutter beim Spiel auf das Kind einstellen und sich vom Kind führen lassen. In der zweiten Situation soll die Mutter das Spiel strukturieren und bestimmen. Mit Hilfe einer Verhaltensbeobachtung hinter einem Einwegspiegel wird das Verhalten der Mutter und das des Kindes in 30-Sekunden-Intervallen beobachtet und anschließend anhand vorgegebener Kategorien kodiert.

Bei *älteren Kindern* bieten sich *strukturierte Situationen* an. Während Beobachtungen in der häuslichen Umgebung insbesondere Informationen zum familiären Alltag erbringen, sollten familiäre Interaktionen unter standardisierten Bedingungen erfaßt werden. Standardisierte Verfahren beinhalten beispielsweise *Problemlöse-, Entscheidungs-* oder *Konfliktlöseaufgaben*. Problemlöseaufgaben tragen dazu bei, die Problemlösefähigkeiten der Familienmitglieder in einer abstrakten Problemsituation zu erfassen. Entscheidungsaufgaben ermitteln, ob und wie eine Familie zu Entscheidungen gelangt; diese Situationen spiegeln gegenüber Problemlöseaufgaben oft Bedingungen wider, wie Familien unter Normalsituationen (im Alltag) agieren. Konfliktauslösende Verfahren konfrontieren die Familie mit einer Problemlage, die sie bewältigen sollen. Einzelne Verfahren können Kötter und Nordmann (1996) entnommen werden.

Beobachtungsverfahren werden auch zur Bewertung der *Interaktionen* und der *Kommunikation* zwischen den Eltern und dem Säugling eingesetzt. Die Kommunikations- und Beziehungsdiagnostik im Säuglings- und Kleinkindalter möchte Entwicklungsprozesse abbilden; sie versucht, angepaßte und fehlangepaßte Kommunikations- und Beziehungsmuster zu ermitteln, die sich im Sinne risikoerhöhender oder -mildernder Faktoren auf die Entwicklung psychischer Störungen in späteren Jahren auswirken können (Papoušek, 1996a). Frascarolo, Cornut-Zimmer und Fivaz-Depeursinge (1996) stellen beispielsweise das *Lausanner Spiel-zu-dritt* vor, ein halbstandardisiertes, videogestütztes Untersuchungs- und Auswertungsverfahren zur Analyse und diagnostischen Einschätzung der triadischen Mutter-Vater-Säuglings-Interaktionen. Dieses Verfahren kann insbesondere bei Familien mit nachgeburtlichen Anpassungsproblemen eingesetzt werden. Beurteilungsskalen zur klinischen Einschätzung der präverbalen Kommunikation zwischen den Eltern und dem Säugling führt beispielsweise Papoušek (1996b) an.

8 Verhaltensanalyse

Interventionen setzen nicht nur eine differenzierte Erfassung psychischer Auffälligkeiten voraus, sondern auch eine Analyse jener Bedingungen, die zur Entstehung und Aufrechterhaltung der Symptomatik beitragen. Diese Faktoren und Bedingungen des Problemverhaltens können mit Hilfe einer Verhaltensanalyse ermittelt werden (Haynes, 1998; Kanfer et al., 1996; Schulte, 1998).

Vor Therapiebeginn wird mit Hilfe der Verhaltensanalyse versucht, Teilprobleme zu isolieren. Schulte (1998) unterscheidet mehrere Schritte auf *verschiedenen diagnostischen* Ebenen:

- **Problemstrukturierung:** Der gegenwärtige Zustand sowie mögliche Ressourcen (z.B. bestimmte Kompetenzen) des Patienten werden ermittelt und eine Diagnose gestellt (*Zustandsanalyse*). Diese Informationen werden im Rahmen der ersten Stufen des diagnostischen Prozesses erhoben, wie er in Abbildung 1 dargestellt ist. In einem weiteren Schritt werden die Wünsche und Ziele, mit denen der Patient in die Therapie kommt und somit der zu verändernde Ist- und der zu erreichende Soll-Zustand festgelegt (*Zielanalyse*).

- **Bedingungsanalyse:** Es werden Bedingungen ermittelt, die den Ist-Zustand des Patienten auslösen oder aufrechterhalten, zum Beispiel Stressoren in der Umgebung, soziale Bedingungen oder kognitive Faktoren. Auch diese Informationen werden im Rahmen der ersten Stufen des diagnostischen Prozesses erhoben (s. Abb. 1).

- **Störungsanalyse:** Dieser Schritt bezieht sich auf das konkrete Problemverhalten des Patienten und umschreibt die Verhaltensanalyse im klassischen Sinne. Im Rahmen einer allgemeinen, *therapieschulenunabhängigen Störungsanalyse* wird zunächst abgeklärt, ob äußere Rahmenbedingungen oder körperliche Bedingungen für das Problemverhalten verantwortlich sein könnten. Darauf folgt eine *therapieschulenspezifische Störungsanalyse* der verursachenden und aufrechterhaltenden Faktoren

des Problemverhaltens (z.B. auf der Basis eines lerntheoretischen oder kognitiven Ansatzes).

- **Therapieplanung:** Es sollen mögliche Risiken für den Therapieverlauf berücksichtigt werden (*Motivations*- und *Beziehungsanalyse*); zudem wird therapiebegleitend überprüft, ob und in welchem Umfang positive Veränderungen eingetreten sind.

Für den Einzelfall sollen anhand der Verhaltensanalyse die nötigen und geeigneten Interventionen, einzelne Komponenten der Interventionen (z.B. Verstärkermaßnahmen, Time-Out-Verfahren) sowie die zu modifizierenden Problemverhaltensweisen ausgewählt werden.

Kanfer und Mitarbeiter (1996) unterscheiden zwei Ebenen der Verhaltensanalyse, nämlich die

- **kontextuelle Verhaltensanalyse** (Makro-Ebene) und die
- **situative Verhaltensanalyse** (Mikro-Ebene).

In der *kontextuellen Verhaltensanalyse* werden sowohl die persönlichen Pläne und Verhaltensregeln von Kindern und vor allem von Jugendlichen als auch die Systembedingungen analysiert, die das Verhalten des Kindes/Jugendlichen beeinflussen. Kanfer und Mitarbeiter (1996) gehen davon aus, daß einzelnen Verhaltensweisen übergeordnete kognitive Ziele und Pläne zugrunde liegen. Diese Ziele und Pläne sind mit indivi-

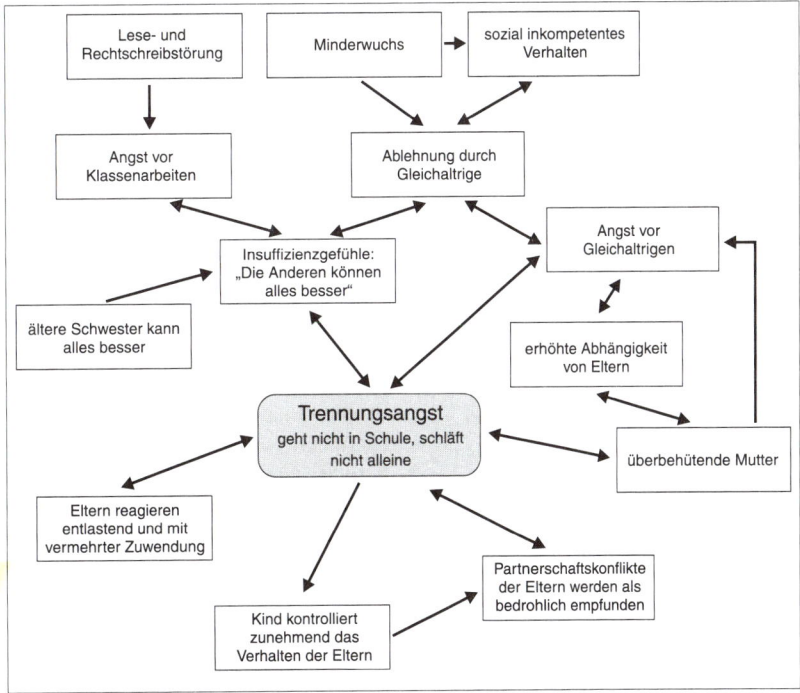

Abbildung 7:
Hypothetisches Störungsmodell als Ergebnis einer kontextuellen Verhaltensanalyse bei einem zehnjährigen Jungen mit Trennungsangst.

duellen Verhaltensregeln in spezifischen Situationen verknüpft; die Struktur jeder Handlung wird durch die übergeordneten kognitiven Ziele und Pläne beeinflußt. Da nach dynamischen Einflüssen und Wechselwirkungen hinsichtlich des Problemverhaltens gesucht wird, ist es erforderlich, die betroffene Person in ihrer netzwerkartigen Einbettung in ein Gefüge unterschiedlicher Faktoren sowie sozialer Beziehungen zu sehen. Mit Hilfe dieser Makro-Analyse soll ein Gesamteindruck von den relevanten Problem- und Lebensbereichen des Patienten gewonnen werden.

Die mit Hilfe der einzelnen diagnostischen Verfahren erhobenen Daten und Informationen werden in ein *hypothetisches Störungsmodell* des Patienten integriert (Haynes, 1998; Kanfer et al., 1996). Abbildung 7 gibt ein Beispiel für ein hypothetisches Störungsmodell als Ergebnis einer kontextuellen Verhaltensanalyse bei einem zehnjährigen Jungen mit Trennungsangst. Die Trennungsangst des Jungen war so stark, daß er nicht mehr die Schule besuchen konnte und jede Nacht im Bett der Eltern schlief. Die Pfeile in Abbildung 7 verdeutlichen die hypothetischen Wechselwirkungen zwischen den einzelnen Faktoren. Eine vergleichbare Herangehensweise stellen sogenannte Functional Analytic Causal Models (FACMs) oder Functional Analytic Clinical Case Models (FACCMs; vgl. Haynes, 1998; Haynes, Leisen & Blaine, 1997) dar, bei denen es sich um Modelle einer Verhaltensanalyse handelt, die mit Hilfe eines computergestützten Programms erstellt wurden.

In der *situativen Verhaltensanalyse,* die in Kasten 6 beispielhaft für den zehnjährigen Jungen mit Trennungsangst ausgeführt ist, werden auf *molekularer Ebene* die Bedingungen und Faktoren des Problemverhaltens in *konkreten Situationen* betrachtet, die unmittelbar zur Entstehung und

Kasten 6:
Beispiel einer situativen Verhaltensanalyse bei einem zehnjährigen Jungen mit Trennungsangst.

1. Beschreibung des Ist-Zustandes

Als repräsentatives Problem wird die Schulverweigerung ausgewählt

Subjektiv-kognitive Ebene (α):
- Angst, der Mutter könnte etwas passieren
- Angst, er selbst könnte krank werden

Physiologische Ebene (γ):
- Fühlt sich elend, hat Bauchschmerzen
- Herzklopfen

Verhaltensebene (β):
- Klagt über Beschwerden
- Bleibt im Bett liegen und weigert sich, aufzustehen

Intensität und Frequenz:
- Seit vier Wochen an jedem Schultag, montags besonders heftig

Oszillation:
- Symptome sind konstant vorhanden, nehmen eher zu. Vor vier Wochen traten die Angstsymptome ebenfalls schon auf, aber die Schule wurde noch unregelmäßig besucht

2. Horizontale Analyse des Problemverhaltens

- **S:** Wecker klingelt an einem Schultag, Mutter weckt das Kind auf
- **O:** Allgemeine Ängstlichkeit
  Minderwuchs
  Allgemeine Insuffizienzgefühle
- **R:** α Trennungsangst
  β Vermeidet Schulbesuch
  γ Bauchschmerzen, Herzklopfen
- **C:** Angst vermindert sich wieder (negative Verstäkung)
  Vermehrte Zuwendung der Eltern (positive Verstärkung)
- **K:** Negative Verstärkung durch Angstminderung erfolgt kontinuierlich
  Positive Verstärkung durch vermehrte Zuwendung der Eltern erfolgt Intermittierend (s. Kasten 7)

3. Analyse der Entstehung des Problemverhaltens

- Auslöser waren heftige Auseinandersetzungen zwischen den Eltern vor drei Monaten mit Drohung der Mutter, das Haus zu verlassen (klassische Konditionierung von Angst).

4. Analyse subjektiver Störungskonzepte

- **Junge:** Hat das Gefühl, die Angst nicht beeinflussen zu können; sieht keinen Zusammenhang zwischen der Symptomatik und anderen eigenen Problemen oder Familienproblemen; möchte am liebsten einen Hauslehrer haben.
- **Eltern:** Mutter ist sehr besorgt, daß der Junge nicht doch körperlich krank sei; erkennt eigene überbehütende Tendenz und Eheprobleme als Hintergrund für die Entwicklung der Symptomatik; glaubt, daß der Junge Entlastung brauche; Vater meint, der Junge solle sich nicht so anstellen.

5. Analyse des bisherigen Umgangs mit Problemen

- Bislang starke Entlastung und Zuwendung durch die Mutter. Eltern streiten sich über den richtigen Weg. Vater meint, die Mutter müsse strenger sein, hält sich aber zurück.

Aufrechterhaltung der Problematik beitragen (Kanfer et al., 1996):

- **Beschreibung des Ist-Zustandes (Deskription):** Einzelne, für das Problemverhalten repräsentative Verhaltensepisoden werden ausgewählt. Die Beschreibung des Problemverhaltens erfolgt auf allen Manifestationsebenen (auf der subjektiv-kognitiven [α], verhaltensmäßigen [β] und physiologischen [γ] Ebene).

- **Horizontale Analyse des Problemverhaltens:** Die dem Problemverhalten vorhergehenden und nachfolgenden Bedingungen werden analysiert. Die horizontale, situative Verhaltensanalyse wird im sogenannten *SORKC-Modell* dargestellt. Diese Verhaltensformel stellt die kleinste Analyseeinheit einer Verhaltensepisode dar. Im Kasten 7 sind die Komponenten dargestellt, die während sowie unmittelbar vor und nach dem Problemverhalten auftreten und dessen Auftretenswahrscheinlichkeit beeinflussen oder bedingen; Punkt 2 im Kasten 6 gibt ein Beispiel für die einzelnen Aspekte des SORKC-Modells.

- **Analyse der Entstehung des Problemverhaltens:** Mit Hilfe einer Analyse, die biologische, soziale und verhaltensmäßige Veränderungen berücksichtigt, soll die Entstehung des Problemverhaltens über die Zeit betrachtet werden, sofern sie für die derzeitige Situation und deren Veränderung noch relevant ist.

- **Analyse subjektiver Störungskonzepte:** Die subjektiven Vorstellungen des Patienten und seiner Familie über die Entstehung seiner Probleme sind von Bedeutung. Anhand der subjektiven Störungskonzepte kann man erkennen, warum ein Patient und/oder seine Familie bestimmte Schritte unternimmt oder unterläßt.

- **Analyse des bisherigen Umgangs mit Problemen:** Um Maßnahmen zu ermitteln, die möglicherweise mit positiven, kurz- sowie langfristigen Veränderungen verknüpft sein könnten, werden die bisherigen Versuche des Patienten analysiert, das Problemverhalten positiv zu beeinflussen oder mit den einhergehenden Schwierigkeiten umzugehen.

Die Verhaltensanalyse bietet ein komplexes Ordnungsschema an, mit dem man

Kasten 7:
Komponenten des SORCK-Modells.

S = Stimulus:
Stellt die das Problemverhalten auslösende Situation dar.

O = Organismusvariable:
Beschreibt biologische Bedingungen (z.B. Minderwuchs, Alkoholeinfluß) und überdauernde Merkmale und Einstellungen der Person (z.B. Intelligenz, impulsives Temperament, perfektionistische Tendenz).

R = Reaktion:
Stellt die Reaktion der Person auf der subjektiv-kognitiven Ebene, der Verhaltensebene und der physiologischen Ebene dar.

C = Konsequenz:
Beschreibt die Folgen auf ein Verhalten, in Form von *positiver Verstärkung* (angenehmes Ereignis tritt als Folge eines Verhaltens auf), von *negativer Verstärkung* (unangenehmes Ereignis wird als Folge eines Verhaltens beendet), von *Bestrafung* (unangenehmes Ereignis tritt als Folge eines Verhaltens auf) oder von *Löschung* (angenehmes Ereignis wird als Folge eines Verhaltens beendet).

K = Kontingenz:
Bezeichnet die Regelmäßigkeit, mit der die Konsequenz auf das Verhalten in der Situation erfolgt. Ein Verhalten kann beispielsweise kontinuierlich positiv verstärkt werden (d.h. die positive Verstärkung erfolgt immer, wenn das Verhalten auftritt) oder es kann intermittierend verstärkt werden (d.h. die positive Verstärkung erfolgt nur in etwa 50% der Fälle).

- das zu verändernde Verhalten identifizieren,
- die Interventionsziele präzisieren und
- die funktionalen Beziehungen zwischen den auslösenden und aufrechterhaltenden Bedingungen schrittweise modifizieren kann.

Darüber hinaus werden Wechselwirkungen zwischen den Einflußgrößen ermittelt, so daß die aktive Rolle des Patienten und seines sozialen Umfeldes (insbesondere der Familie) bei der Entstehung und Aufrechterhaltung des Problemverhaltens berücksichtigt wird (Haynes, 1998; Haynes et al., 1997).

Zusammenfassung

Grundlage des diagnostischen Prozesses, der in mehreren Schritten abläuft, ist die Anamnese und Exploration der Eltern und des Kindes/Jugendlichen. In einer folgenden detaillierten Informationssammlung werden Grundinformationen zu allen vier Aspekten von Diagnostik erhoben – der Verhaltens- und Psychodiagnostik, der Intelligenz- und Entwicklungsdiagnostik, der Diagnostik körperlicher Bedingungen und der Diagnostik psychosozialer Bedingungen; diese werden in weiteren diagnostischen Schritten ausdifferenziert. Falls nötig, wird eine gründlichere Familien- oder eine neuropsychologische Diagnostik durchgeführt. Das Ergebnis dieser diagnostischen Schritte stellt eine kategoriale Diagnose und eine dimensionale Beschreibung der psychischen Auffälligkeiten und Kompetenzen des Kindes/Jugendlichen, seiner kognitiven Defizite und Fähigkeiten sowie der psychosozialen Bedingungen dar. Diese Informationen werden im Rahmen einer Verhaltensanalyse in ein Bedingungsmodell zur Entstehung und Aufrechterhaltung der Symptomatik integriert.

In der multimodalen Verhaltens- und Psychodiagnostik werden verschiedene Ebenen psychischer Störungen mit unterschiedlichen Methoden erfaßt, die mehrere Informanten einschließt. Neben strukturierten klinischen Beurteilungsinstrumenten (z.B. Diagnose-Checklisten, Interviews) können Fragebogenverfahren, Verfahren zur Verhaltensbeobachtung und zur Selbstbeobachtung sowie projektive Verfahren eingesetzt werden. Durch die Diagnostik körperlicher Bedingungen werden mögliche Ursachen oder auch Folgen psychischer Störungen auf somatischer Ebene erfaßt. Die Beziehungs- und Familiendiagnostik erhebt spezifische Bedingungen des psychosozialen Umfeldes, die möglicherweise zur Entwicklung und Aufrechterhaltung psychischer Störungen beitragen. In der Verhaltensanalyse wird anhand eines funktionalen Bedingungsmodells das Zusammenwirken verschiedener biologischer, sozialer und persönlichkeitsbezogener Faktoren bei der Entstehung und Aufrechterhaltung der psychischen Störung geordnet.

Verständnisfragen

1. In welchen Schritten verläuft der diagnostische Prozeß?
2. Welche Bereiche werden bei der Exploration der Eltern und des Kindes/Jugendlichen thematisiert?
3. Was versteht man unter dem Konzept der multimodalen Verhaltens- und Psychodiagnostik?
4. Welche Vorgehensweisen zur Familiendiagnostik kennen Sie?
5. Welche Vor- und Nachteile besitzen Beobachtungsverfahren?
6. Was versteht man unter einer Verhaltensanalyse?

Weiterführende Literatur

Bellack, A.S. & Hersen, M. (Eds.). (1998). *Behavioral assessment. A practical handbook* (4th edition). Boston: Allyn & Bacon.

Döpfner, M. & Lehmkuhl, G. (2000). *Diagnostik-System für Psychische Störungen im Kindes- und Jugendalter nach ICD-10 und DSM-IV (DISYPS-KJ)*, (2. korrigierte und ergänzte Auflage). Bern: Huber.

Jäger, R.S. & Petermann, F. (Hrsg.). (1999). *Psychologische Diagnostik* (4. Auflage). Weinheim: Psychologie Verlags Union.

Petermann, F. (Hrsg). (2001). *Fallbuch der Klinischen Kinderpsychologie und -psychotherapie (2., überarbeitete Auflage)*. Göttingen: Hogrefe.

Literatur

Achenbach, T.M. (1991a). *Manual for the Child Behavior Checklist / 4-18 and 1991 Profile.* Burlington: University of Vermont, Department of Psychiatry.

Achenbach, T.M. (1991b). *Manual for the Teacher's Report Form and 1991 Profile.* Burlington: University of Vermont, Department of Psychiatry.

Achenbach, T.M. (1991c). *Manual for the Youth Self-Report and 1991 Profile.* Burlington: University of Vermont, Department of Psychiatry.

Achenbach, T.M. (1991d). *Integrative Guide for the 1991 CBCL / 4-18, YSR, and TRF Profiles.* Burlington: University of Vermont, Department of Psychiatry.

Achenbach, T.M., McConaughy, S.H. & Towell, C.T. (1987). Child / adolescent behavioral and emotional problems: Implication of cross-informant correlations for situational specifity. *Psychological Bulletin, 101,* 213-232.

Ambrosini, P.J., Metz, C., Prabucki, K. & Lee, C.J. (1989). Videotape reliability of the third revised edition of the K-SADS. *Journal of the American Academy of Child and Adolescent Psychiatry, 28,* 723-728.

American Academy of Child and Adolescent Psychiatry (AACAP) (1995). Practice Parameters for the psychiatric assessment of children and adolescents. *Journal of the American Academy of Child and Adolescent Psychiatry, 34,* 1386-1402.

American Academy of Child and Adolescent Psychiatry (AACAP). (1997). Practice Parameters. *Journal of the American Academy of Child and Adolescent Psychiatry, 36,* Supplement.

Ammerman, R.T. & Hersen, M. (1993). Developmental and longitudinal perspectives on behavior therapy. In R.T. Ammerman & M. Hersen (Eds.), *Handbook of behavior therapy with children and adults* (3-9). Boston: Allyn & Bacon.

Angold, A., Prendergast, M., Cox, A., Harrington, R., Simonoff, E. & Rutter, M. (1995). The Child and Adolescent Psychiatric Assessment (CAPA). *Psychological Medicine, 25,* 739-753.

APA (1989). *Diagnostisches und Statistisches Manual Psychischer Störungen (DSM-III-R).* Weinheim: Beltz.

APA (1996). *Diagnostisches und Statistisches Manual Psychischer Störungen (DSM-IV).* Göttingen: Hogrefe.

Arbeitsgruppe Deutsche Child Behavior Checklist (1993a). *Lehrerfragebogen über das Verhalten von Kindern und Jugendlichen; deutsche Bearbeitung der Teacher's Report Form der Child Behavior Checklist (TRF). Einführung und Anleitung zur Handauswertung,* bearbeitet von M. Döpfner & P. Melchers. Köln: Arbeitsgruppe Kinder-, Jugend- und Familiendiagnostik (KJFD). (Bezug: Robert-Koch-Straße 10, 50931 Köln)

Arbeitsgruppe Deutsche Child Behavior Checklist (1993b). *Elternfragebogen über das Verhalten von Kleinkindern (CBCL / 2-3).* Köln: Arbeitsgruppe Kinder-, Jugend- und Familiendiagnostik (KJFD). (Bezug: Robert-Koch-Straße 10, 50931 Köln)

Arbeitsgruppe Deutsche Child Behavior Checklist (1998a). *Elternfragebogen über das Verhalten von Kindern und Jugendlichen; deutsche Bearbeitung der Child Behavior Checklist (CBCL / 4-18). Einführung und Anleitung zur Handauswertung. 2. Auflage mit deutschen Normen,* bearbeitet von M. Döpfner, J. Plück, S. Bölte, K. Lenz, P. Melchers & K. Heim. Köln: Arbeitsgruppe Kinder-, Jugend- und Familiendiagnostik (KJFD). (Bezug: Robert-Koch-Straße 10, 50931 Köln)

Arbeitsgruppe Deutsche Child Behavior Checklist (1998b). *Fragebogen für Jugendliche; deutsche Bearbeitung der Youth Self-Report Form der Child Behavior Checklist (YSR). Einführung und Anleitung zur Handauswertung. 2. Auflage mit deutschen Normen,* bearbeitet von M. Döpfner, J. Plück, S. Bölte, K. Lenz, P. Melchers & K. Heim. Köln: Arbeitsgruppe Kinder-, Jugend- und Familiendiagnostik (KJFD). (Bezug: Robert-Koch-Straße 10, 50931 Köln)

Barkley, R.A. (1990). *Attention deficit hyperactivity disorder: A handbook for diagnosis and treatment.* Hove: Guilford.

Bailey, A. (1995). Physical examination and medical investigations. In M. Rutter, E. Taylor & L. Hersov (Eds.), *Child and adolescent psychiatry* (3rd edition, 79-93). London: Blackwell.

Baumann, U. & Stieglitz, R.-D. (1994). Psychodiagnostik psychischer Störungen: Allgemeine Grundlagen. In R.-D. Stieglitz & U. Baumann (Hrsg.), *Psychodiagnostik psychischer Störungen* (3-20). Stuttgart: Enke.

Bellack, A.S. & Hersen, M. (Eds.). (1998). *Behavioral assessment. A practical handbook* (4th edition). Boston: Allyn & Bacon.

Bene, E. & Anthony, J. (1957). *Manual for the Family Relations Test.* London: NFER Publishing Company.

Berner, W., Fleischmann, T. & Döpfner, M. (1992). Konstruktion von Kurzformen des Eltern- und Erzieherfragebogens zur Erfassung von Verhaltensauffälligkeiten bei Kindern im Vorschulalter. *Diagnostica, 38,* 142-154.

Bird, H.R. (1996). Epidemiology of childhood disorders in a cross-cultural context. *Journal of Child Psychology and Psychiatry, 37,* 35-49.

Brem-Gräser, L. (1995). *Familie in Tieren.* München: Reinhardt.

Brown, J.S. & Achenbach, T.M. (1998). *Bibliography of published studies using the Child Behavior Checklist and related materials.* Burlington: University of Vermont, Department of Psychiatry.

Brühl, B., Döpfner, M. & Lehmkuhl, G. (2000). Der Fremdbeurteilungsbogen für hyperkinetische Störungen (FBB-HKS) – Prävalenz hyperkinetischer Störungen im Elternurteil und psychometrische Kriterien. *Kindheit und Entwicklung, 9,* 116-126.

Cantwell, D.P., Lewinsohn, P.M., Rohde, P. & Seeley, J.R. (1997). Correspondence between adolescent report and parent report of psychiatric diagnostic data. *Journal of the American Academy of Child and Adolescent Psychiatry, 36,* 610-619.

Cierpka, M. (Hrsg.). (1996a). *Handbuch der Familiendiagnostik.* Berlin: Springer.

Cierpka, M. (1996b). Familiendiagnostik. In M. Cierpka (Hrsg.), *Handbuch der Familiendiagnostik* (1-22). Berlin: Springer.

Cierpka, M. & Frevert, G. (1994). *Die Familienbögen.* Göttingen: Hogrefe.

Deegener, G. (1997). Testrezension zu Thematischer Apperzeptionstest (TAT). *Zeitschrift für Differentielle und Diagnostische Psychologie, 18*, 29-31.

Deegener, G., Dietel, B., Hamster, W., Koch, C., Matthaei, R., Nödl, H., Rückert, N., Stephani, U. & Wolf, E. (1997). *Tübinger Luria-Christensen Neuropsychologische Untersuchungsreihe für Kinder (TÜKI*, 2., überarbeitete Auflage). Weinheim: Beltz.

Delmo, C., Weiffenbach, O., Gabriel, M., Marchia, E. & Poustka, F. (1998). *Diagnostisches Interview Kiddie-Sads-Present and Lifetime Version. Deutsche Forschungsversion.* Universität Frankfurt.

Döpfner, M., Berner, W., Flechtner, H., Lehmkuhl, G. & Steinhausen, H.-C. (1999). *Psychopathologisches Befund-System für Kinder und Jugendliche (CASCAP-D): Befundbogen, Glossar und Explorationsleitfaden.* Göttingen: Hogrefe.

Döpfner, M., Berner, W., Fleischmann, T. & Schmidt, M.H. (1993a). *Verhaltensbeurteilungsbogen für Vorschulkinder (VBV).* Weinheim: Beltz.

Döpfner, M., Berner, W., Schwitzgebel, P. & Lehmkuhl, G. (1994). Dimensionen psychischer Störungen bei Kindern und Jugendlichen auf der Basis klinischer Beurteilungen. *Zeitschrift für Kinder- und Jugendpsychiatrie, 22*, 299-317.

Döpfner, M. & Lehmkuhl, G. (1994). Der Lehrerfragebogen über das Verhalten von Kindern und Jugendlichen im Rahmen der multiplen Verhaltens- und Psychodiagnostik verhaltensauffälliger Kinder und Jugendlicher. *Kindheit und Entwicklung, 3*, 244-252.

Döpfner, M. & Lehmkuhl, G. (1997). Von der kategorialen zur dimensionalen Diagnostik. *Praxis der Kinderpsychologie und Kinderpsychiatrie, 46*, 519-547.

Döpfner, M. & Lehmkuhl, G. (2000). *Diagnostik-System für Psychische Störungen im Kindes- und Jugendalter nach ICD-10 und DSM-IV (DISYPS-KJ*; 2. korrigierte und ergänzte Aufl.). Bern: Huber.

Döpfner, M., Lehmkuhl, G., Berner, W., Flechtner, H., Schwitzgebel, P., von Aster, M. & Steinhausen, H.C. (1995). Die Beurteilung psychischer Störungen von Kindern und Jugendlichen anhand der Psychopathologischen Befunddokumentation. *Kindheit und Entwicklung, 4*, 51-60.

Döpfner, M., Lehmkuhl, G., Flechtner, H., Berner, W., von Aster, M. & Steinhausen, H.C. (1997). Das CASCAP-D in der Kinder- und Jugendpsychiatrie. In H.-J. Haug & R.-D. Stieglitz (Hrsg.), *Das AMDP-System in der klinischen Anwendung und Forschung* (98 – 107). Göttingen: Hogrefe.

Döpfner, M., Lehmkuhl, G., Heubrock, D. & Petermann, F. (2000). *Diagnostik psychischer Störungen im Kindes- und Jugendalter. Leitfaden Kinder- und Jugendpsychotherapie, Band 2.* Göttingen: Hogrefe

Döpfner, M. & Schmidt, M. (Hrsg.). (1993). *Kinderpsychiatrie – Vorschulalter.* München: Quintessenz.

Döpfner, M., Schürmann, S. & Frölich, J. (1998). *Therapieprogramm für Kinder mit hyperkinetischem und oppositionellem Problemverhalten (THOP*; 2. korrigierte Auflage). Weinheim: Psychologie Verlags Union.

Edelbrock, C., Costello, A.J., Dulcan, M.K., Kalas, R. & Conover, N.C. (1985). Age differences in the reliability of the psychiatric interview of the child. *Child Development, 56*, 265-275.

Eggert, D. (Hrsg.). (1975). *Hannover-Wechsler-Intelligenztest für das Vorschulalter (HAWIVA).* Bern: Huber.

Ehlers, B., Ehlers, T. & Makus, H. (1978). *Marburger Verhaltensliste (MVL).* Göttingen: Hogrefe.

Ermert, C. (1994). *Spielverhalten im Scenotest.* Bern: Huber.

Esser, G., Blanz, B., Geisel, B. & Laucht, M. (1989). *Mannheimer Elterninterview (MEI). Manual.* Weinheim: Beltz.

Fahrenberg, J., Hampel, R. & Selg, H. (1994). *Das Freiburger Persönlichkeitsinventar (FPI*; 6., ergänzte Auflage). Göttingen: Hogrefe.

Flämig, J. & Wörner, U. (1977a). Standardisierung einer deutschen Fassung des Family Relations Test (FRT) an Kindern von 6 bis 11 Jahren, Teil 1: Testmaterial, Durchführung des Tests und Auswertung. *Praxis der Kinderpsychologie und Kinderpsychiatrie, 26*, 5-11.

Flämig, J. & Wörner, U. (1977b). Standardisierung einer deutschen Fassung des Family Relations Test (FRT) an Kindern von 6 bis 11 Jahren, Teil 2: Eichstichprobe, Normtabellen, Interpretation. *Praxis der Kinderpsychologie und Kinderpsychiatrie, 26*, 38 – 46.

Forehand, R.L. & McMahon, R.J. (1981). *Helping the noncompliant child.* New York: Guilford Press.

Frascarolo, F., Cornut-Zimmer, B. & Fivaz-Depeursinge, E. (1996). Vater-Mutter-Säuglings-Interaktionen im „Lausanner Spiel-zu-dritt". *Kindheit und Entwicklung, 5*, 147-154.

Frölich, J. & Döpfner, M. (1997). Individualisierte Diagnostik bei Kindern mit hyperkinetischen Störungen. *Praxis der Kinderpsychologie und Kinderpsychiatrie, 46*, 597-609.

Goodyer, I.M. (1990). Annotation: Recent life events and psychiatric disorder in school age children. *Journal of Child Psychology and Psychiatry, 31*, 839-847.

Grimm, H. & Schöler, H. (1991). *Heidelberger Sprachentwicklungstest (HSET*, 2., verbesserte Auflage). Göttingen: Hogrefe.

Halperin, J.M. & McKay, K.E. (1998). Psychological testing for child and adolescent psychiatrists: A review of the past 10 years. *Journal of the American Academy of Child and Adolescent Psychiatry, 37*, 575-584.

Hautzinger, M., Bailer, M., Worall, H. & Keller, F. (1994). *Beck-Depressions-Inventar (BDI).* Bern: Huber.

Haynes, S.S. (1998). The changing nature of behavioral assessment. In A.S. Bellack & M. Hersen (Eds.), *Behavioral assessment. A practical handbook* (4th edition; 1-21). Boston: Allyn & Bacon.

Haynes, S.N., Leisen, M.B. & Blaine, D.D. (1997). Design of individualized behavioral treatment programs using functional analytic clinical case models. *Psychological Assessment, 9*, 334-348.

Heubrock, D. (1999). *Klinische Kinderneuropsychologie. Grundlagen, Syndrome, Diagnostik und Therapie.* Bremen: Habilitationsschrift im Fach Psychologie, Universität Bremen.

Heubrock, D. & Petermann, F. (1996). Psychometrische Diagnostik von Entwicklungsstörungen. *Kindheit und Entwicklung, 5*, 19-23.

Heubrock, D. & Petermann, F. (1998). Neuropsychologische

Diagnostik und Therapie bei umschriebenen Teilleistungsstörungen. *Kindheit und Entwicklung, 7*, 50-57.

Heubrock, D. & Petermann, F. (2000). *Lehrbuch der Klinischen Kinderneuropsychologie.* Göttingen: Hogrefe.

Kanfer, F.H., Reinecker, H. & Schmelzer, D. (1996). *Selbstmanagement-Therapie. Ein Lehrbuch für die klinische Praxis* (2., überarbeitete Auflage). Berlin: Springer.

Kiphard, E.J. & Schilling, F. (1974). *Körper-Koordinationstest für Kinder (KTK).* Weinheim: Beltz.

Kovacs, M. (1985). The Children's Depression Inventory (CDI). *Psychopharmacology Bulletin, 21*, 995-999.

Kötter, S. & Nordmann, E. (1996). Die Analyse der familiären Interaktionen – Familiendiagnostische Beobachtungsmethoden. In M. Cierpka (Hrsg.), *Handbuch der Familiendiagnostik* (381-411). Berlin: Springer.

Kusch, M. (1993). Eltern-Kind-Interaktionstraining in vivo mit verhaltensgestörten Vorschulkindern. *Kindheit und Entwicklung, 2*, 43-46.

Laux, G., Glanzmann, P., Schaffner, P. & Spielberger, C.D. (1981). *Das State-Trait-Angstinventar (STAI).* Weinheim: Beltz.

Lehmkuhl, G. & Kohlmeyer, K. (1987). Wie spezifisch sind psychopathologische Symptome bei Kindern mit Hirntumoren? *Pädiatrische Praxis, 35*, 597-603.

Lockowandt, O. (1996). *Frostigs Entwicklungstest der visuellen Wahrnehmung* (FEW, 8., überarbeitete Auflage). Weinheim: Beltz.

Mattejat, F. & Scholz, M. (1994). *Das subjektive Familienbild (SFB).* Göttingen: Hogrefe.

Melchers, P. & Preuss, U. (1994). *Kaufmann-Assessment Battery for Children (K-ABC; deutschsprachige Fassung).* Amsterdam: Swets & Zeitlinger.

Ollendick, T.H., King, N.J. & Yule, W. (Eds.). (1994). *International handbook of phobic and anxiety disorders in children and adolescents.* New York: Plenum.

Papoušek, M. (1996a). Kommunikations- und Beziehungsdiagnostik im Säuglingsalter – Einführung in den Themenschwerpunkt. *Kindheit und Entwicklung, 5*, 136-139.

Papoušek, M. (1996b). Die intuitive elterliche Kompetenz in der vorsprachlichen Kommunikation als Ansatz zur Diagnostik von präverbalen Beziehungsstörungen. *Kindheit und Entwicklung, 5*, 140-146.

Patterson, G.R. (1982). *Coercive family processes.* Eugene: Castalia.

Perez, M., Berger, R. & Wilhelm, P. (1998). Die Erfassung von Belastungserleben und Belastungsverarbeitung in der Familie: Self-monitoring als neuer Ansatz. *Psychologie in Erziehung und Unterricht, 45*, 19-35.

Peterander, F. (1997). Interaktions- und kommunikationszentrierte Gesprächsführung in Familien mit Problemkindern. *Kindheit und Entwicklung, 6*, 67-78.

Petermann, F. (1996a). *Einzelfalldiagnostik in der klinischen Praxis* (3., neu ausgestattete Auflage). Weinheim: Psychologie Verlags Union.

Petermann, F. (1996b). *Psychologie des Vertrauens* (3., korrigierte Auflage). Göttingen: Hogrefe.

Petermann, F. (1997). Testrezension zu Familie in Tieren – die Familiensituation im Spiegel der Kinderzeichnung. *Zeitschrift für Differentielle und Diagnostische Psychologie, 18*, 90-92.

Petermann, F. & Kusch, M. (1999). Klinische Diagnostik. In R.S. Jäger & F. Petermann (Hrsg.), *Psychologische Diagnostik* (4. Auflage, 510-533). Weinheim: Psychologie Verlags Union.

Petermann, F., Kusch, M. & Niebank, K. (1998). *Entwicklungspsychopathologie. Ein Lehrbuch.* Weinheim: Psychologie Verlags Union.

Petermann, F. & Petermann, U. (2000). *Erfassungsbogen für aggressives Verhalten in konkreten Situationen (EAS-J / EAS-M*; 4., korrigierte Auflage). Göttingen: Hogrefe.

Petermann, F. & Petermann, U. (2001). *Training mit aggressiven Kindern* (10., überarbeitete Auflage). Weinheim: Psychologie Verlags Union.

Petermann, F. & Stein, I.A. (2000). *Entwicklungstest ET 6-6.* Frankfurt: Swets Test Service.

Plück, J., Döpfner, M., Berner, W., Englert, E., Fegert, J., Huss, M., Lenz, K., Schmeck, K., Lehmkuhl, U., Poustka, F. & Lehmkuhl, G. (1997). Die Bedeutung unterschiedlicher Informationsquellen bei der Beurteilung psychischer Störungen im Jugendalter – ein Vergleich von Elternurteil und Selbsteinschätzung Jugendlicher. *Praxis der Kinderpsychologie und Kinderpsychiatrie, 46*, 566-582.

Poustka, F., Burk, B., Bästlein, M., Denner, S., van Goor-Lambo, G. & Schermer, D. (1994). *Assoziierte aktuelle abnorme Umstände. Achse fünf des Multiaxialen Klassifikationsschemas für psychiatrische Erkrankungen im Kindes- und Jugendalter (ICD-10).* Frankfurt: Swets & Zeitlinger.

Revers, W.J. (1979). *Der thematische Apperzeptionstest (TAT).* Bern: Huber.

Revers, W.J. & Allesch, C.G. (1985). *Thematischer Gestaltungstest (Salzburg; TGT-S).* Weinheim: Beltz.

Rist, F. (1994). Leistungsdiagnostik aus psychiatrischer Sicht. In R.-D. Stieglitz & U. Baumann (Hrsg.), *Psychodiagnostik psychischer Störungen* (126-137). Stuttgart: Enke.

Rollett, B. (1997). Testrezension zu Scenotest. *Zeitschrift für Differentielle und Diagnostische Psychologie, 18*, 102-104.

Rossmann, P. (1993). *Depressionstest für Kinder.* Göttingen: Hogrefe.

Rothenberger, A. (1987). *EEG und evozierte Potentiale im Kindes- und Jugendalter.* Berlin: Springer.

Sanders, M.R. & Dadds, M.R. (1993). *Behavioral family intervention.* Boston: Allyn & Bacon.

Schmidtke, A. Schaller, S. & Becker, P. (1980). *Raven Matritzen Test, Coloured Progressive Matrices (CPM).* Weinheim: Beltz.

Schneewind, K.A. (1988). Das familiendiagnostische Testsystem (FDTS): Ein Fragebogeninventar zur Erfassung familiärer Beziehungen auf unterschiedlichen Systemebenen. In M. Cierpka (Hrsg.), *Familiendiagnostik* (320-342). Berlin: Springer.

Schulte, D. (1998). *Therapieplanung* (2., unveränderte Auflage). Göttingen: Hogrefe.

Schwab-Stone, M., Shaffer, D, Dulcan, M.K., Jensen, P.S., Fisher, P., Bird, H., Goodman, S., Lahey, B.B., Lichtman, J.H., Canino, G., Rubio-Stipec, M. & Rae, D.S. (1996). Criterion validity of the NIMH Diagnostic Interview Schedule for Children Version 2.3 (DISC-2.3). *Journal of the American Academy of Child and Adolescent Psychiatry, 35,* 878-888.

Seidenstücker, G. (1999). Indikation und Entscheidung. In R.S. Jäger & F. Petermann (Hrsg.), *Psychologische Diagnostik* (4. Auflage; 478-491). Weinheim: Psychologie Verlags Union.

Seidenstücker, G. & Baumann, U. (1987). Multimodale Diagnostik als Standard in der Psychologie. *Diagnostica, 33,* 243-258.

Seitz, W. & Rausche, A. (1992). *Persönlichkeitsfragebogen für Kinder zwischen 9 und 14 Jahren (PFK 9-14*; 3., überarbeitete Auflage). Göttingen: Hogrefe.

Shaffer, D., Fisher, P., Dulcan, M.K., Davies, M., Piacentini, J., Schwab-Stone, M., Lahey, B.B., Bourdon, K., Jensen, P.S., Bird, H., Canino, G. & Regier, D.A. (1996). The NIMH Diagnostic Interview Schedule for Children Version 2.3 (DISC-2.3): Description, acceptability, prevalence rates, and performance in the MECA study. *Journal of the American Academy of Child and Adolescent Psychiatry, 35,* 865-877.

Silverman, W.K. (1991). *Anxiety Disorders Interview Schedule for Children – Revised.* Albany: Graywind Publication.

Steinhausen, H.C. & Hautzinger, M. (in Vorb.). *Deutsche Fassung des DISC-IV.* Universität Zürich.

Stiensmeier-Pelster, J., Schürmann, M. & Duda, K. (1989*). Depressionsinventar für Kinder und Jugendliche (DIKJ)*. Göttingen: Hogrefe.

Taylor, E., Sergeant, J., Döpfner, M., Gunning, B., Overmeyer, S., Möbius, H. & Eisert, H.G. (1998). Clinical guidelines for hyperkinetic disorder. *European Child and Adolescent Psychiatry, 7,* 184-200.

Tewes, U. (1983). *HAWIK-R. Hamburg-Wechsler-Intelligenztest für Kinder. Revision 1983.* Bern: Huber.

Unnewehr, S., Schneider, S. & Margraf, J. (Hrsg.). (1995). *Diagnostisches Interview bei psychischen Störungen im Kindes- und Jugendalter.* Berlin: Springer.

von Staabs, G. (1992). *Der Scenotest* (8. Auflage). Bern: Huber.

Wallbott, H., G. (1994). Verhaltensbeobachtung. In R.-D. Stieglitz & U. Baumann (Hrsg.), *Psychodiagnostik psychischer Störungen* (95-106). Stuttgart: Enke.

Weiss, R.H. (1987). *Grundintelligenztest, Skala 2 (CFT20) mit Wortschatztest (WS) und Zahlenfolgetest (ZF*; 3., verbesserte Auflage). Göttingen: Hogrefe.

Weiss, R.H. & Osterland, J. (1977). *Grundintelligenztest CFT 1, Skala 1.* Braunschweig: Westermann.

Weissert, M. & Bekier, A. (1991). SPECT in der neuropädiatrischen Diagnostik. In J. Lütschg (Hrsg.), *Aktuelle Neuropädiatrie* (196-210). Berlin: Springer.

Welner, Z., Reich, W., Herjanic, B., Jung, K.G. & Amado, H. (1987). Reliability, validity, and parent-child agreement studies of the Diagnostic Interview for Children (DICA). *Journal of the American Academy of Child and Adolescent Psychiatry, 26,* 649-653.

Westmeyer, H. (1994). Zu Selbstverständnis und Perspektiven der Verhaltensdiagnostik. *Diagnostica, 40,* 270-292.

WHO (1980). *Internationale Klassifikation psychischer Störungen. ICD-9, Kapitel V.* Berlin: Springer.

WHO (1993). *Internationale Klassifikation psychischer Störungen. ICD-10, Kapitel V (F). Klinisch diagnostische Leitlinien* (2. Auflage). Bern: Huber.

Wieczerkowski, W., Nickel, H., Janowski, A., Fittkau, B. & Rauer, W. (1974). *Angstfragebogen für Schüler (AFS).* Braunschweig: Westermann.

Wittling, W., Schweiger, E. & Roschmann, R. (1999). Neuropsychologische Diagnostik. In F. Petermann & R.S. Jäger (Hrsg.), *Psychologische Diagnostik* (4. Auflage; 575-602). Weinheim: Psychologie Verlags Union.

Wurst, E., Huter, D. & Zadra, C. (1997a). Zur Problematik vergleichender Intelligenzdiagnostik in der Pädiatrie. I. Testtheoretische Voraussetzungen. *Zeitschrift für Klinische Psychologie, Psychiatrie und Psychotherapie, 45,* 291-301.

Wurst, E., Huter, D. & Zadra, C. (1997a). Zur Problematik vergleichender Intelligenzdiagnostik in der Pädiatrie. II. Praxisorientierte Veranschaulichung. *Zeitschrift für Klinische Psychologie, Psychiatrie und Psychotherapie, 45,* 357-366.

Zimmer, R. & Volkamer, M. (1987). *Motoriktest für vier- bis sechsjährige Kinder (MOT 4 – 6*; 2., überarbeitete Auflage). Weinheim: Beltz.

5 Prävention und Gesundheitsförderung im Kindes- und Jugendalter

von Klaus Hurrelmann und Wolfgang Settertobulte

Inhaltsübersicht

1 Einführung

Mit der Prävention verfolgt man das Ziel, das Auftreten spezifischer Gesundheitsstörungen zu verhindern. Gesundheitsförderung dagegen ist ein weniger klar abgegrenztes Handlungsfeld und stellt eher eine Sammelbezeichnung für Eingriffshandlungen zur Sicherung der Gesundheit dar. Der in diesem Beitrag zugrundegelegte Gesundheitsbegriff umfaßt sowohl somatophysische wie auch psychosoziale Aspekte des individuellen (Wohl-)Befindens der Person sowie das Vorhandensein eines ausreichenden kognitiven und verhaltensmäßigen Repertoires zur individuell „gesunden" Lebensgestaltung und zur Bewältigung aktueller Lebenskrisen. Wir folgen damit einem Gesundheitsbegriff, der eine erfolgreiche Anpassung des Individuums auf biologischer, physiologischer und immunologischer, aber auch auf sozialer, psychischer und kultureller Ebene thematisiert (Weikunat, Haisch & Kessler, 1997; Faltermaier, 1997).

Präventives Handeln richtet sich nicht ausschließlich auf diagnostizierbare manifeste Erscheinungen, sondern versucht, spezifisch oder unspezifisch das Auftreten von Störungen und Erkrankungen zu verhindern. Es folgt der grundlegenden Annahme, daß Erkrankungen durch pathogene Entwicklungsverläufe bedingt sind, die sich nicht mit naturgesetzlicher Zwangsläufigkeit vollziehen, sondern als interaktive Prozesse zwischen Umwelt und Person beeinflußbar sind. Prävention muß daher eng mit Annahmen über die Ursachen und über Risikofaktoren für das Auftreten von Störungen im Lebenslauf verbunden sein. Aus den Annahmen über die Ursachen ergibt sich dabei generell das konkrete Handlungsziel und die Methode der präventiven Bemühung. Aus den Annahmen über Risikofaktoren und Risikogruppen ergibt sich die Auswahl der Zielgruppen. Der Begriff der Annahme ist hier bewußt gewählt, da in vielen Bereichen noch nicht auf gesicherte Erkenntnisse über die Ursachen psychischer und psychosomatischer Störungen zurückgegriffen werden kann (Tietze & Bellach, 1997).

Es ist in diesem Zusammenhang viel darüber diskutiert worden, wie gesichert das theoretische und empirische Wissen des präventiv Tätigen über Ursachen und die Entwicklungsverläufe sein muß, um Erfolge zu erzielen. Historische Beispiele zeigen, daß auch naive Vorstellungen über Krankheitsursachen durchaus zu erfolgreichen Interventionen geführt haben. So konnte zum Beispiel im England des 18. Jahrhunderts, Edward Jenner eine erfolgreiche Immunisierung gegen die Pocken erreichen, ohne die erst viel später durch L. Pasteur entwickelten theoretischen Grundlagen der modernen Impftechnologie zu kennen. Dieses und ähnliche Beispiele zeigen, daß effizientes Handeln nicht notwendigerweise eine nach wissenschaftlichen Kriterien angemessene Theorie erfordert.

Dies kann aber nicht bedeuten, daß Prävention letztlich ohne theoretischen Hintergrund auskommen kann. In Anbetracht der Tatsache, daß auch präventive Interventionen zu Eingriffen in familiale, personale und soziale Strukturen führen, ist ein naives Vorgehen nach dem Prinzip Versuch und Irrtum ethisch nicht vertretbar. Ein möglicher Ausweg aus diesem Dilemma kann eine verantwortungsvolle Evaluation der präventiven Maßnahmen bieten, die eine Erfolgsbewertung der durchgeführten Intervention nach strengen methodischen Regeln ermöglicht (Koch & Wittmann, 1990; Tietze & Bellach, 1997). Diese allgemeinen Überlegungen gelten besonders für die Prävention im Kindes- und Jugendalter.

Wie die bisherige Forschung zeigt, sind gesundheitsgefährdende Verhaltensweisen im Kindes- und Jugendalter Teil der lebensgeschichtlichen Entwicklung. In diesem Alter werden verschiedene Verhaltensmuster, Fähigkeiten und Einstellungen erworben, die auch in späteren Lebensabschnitten beibehalten werden. In gleicher Weise ist die Jugendphase auch bedeutsam für die Entwicklung selbstwertrelevanter Einstellungen. Charakteristisch für die Entwicklung zum Erwachsenen ist dabei, daß mit verschiedenen, auch gerade risikobehafteten Verhaltensweisen experimentiert wird. Diese Tatsache wird in der Sozialisationsforschung als originäre Entwicklungsaufgabe im Jugendalter bewertet (Hurrelmann, 1995).

Die meisten Verhaltensweisen, die im Kindes- und Jugendalter objektiv als gesundheitsgefährdend eingeschätzt werden müssen, lassen ihre schädigende Wirkung erst in erheblich späteren Lebensabschnitten erkennen. Dies gilt besonders für das Sucht-, Ernährungs- und Bewegungsverhalten, dessen Effekte in Gestalt von Kreislaufkrankheiten, Krebskrankheiten, degenerativen Schädigungen usw. typischerweise erst im mittleren oder späten Erwachsenenalter auftreten, die als Teil mehr oder weniger verfestigten Lebensstils dagegen aber oft schon sehr früh einsetzen. Dasselbe gilt auch auf der kognitiven Ebene für Einstellungen zur eigenen Person, für generalisierte Bewertungsmuster und für den Erwerb von Bewältigungsfähigkeiten für die in späteren Lebensabschnitten auftauchenden Krisen durch Krankheit, Schicksalsschläge oder andere kritische Lebensereignisse (Hanewinkel et al., 1994). Hier liegt der wesentliche Grund dafür, mit Maßnahmen der Prävention und Gesundheitsförderung in die für den Lebenslauf formative Phase des Kindes- und Jugendalters einzutreten und nicht erst in späteren Lebensabschnitten, in denen sich bereits die schädigenden Auswirkungen dieser Verhaltensweisen zeigen. Gelingt es, wesentliche Ursachen für Gesundheitsprobleme schon in frühen Entstehungsstadien auszuräumen oder einzudämmen, dann sind die Auswirkungen für spätere Lebensphasen positiv, weil es nicht zu einem Aufschaukeln von Effekten kommt (Settertobulte & Palentien, 1996). Die bisherige Wirkungsforschung weist ebenso darauf hin, daß durch die Konzentration präventiver Bemühungen auf die ersten beiden Lebensjahrzehnte in vielen Bereichen eine besonders gute Wirksamkeit und auch eine hohe Effektivität von Maßnahmen sichergestellt werden kann.

2 Theoretische und konzeptionelle Einordnung präventiven Handelns

2.1 Der Begriff Prävention

Eine konzeptionelle Unterscheidung verschiedener Interventionsstrategien im Bereich psychischer Störungen geht zurück auf Gerald Caplan (1964). Caplan definierte *Primärprävention* als Strategie, um das Auftreten psychischer Störungen zu reduzieren, *Sekundärprävention* als Reduzierung der Dauer bestimmter Störungen und *Tertiärprävention* als Strategie, um Beeinträchtigungen, die durch die Störungen hervorgerufen werden, zu minimieren (Caplan, 1964, S.16). Diese konzeptionelle Einteilung präventiven Vorgehens wurde in den folgenden Jahren in verschiedenen Publikationen aufgegriffen und erweitert (von Troschke, 1995). In Hinblick auf die Wirkungsrichtung präventiver Maßnahmen kann zwischen spezifischer und unspezifischer Prävention unterschieden werden. Eine spezifische Prävention richtet sich dabei an bestimmte Risikogruppen und an eng umschriebene Phänomene, wie etwa Tabak- und Alkoholmißbrauch, Lese- Rechtschreibschwäche oder aggressives Verhalten. Programme zur primären Prävention sind jedoch in den meisten Fällen unspezifisch auf allgemeine Bedingungen der Entstehung psychischer Störungen und Gesundheitsbeeinträchtigungen gerichtet.

2.2 Der Begriff Gesundheitsförderung

Für die Bezeichnung primärpräventiver Maßnahmen hat sich seit den 80er Jahren auch der Begriff Gesundheitsförderung durchgesetzt. Von der Weltgesundheitsorganisation (WHO) in den 80er Jahren entwickelt, wird es als ein integratives Präventionskonzept verstanden, das die einseitige Betonung verhaltensbezogener Maßnahmen überwinden soll und auf die Entwicklung gesunder Lebensbedingungen abstellt. Institutionell gesehen, setzt Gesundheitsförderung eine enge Verflechtung von medizinischem und psychologischem Know-how voraus und verbindet organisatorische, räumliche und inhaltliche Bedingungen in Einrichtungen der Bildungs-, Jugend- und Familienarbeit miteinander. Gesundheitsförderung bezeichnet zusammenfassend die vorbeugenden, präventiven Zugänge zu allen Aktivitäten und Maßnahmen, die die Lebensqualität von Menschen beeinflussen, wobei hygienische, medizinische, psychische, psychiatrische, kulturelle, soziale und ökologische Aspekte vertreten sein müssen (Frischenschlager, 1996; Hörmann, 1997).

Die WHO betont, daß Gesundheitsförderung eine gesundheitsgerechte Gestaltung der sozialen und natürlichen Umwelt erreichen will und zugleich jedem einzelnen Menschen die notwendigen Kompetenzen zu vermitteln hat, um seine persönliche Gesundheit zu verbessern. Gesundheit wird als eine Voraussetzung für eine optimale Lebensqualität gewertet. Träger der Gesundheitsförderung können nicht nur professionelle Anbieter und Institutionen, sondern auch informelle und selbstorganisierte Systeme sein. Die Verankerung der Gesundheitsförderung soll über institutionelle Grenzen hinweg angelegt sein und sowohl die frei praktizierenden Ärzte, die Krankenhäuser, den öffentlichen Gesundheitsdienst als auch die Sozialarbeit, die Erwachsenenbildung sowie die schulische und die Kindergartenerziehung einbeziehen. Die Idealvorstellung der Gesundheitsförderung schließt eine gleichberechtigte und konstruktive Arbeitsteilung und Zusammenarbeit ein, auf mehreren Ebenen und über mehrere Berufsgruppen hinweg (Frischenschlager, 1996).

2.3 Interventionsmodelle

Alle Konzepte der Prävention und Gesundheitsförderung gehen davon aus, vorbeugend (prophylaktisch) zu wirken, um mögliche Störungen der Persönlichkeitsentwicklung und Beeinträchtigungen der Gesundheit schon in einem frühen Stadium zuvorzukommen. Je früher Unterstützung und Hilfe einsetzen - so die leitende Idee - desto eher kann der Verfestigung einer Störung und Beeinträchtigung und ihren möglichen Spätfolgen vorgebeugt werden. Diese können aus zunehmender Verschlimmerung der Leiden und nachfolgender sozialer Isolation und Stigmatisierung bestehen.

Greifen wir auf die Unterteilung von Caplan und sein Verlaufsmodell von Belastungs-Bewältigungs-Prozessen zurück: Dort ist in einer idealtypischen Betrachtung eine Sequenz von ökologischen und sozialen Lebensbedingungen, Risiken und Belastungen für die Persönlichkeitsentwicklung, gelungenen oder mißlungenen Bewältigungsprozessen, Störungs- und Krankheitsmanifestationen und biopsychosozialen Folgen und Spätfolgen entwickelt worden. Die von Caplan benannten Präventionsschritte beziehen sich auf dieses Modell: Je nachdem nämlich, zu welchem Zeitpunkt ein Eingriff einsetzt, wird er als primär, sekundär oder tertiär bezeichnet. In den letzten Jahren wird als Leitbegriff statt Prävention vermehrt auch der Oberbegriff Intervention verwendet. Eingriffe können so unabhängig von der verwendeten Methodik als vorbeugende, präventive, oder als eine korrigierende, heilende oder aber als rehabilitative Intervention bezeichnet werden. Insgesamt ergeben sich folgende idealtypische Interventionsschritte:

- Die *präventive Intervention* (entsprechend der primären Prävention) bezieht sich auf die frühe und völlige Verhinderung des Auftretens von für die weitere Entwicklung negativ zu bewertenden Ereignissen, wie beispielsweise körperlichen

Krankheiten, psychosomatischen Beschwerden, psychosozialen Störungen, Drogenkonsum usw.

- Die *kurative Intervention* (sekundäre Prävention) bemüht sich darum, eingetretene Störungsereignisse zu korrigieren, abzuwenden oder zu heilen, um negative Folgen des Ereignisses für die weitere Entwicklung zu vermeiden. Diese negativen Folgen können in körperlicher Gebrechlichkeit, in psychischem Leiden und in sozialer Desintegration bestehen. Ziel der Intervention in diesem Stadium ist die Wiederherstellung einer guten Ausgangssituation für die Bewältigung von Risiken und Belastungen im Alltag.

- Die *rehabilitative beziehungsweise kompensatorische Intervention* (tertiäre Prävention) ist die Anpassung an und der Ausgleich von Spätfolgen des negativ zu bewertenden Ereignisses. Hier geht es darum, daß sich Beeinträchtigungen und Störungen nicht weiter verfestigen, die auf den gesamten weiteren Lebensrhythmus ungünstige Auswirkungen haben können und den Gesamtzustand immer weiter verschlechtern. Auch geht es um einen Ersatz für den Ausgleich für Schäden, die bereits eingetreten sind, und um Hilfen, trotz der Störungen und Beeinträchtigungen noch ein erträgliches Leben führen zu können.

Um eine noch differenziertere und genauere Darstellung der Interventionsschritte zu ermöglichen, schlagen wir ein erweitertes Modell vor, das nicht von drei, sondern von fünf Phasen der Intervention ausgeht, indem die präventive und die rehabilitative Intervention in jeweils zwei Phasen untergliedert werden. Die Systematik wird dadurch der heute in der Praxis geläufigen Maßnahmen noch mehr gerecht.

In Tabelle 1 sind die fünf Phasen und Schritte der Intervention im Überblick dargestellt. Sie werden im folgenden noch kurz erläutert:

1. Bei der primordialen Interventionen handelt es sich um Maßnahmen, die sich unspezifisch eine gesamte Altersgruppe oder eine Region richten. Diese generelle Prävention ist vorrangig durch bevölkerungs-, sozial- und gesundheitspolitische Maßnahmen allgemeiner Art gekennzeichnet, also Maßnahmen, die sich auf die Verbesserung der Lebensbedingungen in den Bereichen Hygiene, Lebensstandard, Bildung, Wohnung, Ernährung usw. richten. So kann es beispielsweise Absicht einer solchen Intervention sein, durch Reihenimpfungen die Schutz- und Abwehrkräfte ganzer Bevölkerungsgruppen zu stärken. Primordiale Intervention ist im eigentlichen Sinne Gesundheitsförderung.

2. Bei der primären Intervention handelt es sich um Maßnahmen, die speziell auf Risikogruppen zugeschnitten sind. Diese Gruppen sind aufgrund des Herkunftsmilieus, kritischer Lebensumstände oder Lebensereignisse oder anderer Kriterien als besonders anfällig zu bezeichnen. Ziel dieser Programme ist es dabei, Wissen, Kompetenzen, Bewältigungsfähigkeiten und das Selbstbewußtsein der Betroffenen zu fördern und allgemein Entwicklungsdefizite zu kompensieren.

3. Die sekundäre Intervention setzt das Auftreten erster Störungsanzeichen voraus. Diese Interventionen bezieht sich auf Adressierung hoch risikobehafteter Personen, mit denen gezielt das sich ankündigende Problem bearbeitet werden kann. Merkmal der sekundären Intervention ist eine problemzentrierte Arbeit, deren Zielsetzung und Methodik entsprechend spezialisiert ist.

4. Die tertiäre Intervention richtet sich an Personen, bei denen eine manifeste Störung und deren fortgeschrittene Symptome bereits aufgetreten sind. Die verwendeten Methoden sind problemzentriert und therapeutisch. Ziel ist hier eine Behebung der aufgetretenen Störung sowie eine Schadensbegrenzung hinsichtlich der Spätfolgen.

5. Der Bereich der Rehabilitation und Kompensation wird als quartäre Intervention bezeichnet. Ziel der Rehabilitation ist es, nach Abschluß einer kurativen Behandlung den Genesenden in den alltäglichen Lebensablauf zurückzuführen und seine Vulnerabilität hinsichtlich des Wiederauftretens der Erkrankung zu mindern. Behinderten soll ein möglichst störungsfreier Lebensrhythmus trotz der Beeinträchtigung ermöglicht werden.

Die fünf Phasen und Schritte interventiven Handelns unterscheiden sich nicht nur nach dem Zeitpunkt, zu dem sie auf einem hypothetischen Ereigniskontinuum eintreten, sondern auch nach ihrer Eingriffsintensität und nach der Größe der Zielgruppe: Die Intensität nimmt von Phase 1 bis 5 schrittweise zu, die Größe der Zielgruppe nimmt schrittweise ab (vgl. Abb. 1).

Schließlich lassen sich alle Interventionsmaßnahmen, außer nach ihrem Wirkungsverlauf, auch nach ihrer Zielebene, nämlich nach distalen und proximalen Programmzielen unterscheiden: *Distale Ziele* von Interventionen konzentrieren sich auf die ökologischen und sozialen Lebensbedingungen sowie auf den institutionellen und sozialen Kontext und auf die sozialen Ressourcen (Netzwerke und Beziehungen). Die Verwirklichung dieser Ziele ist erst mit einer gewissen zeitlichen Verzögerung meßbar. *Proximale Ziele* sind dagegen auf die direkte subjektive Lebenswelt, den biographischen Kontext und die individuellen Ressourcen (persönliche Fertigkeiten, Handlungskompetenzen) eines Menschen gerichtet. Fortschritte innerhalb dieser Zielvorgaben sollten bereits während der Intervention erkennbar werden.

Tabelle 1:
Übersicht über Phasen und Schritte möglicher Interventionsansätze.

Phase	1	2	3	4	5
Interven-tionszeitpunkt	Gesundheit	erkennbare Risikofaktoren	erste Störungs-anzeichen, Frühzeichen von Krankheit	manifeste Störungen und Krankheiten	langfristige Krankheits-folgen
Zielgruppe	Gesamt-population	potentielle Risikogruppen	(akut) Erkrankte	(chronisch) fortgeschritten Erkrankte	genesende Behinderte
Zielsetzung	Verhütung der Entstehung von Störungen und Krankheiten, Stärkung der Schutz- und Abwehrkräfte	gezielte Vorbeugung durch Beein-flussung von früh identifizier-ten Risiko-faktoren	frühzeitiges Zurückdrängen der Störungs- und Krankheits-auslöser	Behandlung und Heilung der fortgeschritte-nen Störungen und Krankheiten	Verhinderung von Rückfällen, Vermeidung von Folgeerkrankun-gen, Sicherung der verbleiben-den Lebensquali-tät
Art der Intervention	primordial	primär	sekundär	tertiär	quartär
Bezeichnung der Maßnahme	generelle (unspezifische) Prävention, Gesundheitsför-derung	spezifische Prävention	Kuration, Therapie	Kuration, Therapie	Rehabilitation, Kompensation
Beispiele für Maßnahme	Schutzimpfun-gen, Gesund-heitserziehung, Ernährungsbera-tung, soziales Kompetenz-training, Umweltschutz	Früherken-nungstests (Screening), Selbstuntersu-chungen, gezielte Kompetenz- und Leistungs-förderung bei sozial Benach-teiligten	medizinische Behandlung, Psychotherapie, Verhaltenstrai-ning		Dauermedika-tion, Kompensa-tion verlorener Funktionen, Verhaltenstrai-ning, soziale Wiedereingliede-rung

Interventionsprogramme unterschei-den sich oft in der Wertung dieser Zielaspekte. Beide Zielebenen ver-langen unterschiedliche Zugangs-weisen, die in einem Fall die soziale und natürliche Umwelt einbeziehen muß und sich im anderen Fall in er-ster Linie auf die Persönlichkeits-merkmale und das manifeste Verhal-ten der Person orientiert. Dennoch sind in der Bewertung von Interven-tionen proximale und distale Pro-grammeffekte relevant.

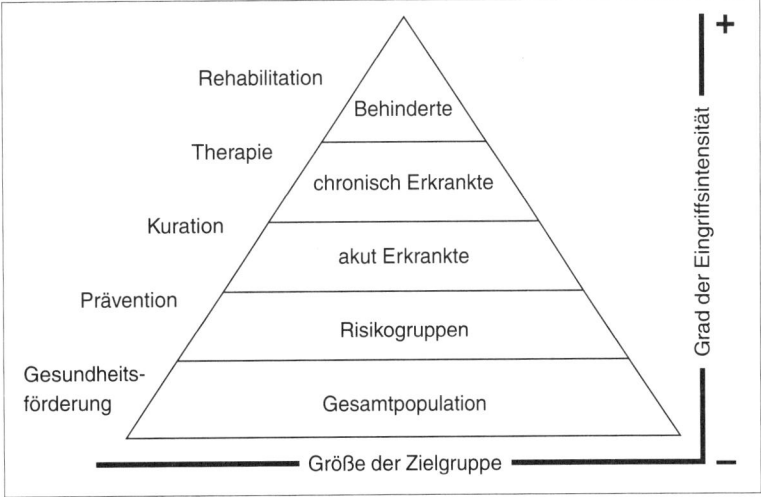

Abbildung 1:
Darstellung der Interventionshandlungen nach Größe der Zielgruppe und Eingriffsintensität.

2.4 Ethische Probleme unterschiedlicher Interventionsschritte

Anhand des Rasters in Tabelle 1 lassen sich unterschiedliche ethische Probleme aufzeigen, die bei der Implementation von präventiven Interventionen zu berücksichtigen sind: Maßnahmen der primordialen und primären Intervention müssen sachlich und ethisch meist intensiver begründet werden als solche der folgenden Phasen, die sich in der Regel aus dem Leidensdruck der Betroffenen legitimieren. Ein solcher Leidensdruck herrscht in Phase 1 und 2 noch nicht. Die generelle Prävention richtet sich an alle Angehörigen einer Population, um das Auftreten eines bestimmten Ereignisses (z. B. Suchtverhalten, Infektionskrankheit) bei allen Adressaten noch zu vermeiden. Die spezifische Prävention unterscheidet sich hierdurch, weil sie sich auf die Teile der Population konzentriert, bei denen ein kalkulierbares Risiko im Sinne einer Wahrscheinlichkeit des Auftretens des Problemverhaltens besteht.

Während es sich bei kurativen und rehabilitativen Maßnahmen in der Regel um solche handelt, die von den Betroffenen gewollt und meist sogar herbeigeführt worden sind, ist der Einsatz von Maßnahmen der primordialen und präventiven Intervention im Normalfall zunächst fremdbestimmt. Er bedarf daher einer besonders sorgfältigen Begründung. Das gilt vor allem im Bereich der generellen Prävention, die sich an eine Population richtet, die noch in keiner Weise auffällig wurde. Die Wahrscheinlichkeit für das Auftreten eines Störungs- und Krankheitssymptoms in dieser Gruppe ist zunächst sehr klein. Die Maßnahmen, die ergriffen werden, richten sich aber an die gesamte Population - unabhängig davon, ob eine hohe oder niedrige Wahrscheinlichkeit für ein Problemverhalten besteht. Es ist deswegen sorgfältig abzuwägen, ob eine solche Maßnahme ergriffen werden soll. Die Präventionsmaßnahme darf auf keinen Fall zu Benachteiligungen und Schädigungen führen. So darf eine Reihenuntersuchung zur Identifizierung von möglichen Risikogruppen nicht ihrerseits Stigmatisierungen oder Schädigungen zur Folge haben.

Dem Einsatz von Präventionsmaßnahmen ist immer ein intensiver Abwägungsprozeß vorzuschalten, bei dem die Vor- und Nachteile des Eingriffes genau zu überprüfen sind. Es müssen strenge Kriterien angelegt werden, um legitimerweise primordial oder präventiv tätig zu werden. Es handelt sich gewissermaßen um eine ethische „Kosten-Nutzen-Analyse". Keine Maßnahme darf als Nebeneffekt den Spielraum einer großen Gruppe von Menschen und ihre gesunde Entwicklung beeinträchtigen, nur um für einige Personen ein günstiges Ergebnis zu erzielen.

Gut ist in der Regel die Bilanz für kompetenzerweiternde Maßnahmen, insbesondere Erziehungsmaßnahmen und soziale beziehungsweise kognitive Trainings (Schwarzer, 1996; Röhrle, 1997). Hierzu zählen Maßnahmen der materiellen und sozialen Chancenverbesserung für alle Bevölkerungsgruppen. Problematisch wird es dann, wenn Maßnahmen mit einem Eingriff in das psychische und körperliche Wohl verbunden sind. Beispiele aus dem medizinischen Bereich sind hier etwa klinische Untersuchungen und Bluttests, um bestimmte Krankheiten zu prognostizieren, oder im psychologischen Bereich Screeningmaßnahmen, die unbeabsichtigte Stigmatisierungseffekte haben können. Hier besteht die Gefahr, daß präventive Maßnahmen zu einer zusätzlichen Belastung beitragen.

Vor allem bei auffälligem Verhalten, das stark von sozialen Normen abhängig ist (z. B. Dissozialität, Delinquenz) sind alle Maßnahmen, die nur auf einer vagen Risikoeinschätzung beruhen, ethisch äußerst problematisch, denn sie können zu Stigmatisierungseffekten bei der entsprechenden Person führen. Auch ist es sehr wichtig, von welcher Institution oder welcher Person aus die Kontrollen für die Durchführung der Maßnahmen gesteuert und überwacht werden. Ein weiterer wichtiger Aspekt ist, ob eine Zustimmung und ein Einverständnis zur Durchführung der Maßnahme vorliegt oder nicht. Informiertheit und Einverständnis der Betroffenen und der Eltern sind immer dann zu fordern, wenn die Maßnahmen Eingriffe in die persönliche oder die familiäre Autonomie beinhalten.

3 Ansatzpunkte für Maßnahmen der Prävention und Gesundheitsförderung

Unter dem Stichwort „Präventionsprogramme" oder „Programme der Gesundheitsförderung" werden meist solche Maßnahmen und Aktivitäten zusammengefaßt, die sich auf die primordiale und primäre Stufe von Intervention beziehen. Der Zugang von Kindern und Jugendlichen zu präventiven Maßnahmen ist jedoch nicht lückenlos gewährleistet. So ist es bereits schwierig, Risikogruppen zu identifizieren, da die Teilnahme an Vorsorgeuntersuchungen heute nur noch bei der Einschulung obligatorisch ist. Alle weiteren Untersuchungen sind der Freiwilligkeit anheim gestellt.

Prävention und Gesundheitsförderung kann nur in öffentlichen Institutionen Erfolg haben, in denen sich Kinder und Jugendliche in bestimmten Lebensphasen und/oder Lebenslagen gewöhnlich aufhalten. Die Träger der Programme können Kommunen, Kindergärten, Schulen, Jugendbildungseinrichtungen, Einrichtungen der Jugendarbeit und auch private Organisationen sein. Die meisten Programme zur Prävention und Gesundheitsförderung haben einen thematischen Schwerpunkt, entscheiden sich also für einen zentralen Bereich der Prävention oder Gesundheitsförderung, wie etwa den Bereich Sucht, Sexualität, Unfälle und Verletzungen, Bewegung, Ernährung und andere. Fast allen Programmen ist eine gemeinsame konzeptionelle Basis eigen. Diese richtet sich in der Regel auf die aktive Beeinflussung von Kognitionen und Verhalten. Andere Maßnahmen beziehen sich auf die Rahmenbedingungen für Verhalten oder auf die Exposition gegenüber schädigenden Einflüssen (z. B. Millieu, Organisationsstrukturen, Umwelt, Wohnverhältnisse). Wir können also zwischen Programmen unterscheiden, die sich als person- oder als kontextzentriert begreifen.

3.1 Personzentrierte Programme

Der Begriff „personzentriert" ist in diesem Zusammenhang nicht mit dem Konzept der klientenzentrierten Psychotherapie verknüpft, sondern soll ausdrücken, daß sich die Interventionen auf das Individuum selbst beziehen. Es handelt sich um Maßnahmen, die Personmerkmale beeinflussen wollen, wie etwa spezifische Verhaltensweisen und individuelle Kompetenzen von Kindern und Jugendlichen. Dabei kann der Schwerpunkt auf instrumentellen Fertigkeiten im kognitiven oder motorischen Bereich liegen oder auch auf sozialen Kompetenzen der zwischenmenschlichen Kommunikation. Es geht darum, bei Kindern und Jugendlichen die Fähigkeiten zu wecken, Situationen analysieren zu können, eigene Ziele für das Handeln aufzubauen, sowie die Handlungen zu planen, durchzuführen und zu bewerten. Es geht um die Entwicklung von Fähigkeiten zur Problemlösung, Fertigkeiten zur Bewältigung

belastender Lebenssituationen, Streßbewältigung und auch um die Förderung von Kompetenzen zur Vermeidung von Belastungen und Störungen.

Durch diese Programme sollen Kinder und Jugendliche zu einem reflektierten Vorgehen bei Lösungen interpersonaler Probleme angehalten werden; hierzu wurden verschiedene Trainingsverfahren entwickelt. Im Bereich Suchtverhalten/Drogenmißbrauch und Leistungsüberforderung/Streß – um nur zwei Beispiele zu nennen – haben sich diese Ansätze in den letzten Jahren als durchaus effektiv erwiesen. Um das Selbstwertgefühl oder die erfahrene Selbstwirksamkeit zu steigern, hat sich der Einbau von Trainingselementen zur Erweiterung der sozialen Kompetenz bewährt, oft auch in der Form des Gruppentrainings (z. B. Bühringer, 1994; Kröger & Hanewinkel, 1996; Lohaus, Klein-Heßling & Shebar, 1997; Leppin, Pieper, Szirmak, Freitag & Hurrelmann, 1999). Das gilt auch für Programme mit spezifischem Zuschnitt, etwa solchen, die auf die Bewältigung von Scheidungsfolgen abzielen (vgl. Jaede, Wolf & Zeller-König, 1996). Auch zur Vorbeugung von körperlichen und psychosomatischen Erkrankungen werden Programme dieser Art eingesetzt, wobei im Vordergrund Versuche stehen, durch Aufklärung, gezieltes Training, Vermittlung von Wissen über Risikofaktoren und Strategien zur Streßbewältigung veränderte persönliche Kompetenzen zu entwickeln (vgl. Hampel & Petermann, 1998a). Die Programme variieren nach Lebensalter und alltäglichen Zusammenhängen. Sie berücksichtigen damit besonders den jeweiligen persönlichen Entwicklungsstand und sind insofern Bestandteil einer Entwicklungsförderung.

3.2 Kontextzentrierte Programme

Unter diesem Begriff werden Präventionsprogramme zusammengefaßt, die auf die Lebensverhältnisse von Kindern und Jugendlichen abzielen. Sie streben die Veränderung von Umwelten an, sind also nicht nur ausschließlich auf die Person und das persönliche Verhalten direkt gerichtet. Eine kontextzentrierte oder umweltzentrierte Prävention ist darauf gerichtet, störende Einflüsse aus dem sozialen und ökologischen Kontext zurückzudrängen und Handlungsmöglichkeiten der Kinder und Jugendlichen in einem bestimmten Lebensraum zu stärken. Die in den sozialen Umwelten vorliegenden Risiko- und Schutzfaktoren müssen hierzu identifiziert sein.

Diese Programme sollen beispielsweise soziale Beziehungen in Familien und sozialen Netzwerken verbessern, Selbsthilfe initiieren und wichtige Bezugspersonen (Schlüsselfiguren) im sozialen Umfeld stützen. Durch netzwerkorientierte Verfahren, die sich an das direkte soziale Umfeld der Betroffenen richten, werden soziale Beziehungen stabilisiert und wiederhergestellt. Dies geschieht mit dem Ziel, möglichst viele unterstützende Komponenten im unmittelbaren sozialen Nahbereich zugänglich zu machen.

Neben den informellen Unterstützungskontakten wird auch die Inanspruchnahme von professionellen Unterstützungs- und Beratungsangeboten gefördert. Eine flexible und den Bedürfnissen von Kindern und Jugendlichen entsprechende Versorgungsstruktur von medizinischen, psychologischen und pädagogischen Diensten wird als gute Voraussetzung angesehen, um frühe und, im wahrsten Sinn des Wortes, primäre Unterstützung, Hilfe und Beratung anzubieten.

Ein weiterer Schwerpunkt von Maßnahmen in diesem Bereich liegt auf der Veränderung von Organisationsstrukturen in Kindergärten und Schulen. Hier geht es um die Verbesserung des sozialen Klimas einer Institution und um die Optimierung von Kommunikations- und Problemlöseprozessen mit dem Ziel, alle Beteiligten an der Gestaltung und dem Ablauf von sozialen Kontakten zu beteiligen. Im schulischen Bereich gehören hierzu Einführung von Tutorensystemen, gruppendynamische Maßnahmen, Verbesserung der Arbeitsbedingungen in den Schulklassen, bauliche Veränderungen, Stärkung der Partizipationsmöglichkeiten der Schülerinnen und Schüler und Stärkung von gemeinsamen Problemlösekapazitäten auf allen Ebenen der schulischen Organisation (Barkholz & Homfeld, 1994; Settertobulte, Hoepner-Stamos & Hurrelmann, 1997a;b).

Programme dieser Art erweisen sich dann als besonders wirksam, wenn soziale Benachteiligungen abgebaut werden können und zugleich eine echte Mitgestaltungsmöglichkeit, zum Beispiel von Schülerinnen und Schülern, erreicht wird. Hierdurch wird die Identifikation der Schülerinnen und Schüler mit der Organisation gestärkt und zugleich ein Schritt in Richtung einer „politischen Stärkung" (Empowerment) getan. Denn den Schülerinnen und Schülern werden hierdurch Möglichkeiten an die Hand gegeben, sich selbst zu artikulieren und ihre Interessen und Bedürfnisse einzubringen. Hierin scheint ein besonders effektives Mittel der Prävention zu liegen, das selbstverständlich auch den personbezogenen Sektor der Prävention berührt, weil unmittelbar kompetenzfördernde Aspekte ins Spiel kommen. In einer Meta-Analyse aus Berichten über die Wirksamkeit primärpräventiver Programme zur Verbesserung der psychischen Gesundheit berichten Durlak und Wells (1997) von besonders guten Erfolgen bei solchen Programmen, die die Schulumwelt im Sinne einer stärkeren Mitgestaltung und Mitbestimmung veränderten. Sie konnten zeigen, daß diese Maßnahmen die soziale Kompetenz der Kinder deutlich steigerten und dabei ähnlich erfolgreich oder gar besser waren als solche Programme, die im klassischen Sinne Verhaltensprävention betrieben (Durlak & Wells, 1997).

4 Theoretische Grundlagen für Präventions- und Gesundheitsförderprogramme

Die theoretischen Grundlagen für Programme der Prävention und Gesundheitsförderung stammen überwiegend aus der Verhaltenstheorie und der Sozialisationsforschung. Verhaltenstheorien stehen dabei vor allem für personzentrierte und die Sozialisationstheorien für kontextzentrierte Ansätze als Hintergrundkonzepte zur Verfügung.

4.1 Verhaltenstheoretische Ansätze

Verhaltenstheoretische Positionen gehen oft von einem „Health-Belief-Model" aus. Dabei wird die Verbindung von einer subjektiv wahrgenommenen Anfälligkeit für eine Erkrankung und die wahrgenommene Schwere und Bedrohlichkeit dieser Krankheit für die eigene Person als Ausgangspunkt für gesundheitsrelevantes Verhalten unterstellt. Grundannahme ist, daß

bei einer solchen wahrgenommenen Anfälligkeit für eine Krankheit auch die empfundene Bedrohung durch diese Krankheit steige und als Folge ein vorsorgliches und den ärztlichen Anweisungen Folge leistendes Verhalten eintrete. Nach dieser Theorie unterschätzen viele Menschen ihre Anfälligkeit für Krankheiten, fühlen sich durch sie nicht bedroht und unterlassen aus diesem Grund die erwünschten positiven Verhaltensweisen. Die Rolle der Gesundheitsförderprogramme wird im wesentlichen darin gesehen, diese Menschen auf die Gefahren von Krankheiten nachdrücklich hinzuweisen, vor allem durch Aufklärung und Information, aber auch durch abschreckende Impulse für die eigene Einstellungsbildung. Dieser Denkansatz vertraut darauf, daß eine umfassende Information über gesundheitsgefährdende Faktoren und gesundheitsabträgliche eigene Verhaltensweisen auch das tatsächliche Verhalten eines Menschen beeinflußt (Dlugosch, 1994).

Dieser Denkansatz setzt auf die Rationalität des menschlichen (Gesundheits-)Verhaltens und vertraut darauf, daß kognitiv vermittelte Informationen verhaltenssteuernd wirken. Diese Annahmen sind aber nur teilweise realistisch. Aus diesem Grund wurden in den letzten Jahren vielfältige Bemühungen unternommen, diese Theorie zu erweitern. Dabei geht es um die Frage, welche kognitiven, motivationalen und emotionalen Vorgänge die Einleitung und Aufrechterhaltung gesundheitsrelevanten Verhaltens in sozialen Situationen beeinflussen.

Das Verhaltensmodell von Schwarzer (1996) berücksichtigt explizit die motivationale Dimension. Die Entscheidung für eine bestimmte Verhaltensweise oder die Korrektur einer bisherigen Verhaltensgewohnheit muß demnach die aktuelle individuelle Motivationslage, das heißt die persönliche Valenz des Risikoverhaltens berücksichtigen: Zum Beispiel verfehlt der Hinweis an Jugendliche, die Fortsetzung des Risikoverhaltens Rauchen würde in einer späteren Lebensphase zu gesundheitlichen Belastungen führen, die erwünschte Wirkung, da dieser Hinweis mit den aktuellen, attraktiveren Verhaltensalternativen nicht konkurrieren kann.

Gesundheitsrelevantes Verhalten kann nach Schwarzer nicht alleine durch Veränderung von Einstellungen bewirkt werden, sondern muß selbstbildrelevante Aspekte des eigenen Handelns mit einbeziehen. Bei Kindern und Jugendlichen können wir noch nicht von expliziten gesundheitsbezogenen Selbstbildern ausgehen. Vielmehr stehen Aspekte des psychosozialen Wohlbefindens im Sinne der Bewältigung von Entwicklungsaufgaben im Zentrum der Selbstdefinition. Ob gesundheitsrelevante Einstellungen auch wirklich verhaltenswirksam werden, entscheidet sich danach, ob sie als wichtiger Bestandteil der Selbstdefinition wahrgenommen werden und inwieweit sie mit anderen Selbstschemata konkurrieren. Unter einem Selbstschema wird dabei die kognitive Repräsentation von bestimmten Aspekten der eigenen Person verstanden, also ein Bestand an selbstbezogenen Wahrnehmungen, die im Laufe des Lebens aufgrund von Erfahrungen und Bewertung dieser Erfahrungen erworben werden. Die geordnete Menge der gesundheitsrelevanten Selbstschemata wird als eine implizite Theorie, als eine subjektive Gesundheitstheorie verstanden, als ein System zur Verarbeitung gesundheitsrelevanter Informationen und zur Steuerung entsprechender Handlungen (Schwarzer, 1996).

Kinder und Jugendliche benötigen in ihrem Lebensalltag vor allem soziale und individuelle Handlungskompetenzen. Es geht ihnen darum, beliebt, durchsetzungsfähig, erwachsen, stark, unabhängig, sicher, gut aussehend und intelligent zu sein. Verhaltensweisen, die die physische Gesundheit schädigen, wie etwa Rauchen oder Drogenkonsum, werden in diesem Zusammenhang nach ihrem sozialen Einfluß als „Mittel zum Zweck" eingesetzt, um zum Beispiel bei den wichtigen Bezugsgruppen bestimmte Anerkennungen zu forcieren. In der Kosten-Nutzen-Abwägung fällt die Entscheidung für eine bestimmte Verhaltensweise oft zugunsten der gesundheitsschädlichen, da das aktuelle psychische und soziale Wohlbefinden von den Jugend-

lichen höher gewertet wird als die potentielle Beeinträchtigung der physischen Gesundheit. Die Jugendlichen streben eine ideale Erfüllung ihres Selbstbildes an und orientieren sich dabei an den unmittelbaren Anforderungen, die sie vor sich sehen (Hurrelmann & Lösel, 1990).

Gesundheitserziehung bei Kindern und Jugendlichen muß diesen Überlegungen zufolge, von einem sehr breiten Gesundheitskonzept ausgehen. Gesundheit darf nicht allein über die Abwesenheit von Krankheitssymptomen definiert werden, sondern muß positive Konnotationen besitzen. Gesundheitsschädliches Verhalten muß mit solchen negativen Konsequenzen verknüpft werden, die nicht nur im biologischen, sondern auch im sozialen und psychischen Bereich liegen (zu viel Essen macht dick; Rauchen bringt unangenehme Begleiterscheinungen für Aussehen und Geruch mit sich usw.). Gleichzeitig müssen Verhaltensalternativen angeboten werden, die den gleichen psychosozialen Zweck erfüllen wie die gesundheitsschädlichen Verhaltensweisen, also ebenfalls zu sozialer Akzeptanz und zur Verbesserung des Selbstwertgefühls führen. Die Folgen des gesundheitsbewußten Verhaltens müssen positiv bewertbar sein: Körperliche Attraktivität, Vitalität, erhöhte Streßresistenz und größerer Lebensgenuß (Schwarzer, 1996).

Da Jugendliche sehr stark gegenwartsorientiert sind, muß Gesundheitserziehung vor allem auf die körperliche Attraktivität und das aktuelle Wohlbefinden und nicht so sehr auf spätere Lebenserwartung abzielen. Auch ist zu bedenken, daß das gesundheitsangemessene Verhalten starke Anforderungen an die eigene Steuerung des Verhaltens und das Ertragen von Unlustzuständen (z. B. bei körperlicher Beanspruchung, beim Durchhalten eines Konfliktes, beim Einhalten einer Diät) verlangt. Das problembezogene und nicht ausweichende Bewältigungsverhalten verspricht also in einer konkreten Situation nicht unbedingt die schnelle und streßfreie Lösung, sondern kann genau das Gegenteil bedeuten. Auch hieraus erklärt sich, warum die gesundheitsschädigenden Verhaltensweisen aktuell so attraktiv sein können (Hurrelmann, 1998).

4.2 Sozialisationstheoretische Ansätze

Sozialisationstheoretische Ansätze, die den Hintergrund für die kontextzentrierten Präventionsprogramme anbieten, gehen von der Annahme aus, daß Zusammenhänge zwischen sozialen Lebens- und ökologischen Umweltfaktoren einerseits und körperlichen, psychischen und sozialen Beeinträchtigungen der Gesundheit andererseits zu identifizieren sind. Wie anfällig ein junger Mensch für bestimmte Beeinträchtigungen der Gesundheit ist, richtet sich demnach nach dem Verhältnis zwischen den Risiko- und Belastungsfaktoren und den zur Verfügung stehenden sozialen und individuellen Ressourcen, die den Bewältigungsprozeß tragen und steuern (vgl. Scheithauer & Petermann, 1999). Sind diese Ressourcen unzureichend, dann werden ganz offensichtlich hierdurch die Bewältigungskapazitäten beeinträchtigt; sie reichen nicht aus, um mit sozialen, psychischen und physiologischen Anpassungsprozessen zurechtzukommen. Ein Übermaß an Belastungsfaktoren aus der sozialen und ökologischen Umwelt kann - so lautet die Kernannahme - zu einer so starken Strapazierung der Bewältigungskapazitäten eines Kindes oder Jugendlichen führen, daß die Anpassungsleistungen nicht nur im sozialen und psychischen, sondern auch im physiologischen Bereich unzureichend werden (Hurrelmann, 1995).

Gesundheit läßt sich in sozialisationstheoretischer Tradition definieren als Zustand des objektiven und subjektiven Befindens einer Person, der gegeben ist, wenn diese Person sich in den physischen, psychischen und sozialen Bereichen ihrer Entwicklung in Einklang mit den eigenen Möglichkeiten und Zielvorstellungen und den jeweils gegebenen äußeren Lebensbedingungen befindet. Gesundheit ist beeinträchtigt, wenn sich in einem oder mehreren dieser Bereiche Anforderungen ergeben, die von der Person in der jeweiligen sozialen Situation und der jeweiligen Phase im Lebenslauf nicht erfüllt und bewältigt werden können. Die Beeinträchtigung kann sich in Symptomen der sozialen, psychischen und physisch-physiologischen Auffälligkeit manifestieren (Hurrelmann, 1995).

Gesundheit ist demnach kein passiv erlebter Zustand des Wohlbefindens, sondern ein aktuelles Ergebnis der jeweils aktiv betriebenen Herstellung und Erhaltung der sozialen, psychischen und körperlichen Aktionsfähigkeit eines Menschen im gesamten Lebenslauf. Soziale, ökonomische, ökologische und kulturelle Lebensbedingungen bilden den Rahmen für die Entwicklungsmöglichkeiten von Gesundheit für jede einzelne Person. Der Zustand „Gesundheit" spiegelt in diesem Sinne immer auch die subjektive Verarbeitung und Bewältigung gesellschaftlicher und sozialer Verhältnisse wider. Gesundheit ist dann gegeben, wenn eine Person konstruktiv soziale Beziehungen aufbauen kann, sozial integriert ist, die eigene Lebensgestaltung an die wechselhaften Belastungen des Lebensumfeldes anpassen kann, dabei individuelle Selbstbestimmung sichern und den Einklang mit den biogenetischen, physiologischen und körperlichen Möglichkeiten herstellen kann. Gesundheit kann deshalb auch als das jeweils aktuelle Resultat einer „gelungenen" Sozialisation verstanden werden.

Mit diesem theoretischen Zugang stellt die Sozialisationstheorie stark auf Kontext- und Umweltgegebenheiten ab. Sie verweist darauf, daß Kinder und Jugendliche in ihren Lebensbereichen außerhalb der Familie und der institutionalisierten Erziehungs- und Bildungseinrichtungen heute eine teils zwar äußerst anregende, in vielerlei Hinsicht aber auch einseitig stimulierende und in vielen Aspekten direkt und indirekt gesundheitsgefährdende Umwelt vorfinden. Risiken für eine gesunde Entwicklung können - außer im familialen und schulischen Nahbereich - auch in folgenden Lebensbereichen liegen:

• Die natürlichen Lebensbedingungen von Kindern und Jugendlichen in den Industriegesellschaften sind durch die Schadstoffbelastung von Wasser, Boden, Luft, Wohnräumen und Nahrungsmitteln erheblich beeinträchtigt. Hierin werden die Ursachen für viele, mit zunehmenden Häufigkeiten beobachtete gesundheitliche Beeinträchtigungen wie etwa Allergien, Neurodermitis und Asthma bronchiale vermutet (Settertobulte, Hoepner-Stamos & Hurrelmann, 1997a;b; Petermann & Warschburger, 1999).

• Die alltäglichen Verkehrsräume Wohnung und Straße sind heute alles andere als den Bedürfnissen der Kinder entsprechend gestaltet, sie müssen vielfach geradezu als kinderfeindlich und damit auch als für die gesunde Entwicklung abträglich eingestuft werden; außerdem bergen sie lebensgefährliche Risiken. Unfälle sind die häufigste Todesursache im Jugendalter (Elmén & Sundh, 1994).

• Die Welt der Kinder und Jugendlichen ist heute sehr stark von Medien geprägt; diese bieten einen Überschuß an visuellen und akustischen, meist elektronisch vermittelten Informationen, während emotionale und motorische Sinnesbereiche zuwenig stimuliert werden. Auch hier liegen erhebliche Risiken für die Entwicklung, weil spontane und alle Sinne ansprechende Aneignungsprozesse der sozialen und der natürlichen Umwelt gestört sind (Palentien & Hurrelmann, 1995).

• Der Freizeitbereich ist sehr stark kommerzialisiert und zusätzlich durch die schwer vorhersagbare Dynamik der Freundschaftsbeziehungen in der Gleichaltrigengruppe geprägt. Dadurch herrschen in ihm verdeckte Wettbewerbs- und Prestigedynamiken, die Kinder und Jugendliche in für ihre Gesundheitsentwicklung riskante Situationen hinein manövrieren können. Hinzu kommen erhebliche Verunsicherungen der psychosozialen und moralischen Wertorientierung, die im Zuge einer voranschreitenden Individualisierung und Pluralisierung von Lebensmustern zu psychischen Orientierungsschwierigkeiten und psychosozialen Störungen führen (Palentien & Hurrelmann, 1995).

Präventions- und Gesundheitsförderprogramme müssen diese Ausgangskonstellationen berücksichtigen. Im strukturellen „Makro-Bereich" gehören insofern allgemeine Verbesserungen der Bildungs- und Entfaltungsbedingungen von Kindern und Jugendlichen dazu. Auch im „Mikro-Bereich", der unmittelbar verhaltensrelevante Maßnahmen anspricht, sind die sozialen Kontextbedingungen zu beachten. So sind etwa Maßnahmen zur Förderung von aktiven Bewältigungsstrategien nicht nur mit einem hohen Maß von Selbstmanagement und Selbstsicherheit verbunden. Sie setzen auch voraus, daß Kinder sich von bestimmten Bezugsgruppen unabhängig machen können. Die Fähigkeit, solche Bezugsgruppen zu aktivieren, die dem eigenen Bewältigungsverhalten entgegenkommen, gehört mit zum Bewältigungsrepertoire (Leppin & Schwarzer, 1997). Gruppendruck, Machtbeziehungen, Prestige- und Einflußmotive, Neugierverhalten, Suche nach Erlebnis und Anregung können bei Kindern und Jugendlichen dazu führen, daß ein schädigendes Verhalten das attraktivere gegenüber dem nicht-schädigenden Verhalten ist. Diese Bedingungen müssen in den Präventionsprogrammen beachtet werden.

5 Ansätze und Beispiele für Präventions- und Gesundheitsförderprogramme im Kindes- und Jugendalter

Aus den vorgegangenen Erörterungen lassen sich vereinfacht die folgenden Kriterien für die Gesundheitsförderung und Prävention ableiten:

- Eine Konzeption der Gesundheitsförderung läßt sich nur dann aussichtsreich begründen, wenn sie an den Erfahrungen und Erlebnissen von Lebensfreude bei Kindern und Jugendlichen ansetzt und nicht etwa als „Attacke auf die Lebenslust" angesehen wird. Gelingt dieser Zugang nicht, dann hat jede Gesundheitsförderung den Status des unattraktiven, lustlosen, lusttötenden und restriktiv-disziplinierenden Vorgehens, und ist damit gleich von vornherein zum Scheitern verurteilt. Gesundheitsförderung darf nicht als ein Aufzwängen von Erwachsenenverhaltensweisen empfunden werden, denn gerade im Jugendalter gehört es ja zu den wichtigsten Verhaltensimpulsen, sich gegen die vorherrschenden Erwachsenennormen aufzulehnen und sich von ihnen abzusetzen. Setzt hier die Gesundheitsförderung falsch an, so kann sie von Jugendlichen negativ besetzt werden und richtet damit mehr Schaden an als Nutzen (Hurrelmann, Leppin & Nordlohne, 1995).

- Die Konzepte der Gesundheitsförderung müssen die vorherrschenden normativen und sozial-strukturellen Rahmenbedingungen berücksichtigen. Es wäre wirklichkeitsfremd, die objektiv gesundheitsfeindlichen Wertorientierungen, die in weiten Bereichen des Erwachsenenlebens dominieren, in der Gesundheitsförderung gegenüber Kindern und Jugendlichen zu verheimlichen. Dazu gehört insbesondere eine Analyse der Mechanismen der kommerziellen Werbung, die ja eindeutig und mit ausgeklügelten sozialpsychologischen Einflußmethoden zugunsten gesundheitsgefährdenden Verhaltens (Rauchen, Alkoholkonsum, kalorienhaltige Speisen usw.) betrieben wird. Auch dürfen die strukturellen Belastungskomponenten des täglichen Lebens nicht ausgeklammert werden: Dauerbelastung durch hohe schulische Leistungsanforderungen, lange Ausbildungszeiten und Verunsicherung von Jugendlichen und jungen Erwachsenen durch einen anforderungsreichen und strukturell schwierigen Arbeitsmarkt.

- Effektive Gesundheitsförderung muß den alltäglichen Lebensstil von Kindern und Jugendlichen, wie er durch soziale und kulturelle Einflüsse geprägt wird, in ihren Ansatz einbeziehen. Das Bestreben gerade junger Menschen, Selbständigkeit und Selbstmanagement zu erlangen, kann ein wichtiger Anknüpfungspunkt für die Gesundheitsförderung sein, der sie für die junge Generation interessant macht. Versteht man Gesundheitsförderung als Hilfe bei der Unterstützung eines individuellen Lebenskonzeptes, das sich von eingefahrenen Pfaden des Erwachsenenlebens unterscheidet, stellt sie für Kinder, Jugendliche und junge Erwachsene ein interessantes und attraktives Konzept der Stärkung von Selbstentfaltung und Selbstfindung dar.

Die meisten der heute in Kindergärten und Schulen praktizierten Konzepte der Gesundheitserziehung in der Bundesrepublik sind von diesen Idealvorstellungen noch weit entfernt. Zwar existieren zu den Themenkomplexen natürliche Umwelt und Gesundheit, psychische und soziale Gesundheit, körperliche Gesundheit, ansteckende und nicht-ansteckende Krankheiten, Tabak, Alkohol und illegale Drogen, Arzneimittel und Medikamente, Ernährung, Schwangerschaftsverhütung und sexuell übertragbare Krankheiten, sexueller Mißbrauch, Streß, Psychomotorik, Zahnhygiene, körperliche Fitneß, Verbraucherverhalten und Verbraucherschutz und Unfallverhütung jeweils gut ausgearbeitete Programme, aber ihre Umsetzung und Evaluation ist zum großen Teil noch unzureichend. Im deutschen Sprachraum besteht besonders im Vergleich zu den angelsächsischen Ländern und einigen europäischen Nachbarländern ein erheblicher Nachholbedarf an Forschung und Praxis. Bisher existieren nur in wenigen Bundesländern der Bundesrepublik Deutschland gut ausgearbeitete Programme, und diese beziehen sich in der Regel nur auf Teilbereiche der Gesundheitsförderung. Es fehlt an wissenschaftlich abgesicherten umfassenden Konzepten und darauf aufbauenden Programmen.

5.1 Beispiel 1: Sucht- und Drogen- vorbeugung in der Schule

Ein Beispiele für ein umfassendes Konzept zur Drogenprävention ist das nordrhein-westfälische Programm der Suchtprävention, das vom Landesinstitut für Schule und Weiterbildung (1991) entwickelt wurde (vgl. auch Kersch, Petermann & Fischer, 1998). Es geht von der Prämisse aus, daß Präventionsmaßnahmen im Jugendalter den Drogenkonsum als psychosozialen und funktionalen Bestandteil des Lebens ansehen müssen, mit dem die Herausforderungen der Lebensphase Jugend bewältigt werden. Aller Maßnahmen setzen entsprechend an den psychosozialen Funktionen an, die die Nutzung von Drogen im Kontext kultureller und sozialer Bedingungen der Lebensbewältigung im Jugendalter hat. Der Schule als Bildungsinstitution und als wichtiger sozialer Erfahrungsraum im Jugendalter kommt hierbei eine Schlüsselrolle zu. Das Programm bemüht sich um Konzepte, die den Prozeß der aktiven Aneignung von Informationen und Wissensbeständen sowie der produktiven Auseinandersetzung mit ihnen in das Zentrum der unterrichtlichen Bildungsprozesse rücken und zugleich die Lerninteressen und persönlichen Bedürfnisse der Schülerinnen und Schüler ansprechen.

Als didaktisches Ziel wird die Kombination von Informations- und Einstellungsveränderungsstrategien gewählt. Maßnahmen, die Wissen über die rechtlichen, physiologischen und psychologischen Voraussetzungen und Folgen von Drogenkonsum und -mißbrauch vermitteln, werden Informationsstrategien genannt. Maßnahmen zur Förderung von Kommunikations- und Entschlußfähigkeit, von Selbstbehauptung und Fähigkeit zur Definition von Werthaltungen sowie Versuche, positive emotionale Erlebnisse zu vermitteln, werden als affektive Strategien bezeichnet (Landesinstitut für Schule und Weiterbildung NRW, 1991).

Die Materialien und Medien des Landesinstituts für Schule und Weiterbildung sind als Praxishilfen für den schulischen Alltag konzipiert. Sie sollen suchtprophylaktischen Unterricht unterstützen, indem sie soziale, affektive und kognitive Lernziele aufeinander beziehen und Lebensbewältigung, Problemlösungsfähigkeit sowie das Erlernen sozialer und personaler Handlungskompetenzen als zentrale Ziele definieren. Es wird eine auf Theorie und Praxis abgestimmte Konzeption zur Sucht- und Drogenprävention in der Schule und zugleich ein Modell zur Fortbildung von Lehrern für Suchtvor-

beugung und Drogenfragen vorgelegt. Die Materialien mit jeweils unterschiedlichen Schwerpunkten für Unterrichtsreihen, sind wie folgt gegliedert:

- Kognitive Inhalte und Sachinformationen - Informationen über Sucht und Suchtmittel (Nikotin, Alkohol, Tabletten, illegale Suchtmittel), Wirkungsweisen, Möglichkeiten der Therapie und Beratung, Drogen und Gesellschaft;
- Übungen zur Entwicklung psychosozialer Identität – Bewußtmachen von Gruppendruck, Widerstehen und „Nein-Sagen" lernen, Bewußtmachen der Interaktionen in einer Gruppe, Unsicherheit, Angst, Frustration, Mißerfolg, Ablehnung aushalten können, Möglichkeiten der Entscheidungsfindung, der Verbesserung der Kommunikations- und Problemlösungsfähigkeit, Verbesserung der Ich-Kompetenz;
- Übungen zur Verbesserung der Selbstwahrnehmung – Anspannungs- und Entspannungsübungen, Gefühle und Befindlichkeiten wahrnehmen, verbalisieren und akzeptieren, Sinneswahrnehmungen trainieren;
- Bewußtmachen von Werten und Normen – Kennenlernen unterschiedlicher Normen und ihrer Bedeutung für das Verhalten, Entstehung und Veränderung von Normen und Werten, Bewußtmachen persönlicher Werteskalen;
- Übungen und Spiele zur Körpererfahrung – Erfahrungen des eigenen Körpers, der Reaktionen auf Gefühle, Erfahrung von Reaktionen im emotionalen Bereich auf körperliche Signale, Wahrnehmung und Überwindung von körperlichen Berührungsängsten.

Schulische Suchtprophylaxe wird nicht nur als Aufgabe einiger ausgewählter Fächer gesehen. Die Materialien sollen allen Lehrerinnen und Lehrern helfen, solche Ansätze in den Unterricht aufzunehmen. Großer Wert wird ebenso auf die über den unterrichtlichen Bereich hinausgehenden Freiräume des Schullebens gelegt. Durch den Wahlpflichtunterricht, Arbeitsgemeinschaften oder Neigungsgruppen können methodische Arbeits- und Sozialformen stärker akzentuiert werden, die die unterrichtliche Arbeit organisatorisch ergänzen und bereichern. Durch das Zusammenwirken von unterrichtlichen und außerunterrichtlichen Aktivitäten einer Schule entsteht erst ein Schulleben, durch das die unterschiedlichen Maßnahmen, die eine Schule im Hinblick auf die Suchtprävention ergreifen kann, eine sinnvolle Abrundung und Abstimmung erfahren.

Dieses Programm wurde unter anderem an Dortmunder Schulen implementiert und evaluiert. Die Evaluation erfolgte in einer Längsschnittstudie über drei Jahre hinweg, die vergleichend solche Schülerinnen und Schüler erfaßte, die an dem Programm teilnahmen und solche, die dies nicht taten. Sowohl die teilnehmenden Jugendlichen, als auch die beteiligten Lehrerinnen und Lehrer berichteten darin von Fortschritten für sich selbst sowie von Ausstrahlungseffekten auf die gesamte Schule. Über den gesamten Untersuchungszeitraum hinweg zeigten sich signifikante Erhöhungen der sozialen Kompetenz der Jugendlichen hinsichtlich der Konzepte „Assertivität", „prosoziale Fähigkeiten" und „Kontaktfähigkeit". Die Stärke dieses Effekts variierte jedoch zwischen den einzelnen Schultypen. Direkte Verhaltenseffekte, wie etwa dem Ausmaß des Alkohol- und Zigarettenkonsums konnten jedoch innerhalb des Meßzeitraums nicht generell festgestellt werden. Lediglich bei den Mädchen zeigten sich Effekte hinsichtlich des Einstiegs in den Alkoholkonsum. Ebenso zeigten sich bei bestimmten Risikogruppen wie etwa den hoch Prüfungsängstlichen (Leppin, Freitag, Pieper, Szirmak & Hurrelmann, 1998) und den Depressiven deutliche Effekte bezüglich des kompensatorischen Gebrauchs von Alkohol. Ebenso wurde eine leichte Verschiebung des Einstiegsalters in den Konsum psychoaktiver Substanzen erreicht (Freitag, Leppin, Pieper, Szirmak & Hurrelmann, 1998).

Diese Hinweise auf eine differentielle Wirksamkeit der Programme werden auch durch erste Befunde zur Durchführbarkeit des neu entwickelten Präventivprogramms „ALF – Allgemeine Lebenskompetenzen und Fertigkeiten" gestützt (Kröger, Kutza, Walden & Reese, 1998). Diese Ergebnisse legen nahe, daß differentielle Programme für die unterschiedlichen Schularten konzipiert werden sollten: Es zeigte sich eine hohe Akzeptanz und Umsetzung sowohl an Hauptschulen als auch an Gymnasien, jedoch beurteilten Hauptschüler das ALF-Curriculum insgesamt positiver als die Gymnasiasten. Die Gymnasiasten bewerten dabei das Curriculum im zeitlichen Verlauf zunehmend kritischer.

5.2 Beispiel 2: Kognitiv-behaviorales Anti-Streß-Training (AST) für Kinder

Das kognitiv-behaviorale Anti-Streß-Training für Kinder im Alter von acht bis 13 Jahren (Hampel & Petermann, 1998a) verfolgt das Ziel, Risiko- und Schutzfaktoren gegenüber psychischen Belastungen zu modifizieren. Den Kindern sollen Selbstkontrollfertigkeiten vermittelt werden, um schulbezogene Belastungen kurz- und langfristig besser bewältigen zu können. Dazu gehört ein flexibles Repertoire an effektiven Bewältigungsstrategien in Form von kognitiven und sozialen Kompetenzen.

Ausgangsannahmen für die Gestaltung dieses Programms sind Erkenntnisse über die psychische Belastung im Kindesalter, die sich aktuell in physischen Beanspruchungssymptomen wie etwa Schlafstörungen, Appetitlosigkeit, Kopf- und Bauchschmerzen äußern (Lohaus, Fleer, Freytag & Klein-Heßling, 1996). Als Auslöser der kindlichen Beanspruchung wurden Geschwister- und Eltern-Kind-Konflikte, vor allem

aber die schulische Belastung identifiziert (McManus, 1997; Ziegler, 1996). Es sind dabei meist nicht einzelne kritische Lebensereignisse, sondern die alltägliche Belastung, die die kindliche Entwicklung beeinträchtigen (Boekaerts, 1996; Hampel & Petermann, 1998b; Lepore & Evans, 1996). Kinder weisen zu geringe Kenntnisse über die erfolgreiche Bewältigung von Belastungen besonders im Hinblick auf die Regulierung ihrer Emotionen auf (Forman, 1993; Mellins, Gatz & Baker, 1996). Ein weiteres Problem ist die alterstypische ausschließlich externale Ursachenzuschreibung für den Streß, die erst etwa ab dem zwölften Lebensjahr differenzierter wird (Klein-Heßling & Lohaus, 1998). Vor allem die zyklische Abfolge von Belastung und Erholung hat sich als relevant für die Streßreaktivität erwiesen. In diesem Sinne ist die Fähigkeit zu adäquater Erholung ein bedeutsamer Schutzfaktor (Allmer, 1996). Nicht zuletzt ist auch die soziale Unterstützung durch die Eltern zu nennen, durch die Kinder vor negativen Auswirkungen von Belastungen geschützt werden (Hurrelmann, 1995; Zaragoza, Vaughan & McIntosh, 1991).

Im Gegensatz zu den meisten bisherigen Streßbewältigungsprogrammen mit dem Schwerpunkt auf der Vermittlung von Entspannungsmethoden, verfolgt das AST den Ansatz eines multimodalen Trainings. Dazu gehören Entspannungsverfahren mit dem Ziel der Aufmerksamkeitsschulung, der Aktivitätsminderung und der Förderung der Selbstwirksamkeitserwartungen, die Vermittlung von Wissen über Streßvorgänge, die Schulung der Wahrnehmung, die Vermittlung günstiger Bewältigungsstrategien sowie die Stärkung sozialer Unterstützung durch die Einbeziehung der Eltern.

Die vollständige Version des Trainings besteht aus einem acht Trainingssitzungen umfassenden Programm (AST_8), das sich aus folgenden Elementen zusammensetzt (vgl. Kasten 1):

Kasten 1:
Aufbau der intensiven Programmvarianten des AST nach dem Streßimpfungstraining.

1) Informationsphase:
Reformulierung des Streßgeschehens

- Wissensvermittlung,
- Exploration des erlebten Streßgeschehens
- Schulung von Wahrnehmungsprozessen (Körperreaktionen und Gefühle)
- Schulung der Diskriminationsleistungen (innere und äußere Anforderungen, günstige und ungünstige Bewältigungsstrategien)

2) Lernphase:
Aufbau von Bewältigungsmaßnahmen

- Erlernen eines Entspannungsverfahrens (Progressive Muskelrelaxation)

- Einüben kognitiver Strategien (Problemlöse- und Selbstinstruktionstechniken)

3) Anwendungsphase: Transfer in den Alltag

- Ermittlung und Erproben individueller Erholungsaktivitäten;
- Modellernen
- Rollenspiele sowie
- verhaltensbezogene Hausaufgaben
- Vorbeugen von Rückfällen (Vorstellungsübungen und Rollenspiele)

Während der Wahrnehmungsschulung und der Ermittlung der individuellen Belastungssituationen, Streßreaktionen und Bewältigungsmaßnahmen in der vierten Stunde des Trainings ist die Beteiligung eines Elternteils vorgesehen. Ziel ist es, daß die Kinder ihren Eltern ihr Streßgeschehen erläutern können. Ebenso sollen die Eltern in der siebten Stunde an den Rollenspielen teilnehmen, wobei Eltern und Kinder mit vertauschten Rollen typische Belastungssituationen durchspielen. Ziel ist es hier, Eltern und Kinder zur Perspektivübernahme anzuregen.

Zur Operationalisierung des Streßgeschehens im Training werden die verschiedenen wissenschaftlichen Begriffe in kindgerechte Alltagssprache übersetzt und umschrieben. So wird etwa eine günstige Streßverarbeitungsstrategie als „Streßkiller", ungünstige Strategien als „mega-Stresser" bezeichnet. Zur Darstellung und Reflektion des Streßgeschehens wird dabei auf das Verfahren der „Streßwaage" (Klein-Heßling & Lohaus, 1998) zurückgegriffen. Die verhaltensbezogene Hausaufgabe besteht im wesentlichen in der Selbstbeobachtung und Protokollierung von alltäglichen Streßsituationen, aber auch im Einbau von günstigen Bewältigungsmaßnahmen in den Alltag, wie Erholungsverhalten.

Das Programm ist dabei in vier unterschiedlich langen Versionen konzipiert, die auch als Module im Zusam-

menhang mit anderen Zielstellungen angewandt werden können. Eine sechs Sitzungen umfassende Version (AST_6) enthält alle Elemente des vollständigen Trainings, verzichtet jedoch auf die Beteiligung der Eltern. Hierdurch wird diese Intervention zum Beispiel im Rahmen einer wohnortfernen stationären Rehabilitation oder in Heimen einsetzbar. In der acht Sitzungen umfassenden, intensiven Version (AST_8) werden die Eltern in zwei Sitzungen mit einbezogen. Die vollständigen Versionen sind dabei überwiegend auf sekundärpräventive Ziele ausgerichtet, da sich die Inhalte teilweise auf besondere Problemstellungen richten. Die zweistündige Version (AST_2) ist als Baustein zur Integration in umfassende Schulungsprogramme einsetzbar, die entweder ein primär- oder sekundärpräventives Ziel verfolgen. Die Inhalte beschränken sich auf die Wissensvermittlung, die Exploration des individuellen Streßgeschehens und die Schulung der Wahrnehmung. Die vierstündige Version (AST_4) richtet sich an Kinder, die von einer vorbeugenden Maßnahme profitieren könnten. Die Inhalte des AST_2 werden hier durch die Vermittlung von Methoden zur kurzfristigen Streßreduktion in Form eines Entspannungsverfahrens ergänzt. Für die Versionen AST_4, AST_6 und AST_8 wird ein zusätzlicher Auffrischungskurs etwa drei bis sechs Monate nach dem Training empfohlen.

Erste Befunde zur Evaluation des Trainings zeigten die Notwendigkeit der Ergänzung durch Elemente zur Körperwahrnehmung. Generell war die Akzeptanz der Trainings bei Eltern und Kindern sehr hoch. Signifikante Verbesserungen in den Bewältigungsfähigkeiten der Kinder zeigten sich besonders im Bereich der positiven Selbstinstruktionen und im Bedürfnis nach sozialer Unterstützung. Ein Vergleich des AST_8 mit einer Entspannungsbedingung ergab, trotz erheblicher Ausgangsunterschiede, einen Unterschied zugunsten der Elternbeteiligung: Zwar fühlten sich die Kinder der Entspannungsbedingung in der ersten Hälfte des Trainings erheblich wohler, der Aufbau von „Streßkillern" erschien jedoch mit dem AST_8 erfolgreicher (Hampel & Petermann 1998a).

6 Kriterien für die Planung und Durchführung von Maßnahmen der Prävention und Gesundheitsförderung

Die genannten Beispiele von Programmen zur Gesundheitsförderung zeigen, daß zur Gestaltung effektiver Maßnahmen der Prävention verschiedene Kriterien herangezogen werden sollten. Die wesentlichen Komponenten und Kriterien werden im folgenden zusammenfassend dargestellt.

6.1 Programmbausteine

Ein Präventionsprogramm sollte sich in der Auswahl seiner Elemente nicht auf die naheliegenden Programmziele beschränken, auch wenn diese allgemein als Fähigkeiten im Rahmen psychischer Gesundheit gesehen werden. Erfahrungen mit Gesundheitsförderprogrammen haben gezeigt, daß Programmpakete, die aus mehreren Komponenten bestehen und dabei auf verschiedene Bereiche abzielen, effektiver sind als Programme, die lediglich einen Faktor berücksichtigen. Gesundheitsförderung sollte immer ein Paket von Interventionen beinhalten, die verschiedene Verhaltens- und Einstellungsbereiche berühren. Dabei sollten sowohl die individuellen Kompetenzen gesteigert wie auch die unmittelbare Umwelt der Betroffenen einbezogen werden.

Wirksamkeitsstudien haben gezeigt, daß Programme nur dann erfolgreich sind, wenn sie neben der Vermittlung von Wissen auch Elemente enthalten, die auf die Veränderung und Förderung der Persönlichkeit sowie auf einen verantwortlichen Umgang mit dem eigenen Körper ausgerichtet sind. Ebenso sollte eine erfolgreiche Prävention sich nicht auf einen kurzen, kritischen Zeitpunkt beschränken. Die Wirksamkeit der Intervention erhöht sich durch das wiederholte Üben der gelernten Fähigkeiten. Dazu muß aber eine beständige Motivation gewährleistet sein. Gesundheitsförderung sollte sich lebensbegleitend vollziehen, da auf die Betroffenen mit zunehmendem Alter wechselnde Anforderungen zukommen. Faktoren wie ökonomische oder persönliche Prädispositionen sowie akute Lebenskrisen können - ebenso wie eine Überforderung - den Präventionserfolg verhindern (Leppin, Pieper, Szirmak, Freitag & Hurrelmann, 1999).

6.2 Merkmale der Zielgruppe

Die Präventionsprogramme sollten sich vor allem an Gruppen mit hohem oder multiplem Risiko richten. Diese Gruppen sind aufnahmebereiter für die Interventionen als Gruppen mit niedrigem Risiko. Da in den Evaluationen meist Kriterien von Fortschritt oder Veränderungen in den beabsichtigten Problemlösungsfähigkeiten beleuchtet werden, ist die Wirkungsweise der Intervention lediglich in defizitären Gruppen zu beobachten. Bei Vorhandensein eines kritischen Minimums an Fähigkeiten in dem focussierten Bereich ist es möglich, daß weitere Fortschritte in der summativen Erfolgsbewertung nicht adäquat dargestellt werden können. Homogenität in der Zielgruppe fördert die erwarteten Effekte. An homogene Gruppen, in Alter, Fähigkeitsdefizit und Lebenserfahrung, kann ein Programm leichter angepaßt werden. Die Intervention kann nur erfolgreich sein, wenn sie auf den jeweiligen Entwicklungsstand abgestimmt ist und sie dann einsetzt, bevor größere, unerwünschte Schädigungen eingetreten sind.

6.3 Programmentwicklung und Implementation

Effektive Prävention ist erst dann wirklich möglich, wenn ein Programm gleichermaßen von den betroffenen Kindern oder Jugendlichen, deren Eltern sowie beteiligten Dritten akzeptiert wird. Wird ein Programm aus einer genauen Analyse der Faktoren heraus entwickelt, die Kompetenz und psychische Gesundheit in der Zielgruppe bedingen, so steigert sich die Annahme des

Programms durch die Beteiligten. Die verwendeten Interventionstechniken sollten genau auf den Entwicklungsstand, aber auch auf den soziokulturellen Hintergrund und andere Faktoren, die die Motivation der Beteiligten bedingen, abgestimmt werden (Schwarzer, 1997). Zur Bestimmung der genannten Faktoren bieten sich unter Umständen Vortests beziehungsweise Screeningverfahren an, soweit diese für die entsprechenden Bereiche zur Verfügung stehen. Sie können zur Abstimmung der Programminhalte vor einer letztlichen Implementierung dienen. Die Implementierung eines Programms bedarf der besonderen Aufmerksamkeit, da die bestgeplante Maßnahme erfolglos bleibt, wenn sie nicht angemessen in die Lebenszusammenhänge der Betroffenen eingepaßt wird. So nehmen zum Beispiel viele personzentrierte Programme in ihrer Struktur nicht genügend Rücksicht auf die speziellen Umstände des Settings, in denen sie eingesetzt werden, und sind aus diesem Grunde in ihrer Effektivität beeinträchtigt.

Insbesondere schulische Maßnahmen der Gesundheitsförderung sind hier betroffen. So erkennen beispielsweise Lehrer zwar die Bedeutung sozialer Kompetenz als Schutzfaktor an, sie machen sich gleichzeitig aber zu wenig bewußt, daß sie selbst – ebenso wie die Schule allgemein – Verhaltens- und Kompetenzmodelle darstellen und als solche besonders zur Entwicklung sozialer Kompetenz beitragen. Die klassische Lehrerrolle ist im normalen Schulsetting wenig geeignet, soziale Kompetenzen zu vermitteln, da sie sich hauptsächlich an akademischen Leistungen orientiert (Staeck, 1997).

Widerstände gegenüber Maßnahmen der Gesundheitsförderung beruhen bei den Beteiligten häufig auf Befürchtungen zusätzlicher zeitlicher Beanspruchung, Ängsten vor der Aufdeckung mangelnder Fähigkeiten oder Beeinträchtigungen des Selbstbewußtseins. Die Programme sollten aus diesen Gründen nicht zu Pflichtveranstaltungen werden, denn nur mit positiv motivierten Beteiligten ist Effektivität gewährleistet.

Nicht nur die Betroffenen und deren Eltern, sondern auch das nähere Umfeld sollte gut über die Programme informiert sein, um unterstützend wirken zu können. Die Eltern sind dadurch besonders stark motiviert und bereit, ihr Verhalten auch zu Hause umzusetzen. Ebenso sollte den Eltern Gelegenheit gegeben werden, die Werte und Ziele, die das Programm vermittelt, in Diskussionen in Frage stellen zu können.

6.4 Evaluation

Wie bereits im Rahmen der ethischen Probleme der Prävention erwähnt, bildet die Evaluation der Maßnahmen ein wichtiges Element eines verantwortungsbewußten Vorgehens. In der Praxis liegt die Funktion der Evaluation sowohl in der Rechtfertigung nach außen als auch in der Überprüfung des eigenen Vorgehens mit dem Ziel einer Optimierung der Präventionsstrategie (Rossi & Freeman, 1993). Die Evaluation eines Präventionsprogramms bezieht sich im wesentlichen auf die Frage, ob und in welchem Umfang die angestrebten Ziele verwirklicht werden konnten. In der Regel ist dies durch die Durchführung von interventionsrelevanten Messungen vor und nach der Maßnahme zu bewerkstelligen, wobei die Messungen in einer Kontrollgruppe ohne Intervention die Zuschreibung von Effekten auf die Maßnahme selbst sicherstellt.

Der Focus der Evaluation sollte sich jedoch nicht ausschließlich auf die erwarteten positiven Programmeffekte richten, sondern auch in der Lage sein, negative Effekte zu messen. Solche Effekte ergeben sich häufig im Umfeld von Präventionsmaßnahmen und sind in der Lage, den Gesamterfolg nachhaltig zu gefährden. Diesen Nebeneffekten gilt es besondere Aufmerksamkeit zu widmen. Wenn man neben den unmittelbaren zielbezogenen Effekten auch Nebeneffekte mitberücksichtigt, ergibt sich ein breites Spektrum möglicher Evaluationskriterien. Dies sind einerseits zielgruppenbezogene Indikatoren wie Wissens-, Einstellungs- und Verhaltensänderungen aber auch Auswirkungen auf den Programmanbieter selbst sowie außenstehende Dritte. Neben der Wahl der Erfolgskriterien besteht eine wesentliche Aufgabe der Evaluationsplanung in der Auswahl geeigneter Evaluationsdesigns. Zudem bestehen eine Reihe von Problemen innerhalb einer Evaluation, die die Gültigkeit (Validität) der Messungen beeinflussen können (Bührlen-Armstrong & Bengel, 1997; Koch & Wittmann, 1990).

Zusammenfassung

Gesundheitsförderung und Prävention stellen interventive Maßnahmen dar, die das Ziel verfolgen, unspezifisch oder spezifisch das Auftreten von gesundheitlichen Störungen zu verhindern. Dabei ergeben sich aus der Definition Unterschiede in der Auswahl der Zielgruppe, in der Eingriffsintensität und in der Wahl der Methode. Aus dem in der Zielgruppe vorhandenen Risikopotential ergibt sich die Einteilung von Interventionen. Die primäre, sekundäre und tertiäre Prävention wird um den primordialen Ansatz der Gesundheitsförderung erweitert. Aus der Unmittelbarkeit des erwarteten Effekts der Maßnahmen auf die Zielgruppe ergibt sich die deskriptive Unterscheidung zwischen proximalen und distalen Zielen. Hinsichtlich ihres Ansatzpunktes lassen sich personzentrierte Programme, die sich überwiegend auf Veränderungen im Individuum beziehen, und kontextzentrierte Programme mit einem Schwerpunkt auf die Veränderung der ökologischen, organisatorischen und sozialen Umweltfaktoren unterscheiden. Diesen beiden Ansatzpunkten gehen unterschiedliche theoretische Annahmen über die Ursache und Entwicklung des angezielten Problems voraus. Während sich die personzentrierten Maßnahmen auf verhaltenstheoretische und kognitive Erklärungsansätze beziehen, sind kontextzentrierte Maßnahmen durch sozialisationstheoretische Erklärungsmodelle beeinflußt. Aufgrund der Annahme multifaktorieller Ursachen für die meisten gesundheitlichen Störungen weisen Kombinationen aus person- und umweltbezogenen Maßnahmen eine höhere Erfolgsquote auf. Hierzu werden zwei Beispiele beschrieben: Ein Programm zur Sucht- und Drogenvorbeugung in der Schule und das kognitiv-behaviorale Anti-Streß-Training für Kinder. Aus den theoretischen und konzeptionellen Überlegungen zur Gestaltung von Maßnahmen der Prävention und Gesundheitsförderung werden konkrete Kriterien für die Planung und Durchführung solcher Maßnahmen abgeleitet. Diese beziehen sich auf die Wahl der inhaltlichen und methodischen Elemente, die Merkmale der Zielgruppe, die Strategien der Programmentwicklung und Implementation sowie auf die notwendige begleitende Evaluation.

Verständnisfragen

1. In welchen konzeptionellen und inhaltlichen Aspekten unterscheiden sich Gesundheitsförderung und Prävention?
2. Was sind proximale und distale Ziele der Gesundheitsförderung?
3. Welcher konkrete Handlungsablauf ergibt sich bei der Planung und Durchführung von Präventionsmaßnahmen?
4. Welche Erfolgs- und Qualitätsmaßstäbe sind für die Bewertung von Präventionsmaßnahmen anzulegen?

Weiterführende Literatur

Hurrelmann, K. & Laaser, U. (Hrsg.) (1998). *Handbuch der Gesundheitswissenschaften.* Weinheim: Juventa.

Kolip, P. (Hrsg.) (1999). *Programme gegen Sucht. Internationale Ansätze der Suchtprävention im Jugendalter.* Weinheim: Juventa.

Schwarzer, R. (Hrsg.) (1997). *Gesundheitspsychologie* (2. überarb. Auflage). Göttingen: Hogrefe.

Literatur

Allmer, H. (1996). *Erholung und Gesundheit. Grundlagen, Ergebnisse und Maßnahmen.* Göttingen: Hogrefe.

Barkholz, U. & Homfeld, H.-G. (1994). *Gesundheitsförderung im schulischen Alltag. Entwicklungen, Erfahrungen und Ergebnisse eines Kooperationsprojekts.* Weinheim: Juventa.

Boekaerts, M. (1996). Coping with stress in childhood and adolescence. In M. Zeidner & N. S. Endler (Eds.), *Handbook of coping* (452-484). New York: Wiley.

Bühringer, G. (1994). Aktuelle Konzepte zur Primärprävention des Substanzmißbrauchs mit Schwerpunkt "Schulische Prävention". In Deutsche Hauptstelle gegen die Suchtgefahren (Hrsg.), *Suchtprävention* (55-64). Freiburg: Lambertus.

Bührlen-Armstrong, B. & Bengel, J. (1997). Qualitätsstandards in Prävention und Gesundheitsförderung. Nationale und internationale Erfahrungen. *Prävention, 20*, 42-46.

Caplan, G. (1964). Principles of preventive psychiatry. New York: Behavioral Publications.

Dlugosch, G.-E. (1994). Modelle der Gesundheitspsychologie. In P. Schwenkmezger & L.-R. Schmidt (Hrsg.), *Lehrbuch der Gesundheitspsychologie* (101-117). Stuttgart: Enke.

Durlak, J.-A. & Wells, A.-M. (1997). Primary prevention mental health programs for children and adolescents: A meta-analytic review. *American Journal of Community Psychology, 25*, 115-152.

Elmén, H. & Sundh, V. (1994). Mortality in childhood, youth and early adulthood. *European Journal of Public Health, 4*, 274-280.

Faltermaier, T. (1997). Die Salutogenese als neue Perspektive der Gesundheitspsychologie. *Störfaktor, 10*, 37-58.

Forman, S. G. (1993). Stress and coping in children and adolescents. In S. G. Forman (Ed.), *Coping skills interventions for children and adolescents* (1-15). San Francisco: Jossey-Bass.

Freitag, M., Leppin, A., Pieper, E., Szirmak, Z. & Hurrelmann, K. (1998). *Evaluation des Suchtpräventionsprogramms an Dortmunder Schulen – Ergebnisbericht.* Universität Bielefeld, Fakultät für Gesundheitswissenschaften: Forschungsbericht.

Frischenschlager, O. (1996). Vom Krankheits- zum Gesundheitsbegriff. In R. Hutterer-Krisch, V. Pfersmann & I.-S. Farag (Hrsg.), *Psychotherapie, Lebensqualität und Prophylaxe. Beiträge zur Gesundheitsvorsorge in Gesellschaftspolitik, Arbeitswelt und beim Individuum* (3-16). Wien: Springer.

Hampel, P. & Petermann, F. (1998a). *Anti-Streß-Training für Kinder.* Weinheim: Psychologie Verlags Union.

Hampel, P. & Petermann, F. (1998b). Kognitiv-behaviorales Anti-Streß-Training (AST) für acht- bis dreizehnjährige Kinder. *Verhaltenstherapie und Verhaltensmedizin, 19*, 271-292.

Hanewinkel, R., Petermann, U., Burow, F., Dunkel, A. & Ferstl, R. (1994). Förderung der Lebenskompetenzen von Kindern und Jugendlichen im Rahmen der Kampagne „Rauchfreie Schule". *Kindheit und Entwicklung, 3*, 112-116.

Hörmann, G. (1997). Von der Gesundheitsaufklärung zur Gesundheitsförderung. In H. Seelbach, J. Kugler & W. Neumann (Hrsg.), *Von der Krankheit zur Gesundheit* (73-86). Bern: Huber.

Hurrelmann, K. & Lösel, F. (Eds.) (1990). *Health hazards in adolescence.* Berlin: De Gruyter.

Hurrelmann, K. (1995). *Lebensphase Jugend* (3. überarb. Auflage). Weinheim: Juventa.

Hurrelmann, K. (1998). Tabakprävention und Tabakentwöhnung bei Kindern und Jugendlichen. *Sucht, 44*, 4-14.

Hurrelmann, K., Leppin, A. & Nordlohne, E. (1995). Promoting health in schools: The german example. *Health Promotion International, 10*, 121-131.

Jaede, W., Wolf, J. & Zeller-König, B. (1996). *Gruppentraining mit Kindern aus Trennungs- und Scheidungsfamilien.* Weinheim: Psychologie Verlags Union.

Kersch, B., Petermann, H. & Fischer, V. (1998). „Alkoholdistanz" – Ein Evaluationskriterium schulischer Sucht- und Drogenprävention. *Kindheit und Entwicklung, 7*, 244-251.

Klein-Heßling, J. & Lohaus, A. (1998). *Bleib locker. Ein Streßbewältigungstraining für Kinder.* Göttingen: Hogrefe.

Koch, U. & Wittmann, W. W. (Hrsg.) (1990). *Evaluationsforschung. Bewertungsgrundlage von Sozial- und Gesundheitsprogrammen.* Berlin: Springer.

Kröger, C. & Hanewinkel, R. (1996). Prävention des Rauchens in der Schule. *Praxis der Klinischen Verhaltensmedizin und Rehabilitation, 9*, 134-139.

Kröger, C., Kutza, R., Walden, K. & Reese, A. (1998). Implementation eines Lebenskompetenzprogrammes für fünfte Klassen an Hauptschulen und Gymnasien. *Kindheit und Entwicklung, 7*, 231-238.

Landesinstitut für Schule und Weiterbildung NRW (Hrsg.) (1991). *Sucht- und Drogenvorbeugung in der Schule. Materialien und Medien.* Soest: Landesinstitut für Schule und Weiterbildung.

Lepore, S. J. & Evans, G. W. (1996). Coping with multiple stressors in the environment. In M. Zeidner & N. S. Endler (Eds.), *Handbook of coping* (350-377). New York: Wiley.

Leppin, A., Freitag, M., Pieper, E., Szirmak, Z. & Hurrelmann, K. (1998). Schulische Prävention von Alkoholkonsum bei jüngeren Jugendlichen: Die Rolle situativer und personaler Bedingungsfaktoren für die Entwicklung von Konsumintentionen. *Kindheit und Entwicklung, 7,* 239-243.

Leppin, A., Pieper, E., Szirmak, Z., Freitag, M. & Hurrelmann, K. (1999). Prävention auf den zweiten und dritten Blick: Differentielle Effekte eines kompetenzorientierten Suchtpräventionsprogramms. In P. Kolip (Hrsg.), *Programme gegen Sucht. Internationale Ansätze der Suchtprävention im Jugendalter* (215-234). Weinheim: Juventa.

Leppin, A. & Schwarzer, R. (1997). Sozialer Rückhalt, Krankheit und Gesundheitsverhalten. In R. Schwarzer (Hrsg.), *Gesundheitspsychologie – Ein Lehrbuch* (2. erweit. Auflage, 349-373). Göttingen: Hogrefe.

Lohaus, A., Fleer, B., Freytag, P. & Klein-Heßling, J. (1996). *Fragebogen zur Erhebung von Streßerleben und Streßbewältigung im Kindesalter (SSK).* Göttingen: Hogrefe.

Lohaus, A., Klein-Heßling, J. & Shebar, S. (1997). Stress management for elementary school children: A comparative evaluation of different approaches. *Revue Europeenne de Psychologie Appliquee, 47,* 157-161.

McManus, J. L. (1997). Understanding and managing stress. In T. Fairchild (Ed.), *Crisis intervention strategies for school-based helpers* (2nd edition, 399-442). Springfield: Thomas.

Mellins, C. A., Gatz, M. & Baker, L. (1996). Children´s methods of coping with stress: A twin study of genetic and environmental influences. *Journal of Child Psychology and Psychiatry, 37,* 721-730.

Palentien, C. & Hurrelmann, K. (1995). Veränderte Lebenssituation – veränderte Gesundheit. Zum Zusammenhang von Sozialisation und Gesundheit im Jugendalter. *Der pädagogische Blick, 1,* 5-13.

Petermann, F. & Warschburger, P. (Hrsg.) (1999). *Neurodermitis.* Göttingen: Hogrefe.

Röhrle, B. (1997). Probleme der Effizienz der Prävention und Gesundheitsförderung. *Störfaktor, 10,* 7-35.

Rossi, P. H. & Freeman, H. E. (1993). *Evaluation. A systematic approach* (5th edition). Newbury Park, CA: Sage.

Scheithauer, H. & Petermann, F. (1999). Zur Wirkungsweise von Risiko- und Schutzfaktoren in der Entwicklung von Kindern und Jugendlichen. *Kindheit und Entwicklung, 8,* 3-14.

Schwarzer, R. (1996). *Psychologie des Gesundheitsverhaltens* (2. überarb. Auflage). Göttingen: Hogrefe.

Schwarzer, R. (1997). Ressourcen aufbauen und Prozesse steuern: Gesundheitsförderung aus psychologischer Sicht. *Unterrichtswissenschaft, 25,* 99-112.

Settertobulte, W. & Palentien, C. (1996). Gesundheitserziehung in der Familie – Zusammenhänge und Folgen erzieherischer und sozialisatorischer Defizite. In J. Mansel (Hrsg.), *Glückliche Kindheit – Schwierige Zeit? Über die veränderten Bedingungen des Aufwachsens* (102-112). Opladen: Leske & Budrich.

Settertobulte, W., Hoepner-Stamos, F. & Hurrelmann, K. (1997a). Gesundheitsstörungen im Kindesalter – Ergeb-

nisse des „Bielefelder Grundschulsurveys". *Prävention, 20,* 3-6.

Settertobulte, W., Hoepner-Stamos, F. & Hurrelmann, K. (1997b). Gesundheitsförderung in der Schule. In T. Altgeld, I. Laser & U. Walter (Hrsg.), *Wie kann Gesundheit verwirklicht werden?* (91-101). Weinheim: Juventa.

Staeck, L. (1997). Schulische Gesundheitsförderung im Wandel. Anwendung zukunftsorientierter Denkmethoden im Lehren und Lernen. *Prävention, 20,* 38-41.

Tietze, K. & Bellach, B.-M. (1997). Über den Zusammenhang von Prävention und Epidemiologie. In C. Klotter (Hrsg.), *Prävention im Gesundheitswesen* (137-153). Göttingen: Verlag für Angewandte Psychologie.

Troschke, J. von (1995). Gibt es einen Paradigmenwechsel in der Prävention? *Prävention, 18,* 3-6.

Weitkunat, R., Haisch, J. & Kessler, M. (Hrsg.) (1997). Public Health und Gesundheitspsychologie. Bern: Huber.

Zaragoza, N. Vaughan, S. & McIntosh, R. (1991). Social skills interventions and children with behavior problems: A review. *Behavioral Disorders, 16,* 260-275.

Ziegler, K. (1996). Psychosoziale Bewältigung von Streß im Kindesalter. In J. Mansel (Hrsg.), *Glückliche Kindheit – Schwierige Zeit? Über die veränderten Bedingungen des Aufwachsens* (40-83). Opladen: Leske & Budrich.

II. Emotionale Störungen und Verhaltensstörungen

6 Hyperkinetische Störungen
von Manfred Döpfner

Inhaltsübersicht

1 Beschreibung der Störung

Hyperkinetische Verhaltensauffälligkeiten zählen gemeinsam mit aggressiven Verhaltensweisen zu den häufigsten Vorstellungsanlässen bei Psychotherapeuten, in Erziehungsberatungsstellen, schulpsychologischen Diensten und kinderpsychiatrischen Einrichtungen. Kernsymptome der hyperkinetischen Störung sind Aufmerksamkeitsstörungen, Impulsivität und Hyperaktivität.

Störungen der Aufmerksamkeit zeigen sich darin, daß Aufgaben vorzeitig abgebrochen und Tätigkeiten nicht beendet werden. Dies wird vor allem bei Beschäftigungen beobachtet, die einen kognitiven Einsatz verlangen. Meist sind die Störungen bei Tätigkeiten, die fremdbestimmt sind (z. B. Hausaufgaben), stärker ausgeprägt. Die Kinder wechseln häufig von einer Aktivität zur anderen, wobei sie anscheinend das Interesse bezüglich einer Aufgabe verlieren, weil sie zu einer anderen hin abgelenkt werden. Aufmerksamkeit ist ein komplexes und schlecht definiertes Merkmal. Es gibt mehrere Versuche, verschiedene Formen von Aufmerksamkeitsleistungen zu differenzieren. Im Zusammenhang mit hyperkinetischen Störungen ist die Unterscheidung zwischen selektiver Aufmerksamkeit und Daueraufmerksamkeit von Bedeutung. Selektive Aufmerksamkeit bezieht sich auf die Fähigkeit, die Aufmerksamkeit auf aufgabenrelevante Reize zu fokussieren und irrelevante Reize zu ignorieren. Ablenkbarkeit ist ein Zeichen verminderter selektiver Aufmerksamkeit. Daueraufmerksamkeit bezieht sich auf die Fähigkeit, die Aufmerksamkeit auf eine Aufgabe über die Zeit aufrechtzuerhalten.

Impulsivität, das plötzliche Handeln ohne zu überlegen oder auch die Unfähigkeit abzuwarten und Bedürfnisse aufzuschieben, ist meist eng mit Aufmerksamkeitsschwächen verbunden. Der Begriff der kognitiven Impulsivität bezeichnet die Tendenz, dem ersten Handlungsimpuls zu folgen und eine Tätigkeit zu beginnen, bevor sie hinreichend durchdacht ist oder bevor sie vollständig erklärt worden ist. Daneben besteht häufig eine motivationale Impulsivität: die Kinder haben enorme Schwierigkeiten, Bedürfnisse aufzuschieben und abzuwarten, bis sie an der Reihe sind.

Hyperaktivität bezeichnet eine desorganisierte, mangelhaft regulierte und überschießende motorische Aktivität, exzessive Ruhelosigkeit, die besonders in Situationen auftritt, die relative Ruhe verlangen. Dieses Verhaltensmerkmal zeigt sich am deutlichsten in strukturierten und organisierten Situationen, die ein hohes Maß an eigener Verhaltenskontrolle erfordern.

Tabelle 1 gibt eine Übersicht über die diagnostischen Kriterien nach dem Diagnostic and Statistical Manual of Mental Disorders (DSM-IV) der American Psychiatric Association (1994; deutsch: Saß et al., 1996) und nach der International Classification of Diseases (ICD-10) der World Health Organization (1993; deutsch: Weltgesundheitsorganisation, 1991; 1994), die eine Operationalisierung der genannten Leitsymptome darstellen. Bei der Definition der einzelnen Symptome ist zwischen beiden Systemen eine hohe Übereinstimmung festzustellen. Inhaltliche Abweichungen bei einzelnen Kriterien sind in Tabelle 1 gekennzeichnet. Da in beiden deutschen Übersetzungen einige Übersetzungsprobleme auftreten, wurden bei der Formulierung der Kriterien in Tabelle 1 auch die englischsprachigen Originale herangezogen. Wenn sich die Kriterien inhaltlich nicht unterscheiden, wurden überwiegend die Formulierungen des DSM-IV übernommen.

Obwohl beide Klassifikationssysteme voraussetzen, daß die hyperkinetischen Symptome in mehreren Lebensbereichen auftreten, können die Auffälligkeiten in den verschiedenen Lebensbereichen unterschiedlich stark ausgeprägt sein. Typischerweise treten die Symptome stärker in solchen Situationen auf, in denen von den Kindern oder Jugendlichen eine längere Aufmerksamkeitsspanne vorausgesetzt wird, beispielsweise im Unterricht, bei den Hausaufgaben oder beim Essen. Anzeichen der Störung können in sehr geringem Maße oder gar nicht auftreten, wenn sich das Kind in einer neuen Umgebung befindet, wenn es nur mit einem Gegenüber konfrontiert ist oder wenn es sich einer Lieblingsaktivität widmet, selbst wenn diese in vermehrtem Maße Aufmerksamkeit erfordert (z. B. beim Computerspiel). Das Fehlen von Symptomen in der Untersuchungssituation ist daher auch kein eindeutiger Hinweis darauf, daß die Störung nicht vorliegt.

Die Unterscheidung zwischen situationsübergreifender (in Schule/ Kindergarten und Familie) und situationsspezifischer hyperkinetischer Störung (nur in Schule/ im Kindergarten bzw. in der Familie) wird kontrovers diskutiert (vgl. Rutter, 1989). In mehreren Studien konnten bei Kindern mit situationsspezifischer und situationsübergreifender Störung Unterschiede in der Stärke und im Verlauf der Störung belegt werden: Situationsübergreifend hyperkinetische Kinder wurden anhand von Verhaltensbeobachtungen in der Klinik als auffälliger eingeschätzt und zeigten in Nachuntersuchungen auch mehr Verhaltensprobleme in der Schule (u. a. Cohen & Minde, 1983; Gillberg & Gillberg, 1988). Auf eine ausgeprägte Situationsspezifität hyperkinetischer Störungen weisen Studien hin, die bestenfalls mittlere Korrelationen zwischen Eltern- und Erzieherurteil bei Vorschulkindern beziehungsweise zwischen Eltern- und Lehrerurteil bei Schulkindern belegen (Achenbach, 1991; Döpfner et al., 1993).

Neben den Kernsymptomen können verschiedene Auffälligkeiten zusätzlich auftreten. In klinischen Stichproben sind hyperkinetische Störungen ohne komorbide Störungen eher die Ausnahme – bei bis zu zwei Drittel aller Kinder werden komorbide Störungen dia-

Tabelle 1:
Symptomkriterien der hyperkinetischen Störung nach ICD-10 (Forschungskriterien) und der Aufmerksamkeitsdefizit-/Hyperaktivitätsstörung nach DSM-IV.

A) Unaufmerksamkeit

1. Beachtet häufig Einzelheiten nicht oder macht Flüchtigkeitsfehler bei den Schularbeiten, bei der Arbeit oder bei anderen Tätigkeiten.
2. Hat oft Schwierigkeiten, längere Zeit die Aufmerksamkeit bei Aufgaben oder Spielen aufrechtzuerhalten.
3. Scheint häufig nicht zuzuhören, wenn andere ihn ansprechen.
4. Führt häufig Anweisungen anderer nicht vollständig durch und kann Schularbeiten, andere Arbeiten oder Pflichten am Arbeitsplatz nicht zu Ende bringen (nicht aufgrund von oppositionellem Verhalten oder Verständnisschwierigkeiten).
5. Hat häufig Schwierigkeiten, Aufgaben und Aktivitäten zu organisieren.
6. Vermeidet häufig, hat eine Abneigung gegen oder beschäftigt sich häufig nur widerwillig mit Aufgaben, die längerandauernde geistige Anstrengungen erfordern (wie Mitarbeit im Unterricht oder Hausaufgaben).
7. Verliert häufig Gegenstände, die er/sie für Aufgaben oder Aktivitäten benötigt (z. B. Spielsachen, Hausaufgabenhefte, Stifte, Bücher oder Werkzeug).
8. Läßt sich oft durch äußere Reize leicht ablenken.
9. Ist bei Alltagstätigkeiten häufig vergeßlich.

B) Hyperaktivität

1. Zappelt häufig mit Händen oder Füßen oder rutscht auf dem Stuhl herum.
2. Steht {häufig} in der Klasse oder in anderen Situationen auf, in denen Sitzenbleiben erwartet wird.
3. Läuft häufig herum oder klettert exzessiv in Situationen, in denen dies unpassend ist (bei Jugendlichen oder Erwachsenen kann dies auf ein subjektives Unruhegefühl beschränkt bleiben).
4. Hat häufig Schwierigkeiten, ruhig zu spielen oder sich mit Freizeitaktivitäten ruhig zu beschäftigen.
5. {Ist häufig „auf Achse" oder handelt oftmals, als wäre er „getrieben."}
   [Zeigt ein anhaltendes Muster exzessiver motorischer Aktivität, das durch die soziale Umgebung oder durch Aufforderungen nicht durchgreifend beeinflußbar ist.]

C) Impulsivität

1. Platzt häufig mit der Antwort heraus, bevor die Frage zu Ende gestellt ist.
2. Kann häufig nur schwer warten, bis er/sie an der Reihe ist [bei Spielen oder in Gruppensituationen].
3. Unterbricht und stört andere häufig (platzt z. B. in Gespräche oder in Spiele anderer hinein).
4. Redet häufig übermäßig viel [ohne angemessen auf soziale Beschränkungen zu reagieren].{Im DSM-IV unter Hyperaktivität subsumiert.}

{ } = nur DSM-IV; [ ] = nur ICD-10

gnostiziert (Biederman et al., 1991; Richters et al., 1995; Jensen et al., 1997). In epidemiologischen Studien mit repräsentativen Stichproben sind die Komorbiditätsraten allerdings nicht wesentlich geringer, teilweise liegen sie sogar über den in klinischen Stichproben berichteten Komorbiditätsraten. Jensen und Mitarbeiter (1997) schlußfolgern nach einer Übersicht über entsprechende Studien, daß die Komorbiditätsraten in epidemiologischen Stichproben für Störungen des Sozialverhaltens einschließlich oppositioneller Verhaltensstörungen zwischen 43% und 93% liegen und für internalisierende Störungen (Angststörungen, depressive Störungen) zwischen 13% und 51%. Kasten 1 gibt eine Übersicht über die häufigsten komorbiden Störungen (vgl. Döpfner et al., 2000c).

Kasten 1:
Häufige komorbide Störungen.

- Oppositionelle Verhaltensstörungen und aggressive oder dissoziale Störungen des Sozialverhaltens
- Depressive Störungen
- Angststörungen
- Lernstörungen und Schulleistungsdefizite
- Ticstörungen
- Sprech- und Sprachstörungen
- Beziehungsprobleme

- *Oppositionelle Verhaltensstörungen und aggressive oder dissoziale Störungen des Sozialverhaltens* sind die häufigsten komorbiden Störungen. Bis zu 50% aller Kinder in klinischen Stichproben zeigen eine oppositionelle Störung mit aktiven Widersetzen gegenüber Anweisungen und Regeln von Erwachsenen und 30% bis 50% eine Störung des Sozialverhaltens mit aggressiven oder dissozialen Verhaltensauffälligkeiten. In einer eigenen Studie (Döpfner, 1996; Döpfner & Lehmkuhl, 2000) wurden annähernd 90% der Kinder mit einer hyperkinetischen Störung von den Eltern als aggressiv oder dissozial auffällig beschrieben und bei 63% wurde eine Störung des Sozialverhaltens (einschließlich oppositioneller Verhaltensstörung) diagnostiziert. Nach einer Meta-Analyse von McConaughy und Achenbach (1994) zeigen in repräsentativen epidemiologischen Studien 50% aller Kinder und Jugendliche mit hyperkinetischen Störungen zusätzlich oppositionelle Verhaltensstörungen oder Störungen des Sozialverhaltens. In einer deutschen bundesweiten Erhebung über psychische Auffälligkeiten und Kompetenzen von Kindern und Jugendlichen werden nach dem Urteil der Eltern 35% der Kinder, die als hyperkinetisch auffällig eingeschätzt werden, auch als aggressiv auffällig und 27% auch als dissozial auffällig beurteilt (Döpfner et al., 2002d). Vermutlich aufgrund ihrer erhöhten Impulsivität, die auch den affektiven Bereich betreffen kann (emotionale Impulsivität), neigen hyperkinetisch auffällige Kinder zu einer deutlich verminderten Frustrationstoleranz, die sich dann in Wutausbrüchen entlädt (vgl. Scheithauer & Petermann in diesem Buch). Mehrere Studien zeigen, daß komorbide aggressive Verhaltensstörungen bei Jungen häufiger auftreten als bei Mädchen und daß diese Gruppe den ungünstigsten Verlauf aufweist und das Risiko erhöht ist, daß Störungen des Sozialverhaltens bestehen bleiben.

- *Emotionale Störungen:* In klinischen Stichproben zeigen in den meisten Studien etwa 15% bis 20% der Kinder mit hyperkinetischen Störungen zusätzlich depressive Störungen und 25% bis 40% zeigen Angststörungen; teilweise liegen jedoch die Komorbiditätsraten deutlich darüber (Biederman et al., 1991; Russo & Beidel, 1994). In einer eigenen Studie stellten mehr als 60% der Eltern bei ihren Kindern emotionale Auffälligkeiten fest (Angst/Depressivität, sozialer Rückzug, somatische Probleme; vgl. Döpfner, 1996; Döpfner & Lehmkuhl, 1998). Nach einer Meta-Analyse von McConaughy und Achenbach (1994) zeigen in repräsentativen epidemiologischen Studien Kinder und Jugendliche mit hyperkinetischen Störungen in 16% der Fälle zusätzlich affektive Störungen und 27% zusätzlich Angststörungen. Angesichts der Vielzahl von negativen Rückmeldungen, Ablehnungen und Mißerfolgen in sozialen und in Leistungssituationen, die diese Kinder seit dem Kindergartenalter erleben, ist die erhöhte Rate an emotionalen Auffälligkeiten nicht verwunderlich.

- *Lernstörungen und Schulleistungsdefizite* werden in stark ausgeprägter Form in klinischen Stichproben bei etwa 10% bis 25% diagnostiziert (Biederman et al., 1991); allerdings liegen bis zu 80% um mindestens zwei Noten unter dem Klassendurchschnitt (Cantwell & Baker, 1992). Hyperkinetisch gestörte Kinder wiederholen daher auch häufiger eine Klasse. Als Ursachen für diese Defizite kommen Aufmerksamkeitsstörungen in Betracht, welche die Lernleistung der Kinder beeinträchtigen. Rowe und Rowe (1992) können nachweisen, daß Aufmerksamkeitsstörungen die Leseleistung, die Einstellung zum Lesen und die Leseaktivitäten in hohem Maße negativ beeinflussen. Allerdings konnte auch gezeigt werden, daß zwischen Leseleistung und Aufmerksamkeitsstörungen eine reziproke Beziehung

besteht: Geringe Leseleistungen ziehen erhöhte Aufmerksamkeitsstörungen nach sich. Aufmerksamkeitsdefizite sind aber nicht ausschließlich für die verminderte Leistungsfähigkeit verantwortlich. In Therapiestudien mit Psychostimulanzien wurde nahezu durchweg nachgewiesen, daß sich trotz einer mitunter erheblichen Verminderung der motorischen Unruhe und der Aufmerksamkeitsstörungen die schulische Leistungsfähigkeit und die Leistungen in Schulleistungstests nicht durchweg verbessern. Mit zunehmendem Alter dürften jedoch auch Sekundärstörungen, vor allem ein vermindertes Selbstwertgefühl und schulische Mißerfolgserfahrungen eine Verminderung der schulischen Leistungsmotivation bewirken und damit Leistungsdefizite verursachen. Die Intelligenzleistungen von Kindern mit hyperkinetischen Störungen sind um sieben bis 15 IQ-Punkte vermindert (u.a. Ackerman et al., 1986). Ob diese Diskrepanzen hauptsächlich durch verminderte Aufmerksamkeitsleistungen in der Testsituation verursacht werden, ist bislang nicht geklärt. Taylor et al. (1991) weisen nach, daß Kinder mit ausgeprägter Hyperaktivität keine verminderten Intelligenztestwerte aufweisen, wohl aber Kinder mit ausschließlicher Aufmerksamkeitsstörung ohne Hyperaktivität.

- *Ticstörungen sowie Sprech- und Sprachstörungen* werden ebenfalls gehäuft bei Kindern mit hyperkinetischen Störungen beobachtet.

- *Beziehungsprobleme:* Gegenüber Gleichaltrigen verhalten sich hyperkinetisch gestörte Kinder oft zudringlich und kaspernd-albern zugleich. Sie unterbrechen die Aktivitäten anderer und wirken wie Plagegeister. Nicht *was* sie tun, sondern *wie* sie es tun, führt sie häufig in soziale Schwierigkeiten. Viele hyperkinetische Kinder versuchen, andere zu dominieren und zu kontrollieren. Das negative Interaktionsverhalten gegenüber Geschwistern ist bei hyperkinetischen Kindern um das Vierfache erhöht (Mash & Johnston, 1983). Es wundert daher nicht, daß hyperkinetisch gestörte Kinder angesichts des auffälligen Sozialverhaltens von ihren Gleichaltrigen in aller Regel abgelehnt werden. Die negative soziometrische Position dieser Kinder gehört tatsächlich zu den am besten belegten Befunden (u. a. Whalen et al., 1987). Jedoch nicht nur zu Gleichaltrigen, sondern auch zu Eltern und zu Lehrern sind die Beziehungen häufig extrem belastet. Die Eltern-Kind- sowie die Lehrer-Kind-Beziehungen sind durch ein hohes Maß an negativen, bestrafenden und kontrollierenden Interaktionen gekennzeichnet (vgl. Barkley, 1990).

2 Nosologie, Epidemiologie und Verlauf

2.1 Nosologie

DSM-IV und ICD-10 unterscheiden sich zwar kaum in der Definition der einzelnen Symptome dieses Störungsbildes, wohl aber in der Kombination der Symptomkriterien zu Diagnosen und in der diagnostischen Bezeichnung. Im DSM-IV wird der Begriff der *Aufmerksamkeitsdefizit-/Hyperaktivitätsstörung* gewählt, während im ICD-10 die Störung als *hyperkinetische Störung* beziehungsweise als *einfache Aktivitäts- und Aufmerksamkeitsstörung* bezeichnet wird.

Beide Diagnosesysteme legen weitgehend übereinstimmend fest, daß

- die Symptome mindestens sechs Monate lang in einem dem Entwicklungsstand des Kindes nicht zu vereinbarenden und unangemessenem Ausmaß vorliegen;
- die Störungen (nach ICD-10) beziehungsweise einige beeinträchtigende Symptome der Störung (nach DSM-IV) bereits vor dem Alter von sieben Jahren auftreten;
- die Beeinträchtigungen durch diese Symptome sich in zwei oder mehr Lebensbereichen (z. B. in der Schule bzw. am Arbeitsplatz und zu Hause) oder (nach ICD-10) auch an einem anderen Ort zeigen, an dem die Kinder beobachtet werden können (z. B. bei der klinischen Untersuchung);
- deutliche Hinweise auf klinisch bedeutsame Beeinträchtigungen in sozialen, schulischen oder beruflichen Funktionsbereichen vorhanden sein müssen.

Als Ausschlußkriterien legen beide Systeme übereinstimmend die Diagnosen einer tiefgreifenden Entwicklungsstörung, einer Schizophrenie oder einer anderen psychotischen Störung fest. Darüber hinaus benennt das ICD-10 eine depressive Episode oder eine Angststörung als Ausschlußkriterium, während nach DSM-IV gefordert wird, daß die hyperkinetischen Symptome nicht durch eine andere psychische Störung besser beschrieben werden können (z. B. durch eine affektive Störung, eine Angststörung, eine dissoziative Störung oder eine Persönlichkeitsstörung). Die Formulierung nach DSM-IV erscheint zutreffender gewählt.

Deutliche Unterschiede sind zwischen beiden Systemen allerdings in der Kombination der Symptomkriterien zu Diagnosen festzustellen. Abbildung 1 veranschaulicht diese Differenzen grafisch. Nach ICD-10 (Forschungskriterien) müssen für die Diagnose einer einfachen Aktivitäts- und Aufmerksamkeitsstörung (F90.0) so-

wohl ausgeprägte Aufmerksamkeitsstörungen (6 von 9 Symptomkriterien müssen erfüllt sein) als auch Überaktivität (3 von 5 Symptomkriterien müssen erfüllt sein) und Impulsivität (eines von vier Symptomkriterien muß erfüllt sein) in mindestens zwei Lebensbereichen (situationsübergreifend) vorliegen.

Im DSM-IV sind dagegen drei Subtypen spezifiziert:

- Der *Mischtyp* einer Aufmerksamkeitsdefizit-/Hyperaktivitätsstörung, bei dem sowohl Aufmerksamkeitsstörung (6 von 9 Symptomkriterien müssen erfüllt sein) als auch Hyperaktivität/Impulsivität (6 von 9 Symptomkriterien müssen erfüllt sein) vorliegen. Die Kriterien für Hyperaktivität und Impulsivität werden zu einem Kriterienbereich zusammengefaßt.
- Der *vorherrschend unaufmerksame Typ*, bei dem vor allem Aufmerksamkeitsstörungen vorliegen, während Hyperaktivität/Impulsivität nicht oder nicht hinreichend stark ausgeprägt sind.
- Der *vorherrschend hyperaktiv-impulsive Typ*, bei dem vor allem Hyperaktivität/Impulsivität vorliegen, während Aufmerksamkeitsstörungen nicht oder nicht hinreichend stark ausgeprägt sind.

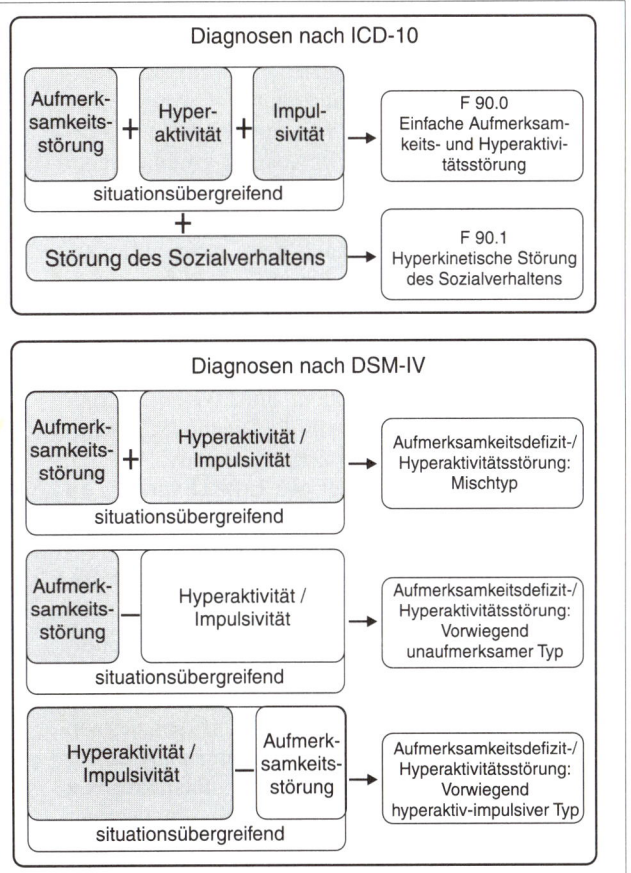

Abbildung 1:
Kriterien für die Diagnose einer hyperkinetischen Störung nach ICD-10 und einer Aufmerksamkeitsdefizit-/Hyperaktivitätsstörung nach DSM-IV (aus Döpfner et al., 2002a).

Bei Jugendlichen und Erwachsenen, die zum Untersuchungszeitpunkt Symptome zeigen, die nicht mehr alle Kriterien erfüllen, wird nach DSM-IV eine Aufmerksamkeits- und Hyperaktivitätsstörung in partieller Remission diagnostiziert. Diese Möglichkeit bietet ICD-10 nicht. Falls nicht andere (z. B. administrative) Gründe vorliegen, empfiehlt sich für die Praxis die Anwendung der DSM-IV-Diagnosen, weil die Diagnose-Definitionen und die Differenzierungen von gemischten beziehungsweise stärker hyperkinetischen oder stärker aufmerksamkeitsgestörten Störungsformen sowie die Möglichkeit, die Diagnose einer Störung in Partialremission zu stellen, den Erfordernissen der Praxis besser entsprechen. Bei Anwendung des ICD-10 wird man sich in der klinischen Praxis an den klinisch-diagnostischen Leitlinien orientieren, die lediglich fordern, daß Aufmerksamkeitsstörungen und Überaktivität nebeneinander vorhanden sein und die Störungen in mehreren Lebensbereichen auftreten sollen. Dennoch ist es sinnvoll, sich auch in diesem Fall in der klinischen Diagnostik an den eindeutig operationalisierten Forschungskriterien zu orientieren, wobei der jeweilige Grenzwert für die Vergabe einer Diagnose (z. B. 6 von 9 Kriterien müssen zutreffen) in der klinischen Diagnostik unterschritten werden kann.

Sowohl im ICD-10 als auch im DSM-IV wird darüber hinaus die Kategorie einer *nicht näher bezeichneten hyperkinetischen Störung* beziehungsweise *Aufmerksamkeitsdefizit-/Hyperaktivitätsstörung* vorgegeben, die dann gewählt werden kann, wenn einzelne Kriterien nicht voll erfüllt sind. Ein weiterer grundlegender Unterschied zwischen DSM-IV und ICD-10 besteht darin, daß ICD-10 Kombinationsdiagnosen für jene Störungen vorsieht, die gehäuft gemeinsam auftreten, während nach DSM-IV in diesem Fall Mehrfachdiagnosen vergeben werden. Ein Kind, das sowohl die Kriterien für eine hyperkinetische Störung als auch die Kriterien für eine Störung des Sozialverhaltens (beispielsweise mit oppositionellem, aufsässigem Verhalten) erfüllt, erhält nach ICD-10 die Diagnose einer *hyperkinetischen Störung des Sozialverhaltens* (F90.1), während nach DSM-IV zwei getrennte Diagnosen zu vergeben sind.

Angesichts der hohen Überschneidungen von aggressiven und hyperkinetischen Störungen haben manche Autoren eine Differenzierung in zwei Diagnosegruppen in Frage gestellt. In einer Vielzahl empirischer Studien konnte jedoch belegt werden, daß in diesen Diagnosegruppen tatsächlich voneinander differenzierbare Verhaltensmuster zu finden sind. Faktorenanalysen bestätigen meist, daß sich ein Hyperaktivitätsfaktor von einem Aggressionsfaktor abgrenzen läßt (vgl. Döpfner et al., 2002c). Hyperkinetisch gestörte Kinder zeigen im Vergleich zu Kindern mit aggressiven Verhaltensauffälligkeiten stärkere kognitive Beeinträchtigungen und vermehrt entwicklungsneurologische Auffälligkeiten (u.a. Reeves et al., 1987; Taylor et al., 1991). Die Jungen-Mädchen-Relation ist bei hyperkinetischen Störungen wesentlich extremer als bei Störungen des Sozialverhaltens (McGee et al., 1985; Werry et al., 1987a; 1987b). Hinweise auf spezifische Verläufe liegen ebenfalls vor. Patienten, die ausschließlich hyperkinetische Störungen zeigen, nehmen einen günstigeren Verlauf als Patienten mit Störungen des Sozialverhaltens, unabhängig davon, ob zusätzlich hyperkinetische Störungen vorlagen (u.a. Loney, 1987). Insgesamt weisen die Ergebnisse darauf hin, daß Kinder mit hyperkinetischen plus aggressiven Störungen psychisch stärker gestört sind und die ungünstigste Prognose haben (Anderson et al., 1987; Hinshaw, 1987; Werry et al., 1987a; 1987b).

Hyperkinetische Störungen müssen von folgenden anderen Störungsbildern und Bedingungen abgegrenzt werden (vgl. Döpfner et al., 2000a; 2002a):

- *Altersgemäße Verhaltensweisen bei aktiven Kindern:* Die Grenze zwischen einem noch altersgemäßem Bewegungsdrang und hyperaktivem Verhalten ist vor allem bei jüngeren Kindern oft nur schwer zu ziehen. In zunehmendem Maße wird jedoch akzeptiert, daß die hyperkinetische Störung keine diskrete, eindeutig von einer Normvariation abgrenzbare diagnostische Einheit darstellt, sondern daß eine dimensionale Betrachtung eher angemessen ist. Die Bestimmung von Grenzwerten für die Definition von Auffälligkeit muß unter diesem Gesichtspunkt immer fragwürdig bleiben (vgl. Döpfner & Lehmkuhl, 1997).
- *Durch Medikamente oder durch neurologische Störungen bedingte hyperkinetische Symptomatik:* Hyperkinetische Symptome können durch bestimmte Medikamente (z. B. manche Antikonvulsiva und Bronchospasmolytika) oder auch durch eindeutige neurologische Erkrankungen (z. B. Schädel-Hirn-Trauma) ausgelöst werden.
- *Hyperkinetische Symptome bei Intelligenzminderung:* Bei Kindern mit Intelligenzminderung treten üblicherweise Aufmerksamkeitsschwächen, aber auch erhöhte Unruhe und Impulsivität auf. Dennoch kann auch bei lernbehinderten und bei geistig behinderten Kindern eine hyperkinetische Störung diagnostiziert werden. Die Symptome müssen in diesen Fällen jedoch deutlich stärker ausgeprägt sein als bei Kindern gleicher Intelligenz. Nach ICD-10 wird die Diagnose einer hyperkinetischen Störung bei Kindern mit einem IQ unter 50 nicht gestellt. Nach ICD-10 kann bei geistig behinderten Kindern mit schwerer motorischer Überaktivität und ausgeprägt repetitiven und stereotypen Verhalten die Diagnose einer *überaktiven Störung mit Intelligenzminderung und Bewegungsstereotypien* (F84.4) gestellt werden. Im DSM-IV ist diese Diagnose nicht vorgesehen.
- *Hyperkinetische Symptome bei schulischer Überforderung:* Kinder, die schulisch überfordert sind, können im Unterricht als leicht ablenkbar, konzentrationsschwach und unruhig wirken. Deshalb ist in der

Regel eine Intelligenzdiagnostik bei Kindern mit hyperkinetischen Symptomen zum Ausschluß von schulischer Überforderung unabdingbar. Schulleistungsschwächen können aber auch als komorbide Störungen auftreten, insbesondere Teilleistungsschwächen in einzelnen Bereichen.

- *Hyperkinetische Symptome bei schulischer Unterforderung:* Bei weit überdurchschnittlich begabten Schülern, die schulisch unterfordert sind, können Symptome einer hyperkinetischen Störung auftreten. Bei Steigerung der schulischen Anforderungen verschwinden diese Symptome jedoch meist rasch.
- *Hyperkinetische Symptome als Folge chaotischer psychosozialer Bedingungen:* In extrem desorganisierten Familien können Kinder hyperkinetische Symptome entwickeln. Sie zeigen diese Symptomatik jedoch nicht, wenn sie sich in strukturierten Umgebungen aufhalten.
- *Oppositionelle Verhaltensweisen:* Kinder mit oppositionellen Verhaltensauffälligkeiten können gegen Arbeiten oder schulische Aufgaben Widerstand leisten, die Anstrengung und Aufmerksamkeit verlangen, da sie Forderungen anderer prinzipiell verweigern. Oppositionelle Verhaltensweisen treten aber bei Kindern mit hyperkinetischen Störungen häufig auch als komorbide Störung auf.
- *Psychomotorische Erregung und Konzentrationsstörungen bei affektiven Störungen und Angststörungen:* Diese Symptome lassen sich manchmal nur schwer von der Hyperaktivität und den Aufmerksamkeitsstörungen einer hyperkinetischen Störung unterscheiden. Ein Unterscheidungsmerkmal kann der Verlauf sein: Hyperkinetische Störungen haben einen kontinuierlichen Verlauf mit Beginn im Vorschulalter, affektive Störungen und Angststörungen treten meist später auf und verlaufen üblicherweise weniger kontinuierlich. Bei Angststörungen treten die Symptome in der Regel ausschließlich in den ängstigenden Situationen auf.
- *Autismus, Schizophrenie und Manie.* Bei autistischen Störungen sind häufig im Kindesalter auch hyperkinetische Symptome zu beobachten. Schizophrene Störungen und Manie treten fast ausschließlich im Jugendalter auf und gehen häufig auch mit Symptomen von Unruhe und Antriebssteigerung sowie Impulsivität und Aufmerksamkeitsstörungen einher. Werden diese Störungen diagnostiziert, die durch andere charakteristische Symptome gekennzeichnet sind, dann entfällt die Diagnose einer hyperkinetischen Störung.

Wenn die Symptome der Unaufmerksamkeit nach dem siebten Lebensjahr beginnen und die Störung nicht relativ konstant verläuft, dann liegt meist keine hyperkinetische Störung, sondern vermutlich eher eine affektive Störung, eine Angststörung, eine dissoziative Störung, eine Persönlichkeitsstörung oder eine medikamenteninduzierte Störung vor.

2.2 Epidemiologie

Die Leitsymptome der hyperkinetischen Störung – Aufmerksamkeitsstörung, Impulsivität und motorische Unruhe – gehören nach oppositionellen und aggressiven Verhaltensweisen zu den in klinischen Stichproben am häufigsten festgestellten Einzelsymptomen. Sie werden vom Untersucher in über 30% der Fälle aufgrund der Exploration der Eltern und der Patienten selbst festgestellt. In der Untersuchungssituation direkt beobachtbar sind diese Symptome jedoch nur bei etwa 10 bis 15% der Fälle (Döpfner et al., 1997b). Unruhe, Unkonzentriertheit und Aufmerksamkeitsstörung sind Sammelbegriffe, die auch dazu dienen, Unzufriedenheit mit dem Kind und Probleme im Umgang mit ihm auszudrücken. Daher wundert es nicht, daß Erzieherinnen und Eltern solche Symptome bei drei- bis sechsjährigen Kindern von allen Verhaltensproblemen bei weitem am häufigsten zu beobachten glauben. 12,8% aller Kinder, die einen Kindergarten besuchen, werden von Erzieherinnen global als hyperaktiv oder aufmerksamkeitsschwach beurteilt; weitere 1,3% zeigen diese Auffälligkeiten in besonderem Ausmaß. Dagegen treten die anderen Auffälligkeiten, nämlich aggressives Verhalten (insgesamt 4,7%) und emotionale Probleme (insgesamt 2,5%) geradezu selten auf.

Genauer bei Eltern und Erzieherinnen nachgefragt, ergibt sich das gleiche Bild – einzelne emotionale Auffälligkeiten und oppositionelle oder aggressive Verhaltensweisen liegen bei maximal 5%, meist jedoch deutlich darunter. Symptome der hyperkinetischen Störung erreichen Raten von bis zu 30% und darüber. Am häufigsten beobachten die Eltern von Vorschulkindern motorische Unruhe: „Kann nicht stillsitzen" in 34% und „ist ständig auf Achse" in 38% der Fälle; Erzieherinnen sehen diese Verhaltensweisen bei den gleichen Kindern nur bei 12 bis 17% (Döpfner, 1993c). Dies weist auf zwei Probleme hin:

- Erstens treten sämtliche genannten Symptome auch als völlig normale Entwicklungsphasen in früheren Altersstufen auf. Die Abgrenzung zwischen Normvariation und Auffälligkeit bereitet deshalb vor allem im Vorschulalter Schwierigkeiten und
- zweitens belegen die unterschiedlichen Prävalenzraten im Kindergarten und der Familie, daß das Verhalten situationsspezifisch ausgeprägt sein kann.

In einer weiteren Studie der eigenen Arbeitsgruppe mit einem Elternfragebogen zur Erfassung hyperkinetischer Symptome nach ICD-10 und DSM-IV (Döpfner & Lehmkuhl, 1998) konnten für einzelne Symptome bei Schulkindern im Alter von sechs bis zehn Jahren ebenfalls hohe Prävalenzraten, vor allem bei Jungen, festgestellt werden. Für Symptome einer Aufmerksamkeitsstörung lagen die Raten bei Jungen zwischen 8 und 27% (Mädchen: 0-11%), für Hyperaktivität zwischen 7 und 31% (Mädchen 1-7%) und für Impulsivität zwischen 13 bis 29% (Mädchen: 4-11%). Die für eine

Diagnose nach DSM-IV notwendige Anzahl der Kriterien erreichten nach dem Urteil der Eltern allerdings nur 6% aller Kinder; nach ICD-10 waren es sogar nur 2,4% (Brühl, Döpfner & Lehmkuhl, 2000). Eltern in den neuen und alten Bundesländern schätzen ihre Kinder etwa gleich häufig als hyperkinetisch auffällig ein (Döpfner et al., 1998). Deutsche Eltern unterscheiden sich nicht von Eltern in den Niederlanden und in den USA in der Beurteilung hyperkinetischer Auffälligkeiten von Kindern und Jugendlichen (Döpfner et al., 1996a). Allerdings wird die Mehrzahl der von den Eltern als hyperkinetisch auffällig eingeschätzten Kindern nicht zur Behandlung vorgestellt (Döpfner et al., 2002e).

In der Literatur weisen die Angaben zur Häufigkeit von hyperkinetischen Störungen entsprechend den Diagnosekriterien aufgrund der unterschiedlichen diagnostischen Kriterien ein breites Spektrum auf. Die wesentlich niedrigeren DSM-IV-Kriterien für die Diagnose einer Aufmerksamkeitsdefizit-/Hyperaktivitätsstörung führen dazu, daß die Prävalenz von Aufmerksamkeitsdefizit-/Hyperaktivitätsstörungen deutlich höher ist als die der Störung von Aktivität und Aufmerksamkeit nach ICD-10. In Abhängigkeit von Diagnosekriterien, Alter und Erhebungsmethode wird die Diagnose in den USA nach DSM (meist nach DSM-III oder DSM-III-R) bei 7 bis 17% aller Jungen und bei 3,3 bis 6% aller Mädchen gestellt (z. B. Szatmari et al., 1989; Cohen et al., 1993).

In den wenigsten Studien werden jedoch die Angaben von Eltern und von Lehrern über hyperkinetische Auffälligkeiten des Kindes in der Schule und in der Familie miteinander kombiniert. Die relativ hohen Prävalenzraten in diesen Studien können daher nicht als Prävalenz für situationsübergreifende hyperkinetische Störungen betrachtet werden. DSM-IV schätzt die Prävalenz situationsübergreifender Aufmerksamkeitsdefizit-/Hyperaktivitätsstörungen im Schulalter auf 3 bis 5%; Prävalenzraten nach ICD-10 liegen deutlich darunter. Nach Taylor et al. (1991) werden sie nur bei 1,7% aller Jungen im Grundschulalter festgestellt. Auf der Basis von ICD-9 stellten Esser und Mitarbeiter (1990) in einer deutschen Stichprobe im Alter von acht Jahren bei 8,3% aller Jungen und fünf Jahre später im Alter von 13 Jahren bei 3% aller Jungen eine hyperkinetische Störung fest.

In einer Studie an deutschen Grundschulen stellten Baumgaertel und Mitarbeiter (1995) auf der Grundlage eines Lehrerfragebogens nach DSM-IV eine Rate von Kindern mit einer Aufmerksamkeitsdefizit-/Hyperaktivitätsstörung von 17,8% fest, wobei 4,8% eine Störung vom gemischten Subtypus, 3,9% eine Störung vom vorherrschend hyperaktiv-impulsiven Subtypus und 9% eine Störung vom vorherrschend unaufmerksamen Subtypus aufwiesen. Angaben über die Ausprägung der Symptomatik in der Familie liegen auch in dieser Studie nicht vor.

Jungen sind gegenüber Mädchen deutlich häufiger von der Symptomatik betroffen. Das Verhältnis wird in den meisten Studien zwischen 3:1 und 9:1 angegeben (u. a. Anderson et al., 1987). Die erhöhte Rate bei Jungen gilt für nahezu alle Symptome (Döpfner et al., 1997a; Lehmkuhl et al., 1998a; Brühl et al., 2000). In der deutschen Studie von Baumgaertel et al. (1995) lag die Jungen-Mädchen-Relation je nach Subtypus zwischen 2:1 beim vorherrschend unaufmerksamen Subtypus und 5:1 beim hyperaktiv-impulsiven Subtypus.

2.3 Verlauf

Kleinkinder mit schwierigen Temperamentsmerkmalen, mit extrem hohem Aktivitätsniveau, mit Schlafproblemen, Eßschwierigkeiten und gereizter Stimmungslage sind mit einem größeren Risiko behaftet, später eine hyperkinetische Störung zu entwickeln als Kinder mit ausgeglichenem Temperament (vgl. Ross & Ross, 1982). Die Mehrzahl der hyperkinetisch auffälligen Kinder fallen durch Überaktivität, eine geringe Aufmerksamkeitsspanne und oppositionelles Verhalten bereits im Alter von drei Jahren auf (Hartsough & Lambert, 1985), wobei die Abgrenzung von einer noch altersgemäßen Aufmerksamkeitsspanne und motorischen Unruhe oft schwerfällt.

Bei Kindern im *Vorschulalter* zeigen sich als deutlichste Merkmale allgemeine Anzeichen von motorischer Unruhe und extremer Umtriebigkeit. Die relativ hohe Stabilität der Symptomatik vom Vorschulalter bis ins Grundschulalter hinein ist in mehreren Studien nachgewiesen worden. Durch eine Kombination von Verhaltensbeobachtung und Elternurteil, erhoben im Alter von drei Jahren, konnten hyperkinetische Störungen im Alter von vier und sechs Jahren in hohem Maße vorhergesagt werden. Auch das von den Müttern beurteilte Ausmaß an Aggressivität ihrer sechsjährigen Kinder ließ sich durch das Urteil und das Verhalten der Mütter in Interaktionssituationen ein bis drei Jahre zuvor vorhersagen (multiple Korrelation R=.81 nach einem Jahr, R=.65 nach drei Jahren: Campbell et al., 1986a). Die Hälfte der im Alter von drei Jahren auffälligen Kinder zeigten mit sechs Jahren weiterhin hyperkinetische Auffälligkeiten (Campbell et al., 1986a; 1986c). Kinder mit stabilen Störungen unterschieden sich von jenen, deren Aufmerksamkeitsdefizite sich in diesem Zeitraum verminderten, durch stärker ausgeprägte Hyperaktivität und Aufmerksamkeitsschwäche und durch erhöhte Aggressivität im Alter von drei Jahren (Campbell, 1987). Eine weitere Nachuntersuchung wurde im Alter von neun Jahren durchgeführt: 67% der Kinder, bei denen die Hyperaktivität im Alter von sechs Jahren weiterhin bestand, wurden mit neun Jahren erneut als externalisierend auffällig diagnostiziert. Im Vergleich dazu wurde eine solche Diagnose im Alter von neun Jahren nur bei 29% der Kinder gestellt, bei denen sich die Symptomatik mit sechs Jahren gebessert hatte (Campbell, 1990).

Die größten Probleme im *Grundschulalter* betreffen die kurze Aufmerksamkeitsspanne, oppositionelles Verhalten in Familie und Schule sowie motorische Überaktivität, besonders in strukturierten und stärker fremdbestimmten Situationen. In diesem Altersbereich treten häufig auch Störungen in den Beziehungen zu Gleichaltrigen auf (Pelham & Bender, 1982), relative Leistungsschwächen in der Schule, beginnende dissoziale Verhaltensweisen (Lügen, Stehlen), Wutausbrüche in Gruppensituationen und – vor allem in den späteren Jahren – verminderte Selbstwertgefühle. In der Familie haben die Kinder häufig enorme Schwierigkeiten, Routinetätigkeiten und Pflichten zu Ende zu führen (Hausarbeiten, Zimmer aufräumen). Möglicherweise veranlassen diese Verhaltensprobleme die Eltern dazu, sehr viel Zeit für die Beaufsichtigung ihrer Kinder aufzuwenden. Psychische Belastungen der Eltern und das Risiko der Mütter, depressive Störungen zu entwickeln, scheinen in dieser Altersspanne erhöht zu sein (Mash & Johnston, 1983).

Viele Kinder mit hyperkinetischen Störungen zeigen auch im *Jugendalter* die Kernsymptome Hyperaktivität, Aufmerksamkeitsstörungen und Impulsivität. Allerdings führten verschiedene Studien zu sehr divergenten Ergebnissen – die Rate der weiterhin Auffälligen liegt zwischen 30% (Gittelman et al., 1985) und 70% (Brakley et al., 1990). In einer deutschen epidemiologischen Längsschnittstudie wurden 40% der im Alter von acht Jahren als hyperkinetisch gestört diagnostizierten Kinder mit 13 Jahren als unauffällig beurteilt. Bei einer weiteren Nachuntersuchung im Alter von 18 Jahren stieg die Rate der unauffälligen auf 60% und 40% zeigten dissoziale Störungen (Schmidt et al., 1991). Jugendliche, bei denen als Kinder eine hyperkinetische Störung diagnostiziert wurde, haben ein erhöhtes Risiko zum Drogenmißbrauch; sie sind häufiger in Autounfälle verwickelt, sie haben ein erhöhtes Risiko, die Schule ohne Abschluß zu verlassen, sie zeigen ein erhöhtes Maß an Minderwertigkeitsgefühlen und sind weniger sozial akzeptiert (Weiss & Hechtman, 1993; Lehmkuhl et al., 1998b).

In einer Studie der Arbeitsgruppe um Barkley wurden 123 Kinder, bei denen im Alter von vier bis zwölf Jahren eine stark ausgeprägte hyperkinetische Störung diagnostiziert worden war, acht Jahre nach Erstvorstellung nachuntersucht (Barkley et al., 1990; Fischer et al., 1990). Das Durchschnittsalter der nachuntersuchten Kinder lag bei 14;9 Jahren. Die bei der Erstvorstellung hyperkinetisch gestörten Kinder (Auffälligen-Stichprobe) wurden mit einer bei der Erstuntersuchung unauffälligen Kontrollgruppe aus dem gleichen sozialen Milieu verglichen. 71% der Auffälligen-Stichprobe erhielt bei der Nachuntersuchung erneut die Diagnose einer hyperkinetischen Störung im Vergleich zu 3% in der Kontrollgruppe. Bei 59% der Auffälligen-Stichprobe wurde eine oppositionelle Verhaltensstörung und bei 43% eine Störung des Sozialverhaltens diagnostiziert, während dies nur bei 11% beziehungsweise 1,6%

der Kontrollgruppe der Fall war. Die Schulkarrieren der bei der Erstuntersuchung hyperkinetisch auffälligen Kinder waren erheblich ungünstiger verlaufen mit einem hohen Anteil an Klassenwiederholungen, Suspensionen vom Unterricht und Schulverweisen.

Kinder mit hyperkinetischen Störungen ohne zusätzliche aggressive Verhaltens- oder Beziehungsstörungen zu Gleichaltrigen sind im Jugendalter mit einem erhöhten Risiko für Aufmerksamkeitsstörungen und Impulsivität behaftet, die geringere schulische Leistungen bedingen (Paternite & Loney, 1980). Sie zeigen auch eine erhöhte Rate von Störungen des Sozialverhaltens, wenngleich nicht in dem Ausmaß, wie dies bei Kindern mit zusätzlichen aggressiven Verhaltensstörungen der Fall ist (Klein & Mannuzza, 1991).

Kinder, die neben der hyperkinetischen Symptomatik aggressives Verhalten zeigen, haben im Jugendalter ein deutlich erhöhtes Risiko, wesentlich ernsthaftere psychische Störungen zu entwickeln als ausschließlich hyperkinetisch auffällige Kinder. Neben verminderten Schulleistungen fallen diese Kinder im Jugendalter gehäuft durch delinquentes Verhalten auf und Beziehungsstörungen zu Gleichaltrigen bleiben bestehen oder verschlimmern sich (u.a. Fischer et al., 1993; vgl. Scheithauer & Petermann in diesem Buch).

Die beschriebenen Verhaltensformen setzen sich bis ins *Erwachsenenalter* hinein fort. Die meisten Nachuntersuchungen an Erwachsenen, die im Kindesalter als hyperkinetisch auffällig diagnostiziert wurden, zeigen, daß diese sich ungünstig entwickeln. Dies betrifft sowohl ihre soziale Einbindung und ihr psychisches Wohlbefinden als auch den Beschäftigungsstatus. Die Studien können wie folgt zusammengefaßt werden (vgl. Lehmkuhl et al., 1998b):

- 30 bis 66% der hyperkinetischen Kinder leiden auch im Erwachsenenalter unter den Symptomen oder Folgeproblemen. Etwa 30% zeigen ein noch voll ausgeprägtes Bild des hyperkinetischen Syndroms.
- 18 bis 36% weisen ein dissoziales Verhalten auf. Bei 14 bis 27% wird eine dissoziale Persönlichkeitsstörung festgestellt.
- Drogenmißbrauch kommt bei hyperkinetischen Erwachsenen häufiger vor, für Alkoholmißbrauch liegen keine eindeutigen Ergebnisse vor.
- Bei einer Stabilität der hyperkinetischen Symptomatik kommt es zu einer hohen Komorbidität mit dissozialem Verhalten.
- Die wenigen Studien zur beruflichen Situation zeigen, daß hyperkinetische Erwachsene häufiger die Arbeitsstelle wechseln, mehr Nebentätigkeiten aufnehmen und einen geringeren sozioökonomischen Status haben.

Eine solche Entwicklung ist glücklicherweise nicht für alle Kinder mit hyperkinetischen Störungen vorgezeichnet. Längsschnittstudien haben verschiedene Risikofaktoren isolieren können, die mit einem ungünstigeren Verlauf der Symptomatik in Beziehung stehen. Dazu zählen vor allem geringere Intelligenz, aggressives und oppositionelles Verhalten im Kindesalter, schlechte Beziehungen zu Gleichaltrigen, emotionale Instabilität und das Ausmaß der psychischen Störungen bei den Eltern (u.a. Hechtman et al., 1984; Fischer et al., 1993). Eine intensive multimodale Langzeitbehandlung bis in die Adoleszenz hinein scheint den Verlauf der Störung günstig zu beeinflussen (Satterfield et al., 1987). Bei geringerer Behandlungsintensität konnten bislang keine eindeutigen Effekte auf den Verlauf im Jugend- und Erwachsenenalter nachgewiesen werden (Hechtman et al., 1984). Diese Ergebnisse legen es nahe, hyperkinetische Störungen als eine Entwicklungsstörung der Selbstkontrollprozesse und des Sozialverhaltens mit einem chronischen Verlauf und mit begrenzten Heilungschancen aufzufassen. In der Therapie steht deshalb die Bewältigung der Störung im Vordergrund.

3 Erklärungsansätze

Als pathogenetische Faktoren hyperkinetischer Störungen wurden neurologische Störungen, Störungen des Immunsystems, genetische Einflüsse und psychosoziale Bedingungen untersucht und diskutiert. Die Ergebnisse der letzten Jahre zeigen, daß biologische und konstitutionelle Merkmale eine entscheidende Rolle bei der Genese der Störung spielen und psychosoziale Faktoren den Verlauf der Störung wesentlich beeinflussen können.

- **Neurologische Störungen.** Viele Jahrzehnte lang wurde angenommen, daß alle Kinder mit hyperkinetischen Störungen eine strukturell bedingte Störung der Hirnfunktionen aufweisen, selbst dann, wenn klare Hinweiszeichen dafür fehlen. Der Begriff des minimalen Hirnschadens oder der minimalen cerebralen Dysfunktion (MCD; minimal brain dysfunction; Wender, 1971) wurde dafür gewählt. Als Ursachen einer minimalen Hirnfunktionsstörung werden prä-, peri- und postnatale Komplikationen betrachtet, die eine Verzögerung der frühkindlichen Entwicklung bewirken. Neben diesen anamnestischen Angaben werden neurologische und neurophysiologische Auffälligkeiten, Teilleistungsschwächen bei zumindest durchschnittlicher Grundintelligenz und spezifische Verhaltensauffälligkeiten, u.a. Konzentrationsschwächen, für die Diagnosestellung hinzugezogen (Lempp, 1980).

Viele Studien lassen diese Hypothese jedoch als nicht haltbar erscheinen. Im deutschen Sprachraum konnten Esser und Schmidt (1987) zeigen, daß zwischen den verschiedenen Hinweisen auf eine cerebrale Dysfunktion nur sehr geringe Überschneidungen vorhanden sind und keine eindeutigen Beziehungen zu hyperkinetischen Störungen vorliegen. Die Autoren schlußfolgern, daß die Diagnose einer MCD im bislang praktizierten Sinne klinisch unbedeutend und irreführend sei. Zu einem ähnlichen Ergebnis kommen Shaffer und Greenhill (1979): Die Kriterien sind zu breit und unspezifisch, um hilfreich bei der Identifikation einer gemeinsamen Ätiologie, einer spezifischen Reaktion auf eine Behandlung und bei der Prognose des Verlaufs zu sein. Vermutlich beeinflussen die Art und der Schweregrad der Noxe die Auftretenswahrscheinlichkeit hyperkinetischer Störungen. So konnte in einer neueren Studie nachgewiesen werden, daß bei 23% der Kinder mit sehr geringem Geburtsgewicht im Alter von 12 Jahren hyperkinetische Störungen diagnostiziert werden; das war fast viermal häufiger als in einer Kontrollgruppe von Kindern mit normalem Geburtsgewicht (Botting et al., 1997). Bildgebende Verfahren zur Untersuchung von Hirnstrukturen (Computertomographie, Magnet-Resonanz-Tomographie) weisen relativ übereinstimmend auf strukturelle Veränderungen in einigen Hirnregionen hin, vor allem im präfrontalen Kortex, in den Basalganglien und im Corpus Callosum (vgl. Tannock, 1998). Die Ursachen dieser Veränderungen (Hirnschädigungen oder genetische Faktoren) sind jedoch nicht geklärt.

Einige, jedoch nicht alle Studien mit *funktionellen Verfahren* (z. B. Positronen-Emissions-Tomographie, PET) konnten darüber hinaus eine verminderte zerebrale Durchblutung des Frontalhirns bei hyperkinetisch auffälligen Kindern, Jugendlichen und Erwachsenen belegen (Ernst et al., 1994; Lou et al., 1984; Zametkin et al., 1990; 1993). Elektrophysiologische Verfahren (EEG, evozierte Potentiale) weisen auf veränderte hirnelektrische Aktivität vor allem im Frontalkortex hin, wenn die Kinder während der Ableitung Aufgaben lösen müssen (vgl. Brandeis, 1995). Andere Studien weisen Auffälligkeiten im *Neurotransmitter-System* nach, wenngleich die Ergebnisse nicht einheitlich sind. Zametkin und Rapoport (1987) sowie Greenhill (1990) fassen die Literatur dazu zusammen und schlußfolgern, daß offensichtlich nicht ein Neurotransmitter-System alleine gestört ist, sondern es sich eher um eine Imbalance der Systeme handelt. Allerdings wird in letzter Zeit vor allem auch aufgrund genetischer Studien dem dopaminergen System eine zentraler Funktion zugeschrieben.

- **Störungen des Immunsystems.** Feingold (1975) vermutete, daß bei der großen Mehrzahl der Kinder mit hyperkinetischen Störungen eine allergische Reaktion auf bestimmte synthetische Nahrungsmittelzusätze (z. B. Farbstoffe) vorliegt. Eine spezifische Diät, so die Schlußfolgerung, müßte die Symptomatik nachhaltig vermindern. Mehrere relativ gut kontrollierte Studien belegen jedoch, daß eine diätetische Behandlung in den meisten Fällen keine Wirkung erzielte (vgl. Conners, 1980). Eine Minderheit von etwa 5% der Kinder zeigt Verhaltensänderungen. In ähnlicher Weise wurde vermutet, daß Phosphat- oder Zuckerzusätze die Störung hervorrufen (Hafer, 1986). Doch konnten diese Hypothesen in empirischen Studien nicht gestützt werden (u. a. Rosen et al., 1988)

In mehreren Studien wurde das gehäufte Auftreten von allergischen Reaktionen auf Milcheiweiß, Pollen, Staub, Lösungsmittel, Farb- und Aromastoffe bei hyperkinetischen Kindern beschrieben. Roth et al. (1991) und Egger et al. (1985) berichten von einer Häufung von atopischen Störungen (atopische Dermatitis, Heuschnupfen, Asthma) bei hyperkinetisch gestörten Kindern. Tryphonas und Trites (1979) stellten bei 47% der untersuchten hyperkinetisch gestörten Kinder eine Nahrungsmittelallergie auf zumindest ein Nahrungsmittel fest. Blank und Remschmidt (1992) fanden bei hyperkinetisch gestörten Kindern ohne Störung des Sozialverhaltens im Vergleich zu hyperkinetisch gestörten Kindern mit Störungen des Sozialverhaltens eine deutlich erhöhte Belastung mit Allergien. In einigen Studien (Egger et al., 1985; Trites et al., 1980; Schmidt et al., 1997) konnten hyperkinetische Störungen mittels spezifischer Diäten vermindert werden. Diese Studien weisen allerdings mehrere methodische Schwächen auf (vgl. Marshall, 1989). Methodisch besser fundierte Studien sind notwendig, um die Beziehung von Nahrungsmittelallergien und hyperkinetischen Störungen zu klären und die Wirksamkeit diätetischer Behandlungen zu überprüfen. Marshall (1989) legt ein neurochemisches Modell vor, in dem angenommen wird, daß allergische Reaktionen ein Ungleichgewicht im cholinergen / adrenergenen System verursachen und dadurch hyperkinetische Störungen auslösen können.

- **Genetische Faktoren.** In letzter Zeit rückten genetische Faktoren als Ursachen hyperkinetischer Störungen in den Mittelpunkt des Interesses. In mehreren neueren Studien konnte eine erhöhte Rate an hyperkinetischen Störungen bei den erstgradig Verwandten hyperkinetisch gestörter Kinder festgestellt werden. Diese Befunde dürfen nur als relativ schwache Hinweise auf eine genetische Beteiligung an der Entwicklung der Störung gewertet werden, da eine familiäre Häufung auch durch psychosoziale Faktoren erklärbar ist. Eindeutigere Hinweise lassen sich aus Zwillingsstudien und aus molekulargenetischen Studien ableiten. In mehreren größeren Zwillingsstudien lagen die Konkordanzraten bei monozygoten (eineiigen) Zwillingen (mit identischer genetischer Ausstattung) bei 66% und damit wesentlich höher als bei dizygoten Zwillingen mit einer Konkordanzrate von 28% (vgl. Tannock, 1998). Neuere Zwillingsstudien untersuchten nicht die Übereinstimmung zwischen den diskreten Diagnosekategorien (hyperkinetische Störung versus keine Störung), sondern betrachten hyperkinetische Symptomatik entlang eines Kontinuums. Mithilfe von statistischen Analysen kann die Heretabilität (der Varianzanteil des Merkmals, der genetisch bestimmt wird) berechnet werden. In diesen Studien, die Tannock (1998) zusammenfaßt, liegen die Heretabilitäten zwischen 75 und 98%. In der neuesten Studie, der Virginia Twin Study, wird eine Heretabilität in Abhängigkeit von den Meßinstrumenten zur Erfassung hyperkinetischer Symptomatik sowie in Abhängigkeit vom Beurteiler der Symptomatik (Eltern oder Lehrer) und vom Geschlecht des Kindes zwischen 54 und 82% errechnet. Die Heretabilität für hyperkinetische Störungen liegt damit deutlich über der Heretabilität für Störungen des Sozialverhaltens, für Angststörungen und für depressive Störungen (Eaves et al., 1997). Molekulargenetische Studien konnten Zusammenhänge zwischen Dopamin-Rezeptor-Genen (DRD4 und DRD2) sowie Dopamin-Transporter-Genen (DAT) und hyperkinetischer Symptomatik nachweisen (z. B. Cook et al., 1995; Gill et al., 1997; Swanson et al., 1998), wenngleich die Befunden teilweise uneinheitlich sind.

Psychosoziale Bedingungen als primäre Ursachen hyperkinetischer Störungen wurden relativ selten untersucht. Eine Häufung hyperkinetischer Störungen in Familien mit geringerem sozioökonomischen Status wurde nur in einigen Studien nachgewiesen, andere konnten keinen Zusammenhang finden (z. B. Campbell et al., 1986a; 1986b; McGee et al., 1984). Deutlichere Zusammenhänge konnten mit ungünstigen familiären Bedingungen, unter anderem unvollständigen Familien, überbelegten Wohnungen und einer psychischen Störung der Mutter nachgewiesen werden (z. B. Barkley et al., 1993). Allerdings gehen ungünstige familiäre Bedingungen stärker mit aggressiven und dissozialen Verhaltensauffälligkeiten einher als mit hyperkinetischen Störungen (u. a. McGee et al., 1985; Taylor et al., 1986). Es überrascht daher nicht, daß die Eltern von Kindern mit hyperkinetischen plus aggressiven Störungen am häufigsten unter psychischen Störungen leiden (Lahey et al., 1988). Insgesamt weist die Forschung eher darauf hin, daß die psychosozialen Faktoren bei der Genese eine begrenzte Rolle spielen.

Schon Willis und Lovaas (1977) haben die These vertreten, daß hyperkinetische Störungen das Ergebnis inkonsistenter oder geringer elterlicher Kontrolle sein könne. Tatsächlich richten Mütter von Kindern mit hyperkinetischen Störungen häufiger Aufforderungen an diese und äußern sich häufiger in negativer Weise. Dies scheint jedoch zumindest teilweise eine Funktion der Aufgabe (Tallmadge & Barkley, 1983) und des Alters der Kinder (Barkley et al., 1985) zu sein. Darüber hinaus vermindern sich diese negativen Mutter-Kind-Beziehungen infolge von Stimulanzienbehandlung (u. a. Barkley et al., 1985). Das Verhalten der Mütter scheint daher eher eine Reaktion auf die hyperkinetische Störung als deren Ursache zu sein. Längsschnittstudien zeigen jedoch auch, daß überwiegend negative Eltern-Kind-Interaktionen im Vorschulalter mit der Stabilität hyperkinetischer Auffälligkeiten korrelieren (Campbell, 1990). Psychosoziale Bedingungen sind nach dem gegenwärtigen Wissensstand zwar keine primäre Ursache, aber sie tragen entscheidend zum Schweregrad der Störung bei. Das von Barkley (1981) entwickelte Interaktionsmodell (s. Abb. 2) gibt Hinweise darauf, wie Verhaltensauffälligkeiten bei hyperkinetischen Kindern sich durch Eltern-Kind- (und Lehrer-Kind-)Interaktionen verschlimmern können.

Aufforderungen und Grenzsetzungen von Eltern werden von aufmerksamkeitsgestörten und impulsiven Kindern aufgrund dieser Störungen häufig nicht beachtet. Im allgemeinen wiederholen Eltern ihre Aufforderungen dann mehrfach. Die Wahrscheinlichkeit, daß aufmerksamkeitsgestörte Kinder die Aufforderung wiederum nicht beachten, ist erhöht. Kommt es aber einmal dazu, daß das Kind eine Aufforderung befolgt, dann beachten die Eltern dies nicht, entweder weil sie meinen, das folgsame Verhalten ihres Kindes sei schließlich mehr als selbstverständlich oder weil sie einfach endlich das tun wollen, was durch die Auseinandersetzungen mit dem Kind liegengeblieben ist. Auffälliges, nämlich nicht-folgsames Verhalten des Kindes hat jedenfalls vermehrte – wenn auch negativ getönte – Aufmerksamkeit zur Folge, während angemessene Handlungen kaum beachtet werden. Die Spirale des familiären Konfliktes dreht sich noch weiter: Die Eltern beginnen zu drohen, das Kind reagiert wieder nicht, die Eltern werden schließlich ratlos und geben entweder nach oder werden ungezielt aggressiv. Beides hat zur Folge, daß mangelnde Regelbefolgung und oppositionelles wie aggressives Verhalten des Kindes eher noch zunehmen. Das Kind wird durch das Nachgeben der Eltern für sein oppositionelles Verhalten belohnt (negativ verstärkt) oder durch das Vorbild der Eltern zu aggressivem Verhalten (zumindest außerhalb der Familie) angeregt.

Integrative Modelle. Insgesamt weisen die Studien zur Ätiologie hyperkinetischer Störungen daraufhin, daß sich diese Störungen mit großer Wahrscheinlichkeit überwiegend auf einer genetischen Grundlage entwickeln und daß funktionelle Auffälligkeiten vor allem im Bereich des Frontalhirns und der Basalganglien vorliegen und der Dopamin-Stoffwechsel eine bedeutende Rolle spielt. Wenngleich die Entwicklung hyperkinetischer Störungen vermutlich primär durch biologische Faktoren bestimmt wird, so wird ihr Verlauf wahrscheinlich durch psychosoziale Faktoren erheblich beeinflußt. Der Eltern-Kind-Interaktion muß dabei eine wichtige Bedeutung beigemessen werden. In verschiedenen theoretischen Ansätzen werden Störungen der Selbstregulation als Kernproblem hyperkinetisch gestörter Kinder interpretiert. Douglas (1980) legt ein Störungsmodell vor, das die hyperkinetische Symptomatik als Störung der Selbstregulation interpretiert, bei der es dem Kind auf verschiedenen Ebenen, nämlich der physiologischen, der Verhaltensebene und der kognitiven Ebene nicht gelingt, sich situativen Anforderungen anzupassen. Dieses Modell wurde mehrfach revidiert (Douglas, 1988; 1989).

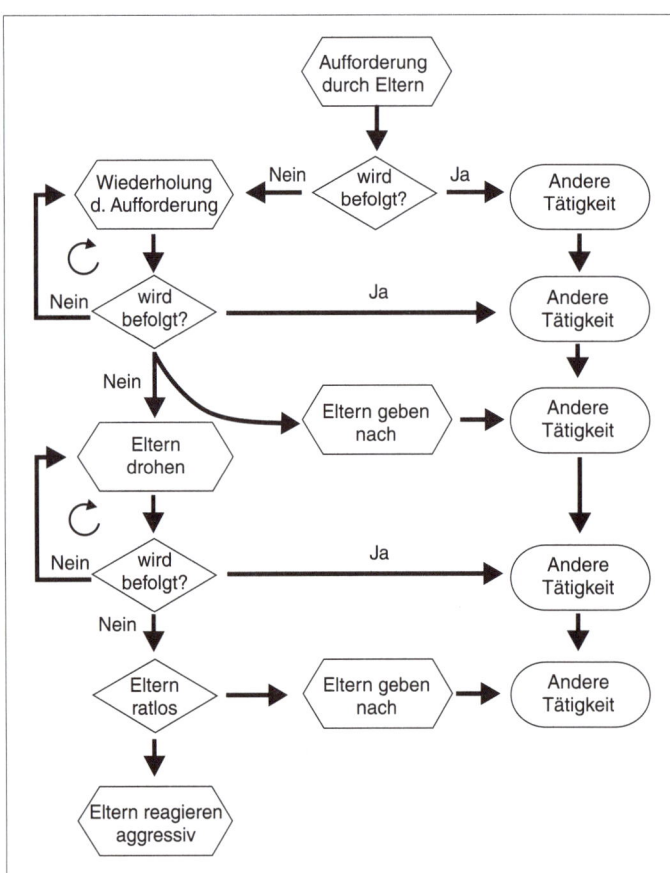

Abbildung 2:
Entwicklung negativ kontrollierender Interaktionen mit external auffälligen Kindern (aus Döpfner et al., 2002a).

Vier Aspekte kennzeichnen nach Douglas diesen zentralen Defekt der Selbstregulation, der auf einer konstitutionellen Prädisposition beruht.

- Hyperkinetisch auffällige Kinder besitzen eine verminderte Fähigkeit, andauernd Aufmerksamkeit und Mühe in anfordernde Aufgaben zu investieren;
- sie sind weitgehend unfähig, impulsives Reagieren zu hemmen;
- es gelingt ihnen nicht, Aktivierung oder Wachheit den situativen Anforderungen jeweils anzupassen;
- sie neigen dazu, ständig nach Stimulierung und unmittelbarer Belohnung zu suchen und auf hervorstechende Umgebungs- und Aufgabenmerkmale zu reagieren;
- weitere Folgen dieser Selbstregulationsstörung sind nach Douglas (1989) motorische Unruhe und störendes, aggressives Verhalten.

Die Auswirkungen dieser Probleme verhindern, daß das Kind lernt, geplant vorzugehen und Probleme seinem Alter entsprechend zu lösen. Eine altersgemäße metakognitive Entwicklung findet nicht statt. Die Motivation, bestimmte Situationen zu bewältigen (Schulaufgaben, Zimmer aufräumen), vermindert sich, und kognitive Schemata höherer Ordnung werden nicht hinreichend entwickelt. Die Kinder erlernen übergeordnete Wissens-, Begriffs- und Regelsysteme nur unzureichend. Die Folgen dieser sekundären Störungen sind vermehrte Mißerfolgserlebnisse im kognitiven wie im sozialen Bereich. Diese Erfahrungen stärken die Tendenz, entsprechende Situationen zu vermeiden, wodurch die Problematik sich insgesamt verschärft. Konzentrationsschwächen, Impulsivität, die Fluktuation des Aktivierungsniveaus und die Suche nach stimulierenden Ereignissen nehmen zu. Damit wird die Fähigkeit und Motivation zu effektiven Problemlösungen weiter beeinträchtigt und die Wahrscheinlichkeit von Mißerfolgserlebnissen erhöht sich weiter – ein permanenter Kreislauf entsteht.

Das Modell versucht, die kognitiven Störungen bei hyperkinetisch auffälligen Kindern zu erklären. Auf andere Aspekte, etwa die motorische Unruhe oder aggressives Verhalten, geht es nur am Rande ein. Es liegt jedoch nahe, daß die von Douglas beschriebenen kognitiven Störungen auch soziale Problemlöseprozesse beeinträchtigen und Störungen im Sozialverhalten auslösen. Modelle der sozialen Informationsverarbeitung, die den Prozeß zwischen der Wahrnehmung einer sozialen Situation und der Reaktion darauf beschreiben, geben genauere Hinweise auf die kritischen Punkte (s. Döpfner, 1989; 1993b). Bereits bei der Wahrnehmung und Interpretation einer sozialen Situation können Fehler auftreten: Mangelnde Aufmerksamkeit erhöht das Risiko, relevante soziale Hinweiszeichen nicht wahrzunehmen. Im weiteren Prozeß der Verarbeitung von Informationen schleichen sich weitere Fehler ein:

Handlungsalternativen werden nicht berücksichtigt, Entscheidungen für Handlungsalternativen werden impulsiv gefällt, die notwendigen Handlungsschritte nicht sorgfältig genug geplant. Dieses Modell bedarf weiterer empirischer Prüfung, denn die bisherigen Ergebnisse bei Kindern mit Störungen des Sozialverhaltens sind widersprüchlich (vgl. Döpfner et al., 1989). Grenell et al. (1987) konnten nachweisen, daß hyperkinetische Kinder im Vergleich zu unauffälligen Kindern Defizite im sozialen Wissen (zur Aufrechterhaltung von Beziehungen und zur Konfliktlösung) aufweisen.

Barkley (1989) stellt das von Douglas entwickelte Modell in mehreren Punkten in Frage. Vor allem kritisiert er die Annahme basaler Defizite in der Aufmerksamkeit und der Impulskontrolle, die sich nicht mit empirischen Ergebnissen vereinbaren lassen. Störungen der Aufmerksamkeit und der Impulskontrolle werden nämlich nicht beobachtet, wenn Aufmerksamkeitsleistungen bei Routinetätigkeiten kontinuierlich verstärkt werden, wenn das Arbeitstempo selbst bestimmt werden kann und wenn die Aufgabenstellungen häufig wiederholt werden (u.a. Douglas & Parry, 1983; Goldberg & Konstantareas, 1981). Darüber hinaus zeigen sich Verhaltensauffälligkeiten wesentlich stärker in Beschäftigungs- und Leistungssituationen und meist überhaupt nicht während des freien Spiels (u.a. Barkley et al., 1984; Cunningham & Barkley, 1979). Barkley schlußfolgert, daß Verhaltensstörungen unter einer starken Kontrolle von Umweltkontingenzen stehen müssen, wenn sie sich in wechselnden Situationen so dramatisch ändern können. In seinem alternativen Modell werden hyperkinetische Störungen als *Störungen des regelgeleiteten Verhaltens* beschrieben. Basale Störungen bestehen demnach vor allem in einer verminderten Verhaltenskontrolle durch diskriminative Reize und Regeln (z. B. Anweisungen, Testinstruktionen), die insbesondere bei verzögerter, partieller oder minimaler Verstärkung des Verhaltens auftreten. Die Stabilität und Intensivierung der Störung im Jugend- und Erwachsenenalter werden nach diesem Modell beeinflußt von

- der Intelligenz des Kindes,
- dem Ausmaß aggressiven Verhaltens des Kindes,
- dem sozioökonomischen Status der Familie,
- dem Ausmaß psychischer Störungen bei den Eltern sowie
- der Ansprechbarkeit auf eine Therapie.

In jüngster Zeit werden von verschiedenen Autoren der Fähigkeit zur Hemmung sogenannter exekutiver Funktionen die zentrale Rolle bei der Entwicklung hyperkinetischer Störungen zugeschrieben. Exekutive Funktionen sind psychische Prozesse, die der Ausführung von Handlungen unmittelbar vorangehen oder sie begleiten. Barkley (1997) legt ein Modell vor, in dem ein Defizit in der Fähigkeit zur Hemmung von Impulsen und Handlungsabläufen zu Störungen solcher exekutiver Funktionen in vier Funktionsbereichen führt:

- im Bereich des Arbeits- oder Kurzzeitgedächtnisses,
- im Bereich der Selbstregulation von Affekten, der Motivation und der Aufmerksamkeit,
- im Bereich der Internalisierung und Automation von Sprache sowie
- im Bereich der Wiederherstellung und Entwicklung von Handlungssequenzen.

Abbildung 3 integriert dieses Modell in die weitgehend gesicherten Befunde zu den ätiologischen Faktoren von hyperkinetischen Störungen. Danach liegen die primären Ursachen dieser Störung in genetischen Dispositionen, die eine Störung des Neurotransmitterstoffwechsels (insbesondere Dopamin-Stoffwechsels) bewirken. Der Einfluß anderer Faktoren, wie allergischer Reaktionen auf Nahrungsmittelzusätze oder erworbene Hirnschädigungen, ist fraglich, zumindest aber deutlich geringer. Auf der neuropsychologischen Ebene lassen sich verschiedene Störungen der Selbstregulation in verschiedenen Funktionsbereichen nachweisen, wie die von Barkley (1997) beschrieben wurde. Diese Störungen werden auf der Symptomebene in den klassischen Symptomen deutlich. Die hyperkinetischen Symptome bewirken wiederum

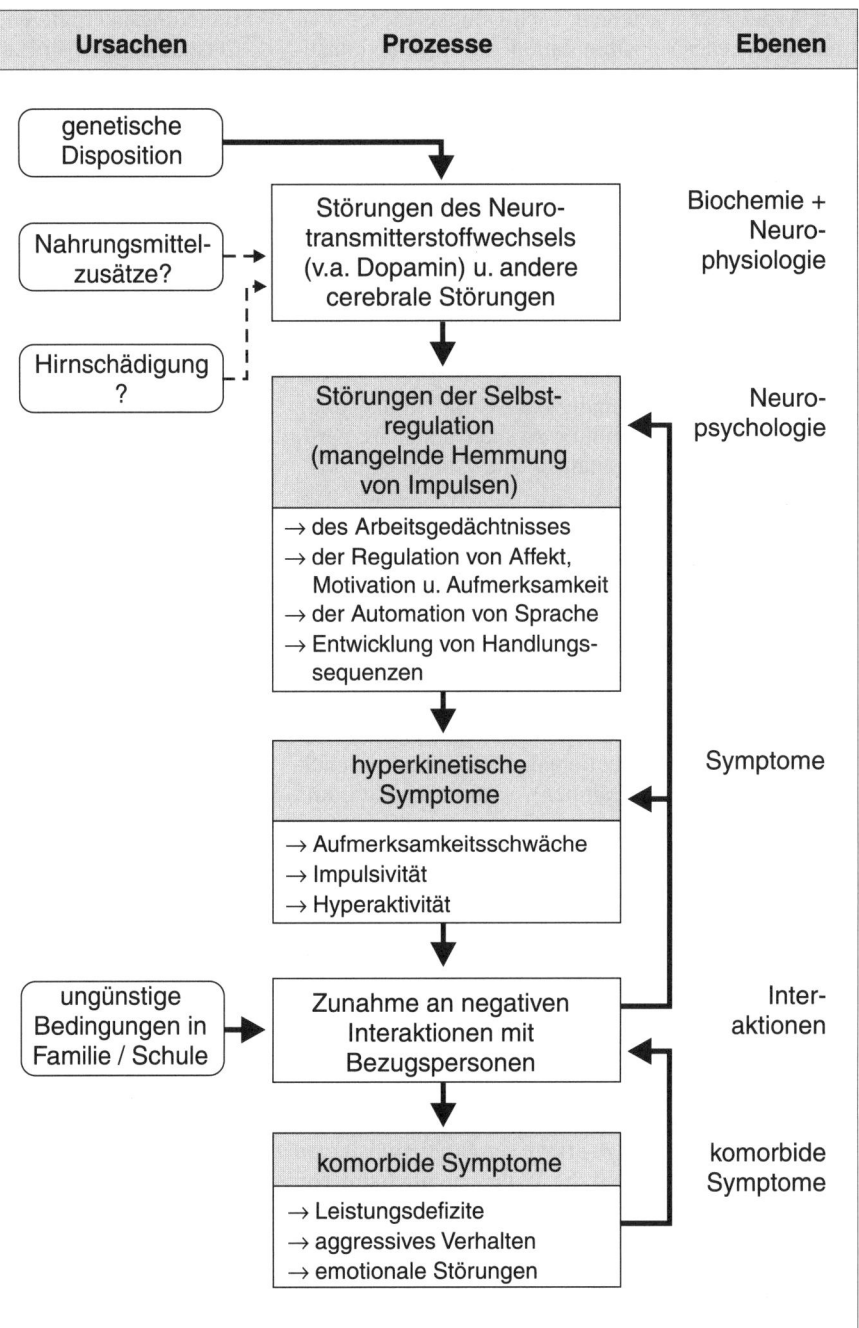

Abbildung 3:
Biopsychosoziales Modell zur Entstehung von Aufmerksamkeitsstörungen.

eine Zunahme an negativen Interaktionen zwischen dem Kind und seinen Bezugspersonen (Eltern, Erzieher, Lehrer, Geschwister, Gleichaltrige), wie bereits in Abbildung 2 differenziert beschrieben. Ungünstige Bedingungen in Familie und Schule (z. B. psychische Belastungen der Bezugspersonen, inkompetentes Erziehungsverhalten, große Klassen), aber auch in der Gleichaltrigengruppe (z. B. andere auffällige Kinder) unterstützen die weitere Entwicklung solcher ungünstiger Interaktionen. Diese bewirken ihrerseits wiederum eine Zunahme der hyperkinetischen Symptomatik und der Störungen im Selbstregulationsprozeß und sie unterstützen die Entwicklung weiterer komorbider Symptome.

4 Interventionsverfahren

4.1 Überblick über Interventionsansätze und ihre Indikation

Die Therapie von Kindern mit hyperkinetischen Störungen gehört gegenwärtig zu den größten Herausforderungen für die kinderpsychologische Praxis und Forschung – erstens wegen der Häufigkeit der Problematik und zweitens wegen ihrer erschreckend hohen Stabilität. Aufgrund der vielfältigen Lebens- und Funktionsbereiche, die bei Kindern mit hyperkinetischen Störungen beeinträchtigt sind, verwundert es nicht, daß mit einem isolierten Behandlungsansatz häufig nicht die gewünschten Effekte erzielt werden, sondern eine multimodale Therapie notwendig ist. Entsprechend fordern Behandlungsleitlinien, die in letzter Zeit publiziert wurden, ein multimodales Vorgehen unter Einbeziehung von Psychotherapie, von psychosozialen Interventionen und von Pharmakotherapie (American Academy of Child and Adolescent Psychiatry, 1997; Taylor et al., 1998; Döpfner & Lehmkuhl, 1993; Döpfner et al., 2000c).

Bei der Planung einer multimodalen Behandlung und der Auswahl der Interventionsformen sollte darauf geachtet werden, daß die Therapie dort ansetzt, wo die Probleme auftreten – beim Kind, in der Familie, in der Schule, bei den Aufmerksamkeitsschwächen, der Impulsivität, der Hyperaktivität oder der Aggressivität. Dieses Prinzip ist deshalb von außerordentlicher Bedeutung, weil eine Generalisierung von Therapieeffekten von einem Lebensbereich auf den anderen oder von einer Störungsform auf die andere bestenfalls unvollständig, häufig aber gar nicht gelingt. Abbildung 4 stellt einen Entscheidungsbaum zur Planung einer *multimodalen Therapie bei Schulkindern mit hyperkinetischen Störungen* dar (vgl. Döpfner et al., 2000c; 2002a).

Die *Aufklärung und Beratung* der Eltern und auch des Kindes in altersangemessener Form ist Grundlage jeder therapeutischen Intervention. Informationen über das Störungsbild, die Diagnose, die möglichen Ursachen, den vermutlichen Verlauf und über die möglichen Behandlungsansätze werden gegeben. Die Beratung der Eltern bezieht sich auf allgemeine Strategien des Umgangs mit dem Kind und berücksichtigt dabei auch andere Belastungen in der Familie (z. B. Partnerschaftsprobleme).

Eine *primäre medikamentöse Therapie mit Psychostimulanzien* ist indiziert, wenn eine ausgeprägte und situationsübergreifende hyperkinetische Symptomatik (in der Familie, in der Schule und in der Untersuchungssituation beobachtbar) besteht, unter der sich eine krisenhafte Zuspitzung in der Schule und/oder der Familie entwickelt hat und wenn keine Kontraindikationen für eine Stimulanzientherapie vorliegen (s. Kap.

4.2). Eine krisenhafte Entwicklung zeigt sich typischerweise darin, daß die weitere Beschulung des Kindes unmittelbar bedroht ist. Die Symptome sind also so massiv ausgeprägt, daß die Situation von der Klassenlehrerin/dem Klassenlehrer nicht mehr bewältigt werden kann; in der Familie lassen sich Hausaufgaben dann oft nur noch mit höchstem Aufwand bewältigen. Solche Situationen erfordern eine möglichst rasche Symptomminderung, die durch Stimulanzientherapie am ehesten erreicht werden kann. Erfolge verhaltenstherapeutischer Interventionen sind mit einer größeren Zeitverzögerung verbunden und bei massiven Störungen meist schwerer zu erzielen.

Liegt eine krisenhafte Zuspitzung aufgrund der hyperkinetischen Symptomatik nicht (mehr) vor und sind ausgeprägte Aufmerksamkeitsstörungen und Impulsivität auch unter optimalen Arbeitsbedingungen in der Untersuchungssituation zu beobachten, dann kann die Durchführung eines *Selbstinstruktionstrainings* mit dem Kind indiziert sein (s. Kap. 4.3.3). Das Kind ist dann typischerweise nicht in der Lage, auch unter guter Motivation (z. B. durch attraktive Belohnungen) Hausaufgaben über eine der Klassenstufe des Kindes angemessene Zeit mit dem üblichen Arbeitstempo organisiert durchzuführen. Meist lassen sich diese Probleme bereits bei der Durchführung der Intelligenz- und Leistungstests beobachten. Zur Absicherung ist es jedoch sinnvoll, daß das Kind unter den genannten optimalen Rahmenbedingungen gemeinsam mit dem Therapeuten seine Hausaufgaben durchführt. Die klinische Wirksamkeit von Selbstinstruktionstrainings, die auf den Aufbau von reflexiven Arbeitsstrategien zielen, konnte in der Mehrzahl der Studien allerdings nicht eindeutig belegt werden (s. u.). Nach den vorliegenden Ergebnissen kommt diesem Ansatz zwar keine zentrale Bedeutung in der multimodalen Behandlung zu, er kann aber eine ergänzende Rolle spielen. Da prinzipiell nicht erwartet werden kann, daß sich die meisten Auffälligkeiten in der Familie und in der Schule allein durch ein Selbstinstruktionstraining vermindern lassen, ist es grundsätzlich sinnvoll, parallel Interventionen in der Familie und in der Schule durchzuführen und nicht den Effekt eines isolierten Selbstinstruktionstrainings abzuwarten.

Bei älteren Kindern und bei Kindern, die geringer von der Symptomatik behaftet sind, lassen sich bei optimalen Arbeitsbedingungen in der Untersuchungssituation kaum ausgeprägte hyperkinetische Auffälligkeiten beobachten. Diese Kinder verfügen daher prinzipiell über entsprechende Selbstkontrollfähigkeiten, sie setzen diese offenbar jedoch nicht immer ein, wenn dies nötig ist. Ein Selbstinstruktionstraining ist daher bei diesen Kindern auch nicht indiziert. Vielmehr sind dann Interventionen angezeigt, die unmittelbar in dem Lebensbereich ansetzen, in dem die Probleme auftreten. Liegen hyperkinetische oder oppositionelle/aggressive (externale) Auffälligkeiten des Kindes in der Familie vor, dann sind *Interventionen in der Familie* notwendig

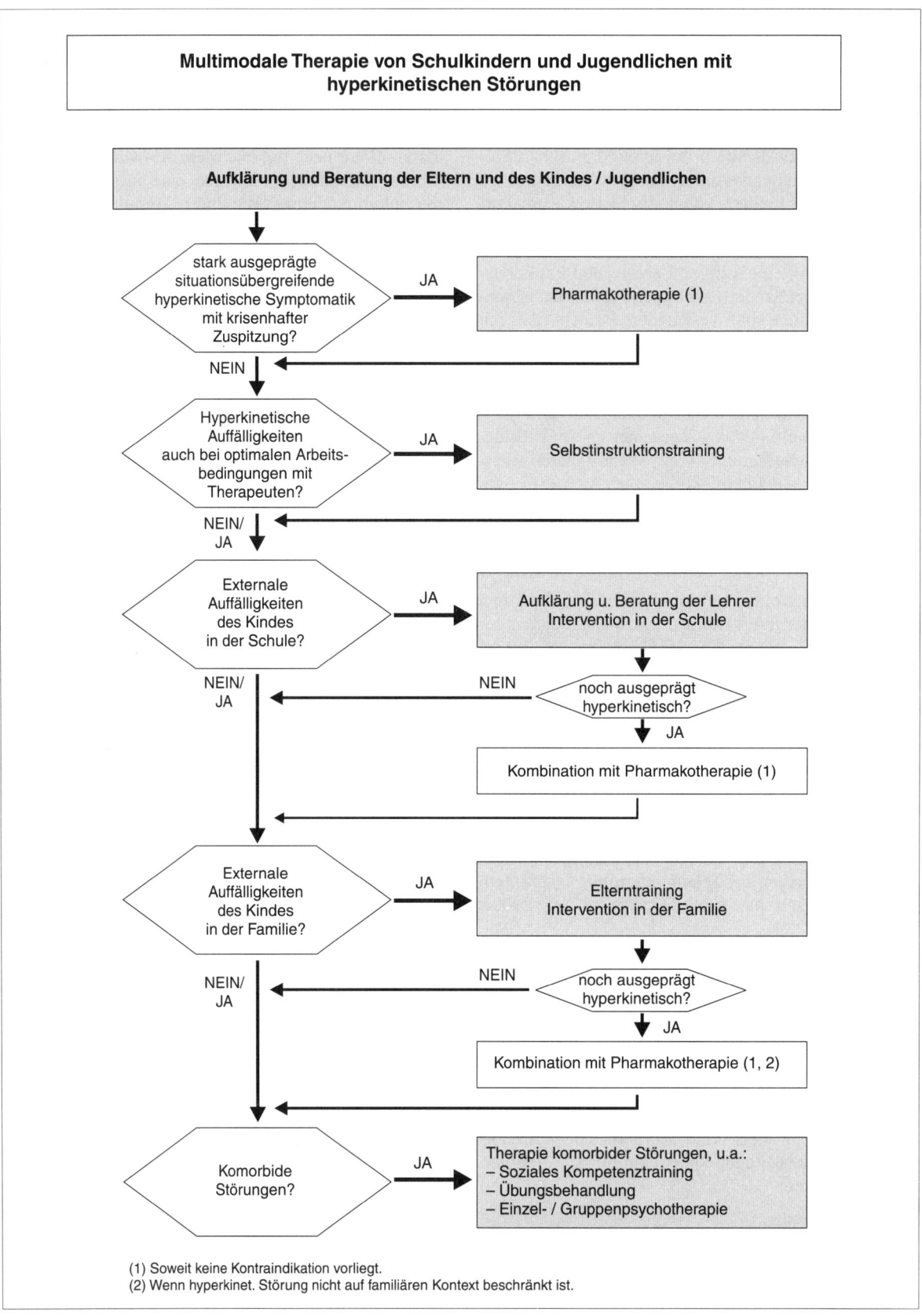

Abbildung 4:
Entscheidungsbaum zur Planung einer multimodalen Therapie bei external auffälligen Schulkindern (aus Döpfner et al., 2002a).

(s. Kap. 4.3.1). Zeigt das Kind danach auch weiterhin ausgeprägte hyperkinetische Auffälligkeiten in der Familie, dann kann die Kombination mit *Psychostimulanzien* indiziert sein. Dies ist jedoch nur dann erforderlich, wenn hyperkinetische Auffälligkeiten auch in der Schule auftreten. Ist das nicht der Fall, wird die Störung vermutlich durch spezifische familiäre Bedingungen aufrechterhalten, die es mit anderen Interventionen zu behandeln gilt. Treten hyperkinetische oder oppositionelle/aggressive (externale) Verhaltensstörungen im Unterricht auf, dann sind zunächst *verhaltenstherapeutische Interventionen in der Schule* indiziert (s. Kap. 4.3.2). Sind diese Interventionen nicht oder nicht hinreichend erfolgreich, dann wird alternativ oder ergänzend mit *Psychostimulanzien* behandelt.

Bei Kindern, die sowohl in der Familie als auch in der Schule behandlungsbedürftige Auffälligkeiten zeigen, sollten Interventionen in der Familie und in der Schule parallel durchgeführt werden, da Generalisierungen von einem Lebensbereich auf den anderen nicht von vornherein erwartet werden können. Schließlich können, wie Abbildung 4 zeigt, weitere Interventionen indiziert sein, wenn komorbide Störungen weiterhin persistieren.

Die *multimodale Behandlung von Kindern im Vorschulalter* unterscheidet sich von den Interventionen im Schulalter erstens in der Indikation für Pharmakotherapie. Die Behandlungsrichtlinien empfehlen in erster Linie Elterntraining, flankierende Maßnahmen und Förderung in speziellen Vorschuleinrichtungen. Eine medikamentöse Therapie sollte erwogen werden, wenn diese Interventionen nicht ausreichen. Nach den vorliegenden Studien ist die Pharmakotherapie bei hyperkinetisch auffälligen Vorschulkindern weniger wirkungsvoll als im Schulalter. Außerdem liegt bei Vorschulkindern zwar häufiger eine ausgeprägte situationsübergreifende hyperkinetische Symptomatik vor als im Schulalter; eine krisenhafte Zuspitzung, wie sie bei Schulkindern typisch ist, läßt sich jedoch seltener beobachten. Dies liegt daran, daß die Anforderungen und Erwartungen an das Vorschulkind hinsichtlich seiner Selbstkontrollfähigkeit weitaus geringer sind als im Schulalter. Kindergärten können darüber hinaus in der Regel flexibler auf die Probleme hyperkinetisch auffälliger Kinder reagieren als Schulen.

Einige Interventionen können im Vorschulalter aufgrund des Entwicklungsstandes der Kinder nicht durchgeführt werden. Dies gilt vor allem für das Selbstinstruktionstraining. Sind ausgeprägte motorische Unruhe, Aufmerksamkeitsstörungen und Impulsivität auch in Spielsituationen mit dem Therapeuten zu beobachten, dann ist ein *Spieltraining* angezeigt, das darauf abzielt, intensiveres und ausdauerndes Spielverhalten aufzubauen (s. Kap. 4.3.3). Am wichtigsten erscheinen jedoch verhaltenstherapeutische Interventionen in der Familie beziehungsweise im Kindergarten. Sind diese Maßnahmen nicht hinreichend erfolg-

reich, dann kann die Kombination mit einer Stimulanzientherapie indiziert sein.

4.2 Medikamentöse Therapie

In der Pharmakotherapie haben sich vor allem zwei Wirkstoffgruppen als wirkungsvoll erwiesen: Psychostimulanzien und Antidepressiva. Die Wirksamkeit der Stimulanzientherapie (hauptsächlich Methylphenidat, Handelsname: Ritalin®) ist von allen Therapieformen am besten belegt. Der Anteil der Kinder über fünf Jahre, die auf die Behandlung positiv ansprechen (Responder), liegt bei etwa 70%, bei jüngeren Kinder liegt die Responder-Rate vermutlich deutlich darunter. Einige Studien weisen darauf hin, daß die Rate der Kinder, die auf Stimulanzien ansprechen, deutlich über 70% liegt, wenn strikte diagnostische Kriterien angewandt werden. Es gibt zudem Belege, daß die Medikation auch bei Jugendlichen und Erwachsenen hilfreich sein kann. Die Effekte sind 30 bis 45 Minuten nach Einnahme beobachtbar und bleiben zwei bis vier Stunden auf maximalem Niveau. Nach drei bis sieben Stunden ist eine deutliche Verminderung der Effekte zu beobachten. Aufgrund der kurzen Halbwertszeit eignet sich die Behandlung vor allem dazu, Symptome während der Unterrichtszeit zu verringern. Bei ausgeprägt hyperkinetischem Verhalten in der Familie am Nachmittag kann eine erneute Einnahme um die Mittagszeit notwendig sein (vgl. American Academy of Child and Adolescent Psychiatry, 1997; Barkley, 1990; Döpfner & Lehmkuhl, 1998b).

Die häufigsten *Nebenwirkungen* sind leichtere Durchschlafstörungen und eine Verminderung des Appetits. Einige Kinder reagieren anfangs mit Bauch- und Kopfschmerzen, die jedoch im Verlauf der Therapie verschwinden. In etwa 1 bis 2% der Fälle treten motorische oder vokale Ticstörungen auf; wenn Ticstörungen bereits vor Beginn der Pharmakotherapie vorhanden sind, können diese sich verschlimmern. Obwohl die Literatur hierzu kontrovers ist, wird in solchen Fällen die Durchführung oder Fortsetzung einer Stimulanzientherapie nicht empfohlen.

Insgesamt konnte in einer Vielzahl von Studien belegt werden, daß sich die Kernsymptome – die motorische Unruhe und die Aufmerksamkeitsstörungen – durch eine Stimulanzientherapie deutlich vermindern lassen. Solange die Therapie fortgesetzt wird, unterscheiden sich die behandelten Kindern in ihrem Verhalten häufig nicht mehr von unauffälligen Kindern. Darüber hinaus konnte gezeigt werden, daß auch soziale Verhaltensweisen günstig beeinflußt werden und daß diese breite Wirksamkeit auf das Verhalten nicht auf Kosten einer verminderten Lernfähigkeit geht (vgl. Gittelmann-Klein & Abikoff, 1989). Angesichts dieser Ergebnisse verwundert es, daß selbst Experten allzu leichtfertig von einer medikamentösen Therapie abraten und so getan wird, als seien andere wirksamere Interventionen vorhanden. Das Nichtbeachten medikamentöser Interventionsmöglichkeiten grenzt nach den vorliegenden empirischen Befunden an einen Kunstfehler, wenn alternative Therapien sich als nicht erfolgreich erweisen. Medikamentöse Interventionen müssen selbstverständlich in jedem Einzelfall einer genauen Effektivitätskontrolle und einer Kontrolle der Nebenwirkungen unterworfen werden.

Dem eindeutigen empirischen Nachweis über die Kurz-zeit-Wirksamkeit von Methylphenidat steht eine geringe Anzahl von Untersuchungen über *Langzeiteffekte* gegenüber, die eine bessere Prognose von ausschließlich mit Psychostimulanzien behandelten Kindern überwiegend nicht nachweisen konnten (u. a. Charles & Schain, 1981; Satterfield et al., 1982). So kommen beispielsweise Riddle und Rapport (1976) zu dem Ergebnis, daß Kinder, die über zwei Jahre hinweg kontinuierlich mit Methylphenidat behandelt wurden, weiterhin eine geringere Impulsivität und Hyperaktivität als Kinder zeigen, bei denen die Behandlung abgebrochen wurde. Beide Gruppen unterschieden sich jedoch kaum in ihrem (negativen) Status in der Gleichaltrigengruppe und in ihrer (mangelhaften) schulischen Leistungsfähigkeit. Satterfield et al. (1982) fanden eine gegenüber einer unauffälligen Kontrollgruppe um das zehn- bis 20fache erhöhte Delinquenzrate bei ausschließlich mit Methylphenidat behandelten Kindern, wobei die Dauer der medikamentösen Behandlung die Delinquenzrate nicht beeinflußte.

4.3 Verhaltenstherapeutische Interventionen

Verhaltenstherapeutische Interventionen lassen sich danach unterscheiden, wer im Mittelpunkt der Intervention steht:

- *Eltern- und familienzentrierte Verfahren*, wie Elterntrainings oder Eltern-Kind-Therapien, zielen auf eine Verminderung problematischer Verhaltensweisen in der Familie durch Veränderung der Eltern-Kind-Interaktionen.
- *Kindergarten- und schulzentrierte Interventionen* versuchen, konkrete Verhaltensauffälligkeiten des Kindes oder Jugendlichen im Kindergarten oder in der Schule hauptsächlich durch operante Methoden zu vermindern.
- *Patientenzentrierte Verfahren* setzen direkt beim hyperkinetischen Kind oder Jugendlichen an. Dazu zählen
  1. Spieltrainings, die darauf abzielen, intensives und ausdauerndes Spielverhalten aufzubauen,
  2. Selbstinstruktionstrainings, durch die ein reflexives Arbeitsverhalten aufgebaut werden soll und
  3. Selbstmanagement-Verfahren, mit denen ältere Kinder und Jugendliche zu einer eigenständigen Verhaltensänderung angeleitet werden sollen.

Das *Therapieprogramm für Kinder mit hyperkinetischem und oppositionellem Problemverhalten* (THOP; Döpfner et al., 2002a) ist ein multimodales Interventionsprogramm, in dem verhaltenstherapeutische Interventionen in der Familie, im Kindergarten beziehungsweise in der Schule und beim Kind selbst mit medikamentösen Interventionen entsprechend der individuellen Problemkonstellation miteinander kombiniert werden können. Es kann zur Behandlung von Kindern im Alter von drei bis etwa zwölf Jahren eingesetzt werden. Das Programm wurde im Rahmen der Kölner Multimodalen Therapiestudie bei Kindern mit hyperkinetischen Störungen entwickelt (Döpfner et al., 2002b). Das Programm ist allerdings auch bei Kindern mit ausschließlich oppositionellen Verhaltensstörungen einsetzbar.

THOP besteht aus zwei Teilprogrammen:

- Dem *Eltern-Kind-Programm*, das auf die Verminderung von hyperkinetischen und oppositionellen Verhaltensstörungen in der Familie abzielt und das Eltern und Kind anleitet, Problemsituationen in der Familie zu bewältigen;
- den *Interventionen im Kindergarten beziehungsweise in der Schule*, die hyperkinetische und oppositionelle Verhaltensstörungen in diesen Lebensbereichen vermindern sollen.

Das Eltern-Kind-Programm besteht aus 21 Behandlungsbausteinen, in denen zwei Interventionsformen miteinander verknüpft sind: die familienzentrierten und die kindzentrierten Interventionen. Die kind- und die familienzentrierten Interventionen eines jeden Therapiebausteins sind aufeinander bezogen und werden miteinander kombiniert. Bei den familienzentrierten Interventionen steht die Arbeit mit den Eltern im Mittelpunkt; das Kind wird je nach Behandlungsbaustein, Problematik und Alter unterschiedlich stark integriert. Bei den kindzentrierten Interventionen des Eltern-Kind-Programmes steht die therapeutische Arbeit mit dem Kind im Mittelpunkt, die Eltern werden jedoch auch hier integriert. Die kindzentrierten Interventionen werden nicht unabhängig von den familienzentrierten Interventionen durchgeführt.

4.3.1 Eltern- und familienzentrierte Verfahren

Eltern- und familienzentrierte Verfahren stellen den Kern des Therapieprogrammes THOP dar. Ziel des Eltern-Kind-Programmes sind Veränderungen der alltäglichen Eltern-Kind-Interaktionen auf der Mikroebene (Microteaching), die notwendig sind, um die Verhaltensprobleme des Kindes in der Familie zu vermindern. Das familiäre und psychosoziale Bedingungsgefüge (Makroebene), in dem diese Interaktionen stattfinden, darf jedoch dabei nicht übersehen werden. Erfolgreiche und vor allem stabile Veränderungen auf der Mikroebene lassen sich nur erreichen, wenn sie auf der

Makroebene verankert sind. Ausgangspunkt der Therapie ist deshalb das familiäre Bedingungsgefüge, das gemeinsam mit den Eltern erarbeitet wird. Dabei werden neben den Eigenschaften, Temperamentsmerkmalen und Bedürfnissen des Kindes auch Eigenschaften, Temperamentsmerkmale, psychische Auffälligkeiten und Bedürfnisse der Eltern sowie familiäre Belastungen (z. B. durch Partnerschaftsprobleme, durch berufliche oder finanzielle Probleme) berücksichtigt.

Auf der Mirkoebene ist der Ausgangspunkt des Eltern-Kind-Programmes, wie auch der Interventionen im Kindergarten beziehungsweise in der Schule, das in Abbildung 2 dargestellte Modell der Interaktionen zwischen erwachsenen Bezugspersonen und hyperkinetisch oder oppositionell auffälligen Kindern. Dieses Interaktionsschema verdeutlicht die Ansatzpunkte von Interventionen in der Familie, im Kindergarten oder in der Schule. Zur Unterbrechung der dysfunktionalen Interaktionsmuster werden im wesentlichen drei Strategien eingesetzt:

• Der Aufbau positiver Erzieher-/ Lehrer-/ Eltern-Kind-Interaktionen;
• die Anwendung positiver Verstärkung, um umschriebene Verhaltensprobleme zu vermindern;
• der geplante Einsatz von negativen Konsequenzen, wenn positive Verstärkung nicht hinreichend erfolgreich ist.

Die 21 Therapiebausteine des Eltern-Kind-Programmes sind in sechs Themenkomplexen gruppiert, die Tabelle 2 entnommen werden können. Einige Bausteine dieses Therapieprogrammes basieren auf dem von Barkley (1987) vorgelegten Elterntraining.

Die ersten vier Einheiten werden immer durchgeführt. Sie dienen der Problemdefinition, der Entwicklung eines Störungskonzeptes und der Behandlungsplanung. Die beiden danach folgenden Bausteine sollen positive Eltern-Kind-Interaktionen fördern. Sie sind indiziert, wenn in der Interaktion zwischen Eltern und Kind negativ-kontrollierende Elemente dominieren und die Eltern-Kind-Beziehung stark beeinträchtigt ist. Die Aufmerksamkeit von Eltern und Kind werden in diesen Einheiten auf positive Interaktionsanteile gelenkt und durch spezielle Spielzeiten wird der Anteil der positiven Eltern-Kind-Interaktionen erhöht. Die danach folgenden Therapiebausteine sollen den Eltern helfen, impulsives und oppositionelles Verhalten durch pädagogisch-

therapeutische Interventionen besser zu bewältigen. Die Eltern werden angeleitet, ihrem Kind wirkungsvolle Aufforderungen zu geben, sich bei angemessenem Verhalten des Kindes ihm positiv zuzuwenden, eine hinreichende Kontrolle über das Kind aufzubauen und bei problematischem Verhalten angemessene negative Konsequenzen zu setzen. Im wesentlichen werden also allgemeine Erziehungspraktiken eingeübt und auf dem Hintergrund verhaltenstheoretischer Konzepte auf die spezifische Problematik angewandt. Die Kinder werden dazu angeleitet, sich selbst in kritischen Situationen zu beobachten und sich an gemeinsam erarbeiteten Familienregeln zu orientieren.

Im vierten Themenblock werden spezielle operante Methoden eingeführt, insbesondere Tokensysteme (Münzverstärkungsprogramme), Verstärker-Entzugs-Verfahren und Auszeit (Time-out). Sie dienen der Verminderung von umschriebenen Verhaltensproblemen

Tabelle 2:
Bausteine des Therapieprogrammes für Kinder mit hyperkinetischem und oppositionellem Problemverhalten (THOP).

Problemdefinition, Entwicklung eines Störungskonzeptes und Behandlungsplanung
• Definition der Verhaltensprobleme des Kindes • Erarbeitung der Elemente eines gemeinsamen Störungskonzeptes • Entwicklung eines gemeinsamen Störungskonzeptes • Behandlungsziele und Behandlungsplanung
Förderung positiver Eltern-Kind-Interaktionen und Eltern-Kind-Beziehungen
• Fokussierung der Aufmerksamkeit auf positive Erlebnisse mit dem Kind • Aufbau positiver Spielinteraktionen
Pädagogisch-therapeutische Interventionen zur Verminderung von impulsivem und oppositionellem Verhalten
• Entwicklung effektiver Aufforderungen • Soziale Verstärkung bei Beachtung von Aufforderungen • Soziale Verstärkung bei nicht störendem Verhalten • Aufbau wirkungsvoller Kontrolle • Natürliche negative Konsequenzen
Tokensysteme, Response-Cost und Auszeit
• Aufbau von Token-Systemen • Anpassung von Token-Systemen • Verstärker-Entzugs-Systeme (Wettkampf um lachende Gesichter) • Auszeit
Interventionen bei spezifischen Verhaltensproblemem
• Spieltraining • Selbstinstruktionstraining • Selbstmanagement • Bewältigung von Verhaltensproblemen bei den Hausaufgaben • Bewältigung von Verhaltensproblemen in der Öffentlichkeit
Stabilisierung der Effekte
• Selbständige Bewältigung von zukünftigen Verhaltensproblemen

und zum Aufbau angemessener Verhaltensalternativen. Sie finden hauptsächlich bei Problemen Anwendung, die sich durch die pädagogisch-therapeutischen Interventionen nicht hinreichend vermindern ließen. Abbildung 5 zeigt die Spielregeln, die für die Durchführung eines Tokensystemes (Punkte-Planes) mit dem zehnjährigen Peter vereinbart wurden. Die Punkte, die Peter erwirbt, kann er in Belohnungen eintauschen, die ebenfalls in Abbildung 5 festgelegt sind.

Interventionen zur Verminderung von spezifischen Verhaltensproblemen werden im fünften Block zusammengefaßt. Neben hauptsächlich kindzentrierten Interventionen (s. Abschnitt 4.3.3) sind hier Interventionen zur Verminderung von Problemen während der Hausaufgabenzeit und zur Bewältigung von Verhaltensproblemen in der Öffentlichkeit (z. B. in Geschäften und Restaurants) beschrieben.

In der Regel werden nicht alle Einheiten in dieser Abfolge bearbeitet, sondern können entsprechend der individuellen Problemkonstellation zusammengestellt werden. Das Eltern-Kind-Programm wird meist gemeinsam mit den Eltern und dem Kind durchgeführt. Die Mitarbeit beider Elternteile ist wünschenswert, aber nicht zwingend notwendig. Die Therapie kann schwerpunktmäßig mit der Hauptbezugsperson des Kindes (meist der Mutter) durchgeführt werden. Der zweite Elternteil sollte aber mindestens einmal an einer Sitzung teilnehmen und darüber hinaus immer dann, wenn seine Einbeziehung inhaltlich notwendig ist. Der allgemeine Ablauf einer Sitzung gestaltet sich wie folgt:

- Zunächst werden die in der vorangegangenen Sitzung besprochenen Inhalte noch einmal zusammengefaßt und die Ergebnisse der dabei erarbeiteten und zwischenzeitlich durchgeführten Interventionen analysiert.
- Daran schließt die neue Einheit an. Häufig werden die neu erarbeiteten Methoden vom Therapeuten demonstriert, wenn nötig im Rollenspiel eingeübt.
- Danach wird eine spezifische Intervention entwickelt,

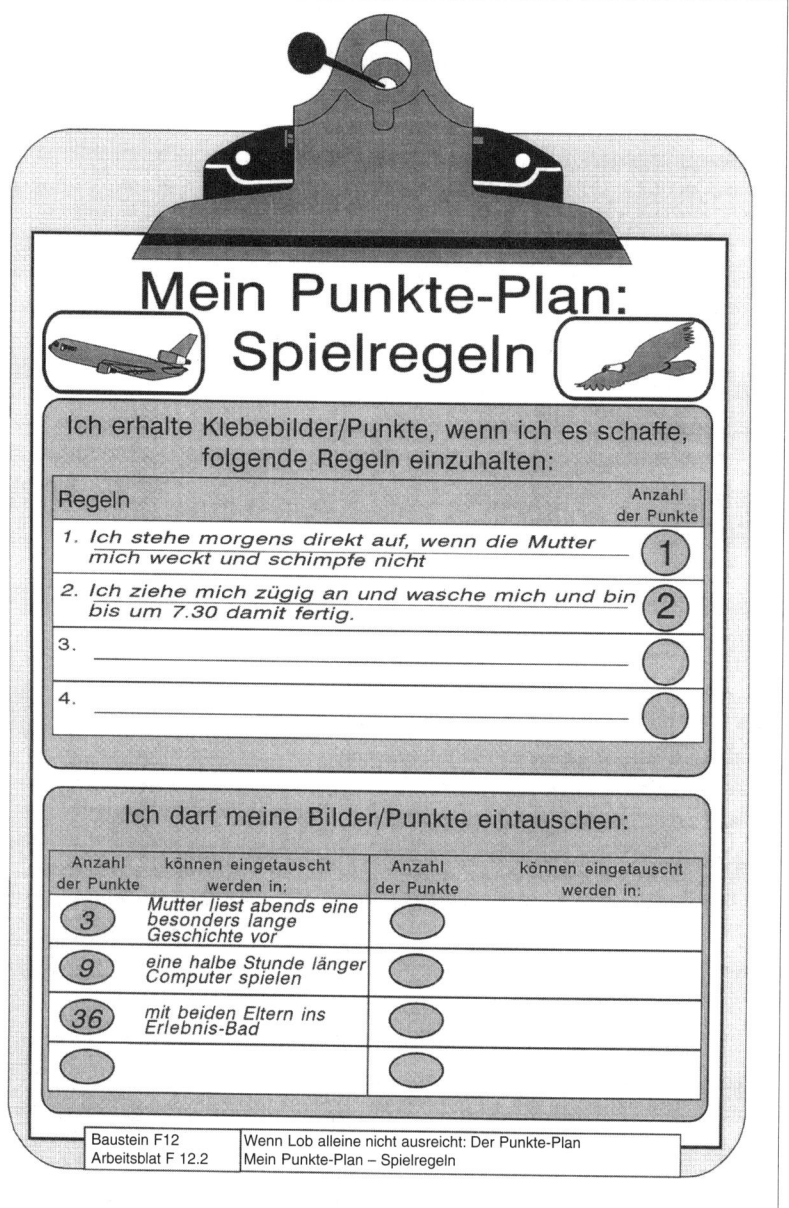

Abbildung 5:
Beispiel eines Tokensystemes (nach Döpfner et al., 2002a).

die bis zur folgenden Sitzung erprobt werden soll. Die wichtigsten Regeln einer jeden Einheit werden anhand eines Elternleitfadens zusammengefaßt.
- Die Eltern protokollieren die Ergebnisse der Intervention in der Familie anhand von speziellen Tagebüchern oder Protokollbogen.

In einem Elternbuch, das sich an des Therapieprogramm für Kinder mit hyperkinetischem und oppositionellem Problemverhalten anlehnt, werden Eltern die wichtigsten Informationen zum Störungsbild vermittelt und konkrete Anleitungen zur Umsetzung von Interventionen in der Familie gegeben (Döpfner et al., 2000a). Dieses Elternbuch kann von Eltern eigenständig als Selbsthilfeprogramm oder mit therapeutischer

Unterstützung bearbeitet werden. Zur Unterstützung der Eltern bei der Umsetzung der Interventionen in der Familie werden sogenannte Memo-Karten eingesetzt, auf denen die wichtigsten Regeln für die Eltern kurz zusammengefaßt sind. Auf der Rückseite dieser Karten protokollieren die Eltern die Umsetzung dieser Regeln im Alltag. Abbildung 6 zeigt die Memo-Karte für Stufe 7 des Elternleitfadens (Geben Sie wirkungsvolle Aufforderungen!).

Memo-Karte Elternleitfaden Stufe 7:

Geben Sie wirkungsvolle Aufforderungen!

1. Stellen Sie nur dann Aufforderungen, wenn Sie bereit sind, sie auch durchzusetzen.

2. Sorgen Sie dafür, daß Ihr Kind aufmerksam ist, wenn Sie die Aufforderung geben.

3. Äußern Sie die Aufforderung eindeutig und nicht als Bitte.

4. Geben Sie immer nur eine Aufforderung.

5. Überprüfen Sie, ob Ihr Kind der Aufforderung nachkommt.

6. Konzentrieren Sie sich zunächst nur auf wenige Aufforderungen:

1.

2.

3.

Abbildung 6:
Memo-Karte für Stufe 7 des Elternleitfadens (aus Döpfner et al., 2000a).

Die Wirksamkeit von Elterntrainings und die Langzeitstabilität der Effekte wurde in mehreren Studien mit oppositionell auffälligen Kindern nachgewiesen (vgl. McMahon & Forehand, 1984; McMahon & Wells, 1989). Bei hyperkinetischen Kindern belegen frühere Studien die Wirksamkeit von Methoden des Kontingenzmanagements (u.a. Dubey et al., 1983; Firestone et al., 1981). Horn et al. (1990) weisen nach, daß die Kombination von Elterntraining mit Selbstinstruktionstraining beiden unimodalen Behandlungsformen (nur Elterntraining, nur Selbstinstruktionstraining) bei der Verminderung hyperkinetischer Störungen in der Familie überlegen ist. Die Effekte des Elterntrainings und der Kombinationsbehandlung ließen sich auch noch drei Monate nach Behandlungsende nachweisen. Im Lehrerurteil konnten Therapieeffekte jedoch nur unmittelbar nach Behandlungsende nachgewiesen werden, die sich allerdings nicht stabilisierten.

In einigen älteren Studien wurde den verhaltenstherapeutischen Interventionen die gleiche Wirksamkeit wie einer Stimulanzienbehandlung bescheinigt (u.a. O'Leary & Pelham, 1978; Pelham, 1977). Dies wird jedoch durch methodisch besser fundierte Untersuchungen in Frage gestellt. Nach einer einflußreichen Studie der Arbeitsgruppe um Gittelman (1980) ist Stimulanzientherapie gegenüber der Verhaltenstherapie bei globalen Beurteilungen der erzielten Verhaltensänderungen überlegen (80% im Vergleich zu 40% Ansprechrate). Auch die Verhaltensbeobachtungen im Unterricht zeigten bei medikamentös behandelten Kindern deutlich stärkere Verhaltensänderungen als bei verhaltenstherapeutisch behandelten Kindern. In einer Studie, in der verschiedene Behandlungsmodalitäten kombiniert wurden, konnten Pelham et al. (1988) die Wirksamkeit einer fünfmonatigen verhaltenstherapeutischen Intervention in der Familie und im Unterricht belegen. Dabei wurde eine hohe individuelle Variabilität festgestellt: 45 bis 80% der Kinder zeigten Therapieeffekte (Verbesserung um mindestens 20%) auf unterschiedlichen Erfolgsmaßen:

- 80% verbesserten sich im Lehrerurteil,
- 60% zeigten Verbesserungen bei Verhaltensbeobachtungen während des Unterrichts,
- 55% wurden von Gleichaltrigen besser akzeptiert und
- 45% zeigten günstige Verhaltensänderungen in der Familie.

Dennoch zeigten die meisten Kinder weiterhin deutliche Auffälligkeiten. Lediglich zwei von 20 Kindern erreichten auf allen Maßen Werte, die im normalen Bereich lagen. Eine zusätzliche Stimulanzienbehandlung verbesserte das Verhalten in der Schule deutlich, allerdings nur, solange Stimulanzien verabreicht wurden. Die Aussagekraft dieser Studie wird jedoch durch eine geringe Stichprobengröße begrenzt. Erhardt und Baker (1990) konnten anhand mehrerer Einzelfallstudien die Wirksamkeit eines Elterntrainings bei hyperkinetisch gestörten Vorschulkindern nachweisen, allerdings wurden nicht alle Problemverhaltensweisen wirkungsvoll verringert, und nicht alle Therapieeffekte stabilisierten sich.

Die Wirksamkeit der familienzentrierten Interventionen aus dem Therapieprogramm für Kinder mit hyperkinetischem und oppositionellem Problemverhalten (THOP) wurde im Rahmen einer Studie zur Wirksamkeit multimodaler Therapie bei Kindern mit hyperkinetischen Störungen geprüft. Bislang liegen mehrere Einzelfallstudien vor, welche die Effektivität der familienzentrierten Interventionen von THOP belegen (Döpfner et al., 1996b; 1997c; 2000e). In der Gesamtgruppe von N=75 Kindern mit der Diagnose einer hyperkinetischen Störungen lassen sich im Verlaufe der verhaltenstherapeutischen Interventionen nach dem Therapieprogramm THOP Verhaltensauffälligkeiten in der Familie deutlich reduzieren. 50 bis 60% der Kinder, die ausschließlich mit dem Therapieprogramm THOP behandelt wurden und bei denen keine medikamentöse Behandlung durchgeführt wurde, zeigen nach dem Urteil der Eltern sehr gute Erfolge (Döpfner et al., 2002b). In einer Vorstudie konnte nachgewiesen werden, daß durch das Elterntraining in Verbindung mit einem Selbstinstruktions- und Selbstmanagement-Training die Verhaltensauffälligkeiten in der Familie (vor allem Hyperaktivität und Aufmerksamkeitsstörungen) gegenüber der ersten Behandlungsphase (Selbstinstruktion plus Selbstmanagement) noch einmal deutlich vermindert werden. Das Verhalten in der Schule änderte sich jedoch nicht in gleichem Maße (Frölich, 1993;). Dies läßt auf einen spezifischen, auf das Verhalten in der Familie begrenzten Effekt des Elterntrainings schließen. Pisterman et al. (1989) überprüften die Wirksamkeit eines vergleichbaren Trainingsprogrammes bei hyperkinetisch auffälligen Vorschulkindern und konnten eine deutliche Verminderung des oppositionellen Verhaltens nachweisen, während sich die hyperkinetischen Verhaltensweisen nicht änderten.

4.3.2 Kindergarten- und schulzentrierte Ansätze

Analog zu den familienzentrierten Ansätzen werden durch kindergarten- und schulzentrierte Ansätze problematische Verhaltensweisen hyperkinetischer Kinder in diesen Lebensbereichen direkt beeinflußt. Kindergarten und Schule stellen im Vergleich zur Familie die strukturierteren Lebensbereiche mit höherem Ablenkungspotential dar. Deshalb treten in diesen Lebensbereichen hyperkinetische Störungen häufig auch intensiver zutage. Im Therapieprogramm für Kinder mit hyperkinetischem und oppositionellem Problemverhalten (THOP) sind die Interventionen im Kindergarten beziehungsweise in der Schule analog zum Eltern-Kind-Programm aufgebaut:

- Zunächst werden die therapierelevanten Verhaltensauffälligkeiten des Kindes im Kindergarten beziehungsweise in der Schule gemeinsam mit der Erzieherin/ Lehrerin eingegrenzt und definiert. Danach werden Informationen zur Problematik des Kindes vermittelt, ein gemeinsames Störungskonzept aufgebaut und Interventionsstrategien abgeleitet.
- Anschließend werden pädagogisch-therapeutische Interventionen diskutiert und erarbeitet, die durch wirkungsvolle Aufforderungen, durch positive Aufmerksamkeit bei angemessenem Verhalten und durch negative Konsequenzen bei auffälligem Verhalten Verhaltensprobleme im Kindergarten beziehungsweise in der Schule reduzieren sollen.
- Schließlich können spezielle verhaltenstherapeutische Techniken, vor allem Tokensysteme und Response-Cost-Verfahren, eingesetzt werden, vor allem dann, wenn die Problematik sich durch pädagogisch-therapeutische Interventionen nicht hinreichend vermindern läßt.

In einer größeren Anzahl von Studien konnte gezeigt werden, daß sich diese Auffälligkeiten im Kindergarten und in der Schule durch die Verstärkung reduzierter

Aktivität oder erhöhter Ausdauer sich schnell vermindern lassen. Meist finden Tokensysteme Anwendung, da einige Studien zeigen, daß Lob alleine hyperkinetische Symptome nicht deutlich beeinflußt (Pfiffner et al., 1985a; 1985b). Allerdings verbessert die Verstärkung von ruhigem und ausdauerndem Beschäftigen mit Aufgaben nicht automatisch auch die schulischen Leistungen (Marholin & Steinman, 1977). Wird jedoch die korrekte Leistung verstärkt, dann verbessern sich nicht nur die Schulleistungen, sondern auch die Aufmerksamkeitsschwächen und die Hyperaktivität (u. a. Pfiffner et al., 1985a; 1985b; Robinson et al., 1981). Die Aussagekraft dieser Studien wird jedoch dadurch begrenzt, daß weder die Stabilität der Erfolge noch die Generalisierung auf andere Schulsituationen geprüft wurden. Die Wirksamkeit der schulzentrierten Interventionen aus dem Therapieprogramm für Kinder mit hyperkinetischem und oppositionellem Problemverhalten (THOP) wurde im Rahmen einer Studie zur Wirksamkeit multimodaler Therapie bei Kindern mit hyperkinetischen Störungen geprüft. Bislang liegen mehrere Einzelfallstudien vor, welche die Effektivität der schulzentrierten Interventionen von THOP belegen (Döpfner et al., 1996b; 1997c; 2000e). In der Gesamtgruppe von N=75 Kindern mit der Diagnose einer hyperkinetischen Störung lassen sich im Verlaufe der verhaltenstherapeutischen Interventionen nach dem Therapieprogramm THOP Verhaltensauffälligkeiten in der Schule deutlich reduzieren. 35 bis 40% der Kinder, die ausschließlich mit dem Therapieprogramm THOP behandelt wurden und bei denen keine medikamentöse Behandlung durchgeführt wurde, zeigen nach dem Urteil der Lehrer sehr gute Erfolge (Döpfner et al., 2002b). In 30% der Fälle, in denen zunächst verhaltenstherapeutische Interventionen durchgeführt wurden, wurde ergänzend medikamentös behandelt, da mit den verhaltenstherapeutischen Interventionen hauptsächlich in der Schule keine hinreichenden Effekte erzielt werden konnten.

Bei Vorschulkindern konnte hyperkinetisches Verhalten durch ein Response-Cost-Verfahren reduziert werden. Die Therapieeffekte generalisierten zudem auf Spielsituationen (Döpfner & Sattel, 1992). Bei Response-Cost-Verfahren werden zuvor zugeteilte Verstärker (z. B. Punkte, die in Belohnungen eingetauscht werden können) dem Kind entzogen, wenn ein bestimmtes Problemverhalten auftritt (z. B. Aufstehen vom Stuhl während der Hausaufgaben). Abbildung 7 zeigt die Anwendung eines solchen Response-Cost-Verfahrens, das im Therapieprogramm für Kinder mit hyperkinetischem und oppositionellem Problemverhalten (THOP) als *Wettkampf um lachende Gesichter* bezeichnet wird. Die Klassenlehrerin hat in diesem Beispiel mit einem sehr unruhigen Schüler vereinbart, daß in jeder Unterrichtsstunde ein Wettkampf um lachende Gesichter durchgeführt wird. Dabei streicht sich die Lehrerin jeweils ein Gesicht an (als trauriges Gesicht), wenn der Schüler seinen Sitzplatz verläßt. In die am Ende jeder Unterrichtsstunde übrig gebliebenen Gesichter darf sich der Schüler ein lachendes Gesicht malen. Die lachenden Gesichter können dann in Belohnungen (z. B. weniger Hausaufgaben) eingetauscht werden.

Generell ist die unmittelbare Wirksamkeit von Response-Cost-Methoden gut gesichert. Meist erwies sich Response-Cost im Vergleich zu positiver Token-Verstärkung als wirkungsvoller (u.a. Rapport et al., 1982; Pfiffner & O'Leary, 1987). Response-Cost-Methoden erlauben eine unmittelbare Reaktion auf auffälliges Verhalten, geben dem Kind also eine direkte Rückmeldung, während positive Verstärkung mit einer zeitlichen Verzögerung einhergeht, beispielsweise wenn das Kind dafür verstärkt wird, daß es 15 Minuten im Unterricht auf seinem Platz sitzt. Die Kontingenzverhältnis-se sind bei Response-Cost-Verfahren also enger und deshalb wirksamer (vgl. Döpfner, 1993a; 1993b). Dieses Ergebnis läßt sich gut mit Barkleys Theorie der verminderten Wirkung von Verstärkern bei hyperkinetischen Kindern in Einklang bringen und weist darauf hin, daß wirkungsvolle Interventionen ein kontinuierliches und unmittelbares Reagieren auf auffälliges Verhalten erfordern.

4.3.3 Patientenzentrierte Interventionen

Zu den verhaltenstherapeutischen Interventionen, die unmittelbar bei dem Patienten ansetzen, zählen Information und Motivationsmethoden, Spieltraining, Selbstinstruktionstraining und Selbstmanagementtechniken.

Information und Motivation: Kinder mit hyperkinetischen Störungen leiden zwar in der Regel unter ihren Verhaltensproblemen, sie können diesen Leidensdruck jedoch häufig nicht in eine Behandlungsmotivation umsetzen. Motivationsstrategien stehen daher am Anfang jeder kindzentrierten Intervention. Neben einem Beziehungsaufbau unter Einsatz von spielerischen Mitteln sind auch gezielte Informationen hilfreich. Dazu können beispielsweise die Geschichten „Wackelpeter & Trotzkopf" aus dem Therapieprogramm für Kinder mit hyperkinetischem und oppositionellem Problemverhalten (THOP) herangezogen werden. In diesen Geschichten wird ein hyperkinetisches Kind und die typischen familiären und schulischen Problemsituationen beschrieben, mit denen sich der Patient identifizieren kann. Dann wird die Bewältigung dieser Situation mit Unterstützung einer Therapeutin dargestellt und das Kind wird motiviert, sich aktiv an den Interventionen zu beteiligen. Abbildung 8 zeigt einen Ausschnitt aus dem ersten Kapitel von „Wackelpeter & Trotzkopf".

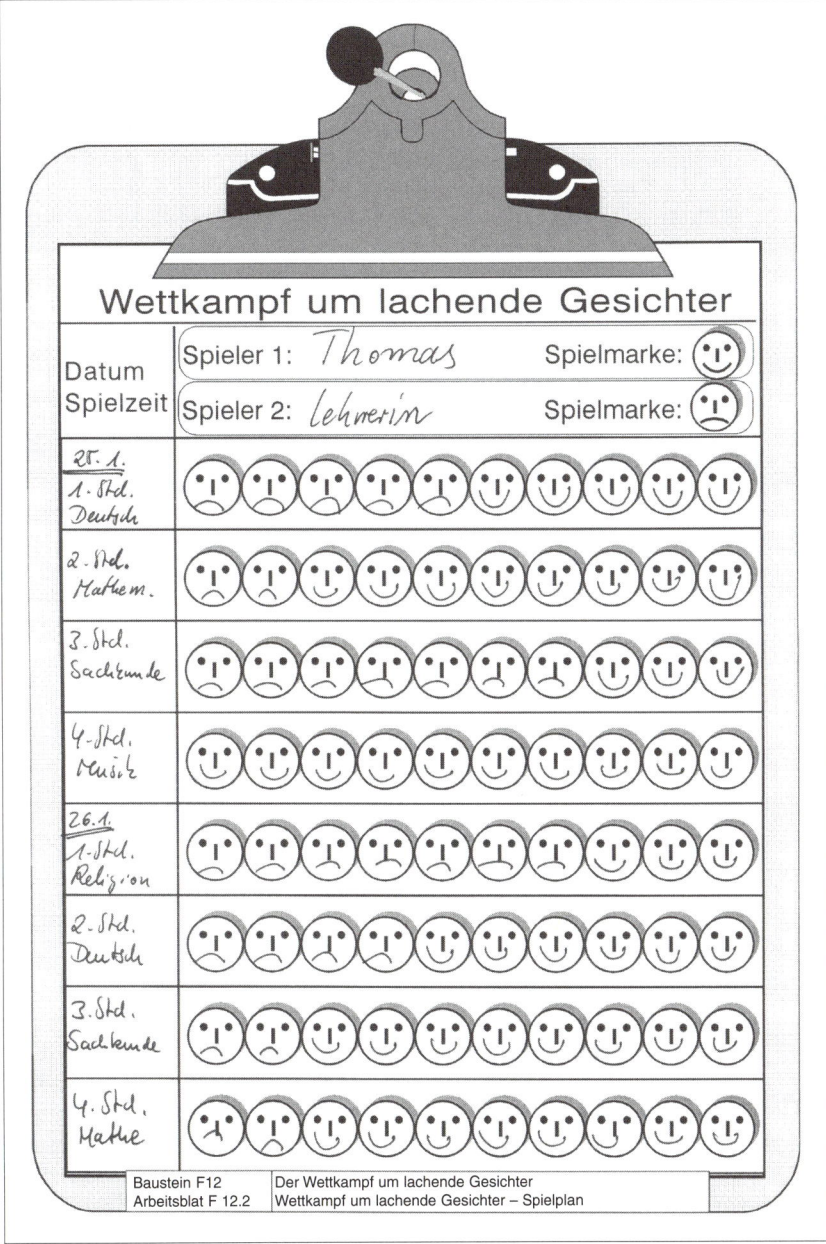

Abbildung 7:
Beispiel eines Response-Cost-Verfahrens (nach Döpfner et al., 2002a).

... Ich wurde nämlich gerade mal wieder ausgeschimpft. Es war an diesem Tag nicht das erste Mal. Es war auch nicht das fünfte Mal. Vielleicht war es schon das zehnte Mal. Und es wird wahrscheinlich auch nicht das letzte Mal gewesen sein.

Dies war nicht gerade ein guter Tag. Ich hatte mein Pausenbrot vergessen, obwohl mich meine Mutter noch daran erinnert hatte, es in meinen Schulranzen zu packen. Nun mußte ich Klaus aus meiner Klasse um die Hälfte von seinem Wurstbrot bitten. Letztes Mal hat mich das drei Fußballbilder gekostet.

In der Schule habe ich versucht, dieses dumme Mathe-Aufgabenblatt fertig zu machen, so wie es uns Frau Meier gesagt hatte. Ich hetzte durch die Aufgaben so schnell wie ich nur konnte, weil ich der Erste sein wollte, der in der Spielecke weiterbasteln darf. Aber ich beeilte mich so sehr, daß ich all die Plus- und Minus-Zeichen durcheinander gebracht habe. Ich mußte den ganzen Mist noch einmal von vorne machen! Dann sagte Frau Meier, daß ich auf dem Mathe-Blatt zu sehr herum gekritzelt habe. Und, jawohl, Du hast es erraten, ich mußte zurück an meinen Platz und alles nochmal neu machen. Ich habe es nie geschafft, in die Spielecke zu kommen.
...
Obwohl die anderen Kinder auch immer auf dem Schulhof toben, bekomme ich oft den meisten Ärger mit den Lehrern. Und auch bei den Kindern bin ich schon als der Wildeste verschrien. Manche lassen mich in den Pausen gar nicht mehr mitspielen. Die sagen, daß ich mich nicht an die Regeln halte und immer so schnell sauer werde. Aber natürlich werde ich sauer, wenn mich keiner mitspielen läßt.

Aber ich möchte wirklich keinen ärgern. Ich glaube, das verstehen die Erwachsenen einfach nicht. Selbst wenn ich es wirklich ganz „doll" versuche, kann ich nicht so gut aufpassen und meine Arbeit fertig machen, wie es die anderen Kinder tun. Manchmal schaffe ich es schon, aber es fällt mir so **unendlich** viel schwerer. Das ist einfach nicht fair! Es ist, als wenn ein Teil in mir sagt: „Paß jetzt auf!", während der andere Teil sagt: „Guck mal da draußen, ein Vogel!". Und nach draußen auf die Vögel zu schauen, ist viel interessanter als die meisten dieser Schulaufgaben. Weißt Du, ich glaube, wenn ich auch nur noch einen Stapel von diesen Aufgaben machen muß, fange ich an zu schreien, so lange, bis ich nicht mehr kann!

Abbildung 8:
Ausschnitt aus dem ersten Kapitel der Therapiegeschichten von Wackelpeter & Trotzkopf (Döpfner et al., 2002a).

Spieltraining: Der Behandlung von hyperkinetischen Störungen im Vorschulalter wurde bislang wenig Aufmerksamkeit geschenkt. Dies verwundert um so mehr, da diese Störung meist deutlich vor dem sechsten Lebensjahr beginnt und für das Kind selbst, für seine Familie sowie das weitere soziale Umfeld eine mitunter erhebliche Problembelastung bedeutet. Aufgrund der entwicklungsbedingten geringeren Autonomie des Vorschulkindes und der höheren Abhängigkeit seines Verhaltens vom unmittelbaren Umfeld kommt familien- und kindergartenzentrierten Interventionsformen eine bedeutende Rolle zu (Döpfner, 1993c). Unmittelbar auf das Kind zentrierte pädagogisch-therapeutische Interventionen sind demgegenüber für das Vorschulalter kaum entwickelt worden. Kognitive Interventionsformen, wie Selbstinstruktionstraining und Selbstmanagement, sind im Vorschulalter aufgrund der noch nicht ausreichend entwickelten kognitiven Selbstkontrollfähigkeit nicht anwendbar. Das Spieltraining, das Bestandteil des Therapieprogrammes für Kinder mit hyperkinetischem und oppositionellem Problemverhalten (THOP) ist, zielt auf die Steigerung von Spiel- und Beschäftigungsintensität und Ausdauer bei hyperkinetisch auffälligen Kindern im Alter von drei bis sechs Jahren (s. Tab. 3). Die Wirksamkeit einzelner Behandlungskomponenten wurde in einem einzelfallanalytischen Vorgehen belegt (Döpfner & Sattel, 1992).

Selbstinstruktionstraining: In den siebziger Jahren wurden kognitiv-verhaltenstherapeutische Interventionen, basierend auf den Arbeiten von Meichenbaum und Goodman (1971) und Douglas (1980), entwickelt. Das zentrale Anliegen dieser als Selbstinstruktions- oder Selbstregulationstraining bezeichneten Interventionsformen ist, die Selbstregulationsfähigkeiten und reflexiven Problemlösestrategien des Kindes zu verbessern, um es dadurch zu einer besseren Verhaltenssteuerung zu befähigen. Die Therapie soll dem Kind helfen, seine Aufmerksamkeit anhaltender zu zentrieren, seine Impulse besser zu kontrollieren und Handlungspläne zu entwickeln, um dadurch Aufgaben besser lösen zu können. Das Kind lernt am Modell des Therapeuten, indem dieser laut denkt, wie man mit Schwierigkeiten umgehen kann,

- die Schwierigkeiten zuerst einmal erkennt,
- verschiedene Lösungsmöglichkeiten überlegt und abwägt,
- abschätzt, ob die Lösungsmöglichkeiten angemessen sind,
- die Richtigkeit der Lösung kontrolliert und
- sich schließlich selbst für seinen Erfolg bestätigt.

Das Kind übernimmt dieses laute Denken vom Therapeuten, das dann im Verlauf der Behandlung ausgeschlichen wird. Anfänglich stehen einfache visuomotorische Aufgaben, beispielsweise Labyrinthaufgaben oder Puzzles, im Vordergrund, um das handlungsanleitende Sprechen einzuüben. Später können komplexere Aufgaben gewählt werden (z. B. Hausaufgabensituationen). Die einzelnen Problemlöseschritte werden durch Signalkarten verdeutlicht. Abbildung 9 zeigt die Signalkarten, die im Therapieprogramm für Kinder mit hyperkinetischem und oppositionellem Problemverhalten (THOP) zur Selbstinstruktion eingesetzt werden.

Tabelle 3:
Phasen des Spieltrainings zum Aufbau von intensivem und ausdauerndem Spielverhalten (nach Döpfner et al., 2002a).

Phase 1: Gestaltung einer positiven und tragfähigen Beziehung zum Kind.
• Einzelbeschäftigung mit dem Kind, eventuell Vorstrukturierung der Spielsituation. Die Interessen und Verhaltenstendenzen des Kindes stehen im Mittelpunkt.
Phase 2: Bestimmung der Ansatzpunkte der Intervention.
• Beobachtung des Verhaltens in unterschiedlich stark strukturierten und in unterschiedlichem Grade fremdbestimmten Spiel- und Beschäftigungssituationen.
Phase 3: Aufbau eines konzentrierten und intensiven Spiel- und Beschäftigungsverhaltens.
• Vorstrukturierung der Spielsituation durch Auswahl von Spiel und Beschäftigungsmaterialien. • Ziel- und Regelbesprechung und Erfragen von Handlungsplänen. • Formulierung von Verhaltensanweisungen. • Verbalisation von Spielhandlungen und spielbezogenen Äußerungen des Kindes. • Stimulierung alternativer Denk- und Handlungsprozesse. • Verbale oder aktionale Rückführung. • Soziale Verstärkung einzelner Spielhandlungen. • Token-Verstärkung.
Phase 4: Stabilisierung des Spiel- und Beschäftigungsverhaltens durch Förderung der Selbststeuerung und Ausblendung der Außensteuerung.
• Verstärkter Einsatz von Ziel- und Regelbesprechungen, Verhaltensaufgaben und Token-Verstärkung. • Verminderung von aktionaler und verbaler Rückführung, von Verbalisationen und sozialen Verstärkungen.
Phase 5: Steigerungen der Anforderungen an das Spiel- und Beschäftigungsverhalten.
• Ausdehnung der Spiel- und Beschäftigungsdauer. • Steigerung der Spiel- und Beschäftigungskomplexität. • Steigerung der Außenreize, z. B. durch Einbeziehung weiterer Kinder, durch potentiell ablenkende Tätigkeiten des Therapeuten, durch geringere Vorstrukturierung.

Abbildung 9:
Signalkarten für das Selbstinstruktionstraining (aus Döpfner et al., 2002a).

Die deutschsprachigen Selbstinstruktionstrainings basieren auf entsprechenden Verfahren aus dem anglo-amerikanischen Sprachraum (Camp & Bash, 1981; Bash & Camp, 1985; Kendall & Braswell 1985). Im deutschen Sprachraum führten Eisert, Eisert und Schmidt (1982) ein Selbstinstruktionstraining im Rahmen eines multimodalen Behandlungsprogrammes durch und evaluierten es. Lauth und Schlottke (1995) legen ein umfassendes Training vor, das auf dem Selbstinstruktionsansatz aufbaut. Das Programm besteht im Kern aus einem *Basistraining*, das vor allem der Förderung von Basisfertigkeiten (genau hinschauen, genau zuhören, Wahrgenommenes wiedergeben), der Ausbildung von Reaktionskontrolle / Reaktionsverzögerung und der Entwicklung von Handlungsregulation durch verbale Selbstanweisungen dient. Im darauf aufbauenden *Strategietraining* wird eine Verhaltensplanung und Orientierung an übergeordneten Problemlösestrategien sowie eine Verhaltensregulation durch Selbstinstruktionen vermittelt.

Allerdings ist der anfängliche Enthusiasmus bezüglich des Stellenwertes von Selbstinstruktionstrainings bei hyperkinetisch gestörten Kindern im Lichte empirischer Untersuchungen verflogen. Insgesamt konnte die klinische Wirksamkeit nicht überzeugend nachgewiesen werden (vgl. Abikoff, 1985; 1987). Ausgenommen gelegentlicher Belege über verbesserte Leistungen in Tests zur Erfassung visuomotorischer Fähigkeiten oder kognitiver Impulsivität, liegen keine sicheren Hinweise dafür vor, daß kognitive Interventionen Aufmerksamkeits- oder Gedächtnisprozesse verbessern. Die Leseleistung ließ sich in keiner kontrollierten Studie steigern, wohl aber die Mathematikleistungen (Cameron & Robinson, 1980; Varni & Henker, 1979). Andere Studien konnten keine Effekte auf Schulleistungen belegen (u. a. Billings & Wasik, 1985; Borden et al., 1987; Brown et al., 1985). Diese Studien zeigen, daß gezielte Verstärkungsprogramme eingesetzt werden müssen, um auch im Unterricht entsprechende Effekte zu erzielen. Möglicherweise sind die Methoden der Verstärkung und Selbstverstärkung, die häufig in Selbstinstruktionsprogrammen angewandt wurden, die entscheidenden Interventionselemente (Friedling & O'Leary, 1979).

Im deutschen Sprachraum konnten Lauth, Naumann, Roggenkämper und Heine (1996) durch ein Selbstinstruktionstraining in Verbindung mit operanten Verfahren und Elterngesprächen auf einigen Variablen die Aufmerksamkeitsleistungen sowie das hyperkinetische Verhalten in der Schule und in der Familie verbessern. Außerdem ließen sich auf neurophysiologischer Ebene ereigniskorrelierte Potentiale bei Aufmerksamkeitsbelastungen beeinflussen. Durch das Einüben von Selbstinstruktionen für individuelle Problemsituationen in der Familie und die Einbeziehung der Eltern in das Selbstinstruktionstraining konnten Fehlings et al. (1991) auf einigen Maßen zur Erfassung hyperkinetischer Störungen in der Familie Effekte erzielen; außerdem zeigte sich eine Verbesserung des Selbstwertgefühles.

Selbstmanagement-Methoden: Diese Methoden zielen darauf ab, das Kind anzuleiten, in seiner natürlichen Umgebung (in der Schule, in der Familie) auf die eigenen Verhaltensprobleme zu achten und sie zu registrieren. In den kritischen Situationen soll das Kind alternatives, angemessenes Verhalten zeigen, indem es versucht, sich an bestimmte Regeln zu halten und indem es sich für eine erfolgreiche Situationsbewälti-

gung selbst positiv verstärkt. Selbstmanagement-Techniken werden häufig mit Selbstinstruktionsmethoden oder operanten Verstärkungsmethoden kombiniert. Die Wirksamkeit von Selbstbeobachtung auf das eigene Arbeitsverhalten konnte Harris (1986) bei lernbehinderten und aufmerksamkeitsgestörten Kindern nachweisen. Varni und Henker (1979) zeigen jedoch, daß allein durch die Selbstbeobachtung das Arbeitsverhalten hyperkinetischer Kinder nicht verändert wird. Ein Selbstinstruktionstraining war ebenfalls nicht wirkungsvoll, wohl aber die Kombination von Selbstbeobachtung mit Selbst- und Fremdverstärkung. Auch Barkley et al. (1980) konnten eine gegenüber dem Selbstinstruktionstraining erhöhte Wirksamkeit von Selbstbeobachtung und Selbstverstärkung nachweisen. Hinshaw et al. (1984a; 1984b) zeigen, daß die Kombination von Stimulanzienbehandlung mit Selbstbeobachtung und Selbstverstärkung wirkungsvoller ist als Stimulanzienbehandlung alleine. Anderson et al. (1981) konnten dagegen keine Effekte von Selbstbeobachtung und Selbstverstärkung nachweisen. Bowers et al. (1985) zeigen, daß Verstärkung durch den Lehrer einerseits und Selbstbeobachtung plus Selbstverstärkung andererseits die Arbeitsqualität im Unterricht in gleicher Weise verbessern, daß aber die Aufmerksamkeitsleistung durch Selbstbeobachtung plus Selbstverstärkung stärker verbessert wird als durch Fremdverstärkung.

Insgesamt wurden relativ wenige Untersuchungen zur Wirksamkeit von Selbstmanagement-Methoden durchgeführt, meist wurden sie mit anderen Techniken kombiniert (Selbstinstruktion, Fremdverstärkung, Tokensysteme). Die meisten Studien lassen vermuten, daß Selbstmanagement-Methoden möglicherweise eine erfolgversprechende Interventionsform darstellen. In der eigenen Arbeitsgruppe wurde die Wirksamkeit von Selbstmanagement in Verbindung mit Selbstinstruktion überprüft. Parallel zum Selbstinstruktionstraining wurden mit den Kindern Verhaltensregeln für bestimmte Situationen in der Familie oder der Schule erarbeitet, deren Einhaltung sie selbst kontrollierten und auf einem Selbstbeobachtungsbogen eintrugen. Zweimal pro Woche, bei einem Telefonkontakt und zu Beginn jeder Behandlungsstunde, berichtete das Kind dem Therapeuten, wie gut es die Regeln einhalten konnte und wurde dafür durch Lob und Zuwendung verstärkt. Gegenüber der Wartezeit konnte mit dieser Intervention die hyperkinetische und die aggressive Symptomatik, sowohl im Urteil der Eltern als auch der Lehrer, verringert werden (Frölich, 1993).

4.4 Wirksamkeit multimodaler Behandlung

Die unterschiedlichen therapeutischen Ansatzpunkte von Stimulanzientherapie und verhaltenstherapeutischen Interventionen haben zu der weit verbreiteten Erwartung geführt, daß jede dieser Behandlungsmodalitäten etwas zu bieten habe, das die Wirksamkeit der anderen Therapieform verbessere. In mehreren Studien wurde die Wirksamkeit einer Kombination von Stimulanzienbehandlung mit verhaltenstherapeutischen Interventionen in der Familie und im Unterricht (u.a. Firestone et al., 1981; Pelham et al., 1985) oder mit kognitiven Trainings (u.a. Abikoff & Gittelman, 1985; Cohen et al., 1981) oder durch eine Kombination aller drei Interventionsformen (Horn et al., 1991; Lalongo et al., 1993) untersucht. Die Mehrzahl dieser Studien weist auf eine gegenüber einer ausschließlichen Stimulanzientherapie geringfügig erhöhte Wirksamkeit multimodaler Interventionen hin. Zwar können Pelham und Murphy (1986) anhand einer Übersicht über Einzelfall- und Gruppenstudien nachweisen, daß 13 von 19 Studien eine Überlegenheit einer multimodalen Therapie gegenüber Einzelbehandlungen auf zumindest einem Erfolgsmaß zeigen; Kontrollgruppenstudien geben jedoch nur marginale Hinweise auf eine höhere Wirksamkeit multimodaler Therapien (vgl. Gittelman-Klein & Abikoff, 1989).

Die Ergebnisse der bahnbrechenden US-amerikanischen MTA-Study (Multisite Multimodal Treatments Study of ADHD) zeigen, daß sich bei allen geprüften Interventionen erhebliche Veränderungen im Verlauf der Behandlungen einstellten und daß sich die (sehr umfangreiche) multimodale Verhaltenstherapie mit kind-, familien- und schulzentrierten Interventionen in ihrer Wirksamkeit auf 16 Ergebnisvariablen nicht von der medikamentösen Therapie unterscheidet. Die medikamentöse Therapie erweist sich lediglich bei Eltern- und Lehrerbeurteilungen von Unaufmerksamkeit und bei der Lehrerbeurteilung von Hyperaktivität im Vergleich zur Verhaltenstherapie als wirksamer. Die kombinierte Verhaltens- und Pharmakotherapie ist der unimodalen Pharmakotherapie auf vielen Variablen nur geringfügig oder gar nicht überlegen. In einer Analyse der Daten mit einem Gesamt-Erfolgsmaß erwies sich die kombinierte Therapie gegenüber der unimodalen Pharmakotherapie allerdings als signifikant überlegen (MTA Cooperative Group, 1999a,b; Pelham, 1999; Conners et al., 2001).

In der Untersuchung von Pelham et al. (1988) verbesserte eine zusätzliche Stimulanzienbehandlung die Wirksamkeit einer fünfmonatigen Verhaltenstherapie (Interventionen in der Familie und im Unterricht) auf das Verhalten in der Schule deutlich, allerdings nur, solange Stimulanzien verabreicht wurden.

Auf die Komplexität der Interaktionen zwischen Verhaltens- und Stimulanzientherapie weisen die Studien von Pelham et al. (1980) und Horn et al. (1991) hin. Pelham und Mitarbeiter belegen, daß eine Stimulanzienbehandlung nach einer 13wöchigen verhaltenstherapeutischen Intervention wirksamer ist als eine bei Behandlungsbeginn durchgeführte Stimulanzientherapie. Ein maximaler kombinierter Behandlungseffekt läßt sich möglicherweise, so Pelham et al. (1988), erst bei einer acht Wochen deutlich übersteigenden Behandlungsdauer demonstrieren. Horn et al. (1991) konnten ebenfalls keine bessere Wirksamkeit einer kombinierten Behandlung gegenüber einer Stimulanzienbehandlung mit höherer Dosierung nachweisen. Bei niedriger Stimulanziendosierung erwies sich die Behandlungskombination hinsichtlich der Veränderung von Verhaltensauffälligkeiten im Unterricht jedoch als effektiver. Die Behandlungskombination mit niedrig dosierten Stimulanzien war im Vergleich zu einer Stimulanzienbehandlung mit niedrigerer Dosierung alleine und im Vergleich zu Verhaltenstherapie alleine (Interventionen in der Familie und Selbstinstruktionstraining) wirkungsvoller. Darüber hinaus erwies sich die Behandlungskombination mit niedrig dosierten Stimulanzien als ebenso wirkungsvoll wie hoch dosierte Stimulanzientherapie alleine und in Kombination mit Verhaltenstherapie. Eine Nachuntersuchung, neun Monate nach Beendigung der Therapien, belegte vor allem, daß sämtliche durch die medikamentöse Therapie erzielten Effekte verschwunden waren. Im Elternurteil erwiesen sich die verhaltenstherapeutischen Interventionen der medikamentösen Therapie überlegen. Diese Effekte konnten aber durch andere Maße (Verhaltensbeobachtung, Lehrerurteil, Konzentrationsleistung) nicht bestätigt werden.

Trotz der schwachen Belege für eine Wirksamkeit *kognitiver Interventionen* wurde eine Kombinationsbehandlung mit Methylphenidat als erfolgversprechend betrachtet. Es wurde erwartet, daß durch die medikamentös bedingte Verbesserung des Verhaltens und vor allem der Aufmerksamkeitsleistungen die Aneignung von Selbstkontroll- und Problemlösefähigkeiten nachhaltig unterstützt werden könnte. Cohen und Mitarbeiter (1981) konnten bei Vorschulkindern keine stärkeren Effekte einer Kombinationsbehandlung aus kognitivem Training plus Stimulanzientherapie gegenüber einer ausschließlichen Stimulanzientherapie nachweisen. Brown, Wynne und Medenis (1985) untersuchten in zwei Studien die Wirksamkeit von Stimulanzientherapie und kognitiver Therapie alleine und in Kombination (kognitives Training drei Monate bzw. zwölf Trainingssitzungen). Sie konnten eine differentielle Wirksamkeit weder bei kognitiven Maßen noch bei den schulischen Leistungen und Verhaltensbeurteilungen belegen. Abikoff und Gittelman (1985) überprüften ein Programm über vier Monate zur Verbesserung von kognitiven und interpersonellen Problemlösefähigkeiten und konnten ebenfalls keine Überlegenheit einer Kombinationsbehandlung mit Methylphenidat gegenüber ausschließlicher Stimulanzientherapie belegen. Die Therapieeffekte des kognitiven Trainings stabilisierten sich bei Absetzen der Stimulanzienbehandlung nicht. Ein kognitives Training bei hyperkinetisch gestörten Kindern mit schulischen Defiziten zusätzlich zur Stimulanzienbehandlung verbesserte die Wirksamkeit der Stimulanzientherapie nicht (Abikoff et al., 1988). Hinshaw et al. (1984b) konnten keine Effekte von Methylphenidat auf die durch ein Selbstkontrolltraining verbesserte Fähigkeit zur Kontrolle von Ärger belegen.

Wird jedoch statt einer Dosierung von 0,3 mg eine Dosierung von 0,6 mg/kg gewählt, dann läßt sich der Effekt eines Selbstkontrolltrainings verbessern (Hinshaw et al., 1989).

In der Kölner Multimodalen Therapiestudie (Döpfner et al., 2002b) wurden 75 Kinder im Alter von sechs bis zehn Jahren mit der Diagnose einer hyperkinetischen Störung initial entweder verhaltenstherapeutisch oder medikamentöse behandelt und je nach individuellem Behandlungsverlauf wurde mit der jeweils anderen Interventionsform kombiniert. Die wichtigsten Ergebnisse lassen sich wie folgt zusammenfassen (vgl. Döpfner et al., 2002b):

- Fast alle Kinder, die initial mit Stimulanzien behandelt wurden (nur eine Gabe am Morgen), erhielten ergänzend Verhaltenstherapie.
- 30% der Kinder, die initial mit Verhaltenstherapie behandelt wurden, erhielten ergänzend eine Stimulanzienbehandlung.
- Die Kombination von Stimulanzientherapie und Verhaltenstherapie war bei der Verminderung der Verhaltensauffälligkeiten in der Schule der ausschließlichen Verhaltenstherapie überlegen.

Bei der Beurteilung der *Langzeitwirksamkeit* zeichnet sich eine Überlegenheit multimodaler Interventionen gegenüber einer Stimulanzientherapie ab. Satterfield et al. (1981) konnten in einer Nachuntersuchung drei Jahre nach Beginn einer multimodalen Behandlung nachweisen, daß weniger intensiv behandelte Kinder (durch-schnittlich neun Monate) von ihren Lehrern als aufmerksamkeitsschwächer beurteilt wurden, in höherem Maße antisoziale Verhaltensweisen zeigten, größere Leistungsdefizite aufwiesen und in der Schule und zu Hause weniger angepaßt waren als intensiver behandelte Kinder (durchschnittlich 35 Monate). In einer weiteren Nachkontrolle untersuchten Satterfield et al. (1987) die Langzeitwirksamkeit einer multimodalen Behandlung im Vergleich zu einer ausschließlichen Stimulanzientherapie. Die durchschnittliche Katamnese-Zeit lag bei 9,3 beziehungsweise 8,7 Jahren, das Durchschnittsalter bei 17 Jahren. Die Delinquenzrate der multimodal behandelten Jugendlichen lag mit 8% deutlich unter der von ausschließlich mit Methylphenidat behandelten Patienten (22%). Patienten, die weniger als zwei Jahre eine multimodale Behandlung erhielten, zeigten einen weniger günstigen Verlauf als Patienten, die zwei bis drei Jahre lang behandelt wurden. Die Wirksamkeit einer teilstationären Langzeitbehandlung von Vorschulkindern mit überwiegend hyperkinetischer und aggressiver Symptomatik konnte nachgewiesen werden (Döpfner et al., 1989; Döpfner, 1993d).

Insgesamt erweist sich die hyperkinetische Störung als eine Störung mit hohem Chronifizierungsrisiko, die durch kurzzeitige pharmako- oder psychotherapeutische Interventionen im allgemeinen dauerhaft nicht zu beeinflussen ist. Die Effekte psychotherapeutischer Intensiv- und Langzeitinterventionen sind bislang allerdings nicht hinreichend untersucht worden.

Zusammenfassung

Hyperkinetische Störungen sind durch eine Beeinträchtigung der Aufmerksamkeit (Aufmerksamkeitsstörung, Ablenkbarkeit), der Impulskontrolle (Impulsivität) und der Aktivität (Hyperaktivität) gekennzeichnet. Diese Auffälligkeiten treten bereits vor dem Alter von sechs Jahren auf und sind in mehreren Situationen und Lebensbereichen nachweisbar. In klinischen Stichproben werden bei bis zu zwei Drittel aller Kinder komorbide Störungen diagnostiziert, vor allem Störungen des Sozialverhaltens (in mehr als der Hälfte der Fälle), aber auch Lernstörungen, Sprachstörungen, Ticstörungen sowie depressive Störungen und Angststörungen.

Die Prävalenz von situationsübergreifenden hyperkinetischen Störungen wird auf 3 bis 5% geschätzt. In Abhängigkeit von den Diagnosekriterien und den Beurteilern (Eltern oder Lehrer) wurden allerdings auch geringere, meist jedoch deutlich höhere Prävalenzraten ermittelt. Jungen sind im Vergleich zu Mädchen mindestens dreimal so häufig von der Symptomatik betroffen.

Generell wird eine multifaktorielle Genese hyperkinetischer Störungen angenommen, wobei biologischen und konstitutionellen Merkmalen eine entscheidende ursächliche Rolle zukommt, während psychosoziale Faktoren die Ausprägung und den Verlauf der Störung wesentlich beeinflussen können. Das Konzept der minimalen cerebralen Dysfunktion als Folge von Schwangerschafts- und Geburtskomplikationen ist zu unspezifisch, um als Ursache für die Entwicklung dieses Störungsbildes betrachtet werden zu können. Allerdings können Hirnschädigungen bei einzelnen Kindern bei der Entwicklung einer hyperkinetischen Symptomatik von Bedeutung sein. Wichtiger sind jedoch genetische Faktoren, die wahrscheinlich am stärksten die Entwicklung einer solchen Störung beeinflussen. Vermutlich primär genetisch bedingte Auffälligkeiten des Neurotransmittersystems wurden mehrfach nachgewiesen. Typischerweise vermindert sich die motorische Unruhe im Jugendalter, während Symptome der Aufmerksamkeitsstörung und Impulsivität sowie die komorbiden Störungen bis ins Erwachsenenalter hinein andauern können.

In der Behandlung ist eine multimodale Therapie, die mehrere Komponenten miteinander kombiniert, die Methode der Wahl. Die generelle Nichtbeachtung von Pharmakotherapie (mit Psychostimulanzien) muß nach dem heutigen Stand der Erkenntnisse als Kunstfehler betrachtet werden. Allerdings ist bei einem großen Anteil der Kinder mit diesem Störungsbild auch eine verhaltenstherapeutische Behandlung wirkungsvoll. Dabei werden kindzentrierte Interventionen (z. B.

Spieltraining, Selbstmanagement, Selbstinstruktionstraining) mit eltern- und familienzentrierten Interventionen (Eltern-Kind-Therapie zur Verminderung problematischem Verhalten in der Familie) und kindergarten- beziehungsweise schulzentrierten Interventionen kombiniert. Da die Störung zumindest im Kindesalter häufig auch im Jugendalter chronisch verläuft, ist häufig eine langfristige Therapie indiziert.

Verständnisfragen

1. Welches sind die Kernsymptome einer hyperkinetischen Störung?
2. Welches sind die häufigsten komorbiden Störungen bei Kindern und Jugendlichen mit hyperkinetischen Störung?
3. Welche Faktoren spielen bei der Entwicklung von hyperkinetischen Störungen vermutlich eine wichtige Rolle?

4. Welche Behandlungsansätze haben sich bei hyperkinetischen Störungen als wirkungsvoll erwiesen?
5. Beschreiben Sie Kriterien für die Indikation einzelner Behandlungskomponenten einer multimodalen Therapie hyperkinetischer Störungen.

Weiterführende Literatur

Barkley, R.A. (1990). *Attention deficit hyperactivity disorder: A handbook for diagnosis and treatment*. East Sussex: Guilford.

Döpfner, M., Schürmann, S. & Frölich, J. (2002a). *Therapieprogramm für Kinder mit hyperkinetischem und oppositionellem Problemverhalten* (THOP; 3., überarb. Auflage). Weinheim: Psychologie Verlags Union.

Döpfner, M., Schürmann, S. & Lehmkuhl, G. (2000a). *Wackelpeter, Trotzkopf. Hilfen bei hyperkinetischem und oppositionellem Verhalten* (2., überarb. Aufl.). Weinheim: Psychologie Verlags Union.

Routh, D.K. (1994) (Ed.). *Disruptive behavior disorders in childhood*. New York: Plenum.

Literatur

Abikoff, H. (1985). Efficacy of cognitive training interventions in hyperactive children: A critical review. *Clinical Psychology Review, 5*, 479-512.

Abikoff, H. (1987). An evaluation of cognitive behavior therapy for hyperactive children. In B.B. Lahey & A.E. Kazdin (Eds.), *Advances in clinical child psychology*, Vol. 10 (171-216). New York: Plenum.

Abikoff, H., Ganeles, D., Reiter, G., Blum, C., Foley, C.& Klein, R.G. (1988). Cognitive training in academically deficient ADDH boys receiving stimulant medication. *Journal of Abnormal Child Psychology, 16*, 411-432.

Abikoff, H. & Gittelman, R. (1985). Hyperactive children treated with stimulants: Is cognitive training a useful adjunct? *Archives of General Psychiatry, 42*, 953-961.

Achenbach, T.M. (1991). *Integrative guide for the 1991 CBCL/4-18, YSR, and TRF profiles*. Burlington: University of Vermont Department of Psychiatry.

Ackerman, P.T., Anhalt, J.M., Dykman, R.A. & Holcomb, P.J. (1986). Effortful processing deficits in children with reading and/or attention disorders. *Brain and Cognition, 5*, 22-40.

American Academy of Child and Adolescent Psychiatry (1997). Practice Parameters. *Journal of the American Academy of Child and Adolescent Psychiatry, 36*, supplement.

Anderson, E.C., Clement, P.W. & Oettinger, L. (1981). Methylphenidate compared with behavioral self-control in attention deficit disorder. *Developmental and Behavioral Pediatrics, 2*, 137-141.

Anderson, J.C., Williams, S., McGee, R. & Silva, P.A. (1987). DSM-III-R disorders in preadolescent children: Prevalence in a large sample from the general population. *Archives of General Psychiatry, 44*, 69-76.

Atkins, M.S., Pelham, W.E. & Licht, M.H. (1989). The dif-

ferential validity of teacher ratings of inattention/overac-
tivity and aggression. *Journal of Abnormal Child Psychology, 17*, 423-435.

Barkley, R.A. (1981). *Hyperactive children: A handbook for
diagnosis and treatment.* New York: Guilford.

Barkley, R.A. (1987). *Defiant children. A clinician's manual for parent training.* New York: Guilford.

Barkley, R.A. (1989). The problem of stimulus control and
rulegoverned behavior in attention deficit disorder with
hyperactivity. In L.M. Bloomingdale & J.M. Swanson
(Eds.), *Attention deficit disorder*, Vol. IV (203-234). Oxford: Pergamon.

Barkley, R.A. (1990). *Attention deficit hyperactivity disorder: A handbook for diagnosis and treatment.* East Sussex: Guilford.

Barkley, R. A. (1997). Behavioral Inhibition, sustained attention, and executive functions: constructing a unifying
theory of ADHD. *Psychological Bulletin, 121*, 65-94.

Barkley, R.A., Copeland, A. & Sivage, C. (1980). A self-
control classroom for hyperactive children. *Journal of
Autism and Developmental Disorders, 1*, 75-89.

Barkley, R.A. & Cunningham, C.E. (1980). The parent-child
interaction of hyperactive children and their modification
by stimulant drugs. In R.M. Knigths & D.J. Bakker
(Eds.), *Treatment of hyperactive and learning disordered
children* (219-236). Baltimore: University Park Press.

Barkley, R.A., DuPaul, G.J. & Mcmurray, M.B. (1990).
Comprehensive evaluation of attention deficit disorder
with and without hyperactivity as defined by research criteria. *Journal of Consulting and Clinical Psychology, 58*,
775-789.

Barkley, R.A., Fischer, M., Edelbrock, C. & Smallish, L.
(1993). The adolescent outcome of hyperactive children
diagnosed by research criteria – III. Mother-child interactions, family conflicts and maternal psychopathology.
Journal of Child Psychology and Psychiatry, 32, 233-255.

Barkley, R.A., Karlsson, J., Pollard, S. & Murphy, J.V.
(1985). Developmental changes in the mother-child interactions of hyperactive boys: Effects of two dose levels
of Ritalin. *Journal of Child Psychology and Psychiatry,
24*, 705-715.

Barkley, R.A., Karlsson, J., Strzelecki, E. & Murphy, J.V.
(1984). Effects of age and Ritalin dosage on the mother/
child interactions of hyperactive children. *Journal of
Consulting and Clinical Psychology, 52*, 750-758.

Bash, M.A. & Camp, B.W. (1985). *Think aloud. Classroom
program grades 3-4.* Champaign: Research Press.

Baumgaertel, A., Wolraich, M. & Dietrich, M. (1995). Comparison of diagnostic criteria for attention deficit disorders in a German elementary school sample. *Journal of
the American Academy of Child and Adolescent Psychiatry, 34*, 629-638.

Biederman, J., Newcorn, J. & Sprich, S. (1991). Comorbidity of attention deficit hyperactivity disorder with conduct,
depressive, anxiety, and other disorders. *American Journal of Psychiatry, 148*, 564-577.

Billings, D.C. & Wasik, B.H. (1985). Self-instructional training with preschoolers: An attempt to replicate. *Journal
of Applied Behaviour Analysis, 18*, 61-67.

Blank, R. & Remschmidt, H. (1992). Subgruppen hyperki-

netischer Störungen – explorative Untersuchungen unter
Berücksichtigung von Fragebogenverfahren und immunologischen Parametern. *Zeitschrift für Kinder- und Jugendpsychiatrie, 20*, 34-45.

Borden, K.A., Brown, R.T., Wynne, M.E. & Schleser, R.
(1987). Piagetian conservation and response to cognitive
therapy in attention deficit disordered children. *Journal
of Child Psychology and Psychiatry, 28*, 755-764.

Botting, N., Powls, A., Cooke, R. W. & Marlow, N. (1997).
Attention deficit hyperactivity disorders and other psychiatric outcomes in early low birthweigth children at 12
years. *Journal of Child Psychology and Psychiatry, 38*,
931-941.

Bowers, D.S., Clement, P.W., Fantuzzo, J.W. & Sorensen,
D.A. (1985). Effects of teacher-administered and self-administered reinforcers on learning disabled children. *Behavior Therapy, 16*, 357-369.

Brandeis, D. (1995). Psychophysiologie der hyperkinetischen Störungen. In H.C. Steinhausen (Hrsg.), *Hyperkinetische Störungen im Kindes- und Jugendalter* (71-89).
Stuttgart: Kohlhammer.

Breiner, J.L. & Forehand, R. (1981). An assessment of the
effects of parent training on clinic-referred children's
school behavior. *Behavioral Assessment, 3*, 31-42.

Brown, R.T., Wynne, M.E. & Medenis, R. (1985). Methylphenidate and cognitive therapy: A comparison of treatment approaches with hyperactive boys. *Journal of Abnormal Child Psychology, 13*, 69-87.

Brühl, B., Döpfner, M. & Lehmkuhl, G. (2000). Der Fremdbeurteilungsbogen für hyperkinetische Störungen (FBB-
HKS) – Prävalenz hyperkinetischer Störungen im Elternurteil und psychometrische Kriterien. *Kindheit und Entwicklung, 9*, 116-130.

Cameron, M.I. & Robinson, V.M.J. (1980). Effects of cognitive training on academic and ontask behavior of hyperactive children. *Journal of Abnormal Child Psychology,
8*, 405-420.

Camp, B.W. & Bash, M.A. (1981). *Think aloud. Increasing
social and cognitive skills – A problem solving program
for children.* Champaign: Research Press.

Campbell, S.B. (1987). Parent-referred problem three-year-
olds: Developmental changes in symptoms. *Journal of
Child Psychology and Psychiatry, 28*, 835-845.

Campbell, S.B. (1990). *Behavior problems in preschool
children.* New York: Guilford.

Campbell, S.B., Breaux, A.M., Ewing, L.J. & Szumowski,
E.K. (1986a). Correlates and predictors of hyperactivity
and aggression: A longitudinal study of parent-referred
problem preschoolers. *Journal of Abnormal Child Psychology, 14*, 217-234.

Campbell, S.B., Breaux, A.M., Ewing, L.J., Szumowski,
E.K. & Pierce, E.W. (1986b). Parent-identified problem
preschoolers: Mother-child interaction during play at intake and 1-year follow-up. *Journal of Abnormal Child
Psychology, 14*, 425-440.

Campbell, S.B., Ewing, L.J., Breaux, A.M. & Szumowski,
E.K. (1986c). Parent-referred problem three-year-olds:
Follow-up at school entry. *Journal of Child Psychology
and Psychiatry, 27*, 473-488.

Cantwell, D.P. & Baker, L. (1992). Association between attention deficit-hyperactivity disorder and learning disorders. In S.E. Shaywitz & B.A. Shaywitz (Eds.), *Attention deficit disorder comes of age* (145-164). Austin: Pro-ed.

Charles, L. & Schain, R. (1981). A four-year follow-up study of the effects of methyphenidate on the behavior and academic achievment of hyperactive children. *Journal of Abnormal Child Psychology, 9*, 495-505.

Cohen, N. & Minde, K. (1983). The 'hyperactive syndrome' in kindergarten children: Comparison of children with pervasive and situational symptoms. *Journal of Child Psychology and Psychiatry, 24*, 443-455.

Cohen, N.J., Sullivan, J., Minde, K., Novack, C. & Helwig, C. (1981). Evaluation of the relative effectiveness of methylphenidate and cognitive behavior modification in the treatment of kindergarten-aged hyperactive children. *Journal of Abnormal Child Psychology, 9*, 43-54.

Cohen, P., Cohen, J., Kasen, S., Velez, C. N., Hartmark, C., Johnson, J., Rojas, M., Brook, J. & Struening, E. L. (1993). An epidemiological study of disorders in late childhood and adolescence: I. Age and gender-specific prevalence. *Journal of Child Psychology and Psychiatry, 34*, 851-867.

Conners, C.K. (1980). *Food additives and hyperactive children*. New York: Plenum.

Conners, C.K., Epstein, J.N., March, J.S., Angold, A., Wells, K.C., Klaric, J., Swanson, J.M., Arnold, L.E., Abikoff, H.B., Elliott, G.R., Greenhill, L.L., Hechtman, L., Hinshaw, S.P., Hoza, B., Jensen, P.S., Kraemer, H.C., Newcorn, J.H., Pelham, W.E., Severe, J.B., Vitiello, B. & Wigal, T. (2001). Multimodal treatment of ADHD in the MTA: An alternative outcome analysis. *Journal of the American Academy of Child and Adolescent Psychiatry, 40*, 159-167.

Cook, E. H., Stein, M., Krasowski, M. D., Cox, N. J., Olkon, D. M., Kieffer, J. E. & Leventhal, B. L. (1995). Association of attention-deficit disorder and the dopamine transporter gene. *American Journal of Human Genetics, 56*, 993-998.

Cunningham, C.E. & Barkley, R.A. (1979). The interactions of hyperactive and normal children with their mothers during free play and structured task. *Child Development, 50*, 217-224.

Cunningham, C.E. & Siegel, L.S. (1987). Peer interactions of normal and attention-deficit-disordered boys during free-play, cooperative task, and simulated classroom situations. *Journal of Abnormal Child Psychology, 15*, 247-268.

Döpfner, M. (1989). Soziale Informationsverarbeitung – ein Beitrag zur Genese von Verhaltensstörungen. *Zeitschrift für Pädagogische Psychologie, 3*, 1-8.

Döpfner, M. (1993a). Grundlegende Interventionsmethoden und ihre Integration. In M. Döpfner & M. Schmidt (Hrsg.), *Kinderpsychiatrie – Vorschulalter* (74-103). München: Quintessenz.

Döpfner, M. (1993b). Interventionen bei extraversiven Auffälligkeiten. In M. Döpfner & M. Schmidt (Hrsg.), *Kinderpsychiatrie – Vorschulalter* (104-119). München: Quintessenz.

Döpfner, M. (1993c). Verhaltensstörungen im Vorschulalter. *Kindheit und Entwicklung, 2*, 177-190.

Döpfner, M. (1993d). Wirksamkeit teilstationärer Behandlung. In M. Döpfner & M. Schmidt (Hrsg.), *Kinderpsychiatrie – Vorschulalter* (165-183). München: Quintessenz.

Döpfner, M. (1996). *Entwicklung, Bearbeitung und Überprüfung diagnostischer Verfahren zur Erfassung hyperkinetischer Störungen bei Kindern*. Habilitationsschrift, Universität zu Köln.

Döpfner, M., Berner, W., Flechtner, H., Lehmkuhl, G. & Steinhausen, H.-C. (1998c). *Psychopathologisches Befund-System für Kinder und Jugendliche (CASCAP-D): Befundbogen, Glossar und Explorationsleitfaden*. Göttingen: Hogrefe.

Döpfner, M., Berner, W., Fleischmann, T. & Schmidt, M.H. (1993). *Verhaltensbeurteilungsbogen für Vorschulkinder (VBV)*. Weinheim: Beltz.

Döpfner, M., Berner, W. & Schmidt, M.H. (1989). Effekte einer teilstationären Behandlung verhaltensauffälliger und entwicklungsrückständiger Vorschulkinder. *Zeitschrift für Kinder- und Jugendpsychiatrie, 17*, 131-139.

Döpfner, M., Breuer, D., & Lehmkuhl, G. (2002b). *The Cologne Mulitmodal Intervention Study (COMIS) with ADHD children: study design and global treatment outcome*. Paper submitted for publication.

Döpfner, M., Brühl, B. & Lehmkuhl, G. (2002c). *Factorial validity of inattention, hyperactivity, impulsicity and oppositional behavior in a field sample and a clinical sample*. Paper submitted for publication.

Döpfner, M., Frölich, J. & Lehmkuhl, G. (2000c). *Hyperkinetische Störungen. Leitfaden Kinder- und Jugendpsychotherapie, Band 1*. Göttingen: Hogrefe.

Döpfner, M., Frölich, J. & Lehmkuhl, G. (2000d). *Ratgeber Hyperkinetische Störungen. Informationen für Betroffene, Eltern, Lehrer und Erzieher. Ratgeber Kinder- und Jugendpsychotherapie, Band 1*. Göttingen: Hogrefe.

Döpfner, M. & Lehmkuhl, G. (1993). Zur Notwendigkeit von Qualitätsstandards in der Kinder- und Jugendpsychiatrie. *Zeitschrift für Kinder- und Jugendpsychiatrie, 21*, 188-193.

Döpfner, M. & Lehmkuhl, G. (1997). Von der kategorialen zur dimensionalen Diagnostik. *Praxis der Kinderpsychologie und Kinderpsychiatrie, 46*, 519-547.

Döpfner, M. & Lehmkuhl, G. (1998). Die multimodale Therapie von Kindern mit hyperkinetischen Störungen: I. Indikation und medikamentöse Interventionen. *Der Kinderarzt, 29*, 171-181.

Döpfner, M. & Lehmkuhl, G. (2000b). *Diagnostik-System für psychische Störungen im Kindes- und Jugendalter nach ICD-10 und DSM-IV (DISYPS-KJ) (2. korr. u. erg. Aufl.)*. Bern: Huber.

Döpfner, M., Lehmkuhl, G. & Schürmann, S. (1996b). Das Therapieprogramm für Kinder mit hyperkinetischem und oppositionellem Problemverhalten (THOP) – Aufbau und Einzelfall-Evaluation. *Zeitschrift für Kinder- und Jugendpsychiatrie und Psychotherapie, 24*, 145-163.

Döpfner, M., Lorch, R. & Reihl, D. (1989). Soziale Informationsverarbeitung in Konfliktsituationen – eine empirische Studie an Vorschulkindern. *Zeitschrift für Pädagogische Psychologie, 3*, 239-248.

Döpfner, M., Plück, J., Berner, W., Englert, E., Fegert, J.M., Huss, M., Lenz, K., Schmeck, K., Lehmkuhl, G., Lehmkuhl, U. & Poustka, F. (1999). Psychische Auffälligkeiten und psychosoziale Kompetenzen von Kindern und Jugendlichen in den neuen und alten Bundesländern – Ergebnisse einer bundesweit repräsentativen Studie. *Zeitschrift für Klinische Psychologie, 27*, 9-19.

Döpfner, M., Plück, J., Berner, W., Fegert, J., Huss, M., Lenz, K., Schmeck, K., Lehmkuhl, U., Poustka, F. & Lehmkuhl, G. (1997a). Psychische Auffälligkeiten von Kindern und Jugendlichen in Deutschland – Ergebnisse einer repräsentativen Studie: Methodik, Alters-, Geschlechts- und Beurteilereffekte. *Zeitschrift für Kinder- und Jugendpsychiatrie und Psychotherapie, 25*, 218-233.

Döpfner, M., Plück, J., Berner, W., Fegert, J., Huss, M., Lenz, K., Schmeck, K., Lehmkuhl, U., Poustka, F. & Lehmkuhl, G. (2002d). *Covariation of behavioral and emotional problems of children and adolescents rated by parents in a clinical and a general population sample.* Paper submitted for publication.

Döpfner, M. & Sattel, H. (1992) Verhaltenstherapeutische Interventionen bei hyperkinetischen Störungen im Vorschulalter. *Zeitschrift für Kinder- und Jugendpsychiatrie, 19*, 254-262.

Döpfner, M., Schindler, S., Plück, J., Berner, W., Fegert, J., Huss, M., Lenz, K., Schmeck, K., Lehmkuhl, U., Poustka, F. & Lehmkuhl, G. (2002e). *Problem perception, need for professional help and referral as rated by parents.* Paper submitted for publication.

Döpfner, M., Schmeck, K., Poustka, F., Berner, W., Lehmkuhl, G. & Verhulst, F. (1996a). Verhaltensauffälligkeiten von Kindern und Jugendlichen in Deutschland, den Niederlanden und den USA. Eine kulturvergleichende Studie mit der Child Behavior Checklist. *Nervenarzt, 67*, 960-967.

Döpfner, M., Schürmann, S. & Frölich, J. (2002a). *Therapieprogramm für Kinder mit hyperkinetischem und oppositionellem Problemverhalten (THOP; 3., überarb. Aufl.).* Weinheim: Psychologie Verlags Union.

Döpfner, M., Schürmann, S., Frölich, J., Quast, C., Wolff Metternich, T. & Lehmkuhl, G. (1997c). THOP – das Therapieprogramm zur Behandlung von Kindern mit hyperkinetischem und oppositionellem Problemverhalten. *Kindheit und Entwicklung, 6*, 230-246.

Döpfner, M., Schürmann, S. & Lehmkuhl, G. (2000e). Hyperkinetische Störungen. In F. Petermann (Hrsg.), *Fallbuch der Klinischen Kinderpsychologie und -psychotherapie* (2., überarb. Aufl., 47-70). Göttingen: Hogrefe.

Döpfner, M., Schürmann, S. & Lehmkuhl, G. (2000a). *Wackelpeter, Trotzkopf. Hilfen bei hyperkinetischem und oppositionellem Verhalten (2., überarb. Aufl.).* Weinheim: Psychologie Verlags Union.

Döpfner, M., Wolff Metternich, T., Berner, W., Englert, E., Lenz, K., Lehmkuhl, U., Lehmkuhl, G., Poustka, F. & Steinhausen, H.C. (1997b). Die psychopathologische Beurteilung von Kindern und Jugendlichen in vier kinder- und jugendpsychiatrischen Inanspruchnahmestichproben – eine multizentrische Studie. *Praxis der Kinderpsychologie und Kinderpsychiatrie, 46*, 548-565.

Douglas, V. (1975). Are drugs enough? To treat or train the hyperactive child. *International Journal of Mental Health, 4*, 199-212.

Douglas, V. (1980). Treatment and training approaches to hyperactivity: Establishing internal or external control. In C.K. Wahlen & B. Henker (Eds.), *Hyperactive children. The social ecology of identification and treatment* (283-318). New York: Academic Press.

Douglas, V. (1988). Cognitive deficits in children with attention deficit disorder with hyperactivity. In L.M. Bloomingdale & J.A. Sergeant (Eds.), *Attention deficit disorder. Criteria, cognition, intervention* (65-82). Oxford: Pergamon.

Douglas, V. (1989). Can Skinnerian theory explain attention deficit disorder? A reply to Barkley. In L.M. Bloomingdale & J.M. Swanson (Eds.), *Attention deficit disorder; Vol. IV* (235-254). Oxford: Pergamon.

Douglas, V.I. & Parry, P.A. (1983). Effects of reward on delayed reaction time task performance of hyperactive children. *Journal of Abnormal Child Psychology, 11*, 313-326.

Dubey, D.R., O'Leary, S.G. & Kaufman, K.F. (1983). Training parents of hyperactive children in child management: A comparative outcome study. *Journal of Abnormal Child Psychology, 11*, 229-246.

DuPaul, G.J., Guevremont, D.C. & Barkley, R.A. (1991). Attention-Deficit Hyperactivity Disorder. In T.R. Kratochwill & R.J. Morris (Eds.), *The practice of child therapy* (2nd edition, 115-145). New York: Pergamon.

Eaves, L.J., Silberg, J.L., Meyer, J.M., Maes, H.H., Simonoff, E., Pickles, A., Rutter, M., Neale, M.C., Reynolds, C. A., Erikson, M.T., Heath, A.C., Loeber, R., Truett, K.R. & Hewitt, J.K. (1997). Genetics and developmental psychopathology: 2. The main effects of genes and environment on behavioral problems in the Virginia Twin Study of adolescent behavioral development. *Journal of Child Psychology and Psychiatry, 38*, 965-980.

Egger, J., Carter, C.M., Graham, P.J., Gumley, D. & Soothill, J.F. (1985). Controlled trial of oligoantigenic treatment in the hypercinetic syndrome. *The Lancet, I*, 540-555.

Eisert, H.G., Eisert, M. & Schmidt, M.H. (1982). Stimulanzientherapie und kognitive Verhaltensmodifikation bei hyperaktiven Kindern. *Zeitschrift für Kinder- und Jugendpsychiatrie, 10*, 196-215.

Erhardt, D. & Baker, B.L. (1990). The effects of behavioral parent training on families with young hyperactive children. *Journal of Behavior Therapy and Experimental Psychiatry, 21*, 121-132.

Ernst, M., Liebenhauer, L.L., King, A.C., Fitzgerald, G.A., Cohen, R.M. & Zametkin, A.J. (1994). Reduced brain metabolism in hyperactive girls. *Journal of the American Academy of Child and Adolescent Psychiatry, 33*, 858-868.

Esser, G. & Schmidt, M. (1987). Minimale cerebrale Dysfunktion. Stuttgart: Enke.

Esser, G., Schmidt, M. & Woerner, W. (1990). Epidemiology and course of psychiatric disorders in school-age children – results of a longitudinal study. *Journal of Child Psychology and Psychiatry, 31*, 243-263.

Fehlings, D.L., Roberts, W., Humphries, T. & Dawe, G. (1991). Attention deficit hyperactivity disorder: Does cognitive behavioral therapy improve home behavior? *Developmental and Behavioral Pediatrics, 4*, 223-228.

Feingold, B.F. (1975). Why your child is hyperactive. New York: Random House.

Firestone, P. (1982). Factors associated with children's adherence to stimulant medication. *American Journal of Orthopsychiatry, 52*, 447-457.

Firestone, P., Kelly, M.J., Goodman, J.T. & Davey, J. (1981). Differential effects of parent training and stimulant medication with hyperactives. *Journal of the American Academy of Child Psychiatry, 20*, 135-147.

Firestone, P. & Witt, J.E. (1982). Characteristics of families completing and prematurely discontinuing a behavioral parent-training program. *Journal of Pediatric Psychology, 7*, 209-222.

Fischer, M., Barkley, R.A., Edelbrock, C.S. & Smallish, L. (1990). The adolescent outcome of hyperactive children diagnosed by research criteria: II. academic, attentional, and neuropsychological status. *Journal of Consulting and Clinical Psychology, 58*, 580-588.

Fischer, M., Barkley, R.A., Fletcher, K.E. & Smallish, L. (1993). The adolescent outcome of hyperactive children: III. predictors of psychiatric, academic, social, and emotional adjustment. *Journal of the Academy of Child and Adolescent Psychiatry, 32*, 324-332.

Friedling, C. & O'Leary, S.G. (1979). Effects of self-instructional training on second-and-third-grade hyperactive children. *Journal of Applied Behaviour Analysis, 12*, 211-219.

Frölich, J. (1993). *Möglichkeiten des pädagogischen Umgangs mit hyperkinetischen Kindern mit Störungen des Sozialverhaltens im Alter von 6-12 Jahren*. Universität Bonn: Dissertation.

Gill, M., Daly, G., Heron, S., Hawi, Z. & Fitzgerald, H. (1997). Confirmation of association between attention deficit hyperactivity disorders and a dopamin transporter polymorphism. *Biological Psychiatry, 2*, 311-313.

Gillberg, C. & Gillberg, C. (1988). Generalized hyperkinesis: Follow-up study age 7 to 13 years. *Journal of the American Academy of Child and Adolescent Psychiatry, 27*, 55-59.

Gittelman, R., Abikoff, H., Pollack, E., Klein, D.F., Katz, S. & Mattes, J.A. (1980). A controlled trial of behavior modification and methylphenidate in hyperactive children. In C.K. Wahlen & B. Henker (Eds.), *Hyperactive children: The social ecology of identification and treatment* (221-243). New York: Academic Press.

Gittelman, R., Mannuzza, S., Henker, R. & Bonagura, N. (1985). Hyperactive boys almost grown up: I. Psychiatric status. *Archives of General Psychiatry, 42*, 937-947.

Gittelman-Klein, R. (1987). Pharmacotherapy of childhood hyperactivity: an update. In H.Y. Meltzer (Ed.), *Psychopharmacology. The third generation of progress* (1215-1224). New York: Raven Press.

Gittelman-Klein, R. & Abikoff, H. (1989). The role of psychostimulants and psychosocial treatments in hyperkinesis. In T. Sagvolden & T. Archer (Eds.), *Attention deficit disorder* (167-180). Hillsdale: Erlbaum.

Goldberg, J.O. & Konstantareas, M.M. (1981). Vigilance in hyperactive and normal children on a self-paced operant task. *Journal of Abnormal Child Psychology, 22*, 55-63.

Gordon, M., Thomason, D., Cooper, S. & Ivers, C.L. (1991). Nonmedical treatment of ADHD/hyperactivity: The attention training system. *Journal of School Psychology, 29*, 151-159.

Greenhill, L.L. (1990). Attention-deficit disorder in children. In B. Garfinkel, G. Carlson & E. Weller (Eds.), *Psychiatric disorders in children and adolescents* (149-170). Philadelphia: Saunders.

Grenell, M.M., Glass, C.R. & Katz, K.S. (1987). Hyperactive children and peer interaction: knowledge and performance of social skills. *Journal of Abnormal Child Psychology, 15*, 1-13.

Hafer, H. (1986). *Die heimliche Droge Nahrungsphosphat*. Heidelberg: Kriminalistik Verlag.

Harris, K.R., (1986). Self-monitoring of attentional behavior versus self-monitoring of productivity: Effects on task-behavior and academic response rate among learning disabled children. *Journal of Abnormal Child Psychology, 13*, 417-423.

Hartsough, C.S. & Lambert, N.M. (1985). Medical factors in hyperactive and normal children: Prenatal, developmental, and health history findings. *American Journal of Orthopsychiatry, 55*, 190-201.

Hechtman, L., Weiss, G. & Perlman, T. (1984). Young adult outcome of hyperactive children who received long-term stimulant treatment. *Journal of the American Academy of Child Psychiatry, 23*, 261-269.

Hinshaw, S.P. (1987). On the distinction between attentional deficits/hyperactivity and conduct problems/aggression in child psychopathology. *Psychological Bulletin, 101*, 443-463.

Hinshaw, S.P., Henker, B. & Wahlen, C.K. (1984a). Cognitive-behavioral and pharmacologic interventions for hyperactive boys: Comparative and combined effects. *Journal of Consulting and Clinical Psychology, 52*, 739-749.

Hinshaw, S.P., Henker, B. & Wahlen, C.K. (1984b). Self-control in hyperactive boys in anger-inducing situations: Effects of cognitive-behavioral training and of methylphenidate. *Journal of Abnormal Child Psychology, 12*, 55-77.

Hinshaw, S.P., Henker, B., Wahlen, C.K., Erhardt, D.D. & Dunnington, R.E. (1989). Aggressive, prosocial, and nonsocial behavior in hyperactive boys: Dose effects of methylphenidate in naturalistic settings. *Journal of Consulting and Clinical Psychology, 57*, 636-643.

Horn, W.F., Ialongo, N., Greenberg, G., Packar, T.H. & Smith-Winberry, C.H. (1990). Additive effects of behavioral parent training and self-control therapy with attention deficit hyperactivity disordered children. *Journal of Clinical Child Psychology, 19*, 98-111.

Horn, W.F., Ialongo, N.S., Pascoe, J.M., Greenberg, G., Packard, T., Lopez, M., Wagner, A. & Puttler, L. (1991). Additive effects of psychostimulants, parent training, and self-control therapy with ADHD Children. *Journal of the American Academy of Child and Adolescent Psychiatry, 30*, 233-240.

Ialongo, N.S., Horn, W.F., Pascoe, J.M., Greenberg, G., Packard, T., Lopez, M., Wagner, A. & Puttler, L. (1993). The effects of a multimodal intervention with attention – deficit hyperactivity disorder children: A 9-month follow-up. *Journal of the American Academy of Child and Adolescent Psychiatry, 32*, 182-189.

Jensen, P.S., Martin, D. & Cantwell, D. P. (1997). Comorbidity in ADHD: Implications for research, practice, and DSM-V. *Journal of the American Academy of Child and Adolescent Psychiatry, 36*, 1065-1079.

Kendall, P.C. & Braswell, L. (1985). *Cognitive-behavioral therapy for impulsive children.* New York: Guilford.

Klein, R. & Mannuzza, S. (1991). Long-term outcome of hyperactive children: A review. *Journal of the American Academy of Child and Adolescent Psychiatry, 30*, 383-387.

Lahey, B.B., Piacentini, J.C., McBurnett, K., Stone, P., Hartdagen, S. & Hynd, G. (1988). Psychopathology in the parents of children with conduct disorder and hyperactivity. *Journal of the American Academy of Child and Adolescent Psychiatry, 27*, 163-170.

Lauth, G.W., Naumann, K., Roggenkämper, A. & Heine, A. (1996). Verhaltensmedizinische Indikation und Evaluation einer kognitiv-behavioralen Therapie mit aufmerksamkeitsgestörten/hyperaktiven Kindern. *Zeitschrift für Kinder- und Jugendpsychiatrie und Psychotherapie, 24*, 164-175.

Lauth, G.W. & Schlottke, P.F. (1995). *Training mit aufmerksamkeitsgestörten Kindern, (2., korr. Aufl.).* Weinheim: Psychologie Verlags Union.

Lempp, R. (1980). Organische Psychosyndrome. In R. Harbauer, G. Lempp, P. Nissen & A. Strunk (Hrsg.), *Lehrbuch der speziellen Kinder- und Jugendpsychiatrie, (2. Aufl.).* Berlin: Springer.

Lehmkuhl, G., Döpfner, M., Plück, J., Berner, W., Fegert, J., Huss, M., Lenz, K., Schmeck, K., Lehmkuhl, U. & Poustka, F. (1998a). Häufigkeit psychischer Auffälligkeiten und somatischer Beschwerden bei vier- bis zehnjährigen Kindern in Deutschland im Urteil der Eltern – ein Vergleich normorientierter und kriterienorientierter Modelle. *Zeitschrift für Kinder- und Jugendpsychiatrie und Psychotherapie, 26*, 83-96.

Lehmkuhl, G., Adam, C. & Döpfner, M. (1998b). Impulskontrollgestörte Kinder und ihre weitere Entwicklung. In J. Klosterkötter (Hrsg.), *Frühdiagnostik und Frühbehandlung psychischer Störungen* (97-121). Berlin: Springer.

Loney, J. (1974). The intellectual functioning of hyperactive elementary school boys: A cross-sectional investigation. *American Journal of Orthopsychiatry, 44*, 754-762.

Loney, J. (1987). Hyperactivity and aggression in the diagnosis of attention deficit disorder. In B.B. Lahey & A.E. Kazdin (Eds.), *Advances in clinical child psychology*, Vol. 10 (99-136). New York: Plenum.

Lou, H.C., Henriksen, L. & Bruhn, P. (1984). Focal cerebral hypoperfusion in children with dysphasia and/or attention deficitdisorder. *Archives of Neurology, 41*, 825-829.

Mannuzza, S., Klein, R.G. & Addalli K.A. (1991). Young adult mental status of hyperactive boys an their brothers: A prospective follow-up study. *Journal of the American Academy of Child and Adolescent Psychiatry, 30*, 743-751.

Marholin, D. & Steinman, W.M. (1977). Stimulus control in the classroom as a function of the behavior reinforced. *Journal of Applied Behaviour Analysis, 10*, 465-478.

Marshall, P. (1989). Attention deficit disorder and allergy: A neurochemical model of the relation between the illness. *Psychological Bulletin, 106*, 434-446.

Mash, E. J. & Johnston, C. (1983). Parental perceptions of child behavior problems, parenting self-esteem, and mother's reported stress in younger and older hyperactive and normal children. *Journal of Consulting and Clinical Psychology, 51*, 86-99.

McConaughy, S.H. & Achenbach, T.M. (1994). Comorbidity of empirically based syndroms in matched general population and clinical samples. *Journal of Child Psychology and Psychiatry, 35*, 1141-1157.

McGee, R., Partridge, F., Williams, S. & Silva, P.A. (1991). A twelve-year follow-up of preschool hyperactive children. *Journal of the American Academy of Child and Adolescent Psychiatry, 30*, 224-232.

McGee, R., Williams, S., Bradshaw, J., Chapel, J., Robins, A. & Silva, P.A. (1985). The Rutter Scale for completion by teachers: Factor structure and relationships with cognitive abilities and family adversity for a sample of New Zealand children. *Journal of Child Psychology and Psychiatry, 26*, 727-739.

McGee, R., Williams, S. & Silva, P.A. (1984). Behavioral and developmental characteristics of aggressive, hyperactive, and aggressive-hyperactive boys. *Journal of the American Academy of Child Psychiatry, 23*, 270-279.

McMahon, R.J. & Forehand, R. (1984). Parent training for the noncompliant child: Treatment outcome, generalization, and adjunctive therapy procedures. In R.F. Dangel & R.A. Polster (Eds.), *Parent training: Foundations of research and practice* (298-329). New York: Guilford.

McMahon, R.J. & Wells, K.C. (1989). Conduct disorders. In E.J. Mash & R.A. Barkley (Eds.), *Treatment of childhood disorders* (73-132). New York: Guilford.

Meichenbaum, D. & Goodman, J. (1971). Training impulsive children to talk to themselves: A means of developing self-control. *Journal of Abnormal Psychology, 77*, 115-129.

Milich, R., Loney, J. & Roberts, M.A. (1986). Playroom observations of activity level and sustained attention: Two-year stability. *Journal of Consulting and Clinical Psychology, 54*, 272-274.

MTA Cooperative Group (1999a). A 14-month randomized clinical trial of treatment strategies for attention-deficit / hyperactivity disorder. *Archives of General Psychiatry, 56,* 1073-1086.

MTA Cooperative Group (1999b). Moderators and Mediators of treatment response for children with attention-deficit / hyperactivity disorder. *Archives of General Psychiatry, 56,* 1088-1096.

O'Leary, S.G. & Pelham, W.E. (1978). Behavior therapy and withdrawal of stimulant medication with hyperactive children. *Pediatrics, 61*, 211-217.

Paternite, C.E. & Loney, J. (1980). Childhood hyperkinesis: Relationships between symptomatology and home environment. In C.K. Wahlen & B. Henker (Eds.), *Hyperactive children. The social ecology of identification and treatment* (105-144). New York: Academic Press.

Pelham, W.E. (1977). Withdrawal of a stimulant drug and concurrent behavioral intervention in the treatment of a hyperactive child. *Behavior Therapy, 8*, 473-479.

Pelham, W.E. (1989). Behavior therapy, behavioral assessment and psychostimulant medication in the treatment of attention deficit disorders: An interactive approach. In L.M. Bloomingdale & J.M. Swanson (Eds.), *Attention deficit disorder*, Vol. IV (254-276). Oxford: Pergamon.

Pelham, W.E. (1999) The NIMH multimodal treatment study for attention-deficit hyperactivity disorder: just say yes to drugs alone? *Canadian Journal of Psychiatry, 44*, 981-990.

Pelham, W.E. & Bender, M.E. (1982). Peer relationships in hyperactive children: Description and treatment. In K. Gadow & I. Bialer (Eds.), *Advances in learning and behavioral disabilities: A research annual*, Vol. 1. Greenwich: JAI.

Pelham, W.E., Bender, M.E., Caddell, J., Booth, S. & Moorer, S.H. (1985). Methylphendiate and children with attention deficit disorder. *Archives of General Psychiatry, 42*, 958-952.

Pelham, W.E. & Murphy, H.A. (1986). Attention deficit and conduct disorders. In M. Hersen (Ed.), *Pharmacological and behavioral treatment: An integrative approach* (108-148). New York: Wiley.

Pelham, W.E., Schnedler, R.W., Bender, M.E., Nilsson, D.E., Miller, J., Budrow, M.S. & Ronnei, M. (1988). The combination of behavior therapy and methylphenidate in the treatment of attention deficit disorders: A therapy outcome study. In L. Bloomingdale (Ed.), *Attention deficit disorder*, Vol. 3 (29-48). Oxford: Pergamon.

Pelham, W.E., Schnedler, R.W., Bologna, N.C. & Contreras, J.A. (1980). Behavioral and stimulant treatment of hyperactive children: A therapy study with methylphenidate probes in a within-subject design. *Journal of Applied Behaviour Analysis, 13*, 221-236.

Petermann, F., Döpfner, M. & Schmidt, M.H. (2001). *Aggressiv-dissoziale Störungen. Leitfaden Kinder- und Jugendpsychotherapie, Band 3*. Göttingen: Hogrefe.

Pfiffner, L.J. & O'Leary, S.G. (1987). The efficacy of all-positive management as a function of the prior use of negative consequences. *Journal of Applied Behavior Analysis, 20*, 265-271.

Pfiffner, L.J., O'Leary, S.G., Rosen, L.A. & Sanderson, W.C. (1985a). A comparison of the effects of continuous and intermittent response cost and reprimands in the classroom. *Journal of Child Psychology and Psychiatry, 14*, 348-352.

Pfiffner, L.J., Rosen, L.A. & O'Leary, S.G. (1985b). The efficacy of an all-positive approach to classroom management. *Journal of Applied Behaviour Analysis, 18*, 257-261.

Pisterman, S. Mcgrath, P., Firestone, P., Goodman, J.T., Webster, I. & Mallory, R. (1989). Outcome of parent mediated treatment of preschoolers with attention deficit disorder with hyperactivity. *Journal of Consulting and Clinical Psychology, 57*, 628-635.

Pollard, S., Ward, E.M. & Barkley, R.A. (1983). The effects of parent training and ritalin on the parent-child interactions of hyperactive boys. *Child and Family Behavior Therapy, 5*, 51-69.

Prior, M. & Sanson, A. (1986). Attention deficit disorder with hyperactivity. *Journal of Child Psychology and Psychiatry, 27*, 307-319.

Rapport, M.D., Murphy, A. & Bailey, J.S. (1982). Ritalin versus response cost in the control of hyperactive children: A within-subject comparison. *Journal of Applied Behavior Analysis, 15*, 20-31.

Reeves, J.C. & Werry, J.S., Elkind, G.S. & Zametkin, A. (1987). Attention deficit, conduct, oppositional, and anxiety disorders in children: II. Clinical characteristics. *Journal of the American Academy of Child and Adolescent Psychiatry, 26*, 144-155.

Richters, J.E., Arnold, L.E., Jensen, P.S., Abikoff, H., Conners, C.K., Greenhill, L.L., Hechtman, L., Hinshaw, S.P., Pelham, W.E. & Swanson, J.M. (1995). NIMH collaborative multisite multimodal treatment study of children and ADHD: I. Background and rationale. *Journal of the American Academy of Child and Adolescent Psychiatry, 34*, 987-1000.

Riddle, K.D. & Rapoport, J.L. (1976). A 2-year follow-up of 72 hyperactive boys. *Journal of Nervous and Mental Disease, 2*, 126-134.

Robinson, P.W., Newby, T.J. & Ganzell, S.L. (1981). A token system for a class of underachieving hyperactive children. *Journal of Applied Behavior Analysis, 14*, 307-315.

Rosen, L.A., Both, S.R., Bender, M.E., Mcgrath, M.L., Sorell, S. & Drabman, R.S. (1988). Effects of sugar (sucrose), on children's behavior. *Journal of Consulting and Clinical Psychology, 56*, 583-589.

Ross, D.M. & Ross, S.A. (1982). *Hyperactivity: Current issues, research, and theory (2nd edition)*. New York: Wiley.

Roth, N., Beyreiss, J., Schlenzka, K. & Beyer, H. (1991). Coincidence of attention deficit disorder and atopic disorders in children: Empirical findings and hypothetical background. *Journal of Abnormal Child Psychology, 19*, 1-13.

Roth, N., Schlottke, P.F. & Klepel, H. (1992). Hyperaktive und aufmerksamkeitsgestörte Kinder: Erklärungsansätze, psychophysiologische Korrelate und Behandlungskonzepte. *Zeitschrift für Medizinische Psychologie, 2*, 77- 84.

Rowe, K.J. & Rowe, K.S., (1992). The relationship between inattentiveness in the classromm and reading achievement (part b): An explanatory study. *American Academy of Child and Adolescent Psychiatry, 31*, 357-368.

Rutter, M. (1989). Attention deficit disorder/hyperkinetic syndrome: Conceptual and research issues regarding diagnosis and classification. In T. Sagvolden & T. Archer (Eds.), *Attention deficit disorder* (1-24). London: Erlbaum.

Russo, M.F. & Beidel, D.C. (1994) Comorbidity of childhood anxiety and externalizing disorders: Prevalence, associated characteristics, and validation issues. *Clinical Psychology Review, 14*, 199-221.

Saß, H., Wittchen, H. U., Zaudig, M. (Hrsg.) (1996). *Diagnostisches und Statistisches Manual Psychischer Störungen DSM-IV*. Göttingen: Hogrefe.

Satterfield, J.H., Hoppe, C.M. & Schell, A.M. (1982). A prospective study of delinquency in 110 adolescent boys with attention deficit disorder and 88 normal adolescent boys. *American Journal of Psychiatry, 139*, 795-798.

Satterfield, J.H., Satterfield, B.T. & Cantwell, D.P. (1981). Three-year multimodality treatment study of 100 hyperactive boys. *Pediatrics, 98*, 650-655.

Satterfield, J.H., Satterfield, B.T. & Schell, A.M. (1987). Therapeutic interventions to prevent delinquency in hyperactive boys. *Journal of the American Academy of Child and Adolescent Psychiatry, 26*, 56-64.

Schmidt, M.H., Esser, G. & Moll, G.H. (1991). Der Verlauf hyperkinetischer Syndrome in klinischen und Feldstichproben. *Zeitschrift für Kinder- und Jugendpsychiatrie, 19*, 240-253.

Schmidt, M.H., Möcks, P., Lay, B., Eisert, H.G., Fojkar, R., Fritz-Sigmund, D., Marcus, A. & Musaeus, B. (1997). Does oligoantigenic diet influence hyperactive/conductdiordered children – a controlled trial. *European Child and Adolescent Psychiatry, 6*, 88-95.

Shaffer, D. & Greenhill, L. (1979). A critical note on the predictive validity of the hyperactive syndrome. *Journal of Child Psychology and Psychiatry, 20*, 61-72.

Swanson, J.M., Sunohara, G.A., Kennedy, J.L., Regino, R., Fineberg, E., Wigal, T., Lerner, M., Williams, L., LaHoste, G.L. & Wigal, S. (1998). Association of the dopamine receptor D4 (DRD4) gene with a refinded phenotype of attention deficit hyperactivity disorder (ADHD): A family based approach. *Molecular Psychiatry, 3*, 38-41.

Szatmari, P., Offord, D.R. & Boyle, M.H. (1989). Ontario child health study: Prevalence of attention deficit disorder with hyperactivity. *Journal of Child Psychology and Psychiatry, 30*, 219-230.

Tallmadge, J. & Barkley, R.A. (1983). The interaction of hyperactive and normal boys with their mothers and fathers. Journal of Abnormal Child Psychology, 11, 565-579.

Tannock, R. (1998). Attention deficit hyperactivity disorder: Advances in cognitive, neurobiological, and genetic research. *Journal of Child Psychology and Psychiatry, 39*, 65-99.

Taylor, E., Everitt, B., Thorley, G., Schachar, R., Rutter, M. & Wieselberg, M. (1986). Conduct disorder and hyperactivity: II. A cluster analytic approach to the identification of a behavioral syndrome. *British Journal of Psychiatry, 149*, 768-777.

Taylor, E., Sandberg, S. & Thorley, G. (1991). *The epidemiology of childhood hyperactivity*. Oxford: Oxford University Press.

Taylor, E., Sergeant, J., Döpfner, M., Gunning, B., Overmeyer, S., Möbius, H. & Eisert, H.G. (1998). Clinical guidelines for hyperkinetic disorder. *European Child and Adolescent Psychiatry, 7*, 184-200.

Trites, R.L., Ferguson, H.B. & Tryphonas, H. (1980). Diet treatment for hyperactive children with food allergies. In R.M. Knights & D. Bakken (Eds.), *The rehabilitation, treatment and management of learning disabilities* (151-163). Baltimore: University Park Press.

Tryphonas, H. & Trites, R. (1979). Food allergy in children with hyperactivity, learning disabilities and/or minimal brain dysfunction. *Annals of Allergy, 42*, 22-27.

Varni, J.W. & Henker, B. (1979). A self-regulation approach to the treatment of three hyperactive boys. *Child Behavior Therapy, 1*, 171-192.

Wahler, R.G. (1980). The insular mother: Her problems in parent-child treatment. *Journal of Applied Behaviour Analysis, 13*, 207-219.

Weiss, G. & Hechtman, L. (1993). *Hyperactive children grown up (2nd edition)*. New York: Guilford.

Wender, P.H. (1971). *Minimal brain dysfunction in children*. New York: Wiley.

Werry, J.S., Elkind, G.S. & Reeves, J.C. (1987a). Attention deficit, conduct, oppositional, and anxiety disorders in children: III. Laboratory differences. *Journal of Abnormal Child Psychology, 15*, 409-428.

Werry, J.S., Reeves, J.C. & Elkind, G.S. (1987b). Attention deficit, conduct, oppositional, anxiety disorders in children: I. A review of research on differentiating characteristics. *Journal of the American Academy of Child and Adolescent Psychiatry, 26*, 133-143.

Whalen, C.K., Henker, B., Swanson, J.M., Granger, D., Kliewer, W. & Spencer, J. (1987). Natural social behaviors in hyperactive children: Dose effects of methylphenidate. *Journal of Consulting and Clinical Psychology, 55*, 187-193.

Willis, T.J. & Lovaas, I. (1977). A behavioral approach to treating hyperactive children: The parent's role. In J.B. Millichap (Ed.), *Learning disabilities and related disorders* (119-140). Chicago: Year Book Medical.

WHO (1991). *Internationale Klassifikation psychischer Störungen – ICD 10*, Kapitel V (F). Bern: Huber.

WHO (1993). *The ICD-10 classification of mental and behavioural disorders. Diagnostic criteria for research.* Genf: World Health Organization.

Zametkin, A.J., Liebenauer, L.L., Fitzgerald, G.A., King, A.C., Minkunas, D.V., Herscovitch, P., Yamada, E.M. & Cohen, R.M. (1993). Brain metabolism in teenagers with attention-deficit hyperactivity disorder. *Archives of General Psychiatry, 50*, 333-340.

Zametkin, A.J., Nordahl, T.E., Gross, J., King, A.C., Semple, W.E., Rumsey, J., Hamberger, M.A. & Cohen, R.M. (1990). Cerebral glucose metabolism in adults with hyperactivity of childhood onset. *New England Journal of Medicine, 323*, 1361-1366.

Zametkin, A.J. & Rapoport, J.L. (1987). Neurobiology of attention deficit disorder with hyperactivity: where have we come in 50 years? *Journal of the American Academy of Child and Adolescent Psychiatry, 26*, 676-686.

7 Aggression

von Herbert Scheithauer und Franz Petermann

Inhaltsübersicht

1 Beschreibung der Störung

1.1 Symptomatik

Aggressive Verhaltensweisen sind darauf ausgerichtet, jemanden indirekt oder direkt zu schädigen (vgl. Eron, 1997). In Abgrenzung dazu kann es sich bei störenden, impulsiven und unter Umständen schädigenden, aber unbeabsichtigten Verhaltensweisen um *Hyperaktivität* handeln (Kazdin, 1995a). Aggressives Verhalten kann sich sehr unterschiedlich äußern und reicht bis hin zu Raubüberfällen, Zerstörung fremden Eigentums, Brandstiftung und körperlicher Gewalt. Aggressives Verhalten umfaßt somit auch die Verletzung gesellschaftlicher bzw. sozialer Regeln sowie die Verletzung der Rechte anderer Personen und steht in einem engen Zusammenhang zu *delinquentem Verhalten* (Stattin & Magnusson, 1996). Zwar begehen insbesondere aggressive Jugendliche häufig kriminelle Delikte, aber die Mehrzahl aller Jugendlichen, die kriminelles Verhalten zeigen, erfüllen nicht automatisch die Kriterien aggressiven Verhaltens (Hinshaw, Lahey & Hart, 1993).

Nach Vitiello und Stoff (1997) sind bestimmte *Ausprägungen aggressiver Verhaltensweisen* gegenüberzustellen (s. Tab. 1), denen teilweise unterschiedliche Konstellationen von Risikofaktoren und psychischen Korrelaten (z.B. Unterschiede in der sozial-kognitiven Informationsverarbeitung oder begleitende biologische Korrelate) sowie Entwicklungsverläufe zuzuordnen sind (vgl. Blanz, 1998; Dodge et al., 1997; Vitaro, Gendreau, Tremblay & Oligny, 1998). Die Art und Weise, in der aggressives Verhalten gezeigt wird, erweist sich als alters- und geschlechtsabhängig: Jungen scheinen beispielsweise eher physische, direkte, Mädchen eher indirekte, verdeckte und verbale Formen aggressiven Verhaltens zu wählen (Österman et al., 1998). Bestimmte Verhaltensweisen werden typischerweise eher im Kindesalter (z.B. oppositionelles oder trotziges Verhalten), andere im Schul- und Jugendalter gezeigt (z.B. andere bedrohen oder schlagen sowie Vergehen gegen gesetzlich festgelegte Normen; vgl. Hinshaw et al., 1993; Rutter, 1997). Insbesondere im Jugendalter sind häufig Vergehen gegen gesetzliche oder gesellschaftliche Normen zu ermitteln (z.B. kleinere Diebstähle, Alkohol- sowie Drogenkonsum), die zumeist auf das Jugendalter beschränkt bleiben (vgl.

Moffitt, 1990; 1993a). Zusammenfassend läßt sich feststellen, daß sich ein sehr *heterogenes* Bild aggressiven Verhaltens im Kindes- und Jugendalter ergibt (vgl. Rutter, 1997).

1.2 Klassifikation

Ob Problemverhaltensweisen als *klinisch-relevante Verhaltensmuster* zu bewerten sind, hängt insbesondere von der Intensität sowie Stabilität des Verhaltens ab (vgl. Kazdin, 1995a). Ebenso besteht die Notwendig-

Tabelle 1:
Verschiedene Ausdrucksformen aggressiven Verhaltens (nach Vitiello & Stoff, 1997).

Ausdrucksform aggressiven Verhaltens (Dichotomien)	Erläuterung
feindselig vs. **instrumentell**	• mit dem Ziel, einer Person direkt Schaden zuzufügen • mit dem Ziel, indirekt etwas Bestimmtes zu erreichen
offen vs. **verdeckt**	• feindselig und trotzig, eher impulsiv und unkontrolliert (z.B. Kämpfen) • versteckt, instrumentell und eher kontrolliert (z.B. Stehlen oder Feuerlegen)
reaktiv vs. **aktiv**	• als Reaktion auf eine wahrgenommene Bedrohung oder Provokation • zielgerichtet ausgeführt oder impulsiv
affektiv vs. **„räuberisch"**	• unkontrolliert, ungeplant und impulsiv • kontrolliert, zielorientiert, geplant und versteckt

keit, Problemverhaltensweisen als ein klinisch-relevantes Problem von „normalen", zeitlich-begrenzten und entwicklungsbedingten Phänomenen abzugrenzen (vgl. Petermann & Petermann, 2000b; Richters & Cicchetti, 1993). Eine klinisch-diagnostische Einschätzung kann auf zwei Ebenen erfolgen: Auf einer kategorialen Ebene werden Diagnosen anhand der Kriterien (Störungssymptome, Dauer der Symptomatik sowie psychosoziale Beeinträchtigung) aus diagnostischen Klassifikationssystemen, wie dem Diagnostischen und Statistischen Manual Psychischer Störungen (DSM-IV; APA, 1996) bzw. der Internationalen Klassifikation Psychischer Störungen (ICD-10; WHO, 1993), vergeben. Auf einer *empirischen (dimensionalen) Ebene* wird das Verhalten von Personen mit Hilfe von in Fragebogenverfahren ermittelten Verhaltensdimensionen eingeschätzt (s. Petermann, Döpfner, Lehmkuhl & Scheithauer in diesem Buch).

Kasten 1:
Symptomlisten für die Störung des Sozialverhaltens und für die Störung mit Oppositionellem Trotzverhalten nach DSM-IV (1996, S. 129f. und S. 133).

Symptomliste der Störung des Sozialverhaltens

Aggressives Verhalten gegenüber Menschen und Tieren

- bedroht oder schüchtert andere häufig ein,
- beginnt häufig Schlägereien,
- hat schon Waffen benutzt, die anderen schweren körperlichen Schaden zufügen können (z.B. Schlagstöcke, Ziegelsteine, zerbrochene Flaschen, Messer, Gewehre),
- war körperlich grausam zu Menschen,
- quälte Tiere,
- hat in Konfrontation mit dem Opfer gestohlen (z.B. Überfall, Taschendiebstahl, Erpressung, bewaffneter Raubüberfall),
- zwang andere zu sexuellen Handlungen;

Zerstörung von Eigentum

- beging vorsätzliche Brandstiftung mit der Absicht, schweren Schaden zu verursachen,
- zerstörte vorsätzlich fremdes Eigentum (jedoch nicht durch Brandstiftung);

Betrug oder Diebstahl

- brach in fremde Wohnungen, Gebäude oder Autos ein,
- lügt häufig, um sich Güter oder Vorteile zu verschaffen oder um Verpflichtungen zu entgehen, d.h. „legt andere herein"),
- stahl Gegenstände von erheblichem Wert ohne Konfrontation mit dem Opfer (z.B. Ladendiebstahl, jedoch ohne Einbruch, sowie Fälschungen);

Schwere Regelverstöße

- bleibt schon vor dem 13. Lebensjahr trotz elterlicher Verbote häufig über Nacht weg,
- lief mindestens zweimal über Nacht von zu Hause weg, während er/sie noch bei den Eltern oder bei einer anderen Bezugsperson wohnte (oder nur einmal mit Rückkehr erst nach längerer Zeit),
- schwänzt schon vor dem 13. Lebensjahr häufig die Schule.

Symptomliste der Störung mit Oppositionellem Trotzverhalten

- wird schnell ärgerlich,
- streitet sich häufig mit Erwachsenen,
- widersetzt sich häufig aktiv den Anweisungen oder Regeln von Erwachsenen oder weigert sich, diese zu befolgen,
- verärgert andere häufig absichtlich,
- schiebt häufig die Schuld für eigene Fehler oder eigenes Fehlverhalten auf andere,
- ist häufig empfindlich oder läßt sich von anderen leicht verärgern,
- ist häufig wütend und beleidigt,
- ist häufig boshaft und nachtragend.

Im *DSM-IV* (APA, 1996) werden für das Kindes- und Jugendalter zwei aggressive Störungen unterschieden, die *Störung des Sozialverhaltens* und die *Störung mit Oppositionellem Trotzverhalten* (vgl. Petermann, Lehmkuhl, Petermann & Döpfner, 1995). Als Hauptmerkmal liegt bei der *Störung des Sozialverhaltens* ein sich wiederholendes Verhaltensmuster vor, das die Verletzung grundlegender Rechte anderer sowie wichtiger, altersrelevanter Normen und Regeln umfaßt. Bei diesem Verhalten handelt es sich nicht lediglich um eine Reaktion auf das unmittelbare soziale Umfeld. Über einen Zeitraum von zwölf Monaten müssen mindestens drei, und während der letzten sechs Monate muß mindestens eines der Symptome aus der Liste im Kasten 1 aufgetreten sein. Darüber hinaus müssen klinisch bedeutsame, psychosoziale Beeinträchtigungen (im schulischen, beruflichen oder sozialen Bereich) vorliegen. In Abhängigkeit von der Art und Anzahl sowie der Intensität der Problemverhaltensweisen und ihrer Auswirkungen auf das soziale Umfeld, wird zwischen einem leichten, mittleren und schweren Störungsgrad unterschieden. Abhängig vom Alter bei Störungsbeginn werden im DSM-IV zwei Subtypen unterschieden (s. Kasten 2).

Bei der *Störung mit Oppositionellem Trotzverhalten* liegt als Hauptmerkmal ein Muster wiederkehrender, trotziger, ungehorsamer und feindseliger Verhaltensweisen gegenüber Autoritätspersonen (z.B. gegenüber den Eltern) vor. Die Verhaltensweisen müssen über einen Zeitraum von mindestens sechs Monaten andauern, und es müssen mindestens vier Symptome aus der Kriterienliste im Kasten 1 vorliegen. Die Problemverhaltensweisen müssen häufiger auftreten als typischerweise bei Kindern in einem vergleichbaren Alter. Die Symptome treten häufiger oder fast ausschließlich im häuslichen Bereich auf und zeigen sich deutlicher im Umgang mit vertrauten Erwachsenen. Darüber hinaus müssen bedeutende psychosoziale Beeinträchtigungen (im schulischen oder sozialen Bereich) vorliegen.

Unterschiede zwischen der Störung mit Oppositionellem Trotzverhalten und der Störung des Sozialverhaltens liegen in der Schwere und Art der gezeigten Verhaltensmuster: Bei der Störung mit Oppositionellem Trotzverhalten liegen weniger schwerwiegende Symptome, keine körperlich-aggressiven Handlungen gegenüber Menschen oder Tieren sowie keine delinquenten Verhaltens-

Kasten 2:
Subtypen der Störung des Sozialverhaltens nach DSM-IV (APA, 1996).

1. Typus mit Beginn in der Kindheit
Mindestens eine der charakteristischen Verhaltensweisen tritt vor dem zehnten Lebensjahr auf. Das Verhalten erweist sich als stabil, und Jungen sind häufiger betroffen. Kinder mit einem frühen Beginn bilden mit höherer Wahrscheinlichkeit eine *Antisoziale Persönlichkeitsstörung* im Erwachsenenalter aus.
2. Typus mit Beginn in der Adoleszenz
Die Verhaltensweisen treten nach dem zehnten Lebensjahr auf. Der Verlauf ist insgesamt günstiger, wobei es häufiger zu Remissionen bis zum Erwachsenenalter kommt. Die Jugendlichen weisen in geringerem Umfang aggressive Verhaltensweisen und gestörte Beziehungen zu Gleichaltrigen auf.

weisen vor. Werden die Kriterien für beide Störungen erfüllt, so wird ausschließlich die Störung des Sozialverhaltens diagnostiziert.

In der *ICD-10* (WHO, 1993) wird aggressives Verhalten unter *Störungen des Sozialverhaltens* bei den *Ver-* *haltens- und emotionalen Störungen mit Beginn in der Kindheit und Jugend* klassifiziert. Störungen des Sozialverhaltens umfassen ein andauerndes Verhaltensmuster dissozialen, aggressiven oder aber aufsässigen Verhaltens. In der ICD-10 werden verschiedene Typen unterschieden (s. Kasten 3).

Kasten 3:
Typen der Störungen des Sozialverhaltens nach ICD-10 (WHO, 1993, S. 279ff.).

1. Auf den familiären Rahmen beschränkte Störung des Sozialverhaltens
Aggressives Verhalten, das fast völlig auf den häuslichen Rahmen oder die Interaktion mit Familienmitgliedern beschränkt ist und oppositionelles oder trotziges Verhalten übersteigt.
2. Störung des Sozialverhaltens bei fehlenden sozialen Bindungen
Aggressives Verhalten, das oppositionelles oder trotziges Verhalten übersteigt und mit einer andauernden Beeinträchtigung der Beziehungen des Kindes zu anderen Personen einhergeht (insbesondere zur Gruppe der Gleichaltrigen).
3. Störung des Sozialverhaltens bei vorhandenen sozialen Bindungen
Aggressives Verhalten, das oppositionelles oder trotziges Verhalten übersteigt, bzw. ein andauerndes delinquentes Verhalten, aber mit guter sozialer Einbindung in die Altersgruppe.
4. Störung des Sozialverhaltens mit oppositionellem, aufsässigen Verhalten
Ungehorsames und trotziges Verhalten bei Fehlen schwerer delinquenter oder aggressiver Verhaltensweisen, das typischerweise vor dem neunten Lebensjahr auftritt.
5. Andere bzw. nicht näher bezeichnete Störung des Sozialverhaltens
Störungstyp, bei dem die Kriterien einer Störung des Sozialverhaltens erfüllt werden, eine Zuordnung zu einer Subgruppe aber nicht möglich ist.
6. Kombinierte Störung des Sozialverhaltens und der Emotionen
Störung des Sozialverhaltens, die in Kombination mit einer emotionalen Störung (z.B. Depression oder Zwangsgedanken) auftritt.

2 Epidemiologie, Komorbidität und Verlauf

2.1 Epidemiologie

Die Prävalenz aggressiven Verhaltens in der Allgemeinbevölkerung variiert in epidemiologischen Studien sehr. In Studien auf der Basis der Störungskriterien nach DSM-III (APA, 1984) sowie DSM-III-R (APA, 1989) wurde eine Punkt-, Sechs-Monats- oder Ein-Jahres-Prävalenz der Störung des Sozialverhaltens zwischen 0,4 und 8,7 % und der Störung mit Oppositionellem Trotzverhalten zwischen 0,7 und 8,6 % ermittelt (jeweils ohne Extremwerte; Boyle et al., 1993; Costello et al., 1988; Fergusson, Horwood & Lynskey, 1993; Kashani et al., 1987; Kashani, Orvaschel, Rosenberg & Reid, 1989; McGee et al., 1990; Verhulst, van der Ende, Ferdinand & Kasius, 1997). In der Bremer Jugendstudie lag die Prävalenzrate der Störung des Sozialverhaltens auf der Basis der Kriterien des DSM-IV (APA, 1996) für Jugendliche im Alter von zwölf bis 18 Jahren bei 4,7 % und die Prävalenz der Störung mit Oppositionellem Trotzverhalten bei 2,5 % (Petermann et al., 1999). Zusammenfassend lassen sich in den epidemiologischen Studien folgende Trends anführen:

- **Geschlechtsunterschiede:** Jungen berichten wesentlich häufiger von aggressivem Verhalten als Mädchen.

- **Altersunterschiede:** Grundsätzlich ist ein Ansteigen im Auftreten aggressiven Verhaltens vom Kindes- bis ins Jugendalter zu verzeichnen.

- **Informanteneffekte:** Eltern berichten häufiger von einer Störung mit Oppositionellem Trotzverhalten bei ihren Kindern als die Kinder selbst, jedoch in geringerem Umfang von einer Störung des Sozialverhaltens. Dieses Ergebnis ist auf die verdeckten Symptome der Störung des Sozialverhaltens zurückzuführen; die Symptome der Störung mit Oppositionellem Trotzverhalten hingegen scheinen Eltern häufiger als störend aufzufallen.

- **Methodische Unterschiede:** Insgesamt variiert die (unbereinigte) Auftretensrate aggressiven Verhaltens in den angeführten Studien zwischen 0 % und 21,4 %. Diese Schwankungen sind aufgrund wesentlicher methodischer Unterschiede in epidemiologischen Studien zu erklären (vgl. Groen, Scheithauer, Essau & Petermann, 1997; Petermann, Kusch & Niebank, 1998), wie zum Beispiel durch unterschiedliche Erfassungszeiträume (Punkt-, Ein-Jahres- oder Lebenszeitprävalenz) oder durch eine Falldefinition auf der Basis unterschiedlicher Diagnosekriterien (z. B. DSM-III oder DSM-III-R; s. Petermann, Döpfner, Lehmkuhl & Scheithauer in diesem Buch).

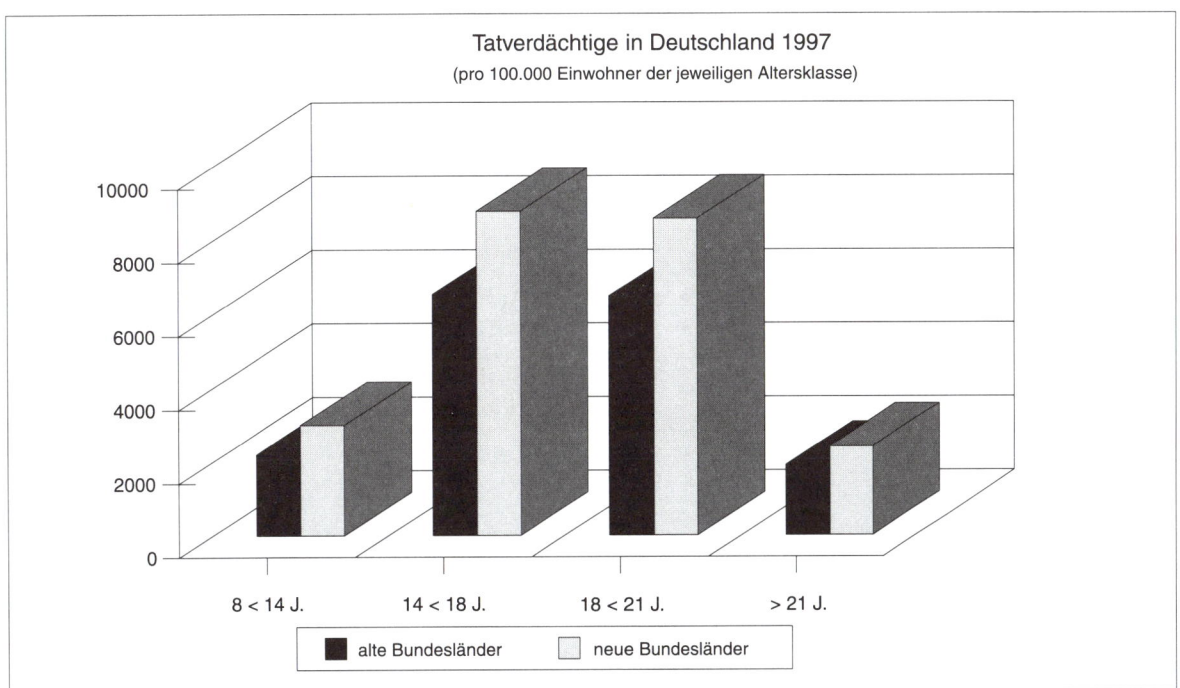

Tatverdächtige in Deutschland 1997
(pro 100.000 Einwohner der jeweiligen Altersklasse)

alte Bundesländer   neue Bundesländer

Abbildung 1:
Tatverdächtige in Deutschland 1997 nach Altersgruppen, in Relation der Altersgruppe zur Gesamtbevölkerung (Angaben aus dem Entwurf zur Polizeilichen Kriminalstatistik – Berichtsjahr 1997; vgl. Presse- und Informationsamt der Bundesregierung, 1998).

In allen Studien zählte aggressives Verhalten zu den am häufigsten ermittelten Störungen. Diese hohe Auftretenshäufigkeit zeigt sich insbesondere in klinischen Studien (vgl. Kasius, Ferdinand, van den Berg & Verhulst, 1997), da Kinder und Jugendliche mit externalisierenden Störungen häufig über ihre Eltern aufgrund der im allgemeinen als störend wahrgenommenen Symptomatik in Kontakt mit Hilfseinrichtungen treten.

Anhand offizieller Kriminalstatistiken kann die *Auftretensrate delinquenten Verhaltens,* das oftmals mit aggressivem Verhalten einhergeht (Stattin & Magnusson, 1996), belegt werden. Abbildung 1 gibt die Anzahl ermittelter Tatverdächtiger in Deutschland für das Jahr 1997 wieder. Im Verhältnis zum Anteil der Altersgruppe an der gesamten Wohnbevölkerung sind insbesondere Jugendliche und Heranwachsende unter den Tatverdächtigen überrepräsentiert. Jungen wurden wesentlich häufiger (doppelt bis dreimal so häufig) als Tatverdächtige erfaßt als Mädchen. Weiterhin belegt die Kriminalstatistik das stetige Ansteigen delinquenten Verhaltens unter Kindern und Jugendlichen (in Relation zum Anteil an der Wohnbevölkerung) innerhalb der letzten 14 Jahre.

Die Häufung delinquenten Verhaltens im Jugend- und Heranwachsendenalter spricht zunächst für ein *entwicklungsbedingtes Phänomen* der Delinquenz (vgl. Moffitt, 1990, 1993a; Stattin & Magnusson, 1996); mit Eintritt ins Erwachsenenalter legen die meisten Jugendlichen ihr delinquentes Verhalten wieder ab. Allerdings werden auch bestimmte Verhaltensweisen, die sich gegen gesellschaftliche Normen richten, als delinquent eingestuft (z.B. Graffitis als „Sachbeschädigung") und führen zu einem Anstieg in der Auftretenshäufigkeit delinquenten Verhaltens. Abgesehen davon ist aber beispielsweise in den USA ein generelles Ansteigen bei Tötungsdelikten zu verzeichnen, die von Jugendlichen begangen wurden (vgl. Reid & Eddy, 1997). Dies wiederum spricht für gesellschaftlich bedingte *(säkulare) Trends* und *Kohorteneffekte* in der Kriminalitätsentwicklung (vgl. Stanger, Achenbach & Verhulst, 1997).

2.2 Komorbidität

Aussagen zur Komorbidität sind von Bedeutung für die Betrachtung der Entstehung (*Ätiologie*), Abgrenzung und damit Klassifikation (*Nosologie*) aggressiven Verhaltens. Komorbide Störungen beeinflussen maßgeblich den Störungs- und Behandlungsverlauf; diese Aspekte müssen bei einer effektiven Therapieplanung berücksichtigt werden (Clarkin & Kendall, 1992; Newman, Moffitt, Caspi & Silva, 1998).

Tabelle 2 enthält ausgewählte Ergebnisse zum komorbiden Auftreten der aggressiven, depressiven sowie Aufmerksamkeitsstörungen (für eine ausführlichere Darstellung s. Kusch & Petermann, 1997; Petermann & Scheithauer, 1998). Bei der Interpretation der Ergebnisse gilt es zu berücksichtigen, daß die Höhe der Komorbidität aufgrund unterschiedlicher Klassifikationssysteme oder methodischer Unterschiede zwischen den jeweiligen Studien variiert (vgl. Maser & Cloninger, 1990; Petermann et al., 1998). Zusammenfassend liegen folgende Trends vor:

1. Aggressive und Aufmerksamkeitsstörungen treten häufig komorbid auf.

- Häufig weisen Kinder mit Aufmerksamkeitsstörungen komorbid aggressives Verhalten auf. Dies läßt sich durch das *typische Auftretensalter bei Störungsbeginn* (vgl. Keller et al., 1992; s. Abb. 2) erklären: Aufmerksamkeitsstörungen treten typischerweise früher als aggressive Störungen auf; die Periode des Störungsrisikos bei der Störung des Sozialverhaltens reicht bis ins späte Jugendalter, so daß die Wahrscheinlichkeit für eine komorbide Aufmerksamkeitsstörung geringer ist. Dies erklärt, warum diese Störungen besonders häufig bei jungen Kindern komorbid auftreten (Loeber & Keenan, 1994).

- Eine frühe Aufmerksamkeitsstörung scheint das Risiko für eine Störung mit Oppositionellem Trotzverhalten und in Folge für eine Störung des Sozialverhaltens zu erhöhen (Kuhne, Schachar & Tannock, 1997; Lahey & Loeber, 1997).

- Aufmerksamkeitsstörungen stellen in der frühen Kindheit zwar einen Prädiktor für aggressive Stö-

Tabelle 2:
Ausgewählte Ergebnisse zur Komorbidität von Aggression.

Aggressive und Aufmerksamkeitsstörungen
• aggressive + Aufmerksamkeitsstörungen: ca.   5 - 45 % • Aufmerksamkeits- + aggressive Störungen: ca. 20 - 50 %
Störung des Sozialverhaltens (SSV) und Störung mit Oppositionellem Trotzverhalten (SOT)
• SSV + SOT (bei Jungen):   96 % • SOT + SSV: 84 %
Aggressive und depressive Störungen
• aggressive + depressive Störungen: ca.   8 - 45 % • depressive + aggressive Störungen: ca. 20 - 80 %
nach: Anderson, Williams, McGee & Silva (1987); Angold & Costello (1993); Bird et al. (1988); Dishion, French & Patterson (1995); Faraone, Biederman, Keenan & Tsuang (1991); McGee et al. (1990); Spitzer, Davies & Barkley (1990); Walker et al. (1991)

rungen, aggressive Störungen jedoch nicht einen Prädiktor für Aufmerksamkeitsstörungen dar. Somit handelt es sich bei den Aufmerksamkeitsstörungen entweder um den primären Störungstyp, oder aber Aufmerksamkeits- und aggressive Störungen stellen im Falle des komorbiden Auftretens einen eigenen Störungstyp dar (z. B. aufgrund gemeinsamer Dysfunktionen, wie Impulsivität; Eiraldi, Power & Nezu, 1997; Faraone, Biederman, Jetton & Tsuang, 1997).

2. Die Störung des Sozialverhaltens und Störung mit Oppositionellem Trotzverhalten treten häufig komorbid auf.

- Im Kindesalter treten zunächst Verhaltensweisen auf, die der Störung mit Oppositionellem Trotzverhalten (z.B. „schnell ärgerlich" oder „trotzig"), mit steigendem Alter in zunehmendem Maße Symptome, die der Störung des Sozialverhaltens zuzuordnen sind (z.B. „bedroht andere", oder „Vandalismus"; vgl. Frick et al., 1993; Hinshaw et al., 1993).

- Das hohe komorbide Auftreten deutet darauf hin, daß es sich nicht um zwei eigenständige Störungsbilder handelt (Achenbach, 1993). Dennoch, nicht alle Kinder mit einer Störung mit Oppositionellem Trotzverhalten weisen auch eine Störung des Sozialverhaltens auf. Entwickelt sich eine Störung des Sozialverhaltens erst während der Adoleszenz, so ist in vielen Fällen keine komorbide Störung mit Oppositionellem Trotzverhalten zu ermitteln. In diesen beiden Fällen kann man eher von eigenständigen Störungsbildern sprechen. Tritt eine Störung des Sozialverhaltens bereits im Kindesalter auf, so lag zuvor oftmals eine Störung mit Oppositionellem Trotzverhalten vor. Dieses Ergebnis spricht dafür, daß es sich bei der Störung mit Oppositionellem Trotzverhalten um eine mildere Störungsform („Vorläufer") der Störung des Sozialverhaltens handelt (vgl. Lahey et al., 1994; Lahey & Loeber, 1997).

3. Aggressive Störungen und Depression treten häufig komorbid auf.

- Depressive Störungen (die Major Depression oder die Dysthyme Störung) treten häufig komorbid zu aggressiven Störungen auf, ein Zusammenhang, der sich mit Hilfe eines zeitlichen Verlaufsmusters erklären läßt (vgl. Kusch & Petermann, 1997).

- Häufig treten aggressive Störungen nach dem Beginn einer Depression auf (Kovacs, Paulauskas, Gatsonis & Richards, 1988). Darüber hinaus können im Kindesalter aggressive an die Stelle depressiver Symptome treten (vgl. Kusch & Petermann, 1997). Aggression würde somit eine Folgeerscheinung der Depression darstellen.

- Aggression kann der Depression vorausgehen bzw. eine Depression ist in Folge der aggressiven Störung, zum Beispiel aufgrund vermehrter Zurückweisungen durch Gleichaltrige oder Ablehnung durch die Eltern, zu ermitteln (Garber, Quiggle, Panak & Dodge, 1991; Kusch & Petermann, 1997). In diesem Fall ist die Aggression als primär anzusehen (vgl. Gjone & Stevenson, 1997; Renouf, Kovacs & Mukerji, 1997).

Kinder, die komorbid aggressive und Aufmerksamkeitsstörungen aufweisen, berichten in einem stärkeren Maße von psychosozialen Beeinträchtigungen (z.B. Zurückweisung durch Gleichaltrige, schulische Schwierigkeiten) sowie von stärkeren Funktionsdefiziten, etwa in der Impulskontrolle oder in der sozial-kognitiven Informationsverarbeitung. Diese Kinder weisen einen stabileren Störungsverlauf sowie eine größere Variation und Stabilität aggressiven und dissozialen Verhaltens auf (Carlson, Tamm & Gaub, 1997; Hinshaw et al., 1993; Lahey & Loeber, 1997). Darüber hinaus liegt ein höheres Risiko für weitere, psychische Störungen (z.B. Depression) vor (z.B. Eiraldi et al., 1997). Ein ähnliches Bild ergibt sich im Falle des ko-

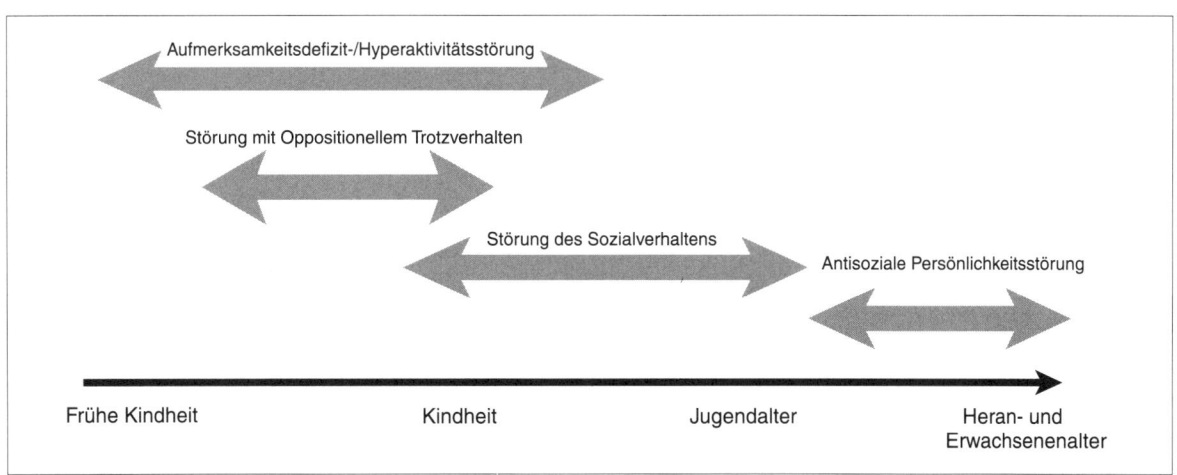

Abbildung 2:
Typisches Alter beim Auftreten der externalisierenden Störungen sowie typische Phasen komorbiden Auftretens.

morbiden Auftretens aggressiver und depressiver Störungen; so ist mit schwerwiegenderen psychosozialen Folgen (z. B. verminderte soziale Kompetenzen), größeren Schulschwierigkeiten, einer höheren Suizidgefahr und einem erhöhten Risiko für weitere psychische Störungen zu rechnen (Angold & Costello, 1993; Renouf et al., 1997).

2.3 Verlauf

Der Verlauf aggressiven Verhaltens erweist sich *im wesentlichen als stabil* (Fergusson, Horwood & Lynskey, 1995; Fergusson, Lynskey & Horwood, 1996; vgl. Fergusson, 1998). Aggressives Verhalten während der Kindheit oder Adoleszenz kann sich bis ins Erwachsenenalter in verschiedenen psychosozialen Bereichen (z. B. im Bereich sozialer Interaktionen oder in der Beziehung zum Lebenspartner) auswirken (Zoccolillo, Pickles, Quinton & Rutter, 1992). Aggressives Verhalten im Kindes- oder Jugendalter geht darüber hinaus mit Symptomen einer Antisozialen Persönlichkeitsstörung oder Angststörungen (z. B. Bardone et al., 1996) sowie der Häufigkeit und Stärke des Konsums von Alkohol und Drogen, kriminellen Delikten oder mit einer Gewaltbereitschaft (z. B. Kratzer & Hodgins, 1997; Stattin & Magnusson, 1996) im Erwachsenenalter einher. Aggressives Verhalten erweist sich besonders stabil und ist mit einem erhöhten Risiko für eine Reihe psychosozialer Dysfunktionen sowie psychischer Auffälligkeiten bis ins Erwachsenenalter verknüpft, wenn (vgl. Farrington, 1995; Fergusson, 1998; Fergusson et al., 1996; Kratzer & Hodgins, 1997; Lahey & Loeber, 1997; Stattin & Magnusson, 1996):

- es bereits früh in der Kindheit zu ermitteln ist,
- es komorbid zu Aufmerksamkeitsstörungen auftritt,
- bereits früh dissoziale, delinquente Verhaltensweisen auftreten und
- eine Vielzahl risikoerhöhender Faktoren (s. Abschnitt 3) vorliegt.

Das frühe Auftreten aggressiven und delinquenten Verhaltens im Zusammenhang mit komorbiden Aufmerksamkeitsstörungen sowie weiterer psychosozialer Risikofaktoren (z. B. niedriger sozioökonomischer Status, Wohngegend mit hohem Gewaltanteil) stellen Faktoren dar, die insbesondere im Zusammenhang mit einer bestimmten *Hoch-Risiko-Gruppe* diskutiert werden: Jugendliche und Heranwachsende, die (wiederholt) ernsthafte und/oder gewalttätige Straftaten begehen (s. Kasten 4).

Epidemiologische Studien belegen zwar ein Ansteigen der Störung des Sozialverhaltens vom Kindes- bis zum Jugendalter (s. Abschnitt 2.1); ein Ansteigen in der Auftretenshäufigkeit scheint jedoch vorwiegend auf eine Zunahme delinquenten, dissozialen Verhaltens zurückzuführen sein (s. Kasten 5).

Neben einem kontinuierlichen weisen einige Kinder oder Jugendliche einen *zeitlich begrenzten Verlauf* aggressiven Verhaltens auf. Faßt man die Ergebnisse einer Reihe von Studien zum Verlauf aggressiven Verhaltens zusammen, ergibt sich folgendes Bild (Egerland, Pianta & Ogawa, 1996; Kingston & Prior, 1995; Krat-

Kasten 4:
Jugendliche und Heranwachsende, die wiederholt ernsthafte und/oder gewalttätige Straftaten begehen.

Einige Jugendliche und Heranwachsende fallen durch ihr wiederholt delinquentes bzw. gewalttätiges Verhalten auf. Insbesondere Jungen scheinen einem hohen Risiko ausgesetzt zu sein, auch in späteren Jahren anhaltend kriminelle Delikte zu begehen, wenn sie bereits früh in ihrer Entwicklung delinquentes und/oder dissoziales Verhalten aufgewiesen haben (Hämäläinen & Pulkkinen, 1996; Kratzer & Hodgins, 1997; Stattin & Magnusson, 1996). Ein Großteil krimineller Delikte wird oftmals von einer kleinen Gruppe Wiederholungstäter begangen (Stattin & Magnusson, 1991): Lediglich eine kleine Gruppe Männer (ca. 5 %) weist kontinuierlich vom Kindes- bis zum Erwachsenenalter (30. Lebensjahr) delinquente Verhaltensweisen auf, ist jedoch für über 40 % aller ermittelten Straftaten verantwortlich. Diese Jugendlichen oder Heranwachsenden stellen eine besondere Hoch-Risiko-Gruppe dar (vgl. Loeber & Farrington, 1998):

- Sie weisen einen frühen Beginn und einen anhaltenden Verlauf delinquenten Verhaltens auf;
- im Entwicklungsverlauf weisen sie früh verschiedene Problemverhaltensweisen (z.B. Aggression, Alkoholkonsum, Fernbleiben von der Schule) in unterschiedlichen Bereichen sowie eine Vielzahl risikoerhöhender Faktoren (z.B. delinquente Eltern, Wohngegend mit hohem Gewaltanteil) und weitere psychische Probleme auf, beispielsweise in Folge selbst erfahrener Gewalt;
- sie weisen im geringsten Maße risikomildernde Faktoren auf (z.B. eine unterstützende Beziehung zu den Eltern);
- typischerweise verschlimmert sich die Art der Problemverhaltensweisen im Entwicklungsverlauf (z.B. von kleineren Diebstählen über Zerstörung fremden Eigentums bis hin zu gewalttätigen Raubüberfällen), wobei weiterhin leichte und minderschwere Delikte begangen werden.

Kasten 5:
Das Auftreten aggressiven und delinquenten Verhaltens auf der Syndromebene, in Abhängigkeit vom Alter.

Sowohl Achenbach (zusammenfassend 1993) als auch Quay (1986; vgl. Döpfner & Lehmkuhl, 1997) konnten mit Hilfe von Fragebogenverfahren *zwei Dimensionen aggressiven Verhaltens* isolieren:

- **aggressives Syndrom:** zum Beispiel körperliche Aggression, Bedrohung anderer, Trotzreaktionen, provokatives Verhalten oder Ruhelosigkeit;
- **delinquentes oder dissoziales Syndrom:** zum Beispiel Lügen, Diebstahl, Schuleschwänzen oder Regelverstöße.

Stanger et al. (1997) ermittelten in einer zusammenfassenden Arbeit für sieben Geburtskohorten (Kinder und Jugendliche im Alter von vier bis 18 Jahren) aus der Allgemeinbevölkerung, daß mit zunehmendem Alter die Symptome des aggressiven Syndroms abnahmen, dafür Symptome des delinquenten Syndroms ab ca. dem zehnten Lebensjahr zunahmen (s. Abb. 3 und 4).

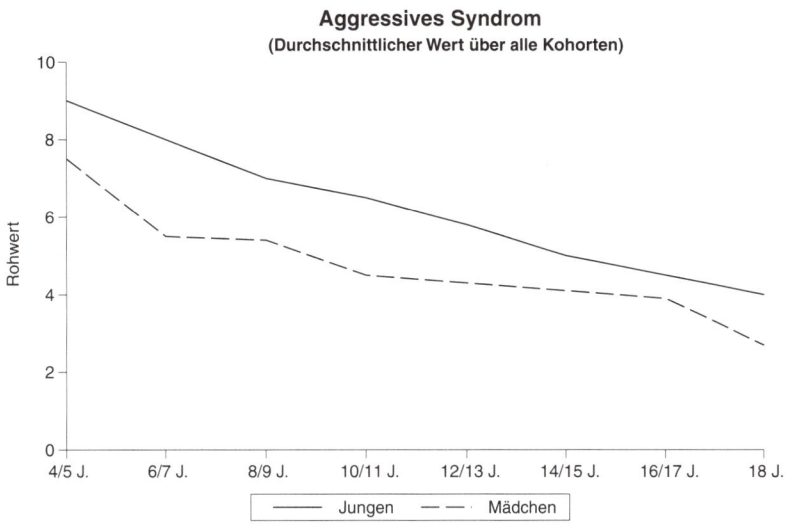

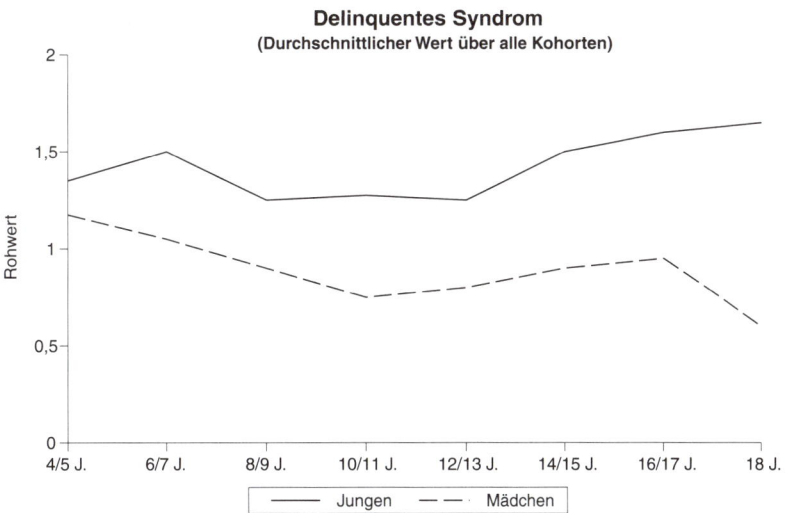

Abbildung 3 und 4:
Durchschnittliche Werte des delinquenten und aggressiven Syndroms auf der CBCL (Achenbach, 1991) über sieben Geburtskohorten, getrennt nach Jungen und Mädchen (nach Stanger et al., 1997, S. 51).

zer & Hodgins, 1997; Lahey et al., 1995; Moffitt et al., 1996; Nagin, Farrington & Moffitt, 1995; Pajer, 1998; Stanger et al., 1997; Tremblay et al., 1996; Windle & Windle, 1995; vgl. Loeber & Stouthamer-Loeber, 1998):

- Aggressives Verhalten tritt oft auch episodisch in Erscheinung.

- Ein Rückgang aggressiven Verhaltens ist während der Grundschulzeit sowie während des Zeitraums vom Jugend- zum Erwachsenenalter festzustellen.

- Einige Personen mit einem späten Beginn aggressiven oder delinquenten Verhaltens zeigen dieses auch noch im Heran- und Erwachsenenalter.

- Personen mit einem späten Beginn aggressiven oder delinquenten Verhaltens weisen zwar eine bessere, aber dennoch oftmals beeinträchtigte psychosoziale Anpassung sowie aggressives bzw. delinquentes Verhalten oder einen verstärkten Alkohol- oder Drogenkonsum im Erwachsenenalter auf.

- Eine kleine Minderheit aggressiver, gewalttätiger Erwachsener berichtet von einem späten Beginn und nicht von aggressiven Verhaltensweisen bereits im Kindesalter.

- Jungen weisen häufiger einen Entwicklungsverlauf mit offen-aggressiven, Mädchen häufig mit nicht-aggressiven, verdeckten Verhaltensweisen auf, die einen kontinuierlichen Verlauf bis ins Erwachsenenalter nehmen können.

- Sowohl für Jungen *als auch* für Mädchen mit aggressivem Verhalten (unter Berücksichtigung der Auftretensraten delinquenten Verhaltens bei Männern und Frauen in der Allgemeinbevölkerung) besteht ein hohes Risiko für delinquentes Verhalten im weiteren Entwicklungsverlauf sowie für ein beeinträchtigtes, psychosoziales Funktionsniveau im Erwachsenenalter.

Auf der Basis der unterschiedlichen Ergebnisse zum Verlauf aggressiven Verhaltens sind Modellvorstellungen über *Entwicklungspfade von der Kindheit bis ins Erwachsenenalter* (s. Niebank & Petermann in diesem Buch), mit jeweils unterschiedlichen risikoerhöhenden Bedingungen, entwickelt worden (vgl. Tolan, Guerra & Kendall, 1995). Im wesentlichen werden zwei unterschiedliche Entwicklungspfade abgegrenzt (Caspi & Moffitt, 1995; Loeber, 1990; Loeber & Stouthamer-Loeber, 1998; Lynam, 1996; Moffitt, 1993a):

- **Über den Lebenslauf stabiler Entwicklungspfad:** Bereits früh treten vielfältige, im weiteren Entwicklungsverlauf stabile Problemverhaltensweisen (z.B. Aggression, delinquentes Verhalten) sowie zusätzliche psychische Störungen (z.B. Aufmerksamkeitsstörungen) auf. Es lassen sich komplexe Interaktionseffekte zwischen genetischen, neuropsychologischen sowie einer Vielzahl an Umweltfaktoren anführen (z.B. geringe elterliche Aufsicht, Ablehnung durch Gleichaltrige, aber Kontakt zu anderen delinquenten Gleichaltrigen).

- **Auf das Jugendalter begrenzter Entwicklungspfad:** Erst ab der Pubertät zeigen sich erste Anzeichen nicht-aggressiven Trotz- und/oder delinquenten Verhaltens, das sich allerdings eher als vorübergehend erweist und zumeist spätestens im Übergang zum Heran- und Erwachsenenalter abgelegt wird. Es treten gar nicht oder nur in geringem Maße zusätzliche psychische Störungen auf.

Aggressives Verhalten kann sich vom *frühen Kindes- bis ins Erwachsenenalter* als sehr *heterogen* erweisen: Ein schwieriges Temperament im Kleinkindalter, oppositionelles Verhalten im Vorschul- und Schulalter, Regelverstöße und minderschwere Delikte im späten Kindes- und frühen Jugendalter, eine Störung des Sozialverhaltens im Schul- und Jugendalter, ernstere kriminelle Vergehen und gewalttätiges Verhalten im Jugend- und Heranwachsenenalter sowie eine Antisoziale Persönlichkeitsstörung oder gewalttätiges Verhalten gegenüber Personen im engsten Umfeld im Heran- und Erwachsenenalter (vgl. Farrington, 1997; Kratzer & Hodgins, 1997; Lahey & Loeber, 1997; Stattin & Magnusson, 1996; Tolan & Thomas, 1995). Dieser *kontinuierliche Verlauf aggressiven Verhaltens vom Kindes- bis ins Erwachsenenalter,* mit sich unterschiedlich manifestierenden Verhaltensweisen, wird als *heterotypische Kontinuität* bezeichnet (vgl. Petermann & Scheithauer, 1998; Plomin & Rutter, 1998; Rutter, 1997).

Loeber (1990) stellt den *Entwicklungspfad des über den Lebenslauf stabilen Typus* hypothetisch als Stufenfolge dar (s. Abb. 5; vgl. Petermann & Scheithauer, 1998): Von der Schwangerschaft bis ins Jugendalter werden bestimmte Schritte durchlaufen, wobei in jeder Altersstufe entweder Vorläufer für weitere ungünstige Entwicklungen oder bereits massive Formen eines gestörten Sozialverhaltens auftreten. Ein „Einstieg" in diesen Entwicklungsverlauf ist auf verschiedenen Stufen möglich, wobei auf jeder Stufe des *Entwicklungsmodells* ein Stillstand bzw. ein Ausstieg aus der negativen Stufenfolge möglich ist. In diesem Modell lassen sich die verschiedenen altersspezifischen, risikoerhöhenden Bedingungen aggressiven Verhaltens in ihren Auswirkungen für einen weiterhin negativen Entwicklungsverlauf wiederfinden (s. Abschnitt 3).

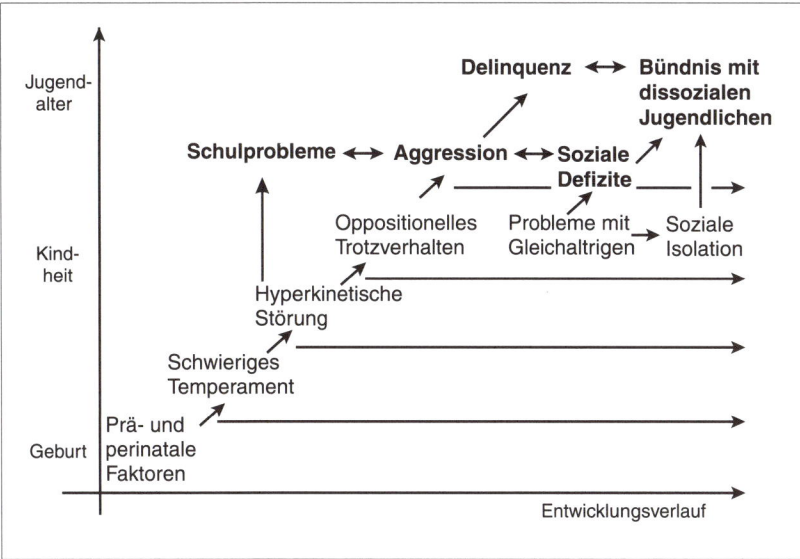

Abbildung 5:
Hypothetisches Entwicklungsmodell aggressiven und delinquenten Verhaltens (modifiziert nach Loeber, 1990).

Mit jeder Stufe werden die Probleme schwerwiegender und damit änderungsresistenter. Das Entwicklungsrisiko wird erhöht durch die Häufigkeit und Vielfalt der Probleme und ihr Auftreten in unterschiedlichen Bereichen und Umgebungen (*Generalisierung*). Durch ein neues Problemverhalten verschwinden nicht zwangsläufig bisherige Probleme: Mit zunehmendem Alter kann somit eine steigende Anzahl von Problemverhaltensweisen auftreten (*Diversifikation*).

In Anlehnung an dieses Entwicklungsmodell isolierten Loeber und Mitarbeiter (Loeber et al., 1993; vgl. Loeber & Hay, 1997) für eine große Anzahl anhaltend aggressiver und gewalttätiger Jungen einen offenen gegenüber zwei weiteren *Entwicklungspfaden,* die eher zu einem delinquenten sowie oppositionellen Verhalten führen (s. Modell bei Niebank & Petermann in diesem Buch S. 87). Die jeweiligen Verhaltensweisen zeigten sich in einer *zeitlichen Abfolge:* Zu Beginn wiesen die Jungen eher ein vermindert-aggressives Verhalten, im weiteren Entwicklungsverlauf jedoch in stärkerem Maße gewalttätiges und/oder ein massiv delinquentes Verhalten auf. Lediglich eine kleine Gruppe der Jungen durchlief die Entwicklung von leichten zu massiven aggressiven und antisozialen Verhaltensweisen bis zum Ende.

3 Erklärungsansätze

3.1 Genetische und lerntheoretische Ansätze

Kontrovers wird diskutiert, ob aggressives Verhalten vorwiegend erlernt wird und durch Umweltfaktoren bedingt ist oder aber, ob genetische Faktoren eine wesentliche Rolle bei der Entstehung von Aggression einnehmen. *Lerntheoretische Ansätze* gehen davon aus, daß aggressives Verhalten über verschiedene Lernmechanismen oftmals bereits früh im Kindesalter erlernt und aufrechterhalten wird (zusammenfassend Eron, 1997). Im wesentlichen lassen sich vier Mechanismen anführen, durch die die soziale Umwelt (z. B. durch die Eltern, Lehrer oder Gleichaltrigen) zum Erlernen und zur Aufrechterhaltung aggressiven Verhaltens beiträgt (zusammenfassend Eron, 1997; Petermann & Petermann, 1997; 2001):

- **Positive Verstärkung:** Das Kind erreicht durch sein aggressives Verhalten ein bestimmtes Ziel (z.B. durch Toben und Schreien einen erwünschten Gegenstand).

- **Negative Verstärkung:** Es gelingt dem Kind durch sein aggressives Verhalten, unangenehme Situationen oder bedrohliche Ereignisse zu vermeiden (z.B. trauen sich Gleichaltrige nicht mehr zu, es anzugreifen).

- **Duldung:** Dem Verhalten des Kindes wird tatenlos zugesehen, wobei dies vom Kind als stillschweigende Zustimmung aufgefaßt wird.

- **Lernen am Modell:** Stellvertretende Erfahrung durch das Beobachten von Modellen (z.B. die Eltern oder Darstellungen gewaltvoller Medieninhalte).

Fast alle psychischen Störungen weisen Anzeichen für *genetische Einflüsse* auf. In *molekulargenetischen Studien* (zusammenfassend Carey & Goldman, 1997; Petermann et al., 1998; s. Niebank & Petermann in diesem Buch) wird beispielsweise versucht, bestimmte Genabschnitte zu isolieren, die in einem Zusammenhang zu aggressivem oder delinquentem Verhalten stehen. Aufgrund der Heterogenität aggressiven Verhaltens ist man jedoch bisher zu keinen eindeutigen Befunden gelangt. Vielmehr ist davon auszugehen, daß eine Vielzahl neuromolekularer Mechanismen sowie Genabschnitte indirekt, beispielsweise über eine Disposition zu impulsivem Verhalten, bei der Entwicklung aggressiven Verhaltens von Bedeutung sind (vgl. Comings, 1997; Plomin, Owen & McGuffin, 1994). Ergebnisse aus *Zwillings- und Adoptionsstudien* weisen sowohl auf genetische als auch umweltbedingte Effekte bei der Entstehung antisozialen Verhaltens hin (vgl. Carey & Goldman, 1997), wobei der jeweilige Anteil bei ca. 40 bis 50 % liegt.

Insgesamt betrachtet kann man davon ausgehen, daß *genetische und Umweltfaktoren in einer wechselseitigen Beziehung zu stehen scheinen* (Blanz, 1998; Cadoret et al., 1995; Carey & Goldman, 1997; Plomin et al., 1994). Insbesondere bei komplexen und heterogenen Verhaltensmustern, wie Aggression, werden verschiedene genetische Verknüpfungen vorliegen, die die Wahrscheinlichkeit für aggressives Verhalten in unterschiedlichem Ausmaß erhöhen, wenn weitere risikoerhöhende Faktoren hinzukommen (Blanz, 1998; Plomin & Rutter, 1998). Aufgrund der variierenden Befunde zum Verlauf und zur Komorbidität aggressiven Verhaltens (s. Abschnitt 2) ist davon auszugehen, daß genetisch-biologische Vulnerabilitäten in einem unterschiedlichen Ausmaß verknüpft sein können mit verschiedenen risikoerhöhenden Faktoren.

3.2 Risikoerhöhende Faktoren

Risikoerhöhende Faktoren stellen keine hinreichenden oder notwendigen Bedingungen (Ursachen) für psychische Störungen dar, vielmehr tragen sie in unterschiedlichem Ausmaß zur Entstehung und Aufrechterhaltung aggressiven Verhaltens bei. Folgende *risikoerhöhende Faktoren* lassen sich generell unterscheiden (vgl. Scheithauer & Petermann, 1999):

- **Kindbezogene Faktoren (Vulnerabilitätsfaktoren):** Diese Faktoren beziehen sich sowohl auf genetische und biologische Dispositionen als auch auf Merkmale, wie zum Beispiel ein schwieriges Temperament.

- **Umgebungsbezogene Faktoren (Risikofaktoren):** Risikofaktoren in der Umgebung des Kindes umfassen beispielsweise das Erziehungsverhalten der Eltern oder den Einfluß durch Gleichaltrige.

- **Phasen erhöhter Vulnerabilität:** Kritische Perioden (z.B. Entwicklungsübergänge, wie die Einschulung oder der Eintritt in die Pubertät), in denen risikoerhöhende Faktoren eine stärkere Wirkung auf das psychosoziale Funktionsniveau haben können.

Eine Vielzahl unterschiedlicher Faktoren wird in Studien zur Entstehung und Aufrechterhaltung aggressiven Verhaltens angeführt (s. Tab. 3), wobei kontrovers diskutiert wird, ob einige dieser Faktoren (insbesondere die kognitiven) dem aggressiven Verhalten vorausgehen oder aber, ob es sich um Begleitumstände aggressiven Verhaltens handelt.

Bestimmte Faktoren (z.B. psychische Störungen und Erkrankungen der Eltern) werden auch im Zusammenhang mit anderen psychischen Störungen (z. B. Depression) diskutiert. Einzelne Faktoren für sich können zumeist nicht das Auftreten aggressiven Verhaltens bei Kindern und Jugendlichen erklären. Eindeutigere Zu-

Tabelle 3:
Wesentliche risikoerhöhende Faktoren aggressiven Verhaltens im Kindes- und Jugendalter.

Biologische Faktoren
• Neuropsychologische Defizite • Prä-, peri- und postnatale Faktoren (z.B. Geburtskomplikationen, niedriges Geburtsgewicht, Teratogene) • Psychophysiologische Faktoren (z.B. ein niedriges Aktivationsniveaus) • Biochemische Faktoren (z.B. niedriger Serotoninspiegel)
Frühe Verhaltensfaktoren
• „Schwieriges" Temperament • Frühes impulsives Verhalten
Familiäre Faktoren sowie Eltern-Kind-Interaktion
• Verschiedene Formen der Eltern-Kind-Bindung • Frühe Eltern-Kind-Konflikte • Erziehungsverhalten der Eltern (z.B. inkonsequentes Verhalten, körperliche Bestrafungen) • Vernachlässigung und sexueller Mißbrauch • Konflikte der Eltern sowie Scheidung der Eltern • Psychische Störungen und Erkrankungen der Eltern
Kognitive Faktoren
• Niedriger IQ sowie geringe kognitive Fertigkeiten • Schlechte Schulleistungen • Defizite in der sozial-kognitiven Informationsverarbeitung
Soziale Faktoren
• Ablehnung durch Gleichaltrige • Einfluß devianter Gleichaltriger

sammenhänge zwischen risikoerhöhenden Faktoren und aggressivem Verhalten ergeben sich, wenn man *spezifische Wirkmechanismen* betrachtet (vgl. zusammenfassend Scheithauer & Petermann, 1999):

- **Kumulation risikoerhöhender Faktoren:** Anhaltend aggressives Verhalten tritt mit hoher Wahrscheinlichkeit am häufigsten bei Kindern und Jugendlichen auf, die vielfältigen Risiken ausgesetzt sind. Hochbelastete Kinder und Jugendliche weisen mit höherer Wahrscheinlichkeit eine größere Bandbreite aggressiver sowie weiterer Problemverhaltensweisen (z.B. Drogenmißbrauch) auf.

- **Abfolgen im Auftreten und Wechselwirkungen risikoerhöhender Bedingungen:** Risikoerhöhende Bedingungen zu einem früheren Zeitpunkt (z.B. neuropsychologische Schädigungen des Nervensystems) erhöhen die Wahrscheinlichkeit für weitere risikoerhöhende Bedingungen zu einem späteren Zeitpunkt in der Entwicklung des Kindes (z.B. schlechte Schulleistungen), die in Folge mit einem aggressiven Verhalten verknüpft sein können.

- **Verknüpfung bestimmter Faktoren:** Treten bestimmte Faktoren gemeinsam auf, so erhöht sich das Risiko für aggressives Verhalten. Beispiele hierfür wären kinderreiche Familien mit einem niedrigen Einkommen, die in Gegenden mit hohem Gewaltanteil wohnen und Eltern mit inkonsequentem Erziehungsverhalten.

- **Alters- und geschlechtsspezifische Muster:** Mit steigendem Alter des Kindes verlieren risikoerhöhende Faktoren im familiären Bereich an Bedeutung, wohingegen die Bedeutung widriger Umgebungsfaktoren zunimmt (z.B. im Zusammenhang mit den Gleichaltrigenbeziehungen). Darüber hinaus zeigen sich geschlechtsspezifische Wirkzusammenhänge.

- **Phasen erhöhter Vulnerabilität:** Bestimmte Phasen in der Entwicklung von Kindern und Jugendlichen gehen mit einem höheren Risiko für aggressives oder delinquentes Verhalten einher. Kurz vor und nach der Einschulung beispielsweise treten häufiger aggressive Verhaltensweisen auf.

Biologische Faktoren

Eine Reihe *psychophysiologischer Faktoren* ist verknüpft mit aggressivem und delinquentem Verhalten. Raine (1997) stellt zusammenfassend fest, daß dissoziales Verhalten bei Kindern und Jugendlichen mit einem niedrigeren Aktivationsniveau (z.B. verminderte Herzfrequenzrate und niedrigeres Hautleitfähigkeitsniveau) unter Ruhebedingungen verbunden ist. Unterscheidet man zwischen *verschiedenen Formen aggres-siven Verhaltens* ergibt sich ein differenzierteres Bild: Insbesondere ein unkontrolliertes, impulsiv-aggressives Verhalten geht mit einer Reihe vegetativer Erregungszeichen (z.B. erhöhte Herzfrequenzrate und Hautleitfähigkeit) einher, während instrumentelle Aggressivität (die oft mit Delinquenz auftritt) mit einer niedrigen Erregung und wenigen vegetativen Begleitmerkmalen verbunden ist (vgl. Blanz, 1998). Eine Trennung dieser beiden Formen aggressiven Verhaltens erweist sich jedoch im klinischen Alltag als schwierig; häufig treten Mischformen auf.

Auf *biochemischer Ebene* wird vor allem die Rolle des serotonergen Systems, das an der Regulation einer Reihe physiologischer und affektiver Funktionen beteiligt ist, im Kontext mit aggressivem (insbesondere impulsiv-aggressivem) Verhalten diskutiert (vgl. Plutchik & Van Praag, 1997; Stein, Hollander & Liebowitz, 1993). Dabei liegen Befunde vor, die in einer reduzierten zentralen Serotoninaktivität eine Verknüpfung zu einer herabgesetzten Hemmschwelle sehen, auf aversive Stimuli (z.B. dargebotene negative Reize) aggressiv zu reagieren (vgl. Blanz, 1998). Geschlechtsunterschiede im Auftreten aggressiven Verhaltens werden insbesondere in Verbindung mit dem männlichen Sexualhormon Testosteron diskutiert. So weisen aggressive, dissoziale Jugendliche (insbesondere jene mit in der Kindheit beginnendem, anhaltend aggressiven Verhalten) einen höheren Testosteronspiegel auf (vgl. Brain & Susman, 1997). Andere Befunde sprechen dafür, daß Testosteron eher mit sozialem Erfolg oder sozialer Dominanz verknüpft zu sein scheint als grundsätzlich mit aggressivem Verhalten (Schaal, Tremblay, Soussignan & Susman, 1996). Einige Autoren (z.B. Constantino et al., 1993) betonen, daß, neben einer Reihe weiterer, methodischer Schwierigkeiten (z.B. sehr unterschiedliche Definitionen aggressiven Verhaltens), viele Befunde mit Hilfe von Querschnittsstudien ermittelt wurden. Ein erhöhter Testosteronspiegel beispielsweise könnte auch eine Folge, weniger eine kausale risikoerhöhende Bedingung aggressiven Verhaltens darstellen.

Frühe Entwicklungsrisiken

Genetisch-bedingte (z.B. bestimmte Erkrankungen), *pränatale* (Teratogene; z.B. die Beeinträchtigung der fetalen Entwicklung während bestimmter sensibler Perioden durch Schadstoffe oder Tabak-, bzw. Alkoholkonsum), *perinatale* (z.B. Komplikationen beim Geburtsvorgang) oder *postnatale Faktoren* (z.B. traumatische Kopfverletzungen, Ernährungsdefizite) können zu *neuropsychologischen Defekten* im kindlichen Nervensystem führen, die sich in einem schwierigen Temperament, impulsivem Verhalten, Defiziten in kognitiven Fertigkeiten sowie motorischen Entwicklungsverzögerungen äußern (Brennan & Mednick, 1997; Moffitt, 1993a; b). Diese Faktoren wiederum stellen risikoerhöhende Bedingungen aggressiven Verhaltens dar. Kinder aus sozial-hochbelasteten Familien (z.B. niedriger sozio-

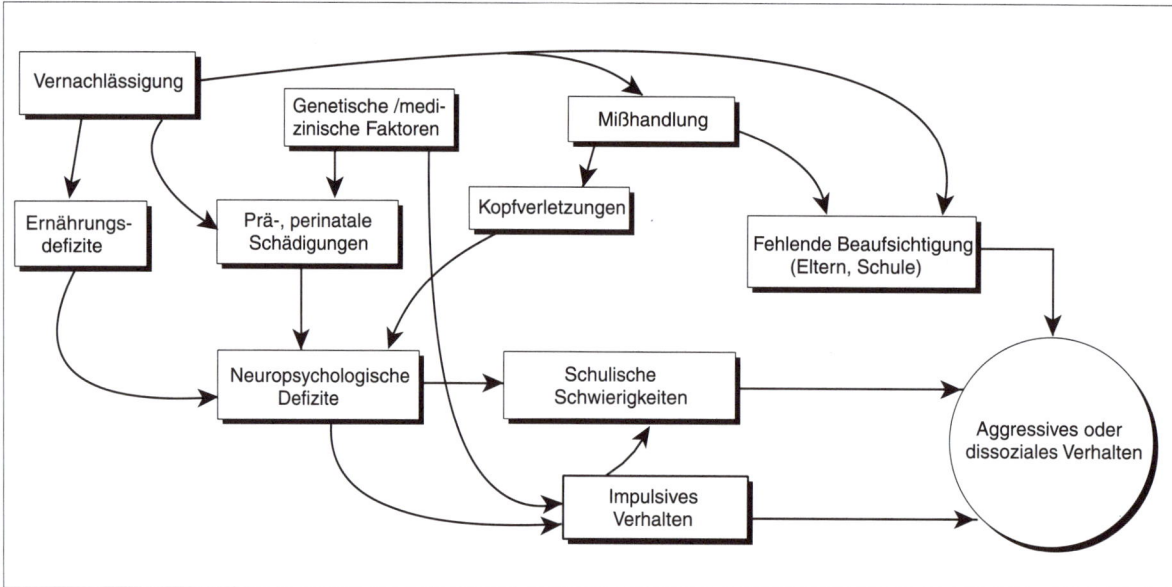

Abbildung 6:
Biologische Risikomechanismen aggressiven Verhaltens im Kindes- und Jugendalter
(modifiziert nach Brennan & Mednick, 1997).

ökonomischer Status, viele Kinder, Arbeitslosigkeit) sind einem besonders hohem Risiko für perinatale Komplikationen, eine schlechte Ernährung sowie Kindesmißhandlung ausgesetzt. Geburtskomplikationen, insbesondere in Kombination mit einem ablehnenden mütterlichen Verhalten dem Kind gegenüber (z.B. ungewollte Schwangerschaft), waren in verschiedenen Studien verknüpft mit gewalttätigem und delinquentem Verhalten im Jugend- und Heranwachsendenalter (Kandel & Mednick, 1991; Raine, Brennan & Mednick, 1994). Andere Studien (z.B. Tessier, Nadeau, Bovin & Tremblay, 1997) konnten diese Zusammenhänge nicht bestätigen. Zusammenhänge zu einem späteren aggressivem Verhalten scheinen demnach eher über weitere, familiäre risikoerhöhende Faktoren vorzuliegen.

Abbildung 6 faßt mögliche biologische Risikomechanismen aggressiven Verhaltens im Kindes- und Jugendalter zusammen.

Frühe Verhaltensfaktoren

Säuglinge mit einem unregelmäßigen Schlaf-Wach-Rhythmus, die sich zudem sehr unruhig verhalten und oft gereizt sind, werden als Kinder mit einem „*schwierigen Temperament*" bezeichnet. Temperamentsunterschiede stellen individuelle, konstitutionell-bedingte Unterschiede in der Selbstregulation und Aufmerksamkeitssteuerung sowie in der emotionalen Reaktivität und motorischen Aktivität dar (vgl. Rothbart & Bates, 1998). Das Temperamentskonzept ist somit eng verknüpft mit biologischen und physiologischen Faktoren.

Basierend auf Thomas und Chess' (1977) neun Temperamentsdimensionen werden drei Kategorien unter-

schieden: das „einfache", das „langsam auftauende" und das „schwierige Kind" (vgl. Zentner, 1998). Etwa ab dem zweiten Lebensjahr scheinen Vorhersagen anhand der Temperamentsdimensionen möglich zu sein (Kagan, 1998; Rothbart & Bates, 1998; Schwartz, Snidman & Kagan, 1996), wenn auch die Verhaltensmerkmale mit dem Alter variieren: In der Adoleszenz beispielsweise wird ein schwieriges Temperament durch ein enthemmtes, sensationssuchendes Verhalten charakterisiert. Temperamentsmerkmale (z.B. ein „enthemmtes" oder „gehemmtes Verhalten") erweisen sich über die weitere Entwicklung hinweg als relativ stabil (vgl. Campbell, 1997; Rothbart & Bates, 1998; Scerbo, Raine, Venables & Mednick, 1995).

Ein schwieriges Temperament erhöht für Kinder das Risiko, Problem- und aggressive Verhaltensweisen zu entwickeln (Kingston & Prior, 1995; Schwartz et al., 1996), wobei entweder eine direkte Verknüpfung mit oppositionellem oder aggressivem Verhalten oder aber indirekte Verbindungen über den Einfluß auf das Verhalten der Eltern und Personen im näheren Umfeld oder über riskante Verhaltensweisen des Kindes postuliert werden (vgl. Rothbart & Bates, 1998; Shaw & Winslow, 1997). Ebenso bestehen Verknüpfungen zwischen einem impulsiven, unkontrollierten Verhalten in der Kindheit und späterer Delinquenz (Tremblay, Pihl, Vitaro & Dobkin, 1994; White et al., 1994). Etwa die Hälfte aller betroffenen Kinder mit Problem- sowie aggressiven oder impulsiven Verhaltensweisen in der Vorschulzeit weist diese ebenso in der Schulzeit auf (Campbell, 1997; Fagot & Leve, 1998).

Problematisch erweist sich die Tatsache, daß in vielen Studien zu frühen Verhaltensauffälligkeiten zumeist lediglich die Einschätzung der Eltern eingeholt wurde.

Doch auch, wenn es sich bei der Beurteilung der Eltern um sehr subjektive Bewertungen des Verhaltens ihres Kindes handelt, reflektiert diese doch eine grundsätzliche Einstellung ihrem Kind gegenüber und beeinflußt die frühe Eltern-Kind-Interaktion (vgl. Shaw & Winslow, 1997).

Bindung und frühe Mutter-Kind-Interaktion

Eine sichere Eltern-Kind-Bindung während der ersten beiden Lebensjahre ist verknüpft mit einer effektiveren Emotionsregulation sowie positiveren Beziehungen zu den Eltern, zu Gleichaltrigen und anderen Erwachsenen (Perrig-Chiello, 1997; Thompson, 1998; Zimmermann, Suess, Scheuerer-Englisch & Grossmann, 1999). Ebenso trägt eine sichere Bindung zur Entwicklung sozialer Kompetenzen sowie einem sicheren Selbstwertgefühl bei (vgl. Greenberg, Speltz & DeKlyen, 1993; Thompson, 1998).

Bestimmte *Bindungsmuster* stehen in einem Zusammenhang zu aggressivem Verhalten: unsicher-vermeidende, unsicher-ambivalente sowie desorganisierte Bindungserfahrungen (vgl. Van Ijzendoorn, 1997). Unsichere und desorganisierte Bindungserfahrungen können verknüpft sein mit aggressivem Verhalten im Schulalter, negativeren Beziehungen gegenüber Gleichaltrigen und Problemen in der Emotionsregulation (vgl. Shaw & Winslow, 1997; Thompson, 1998; Van Ijzendoorn, 1997) sowie kriminellem Verhalten im Heran- und Erwachsenenalter (Van Ijzendoorn et al., 1997). Dieser Zusammenhang zeigt sich insbesondere dann, wenn weitere risikoerhöhende Faktoren vorliegen (wie z.B. negatives, elterliches Erziehungsverhalten oder Mißbrauchserfahrungen). Die Einstellung der Eltern, insbesondere der Mutter zu ihrem Kind stellt dabei einen wesentlichen Faktor dar: Weisen die Eltern eher Unverständnis für ihr Kind auf, so ist das Risiko für aggressives Verhalten größer (Greenberg et al., 1993; Shaw, Keenan & Vondra, 1994). Kinder können darüber hinaus aggressives Verhalten einsetzen, um Aufmerksamkeit bei ihren ansonsten uninteressierten Eltern zu erregen.

Die Qualität der frühen Bindungen ist verknüpft mit der *Moralentwicklung* des Kindes, die sich beispielsweise darin äußert, anderen Menschen gegenüber empathisch zu reagieren oder elterlichen Anweisungen zu folgen (vgl. Turiel, 1998). Eine solche Entwicklung wird durch einen elterlichen Erziehungsstil begünstigt, der durch emotionale Wärme, Verantwortlichkeit aber auch konsequentem Verhalten gekennzeichnet ist (De Wolff & Van Ijzendoorn, 1997; Van Ijzendoorn, 1997). Doch auch das Temperament des Kindes kann das Verhalten seiner Eltern und damit die Entwicklung der Eltern-Kind-Bindung bedeutend beeinflussen (vgl. Rothbart & Bates, 1998). Andere Studien, die das elterliche Erziehungsverhalten, das Temperament des Kindes und die Bindungsqualität berücksichtigen, konnten jedoch lediglich eine Verknüpfung zwischen familiären Faktoren (Erziehungsverhalten etc.), dem frühen Verhalten des Kindes in der Spielgruppe und einem aggressiven Verhalten während der Schulzeit ermitteln (z.B. Fagot & Leve, 1998). Differenzen zwischen den Ergebnissen können zumeist auf methodische Unterschiede zurückgeführt werden (z.B. unterschiedliche oder die gleichen Informationsquellen für die Beurteilung des Temperaments des Kindes und seines Verhaltens).

Geschlecht

Jungen sind wesentlich häufiger von aggressivem Verhalten betroffen als Mädchen (zusammenfassend Hartung & Widiger, 1998). Dieser Geschlechtsunterschied ist etwa ab dem vierten bis fünften Lebensjahr zu beobachten (Keenan & Shaw, 1997). Aggressives Verhalten bei Mädchen unterscheidet sich von dem der Jungen: Mädchen weisen eher indirekte, dissoziale Verhaltensweisen auf, wie zum Beispiel soziale Manipulation, frühe sexuelle Aktivitäten, Verletzung von Regeln etc., Jungen hingegen in stärkerer Intensität und mit größerer Häufigkeit ein direktes, gewalttätiges sowie ernsthafteres, delinquentes Verhalten (Giordano & Cernkovich, 1997; Hartung & Widiger, 1998; Österman et al., 1998; Zoccolillo, 1993). Berücksichtigt man die Auftretensraten aggressiven Verhaltens in der Allgemeinbevölkerung, so weisen Mädchen jedoch sogar ein größeres Risiko auf, komorbide Störungen zu entwickeln (Loeber & Keenan, 1994).

Eine Reihe unterschiedlicher Hypothesen zur Erklärung der höheren Auftretensrate aggressiven Verhaltens bei Jungen werden angeführt (Davies & Windle, 1997; Giordano & Cernkovich, 1997; Hartung & Widiger, 1998; Hoyt & Scherer, 1998; Keenan & Shaw, 1997; Shaw & Winslow, 1997; Zoccolillo, Tremblay & Vitaro, 1996):

- **Unterschiedliche Sozialisations- und Erziehungserfahrungen:** Mädchen werden dazu erzogen, sich anderen gegenüber prosozial zu verhalten, werden „strenger" erzogen und ihre Aktivitäten stärker kontrolliert; Jungen hingegen sind motorisch expansiver, werden für ihr Rollenverhalten oft verstärkt und erfahren weniger Kontrolle. Diese Erziehungserfahrungen entsprechen den allgemeinen, gesellschaftlichen Rollenerwartungen.

- **Unterschiede in der biologischen, kognitiven, sozialen und emotionalen Entwicklung:** Mädchen durchlaufen ihre kognitive, soziale, Sprach- und emotionale Entwicklung schneller und sind somit früher in der Lage, beispielsweise prosoziale statt aggressive Problemlösestrategien zu generieren. Die früher einsetzende biologische Reifung ist verknüpft mit einer geringeren Anfälligkeit gegenüber belastenden Umgebungsfaktoren.

- **Unterschiedliche Phasen erhöhter Vulnerabilität:** Jungen scheinen beispielsweise während der Kindheit vulnerabler auf familiäre Risikofaktoren zu reagieren, Mädchen hingegen während der Adoleszenz.

- **Unterschiede aufgrund methodischer Aspekte:** Ein Geschlechtsunterschied könnte auch die Folge von Stichprobenverzerrungen sein: So werden in vielen Studien oftmals lediglich Jungen berücksichtigt. Darüber hinaus scheinen die diagnostischen Kriterien des DSM, die vorrangig in Studien an Jungen überprüft wurden, maßgeblich zu den Geschlechtsunterschieden in der Prävalenz aggressiven Verhaltens beizutragen. Werden beispielsweise für Mädchen modifizierte Diagnosekriterien zugrunde gelegt, so weisen fast genauso viele Mädchen wie Jungen eine aggressive Verhaltensstörung auf.

Eltern-Kind-Interaktion und Erziehungsverhalten der Eltern

Neben einem elterlichen Erziehungsstil, der durch Verständnis, Wärme und Autonomie gekennzeichnet ist, müssen die Eltern ihr Kind im Übergang vom Kleinkind- zum Kindesalter zunehmend in seinem Verhalten leiten und oft auch beschränken. Bestimmte Formen der *Eltern-Kind-Interaktion,* aber auch der Interaktion zwischen Geschwisterkindern, tragen in Verbindung mit bestimmten *Erziehungspraktiken* zu einer Förderung oppositionellen und aggressiven Verhaltens beim Kind bei, die in sogenannten *Erpresserspielen* zwischen den Eltern und ihrem Kind münden können (vgl. Petermann & Petermann, 1997; 2001). Dieser Kreislauf beginnt zunächst damit, daß die Eltern ihr Kind positiv (das Kind erhält z. B. durch Schreien einen erwünschten Gegenstand) oder negativ verstärken (das Kind macht die Erfahrung, daß es z.B. durch aggressives Verhalten einen unangenehmen Zustand beenden kann). Die Duldung von Verhaltensweisen durch die Eltern führt dazu, daß das Kind eine stillschweigende Zustimmung ableitet. Das Kind verhält sich zunehmend aggressiver und herausfordernder, ebenso die Eltern, so daß es zu regelrechten Familienkonflikten kommt. Diese Form der Interaktion läßt sich bei aggressiven Kindern für die gesamte Familie, inklusive Geschwisterkinder, ermitteln (z.B. Dumas, 1996; Dumas, LaFreniere & Serketich, 1995; Snyder, Schrepferman & St. Peter, 1997). Ein solches Interaktionsverhalten unterstützt das Erlernen und Anwenden aggressiven oder oppositionellen Verhaltens und verhindert die Entwicklung prosozialen Verhaltens beim Kind. Darüber hinaus ist ein solches Interaktionsverhalten verknüpft mit der Entwicklung und Aufrechterhaltung aggressiven Verhalten außerhalb der Familie und gegenüber Gleichaltrigen (z.B. Dumas et al., 1995; Fagot & Leve, 1998).

Das *Erziehungsverhalten* der Eltern trägt in mehrfacher Hinsicht dazu bei, daß sich das aggressive oder oppositionelle Verhalten ihres Kindes herausbildet und verfestigt (Dumas et al., 1995; Frick, 1994; Rothbaum & Weisz, 1994; Stein & Perrin, 1998; Widom, 1997):

- zu viele oder widersprüchliche Anweisungen,
- ein überkontrollierendes Verhalten,
- immer strengere Erziehungsmaßnahmen,
- inkonsequentes Erziehungsverhalten und
- sehr strenge und viele strafende Erziehungsmaßnahmen, bis hin zu körperlichen Züchtigungen.

Kinder lernen auf diese Weise nicht, Grenzen zu akzeptieren, Konflikte zu lösen oder sich anderen Menschen gegenüber empathisch zu verhalten; aggressives oder bestrafendes Verhalten wird von den Kindern als mögliche Bewältigungsstrategie wahrgenommen. Das Erlernen sozialer Kompetenzen im Umgang mit anderen wird auf diese Weise gefährdet, insbesondere durch die Vorbild- und Modellfunktion, die die Eltern ihren Kindern gegenüber einnehmen. Doch ebenso kann ein zu geringes Beaufsichtigungsverhalten, insbesondere im Jugendalter, sowie ein Desinteresse dem Freizeitverhalten des Kindes gegenüber verknüpft sein mit Jugenddelinquenz (Forehand, Miller, Dutra & Chance, 1997; Frick, 1994). In vielen Studien konnte nachgewiesen werden, daß im Gegensatz dazu ein *autoritativer Erziehungsstil,* der durch emotionale Wärme, angemessene Beaufsichtigung und Lenkung sowie Interesse an den Aktivitäten des Kindes gekennzeichnet ist, zur Entwicklung angemessener Problemlösestrategien, einem stärkeren Selbstwertgefühl, guten Schulleistungen, einem angepaßten psychosozialen Funktionsniveau und somit zur Entwicklung prosozialen Verhaltens beiträgt (Dumas et al., 1995; vgl. Campbell, 1997; McIntyre & Dusek, 1995).

Familiäre Faktoren

Eine Reihe weiterer familiärer Faktoren wird im Zusammenhang mit der Entstehung und Aufrechterhaltung aggressiven Verhaltens diskutiert:

- **Psychische Störungen, körperliche Erkrankungen und delinquentes Verhalten der Eltern:** Psychische Störungen und Erkrankungen der Eltern sind verknüpft mit *beeinträchtigten elterlichen Erziehungskompetenzen* und einer Reihe weiterer negativer Faktoren (z.B. finanziellen Schwierigkeiten aufgrund einer begleitenden Arbeitsunfähigkeit; Capaldi & Patterson, 1994; Frick, 1994). Eltern, die sich aggressiv oder dissozial verhalten, stellen negative Modelle dar, an denen sich ihre Kinder orientieren. Insbesondere die Schwere der psychischen Störung oder Erkrankung und die damit einhergehenden psychosozialen Beeinträchtigungen scheinen die *Mutter-Kind-* oder *Vater-Kind-Interaktion* zu beeinträchtigen (Frick, 1994; Herpertz-Dahlmann & Remschmidt, 1995; Phares, 1996).

- **Vernachlässigung, sexueller Mißbrauch und körperliche Mißhandlung:** Vernachlässigung und Mißbrauchserfahrungen sind verknüpft mit einer *unsicheren Bindung* und können die Entwicklung aggressiven Verhaltens beim Kind begünstigen (Flisher et al., 1997; Widom, 1997).

- **Ehekonflikte und Scheidung der Eltern:** Ehekonflikte und die Trennung der Eltern sind über eine *Beeinflussung der Eltern-Kind-Interaktion,* der *Bindungs-* sowie der *elterlichen Erziehungskompetenzen* verknüpft mit aggressivem Verhalten des Kindes (Frick, 1994; Harold, Fincham, Osborne & Conger, 1997; Katz & Gottman, 1993). Insbesondere für Kinder, die jünger als sechs Jahre alt sind, scheint die Scheidung der Eltern das Risiko für Problemverhaltensweisen zu erhöhen (Pagani, Boulerice, Tremblay & Vitaro, 1997).

- **Sozioökonomischer Status:** Ein niedriger sozioökonomischer Status steht nicht per se in einem Zusammenhang zu aggressiven und dissozialen Verhaltensweisen, vielmehr erhöht sich das Risiko beim Vorliegen *weiterer negativer Bedingungen,* wie zum Beispiel Arbeitslosigkeit eines Elternteils oder dem Wohnen in Gegenden mit hohem Gewaltanteil (Capaldi & Patterson, 1994; Guerra et al., 1995; Seidman et al., 1998).

- **Problemlösungsverhalten:** In Bewältigungssituationen kommt aggressiven Kindern weniger *familiäre Unterstützung* zu (Donenberg & Weisz, 1997; Pakaslahti, Spoof, Asplund-Peltola & Keltinkangas-Järvinen, 1998), was im Zusammenhang mit einem bereits beschriebenen negativen Eltern-Kind-Interaktionsverhalten verknüpft ist mit der Entwicklung beeinträchtigter *Problemlösefertigkeiten.*

Obwohl in den meisten Studien zu familiären Faktoren und zum familiären Interaktionsverhalten lediglich die Mütter berücksichtigt wurden, belegen jedoch neuere Studien, daß *Väter* bei der Herausbildung und Aufrechterhaltung aggressiven Verhaltens ihrer Kinder ebenso eine bedeutende Rolle einnehmen, auch wenn die Beziehungen zwischen mütterlichen Faktoren und dem Verhalten des Kindes insgesamt betrachtet stärker ausfallen (zusammenfassend DeKlyen, Biernbaum, Speltz & Greenberg, 1998; Phares, 1996). Insbesondere negative Lebensereignisse und chronische Belastungen scheinen über ein beeinträchtigtes Erziehungsverhalten der Väter verknüpft zu sein mit aggressivem Verhalten ihrer Kinder (DeKlyen et al., 1998).

Kognitive und sozial-kognitive Faktoren

Geringe kognitive Fertigkeiten stehen in einem deutlichen Zusammenhang insbesondere zu einem bereits früh auftretenden aggressiven Verhalten (vgl. Giancola, Mezzich & Tarter, 1998; Hinshaw, 1992; Loeber & Hay, 1997). Ein niedriger Intelligenzquotient (IQ) und Aufmerksamkeitsprobleme erhöhen das Risiko für delinquentes Verhalten (Maguin & Loeber, 1996 dargestellt in Loeber & Hay, 1997). Kognitive Defizite und *schlechte schulische Leistungen* lassen sich insbesondere bei Kindern ermitteln, die bereits früh aggressives oder dissoziales Verhalten oder komorbide Aufmerksamkeitsstörungen aufweisen (Hinshaw, 1992; Moffitt & Lynam, 1994; Sonuga-Barke et al., 1994). Vor allem der *verbale IQ* fällt bei aggressiven oder delinquenten Jugendlichen deutlich geringer aus. Somit könnte ein Zusammenhang über neuropsychologische Schädigungen mit Defiziten in der Sprachentwicklung und Beeinträchtigungen des schulischen Lern- und Leistungsverhaltens gegeben sein. Delinquente Jugendliche, die Aufmerksamkeitsstörungen während der Kindheit aufgewiesen haben, erlangen besonders schlechte verbale IQ-Werte (vgl. Heubrock & Petermann, 1998; Hinshaw, 1992; Moffitt, 1990; 1993b). Negative schulische Leistungen wiederum können über negative Leistungsrückmeldungen und einem negativen Selbstwertgefühl mit einem aggressiven oder dissozialen Verhalten verknüpft sein.

Die Arbeitsgruppe um Dodge (Crick & Dodge, 1994; Dodge & Schwartz, 1997) konnte bei aggressiven bzw. dissozialen Kindern oder Jugendlichen auf allen Stufen ihres Modells der *sozial-kognitiven Informationsverarbeitung* (s. Abb. 7) Defizite ermitteln:

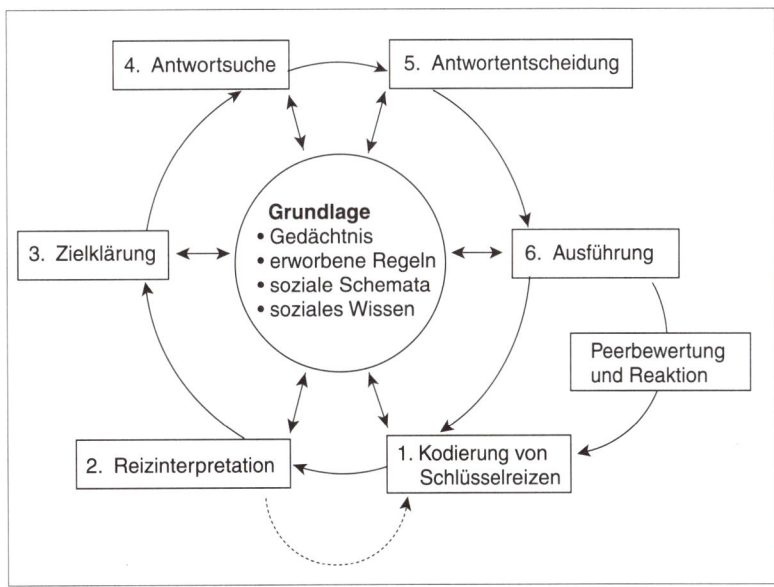

Abbildung 7:
Das sozial-kognitive Informationsverarbeitungsmodell (nach Crick & Dodge, 1994; aus Petermann et al., 1998, S. 169).

- **Kodierung von Schlüsselreizen:** Aggressive Kinder erkennen weniger soziale Schlüsselreize oder reagieren selektiver auf solche, die als bedrohlich oder feindselig interpretiert werden.

- **Reizinterpretation:** Aggressive Kinder neigen verstärkt dazu, soziale Schlüsselreize als bedrohlich oder provokativ zu interpretieren.

- **Zielklärung:** Aggressive Kinder beurteilen Handlungsziele, wie zum Beispiel dominante oder aggressive Verhaltensweisen, positiver.

- **Antwortsuche:** Aggressive Kinder verfügen in Konfliktsituationen über weniger positive oder effektive Problemlösestrategien.

- **Antwortentscheidung, Ausführung und Peerbewertung:** Aggressive Kinder wählen feindseligere und aggressivere Reaktionsformen aus, beispielsweise da sie der Ansicht sind, daß diese Form der Reaktion ihnen mehr Bestätigung in der Gleichaltrigengruppe einbringt.

Die Prozesse der sozial-kognitiven Informationsverarbeitung verlaufen sehr schnell und sind durch eine Reihe internaler und externaler Faktoren, wie zum Beispiel eigene Erfahrungen, kognitive Schemata oder das Selbstwertgefühl, beeinflußt. Mit der Zeit verfestigen sich diese Wahrnehmungs- und Reaktionsmuster aufgrund neuer Erfahrungen und erweisen sich als stabil

(vgl. Dodge & Schwartz, 1997). Defizite in der sozial-kognitiven Informationsverarbeitung werden beispielsweise als Mediator („Bindeglied") zwischen den familiären Erfahrungen, den Erfahrungen in der Gleichaltrigengruppe und einem aggressiven Verhalten angesehen (Pettit, 1997).

Gleichaltrigenbeziehungen

Mit zunehmendem Alter der Kinder wird der Einfluß der Eltern geringer, der Einfluß der Gleichaltrigen allerdings umso größer. Das beeinträchtigte Sozialverhalten aggressiver Kinder führt dazu, daß sie, soziometrischen Messungen zufolge, vermehrt von *Gleichaltrigen abgelehnt* werden (vgl. Loeber & Hay, 1997). Cairns, Cadwallader, Estell und Neckerman (1997) hingegen argumentieren zusammenfassend, daß aggressive Kinder von Gleichaltrigen zumeist als unbeliebt eingestuft werden, sie aber dennoch intime Freundschaften und ein soziales Netzwerk zu zumeist ebenso aggressiven oder dissozialen Kindern aufweisen; dieser Zusammenhang zeigt sich sowohl im Kindes- als auch im Jugendalter. Soziale Beziehungen können sowohl risikoerhöhend als auch risikomildernd sein: Die Zugehörigkeit zu einer Jugendbande war bei dissozialen Jugendlichen verknüpft mit einem Andauern des Verhaltens; das Fehlen sozialer Zugehörigkeit zur Gruppe der Gleichaltrigen hatte einen risikoerhöhenden Effekt für angepaßte und einen risikomildernden für deviante Jugendliche (Bender & Lösel, 1997).

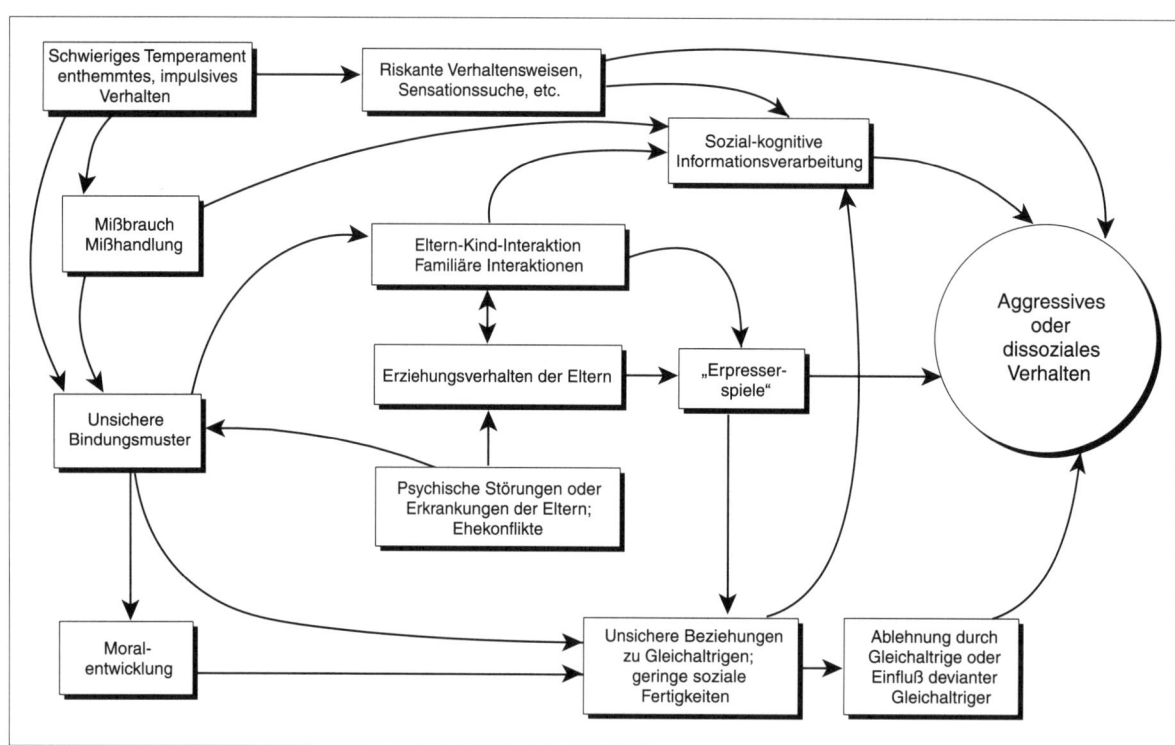

Abbildung 8:
Psychosoziale risikoerhöhende Faktoren aggressiven und dissozialen Verhaltens.

Ein starker Zusammenhang zeigt sich insbesondere zwischen der Intensität der *Kontakte zu devianten Gleichaltrigen,* fehlender elterlicher Aufsicht und Interesse an den Freizeitaktivitäten ihres Kindes sowie dissozialem oder delinquentem Verhalten der Jugendlichen (vgl. Stoolmiller & Eddy, 1994 dargestellt in Reid & Eddy, 1997). Einer Studie von Vitaro und Mitarbeitern (1997) zufolge weisen insbesondere Jungen mit ersten Anzeichen (leichten aggressiven Verhaltensweisen) und einem aggressiven oder dissozialen Freundeskreis ein hohes Risiko auf, delinquentes Verhalten zu entwickeln.

Abbildung 8 verdeutlicht die wesentlichen Zusammenhänge zwischen den hier angeführten psychosozialen, risikoerhöhenden Bedingungen und der Entwicklung aggressiven oder dissozialen Verhaltens.

3.3 Risikomildernde Faktoren

Nicht alle Kinder und Jugendlichen mit einem erhöhten Risiko für aggressives Verhalten bilden dieses auch aus. Vielmehr können bestimmte Faktoren innerhalb der Familie oder des sozialen Umfeldes die Wirkung risikoerhöhender Faktoren abpuffern (*Schutzfaktoren*).

Andere Personen besitzen die Fähigkeit, auf unterschiedliche risikoerhöhende Bedingungen widerstandsfähig (*resilient*) zu reagieren. Weiterhin scheinen bestimmte demographische Faktoren oder *Eigenschaften des Kindes* einen protektiven Effekt auszuüben (vgl. Scheithauer & Petermann, 1999). Bisher liegen im Vergleich zur Untersuchung risikoerhöhender Faktoren nur wenige Studien zu risikomildernden Faktoren aggressiven Verhaltens vor, dennoch lassen sich zusammenfassend eine Reihe von Faktoren anführen, die mit positiven Entwicklungsverläufen im Kindes- und Jugendalter verknüpft sind (s. Tab. 4). Auffallend ist, daß einige der angeführten Faktoren in ihrer negativen Ausprägung risikoerhöhend wirken (vgl. Stouthamer-Loeber et al., 1993).

Erst durch eine Gegenüberstellung von risikoerhöhenden und -mildernden Faktoren kann eine Aussage über die Belastung des Kindes, seiner Familie und eine Prognose über den möglichen Entwicklungsverlauf getroffen werden (vgl. Scheithauer & Petermann, 1999). Interventionen sollten stets darauf ausgerichtet sein, risikomildernde Faktoren als wichtige Ressource im therapeutischen Prozeß miteinzubeziehen oder zu fördern (vgl. Yoshikawa, 1994).

Tabelle 4:
Risikomildernde Faktoren im Kindes- und Jugendalter (aus Scheithauer & Petermann, 1999, S. 10; nach Laucht, Esser & Schmidt, 1997).

Kindbezogene sowie Resilienzfaktoren	Schutzfaktoren bzw. umgebungsbezogene Faktoren
Kindbezogene Faktoren • weibliches Geschlecht • erstgeborenes Kind • positives Temperament (flexibel, aktiv, offen) • überdurchschnittliche Intelligenz	**Schutzfaktoren innerhalb der Familie** • stabile, emotionale Beziehung zu einer Bezugsperson • offenes, unterstützendes Erziehungsklima • familiärer Zusammenhalt • Modelle positiven Bewältigungsverhaltens
Resilienzfaktoren • positives Sozialverhalten • positives Selbstwertgefühl und positive Selbstwirksamkeitsüberzeugung • aktives Bewältigungsverhalten	**Schutzfaktoren innerhalb des sozialen Umfeldes** • soziale Unterstützung • positive Freundschaftsbeziehungen • positive Schulerfahrungen

4 Interventionsverfahren

Das Wissen über Entwicklungsrisiken ermöglicht eine exakte Interventionsplanung. Mit zunehmendem Andauern aggressiven oder dissozialen Verhaltens kommt es, wie dargestellt, zu einer Generalisierung, Diversifikation und damit Stabilität des Verhaltens. Je *früher* ein ungünstiger Entwicklungsverlauf durch eine Intervention unterbrochen wird, umso *effektiver* werden langfristige und positive Veränderungen bewirkt und negative Entwicklungsverläufe verhindert (vgl. Loeber & Farrington, 1998). Positive Therapieeffekte sind insbesondere dann zu erwarten, wenn die betroffenen Kinder noch jung sind und erst wenige differenzierte Verhaltensweisen vorliegen. Somit stellen das Vorschulalter und die ersten Schuljahre wichtige Interventionszeitpunkte dar (vgl. Eyberg, Boggs & Algina, 1995; Loeber & Farrington, 1998; Reid & Eddy, 1997; Tolan et al., 1995; Webster-Stratton, 1996).

Bei der Auswahl geeigneter Behandlungsmaßnahmen sind jene Verfahren zu bevorzugen, mit denen bisher gute Therapieeffekte erzielt wurden und die als empirisch abgesichert gelten (vgl. American Academy of Child and Adolescent Psychiatry Practice Parameters [AACAPPP], 1997; Brestan & Eyberg, 1998; Chambless & Hollon, 1998; Kazdin, 1997; Kazdin & Weisz, 1998). Dabei zählen *verhaltenstherapeutische Interventionen* zu den wirksamsten und am besten evaluierten Verfahren (Döpfner, 1997; Kazdin, 1997).

4.1 Präventionsansätze

Präventionsmaßnahmen sollen generell das Risiko für aggressives und dissoziales Verhalten vermindern oder verhindern. Insbesondere Kinder, die multiplen Risiken ausgesetzt sind, sollten das Ziel von Präventionen darstellen (Hawkins, Arthur & Olson, 1997). Viele *primär-präventive Maßnahmen* richten sich bereits in breit angelegten Kampagnen an werdende Mütter mit vielfältigen Risiken (z.B. alleinstehend und sehr junges Alter) und beinhalten unter anderem folgende Aspekte (vgl. Reid & Eddy, 1997; Ziegler, Taussig & Black, 1992):

- Die Versorgung des Kindes durch die Mutter (Ernährung und Pflege) soll verbessert und ein sicherer Umgang mit ihrem Säugling gefördert werden.

- Die Gesundheit der Mutter soll verbessert und ihr Konsumverhalten (z.B. Tabak- oder Alkoholkonsum) positiv beeinflußt werden, insbesondere während kritischer Entwicklungsphasen.

- Die Familie soll in ein soziales Netzwerk eingebunden sowie positive, familiäre Interaktionen gefördert werden.

- Der Mutter sollen effektive Problemlöse- und Bewältigungsstrategien vermittelt werden, die ein positives Erziehungsverhalten fördern.

- Diese Maßnahmen sollen langfristig den allgemeinen Gesundheitszustand, die Entwicklung sowie verschiedene soziale Kompetenzen des Kindes unterstützen.

Ziegler et al. (1992) konnten in einer Metaanalyse nachweisen, daß Präventionsprogramme, die diese Elemente beinhalteten, effektiv und nachhaltig das Auftreten aggressiven oder dissozialen Verhaltens verhindern oder vermindern konnten. Einerseits unterstützen solche Maßnahmen langfristig die Entwicklung von Handlungsstrategien und die Entwicklung prosozialen Verhaltens beim Kind; andererseits wird über das Konsumverhalten der Mutter, ihrem gesundheitlichen Zustand während der Schwangerschaft sowie ihrem Pflegeverhalten beispielsweise das Auftreten neuropsychologischer Schädigungen beim Kind verhindert (vgl. Brennan & Raine, 1997). Besonders effektiv erweisen sich Präventionsprogramme, die *mehrere risikoerhöhende Bedingungen gleichzeitig* betreffen (Offord, 1997; Tremblay & Craig, 1995).

Olds und Mitarbeiter (Olds, Henderson, Chamberlin & Tatelbaum, 1986; Olds, Henderson, Tatelbaum & Chamberlin, 1986, dargestellt in Reid & Eddy, 1997) entwickelten ein *primär-präventives Programm für werdende Mütter* mit multiplen Risiken. Bereits von der 30. Schwangerschaftswoche an bis zwei Jahre nach der Geburt wurden die Mütter in unterschiedlich großen Abständen von Krankenschwestern des öffentlichen Gesundheitswesens betreut. Das Präventionsprogramm umfaßte viele der oben angeführten Aspekte, vor allem betraf es die mütterliche Versorgung des Kindes. Die Krankenschwestern vermittelten den zumeist sehr jungen Müttern Handlungsstrategien im Umgang mit ihrem Säugling (z. B. „Wie erkenne ich, daß mein Kind hungrig ist oder es sich nicht wohl fühlt?" und „Was tue ich, wenn mein Kind schreit?"). Im Vergleich zu einer Kontrollgruppe, bestehend aus Müttern mit multiplen Risiken, die nicht das Programm durchliefen, zeigten sich Jahre später weniger risikoerhöhende Bedingungen (z. B. nur in geringem Maße Kindesmißhandlungen oder Substanzmißbrauch durch die Mütter). In einer Nachuntersuchung nach 15 Jahren wiesen die Kinder der Mütter, die das Programm durchlaufen haben, in bedeutend geringerem Umfang aggressives oder dissoziales Verhalten auf als Kinder aus der Kontrollgruppe (Olds et al., 1998).

Eine weitere Möglichkeit, aggressives Verhalten zu verhindern oder zu vermindern, bietet der Einsatz schulischer Präventionsprogramme. Zu den primär-präventiven Programmen im deutschen Sprachraum zählt das *Verhaltenstraining für Schulanfänger* (Petermann,

Gerken, Natzke & Walter, 2002). Das speziell für erste und zweite Grundschulklassen entwickelte kognitiv-behavioral ausgerichtete Programm soll vom Klassenlehrer mit dem gesamten Klassenverband durchgeführt werden. Im Einzelnen werden mit dem *Verhaltenstraining für Schulanfänger* die folgenden Ziele verfolgt:

- Steigerung der Aufmerksamkeitsfähigkeit,
- Sensibilisierung der Selbst- und Fremdwahrnehmung von Gefühlen,
- Förderung emotionaler und sozial-emotionaler Kompetenzen,
- Förderung des Problemlöse- und Konfliktmanagements (Aufbau von Handlungsalternativen im Sinne angemessener Selbstbehauptung, eines angemessenen Umgangs mit Mißerfolg und Kritik, Förderung des Zurückstellens eigener Bedürfnisse und Interessen sowie Aufbau regelgeleiteten Verhaltens),
- Verbesserung der Selbstkontrolle und Selbststeuerung sowie
- Aufbau prosozialen Verhaltens.

Zusätzlich vermittelt das Training den Lehrern lerntheoretische Grundlagen und unterstützt sie in der Entwicklung von Interventionsstrategien zur Prävention und zum Abbau dysfunktionalen Schülerverhaltens sowie zum Aufbau eines angemessenen Sozial- und Lernklimas in der Klasse.

Das *Verhaltenstraining für Schulanfänger* ist in vier aufeinander aufbauende Stufen gegliedert (s. Tab. 5). Es beinhaltet eine Vielzahl altersangemessener didaktischer und methodischer Elemente wie etwa eine Schatzsuche als Rahmenhandlung, eine Chamäleonhandpuppe als trainingsbegleitende Identifikationsfigur sowie spielerisch und phantasievoll gestaltete Trainingsaufgaben unter Einbindung von Bild- und Tonmaterialien. Die Maßnahme umfaßt insgesamt 26 Schulstunden, die mit einer Frequenz von zwei Stunden pro Woche innerhalb eines Schulhalbjahres absolviert werden sollten.

Erste Ergebnisse aus einer Interventionsstudie mit Kontrollgruppe zeigen, daß laut Lehrereinschätzung internalisierendes und externalisierendes Problemverhalten sowie Aufmerksamkeitsprobleme durch das Training verhindert bzw. ersten Symptomen entgegengewirkt werden konnte.

Andere schulische Präventionsprogramme, zum Beispiel das *Gewaltpräventionsprogramm* von Olweus (1995), das *PATHS Curriculum* (Greenberg, Kusche, Cook & Quamme, 1995) oder das *Second Step* (Committee for Children, 1992) reduzieren ebenfalls aggressives und fördern prosoziales Verhalten (z. B. Dusenbury et al., 1997; Grossman et al., 1997; Reynolds & Kelley, 1997). Insbesondere mit Hilfe multimodaler Präventionsprogramme, wie dem *FAST Track Program* (Conduct Problems Prevention Research Group, 1992), können dabei gute Erfolge erzielt werden.

Tabelle 5:
Struktur des Verhaltenstrainings für Schulanfänger.

1. Stufe: Trainingsgrundlagen
• Einführung eines Ruherituals zur Herstellung eines angemessenen Lernklimas, • Einführung eines Verstärkersystems zur Unterstützung der Trainingsmitarbeit, • Erarbeitung von Verhaltensregeln, • Verabschiedung eines Verhaltensvertrags.
2. Stufe: Steigerung der auditiven und visuellen Aufmerksamkeit
• Vermittlung einer Selbstinstruktion zur Aufmerksamkeitsfokussierung, • Übungen zum „genau Hinschauen" und „genau Zuhören".
3. Stufe: Steigerung emotionaler und sozial-emotionaler Kompetenzen; Aufbau prosozialen Verhaltens
• Übungen zum Erkennen und Benennen von Gefühlen (Selbst- und Fremdwahrnehmung), • Übungen zur Stärkung des Einfühlungsvermögens, Hilfeverhaltens und der Kooperation.
4. Stufe: Vermittlung sozialer Basiskompetenzen und angemessenen Problemlösungsverhaltens
• Übungen zur differenzierten Wahrnehmung, Interpretation und Bewertung sozialer Problemsituationen (z.B. im Unterricht, auf dem Schulhof oder im Umgang mit Gleichaltrigen), • Erarbeitung angemessener Verhaltensstrategien unter Berücksichtigung des sozialen Kontextes, der Handlungsziele und antizipierter Handlungskonsequenzen (z.B. angemessene Selbstbehauptung bei Provokationen, Verteidigung persönlicher Rechte, angemessenes Verhalten in mehrdeutigen Situationen), • Durchführung strukturierter Rollenspiele zur Verfestigung angemessener sozialer Fertigkeiten.

4.2 Interventionsvoraussetzungen

Man kann nicht davon ausgehen, daß Kinder und Jugendliche, die sich bereits seit einem längeren Zeitraum aggressiv oder dissozial verhalten, innerhalb kürzester Zeiträume ihr Problemverhalten ablegen oder prosoziales Verhalten erlernen werden. Das Ziel der Behandlung aggressiven Verhaltens ist zunächst nicht im Erreichen einer absoluten Symptomfreiheit, sondern vielmehr in einer *Symptomreduktion* und *Zunahme prosozialen Verhaltens* beim Kind sowie einer *positiven Veränderung des sozialen Umfeldes* des Kindes (z.B. Modifikation ungünstiger Bedingungen im Elternhaus) zu sehen. Dies gilt insbesondere für Kinder und Jugendliche, die bereits seit mehreren Jahren durch ihr Problemverhalten auffällig geworden sind. Für langfristige Therapieerfolge sind dabei insbesondere *Verhaltensveränderungen im Alltag* bedeutsam. Die Wirksamkeit von Behandlungsmaßnahmen läßt sich durch den Einsatz von Verhaltenstrainings in Form von *Therapiemanualen* erhöhen (Durlak et al., 1991; Hibbs et al., 1997; Wilson, 1996). Durch die Anwendung von Therapiemanualen wird darüber hinaus eine bedeutende *Qualitätssicherung* erreicht (Petermann, 1996; 1997; Wilson, 1996).

Unterschiedliche Faktoren können den therapeutischen Prozeß und damit die Wirksamkeit der Behandlung aggressiven Verhaltens *negativ* beeinflussen:

- **Therapiemitarbeit des Kindes:** Bestimmte Faktoren beeinflussen die Therapiearbeit mit dem Kind negativ; so können die familiären Lebensumstände, sozioökonomische Faktoren oder die generelle Einstellung der Eltern etwa dem Therapeuten gegenüber die Therapiemitarbeit des Kindes blockieren. Somit besteht ein wesentlicher Aspekt darin, mögliche äußere Einflußgrößen und somit auch den familiären Rahmen im therapeutischen Prozeß zu berücksichtigen (vgl. zusammenfassend Kazdin & Weisz, 1998).

- **Therapiemitarbeit der Eltern:** Die Mitarbeit der Eltern beeinflußt maßgeblich die Wirksamkeit von Verhaltenstrainings. Eltern aggressiver Kinder weisen oft eine mangelnde Kooperationsbereitschaft auf oder beenden die Behandlung frühzeitig (Döpfner, 1997; Reid, 1993). Insbesondere Eltern aus schlechten sozioökonomischen Verhältnissen mit Eheproblemen, psychischen oder körperlichen Erkrankungen sowie alleinerziehende Eltern brechen eine Behandlung vorzeitig ab (Kazdin, Mazurick & Siegel, 1994; Serketich & Dumas, 1996). Diese Faktoren sind darüber hinaus verknüpft mit geringeren Therapieeffekten (Kazdin, 1995b). Ergänzend können den Eltern spezielle Angebote (z.B. eine Paartherapie) gemacht werden, um die Wirksamkeit des Trainings und die Therapiemitarbeit zu steigern.

- **Krankheitseinsicht und Inanspruchnahmeverhalten:** Aggressive Kinder sehen sich selbst oftmals nicht als behandlungsbedürftig an und treten typischerweise nicht selbst, sondern über ihre Eltern mit psychosozialen Versorgungseinrichtungen in den Kontakt (Dumas, 1996; Kazdin, 1995a).

- **Psychosoziale Einflußfaktoren:** Eltern mit aggressiven Kindern suchen insbesondere dann Versorgungseinrichtungen auf, wenn weitere Beeinträchtigungen vorliegen (z.B. Depression oder Angststörungen der Mutter sowie elterliche Auseinandersetzungen und Scheidung). Diese Familien weisen massivere Probleme sowie ein aggressiveres Interaktionsverhalten auf (vermehrt verbale und körperliche Aggression und in geringerem Umfang positive Interaktionen). Sie berichten in geringerem Maße von Sozialkontakten und sozialer Unterstützung (Dumas, 1996; Kazdin & Weisz, 1998; Serketich & Dumas, 1996). Somit besteht die Notwendigkeit, mögliche Auswirkungen familiärer Probleme oder elterlicher Belastungen auf den Behandlungserfolg im therapeutischen Prozeß zu berücksichtigen (Kazdin & Weisz, 1998).

- **Therapieabbruch:** Aggressive Kinder oder Jugendliche brechen häufig die Therapie ab. Diese Kinder weisen typischerweise eine größere Variation aggressiver oder dissozialer Verhaltensweisen und viele risikoerhöhende Bedingungen auf (z.B. eine negative Beziehung zu den Eltern). Somit besteht die Gefahr, daß gerade die Personengruppe mit dem größten Risiko für einen stabilen Verlauf aggressiven Verhaltens durch Interventionsangebote am wenigsten erreicht wird (Kazdin, 1995b; Kazdin et al., 1994). Zusammenfassend läßt sich feststellen, daß ein wesentlicher Aspekt bei der Behandlung aggressiven Verhaltens in der Beziehungsarbeit und Therapiemotivierung liegt (vgl. Schulte, 1998).

- **Komorbidität.** Komorbide Störungen können nachhaltig den Behandlungsverlauf und die Effektivität der Behandlung beeinflussen: Aggressive Kinder oder Jugendliche mit komorbiden Störungen (z.B. Aufmerksamkeits- oder depressive Störungen) weisen einen negativeren Therapieverlauf und schlechtere Therapieeffekte auf (vgl. Newman et al., 1998). Dabei wirken sich Begleitumstände, wie vermehrte negative Lebensereignisse, Schwierigkeiten im Beruf sowie in der Schule oder Arbeitslosigkeit negativ aus. Trotz der hohen Mehrfachbelastung bei aggressivem Verhalten durch weitere psychische Störungen, liegen bis heute keine eindeutigen Richtlinien für die Behandlung vor (Abikoff & Klein, 1992; Kazdin, 1997). Dennoch lassen sich einige *Strategien für eine effektive Therapieplanung* anführen (AACAPPP, 1997; Abikoff & Klein, 1992; Clarkin & Kendall, 1992; Newman et al., 1998):

– Aufgrund der stärkeren Belastung sind zunächst *multimodale und multimethodale Interventionen* besonders günstig, mit denen auch beispielsweise schulische Leistungsdefizite oder die beeinträchtigten Gleichaltrigenbeziehungen modifiziert werden können.

– In der Therapieplanung sollte berücksichtigt werden, daß Personen mit komorbiden Störungen in einem *geringeren Umfang risikomildernde Faktoren* (z.B. soziale Unterstützung) aufweisen, die in die Behandlungsmaßnahmen integriert werden könnten. Die psychosozialen Bereiche, in denen sich die *größten Defizite* und Auswirkungen zeigen, sollten vorrangig behandelt werden.

4.3 Entwicklungsorientierte Interventionen

Während bestimmte therapeutische Methoden und Verfahren altersunabhängig angewandt werden können, variieren andere in Abhängigkeit vom Alter und Entwicklungsstand des Patienten. Die Verwendung von Behandlungsmaßnahmen, die ursprünglich für Erwachsene konzipiert wurden, erweist sich aufgrund der Unterschiede in der kognitiven, sozialen und emotionalen Entwicklung für Kinder oftmals als unangebracht. Diese Verfahren können nicht ohne weiteres im Kindesalter eingesetzt werden (vgl. Ammerman & Hersen, 1993; Eyberg, Schuhmann & Rey, 1998). Entwicklungsorientierte Interventionen berücksichtigen in der Auswahl geeigneter Methoden den *kognitiven und sozial-emotionalen Entwicklungsstand des Kindes:* Der Einsatz kognitiver Verfahren beispielsweise setzt ein entsprechendes Entwicklungsniveau beim Kind voraus. Es müssen differenzierte, *altersgruppenspezifisch gestaltete Therapiemanuale* eingesetzt werden, die kind- und zeitgemäß gestaltete Therapiematerialien (z. B. Comics) enthalten. Darüber hinaus berücksichtigen entwicklungsorientierte Interventionen den *bisherigen Entwicklungsverlauf aggressiven Verhaltens* sowie die vom aggressiven Verhalten betroffenen Umgebungen und Personen (vgl. Niebank & Petermann in diesem Buch). Stellt im Kleinkind- und Kindergartenalter die Familie Hauptziel der Interventionen dar, müssen nach dem Schuleintritt weitere Einflußfaktoren berücksichtigt werden. Zunehmend richten sich die Interventionen auf die aggressiven Kinder und Jugendlichen selbst und auf ihr Umfeld (Schule und Gleichaltrigenbeziehungen; Reid, 1993).

Bestimmte *Entwicklungsübergänge* im Leben des Kindes (z.B. der Übergang vom Kindergarten in die Schule) können besonders geeignet sein für eine Intervention (Webster-Stratton, 1996). Solche Entwicklungsübergänge gehen oftmals mit einer erhöhten Belastung der gesamten Familie einher, so daß Familien zu einem solchen Zeitpunkt besonders empfänglich für unterstützende Maßnahmen sein können (vgl. Conduct Problems Prevention Research Group, 1992).

Entwicklungsorientierte Interventionen greifen zusammenfassend auf *empirisch fundierte Entwicklungsmodelle* zurück, die auf den Einzelfall spezifizierbar sind. Dabei gilt es nach Petermann (1997; vgl. Scheithauer & Petermann, 1999) neben einer genauen *entwicklungsorientierten Diagnostik* und einer *funktionalen Verhaltensanalyse* des kindlichen Verhaltens, folgende Aspekte für eine *Therapieplanung* zu berücksichtigen:

- **risikoerhöhende Faktoren** beim Kind und seiner Familie,
- **risikomildernde Faktoren**, die als Ressource genutzt werden können,
- der Entwicklungsstand des Kindes,
- ein günstiger Zeitpunkt für eine Intervention,
- mögliche komorbide Störungen,
- Umgebungs- und Einflußfaktoren des weiteren sozialen Umfeldes und
- die Einschätzung der Entwicklungsprognose.

4.4 Interventionsebenen

4.4.1 Soziale und kognitive Fertigkeits- und Problemlösetrainings

Kognitive Fertigkeits- und Problemlösetrainings sollen dazu beitragen, kognitive Fertigkeiten aggressiver Kinder zu modifizieren und interpersonale Fertigkeiten zu entwickeln (Kazdin, 1997; Kazdin & Weisz, 1998; Southam-Gerow & Kendall, 1997). Obwohl unterschiedliche Trainings mit jeweils variierenden Maßnahmen angeführt werden können, lassen sich bestimmte Aspekte in allen Verfahren wiederfinden:

- Die Art und Weise, in der sich Kinder sozialen Situationen nähern und die kognitiven Prozesse, die ihre Interaktionen in sozialen Situationen begleiten, stehen im Mittelpunkt der Intervention. Schrittweise sollen die Kinder lernen, sich sozialen Situationen angemessen zu nähern und interpersonale Probleme zu lösen.

- Ausgewählte, prosoziale Verhaltensweisen sollen beim Kind in sozialen Situationen verstärkt werden (z.B. durch Tokensysteme).

- Der Therapeut übernimmt stets eine aktive Rolle, indem er die kognitiven Prozesse und die sozialen Verhaltensweisen beim Kind mit Hilfe verbaler Anweisungen und Verstärkungsmaßnahmen fördert und leitet.

- Es werden unterschiedliche therapeutische Methoden (z.B. strukturierte Rollenspiele, Übungen und Geschichten) sowie Techniken (z.B. Verstärkungsmaßnahmen, Response-Cost-Systeme [aversive Konsequenzen, wie Belohnungsentzug] und Lernen am Modell) eingesetzt. Selbstinstruktion,

> Selbstmanagement, Perspektivenübernahme, das Lösen sozialer Probleme aber auch Entspannungsverfahren werden miteinander kombiniert.
>
> - Problemlöseaufgaben sollen im Verlauf der Intervention in zunehmendem Maße auf reale Alltagssituationen übertragen werden.

Die Arbeitsgruppe um Lochman (Lochman, 1992; Lochman, Dunn & Klimes-Dougan, 1993) entwickelte ein Gruppentraining für aggressive Kinder in der Schule, das *Anger Coping Program.* Dieses Programm bezieht nicht nur kognitive, sondern auch emotionale Prozesse sowie physiologische Hinweisreize für Ärger mit ein. Das Programm besteht aus 18 wöchentlich durchgeführten Gruppensitzungen von jeweils einer Stunde Dauer. Die Gruppe besteht aus vier bis sechs Kindern, die von ihren Lehrern als aggressiv und/oder dissozial eingestuft wurden. Das Training umfaßt folgende Ziele (Lochman, 1992):

> - Die Entwicklung von Gruppenregeln und Maßnahmen beim Nicht-Einhalten der Regeln.
>
> - Den Kindern werden Techniken beigebracht, mit deren Hilfe sie ihren Ärger und ihre emotionale Erregung zu kontrollieren lernen. Diese Techniken sollen durch Selbstinstruktions- und Selbstmanagementübungen unterstützt werden, um auf diese Weise aggressives Verhalten zu blockieren.
>
> - Die spezifischen Situationen, in denen die Kinder Probleme haben, ihre Wahrnehmung sozialer Problemsituationen und ihrer Handlungsintentionen sollen mit Hilfe von bildgetragenen Situationen oder in Rollenspielen ermittelt werden.
>
> - Es werden Handlungsstrategien entwickelt, mit sozialen Problemsituationen umzugehen.
>
> - Es werden Videofilme eingesetzt, in denen Kinder ihre physiologische Erregung und ihren Ärger in sozialen Situationen rechtzeitig wahrnehmen und mit Hilfe von Selbstinstruktionen (z.B. „Halt! Denke nach! Was sollte ich jetzt tun?") und positiven Handlungsstrategien ihren Ärger kontrollieren.
>
> - Unterstützend sollen die Gruppenmitglieder selbst einen Videofilm über Möglichkeiten der Kontrolle ihres Ärgers und ihrer Erregung drehen.
>
> - In Gruppendiskussionen und Rollenspielen sollen die sozialen und kognitiven Fertigkeiten der Kinder und der Umgang mit ihrer Erregung und ihrem Ärger weiter entwickelt werden.

In den Gruppensitzungen können die Jugendlichen mit Gleichaltrigen interagieren und von Gleichaltrigen

Feedback erhalten. Somit besteht die Möglichkeit, in realen sozialen Austauschprozessen soziale Fertigkeiten einzuüben (z.B. Perspektivenwechsel, Empathie). Hierzu zählt auch, Problemsituationen rechtzeitig zu erkennen und sich verschiedene Lösungswege vorzustellen.

Mit Hilfe des Anger Coping Program konnte aggressives Verhalten sowohl kurz- als auch längerfristig reduziert werden, insbesondere dann, wenn die Kinder im nächsten Schuljahr einen Auffrischungskurs erhielten und zusätzlich die Eltern miteinbezogen wurden (Lochman, 1992). Generell kann mit Hilfe kognitiver Fertigkeitstrainings aggressives und dissoziales Verhalten sowohl im häuslichen Rahmen und in der Schule als auch in der Gemeinde erfolgreich reduziert werden.

Der Einsatz kognitiver Verfahren führt, je nach *kognitivem Entwicklungsstand des Kindes,* zu unterschiedlichen Resultaten. Insbesondere ältere Kinder, ab etwa dem elften Lebensjahr, scheinen auf kognitiv-behaviorale Maßnahmen anzusprechen (Durlak, Fuhrman & Lampman, 1991; vgl. Brestan & Eyberg, 1998). Diese Effekte können auch noch bis zu einem Jahr nach Abschluß des Trainings ermittelt werden. Ebenso erweisen sich kognitive Fertigkeitstrainings sowohl bei einer ambulanten als auch stationären Behandlung als wirksam (zusammenfassend Kazdin & Weisz, 1998).

4.4.2 Elterntrainings

Elterntrainingsprogramme zielen darauf ab, Eltern zu vermitteln, wie sie das aggressive Verhalten ihrer Kinder beeinflussen und verändern können; diese Maßnahmen umfassen eine direkte Modifikation des elterlichen Erziehungsverhaltens und der Eltern-Kind-Interaktion. Zudem soll den Eltern mit Hilfe behavioraler Techniken vermittelt werden, wie sie das negative Verhalten ihrer Kinder lenken und prosoziales Verhalten fördern können. Alle Elterntrainings weisen grundlegende Gemeinsamkeiten auf (Kazdin, 1997; Kazdin & Weisz, 1998; Southam-Gerow & Kendall, 1997):

> - Die Eltern – nicht das Kind – stehen im Mittelpunkt der Intervention.
>
> - Die Eltern werden angeleitet, das negative Verhalten ihres Kindes genau zu erkennen und zu benennen. Spezifische Verhaltensweisen werden täglich protokolliert.
>
> - Zusammen mit den Eltern werden die auslösenden und aufrechterhaltenden Bedingungen des kindlichen Verhaltens (z.B. in der Interaktion zwischen der Mutter und dem Kind die „Erpresserspiele") in einer Verhaltensanalyse ermittelt.
>
> - Die Eltern sollen lernen, positive Verhaltensweisen des Kindes zu fördern und negative nicht zu

beachten. Sie sollen effektiver mit dem Kind kommunizieren (z.B. klares und eindeutiges Lob aussprechen) und sich in ihrem (Erziehungs-) Verhalten dem Kind gegenüber konsequent und von dem Kind deutlich einschätzbar erweisen.

- Der Therapeut leitet die Eltern im Erlernen bestimmter Techniken an, mit deren Hilfe sie das Verhalten ihres Kindes positiv beeinflussen sollen, statt negative Erziehungsmethoden und körperliche Bestrafungen anzuwenden. Zu diesen Techniken zählt der Einsatz von materiellen und sozialen Verstärkern (Lob und Tokensysteme, also positive Verstärker), Time-Out- oder Response-Cost-Systemen.

- Die Therapiesitzungen bieten den Eltern die Möglichkeit, die erlernten Techniken einzuüben (z.B. durch Rollenspiele) und zu verbessern. Somit besteht auch die Möglichkeit, neue Probleme zu antizipieren und zu lösen.

- Ergänzend werden, möglichst unter Berücksichtigung der Lehrer des Kindes, Verstärkungsmaßnahmen beispielsweise für das Erledigen von Hausaufgaben oder positive Freizeit- und Unterrichtspausenaktivitäten vermittelt.

Viele Elterntrainings basieren auf Patterson und Gullions (1968) Trainingsmanual *Living with Children,* welches auf *operante Prinzipien der Verhaltensmodifikation* aufbaut. Ähnlich funktioniert ein *Kontingenzmanagement* (vgl. Brack, 1997). In einem solchen Training beobachten von Psychologen geschulte Mediatoren das Problemverhalten des Kindes in realen Situationen (zu Hause, in der Schule etc.). Dabei wird nicht nur das Auftreten aggressiven, sondern auch prosozialen Verhaltens protokolliert. Die Eltern des Kindes wiederum werden auf der Basis dieser Beobachtungen angeleitet, ihr Interaktionsverhalten dem Kind gegenüber zu modifizieren und die von den Mediatoren ausgearbeiteten schriftlichen Vorschläge im Alltag des Kindes umzusetzen. Hierbei handelt es sich um Verhaltensweisen, wie zum Beispiel das Kind bei aggressivem Verhalten augenblicklich schweigend für einige Zeit auf sein Zimmer zu bringen oder sich dem Kind intensiv zuzuwenden, wenn es beim Tischdecken hilft. Bei der Umsetzung dieser Modifikationen sollen die Mediatoren den Eltern beispielsweise bei Fragen zur Strukturierung des Tagesablaufs beratend zur Seite stehen.

Das Elterntraining der Arbeitsgruppe um Webster-Stratton (1996) legt verschiedene *videogestützte Materialien* für Eltern junger,

aggressiver Kinder vor, mit deren Hilfe die Eltern das Training durchlaufen und in weiteren Gruppensitzungen angeleitet und geschult werden. Diese Videos beinhalten modellhaft szenische Darstellungen, in denen Eltern mit ihren Kindern positiv interagieren, so daß es zu einer Förderung prosozialen und Vermeidung aggressiven, dissozialen Verhaltens kommt. Das *BASIC Parent Training Program* umfaßt zehn Videocassetten, die über einen Zeitraum von bis zu 14 Wochen in insgesamt 26 Therapiesitzungen (mit acht bis zwölf Eltern) durchlaufen werden. In den Videos werden Verhaltenssequenzen gezeigt, die zur Diskussion, Modifikation des eigenen Verhaltens dem Kind gegenüber, aber auch zum Erkennen und Beurteilen „normaler" Reaktionen des Kindes dienen sollen. Unter Anleitung des Therapeuten werden die verschiedenen Situationen diskutiert und Verhaltensalternativen in Rollenspielen erarbeitet. Ziel ist es, die Eltern zu einer Selbstkontrolle in problematischen Situationen mit ihrem Kind zu verhelfen. Das Programm ist in vier Schritte unterteilt, in denen es um effektives Belohnen, Spielen mit dem Kind, das effektive Setzen von Grenzen und um den Umgang mit Problemverhalten geht; Kasten 6 gibt beispielhaft die Ziele des Programmschritts „effektiv Grenzen setzen" wieder.

Kasten 6:
Ziele (Verhaltenssequenzen) des Programmschritts „effektiv Grenzen setzen" aus dem videogestützten BASIC Parent Training Program (Webster-Stratton, 1996).

Wie man Grenzen setzt:
Dem Kind vermitteln, Grenzen zu akzeptieren

- Die Eltern dabei unterstützen, Regeln im Haushalt aufzustellen.
- Möglichkeiten erarbeiten, dem Kind effektiver Anweisungen zu geben.
- Die Eltern sollen unnötige Anweisungen vermeiden.
- Die Eltern sollen uneindeutige, zweideutige und negative Anweisungen vermeiden.
- Dem Kind positive Handlungsalternativen vermitteln.
- Situationen erkennen, in denen die „Wenn-Dann"-Anweisung einzusetzen ist.
- Die Bedeutung und Notwendigkeit von Warnungen begreifen.
- Situationen erkennen, in denen problemlösend vorzugehen ist.
- Den effektiven Umgang mit dem Kind, das seine Grenzen austestet, lernen.
- Situationen erkennen, in denen das Kind abgelenkt oder beschäftigt werden muß.
- Streitigkeiten und „Warum?"-Spiele vermeiden.
- Fallen, die das Kind seinen Eltern möglicherweise stellt, erkennen.
- Unangemessenes Verhalten des Kindes ignorieren lernen.
- Anweisungen konsequent durchsetzen.
- Die Kinder darin unterstützen, angepaßter zu reagieren.

Der Einsatz von Behandlungsmaßnahmen bei aggressivem Verhalten kann unterschiedlich intensiv ausfallen: Im Rahmen des *Positive Parenting of Preschoolers Program* schlägt die Arbeitsgruppe um Sanders (zusammenfassend Connell, Sanders & Markie-Dadds, 1997) ein *mehrstufiges Interventionsprogramm* für Familien mit risikoerhöhenden Bedingungen aggressiven Verhaltens vor. Je nach Stärke des Problemverhaltens des Kindes werden unterschiedlich intensive therapeutische Strategien vorgeschlagen, wobei der Therapeut, je nach Stufe der Intervention, selbst gar nicht (ausschließlich video- oder manualgestützt) oder aber intensiv beteiligt ist. Bei anhaltenden Geschwisterrivalitäten (Interventionsgrad 2) beispielsweise reicht zunächst ein minimaler Kontakt des Therapeuten zu den Eltern (evtl. telefonisch) sowie umfassendes Informationsmaterial (Arbeitsbücher und Videotraining) aus. Auf dem Interventionsgrad 4 (Störung des Sozialverhaltens oder Störung mit Oppositionellem Trotzverhalten) sind ebenfalls eine Vielzahl an Materialien für die Eltern vorgesehen (Interventionsmanual, Videotraining etc.), darüber hinaus aber auch ein individuelles oder Gruppentraining, mit dem Fokus auf der Eltern-Kind-Interaktion und den elterlichen Erziehungspraktiken (Connell et al., 1997).

Elterntrainings zählen bei der Behandlung aggressiven Verhaltens sowohl im Kindes- als auch Jugendalter zu den effektivsten Verfahren (Kazdin, 1997; Kazdin & Weisz, 1998; Serketich & Dumas, 1996; Webster-Stratton, 1998). Sowohl zu Hause als auch in der Schule konnte aggressives Verhalten wesentlich reduziert werden. Bei jüngeren, aggressiven Kindern hat sich insbesondere der Einsatz behavioraler Verfahren bewährt (vgl. Brack, 1997; Patterson, Reid & Dishion, 1992). Ebenso scheinen Trainings, die Response-Cost-Systeme (aversive Konsequenzen) verwenden, effektiv aggressives Verhalten zu reduzieren (Reynolds & Kelley, 1997). Video- oder manual- bzw. über Arbeitsbücher vermittelte Elterntrainings können das Verhalten des Kindes positiv beeinflussen und das Erziehungsverhalten der Eltern verbessern (Connell et al., 1997; Webster-Stratton, 1996; vgl. Kazdin & Weisz, 1998). Insbesondere Eltern mit geringeren verbalen Fertigkeiten profitieren von videogestützten Materialien. Da Elterntrainings zu anhaltenden Verhaltensveränderungen bei den Eltern führen (auch beispielsweise den Geschwistern des betroffenen Kindes gegenüber), sind langfristige und anhaltende Therapieeffekte zu erwarten. Elterntrainings helfen auch, Auswirkungen psychischer Störungen oder körperlicher Erkrankungen der Eltern abzufedern (zusammenfassend Kazdin & Weisz, 1998).

4.4.3 Systemisch-verhaltenstherapeutische Ansätze

Auf der Basis eines systemisch-verhaltenstherapeutischen Ansatzes (wie z. B. der *Funktionalen Familientherapie;* vgl. Heekerens, 1993) entwickelte die Ar-

beitsgruppe um Henggeler (Henggeler, 1994) eine *multisystemische Intervention,* die vor allem für *dissoziale und delinquente Jugendliche* eingesetzt werden kann. Folgende grundlegende Aspekte dieser Intervention lassen sich anführen (vgl. Kazdin, 1997; Kazdin & Weisz, 1998):

- Die gesamte Familie, die als ein funktionierendes System in der Entwicklung und Aufrechterhaltung der Verhaltensprobleme des Kindes angesehen wird, steht dabei ebenso im Fokus der Betrachtung, wie die Wechselwirkungsprozesse mit weiteren Subsystemen (z.B. der Schule oder den Gleichaltrigenbeziehungen), in denen der Jugendliche eingebettet ist.

- Um „multiple" Systeme zu berücksichtigen, werden unterschiedliche Behandlungsmethoden (z.B. Elterntrainings, kognitive oder soziale Fertigkeitstrainings sowie Paartherapien für die Eltern), systemische und kognitiv-behaviorale Behandlungstechniken (z. B. paradoxe Interventionen, operante Techniken) verwendet. Diese sollen zur Problemidentifikation eingesetzt werden, die Kommunikation zwischen den Familienmitgliedern verbessern, die familiären Interaktionen beschreiben und den familiären Zusammenhalt erhöhen.

- Den Eltern soll geholfen werden, das Verhalten ihrer Kinder positiv zu beeinflussen. Eigene Beeinträchtigungen (z.B. Ehekonflikte) sollen bewältigt, und negativen familiären Interaktionen soll vorgebeugt werden.

- Die emotionalen Beziehungen unter den Familienmitgliedern sollen gefördert werden.

In der *Funktionalen Familientherapie* wird davon ausgegangen, daß innerhalb der Familie das Verhalten des Kindes (z. B. Aggression) eine bestimmte *Funktion* hat, nämlich zum Beispiel Nähe und Abstand zwischen den Familienmitgliedern zu regeln. Weiterhin kann das Verhalten eine bestimmte *Bedeutung* haben: So erlaubt das vermeintlich unerwünschte Problemverhalten des Kindes beispielsweise den Eltern in ihrer monoton gewordenen Zweierbeziehung plötzlich „emotionalen Zündstoff" zu haben (Heekerens, 1993). Das Verhalten hat somit nicht nur in einer Zweierbeziehung eine bestimmte Funktion (z. B. zwischen der Mutter und ihrem Kind), vielmehr gilt es zu analysieren, welche Funktion diesem Verhalten gegenüber anderen Personen zukommt. Ist die grundlegende Funktion des Verhaltens erkannt (z. B. im Falle des aggressiven Kindes die Funktion, den Abstand zu seinen Eltern zu vergrößern), so sollte in der Behandlung versucht werden, nicht die Funktion des Verhaltens, sondern seine Form zu verändern; ein unerwünschtes Verhalten wird also durch ein erwünschtes Verhalten ersetzt. Vereinfacht ausgedrückt: Der Abstand von den Eltern, den ein Jugendlicher beispielsweise durch sein unerwünschtes delinquentes Verhalten erreichen will, wird ihm in einer anderen Form (z. B. nach der Schule in eine Tagesfreizeitstätte gehen oder einer anderen Freizeitaktivität nachgehen) gewährt (Heekerens, 1993).

Insbesondere für Jugendliche mit einem delinquenten oder dissozialen Verhalten liegen verschiedene Studien vor, die die Wirksamkeit der multisystemischen und der Funktionalen Familientherapie belegen: Delinquentes Verhalten und emotionale sowie Verhaltensprobleme gingen zurück, und die familiären Interaktionen verbesserten sich (zusammenfassend Heekerens, 1993; Kazdin & Weisz, 1998). Im Vergleich zu anderen Maßnahmen (z.B. strafrechtliche Resozialisierungsmaßnahmen) erwiesen sich die erzielten Effekte als länger anhaltend (Borduin et al., 1995; Henggeler et al., 1996). Lipsey (1992) konnte in einer Metaanalyse von über 500 Interventionen bei Delinquenz im Jugendalter zu dem Ergebnis, daß statt Sanktionen insbesondere strukturierte Behandlungsmaßnahmen, auf der Basis kognitiv-behavioraler Techniken und der Vermittlung sozialer Fertigkeiten, zu guten Erfolgen kommen. Diese Maßnahmen schließen auch das Erziehungsverhalten der Eltern sowie die Gleichaltrigenbeziehungen des Jugendlichen mit ein.

Andere Verfahren, die vornehmlich bei delinquentem oder dissozialem Verhalten im Jugendalter eingesetzt werden, fassen Catalano et al. (1998), Tolan und Gorman-Smith (1997), Wasserman und Miller (1998) sowie Lipsey und Wilson (1998) zusammen.

4.4.4 Multimodale und multimethodale Verhaltenstrainings

Aufgrund der Vielfältigkeit aggressiven Verhaltens und der zumeist unterschiedlichen Umgebungen, in denen sich das Verhalten äußert, ist es sinnvoll, Interventionen auf mehreren Ebenen (kind- und eltern- bzw. schulzentriert) zu kombinieren (vgl. Moretti et al., 1997). Der Einfluß weiterer risikoerhöhender Faktoren und Bedingungen, die aggressives Verhalten aufrechterhalten (z. B. Ehekonflikte der Eltern, psychische Störungen oder körperliche Erkrankungen der Eltern), werden somit ebenfalls bei der Behandlung berücksichtigt. Interventionen, die mehrere risikoerhöhende Bedingungen gleichzeitig positiv beeinflussen, versprechen größere Erfolgsaussichten als Interventionen, die lediglich Einzelrisiken betrachten (Wasserman & Miller, 1998; Yoshikawa, 1994). Insbesondere bei schwerwiegenden Formen aggressiven Verhaltens sollten multimodale Interventionen eingesetzt werden (AACAPPP, 1997).

Multimodale Verhaltenstrainings kombinieren darüber hinaus verschiedene therapeutische Methoden und Ansätze: kognitiv-behaviorale Verfahren mit sozialen Fertigkeitstrainings, die in Einzel- oder Gruppensitzun-

gen durchgeführt werden. Die Kombination beispielsweise von Elternverhaltenstrainings mit sozialen Fertigkeitstrainings für das betroffene Kind ist mit stärkeren und länger anhaltenden Therapieeffekten verbunden (vgl. Matthys, 1997; Webster-Stratton & Hammond, 1997). Ebenso kann durch den Einsatz multimodaler Verhaltenstrainings das Risiko für delinquentes Verhalten oder für einen negativen Entwicklungsverlauf langfristig wesentlich verringert werden (z. B. Tremblay et al., 1995).

Multimodale Verhaltenstrainings sollten folgenden Standards entsprechen (Petermann, 1997):

- Im Rahmen der Therapieplanung sollte eine gründliche *Verhaltensanalyse* durchgeführt werden, um die auslösenden und aufrechterhaltenden Bedingungen des aggressiven Verhaltens zu ermitteln.

- Nach einem *Baukastensystem* sollten die Trainingseinheiten ausgewählt werden und auf den *verschiedenen Interventionsebenen* (Kind, Eltern, Familie) abgestimmt werden.

- Die Trainingseinheiten sollen *systematisch und gleichbleibend* aufgebaut werden.

- *Einstiegs- und Sitzungsrituale* sollen eine Orientierungs- und Strukturierungshilfe geben.

- Die einzelnen Trainingseinheiten sollen gemäß einer *Therapiezielhierarchie* angeordnet werden, die sich aus der *empirisch abgeleiteten Prognose* des Behandlungserfolgs ergibt.

Als Beispiel multimodaler und -methodaler Verhaltenstrainings im Kindes- und Jugendalter sollen das *Training mit aggressiven Kindern* (Petermann & Petermann, 2001) und das *Training mit Jugendlichen* (Petermann & Petermann, 2000a) vorgestellt werden.

Training mit aggressiven Kindern

Das Training mit aggressiven Kindern von Petermann und Petermann (2001) umfaßt folgende Elemente:

- Das *Einzeltraining mit dem Kind* umfaßt sieben bis elf Sitzungen mit einer Dauer von jeweils 50 bzw. 100 Minuten.

- Das *Gruppentraining mit den Kindern* umfaßt acht bis 14 Sitzungen mit einer Dauer von jeweils 50 bzw. 100 Minuten.

- Die *Beratung der Eltern* (trainingsbegleitend) umfaßt mindestens sechs Kontakte mit einer Dauer von jeweils 100 Minuten.

Kasten 7:
Erhebungsverfahren zur Verhaltensanalyse, Indikationsstellung und therapiebegleitenden Diagnostik
(nach Petermann & Petermann, 2001).

Vor Therapiebeginn:
• *Systematische Elternexploration:* Erhebung von Daten zur Person, den sozialen Beziehungen des Kindes und der sozioökonomischen Situation. Es werden Daten für eine Verhaltens- und Problemanalyse sowie trainingsspezifische Daten erhoben.   • *Beobachtungsbogen für das Eltern-Interaktionsverhalten:* Bezieht sich auf das Interaktionsverhalten zwischen den Eltern, den Eltern und dem Kind sowie auf das der Geschwister untereinander und ist im Anschluß an das Elterngespräch zu bearbeiten.
Befragung des Kindes:
• *Erfassungsbogen für aggressives Verhalten in konkreten Situationen:* (EAS; Petermann & Petermann, 2000b) zur Ermittlung aggressiven Verhaltens in unterschiedlichen Kontexten bei Jungen und Mädchen im Alter von neun bis knapp 13 Jahren.
Beobachtung des Kindes:
• *Beobachtungsbogen für aggressives Verhalten (BAV):* Beurteilung des Auftretens bestimmter Aktivitäten auf einer Fünf-Punkte-Skala. Dabei werden verschiedene Dimensionen aggressiven Verhaltens berücksichtigt.   • *Beobachtungsbogen zur Therapiemitarbeit des Kindes (TMK):* Beurteilung des Auftretens bestimmter Aktivitäten auf einer Fünf-Punkte-Skala. Die Beurteilung beschränkt sich auf die konkrete Therapiesituation.

Vor Therapiebeginn wird mit Hilfe verschiedenen Verfahren eine genaue Verhaltensanalyse zur Indikationsstellung durchgeführt (s. Kasten 7).

Der *Erfassungsbogen für aggressives Verhalten in konkreten Situationen* (EAS; Petermann & Petermann, 2000b) verfolgt das Ziel einer *situationsspezifischen Diagnostik* aggressiven Verhaltens. Der EAS umfaßt 22 Konfliktsituationen (s. Abb. 9), die aus unterschiedlichen Alltagsbereichen von Kindern (Schule, Freizeit und zu Hause) stammen. Es liegen unterschiedliche Versionen für Mädchen (EAS-M) und Jungen (EAS-J) vor. Durch Bild- und Textinformationen soll eine Identifikation mit der beschriebenen Situation erleichtert und die Befragung motivierender gestaltet werden. Das Kind soll zwischen drei formulierten Reaktionsmöglichkeiten, wie es sich in der konkreten Situation verhalten würde, entscheiden. Die Reaktionsformen sind den Kategorien „sozial erwünscht", „leicht aggressiv" und „aggressiv" zugeordnet. Hierbei wird auf eine Klassifikation aggressiven Verhaltens, wie sie bereits in Tabelle 1 dargestellt ist, zurückgegriffen. Alters- und geschlechtsspezifische Normwerte erlauben eine Beurteilung, ob es sich um klinisch relevantes Verhalten handelt.

Somit besteht die Möglichkeit einer *situations- und verhaltensbezogenen Klassifikation* des aggressiven Verhaltens und die Möglichkeit, eine auf den konkreten Fall zugeschnittene Therapieplanung vorzunehmen.

Verschiedene Techniken werden im Umgang mit dem aggressiven Verhalten der Kinder in Einzel- und Gruppensitzungen eingesetzt (s. Tab. 6). Im Kasten 8 ist beispielhaft für eine Entspannungsübung ein Auszug aus der *Kapitän-Nemo-Geschichte* (Ruheinstruktion; Petermann, 1994) angeführt. Ein wesentlicher Aspekt besteht in der Übertragung der erlernten Inhalte auf den Alltag (z. B. mit Hilfe von Verhaltensaufgaben).

Tabelle 6:
Techniken und Ziele des Trainings mit aggressiven Kindern (nach Petermann & Petermann, 2001).

Ziele	**Techniken**
• Entspannung und motorische Ruhe	• bildgetragene Entspannungsgeschichten
• differenzierte Wahrnehmung	• Videofilme mit Konfliktsituationen • Wahrnehmungsspiele • Problemlösespiele
• Selbstkontrolle	• Selbstbeobachtungsbogen • Selbstinstruktionskarten
• angemessene Selbstbehauptung • Einfühlungsvermögen • Kooperation, Hilfeverhalten und prosoziales Verhalten	• strukturierte Rollenspiele

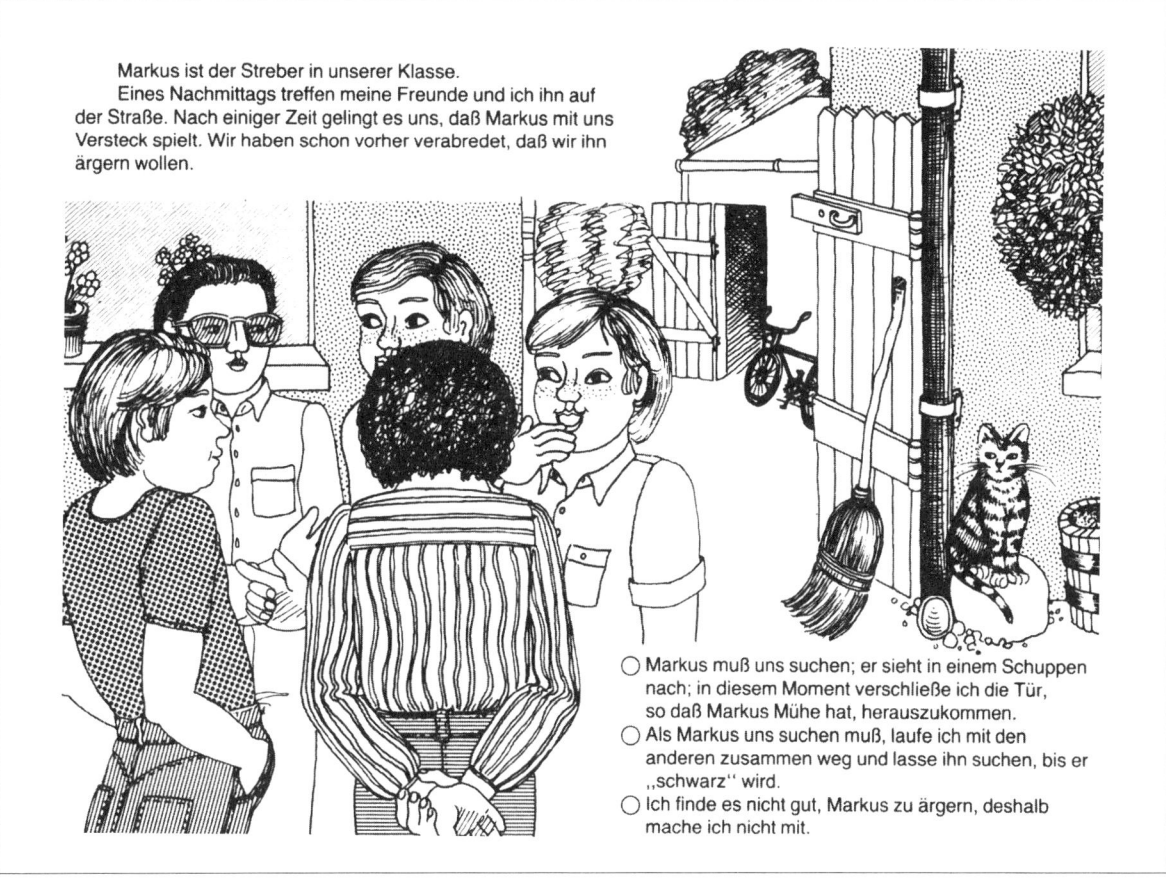

Markus ist der Streber in unserer Klasse.
Eines Nachmittags treffen meine Freunde und ich ihn auf
der Straße. Nach einiger Zeit gelingt es uns, daß Markus mit uns
Versteck spielt. Wir haben schon vorher verabredet, daß wir ihn
ärgern wollen.

○ Markus muß uns suchen; er sieht in einem Schuppen
nach; in diesem Moment verschließe ich die Tür,
so daß Markus Mühe hat, herauszukommen.
○ Als Markus uns suchen muß, laufe ich mit den
anderen zusammen weg und lasse ihn suchen, bis er
„schwarz" wird.
○ Ich finde es nicht gut, Markus zu ärgern, deshalb
mache ich nicht mit.

Abbildung 9:
Beispielsituation aus dem Erfassungsbogen für aggressives Verhalten in konkreten Situationen (hier aus der Version für Jungen, EAS-J, Situation 19; Petermann & Petermann, 2000b).

Die Kinder sollen mit Hilfe der in Tabelle 6 angeführten Materialien und Techniken

- zu einer genaueren Wahrnehmung sozialer Konfliktsituationen und von Handlungsabläufen kommen,
- angemessene Formen der Selbstbehauptung erproben,

- prosoziales Verhalten erlernen,
- aggressive Impulse kontrollieren lernen (z. B. mit Hilfe des Detektivbogens zur Selbstbeobachtung; s. Döpfner, Lehmkuhl, Petermann & Scheithauer in diesem Buch) und
- Empathie und die Fähigkeit der Rollenübernahme erlernen.

Kasten 8:
Auszug aus der Kapitän-Nemo-Geschichte (Ruheinstruktion; Petermann, 1994, S. 319).

„Stelle Dir vor, Du bist von Kapitän Nemo in sein Unterwasserboot Nautilus eingeladen worden. Ihr fahrt gemeinsam durch alle Weltmeere und seht wunderschöne Dinge unter Wasser. Die schönsten Stunden sind immer die, wenn Kapitän Nemo Dich auf seine Unterwasserausflüge mitnimmt. Dazu ziehst Du einen speziellen Taucheranzug an. Er hat eine besondere Wirkung auf Dich; Du merkst nämlich schon beim Anziehen, daß Du vollkommen ruhig wirst. Zuerst steigst Du mit dem rechten Bein in den Taucheranzug. Du merkst und denkst: Mein rechtes Bein ist ganz ruhig. Dann kommt das linke Bein dran. Auch das linke Bein wird ganz ruhig. Du denkst: Meine Beine sind schon vollkommen ruhig. Du ziehst den Taucheranzug über den Po und den Rücken hoch. Dann schlüpfst Du mit dem rechten Arm in den Taucheranzug, und Du denkst: Mein rechter Arm ist ganz ruhig. Du ziehst den linken Arm an, und er wird auch vollkommen ruhig. Du denkst: Meine beiden Arme sind vollkommen ruhig. Du ziehst noch die Kapuze über den Kopf und machst den Reißverschluß vorne zu. Jetzt bist Du vom Taucheranzug rundum eingehüllt und geschützt. Du fühlst Dich im Taucheranzug wohl, sicher und vollkommen ruhig. Zum Schluß ziehst Du noch die Schwimmflossen an, nimmst das Sauerstoffgerät auf den Rücken und setzt die Taucherbrille auf. Jetzt bist Du für den Unterwasserausflug mit Kapitän Nemo bereit."

Kasten 9:
Instruktion zum Igelspiel (aus Petermann & Petermann, 2001, S. 241).

„Ich werde Euch zuerst kurz eine Geschichte erzählen, die ich gehört habe und Ihr vielleicht auch schon. Hört gut zu. Vor einigen Tagen ging ich im Wald spazieren. Es war schon etwas dämmrig. Plötzlich raschelt etwas im Laub, und ich sah einen Igel vor mir auf dem Boden. Er suchte vermutlich Futter. Ich wollte mir den Igel genauer betrachten. So nah hatte ich noch keinen gesehen. Als ich näher kam ... was ist da wohl passiert? – Richtig, der Igel hat sich zusammengerollt. Warum wohl? – Jawohl, weil der Boden durch meine näherkommenden Schritte erschüttert wurde. Glaubt Ihr, daß Menschen sich manchmal auch in sich zurückziehen, so wie ein Igel sich einrollt und dann niemanden an sich heranlassen? – Wie sieht das denn bei Menschen aus? Was machen Menschen dann und was machen sie nicht? – Wenn man dann versucht, an sie heranzukommen, pieksen sie einen auch so, wie der Igel mit seinen Stacheln das kann? – Was haben Menschen wohl für Gründe, sich einzuigeln? Heute wollen wir das Igelspiel zusammen spielen. Es spielen immer nur zwei Kinder zusammen. Der eine soll sich einrollen wie ein Igel; der andere muß versuchen, ihn hervorzulocken. Derjenige, der sich zusammenrollt, muß sich vorstellen, daß ihn etwas sehr geärgert hat. Jemand hat ihn beleidigt und verletzt. Deshalb zieht er sich wütend und vielleicht auch traurig zurück. Das macht er, indem er sich wie ein Igel einrollt, abkapselt und manchmal seine Stacheln aufstellt."

Ein Beispiel für ein Rollenspiel, das das Einfühlungsvermögen des Kindes und den Aufbau von Empathie fördern soll, stellt das „Igelspiel" dar (s. Kasten 9).

Im Rahmen der begleitenden Familien- und Elternarbeit wird im Elterntraining versucht, ein angemessenes Erziehungs- und Interaktionsverhalten im Umgang mit dem Kind aufzubauen. Die verfolgten Ziele gleichen den bereits beschriebenen Aspekten von Elterntrainingsprogrammen. Zur Umsetzung dieser Ziele werden die Eltern in der systematischen Verhaltensbeobachtung und -verstärkung geschult (z. B. konsequentes und eindeutiges Loben, Techniken des Ignorierens und des sozialen Ausschlusses). Typische Konfliktsituationen werden besprochen und analysiert. Die Eltern sollen lernen, ihr Kind für gewünschte Verhaltensweisen konsequent zu loben, ungewünschte Verhaltensweisen hingegen konsequent zu bestrafen oder zu ignorieren. Dabei stehen Arbeitsmaterialien zur Verfügung, mit deren Hilfe die Eltern neue Verhaltensweisen einüben können. Das erworbene Wissen soll zunehmend auf den familiären Alltag übertragen werden.

In einer Metaanalyse konnten Petermann und Bochmann (1993) bei Kindern, die mit dem Training behandelt wurden, bedeutende Verhaltensänderungen ermitteln; insbesondere positives, prosoziales Verhalten nahm zu. Besonders stabile Erfolge konnten erzielt werden, wenn es gelang, Alltagserfahrungen des Kindes in das Training miteinzubeziehen.

Training mit Jugendlichen

Das Training mit Jugendlichen zur Förderung des Arbeits- und Sozialverhaltens (Petermann & Petermann, 2000a) stellt ein Behandlungspaket für Jugendliche zum Aufbau sozial-kompetenten Verhaltens dar, das Grundprinzipien der bereits beschriebenen sozialen und kognitiven Fertigkeits- und Problemlösetrainings enthält. Mit Hilfe des Trainings sollen Jugendliche ler-

nen, Probleme in verschiedenen Lebensbereichen (z. B. Ausbildung und Beruf, Freizeitverhalten, Umgang mit dem Partner oder Gleichaltrigenbeziehungen) konstruktiv und effektiv anzugehen, statt aggressiv oder apathisch zu reagieren. In Einzel- und Gruppensitzungen sollen die Jugendlichen

* zu einer verbesserten Selbstwahrnehmung und Selbstkontrolle sowie
* zu einem verbesserten Einfühlungsvermögen gegenüber anderen Personen und Situationen gelangen,
* einen angemessenen Umgang mit den eigenen Gefühlen sowie
* ein stabiles Selbstbild aufbauen und
* zu einem angemessenen Umgang mit Selbstkritik, Kritik, Mißerfolgen aber auch Lob und Bestätigung durch andere gelangen.

Ein wesentlicher Aspekt des Trainings liegt somit in der Vermittlung der Erfahrung von Selbstwirksamkeit. Vor den Gruppensitzungen sind zunächst mindestens fünf Einzelsitzungen zu folgenden Themenbereichen zu durchlaufen:

* Beruf und Zukunft,
* Freizeit und Familie,
* Lebensschicksale und Eigenverantwortung,
* schwierigen und verlockenden Situationen Widerstehen lernen und
* eigenständiges Problemlösen.

Diese Themenblöcke, ebenso wie eine ungünstige Selbstwahrnehmung oder Problemverhaltensweisen der Jugendlichen, werden mit Hilfe von Bildmaterialien (Photos oder Cartoons), Tagebüchern etc. thematisiert. Abbildung 10 gibt als Beispiel ein ausgefülltes Tagebuch eines Jugendlichen wieder.

In den weiteren, mindestens zwölf Gruppensitzungen werden unter anderem folgende Ziele verfolgt:

- Der Umgang mit eigenen Gefühlen und den Gefühlen anderer (z. B. anhand von Bildmaterialien, die in der Gruppe diskutiert werden),
- das Üben von Einfühlungsvermögen und der Selbstsicherheit im Umgang mit anderen (z. B. soll in einem Partnerspiel ein Jugendlicher einen anderen mit verbundenen Augen führen),
- das Akzeptieren von Außenseitern,
- Ausdruck von Lob und Anerkennung,
- Argumentieren lernen und
- das Üben von Vorstellungsgesprächen und dem Umgehen mit Kritik im Beruf sowie mit Mißerfolgen.

Diese Ziele sollen in den für das Sozialtraining entscheidenden Gruppensitzungen umgesetzt werden: Anhand von Diskussionen und Rollenspielen sollen einerseits Problemsituationen bewußt gemacht und andererseits konkrete Verhaltensweisen eingeübt werden. Darüber hinaus werden konkrete Verhaltensübungen im Alltag der Jugendlichen angestrebt.

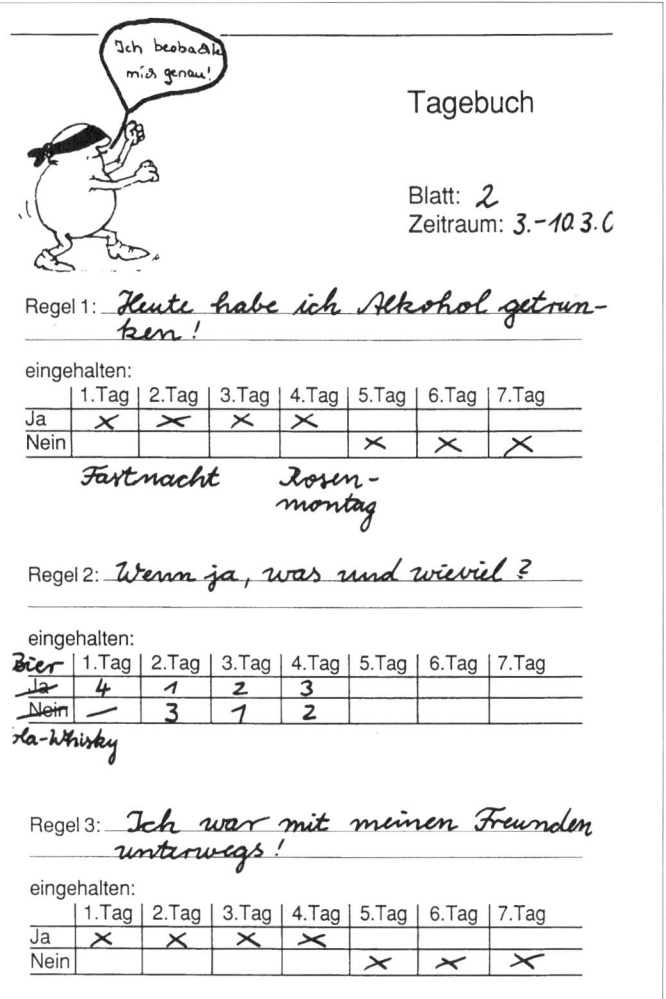

Abbildung 10:
Ausgefülltes Tagebuch eines Jugendlichen zur Selbstbeobachtung und Selbstkontrolle (aus Petermann & Petermann, 2000a, S. 88).

Zusammenfassung

Aggressives Verhalten ist darauf ausgerichtet, jemanden indirekt oder direkt zu schädigen und kann auch dissoziales oder delinquentes Verhalten umfassen. Aggressives Verhalten zählt zu den häufigsten Störungen im Kindes- und Jugendalter, bis zu 9 % der Kinder und Jugendlichen weisen diese Störung auf. Ältere Kinder und Jugendliche sowie Jungen sind häufiger betroffen. Im DSM-IV werden die Störung mit Oppositionellem Trotzverhalten und die Störung des Sozialverhaltens, die ernstere aggressive und delinquente Symptome umfaßt, unterschieden. Häufig treten komorbid weitere externalisierende Störungen, wie Aufmerksamkeitsstörungen, aber auch beispielsweise Depression oder andere psychische Störungen auf, die den weiteren Verlauf ungünstig beeinflussen. Der Verlauf aggressiven Verhaltens erweist sich insbesondere dann als stabil, wenn das Verhalten bereits früh auftritt und mit Aufmerksamkeitsstörungen verbunden ist.

Es werden unterschiedliche Entwicklungspfade abgegrenzt: Ein früh beginnender, über den Lebenslauf stabiler sowie ein auf das Jugendalter begrenzter Entwicklungspfad. Bei einem stabilen Verlauf aggressiven Verhaltens, der nur eine kleine Risikogruppe, fast ausschließlich Jungen, betrifft, ist die Wahrscheinlichkeit wiederholten delinquenten Verhaltens sowie einer Antisozialen Persönlichkeitsstörung im Erwachsenenalter sehr hoch. Eine Vielzahl risikoerhöhender Faktoren, die eine Entwicklung aggressiven Verhaltens begünstigen, können angeführt werden, wobei insbesondere die Risikomechanismen (also die Wechselwirkungen und Abfolgen im Auftreten) von Bedeutung sind. Die Entstehung aggressiven Verhaltens kann dabei als eine Wechselwirkung zwischen genetischen Einflüssen (Vulnerabilitäten, biologischen Faktoren etc.), sozialen risikoerhöhenden Bedingungen (Gleichaltrigenbeziehungen, Erziehungsverhalten der Eltern, etc.) sowie Lernerfahrungen des

Kindes (z.B. innerhalb der Eltern-Kind-Interaktion) angesehen werden, die seine weitere Wahrnehmung und sein weiteres Verhalten in sozialen Situationen beeinflußt.

Als wirksam in der Behandlung aggressiven Verhaltens erweisen sich, je nach Alter des Kindes, soziale oder kognitive Fertigkeits- und Problemlösetrainings, die darauf ausgerichtet sind, kognitive und soziale Fertigkeiten der Kinder zu verbessern, sowie Elterntrainings, die den Eltern der Kinder vermitteln sollen, wie sie das Problemverhalten ihres Kindes systematisch beeinflussen können. Besonders erfolgreich sind dabei multimodale und multimethodale Trainings, die unterschiedliche Umgebungen (Schule und zu Hause) und Personen (Eltern und das Kind selbst) in der Behandlung berücksichtigen, verschiedene therapeutische Techniken und Trainings (z.B. Elterntraining und soziales Fertigkeitstraining für das Kind) kombinieren und die in Form von Therapiemanualen vorliegen.

Verständnisfragen

1. Wie gestaltet sich der Verlauf aggressiven Verhaltens, und wodurch lassen sich die unterschiedlichen Entwicklungspfade kennzeichnen?

2. Welche risikoerhöhenden Bedingungen lassen sich anführen? Warum ist es dabei sinnvoll, Risikomechanismen zu betrachten?

3. Welche Interventionen erweisen sich bei aggressivem Verhalten im frühen Kindesalter und im Kindes- und Jugendalter als besonders sinnvoll und warum?

4. Welche Faktoren sind bei der Interventionsplanung im einzelnen zu beachten?

Weiterführende Literatur

Loeber, R. & Farrington, D. P. (Eds.). (1998). *Serious and violent juvenile offenders. Risk factors and successful interventions.* Thousand Oaks: Sage.

Petermann, F. & Petermann, U. (2000). *Aggressionsdiagnostik.* Göttingen: Hogrefe.

Petermann, F. & Petermann, U. (2001). *Training mit aggressiven Kindern (10., völlig veränd. Auflage).* Weinheim: Psychologie Verlags Union.

Quay, H. C. & Hogan, A. E. (Eds.) (1999). *Handbook of discruptive behavior disorders.* New York: Kluwer Academic/Plenum.

Stoff, D. M., Breiling, J. & Maser, J. D. (Eds.). (1997). *Handbook of antisocial behavior.* New York: Wiley.

Literatur

Abikoff, H. & Klein, R. G. (1992). Attention-deficit hyperactivity and conduct disorder: Comorbidity and implications for treatment. *Journal of Consulting and Clinical Psychology, 60,* 881–892.

Achenbach, T. M. (1991). *Integrative guide for the 1991 CBCL / 4-18, YSR, and TRF profiles.* Burlington: University of Vermont, Department of Psychiatry.

Achenbach, T. M. (1993). Taxonomy and comorbidity of conduct problems: Evidence from empirically based approaches. *Development and Psychopathology, 5,* 51–64.

American Academy of Child and Adolescent Psychiatry Practice Parameters (AACAPPP) (1997). Practice parameters for the assessment and treatment of children and adolescents with conduct disorder. *Journal of the American Academy of Child and Adolescent Psychiatry, 36 (Supplement),* 122–139.

American Psychiatric Association (1984). *Diagnostisches und Statistisches Manual Psychischer Störungen (DSM-III).* Weinheim: Beltz.

American Psychiatric Association (1989). *Diagnostisches und Statistisches Manual Psychischer Störungen (DSM-III-R).* Weinheim: Beltz.

American Psychiatric Association (1996). *Diagnostisches und Statistisches Manual Psychischer Störungen (DSM-IV).* Göttingen: Hogrefe.

Ammerman, R.T. & Hersen, M. (Eds.). (1993). *Handbook of behavior therapy with children and adults.* Boston: Allyn & Bacon.

Anderson, J.C., Williams, S., McGee, R. & Silva, P. (1987). DSM-III disorders in preadolescent children. Prevalence in a large sample from the general population. *Archives of General Psychiatry, 44,* 69–76.

Angold, A. & Costello, E. J. (1993). Depressive comorbidity in children and adolescents: Empirical, theoretical, and methodological issues. *American Journal of Psychiatry, 150,* 1779–1791.

Bardone, A. M., Moffitt, T. E., Caspi, A., Dickson, N. & Silva, P. A. (1996). Adult mental health and social outcome of adolescent girls with depression and conduct disorder. *Development and Psychopathology, 8,* 811–829.

Bender, D. & Lösel, F. (1997). Protective and risk effects of peer relations and social support on antisocial behaviour in adolescents from multi-problem milieus. *Journal of Adolescence, 20,* 661–678.

Bird, H. R., Canino, G., Rubio-Stipec, M., Gould, M. S., Ribera, J., Sesman, M., Woodbury, M., Huertas-Goldman, S., Pagan, A., Sanchez-Lacay, A. & Moscoso, M. (1988). Estimates of the prevalence of childhood maladjustment in a community survey in Puerto Rico. *Archives of General Psychiatry, 45,* 1120–1126.

Blanz, B. (1998). Biologische Korrelate aggressiven Verhaltens. *Zeitschrift für Kinder- und Jugendpsychiatrie und Psychotherapie, 26,* 43–52.

Borduin, C. M., Mann, B. J., Cone, L. T., Henggeler, S. W., Fucci, B. R., Blaske, D.M. & Williams, R.A. (1995). Multisystemic treatment of serious juvenile offenders: Longterm prevention of criminality and violence. *Journal of Consulting and Clinical Psychology, 63,* 569–578.

Boyle, M. H., Offord, D. R., Racine, Y., Sanford, M., Szatmari, P., Fleming, J. E. & Price-Munn, N. (1993). Evaluation of the Diagnostic Interview for Children and Adolescents for use in general population samples. *Journal of Abnormal Child Psychology, 21,* 663–681.

Brack, U. B. (1997). Kontingenzmanagement in der Kinderverhaltenstherapie. In F. Petermann (Hrsg.), *Kinderverhaltenstherapie. Grundlagen und Anwendungen* (64–85). Baltmannsweiler: Schneider.

Brain, P. F. & Susman, E. J. (1997). Hormonal aspects of aggression and violence. In D.M. Stoff, J. Breiling & J. D. Maser (Eds.), *Handbook of antisocial behavior* (314–323). New York: Wiley.

Brennan, P. A. & Mednick, S. A. (1997). Medical histories of antisocial individuals. In D.M. Stoff, J. Breiling & J.D. Maser (Eds.), *Handbook of antisocial behavior* (269–279). New York: Wiley.

Brennan, P. A. & Raine, A. (1997). Biosocial bases of antisocial behavior: Psychophysiological, neurological, and cognitive factors. *Clinical Psychology Review, 17,* 589–604.

Brestan, E. V. & Eyberg, S. M. (1998). Effective psychosocial treatments of conduct-disordered children and adolescents: 29 years, 82 studies, and 5.272 kids. *Journal of Clinical Child Psychology, 27,* 180–189.

Cadoret, R. J., Yates, W. R., Troughton, E., Woodworth, G. & Stewart, M. A. (1995). Genetic-environmental interaction in the genesis of aggressivity and conduct disorders. *Archives of General Psychiatry, 52,* 916–924.

Cairns, R. B., Cadwallader, T. W., Estell, D. & Neckerman, H. J. (1997). Groups to gangs: Developmental and criminological perspectives and relevance for prevention. In D.M. Stoff, J. Breiling & J. D. Maser (Eds.), *Handbook of antisocial behavior* (194–204). New York: Wiley.

Campbell, S. B. (1997). Behavior problems in preschool children. Developmental and family issues. In T. H. Ollendick & R. J. Prinz (Eds.), *Advances in Clinical Child Psychology, Vol. 19* (1–26). New York: Plenum.

Capaldi, D. M. & Patterson, G. R. (1994). Interrelated influences of contextual factors on antisocial behavior in childhood and adolescence for males. In D. C. Fowles, P. Sutker & S. H. Goodman (Eds.), *Progress in experimental personality and psychopathology research* (165–198). New York: Springer.

Carey, G. & Goldman, D. (1997). The genetics of antisocial behavior. In D. M. Stoff, J. Breiling & J. D. Maser (Eds.), *Handbook of antisocial behavior* (243–254). New York: Wiley.

Carlson, C. L., Tamm, L. & Gaub, M. (1997). Gender differences in children with ADHD, ODD, and co-occuring ADHD/ODD identified in a school population. *Journal of the American Academy of Child and Adolescent Psychiatry, 36,* 1706–1714.

Caspi, A. & Moffitt, T. E. (1995). The continuity of maladaptive behavior: From description to understanding in the study of antisocial behavior. In D. Cicchetti & D. J. Cohen (Eds.), *Developmental psychopathology. Vol. 2. Risk, disorder, and adaption* (472–511). New York: Wiley.

Catalano, R. F., Arthur, M. W., Hawkins, J. D., Berglund, L. & Olson, J. J. (1998). Comprehensive community- and school-based interventions to prevent antisocial behavior. In R. Loeber & D. P. Farrington (Eds.), *Serious and violent juvenile offenders. Risk factors and successful interventions* (248–283). Thousand Oaks: Sage.

Chambless, D. L. & Hollon, S. D. (1998). Defining empirically supported therapies. *Journal of Consulting and Clinical Psychology, 66,* 7–18.

Clarkin, J. F. & Kendall, P. C. (1992). Comorbidity and treatment planning: Summary and future directions. *Journal of Consulting and Clinical Psychology, 60,* 904–908.

Comings, D. E. (1997). Genetic aspects of childhood behavioral disorders. *Child Psychiatry and Human Development, 27,* 139–150.

Committee for Children (1992). *Second Step: A violence prevention curriculum (preschool-kindergarten teacher's guide).* Seattle: Author.

Conduct Problems Prevention Research Group (1992). A developmental and clinical model for the prevention of conduct disorder: The FAST Track Program. *Development and Psychopathology, 4,* 509–527.

Connell, S., Sanders, M. R. & Markie-Dadds, C. (1997). Self-directed behavioral family intervention for parents of oppositional children in rural and remote areas. *Behavior Modification, 21,* 379–408.

Constantino, J. N., Grosz, S., Saenger, P., Chandler, D. W., Nandi, R. & Earls, F. J. (1993). Testosterone and aggression in children. *Journal of the American Academy of Child and Adolescent Psychiatry, 32,* 1217–1222.

Costello, A. J., Edelbrock, C., Burns, B. J., Dulchan, M. K., Brent, D. & Janiszewski, S. (1988). Psychiatric disorders in pediatric primary care. Prevalence and risk factors. *Archives of General Psychiatry, 45,* 1107–1116.

Crick, N. R. & Dodge, K. A. (1994). A review and reformulation of social information processing mechanisms in children's social adjustment. *Psychological Bulletin, 115,* 74–101.

Davies, P. T. & Windle, M. (1997). Gender-specific pathways between maternal depressive symptoms, family discord, and adolescent adjustment. *Developmental Psychology, 33,* 657–668.

DeKlyen, M., Biernbaum, M. A., Speltz, M. L. & Greenberg, M. T. (1998). Fathers and preschool behavior problems. *Developmental Psychology, 34,* 264–275.

De Wolff, M. & Van Ijzendoorn, H. (1997). Sensitivity and attachment: A meta-analysis on parental antecedents of infant attachment. *Child Development, 68,* 571–591.

Dishion, T. J., French, D. C. & Patterson, G. R. (1995). The development and ecology of antisocial behavior. In D. Cicchetti & D. J. Cohen (Eds.), *Developmental psychopathology. Vol. 2. Risk, disorder, and adaption* (421–471). New York: Wiley.

Dodge, K. A., Lochman, J. E., Harnish, J. D., Bates, J. E. & Pettit, G. S. (1997). Reactive and proactive aggression in school children and psychiatrically impaired chronically assaultive youth. *Journal of Abnormal Psychology, 106,* 37–51.

Dodge, K. A. & Schwartz, D. (1997). Social information processing mechanisms in aggressive behavior. In D. M. Stoff, J. Breiling & J. D. Maser (Eds.), *Handbook of antisocial behavior* (171–180). New York: Wiley.

Donenberg, G. R. & Weisz, J. R. (1998). Experimental task and speaker effects on parent-child interactions of aggressive and depressed/anxious children. *Journal of Abnormal Child Psychology, 25,* 367–387.

Döpfner, M. (1997). Verhaltenstherapie mit Kindern und Jugendlichen – Konzepte, Ergebnisse und Perspektiven der Therapieforschung. In F. Petermann (Hrsg.), *Kinderverhaltenstherapie. Grundlagen und Anwendungen* (331–366). Baltmannsweiler: Schneider.

Döpfner, M. & Lehmkuhl, G. (1997). Von der kategorialen zur dimensionalen Diagnostik. *Praxis der Kinderpsychologie und Kinderpsychiatrie, 46,* 519–547.

Dumas, J. E. (1996). Why was this child referred? Interactional correlates of referral status in families of children with disruptive behavior problems. *Journal of Clinical Child Psychology, 25,* 106–115.

Dumas, J. E., LaFreniere, P. J. & Serketich, W.J. (1995). "Balance of power": A transactional analysis of control in mother-child dyads involving socially competent, aggressive, and anxious children. *Journal of Abnormal Psychology, 104,* 104–113.

Durlak, J. A., Fuhrman, T. & Lampman, C. (1991). Effectiveness of cognitive behavior therapy for maladapting children: A meta-analysis. *Psychological Bulletin, 110,* 204–214.

Dusenbury, L., Falco, M., Lake, A., Brannigan, R. & Bosworth, K. (1997). Nine critical elements of promising violence prevention programs. *Journal of School Health, 67,* 409–414.

Egeland, B., Pianta, R. & Ogawa, J. (1996). Early behavior problems: Pathways to mental disorders in adolescence. *Development and Psychopathology, 8,* 735–749.

Eiraldi, R. B., Power, T. J. & Nezu, C. M. (1997). Patterns of comorbidity associated with subtypes of attention-deficit/hyperactivity disorder among 6- to 12-year-old children.

Journal of the American Academy of Child and Adolescent Psychiatry, 36, 503–514.

Eron, L. D. (1997). The development of antisocial behavior from a learning perspective. In D. M. Stoff, J. Breiling & J. D. Maser (Eds.), *Handbook of antisocial behavior* (140–147). New York: Wiley.

Eyberg, S. M., Boggs, S. R. & Algina, J. (1995). Parent-child interaction therapy: A psychosocial model for the treatment of young children with conduct problem behavior and their families. *Psychopharmacology Bulletin, 31,* 83–91.

Eyberg, S. M., Schuhmann, E. M. & Rey, J. (1998). Child and adolescent psychotherapy research: Developmental issues. *Journal of Abnormal Child Psychology, 26,* 71–82.

Fagot, B. I. & Leve, L. D. (1998). Teacher ratings of externalizing behavior at school entry for boys and girls: Similar early predictors and different correlates. *Journal of Child Psychology and Psychiatry, 39,* 555–566.

Faraone, S. V., Biederman, J., Jetton, J. G. & Tsuang, M. T. (1997). Attention deficit disorder and conduct disorder: Longitudinal evidence for a familial subtype. *Psychological Medicine, 27,* 291–300.

Faraone, S. V., Biederman, J., Keenan, K. & Tsuang, M. T. (1991). Separation of DSM-III attention deficit disorder and conduct disorder: Evidence from a family genetic study of American child psychiatry patients. *Psychological Medicine, 21,* 109–121.

Farrington, D. P. (1995). The Twelfth Jack Tizard Memorial Lecture. The development of offending and antisocial behaviour from childhood: Key findings from the Cambridge Study in Delinquent Development. *Journal of Child Psychology and Psychiatry, 360,* 929–964.

Farrington, D. P. (1997). A critical analysis of research on the development of antisocial behavior from birth to adulthood. In D. M. Stoff, J. Breiling & J. D. Maser (Eds.), *Handbook of antisocial behavior* (234–240). New York: Wiley.

Fergusson, D. M. (1998). Stability and change in externalizing behaviours. *European Archives of Psychiatry and Clinical Neuroscience, 248,* 4–13.

Fergusson, D. M., Horwood, L. J. & Lynskey, M.T. (1993). Prevalence and comorbidity of DSM-III-R diagnoses in a birth cohort of 15 year olds. *Journal of the American Academy of Child and Adolescent Psychiatry, 32,* 1127–1134.

Fergusson, D. M., Horwood, L. J. & Lynskey, M.T. (1995). The stability of disruptive childhood behaviors. *Journal of Abnormal Child Psychology, 23,* 379–396.

Fergusson, D. M., Lynskey, M. T. & Horwood, L.J. (1996). Factors associated with continuity and changes in disruptive behavior patterns between childhood and adolescence. *Journal of Abnormal Child Psychology, 24,* 533–553.

Flisher, A. J., Kramer, R. A., Hoven, C. W., Greenwald, S., Alegria, M., Bird, H. R., Canino, G., Connell, R. & Moore, R. E. (1997). Psychosocial characteristics of physically abused children and adolescents. *Journal of the American Academy of Child and Adolescent Psychiatry, 36,* 123–131.

Forehand, R., Miller, K. S., Dutra, R. & Chance, M.W.

(1997). Role of parenting in adolescent deviant behavior: Replication across and within two ethnic groups. *Journal of Consulting and Clinical Psychology, 65,* 1036–1041.

Frick, P. J. (1994). Family dysfunction and the disruptive behavior disorders. A review of recent empirical findings. In R. Ollendick & R.J. Prinz (Eds.), *Advances in clinical child psychology, Vol. 16* (203–226). New York: Plenum.

Frick, P. J., Lahey, B. B., Loeber, R., Tannenbaum, L., Van Horn, Y., Christ, M. A. G., Hart, E. A. & Hanson, K. (1993). Oppositional defiant disorder and conduct disorder: A meta-analytic review of factor analyses and cross-validation in a clinic sample. *Clinical Psychology Review, 13,* 319–340.

Garber, J., Quiggle, N. L., Panak, W. F. & Dodge, K. A. (1991). Aggression and depression in children: Comorbidity, specificity, and social cognitive processing. In D. Cicchetti & S. Toth (Eds.), *Rochester symposium on developmental psychopathology. Vol. 2. Internalizing and externalizing expressions of dysfunction* (225–264). Hillsdale: Erlbaum.

Giancola, P. R., Mezzich, A. C. & Tarter, R. E. (1998). Executive cognitive functioning, temperament, and antisocial behavior in conduct-disordered adolescent females. *Journal of Abnormal Psychology, 107,* 629–641.

Giordano, P. C. & Cernkovich, S. A. (1997). Gender and antisocial behavior. In D. M. Stoff, J. Breiling & J. D. Maser (Eds.), *Handbook of antisocial behavior* (496–510). New York: Wiley.

Gjone, H. & Stevenson, J. (1997). The association between internalizing and externalizing behavior in childhood and early adolescence: Genetic or environmental common influences? *Journal of Abnormal Child Psychology, 25,* 277–286.

Greenberg, M. T., Kusche, C. A., Cook, E. T. & Quamma, J. P. (1995). Promoting emotional competence in school-aged children: The effects of the PATHS curriculum. *Development and Psychopathology, 7,* 117–136.

Greenberg, M. T., Speltz, M. L. & DeKlyen, M. (1993). The role of attachment in the early development of disruptive behavior problems. *Development and Psychopathology, 5,* 191–213.

Groen, G., Scheithauer, H., Essau, C. A. & Petermann, F. (1997). Epidemiologie depressiver Störungen im Kindes- und Jugendalter: Eine kritische Übersicht. *Zeitschrift für Klinische Psychologie, Psychiatrie und Psychotherapie, 45,* 113–142.

Grossman, D. C., Neckerman, H. J., Koepsell, T.D., Liu, P. Y., Asher, K. N., Beland, K., Frey, K. & Rivara, F. P. (1997). Effectiveness of a violence prevention curriculum among children in elementary school. A randomized controlled trial. *Journal of the American Medical Association, 277,* 1605–1611.

Guerra, N. G., Huesmann, L. R., Tolan, P. H., Van Acker, R. & Eron, L. D. (1995). Stressful events and individual beliefs as correlates of economic disadvantage and aggression among urban children. *Journal of Consulting and Clinical Psychology, 63,* 518–528.

Hämäläinen, M. & Pulkkinen, L. (1996). Problem behavior as a precursor of male criminality. *Development and Psychopathology, 8,* 443–455.

Harold, G. T., Fincham, F. D., Osborne, L. N. & Conger, R. D. (1997). Mom and Dad are at it again: Adolescent perceptions of marital conflict and adolescent psychological distress. *Developmental Psychology, 33,* 333–350.

Hartung, C. M. & Widiger, T. A. (1998). Gender differences in the diagnosis of mental disorders: Conclusions and controversies of the DSM-IV. *Psychological Bulletin, 123,* 260–278.

Hawkins, J. D., Arthur, M. W. & Olson, J. J. (1997). Community interventions to reduce risks and enhance protection against antisocial behavior. In D. M. Stoff, J. Breiling & J. D. Maser (Eds.), *Handbook of antisocial behavior* (365–374). New York: Wiley.

Heekerens, H.-P. (1993). Behavioral-systemische Ansätze bei der Behandlung von Verhaltensstörungen. In F. Petermann & U. Petermann (Hrsg.), *Angst und Aggression bei Kindern und Jugendlichen* (77–89). München: Quintessenz.

Henggeler, S. W. (1994). *Treatment manual for family preservation using multisystemic therapy.* Charleston: Medical University of South Carolina, South Carolina Health and Human Services Finance Commission.

Henggeler, S. W., Cunningham, P. B., Pickrel, S.G., Schoenwald, S. K. & Brondino, M. J. (1996). Multisystemic therapy: An effective violence prevention approach for serious juvenile offenders. *Journal of Adolescence, 19,* 47–61.

Herpertz-Dahlmann, B. & Remschmidt, H. (1995). Entwicklungsabweichungen infolge von Störungen der Kind-Umwelt-Interaktion im Säuglingsalter. *Kindheit und Entwicklung, 4,* 15–24.

Heubrock, D. & Petermann, F. (1998). Neuropsychologische Diagnostik und Therapie bei umschriebenen Teilleistungsstörungen. *Kindheit und Entwicklung, 7,* 50–57.

Hibbs, E. D., Clarke, G., Hechtman, L., Abikoff, H. B., Greenhill, L. L. & Jensen, P. S. (1997). Manual development for the treatment of child and adolescent disorders. *Psychopharmacology Bulletin, 33,* 619–629.

Hinshaw, S. P. (1992). Externalizing behavior problems and academic underachievement in childhood and adolescence: Causal relationships and underlying mechanisms. *Psychological Bulletin, 111,* 127–155.

Hinshaw, S. P., Lahey, B. B. & Hart, E. L. (1993). Issues of taxonomy and comorbidity in the development of conduct disorder. *Development and Psychopathology, 5,* 31–49.

Hoyt, S. & Scherer, D. G. (1998). Female juvenile delinquency: Misunderstood by the juvenile justice system, neglected by social science. *Law and Human Behavior, 22,* 81–107.

Kagan, J. (1998). Biology and the child. In W. Damon & N. Eisenberg (Eds.), *Handbook of child psychology (5th edition). Vol. 3. Social, emotional, and personality development* (177–235). New York: Wiley.

Kandel, E. & Mednick, S. A. (1991). Perinatal complications predict violent offending. *Criminology, 29,* 519–529.

Kashani, J. H., Beck, N. C., Hoeper, E. W., Fallahi, C., Corcoran, C. M., McAllister, J.A., Rosenberg, T. K. & Reid, J. C. (1987). Psychiatric disorders in a community sample of adolescents. *American Journal of Psychiatry, 144,* 584–589.

Kashani, J. H., Orvaschel, H., Rosenberg, T. K. & Reid, J. C. (1989). Psychopathology in a community sample of children and adolescents: A developmental perspective. *Journal of the American Academy of Child and Adolescent Psychiatry, 28,* 701–706.

Kasius, M. C., Ferdinand, R. F., van den Berg, H. & Verhulst, F. C. (1997). Associations between different diagnostic approaches for child and adolescent psychopathology. *Journal of Child Psychology and Psychiatry, 38,* 625–632.

Katz, L. F. & Gottman, J. (1993). Patterns of marital conflict predict children's internalizing and externalizing behaviors. *Developmental Psychopathology, 29,* 940–950.

Kazdin, A. E. (1995a). *Conduct disorders in childhood and adolescence (2nd edition).* Thousand Oaks: Sage.

Kazdin, A. E. (1995b). Child, parent and family dysfunction as predictors of outcome in cognitive-behavioral treatment of antisocial children. *Behaviour Research and Therapy, 33,* 271–281.

Kazdin, A. E. (1997). Practioner review: Psychosocial treatments for conduct disorder in children. *Journal of Child Psychology and Psychiatry, 38,* 161–178.

Kazdin, A. E., Mazurick, J. L. & Siegel, T. C. (1994). Treatment outcome among children with externalizing disorder who terminate prematurely versus those who complete psychotherapy. *Journal of the American Academy of Child and Adolescent Psychiatry, 33,* 549–557.

Kazdin, A. E. & Weisz, J. R. (1998). Identifying and developing empirically supported child and adolescent treatments. *Journal of Consulting and Clinical Psychology, 66,* 19–36.

Keenan, K. & Shaw, D. (1997). Developmental and social influences on young girls' early problem behavior. *Psychological Bulletin, 121,* 95–113.

Keller, M. B., Lavori, P. W., Beardslee, W. R., Wunder, J., Schwartz, C. E., Roth, J. & Biederman, J. (1992). The disruptive behavioral disorder in children and adolescents: Comorbidity and clinical course. *Journal of the American Academy of Child and Adolescent Psychiatry, 31,* 204–209.

Kingston, L. & Prior, M. (1995). The development of patterns of stable, transient, and school-age onset aggressive behavior in young children. *Journal of the American Academy of Child and Adolescent Psychiatry, 34,* 348–358.

Kovacs, M., Paulauskas, S., Gatsonis, C. & Richards, C. (1988). Depressive disorders in childhood: III. A longitudinal study of comorbidity with and risk for conduct disorders. *Journal of Affective Disorders, 15,* 205–217.

Kratzer, L. & Hodgins, S. (1997). Adult outcome of child conduct problems: A cohort study. *Journal of Abnormal Child Psychology, 25,* 65–81.

Kuhne, M., Schachar, R. & Tannock, R. (1997). Impact of comorbid oppositional or conduct problems on attention-deficit hyperactivity disorder. *Journal of the American Academy of Child and Adolescent Psychiatry, 36,* 1715–1725.

Kusch, M. & Petermann, F. (1997). Komorbidität von Aggression und Depression. *Kindheit und Entwicklung, 6,* 212–223.

Lahey, B. B., Applegate, B., Barkley, R. A., Garfinkel, B., McBurnett, K., Kerdyk, L., Greenhill, L., Hynd, G. W., Frick, P. J., Newcorn, J., Biederman, J., Ollendick, T.,

Hart, E. L., Perez, D., Waldman, I. & Shaffer, D. (1994). DSM-IV field trials for oppositional defiant disorder and conduct disorder in children and adolescents. *American Journal of Psychiatry, 151,* 1163–1171.

Lahey, B. B. & Loeber, R. (1997). Attention-deficit/hyperactivity disorder, oppositional defiant disorder, conduct disorder, and adult antisocial behavior: A life span perspective. In D. M. Stoff, J. Breiling & J. D. Maser (Eds.), *Handbook of antisocial behavior* (51–59). New York: Wiley.

Lahey, B. B., Loeber, R., Hart, E. L., Frick, P. J., Applegate, B., Zhang, Q., Green, S. M. & Russo, M. F. (1995). Four-year longitudinal study of conduct disorder in boys: Patterns and predictors of persistence. *Journal of Abnormal Psychology, 104,* 83–93.

Laucht, M., Esser, G. & Schmidt, M. H. (1997). Wovor schützen Schutzfaktoren? Anmerkungen zu einem populären Konzept der modernen Gesundheitsforschung. *Zeitschrift für Entwicklungspsychologie und Pädagogische Psychologie, 29,* 260–270.

Lipsey, M. W. (1992). Juvenile delinquency treatment: A meta-analytic inquiry into the variability of effects. In T. D. Cook, H. Cooper, D. S. Cordray, H. Harmann, L. D. Hedges, R. J. Light, T. A. Lewis & F. Mosteller (Eds.), *Meta-analysis for explanation: A casebook* (83–127). New York: Sage.

Lipsey, M. W. & Wilson, D. B. (1998). Effective intervention for serious juvenile offenders: A synthesis of research. In R. Loeber & D.P. Farrington (Eds.), *Serious and violent juvenile offenders. Risk factors and successful interventions* (313–345). Thousand Oaks: Sage.

Lochman, J. E. (1992). Cognitive-behavioral intervention with aggressive boys: Three-year follow-up and preventive effects. *Journal of Consulting and Clinical Psychology, 60,* 426–432.

Lochman, J. E., Dunn, S. E. & Klimes-Dougan, B. (1993). An intervention and consultation model from a social cognitive perspective: A description of the Anger Coping Program. *School Psychology Review, 22,* 458–471.

Loeber, R. (1990). Development and risk factors of juvenile antisocial behavior and delinquency. *Clinical Psychology Review, 10,* 1–41.

Loeber, R. & Farrington, D. P. (Eds.). (1998). *Serious and violent juvenile offenders. Risk factors and successful interventions.* Thousand Oaks: Sage.

Loeber, R. & Hay, D. (1997). Key issues in the development of aggression and violence from childhood to early adulthood. *Annual Review in Psychology, 48,* 371–410.

Loeber, R. & Keenan, K. (1994). The interaction between conduct disorder and its comorbid conditions: Effects of age and gender. *Clinical Psychology Review, 14,* 497–523.

Loeber, R. & Stouthamer-Loeber, M. (1998). Development of juvenile aggression and violence. Some common misconceptions and controversies. *American Psychologist, 53,* 242–259.

Loeber, R., Wung, P., Keenan, K., Giroux, B., Stouthamer-Loeber, M., Van Kammen, W.B. & Maughan, B. (1993). Developmental pathways in disruptive child behavior. *Development and Psychopathology, 5,* 101–131.

Lynam, D. R. (1996). Early identification of chronic offenders: Who is the fledgling psychopath? *Psychological Bulletin, 120,* 209–234.

Maser, J. D. & Cloninger, C. R. (Eds.). (1990). *Comorbidity of mood and anxiety disorders.* Washington: American Psychiatric Press.

Matthys, W. (1997). Residential behavior therapy for children with conduct disorders. *Behavior Modification, 21,* 512–532.

McGee, R., Feehan, M., Williams, S., Partridge, F., Silva, A. & Kelly, J. (1990). DSM-III disorders in a large sample of adolescents. *Journal of the American Academy of Child and Adolescence Psychiatry, 29,* 611–619.

McIntyre, J. G. & Dusek, J. B. (1995). Perceived parental rearing practices and styles of coping. *Journal of Youth and Adolescence, 24,* 499–509.

Moffitt, T. E. (1990). Juvenile delinquency and attention-deficit disorder: Developmental trajectories from age 3 to age 15. *Child Development, 61,* 893–910.

Moffitt, T. E. (1993a). "Life-course persistent" vs. "adolescent-limited" antisocial behavior: A developmental taxonomy. *Psychological Review, 100,* 674–701.

Moffitt, T. E. (1993b). The neuropsychology of conduct disorder. *Development and Psychopathology, 5,* 135–151.

Moffitt, T. E. & Lynam, D. (1994). The neuropsychology of conduct disorder and delinquency: Implications for understanding antisocial behavior. In D. C. Fowles, P. Sutker & S. H. Goodman (Eds.), *Progress in experimental personality and psychopathology research* (233–262). New York: Springer.

Moretti, M. M., Emmrys, C., Grizenko, N., Holland, R., Moore, K., Shamsie, J. & Hamilton, H. (1997). The treatment of conduct disorder: Perspectives from across Canada. *Canadian Journal of Psychiatry, 42,* 637–648.

Nagin, D. S., Farrington, D. P. & Moffitt, T. E. (1995). Life-course trajectories of different types of offenders. *Criminology, 33,* 111–139.

Newman, D. L., Moffitt, T. E., Caspi, A. & Silva, P. A. (1998). Comorbid mental disorders: Implications for treatment and sample selection. *Journal of Abnormal Psychology, 107,* 305–311.

Offord, D. R. (1997). Bridging development, prevention, and policy. In D. M. Stoff, J. Breiling & J. D. Maser (Eds.), *Handbook of antisocial behavior* (357–364). New York: Wiley.

Olds, D., Henderson, C. R., jr., Cole, R., Eckenrode, J., Kitzman, H., Luckey, D., Pettit, L., Sidora, K., Morris, P. & Powers, J. (1998). Long-term effects of nurse home visitation on children's criminal and antisocial behavior: 15-year follow-up of a randomized controlled trial. *Journal of the American Medical Association, 280,* 1238–1244.

Olweus, D. (1995). *Gewalt in der Schule. Was Lehrer und Eltern wissen sollten – und tun können.* Bern: Huber.

Österman, K., Björkvist, K., Lagerspetz, K.M.J., Kaukiainen, A., Landau, S. F., Frączek, A. & Caprara, G. V. (1998). Cross-cultural evidence of female indirect aggression. *Aggressive Behavior, 24,* 1–8.

Pagani, L., Boulerice, B., Tremblay, R. E. & Viatro, F. (1997). Behavioural development in children of divorce and remarriage. *Journal of Child Psychology and Psychiatry, 38,* 769–781.

Pajer, K. A. (1998). What happens to "bad" girls? A review of the adult outcomes of antisocial adolescent girls. *American Journal of Psychiatry, 155,* 862–870.

Pakaslahti, L., Spoof, I., Asplund-Peltola, R.-L. & Keltikangas-Järvinen, L. (1998). Parents' social problem-solving strategies in families with aggressive and non-aggressive girls. *Aggressive Behavior, 24,* 37–51.

Patterson, G. R. & Gullion, M. E. (1968). *Living with children: New methods for parents and teachers.* Champaign, IL: Research Press.

Patterson, G. R., Reid, J. B. & Dishion, T. J. (1992). *Antisocial boys.* Eugene, OR: Castalia.

Perrig-Chiello, P. (1997). Über die lebenslange Bedeutung frühkindlicher Bindungserfahrung. *Kindheit und Entwicklung, 6,* 153–160.

Petermann, F. (1996). *Einzelfalldiagnostik in der klinischen Praxis (3., korr. Auflage).* Weinheim: Psychologie Verlags Union.

Petermann, F. (1997). Methoden und Anwendungsgebiete der Kinderverhaltenstherapie. In F. Petermann (Hrsg.), *Kinderverhaltenstherapie. Grundlagen und Anwendungen* (10-21). Baltmannsweiler: Schneider.

Petermann, F. & Bochmann, F. (1993). Metaanalyse von Kinderverhaltenstrainings: Eine erste Bilanz. *Zeitschrift für Klinische Psychologie, 22,* 137–152.

Petermann, F., Essau, C. A., Turbanisch, U., Conradt, J. & Groen, G. (1999). Komorbidität, Risikofaktoren und Verlauf aggressiven Verhaltens: Ergebnisse der Bremer Jugendstudie. *Kindheit und Entwicklung, 8,* 49–58.

Petermann, F., Gerken, N., Natzke, H. & Walter, H.-J. (2002). *Verhaltenstraining für Schulanfänger.* Paderborn: Schöningh.

Petermann, F., Kusch, M. & Niebank, K. (1998). *Entwicklungspsychopathologie. Ein Lehrbuch.* Weinheim: Psychologie Verlags Union.

Petermann, F., Lehmkuhl, G., Petermann, U. & Döpfner, M. (1995). Klassifikation psychischer Störungen im Kindes- und Jugendalter nach DSM-IV. Ein Vergleich mit DSM-III-R und ICD-10. *Kindheit und Entwicklung, 4,* 171–182.

Petermann, F. & Petermann, U. (2000a). *Training mit Jugendlichen. Förderung von Arbeits- und Sozialverhalten (6., veränd. Auflage).* Göttingen: Hogrefe.

Petermann, F. & Petermann, U. (2000b). *Erfassungsbogen für aggressives Verhalten in konkreten Situationen (EAS-J; EAS-M; 4., korr. Auflage).* Göttingen: Hogrefe.

Petermann, F. & Petermann, U. (2001). *Training mit aggressiven Kindern (10., völlig veränd. Auflage).* Weinheim: Psychologie Verlags Union.

Petermann, F. & Scheithauer, H. (1998). Aggressives und antisoziales Verhalten im Kindes- und Jugendalter. In F. Petermann, M. Kusch & K. Niebank, *Entwicklungspsychopathologie. Ein Lehrbuch* (243–295). Weinheim: Psychologie Verlags Union.

Petermann, U. (1994). Materialien zu Imaginationsverfahren für Kinder. In F. Petermann & D. Vaitl (Hrsg.), *Handbuch der Entspannungsverfahren. Band 2. Anwendungen* (305–345). Weinheim: Psychologie Verlags Union.

Petermann, U. & Petermann, F. (1997). Grundlagen verhaltenstherapeutischer Methoden. In F. Petermann (Hrsg.), *Kinderverhaltenstherapie. Grundlagen und Anwendungen* (22–63). Baltmannsweiler: Schneider.

Pettit, G. S. (1997). The developmental course of violence and aggression. Mechanisms of family and peer influence. *Psychiatric Clinics of North America, 20,* 283–299.

Phares, V. (1996). *Fathers and developmental psychopathology.* New York: Wiley.

Plomin, R., Owen, M. J. & McGuffin, P. (1994). The genetic basis of complex human behaviors. *Science, 264,* 1733-1739.

Plomin, R. & Rutter, M. (1998). Child development, molecular genetics, and what to do with genes once they are found. *Child Development, 69,* 1223–1242.

Plutchik, R. & Van Praag, H. M. (1997). Suicide, impulsivity, and antisocial behavior. In D. M. Stoff, J. Breiling & J. D. Maser (Eds.), *Handbook of antisocial behavior* (101–108). New York: Wiley.

Presse- und Informationsamt der Bundesregierung (1998). Die Kriminalität in der Bundesrepublik Deutschland. Polizeiliche Kriminalstatistik für das Jahr 1997. *Bulletin, 37,* 425–472.

Quay, H. C. (1986). Classification. In H. C. Quay & J. S. Werry (Eds.), *Psychopathological disorders of childhood* (3rd edition;1–34). New York: Wiley.

Raine, A. (1997). Antisocial behavior and psychophysiology: A biosocial perspective and a prefrontal dysfunction hypothesis. In D.M. Stoff, J. Breiling & J.D. Maser (Eds.), *Handbook of antisocial behavior* (289–304). New York: Wiley.

Raine, A., Brennan, P.A. & Mednick, S.A. (1994). Birth complications combined with early maternal rejection at age 1 year predispose to violent crime at age 18 years. *Archives of General Psychiatry, 51,* 984–988.

Reid, J. B. (1993). Prevention of conduct disorder before and after school entry: Relating interventions to developmental findings. *Development and Psychopathology, 5,* 243–262.

Reid, J. B. & Eddy, J. M. (1997). The prevention of antisocial behavior: Some considerations in the search for effective interventions. In D.M. Stoff, J. Breiling & J.D. Maser (Eds.), *Handbook of antisocial behavior* (343–356). New York: Wiley.

Renouf, A. G., Kovacs, M. & Mukerji, P. (1997). Relationship of depressive, conduct, and comorbid disorders and social functioning in childhood. *Journal of the American Academy of Child and Adolescent Psychiatry, 36,* 998–1004.

Reynolds, L. K. & Kelley, M. L. (1997). The efficacy of a response cost-based treatment package for managing aggressive behavior in preschoolers. *Behavior Modification, 21,* 216–230.

Richters, J. E. & Cicchetti, D. (1993). Mark Twain meets DSM-III-R: Conduct disorder, development, and the concept of harmful dysfunction. *Development and Psychopathology, 5,* 5–29.

Rothbart, M. K. & Bates, J. E. (1998). Temperament. In W. Damon & N. Eisenberg (Eds.), *Handbook of child psychology (5th edition). Vol. 3. Social, emotional, and personality development* (105–176). New York: Wiley.

Rothbaum, F. & Weisz, J. (1994). Parental caregiving and child externalizing behavior in nonclinical samples: A meta-analysis. *Psychological Bulletin, 116,* 55–74.

Rutter, M. (1997). Antisocial behavior: Developmental psychopathology perspectives. In D.M. Stoff, J. Breiling & J.D. Maser (Eds.), *Handbook of antisocial behavior* (115–124). New York: Wiley.

Scerbo, A., Raine, A., Venables, P. H. & Mednick, S. A. (1995). Stability of temperament from ages 3 to 11 years in Mauritian children. *Journal of Abnormal Child Psychology, 23,* 607–618.

Schaal, B., Tremblay, R. E., Soussignon, R. & Susman, E. J. (1996). Male testosterone linked to high social dominance but low physical aggression in early adolescence. *Journal of the American Academy of Child and Adolescent Psychiatry, 35,* 1322–1330.

Scheithauer, H. & Petermann, F. (1999). Zur Wirkungsweise von Risiko- und Schutzfaktoren in der Entwicklung von Kindern und Jugendlichen. *Kindheit und Entwicklung, 8,* 3–14.

Schulte, D. (1998). *Therapieplanung (2., unveränd. Auflage).* Göttingen: Hogrefe.

Schwartz, C. E., Snidman, N. & Kagan, J. (1995). Early childhood temperament as a determinant of externalizing behavior in adolescence. *Development and Psychopathology, 8,* 527–537.

Seidman, E., Yoshikawa, H., Roberts, A., Chesir-Teran, D., Allen, L., Friedman, J. L. & Aber, J. L. (1998). Structural and experiental neighborhood contexts, developmental stage, and antisocial behavior among urban adolescents in poverty. *Development and Psychopathology, 10,* 259–281.

Serketich, W. J. & Dumas, J. E. (1996). The effectiveness of behavioral parent training to modify antisocial behavior in children: A meta-analysis. *Behavior Therapy, 27,* 171–186.

Shaw, D. S., Keenan, K. & Vondra, J. I. (1994). Developmental precursors of externalizing behavior: Ages 1 to 3. *Developmental Psychology, 30,* 355–364.

Shaw, D. S. & Winslow, E. B. (1997). Precursors and correlates of antisocial behavior from infancy to preschool. In D. M. Stoff, J. Breiling & J. D. Maser (Eds.), *Handbook of antisocial behavior* (148–158). New York: Wiley.

Snyder, J., Schrepferman, L. & St. Peter, C. (1997). Origins of antisocial behavior. Negative reinforcement and affect dysregulation of behavior as socialization mechanisms in family interaction. *Behavior Modification, 21,* 187–215.

Sonuga-Barke, E. J., Lamparelli, M., Stevenson, J., Thompson, M. & Henry, A. (1994). Behavior problems and preschool intellectual attainment: The associations of hyperactivity and conduct problems. *Journal of Child Psychology and Psychiatry, 35,* 949–960.

Southam-Gerow, M. A. & Kendall, P. C. (1997). Parent-focused and cognitive-behavioral treatments of antisocial youth. In D. M. Stoff, J. Breiling & J. D. Maser (Eds.), *Handbook of antisocial behavior* (384–394). New York: Wiley.

Spitzer, R. L., Davies, M. & Barkley, R. A. (1990). The DSM-III-R field trial of disruptive behavior disorders.

Journal of the American Academy of Child and Adolescent Psychiatry, 29, 690–697.

Stanger, C., Achenbach, T. & Verhulst, F. C. (1997). Accelerated longitudinal comparisons of aggressive versus delinquent syndromes. *Development and Psychopathology, 9,* 43–58.

Stattin, H. & Magnusson, D. (1991). Stability and change in criminal behavior up to age 30: Findings from a prospective, longitudinal study in Sweden. *British Journal of Criminology, 31,* 327–346.

Stattin, H. & Magnusson, D. (1996). Antisocial development: A holistic approach. *Development and Psychopathology, 8,* 617–645.

Stein, D. J., Hollander, E. & Liebowitz, M. R. (1993). Neurobiology of impulsivity and the impulse control disorder. *Journal of Neuropsychiatry and Clinical Neurosciences, 5,* 9–17.

Stein, M. T. & Perrin, E. L. (1998). Guidance for effective discipline. American Academy of Pediatrics. Committee on Psychosocial Aspects of Child and Family Health. *Pediatrics, 101,* 723–728.

Stouthamer-Loeber, M., Loeber, R., Farrington, D. P., Zhang, Q., Van Kammen, W. & Maguin, E. (1993). The double edge of protective and risk factors for delinquency: Interrelations and developmental patterns. *Development and Psychopathology, 5,* 683–701.

Tessier, R., Nadeau, L., Bovin, M. & Tremblay, R.E. (1997). The social behaviour of 11-to 12-year-old children born as low birthweight and/or premature infants. *International Journal of Behavioral Development, 21,* 795–811.

Thomas, A. & Chess, S. (1977). *Temperament and development.* New York: Bruner/Mazel.

Thompson, R. A. (1998). Early sociopersonality development. In W. Damon & N. Eisenberg (Eds.), *Handbook of child psychology (5th edition). Vol. 3. Social, emotional, and personality development* (25–104). New York: Wiley.

Tolan, P. H. & Gorman-Smith, D. (1997). Treatment of juvenile delinquency: Between punishment and therapy. In D. M. Stoff, J. Breiling & J. D. Maser (Eds.), *Handbook of antisocial behavior* (405–415). New York: Wiley.

Tolan, P. H., Guerra, N. G. & Kendall, P. C. (1995). A developmental-ecological perspective on antisocial behavior in children and adolescents: Toward a unified risk and intervention framework. *Journal of Consulting and Clinical Psychology, 63,* 579–584.

Tolan, P. H. & Thomas, P. (1995). The implications of age of onset for delinquincy risk: II. Longitudinal data. *Journal of Abnormal Child Psychology, 23,* 157–181.

Tremblay, R. E., Boulerice, B., Harden, P. W., McDuff, P., Perusse, D., Pihl, R. O. & Zoccolillo, M. (1996). Do children in Canada become more aggressive as they approach adolescence? In Human Resources Development Canada & Statistics Canada (Eds.), *Growing up in Canada: National Longitudinal Survey of Children and Youth* (127–137). Ottawa: Statistics Canada.

Tremblay, R. E. & Craig, W. M. (1995). Developmental crime prevention. In M. Tonry & D.P. Farrington (Eds.), *Building a safer society: Strategic approaches to crime prevention, Vol. 19* (151–236). Chicago: University of Chicago Press.

Tremblay, R. E., Pagani-Kurtz, L., Mâsse, L. C., Vitaro, F. & Pihl, R. O. (1995). A bimodal preventive intervention for disruptive kindergarten boys: Its impact through mid-adolescence. *Journal of Consulting and Clinical Psychology, 63,* 560–568.

Tremblay, R. E., Pihl, R. O., Vitaro, F. & Dobkin, P. L. (1994). Predicting early onset of male antisocial behavior from preschool behavior. *Archives of General Psychiatry, 51,* 732–739.

Turiel, E. (1998). The development of morality. In W. Damon & N. Eisenberg (Eds.), *Handbook of child psychology (5th edition). Vol. 3. Social, emotional, and personality development* (863–932). New York: Wiley.

Van Ijzendoorn, M. H. (1997). Attachment, emergent morality and aggression: Toward a developmental socioemotional model of antisocial behaviour. *International Journal of Behavioral Development, 21,* 703–727.

Van Ijzendoorn, M. H., Feldbrugge, J. T. T. M., Derks, F. C. H., DeRuiter, C., Verhagen, M.F.M., Philipse, M.W.G., Van der Staak, C.F.M. & Riksen-Walraven, J.M.A. (1997). Attachment representations of personality disordered criminal offenders. *American Journal of Orthopsychiatry, 67,* 449–459.

Verhulst, F. C., van der Ende, J., Ferdinand, R.F. & Kasius, M. C. (1997). The prevalence of DSM-III-R diagnoses in a national sample of Dutch adolescents. *Archives of General Psychiatry, 54,* 329–336.

Vitaro, F., Gendreau, P. L., Tremblay, R. E. & Oligny, P. (1998). Reactive and proactive aggression differentially predict later conduct problems. *Journal of Child Psychology and Psychiatry, 39,* 377–385.

Vitaro, F., Tremblay, R. E., Kerr, M., Pagani, L. & Bukowski, W. M. (1997). Disruptiveness, friends' characteristics and delinquency in early adolescence: A test of two competing models of development. *Child Development, 68,* 676–689.

Vitiello, B. & Stoff, D. M. (1997). Subtypes of aggression and their relevance to child psychiatry. *Journal of the American Academy of Child and Adolescent Psychiatry, 36,* 307–315.

Walker, J. L., Lahey, B. B., Russo, M. F., Christ, M. A. G., McBurnett, K., Loeber, R., Stouthamer-Loeber, M. & Green, S. M. (1991). Anxiety, inhibition, and conduct disorder in children: I. Relations to social impairment. *Journal of the American Academy of Child and Adolescent Psychiatry, 30,* 187–191.

Wasserman, G. A. & Miller, L. S. (1998). The prevention of serious and violent juvenile offending. In R. Loeber & D. P. Farrington (Eds.), *Serious and violent juvenile offenders. Risk factors and successful interventions* (197–247). Thousand Oaks: Sage.

Webster-Stratton, C. H. (1996). Early intervention with videotape modeling: Programs for families of children with oppositional defiant disorder or conduct disorder. In E.D. Hibbs & P. S. Jensen (Eds.), *Psychosocial treatments for child and adolescent disorders: Empirically based strategies for clinical practise* (435–474). Washington: American Psychiatric Association.

Webster-Stratton, C. H. (1998). Preventing conduct problems in head start children: Strengthening parenting competencies. *Journal of Consulting and Clinical Psychology, 66,* 715–730.

Webster-Stratton, C. & Hammond, M. (1997). Treating children with early-onset conduct problems: A comparison of child and parent training interventions. *Journal of Consulting and Clinical Psychology, 65,* 93–109.

White, J., Moffitt, T. E., Caspi, A., Bartusch, D.J., Needles, D.J. & Stouthamer-Loeber, M. (1994). Measuring impulsivity and examining its relation to delinquency. *Journal of Abnormal Psychology, 103,* 192–205.

Widom, C. S. (1997). Child abuse, neglect, and witnessing violence. In D. M. Stoff, J. Breiling & J. D. Maser (Eds.), *Handbook of antisocial behavior* (159–170). New York: Wiley.

Wilson, G. T. (1996). Manual-based treatments: The clinical application of research findings. *Behaviour Research and Therapy, 34,* 295–314.

Windle, R. C. & Windle, M. (1995). Longitudinal patterns of physical aggression: Associations with adult social, psychiatric, and personality functioning and testosterone levels. *Development and Psychopathology, 7,* 563–585.

WHO (1993). *Internationale Klassifikation psychischer Störungen. ICD-10, Kapitel V (F). Klinisch-diagnostische Leitlinien* (2. Auflage). Bern: Huber.

Yoshikawa, H. (1994). Prevention as cumulative protection: Effects of early family support and education on chronic delinquency and its risks. *Psychological Bulletin, 115,* 28–54.

Zentner, M. R. (1998). *Die Wiederentdeckung des Temperaments. Eine Einführung in die Kinder-Temperamentsforschung.* Frankfurt: Fischer.

Ziegler, E., Taussig, C. & Black, K. (1992). Early childhood intervention: A promising preventative for juvenile delinquency. *American Psychologist, 47,* 997–1006.

Zimmermann, P., Suess, G. J., Scheuerer-Englisch, H. & Grossmann, K. E. (1999). Bindung und Anpassung von der frühen Kindheit bis zum Jugendalter: Ergebnisse der Bielefelder und Regensburger Längsschnittstudie. *Kindheit und Entwicklung, 8,* 36–48.

Zoccolillo, M. (1993). Gender and the development of conduct disorder. *Development and Psychopathology, 5,* 65–78.

Zoccolillo, M., Pickles, A., Quinton, D. & Rutter, M. (1992). The outcome of childhood conduct disorder: Implications for defining adult personality disorder and conduct disorder. *Psychological Medicine, 22,* 971–986.

Zoccolillo, M., Tremblay, R. & Vitaro, F. (1996). DSM-III-R and DSM-III criteria for conduct disorder in preadolescent girls: Specific but insensitive. *Journal of the American Academy of Child and Adolescent Psychiatry, 35,* 461–470.

8 Angststörungen

von Ulrike Petermann, Cecilia Ahmoi Essau und
Franz Petermann

Inhaltsübersicht

1 Beschreibung und Klassifikation

Betrachtet man Ängste bei Kindern bis in die 70er Jahre, so wurden solche für diese Altersgruppe als normal angesehen und ihnen keine klinische Bedeutung beigemessen. Weder im DSM-II von 1968 noch in der ICD-9 von 1978 existierten spezifische Kriterien für Kinderängste. Mit dem DSM-III (DSM-III-R, 1989) konnten ab den 80er Jahren drei Arten von Ängsten klassifiziert werden, die als kind- und jugendtypisch definiert waren, nämlich die Störung mit Trennungsangst, mit Kontaktvermeidung und mit Überängstlichkeit. Mit dem aktuellen DSM-IV (1996) wurden diese kind- und jugendspezifischen Ängste wieder reduziert, und es blieb nur noch die Störung mit Trennungsangst erhalten. Weitere Angststörungen werden im allgemeinen, also im Erwachsenenteil des DSM-IV klassifiziert. Dort sind kind- und jugendspezifische Hinweise enthalten, sofern zu Erwachsenen Abweichungen existieren. In der ICD-10 (WHO, 1993; 1994) sind kind- und jugendspezifische Ängste differenziert wie ehemals im DSM-III-R aufgeführt, und zwar unter der Bezeichnung „emotionale Störungen". Darüber hinaus gilt es jedoch, auch die Klassifikation der phobischen und anderen Angststörungen im Erwachsenenteil der ICD-10 zu berücksichtigen (Petermann, Lehmkuhl, Petermann & Döpfner, 1995).

Nimmt man alle Angststörungen zusammen, machen diese einen hohen Anteil an den behandlungsbedürftigen psychopathologischen Störungen im Kindes- und Jugendalter aus; nach neueren epidemologischen Studien sind es mindestens zwischen zehn und 15 Prozent (Bernstein, Borchardt & Perwien, 1996; McGee et al., 1990; Poulton et al., 1997).

Neben behandlungsbedürftigen Ängsten gibt es besonders im jungen Kindesalter solche, die normale, altersabhängige Durchgangsphänomene darstellen, wie beispielsweise Angst vor Dunkelheit, vor Gespenstern, vor großen Tieren, vor unvertrauten sowie fremden Personen und Angst vor der Trennung von den wichtigsten Bezugspersonen. Kinderängste sind dann behandlungsbedürftig, wenn sie ein Kind in seinem Alltag stark und anhaltend einschränken. Die Einschränkung resultiert aus einem Flucht- und Vermeidungsverhalten, das langfristig ein Kind in seiner motorischen, kognitiven sowie sozial-emotionalen Entwicklung beeinträchtigt; daraus entstehen Folgeprobleme in Familie, Kindergarten, Schule und Freizeitbereich.

Die Gruppe der Angststörungen ist *inhomogen*. Die unterschiedlichen Störungen zeigen sich in den verwendeten Begriffen, die von Angst über Phobie, Panik, Zwängen bis zur Belastungsstörung reichen. Da den Zwängen in diesem Lehrbuch ein eigenes Kapitel gewidmet wird (s. Kap. 9), soll an dieser Stelle nur darauf verwiesen werden.

Unterscheidungsmerkmale zwischen den verschiedenen Störungen beziehen sich darauf, wie *spezifisch* oder *generalisiert* eine Angststörung ist, durch was sie *situativ ausgelöst* wird und ob sie mit oder ohne *somatoforme* Symptome auftritt. Tabelle 1 gibt einen Überblick über

Tabelle 1:
Klassifikation von Angststörungen nach DSM-IV und ICD-10.

DSM-IV		ICD-10	
Störungen, die gewöhnlich zuerst im Kleinkindalter, in der Kindheit oder Adoleszenz diagnostiziert werden		**F9**	**Verhaltens- und emotionale Störungen mit Beginn in der Kindheit und Jugend**
Andere Störungen im Kleinkindalter, in der Kindheit oder Adoleszenz		**F93**	**Emotionale Störungen des Kindesalters**
309.21	Störung mit Trennungsangst	F93.0	Emotionale Störung mit Trennungsangst des Kindesalters
	Kein Äquivalent im DSM-IV; Überlappung zur spezifischen Phobie möglich (300.29 bzw. F40.2)	F93.1	Phobische Störung des Kindesalters
	Kein Äquivalent im DSM-IV; identisch zur Störung mit Kontaktvermeidung im DSM-III-R; Überlappungen zur sozialen Phobie nach DSM-IV	F93.2	Störung mit sozialer Ängstlichkeit des Kindesalters
		F93.8	Sonstige emotionale Störungen des Kindesalters
	Kein Äquivalent im DSM-IV; jedoch identisch mit generalisierter Angststörung im Erwachsenenalter (300.02); schließt Teile der Störung mit Überängstlichkeit im Kindesalter aus dem DSM-III-R ein	F93.80	Generalisierte Angststörung des Kindesalters (nur in den Forschungskriterien und nicht in den klinisch-diagnostischen Leitlinien enthalten)

Angststörungen (Erwachsenenteil)		F40 bis F49	**Neurotische, Belastungs- und somato-forme Störungen (Erwachsenenteil)**
		F40	Phobische Störungen
300.21	Panikstörung mit Agoraphobie	F40.01	Agoraphobie mit Panikstörung
300.22	Agoraphobie ohne Panikstörung in der Vorgeschichte	F40.00	Agoraphobie ohne Panikstörung
300.23	Soziale Phobie (Soziale Angststörung)	F40.1	Soziale Phobien
300.29	Spezifische Phobie	F40.2	Spezifische (isolierte) Phobien
		F41	Andere Angststörungen
300.01	Panikstörung ohne Agoraphobie	F41.0	Panikstörung
300.02	Generalisierte Angststörung (s.o.)	F41.1	Generalisierte Angststörung (unterschiedliche Symptome zu F93.80)
	Kein Äquivalent im DSM-IV	F41.2	Angst und depressive Störung, gemischt
	Kein Äquivalent im DSM-IV	F41.3	Andere gemischte Angststörungen
308.3	Akute Belastungsstörung	F43.0	Akute Belastungsreaktion
309.81	Posttraumatische Belastungsstörung	F43.1	Posttraumatische Belastungsstörung

die Angststörungen im DSM-IV und in der ICD-10. Zuerst werden die kind- und jugendspezifischen Ängste aufgeführt, sodann die Ängste, die auf Kinder, Jugendliche und Erwachsene gleichermaßen zutreffen. Es werden in Tabelle 1 die Zwänge sowie die Ängste, die durch einen medizinischen Krankheitsfaktor bedingt oder die substanzinduziert sind, und die nicht näher bezeichneten Angststörungen außer Acht gelassen. Weiter wurde versucht, die Bezüge zwischen beiden Klassifikationssystemen aufzuzeigen. Das DSM-IV weist Lücken auf, die nicht durch kind- und jugendspezifische Kriterien im Erwachsenenteil kompensiert werden können.

1.1 Kind- und jugendspezifische Ängste

Die für das Kindes- und Jugendalter typischen Ängste werden in den beiden Klassifikationssystemen offensichtlich für unterschiedlich bedeutsam gehalten, was einerseits an der kategorialen Bezeichnung und andererseits an der Differenziertheit der klassifizierbaren Kinderängste zu erkennen ist. Im DSM-IV ist die Störung mit Trennungsangst der Kategorie „andere Störungen im Kleinkindalter, in der Kindheit oder Adoleszenz" zugeordnet. In dieser Kategorie befinden sich noch vier weitere Störungen, nämlich der selektive Mutismus, die reaktive Bindungsstörung, die stereotype Bewegungsstörung sowie nicht näher bezeichnete Störungen im Kleinkind-, Kindes- und Jugendalter. Es entsteht der Eindruck, daß es sich bei diesen „anderen Störungen" um eine Restkategorie handelt. Dies wird zum einen der Bedeutung aufgrund der hohen Prävalenz aller Ängste im Kindes- und Jugendalter und zum anderen den Unterschieden in der Symptomatik zwischen Kindern und Erwachsenen nicht gerecht.

Die ICD-10 unterscheidet vier kind- und jugendspezifische Angststörungen; sie werden der Kategorie „emotionale Störungen des Kindesalters" zugeordnet. In dieser Kategorie befindet sich noch die emotionale Störung mit Geschwisterrivalität des Kindesalters (F93.3), welche sich mit Eifersucht und Konkurrieren unter Geschwistern, die über das übliche Maß hinausgehen, befaßt. Die kindspezifische generalisierte Angststörung (F93.80) wird nicht in den klinisch-diagnostischen Leitlinien (WHO, 1993), sondern ausschließlich in den Forschungskriterien (WHO, 1994) aufgeführt. Dies bleibt unverständlich, zumal sich die Symptome der generalisierten Angststörung im Erwachsenenteil (F41.1) von denen im Kinderteil unterscheiden, worauf in den Forschungskriterien der ICD-10 sogar explizit verwiesen wird (vgl. Tab. 1). Aus diesem Grund sollten beim Gebrauch der ICD-10-Klassifikation sowohl die klinisch-diagnostischen Leitlinien (WHO, 1993) als auch die Forschungskriterien (WHO, 1994) parallel verwendet werden.

Trennungsangst

Die Angst vor Trennung von den wichtigsten, vertrauten Bezugspersonen sowie von zu Hause ist im Säuglings- und Kleinkindalter in einem gewissen Ausmaß ein normales Phänomen. Weist die Trennungsangst einen außergewöhnlichen Schweregrad auf, reicht sie über das übliche Alter von circa zweieinhalb bis dreieinhalb Jahren hinaus, ist sie das zentrale und gemeinsame Merkmal unterschiedlicher angstauslösender Situationen, zum Beispiel bei der Schulverweigerung, bei der Weigerung, Freunde zu besuchen, und schränkt sie die Sozialentwicklung ein, so kann sie diagnostiziert werden. Tabelle 2 zeigt die notwendigen Kriterien für eine Trennungsangst nach DSM-IV und nach ICD-10 auf.

Tabelle 2:
Klassifikationskriterien für die Trennungsangst nach DSM-IV und ICD-10.

309.21: DSM-IV	F93.0: ICD-10
Von den folgenden acht Kriterien müssen mindestens **drei** erfüllt sein:	Von den folgenden acht Kriterien müssen mindestens **drei** erfüllt sein:
1. **Übermäßiger Kummer** stellt sich wiederholt ein, wenn eine **Trennung** von wichtigen Bezugspersonen oder von zu Hause auftreten könnte oder tatsächlich auftritt.	1. Anhaltende, unrealistische Sorge, daß einer wichtigen **Bezugsperson** etwas **zustoßen** könnte, daß das Kind von einer solchen Person für immer getrennt würde, beispielsweise, weil diese weggeht, nicht zurückkommt oder stirbt.
2. Andauernde, übermäßige Sorge darüber, daß wichtigen **Bezugspersonen** etwas **zustoßen** könnte, wie Krankheit und Unfall, oder daß das Kind diese **verlieren** könnte.	2. Anhaltende, unrealistische Sorge darüber, daß ein **Unglück** das Kind von seinen Bezugspersonen **trennen** könnte, beziehungsweise daß es verloren gehen, gekidnappt, getötet oder ins Krankenhaus gebracht werden könnte.
3. Das Kind sorgt sich andauernd und übermäßig darüber, daß es durch ein **Unglück**, wie eine Entführung oder ein Verlorengehen, von wichtigen Bezugspersonen **getrennt** würde.	3. Das Kind hat einen andauernden Widerwillen oder **weigert sich, die Schule zu besuchen**, und zwar aus Angst vor der Trennung von zu Hause und von Bezugspersonen und nicht aus Schulangst, beispielsweise im Sinne von Prüfungsangst oder sozialer Angst.
4. Das Kind geht ungern alleine irgendwohin oder **vermeidet** es, **vertraute Orte zu verlassen,** und zwar aus Angst vor der Trennung und dem damit verbundenen Gefühl von Unwohlsein. So kann es zur **Weigerung** kommen, die **Schule**, eine Ferienfreizeit, Freunde **zu besuchen** oder Besorgungen zu machen.	4. Trennungsschwierigkeiten am Abend können auftreten, das heißt, das Kind geht ungern zu Bett oder **weigert** sich, **ohne Bezugsperson ins Bett** zu gehen; nächtliches Aufstehen und in das elterliche Bett wechseln sowie wiederkehrende Abneigung oder Weigerung, auswärts zu schlafen, sind möglich.
5. Das Kind bleibt aus Angst ohne Bezugspersonen **nicht alleine zu Hause** und nicht alleine in einem anderen Umfeld. Häufig bleibt es auch **nicht alleine in einem Zimmer**, sondern folgt den Eltern durch die Wohnung.	5. Das Kind hat eine andauernde, unangemessene Angst davor, **ohne** vertraute **Bezugsperson allein zu Hause** zu bleiben.
6. Das Kind hat eine Abneigung oder **weigert sich**, ohne eine wichtige Bezugsperson **schlafen zu gehen**. Es kommt nachts in das elterliche oder geschwisterliche Bett. Bei verschlossener Schlafzimmertür der Eltern schläft es manchmal vor der Zimmertür. Es weigert sich, auswärts zu übernachten.	6. Das Kind hat wiederholt **Alpträume** über Trennungssituationen.
7. Das Kind hat wiederholt **Alpträume** über Trennungen, die durch Katastrophen bedingt sind, wie beispielsweise die Vernichtung der Familie durch Feuer, Mord oder anderes.	7. Das Kind zeigt wiederholt **somatische Symptome**, wenn es sich von einer Bezugsperson trennen oder die elterliche Wohnung verlassen muß, etwa um in die Schule, in Urlaub, in eine Ferienfreizeit oder zu Freunden und Verwandten zu gehen. Die körperlichen Symptome sind Übelkeit, Bauchschmerzen, Kopfschmerzen oder Erbrechen.
8. Das Kind klagt wiederholt über **körperliche Beschwerden**, wenn eine Trennung erwartet wird oder eintritt. Die Symptome bestehen in Kopf-, Bauchschmerzen, Übelkeit oder Erbrechen. Kardiovaskuläre Symptome, wie Herzklopfen, Schwindelgefühl oder Schwächeanfälle, sind bei kleinen Kindern selten, bei älteren aber möglich.	8. Das Kind **leidet** wiederholt extrem **vor, unmittelbar nach** oder **während** einer Trennungsphase von wichtigen Bezugspersonen. Dies äußert sich in Angst, Schreien, Wutverhalten; in der Weigerung, das Zuhause zu verlassen; in dem intensiven Bedürfnis, mit den Eltern zu sprechen; in dem Drang, nach Hause zurückzukehren; in Unglücklichsein, Apathie oder sozialem Rückzug.

Fortsetzung Tabelle 2:

Minimale Dauer: vier Wochen.	**Minimale Dauer:** vier Wochen.
Störungsbeginn: vor dem 18. Lebensjahr. **Früher Beginn:** vor dem 6. Lebensjahr.	**Störungsbeginn:** vor dem 6. Lebensjahr.
Ausschlußkriterien: Die Diagnose wird nicht gestellt, wenn die Trennungsangst ausschließlich im Verlauf einer der folgenden Störungen auftritt: 1. tiefgreifende Entwicklungsstörung, 2. Schizophrenie, 3. andere psychotische Störung, 4. Panikstörung mit Agoraphobie.	**Ausschlußkriterien:** Die Störung wird nicht diagnostiziert, wenn die Trennungsangst im Kontext folgender Störungen auftritt: 1. umfassende Störung der Emotionen, 2. des Sozialverhaltens oder 3. der Persönlichkeit, 4. tiefgreifende Entwicklungsstörung, 5. psychotische Störung, 6. substanzbedingte Störung.

Sowohl DSM-IV als auch ICD-10 weisen darauf hin, daß eine *generalisierte Angststörung* von der Trennungsangst abzugrenzen und auszuschließen ist. Der Unterschied besteht darin, daß die Trennungsangst hauptsächlich auf Trennungssituationen von den Bezugspersonen und von zu Hause fokussiert; die Angst und Sorge der generalisierten Angststörung hingegen betrifft eine Reihe verschiedener Ereignisse, Tätigkeiten und Situationen. Weitere *differentialdiagnostische* Hinweise im DSM-IV betreffen extremes Angsterleben bis hin zu Panikattacken. Der Unterschied zur *Panikstörung* besteht darin, daß sich die Angst auf Trennungssituationen bezieht, wohingegen die Angst bei der Panikstörung mit körperlichen Symptomen (Panikattacken) zusammenhängt sowie mit der Erwartung solcher Attacken. Schulverweigerung bei Trennungsangst muß von *Schuleschwänzen* im Rahmen der Störung des Sozialverhaltens unterschieden werden. Die *Schulverweigerung* erfolgt aus der Angst vor der Trennung von zu Hause und den Bezugspersonen; das Schuleschwänzen hingegen kann damit einhergehen, daß ein Kind für sein Alter unangemessen lange, eventuell sogar über Nacht, auch von zu Hause wegbleibt.

Wiederholt auftretender sozialer Rückzug und in extremen Fällen manchmal wochenlange Verweigerung, den Schulunterricht zu besuchen, treten als *Folge* der Störung mit Trennungsangst auf. Daraus resultieren Schulprobleme und die sozial-emotionale Entwicklung wird beeinträchtigt. Verlassen die Kinder die elterliche Wohnung selten, um zum Beispiel draußen zu spielen, so kann es auch zu motorischen Entwicklungsrückständen kommen.

Phobische Störung des Kindesalters

Diese Störung ist als kindspezifische nur in der ICD-10 vorzufinden. Es handelt sich hierbei um eine begrenzte Angststörung, die sich auf *verschiedene Objekte* oder *Situationen* beziehen kann. In Abgrenzung zur spezifischen Phobie handelt es sich bei der phobischen Störung des Kindesalters um *entwicklungsphasenspezifische Ängste,* die bei sehr vielen Kindern auftreten können, wie beispielsweise die Angst vor Tieren. Das bedeutet, daß phobische Ängste zu bestimmten Zeitpunkten im Kindesalter auftreten, die für diese Altersstufe entwicklungsangemessen sind. Ist jedoch die entwicklungsphasenspezifische Angst *übermäßig stark ausgeprägt,* hält sie *über die alterstypische Phase* hinaus an und ist sie mit einer *deutlichen sozialen Beeinträchtigung* verknüpft, dann liegt eine phobische Störung des Kindesalters vor. Eine generalisierte Angststörung des Kindesalters muß ausgeschlossen sein beziehungsweise die phobischen Ängste dürfen nicht Bestandteil einer generalisierten Angststörung sein. Als weiteres diagnostisches Kriterium muß die entwicklungsphasenspezifische Phobie *mindestens vier Wochen* andauern. *Ausschlußkriterien* besagen, daß diese phobische Störung des Kindesalters nicht im Kontext einer umfassenden Störung der Emotionen, des Sozialverhaltens oder der Persönlichkeit erscheinen darf, ebenso nicht bei Vorliegen einer tiefgreifenden Entwicklungsstörung, einer psychotischen oder substanzbedingten Störung.

Spezifische Phobie

Die spezifische Phobie entspricht im früheren DSM-Klassifikationssystem der einfachen Phobie. In der ICD-10 werden spezifische Phobien auch als isolierte Phobien bezeichnet. Zentrales Klassifikationsmerkmal ist eine ausgeprägte und anhaltende Angst vor *klar erkennbaren spezifischen Situationen* oder *bestimmten Objekten,* auf die begrenzt sich die Angst bezieht. Hierin wie in den weiteren diagnostischen Kriterien unterscheiden sich ICD-10 und DSM-IV nur geringfügig. *Beispiele* für solche phobischen Objekte und Situationen, die häufig vorkommen, sind die Angst vor Tieren, Vögeln, Insekten, vor Höhen, dem Fliegen, vor Naturgewalten, wie Donner, Blitz, Sturm, vor geschlossenen Räumen oder großen Plätzen, vor dem Anblick von Blut oder Verletzungen, vor Injektionen, Zahnarztbesuch, Krankenhausbesuch, bestimmten Erkrankungen, vor dem Verzehr bestimmter Speisen, vor dem Urinieren oder Defäzieren auf öffentlichen Toiletten.

Diese Angst vor solchen Objekten und Situationen löst ein *Flucht-* und *Vermeidungsverhalten* aus. Können eine angstauslösende Situation oder das angstauslösende Objekt nicht vermieden werden, dann tritt bei der *Konfrontation* mit diesen phobischen Reizen *unmittelbar* Angst auf, und die damit verbundene *Reaktion* kann einer *situationsgebundenen* oder *situationsbegünstigten Panikattacke* entsprechen. Das heißt, die entsprechenden vegetativen und psychischen Symptome sind beobachtbar. In den Forschungskriterien der ICD-10 wird sogar das einmalige Auftreten einer Panikattacke gefordert.

Weiter wird in den Klassifikationssystemen verlangt, daß durch die spezifische Phobie und durch das damit verbundene Vermeidungsverhalten die *Funktionstüchtigkeit* im Alltag oder die *sozialen Kontakte* eingeschränkt sind sowie daß die Person unter der spezifischen Phobie *leidet* und sie als emotionale Belastung empfindet. Im DSM-IV muß dieses Kriterium zwingend vorliegen.

Personen mit einer spezifischen Phobie erkennen, daß ihre Ängste übertrieben, unbegründet und irreal sind. Im DSM-IV gibt es hierzu einen kindspezifischen Hinweis, der besagt, daß diese *Einsicht* bei *Kindern nicht zwingend* vorliegen muß. Weiter wird im DSM-IV darauf verwiesen, daß bei Kindern und Jugendlichen unter 18 Jahren die Angstsymptome und das daraus folgende Vermeidungsverhalten mindestens für *sechs Monate* auftreten müssen. Schließlich ist der Hinweis zu finden, daß bei Kindern Angst vor spezifischen Objekten und eingegrenzten Situationen ein weitverbreitetes Phänomen darstellt und oftmals der Grad der Beeinträchtigung durch die Phobie nicht so deutlich gegeben ist, daß eine entsprechende Diagnose gerechtfertigt wäre. Dieser Hinweis läßt die *Nähe zur phobischen Störung des Kindesalters* in der ICD-10 erkennen. Die Überlappung besteht darin, daß die spezifische Phobie nach DSM-IV einen Bezug zu einzelnen Entwicklungsabschnitten im Kindesalter haben kann, und deshalb nur bei entsprechender Entwicklungsbeeinträchtigung, zum Beispiel in schulischer und sozial-emotionaler Hinsicht, eine Diagnose für eine spezifische Phobie gerechtfertigt ist. Da es sich bei der spezifischen Phobie im DSM-IV vor allem um eine Störung im Erwachsenenalter handelt, ist beim Verdacht einer spezifischen Phobie bei einem Kind anzuraten, die Kriterien für eine phobische Störung des Kindesalters nach der ICD-10 vorrangig zu prüfen, um eine angemessene Diagnose stellen zu können.

Beide Klassifikationssysteme untergliedern spezifische Phobien in Subtypen, und zwar in:

- **Tier-Typus:** Dieser Subtypus beginnt meistens in der Kindheit.
- **Umwelt-Typus:** Diese Phobie bezieht sich auf Naturgewalten, wie Gewitter, oder auch auf natürliche Erscheinungen wie Dunkelheit; auch dieser Subtypus beginnt in der Regel in der Kindheit.

- **Blut-Spritzen-Verletzungs-Typus:** Bei dieser Phobie löst die Konfrontation mit Blut, Verletzungen, Injektionen oder anderen invasiven medizinischen Prozeduren die Symptome aus. Eine familiäre Häufung bei diesem Subtyp ist eindeutig feststellbar.
- **Situativer Typus:** Hiermit sind Ängste in Situationen gemeint, die beispielsweise durch das Benutzen von verschiedenen Verkehrsmitteln, Tunneln, Brücken, Fahrstühlen oder Räumen und Plätzen gegeben sind. Der Störungsbeginn ist zweigipfelig, mit einem Gipfel in der Kindheit und einem zweiten Gipfel Mitte des zwanzigsten Lebensjahres. Ähnlichkeiten zur Panikstörung mit Agoraphobie sind bei diesem Subtypus gegeben.
- **Anderer Typus:** Hierunter fallen eine Reihe von phobische Reaktionen auslösende Reize, die mit Ersticken, Erbrechen, dem Erwerb einer Krankheit oder der Gefahr zu fallen assoziiert sind; die Angst kann sich bei Kindern auch beispielsweise auf laute Geräusche oder verkleidete, maskierte Personen beziehen.

Bei Kindern äußert sich die Angst im Unterschied zu Erwachsenen häufig darin, daß sie schreien, Wutanfälle bekommen, erstarren oder sich an Erwachsene oder vertraute Personen anklammern.

Störung mit sozialer Ängstlichkeit des Kindesalters

Diese kindspezifische Störung ist ebenfalls nur nach der ICD-10 klassifizierbar. Das zentrale Merkmal bezieht sich auf eine anhaltende, übermäßige Ängstlichkeit in sozialen Situationen, in denen ein Kind mit *fremden* beziehungsweise *wenig vertrauten* Personen konfrontiert wird. Diese Angst führt zu soziale Situationen vermeidendem Verhalten, und sie betrifft *nicht nur erwachsene Personen,* sondern kann sich *auch* auf *Gleichaltrige* beziehen. Es gilt hierbei zu berücksichtigen, daß eine gewisse Zurückhaltung gegenüber fremden Personen ab der zweiten Hälfte des ersten Lebensjahres und während der gesamten frühen Kindheit ein normales Phänomen darstellen kann. Dieses normale Entwicklungsphänomen kann von der Störung mit sozialer Ängstlichkeit dadurch abgegrenzt werden, daß sich Kinder mit einer sozialen Ängstlichkeitsstörung übertrieben bezüglich der *Angemessenheit ihres Verhaltens* gegenüber Fremden sorgen und mit *Verlegenheit* und *Scham* reagieren. Aus diesen Gründen haben sie wenig soziale Beziehungen, und in neuen sozialen Situationen, denen sie nicht entfliehen können, sind sie erkennbar unglücklich, was an weinendem, schweigendem und passivem, sich zurückziehendem Verhalten erkennbar ist. Die übermäßige Ausprägung dieser Verhaltensmerkmale, die zeitliche Dauer sowie die nachfolgende Entwicklungsbeeinträchtigung stellen die wichtige Unterscheidung zum normalen, entwicklungsbedingten Mißtrauen gegenüber Fremden oder in fremden Situationen dar. Weiteres diagnostisches Kriterium ist, daß diese Kinder zu *Familienmitgliedern* sowie zu vertrauten *außerfamiliären Personen* gleichen und unterschiedlichen Alters *gute soziale Beziehungen* pflegen können und ein entsprechendes Bindungsverhalten zeigen. Als zeitliches Kriterium muß die Störung mit sozialer Ängstlichkeit des Kindesalters für *mindestens vier Wochen* andauern, und sie muß *vor dem sechsten Lebensjahr* auftreten. Eine Generalisierte Angststörung des Kindesalters darf nicht parallel gegeben sein, und es gelten die gleichen Ausschlußkriterien wie bei der Phobischen Störung des Kindesalters und der Störung mit Trennungsangst.

Eine Entsprechung dieser kindspezifischen Angststörung im DSM-IV existiert nicht. Die nach der ICD-10 genannten Kriterien sind jedoch identisch mit den Kriterien der Störung mit Kontaktvermeidung in der Kindheit oder Adoleszenz, welche im DSM-III-R (1989) aufgeführt waren. Die kind- und jugendspezifischen Hinweise bei der sozialen Phobie im DSM-IV enthalten die wesentlichen Merkmale der Störung mit sozialer Ängstlichkeit des Kindesalters nach der ICD-10. Deshalb wird nachfolgend auf die soziale Phobie besonders mit den kind- und jugendspezifischen Hinweisen nach dem DSM-IV eingegangen.

Soziale Phobie

Das zentrale Merkmal dieser Phobie besteht in beiden Klassifikationssystemen darin, daß eine ausgeprägte und anhaltende *Angst vor Leistungssituationen* oder vor *Bewertungen* durch andere Personen gegeben sein kann. Eine besondere Rolle spielen mögliche *Peinlichkeiten* in diesen Situationen. In der Folge davon werden soziale Situationen gemieden. Im DSM-IV wird explizit auch die *Konfrontation mit unbekannten Personen* als angstauslösendes Merkmal genannt.

Einzelne, für eine soziale Phobie typische Merkmale bestehen darin, daß die Person *befürchtet, ein Verhalten zu zeigen,* mit dem sie sich blamiert oder bloßstellt und von anderen als ängstlich, schwach, dumm oder verrückt wahrgenommen wird. In diesem Zusammenhang fürchtet und vermeidet sie öffentliches Sprechen sowie sich mit anderen zu unterhalten, was auch damit zusammenhängen kann, daß sie sich als nicht wortgewandt einschätzt. Sie vermeidet Essen, Trinken und Schreiben in der Öffentlichkeit ebenso wie Blickkontakt oder die Interaktion mit dem anderen Geschlecht. Weitere Symptome bestehen in Erröten, Zittern, Angst zu erbrechen, sowie Miktions-/Defäkationsdrang oder die Angst davor. Vegetative Symptome wie Herzklopfen, Magen-, Darmbeschwerden und Muskelverspannung können ebenfalls auftreten. Diese Phänomene erwecken den Eindruck, daß eine *situationsgebundene* oder eine *situationsbegünstigte Panikattacke* vorliegt.

Eine differentialdiagnostische Abgrenzung besteht darin, daß bei der Panikstörung mit Agoraphobie wiederkehrende, unerwartete Panikattacken auftreten, die sich nicht ausschließlich auf soziale Situationen beschränken. Weiter wird eine soziale Phobie nicht diagnostiziert, wenn die Angst ausschließlich darin besteht, während einer Panikattacke von anderen beobachtet zu werden. Die soziale Phobie ist also in Abgrenzung zur Panikstörung mit Agoraphobie dadurch gekennzeichnet, daß soziale Situationen vermieden werden und wiederkehrende unerwartete Panikattacken fehlen (s. Abschnitt 1.2).

Eine weitere wichtige differentialdiagnostische Abgrenzung bezieht sich auf die *Störung mit Trennungsangst* bei Kindern. Der entscheidende Unterschied zwischen sozialer Phobie und Störung mit Trennungsangst bei Kindern liegt darin, daß sich die Kinder mit der Trennungsangst zu Hause in der Regel wohlfühlen, während bei Kindern mit sozialer Phobie auch zu Hause Ängste und Unwohlsein auftreten können, nämlich dann, wenn Bewertungssituationen auftreten.

Im weiteren muß zwischen der sozialen Phobie und der *generalisierten Angststörung* unterschieden werden. Gemeinsam ist beiden Störungen die Angst vor der Beurteilung in Leistungssituationen. Während diese Sorge über die Qualität der persönlichen Leistung bei der generalisierten Angststörung auch dann auftritt, wenn die Kinder *nicht von anderen beobachtet* und *beurteilt* werden, ist die Sorge über eigenes Verhalten in Leistungssituationen bei der sozialen Phobie *immer mit der möglichen Beurteilung* durch andere verbunden. Das heißt, die Bewertung durch andere Personen oder die Anwesenheit anderer Personen und die damit verbundene Beurteilung ist der Auslöser für die soziale Phobie. Dieses Auslösers bedarf es bei der generalisierten Angststörung nicht.

Im DSM-IV wird eine Reihe *kind- und jugendspezifischer Hinweise* gegeben. So muß bei Kindern, wenn eine soziale Phobie vorliegt, der Umgang mit bekannten und *vertrauten Personen* in altersmäßig *sozial kompetenter* Weise gegeben sein. Die Angst darf sich *nicht nur* auf den *Kontakt mit Erwachsenen* beziehen, sondern muß sich auch auf *Gleichaltrige* erstrecken. Zugleich muß das Kind wenigstens *eine altersgemäße soziale Beziehung* zu einer Person unterhalten, die *nicht zum Familienkreis* gehört. Dieses spezifische Merkmal ist von Bedeutung, um eine tiefgreifende Entwicklungsstörung oder schizoide Persönlichkeitsstörung differentialdiagnostisch abzugrenzen; bei solchen Störungen besteht kein Interesse an Kontakten mit anderen Menschen.

Die soziale Phobie kann sich bei Kindern anders als bei Erwachsenen äußern, nämlich als *Weinen,* in Form von *Wutanfällen* sowie *Erstarren* oder *Zurückweichen* vor sozialen Situationen mit unvertrauten Personen. Kinder erkennen oftmals nicht, daß ihre Angst *unbegrün-*

det und *übertrieben* ist. Auch dies ist ein Unterschied zu Erwachsenen, die diese Einsicht in der Regel haben. Die soziale Phobie wirkt sich nicht nur dahingehend bei Kindern aus, daß die normale Lebensführung stark beeinflußt und beeinträchtigt ist; vielmehr sind Kinder auch in ihrer *Entwicklung gefährdet,* da schulische Leistungen und soziale Aktivitäten sowie Beziehungen zu anderen so stark eingeschränkt sein können, daß Entwicklungsrückstände möglich sind. Bei Kindern und Jugendlichen unter 18 Jahren muß die soziale Phobie mindestens sechs Monate anhalten.

Wie zu erkennen ist, stimmen die Klassifikationskriterien von DSM-IV und ICD-10 im Kern überein. Jedoch verweist das DSM-IV auf eine Reihe zusätzlicher kind- und jugendspezifischer Merkmale. Diese sind bei der sozialen Phobie in der ICD-10 nicht enthalten. Vielmehr tauchen diese zusätzlichen Merkmale in der Störung mit *sozialer Ängstlichkeit des Kindesalters (F93.2)* auf. Es handelt sich hierbei um die durchgehende, wiederkehrende Furcht vor Fremden und die Kontaktvermeidung mit diesen; ein weiteres Kriterium, das bei der sozialen Ängstlichkeit genannt wird und im DSM-IV als zusätzlicher Hinweis erscheint, bezieht sich darauf, daß die soziale Phobie nicht nur gegenüber Erwachsenen auftreten darf, sondern sich auch auf Gleichaltrige beziehen muß. Und schließlich wird darauf hingewiesen, daß die Kinder mit sozialer Phobie/sozialer Ängstlichkeit über eine normale und gute Bindung an ihre Eltern oder vertraute Personen verfügen und altersentsprechend mit ihnen interagieren.

Generalisierte Angststörung des Kindesalters

Diese Störung ist *nicht* in den klinisch-diagnostischen *Leitlinien* der ICD-10 zu finden, sondern *nur* in deren *Forschungskriterien.* Die generalisierte Angststörung wird hinsichtlich ihrer Merkmale für Kinder und Erwachsene in der ICD-10 unterschieden. Im DSM-IV gibt es nur die Möglichkeit, die generalisierte Angststörung nach der Erwachsenenklassifikation zu diagnostizieren. Interessant ist hierbei, daß die Merkmale aus dem DSM-IV nicht mit den Merkmalen der generalisierten Angststörung aus dem Erwachsenenteil der ICD-10-Leitlinien übereinstimmen, sondern mit denen des Kindesalters aus den ICD-10-Forschungskriterien (vgl. Tab. 3).

Das zentrale Merkmal dieser Angststörung in beiden Klassifikationssystemen besteht gleichermaßen für Kinder, Jugendliche und Erwachsene darin, daß eine *intensive* und *übermäßige Angst,* Sorge sowie furchtsame Erwartung bezüglich *mehrerer Ereignisse* oder *Tätigkeiten* empfunden wird. Bei den Ereignissen handelt es sich um *alltägliche Aktivitäten* und *Probleme,* wie sie sich beispielsweise im Zusammenhang mit schulischen Aufgaben, in freundschaftlichen Beziehungen, in der Familie oder in Ausbildungssituationen ergeben

können. Schließlich ist sowohl im DSM-IV als auch in der ICD-10 der Hinweis darauf gegeben, daß Menschen mit einer generalisierten Angststörung Schwierigkeiten aufweisen, diese Sorgen und ängstlichen Befürchtungen zu kontrollieren.

Der entscheidende Unterschied zwischen der generalisierten Angststörung bei Erwachsenen und bei Kindern besteht nach dem ICD-10-Klassifikationssystem darin, daß Kinder und Jugendliche in der Regel *kaum* über die *typischen Beschwerden* dieser Angststörung berichten; ebenso sind für Kinder die *vegetativen Symptome weniger charakteristisch.* Im DSM-IV wird lediglich ein Hinweis auf die unterschiedlichen Inhalte der sich auf alltägliche Lebensumstände beziehenden Ängste und Sorgen gegeben. Diese beziehen sich bei Erwachsenen auf berufliche Verpflichtungen, finanzielle Angelegenheiten, die Gesundheit von Familienmitgliedern, Aufgaben im Haushalt und ähnliches, während sich bei Kindern mit generalisierter Angststörung der Kummer und die Sorgen stärker auf ihre Kompetenzen sowie ihre Leistungsfähigkeit beziehen.

Die generalisierte Angststörung im DSM-IV schließt Teile der Störung mit Überängstlichkeit im Kindesalter nach dem DSM-III-R ein. Einige Symptome der Überängstlichkeit aus dem DSM-III-R beziehen sich auf Kriterien der Störung mit sozialer Ängstlichkeit des Kindesalters der ICD-10 (F93.2), beispielsweise die ausgeprägte Befangenheit in sozialen Situationen oder das Grübeln über die Angemessenheit früheren Verhaltens. Weiter ist interessant, daß ein anderes Merkmal der Störung mit Überängstlichkeit aus dem DSM-III-R, nämlich das übermäßige Verlangen nach Bestätigung, Anerkennung sowie Aufmerksamkeit in verschiedenen Alltagssituationen, heute als ein Merkmal bei der Störung mit Trennungsangst im DSM-IV aufgeführt wird.

1.2 Andere Angststörungen

Mit anderen Angststörungen sind in diesen Ausführungen diejenigen in den beiden Klassifikationssystemen gemeint, welche im Erwachsenenteil aufgeführt sind (vgl. Tab. 1). Es werden kurz die wichtigsten Angststörungen mit ihren charakteristischen Merkmalen beschrieben und kindspezifische Hinweise besonders berücksichtigt.

Panikattacke und Agoraphobie

Panikattacke und Agoraphobie bilden keine separat kodierbaren Störungen. Vielmehr wird die spezifische Störung kodiert, in der eine Agoraphobie oder Panikattacke auftreten. Die entsprechenden Diagnosen werden als *Panikstörung* entweder *mit* oder *ohne* Agoraphobie oder *Agoraphobie mit* oder *ohne* Panikstörung bezeichnet. In diesen Angststörungsgruppen unterscheiden

Tabelle 3:
Generalisierte Angststörung im Vergleich der Klassifikationssysteme.

F93.80: ICD-10 (Kinderteil der Forschungskriterien)	300.02: DSM-IV (Erwachsenenteil)	F41.1: ICD-10 (Erwachsenenteil der klinisch-diagnostischen Leitlinien)
Merkmale:	**Merkmale:**	**Merkmale:**
1. Intensive Ängste und Sorgen bezüglich vieler **alltäglicher Ereignisse** und Aktivitäten.	1. Übermäßige Angst und Sorge bezüglich einer **Reihe von Ereignissen** und **Tätigkeiten**.	1. Generalisierte und anhaltende Angst sowie Befürchtungen, die **nicht auf spezifische Situationen beschränkt** sind.
2. Es besteht die Schwierigkeit, die Sorgen und ängstlichen Erwartungen zu **kontrollieren**.	2. Es besteht die Schwierigkeit, die sorgenvollen **Gedanken** zu **stoppen**, grüblerische Gedanken zu verhindern und die Aufmerksamkeit auf eine anstehende Aufgabe zu lenken.	2. Bezüglich der **Kontrollierbarkeit** der Sorgen werden weder in den Leitlinien noch in den Forschungskriterien Angaben gemacht.
3. Die Ängste und Sorgen können mit folgenden **Symptomen** verbunden sein: • Ruhelosigkeit, Nervosität, Gefühl geistiger Anstrengung in Kombination mit dem Unvermögen, sich zu entspannen; • Gefühl von Müdigkeit, Erschöpfung oder Anstrengung; • Konzentrationsprobleme oder Leere im Kopf; • Reizbarkeit; • Muskelverspannung; • Ein- und Durchschlafstörungen; unruhiger oder schlechter Schlaf.	3. Die Ängste und Sorgen können mit folgenden **Symptomen** verbunden sein: • Ruhelosigkeit oder ständige Aktivierungsbereitschaft; • leichte Ermüdbarkeit; • Konzentrationsprobleme oder Leere im Kopf; • Reizbarkeit; • Muskelspannung (z.B. Zittern, Zucken, Muskelschmerzen, Verspannungen); • Ein- und Durchschlafstörungen; unruhiger oder schlechter Schlaf. Als weitere Symptome können übertriebene Schreckreaktionen, depressive Phänomene oder körperliche Symptome (z.B. kalte und feuchte Hände, Mundtrockenheit, Schwitzen, Übelkeit, Durchfall, häufiges Urinieren, Schluckbeschwerden) auftreten.	3. Die Ängste und Sorgen können mit folgenden **Symptomen** verbunden sein: • Befürchtungen über künftiges Unglück; Nervosität, Konzentrationsschwierigkeiten; • motorische Anspannung, die sich in körperlicher Unruhe, Spannungskopfschmerz, Zittern oder der Unfähigkeit, sich zu entspannen, ausdrückt; • vegetative Übererregbarkeit, die sich in Benommenheit, Schwitzen, erhöhter Herzfrequenz, beschleunigter Atmung, Oberbauchbeschwerden, Schwindelgefühle oder Mundtrockenheit zeigen kann. In den Forschungskriterien sind diese Merkmale als 22 Symptome aufgeführt, die in sechs Gruppen eingeteilt sind, nämlich vegetative, Thorax und Abdomen betreffende, psychische, allgemeine, Anspannungs- und unspezifische Symptome.
4. Von den sechs genannten Symptomen müssen mindestens **drei** und davon mindestens **zwei** an der **Hälfte der Tage** vorliegen.	4. Von den sechs genannten Symptomen muß **bei Kindern eines** (und bei Erwachsenen mindestens drei) an der **Mehrzahl der Tage** vorliegen.	4. In den **Leitlinien** erfolgt **keine Angabe** zur minimal vorliegenden Anzahl der Symptome. Die unter 3. genannten Symptome sollen an den **meisten Tagen** vorliegen. Nach den **Forschungskriterien** müssen von den **22 Symptomen** wenigstens **vier** auftreten; **eines** davon muß zu den vier **vegetativen** Symptomen gehören.

Fortsetzung Tabelle 3:

F93.80: ICD-10 (Kinderteil der Forschungskriterien)	300.02: DSM-IV (Erwachsenenteil)	F41.1: ICD-10 (Erwachsenenteil der klinisch-diagnostischen Leitlinien)
Merkmale:	**Merkmale:**	**Merkmale:**
5. Die geforderte **Dauer** für das Vorliegen der Angst und Symptome beträgt **minimal sechs Monate** an wenigstens der Hälfte der Tage.	5. Die geforderte **Dauer** für das Vorliegen der Angst und Symptome beträgt **minimal sechs Monate** für die Mehrzahl der Tage.	5. Die geforderte **Dauer** für das Vorliegen der Angst und Symptome beträgt wenigstens **mehrere Wochen** (Leitlinien), und nach den **Forschungskriterien** mindestens **sechs Monate**.
6. Die vielfältigen Ängste müssen sich auf mindestens **zwei Situationen** oder **alltägliche Umstände** beziehen.	6. Die Ängste dürfen nicht auf Merkmale einer anderen Angststörung **beschränkt** bleiben; die Sorgen und Ängste müssen sich auch auf Alltagssituationen beziehen, die nicht Bestandteil einer Achse-I-Störung sind.	6. Es dürfen **nicht** die **vollständigen Kriterien** erfüllt sein für eine depressive Episode, phobische Störung, Panikstörung oder Zwangsstörung.
7. Der **Beginn** der Störung liegt **vor dem 18. Lebensjahr**.	7. Entfällt	7. Entfällt
8. Die Ängste, Sorgen und körperlichen Symptome führen zu **klinisch bedeutsamem Leiden** und in der Folge zu **Beeinträchtigungen** in wichtigen Lebens- und Funktionsbereichen.	8. Die Ängste, Sorgen und körperlichen Symptome führen zu **klinisch bedeutsamem Leiden** und in der Folge zu **Beeinträchtigungen** in wichtigen Lebens- und Funktionsbereichen.	8. Keine Angaben
Ausschlußkriterien: Die generalisierte Angststörung ist nicht • substanzinduziert (psychotrope Mittel oder Medikamente), • Folge einer organischen Erkrankung (z.B. Überfunktion der Schilddrüse), • ausschließlicher Teil einer – affektiven, – psychotischen Störung oder – tiefgreifenden Entwicklungsstörung.	**Ausschlußkriterien:** Die generalisierte Angststörung ist nicht • substanzinduziert (psychotrope Mittel oder Medikamente), • Folge einer organischen Erkrankung (z.B. Überfunktion der Schilddrüse), • ausschließlicher Teil einer – affektiven, – psychotischen Störung oder – tiefgreifenden Entwicklungsstörung.	**Ausschlußkriterien:** Keine Angaben in den Leitlinien. In den Forschungskriterien werden ausgeschlossen: • Organische Krankheiten (wie Überfunktion der Schilddrüse), • organische psychische Störungen (z.B. Demenz bei Alzheimer-Krankheit) und • substanzinduzierte Ängste (z.B. exzessive Einnahme von Amphetaminen).

sich die beiden Klassifikationssysteme leicht hinsichtlich der Begrifflichkeit, jedoch nicht in den die Angststörung definierenden Merkmalen.

Das *Hauptmerkmal* der *Agoraphobie* besteht darin, daß eine Person Angst davor hat, sich an einem Ort oder in einer Situation zu befinden, die die Person nicht ohne weiteres oder nur mit Peinlichkeit verlassen kann, wie beispielsweise ein Geschäft zu betreten, sich in einer Menschenmenge aufzuhalten, in einer „Menschenschlange" zu stehen, sich auf öffentliche Plätze zu begeben, auf einer Brücke zu stehen, alleine in einem Zug, Bus, Flugzeug oder Auto zu reisen. Zentral ist, daß die Person keinen Fluchtweg aus solchen Situationen sieht und in der Folge deshalb möglichst alle diese Situationen vermeiden möchte sowie die Wohnung nicht mehr verläßt. Besteht die Möglichkeit der Situationsvermeidung nicht, dann steht die Person die Situation nur mit großer Angst durch, wobei sich die Angst auch auf das mögliche Auftreten einer Panikattacke oder panikähnlicher Symptome beziehen kann. Manche agoraphobischen Situationen werden nur in Begleitung einer vertrauten Person aufgesucht und durchgehalten. Eine Agoraphobie muß vor allem von einer sozialen Phobie und einer spezifischen Phobie differentialdiagnostisch abgegrenzt werden (siehe dort).

Eine *Panik-* oder *Angstattacke* begrenzt sich nicht auf eine spezifische Situation oder besondere Umstände; aus diesem Grund ist eine Panikattacke auch nicht für die betreffende Person vorhersehbar. Nach DSM-IV müssen bei einer Panikattacke mindestens *vier von 13 möglichen Symptomen plötzlich* auftreten und somit intensive Angst und Unbehagen auslösen sowie innerhalb von zehn Minuten ihren Höhepunkt erreichen. Diese Symptome bestehen beispielsweise in Herzklopfen, Schwitzen, Zittern, Kurzatmigkeit und Erstickungsgefühlen, Schwindel, Schmerzen in der Brust, Übelkeit, Gefühl, einer Ohnmacht nahe zu sein, Gefühl der Unwirklichkeit (Derealisation) und Entfremdungsgefühle (Depersonalisation), Angst vor Kontrollverlust, Hitzewallungen oder Kälteschauer. Diese vegetativen Symptome führen meistens dazu, daß der Ort oder die Situation fluchtartig verlassen wird. Einer Panikattacke folgt meistens die Erwartungsangst, wiederholt solche Attacken zu erleben.

Panikstörung

Eine Panikstörung weist als Hauptmerkmal das Auftreten wiederholter und unerwarteter Panikattacken auf. Weiter wird gefordert, daß für *mindestens einen Monat* die Sorge anhält, eine weitere Panikattacke zu erleben. Als diagnostisches Kriterium werden *mindestens zwei unerwartete Panikattacken* verlangt, die *nicht* mit einem *spezifischen situativen Auslöser* verbunden sind. Genau dieses letzte Merkmal macht für eine Person mit einer Panikstörung das Auftreten einer Panikattacke unkalkulierbar, woraus sich die *Erwartungsangst* besonders leicht entwickeln kann. Daneben existieren jedoch auch *situationsbegünstigte* Panikattacken. Das bedeutet, daß situative Auslöser das Auftreten einer Panikattacke begünstigen können. Am wenigsten häufig sind *situationsgebundene* Panikattacken, bei denen ein situativer Auslöser fast immer eine solche Attacke hervorruft. Die Furcht vor einer Panikattacke ist *immer* mit der *Sorge* bezüglich *möglicher vegetativer Symptome* verbunden. Bei manchen Personen tritt auch Angst vor den Konsequenzen einer Panikattacke auf, zum Beispiel einen Herzinfarkt zu erleiden oder einem Schlaganfall zu erliegen. Von daher ist es wichtig, den Einfluß von Substanzen auszuschließen (z.B. Koffeinintoxikation), die diese vegetativen Symptome hervorrufen können; ebenfalls müssen körperliche Krankheiten (z.B. Schilddrüsenüberfunktion) abgeklärt werden. Eine Panikstörung wird, je nach Vorliegen der entsprechenden Kriterien, *mit* oder *ohne* Agoraphobie kodiert (vgl. Tab. 1). Für Angststörungen im *Kindesalter* ist die differentialdiagnostische Abgrenzung zur sozialen Phobie und zur Störung mit Trennungsangst von Bedeutung, da sich panikattackenähnliche Symptome zeigen können. Für *Kinder* und *Jugendliche typische Paniksymptome* untersuchten Kearny, Albano, Eisen, Allan und Barlow (1997). Sie fanden bei Acht- bis 17jährigen körperliche Symptome wie erhöhte Herzrate, Übelkeit, Zittern sowie „heiß und kalt über den Rücken laufen" am häufigsten im Erscheinungsbild der Panikstörung. Die betroffenen Kinder und Jugendlichen vermeiden es, Re-staurants, größere Menschenansammlungen, große und kleine Räume, Fahrstühle und ähnliches aufzusuchen.

In einer Studie mit 472 psychisch kranken Kindern und Jugendlichen kommen Biederman et al. (1997) zu dem Schluß, daß es sich bei der Panikstörung und der Agoraphobie um verschiedene Ausdrucksformen derselben Störung handelt. Die Autoren vermuten, daß die Agoraphobie eine Vorläuferstörung der Panikstörung darstellt; die Agoraphobie tritt nämlich häufiger auf und setzt früher ein.

Agoraphobie ohne Panikstörung in der Vorgeschichte

Der Unterschied dieser Störung zur Panikstörung mit Agoraphobie besteht darin, daß sich die Angst auf Panikattacken mit *unvollständiger* Symptomatik bezieht. Es liegt also eine Agoraphobie vor, die *zu keinem Zeitpunkt* die *Kriterien für eine Panikstörung* erfüllte. Es fehlen wiederkehrende unerwartete Panikattacken in der Vorgeschichte. Die Gründe für das Vermeidungsverhalten sind genau abzuklären, damit eine Abgrenzung zur sozialen Phobie und zur Störung mit Trennungsangst vorgenommen werden kann. Die Gefühle von Peinlichkeit bei der Agoraphobie ohne Panikstörung beziehen sich auf unvorhersehbare, plötzliche *panikähnliche* Symptome. Bei der sozialen Phobie hingegen bezieht sich das Gefühl von Peinlichkeit und Beschämung auf soziale oder Leistungssituationen und damit verbundene Bewertungen durch andere. Bei der Störung mit Trennungsangst vermeiden die Kinder außerhäusige Orte und Situationen, weil sie sich von dem vertrauten Umfeld und den engsten Bezugspersonen nicht trennen möchten und *nicht,* weil sie panikähnliche Symptome befürchten.

Angst und depressive Störung, gemischt

Für diese Störung besteht ausschließlich in der ICD-10 die Möglichkeit zur Klassifikation; im DSM-IV gibt es kein Äquivalent. Diese Diagnose wird bei einer Kombination verhältnismäßig *milder Symptome* von Angst und Depression vergeben. Das bedeutet, daß Merkmale einer Angst- und Depressionsstörung vorliegen, die jedoch *jeweils nicht ausreichen,* um die entsprechende Einzeldiagnose vergeben zu können. Das dominante Vorherrschen der einen oder anderen Störung darf nicht feststellbar sein. Ist dies der Fall, dann wird diese gemischte Störung nicht kodiert, sondern die jeweils dominante Störung. Gefordert wird schließlich auch, daß zumindest vorübergehend einige vegetative Phänomene aufgetreten sein müssen, wie beispielsweise Herzklopfen, Mundtrockenheit oder Magenbeschwerden. Lediglich die Sorge über solche vegetativen Symptome, ohne daß sie vorliegen, reicht nicht aus.

Andere gemischte Angststörungen

Bei dieser Kategorie gemischter Störungen, die nur in der ICD-10 vorliegt, muß eine generalisierte Angststörung mit erfüllten Kriterien vorhanden sein und zeitgleich müssen Merkmale einer anderen Störung aus dem Bereich der neurotischen, Belastungs- und somatoformen Störungen vorliegen. Diese sind zwar deutlich ausgeprägt, häufig aber nur von kurzer Dauer. Für Kinder ist am häufigsten eine gemischte Angststörung im Kontext mit einer Zwangsstörung beobachtbar.

Akute Belastungsstörung

Diese Störung, die in der ICD-10 als akute Belastungsreaktion bezeichnet wird, weist eine Reihe psychischer und vegetativer Phänomene auf, die in der Regel innerhalb von Minuten nach einem außergewöhnlich belastenden Erlebnis in Erscheinung treten. Solche außergewöhnlichen körperlichen und/oder psychischen Belastungsereignisse sind durch eine *ernsthafte Bedrohung* der körperlichen Unversehrtheit der eigenen oder einer anderen geliebten Person charakterisiert. Solche Ereignisse bestehen beispielsweise in einem Unfall, in Naturkatastrophen, plötzlichen und unerwarteten Todesfällen, einem Hausbrand oder ähnlichem. Die in beiden Klassifikationssystemen übereinstimmend beschriebenen Merkmale dieser Störung beginnen mit einer Art *Betäubungsreaktion,* in der die Aufmerksamkeit eingeschränkt und das Bewußtsein eingeengt ist. Die *körperlichen Symptome* entsprechen denen einer *Panikattacke.* Bei den *psychischen Phänomenen* können Angst, Verzweiflung, Hoffnungslosigkeit, aber auch Ärger, verbale Aggression sowie ziellose Überaktivität auftreten. Lediglich hinsichtlich der *Dauer* der Störung unterscheiden sich DSM-IV und ICD-10. Nach der ICD-10 verschwinden die Symptome meistens nach zwei bis drei Tagen, oft auch innerhalb weniger Stunden. Nach dem DSM-IV hingegen dauert diese Störung mindestens zwei Tage bis zu höchstens vier Wochen. Mit der akuten Belastungsstörung kann eine *teilweise* oder *vollständige* Amnesie bezüglich des traumatischen Erlebnisses verbunden sein.

Posttraumatische Belastungsstörung

Die Merkmale der posttraumatischen Belastungsstörung werden in beiden Klassifikationssystemen übereinstimmend dargelegt. Die Störung geht auf ein Erlebnis oder mehrere Ereignisse zurück, die sich auf eine *außergewöhnliche Bedrohung* oder eine *katastrophale Situation,* welche kurz oder lang anhalten kann, beziehen. Solche Erlebnisse können aus Naturereignissen, wie Erdbeben, oder aus von Menschen verursachten Katastrophen, wie Krieg, schwerer Autounfall, Überfall, Mord, Folterung, Terrorismus oder Vergewaltigung, bestehen. Solche Katastrophen würden bei fast jeder Person große Verzweiflung, Betroffenheit oder Hilflosigkeit auslösen. Die *zentrale Reaktion* nach dem Erleben eines traumatischen Ereignisses besteht in intensiver Furcht, Entsetzen oder Hilflosigkeit. Bei Kindern können auch große Erregung, sinn- und ziellose Überaktivität sowie Phänomene von Aufgelöstsein beobachtet werden. Solche kind- und jugendspezifischen Hinweise gibt nur das DSM-IV. Weitere zentrale Merkmale bestehen darin, daß das traumatische Ereignis in Form von Visualisierungen, Gedanken oder spezifischen Wahrnehmungen (Halluzinationen oder Flash-back-Episoden) *wiedererlebt* werden. Bei Kindern können *Aspekte des Traumas* in ihrem *Spielverhalten* zum Ausdruck kommen. Das Gefühl, das Ereignis noch einmal zu erleben, ist bei Kindern weniger gegeben. Vielmehr kann eine nicht bewußte, jedoch traumaspezifische Neuinszenierung auftreten. Das heißt, daß in Spielen oder in Bildern das traumatische Erlebnis mit Veränderungen und Variationen von einem Kind nachvollzogen wird. Charakteristisch sind auch wiederholte und belastende *Träume* oder Alpträume. Bei Kindern müssen sich die Trauminhalte nicht auf das traumatische Ereignis beziehen, sondern können ausschließlich die Qualität stark ängstigender Träume haben. Bei internalen sowie externalen *Hinweisreizen* auf das traumatische Erlebnis können *intensive psychische und körperliche Belastungsreaktionen* auftreten. Dadurch entsteht ein *Vermeidungsverhalten* bezüglich der Reize, die an das Trauma erinnern, wobei ein solches Vermeidungsverhalten vor dem Trauma nicht existierte. Die Belastungsreaktionen bestehen aus folgenden Merkmalen:

- Gefühl von Betäubtsein,
- Amnesie bezüglich des Traumas oder einiger Aspekte des traumatischen Erlebnisses,
- Ein-/Durchschlafprobleme,
- Reizbarkeit oder Wutausbrüche,
- übermäßige Wachheit,
- übertriebene Schreckhaftigkeit,
- Konzentrationsprobleme,
- mangelnde Empfindungsfähigkeit insbesondere positiver Emotionen,
- Teilnahmslosigkeit am Alltagsgeschehen,
- Lustlosigkeit.

Häufig sind auch Angststörungen und Depressionen mit den aufgeführten Merkmalen verknüpft; Suizidgedanken können vorkommen, ebenso Alkohol- und Drogenabusus. Diese psychischen Störungen in Kombination mit den psychischen und körperlichen Belastungsreaktionen der posttraumatischen Belastungsstörung verkomplizieren die Störung insgesamt sehr.

Ein differenziertes Wissen über *kind- und jugendspezifische Symptome* der posttraumatischen Belastungsstörung, über die Dauer und die Langzeitfolgen dieser Störung sowie zu Therapiemöglichkeiten bei Kindern und Jugendlichen liegt nicht vor. Erst mit dem DSM-III-R wurde Kindern offiziell zugestanden, posttraumatisch belastet zu reagieren. Gerade bei Kindern und Jugendlichen sind spezifische, oft langanhaltende traumatische Erlebnisse von Bedeutung (s.u.). In einer sehr differenzierten und umfassenden Übersichtsarbeit von Heemann, Schulte-Markwort, Ruhl und Knölker (1998) werden Ereignisse dargestellt, die zu einer posttraumatischen Belastungsstörung bei Kindern führen können. Es handelt sich um

- Katastrophen, wie Tornado, Überflutung, Erdbeben,
- Unfälle, wie Schiffsunglück, Staudammbruch,
- Gewalttaten, wie Schulbus-Entführung, Amokläufe in der Schule,
- beobachtete Gewalterlebnisse, wie Zeuge sein bei einem Mord oder Selbstmord eines Elternteils, Vergewaltigung,
- alltäglich erlebte Gewalt in der Großstadt oder über das Fernsehen vermittelt,
- Kriegserlebnisse, wie Flucht aus Bosnien, Erleben des Golfkrieges und
- sexuellen sowie körperlichen Mißbrauch.

Anhand dieser Aufzählung wird deutlich, daß ein entscheidender Unterschied zwischen diesen Traumata darin besteht, ob es ein *einmaliges,* plötzliches und sehr erschreckendes Trauma ist oder ein *anhaltendes,* vorhersagbares, unerträgliches Ereignis darstellt. Letzteres trifft insbesondere für Kriegserlebnisse und für Situationen des sexuellen und körperlichen Mißbrauchs zu. Bei diesem letztgenannten Traumata-Typ reagieren Kinder und Jugendliche bevorzugt mit dem *Leugnen des Traumas* sowie mit *Abwehrmechanismen* in Form von beispielsweise Selbsthypnose und Dissoziation. Eine *emotionale Abstumpfung* bis hin zu *Persönlichkeitsveränderungen* ist möglich (Heemann et al., 1998). Spezifische und unspezifische Symptome für Kinder und Jugendliche mit einer posttraumatischen Belastungsstörung werden in Anlehnung an Heemann et al. (1998) in Tabelle 4 zusammengefaßt.

Tabelle 4:
Kind- und jugendspezifische Symptome einer posttraumatischen Belastungsstörung.

	Spezifische Symptome	**Unspezifische Symptome**
Angst	Ängste vor und in Situationen, die das Kind an das traumatische Ereignis erinnern; Ängste vor Gegenständen oder Personen, die mit dem belastenden Erlebnis assoziiert sind; die Angstsymptome können mit Panikattacken kombiniert auftreten.	Ein Kind erlebt vermehrte Angst vor Dunkelheit, davor, alleine in einem Zimmer schlafen zu müssen, es weist häufiger Trennungsangst sowie Angst vor Geistern und Gespenstern auf.
Schlaf	Alpträume, die Aspekte des Traumas beinhalten.	Häufige Alpträume, die nicht mit dem Thema des Traumas zu tun haben und sich zum Beispiel auf Monster beziehen können; Ein- und Durchschlafschwierigkeiten.
Kognitive Aspekte	Ein Kind sucht einen Sinn im Trauma; es weist der eigenen oder anderen Personen Schuld für das traumatische Ereignis zu; das heißt, es fühlt sich für dessen Eintreten verantwortlich; keine positive Zukunftserwartung; kein Vertrauen mehr in Bezugspersonen.	Es kann eine Verschlechterung der Schulleistungen auftreten sowie Konzentrations- und Gedächtnisstörungen.
Verhalten	In der Folge möglicher Panikattacken tritt Vermeidungsverhalten vor bestimmten Orten, Personen oder Situationen auf; dieses für Erwachsene charakteristische Symptom, welches im DSM-IV ein verbindliches Kriterium darstellt, tritt bei Kindern deutlich weniger auf.	Es können bei Kindern Entwicklungsrückschritte in der Spiel-, Sprachfähigkeit und Sauberkeit (= Enuresis) auftreten; besonders bei männlichen Jugendlichen kann auch aggressives Verhalten sowie Verlust der Impulskontrolle beobachtet werden.
Körperliche Symptome		Kinder und Jugendliche klagen manchmal über Kopf- und Bauchschmerzen (ohne organischen Befund).

2 Epidemiologe, Verlauf und Nosologie

2.1 Epidemiologie

Epidemiologische Studien geben uneinheitliche Prävalenzen für Angststörungen im Kindesalter an. Nach einem Überblick von Bernstein, Borchardt und Perwien (1996) über die vergangenen zehn Jahre wird für alle Formen der Angststörungen zusammen eine Prävalenz von 15% angenommen. Ähnliche Ergebnisse berichten auch Poulton, Trainor, Stanton, McGee, Davis und Silva (1997). Schon in einer früheren Studie von McGee, Feehan, Williams, Partridge, Silva und Kelly (1990) wird von 10,7% Jugendlichen mit Angststörungen berichtet. Eine Studie von Fergusson, Horwood und Lynskeyl (1993) berichtet von 10,8% Kindern mit Angststörungen. Welche Angststörung im Kindes- und Jugendalter am häufigsten auftritt, ist schwer zu beurteilen, da die Angaben hierzu sehr unterschiedlich sind. Auch die Prävalenzen für eine Störung aus unterschiedlichen Studien können zum Teil beträchtlich schwanken. Dies mag einmal mit den verschiedenen Klassifikationssystemen und den damit verbundenen unterschiedlichen Diagnosekriterien zusammenhängen und einmal mit verschiedenen Stichprobenzugängen. Eine Übersicht über Angststörungen im Kindes- und Jugendalter aus unterschiedlichen Studien ist in Tabelle 5 zusammengestellt.

In Tabelle 5 fällt bei zwei Angststörungen, nämlich bei der sozialen Phobie und bei der Panikstörung, die hohe Übereinstimmung der Ergebnisse auf: Von je sechs aufgeführten Studien geben jeweils vier vergleichbare Prävalenzen an. Dies ist umso erstaunlicher, als sich die Zeiträume der Publikationen auf fünf bis acht Jahre erstrecken. Weiter fällt in Tabelle 5 auf, daß schon sehr viele Jugendliche eine Panikattacke erlebt haben; eine Panikstörung tritt hingegen bei relativ wenigen Jugendlichen auf. Die Trennungsangst ist die Angststörung, die am häufigsten im Kindesalter auftritt.

Sehr viele Studien befassen sich mit der selten auftretenden sozialen Phobie (vgl. Strauss & Last, 1993; Stemberger, Turner, Beidel & Calhoun, 1995; Shaffer et al., 1996; Beidel & Turner, 1998). Die Ergebnisse aus der Prävalenzstudie von Shaffer et al. (1996) beruhen auf der Befragung von Kindern und Jugendlichen. Eventuell ist diese Art des Datenzuganges ein Grund für die hohe Auftretenshäufigkeit der sozialen Phobie.

Tabelle 5:
Prävalenz verschiedener Angststörungen im Kindes- und Jugendalter.

Trennungs-angst	Soziale Phobie	Einfache/spezifische Phobie	Generali-sierte Angst-störung	Panikstö-rung	Panikattacke	Posttrauma-tische Belastungs-störung
Bowen, et al. (1990): **2,4%-4,7%**	Lewinsohn et al. (1993): **1,5%**	Lewinsohn et al. (1993): **1,9%**	Bernstein et al. (1996): **3,7%**	Whitaker et al. (1990): **0,6%**	Ollendick et al. (1994): **40%-60%** Jugendliche	Reinherz et al. (1993): **6%**
Lewinsohn et al. (1993): **4,2%**	Reinherz et al. (1993): **1%**	Essau et al. (1998): **3,5%**	Essau et al. (1998): **0,4%**	Lewinsohn et al. (1993): **0,8%**	Essau et al. (1999): **18%** (12-17 Jahre) **25,8%** (14-15 Jahre)	Essau et al. (1998): **1,6%**
Bernstein et al. (1996): **3,5%-4%**	Bernstein et al. (1996): **1%**	Wittchen et al. (1998): **2,3%**	Wittchen et al. (1998): **0,8%**	Bernstein et al. (1996): **0,6%**		
DSM-IV (1996): **4%**	Shaffer et al. (1996): **7,6%** Kinder **3,7%** Jugend-liche			Hayward et al. (1997): **1,7%**		
Topolski et al. (1997): **3,5%-5,4%**	Essau et al. (1998): **1,6%**			Essau et al. (1998): **0,5%**		
Wittchen et al. (1998): **1,3%**	Wittchen et al. (1998): **3,5%**			Wittchen et al. (1998): **1,6%**		

Neben diesen Selbsteinschätzungen wurden auch Elternurteile von Shaffer et al. (1996) erfragt, die altersunabhängig einen Wert von 4,5% ergaben.

2.2 Verlauf

Mit dem Jugendalter nimmt die Auftretenshäufigkeit von Angststörungen zu; sie sind durch einen *stabilen Verlauf* gekennzeichnet sowie eine eher geringe Remissionsrate. Nach Keller et al. (1992) zeigen 46% der Kinder mit Angststörungen auch nach acht Jahren noch dieses Symptombild. Für die Störung mit Trennungsangst gibt das DSM-IV an, daß der Störungsverlauf durch eine variierende Symptomschwere charakterisiert ist; die Angst vor möglichen Trennungen kann oftmals jahrelang und bis ins Jugendalter anhalten. Auch Cohen et al. (1993) berichten ähnliche Verläufe für die Störung mit Überängstlichkeit. So wiesen 47% der Jugendlichen diese Störung auch noch nach zweieinhalb Jahren auf. Der Überblick von Bernstein et al. (1996) macht deutlich, daß je nach Angststörung die *Remissionsrate* bei ca. Zweidrittel liegt.

Dreißig Prozent der Kinder mit Angststörungen entwickeln weitere psychische Störungen. So kann beispielsweise die Trennungsangst eine Vorläuferproblematik der Panikstörung mit Agoraphobie sein.

Schlüsselt man die Angststörungen in der Gruppe der Zwölf- bis 17-jährigen auf, so wird deutlich, daß sich der Anstieg der Angststörungen im Jugendalter besonders auf die Phobien und die posttraumatische Belastungsstörung bezieht. Der Verlauf einer Angststörung wird kompliziert, wenn Alkoholmißbrauch oder -abhängigkeit komorbid auftritt, was nach Lewinsohn, Zinbarg, Seeley, Lewinsohn und Sack (1997) bei 11,9% der 14- bis 17jährigen Jugendlichen zutrifft.

Eine weitere, häufig im Verlauf komorbid auftretende Störung ist die Depression. In einer Übersicht zur Epidemiologie internalisierender Störungen von Kovacs und Devlin (1998) wird sowohl die Zunahme von Angststörungen im Jugendalter deutlich als auch die in bis zu 50% der Fälle komorbid auftretende Angst- und depressive Störung. Zu ähnlichen Ergebnissen kommt auch die Bremer Jugendstudie (Essau et al., 1998). In 28% bis 75% traten Angststörungen komorbid mit Major Depression und dysthymer Störung in epidemiologischen Studien auf (Cohen et al., 1993; Kashani et al., 1987; Lewinsohn et al., 1997; McGee et al., 1990; Garrison, Addi, Jackson, McKeown & Waller, 1992). Die zu erwartende höhere Komorbiditätsrate von Angst- und depressiven Störungen in klinischen Studien ist nicht gegeben (Ferro, Carlson, Grayson & Klein, 1994; Goodyer, Herbert, Secher & Pearson, 1997; Kovacs, Akiskal, Gatsonis & Parrone, 1994).

Simonoff et al. (1997) untersuchten in einer großangelegten Studie (N = 1000), der sogenannten Virginia Twin Study of Adolescent Behavioral Development, bei acht- bis 16jährigen Kindern und Jugendlichen den Einfluß von Alter und Geschlecht auf die Ausprägung von emotionalen und Verhaltensstörungen. Die emotionalen Störungen umfaßten Angststörungen und Depression; die Verhaltensstörungen bezogen sich auf aggressives, oppositionelles sowie hyperkinetisches Verhalten. Die systematischen Analysen bestätigten das Ergebnis anderer Studien, nämlich die Zunahme von Angststörungen mit dem Alter; am meisten nimmt die Agoraphobie mit dem Jugendalter zu. Ein weiteres Ergebnis der Virginia Twin Study war, daß der altersabhängige Anstieg von Angststörungen in besonderer Weise die Mädchen betraf, und zwar Mädchen mit generalisierter Angststörung sowie spezifischer und sozialer Phobie.

Kurzfristige Störungsverläufe

Beidel, Fink und Turner (1996) belegten für die Altersgruppe der sieben- bis 12jährigen Kinder, daß ca. 80% der als ängstlich diagnostizierten Kinder nach drei Jahren die *ursprünglichen* Kriterien der Diagnosestellung *nicht mehr* erfüllten. Dies spricht zunächst dafür, daß die Symptome der Angststörungen eine hohe Remissionsrate aufweisen, und zwar ohne psychotherapeutische Intervention. Bei einer genaueren Analyse zeigt sich in der Studie von Beidel et al. (1996), daß sich Angststörungen zwar verändern, jedoch nicht im Sinne einer Remission. Im Verlauf entwickelt sich aus einer spezifischen Störung eine andere Angststörung. Dieser Sachverhalt bezieht sich auf Ängste, wie die soziale Phobie oder die Störung mit Überängstlichkeit nach dem DSM-III-R. Beidel et al. (1996) verdeutlichen, daß das DSM-IV diesen Fehler korrigiert, und dies zu einer Neuinterpretation der Ergebnisse führt: So ist bei 62% der Kinder in der Studie von Beidel et al. (1996) die Störung, die Aspekte sozialer Ängste enthält, über sechs Monate stabil. 17% der diagnostizierten Kinder verlieren ihre Symptome völlig, und 21% weisen diese nur noch als subklinische Phänomene nach sechs Monaten auf.

Last, Perrin, Hersen und Kazdin (1996) untersuchten 102 Kinder und Jugendliche mit Angststörungen über einen Zeitraum von drei bis vier Jahren, und es zeigte sich eine hohe Remissionsrate. Nach diesem Zeitraum erfüllten 82% der Ängstlichen nicht mehr die Kriterien der ursprünglichen Störung. Die meisten von ihnen, nämlich 86%, verloren die Störung im ersten Jahr. Die Störung mit Trennungsangst nahm am deutlichsten ab, und zwar in 96% der Fälle; mit 70% der Fälle reduzierte sich die Panikstörung am wenigsten. Ein früher Störungsbeginn bildet einen ungünstigen Prognosefaktor. Die Störung mit Überängstlichkeit ist am änderungsresistentesten; zudem konnten Last et al. (1996) feststellen, daß 30% der ängstlichen Kinder während des Beobachtungszeitraumes eine neue Störung entwickelten. Von diesen neuen Störungen war wiederum die Hälfte eine weitere Angststörung.

Langfristige Störungsverläufe

Es liegen zur Zeit nur zwei Studien zum langfristigen Verlauf einer im Kindesalter beginnenden Angststörung vor. Die eine Studie wurde von Last, Hansen und Franco (1997) realisiert. Sie befragten 101 junge Erwachsene im Alter von 18 bis 26 Jahren per Telefoninterview. Die Autoren verglichen eine Kontrollgruppe mit zwei Gruppen ehemaliger Patienten: Die eine Patientengruppe wies lediglich eine Angststörung auf; die andere eine komorbide Angst- und depressive Störung. In der Nachbefragung wurde deutlich, daß die ehemaligen Patienten beeinträchtigt waren, die eine komorbide Störung aufwiesen. Sie lassen sich durch drei Merkmale beschreiben:

- Personen mit komorbider Angst- und depressiver Störung hatten seltener eine Ausbildung begonnen oder ein Beschäftigungsverhältnis aufgenommen;
- bei dieser Gruppe traten zudem die meisten psychischen Probleme auf und
- sie benötigten am häufigsten psychologische Hilfe.

In der Studie von Flakierska-Praguin, Lindström und Gillberg (1997) wurden 35 Personen befragt, die im Alter von sieben bis zwölf Jahren eine Schulphobie aufwiesen. Sie wurden 20 bis 29 Jahre nach dem Auftreten der Schulverweigerung untersucht; das heißt, sie waren mittlerweile zwischen 30 und 40 Jahre alt. Bei dieser Studie zeigte sich ebenfalls, daß die ehemaligen Patienten mit Schulphobie auch im Erwachsenenalter häufiger psychologische Hilfe benötigten. Ein gewisser Teil, nämlich 14%, lebte noch im Alter zwischen 30 und 40 Jahren bei den Eltern; sie hatten also keine eigene Familie gegründet. Diese ehemaligen schulphobischen Patienten wiesen auch als Erwachsene noch Probleme in sozialen Beziehungen auf; jedoch beeinflußte die Störung nicht die Schullaufbahn und die Berufstätigkeit negativ.

Vergleicht man die kurz- mit den langfristigen Störungsverläufen, so läßt sich vermuten, daß Angststörungen, die im Kindes- und frühen Jugendalter beginnen,

- eine Variabilität in den Erscheinungsformen zeigen, wobei dies besonders für soziale Ängste zutrifft;
- Ängste mit frühem Entstehungsbeginn eine hohe Stabilität aufweisen und
- verschiedene berufliche und/oder psychosoziale Probleme bis ins Erwachsenenalter zur Folge haben.

Psychosoziale Beeinträchtigungen

Wie die langfristigen Störungsverläufe zeigen konnten, bleiben bei einer Reihe von Angststörungen Beeinträchtigungen in einem oder mehreren Alltagsbereichen bestehen. Am häufigsten trifft dies Sozialkontakte und die Gestaltung persönlicher Beziehungen. Beispielsweise besaßen Jugendliche mit Angststörungen kaum Kontakte zu Gleichaltrigen, und sie wiesen

auch vermehrte Schul- und familiäre Probleme auf (Kashani & Orvaschel, 1990). Eine differenzierte Betrachtung psychosozialer Beeinträchtigungen liefern Bowen, Offord und Boyle (1990). Sie berichten, daß

- 20,5% der Kinder mit Angststörungen Probleme mit ihren Bezugspersonen hatten,
- 10,3% eine geringe Kompetenz im Sport- und Freizeitbereich besaßen,
- nur 10,8% Sport betrieben und
- nur 2,5% schlechte Schulleistungen aufwiesen.

Das Ausmaß der psychosozialen Beeinträchtigungen ist für Kinder mit generalisierter Angststörung am höchsten, und zwar mit 84,2%. Am zweithäufigsten sind Kinder mit Panik- und Zwangsstörungen beeinträchtigt (71% bzw. 60%; Whitaker et al., 1990). Jugendliche mit einer posttraumatischen Belastungsstörung weisen eine deutlich geringere Selbstachtung, vermehrte Beziehungsprobleme sowie schlechtere Schulleistungen auf (vgl. Reinherz et al., 1993).

Aus der Studie von Biederman et al. (1997) wurde bereits berichtet, daß die Agoraphobie aufgrund ihres häufigeren Auftretens sowie frühen Einsetzens eine *Vorläuferstörung* der Panikstörung darstellen könnte. Betrachtet man den Störungsverlauf von Angststörungen sowie deren mögliche Komorbidität untereinander, so läßt sich im ungünstigsten Fall ein Entwicklungspfad vermuten, der mit spezifischen Angststörungen im Kindesalter seinen Anfang nimmt und im Entwicklungsverlauf zu massiveren sowie stabilen Angststörungen führen kann (vgl. Abb. 1).

Abbildung 1 zeigt einen möglichen Entwicklungsverlauf von der Störung mit *Trennungsangst* über die *Agoraphobie* bis zur *Panikstörung* auf. Diesen Zusammenhang legt sowohl die Studie von Biederman et al. (1997) nahe als auch die von Kashani und Orvaschel (1990). 36,4% ängstlicher Kinder in der Studie von Kashani und Orvaschel erfüllten die Kriterien für zwei oder sogar mehr Angststörungen. Einige Studien weisen gezielt darauf hin, daß die Störung mit Trennungsangst eine Vorläuferstörung der Panikstörung im Jugendalter sein kann (vgl. Alessi & Magen, 1988). Weitere, analoge Entwicklungspfade sind denkbar: Beispielsweise von der Störung mit sozialer Ängstlichkeit des Kindesalters, eventuell über die Agoraphobie bis zur sozialen Phobie im Jugend- und Erwachsenenalter. Welche Beziehung einzelne Angststörungen, die zeitgleich im Entwicklungsverlauf auftreten, untereinander haben, kann zur Zeit noch nicht differenziert beurteilt werden. Allerdings kann mit Kashani und Orvaschel (1990) die Komorbidität zwischen verschiedenen Angststörungen durch folgende Faktoren erklärt werden:

- Die spezifischen Verhaltensweisen einer Angststörung können einen Risikofaktor für eine weitere Angststörung darstellen.

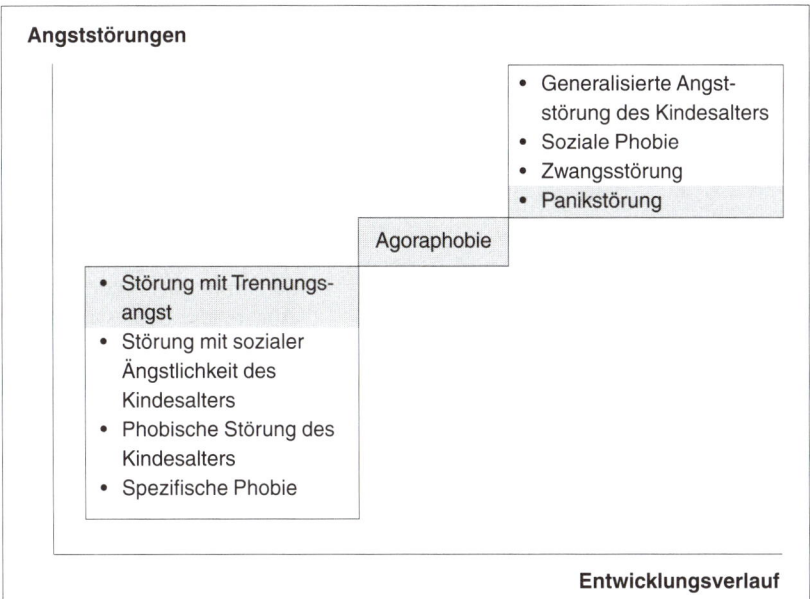

Abbildung 1:
Möglicher ungünstiger Entwicklungsverlauf von Angststörungen.

- Unterschiedliche Ängste können dieselbe Ätiologie aufweisen, und sie können durch nicht spezifisch wirkende und damit also durch identische Risikofaktoren ausgelöst sein.
- Eine Reihe von psychischen und körperlichen Symptomen unterschiedlicher Ängste überlappen sich, was die Tatsache begünstigt, daß die Kriterien für mehr als eine Angstdiagnose erfüllt werden.

In Abbildung 1 ist die Komorbidität mit anderen psychischen Störungen nicht berücksichtigt; hierauf wird im nächsten Abschnitt eingegangen.

2.3 Nosologie

Über einen Zusammenhang von *Angststörung* und *Geschlecht* berichtet eine Reihe von Studien. So analysieren Poulton et al. (1997) eine Teilstichprobe von 722 Jugendlichen aus der Neuseeland-Längsschnittstudie im Hinblick auf geschlechtsspezifische Unterschiede. Während es im Kindesalter keine signifikanten Unterschiede zwischen Jungen und Mädchen hinsichtlich des Auftretens von Angststörungen gibt, existiert bei Jugendlichen im Alter von 15 Jahren ein signifikanter Zusammenhang zwischen dem Geschlecht und dem Vorliegen einer Angststörung; das Verhältnis beträgt 1 : 0,6 zu ungunsten der Mädchen.

Beidel und Turner (1998) stellten für verschiedene Studien fest, daß das Verhältnis von Jungen zu Mädchen bei der *sozialen Phobie* im Verhältnis 3 : 2 zu ungunsten der Mädchen ausfiel. Multiple Ängste treten bei weiblichen Jugendlichen im Alter zwischen 14 und 17

Jahren gehäuft auf (Lewinsohn et al., 1997). Auch für das Auftreten von *Panikattacken* werden Geschlechtsunterschiede festgestellt. So berichten Hayward et al. (1992) für Mädchen im Jugendalter höhere Prävalenzraten. Dieses Ergebnis erklären die Autoren mit dem Anstieg der Sexualhormone im Verlauf der Pubertät. Auch eine Wechselwirkung zwischen Hormonstatus und psychosozialen Veränderungen während der Pubertät wird vermutet.

Mädchen sind von *Angststörungen* allgemein nicht nur häufiger betroffen, sondern sie weisen auch eine höhere *Symptomschwere* auf (vgl. Lewinsohn, Gotlib, Lewinsohn, Seeley & Allen, 1998). In einer Studie konnten Lewinsohn et al. (1998) folgende psychosoziale Merkmale für diese Beobachtung verantwortlich machen:

- Mädchen erleben bestimmte Ereignisse einschneidender;
- sie sind weniger selbstbewußt;
- sie verfügen über weniger soziale Kompetenzen;
- Mädchen sind vertrauensvoller;
- Mädchen sind häufiger körperlich krank;
- sie bewerten ihren Gesundheitszustand schlechter;
- sie weisen ein schlechteres körperliches Training auf und
- berichten über mehr körperliche Beschwerden.

In dieser Studie unterschieden sich Jungen und Mädchen nicht hinsichtlich des *Erkrankungsbeginns* sowie nicht im Hinblick auf die *Länge* einer Krankheitsphase.

Bei der *Panikstörung* bestehen keine Unterschiede zwischen jugendlichen Mädchen und Jungen; zumindest weist die Bremer Jugendstudie einen solchen Geschlechtseffekt nicht aus (Essau et al., 1998). Tabelle 6 gibt für eine Reihe von Angststörungen die geschlechtsspezifische Lebenszeit-Prävalenz an, die im Rahmen der Bremer Jugendstudie gefunden wurden.

Für Kinder und Jugendliche sind insbesondere die *Trennungsangst* und die *soziale Phobie* von Bedeutung. Für beide Angststörungen liegen eine Reihe von Ergebnissen zu deren Komorbidität mit anderen Angststörungen vor. So weist die Virginia Twin Study, die die Komorbiditäten sehr systematisch betrachtet, einen hohen Zusammenhang zwischen der *Trennungsangst* und anderen Angststörungen mit der Depression auf.

Tabelle 6:
Geschlechtsspezifische Lebenszeit-Prävalenz von Angststörungen in der Bremer Jugendstudie (Essau et al., 1998).

	Weibliche Jugendliche N = 614	Männliche Jugendliche N = 421	Gesamt N = 1035
Agoraphobie	4,9%	2,9%	4,1%
Spezifische Phobie	4,2%	2,4%	3,5%
Soziale Phobie	2,1%	1,0%	1,6%
Generalisierte Angststörung	0,3%	0,5%	0,4%
Phobie NNB	13,5%	9,5%	11,9%
Panikstörung	0,5%	0,5%	0,5%
Posttraumatische Belastungsstörung	1,8%	1,4%	1,6%
Irgendeine Angststörung	21,8%	13,8%	18,6%

Kinder mit Trennungsängsten klagen nach einer Studie von Strauss und Last (1993) auch über Schulängste. Obwohl die soziale Phobie nicht die höchsten Auftretensraten aufweist, liegen doch eine Reihe sehr differenzierter Ergebnisse zur Komorbidität der *sozialen Phobie* mit anderen Angststörungen vor. So berichten Strauss und Last (1993), daß 64% der Kinder mit einer sozialen Phobie auch von Schulängsten geplagt sind. Nach Beidel und Turner (1998) weisen 16% der Kinder mit einer sozialen Phobie auch die Kriterien einer generalisierten Angststörung nach dem DSM-IV auf. Von Patienten mit einer sozialen Phobie gaben 44% an, daß der Beginn dieser Angststörung nach einer traumatischen Erfahrung gelegen sei (Stemberger et al., 1995).

Kinder mit *gehemmtem Verhalten* haben das Risiko, eine phobische Störung zu entwickeln (Beidel & Turner, 1998). Eine solche phobische Störung ist durch folgende Beeinträchtigungen charakterisiert:

- 56% Furcht vor öffentlichem Sprechen,
- 44% Furcht vor Fremden,
- 33% Furcht vor dem Aufgerufenwerden in der Klasse und
- 33% Furcht vor großen Menschenansammlungen.

Diese Befunde legen nahe, daß gehemmtes Verhalten einen wichtigen Vorboten für die Entwicklung einer Angststörung darstellt. Vermutlich ist *gehemmtes Verhalten* ein *Vulnerabilitätsfaktor* für die Entwicklung von Angststörungen, insbesondere, wenn weitere Risikofaktoren oder Belastungen für ein Kind hinzukommen. Die Temperamentsforschung könnte hierzu zukünftig weitere Aufschlüsse geben.

Eine *Angststörung* kann zeitgleich oder im Entwicklungsverlauf zu einem späteren Zeitpunkt mit einer *Depressionsstörung komorbid* auftreten. Vor allem die Panikstörung tritt mit der Major Depression oder der dysthymen Störung komorbid auf (Kearny et al., 1997).

Die Störung mit Überängstlichkeit und die Depression treten nach Bowen et al. (1990) bei 21% der Fälle komorbid auf. Danach ist die Störung mit Überängstlichkeit die am häufigsten mit einer Depression gemeinsam auftretende Angstform. Kinder mit der komorbiden Angst- und depressiven Störung waren meistens älter und hatten zudem mehrere schwere Angstsymptome (Bernstein, 1991; Strauss et al., 1988). Alessi und Magen (1988) fanden heraus, daß Kinder, die die Kriterien für eine Panikstörung und Depression erfüllten, die depressive Episode zeitgleich zur Panikattacke erlebten.

Im Entwicklungsverlauf treten in der Regel Angststörungen *vor* Depressionen auf; das Komorbiditätsrisiko zwischen diesen beiden Störungen nimmt im Entwicklungsverlauf zu; mit steigendem Alter differenzieren sich die Symptome von Angst- und depressiven Störungen aus (vgl. Cole, Truglio & Peeke, 1997). In einer Zwei-Zeitpunkt-Erhebung bei 14- bis 17jährigen Jugendlichen wurde die zeitliche Abfolge komorbider Störungen untersucht. So tritt die Major Depression sowohl als Folge

- einer einfachen Phobie als auch
- einer Störung mit Trennungsangst auf.

Derselbe Trend besteht tendenziell für

- die soziale Phobie und
- die Störung mit Überängstlichkeit.

Beide Störungen können in eine Major Depression münden (Lewinsohn et al., 1997) und lassen einen *übergeordneten Faktor* erkennen, der mit *negativer Affektivität* beschrieben werden kann. Die Studie von Cole et al. (1997) belegte, daß das Konzept der negativen Affektivität besonders für jüngere Kinder zutreffend zu sein scheint. In der genannten Studie wurden Neunjährige untersucht, bei denen sich die Erscheinungsformen von Angst und Depression noch stark überlappen, und von daher erscheint das gemeinsame Konzept der negativen Affektivität für beide Störungen plausibel. Mit zunehmendem Alter und weiterem Entwicklungsverlauf differenzieren sich dann zwar die Angst- und depressive Störung aus; jedoch kann die negative Affektivität die gemeinsamen Anteile von Angststörungen und Depression gut erklären (vgl. Abb. 2).

Angststörungen können auch mit weniger naheliegenden psychischen Störungen komorbid auftreten. Beispielsweise erwartet man keine enge Beziehung zwi-

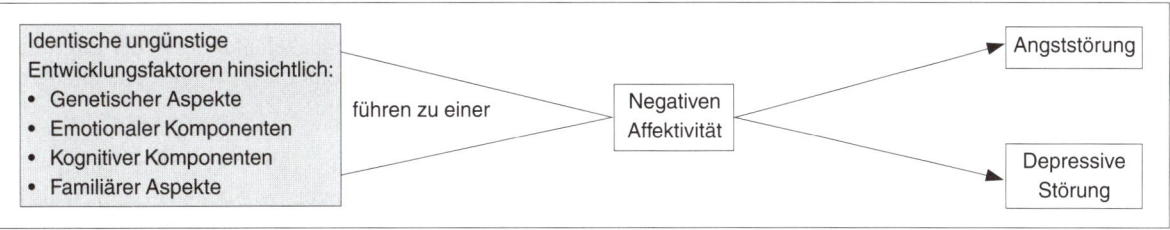

Abbildung 2:
Annahmen zur Verknüpfung von depressiven und Angststörungen im Kindesalter.

schen einer einfachen Phobie und dem oppositionellen Trotzverhalten. Naheliegend ist hingegen das Ergebnis, daß verschiedene Phobien kombiniert sind, nämlich die Agoraphobie, die einfache und die soziale Phobie. In der Virginia Twin Study werden hierzu Angaben zwischen 39% und 70% gemacht (Simonoff et al., 1997). Erwartungsgemäß fällt das Ergebnis einer Studie von Ialongo, Edelsohn, Werthamer-Larsson, Crockett und Kellam (1996) aus; sie untersuchten 684 Grundschüler zu zwei Meßzeitpunkten während des ersten Schuljahres. In dieser Studie konnte belegt werden, daß Kinder, vor allem Jungen, welche eine Angststörung aufwiesen, parallel dazu kaum aggressives Verhalten entwickelten. Liegt jedoch eine komorbide Angst- und Aggressionsstörung vor, dann zeigt sich das provokative, aggressive Verhalten nur in abgeschwächter Form. Scheinbar ist dies auf eine Hemmung durch die zeitgleich vorliegende Angststörung zurückzuführen. Diese beiden Ergebnisse verdeutlichen, daß eine Angststörung als Schutzfaktor bewirken kann, daß sich aggressives Verhalten nicht entwickelt oder in seiner Äußerungsform abgeschwächt wird.

Angststörungen treten auch komorbid mit *Hyperaktivität* beziehungsweise *Hyperkinese* auf (Biederman, Faraone, Keenan, Steingard & Tsuang, 1991; Bird, Gould & Staghezza, 1993; Keller et al., 1992). Kinder mit Trennungsangst oder mit der generalisierten Angststörung zeigen bevorzugt hyperaktives Verhalten, nämlich zwischen 15% und 24% (Bowen et al., 1990; Keller et al., 1992). Die Überlappung von Angststörungen mit Störungen des Sozialverhaltens, insbesondere mit *oppositionellem Trotzverhalten,* wird mit 36% bis 62,4% angegeben und ist vermutlich überschätzt (Bird et al., 1993; Cohen et al., 1993).

Bei einer Reihe von Angststörungen zeigen sich *körperliche Symptome.* Bernstein et al. (1997) beschäftigten sich damit, welche körperlichen Symptome mit spezifischen Angststörungen assoziiert sind. In einer Studie an 44 Kindern und Jugendlichen im Alter von zwölf bis 18 Jahren wurde mittels eines strukturierten Interviews nach körperlichen Beschwerden gefragt. Ängstlich-depressive Schulverweigerer gaben folgende körperliche Belastungen an:

- Schwindelgefühle oder Schwächegefühle,
- Übelkeit im Magen und
- Rückenschmerzen.

Insgesamt dominierten autonome Reaktionen mit 45,4%, und zwar Kopfschmerzen, Schwindelgefühl sowie Schwitzen. Die Bedeutung solcher körperlichen Symptome ist schwer einzuschätzen.

In einer Studie von Nilzon und Palmérus (1997), die die Beziehung zwischen Angst und Depression bei neun- bis elfjährigen Schulkindern untersuchten, zeigte sich folgendes Bild: Die *Ausdrucksformen* von Angst *unterschieden* sich bei depressiven Jungen und Mädchen stark. Depressive Mädchen klagten vermehrt über körperliche Beschwerden, sie waren unsicherer im Verhalten und machten sich vermehrt Sorgen über ihre eigenen Kompetenzen. Hingegen sorgten sich depressive Jungen mehr um die eigene Zukunft und beschäftigten sich häufig mit vorangegangenen Ereignissen; zudem benötigten sie mehr Bestätigung für ihr eigenes Verhalten von anderen.

3 Erfassung von Angststörungen

Die vielfältigen Symptome einer Angststörung sprechen für eine multimodale Erfassung. Minimal sind Selbstbeurteilungen anhand standardisierter Fragebögen und Verhaltensbeobachtungen erforderlich. Für die verschiedenen Angstformen liegen strukturierte Interviews gemäß der Vorgabe des DSM-IV oder der ICD-10 vor, die sowohl mit den Eltern als auch mit den Kindern durchgeführt werden können (vgl. Kendall & Flannery-Schroeder, 1998).

Albano, DiBartolo, Heimberg und Barlow (1995) geben eine Aufstellung über die vielfältigen Reaktionsformen der sozialen Phobie (vgl. Tab. 7), an der nochmals die Notwendigkeit einer multimodalen Diagnostik verdeutlicht werden kann. Hierbei sind jedoch nicht alle Reaktionsformen gleich aussagekräftig. So muß bei den physiologischen Reaktionen kritisch angemerkt werden, daß sie nur im Kontext der gesamten Auffälligkeiten bewertet werden können. Schneider (1994) weist in einer Übersicht zur Angstdiagnostik darauf hin, daß bei Angststörungen kein spezifisches physiologisches Reaktionsmuster vorliegt. So unterscheiden sich zum Beispiel ängstliche und aggressive Kinder nicht im Anstieg ihrer Herzfrequenz.

Komponente) erfragen. Gerade die State-Komponente ist im Rahmen der Angstbehandlung in der Lage, zum Beispiel die Effekte einer Expositionsbehandlung abzubilden (vgl. Abschnitt 5.2).

Melfsen und Florin (1997) veröffentlichten eine deutschsprachige Version der Social Anxiety Scale for Children-Revised (SASC-R). Dieser Bogen besteht aus 18 Fragen, die folgende Aspekte beinhalten:

- Angst vor negativer Bewertung sowie
- negative Gefühle im Kontakt mit anderen und
- Vermeidung von sozialen Situationen.

Tabelle 7:
Verhaltensbezogene, physiologische und kognitive Reaktionen bei sozialer Phobie im Kindes- und Jugendalter (nach Albano et al., 1995, S. 392).

Verhaltensbezogen	Physiologisch	Kognitiv
Weinen	Herzklopfen	Fluchtgedanken
Jammern	Übelkeit	negative Bewertungen
an die Eltern klammern	Schwitzen	Versagensängste
Stottern	zittrige Knie	Gefühle der Demütigung
Zappeln	Kurzatmigkeit	Verlegenheit
verringerter Blickkontakt	Erstarren	Gefühl, unzulänglich zu sein
vor sich hin murmeln	Kopfschmerzen	Selbstzweifel
zittrige Stimme	erhöhter Puls	
Nägel kauen	Muskelanspannung	
Vermeidung	Schmetterlinge im Bauch	
Nervosität		

Selbstbeurteilungsfragebögen

In diesem Bereich liegen Einschätzlisten vor, bei denen Kinder phobische Angst in ihrem Ausprägungsgrad beschreiben können; in der Regel werden dabei Objekte angeführt (z.B. Tiere, Räume), vor denen ein Kind Angst haben könnte (Fear Survey Schedule for Children; vgl. Schneider, 1994). Kinderängste können jedoch auch globaler bewertet werden: Im deutschen Sprachraum wird hierzu vor allem der Angstfragebogen für Schüler (AFS) von Wieczerkowski, Nickel, Janowski, Fittkau und Rauer (1974) eingesetzt, mit dem Prüfungs- und Leistungsängste in Verbindung mit sozialer Angst erfaßt werden. Im einzelnen bezieht sich der AFS auf die folgenden Bereiche: Manifeste Angst, Prüfungsangst, Schulunlust und soziale Erwünschtheit.

Mit dem State-Trait-Anxiety-Inventory for Children (STAIC nach Spielberger; dt. Unnewehr, 1992) kann man die situationsabhängige Ängstlichkeit (State-Komponente) und die allgemeine Ängstlichkeit (Trait-

Der Fragebogen ist für Acht- bis 16jährige geeignet und stellt ein besonders ökonomisches Verfahren dar, das von den Kindern fünfstufige Selbsteinschätzungen („nie" bis „immer") verlangt. Der Fragebogen ist in Kasten 1 abgedruckt.

Stangier, Heidenreich, Berardi, Golbs und Hoyer (1999) veröffentlichten zwei aus dem Englischen übersetzte Verfahren zur Selbsteinschätzung der sozialen Phobie. Mit diesen Skalen können bei Jugendlichen und Heranwachsenden spezifische Aspekte der sozialen Phobie erfaßt werden:

- Die *Social Interaction Scale (SIAS)* zielt auf Angst im Sozialkontakt mit Freunden, Fremden oder möglichen gegengeschlechtlichen Partnern ab (z.B. „Ich werde nervös, wenn ich mit einer Autoritätsperson (Lehrer) sprechen muß." oder „Ich habe Schwierigkeiten, Blickkontakt mit anderen herzustellen.").

- Die *Social Phobia Scale (SPS)* erfragt Angst in Situationen, in denen man sich bei Anwesenheit anderer verhalten muß (z.B. „Ich befürchte, zu erröten, wenn ich mit anderen zusammen bin." oder „Ich mache mir Sorgen, daß andere mein Verhalten seltsam finden könnten.").

Kasten 1:

Fragebogen zur sozialen Angst bei Kindern (Deutsche Version der SASC-R; Melfsen & Florin, 1997, S. 227).

1. Ich habe Angst davor, geärgert zu werden.
2. Ich fühle mich unsicher bei Jungen und Mädchen, die ich nicht kenne.
3. Ich glaube, daß andere Jungen und Mädchen hinter meinem Rücken über mich reden.
4. Ich spreche nur mit Jungen und Mädchen, die ich gut kenne.
5. Ich mag nichts Neues vor anderen Jungen und Mädchen ausprobieren.
6. Ich überlege mir, was andere Jungen und Mädchen wohl von mir denken.
7. Ich habe Angst, daß andere Jungen und Mädchen mich nicht mögen.
8. Ich bin aufgeregt, wenn ich mit Jungen und Mädchen rede, die ich nicht kenne.
9. Ich mache mir Gedanken, was andere Jungen und Mädchen wohl über mich sagen.
10. Wenn ich mit Jungen und Mädchen rede, die neu in die Klasse gekommen sind, bin ich aufgeregt.
11. Ich frage mich, ob andere Jungen und Mädchen mich wohl mögen.
12. In einer Gruppe von Jungen und Mädchen bin ich ruhig und zurückhaltend.
13. Ich glaube, daß andere Jungen und Mädchen sich über mich lustig machen.
14. Wenn ich mich mit einem anderen Jungen oder Mädchen streite, habe ich Angst, daß er oder sie mich nicht mehr mögen wird.
15. Ich habe Angst, andere zu mir nach Hause einzuladen, weil sie ablehnen könnten.
16. Bei bestimmten Jungen und Mädchen bin ich aufgeregt.
17. Ich fühle mich unsicher, selbst bei Jungen und Mädchen, die ich sehr gut kenne.
18. Es fällt mir schwer, andere Jungen und Mädchen zu fragen, ob sie mit mir spielen.

Diese Verfahren bestehen aus jeweils 20 Aussagen und können ab dem 16. Lebensjahr eingesetzt werden. Mit den Skalen lassen sich sehr gut Patienten mit sozialer Phobie von Patienten mit anderen Angststörungen unterscheiden; zudem lassen sich damit sehr gut Therapieeffekte abbilden.

Ein modernes, multidimensionales Verfahren entwickelten March, Parker, Sullivan, Stallings und Conners (1997). Mit diesem bislang nur in den USA erprobten Angstfragebogen für Kinder kann man verschiedene Angstformen abklären. Insgesamt umfaßt der Bogen die folgenden vier Faktoren:

- körperliche Symptome der Angst (Physical Symptoms),
- Gefahrenvermeidung (Harm Avoidance),
- soziale Angst (Social Anxiety) und
- Trennungsangst (Separation Anxiety).

Verhaltensbeobachtung

Durch Beobachtungsverfahren kann man Kinderängste direkt erfassen, wobei bei diesem Vorgehen spezifische Ausdrucksformen der Angst beobachtet und registriert werden. Beobachtungssysteme eignen sich besonders für die Analyse komplexer sozialer Situationen. Ein Beispiel bildet die Familieninteraktion, die vielfach zu einer Angststörung im Kindesalter beitragen kann oder sie zumindest aufrechterhält. Aus diesem Grund empfehlen Dadds, Heard und Rapee (1994) die Anwendung eines *Family Anxiety Coding Schedule,* um diese spezifischen Interaktionen zu erfassen und zu analysieren. Bei der Familiendiagnostik ist zentral, wie in der Familie soziale Situationen und bedrohliche Anforderungen bewertet und verarbeitet werden.

Ein im deutschen Sprachraum gut eingeführtes Verfahren zur Erfassung der Trennungsangst und der sozialen Phobie bildet der *Beobachtungsbogen für sozial unsicheres Verhalten* (BSU; vgl. Petermann & Petermann, 2000b). Mit dem Verfahren können verbale, mimische und motorische Angstindikatoren für die Altersgruppe der Vier- bis 14jährigen erhoben werden. Die Kategorien 1 bis 3 des BSU beziehen sich auf Sprachäußerungen, Kategorie 4 auf Gefühlsäußerungen, die Kategorien 5 bis 7 auf Gesichts- und Körperausdruck (Blickkontakt, Körperhaltung u.a.). Kategorie 8 und 9 bildet Tätigkeiten sowie Sozialkontakt ab und Kategorie 12 umfaßt global körperliche Begleiterscheinungen der Angst. Zudem können positive Verhaltensweisen (Selbstbehauptung und eigenständige Aktivitäten) durch die Kategorien 10 und 11 registriert werden. In Kasten 2 sind die Kategorien des BSU abgedruckt.

Kasten 2:

Kategorien des Beobachtungsbogens für sozial unsicheres Verhalten (aus Petermann & Petermann, 2000, S. 50f.).

Still sein
Nichts erzählen, nichts fragen, nichts erbitten; keine Freude zeigen
Sprechen
Gehetztes, undeutliches, zu schnelles, abgehacktes Sprechen, häufig das gleiche Wort verwenden; zu leise oder zu laut sprechen; zu kurze Antworten (nur Ja/Nein); Kind wartet lange, bis es antwortet oder etwas erzählt
Stottern
Kein Wort oder keinen Satz zusammenhängend aussprechen können; beim Sprechen außer Atem sein
Gefühle
Lautes oder leises Weinen; Tränen in den Augen; Zittern in der Stimme

Gesichtsausdruck
Unsicheres Umherschauen; verlegenes Lächeln; kurze Dauer des Blickkontaktes; Gesichtszucken

Körperausdruck
Zittern der Hände; zappeln; Bleistift- und/oder Nägelkauen, nervöses Spiel mit den Händen

Bewegungen
Sich nicht von der Stelle bewegen; eintönige, sich wiederholende Körperbewegungen

Tätigkeiten
a) Sich allein keinem Spiel beziehungsweise keiner Beschäftigung zuwenden; sich weigern, sozialen Verpflichtungen und Anforderungen in Schule und Familie nachzukommen (zum Beispiel in der Gemeinschaft helfen); Kind wartet lange, bis es eine Tätigkeit aufnimmt b) Aktivitäten wütend beenden, wenn ein Spiel mißlingt oder eine soziale Aufgabe nicht bewältigt wird c) Resignieren, wenn ein Spiel mißlingt oder eine soziale Aufgabe nicht bewältigt wird

Sozialkontakt
a) Sich keiner spielenden Kindergruppe anschließen; sich weigern, einer sozialen Aufforderung nachzukommen b) In einer fremden Umgebung oder bei Besuch zu Hause sich in einer Zimmerecke, unter dem Tisch, im eigenen Zimmer oder in der eigenen Kleidung (Mantel/Jacke nicht ausziehen wollen) verstecken c) Sich von einem oder mehreren bestimmten Erwachsenen (zum Beispiel Eltern) nicht trennen wollen; nur mit dieser bestimmten Person spielen, reden wollen d) Das Haus nicht verlassen wollen; sich nicht mit Freunden treffen wollen

Sich selbstbehaupten
a) Angemessen Forderungen stellen können; ablehnen können (nein sagen); Meinung und Kritik äußern können b) Angemessen und kompromißbereit auf soziale Verpflichtungen eingehen können (ja sagen)

Eigenständige Aktivitäten
Kontakt zu anderen aufnehmen können; sich spielenden Kindern anschließen können; bei schwierigen sozialen Aufgaben nicht resignieren

Sonstige Merkmale
Erbrechen (zum Beispiel morgens vor der Schule oder in der Schule); Mundtrockenheit (Durst); Einnässen (nachts, tagsüber); Einkoten (nachts, tagsüber); Sprachfehler (zum Beispiel Lispeln, bestimmte Buchstaben nicht sprechen können); Erröten, Erblassen

Viele Kinderängste sind mit bestimmten Aktivitäten oder Situationen verknüpft, wobei die Betroffenen dies ohne differenzierte Selbstbeobachtung oft nicht erkennen. Vor allem bei phobischem Vermeidungsverhalten ist es sinnvoll, die Aktivitäten des Kindes zu erfassen.

Verhaltensproben

Bei vielen Angststörungen ist man in der Lage, in der Diagnosesituation ängstliches Verhalten auszulösen. Albano et al. (1995) bitten zum Beispiel Kinder mit einer sozialen Phobie darum, einen fünfminütigen Vortrag zu halten. Mit einer solchen Aufforderung wird sozialängstliches Verhalten aktualisiert; dieses authentische Verhalten läßt sich dann detailliert nach den Kriterien eines Diagnosesystems analysieren.

So forderten zum Beispiel Kendall und Treadwell (1997) Kinder mit Angststörungen (Störung mit Überängstlichkeit, Störung mit Trennungsangst oder Störung mit Kontaktvermeidung) im Rahmen der Diagnosestellung auf, einen fünfminütigen Vortrag über ihre Person zu halten. Dieser Vortrag wurde mit Video aufgezeichnet und das ängstliche Verhalten analysiert. Nach der Videoaufnahme wurden die Kinder in einem halbstrukturierten Interview nach ihren Gedanken und Gefühlen während der Aufzeichnung befragt. Verhaltensproben sind besonders im Kontext der Diagnostik und Behandlung der sozialen Phobie geeignet, da man die gezeigten Defizite und Stärken in der Verhaltensmodifikation (z.B. im Rollenspiel) aufgreifen kann. Beispiele für solche Verhaltensproben für Kinder mit einer sozialen Phobie liefern Beidel und Turner (1998).

Weitere Ansätze

Selbstverständlich können Angststörungen auch über die Child Behavior Checklist, das heißt über Eltern- und Erzieherurteil erhoben werden. Solche Vorgehensweisen werden im Grundlagenteil dieses Buches von Döpfner et al. und Petermann et al. ausgeführt.

Prinzipiell können Ängste auch durch Selbstbeobachtungsmethoden (Tagebücher) erfaßt werden. Eine kindgemäße Tagebuchmethode bildet der Detektivbogen, der von Döpfner et al. (in diesem Buch) vorgestellt wird und ursprünglich von Petermann und Petermann (2000b) für die Behandlung ängstlicher Kinder entwickelt wurde. Schneider (1994) weist darauf hin, daß man mit der Tagebuchmethode nicht nur die Ängste erfassen kann, sondern darüber hinaus auch die Aktivitäten der Kinder kennenlernt.

Differentialdiagnostik

Eine Vielzahl ängstlicher Kinder sind mehrfach beeinträchtigt, zum Beispiel weisen sie eine Lern- oder Körperbehinderung auf (vgl. Petermann & Walter, 1989). Bei manchen Kindern liegt eine verborgene oder bereits diagnostizierte Sinnesbeeinträchtigung vor (z.B. Hör- oder Sehfehler, vgl. Petermann & Senftleben, 1990). Schwierig ist die differentialdiagnostische Abklärung einer Angst- und depressiven Störung für jüngere Kinder (bis 10 Jahre); erst bei älteren Kindern kann man deutlicher zwischen diesen Störungen differenzieren (vgl. Cole et al., 1997).

4 Erklärungsansätze

4.1 Biologische Faktoren

Eine Reihe von Studien weist verschiedene biologische Faktoren aus, die bei der Angstentstehung bedeutsam sein können; solche Faktoren bestehen aus neurophysiologischen, neuropsychologischen und genetischen Einflüssen. Auch geschlechtsspezifische hormonelle Prozesse zählen zu möglichen biologischen Einflußgrößen (vgl. Abschnitt 2.3). Am ehesten liegen bei der sozialen Angst/sozialen Phobie, die durch Schüchternheit, Schamgefühle und Verhaltenshemmung charakterisiert ist, biologische Einflüsse vor (Emmelkamp & Scholing, 1997).

Hinweise auf biologische Faktoren ergeben sich aus *Zwillingsstudien* sowie aus der Beobachtung, daß Angststörungen in Familien gehäuft auftreten können. So wird in der DSM-IV-Klassifikation explizit auf die familiäre Häufung der spezifischen Phobie des Blut-Typus hingewiesen. In einer anderen Studie kommen Thapar und McGuffin (1995) zu einer Erblichkeitsschätzung von 59% für klinisch bedeutsame Angststörungen im Jugendalter.

In der Virginia Twin Study versuchen Topolski et al. (1997), genetische von Umwelteinflüssen bei den folgenden Störungen zu trennen:

- Trennungsangst,
- Überängstlichkeit und
- manifeste Angst.

Zwillinge der Altersgruppen acht bis zehn, elf bis 13 sowie 14 bis 16 Jahre wurden untersucht. Der genetische Einfluß war scheinbar vom Alter, von dem Geschlecht und der Art der Angststörung abhängig. So betrug die Erblichkeitsschätzung unabhängig von Alter und Geschlecht für die Trennungsangst 4%, und die Einflüsse aus der gemeinsamen Umwelt (vor allem Familieneinflüsse) machten 40% aus. Die Ergebnisse zur manifesten Angst entsprachen für die Mädchen der Altersgruppe acht bis zehn und 14 bis 16 Jahre der Studie von Thapar und McGuffin (1995); und zwar lag die Erblichkeitsschätzung bei 57%. Für Jungen zeigten sich bedeutend niedrigere Effekte; lediglich für die Altersgruppe der Elf- bis 13jährigen konnte eine Erblichkeitsschätzung von 40% gefunden werden. Bei der Überängstlichkeit betrug die Erblichkeitsschätzung 37%, und der Einfluß der gemeinsamen Umwelt lag nur bei 11%; diese Effekte waren vom Alter und von dem Geschlecht unabhängig.

Eine interessante Zwillingsstudie aus Norwegen legten Gjone und Stevenson (1997) vor. An dieser Studie nahmen 526 ein- und 389 zweieiige, gleichgeschlechtliche Zwillingspaare im Alter von fünf bis 15 Jahren teil. Die Erblichkeitsschätzung zeigte ausgeprägte Werte vor allem bei jüngeren Kindern sowie Kindern mit einem höheren Schweregrad der Angststörung. Bei älteren Kindern sowie leichten Angststörungen und vor allem bei komorbiden Störungen spielen genetische Einflüsse eine geringere Rolle. Diese Zwillingsstudie wollte auch klären, ob man zwischen externalisierenden und internalisierenden Störungen gemeinsame soziale und genetische Risikofaktoren annehmen kann; diese Frage wurde vor dem Hintergrund der Studie von Gjone und Stevenson (1997) verneint, da die gemeinsame Varianz beider Störungen nur ungefähr 25% betrug.

Manche Reize lösen eher eine Phobie aus als andere. Es ist dabei erstaunlich, daß ungefährliche Reize manchmal leichter eine Phobie bedingen als real bedrohliche; zum Beispiel sind für manche Personen harmlose, kriechende Tiere deutlich angstauslösender als der gefährliche Straßenverkehr. Diese „Selektivität" von Phobien erklärt Seligman (1971) mit dem Konzept des prepared learning (biologisch vorbereitetes Lernen). Dieses Konzept verdeutlicht, warum Ängste nicht mit phobischen Reizen beliebig verknüpft werden können (vgl. Kasten 3).

Es konnte wiederholt beobachtet werden, daß eine Reihe ängstlicher Personen *schnell* ein *hohes physiologisches Erregungsniveau* in bestimmten Situationen erlebt. Ein hohes physiologisches Erregungsniveau erhöht wiederum die Wahrscheinlichkeit, leicht auf Konditionierungsprozesse anzusprechen. Erstmals wurden von Kagan, Reznick und Snidman (1988) die physiologischen Grundlagen von Schüchternheit und gehemmtem Verhalten im Kindesalter analysiert. Aufgrund dieser Ergebnisse schlugen sie das Konzept „Verhaltenshemmung" (behavioral inhibition) als ein über die Kindheit *stabiles Temperamentsmerkmal* vor. Kinder wurden neuen und ungewohnten Situationen ausgesetzt und ihre Reaktionen sowie ihr spontanes Verhalten in solchen Situationen beurteilt. Zudem wur-

Kasten 3:
Biologisch vorbereitetes Lernen.

Das Prinzip des prepared learning wird häufig durch folgendes Beispiel erläutert: Ein Junge spielt im Sandkasten; plötzlich sieht er eine kleine, völlig ungefährliche Schlange im Sandkasten; der Junge bekommt einen Schreck und flüchtet in das in der Nähe parkende Auto seiner Eltern. Beim Zuschlagen der Autotür klemmt er sich die Hand ein; dieses schmerzhafte Ereignis führt nicht zu einer Autotürphobie; es wird jedoch eine Schlangenphobie konditioniert. Da der Junge die Schlange im Sandkasten sah, meidet er künftig Sandkästen.

Mit prepared learning ist eine überlebenswichtige adaptive Lernbereitschaft von Organismen gemeint, die es ermöglicht, bestimmte Reize mit für eine Spezies spezifischen Furcht- und Abwehrreaktionen zu verbinden. Bei Menschen könnte es sich um eine phylogenetisch angelegte Furchtbereitschaft zum Beispiel vor krabbelnden und kriechenden Tieren handeln, die zu einem früheren Zeitpunkt in der Evolution als lebensgefährlich eingeschätzt wurden. Bei den Reizen handelt es sich also um solche, die sich als Signale für eine lebensbedrohliche Situation eignen und im Laufe der Phylogenese herausbildeten. Eine solche adaptive Lernbereitschaft führt zu sehr schnellen klassischen Konditionierungen, um das Überleben einer Spezies zu garantieren. Vermutet wird, daß biologisch vorbereitetes Lernen über spezifische neuronale Vorbahnungen angelegt ist. Bei der Entstehung von spezifischen Phobien wirkt wahrscheinlich dieses Prinzip des biologisch vorbereiteten Lernens. Folgende Faktoren sprechen für diese Hypothese:

- Es bedarf nur weniger Lerndurchgänge, um die Assoziation zwischen konditioniertem und unkonditioniertem Reiz herzustellen;
- diese Assoziationen sind im Falle von Phobien relativ löschungsresistent;
- die assoziative Verknüpfung des konditionierten mit dem unkonditionierten Reiz erfolgt auch, wenn eine enge räumliche/zeitliche Nähe zwischen dem Auftreten der beiden Reize nicht gegeben ist;
- diese Reizassoziationen (bei der Entstehung einer Phobie) sind nur schwer durch kognitive Prozesse zu beeinflussen;
- die Betroffenen wissen, daß ihre phobische Angst irrational ist, und trotzdem hilft diese Einsicht nicht, die Angstgefühle abzubauen und das Vermeidungsverhalten aufzugeben. Bei Kindern liegt dieser Sachverhalt aufgrund ihres kognitiven Entwicklungsstandes nicht vor.

Aktivität konnte unter drei Bedingungen registriert werden, nämlich

- im Ruhezustand,
- bei kognitiver Aktivität und
- in Streßsituationen.

Bei den verhaltensgehemmten Kindern konnte in den Testsituationen unter anderem auch ein *Anstieg des Noradrenalinspiegels* festgestellt werden. Solche physiologischen Streßreaktionen erschweren die Reizübertragung im ZNS, da der synaptische Spalt bei erhöhtem Noradrenalin nicht ohne weiteres überwunden werden kann. Dies führt dazu, daß Informationsverarbeitungsprozesse nicht ungehindert ablaufen können, so daß es in der Folge zu Denk- und Handlungsblockaden kommen kann; diese wiederum könnten die Verhaltenshemmung begünstigen. Welche physiologischen Prozesse detailliert bei der Entwicklung einer Angststörung zum Tragen kommen, kann abschließend noch nicht beurteilt werden. Abbildung 3 illustriert dennoch einen möglichen Zusammenhang zwischen biologischen Faktoren und dem Temperamentsmerkmal Verhaltenshemmung.

Kagan et al. (1988) konnten eine Verhaltenshemmung bereits im Alter von neun Monaten belegen und damit ängstliches Verhalten vor-

den eine Reihe physiologischer Reaktionen gemessen, wie die Herzfrequenz, der Noradrenalinspiegel und das Speichelcortisol.

Es zeigte sich, daß Kinder mit dem Merkmal der Verhaltenshemmung im Vergleich zu spontanen Kindern ein *stark erhöhtes sympathisches Erregungsniveau* und zugleich *Rückzugsverhalten* erkennen ließen, wenn sie mit neuen, unbekannten Reizen konfrontiert wurden. Das Rückzugsverhalten äußerte sich darin, daß eine bestehende Aktivität oder ein Gespräch unterbrochen, die Kontaktaufnahme zu unbekannten Personen vermieden wurde und sich diese Kinder zurückzogen oder an ihre Bezugspersonen klammerten. Kagan et al. (1988) vermuten aufgrund der Unterschiede zwischen den untersuchten Kindergruppen, daß ein biologischer Faktor, eventuell auf genetischer Basis, zur Verhaltenshemmung führt. Sie machen eine erniedrigte Erregungsschwelle im limbisch-hypothalamischen System dafür verantwortlich, schnell in eine erhöhte sympathische Aktivität zu geraten. Diese erhöhte sympathische

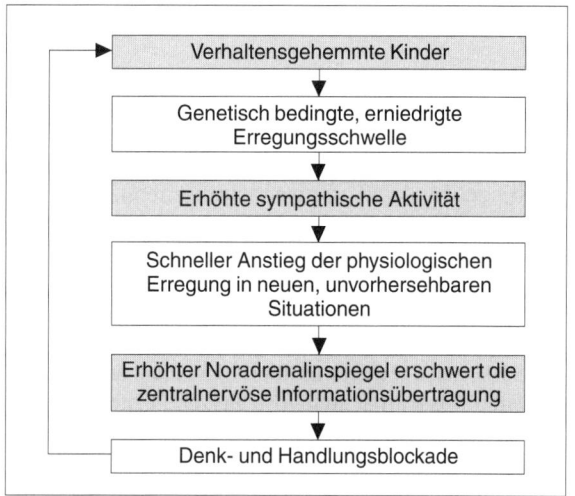

Abbildung 3:
Möglicher Zusammenhang zwischen biologischen Faktoren und dem Temperamentsmerkmal Verhaltenshemmung.

hersagen. Bei gehäuft familiär auftretenden Angststörungen bildet das Merkmal der Verhaltenshemmung einen bedeutenden Risikofaktor, eine Angststörung zu entwickeln, was verschiedene Studien nachweisen (Mick & Telch, 1998). Bisher konnte nicht abschließend geklärt werden, ob die Verhaltenshemmung ein unspezifisches Risiko allgemein für Angststörungen darstellt oder ob gehemmtes Verhalten eine bestimmte Angstform begünstigt. Einige Studien deuten darauf hin, daß eine starke Verhaltenshemmung mit einer hoch ausgeprägten sozialen Angst einhergeht.

4.2 Psychische Faktoren

Eine Reihe psychischer Faktoren konnte bisher in verschiedenen Studien mit der Entwicklung von Angststörungen in Zusammenhang gebracht werden. Es handelt sich hierbei um kognitive, emotionale sowie Temperamentseinflüsse.

Temperament

Bernstein et al. (1996) berichten, daß Jungen, die sich im Alter von fünf Jahren in neuen Situationen selbstsicher verhielten, in der späteren Kindheit und Jugendzeit bedeutend weniger Angststörungen aufwiesen. Hingegen wiesen Mädchen später eher Angststörungen auf, wenn sie sich im Alter von drei und fünf Jahren in neuen Situationen passiv, schüchtern und ängstlich-vermeidend zeigten.

Eine Reihe von Temperamentsdimensionen können bei der Angstentstehung eine Rolle spielen. So zeigen von den neun Temperamentsdimensionen der New Yorker Längsschnittstudie (NYLS), die in der Temperamentsforschung als klassisch gelten, vor allem die Dimensionen *Annäherung/Rückzug, Anpassungsfähigkeit an neue Situationen* und *Stimmungslage* einen Bezug zu Angstsymptomen (Thomas & Chess, 1986). Ein weiteres wichtiges Temperamentsmerkmal beschreibt, wie leicht ein Kind von seinen Eltern *beruhigt* werden kann, wenn es zum Beispiel aus Angst weint (Rothbart & Derryberry, 1981). Darüber hinaus spielt die *Emotionalität* eine Rolle, die das Ausmaß und die Häufigkeit negativer und positiver Affektäußerungen beschreibt, sowie die *Soziabilität,* die darauf abzielt, wie häufig jemand eigenständig Sozialkontakt herstellt, wieviel Zeit er mit anderen verbringt und wie er mit sozialer Isolation umgeht (Buss & Plomin, 1984).

Große Parallelen lassen sich zwischen dem von Kagan et al. (1988) formulierten Temperamentsmerkmal *Verhaltenshemmung* und Ängsten finden. Diese Verhaltenshemmung wurde in der psychobiologischen Forschung hinsichtlich physiologischer Komponenten und deren Bedeutung für die Entwicklung von Ängsten systematisch untersucht (zum Beispiel Kagan et al., 1988;

vgl. Abschnitt 4.1) und mit affektiv-motivationalen Systemen des zentralen Nervensystems, zum Beispiel dem „verhaltensinhibitorischen System" (BIS), in Verbindung gebracht (Derryberry & Reed, 1994).

Rothbart und Bates (1998) gehen in einem Überblick zur neueren Temperamentsforschung davon aus, daß sich viele der oben beschriebenen Konzepte verschiedener Temperamentsdimensionen überschneiden und schlagen deshalb eine Reduktion der Zahl der Temperamentsdimensionen vor. Dabei gehen sie zum einen davon aus, daß *positiver Affekt* von *negativem Affekt* unterschieden werden muß; zum anderen fordern sie eine Unterteilung von negativem Affekt in *angstvollen Distreß* (fearful distress) und in *reizbaren Distreß* (irritable distress). Dabei umfaßt angstvoller Distreß die Dimensionen Rückzug, Angst und schlechte Anpassungsfähigkeit, während reizbarer Distreß vor allem die Dimensionen Reizbarkeit, Wut und anderen Schwierigkeiten bereiten beinhaltet. Angstvoller Distreß entspricht damit am ehesten einer durch ängstlich-vermeidendes, schüchternes und gehemmtes Verhalten geprägten Temperamentsausprägung, wie sie für Angststörungen typisch ist. Die Unterscheidung zwischen angstvollem Distreß, als typisch für internalisierende Störungen, und reizbarem Distreß, als typisch für externalisierende Störungen, kann analog zur Differenzierung verhaltenshemmender und verhaltensaktivierender Systeme in der psychobiologischen Forschung betrachtet werden (vgl. Derryberry & Reed, 1994).

Verhaltenshemmung als Temperamentsdimension zeigt etwa ab dem zweiten Lebensjahr eine relativ hohe Stabilität (z.B. Kagan et al., 1988) und kann deshalb als Prototyp für Angst gesehen werden (Rothbart & Bates, 1998). Trotzdem wird heute die normative Stabilität von Temperamentsmerkmalen nicht mehr gefordert. Vielmehr werden Aspekte des Lernens, aber auch der Selbstregulationsfähigkeit des Kindes mehr betont, die zu einer Veränderung des Temperaments im Entwicklungsverlauf beitragen. Introvertierte, ängstliche Kinder zeigen danach mehr Aufmerksamkeit für negative Reize, wie Bestrafung, und gestalten auf diesem Wahrnehmungshintergrund ihre Lernumgebung selbst (vgl. Derryberry & Reed, 1994). In diesem Sinne kann der Beitrag des Temperaments nicht linear im Sinne einer fortlaufenden Entwicklung von gehemmtem, angstvollem Temperament hin zur Angststörung gesehen werden, sondern das Temperament muß vielmehr als Anstoß einer Entwicklung verstanden werden, die in Abhängigkeit von Lernfaktoren und der Selbstregulation eines Kindes gehemmtes und ängstliches Verhalten verstärkt.

Zusätzlich scheinen Temperamentsmerkmale, wie angstvoller Distreß, auch Prädiktoren einer unsicheren Bindung zu sein (vgl. Rothbart & Bates, 1998) und damit in Abhängigkeit von Elternvariablen eine Bedeutung bei der Entwicklung der Störung mit Trennungsangst zu besitzen.

Die Tendenz, in neuen Situationen scheu, ängstlich und gehemmt zu reagieren, stellt zentrale Komponenten der sozialen Unsicherheit dar (Mick & Telch, 1998; Petermann & Petermann, 2000b). Soziale Unsicherheit erhöht das Risiko, eine Angststörung zu entwickeln; hierbei sind zwei Aspekte von Bedeutung:

- Sozial unsichere Kinder weisen gehäuft Eltern mit Panikstörungen sowie Agoraphobie ohne Panikstörung auf (vgl. Capps, Sigman, Sena & Henker, 1996). Solche Eltern haben zudem ein erhöhtes Risiko für eine soziale Phobie (Rosenbaum, Biederman, Hirshfeld, Bolduc & Chaloff, 1991).
- Sozial unsichere Kinder besitzen nach Biederman, Rosenbaum und Hirshfeld (1990) eine erhöhte Rate phobischer Störungen.

Kognitive Faktoren

Diese tragen zur Entstehung und Aufrechterhaltung von Ängsten bei. Insgesamt handelt es sich mindestens um sechs kognitive Aspekte, die zu berücksichtigen sind:

- Ängstliche Personen nehmen soziale Informationen selektiv wahr und interpretieren diese einseitig. Eine gut kontrollierte Studie von Mathews (1990) zeigt, daß bedrohliche Reize von ängstlichen Menschen früher wahrgenommen werden als neutrale oder positive Reize. Bei angstfreien Personen verhält es sich umgekehrt. Diese selektive Wahrnehmung könnte mit negativen sozialen Erwartungen einerseits und Sorgen sowie Befürchtungen andererseits zusammenhängen.
- Chansky und Kendall (1997) beschäftigen sich mit dem Zusammenhang zwischen Angst und negativen sozialen Erwartungen. Kinder mit einer Angststörung nehmen sich in neuen sozialen Situationen als wenig kompetent wahr; dies ist vor allem dadurch begründet, daß diese Kinder annehmen, von anderen abgelehnt zu werden. Kinder mit einer Angststörung erleben mehr soziale Angst und verminderte soziale Kompetenz im Vergleich zu unauffälligen Kindern.
- Die Überzeugung, keine sozialen Fertigkeiten zu besitzen, ist mit einer hohen Selbstaufmerksamkeit kombiniert. Die erhöhte Selbstaufmerksamkeit bezieht sich auf negative Gedanken, irrationale Sätze sowie wahrgenommene autonom gesteuerte Erregung. Diese Selbstaufmerksamkeit lenkt von situationsrelevanten externen Reizen ab und führt zu einer reduzierten Aufmerksamkeit für Personen und Bedingungen in sozialen Situationen; dies wiederum schränkt die soziale Flexibilität ein. Dadurch entsteht bei anderen der Eindruck, daß die ängstliche Person über keine sozialen Fertigkeiten verfügt (Chansky & Kendall, 1997).
- Kinder mit Angststörungen weisen oftmals intensive Sorgen und Befürchtungen auf. Perrin und Last (1997) untersuchten das Ausmaß solcher Befürch-

tungen. Dabei zeigte sich, daß lediglich Kinder mit einer Trennungsangst ein deutliches Ausmaß von sorgenvollen Gedanken aufweisen. Die übrigen Kinder mit einer Angststörung unterschieden sich nicht von den unauffälligen und hyperkinetischen Kindern. Dieses Ergebnis verdeutlicht, daß kognitive Faktoren nicht bei allen Angststörungen in gleichem Umfang vorliegen müssen.

- Es ist unklar, welche Rolle irrationale Gedanken bei der Entstehung von Angststörungen spielen (Emmelkamp & Scholing, 1997). Es stellt sich nämlich die Frage, ob irrationale Gedanken zu ungünstigen negativen Erwartungen führen und damit zur Entstehung von Ängsten beitragen oder ob irrationale Gedanken bereits die Folge von Ängsten sind.
- Fehlen im Alltag Sicherheitssignale im Sinne Seligmans (1995), so sind aversive Ereignisse unvorhersehbar. Dadurch können Ereignisse nicht von den Betroffenen beeinflußt (kontrolliert) werden. Erlebt ein Kind häufig Unvorhersagbarkeit sowie Unkontrollierbarkeit, dann kann es keine angemessenen Kontrollerwartungen aufbauen und die Entstehung von Angst wird sehr begünstigt. Längerfristig können diese Bedingungen auch zu Passivität und Initiativelosigkeit führen und schließlich in eine Depression münden. Mangelnde positive Kontrollerwartungen schränken zudem das Erleben von Selbstwirksamkeit ein, wodurch der Aufbau von Selbstvertrauen im Kindesalter erschwert wird.

Emotionale Faktoren

Die Fähigkeit zur Emotionsregulation stellt einen wichtigen Faktor für die psychische Gesundheit dar. Besonders in sozialen Situationen bildet die Fähigkeit zur Emotionsregulation eine Voraussetzung für sozial kompetentes Verhalten. Um den Zusammenhang zwischen der Emotionsregulationsfähigkeit und sozialer Angst festzustellen, wurden in vier unterschiedlichen Situationen 68 Kinder von Robin, Caplan, Fox und Calkins (1995) untersucht. Die vier Situationen wurden als Freispiel, Aufräumen, Karten-Sortier-Aufgabe sowie Gespräch über den eigenen Geburtstag vor einer Kindergruppe gestaltet. Als Ergebnis zeigte sich, daß nicht nur die Kinder mit einer geringen Interaktionshäufigkeit in den Situationen am ängstlichsten und sozial zurückgezogensten waren, sondern auch die Kinder, die eine niedrige Emotionsregulationsfähigkeit aufwiesen. In dieser Studie wurde als Emotionsregulationsfähigkeit die Kompetenz verstanden, sich selbst zu beruhigen und das eigene Erregungsniveau positiv zu beeinflussen. Die Ergebnisse weisen darauf hin, daß für sozial kompetentes Verhalten nicht das Ausmaß der Interaktion, sondern die Emotionsregulation wichtig ist. Die Fähigkeit zur Selbstberuhigung fällt ängstlichen Kindern vermutlich deshalb schwer, da sie ein erhöhtes physiologisches Erregungsniveau in für sie unvertrauten sozialen Situationen aufweisen können (vgl. Abschnitt 4.1).

4.3 Soziale Faktoren

Merkmale von Eltern, das elterliche Interaktions- und Erziehungsverhalten, kritische Lebensereignisse und die soziale Herkunft können Angststörungen begünstigen.

Merkmale der Eltern

Die persönlichen Eigenheiten von Eltern prägen deren Interaktions- und Erziehungsverhalten. Die Qualität der „Eltern-Kind-Interaktion" und in der Folge davon die Bindungsqualität werden dadurch beeinflußt. So weisen Kinder, die im Alter von zwölf Monaten unsicher gebunden sind, mit 17 Jahren mehr Angststörungen auf als Kinder mit einer sicheren Bindung (Fyer, 1993).

Muris, Steerneman, Merckelbach und Meesters (1996) beschäftigten sich mit der Wechselwirkung zwischen elterlicher und kindlicher Angst. Zwischen dem ängstlichen Verhalten der Eltern und dem der Kinder besteht eine positive Korrelation, wobei festgestellt wurde, daß Mütter häufiger Angst gegenüber ihren Kindern äußerten als Väter. Das Angstniveau der Mutter beeinflußt das Ausmaß der kindlichen Angst.

Die populäre Vorstellung, daß Mütter ängstlicher Kinder einen *dominierenden* und *überbehütenden Interaktionsstil* praktizierten, konnten Dadds und Barrett (1996) nicht bestätigen. Es zeigte sich zwar in dieser Studie, daß die Eltern ängstlicher Kinder mit diesen restriktiv-kontrollierender und aversiver interagieren, wobei dies jedoch nicht unmittelbar die Kinderängste erklärte. Die Arbeitsgruppe um Dadds vermutet vielmehr, daß die Eltern ängstlicher Kinder diesen eher vermitteln, vorsichtig auf bedrohliche oder vermeintlich bedrohliche Reize zu reagieren. So sensibilisiert die Weitergabe von spezifischen Informationen an die Kinder diese, und in der Folge davon kann es bei den Kindern zu abwartendem, vermeidendem Interaktionsverhalten kommen, wodurch Ängste verstärkt werden.

Kortlander, Kendall und Panichelli-Mindel (1997) versuchten, *angstfördernde Kognitionen* bei Müttern von Kindern mit einer Angststörung zu identifizieren. Hierzu verglichen die Autoren 40 neun- bis 13jährige Kinder mit einer Angststörung und stellten diese einer entsprechenden Kontrollgruppe gegenüber. In der Studie wurden die Kinder dadurch in eine Streßsituation gebracht, daß sie einen fünfminütigen Vortrag halten sollten. Die Mütter sollten einschätzen, ob ihr Kind diese Anforderungssituation erfolgreich bewältigte. Die Mütter ängstlicher Kinder erwarteten weniger ein positives Bewältigungsverhalten ihrer Kinder, und sie befürchteten, daß ihre Kinder zu aufgeregt sein würden und sich auch schlecht selbst beruhigen könnten. Solche Erwartungen erhalten das ängstliche Verhalten der Kinder aufrecht. Hinzu kommt, daß die Mütter der ängstlichen Kinder ungünstigere Muster aufweisen, die

Leistungen ihres Kindes zu erklären. Sie tendieren bei positivem Bewältigungsverhalten ihres Kindes zu externalen und stabilen Attributionen.

Weisen die *Eltern* selbst *psychische Störungen* auf (z.B. eine Angststörung), dann besitzen auch die Kinder ein erhöhtes Risiko, solche Störungen zu entwickeln. Zwillings- und Familienstudien verdeutlichen, daß eine klare Beziehung zwischen der Angststörung eines Kindes und der seiner Verwandten ersten Grades besteht. Typischerweise wird nicht zwingend die gleiche Angststörung an ein Kind weitergegeben. Eine Studie von Beidel und Turner (1997) will klären, ob Angststörungen eher von Eltern mit einer Angststörung oder von Eltern mit einer anderen Störung verursacht werden. Für die Kinder der Studie, die zwischen sieben und zwölf Jahren alt waren, zeigten sich folgende Ergebnisse:

- 28,7% der untersuchten Kinder wiesen eine psychische Störung auf; die Diagnosehäufigkeit für eine psychische Störung war bei den Kindern besonders stark ausgeprägt, deren Eltern psychiatrisch auffällig waren (36% Angststörungen; 36% Depression; 38% Angst und Depression).
- Die Wahrscheinlichkeit für ein Kind, eine psychische Störung zu entwickeln, ist bei psychisch auffälligen Eltern fünf- bis sechsmal höher als bei psychisch gesunden Eltern.
- Weisen Eltern eine Angststörung auf, dann entwickeln Kinder fast ausschließlich Angststörungen; Kinder mit psychiatrisch auffälligen Eltern zeigen ein breites Spektrum an psychischen Störungen sowie mehr komorbid vorliegende Störungen.

Es konnte vielfach bestätigt werden, daß Angststörungen stabil über *Generationen* auftreten (Last, Hersen, Kazdin, Orvaschel & Perrin, 1991; Mancini, van Ameringen, Szatmari, Fugere & Bogle, 1996; Vitiello, Behar, Wolfson & McLeer, 1990). In der Studie von Mancini et al. (1996) zeigte es sich, daß von 47 Kindern, deren Elternteil in einer Klinik wegen einer Angststörung behandelt wurde, 53% mindestens eine psychiatrische Diagnose aufwiesen; bei 49% davon handelte es sich um eine Angststörung. Vergleicht man diese Häufigkeit mit der summierten Prävalenz über alle Angststörungen, die zwischen 17% und 21% liegt, wird das erhöhte Risiko deutlich. Die Angststörungen der Kinder in dieser Studie verteilten sich in folgender Weise:

- 30% Störung mit Überängstlichkeit,
- 23% soziale Phobie,
- 23% Trennungsangst,
- 23% einfache Phobie und zudem
- 8,5% Major Depression.

Die Wahrscheinlichkeit, eine Angststörung zu entwickeln, ist um das siebenfache erhöht, wenn die Eltern eine Agoraphobie ohne Angststörung aufweisen oder unter einer Zwangsstörung leiden. Capps, Sigman,

Sena und Henker (1996) belegten, daß Eltern mit einer Agoraphobie für die Entwicklung ihrer Kinder ein hohes Risiko darstellen. So entwickeln diese Kinder, verglichen mit einer Kontrollstichprobe, vermehrt eine oder mehrere Angststörungen, vor allem eine Trennungsangst. Die Kinder agoraphobischer Eltern lassen sich wie folgt charakterisieren:

- Sie schätzen ihre eigenen Kontrollmöglichkeiten sehr niedrig ein,
- sie bewerten ihre Gesundheit wenig optimistisch,
- sie machen sich viele Gedanken über den Tod und
- sie machen sich Sorgen über einzelne Familienmitglieder.

Bernstein et al. (1996) zeigten auf, daß eine geringe Depressivität der Mutter einen wichtigen *Schutzfaktor* darstellt. Fühlt sich eine Mutter in der Erziehung ihres Kindes kompetent, so steht dies auch im Zusammenhang mit einem geringen Risiko für ein Kind, eine Angststörung zu entwickeln.

Elterliches Interaktions- und Erziehungsverhalten

Ängstliches Verhalten und Angststörungen werden bevorzugt intergenerativ weitergegeben. Dieser Sachverhalt kann sowohl unter biologischer als auch hinsichtlich lernpsychologischer Perspektive interpretiert werden; wahrscheinlich stehen beide Faktoren in einer komplizierten Wechselwirkung. Das ängstliche Verhalten der Eltern besitzt *Vorbildfunktion* für ihre Kinder. Der elterliche Interaktionsstil *verstärkt* sehr häufig das *Vermeidungsverhalten* von Kindern, in dem es nicht nur geduldet, sondern auch positiv bewertet wird. Dies kann einerseits damit zusammenhängen, daß die Eltern aufgrund der eigenen Problematik sehr viel Verständnis ihren Kindern entgegenbringen, andererseits ist ein zurückgezogenes, stilles, alleine spielendes Kind für Eltern angenehm, und es fällt schwer, ein solches Kind zu einem anderen Verhalten zu motivieren. Weiter wird von Eltern, die selbst eine Angststörung aufweisen, sozial kompetentes Verhalten ihres Kindes kaum erkannt, vor allem nicht bekräftigt. Die Beispiele zeigten auf, in welch unterschiedlicher Weise operantes Lernen zur Entstehung und zentral zur Aufrechterhaltung von Angststörungen beiträgt.

Spence und Dadds (1996) stellen Ergebnisse zusammen, aus denen ersichtlich wird, daß sich Eltern ängstlicher Kinder deutlich von Eltern nicht-ängstlicher Kinder unterscheiden. Dies trifft in besonderer Weise für den *Umgang mit nicht-eindeutigen Situationen* zu. So bewerten die Eltern ängstlicher Kinder uneindeutige Ereignisse und Situationen gehäuft als bedrohlich; sie bevorzugen vermeidendes Problemlösungsverhalten und reagieren im Umgang mit ihrem Kind überbehütend, überbeschützend und überkontrollierend. Ein solches Erziehungs- und Interaktionsverhalten schränkt autonomes und sozial kompetentes Handeln ein, wodurch diese Kinder bestimmte, für die Entwicklung wichtige Erfahrungen nicht sammeln können. Diese Kinder können damit keine effektiven Problemlösestrategien entwickeln und bestätigen damit die Eltern in ihrem bisherigen Erziehungsverhalten (vgl. Abb. 4).

Siqueland, Kendall und Steinberg (1996) analysierten 17 Problemfamilien und verglichen diese mit 27 unauffälligen Familien. Die Kinder aus den Problemfamilien zeigten folgende Angststörungen:

- 14 Kinder Überängstlichkeit,
- 3 Kinder Trennungsangst,
- 8 Kinder weitere Angstdiagnosen (z.B. eine einfache Phobie).

Die Kinder mit einer diagnostizierten Angststörung schätzten ihre Eltern als **weniger akzeptierend** ein; dies konnte durch die Beobachtung der Familieninteraktion bestätigt werden. Nach diesen Ergebnissen ist es auch denkbar, daß sich Eltern ängstlicher Kinder mehr in deren Privatsphäre einmischen und dies aus der Sicht des Kindes nicht als übermäßige Fürsorge, sondern als massive Einschränkung oder sogar als Ablehnung erlebt wird.

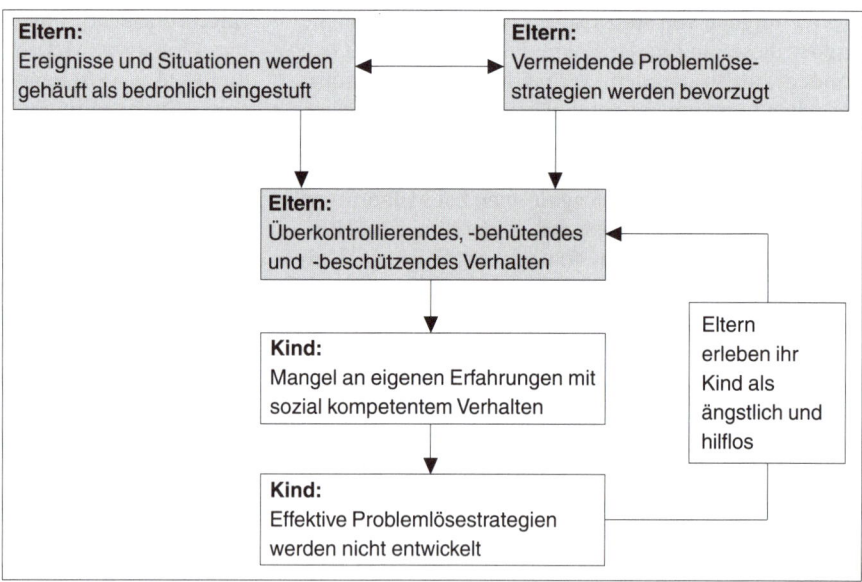

Abbildung 4:
Mangelnde Erziehungskompetenzen verhindern kindliche Problemlösestrategien.

Siqueland et al. (1996) diskutierten auch kritisch, ob das Erziehungsverhalten die primäre Ursache der kindlichen Angststörung bildet oder ob das Elternverhalten eine Reaktion auf spezifische Temperamentsmerkmale des Kindes darstellt. Dies zeigt auf, daß die Wechselwirkung zwischen den Erziehungskompetenzen und dem Temperament des Kindes ein zentraler Faktor für die Entwicklung von Angststörungen ist.

In verschiedenen Studien beschäftigten sich Krohne und Hock (1994) mit elterlichem Erziehungsverhalten und seinen Auswirkungen auf die Ängstlichkeit des Kindes; vor allem durch *inkonsistentes* und tadelndes Elternverhalten konnte Ängstlichkeit bei Kindern vorhergesagt werden. Inkonsistentes Elternverhalten wirkt sich dabei als besonders negativ aus. Ein solches Elternverhalten gibt einem Kind keine Hinweise für zukünftiges Verhalten. Dies bedeutet, daß Unkontrollierbarkeit nach den Bedingungen der Theorie der erlernten Hilflosigkeit nach Seligman (1995) vorliegt. Tadelndes Elternverhalten wirkt aversiv auf Kinder und ist mit erhöhter Ängstlichkeit und niedriger sozialer Kompetenz verknüpft.

Kritische Lebensereignisse

Bernstein, Garfinkel und Haberman (1989) stellten fest, daß Jugendliche mit hoher Angst im Vergleich zu solchen mit niedriger Angst wesentlich mehr kritische Lebensereignisse in den vorausgegangenen Monaten erfuhren. Die häufigsten kritischen Lebensereignisse bestanden in:

- Auseinandersetzungen mit den Eltern,
- Schwierigkeiten mit einem Geschwisterkind,
- Probleme im Umgang mit Klassenkameraden,
- schlechten Schulnoten,
- Verlust eines Freundes,
- Beenden einer gegengeschlechtlichen Freundschaft,
- körperlichen und/oder
- sexuellen Mißhandlungen und
- chronisch-körperlichen Erkrankungen.

Bei Kindern mit einer Panikstörung gingen der ersten Panikattacke häufig kritische Lebensereignisse voraus, wie Konflikte mit der Familie, Gleichaltrigen oder anderen Personen, Verluste durch Trennung, Scheidung oder Tod sowie Schulstreß und Leistungsprobleme (Bradley & Hood, 1993).

Kritische Lebensereignisse können *wie Traumata wirken* und deshalb im Kontext akuter oder posttraumatischer Belastungsstörungen betrachtet werden. Ihre Wirkung beruht unter anderem auf den Prinzipien des klassischen Konditionierens, weswegen die mit den kritischen Lebensereignissen assoziierten Reize gemieden werden; denn diese Reize lösen Angst und Unwohlsein aus. Das Vermeidungsverhalten wird vielfach verstärkt und deshalb aufrechterhalten (vgl. die Zwei-Faktoren-Theorie von Mowrer, 1960, in Abschnitt 5.2).

Soziale Herkunft

Es ist nicht eindeutig, ob ein niedriger sozioökonomischer Status einen bedeutenden Risikofaktor darstellt. Reinherz et al. (1993) bejahen eine niedrige soziale Herkunft als Risikofaktor für die Entwicklung von Trennungsangst und Phobien. Beidel und Turner (1997) fanden ebenfalls, daß bei niedrigem sozioökonomischen Status in Verbindung mit psychisch auffälligen Eltern die Wahrscheinlichkeit steigt, daß auch Kinder psychisch auffällig werden. Dieses Ergebnis läßt sich vermutlich durch ein höheres Ausmaß an psychosozialem Streß erklären (vgl. Abb. 5). Hingegen konnte von Whitaker et al. (1990) kein signifikanter Zusammenhang zwischen sozialer Herkunft und der Panik-, der Zwangs- und der generalisierten Angststörung gefunden werden.

4.4 Multikausales Entwicklungsmodell

Beidel und Turner (1998) verdeutlichen am Beispiel der sozialen Phobie verschiedene Entwicklungswege, die zu kindlichen Ängsten führen können:

- Für eine kleine Gruppe von Kindern scheint eine *genetische Basis* vorzuliegen. Dies könnte die Ansprechbarkeit auf psychologische Mechanismen erhöhen.
- Der Großteil der sozialen Phobien, nach Öst (1987) nämlich 71%, ist anhand *psychologischer Mechanismen* erklärbar, wie Modellernen, Konditionierungsprozesse und elterliches Kommunikationsverhalten (z.B.: „Paß auf...", „Gib acht, daß..."). Den Konditionierungsprozessen kommt eine besondere Bedeutung zu, da sie den Boden dafür bereiten, daß ängstliche Verhaltensweisen durch Modellernen übernommen und besonders leicht angstbezogene Informationen aufgegriffen werden. Die angstbezogenen Informationen werden dabei nicht auf ihren Realitätsgehalt hin überprüft, sondern vergrößern die Bereitschaft, sich zukünftig noch ängstlicher zu verhalten.
- Es ist auch denkbar, daß man *soziale Faktoren,* vor allem den familiären Bedingungen, eine viel größere Bedeutung einräumen muß: So können spezifische Eigenschaften und Verhaltensmerkmale der Eltern, die Erziehungskompetenz der Eltern und ihr familiärer Interaktionsstil die Entwicklung von Angststörungen begünstigen. Das Risiko für eine Angststörung nimmt zu, wenn beim Kind eine genetische Disposition vorliegt und zudem traumatische Ereignisse auftreten.

Abbildung 5 skizziert ein multikausales Entwicklungsmodell für Angststörungen im Kindes- und Jugendalter, das biologische, psychische und soziale Faktoren berücksichtigt. Das Modell basiert auf einer Systematik von Craske (1997) und wurde so modifiziert, daß die wesentlichen Aussagen des Abschnitts 4 integriert werden konnten.

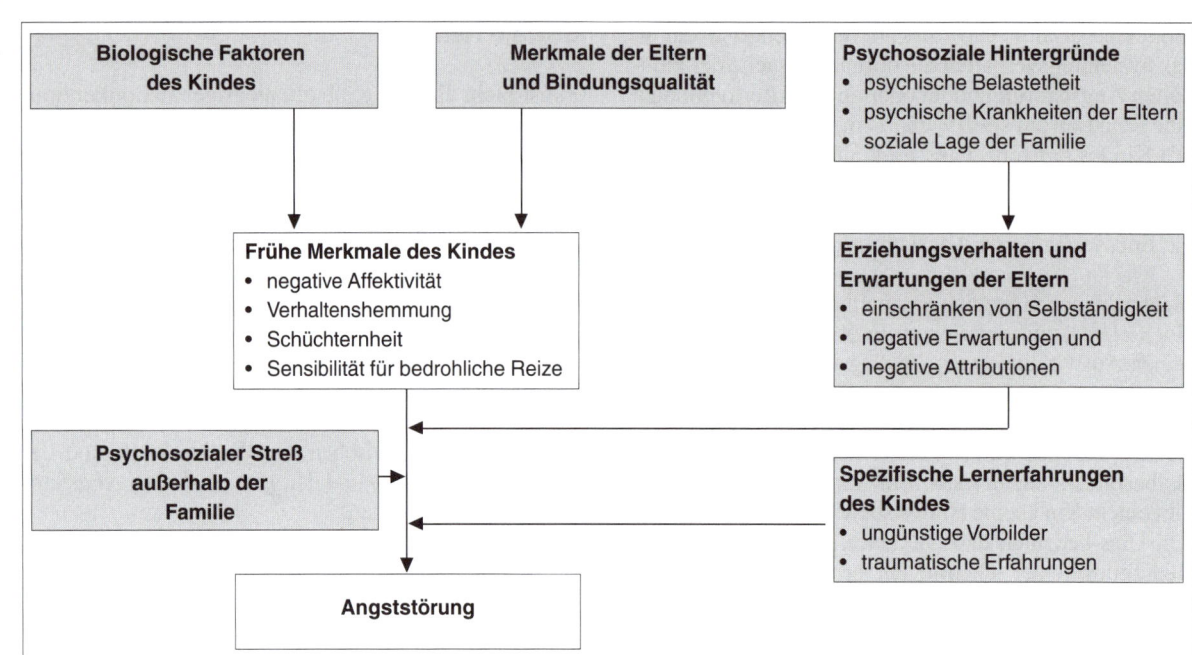

Abbildung 5:
Angststörungen im Kindes- und Jugendalter: ein multikausales Entwicklungsmodell.

5 Interventionsverfahren

Seit einigen Jahren existieren Präventionsprogramme, mit denen man effektiv die Risikofaktoren einer Angststörung reduzieren kann. So entwickelten Hampel und Petermann (1998) sowie Klein-Heßling und Lohaus (1995) ein Anti-Streß-Training, das im Grundschulalter zur Angstprävention eingesetzt werden kann. Das Anti-Streß-Training von Hampel und Petermann wird in diesem Buch dargestellt (vgl. den Beitrag von Hurrelmann & Settertobulte in diesem Buch).

Um den familiären Einflüssen der Angstentwicklung entgegenzuwirken, erprobten Dadds, Spence, Holland, Barrett und Laurens (1997) in Australien das Queensland Projekt zur Angstprävention. In zehn Gruppensitzungen lernten Kinder, ihre Ängste besser zu bewältigen; in drei Elternsitzungen wurden Erziehungsfertigkeiten vermittelt. Das Programm basiert auf kognitiv-behavioralen Elementen und zeigte kurz- und längerfristig überzeugende Ergebnisse.

Der vorliegende Beitrag beschränkt sich auf psychotherapeutische Interventionen. Beidel und Turner (1998) unterscheiden zwei grundlegende Interventionsstrategien bei Angststörungen im Kindes- und Jugendalter: *Expositionsbehandlung* und den Einsatz von *kognitiv-behavioralen Ansätzen.* Darüber hinaus wurden auf der Basis von kognitiv-behavioralen Programmen familienorientierte Vorgehensweisen entwickelt

(vgl. Barrett, Dadds & Rapee, 1996). Psychopharmaka können dazu dienen, eine Psychotherapie vorzubereiten oder deren Verlauf zu unterstützen.

5.1 Pharmakotherapie

Die American Academy of Child and Adolescent Psychiatry (1997) gab zur pharmakologischen Behandlung folgende Richtlinien heraus: Pharmakotherapie sollte grundsätzlich nicht als alleiniges Mittel, sondern immer in Verbindung mit psychotherapeutischen Maßnahmen angewendet werden (Kearney & Silverman, 1998). Nach Schmidt und Brink (1995) sollen Psychopharmaka nur bei schwer beeinflußbaren Angststörungen zur *zeitweisen* Unterstützung der Kinderpsychotherapie eingesetzt werden, zum Beispiel zur Vorbereitung einer Verhaltenstherapie bei Panik- und Trennungsangststörungen. Bei Kindern mit Trennungsangst kann die affektive Überflutung so stark sein, daß eine medikamentöse Angst- und Spannungsreduktion eine systematische Desensibilisierung erst ermöglicht und die Anwendung kognitiver Techniken erleichtert. Zur Behandlung der Agoraphobie können Pharmako- und Verhaltenstherapie erfolgreich miteinander kombiniert werden (vgl. Schmidt & Brink, 1995, S. 237).

Bei der Behandlung von Angststörungen können tricyklische Antidepressiva (TCA), selektive Serotonin-wiederaufnahme-Hemmer (SSRI) und auch Benzodiazepine alleine und in Kombination eingesetzt werden. Komorbide Störungen müssen bei der Anwendung von Psychopharmaka berücksichtigt werden.

- *Benzodiazepine.* Solche Stoffe weisen eine beruhigende, entspannende und angstlösende Wirkung auf. Es handelt sich um Medikamente, wie zum Beispiel Alprazolam und Clomazepam, die auf das Zentralnervensystem einwirken. Mit solchen Medikamenten konnten bei Panikstörungen, Störungen mit Trennungsangst oder Überängstlichkeit Erfolge (in Kombination mit einer Verhaltenstherapie) erzielt werden. Mit Benzodiazepinen kann eine ausgeprägte antizipierte Angstsymptomatik (z.B. Schlafstörungen wegen des Schulbesuchs am nächsten Morgen) behandelt werden. Da bei der Behandlung mit Benzodiazepinen sich relativ schnell Gewöhnungseffekte einstellen können und ein Suchtpotential besteht, sollte der Einsatz bei niedriger Dosierung auf maximal vier Wochen begrenzt sein.

- *Tricyklische Antidepressiva (TCA).* Zur Effektivität von TCAs (wie z.B. Imipramin oder Cloripramin) bei der Behandlung von Angststörungen liegen unterschiedliche Ergebnisse vor, was durch unterschiedliche Untersuchungsbedingungen (z.B. Art der Diagnose, Dosierungen, komorbide Störungen, Kontrolle weiterer Therapien) erklärt werden kann. Nicht in allen Studien war die Wirkung von TCAs denen von Placebos überlegen. Lediglich für die Behandlung der Panikstörung konnten weitestgehend übereinstimmend positive Effekte festgestellt werden.

- *Selektive Serotoninwiederaufnahme-Hemmer (SSRI).* Der systematische Einsatz von SSRIs (wie z.B. Fluoxetin) bei der Behandlung von Angststörungen hat erst in jüngerer Zeit begonnen. Erste Fallberich-

te und Effektivitätsstudien bei der Behandlung des selektiven Mutismus oder der Störung mit Trennungsangst zeigen ermutigende Ergebnisse. Weiterhin positiv hervorgehoben werden die relativ geringen Nebenwirkungen und das relativ geringe Risiko einer Überdosis.

5.2 Psychologische Interventionen: Eine Übersicht

In einer Übersicht von Ollendick und King (1998) wird deutlich, daß die folgenden Interventionen besonders effektiv im Rahmen der Behandlung kindlicher Angststörungen eingesetzt werden können:

- Expositionsbehandlung (Konfrontationstherapie in sensu und in vivo),
- operante Ansätze (systematische Verstärkung),
- Modellernen,
- kognitive Ansätze und
- kognitiv-behaviorale Interventionsprogramme: mit/ oder ohne familienbezogene Intervention.

In diesem Abschnitt sollen die ersten vier und im nächsten die komplexen Interventionsprogramme vorgestellt werden. Abbildung 6 gibt eine Übersicht über beide Abschnitte.

Expositionsbehandlung

Die Expositionsbehandlung bezieht sich auf alle Vorgehensweisen, bei denen der Patient mit dem angstauslösenden Reiz konfrontiert wird. Diese Konfrontation kann lediglich in der Vorstellung des Patienten erfolgen (= in sensu-Konfrontation) oder real im Alltag (= in vivo-Konfrontation). Das Vorgehen kann in zwei

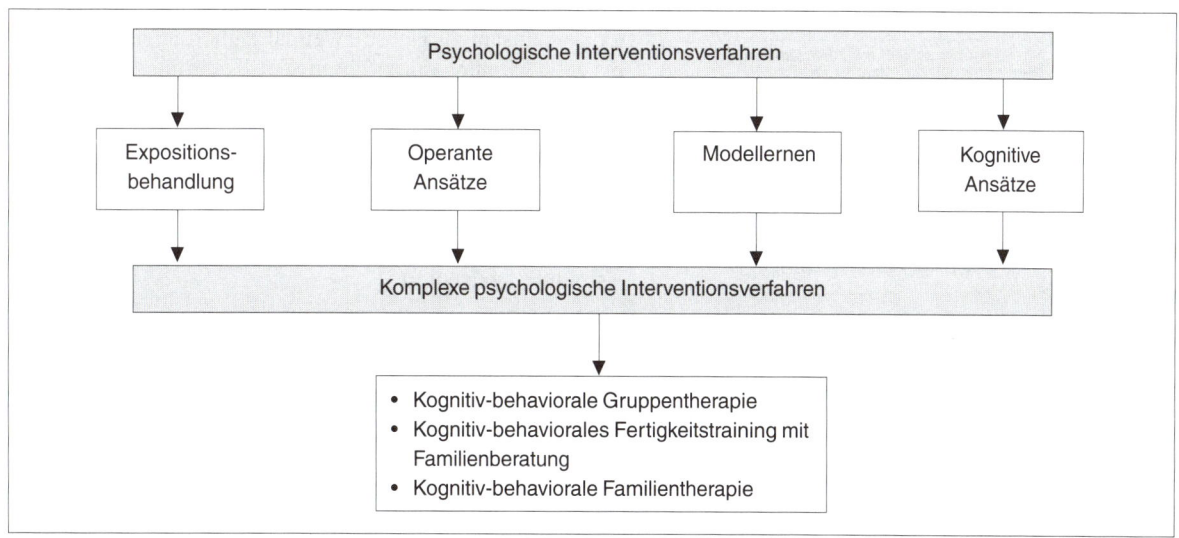

Abbildung 6:
Übersicht über psychologische Interventionsverfahren und komplexe Interventionsprogramme.

Varianten durchgeführt werden; als

- schrittweise abgestufte Exposition des angstauslösenden Reizes (= systematische Desensibilisierung) oder
- rasch-unmittelbar im Sinne einer Reizüberflutung (= Flooding).

Die Expositionsbehandlung wird bei unterschiedlichen Angststörungen sehr erfolgreich angewandt. Ihre Wirkmechanismen werden mit der Zwei-Faktoren-Theorie begründet (s. Kasten 4), obwohl diese kritisiert wurde und nicht eindeutig wissenschaftlich belegt ist (Schneider & Margraf, 1998; Steil & Ehlers, 1998). Vermutlich führt die Exposition dazu, daß die Erwartung, die Angst bleibe bestehen und es trete das Befürchtete ein, aufgrund der gegenteiligen Erfahrung aufgegeben werden muß. Diese kognitive Umstrukturierung ermöglicht es, das Vermeidungsverhalten aufzugeben.

Systematische Desensibilisierung. Bei diesem Vorgehen soll ein isolierter Reiz (z.B. ein lautes Geräusch bei einer Phonophobie; s. Kasten 5) und eine Angstreaktion entkoppelt werden. Die Methode beinhaltet zwei oder drei Schritte:

Kasten 4:
Die Zwei-Faktoren-Theorie.

Die Zwei-Faktoren-Theorie Mowrers (1960) versucht, in der Kombination von klassischem und operantem Konditionieren Ängste zu erklären. Durch klassisches Konditionieren wird ein Gefühl von Angst, eventuell mit körperlichen Begleiterscheinungen aufgebaut. Das Angstgefühl motiviert Flucht- oder Vermeidungsverhalten. Mit dem Fliehen oder dem Vermeiden von angstauslösenden Reizen (wie Situationen, Orte, Objekte oder Personen) wird das Angstgefühl reduziert oder beendet. Dies entspricht einer negativen Verstärkung, mit der das Flucht- oder Vermeidungsverhalten belohnt und dadurch aufrechterhalten wird.

Die Zwei-Faktoren-Theorie wurde vor allem im Hinblick darauf kritisiert, daß durch das Vermeidungsverhalten allmählich die Angst reduziert wird, wodurch die negative Verstärkung wegfällt. Das Vermeidungsverhalten ist also funktionslos geworden, da die Angst als Auslöser nicht mehr existiert. Das Vermeidungsverhalten kann also nicht mehr durch das Beenden von Angstgefühlen negativ verstärkt werden. Somit müßte – lerntheoretisch betrachtet – das Vermeidungsverhalten gelöscht werden; es tritt jedoch weiter auf (vgl. Hamm, 1997).

Kasten 5:
Expositionsbehandlung einer Phonophobie (nach Döpfner, 1995).

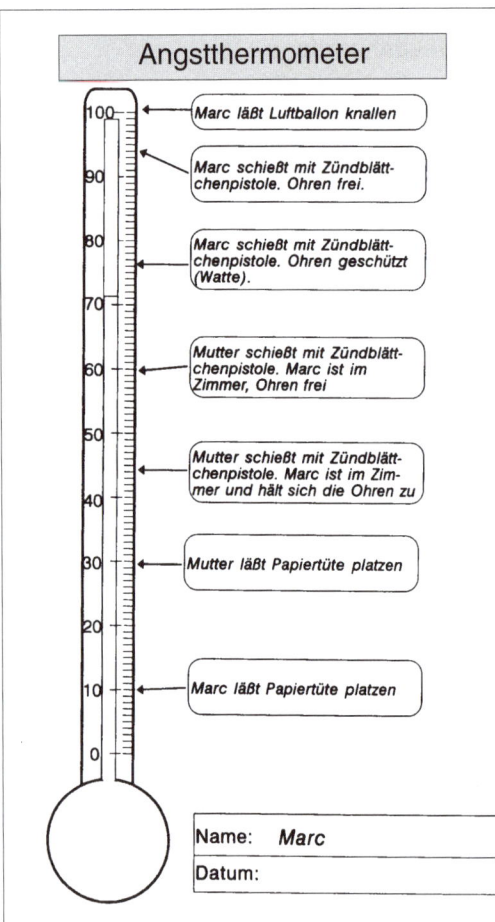

Der elfjährige Marc soll wegen massiver Ängste vor lauten Geräuschen (z.B. Schüssen von Spielzeugpistolen) behandelt werden. Die Phonophobie hat sich so stark generalisiert, daß Marc zu keinem Kindergeburtstag mehr geht, da dort aufgeblasene Luftballons zerplatzen könnten. Für diese Problematik wird folgende Angsthierarchie erstellt und anhand eines **Angstthermometers** verdeutlicht (vgl. Döpfner, 1995, S. 250).

Die Expositionsbehandlung sollten Marc und seine Mutter gemeinsam zu Hause zweimal täglich ungefähr fünf bis zehn Minuten durchführen. Zur Kontrolle der Therapieeffekte sollte Marc das Knallen wie folgt einschätzen:

0 = machte mir nichts aus
1 = ein bißchen unangenehm
2 = etwas unangenehm
3 = ziemlich unangenehm
4 = sehr unangenehm

Die Expositionsbehandlung wurde solange wiederholt, bis Marc mindestens zwei Expositionsphasen mit „0" einschätzte; gemäß der Eintragungen auf dem Angstthermometer wurde mit der niedrigsten Angststufe begonnen.

- **Aufstellung einer Angsthierarchie**;
- **Entspannungstraining** (optional; Ziel: ein mit der Angst unvereinbares Verhalten anzubieten, vgl. Deuchert & Petermann, 1994);
- **Durchführung der systematischen Desensibilisierung**.

Zunächst entwickeln Kind und Eltern mit dem Therapeuten eine Angsthierarchie, in der angstauslösende Ereignisse nach ihrem Bedrohungsgrad geordnet sind. In der Behandlung beginnt man mit dem am wenigsten angstauslösenden Reiz und arbeitet schrittweise die Hierarchie ab. In der Regel arbeitet man mit Kindern in-vivo (= Übungen im Alltag). Auf diese Weise erzielt man besonders stabile Therapieeffekte.

Systematische Desensibilisierung und kognitive Ansätze. Bei der Phonophobie lag eine begrenzte Angststörung vor, die gut von der Bezugsperson des Kindes behandelt werden konnte. Vielfach bestehen jedoch komplexere Ängste, die nur durch die Anwesenheit des Therapeuten (im Rahmen einer in-vivo-Übung) angehbar sind. Ein Beispiel hierfür bildet die Expositionsbehandlung einer Schulverweigerung, die Ausdruck einer Trennungsangst sein kann (vgl. Kirchhoff & Döpfner, 1999; Mackenberg, 1996) oder auf dem Hintergrund einer sozialen Phobie gesehen werden muß (vgl. Walter, Petermann & Podziemski, 1997). Kasten 6 gibt das Fallbeispiel von Walter et al. (1997) wieder.

Kasten 6:
Expositionsbehandlung einer Schulverweigerung (nach Walter et al., 1997, S. 253).

Zur Vorbereitung der Expositionsbehandlung (in-vivo) werden mit dem Kind einige Elemente der Progressiven Muskelentspannung eingeübt (z.B. Fäuste anspannen und lockerlassen; Petermann, U., 1996). Diese Übungen sollen dem Kind helfen, sich von plötzlich aufkommenden, heftigen Angstgefühlen abzulenken; in einem zweiten Schritt soll dann durch Selbstverbalisation die Situation gemeistert werden. Mit der Selbstverbalisation („Ich will in die Schule gehen!") sollen zielgerichtete Verhaltensweisen ein- und angeleitet werden.

Bei der ersten Schulwegbegleitung zeigte das Kind erhebliche körperliche Symptome wie Erblassen, Zittern, Schwitzen und Magen-Darm-Beschwerden. Das Kind war kaum in der Lage, auf die Fragen des Therapeuten einzugehen und hatte selbst den Schulweg „vergessen". Der Therapeut schlug vor, auch das letzte Stück Weg bis zum Schulgebäude gemeinsam zu gehen, und sich solange im Schulhof aufzuhalten, bis das Kind den Klassenraum betreten hat. Dieses Vorgehen war erfolgreich.

In den beiden folgenden Schulwegbegleitungen konnte das Kind das Schulgebäude alleine betreten. Zur vertieften Einübung des Verhaltens wurde die Schulbegleitung noch eine Woche durchgeführt. Nach dieser Zeit war das Kind in der Lage, selbständig und angstfrei zur Schule zu gehen.

Dieses Fallbeispiel illustriert den Einsatz verschiedener Verfahren, da die Expositionsbehandlung nicht nur mit einem Entspannungsverfahren, sondern auch mit dem Einsatz kognitiver Verfahren (= Selbstverbalisation) verknüpft wurde.

Systematische Desensibilisierung und emotive Vorstellungsübungen. Cornwall, Spence und Schotte (1996) setzen eine besonders kindgemäße Variante der systematischen Desensibilisierung zur Behandlung einer Dunkelheitsphobie ein. Bei diesem Vorgehen werden verschiedene, der Angst inkompatible Maßnahmen (z.B. Entspannung) eingesetzt. So soll sich das Kind eine Situation vorstellen, in der es dem angstauslösenden Reiz ausgesetzt ist. In der Vorstellung erfährt das Kind von seinem Lieblings-Superhelden Unterstützung (= emotive Vorstellung); von Übung zu Übung werden die bedrohlichen Reize gesteigert.

In jeder der insgesamt sechs Sitzungen sollte sich das Kind so intensiv wie möglich
- die bedrohliche Situation und
- einen unterschiedlich stark präferierten Superhelden vorstellen.

Die bedrohliche Situation sollte mit den positiven Gefühlen und Bildern verknüpft werden, das heißt der *imaginäre Begleiter* sollte das Kind beschützen („Dein Superheld ist noch bei Dir!"). Die positiven Gefühle sollen die durch die vorgestellten Situationen ausgelösten Ängste unterdrücken.

Als Hausaufgabe werden die Kinder aufgefordert, sich die Vorstellungen und Phantasien der Therapiestunde in Erinnerung zu rufen. Die Eltern sollten ihre Kinder zudem ermutigen, die *Phantasiebilder* einzusetzen. Für das Üben und den gezielten Einsatz der Phantasiebilder in angstauslösenden Situationen werden die Kinder von den Eltern belohnt.

Reizüberflutung. Hier erfolgt, wie erwähnt, eine rasche und unmittelbare Konfrontation mit dem angstauslösenden Reiz. Diese Methode wurde mit Kindern kaum durchgeführt, da ethische Bedenken bestehen, ob man Kinder in einer solch massiven Form angstauslösenden Reizen aussetzen darf. Man sollte Reizüberflutung also nur anwenden, wenn andere Methoden versagt haben und massive psychosoziale Folgen (z.B. aufgrund von einer Schulverweigerung) bei einem therapeutischen Mißerfolg zu erwarten sind (vgl. Ollendick, Hagopian & King, 1997; Schulte, Hartung & Wilke, 1997).

Operante Ansätze

Bei diesem Vorgehen werden positive Verstärkung, Shaping oder Löschung dazu benutzt, angemessenes Verhalten zur Angstbewältigung zu stärken und gleichzeitig Ängste sowie Vermeidungsverhalten zu reduzieren. Mit positiver Verstärkung wird angemessenes Verhalten aufgebaut und gefestigt. Beim Shaping erfolgt Lob und Belohnung nach schrittweiser erfolgreicher Annäherung an das gewünschte Verhalten.

Modellernen

Mit Modellernen werden einem Kind neue, angemessene Verhaltensweisen vermittelt und Angstreaktionen gelöscht. Modellernen ist auf drei Wegen möglich, nämlich

- symbolisch,
- stellvertretend und
- teilnehmend.

Beim symbolischen Modellernen beobachtet ein Kind ein anderes oder ein erwachsenes Modell in einem Film. Das Filmmodell nähert sich erfolgreich der angstauslösenden Situation. Stellvertretendes Modellernen bezieht sich darauf, daß ein Kind einem Modell im Alltag zuschaut, wie dieses mit dem angstauslösenden Objekt und Vermeidungsverhalten umgeht. Beim teilnehmenden Modellernen imitiert ein Kind ein Verhalten, das eine schrittweise Annäherung an den angstauslösenden Reiz ermöglicht und zuvor von einem Modell gezeigt wurde. Dieses letztgenannte Vorgehen läßt sich gut mit den verschiedenen operanten Ansätzen kombinieren.

Kognitive Ansätze

Als Beispiele für kognitive Ansätze soll kurz auf die beiden grundlegenden Prinzipien, die Selbstbeobachtung und die Selbstinstruktion, eingegangen werden. Diese Prinzipien sind zentraler Bestandteil aller kognitiv-behavioralen Programme, die im nächsten Abschnitt ausgeführt werden.

- *Selbstbeobachtung.* Eine Selbstbeobachtungsaufgabe hilft einem Kind oder Jugendlichen, Gedanken, Sorgen und Befürchtungen bewußt zu machen und zu spezifizieren. In einer Kognitiven Therapie versucht man, diese Gedanken durch Selbstbeobachtungsbögen (vgl. Kasten 7) oder Tagebücher (vgl. Petermann & Petermann, 2000a) zu erfassen. Das Kind soll täglich drei bis vier Fragen beantworten, die nach einigen Tagen/einer Woche mit dem Therapeuten ausgewertet werden. Im Anschluß daran erfolgt die *Modifikation ungünstiger Gedanken,* indem man in dem Tagebuch Verhaltensvorsätze (Verhaltensaufträge) spezifiziert (vgl. Beck, 1999). Das sich daraus ableitende Selbstmodifikationsprogramm trägt zum Beispiel dazu bei, soziale Ängste zu überwinden (vgl. Petermann & Petermann, 2000b).

Kasten 7:
Selbstbeobachtungsbogen für ängstliche Kinder (nach Beidel & Turner, 1998; Petermann & Petermann, 2000b).

Mein Detektivbogen

Heute war ich

1	2	3	4	5
überhaupt nicht nervös		mittelmäßig nervös		nervös

Heute machte ich mir folgende Sorgen:

I. **Was ging in meiner Familie schief?** _____

   Welche Gedanken waren dies? _____

   Wie lange habe ich mich damit beschäftigt? _____

II. **Was ging bei mir alles schief?** _____

   Welche Gedanken waren dies? _____

   Wie lange habe ich mich damit beschäftigt? _____

III. **Machte mich heute etwas verlegen?** _____

   Welche Gedanken waren dies? _____

   Wie lange habe ich mich damit beschäftigt? _____

IV. **Sonstiges** _____

   Welche Gedanken waren dies? _____

   Wie lange habe ich mich damit beschäftigt? _____

- *Selbstinstruktion.* Viele ängstliche Kinder weisen negative Selbstinstruktionen/negative Gedanken auf, die verhindern, daß neue Verhaltensweisen erprobt werden. Solche *ungünstigen Selbstaussagen* stellten Petermann und Walter (2000) im Rahmen der Behandlung einer Hundephobie zusammen (vgl. Kasten 8).

Kasten 8:
Negative Selbstaussagen im Rahmen einer Hundephobie (nach Petermann & Walter, 2000, S. 151).

- „Ich kann an keinem Hund vorbeigehen, da ich meine Angst spüre."
- „Wenn ich einen Hund sehe, werden meine Hände naß und ich bekomme Bauchschmerzen."
- „Kommt ein Hund näher, dann versuche ich zu entkommen."

Um positive Selbstinstruktionen aufzubauen, wird ein Kind trainiert, Selbstgespräche zu führen, die sich auf günstige Selbstaussagen beziehen. Dazu werden die Kinder angeleitet, Verhaltensweisen zu beschreiben, die ihnen helfen, angstauslösende Situationen zu bewältigen.

5.3 Komplexe psychologische Interventionsprogramme

Seit den 80er Jahren legte die Arbeitsgruppe um Kendall (zusammenfassend 1994) und unsere Arbeitsgruppe (Petermann & Petermann, 2000a; 2000b) kognitiv-behaviorale Therapieprogramme zur Behandlung verschiedener Ängste vor. Die meisten dieser Programme beziehen sich auf die soziale Ängstlichkeit/soziale Phobie, Trennungsangst und die generalisierte Angststörung. Als Methoden werden nach King, Murphy und Heyne (1997) eingesetzt:

- Modellernen,
- operante Ansätze,
- kognitive Ansätze,
- Rollenspiel,
- Entspannungstraining und in einigen Programmen
- Expositionsbehandlung.

Die Programme sind meist sehr gut überprüft (vgl. Rapee & Sanderson, 1998) und verfolgen zumindest die folgenden vier Ziele:

- Erkennen von angstbezogenen Gedanken und körperlichen Reaktionen,
- Bewerten und Verändern von ungünstigen Kognitionen,
- Erproben von Verhaltensstrategien, um angstauslösende Situationen besser zu bewältigen,
- Einüben, Erproben und Bekräftigen neuer Verhaltensweisen.

Blonk et al. (1996) weisen nach, daß solche Trainings das Sozialverhalten von Kindern und ihre Beziehung zu Gleichaltrigen verbessern. Allerdings verringerte sich die soziale Angst der Kinder erst nach fünf Monaten, also zu einem Zeitpunkt, zu dem die Kinder mit ihrem neuerworbenen Verhalten positive Erfahrungen gesammelt hatten; die Selbstwahrnehmung der Kinder wurde deutlich positiver, aber ebenfalls zeitlich verzögert.

Kendall und Sugarman (1997) analysieren, unter welchen Bedingungen es bei der Anwendung komplexer psychologischer Interventionsprogramme zu Therapieabbrüchen kommt. Es wurden Kinder und Jugendliche (acht- bis 14jährige) mit Angststörungen untersucht, die an einer ca. vier Monate lang dauernden Therapie teilnahmen. Lediglich in der Gruppe, die länger auf die Therapie warten mußte (acht Wochen), treten höhere Abbruchraten auf. Die Patienten und ihre Eltern waren sehr motiviert, an dieser zeitlich eng befristeten Therapie mitzuwirken.

Barrett et al. (1996) kombinieren kognitiv-behaviorale Ansätze mit einem Family-Anxiety-Management-Ansatz. Mit diesem Vorgehen sollen den Eltern

- **angemessene Erziehungsfertigkeiten** vermittelt werden, die das Kind dabei unterstützen, sozial angemessenes Verhalten aufzubauen und Angst zu reduzieren;
- **Techniken zum optimalen Streßmanagement** angeboten werden, um die eigenen Angstgefühle besser bewältigen zu können; gleichzeitig können sie damit bessere Modelle für ihre Kinder sein; und
- **verbesserte Kommunikationstechniken** nahegebracht werden, mit denen es ihnen in der Familie besser gelingt, Probleme zu lösen.

Die Kombination eines kognitiv-behavioralen Kindertrainings mit dem Family-Anxiety-Management-Ansatz führt bei Kindern bis zum zehnten Lebensjahr zu erheblich besseren Ergebnissen als das alleinige Kindertraining. Bei Kindern der Altersgruppe von elf bis 14 Jahren reicht die kindbezogene Intervention aus, das heißt die familienbezogene Arbeit steigert die Effekte nicht mehr.

Im weiteren sollen jetzt drei komplexe Interventionsprogramme ausführlicher dargestellt werden; es handelt sich um

- die kognitiv-behaviorale Gruppentherapie (Albano & Barlow, 1997),
- das kognitiv-behaviorale Fertigkeitstraining mit Familienberatung (Petermann & Petermann, 2000b) und
- die kognitiv-behaviorale Familientherapie (Howard & Kendall, 1996).

Kognitiv-behaviorale Gruppentherapie

Albano und Barlow (1997) berichten über ein Gruppentraining für 13- bis 17jährige Jugendliche mit einer sozialen Phobie. Das Programm umfaßt 16 Sitzungen mit einer Dauer von jeweils 90 Minuten, die in zwei Phasen zu je acht Sitzungen untergliedert sind. An manchen Sitzungen nehmen auch die Eltern teil, vor allem wenn Wissen über das Phänomen „soziale Angst" vermittelt wird (vgl. auch Albano, 1995).

- *Phase 1.* Die Betroffenen werden über das Störungsbild informiert. Die verschiedenen Reaktionsebenen der Angst (kognitiv, physiologisch, verhaltensbezogen) werden erläutert sowie auslösende und aufrechterhaltende Faktoren benannt. Systematische Selbstbeobachtungen (Tagebuchaufzeichnungen) geben dem Jugendlichen Hinweise auf konkrete Auslöser und Reaktionen der Angst. In dieser Phase wird mit der kognitiven Umstrukturierung ungünstiger (verzerrter) Gedanken begonnen, die die Ängste verstärken und aufrechterhalten.
  In einem nächsten Schritt werden neue Problemlösestrategien vermittelt, die dazu beitragen sollen, das Bewältigungsverhalten der Jugendlichen zu erweitern. Hierzu üben die Jugendlichen in Rollenspielen neues Verhalten ein, mit dem es gelingt, mit anderen selbstsicher zu interagieren. In der Abschlußsitzung dieser Phase, bei der die Eltern anwesend sind, können die neuerworbenen Fertigkeiten alltagsnah erprobt werden.

- *Phase 2.* In diesem Behandlungsabschnitt werden die Jugendlichen im Rollenspiel und in vivo angstauslösenden Situationen ausgesetzt. Für jeden Jugendlichen wird eine individuelle Angst- und Vermeidungshierarchie erstellt. Aufgrund dieser Hierarchie werden Situationen ausgewählt, die innerhalb der Sitzung bearbeitet werden. Auf diese Weise wird angemessenes Verhalten eingeübt. Die Expositionsbehandlung ist so strukturiert, daß der Jugendliche zunächst angemessenes Verhalten für die jeweilige Situation erarbeitet. Das Verhalten wird dann in der Gruppe geübt und diskutiert; des weiteren sollen sich die Teilnehmer zu Hause angstauslösenden Situationen aussetzen. Mit fortschreitender Behandlung erfahren die Jugendlichen, wie sie ihre Ängste besser bewältigen können. Zum Abschluß des Gruppentrainings sollen die Jugendlichen die folgenden sozialen Anforderungen meistern:

- einen Text in Anwesenheit ihrer Eltern öffentlich vorlesen sowie in der Gruppe über Behandlungserfolge und Zukunftspläne diskutieren; und
- als Abschluß des Trainings eine Party feiern.

Kognitiv-behaviorales Fertigkeitstraining mit Familienberatung

Mit diesem Vorgehen können die Störung mit Trennungsangst und die soziale Phobie erfolgreich behandelt werden (vgl. Petermann & Bochmann, 1993). Das Manual von Petermann und Petermann (2000b) liegt in

Tabelle 8:
Übersicht über die Ziele und Materialien des Einzeltrainings nach Petermann und Petermann (2000b; bei den Materialien sind zuerst die für die älteren und dann die für die Vorschulkinder aufgeführt).

Ziele	Materialien
• Bewußtmachen von Angst und Unsicherheit	• Videosituation/Puppenspiel
• Sensibilisierung der Wahrnehmung für einen ängstlichen Gesichtsausdruck	• Wolkenköpfe mit Selbstinstruktionen/mit Ampeln
• Erkennen irrationaler Gedanken, Einüben von Gedankenstop und Aufbauen positiver innerer Sätze	• Wolkenköpfe mit Selbstinstruktionen/mit Ampeln
• Reflexion von Erwartungen an das Verhalten anderer	• Superman/Micky Maus
• Reflexion eigener Ängste und Unsicherheit	• Superman/Micky Maus
• Entwickeln von Kriterien zur Beurteilung von Sozialverhalten	• Comicgeschichte/Antennentiger und Zauberlinge
• Entwickeln von Verhaltensalternativen	• Comicgeschichte/Antennentiger und Zauberlinge

differenzierter und entwicklungsorientierter Form für die Altersgruppen der

- Vorschulkinder (bis sieben Jahre) und
- Acht- bis 14jährigen vor.

Das Vorgehen entspricht dem Vorgehen eines multimodalen Fertigkeitstrainings (vgl. Merrell & Gimpel, 1998), wobei detaillierte Materialien für die Kindertherapie und die Eltern- beziehungsweise Familienberatung vorliegen. Die Arbeit mit den Kindern gliedert sich in ein minimal fünf Sitzungen umfassendes Einzeltraining und ein sich anschließendes Gruppentraining mit minimal sechs Sitzungen (à 90 Minuten). Eine Übersicht über die Ziele und Materialien des Einzeltrainings gibt Tabelle 8; das Gruppentraining, an dem drei bis vier Kinder teilnehmen, wird in Tabelle 9 beschrieben.

Tabelle 9:
Übersicht über die Ziele und Rollenspielthemen (vgl. Petermann, U., 2000).

Ziele	Rollenspielthemen
• Positive Gefühle und Fertigkeiten gegenüber vertrauten Personen zeigen	• das Geburtstagsgeschenk
• Eigene Ansprüche durchsetzen und Ansprüche anderer erkennen	• Hausaufgaben erfragen
• Kontakt aufnehmen können; Kritik annehmen und angemessen verarbeiten können	• Fragen auf der Straße; der Deutschaufsatz
• Angemessene Selbstbehauptung lernen	• das ausgeliehene Buch
• Umgehen mit sozialer Hervorhebung und seine Meinung äußern	• Vorlesen vor der Klasse; Diskutieren mit anderen
• Gefühle zeigen	• Fußball-/Volleyballspiel

Spezifische Materialien für jede Trainingssitzung.
Um komplexe soziale Situationen bewerten und einüben zu können, erhalten die Kinder im Einzel- und Gruppentraining Arbeitsunterlagen. Konkret ausgearbeitete Video-/Textvorlagen bilden die Grundlage für problembezogene und strukturierte Rollenspiele. Für die Vorschulkinder wurde hierfür das Antennentigercomic entwickelt, das in Abbildung 7 in einer kleinen Sequenz illustriert ist. Der Antennentiger ist – wie sein Name symbolisiert – ängstlich und sensibel und möchte zugleich stark und mutig sein wie ein Tiger. Ihm helfen die Zauberlinge (vgl. Comicfiguren in Abb. 7), zum Beispiel beim Kontakt schließen. Solche Bildvorlagen bieten den Kindern altersgemäße Identifikationsmöglichkeiten mit den Inhalten des Trainings, die das Erlernen neuer Verhaltensweisen erleichtern.

Mit solchen Materialien werden Techniken des Modellernens, der Selbstbeobachtung sowie Selbstinstruktion, Reiz- und Reaktionsdiskriminationslernen und der Verhaltensübung angewandt. Die Selbstkontrollfähigkeit wird mit Hilfe eines Detektivsymbols in einem Bogen zur Selbstbeobachtung aufgebaut (vgl. Kasten 7). Der Antennentigercomic ist ein Beispiel zum Reizdiskriminationslernen und zugleich eine Vorlage für Verhaltensübungen in Rollenspielen (vgl. Abb. 7). Videoclips helfen, soziale Situationen angemessen einzuschätzen und unterstützen Modellerneffekte.

Parallel zur Kinderpsychotherapie findet eine Familienberatung mit fünf Kontakten statt (Petermann & Petermann, 2000b). Sie ist thematisch mit der Kinderthe-

Abbildung 7:
Antennentigercomic zur Wahrnehmungsübung im Vorschulalter (aus Petermann & Petermann, 2000b, S. 160 ff.).

rapie eng verbunden. Die Eltern lernen einerseits genau zu beobachten, Zusammenhänge von *Eltern-Kind-Interaktionen* zu analysieren und angemessene Verstärkung sowie Problemlösestrategien anzuwenden. Andererseits werden *irrationale Kognitionen,* beispielsweise über das vermeidende Verhalten ihres Kindes oder über Kindererziehung, sowie falsche oder überhöhte Erwartungen an das Kind schrittweise und wiederholt bearbeitet. Zu *bedrohliche Appelle* müssen vermieden werden; zugleich dürfen die Eltern *nicht* aus der *Pflicht* gelassen werden, ihr Interaktions- und Erziehungsverhalten kritisch zu überdenken und zu modifizieren. Für diesen Veränderungsprozeß ist ein vertrauensvolles Verhältnis zwischen Familie und Therapeut notwendig (vgl. Petermann, F., 1996). Auf eine *kontinuierliche Zusammenarbeit* mit der Familie muß geachtet werden; hierbei können die *Hausaufgabentechnik* und Materialien für die Eltern, zum Beispiel Situationsbeschreibungen mit einfachen Verhaltensanalysen, hilfreich sein.

Kognitiv-behaviorale Familientherapie

Eltern können in verschiedener Weise an der Entstehung und Aufrechterhaltung einer Angststörung im Kindesalter beteiligt sein. So ist es denkbar, daß sie die Problemlage der Kinder, zum Beispiel bei der Trennungsangst, falsch einschätzen und eine massive Problematik bagatellisieren. Nach einer ausführlichen Familiendiagnostik und der daraus resultierenden Aufklärung der Eltern kann eine neue Sichtweise entstehen. Neue Kommunikationsregeln in der Familie und die Veränderung des bisherigen Erziehungsverhaltens versetzen Eltern in die Lage, ihr Kind zu mehr Eigenständigkeit zu ermuntern und es darin sensibel anzuleiten (vgl. Abb. 8).

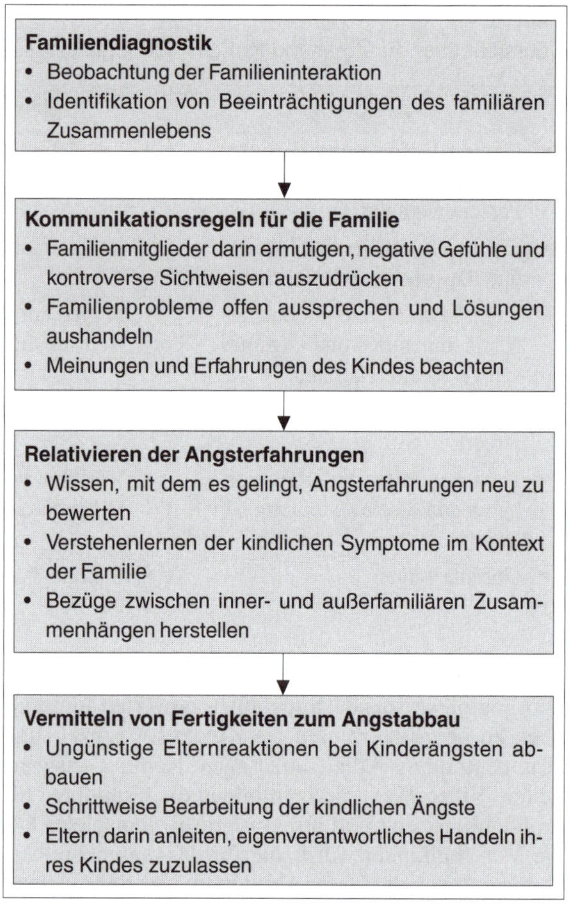

Vielen Eltern ist es nicht klar, daß sie mit gutgemeinten Ratschlägen und wohlwollender Verwöhnung die soziale Phobie ihres Kindes verstärken. In dieser Situation kann es genügen, die Eltern auf ihre problematischen Erziehungshaltungen hinzuweisen. Bei jüngeren Kindern wird eine Elternberatung genügen, diese Probleme schrittweise aufzulösen. Sind jedoch die Eltern wesentlich an der Aufrechterhaltung der kindlichen Angststörung beteiligt und besteht das Problem schon über Jahre, ist eine Familientherapie nötig. Howard und Kendall (1996) gehen davon aus, daß bei folgender Familienstruktur eine kognitiv-behaviorale Familientherapie nötig ist:

- Rigide Struktur und elterliche Kontrolle, wobei den Kindern wenig Selbständigkeit zugestanden wird sowie
- Ärger und andere negative Emotionen nicht zugelassen werden.

Howard und Kendall (1996) entwickelten ein standardisiertes Vorgehen, zu dem ein ausgearbeitetes Manual

Familiendiagnostik
- Beobachtung der Familieninteraktion
- Identifikation von Beeinträchtigungen des familiären Zusammenlebens

Kommunikationsregeln für die Familie
- Familienmitglieder darin ermutigen, negative Gefühle und kontroverse Sichtweisen auszudrücken
- Familienprobleme offen aussprechen und Lösungen aushandeln
- Meinungen und Erfahrungen des Kindes beachten

Relativieren der Angsterfahrungen
- Wissen, mit dem es gelingt, Angsterfahrungen neu zu bewerten
- Verstehenlernen der kindlichen Symptome im Kontext der Familie
- Bezüge zwischen inner- und außerfamiliären Zusammenhängen herstellen

Vermitteln von Fertigkeiten zum Angstabbau
- Ungünstige Elternreaktionen bei Kinderängsten abbauen
- Schrittweise Bearbeitung der kindlichen Ängste
- Eltern darin anleiten, eigenverantwortliches Handeln ihres Kindes zuzulassen

Abbildung 8:
Arbeitsschritte der kognitiv-behavioralen Familientherapie zur Behandlung kindlicher Angststörungen.

vorliegt. Das Vorgehen umfaßt 18 50minütige Sitzungen, wobei die ersten beiden Sitzungen mit allen Familienmitgliedern sowie alle weiteren mit dem Kind und mindestens einem Elternteil stattfinden. Das Alter der Kinder lag zwischen neun und 13 Jahren.

Nach der diagnostischen Abklärung der Problematik beginnen Übungen, mit denen die Angst schrittweise überwunden werden kann. Im Detail werden vier Ziele verfolgt:

- Bewußtmachen der Angstgefühle und der damit verbundenen körperlichen Reaktionen,
- Identifikation von Vorstellungen und Situationen, die Angst auslösen,
- Entwicklung von Problemlöseschritten, mit denen Angstreaktionen bewältigt werden können und
- Umgang mit Selbstbewertungen und Selbstbekräftigungen.

Das Vorgehen umfaßt Entspannungsübungen, Modelllernen, Rollenspiele und Verhaltensübungen im Alltag.

Zusammenfassung

Angststörungen bei Kindern und Jugendlichen umfassen folgende Formen: Trennungsangst, soziale Ängstlichkeit/soziale Phobie, generalisierte Angststörung, spezifische Phobie, Panikstörung mit und ohne Agoraphobie und posttraumatische Belastungsstörung. Die Auftretenshäufigkeit dieser Störungen insgesamt liegt zwischen 10 bis 15%. Angststörungen verlaufen stabil, wobei bestimmte Störungen nach einigen Jahren in andere Angststörungen übergehen. Besonders häufig treten depressive Störungen komorbid auf. Im Kindesalter sind Jungen und Mädchen gleich häufig von Angststörungen betroffen, im Jugendalter überwiegend die Mädchen.

Angststörungen können durch strukturierte Interviews, Fragebögen, Beobachtungsverfahren und Verhaltensproben abgeklärt werden, wobei mehrere Methoden zur Diagnosestellung nötig sind. Angststörungen können durch biologische, psychische und soziale Faktoren verursacht sein. Auf der Seite des Kindes werden die Temperamentsentwicklung, kognitive Einflüsse, die mangelnde Fähigkeit zur Selbstberuhigung und unzureichende soziale Fertigkeiten diskutiert. Auf der Seite der Eltern werden vor allem das Interaktions- und Erziehungsverhalten als Ursachen thematisiert; ebenso spielen das ängstliche und unsichere Verhalten der Eltern oder eine psychische Krankheit eine wesentliche Rolle; weiterhin sind kritische Lebensereignisse zu beachten.

Zur Psychotherapie von Angststörungen eignen sich vor allem die Expositionsbehandlung und der Einsatz von komplexen kognitiv-behavioralen Verfahren, die besonders effektiv sind, wenn sie mit einer familienorientierten Vorgehensweise (Family Anxiety Management) kombiniert werden. Psychopharmaka sollten nur bei schwer beeinflußbaren Angststörungen zur zeitweisen Unterstützung einer Psychotherapie eingesetzt werden.

Verständnisfragen

1. Welche Angststörungen liegen im Kindesalter vor, und wie kann man diese unterscheiden?
2. Mit welchen Erhebungsmethoden kann man Angststörungen im Kindesalter diagnostizieren?
3. Welche Ursachen können zu einer sozialen Phobie führen?
4. Wie kann man eine soziale Phobie behandeln?
5. Auf welchem psychologischen Konzept basiert die Konfrontationsbehandlung?
6. Welche Bedeutung besitzen Entspannungsverfahren im Kontext der Angstbehandlung?

Weiterführende Literatur

Beidel, D.C. & Turner, S.M. (1998). *Shy children, phobic adults*. Washington: American Psychological Association.

Essau, C. A. & Petermann, F. (Eds.) (2001). *Anxiety disorders in children and adolescents*. New York: Francis & Taylor.

Ollendick, T.H., King, N.J. & Jule, W. (Eds.) (1994). *International handbook of phobic and anxiety disorders in children and adolescents*. New York: Plenum.

Petermann, U. & Petermann, F. (2000). *Training mit sozial unsicheren Kindern* (7. vollst. überarb. Aufl.). Weinheim: Psychologie Verlags Union.

Literatur

Albano, A.M. (1995). Treatment of social anxiety in adolescents. *Cognitive and Behavioral Practice, 2*, 271-298.

Albano, A.M. & Barlow, D.H. (1997). Breaking the vicious cycle: Cognitive-behavioral group treatment for socially anxious youth. In E.D. Hibbs & P.S. Jensen (Eds.), *Psychosocial treatments for child and adolescent disorders. Empirical based strategies for clinical practice* (3rd edition, 43-62). Washington: American Psychological Association.

Albano, A.M., DiBartolo, P.M., Heimberg, R.G. & Barlow, D.H. (1995). Children and adolescents: Assessment and treatment. In R.G. Heimberg, M.R. Liebowitz, D.A. Hope & F.R. Schneier (Eds.), *Social phobia. Diagnosis, assessment and treatment* (387-425). New York: Guilford.

Alessi, N.E. & Magen, J. (1988). Panic disorders in psychiatrically hospitalized children. *Journal of Psychiatry, 145*, 1450-1452.

American Academy of Child and Adolescent Psychiatry (1997). Practice parameters for the assessment and treatment of children and adolescents with anxiety disorders. *Journal of the American Academy of Child and Adolescent Psychiatry, 36 (Suppl. 10)*, 69-84.

Barrett, P.M., Dadds, M.R. & Rapee, R.M. (1996). Family treatment of childhood anxiety: A controlled trail. *Journal of Consulting and Clinical Psychology, 64*, 333-342.

Beck, J.S. (1999). *Praxis der Kognitiven Therapie*. Weinheim: Psychologie Verlags Union.

Beidel, D.C., Fink, C.M. & Turner, S.M. (1996). Stability of anxious symptomatology in children. *Journal of Abnormal Child Psychology, 24*, 257-269.

Beidel, D.C. & Turner, S.M. (1997). At risk for anxiety: I. Psychopathology in the offspring of anxious parents. *Journal of the American Academy of Child and Adolescent Psychiatry, 36*, 918-924.

Beidel, D.C. & Turner, S.M. (1998). *Shy children, phobic adults*. Washington: American Psychological Association.

Bernstein, G.A. (1991). Comorbidity and severity of anxiety and depressive disorders in a clinical sample. *Journal of the American Academy of Child and Adolescent Psychiatry, 30*, 43-50.

Bernstein, G.A., Borchardt, C.M. & Perwien, A.R. (1996). Anxiety disorders in children and adolescents: A review of the past 10 years. *Journal of the American Academy of Child and Adolescent Psychiatry, 35*, 1110-1119.

Bernstein, G.A., Garfinkel, B.D. & Hoberman, H.M. (1989). Selft-reported anxiety in adolescents. *Journal of Psychiatry, 146*, 384-386.

Bernstein, G.A., Massie, E.D., Thuras, P.D., Perwin, A.R., Borchardt, C.M. & Crosby, R.D. (1997). Somatic symptoms in anxious–depressed school refusers. *Journal of the American Academy of Child and Adolescent Psychiatry, 36*, 661-668.

Biederman, J., Faraone, S.V., Keenan, K., Steingard, R. & Tsuang, M.T. (1991). Familial association between attention deficit disorder and anxiety disorders. *American Journal of Psychiatry, 148*, 251-256.

Biederman, J. Faraone, S.V., Marrs, A., Moore, P., Garcia, J., Ablon, S., Mick, E., Gershon, J. & Kearns, M.E. (1997). Panic disorder and agoraphobia in consecutively referred children and adolescents. *Journal of the American Academy of Child and Adolescent Psychiatry, 36*, 214-223.

Biederman, J., Rosenbaum, J.F. & Hirshfeld, D.F. (1990). Psychiatric correlates of behavioral inhibition in young children of parents with and without psychiatric disorders. *Archives of General Psychiatry, 47*, 21-26.

Bird, H.,R., Gould, M.S. & Staghezza, B.M. (1993). Patterns of diagnostic comorbidity in a community sample of children aged 9 through 16 years. *Journal of the American Academy of Child and Adolescent Psychiatry, 32*, 361-368.

Blonk, R.W.B., Prins, P.J.M., Sergeant, J.A., Ringrose, J. & Brinkman, A.G. (1996). Cognitive-behavioral group therapy for socially incompetent children: Short-term and maintenance effects with a clinical sample. *Journal of Clinical Child Psychology, 25*, 215-224.

Bowen, R., Offord, D.R. & Boyle, M.H. (1990). The prevalence of overanxious disorder and separation anxiety disorder: Results from the Ontario Child Health Study. *Journal of the American Academy of Child and Adolecent Psychiatry, 29*, 753-758.

Bradley, S. & Hood, J. (1993). Psychiatrically referred adolescents with panic attacks: Presenting symptoms, stressors and comorbidity. *Journal of the American Academy of Child and Adolescent Psychiatry, 32*, 826-829.

Buss, A.H. & Plomin, R. (1984). *Temperament: Early developing personality traits*. Hillsdale: Erlbaum.

Capps, L., Sigman, M., Sena, R. & Henker, B. (1996). Fear, anxiety and perceived control in children of agoraphobic patients. *Journal of Child Psychology and Psychiatry, 37*, 445-452.

Chansky, T.E. & Kendall, P.C. (1997). Social expectancies and self-perceptions in anxiety-disordered children. *Journal of Anxiety Disorders, 11*, 347-363.

Cohen, P., Cohen, J., Kasen, S., Velez, C.N., Hartmark, C., Johnson, J., Rojas, H., Brook, J. & Streuning, E.L. (1993). An epidemiological study of disorders in late childhood and adolescence – I: Age- and gender-specific prevalence. *Journal of Child Psychology and Psychiatry, 34*, 851-867.

Cole, D.A., Truglio, R. & Peeke, L. (1997). Relation between symptoms of anxiety and depression in children: A multitrait-multimethod-multigroup assessment. *Journal of Consulting and Clinical Psychology, 65*, 110-119.

Cornwall, E., Spence, S.H. & Schotte, D. (1996). The effectiveness of emotive imagery in the treatment of darkness phobia in children. *Behaviour Change, 13*, 223-229.

Craske, M.G. (1997). Fear and anxiety in children and adolescents. *Bulletin of the Menninger Clinic, 61 (Suppl. A)*, 4-36.

Dadds, M.R. & Barrett, P.M. (1996). Family process in child and adolescent anxiety and depression. *Behavior Change, 13*, 231-239.

Dadds, M.R., Heard, P.M. & Rapee, R.M. (1994). Behavioral observation. In T.H. Ollendick, N.J. King & W. Yule (Eds.), *Interventional handbook of phobic and anxiety disorders in children* (349-364). Boston: Allyn & Bacon.

Dadds, M.R., Spence, S.H., Holland, D.E., Barrett, P.M. & Laurens, K.R. (1997). Prevention and early intervention for anxiety disorders: An controlled trial. *Journal of Consulting and Clinical Psychology, 65*, 627-635.

Deuchert, M. & Petermann, U. (1994). Angststörungen. In F. Petermann & D. Vaitl (Hrsg.), *Handbuch der Entspannungsverfahren, Band 2* (19-56). Weinheim: Psychologie Verlags Union.

Derryberry, D. & Reed, M.A. (1994). Temperament and the self-organization of personality. *Development and Psychopathology, 6*, 653-676.

Döpfner, M. (1995). Behandlung eines Kindes mit Phonophobie und sozialer Angst. *Kindheit und Entwicklung, 4*, 248-253.

Döpfner, M., Melchers, P., Fegert, J., Lehmkuhl, G., Lehmkuhl, U., Schmeck, K., Steinhausen, H.C. & Poustka, F.

(1994). Deutschsprachige Konsensus-Versionen der Child Behavior Checklist (CBCL 4-18), der Teacher Report Form (TRF) und der Youth Self Report Form (YSR). *Kindheit und Entwicklung, 3,* 54-59.

DSM-III-R (1989). *Diagnostisches und Statistisches Manual Psychischer Störungen.* Weinheim: Beltz.

DSM-IV (1996). *Diagnostisches und Statistisches Manual Psychischer Störungen.* Göttingen: Hogrefe.

Emmelkamp, P.M.G. & Scholing, A. (1997). Anxiety disorders. In C.A. Essau & F. Petermann (Eds.), *Developmental Psychopathology* (219-263). London: Harwood.

Essau, C.A., Conradt, J. & Petermann, F. (1999). Frequency of panic attacks and panic disorder in adolescents. *Depression and Anxiety, 9,*19-26.

Essau, C.A., Karpinski, N.A., Petermann, F. & Conradt, J. (1998). Häufigkeit und Komorbidität von Angststörungen bei Jugendlichen: Ergebnisse der Bremer Jugendstudie. *Verhaltenstherapie, 8,* 180-187.

Fergusson, D.M., Horwood, L.J. & Lynskeyl, M.T. (1993). Prevalence and comorbidity of DSM-III-R diagnoses in an birth cohort of 15 year olds. *Journal of the American Academy of Child and Adolescent Psychiatry, 32,* 1127-1134.

Ferro, T., Carlson, G.A., Grayson, P. & Klein, D.N. (1994). Depressive disorders: Distinctions in children. *Journal of the American Academy of Child and Adolescent Psychiatry, 33,* 664-670.

Flakierska-Praguin, N., Lindström, M. & Gillberg, L. (1997). School phobia with separation anxiety disorders: A comparative 20- to 29-year follow-up study of 35 school refusers. *Comprehensive Psychiatry, 38,* 17-22.

Fyer, A.J. (1993). Heritability of social anxiety: A brief review. *The Journal of Clinical Psychiatry, 54 (Suppl. 12),* 10-12.

Garrison, C.Z., Addi, C.L., Jackson, K.L., McKeown, R.E. & Waller, J.L. (1992). Major depressive disorder and dysthymia in young adolescence. *American Journal of Epidemiology, 135,* 792-802.

Gjone, H. & Stevenson, J. (1997). The association between internalizing and externalizing behavior in childhood and early adolescence: Genetic or environmental common influence? *Journal of Abnormal Child Psychology, 25,* 277-286.

Goodyer, I., Herbert, J., Secher, S. & Pearson, J. (1997). Short term outcome of major depression: I. Comorbidity and severity at presentation as predictors of persistent disorder. *Journal of the American Academy of Child and Adolescent Psychiatry, 36,* 179-187.

Hamm, A. (1997). *Furcht und Phobien.* Göttingen: Hogrefe.

Hampel, P. & Petermann, F. (1998). *Anti-Streß-Training für Kinder.* Weinheim: Psychologie Verlags Union.

Hayward, C., Killen, J.D., Hammer, L.D., Litt, F.F., Wilson, D.M., Simmonds, B. & Taylor, C.B. (1992). Pubertal stage and panic attack history in sixth- and seventh-grade girls. *American Journal of Psychiatry, 149,* 1239-1243.

Hayward, C., Killen, J.D., Kraemer, H.C., Blair-Greiner, A., Strachowski, D., Cunning, D. & Taylor, C.B. (1997). Assessment and phenomenology of nonclinical panic attacks in adolescent girls. *Journal of Anxiety Disorders, 11,* 17-32.

Heemann, A., Schulte-Markwort, M., Ruhl, U. & Knölker, U. (1998). Posttraumatische Belastungsstörung bei Kindern und Jugendlichen. *Kindheit und Entwicklung, 7,* 129-142.

Hirshfeld, D.R., Rosenbaum, J.F., Biederman, J., Bolduc, E.A., Faraone, S.V., Snidman, N., Reznick, J.S. & Kagan, J. (1992). Stable behavioral inhibition and its association with anxiety disorder. *Journal of the American Academy of Child and Adolescent Psychiatry, 31,* 103-111.

Howard, B.L. & Kendall, P.C. (1996). Cognitive-behavioral family therapy for anxiety-disordered children: A multiple-baseline evaluation. *Cognitive Therapy and Research, 20,* 423-443.

Ialongo, N., Edelsohn, G., Werthamer-Larsson, L., Crockett, L. & Kellam, S. (1996). The course of aggression in first-grade children with and without comorbid anxious symptoms. *Journal of Abnormal Child Psychology, 24,* 445-456.

Kagan, J. Reznick, J.S. & Snidman, N. (1988). Biological bases of childhood shyness. *Science, 240,* 167-173.

Kashani, J.H., Carlson, G.A., Beck, N.C., Hoeper, E.W., Corcoran, D.M., McAllister, J.A., Fallahi, C., Rosenberg, T.K. & Reid, J.C. (1987). Depression, depressive symptoms, and depressed mood among a community sample of adolescents. *American Journal of Psychiatry, 144,* 931-934.

Kashani, J.H. & Orvaschel, H. (1990). A community study of anxiety in children and adolescents. *American Journal of Psychiatry, 147,* 313-318.

Kearny, C.A., Albano, A.M., Eisen, A.R., Allan, W.D. & Barlow, D.M. (1997). The phenomenology of panic disorder in youngsters: An empirical study of a clinical sample. *Journal of Anxiety Disorders, 11,* 49-62.

Kearny, C.A. & Silverman, W.K. (1998). A critical review of pharmacotherapy for youth with anxiety disorders: Things are not as they seem. *Journal of Anxiety Disorders, 12,* 83-102.

Keller, M.B., Lavori, P.W., Wunder, J., Beardslee, W.R., Schwartz, C.E. & Roth, J. (1992). Chronic course of anxiety disorders in children and adolescents. *Journal of the American Academy of Child and Adolescent Psychiatry, 31,* 596-599.

Kendall, P.C. (1994). Treating anxiety disorders in children: results of a randomized clinical trail. *Journal of Consulting and Clinical Psychology, 62,* 100-110.

Kendall, P.C. & Flannery-Schroeder, E.C. (1998). Methodological issues in treatment research for anxiety disorders in youth. *Journal of Abnormal Child Psychology, 26,* 27-38.

Kendall, P.C., Flannery-Schroeder, E., Panichelli-Mindel, S.M., Southam-Gerow, M., Henin, A. & Warman, M. (1997). Therapy for youths with anxiety disorders: A second randomized clinical trial. *Journal of Consulting and Clinical Psychology, 65,* 366-380.

Kendall, P.C. & Sugarman, A. (1997). Attribution in the treatment of childhood anxiety disorders. *Journal of Consulting and Clinical Psychology, 65,* 883-888.

Kendall, P.C. & Treadwell, K.R.H. (1997). Cognitive-behavioral treatment for childhood anxiety disorders. In E.D.

Hibbs & P.S. Jensen (Eds.), *Psychosocial treatments for child and adolescent disorders. Empirical based strategies for clinical practice* (3rd edition, 23-38). Washington: American Psychological Association.

King, N., Murphy, G.C. & Heyne, D. (1997). The nature and treatment of social phobia in youth. *Counselling Psychology Quarterly, 10*, 377-387.

Kirchhoff, H. & Döpfner, M. (1999). Behandlung eines Kindes mit Trennungsangst durch Exposition im häuslichen Umfeld. *Kindheit und Entwicklung, 8*, 111-116.

Klein-Heßling, J. & Lohaus, A. (1995). Streßbewältigung im Kindesalter: Modifikation und Evaluation einer Präventionsmaßnahme. *Kindheit und Entwicklung, 4*, 240-247.

Kortlander, E., Kendall, P.C. & Panichelli-Mindel, S.M. (1997). Maternal expectations and attributions about coping in anxious children. *Journal of Anxiety Disorders, 11*, 297-315.

Kovacs, M., Akiskal, H.S., Gatsonis, C. & Parrone, P.S. (1994). Childhood-onset dysthymic disorder. *Archives of General Psychiatry, 51*, 365-374.

Kovacs, M. & Devlin, B. (1998). Internalizing disorders in childhood. *Journal of Child Psychology and Psychiatry, 39*, 47-63.

Krohne, H.W. & Hock, M. (1994). *Elterliche Erziehung und Angstentwicklung des Kindes. Untersuchungen über die Entwicklungsbedingungen von Ängstlichkeit und Angstbewältigung.* Bern: Huber.

Last, C.G., Hansen, C. & Franco, N. (1997). Anxious children in adulthood: A prospective study of adjustment. *Journal of the American Academy of Child and Adolescent Psychiatry, 36*, 645-652.

Last, C.G., Hersen, M., Kazdin, A.E., Orvaschel, H. & Perrin, S. (1991). Anxiety disorders in children and their families. *Archives of General Psychiatry, 48*, 928-934.

Last, C.G., Perrin, S., Hersen, M. & Kazdin, A.E. (1996). A prospective study of childhood anxiety disorders. *Journal of American Academy of Child and Adolescent Psychiatry, 35*, 1070-1076.

Lewinsohn, P.M., Gotlib, I.H., Lewinsohn, M., Seeley, J.R. & Allen, N.B. (1998). Gender differences in anxiety disorders and anxiety symptoms in adolescents. *Journal of Abnormal Psychology, 107*, 109-117.

Lewinsohn, P.M., Hops, H., Roberts, R.E., Seeley, J.R. & Andrews, J.A. (1993). Adolescent psychopathology: I. Prevalence and incidence of depression and other DSM-III-R disorders in high school students. *Journal of Abnormal Psychology, 102*, 133-144.

Lewinsohn, P.M., Zinbarg, R., Seeley, J.R., Lewinsohn, M. & Sack, W.H. (1997). Lifetime comorbidity among anxiety disorders and other mental disorders in adolescents. *Journal of Anxiety Disorders, 11*, 377-394.

Mackenberg, H. (1996). Fallstudie zur Behandlung einer Schulphobie unter Einsatz eines variierten Reizkonfrontationsverfahrens. *Praxis der Kinderpsychologie und Kinderpsychiatrie, 45*, 57-63.

Mancini, C., Van Ameringen, M., Szatmari, P., Fugere, C. & Bogle, M. (1996). A high-risk pilot study of the children of adults with social phobia. *Journal of the American Academy of Child and Adolescent Psychiatry, 35*, 1511-1517.

March, J.S., Parker, J.D.A., Sullivan, K., Stallings, P. & Conners, L.K. (1997). The multidimensional anxiety scale for children (MASC): factor structure, reliability, and validity. *Journal of the American Academy of Child and Adolescent Psychiatry, 36*, 554-565.

Mathews, A. (1990). Why worry? The cognitive function of anxiety. *Behaviour Research and Therapy, 28*, 455-468.

McGee, R., Feehan, M., Williams, S., Partridge, F., Silva, P.A. & Kelly, J. (1990). DSM-III disorders in al large sample of adolescents. *Journal of the American Academy of Child and Adolescent Psychiatry, 29*, 611-619.

Melfsen, S. & Florin, J. (1997). Ein Fragebogen zur Erfassung sozialer Angst bei Kindern (SASC-R-D). *Kindheit und Entwicklung, 6*, 224-229.

Merrell, K.W. & Gimpel, G.A. (1998). *Social skills of children and adolescents.* Mahwah: Erlbaum.

Mick, M.A. & Telch, M.J. (1998). Social anxiety and history of behavioral inhibition in young adults. *Journal of Anxiety Disorders, 12*, 1-20.

Mowrer, O.H. (1960). *Learning theory and behavior.* New York: Wiley.

Muris, P., Steerneman, P., Merckelbach, H. & Meesters, C. (1996). The role of parental fearfulness and modeling in children´s fear. *Behavioral Research and Therapy, 34*, 265-268.

Nilzon, K.R. & Palmérus, K. (1997). Anxiety in depressed school children. *School Psychology International, 18*, 165-177.

Öst, L.C. (1987). Age of onset in different phobias. *Journal of Abnormal Psychology, 96*, 223-229.

Ollendick, T.H., Hagopian, L.P. & King, N.J. (1997). Specific phobias in children. In C.C.L. Davey (Ed.), *Phobias: A handbook of theory, research, and treatment* (201-224). Oxford: Wiley.

Ollendick, T.H. & King, N.J. (1998). Empirically supported treatments for children with phobic and anxiety disorders: Current status. *Journal of Clinical Child Psychology, 27*, 156-167.

Ollendick, T.H., Mattis, S.G. & King, N.J. (1994). Panic in children and adolescents: A review. *Journal of Child Psychology, 35*, 113-134.

Perrin, S. & Last, C.G. (1997). Worrisome thoughts in children clinically referred for anxiety disorder. *Journal of Clinical Child Psychology, 26*, 181-189.

Petermann, F. (1996). *Psychologie des Vertrauens* (3. korr. Aufl.). Göttingen: Hogrefe.

Petermann, F. & Bochmann, F. (1993). Metaanalyse von Kinderverhaltenstrainings: Eine erste Bilanz. *Zeitschrift für Klinische Psychologie, 22*, 137-152.

Petermann, F., Lehmkuhl, G., Petermann, U. & Döpfner, M. (1995). Klassifikation psychischer Störungen im Kindes- und Jugendalter nach DSM-IV – ein Vergleich mit DSM-III-R und ICD-10. *Kindheit und Entwicklung, 4*, 171-182.

Petermann, F. & Petermann, U. (2000a). *Training mit Jugendlichen* (6. überarb. Aufl.). Göttingen: Hogrefe.

Petermann, F. & Senftleben, S. (1990). Training sozialer Kompetenzen mit sehbehinderten Grundschulkindern. *Heilpädagogische Forschung, 16*, 53-60.

Petermann, F. & Walter, H.-J. (1989). Wirkungsanalyse eines Verhaltenstrainings mit sozial unsicheren, mehrfach beeinträchtigten Kindern. *Praxis der Kinderpsychologie und Kinderpsychiatrie, 38,* 118-125.

Petermann, U. (1996). Entspannungstechniken für Kinder und Jugendliche. Weinheim: Psychologie Verlags Union.

Petermann, U. (2000). Soziale Phobien und Unsicherheit. In F. Petermann (Hrsg.), *Fallbuch der Klinischen Kinderpsychologie und -psychotherapie* (2. erweit. Aufl.; 121-139). Göttingen: Hogrefe.

Petermann, U. & Petermann, F. (2000b). *Training mit sozial unsicheren Kindern* (7. vollst. überarb. Aufl.). Weinheim: Psychologie Verlags Union.

Petermann, U. & Walter, H.-J. (2000). Spezifische Ängste und Phobien. In F. Petermann (Hrsg.), *Fallbuch der Klinischen Kinderpsychologie und -psychotherapie* (2. erweit. Aufl.; 141-159). Göttingen: Hogrefe.

Poulton, R., Trainor, P., Stanton, W., McGee, R., Davis, S. & Silva, P. (1997). The (in)stability of adolescent fears. *Behavior Research and Therapy, 35,* 159-163.

Rapee, R.M. & Sanderson, W.C.(1998). *Social phobia. Clinical application of evidence based psychotherapy.* Northvale: Jason Aronson.

Reinherz, H.Z., Giaconia, R.M., Lefkowitz, E.S., Pakiz, B. & Frost, A.K. (1993). Prevalence of psychiatric disorders in a community population of older adolescents. *Journal of the American Academy of Child and Adolescent Psychiatry, 32,* 369-377.

Ribbe, D.P., Lipovsky, J.A. & Freedy, J.R. (1995). Posttraumatic stress disorder. In A.R. Eisen, C.A. Kearney & C.E. Schaefer (Eds.), *Clinical handbook of anxiety disorders in children and adolescents* (317-356). Northvale: Jason Aronson.

Robin, K.H., Caplan, R.J., Fox, N.A. & Calkins, S.D. (1995). Emotionality, emotion regulation, and preschooler's social adaption. *Development and Psychopathology, 7,* 49-62.

Rosenbaum, J.F., Biederman, J., Hirshfeld, D.R., Bolduc, E.A. & Chaloff, J. (1991). Behavioral inhibition in children: A possible precursor to panic disorder or social phobia. *Journal of Clinical Psychiatry, 52,* 5-9.

Rothbart, M.K. & Bates, J.E. (1998). Temperament. In W. Damon & N. Eisenberg (Eds.), *Handbook of child psychology. Vol. 3: Social, emotional, and personality development* (105 -176). New York: Wiley.

Rothbart, M.K. & Derryberry, D. (1981). Development of individual differences in temperament. In M.E. Lamb & A.L. Brown (Eds.), *Advances in developmental psychology, Vol. 1* (37-86). Hillsdale: Erlbaum.

Schmidt, M.H. & Brink, A. (1995). Verhaltenstherapie und Pharmakotherapie. *Kindheit und Entwicklung, 4,* 236-239.

Schneider, S. (1994). Angstdiagnostik bei Kindern. *Kindheit und Entwicklung, 3,* 164-171.

Schneider, S. & Margraf, J. (1998). *Agoraphobie und Panikstörung.* Göttingen: Hogrefe.

Schulte, D., Hartung, J. & Wilke, F. (1997). Handlungskontrolle der Angstbewältigung. Was macht Reizkonfrontationsverfahren so effektiv? *Zeitschrift für Klinische Psychologie, 26,* 118-128.

Schwartz, C.E., Snidman, N. & Kagan, J. (1996). Early temperamental predictors of stroop interference to threatening information at adolescence. *Journal of Anxiety Disorders, 10,* 89-96.

Seligman, M.E.P. (1971). Phobias and preparedness. *Behavior Therapy, 2,* 307-321.

Seligman, M.E.P. (1995). *Erlernte Hilflosigkeit* (5. korr. Aufl.). Weinheim: Psychologie Verlags Union.

Shaffer, D., Fisher, P., Dulcan, M.K., Piacentini, J. , Schwab-Stone, M.E., Lahye, B.B., Bourdon, K., Jensen, P.S., Bird, H.R., Canino, G. & Regier, D.A. (1996). The NIMH Diagnostic Interview Schedule for Children Version 2.3 (DISC-2.3): Description, acceptability, prevalence rates, and performance in the MECA study. *Journal of the American Academy of Child and Adolescent Psychiatry, 35,* 865-872.

Simonoff, E., Pickles, A., Meyer, J.M., Silberg, J.L., Maes, H.H., Loeber, R., Tutter, M., Hewitt, J.K. & Eaves, L.J. (1997). The Virginia Twin Study of Adolescent Behavioral Development. Influences of age, sex, and unpairment on rates of disorder. *Archives of General Psychiatry, 54,* 801-808.

Siqueland, L., Kendall, P.C. & Steinberg, L. (1996). Anxiety in children: Perceived family environments and observed family interaction. *Journal of Clinical Child Psychology, 25,* 225-237.

Spence, S.H. (1997). Structure of anxiety symptoms among children: A confirmatory factor-analytic study. *Journal of Abnormal Psychology, 106,* 280-297.

Spence, S.H. & Dadds, M.R. (1996). Preventing childhood anxiety disorders. *Behaviour Change, 13,* 241-249.

Stangier, U., Heidenreich, T., Berardi, A., Golbs, U. & Hoyer, J. (1999). Die Erfassung sozialer Phobie durch die Social Interaction Anxiety Scale (SIAS) und die Social Phobia Scale (SPS). *Zeitschrift für Klinische Psychologie, 28,* 28-36.

Steil, R. & Ehlers, A. (1998). Posttraumatische Belastungsstörung. In H. Reinecker (Hrsg.), *Lehrbuch der Klinischen Psychologie* (3. korr. Auflage; 155-181). Göttingen: Hogrefe.

Stemberger, R.T., Turner, S.M., Beidel, D.C. & Calhoun, K.S. (1995). Social phobia: An analysis of possible developmental factors. *Journal of Abnormal Psychology, 104,* 526-531.

Strauss, C.C. & Last, C.G. (1993). Social and simple phobias in children. *Journal of Anxiety Disorders, 7,* 141-152.

Strauss, C.C., Lease, C.A., Last, C.G. & Francis, G. (1988). Overanxious disorder: An examination of developmental difference. *Journal of Abnormal Child Psychology, 16,* 433-443.

Thapar, A. & McGuffin, P. (1995). Are anxiety symptoms in childhood heritable? *Journal of Child Psychology and Psychiatry, 36,* 439-447.

Thomas, A. & Chess, S. (1986). The New York Longitudinal Study: From infancy to early adult life. In R. Plomin & J. Dunn (Eds.), *The study of temperament: Changes, continuities and challenges* (39-52). Hillsdale: Erlbaum.

Topolski, T.D., Hewitt, J.K., Eaves, L.J., Silberg, J.L., Meyer, J.M., Rutter, M., Pickles, A. & Simonoff, E. (1997). Genetic and environmental influences on child reports of manifest anxiety and symptoms of separation anxiety and overanxious disorder: A community-based twin study. *Behavior Genetics, 27,* 15-28.

Unnewehr, S. (1992). *Psychische Störungen und Angstsen-*

sitivität bei Kindern von Patienten mit einem Paniksyndrom. Marburg: Dissertation im Fach Psychologie.

Vitiello, B., Behar, D., Wolfson, S. & McLeer, S.V. (1990). Diagnosis of panic disorder in prepubertal children. *Journal of the American Academy of Child and Adolescent Psychiatry, 29,* 782-784.

Walter, H.-J., Petermann, F. & Podziemski, A. (1997). Schulverweigerung als Ausdruck einer Sozialen Phobie. *Kindheit und Entwicklung, 6,* 247-254.

Whitaker, A., Johnson, J., Shaffer, D., Rapoport, J.L., Kalikow, W., Walsh, T.B., Davies, M., Braiman, S. & Dolinsky, A. (1990). Uncommon troubles in young people: Prevalence estimates of selected psychiatric disorders in a nonreferred adolescent population. *Archives of General Psychiatry, 47,* 487-496.

Wieczerkowski, W., Nickel, H., Janowski, A., Fittkau, B. & Rauer, W. (1974). *Angstfragebogen für Schüler (AFS)*. Braunschweig: Westermann.

Wittchen, H.-U., Nelson, C.B. & Lachner, G. (1998). Prevalence of mental disorders and psychosocial impairments in adolescents and young adults. *Psychological Medicine, 28,* 109-126.

WHO (1993). *Internationale Klassifikation psychischer Störungen. ICD-10: Klinisch-diagnostische Leitlinien* (2. korr. Auflage). Bern: Huber.

WHO (1994). *Internationale Klassifikation psychischer Störungen. ICD-10: Forschungskriterien.* Bern: Huber.

9 Zwangsstörungen
von Manfred Döpfner

Inhaltsübersicht

1 Beschreibung der Störung

Hauptmerkmale einer Zwangsstörung sind immer wiederkehrende Zwangsgedanken oder Zwangshandlungen.

- **Zwangsgedanken** sind Ideen, Vorstellungen oder Impulse, die sich dem Betroffenen aufdrängen und ihn immer wieder stereotyp beschäftigen. Sie sind fast immer quälend, weil sie ängstigend sind, als sinnlos erlebt werden und weil der Betroffene erfolglos versucht, Widerstand zu leisten oder weil sie einen gewalttätigen oder obszönen Inhalt haben. Die Person versucht, solche Gedanken zu ignorieren, zu unterdrücken oder sie mit Hilfe anderer Gedanken oder Handlungen auszuschalten. Sie werden jedoch als eigene Gedanken erlebt, selbst wenn sie als unwillkürlich oder abstoßend empfunden werden.
- **Zwangshandlungen** sind wiederholte, zweckmäßige und beabsichtigte Verhaltensweisen, die häufig auf einen Zwangsgedanken hin nach bestimmten Regeln oder in stereotyper Form ausgeführt werden. Das Verhalten dient meist dazu, Unbehagen oder schreckliche Ereignisse bzw. Situationen unwirksam zu machen bzw. zu verhindern. Die Handlung wird mit dem Gefühl des subjektiven Zwangs durchgeführt, wobei zumindest anfänglich gleichzeitig der Wunsch vorhanden ist, Widerstand zu leisten. Die Person sieht im allgemeinen ein, daß ihr Verhalten übertrieben oder unvernünftig ist.

Zwangsstörungen von Krankheitswert sind so schwer, daß sie erhebliches Leiden verursachen, zeitraubend sind oder den normalen Tagesablauf, die schulischen und beruflichen Leistungen oder die sozialen Aktivitäten und Beziehungen beeinträchtigen. Zwangshandlungen können täglich stundenlang anhalten. In der Regel sind multiple Zwangshandlungen und -gedanken zu beobachten (Flament et al., 1988: 70%, Last & Strauss, 1989: 50%), während Zwangsgedanken ohne Zwangshandlungen bei Kindern und Jugendlichen eher selten auftreten. Noch seltener werden Zwangshandlungen ohne assoziierte Zwangsgedanken beschrieben. Waschzwänge kommen

in etwa 85% aller Fälle vor und stellen damit die häufigsten Zwangshandlungen bei Kindern und Jugendlichen dar. Außerdem werden häufiger Kontrollzwänge, Wiederholungszwänge, Ordnungs- und Zählzwänge beobachtet. Berührungszwänge, zwanghafte Langsamkeit, Sammel-, Schreib- oder Bet-Zwänge treten dagegen seltener auf. Zu den häufigsten Zwangsgedanken im Kindes- und Jugendalter zählen Angst vor Verschmutzung, Verseuchung oder Vergiftung, aggressive und gewalttätige Vorstellungen, Angst, sich selbst oder andere zu verletzen, auf den eigenen Körper bezogene Gedanken sowie religiöse oder sexuelle Inhalte (vgl. Swedo & Rapoport, 1989). Insgesamt verteilen sich die im Kindes- und Jugendalter anzutreffenden Zwangshandlungen und Zwangsgedanken ähnlich wie im Erwachsenenalter.

In klinischen Stichproben liegen die Komorbiditätsraten bei etwa 70% (Riddle et al., 1990; Swedo & Rapoport, 1989; Hanna, 1995; Last & Strauss, 1989; Toro et al., 1992), teilweise auch deutlich darüber (Geller et al., 1996).

- **Angststörungen** und **Depression / Dysthymie** sind die häufigsten komorbiden Störungen (in der Mehrzahl der Studien bei 20 bis 40%). Diese Störungen entwickeln sich etwa in der Hälfte der Fälle vor Beginn der Zwangssymptomatik, während bei den restlichen Patienten Angst oder Depression erst nach der Zwangserkrankung auftreten (Swedo & Rapoport, 1989).
- **Aufmerksamkeitsstörungen** und **oppositionelle/dissoziale Störungen** (einschließlich Alkohol- / Medikamentenmißbrauch) sind eher selten (10-15%) und entwickelten sich ausnahmslos vor Beginn der Zwangssymptomatik (Swedo & Rapoport, 1989).
- **Ticstörungen** treten in 17 bis 40% der Fälle auf, wobei in einigen Studien Patienten mit einer Tourette-Störung nicht in die Stichproben aufgenommen wurden.
- **Zwanghafte Persönlichkeitsstörungen** wurden in 11 bis 14% der Fälle diagnostiziert und damit wesentlich seltener als bei erwachsenen Patienten.

2 Epidemiologie, Verlauf und Nosologie

2.1 Epidemiologie

Im Jugendalter liegt die Häufigkeit von Zwangsstörungen zwischen 1% und 3 bis 3,5% (Flament et al., 1988; Apter et al., 1996; Valleni-Basile et al., 1994; Zohar et

al., 1992). Die Prävalenzrate im Jugendalter liegt damit etwas höher als im Erwachsenenalter, in dem Raten von 1,2% bis 2,4% ermittelt wurden (Karno et al., 1988; Bebbington, 1998). In der epidemiologischen Studie von Flament und Mitarbeitern (1988) wird die Prävalenz zwanghafter Persönlichkeitsstörungen in der Adoleszenz mit 0,3% angegeben, wobei 17% der als zwangsgestört diagnostizierten Jugendlichen auch die Diagnose einer zwanghaften Persönlichkeitsstörung erhielten. Die Mehrzahl der Studien weist auf eine erhöhte Rate von Zwangsstörungen bei Jungen hin (Geller et al., 1998; Swedo & Rapoport, 1989). Nach Swedo und Rapoport (1989) liegt die Jungen : Mädchen-Relation bei 2:1, wobei Jungen eher früher erkranken.

2.2 Verlauf

Bis zur Hälfte der erwachsenen Patienten mit einer Zwangsstörung berichten, daß die Störung im Kindes- und Jugendalter begonnen habe (Rasmussen & Eisen, 1990; Black, 1978). Meist liegt der Beginn in der Adoleszenz seltener in der früheren Kindheit. Ritualistische und repetitive Verhaltensweisen und Spiele (z. B.: immer wieder das Gleiche spielen; die gleiche Geschichte lesen) sowie abergläubisches Verhalten (z. B.: bestimmte Treppenstufen nicht betreten) sind Bestandteil einer normalen kindlichen Entwicklung und treten in verschiedenen Entwicklungsphasen in unterschiedlicher Intensität auf. Möglicherweise sind jedoch ausgeprägte ritualistische und repetitive Verhaltensweisen im Kindesalter Vorläufer von Zwangssymptomen, wobei die Zusammenhänge allerdings eher schwach sind (Leonard et al., 1990).

Mehr als die Hälfte der Patienten bzw. ihrer Eltern beschreiben ein auslösendes Ereignis, das sie mit dem Auftreten der Symptomatik in Zusammenhang bringen. Die Ereignisse betreffen Krankheiten des Patienten oder nahestehender Bezugspersonen, Todesfälle in der Familie, Ablösungs- und Trennungserfahrungen, Sexualität und Religion sowie Medienereignisse, wie Fernsehnachrichten oder Kinofilme (Knölker, 1987; Rettew et al., 1992). In nahezu allen Fällen ist im Verlauf der Störung ein Wechsel der Symptomatik zu beobachten (Swedo & Rapoport, 1989; Rettew et al., 1992). Zwangsgedanken mit sexuellen Inhalten treten häufiger in der Adoleszenz auf, werden aber ab dem Alter von etwa 18 Jahren wieder seltener (Swedo & Rapoport, 1989). Die Intensität der Zwangsstörung kann erheblichen Fluktuationen ausgesetzt sein.

Das Chronifizierungsrisiko von Zwangsstörungen, die nicht erfolgreich behandelt werden können, ist erheblich. Allsopp und Verduyn (1988) konnten in einer Zehnjahres-Katamnese an 20 Kindern und Jugendlichen mit Zwangsstörungen, die überwiegend stationär verhaltenstherapeutisch behandelt wurden, bei allen Patienten, die sich während der Behandlung nicht verbesserten oder sogar verschlechterten, entweder eine Persistenz der Zwangsstörung oder die Entwicklung einer schizophrenen Störung (bei 2 von 6 Patienten) nachweisen. Demgegenüber zeigte keiner der Patienten, bei denen eine komplette Remission der Störung während der Behandlung auftrat, zum Katamnesezeitpunkt eine Zwangssymptomatik. Bei vier von fünf Patienten, bei denen zwar keine Symptomfreiheit, wohl aber eine Symptomverminderung während der Behandlung erzielt werden konnte, wurde zum Katamnesezeitpunkt eine Zwangsstörung diagnostiziert, nur ein Patient war symptomfrei. Eine epidemiologische Längsschnittstudie (Berg et al., 1989) weist darauf hin, daß auch günstigere Verläufe vorkommen können, als dies aus klinischen Studien bekannt ist.

2.3 Nosologie

Hauptmerkmale einer Zwangsstörung sind immer wiederkehrende Zwangsgedanken oder Zwangshandlungen. Kasten 1 zeigt die Kriterien, die nach ICD-10 bei der Diagnose einer solchen Störung vorliegen müssen.

Kasten 1:
Diagnosekriterien der Internationalen Klassifikation psychischer Störungen (ICD-10; Forschungskriterien) für Zwangsstörungen (Dilling et al., 1994).

A. Entweder Zwangsgedanken oder Zwangshandlungen (oder beides) an den meisten Tagen über einen Zeitraum von mindestens zwei Wochen.
B. Die Zwangsgedanken (Ideen oder Vorstellungen) und Zwangshandlungen zeigen alle folgenden Merkmale:
  1. Sie werden als eigene Gedanken / Handlungen von den Betroffenen angesehen und nicht als von anderen Personen oder Einflüssen eingegeben.
  2. Sie wiederholen sich dauernd und werden als unangenehm empfunden und mindestens ein Zwangsgedanke oder eine Zwangshandlung werden als übertrieben und unsinnig anerkannt.
  3. Die Betroffenen versuchen, Widerstand zu leisten (bei lange bestehenden Zwangsgedanken und Zwangshandlungen kann der Widerstand allerdings sehr gering sein). Gegen mindestens einen Zwangsgedanken oder eine Zwangshandlung wird gegenwärtig erfolglos Widerstand geleistet.
  4. Die Ausführung eines Zwangsgedankens oder einer Zwangshandlung ist für sich genommen nicht angenehm (dies sollte von einer vorübergehenden Erleichterung, von Spannung und Angst unterschieden werden).
C. Die Betroffenen leiden unter den Zwangsgedanken und Zwangshandlungen oder werden in ihrer sozialen oder individuellen Leistungsfähigkeit behindert, meist durch den besonderen Zeitaufwand.

ICD-10 unterscheidet je nach dem Vorherrschen von Zwangsgedanken oder Zwangshandlungen zwischen Zwangsstörungen

- vorwiegend mit Zwangsgedanken oder Grübelzwang (F42.0),
- vorwiegend mit Zwangshandlungen (F42.1) oder

- Zwangsgedanken und -handlungen gemischt (F42.2). Nach DSM-IV (Saß et al., 1996) werden die Kriterien ähnlich formuliert. Allerdings wird nicht zwischen den verschiedenen Subtypen unterschieden. Wenn das Kind oder der Jugendliche die meiste Zeit nicht erkennt, daß die Zwangsgedanken oder Zwangshandlungen unbegründet oder übertrieben sind, dann kann dies in einer Zusatzcodierung (Zwangsstörung, mit wenig Einsicht) vermerkt werden.

Von diesen Zwangsstörungen ist die **zwanghafte (ankastische) Persönlichkeitsstörung** (ICD10: F60.5) abzugrenzen. Sie zeichnet sich vor allem durch Unentschlossenheit, Zweifel und übermäßige Vorsicht und Perfektionismus, Bedürfnis nach ständiger Kontrolle und peinlich genaue Sorgfalt aus, wobei die beschriebenen Symptome charakteristische dauerhafte innere Erfahrungs- und Verhaltensmuster darstellen müssen, die insgesamt deutlich von kulturell erwarteten und akzeptierten Vorgaben abweichen und darüber hinaus der Nachweis zu erbringen ist, daß die Abweichung stabil, von langer Dauer ist und im späten Kindesalter oder in der Adoleszenz begonnen hat.

Differentialdiagnostisch sind Zwangsstörungen von folgenden Störungen abzugrenzen:

- **Depression:** Kinder und Jugendliche, die unter depressiven Störungen leiden, tendieren häufig zu zwanghaftem Grübeln über mögliche unerfreuliche Umstände oder mögliche alternative Handlungen. Dabei werden die Gedanken allerdings im Gegensatz zu Zwangsstörungen nicht als sinnlos empfunden. Allerdings zeigen Patienten mit Zwangsstörungen auch im Kindes- und Jugendalter häufig zusätzlich depressive Störungen.

- **Anorexia nervosa** geht mit einer oft zwanghaft anmutenden Beschäftigung mit Essen, dem eigenen Körpergewicht und Möglichkeiten der Gewichtsre-

duktion einher. Die Gedanken und Handlungen werden jedoch nicht als unsinnig empfunden.

- **Wahn:** Im Gegensatz zur Gedankeneingebung im Rahmen einer psychotischen Störung erkennt die Person, daß die Zwangsgedanken von ihr selbst kommen und nicht von außen aufgezwungen werden. Manchmal kann der Zwangsgedanke jedoch zur überwertigen Idee werden, die sich von einem echten Wahn dadurch unterscheidet, daß der zwangsgestörte Patient nach einiger Diskussion die Möglichkeit anerkennt, daß der Glaube unbegründet ist. Allerdings können Zwangssymptome bei einer Schizophrenie auftreten.

- **Tics** sind nicht-intendierte und meist plötzlich einschießende sowie weniger komplexe Bewegungsabläufe. Patienten mit einer Ticstörung berichten von sich aufbauenden Spannungen, die durch die Tics abgebaut werden. Zwangshandlungen sind dagegen intendierte Bewegungen, die meist dazu dienen, einen Gedanken zu neutralisieren oder Angst oder ein Unbehagen abzubauen. Patienten mit Gilles de la Tourette-Syndrom entwickeln jedoch häufig im Verlauf der Störung auch Zwänge.

- **Stereotypien,** wie sie vor allem bei autistischen oder geistig behinderten Kindern und Jugendlichen beobachtet werden, unterscheiden sich von Zwangshandlungen dadurch, daß sie normalerweise einfachere Bewegungsabläufe beinhalten und nicht ichdyston sind. Sie wirken meist lustbetont, Zwangshandlungen werden dagegen nie lustvoll erlebt.

- **Automutilative Handlungen** (z. B. Ritzen oder Trichotyllomanie) muten häufig zwanghaft an, sie wirken jedoch wie Stereotypien eher lustbetont und dienen häufig dazu Spannungen zu reduzieren. Sie werden nicht eingesetzt, um Ängste zu vermindern oder Gefahren abzuwenden, wie dies bei Zwängen der Fall ist.

3 Erklärungsansätze

Auf den Einfluß genetischer Faktoren bei der Entwicklung von Zwangsstörungen weisen mittlerweile eine Vielzahl empirischer Befunde hin. Die Häufung von Zwangsstörungen bei den Eltern zwangsgestörter Kinder und Jugendlicher – in 25% bis 30% aller Fälle – legt genetische Einflüsse nahe, wenngleich diese damit nicht eindeutig nachgewiesen sind (Swedo & Rapoport, 1989; Lenane et al., 1990). Die Häufung von Zwangsstörungen bei erstgradig Verwandten von Patienten mit Tourette-Syndrom werden ebenfalls als Hinweis auf genetische Faktoren interpretiert (Pauls et al., 1986; 1991a). Zwillingsstudien im Erwachsenenalter weisen übereinstimmend auf einen erheblichen genetischen Faktor bei der Entwicklung von Zwangsstörungen hin. Die Konkordanzrate bei eineiigen Zwillingen liegt im

Durchschnitt bei 65%, während sie bei dizygoten Zwillingen im Durchschnitt 15% beträgt (vgl. Pauls et al., 1991b). Die Zwillingsstudien zeigen aber ebenfalls, daß neben genetischen Faktoren in erheblichem Maße auch andere Einflüsse eine Rolle spielen müssen.

Neben genetischen Faktoren können jedoch auch andere biologische Einflüsse bei der Entwicklung von Zwangsstörungen bedeutsam sein. Sowohl umschriebene Hirnläsionen im Bereich der Basal-Ganglien als auch bestimmte Formen von Streptokokken-Infektionen (die in Zusammenhang mit einer Chorea Snydenham stehen) können zwanghaftes Verhalten auslösen (Riddle, 1998).

Neuroanatomische Studien fanden bei erwachsenen Patienten mit einer Zwangsstörung einen erhöhten Glukosemetabolismus in verschiedenen Hirnregionen, vor allem im Frontalhirn und in einem Teil des Stammhirns, dem Nucleus caudatus. Dieser erhöhte Zuckerstoffwechsel weist auf eine erhöhte Aktivität der entsprechenden Hirnregionen hin. Außerdem wurde auch ein geringeres Volumen des Nucleus caudatus nachgewiesen (vgl. March et al., 1995; Sallee & Greenawald, 1995; Saxena et al., 1998). Der erhöhte Glukosemetabolismus im Nucleus caudatus läßt sich durch verhaltenstherapeutische Interventionen wieder vermindern (Schwartz, 1998). Neurotransmitter, das heißt chemische Substanzen, welche die Reizleitung zwischen den Nervenenden (Synapsen) gewährleisten, spielen offensichtlich eine Rolle bei der Entstehung von Zwangsstörungen, vor allem der Neurotransmitter Serotonin. Dysregulationen des Serotoninstoffwechsels werden sowohl durch Therapiestudien mit Medikamenten, welche die Wiederaufnahme von Serotonin in der postsynaptischen Membran hemmen (sogenannte Serotonin-Wiederaufnahme-Hemmer) als auch durch experimentelle Studien mit Substanzen nahegelegt, die den Serotoninstoffwechsel beeinflussen. Allerdings liegen dazu auch widersprüchliche Befunde vor (vgl. March et al., 1995; Delgado & Moreno, 1998; Baumgarten & Grozdanovic, 1998).

Insgesamt weisen die vorliegenden Studien darauf hin, daß von einer biologisch bedingten Vulnerabilität als einer Grundlage für die Entwicklung von Zwangsstörungen auszugehen ist. Die Verknüpfung neurophysiologischer und biochemischer Korrelate mit Verhaltensparametern gelingt zunehmend. Biologische Korrelate der Störungen scheinen auch durch verhaltenstherapeutische Interventionen beeinflußbar zu sein. Diese biologische Komponente von Zwangsstörungen kann in verhaltenstheoretische Modelle über die Entwicklung und Aufrechterhaltung dieser Symptomatik integriert werden. Zwangsstörungen werden in diesen Modellvorstellungen auf der Basis von Mowrers Zweifaktoren-Theorie unter Zuhilfenahme kognitiver Konzepte erklärt (s. Abb. 1). Zwangsgedanken beinhalten die Antizipation katastrophaler Konsequenzen einer Handlung oder einer Situation („Wenn ich das verseuchte Handtuch berühre, werde ich an Krebs sterben!"). Die dadurch ausgelösten Ängste können durch Zwangshandlungen (waschen) vermindert werden. Die Angstreduktion wirkt als negative Verstärkung der Zwangshandlung und erhöht somit deren künftige Intensität oder Frequenz. Andererseits wird durch die Zwangshandlung die Konfrontation mit der angstauslösenden Situation und die Erfahrung vermieden, daß die antizipierten katastrophalen Konsequenzen nicht eintreten (fehlende Realitätstestung), was zur Persistenz der Zwangsgedanken beiträgt. Dieses Modell erklärt vor allem, warum Zwangsstörungen über die Zeit so stabil sind, die Entstehung der Symptomatik läßt sich damit jedoch kaum nachvollziehen.

Kognitive Erklärungsansätze, die auch auf die Entstehung der Symptomatik eingehen, wurden von Salkovskis (1985; 1989; Salkovskis et al., 1998) sowie Foa und Kozak (1986) entwickelt. Eine zentrale Annahme dieser kognitiven Modelle besagt, daß aufdringliche Gedanken Bestandteil eines normalen Gedankenablaufs sind, der sich handlungsbegleitend annähernd automatisiert vollzieht. Diese Gedanken werden vom Individuum fortlaufend bewertet, damit wichtige Gedanken und Ideen aus dem Strom der Informationsverarbeitung herausgefiltert werden können. Wie Abbildung 2 zeigt, entsteht eine Zwangssymptomatik dann, wenn aufdringliche Gedanken als negativ bewertet werden („Der Gedanke ist fürchterlich! So etwas darf ich gar nicht denken!") und dadurch Unruhe und Erregung auslösen, die im nächsten Schritt zu neutralisieren versucht werden. Die Neutralisierung erfolgt über gedankliche oder verhaltensmäßige Rituale. Allerdings gelingt die Neutralisierung des Gedankens nur vorübergehend und nicht vollkommen, weil die Neutralisierungsaktivität einen weiteren Hinweis auf die Bedeutsamkeit des Gedankens darstellt, wodurch sich Erregung und Unruhe wieder erhöhen. Dies ist ein erneuter Beleg für die Bedeutsamkeit des Gedankens, wodurch wiederum die Intensität zunimmt, mit der sich der Mensch mit dem Gedanken beschäftigt.

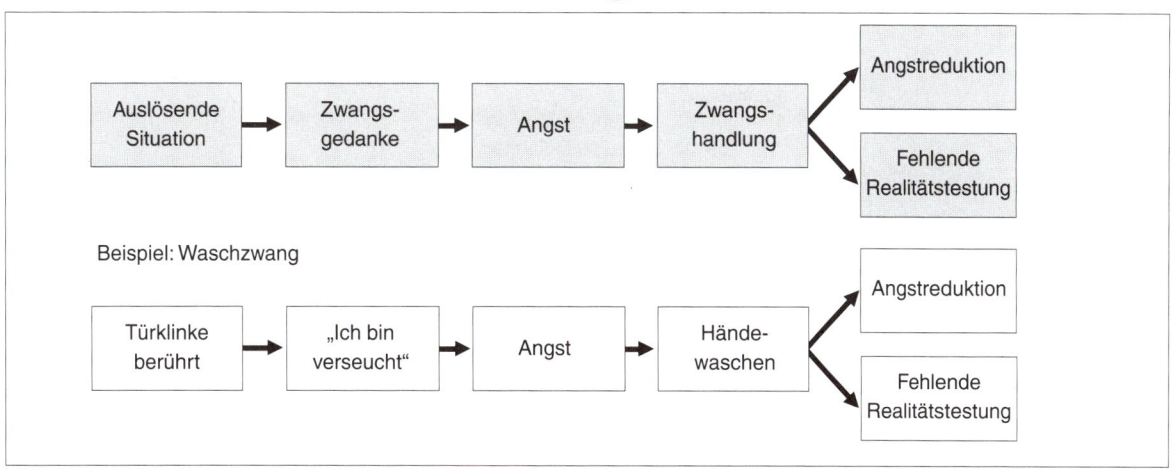

Abbildung 1:
Behaviorales Modell zur Entwicklung von Zwangsstörungen (aus Döpfner & Hastenrath, 2000).

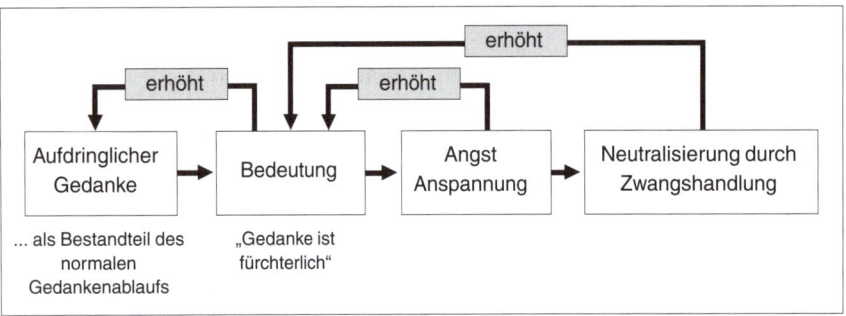

Abbildung 2:
Kognitives Modell zur Entwicklung von Zwangsstörungen in Anlehnung an Salkovskis (1989) und Reinecker (1994; aus Döpfner & Hastenrath, 2000).

Zusammenfassend werden die möglichen Einflußfaktoren bei der Entwicklung von Zwangsstörungen in Abbildung 3 dargestellt. Danach wird ein Zusammenspiel von biologischer Vulnerabilität und psychosozialen Belastungen als wesentliche Voraussetzung für die Entwicklung von Zwangsstörungen vermutet. Zu den psychosozialen Belastungen könnten spezifische Erziehungsstile gehören, die in hohem Maße die Verletzung fester Wertvorstellungen sanktionieren. Aber auch Lebensereignisse, wie Trennungserfahrungen, können als unspezifische Belastungen eine Rolle spielen. Insgesamt sind jedoch die psychosozialen Belastungen und ihr Zusammenspiel mit biologischen Belastungen weitgehend unbekannt. Besser gesichert ist die hohe Rate an prämorbiden Auffälligkeiten, die vermutlich das Risiko für die Entwicklung von Zwangsstörungen erhöhen. Auf dieser Grundlage entwickeln sich Zwangsstörungen, häufig angestoßen durch spezifische Auslöser. Zwangsgedanken werden durch angstreduzierende Zwangshandlungen negativ verstärkt und damit aufrechterhalten. Darüber hinaus reagieren Eltern häufig entlastend und mit vermehrter Zuwendung. Die Kinder und Jugendlichen binden die Eltern zunehmend in ihre Zwänge ein und kontrollieren damit in steigendem Maße das Verhalten der Eltern; dadurch werden Zwänge zusätzlich auch positiv verstärkt.

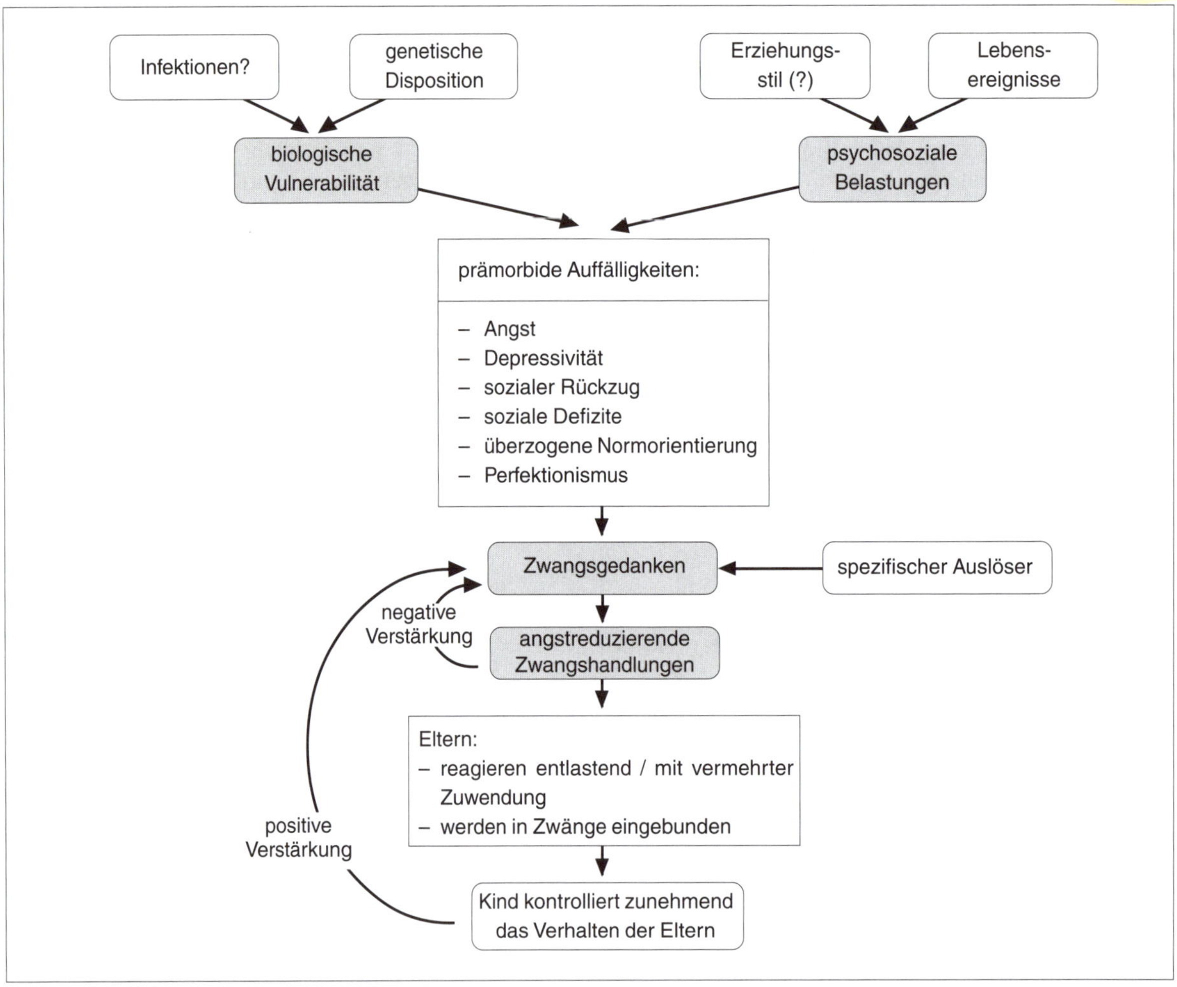

Abbildung 3:
Biopsychosoziales Modell zur Entwicklung von Zwangsstörungen.

4 Interventionsverfahren

4.1 Übersicht über Therapieansätze und ihre Indikation

Die Therapie von Zwangsstörungen setzt eine differenzierte Diagnostik voraus, die an anderer Stelle ausführlich beschrieben worden ist (Döpfner, 1999; 2000; Döpfner & Hastenrath, 2000). Bei der Behandlung haben sich pharmakotherapeutische und verhaltenstherapeutische Interventionen bewährt. Tiefenpsychologische Ansätze spielen bei der Therapie der Zwangssymptomatik mittlerweile keine bedeutende Rolle mehr, vor allem, weil keine Studien zur Wirksamkeit dieser Interventionen vorliegen (vgl. Thomsen, 1996). Allerdings werden sie in den Therapieleitlinien für Zwangsstörungen im Kindes- und Jugendalter von der American Academy of Child and Adolescent Psychiatry (1998) als hilfreich eingeschätzt. Aus psychodynamischer Sicht sind Fixierungen in der analen Stufe der psychosexuellen Entwicklung sowie ein strenger und moralisierender Erziehungsstil, der zum Aufbau eines besonders ausgeprägten Über-Ichs beiträgt, die zentralen Faktoren bei der Entwicklung der Störung (vgl. Strunk, 1985). Wesentliche von der psychodynamischen Theorie herausgearbeitete Aspekte, wie der Einfluß von überzogenen internalisierten Normen und von Selbstbestrafungstendenzen, werden auch weiterhin im Rahmen kognitiver Therapieansätze betont.

- **Pharmakotherapie:** In der Pharmakotherapie dominierte lange Zeit die Behandlung mit dem trizyklischen Antidepressivum Clomipramin (Anafranil), die sich in mehreren Studien auch im Kindes- und Jugendalter als wirkungsvoll erwiesen (z. B. DeVeaugh-Geiss et al., 1992). Die Rate der jugendlichen Patienten, die auf eine medikamentöse Therapie ansprechen (Leonard et al., 1988: 75% der Patienten zeigen mittlere bis starke Symptomreduktion) ist vergleichbar mit dem Prozentsatz der Patienten, die von Expositionsbehandlung plus Reaktionsverhinderung profitieren. Allerdings treten mit Beendigung der Therapie Rezidive bei bis zu 89% der erwachsenen Patienten auf (Ananth, 1986; Greist & Jefferson, 1998). Außerdem berichtet ein nicht unerheblicher Anteil der jugendlichen Patienten von beeinträchtigenden Nebenwirkungen, vor allem Benommenheit, Müdigkeit und Mundtrockenheit (DeVeaugh-Geiss et al., 1992). In den letzten Jahren werden auch im Kindes- und Jugendalter zunehmend selektive Serotonin-Wiederaufnahme-Hemmer (z. B. Fluoxetin, Fluvoxamin) eingesetzt. Die vorliegenden Studien zeigen, daß diese Substanzen ähnlich wirkungsvoll sind wie Clomipramin, wobei geringere Nebenwirkungen festgestellt werden (z. B. Thomsen, 1996; March & Leonard, 1996; Riddle, 1998). Bei erwachsenen Patienten konnte nachgewiesen werden, daß die Kombination von Pharmakotherapie (selektive Serotonin-Wiederauf-nahme-Hemmer) mit Exposition plus Reaktionsverhinderung gegenüber einer ausschließlichen verhaltenstherapeutischen Behandlung mit Exposition plus Reaktionsverhinderung bei der Verminderung von Zwangshandlungen nicht überlegen ist, wohl aber bei der Verminderung von Zwangsgedanken. Schwer depressive Patienten mit Zwangsstörungen profitierten darüber hinaus von der Kombinationsbehandlung mehr als von isolierter Verhaltenstherapie (Hohagen et al., 1998). Solche differenzierten Vergleichsstudien fehlen bislang im Kindes- und Jugendalter. Allerdings konnten DeHaan und Mitarbeiter (1998) bei Vergleich von Verhaltenstherapie gegenüber Pharmakotherapie (Clomipramin) auf mehreren Ergebnisparametern nachweisen, daß Verhaltenstherapie entweder die gleichen Effekte wie Pharmakotherapie hat oder dieser überlegen ist.

- **Verhaltenstherapeutische Verfahren:** Bei erwachsenen Patienten hat sich die Expositionsbehandlung (Reizkonfrontation) in Verbindung mit Reaktionsverhinderung als die wirkungsvollste verhaltenstherapeutische Intervention bei Zwangshandlungen bewährt (Van Balkom et al., 1994; Hohagen et al., 1998). Dabei setzt sich der Patient der angstauslösenden Situation gezielt aus (Exposition) und unterläßt die Durchführung der Zwangshandlung (Reaktionsverhinderung; s. Kap. 4.3). Auch im Kindes- und Jugendalter, für das insgesamt wesentlich weniger kontrollierte Therapiestudien vorliegen, konnte diese Methode erfolgreich eingesetzt werden. Interventionen in der Familie, vor allem die Veränderung der Reaktionen der Familienmitglieder auf die Symptomatik, haben sich darüber hinaus als wirkungsvoll erwiesen. Wie in Abbildung 3 dargestellt, scheinen Zwangssymptome im Kindes- und Jugendalter häufig durch familiäre Interaktionsprozesse unterstützt und aufrechterhalten zu werden. Deshalb stehen bei Patienten dieser Altersgruppe Interventionen im Vordergrund, die auf die Veränderung familiärer Interaktionsmuster abzielen. Für die Behandlung von Patienten mit Zwangsgedanken ohne Zwangshandlungen wurden zusätzlich spezifische Interventionen entwickelt. Im wesentlichen lassen sich also drei verhaltenstherapeutische Ansätze voneinander abgrenzen, die sich jedoch nicht gegenseitig ausschließen, sondern häufig ergänzen:

  - Familienzentrierte Interventionen zur Verminderung familiärer Bedingungen, welche die Symptomatik aufrechterhalten;
  - Expositionsbehandlung plus Reaktionsverhinderung;
  - Interventionen zur Verminderung von Zwangsgedanken.

In der Regel ist eine **multimodale verhaltenstherapeutische Behandlung** indiziert. Allerdings müssen auch die Indikationen für eine Kombination mit einer pharmakologischen Therapie beachtet werden. Abbildung 4 zeigt einen Entscheidungsbaum, der die **Indikationen** für einzelne Interventionsverfahren verdeutlicht (vgl. Döpfner & Hastenrath, 2000). Wenn die Zwangssymptomatik gemeinsam mit anderen Störungen auftritt, so ist zu entscheiden, ob zunächst die Zwangssymptomatik oder die begleitenden Verhaltensstörungen im Zentrum der Behandlung stehen oder ob eine mehrgleisige Therapie indiziert ist. Werden andere Verhaltensauffälligkeiten in starkem Maße als Folgen der Zwangssymptomatik interpretiert, beispielsweise eine durch die Zwangsstörung bedingte soziale Isolation des Patienten, dann wird die Behandlung der Zwangsstörung eher im Vordergrund stehen; unterstützen dagegen andere Verhaltensprobleme die Entwicklung der Zwangssymptomatik (z. B. Depression), dann werden zunächst diese im Zentrum der Therapie stehen.

Wenn schulische oder familiäre Bedingungen wesentlich zur Aufrechterhaltung der Zwangssymptomatik beitragen (z. B. eindeutige schulische Überforderung;

erhebliche Konflikte in der Familie, ausgeprägte Entlastung des Kindes), dann sollten Interventionen durchgeführt werden, die auf eine Verminderung dieser aufrechterhaltenden Bedingungen abzielen. Sind die Zwangssymptome jedoch sehr stark ausgeprägt und besteht die Symptomatik über einen längeren Zeitraum (ein Jahr und länger), dann genügen solche Interventionen in der Regel nicht und müssen durch Exposition mit Reaktionsverhinderung ergänzt werden. Eine Ergänzung der Verhaltenstherapie durch eine medikamentöse Therapie sollte erwogen werden, falls sich die Exposition mit Reaktionsverhinderung als nicht hinreichend erfolgreich herausstellt. Bei Patienten mit extrem ausgeprägter Zwangssymptomatik kann manchmal eine Compliance für eine Expositionsbehandlung nicht erreicht werden. In diesen Fällen kann eine initiale medikamentöse Therapie hilfreich sein, die zunächst die Stärke der Zwangssymptomatik vermindert. Im Verlaufe einer nachfolgenden Verhaltenstherapie läßt sich dann häufig die medikamentöse Therapie schrittweise wieder ausschleichen.

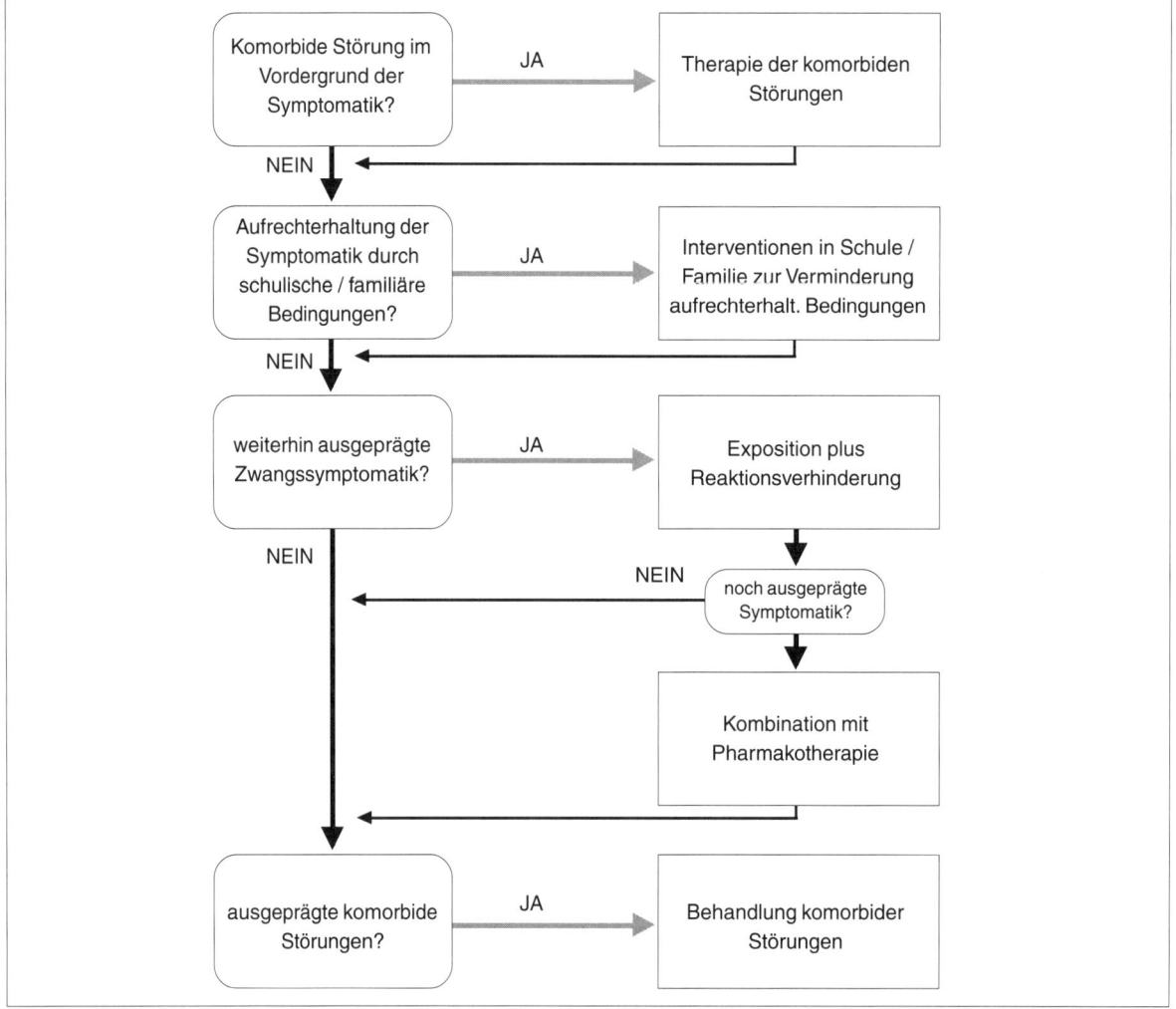

Abbildung 4:
Differentialtherapeutischer Entscheidungsbaum für Zwangsstörungen im Kindes- und Jugendalter (aus Döpfner & Hastenrath, 2000).

Nach Durchführung der symptomzentrierten Therapie sollte erneut die Indikation zur Behandlung komorbider Störungen und Probleme überprüft werden, da Folgestörungen wie sozialer Rückzug, Unselbständigkeit oder Depressivität insbesondere bei chronifizierten Zwangsstörungen häufig fortbestehen und einer weiteren gezielten Therapie bedürfen.

4.2 Familienzentrierte Interventionen

Familienzentrierte Interventionen zielen auf Veränderung familiärer Bedingungen, die zur Aufrechterhaltung der Symptomatik beitragen. Kasten 2 gibt eine Übersicht über diese Interventionen, die an anderer Stelle ausführlich dargestellt sind.

Von zentraler Bedeutung ist dabei die Entwicklung eines gemeinsamen Störungskonzeptes mit dem Patienten und den übrigen Familienmitgliedern. Der Therapeut versucht, ein Verständnis für die Symptomatik zu vermitteln, Fehlzuschreibungen abzubauen („dumme Angewohnheit"), aber auch die Einsicht zu fördern, daß ein Vermeiden und Entlasten des Patienten, langfristig eine Zunahme der Symptomatik bewirkt, während die Konfrontation mit den angstauslösenden Situationen letztlich die Ängste und Zwänge vermindert. Zur Information des jugendlichen Patienten (und der Eltern) kann eine Informationsbroschüre (Döpfner & Rothenberger, 1997) eingesetzt werden, die von der Deutschen Gesellschaft für Zwangserkrankungen[1] vertrieben wird.

Häufig werden die Ressourcen in den Familien so sehr durch die Zwangssymptomatik in Anspruch genommen, daß kaum noch Freiräume für gemeinsame angenehme Beschäftigungen und Aktivitäten verbleiben und das zwangsgestörte Kind allein durch seine Symptomatik Aufmerksamkeit und Zuwendung erreichen kann, die es dann auch oft mit Macht einfordert.

Deshalb kann, vor allem bei Kindern und jüngeren Jugendlichen, die Einführung regelmäßiger Beschäftigungen und Aktivitäten mit dem Kind oder Jugendlichen hilfreich sein. Über die Zwangssymptomatik darf in dieser Zeit nicht gesprochen werden. Das Spiel wird abgebrochen, wenn Zwangssymptome auftreten.

Auf der Basis eines gemeinsamen Störungs- und Interventionskonzeptes wird schließlich die elterliche Unterstützung bei der Durchführung von Zwangshandlungen in Absprache mit dem Patienten schrittweise vermindert. Auch stellvertretende Zwangshandlungen durch andere Familienmitglieder (z. B. Kontrolle von Türen durch die Eltern) werden beendet. In einem weiteren Schritt wird auch die Unterstützung für die Tendenz des Patienten abgebaut, jene Situationen zu vermeiden, die Zwangssymptome auslösen: Türen, die man bisher immer aufstehen ließ, damit die „verseuchte" Türklinke nicht benutzt werden mußte, werden wieder geschlossen usw.

Kasten 2:
Familienzentrierte Interventionen bei Kindern und Jugendlichen mit Zwangsstörungen (aus Döpfner, 1997).

1. Familiengespräche über die Zwangsstörung und ihre Auswirkungen auf die Familie und Erfahrungen mit bisherigen Bewältigungsversuchen in der Familie.

2. Erarbeitung eines gemeinsamen angemessenen Störungs- und Interventionskonzeptes und Begründung von familienzentrierten Interventionen.

3. Bearbeitung von Konflikten in der Familie, die vermutlich zur Aufrechterhaltung der Zwangssymptomatik beitragen (z. B. Geschwisterrivalität, Partnerkonflikte der Eltern, Konflikte im Rahmen der Autonomie-Tendenzen des Jugendlichen).

4. Thematisierung von perfektionistischen Ansprüchen, zwanghaften Tendenzen oder manifesten Zwangsstörungen bei den Eltern, wenn vorhanden.

5. Aufbau von regelmäßigen gemeinsamen angenehmen familiären Interaktionen, die durch das Auftreten von Zwangssymptomen beendet werden.

6. Kontinuierliche Beobachtung und Aufzeichnung der Symptomatik durch den Patienten und eventuell auch durch Bezugspersonen.

7. Verminderung der elterlichen Unterstützung und Zuwendung bei der Durchführung von Zwangshandlungen.

8. Verminderung der elterlichen Unterstützung bei der Vermeidung von Situationen, welche die Zwangssymptomatik auslösen.

9. Positive Verstärkung von adäquaten Bewältigungsbemühungen des Patienten und von Symptomreduktion.

Um den Patienten nicht zu überfordern, ist eine schrittweise Verminderung der Einbindung der Familienmitglieder in die Zwangssymptomatik notwendig, die nach gemeinsamer Absprache mit dem Patienten durchgeführt wird. Der Patient sollte davon überzeugt sein, daß er den nächsten Schritt auch bewältigen kann; wenn nicht, dann sollten weitere Hilfestellungen (meist

---

[1] Deutsche Gesellschaft für Zwangserkrankungen, Katharinenstraße 48, 49078 Osnabrück.

kleinere Schritte) überlegt werden. Wichtig ist, daß die Verminderung der Zuwendung bei der Durchführung der Zwangssymptomatik durch eine Erhöhung der Zuwendung in symptomfreien Situationen kompensiert wird (z. B. gemeinsames Spiel). Die vermehrten Anstrengungen des Patienten bei der Bewältigung von Situationen sollten zusätzlich gezielt verstärkt werden. Neben Lob und Anerkennung durch die Eltern und den Therapeuten ist häufig ein Tokensystem hilfreich – der Patient wird durch Tokens beispielsweise verstärkt, wenn es ihm gelingt, die Hilfestellung der Eltern bei seinen Kontrollen nicht mehr einzufordern oder Wutausbrüche zur Erzwingung von solchen Hilfestellungen zu unterdrücken.

Bei Kindern und bei Jugendlichen mit weniger chronifizierten Zwangsstörungen können diese Maßnahmen eine deutliche Verminderung der Zwangssymptomatik bewirken, möglicherweise weil die Symptomatik in einem stärkeren Maße durch Interaktionsprozesse unterstützt und aufrechterhalten wird als bei älteren Patienten mit ausgeprägter Symptomatik. Lassen sich jedoch innerhalb weniger Wochen allenfalls geringfügige Veränderungen erzielen oder erscheint die Symptomatik von Anfang an sehr verfestigt und chronifiziert oder sind die Kooperationsmöglichkeiten der Familie sehr begrenzt, dann sollte der Therapeut eine Expositionsbehandlung mit Reaktionsverhinderung beginnen.

4.3 Exposition mit Reaktionsverhinderung

Eine hinreichend lange Konfrontation mit angst- und zwangsauslösenden Stimuli (Exposition) führt zur Habituation und damit zur Verminderung der Angst. Die Verhinderung von Zwangshandlungen (Reaktionsverhinderung) bewirkt eine Verlängerung der Exposition. Wird die Vermeidung der angstauslösenden Reizkonfiguration und die Angstreduktion durch Zwangshandlungen verhindert, dann erfährt der Patient, daß er die Situation bewältigen kann und das gefürchtete Ereignis nicht eintritt.

Eine Expositionsbehandlung kann graduiert (gestuft) erfolgen, indem der Patient schrittweise mit zunehmend intensiveren zwangsauslösenden Reizbedingungen konfrontiert wird (graduierte Exposition) oder der Patient setzt sich sofort den intensivsten Reizen aus (Reizüberflutung; flooding). Beide Methoden haben sich in Therapievergleichsstudien bei erwachsenen Patienten als gleichermaßen wirkungsvoll erwiesen (Hodgson et al., 1972), klinisch überwiegt der Eindruck, daß Reizüberflutung einem graduierten Vorgehen überlegen ist. Die psychische Belastung des Patienten ist bei der graduierten Exposition geringer. Aus diesem Grund sollte bei Kindern und jüngeren Jugendlichen der graduierten Exposition der Vorzug gegeben werden. Reizüberflutung sollte dann angewandt werden, wenn sich die graduierte Exposition nicht bewährt hat.

Die Exposition kann in vivo oder auf der Vorstellungsebene in sensu durchgeführt werden. Die in vivo Exposition gilt als die wirkungsvollere Methode (Turner & Beidel, 1988; Grayson et al., 1985; Reinecker, 1994). Die Exposition auf der Vorstellungsebene wird angewandt, wenn die zwangsauslösenden Reizbedingungen nicht beliebig häufig herstellbar sind. Die Schritte einer graduierten in vivo Exposition mit Reaktionsverhinderung sind in Kasten 3 dargestellt.

Kasten 3:

Behandlungsschritte bei einer graduierten in vivo Exposition mit Reaktionsverhinderung.

1. Überprüfung der Voraussetzungen für eine Expositionsbehandlung
2. Entscheidung über die Einbeziehung der Eltern in die Expositionsbehandlung
3. Aufbau einer therapeutischen Beziehung zum Patienten
4. Entwicklung einer Hierarchie von angst- und zwangsauslösenden Situationen
5. Erarbeitung eines Störungs- und Interventionskonzeptes
6. Behandlungskontrakt
7. Durchführung der Exposition in Anwesenheit des Therapeuten
8. Exposition ohne Anwesenheit des Therapeuten
9. Reaktionsverhinderung im natürlichen Umfeld

- **Überprüfung der Voraussetzungen für eine Expositionsbehandlung:** Wichtigste Voraussetzung für eine erfolgreiche Expositionsbehandlung ist, daß Patient und Therapeut über einen Zeitraum von einigen Wochen einen erheblichen zeitlichen Aufwand einplanen. Der Therapeut sollte die ambulante Expositionsbehandlung am besten an zwei bis drei Tagen pro Woche durchführen. Bei graduierter Exposition im Therapieraum sollte pro Expositionssitzung zunächst ein Zeitraum von zwei bis drei Stunden gerechnet werden; bei Expositionssitzungen in der Familie sollte man mindestens einen halben Tag einplanen. Bei Beginn der Expositionsbehandlung sollte die Einbindung der Familienmitglieder in die Zwangssymptomatik weitgehend vermindert sein. Wenn das bislang nicht gelungen ist, sollte die Exposition im häuslichen Umfeld durchgeführt werden.

Bei Patienten mit einer Psychose ist die Expositionsbehandlung kontraindiziert. Manchmal können ausgeprägte Zwangsgedanken den Charakter von überwertigen Ideen annehmen, von denen der Patient sich kaum distanzieren kann. In diesen Fällen ist eine sorgfältige differentialdiagnostische Untersuchung notwendig. Bei Patienten mit ausgeprägten Depressionen sollte zunächst die Depression behandelt werden, da eine Habituation während der Exposition (d. h. eine Verminderung der Angst) bei ausgeprägter Depression oft nicht gelingt und das

Vertrauen der Patienten, die Situationen bewältigen zu können, nur mühsam aufzubauen ist. Falls anxiolytisch (unmittelbar angstlösend) wirkende Medikamente eingenommen wurden, sollte die Therapie beendet werden, da die Exposition wirkungsvoller ist, wenn die Angst pharmakologisch nicht blockiert wird. Falls bereits eine medikamentöse Behandlung mit Clomipramin oder mit selektiven Serotonin-Wiederaufnahme-Hemmern durchgeführt wird, sollte die Dosierung während der Expositionsbehandlung nicht verändert werden, um Effekte der Exposition eindeutig erkennen zu können.

- **Entscheidung über die Einbeziehung der Eltern in die Expositionsbehandlung:** Die Behandlung erfolgt meist unter Einbeziehung der Eltern. Die Eltern dürfen jedoch nicht für die Einhaltung der Behandlungsrichtlinien durch den Patienten oder für den Erfolg der Behandlung verantwortlich sein. Die Behandlung sollte als eine Angelegenheit des Patienten und des Therapeuten definiert werden. Die Eltern können dem Patienten zusätzliche Hilfestellungen bei der Durchführung der einzelnen Behandlungskomponenten geben und das Verhalten des Patienten aufzeichnen. Bei deutlich angespannter Eltern-Kind-Beziehung ist die Einbeziehung der Eltern meist nicht sinnvoll.

- **Aufbau einer therapeutischen Beziehung zum Patienten:** Da die Expositionsbehandlung nur bei aktiver Mitarbeit des Patienten gelingen kann und weil die Interventionen emotional belastend sind, muß der Entwicklung einer vertrauensvollen und tragfähigen therapeutischen Beziehung zum Patienten eine besondere Beachtung geschenkt werden. Dabei ist es hilfreich, nicht nur die Probleme zu thematisieren, sondern auch an den Ressourcen und Interessen des Patienten anzusetzen. Bei Kindern erfolgt der Beziehungsaufbau über das Medium Spiel.

- **Entwicklung einer Hierarchie von angst- und zwangsauslösenden Situationen:** Die Durchführung der graduierten Expositionsbehandlung setzt die Entwicklung einer Hierarchie angst-/zwangsauslösender Situationen voraus. Bei multiplen Zwängen (beispielsweise Wasch- und Kontrollzwängen) werden mit dem Patienten getrennte Hierarchien erarbeitet. Zur Erstellung einer Angsthierarchie wird ein Angstthermometer mit einer Skala von 0 bis 100 benutzt (s. Abb. 5), wobei 100 die maximal gefürchtete/die am meisten belastende Situation darstellt.

- **Erarbeitung eines Störungs- und Interventionskonzeptes:** Soweit dies nicht bereits im Rahmen familienzentrierter Interventionen erfolgt ist, wird mit dem Patienten ein lerntheoretisch fundiertes Erklärungsmodell seiner Störung (entsprechend Abb. 1) erarbeitet (Störungskonzept), aus dem die einzelnen Therapieschritte abgeleitet werden können (Interventionskonzept). Meist lassen sich konkrete Erfah-

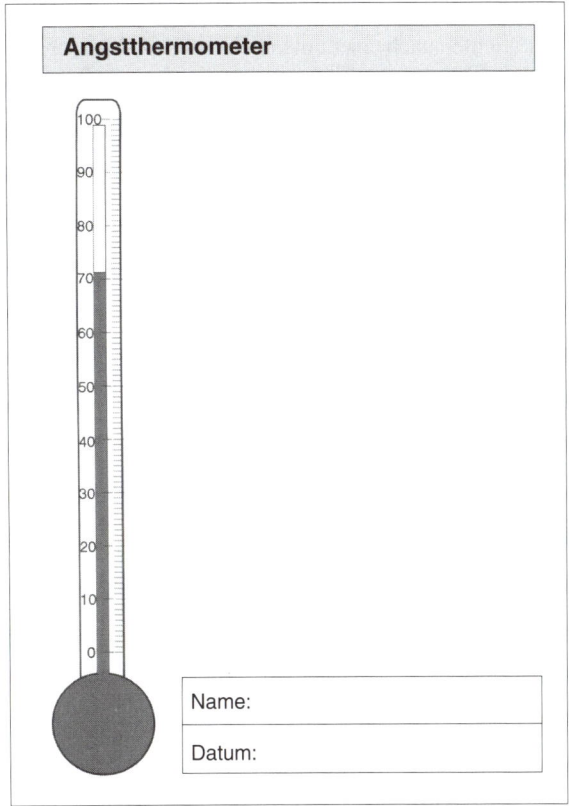

Abbildung 5:
Angstthermometer.

rungen der Patienten nutzen: die Erfahrung, daß die Problematik immer mehr zunimmt, wenn man vor ihr zurückweicht und daß die Ängste und Zwänge sich vermindern, wenn die Zwangshandlung nicht durchgeführt werden kann. Die Expositionsübungen und die Reaktionsverhinderung werden als Möglichkeit zur Angstbewältigung und -reduktion sowie als Mittel der Realitätstestung beschrieben. Gedankenexperimente können dabei hilfreich sein (z. B.: „Was würde passieren, wenn für lange Zeit das Wasser abgestellt werden würde und Du Dir nicht mehr die Hände waschen könntest? Würde die Angst dann immer mehr steigen oder würde sie irgendwann wieder weniger werden?"). Die Information, daß etwa 50 bis 70% der Patienten von der Behandlung erheblich profitieren, kann die Behandlungsmotivation fördern. Am Ende dieser Behandlungsstufe sollte der Patient von dem Interventionskonzept möglichst weitgehend überzeugt sein. Die klinische Erfahrung zeigt, daß das Risiko eines Mißerfolges in dem Maß steigt, in dem der Patient an dem Behandlungskonzept zweifelt.

- **Behandlungskontrakt:** In einem Behandlungskontrakt werden zentrale Modalitäten der geplanten Behandlung spezifiziert: die geplante Zahl, der Ort und Dauer der Sitzungen, die Bereitschaft des Patienten zu einem graduierten Expositionsvorgehen in Verbindung mit Reaktionsverhinderung, das Recht des Patienten nach einer entsprechenden Diskussion mit dem Therapeuten Expositionssitzungen zu beenden und die Funktion der Eltern in der Behandlung. Bei Patienten mit stark ausgeprägter Symptomatik und fraglicher Therapiemotivation können auch Kriterien für die Überführung der ambulanten in eine stationäre Therapie spezifiziert werden: wenn der Patient sich erstens nicht in der Lage sieht, die Behandlungsrichtlinien (für Exposition und Reaktionsverhinderung) umzusetzen und wenn zweitens im Zeitraum von einigen Behandlungswochen keine Symptomminderung eintritt.

- **Durchführung der Exposition in vivo in Anwesenheit des Therapeuten:** Die Exposition mit dem Therapeuten kann im Therapieraum oder im familiären Umfeld durchgeführt werden. Bei massiv ausgeprägten Zwängen, bei ausgeprägter Einbindung von Bezugspersonen in die Zwänge oder wenn Zwänge sehr stark an häusliche Situationen gekoppelt sind, sollte die Exposition im häuslichen Umfeld durchgeführt werden. Andernfalls kann zunächst mit einer Exposition im Therapiezimmer begonnen werden und in Abhängigkeit von dem Ausmaß, in dem Behandlungserfolge auf das häusliche Umfeld übertragen werden, kann von einer Exposition im häuslichen Umfeld abgesehen werden.

Für die graduierte Exposition im Therapiezimmer sollte der Therapeut zunächst zwei bis drei Stunden, für eine Exposition in der Familie einen halben Tag einplanen. Die Exposition sollte möglichst massiert (zwei- bis dreimal pro Woche) durchgeführt werden. Eine Verminderung der Ängste muß bereits während der ersten Exposition eintreten. Bei den meisten Zwangsstörungen im Kindes- und Jugendalter genügt eine Intensivbehandlung von zwei bis sechs Wochen, an die aber in der Regel noch weitere Interventionen mit regelmäßigen wöchentlichen Kontakten angeschlossen werden müssen.

Bei der graduierten in vivo Exposition werden die Patienten mit schrittweise stärker angsterzeugenden/ zwangsauslösenden Objekten oder Situationen konfrontiert. Die Ausführung der Zwangshandlung soll in dieser Situation vollständig verhindert werden. Die Auswahl der Expositionssituation trifft der Therapeut zusammen mit dem Patienten, am besten unmittelbar vor der Exposition. Die erste Exposition beginnt in der Regel mit Objekten/Situationen, die einen mittleren Leidensdruck erzeugen (Angstgrad 50 auf dem Angstthermometer). Wenn nötig, wird der Kontakt mit dem gefürchteten Objekt vom Therapeuten modellhaft vorgeführt. Der Therapeut ermuntert und unterstützt den Patienten, die aufkommende Angst auszuhalten. Der Patient soll sich auf die Angst konzentrieren und sie nicht durch ablenkende Tätigkeiten zu vermindern suchen. Alle fünf bis zehn Minuten soll der Patient sein Angstniveau anhand des Angstthermometers einschät-

zen und seine Gefühle, seine Gedanken sowie seine körperlichen Reaktionen beschreiben. Gedanken über potentielle Gefahren (z. B. bei Kontrollzwängen) werden diskutiert und Risiken, daß die gefürchteten Ereignisse eintreten, werden eingeschätzt. Dabei soll der Patient in einem sokratischen Dialog zu einer realistischen Beurteilung der Situation geführt werden, ohne daß er dazu überredet wird.

Kasten 4:
Beispiel für einen sokratischen Dialog mit einem Patienten mit Zwangsstörungen.

13jähriger Junge, der Angst hat, daß die Eltern einen Stromschlag bekommen könnten, wenn sie sich in der Nähe von Steckdosen aufhalten und er deshalb Steckdosen vor dem Verlassen eines Zimmers immer wieder danach kontrollieren muß, daß sich keine Nässe in der Nähe der Dose gebildet hat. Exposition: Junge verläßt, ohne zu kontrollieren, zusammen mit dem Therapeuten das Wohnzimmer, in dem sich die Eltern aufhalten.

Patient: (ängstlich) „Ich glaube ich muß jetzt doch die Dosen kontrollieren!"

Therapeut: „Du spürst, wie jetzt die Angst stärker wird?"

Patient: (ängstlicher) „Ja!"

Therapeut: „Wie stark ist die Angst jetzt?"

Patient: „60 oder so, sie wird immer stärker!"

Therapeut: „Sehr gut! Wir haben besprochen, daß das passieren wird! Wie hoch ist sie jetzt?"

Patient: „65 oder 70."

Therapeut: „Sehr gut! Wie spürst Du die Angst?"

Patient: „Überall, ich zittere schon richtig!"

Therapeut: „Sehr gut. Das ist notwendig, damit Du die Angst besiegen kannst. Woran denkst Du, was könnte passieren?"

Patient: „Meine Eltern könnten in die Nähe der Dose kommen, die könnte naß sein und dann bekommen sie einen Stromschlag und dann sind sie tot! Ich muß die Dosen jetzt kontrollieren!"

Therapeut: „Warte noch ein wenig. Wie wahrscheinlich ist das, daß das passiert?"

Patient: „Ich weiß nicht, es könnte doch sein, oder?"

Therapeut: „Wie hoch ist das Risiko Deiner Meinung nach?"

Patient: „Ich weiß nicht, vielleicht 50%."

Therapeut: „Du meinst 50% ist das Risiko, daß etwas Deinen Eltern passiert. Passiert das häufig, daß Menschen einen Stromschlag bekommen, wenn sie in der Nähe einer Dose sind?"

Patient: „Nein, nicht so oft."

Therapeut: „Wie hoch ist das Risiko?"

Patient:	„Vielleicht doch nicht so hoch!"
Therapeut:	„Wie hoch?"
Patient:	„Vielleicht 30%?"
Therapeut:	„Wie stark ist Deine Angst jetzt?"
Patient:	„Ich werde etwas ruhiger, vielleicht bei 50."
Therapeut:	„Gut. Du merkst, daß die Angst weniger wird?"
Patient:	„Ja."
Therapeut:	„Gut, dann laß uns weitermachen. Die Angst vermindert sich, wenn Du sie aushältst, nicht wahr?"
Patient:	„Ja."

Nach klinischer Erfahrung beginnt sich bei Kindern und Jugendlichen der Leidensdruck spätestens nach einer Expositionszeit von 30 bis 60 Minuten zu verringern, häufig auch schon früher. Die Exposition sollte nicht beendet werden, bevor der Patient eine Angstverminderung verspürt. Wenn der Patient die Exposition vorzeitig beenden möchte, sollte er durch Einschätzung des aktuellen Angstgrades, durch Identifikation angstauslösender Gedanken und deren kognitiver Bearbeitung sowie durch Hinweis auf das Interventionskonzept dazu bewogen werden, die Exposition fortzuführen. Der Wechsel zur nächst schwierigen Situation kann erfolgen, wenn der Patient mit deutlicher Erleichterung einen Angstabfall signalisiert. Ziel ist zunächst eine Verminderung der Angst um etwa 50%.

Der Einsatz von Entspannungsverfahren während der Exposition wird kontrovers diskutiert. Manche Autoren bewerten solche Techniken sogar als kontraindiziert. Nach eigener Erfahrung sind diese Verfahren nicht notwendig. Zur Förderung der Motivation zur Exposition sollte besonders bei jüngeren Patienten und bei Patienten, die durch die Symptomatik ein hohes Ausmaß an Zuwendung erhalten haben, von Verstärkungsprogrammen intensiv Gebrauch gemacht werden. Dabei können Tokensysteme eingesetzt werden, bei denen der Patient beispielsweise für seinen Mut verstärkt wird, den er bei der Durchführung der Exposition aufbringen muß.

- **Exposition ohne Anwesenheit des Therapeuten:**
  Zum Ende jeder Expositionssitzung wird mit dem Patienten vereinbart, welche Expositionsübungen er zu Hause selbständig durchführen kann. Der Patient setzt sich gezielt jenen Situationen aus, die in der Expositionssitzung mit dem Therapeuten erfolgreich bewältigt werden konnten. Diese Expositionen können vom Patienten völlig eigenständig oder mit Unterstützung der Eltern durchgeführt werden. In der Regel sollten die Expositionsübungen täglich durchgeführt und die Erfahrungen in einem Expositions-Tagebuch notiert werden. Je langsamer der Patient in der Exposition mit dem Therapeuten habituiert, um so wichtiger sind diese Expositionen ohne Anwesenheit des Therapeuten.

- **Reaktionsverhinderung im natürlichen Umfeld:**
  Während der Expositionssitzungen wird eine vollständige Reaktionsverhinderung durchgeführt. Außerhalb der Expositionssitzungen kann die Reaktionsverhinderung als vollständige oder als partielle Reaktionsverhinderung durchgeführt werden. Ideal ist auch hier die *vollständige Reaktionsverhinderung*, bei der in jeder Situation, in der bisher die Zwangshandlung ausgeführt wurde, der Zwang völlig unterbleiben soll. Allerdings kann auch eine *graduierte Reaktionsverhinderung* eingeführt werden, bei der die Intensität und Frequenz der Zwangshandlung zunächst lediglich begrenzt wird, ohne den Zwang völlig zu unterbinden (z. B. Händewaschen nur noch viermal täglich für fünf Minuten ohne Seife). Einerseits wird durch die graduierte Reaktionsverhinderung die Compliance bei vielen jugendlichen Patienten verbessert, andererseits sind Therapieerfolge dann mühsamer zu erreichen. Deshalb sollte das Ausmaß der Reaktionsverhinderung in kurzen Abständen zügig gesteigert werden. Gelingt es dem Patienten, die Zwangshandlungen in dem vereinbarten Umfang zu verhindern, dann sollte eine deutliche positive Verstärkung in Form von sozialer Verstärkung, Aktivitätsverstärkung, aber auch materieller Verstärkung erfolgen. Bei Kindern sind Tokensysteme oft hilfreich.

Die Eltern können die Aufgabe erhalten, ihr Kind bei der Reaktionsverhinderung zu unterstützen, indem sie es ermutigen, aufkommende Impulse zu bekämpfen oder ihm helfen, sich in kritischen Situationen abzulenken. Außerdem sollten die Eltern auftretende Zwangshandlungen protokollieren. Eine körperliche Reaktionsverhinderung durch die Eltern ist nicht empfehlenswert.

Bei der Reizüberflutung (flooding) setzt sich der Patient sofort den intensivsten Reizen aus. Diese Methode kann dann angewandt werden, wenn sich die graduierte Exposition nicht bewährt hat. Bei Kindern und Jugendlichen wird sie jedoch eher selten eingesetzt. Ein Beispiel für eine Reizüberflutung stellt das Behandlungsprogramm von Turner und Beidel (1988) dar, das in Kasten 5 kurz charakterisiert wird.

Kasten 5:
Standard-Programm zur Reizüberflutung nach Turner und Beidel (1988).

- Tägliche Sitzungen an zehn aufeinanderfolgenden Tagen.
- Eine Sitzung dauert mindestens 1,5 Stunden und wird solange fortgesetzt, bis sich eine Angstminderung einstellt. Sitzungen können bis zu 6 Stunden dauern.
- Zur Kontrolle der Angstminderung werden Angstthermometer und Herzfrequenz benutzt. Jedoch ist auch der klinische Eindruck notwendig, da objektive und subjektive Maße nicht selten divergieren.

- Ergänzt wird die Intervention durch eine tägliche Exposition im häuslichen Umfeld und durch Reaktionsverhinderung im Alltag.

4.4 Interventionen zur Verminderung von Zwangsgedanken

Bei der Behandlung von Zwangsgedanken ohne begleitende Zwangshandlungen muß zwischen angstauslösenden Zwangsgedanken und kognitiven Ritualen (z. B. Zähl-Ritualen) unterschieden werden. Letztere werden meist durch andere Zwangsgedanken ausgelöst und dienen wie offene Zwangshandlungen der Angstreduktion. Gedanken, die Angst oder Unruhe auslösen, erfordern eine Konfrontation des Patienten mit diesem Stimulus, damit eine Habituation und schließlich Verminderung der Angst erfolgen kann. Dies erfolgt in der Regel durch eine Exposition in sensu. Dabei wird die angstauslösende Situation auf Tonband gesprochen und der Patient hört diese Szene mehrmals hintereinander ab (das kann durchaus 15 bis 20 Mal sein), bis sie kaum noch Angst oder Unbehagen auslöst und als langweilig erlebt wird. Diese Expositionssitzung wird dann an mehreren Tagen hintereinander durchgeführt. Kasten 6 zeigt ein Beispiel für eine solche Expositionsszene.

Gedankliche Rituale, die der Angstreduktion dienen, sind dagegen primär mit Interventionen der Reaktionsverhinderung zu behandeln, die sich allerdings besonders schwierig gestalten, da die Ausführung des Rituals nicht beobachtbar und damit nicht von außen kontrollierbar ist. Darüber hinaus laufen kognitive Rituale häufig hochgradig automatisiert und mit großer Geschwindigkeit ab, wodurch die Behandlung zusätzlich erschwert wird. Zur Verhinderung des kognitiven Rituals kann *Gedankenstopp* eingesetzt werden. Beim Gedankenstopp wird der Patient aufgefordert, die Augen zu schließen und den Zwangsgedanken willentlich auszulösen. Daraufhin ruft der Therapeut sehr laut „stopp". Tryon (1996) empfiehlt, daß dieses „Stopp" für den Patienten unerwartet kommen und eine Schreckreaktion auslösen soll. Der Therapeut bespricht dann mit dem Patienten, was sich ereignet hat. Üblicherweise berichtet der Patient, daß er den Gedanken nicht mehr weiterdenken konnte. Diese Prozedur wird dann noch mehrfach wiederholt. Der Patient übernimmt schließlich das laute Rufen selbst. Nach mehrfachen Wiederholungen kann dann damit begonnen werden, die Lautstärke des Stopp-Signals langsam zu vermindern, bis der Patient sich nur noch vorstellt, „stopp" zu rufen. Der Patient sollte die Übungen zu Hause mindestens zweimal täglich für etwa 5 bis 10 Minuten selbst durchführen. Zusätzlich zu diesen Trainingszeiten soll die Technik immer dann angewandt werden, wenn der unerwünschte Gedanke auftritt. Häusliche Übungen und der Einsatz des Gedankenstopps bei auftretenden Zwangsgedanken können in Tagebüchern aufgezeichnet werden. Die Wirksamkeit dieser Intervention ist empirisch nicht hinreichend abgesichert und auch ihr klinischer Nutzen wird bezweifelt. Für das Kindes- und Jugendalter liegen lediglich Fallberichte vor (Campbell, 1973), nach eigener klinischer Erfahrung ist Gedankenstopp bei Kindern und Jugendlichen in wenigen Fällen hilfreich.

Kasten 6:
Beispiel einer Exposition in sensu bei einem 15jährigen Jugendlichen mit multiplen Zwängen.

Inhalt des Zwangsgedankens: „Wenn ich im Klassenzimmer bin, könnte ich mich erbrechen und die anderen könnten sich ekeln und mich ablehnen". Dieser Gedanke drängte sich dem Patient ständig auf, so daß er kaum dem Unterricht folgen konnte. Es fiel ihm immer schwerer, in die Klasse zu gehen, wobei er sich dazu immer überwinden konnte. Daneben hatte der Patient noch Wasch- und Kontrollzwänge.

Expositionsszene in sensu (vom Patienten auf Tonband gesprochen)
Ich gehe morgens in das Klassenzimmer. Ich merke schon beim Hineingehen, daß mir nicht ganz wohl ist. Alle sitzen schon in der Klasse und schauen auf mich, während ich an meinen Platz gehe. Ich merke, wie ich schwanke. Einige Klassenkameraden grinsen. Mein Banknachbar sagt zu mir: „Junge, Du siehst aber heute ganz schön käsig aus!" Der Unterricht beginnt. Ich merke, wie es mir übel wird. Ich versuche dagegen anzukämpfen, aber ich schaffe es nicht. Kalter Schweiß tritt auf meine Stirne. Ich beginne zu würgen. Ich möchte aufstehen und aus dem Klassenzimmer rennen, aber das gelingt mir nicht. Alle schauen auf mich. Ich stehe auf und in diesem Moment muß ich mich übergeben. Das passiert unmittelbar neben Anja (die der Patient sehr attraktiv findet). Anja schreit auf und wendet sich angeekelt von mir ab. Ich muß immer weiter würgen, bis nichts mehr in meinem Magen ist. Mitten in der Klasse ist eine große Lache mit Erbrochenem. Die ganze Klasse stinkt und allen steht der Ekel im Gesicht.

4.5 Stabilisierung des Behandlungserfolges und Behandlung komorbider Störungen

Für eine Stabilisierung des Therapieerfolges sind vor allem drei Faktoren von Bedeutung:

1. **Aufbau von Verhaltensalternativen** zur Zwangssymptomatik: Die Ausführung der Zwangssymptomatik beansprucht oft einen beträchtlichen Teil des Tages. Durch die Verminderung der Symptomatik werden Freiräume geschaffen, die es sinnvoll zu gestalten gilt. Im Verlauf einer erfolgreichen Therapie rückt die Ausgestaltung dieser Freiräume stärker in den Mittelpunkt der Therapie.

2. **Verminderung noch persistierender komorbider Störungen** und Probleme. In Abhängigkeit von der jeweiligen Problematik können verschiedene Formen der Einzel-, Gruppen- oder Familientherapie indiziert sein. Häufig persistieren sozialer Rückzug, oft in Verbindung mit sozialen Kompetenzdefiziten. Methoden des sozialen Kompetenztrainings (Petermann & Petermann, 2000; Döpfner et al., 1981) können in solchen Fällen hilfreich sein.

3. **In der Nachbetreuung** wird der Patient vor allem zur selbständigen Weiterführung der Interventionen angeleitet. Die beste Rückfallprophylaxe besteht in einem weitestgehenden Abbau der Zwangssymptomatik. Bei Patienten, die durch eine Symptomminderung eine deutliche Entlastung erfahren haben, können Motivationsprobleme zu Weiterführung der Therapie bis zur weitgehenden Symptomfreiheit auftreten. Bei allen Patienten sollte das Rückfallrisiko in psychisch belastenden Situationen angesprochen und Möglichkeiten zur eigenständigen Fortführung beziehungsweise Wiederaufnahme der Interventionen erarbeitet werden. Auf jeden Fall ist nach Beendigung der Intensivbehandlung eine Nachbetreuung mit Kontakten in zunehmend größeren Zeitabständen über zwei Jahre hinweg angezeigt.

4.6 Wirksamkeit verhaltenstherapeutischer Interventionen

Für das *Erwachsenenalter* konnte die Wirksamkeit von Expositionsbehandlung plus Reaktionsverhinderung anhand mehrerer Gruppenstudien eindrucksvoll belegen. Van Balkom und Mitarbeiter (1994) legen eine Meta-Analyse zur Wirksamkeit dieses Ansatzes im Erwachsenenalter vor. Nach Foa und Mitarbeiter (1985) läßt sich durch die Behandlung bei 51% der erwachsenen Patienten eine weitgehende Symptomminderung oder Symptomfreiheit und bei weiteren 39% eine deutliche Symptomminderung erzielen; lediglich 10% der Patienten profitieren nicht von der Behandlung. Diese Therapieeffekte stabilisierten sich größtenteils – insgesamt stieg bei der Nachuntersuchung die Rate der Mißerfolge von 10 auf 24%.

Im *Kindes- und Jugendalter* fehlen methodisch aufwendige Kontrollgruppenstudien bislang weitgehend, wenngleich in den letzten Jahren mehrere Studien auf die Wirksamkeit von Expositionsbehandlung mit Reaktionsverhinderung hinweisen. Einige Übersichtsarbeiten fassen die Ergebnisse der angloamerikanischen Studien zur Wirksamkeit verhaltenstherapeutischer Interventionen zusammen (Wolf & Rapoport, 1988; Berg et al., 1989; Leonard et al., 1991; March, 1995; March & Leonard, 1996; Thomsen, 1996). Die überwiegende Zahl der Arbeiten sind Einzelfallberichte oder Einzelfallstudien. Die überwiegende Mehrzahl dieser Studien belegt, daß die verhaltenstherapeutischen Interventionen Zwangssymptome erfolgreich vermindern können. Von der eigenen Arbeitsgruppe wurden kontrollierte Einzelfallstudien publiziert, in denen Exposition und Reaktionsverhinderung erfolgreich durchgeführt wurden (u. a. Döpfner, 1997; Döpfner & Hastenrath, 2000; Hastenrath & Döpfner, 2000). In einem Fall wurde die Behandlung frühzeitig abgebrochen und die Therapieeffekte konnten sich nicht stabilisieren (Döpfner, 1997).

March und Mitarbeiter (1994) berichten von einem offenen Behandlungsversuch, mit dem bei neun von 15 Patienten eine zumindest fünfzigprozentige Symptomreduktion erreicht werden konnte, die sich in einer Nachuntersuchung bis zu 18 Monate nach Behandlungsende stabilisierte. Bei sechs Patienten konnte eine bereits vor Beginn der Verhaltenstherapie begonnene medikamentöse Therapie beendet werden. Scahill und Mitarbeiter (1996) konnten bei sieben Kindern und Jugendlichen durch Exposition plus Reaktionsverhinderung (durchschnittlich 14 Sitzungen) eine durchschnittliche Symptomreduktion von 60% erreichen, die sich über eine Zeitraum von drei Monaten als stabil erwies. Noch höhere Erfolgsraten berichten Franklin und Mitarbeiter (1998). Danach zeigten zwölf von 14 Patienten eine zumindest fünfzigprozentige Symptomminderung, die sich in einer Nachuntersuchung neun Monate nach Behandlungsende weitgehend stabilisierten.

In einer Studie der eigenen Arbeitsgruppe (Hastenrath, 1998; Döpfner et al., 2002) wurde die Wirksamkeit von familienzentrierten Interventionen und Expositionsbehandlung mit Reaktionsverhinderung bei zehn Kindern und Jugendlichen im Alter von neun bis 19 Jahren untersucht. Im Durchschnitt wurden 4,1 Expositionssitzungen mit einer durchschnittlichen Expositionsdauer von 2,9 Stunden durchgeführt. Diese Expositionssitzungen waren eingebettet in weitere ambulante Kontakte. Bei allen Patienten konnte eine deutliche Verminderung der Zwangssymptomatik erreicht werden, wobei sechs von zehn Patienten unmittelbar nach Beendigung der Intensivphase aufgrund klinischer Einschätzung keine oder nur noch leichte Zwangssymptomatik zeigten und die anderen vier auf der Childrens

Yale Brown Obsessive Compulsive Scale, CY-BOCS (Döpfner, 1999) nur noch „mäßige" Zwangssymptome hatten.

Kearny und Silverman (1990) setzten unter anderem Prinzipien der rational-emotiven Therapie zur Verminderung von Zwangsgedanken erfolgreich ein. In anderen Studien konnten Behandlungserfolge mit Hilfe von Extinktion (z. B. Nicht-Beachten von zwanghaftem Fragen) von positiver Verstärkung und Desensibilisierungstechniken erzielt werden (Francis, 1988; Phillips & Wolpe, 1981). Nach Knölker (1987) erreichen 50% der verhaltenstherapeutisch stationär behandelten Patienten bei Behandlungsende annähernde Symptomfreiheit, während gesprächspsychotherapeutisch behandelte Kinder und Jugendliche nur zu 20% und tiefenpsychologisch behandelte Patienten zu 30% erfolgreich waren. Nach DeHaan und Mitarbeiter (1998) profitieren Kinder und Jugendliche von Expositionsbehandlung mit Reaktionsverhinderung auf mindestens einem Erfolgsmaß stärker als von medikamentöser Therapie.

Insgesamt hat sich die verhaltenstherapeutische Behandlung von Kindern und Jugendlichen mit Zwangsstörungen in den vorliegenden Studien als ausgesprochen wirkungsvoll erwiesen. Obwohl der Gedanke, der einer Expositionsbehandlung zugrunde liegt, recht simpel erscheint, erfordert die Entwicklung individuell angemessener und wirksamer Interventionen jedoch nicht nur umfassende Kenntnisse der Psychopathologie von Zwangsstörungen und der theoretischen Grundlagen verhaltenstherapeutischer Strategien, sondern vor allem eine beträchtliche gedankliche Durchdringung der individuellen Problematik und möglichst viel Kreativität bei der Umsetzung der Grundstrategien.

Zusammenfassung

Hauptmerkmale einer Zwangsstörung sind immer wiederkehrende Zwangsgedanken oder Zwangshandlungen. Zwangsgedanken sind Ideen oder Vorstellungen, die sich dem Betroffenen aufdrängen, am häufigsten treten Zwangsgedanken im Zusammenhang mit Verschmutzung, Verseuchung oder Vergiftung sowie um künftige Gefahren auf. Zwangshandlungen sind wiederholte und beabsichtigte Verhaltensweisen, die meist auf einen Zwangsgedanken hin nach bestimmten Regeln oder in stereotyper Form ausgeführt werden. Die häufigsten Zwangshandlungen bei Kindern und Jugendlichen sind Wasch-, Kontroll- und Wiederholungszwänge.

Bei bis zur Hälfte der erwachsenen Patienten mit einer Zwangsstörung beginnt die Störung im Kindes- und Jugendalter. Im Jugendalter liegt die Häufigkeit von Zwangsstörungen zwischen 1% und 3,5%. Bei Jungen tritt die Störung häufiger auf. Das Chronifizierungsrisiko von Zwangsstörungen, die nicht erfolgreich behandelt werden können, ist erheblich. In klinischen Stichproben liegen die Komorbiditätsraten bei etwa 70%, vor allem treten Angststörungen und Depression / Dysthymie auf.

Genetische Einflüsse spielen vermutlich eine wichtige Rolle bei der Entwicklung von Zwangsstörungen. Die Störung geht mit Dysregulationen des Serotoninstoffwechsels einher. Verhaltenstheoretische Modelle betonen die angstreduzierende Funktion von Zwangshandlungen, die zur Persistenz der Störung beiträgt. Kognitive Erklärungsansätze sehen in der negativen Bewertung aufdringlicher Gedanken eine zentrale Ursache für die Entwicklung der Störung.

Verhaltenstherapeutische Verfahren mit familienzentrierten Interventionen zur Verminderung familiärer Bedingungen, die zur Aufrechterhaltung der Symptomatik beitragen, und Exposition plus Reaktionsverhinderung stellen die wichtigsten psychologischen Behandlungsverfahren im Kindes- und Jugendalter dar. Durch eine Konfrontation mit angst- und zwangsauslösenden Stimuli (Exposition) wird die Angst reduziert (Habituation). Neben der verhaltenstherapeutischen Behandlung ist die Pharmakotherapie mit tricyclischen Antidepressiva oder mit selektiven Serotonin-Wiederaufnahme-Hemmern von Bedeutung.

Verständnisfragen

1. Wie lassen sich Zwangsgedanken und Zwangshandlungen differentialdiagnostisch von Tics, Stereotypien und Wahnphänomenen abgrenzen?
2. Welches sind die häufigsten komorbiden Störungen bei Kindern und Jugendlichen mit Zwangsstörungen?
3. Wie wird die Entstehung und Aufrechterhaltung von Zwängen in verhaltenstheoretischen Modellen erklärt?
4. Was sind familienzentrierte Interventionen zur Verminderung von Zwangsstörungen?
5. Was versteht man unter Exposition plus Reaktionsverhinderung?

Weiterführende Literatur

Döpfner, M. (1997). Verhaltenstherapeutische Behandlung eines Jugendlichen mit Zwangsstörungen. *Kindheit und Entwicklung, 6,* 90-97.

Döpfner, M. & Hastenrath, B. (2000). Zwangsstörungen. In F. Petermann (Hrsg.), *Fallbuch der Klinischen Kinder-psychologie und -psychotherapie* (2. überarb. Auflage; 97-121). Göttingen: Hogrefe.

March, J.S. (Ed.) (1995). *Anxiety disorders in children and adolescents.* New York: Guilford.

Reinecker, H.S. (1994). *Zwänge. Diagnose, Theorien und Behandlung* (2. überarb. Auflage). Bern: Huber.

Literatur

Allsopp, M. & Verduyn, C. (1988). A follow-up of adolescents with obsessive-compulsive disorder. *British Journal of Psychiatry, 154,* 829-834.

American Academy of Child and Adolescent Psychiatry (1998). Practice Parameters for the assessment and treatment of children and adolescents with obsessive-compulsive disorder. *Journal of the American Academy of Child and Adolescent Psychiatry, 37 (suppl.),* 27-45.

Ananth, J. (1986). Clomipramine: An antiobsessive drug. *Canadian Journal of Psychiatry, 31,* 253-258.

Apter, A., Fallon, T.J., King, R.A., Ratzoni, G., Zohar, A.H., Binder, M., Weizman, A., Leckman, J.F., Pauls, D.L., Kron, S. & Cohne, D. (1996). Obsessiv-compulsive characteristics: From symptoms to syndrome. *Journal of the American Academy of Child and Adolescent Psychiatry, 35,* 907-912.

Baumgarten, H.G. & Grozdanovic, Z. (1998). Role of serotonin in obsessive-compulsive disorder. *British Journal of Psychiatry, 173 (suppl. 35),* 13-20.

Bebbington, P.E. (1998). Epidemiology of obsessive-compulse disorder. *British Journal of Psychiatry, 173 (suppl. 35),* 2-6.

Berg, C.Z., Rapoport, J.L. & Wolff, R.P. (1989). Behavioral treatment for obsessive compulsive disorder in childhood. In J.L. Rapoport (Ed.), *Obsessive compulsive disorder in children and adolescents* (169-187). Washington: American Psychiatric Press.

Berg, C.Z., Rapoport, J.L., Whitaker, A., Davies, M., Leonard, H., Swedo, S.E., Brainman, S. & Lenane, M.C. (1989). Childhood obsessive compulsive disorder: a two-year prospective follow-up of a community sample. *Journal of the American Academy of Child and Adolescent Psychiatry, 28,* 528-533.

Black A (1978). The natural history of obsessional neurosis. In H.R. Beech (Ed.), *Obsessional states.* London: Methuen.

Campbell, L.M. (1973). A variation of thought stopping in a twelve-year-old boy: A case report. *Journal of Behavior Therapy and Experimental Psychiatry, 4,* 69-70.

DeHaan, E., Hoogduin, K.A., Buitelaar, J.K. & Keijsers, G.P. (1998). Behavior therapy versus clomipramine for the treatment of obsessive-compulsive disorder in children and adolescents. *Journal of the American Academy of Child and Adolescent Psychiatry, 37,* 1022-1029.

Delgado, P.L. & Moreno, F.A. (1998). Different roles for serotonin in anti-obsessional drug action and the pathophysiology of obsessive-compulsive disorder. *British Journal of Psychiatry, 173 (suppl. 35),* 21-25.

DeVeaugh-Geiss, J., Moroz, G., Biederman, J., Cantwell, D., Fontaine, R., Greist, J.H., Reichler, R., Katz, R. & Landau, P. (1992). Clomipramine hydrochloride in childhood and adolescent obsessive compulsive disorders – a multicenter trial. *Journal of the American Academy of Child and Adolescent Psychiatry, 31,* 45-49.

Döpfner, M. (1997). Verhaltenstherapeutische Behandlung eines Jugendlichen mit Zwangsstörungen. *Kindheit und Entwicklung, 6,* 90-97.

Döpfner, M. (1998). Verhaltenstherapie bei Verhaltensstörungen im Kindes- und Jugendalter. *Verhaltenstherapie und Verhaltensmedizin, 19,* 171-206.

Döpfner, M. (1999). Zwangsstörungen. In H.-C. Steinhausen & M.von Aster (Hrsg.), *Handbuch Verhaltenstherapie und Verhaltensmedizin bei Kindern und Jugendlichen* (2. Auflage, 276-328). Weinheim: Psychologie Verlags Union.

Döpfner, M. (2000). Diagnostik und funktionale Analyse von Angst- und Zwangsstörungen bei Kindern und Jugendlichen – ein Leitfaden. *Kindheit und Entwicklung, 9,* 143-160.

Döpfner, M. & Hastenrath, B. (2000). Zwangsstörungen. In F. Petermann (Hrsg.), *Fallbuch der Klinischen Kinder-psychologie und -psychotherapie* (2. überarb. Auflage; 97-121). Göttingen: Hogrefe.

Döpfner, M. & Hastenrath, B., Breuer, B. & Lehmkuhl, G. (2002). *Cognitive-behavioral treatment cf children with obsessive compulsive disorder – an open clinical trial.* Paper, submitted for publication.

Döpfner, M. & Rothenberger, A. (1997). *Zwangsstörungen bei Kindern und Jugendlichen – Fragen und Antworten. Eine Information für Betroffene und ihre Eltern.* Osnabrück: Deutsche Gesellschaft Zwangserkrankungen e.V.

Döpfner, M., Schlüter, S. & Rey, E.-R. (1981). Evaluation eines sozialen Kompetenztrainings für selbstunsichere Kinder im Alter von neun bis zwölf Jahren – ein Therapievergleich. *Zeitschrift für Kinder- und Jugendpsychiatrie 9,* 233-252.

DSM-IV (1996). *Diagnostisches und Statistisches Manual Psychischer Störungen DSM-IV.* Göttingen: Hogrefe.

Flament, M.F., Whitaker, A., Rapoport, J.L., Davies, M., Berg, C.Z., Kalikow, K. & Sceery, W. (1988). Obsessive compulsive disorder in adolescence: An epidemiological study. *Journal of the American Academy of Child and Adolescent Psychiatry, 27,* 764-771.

Foa, E.B. & Kozak, M.J. (1986). Emotional processing of fear: Exposure to corrective information. *Psychological Bulletin, 99,* 20-35.

Foa, E.B., Steketee, G.S. & Ozarow, B.J. (1985). Behavior therapy with obsessive-compulsives: From theory to treatment. In M. Mavissakaliam, S.M. Turner & L. Michelson

(Eds.), *Obsessive-compulsive disorder. Psychological and pharmacological treatment* (49-129). New York: Plenum.

Francis, G. (1988). Childhood obsessive-compulsive disorder: Extinction of compulsive reassurance seeking. *Journal of Anxiety Disorders, 2,* 361-368.

Franklin, M.E., Kozak, M.J., Cashman, L.A., Coles, M., Rheingold, A.A. & Foa, E. (1998). Cognitive-behavioral treatment of pediatric obsessive-compulsive disorder: an open clinical trial. *Journal of the American Academy of Child and Adolescent Psychiatry, 37,* 412-419.

Geller, D., Biederman, J., Jones, J., Park, K., Schwartz, S., Shapiro, S. & Coffey, B. (1998). Is juvenile obsessive-compulsive disorder a developmental subtype of the disorders? A review of pediatric literature. *Journal of the American Academy of Child and Adolescent Psychiatry, 37,* 420-427.

Geller, D.A., Biederman, J., Griffin, S., Jones, J. & Lefkowitz, T.R. (1996). Comorbidity of juvenile obsessive-compulsive disorder with disruptive behavior disorder. *Journal of the American Academy of Child and Adolescent Psychiatry, 35,* 1637-1646.

Grayson, J.B., Foa, E.B. & Steketee, G. (1985). Obsessive-compulsive disorder. In M. Hersen & A.S. Bellack (Eds.), *Handbook of clinical behavior therapy with adults.* New York: Plenum.

Greist, J. & Jefferson, J.W. (1998). Pharmacotherapy for obsessive-compulsive disorder. *British Journal of Psychiatry, 173 (suppl. 35),* 64-70.

Hand, I. (1981). Expositionsbehandlung. In M. Linden & M. Hautzinger (Hrsg.), *Psychotherapie – Manual* (71-78). Berlin: Springer.

Hanna, G.L. (1995). Demographic and clinical features of obsessive-compulsive disorder in children and adolescents. *Journal of the American Academy of Child and Adolescent Psychiatry, 34,* 19-27.

Hastenrath, B. (1998). Evaluation von Expositionsbehandlung mit Reaktionsverhinderung bei Kindern und Jugendlichen mit Zwangsstörungen. Köln: Dissertation.

Hastenrath, B. & Döpfner, M. (2000). Behandlung eines Jugendlichen mit Angst vor BSE und Waschzwang. *Kindheit und Entwicklung, 9,* 187-192.

Hodgson, R., Rachman, S. & Marks, I. (1972). The treatment of chronic-obsessive-compulsive neurosis: Follow-up and further findings. *Behaviour Research and Therapy, 10,* 181-184.

Hohagen, F., Winkelmann, G., Rasche-Räuchle, H., Hand, I., König, A., Münchau, N., Hiss, H., Geiger-Kabisch, C., Käppler, C., Schramm, E., Rey, E., Aldenhoff, J. & Berger, M. (1998). Combination of behaviour therapy with fluvoxamine in comparison with behaviour therapy and placebo. *British Journal of Psychiatry, 173 (suppl. 35),* 71-78.

Karno, M., Golding, J.M., Sorenson, S.B. & Burnam, M.A. (1988). The epidemiology of obsessive compulsive disorder in five US communities. *Archives of General Psychiatry, 42,* 1094-1099.

Kearny, C.A. & Silverman, W.K. (1990). Treatment of adolescent with obsessive-compulsive disorder by alternating response prevention and cognitive therapy: An empi-

rical analysis. *Journal of Behaviour Therapy and Experimental Psychiatry, 19,* 134-144.

Knölker, U. (1987). *Zwangssyndrome im Kindes- und Jugendalter.* Göttingen: Vandenhoeck & Ruprecht.

Last, C.G. & Strauss, C.C. (1989). Obsessive-compulsive disorder in childhood. *Journal of Anxiety Disorders, 3,* 295-302.

Lenane, M.C., Swedo, S.E., Leonard, H., Pauls, D.L., Sceery, W. & Rapoport, J.L. (1990). Psychiatric disorders in first degree relatives of children and adolescents with obsessive compulsive disorder. *Journal of the American Academy of Child and Adolescent Psychiatry, 29,* 407-412.

Leonard, H.L., Goldberger, E.L., Rapoport, J.L., Cheslow, D.L. & Swedo, S.E. (1990). Childhood rituals: Normal development or obsessive-compulsive symptoms? *Journal of the American Academy of Child and Adolescent Psychiatry, 29,* 17-23.

Leonard, H.L., Swedo, S., Rapoport, J.L., Coby, E.V., Lenane, M.C., Chelsow, D. & Hamburger, S.D. (1989). Treatment of obsessive compulsive disorder with clomipramine and desipramine in children and adolescents. *Archives of General Psychiatry, 46,* 1088-1092.

Leonard, H.L., Swedo, S. & Rapoport, J.L. (1991). Diagnosis and treatment of obsessive compulsive disorder in children and adolescents. In M. Tortora & J. Zohar (Eds.), *Current treatments of obsessive-compulsive disorder* (87-102). Washington: American Psychiatric Press.

March, J.S. (1995). Cognitive-behavioral psychotherapy for children and adolescents with OCD: A review and recommendations for traetment. *Journal of the American Academy of Child and Adolescent Psychiatry, 34,* 7-18.

March, J.S., Leonard, H.L. & Swedo, S. (1995). Obsessive-compulsive disorder. In J.S. March (Ed.), *Anxiety disorders in children and adolescents* (251-275). New York: Guilford.

March, J.S. & Leonard, H.L. (1996), Obsessive-compulsive disorder in children and adolescents: A review of the past 10 years. *Journal of the American Academy of Child and Adolescent Psychiatry, 35,* 1265-1273.

March, J.S., Mulle, K. & Herbel, B. (1994). Behavioral psychotherapy for children and adolescents with obsessive-compulsive disorder: An open trial of a new protocol driven treatment package. *Journal of the American Academy of Child and Adolescent Psychiatry, 33,* 333-341.

Pauls, D., Raymond, C. & Robertson, J. (1991b). The genetics of obsessive-compulsive disorder: A review. In J. Hohar, T. Insel & S. Rasmussen (Eds.), *The psychobiology of obsessive-compulsive disorder* (72-94). New York: Springer.

Pauls, D., Raymond, C. & Stevenson, J. (1991a). A family study of Gilles de la Tourette syndrome. *Human Genetics, 48,* 154-163.

Pauls, D., Towbin, K., Leckman, J.F. & Zahner, G. (1986). Gilles de la Tourette syndrome and obsessive compulsive disorder: Evidence supporting a genetic relationship. *Archives of General Psychiatry, 43,* 1180-1182.

Petermann, U. & Petermann, F. (2000). *Training mit sozial unsicheren Kindern* (7. überarb. Auflage). Weinheim: Psychologie Verlags Union.

Phillips, D. & Wolpe, S. (1981). Multiple behavioral techniques in severe separation anxiety of a twelve-year-old. *Journal of Behaviour Therapy and Experimental Psychology, 12,* 329-332.

Rasmussen, S.A. & Eisen, J.L. (1990). Epidemiology of obsessive compulsive disorder. *Journal of Clinical Psychology, 56,* 11-16.

Reinecker, H.S. (1994). *Zwänge. Diagnose, Theorien und Behandlung* (2. überarb. Auflage). Bern: Huber.

Rettew, D.C., Swedo, S., Leonard, H.L., Lenane, M.C. & Rapoport, J.L. (1992). Obsessions and compulsions across time in 79 children and adolescents with obsessive-compulsive disorder. *Journal of the American Academy of Child and Adolescent Psychiatry, 31,* 1050-1056.

Riddle, M. (1998). Obsessive -compulsive disorder in children and adolescents. *British Journal of Psychiatry, 173 (suppl. 35),* 91-96.

Riddle, M.A., Scahill, L., King, R., Hardin, M.T., Towbin, K.E., Ort, S.I., Leckman, J.F. & Cohen, D.J. (1990). Obsessive compulsive disorder in children and adolescents: Phenomenology and familiy history. *Journal of the American Academy of Child and Adolescent Psychiatry, 29,* 766-772.

Salkovskis, P.M. (1985). Obsessional-compulsive problems: A cognitive-behavioural analysis. *Behaviour Reasearch and Therapy, 23,* 571-583.

Salkovskis, P.M. (1989). Obsessions and compulsions. In J. Scott, J.M. Williams & A.T. Beck (Eds.), *Cognitive therapy in clinical practice. An illustrative casebook.* London: Routledge.

Salkovskis, P.M., Forester, E. & Richards, C. (1998). Cognitive-behavioural approach to understanding obsessional thinking. *British Journal of Psychiatry, 173 (suppl. 35),* 53-63.

Sallee, R. & Greenawald, J. (1995). Neurobiology. In J.S. March (Ed.), *Anxiety disorders in children and adolescents* (3-34). New York: Guilford.

Saxenna, S., Brody, A.L., Schwartz, J.M. & Baxter, L.R. (1998). Neuroimaging and frontal-subcortical circuitry in obsessive-compulsive disorder. *British Journal of Psychiatry, 173 (suppl. 35),* 26-37.

Scahill, L., Vitulano, L.A., Brenner, E.M., Lynch, K.A. & King, R.A. (1996). Behavioral therapy in children and adolescents with obsessive-compulsive disorder: A pilot study. *Journal of Child and Adolescent Psychopharmacology, 6,* 191-202.

Schwartz, J.M. (1998). Neuroanatomical aspects of cognitive-behavioural therapy response in obsessive-compulsive disorder. *British Journal of Psychiatry, 173 (suppl. 35),* 38-44.

Steketee, G.S. (1993). *Treatment of obsessive compulsive disorder.* New York: Guilford.

Strunk, P. (1985). Zwangssyndrome. In H. Remschmidt & M.H. Schmidt (Hrsg.), *Kinder- und Jugendpsychiatrie in Klinik und Praxis, Band III: Alterstypische, reaktive und neurotische Störungen* (140-147). Stuttgart: Thieme.

Swedo, S. & Rapoport, J.L. (1989). Phenomenology and differential diagnosis of obsessive-compulsive disorder in children and adolescents. In J.L. Rapoport (Ed.), *Obsessive compulsive disorder in children and adolescents* (13-31). Washington: American Psychiatric Press.

Swedo, S. & Rapoport, J.L. (1990). Neurochemical and neuroendocrine considerations of obsessive-compulsive disorders in childhood. In W. Deutsch, A. Weizman & R. Weizman (Eds.), *Applications of basic neuroscience to child psychiatry* (275-284). New York: Plenum.

Swedo, S., Rapoport, J.L., Leonard, H., Lenane, M. & Cheslow, D. (1989). Obsessive-compulsive disorder in children and adolescents. *Archives of General Psychiatry, 46,* 335-341.

Thomsen, P.H. (1996). Treatment of obsessive-compulsive disorder in children and adolescents. *European Child and Adolescent Psychiatry, 5,* 55-66.

Toro, J., Cervera, M., Osejo, E. & Salamero, M. (1992). Obsessive-compulsive disorder in childhood and adolescence: A clinical study. *Journal of Child Psychology and Psychiatry, 33,* 1025-1037.

Turner, S.M. & Beidel, D. (1988). *Treating obsessive-compulsive disorder.* New York: Pergamon.

Tyron, G.S. (1996). Gedankenstopp. In M. Linden & M. Hautzinger (Hrsg.), *Verhaltenstherapie. Techniken, Einzelverfahren und Behandlungsanleitungen* (3. überarb. Auflage, 150-153). Berlin: Springer.

Valleni-Basile, L.A., Garrison, C.Z., Jackson, K.L., Waller, J.L., McKeown, R.E., Addy, C.L. & Cuffe, S.P. (1994). Frequency of obsessive-compulsive disorder in a community sample of young adolescents. *Journal of the American Academy of Child and Adolescent Psychiatry, 33,* 782-791.

Van Balkom, A.J., Van Oppen, P., Veremulen, A.W., Nauta, M.C., Vorst, H.C. & Van Dyck, R. (1994). A meta-analysis on the treatment of obsessive-compulsive disorder: a comparison of antidepressants, behavior therapy and cognitive therapy. *Clinical Psychology Review, 14,* 359-381.

Wolff, R. & Rapaport, J. (1988). Behavioral treatment of childhood obsessive-compulsive disorder. *Behavior Modification, 12,* 252-266.

Zohar, A.H., Ratzoni, G., Pauls, D.L., Apter, A., Bleich, A., Kron, S., Rappaport, M., Weizman, A. & Cohen, D.J. (1992). An epidemiological study of obsessive compulsive disorder and related disorders in Israeli adolescents. *Journal of the American Academy of Child and Adolescent Psychiatry, 31,* 1057-1061.

10 Depression

von Cecilia Ahmoi Essau und
Ulrike Petermann

Inhaltsübersicht

1 Beschreibung und Klassifikation der Störung

Noch in den letzten Jahren galt die vorherrschende Annahme, daß Depression bei Kindern und Jugendlichen selten vorkommt. Diese Ansicht hat sich aus der Erwägung ergeben, daß Kinder nicht die ausreichende kognitive Reife besitzen, um depressiv zu sein (Rie, 1966), sowie aus dem Konzept, daß gewisse Verhaltensauffälligkeiten zur normalen Entwicklung im Kindes- und Jugendalter gehören.

In den späten 60er und frühen 70er Jahren des 20. Jahrhunderts erkannte man, daß bei Kindern und Jugendlichen depressionsäquivalente Symptome für eine depressive Störung stehen können. Es handelt sich dabei beispielsweise um somatische Beschwerden, Enuresis, Enkopresis oder aggressives Verhalten (Cytryn & McKnew, 1972). Eine solche, durch scheinbar andere psychische Störungen verdeckte Depression wurde „larvierte Depression" genannt (Essau, Petermann & Reynolds, 1999). Allmählich ist jedoch anerkannt worden, daß auch Kinder und Jugendliche die Merkmale von Depression zeigen können, wie sie bei Erwachsenen definiert sind (Essau & Petermann, 1997). Diese neue Sichtweise spiegelt sich im Gebrauch derselben Kriterien für depressive Störungen bei Erwachsenen und Kindern seit der Einführung des DSM-III wider. Auch in der internationalen Klassifikation der World Health Organization (1993) wird explizit bei den diagnostischen Kriterien auf Kinder und Jugendliche hingewiesen. Dies trifft besonders bei der depressiven Episode (F32.0, F32.1 und F32.2) zu, welche in der ICD-10 (Dilling, Mombour & Schmidt, 1995) das Analogon zur Major Depression des DSM-IV darstellt.

1.1 Grundlegende Merkmale

Die verschiedenen Formen depressiver Störungen sind sowohl im DSM-IV als auch in der ICD-10 unter den sogenannten affektiven Störungen zu finden. Wesentliches Merkmal ist die depressive Verstimmung, die mit einer Reihe weiterer psychischer sowie somatischer Symptome kombiniert auftritt. Je nach Schweregrad werden verschieden starke Funktionsbeeinträchtigungen hervorgerufen. Zudem können sich depressive Störungen in unterschiedlicher Intensität äußern, über unterschiedliche Zeiträume andauern und mit manischen Episoden gemischt sein (s.u.). Dementsprechend findet man in beiden Klassifikationssystemen eine differenzierte Gruppierung der affektiven Störungen. Alle Kriterien der affektiven Störungen können auch auf Kinder und Jugendliche zutreffen; für manche Störungen liegen jedoch kind- und jugendspezifische Modifikationen vor. So kann sich das Hauptmerkmal der depressiven Verstimmung bei Kindern und Jugendlichen auch als gereizte Stimmung äußern, und auch bezüglich der in den Kriterien geforderten

Zeitspannen liegen teilweise Unterschiede zu den Erwachsenen vor (s.u.).

Die affektiven Störungen lassen sich in einer groben Einteilung in depressive und bipolare Störungen gliedern. Zur Gruppe der **depressiven Störungen** zählen die

- Major Depression,
- Dysthyme Störung und
- Nicht näher bezeichnete depressive Störung.

Die Gruppe der **bipolaren Störungen** bilden die

- Bipolar I Störung,
- Bipolar II Störung,
- Zyklothyme Störung und
- Nicht näher bezeichnete bipolare Störung.

Auch wenn in diesem Kapitel im Schwerpunkt depressive Störungen behandelt werden, so können die bipolaren Störungen aus vier Gründen nicht außer acht gelassen werden: *Erstens* treten bei bipolaren Störungen in unterschiedlicher Gewichtung depressive Episoden auf, und häufig sind auch eine oder mehrere Episoden einer Major Depression in der Anamnese vorzufinden. *Zweitens* liegt bei Jugendlichen und Heranwachsenden mit einer rezidivierenden Major Depression ein Risiko von 10 bis 15 % vor, im weiteren Verlauf eine Bipolar I Störung zu entwickeln. *Drittens* scheint die Auftretenshäufigkeit für eine gemischte Episode (s.u.) besonders für Personen in jüngerem Alter sowie für über 60jährige erhöht zu sein. *Viertens* äußern sich manische Episoden, die zentral für bipolare Störungen sind, bei Jugendlichen in Verhaltensweisen, die leicht zur Verwechslung mit anderen psychischen Störungen, zum Beispiel aus dem externalisierenden Bereich führen können (s. u.); dies weist auf mögliche differentialdiagnostische Schwierigkeiten hin (vgl. DSM-IV).

Im weiteren werden die charakteristischen Merkmale der depressiven und bipolaren Störungen kurz umrissen (vgl. DSM-IV), und die differenzierte klassifikatorische Einteilung der beiden Störungsgruppen nach DSM-IV wird der ICD-10 gegenübergestellt (vgl. Tab. 1 und 2).

- **Major Depression.** Bezeichnend ist die depressive Verstimmung oder der Verlust von Freude und mangelndes Interesse an früher beliebten Aktivitäten. Bei Kindern und Jugendlichen kann sich anstatt einer depressiven Verstimmung auch eine gereizte Stimmung zeigen.

- **Dysthyme Störung.** Sie äußert sich analog zur Major Depression, ist jedoch von geringerer Intensität. Ein weiterer Unterschied zur Major Depression besteht im zeitlichen Verlauf. Während bei der Major Depression fünf von neun Symptomkriterien für mindestens zwei Wochen durchgehend erfüllt sein müssen, sollen bei der dysthymen Störung zwei von sechs Kriterien bei Erwachsenen für mindestens zwei, bei Kindern und Jugendlichen für minimal ein Jahr vorliegen.

- **Nicht näher bezeichnete depressive Störung.** Es liegen depressive Merkmale vor, die jedoch weder die Kriterien einer Major Depression noch die einer dysthymen Störung erfüllen. Charakteristisch ist beispielsweise die prämenstruelle dysphorische Störung, die bei Frauen ab der zweiten Zyklushälfte auftreten kann. Das bedeutet, daß ca. zehn bis 14 Tage vor der Menstruation regelmäßig Verstimmungen auftreten können.

- **Bipolar I Störung.** Charakteristisch sind eine oder mehrere **manische Episoden**, die sich durch eine abnorme und anhaltend gehobene oder reizbare Stimmung für minimal eine Woche auszeichnen sowie mit einem erhöhten Aktivitätsniveau einhergehen. Episoden einer Major Depression sind häufig in der Anamnese vorhanden. Auch eine **gemischte Episode** kann für eine Bipolar I Störung bezeichnend sein. Bei ihr wechseln sich täglich für minimal eine Woche manische Episoden mit Episoden einer Major Depression ab, wobei für beide Störungen die Kriterien erfüllt sind. Kennzeichnend für eine gemischte Episode ist der schnelle Wandel zwischen Traurigkeit, Reizbarkeit und Euphorie.

Tabelle 1:
Klassifikation depressiver Störungen nach DSM-IV und ICD-10.

	DSM-IV			ICD-10
296.2	**Major Depression mit einer einzelnen Episode**	**F32**		**Depressive Episode**
		F32.0		Leichte depressive Episode
296.21	leicht	F32.1		Mittelgradige depressive Episode jeweils zu unterscheiden **mit** oder **ohne** somatische Symptome
296.22	mittelschwer			
296.23	schwer ohne psychotische Merkmale			
296.24	schwer mit psychotischen Merkmalen	F32.2		Schwere depressive Episode **mit** somatischen und **ohne** psychotische Symptome
296.25	teilremittiert			
296.26	vollremittiert	F32.3		Schwere depressive Episode **mit** psychotischen Symptomen
296.20	unspezifisch			
296.3	**Rezidivierende Major Depression**	**F33**		**Rezidivierende depressive Störung**
	mit zwei oder mehr Episoden; zwischen den Episoden muß minimal für zwei Monate Symptomfreiheit bestanden haben. Eine Episode umfaßt wenigstens zwei Wochen. Dieses Kriterium gilt auch für 296.2.			mit mindestens zwei Episoden, zwischen denen ein mehrmonatiges symptomfreies Intervall eindeutig erkennbar sein muß. Eine Episode dauert wenigstens zwei Wochen an. Dies gilt auch für F32.
296.31 bis 296.30	stellen die zu 296.21 bis 296.20 analogen Beurteilungen des Zustandsbildes dar.	F33.0 bis F33.3		stellen die zu F32.0 bis F32.3 analogen Beurteilungen des Zustandsbildes dar.
300.4	**Dysthyme Störung**	**F34.1**		**Dysthymia**
	– für mehr als die Hälfte aller Tage – die meiste Zeit eines Tages – für einen Zeitraum von einem Jahr bei Kindern und Jugendlichen – mit nicht mehr als zwei zusammenhängenden Monaten Symptomfreiheit			– eine meistens und oft monatelang anhaltende depressive Verstimmung – Tage oder Wochen ohne Symptome – Kriterien einer leichten oder mittelgradigen depressiven Störung sind nicht erfüllt – mehrjährig, manchmal lebenslang – Beginn im frühen Erwachsenenalter (= Abweichung zu DSM-IV; deshalb auch keine weiteren kindspezifischen Angaben)
311	**Nicht näher bezeichnete depressive Störung**	**F32.9**		**Nicht näher bezeichnete depressive Episode**
	z. B. Prämenstruelle dysphorische Störung	**F33.9**		**Nicht näher bezeichnete rezidivierende depressive Störung**
				Bei beiden Codierungen keine weiteren Angaben

- **Bipolar II Störung.** Bei ihr stehen eine oder mehrere Episoden einer Major Depression im Vordergrund, zu denen mindestens einmal eine **hypomane Episode** hinzukommt. Eine hypomane Episode, mindestens vier Tage anhaltend, weist dieselben sieben Kriterien wie eine manische Episode auf, also im Kern eine anhaltend gehobene oder gereizte Stimmung, die sich von einer nicht-depressiven, normalen Periode zwar deutlich unterscheiden läßt, aber nicht so schwer wie bei einer manischen Episode ausgeprägt ist. Aus diesem Grund ist auch die soziale, schulische oder berufliche Funktionstüchtigkeit nicht so stark beeinträchtigt wie bei einer manischen Episode.

- **Zyklothyme Störung.** Viele Phasen mit hypomanen Symptomen wechseln mit vielen Perioden depressiver Symptome in fluktuierender Weise ab. Der eine Störungsteil erfüllt nicht die Kriterien einer manischen Episode, der andere nicht die einer Major Depression. Das Zeitkriterium liegt für Erwachsene mindestens bei zwei Jahren, für Kinder und Jugendliche minimal bei einem Jahr. In diesen Zeiträumen darf nicht mehr als eine zwei Monate andauernde Symptomfreiheit bestanden haben.

- **Nicht näher bezeichnete bipolare Störung.** Es sind zwar bipolare Merkmale festzustellen, diese erfüllen jedoch nicht die Kriterien irgendeiner der spezifischen bipolaren Störung.

In Tabelle 1 und 2 folgt eine Gegenüberstellung der Bezeichnungen und Codierungen depressiver und bi-

Tabelle 2:
Klassifikation Bipolarer Störungen nach DSM-IV und ICD-10.

DSM-IV		ICD-10	
296	**Bipolar I Störung**	**F30**	**Manische Episode**
296.0x	Bipolar I Störung, einzelne manische Episode	F30.1 F30.2	Manie **ohne** psychotische Symptome Manie **mit** psychotischen Symptomen
		F31	**Bipolare affektive Störung**
296.40	Bipolar I Störung, letzte Episode hypoman	F31.0	Bipolare affektive Störung, gegenwärtig hypomanische Episode
296.4x	Bipolar I Störung, letzte Episode manisch	F31.1	Bipolare affektive Störung, gegenwärtig manische Episode **ohne** psychotische Symptome
		F31.2	Bipolare affektive Störung, gegenwärtig manische Episode **mit** psychotischen Störungen
296.6x	Bipolar I Störung, letzte Episode gemischt	F31.6	Bipolare affektive Störung, gegenwärtig gemischte Episode
296.5x	Bipolar I Störung, letzte Episode depressiv	F31.3	Bipolare affektive Störung, gegenwärtig mittelgradige oder leichte depressive Episode
		F31.4	Bipolare affektive Störung, gegenwärtig schwere depressive Episode **ohne** psychotische Symptome
		F31.5	Bipolare affektive Störung, gegenwärtig schwere depressive Episode **mit** psychotischen Symptomen
296.7	Bipolar I Störung, letzte Episode unspezifisch	F31.9	Nicht näher bezeichnete bipolare affektive Störung
296.89	**Bipolar II Störung** – eine oder mehrere Episoden einer Major Depression – minimal eine hypomane Episode – keine manische oder gemischte Episode	F31.0 F31.8	**Bipolare affektive Störung** gegenwärtig hypomanische Episode **Andere bipolare affektive Störung**
301.13	**Zyklothyme Störung**	**F34.0**	**Zyklothymia**
296.80	**Nicht näher bezeichnete bipolare Störung**	**F31.9**	**Nicht näher bezeichnete bipolare affektive Störung**

polarer Störungen von DSM-IV und ICD-10. Die in der DSM-IV Klassifikation auftretenden „x"-Markierungen an fünfter Position erlauben eine Beurteilung des Zustandsbildes. Hierbei bezeichnen die Kennziffern 1 bis 4 den Schweregrad der Störung von leicht, über mittelschwer, bis zu schwer *ohne* sowie *mit* psychotischen Merkmalen. Die Ziffern 5 und 6 geben an, ob die Störung zum Diagnosezeitpunkt teil- oder vollremittiert ist, und „0" steht für unspezifisch. Beispielhaft ist diese Codierung bei der Major Depression mit einer einzelnen Episode aufgeführt.

1.2 Major Depression

Die nächsten Abschnitte gehen auf die am häufigsten im Kindes- und Jugendalter auftretenden depressiven Störungen ein, nämlich auf die Major Depression und die dysthyme Störung.

Die Major Depression ist eine schwere, akute Form der depressiven Störung. Sie wird diagnostiziert, wenn mindestens fünf der folgenden neun Symptome täglich über einen Zeitraum von wenigstens zwei Wochen auftreten (vgl. Kasten 1). Die Symptome können durch Selbsteinschätzung gewonnen oder von anderen Personen beobachtet worden sein.

Kasten 1:
Symptome der Major Depression nach DSM-IV.

- Depressive Verstimmung; bei Kindern und Jugendlichen auch gereizte Stimmung
- Deutlich vermindertes Interesse oder kaum Freude an allen oder fast allen Aktivitäten, die früher als positiv empfunden wurden
- Signifikanter Gewichtsverlust ohne Diät oder Gewichtszunahme (mehr als 5 % des Körpergewichtes in einem Monat); verminderter oder gesteigerter Appetit; bei Kindern ist das Ausbleiben der im Rahmen der altersgemäßen Entwicklung zu erwartenden Gewichtszunahme auffallend
- Schlaflosigkeit oder vermehrter Schlaf
- Psychomotorische Unruhe oder Verlangsamung beziehungsweise Hemmung; das subjektive Ermessen reicht nicht aus; das Merkmal muß von anderen beobachtbar sein
- Müdigkeit oder Energieverlust
- Gefühle der Wertlosigkeit sowie übermäßige oder unangemessene Schuldgefühle; hierbei handelt es sich nicht nur um Selbstanklage wegen der Krankheit
- Verminderte Denk- oder Konzentrationsfähigkeit oder Entscheidungsschwierigkeiten
- Wiederkehrende Gedanken an den Tod, womit nicht nur Angst vor dem Tod gemeint ist; wiederkehrende Suizidvorstellungen ohne einen genauen Plan, Suizidversuch oder genaue Planung eines Suizids

Eines der geforderten fünf Symptome muß sich *entweder* auf depressive Verstimmung beziehungsweise bei Kindern und Jugendlichen auf gereizte Stimmung *oder* auf den Verlust von Interessen oder Freude beziehen. Die Beeinträchtigungen müssen in sozialen, schulischen (beruflichen) oder anderen wichtigen Funktionsbereichen als massive Belastung oder Beeinträchtigung erlebt werden.

Die Diagnose einer Major Depression darf *nicht* gestellt werden, wenn die Symptome *(a)* die Kriterien einer gemischten Episode erfüllen, *(b)* auf die unmittelbare Einwirkung einer Substanz (z. B. Drogen, Medikamente, Toxine) oder eine körperliche Krankheit (z. B. Hypothyreose = Unterfunktion der Schilddrüse) zurückzuführen sind und *(c)* nicht besser durch eine einfache Trauerreaktion (z. B. bei Verlust oder Tod einer geliebten Person) erklärt werden können. Die Diagnose ist auch unangemessen, wenn die Major Depression besser durch eine schizoaffektive Störung erklärt werden kann oder sie durch eine Schizophrenie, eine schizophrenieforme Störung, eine wahnhafte Störung oder eine nicht näher bezeichnete psychotische Störung überlagert wird.

1.3 Dysthyme Störung

Die dysthyme Störung ist durch eine chronische depressive Verstimmung oder bei Kindern und Jugendlichen auch durch eine reizbare Verstimmung gekennzeichnet (DSM-IV); sie dauert bei Kindern und Jugendlichen mindestens ein Jahr an, bei Erwachsenen wird eine Dauer von zwei Jahren gefordert. Im Unterschied zur Major Depression ist die dysthyme Störung jedoch weniger stark ausgeprägt (DSM-IV). In dem genannten Zeitraum muß die depressive beziehungsweise gereizte Verstimmung überwiegend den Tagesablauf prägen und an mehr als der Hälfte der Tage vorliegen. Weiter ist sie durch die im Kasten 2 aufgeführten diagnostischen Kriterien gekennzeichnet.

Kasten 2:
Symptome der dysthymen Störung nach DSM-IV.

- Appetitverlust oder gesteigertes Bedürfnis zu essen
- Schlaflosigkeit oder übermäßiges Bedürfnis nach Schlaf
- Energielosigkeit oder Erschöpfung
- Reduziertes Selbstwertgefühl
- Schwierigkeiten, sich zu konzentrieren oder Entscheidungen zu treffen
- Gefühl der Hoffnungslosigkeit

Von den sechs Kriterien müssen zusätzlich zur depressiven beziehungsweise reizbaren Verstimmung mindestens zwei Symptome vorliegen, damit die Diagnose dysthyme Störung vergeben werden darf. Weiterhin dürfen innerhalb des Zeitraums von einem Jahr bei Kindern und Jugendlichen nicht mehr als zwei Monate symptomfrei sein; die Symptome müssen bedeutsam soziale, schulische (berufliche) oder andere Funktionsbereiche beeinträchtigen.

Die Diagnose darf nicht gestellt werden, wenn *(a)* in dem Zeitraum eine Episode einer Major Depression bestanden hat, das heißt das Störungsbild besser durch eine chronische oder teilremittierte Major Depression erklärt werden kann; *(b)* zu einem Zeitpunkt eine manische, eine gemischte oder eine hypomane Episode vorhanden gewesen ist, und die Kriterien für eine zyklothyme Störung erfüllt gewesen sind; *(c)* die Störung ausschließlich im Verlauf einer chronischen psychotischen Störung wie Schizophrenie oder wahnhafte Störung aufgetreten ist; und *(d)* die Symptome unmittelbar auf Einwirkung einer Substanz (z. B. Drogen, Medikamente) oder auf einer körperlichen Erkrankung beruhen.

Eine diagnostische Differenzierung von dysthymer Störung und Major Depression wird durch die sehr ähnlichen Kernsymptome erschwert. Kennzeichnend für die Major Depression sind eine oder mehrere depressive Episoden mit ausgeprägter Symptomatik, welche sich in der Regel klar vom Normalzustand differenzieren lassen. Die dysthyme Störung hingegen ist durch eine weniger schwere depressive Verstimmung gekennzeichnet, die aber oftmals chronisch ist und über mehrere Jahre andauert. Differentialdiagnostisch ist darauf zu achten, daß während des ersten Jahres der dysthymen Störung bei Kindern und Jugendlichen beziehungsweise während der beiden Jahre bei Erwachsenen keine Phase einer Major Depression bestehen darf; zwischen einer Major Depression und einer nachfolgenden dysthymen Störung müssen mindestens zwei beschwerdefreie Monate vorhanden sein. Weiterhin besteht die Möglichkeit, daß nach dem ersten Jahr beziehungsweise den ersten zwei Jahren die dysthyme Störung von Phasen einer Major Depression überlagert wird, so daß beide Diagnosen gestellt werden können.

2 Epidemiologie, Verlauf und Nosologie

2.1 Epidemiologie

Da in vielen Studien mit Erwachsenen gezeigt werden konnte, daß Depression häufig in der Adoleszenz und manchmal früher beginnt, wurden in den letzten 15 Jahren zahlreiche Studien mit Kindern und Jugendlichen durchgeführt. Wie Tabelle 3 zeigt, sind die Prävalenzraten in den einzelnen Studien jedoch recht unterschiedlich. Eine gründliche Prüfung dieser Studien läßt für die Unterschiede eine Reihe von Gründen vermuten (Essau, Petermann & Feehan, 1997; Groen, Scheithauer, Essau & Petermann, 1997):

- verschiedenartige Techniken der Erhebung (Selbstbeurteilungsfragebogen, strukturiertes oder halbstrukturiertes Interview),
- unterschiedliche Informationsquellen (Eltern, Lehrer, Gleichaltrige, Kinder oder Jugendliche selbst),
- der Gebrauch unterschiedlicher Diagnosekriterien (z. B. DSM-III, DSM-IV) und
- das Alter der Betroffenen.

In einer kritischen Übersicht über alle epidemiologischen Studien zu depressiven Störungen bei Kindern und Jugendlichen, die bis zum Jahr 1994 (unter Anwendung standardisierter diagnostischer Interviews) durchgeführt wurden, berichten Essau und Petermann (1997), daß die Depressionsrate bei Kindern unter 2 % liegt, im Jugendalter aber deutlich ansteigt (vgl. auch Reicher, 1998). Beispielsweise erbrachte eine wiederholte Befragung der zehnjährigen Teilnehmer der Isle-of-Wright-Studie (nach vier Jahren), daß Depressionen um das Zehnfache zugenommen hatten (Rutter, 1986). Auch im Rahmen der Bremer Jugendstudie konnte festgestellt werden (Essau, Karpinski, Petermann & Conradt, 1998b), daß depressive Störungen mit dem Alter zunehmen, wobei der stärkste Anstieg zwischen 14 und 15 Jahren lag. Bei getrennter Analyse von Jungen und Mädchen wurden nach dem Alter von 14 Jahren signifikante Geschlechtsunterschiede deutlich. Während bei Mädchen die Rate der Major Depression mit dem Alter anstieg, war bei Jungen kein klarer Trend erkennbar. Wittchen, Nelson und Lachner (1998) fanden ebenfalls bei älteren Jugendlichen signifikant höhere Depressionsraten als bei jüngeren. In dieser vor kurzem veröffentlichten, großangelegten epidemiologischen Studie mit 14- bis 24jährigen von Wittchen et al. (1998) bewegten sich die Lebenszeitprävalenzen der Major Depression zwischen 2,5 % (rezidivierende Depression) und 9,3 % (einmalige depressive Episode); die Lebenszeitprävalenz affektiver Störungen insgesamt lag bei 16,9 %. In der Studie von Lewinsohn, Hops, Roberts, Seeley und Andrews (1993) betrug die Lebenszeitprävalenz der Major Depression 18,4 %. Auch die Daten der Bremer Jugendstudie zeigten, daß Depression bei Jugendlichen häufig auftritt (Essau, Karpinski, Petermann & Conradt, 1998a, b). Ungefähr 17,9 % aller Jugendlichen berichteten, schon einmal in ihrem Leben an einer depressiven Störung erkrankt zu sein; 14 % waren dabei von einer Major Depression betroffen.

Über Depression bei Vorschulkindern ist wenig bekannt. Einer klassischen Studie von Kashani und Carlson (1987) zufolge ist Depression in dieser Altersgruppe selten und tritt bei weniger als 1 % auf. Bei Kindern im Schulalter konnten depressive Störungen mit einer Prävalenz von etwa 2 % festgestellt werden (Anderson, Williams, McGee & Silva, 1987).

In den wenigen Studien, in denen die *dysthyme Störung* untersucht wurde, fand man Prävalenzraten zwischen 0,6 und 1,7 % bei Kindern und 1,6 bis 8 % bei Jugendlichen (Lewinsohn et al., 1993; Wittchen et al., 1998). Im Rahmen der Bremer Jugendstudie wurde bei 5,6 % der Jugendlichen die lebenszeitbezogene Diagnose einer dysthymen Störung gestellt.

Tabelle 3:
Prävalenzraten der Major Depression bei Kindern und Jugendlichen. *Anmerkungen:* LP = Lebenszeit-Prävalenzraten; 1 J. = 1-Jahres-Prävalenzraten; 6M./PP = 6-Monats- oder Punkt-Prävalenzraten; – = fehlende Angaben; * = einzelne Episode; + = rezidivierende Episode.

Autoren (Jahre)	Alter	Major Depression in %		
		LP	1 J.	6 M./PP
Lewinsohn et al. (1993)	14-18	18,4	–	2,9
Reinherz et al. (1993)	18	9,4	–	6,0
Fergusson et al. (1993)	15	–	4,2	0,7
Cooper & Goodyer (1993)	11-16	–	6,0	3,6
Feehan et al. (1994)	18	–	16,7	–
Verhulst et al. (1997)	13-18	–	–	3,6
Canals et al. (1997)	18	–	–	2,4
Essau et al. (1998a,b)	12-17	14,0	–	–
Wittchen et al. (1998)	14-24	9,3*	3,6*	–
		2,5+	1,7+	–

2.2 Verlauf

• **Alter bei Störungsbeginn.** Verschiedene Studien bei Erwachsenen legen nahe, daß die ersten depressiven Episoden in der späten Kindheit oder der frühen Adoleszenz auftreten. In der Epidemiologic Catchment Area Studie (Burke, Burke, Regier & Rae, 1990), die mit Erwachsenen in den USA durchgeführt wurde, zeigte sich, daß depressive Störungen am häufigsten zwischen dem 15. und 19. Lebensjahr beginnen. Bei den untersuchten Jugendlichen betrug das Durchschnittsalter, zu dem depressive Störungen erstmals auftraten, 14,3 Jahre (Lewinsohn et al., 1993). In der Studie von Giaconia et al. (1994) wird als Hauptrisikoperiode für die Entwicklung einer Major Depression der Zeitraum von 14 bis 16 Jahren angegeben. Bei klinischen Stichproben lag das Manifestationsalter noch früher (Wüthrich, Mattejat & Remschmidt, 1997); sind bereits die Eltern depressiv, dann erkranken auch in der Regel die Kinder früher und langwieriger an Depression (Reicher, 1998).

Ein früher Beginn depressiver Störungen wirkt sich deutlich negativ auf die soziale, persönliche, familiäre und schulische Entwicklung von Kindern aus (Fleming, Boyle & Offord, 1993; Harrington, 1992). Des weiteren lassen sich anhand früh einsetzender depressiver Störungen auch Depressionen im Erwachsenenalter voraussagen. Ein früher Beginn einer Depression erhöht möglicherweise auch das Risiko für Substanzmißbrauch sowie die Wahrscheinlichkeit, im Beruf weniger erfolgreich zu sein (Rhode, Lewinsohn & Seeley, 1994). Darüber hinaus hängen depressive Störungen im Kindes- und Jugendalter mit einem erhöhten Selbstmordrisiko zusammen (vgl. Kasten 3; vgl. Kovacs & Devlin, 1998).

Einiges spricht dafür, daß ein früher Ausbruch der Depression eine ernstere Form dieser Störung darstellen könnte (Petermann, Kusch & Niebank, 1998). Der frühe Ausbruch signalisiert eine starke Vulnerabilität, die genetisch, perinatal und/oder konstitutionell determiniert sein kann; zusätzlich können nachteilige Umweltbedingungen wirken (Petermann et al., 1998). Ein anderes Argument ist, daß ein Kind in jungem Alter über weniger Kompetenzen verfügt, um die Depression zu bewältigen.

• **Dauer.** In vielen Fällen verläuft die Depression bei Kindern und Jugendlichen chronisch (Essau & Petermann, 1997). Die durchschnittliche Länge der depressiven Episode beträgt etwa 30 Wochen (von 23 bis 36 Wochen reichend). Bei Nachuntersuchungen waren 21 bis 41 % der depressiven Patienten noch depressiv, 41 % dieser Kinder waren noch nach einem Jahr depressiv, zwischen 8 und 10 % nach zwei Jahren (McCauley et al., 1993). Bei Studien an der Normalbevölkerung war die Dauer von Major Depression mit durchschnittlich 24 Wochen etwas geringer (von 2 bis 520 Wochen), eine Dysthymie dauerte im Durchschnitt 134 Wochen (Lewinsohn et al., 1993).

Lewinsohn und Mitarbeiter (1994) berichteten, daß eine längere Depressionsdauer bei Personen aus einer Indexgruppe mit weiblichem Geschlecht, dem Schweregrad der Depression und der Depressionsbehandlung in Zusammenhang stand. In der Studie von Sanford et al. (1995) waren die Prädiktoren für das Anhalten einer Major Depression komorbider Substanzkonsum, Angststörungen, höheres Alter zum Interviewzeitpunkt und geringe Beziehung zum Vater.

• **Rückfall.** Bei depressiven Kindern und Jugendlichen kommt es besonders häufig zu Rückfällen. Emslie et al. (1997) fanden, daß fast alle Patienten (98 %) innerhalb des ersten Untersuchungsjahres genesen waren, obwohl es auch eine hohe Rückfallquote gab. 47 % der Rückfälle ereigneten sich innerhalb eines Jahres, und 69,4 % innerhalb von zwei Jahren. Die Ergebnisse von McCauley et al. (1993) waren ähnlich: Innerhalb von drei Jahren hatten 54 % der depressiven Kinder eine weitere depressive Episode. In der Studie von Lewinsohn et al.

(1994) hatten ungefähr 5 % innerhalb von sechs Monaten einen Rückfall, 12 % entwickelten innerhalb eines Jahres eine erneute depressive Episode, und ein Drittel wurde innerhalb von vier Jahren wieder depressiv.

Kovacs et al. (1984) berichten, daß bei 26 % der Kinder innerhalb eines Jahres der Genesung eine neue Episode auftrat, bei 40 % der Kinder war das innerhalb von zwei Jahren der Fall. Sie gaben ebenfalls ein Rückfallrisiko von 72 % innerhalb von fünf Jahren nach der ersten Episode an, wobei die Rückfallwahrscheinlichkeit bei Kindern mit „doppelter Depression" (Major Depression und dysthyme Störung) höher lag. In einer von Rao et al. (1995) durchgeführten Studie betrug die Rückfallquote innerhalb von sieben Jahren in der depressiven Gruppe 69 %, wobei die mittlere Dauer eines Rückfalls einer Major Depression 28 Wochen betrug.

Aus zwei Studien geht hervor, daß ein niedriger sozioökonomischer Status das Risiko für den Rückfall in eine depressiven Episode erhöht (McCauley et al., 1993; Rao et al., 1995). In der Studie von Lewinsohn et al. (1994) bestanden die Faktoren, die einen schnellen Rückfall einer Major Depression begünstigten, aus: bereits erfolgte Suizidversuche, Auftreten von Suizidgedanken während der ersten Episode einer Major Depression, ein hoher Schweregrad der ersten Episode einer Major Depression, ein frühes Alter bei Störungsbeginn, komorbide Störungen und anhaltende pessimistische, selbstbeschuldigende und selbstabwertende Kognitionen.

Wie unsere neue Übersichtsarbeit zeigt (Essau & Petermann, 1999), sind folgende Faktoren mit einem negativen Verlauf depressiver Störungen verbunden und bestätigen die früheren Ergebnisse von McCauley et al. (1993), Rao et al. (1995) und Lewinsohn et al. (1994):

- früher Beginn der Major Depression,
- hoher Schweregrad der Depression,
- Suizidgedanken,
- komorbide Störungen,
- Behandlung wegen affektiver Störungen,
- starker Emotionsausdruck,
- elterliche Depression, insbesondere Depression der Mutter,
- Probleme mit Sozialkontakten, zum Beispiel mäßige bis schlechte Freundschaften und
- niedriger sozioökonomischer Hintergrund.

2.3 Nosologie

Depressive und bipolare Störungen werden sowohl in der ICD-10 als auch im DSM-IV nicht in den kindspezifischen Teilen aufgeführt. Diese Störungen sind vielmehr nach den Klassifikationsschlüsseln für Erwachsene zu kodieren; dennoch bestehen Unterschiede zur Bewertung der kindspezifischen Störungen. Die Unterschiede sind am deutlichsten bei der Major Depression herausgearbeitet.

Major Depression. Die bei Erwachsenen charakteristische depressive Verstimmung kann sich bei Kindern und Jugendlichen als *reizbare* und *übellaunige* Stimmung äußern. Dies ist mit andauernder Verärgerung, der Tendenz zu jähzornigem oder zu Schuld zuweisendem Verhalten oder verringerter Frustrationstoleranz verbunden. Die geringe Frustrationstoleranz kann bei geringsten Anlässen zu unbeherrschtem, wütendem oder sogar zu aggressivem Verhalten führen.

Der *Verlust von Interesse* und *Freude* an allen oder fast allen, inklusive bisher sehr beliebten Aktivitäten äußert sich bei Kindern nicht nur in Passivität und Initiativelosigkeit. Vielmehr kann sich dieses Kriterium auch in „aktivem" Vermeidungs- und Verweigerungsverhalten zeigen. Beispielsweise können Kinder erfinderisch in Ausreden sein, um Freizeittätigkeiten zu umgehen, mit denen sie sich früher gerne beschäftigten. Rückzugs- und Vermeidungsverhalten führen gerade bei Kindern und Jugendlichen dazu, daß sich soziale, aber auch motorische Fertigkeiten nicht ausreichend entwickeln oder vorhandene sogar zurückbilden. Dies wiederum kann die Selbstwertprobleme vergrößern und die Gefühle von Wertlosigkeit erhöhen.

Der Unterschied bei dem körperlichen Symptom „Gewichtsveränderung" von Erwachsenen zu Kindern besteht darin, daß diese *keine entwicklungsangemessene Gewichtszunahme* aufweisen. Es finden sich keine Hinweise, ob auch das Größenwachstum beeinträchtigt ist. Dies ist bei schwerer Ausprägung der Depression jedoch vorstellbar. Die *psychomotorischen Veränderungen* bestehen in Unruhe und Verlangsamung. Unruhe bedeutet bei Kindern häufiges Aufspringen, nicht still sitzen können, hin- und hergehen, mit Armen und Beinen zappeln; die Überschneidung zur Hyperaktivität ist erkennbar. Die psychomotorische Verlangsamung betrifft die Sprache, das Denken, die Bewegung. Die Antwortzeiten sind auffallend lang, der Sprachton leise und monoton; Sprachumfang und -ausdruck sind verringert. Dies kann bis zu mutistischen Erscheinungen führen; das heißt, besonders in Situationen, in denen Sprechen erwartet wird, wie in der Schule, besteht eine andauernde Unfähigkeit zur sprachlichen Äußerung.

Das *Unvermögen*, sich zu *konzentrieren,* aufmerksam zu sein oder zu denken, hat einen plötzlichen Abfall der schulischen Leistungen zur Folge. Die damit einhergehenden Mißerfolge verstärken das negative Selbstbild und Selbstwertempfinden; Schuld- sowie Schamgefühle können durch Versagen und Mißerfolge ausgelöst oder erhöht werden. In der Folge davon kommt es häufig zur Schulverweigerung.

Kinder und erst recht Jugendliche setzen sich ebenso wie Erwachsene mit dem Thema „Sterben, Tod und Suizid" auseinander. Wenngleich auch im Kindes- und

Jugendalter *Suizidversuche* die *vollendeten Suizide* deutlich überwiegen, so stellen Suizidgedanken mit und ohne konkreten Plan, Selbstmordversuche sowie gelungene Selbsttötungen ein sehr ernst zu nehmendes Problem dar, zumal es eine Zunahme der Suizidrate zu geben scheint (Kerns, 1997; Leyendecker & Petermann, 1993). Die Prävalenzangaben von jugendlichem Suizid schwanken zwischen 11 : 100000 (für die USA) und 18 : 100000 (für die BRD und Österreich). Allen Angaben ist gemeinsam, daß Jungen mit vollendetem Suizid die Mädchen deutlich überwiegen, scheinbar im Verhältnis 3 : 1 (Leyendecker & Petermann, 1993; Reicher, 1998); bei den Selbstmordversuchen verhält es sich umgekehrt. Angaben zu Suizidversuchen bei Kindern und Jugendlichen lassen sich auf sieben bis 14 % eingrenzen. Hingegen gehen die Ergebnisse bezüglich der *Suizidgedanken* auseinander (ca. 10 bis 35 %; Kerns, 1997; Reicher, 1998). Die jugendlichen Mädchen überwiegen die Jungen um das Doppelte bezüglich Suizidgedanken; bei Kindern gibt es wohl keine Unterschiede (Leyendecker & Petermann, 1993).

Besonders familiäre Sorgen (z. B. Krankheit eines Familienmitgliedes, Trennung der Eltern), Selbstwertprobleme, Sinnkrisen sowie intensive Traurigkeit scheinen bedeutsame Auslöser für suizidales Verhalten zu sein. Die Überlappung zu diagnostischen Merkmalen der Major Depression (ausgenommen der familiären Sorgen) ist offensichtlich. In diesem Kontext ist die hohe Mortalitätsrate durch Suizid bei 15 % aller Patienten, die unter einer schweren Major Depression leiden, zu sehen.

Aus diesen Gründen besitzen die von Kindern und Jugendlichen ausgesandten Signale, die einen Suizidversuch oder Suizid ankündigen können, eine große Bedeutung. Die Zuverlässigkeit der einen Suizid ankündigenden Warnzeichen erhöht sich dabei, wenn mehrere Signale gleichzeitig von einem Kind oder Jugendlichen ausgehen (vgl. Kasten 3).

Im *Jugendalter* können *untypische Erscheinungsformen* der Depression beobachtet werden (ICD-10; Dilling et al., 1995). Anstatt der typischen Merkmale einer depressiven Episode stehen zeitweise in manchen Fällen Ängste, Gequältsein und starke motorische Unruhe im Vordergrund. Neben der oben schon beschriebenen Reizbarkeit können exzessiver Alkoholkonsum, Drogenmißbrauch, schauspielerhaftes (histrionisches) Verhalten oder Grübeleien über mögliche Erkrankungen (hypochondrische Gedanken) als zusätzliche Symptome auftreten. Phobische oder zwanghafte Verhaltensrituale, die zu einem früheren Zeitpunkt auftraten, können aktualisiert werden. Diese zusätzlichen oder veränderten Phänomene können die typischen depressiven Verstimmungen verdecken, wodurch eine zuverlässige Diagnose erschwert wird.

Immer wieder wird die Komorbidität von Depression und Aggression im Kindes- und Jugendalter diskutiert (Gjone & Stevenson, 1997; Groen & Petermann, 1998; Kusch & Petermann, 1997; Petermann & Scheithauer, 1998; s.u.). In der ICD-10 werden die Störung des Sozialverhaltens F 91.x sowie eine depressive Störung F 32.x zu einer *eigenständigen Kategorie* einer psychischen Störung zusammengefaßt und im kinder- und jugendspezifischen Teil unter *F 92.0* klassifiziert (Dilling et al., 1995). Eine entsprechende Kategorie existiert im DSM-IV nicht. Diese eigenständige Kategorie einer „*Störung des Sozialverhaltens mit depressiver Störung*" fordert als zentrales Kriterium die Kombination von dissozialem, aggressivem und oppositionellem mit depressivem Verhalten. Es liegt also eine Variante der Störung des Sozialverhaltens nach ICD-10 vor sowie eine andauernde, deutlich erkennbare depressive Verstimmung. Die depressive Verstimmung äußert sich in ausgeprägtem Leiden, in großer Traurigkeit, Interessenverlust und mangelnder Freude bei alltäglichen Aktivitäten. Wie bei einer depressiven Episode können Schuldgefühle, Hoffnungslosigkeit und somatische Beschwerden, wie Appetitlosigkeit und Schlafstörungen, auftreten.

Kasten 3:
Zwölf Warnzeichen für ein erhöhtes Selbstmordrisiko (nach Kerns, 1997, S. 138).

1. Deutliche Verhaltensänderungen; zum Beispiel: Ein geselliges Kind zieht sich zurück.
2. Vernachlässigung des eigenen Aussehens: Ein Jugendlicher, der bislang sehr auf sein Äußeres achtete, vernachlässigt dies nun (z. B. Kleidung).
3. Sozialer Rückzug sowie soziale Isolation.
4. Verschenken von persönlichen Wertgegenständen und regeln persönlicher Angelegenheiten.
5. Starke Beschäftigung mit dem Thema „Tod", zum Beispiel in Zeichnungen, Gedichten und Aufsätzen.
6. Offene oder verhüllte Selbstmorddrohungen; zum Beispiel: „Ohne mich wärt ihr besser dran!"
7. Vorangegangene Selbstmordversuche.
8. Auseinandersetzen mit Selbstmordmethoden oder Anschaffung geeigneter Mittel; zum Beispiel: Tabletten, Waffen.
9. Übermäßiger Konsum von Alkohol und Drogen.
10. Schulversagen.
11. Plötzlich gehobene Stimmung bei einem bis dahin depressiven Kind. Dies kann darauf hinweisen, daß es in Form von Selbstmordabsichten eine Lösung für seine Probleme gefunden hat.
12. Häufige Unfälle oder körperliche Beschwerden ohne medizinische Erklärung.

Kind- und jugendspezifische Merkmale depressiver Störungen in Abhängigkeit von Lebensalter bzw. vom Entwicklungsstand. Grundsätzlich wird heute davon ausgegangen, daß sich Depression bei Kindern, Jugendlichen und Erwachsenen bezogen auf die Kernsymptomatik in einem vergleichbaren Bild äußern kann. Es liegen nur wenige Studien vor, in denen Unterschiede in der Depressionssymptomatik bei Kindern und Jugendlichen verschiedener Altersstufen systematisch untersucht wurden. Auch im DSM-IV wird angenommen, daß die Kernsymptome einer Episode einer Major Depression, die für Erwachsene beschrieben werden, auch für Kinder und Jugendliche gelten. Einzelne Symptome könnten sich aber in Abhängigkeit vom Entwicklungsniveau unterscheiden bzw. unterschiedlich deutlich hervortreten.

Eine Studie von Goodyer und Cooper (1993) hat beispielsweise gezeigt, daß elf bis zwölf Jahre alte Mädchen, verglichen mit Depressiven in den anderen Altersgruppen, größere Hoffnungslosigkeit berichteten. Die zwölf bis 14 Jahre alten Mädchen gaben einen höheren Gewichtsverlust an und äußerten häufiger Schuldgefühle, wogegen die 15- und 16jährigen Mädchen vermehrt von Gereiztheit und Unruhe berichteten. Weitere depressive Symptome, wie depressive Stimmung, sozialer Rückzug, Unruhe, Schlafstörungen und nihilistische Gedanken, erwiesen sich in dieser Studie jedoch nicht als altersabhängig.

Auch in verschiedenen klinischen Studien (vgl. Kovacs, 1996) konnten neben einer grundsätzlichen Vergleichbarkeit der Symptomatik gewisse altersabhängige Störungsäußerungen beobachtet werden. Depression im vorpubertären Stadium zeigte sich zum Beispiel häufiger durch Reizbarkeit, körperliche Beschwerden, psychomotorische Unruhe oder sozialen Rückzug, wogegen bei depressiven Jugendlichen häufiger Anhedonie, Schlafstörungen oder Gewichtsveränderungen festgestellt werden konnten. Auch die Häufigkeit suizidaler Gedanken, die bei Kindern eher sehr selten oder äußerst undifferenziert sind, nimmt während der Pubertät deutlich zu.

Lewinsohn, Rohde und Seeley (1998) untersuchten in ihrer großangelegten Studie altersabhängige Depressionssymptome bei 14- bis 18jährigen Jugendlichen aus der Allgemeinbevölkerung. Innerhalb dieser Altersgruppe ergaben sich keine signifikanten Differenzen. Auch im Vergleich mit Untersuchungen an Erwachsenen zeigte sich eine generelle Übereinstimmung in bezug auf das Depressionsmuster. Die Jugendlichen berichteten lediglich häufiger Gefühle von Schuld und Wertlosigkeit sowie weniger häufig Appetit- und Gewichtsveränderungen und Selbstmordgedanken.

Grundsätzlich können zentrale depressive Symptome, wie Traurigkeit, Lustlosigkeit und Niedergeschlagenheit zu jedem Alter auftreten. Den Ergebnissen verschiedener Studien zufolge zeigen sich prinzipiell vergleichbare Symptommuster bei depressiven Kindern, Jugendlichen und Erwachsenen. Die Diskussion und Untersuchung entwicklungsabhängiger Erscheinungsbilder der Depression muß jedoch weiter vorangetrieben werden. Vor allem ist zu berücksichtigen, daß der Großteil der heute vorliegenden Befunde auf Untersuchungen mit den diagnostischen Depressionskriterien für Erwachsene beruhen und mögliche altersabhängige Symptomkriterien in der Regel noch unzureichend berücksichtigt werden.

Insgesamt scheint sich mit zunehmendem Alter und im Zuge der kognitiven und sozioemotionalen Entwicklung von Kindern und Jugendlichen eine eindeutigere und differenziertere Manifestation der Depression zu entwickeln. Vor allem für das Jugendalter kann man heute davon ausgehen, daß bei betroffenen Jugendlichen eine kategoriale Depressionsdiagnose nach den auch für Erwachsene gültigen Kriterien gerechtfertigt scheint. Dagegen bleibt es vor allem bei Klein- und präpubertären Kindern strittig, ob bereits in diesem Alter Depression als eine abgrenzbare, nosologische Einheit in einer im wesentlich vergleichbaren Erscheinungsform wie bei Erwachsenen auftritt. In vielen Fällen läßt sich bei Kindern ein eher stärker gemischtes Symptommuster beobachten, im Rahmen dessen typischerweise eine Reihe zusätzlicher Auffälligkeiten, wie zum Beispiel Symptome von Angst und Zurückgezogenheit, auftreten (vgl. Nurcombe, 1992). Alters- und Entwicklungseinflüsse auf die Symptomatik depressiver Störungen werden in Zukunft noch stärker zu berücksichtigen sein.

Tabelle 4 gibt nochmals einen Überblick über Depressionssymptome, die bei Kindern und Jugendlichen unterschiedlich ausgeprägt sind. Bei Kindern können psychosomatische Beschwerden stärker im Vordergrund stehen, auch wenn körperliche Symptome natürlich auch eine Depression im Jugendalter begleiten können. Weiterhin treten bei Kindern häufiger agitierte Anzeichen der Depressivität auf (Reizbarkeit, Unruhe) und Überschneidungen mit Angst und sozialem Rückzug. Im Jugendalter werden vor allem typische kognitive Anzeichen der Depression deutlicher (Hoffnungs- und Sinnlosigkeit, negative Zukunftserwartungen) und Gedanken an Tod und Selbstmord.

Die *somatischen Beschwerden* bestehen in autonomen, gastrointestinalen und muskulären Symptomen und äußern sich in der Regel bei Kindern am häufigsten als Kopf- und Bauchschmerzen, Übelkeit, aber auch als Schwindelgefühl, Schwitzen beziehungsweise starkes Hitzeempfinden sowie Rückenschmerzen. Für diese körperlichen Symptome ist es typisch, daß sie medizinisch oftmals ohne Befund bleiben (vgl. Mühlig et al. in diesem Buch). Die genannten Beschwerden treten sowohl bei Kindern mit einer depressiven als auch mit einer Angststörung auf, gastrointestinale Symptome bevorzugt bei Trennungsangst. Dies stellten Bernstein et al. (1997) in einer Studie mit 44 Kindern und Ju-

Tabelle 4:
Typische depressive Symptome bei Kindern und Jugendlichen.

Kinder	Jugendliche
• Körperliche Beschwerden • Depressive körperliche Erscheinung • Reizbarkeit • Psychomotorische Unruhe • Sozialer Rückzug • Stimmungsschwankungen • Trennungsängste	• Hoffnungs- und Sinnlosigkeit • Negative Zukunftserwartungen • Psychomotorische Verlangsamung • Vermehrtes Schlafbedürfnis (Hypersomnie) • Gewichtsveränderungen • Anhedonie • Suizidale Gedanken und Verhaltensweisen • Wahnphänomene • Drogen- und Alkoholkonsum

gendlichen im Alter von zwölf bis 18 Jahren fest. Es handelte sich um eine Studie an ängstlich-depressiven Schulverweigerern, wobei sich zeigte, daß besonders die autonomen körperlichen Reaktionen durch Schulfehltage gut vorhersagbar waren. Interessanterweise fehlen trennungsängstliche Jugendliche in der Schule signifikant weniger als solche mit anderen Ängsten; ein Alters- oder Geschlechtsgruppeneffekt trat nicht auf.

Psychosoziale Beeinträchtigungen. Depressive Kinder wiesen die größten psychosozialen Probleme, größere Schulschwierigkeiten, schlechtere Schulnoten und eine beeinträchtigte Lehrer-Kind-Beziehung, verglichen mit Kontrollgruppen und nicht-depressiven Kindern, auf (Essau & Petermann, 1999). In der Bremer Jugendstudie waren über zwei Drittel der depressiven Jugendlichen während der schlimmsten depressiven Episode schwer bis sehr schwer beeinträchtigt (Essau et al., 1998b). Ein sehr viel geringerer Prozentsatz von Jugendlichen berichtete, auch in den letzten vier Wochen vor dem Interview, bei der Arbeit oder in der Schule (17,7 %), während der Freizeit (12,7 %) und bei sozialen Aktivitäten (14,2 %) stark beeinträchtigt gewesen zu sein. In einer neueren Studie von Wittchen et al. (1998) waren ungefähr 90 % der Depressiven und 67 % der Betroffenen mit dysthymer Störung während der schlimmsten Episode stark beeinträchtigt.

Der *soziale Rückzug* im Kindesalter geht naheliegenderweise mit zu geringem Sozialkontakt einher. Die nachfolgenden Begleiterscheinungen bestehen in Mängeln bezüglich der Entwicklung im Sozialverhalten. Soziale Fertigkeiten und angemessenes Bewältigungsverhalten in schwierigen Situationen, wie Streit, Umgehen mit Kritik oder Selbstbehauptung, werden kaum oder gar nicht ausgebildet. So verwundern Ergebnisse aus Längsschnittstudien zu psychosozialen Beeinträchtigungen nicht, wenn sie beispielsweise zu folgenden Schlüssen kommen: In einer Studie von Fleming et al. (1993) hat etwa ein Viertel der Jugendlichen nach vier Jahren Probleme sowohl mit der Familie als auch mit den Freunden aufgewiesen; die Hälfte ist von der Schule abgegangen, und ein Drittel hat mit der Polizei oder dem Gericht Kontakt gehabt.

Es ist zu fragen, ob es sich bei diesen Schwierigkeiten um Begleiterscheinungen, Ursachen oder Folgen einer Depression handelt. Wie dem auch sei, die sozialen und schulischen Probleme bilden bedeutende Herausforderungen, da sie sich auf die weitere Entwicklung der Betroffenen auswirken können.

Manische Episode. Hierzu existieren in der WHO-Klassifikation keine spezifischen Angaben für Kinder und Jugendliche. Das DSM-IV enthält wichtige Hinweise auf

- Schuleschwänzen,
- Schulversagen,
- aggressives Verhalten,
- Drogenmißbrauch und
- psychotische Symptome.

Die Abgrenzungsprobleme besonders zu externalisierenden Störungen im Jugendalter werden bei diesen Äußerungsformen einer manischen Episode offensichtlich. In einer Reihe von Fällen ist beispielsweise vor dem erstmaligen Auftreten einer manischen Episode eine anhaltende Störung des Sozialverhaltens in der Anamnese zu finden. Es läßt sich zum gegenwärtigen Zeitpunkt nicht entscheiden, ob eine Verhaltensstörung ein lang andauerndes Vorzeichen einer bipolaren Störung oder die Störung des Sozialverhaltens eine eigenständige psychische Störung darstellt. Prinzipiell sind beide Varianten vorstellbar. Im ersten Fall würde es sich in Analogie zur Klassifikation F 92.0 in der ICD-10 um ein eigenständiges Störungsbild handeln, das sich im Verlauf aus der Kombination von Verhaltens- und manischer Störung zusammensetzt. Im zweiten Fall lägen unabhängige, aber komorbide Störungen vor. Unabhängig von dieser unklaren Sachlage besteht prinzipiell die Gefahr einer Fehldiagnose, nämlich anstelle einer manischen Episode beziehungsweise einer bipolaren Störung eine Verhaltensstörung, Anpassungsstörung oder Hyperkinese zu diagnostizieren. Akiskal und Weller (1989) stellten in einer Untersuchung an 68 Jugendlichen in 50 bis 60 % der Fälle eine derartige falsche Diagnose fest.

Für differentialdiagnostische Entscheidungen ist schließlich von Bedeutung zu wissen, daß die Prävalenzrate von psychotischen Symptomen im Kontext einer manischen Episode bei Jugendlichen höher ist als bei Erwachsenen (DSM-IV).

3 Erfassung depressiver Störungen

In den letzten Jahren wurden vermehrt altersspezifische Instrumente zur Erfassung depressiver Störungen bei Kindern und Jugendlichen entwickelt. Dabei handelt es sich um ursprünglich für Erwachsene konzipierte Selbstbeurteilungsfragebögen, die für die Anwendung bei Kindern überarbeitet wurden sowie um strukturierte diagnostische Interviews. Auch die Reliabilität dieser Instrumente wurde vielfach untersucht (Reicher, 1998).

Bei Kindern und Jugendlichen ist es wichtig, ihrem Alter und Entwicklungsstand angepaßte Skalen zu verwenden. Um Verzerrungen zu vermeiden, die dadurch entstehen können, daß nur eine Informationsquelle herangezogen wurde, sollten die Daten aus verschiedenen Quellen stammen. Achenbach (1995) empfiehlt fünf Quellen zur Datenerhebung bei Kindern und Jugendlichen: Elternberichte, Lehrerberichte, Evaluation der kognitiven Fähigkeiten, Evaluation der körperlichen Fähigkeiten sowie die Befragung des Kindes oder des Jugendlichen. Kadzin und Kagan (1994) haben vorgeschlagen, die Erfassung nicht allein auf Charakteristika des Individuums zu beschränken, sondern auch Faktoren im weiteren Umfeld zu untersuchen. Prävalenz, Schweregrad und Korrelate bestimmter Störungen sind häufig von der Informationsquelle abhängig.

- **Diagnostische Interviews.** Nachdem die Zuverlässigkeit von strukturierten diagnostischen Interviews für Erwachsene verbessert werden konnte, bemühte man sich um die Entwicklung ähnlicher Verfahren für Kinder und Jugendliche. Diagnostische Interviews basieren auf spezifischen Symptom- und Prüffragen sowie detaillierten Codierungsregeln. In jeder diagnostischen Kategorie sind die Fragen so formuliert, daß die Symptome der Störung evaluiert werden, ebenso ihre Dauer sowie ihr möglicher Ausschluß.

- **Selbstbeurteilungsfragebögen.** Obwohl Verfahren, die auf Selbsteinschätzungen der Betroffenen beruhen, seit langer Zeit bei Kindern und Jugendlichen zum Einsatz kommen, werden sie zur Erfassung depressiver Symptome bei Kindern und Jugendlichen erst seit wenigen Jahren angewandt. Die gebräuchlichsten sind die „Reynolds Child Depression Scale" und das „Children's Depression Inventory". Ein genuin deutschsprachiger „Depressionstest für Kinder (DTK)" wurde von Rossmann (1993; 1994) entwickelt. Er erfaßt die aktuelle depressive Verstimmung bei Kindern im Alter von acht bis 13 Jahren, die durch die drei Skalen „Dysphorie/Selbstwert", „agitiertes gereiztes Verhalten" und „Müdigkeit/autonome Reaktionen" repräsentiert wird.

4 Erklärungsansätze

Zur Erklärung von Depression wurde eine Reihe von Ansätzen entwickelt; allerdings sind die meisten von ihnen auf Erwachsene bezogen und berücksichtigen nicht die für Kinder und Jugendlichen bedeutsamen Entwicklungsunterschiede sowie Charakteristika. In diesem Abschnitt werden deshalb nur die Ansätze erwähnt, die für Kinder und Jugendliche bedeutsam sind. Ein Schwerpunkt wird auf die systematische Darstellung von kind- und jugendspezifischen Risikofaktoren gelegt, die sich empirisch absichern ließen und Erklärungswert bezüglich der Entstehung von Depression zu besitzen scheinen.

4.1 Biologische Faktoren

Eine Reihe von Studien legt nahe, daß depressive Kinder und Jugendliche verschiedene biologische Besonderheiten aufweisen. Aufgrund der Inkonsistenz der vor-

liegenden Ergebnisse müssen diese Befunde jedoch als vorläufig betrachtet werden. Es bleibt zu klären, ob es sich bei den beobachteten Besonderheiten um Begleiterscheinungen oder Folgen depressiver Störungen handelt oder um Faktoren, die eine Depression verursachen. Darüber hinaus muß in zukünftigen Studien geklärt werden, in welchem Ausmaß die biologischen Abweichungen genetisch bedingt sind oder diese in Interaktion mit psychosozialen Risikofaktoren sowie anderen entwicklungsbedingten biologischen Veränderungen entstehen.

Folgende biologische Auffälligkeiten wurden beobachtet (siehe die Übersichtsarbeiten von Groen & Petermann, 1998; Birmaher & Ryan, 1999):

- Ein Mangel an biochemischen Überträgersubstanzen im zentralen Nervensystem, wie zum Beispiel die Katecholamine Noradrenalin, Dopamin und Serotonin;
- eine veränderte Empfindlichkeit postsynaptischer Rezeptoren des zentralen Nervensystems;

- eine atypische Ausschüttung des Wachstumshormons im Hypophysenvorderlappen;
- eine abweichende laterale Aktivität der Frontalhirnbereiche und
- eine verkürzte zirkadiane Periodik sowie eine reduzierte REM-Latenz.

Als weiterer biologischer Faktor ist das Geschlecht zu berücksichtigen. Während keine signifikanten Geschlechtsunterschiede für die Kindheit berichtet werden (Angold & Rutter, 1992), haben Studien mit Jugendlichen zwei- bis dreimal höhere Raten depressiver Störungen und Symptome bei Mädchen als bei Jungen erbracht (Essau et al., 1998a, b; Lewinsohn et al., 1993; Reinherz et al., 1993; Nolen-Hoeksema & Girgus, 1994). Das Verhältnis von Jungen und Mädchen, das in der Vorpubertät noch ausgewogen ist, verändert sich mit Beginn der Pubertät zuungunsten der Mädchen. Petersen, Sarigiani und Kennedy (1991) konnten beispielsweise zeigen, daß Mädchen in der zwölften Klasse deutlich häufiger depressiv sind als Jungen, wobei die Geschlechtsunterschiede etwa in der achten Klasse aufzutreten beginnen und mit der Zeit zunehmen. Dieses Ergebnis kann generell in epidemiologischen Stichproben beobachtet werden, in denen signifikante Geschlechtsunterschiede ab dem zwölften bis dreizehnten Lebensjahr festgestellt werden (Reicher, 1998).

Die meisten Autoren erklären die Geschlechtsunterschiede zum einem mit der geschlechtsspezifischen Sozialisation und zum anderen durch biologische Veränderungen während der Pubertät (Petersen et al., 1991). Man kann auch vermuten, daß sich Mädchen in der frühen Adoleszenz durch kritische Lebensereignisse, wie etwa die Scheidung der Eltern, mehr gefordert und stärker belastet fühlen als Jungen (Petersen et al., 1991). Nolen-Hoeksema und Girgus (1994) sowie Ruble, Greulich, Pomerantz und Gochberg (1993) kommen aufgrund umfangreicher Literaturrecherchen zu ähnlichen Schlußfolgerungen, um die Geschlechtsunterschiede beim Auftreten von Depression ab der Adoleszenz zu erklären. Beide stellen aufgrund der ausgewerteten Studien fest, daß es bereits präadoleszente Unterschiede in einigen spezifischen Risikofaktoren gibt, die aber erst durch das kumulierte Auftreten von massiven Veränderungen negativ wirksam werden. Bei den Risikofaktoren handelt es sich um folgende psychische und Verhaltensmerkmale:

- Mädchen weisen eher ungünstige Selbstbewertungsmuster als Jungen auf und haben eine geringere Erfolgserwartung, so daß sie in der Folge davon ein niedrigeres Selbstwertgefühl entwickeln.
- Bei Mädchen treten selbstbewertende Kognitionen scheinbar häufiger schon präadoleszent im Vergleich zu Jungen auf.

- Das Selbstwertempfinden und der Identitätsaufbau erfolgen bei Mädchen mehr über soziale Beziehungen als bei Jungen, und hierbei spielen Angst vor Ablehnung und Suche nach Zuwendung eine Rolle.
- Mädchen sind für familiäre Konflikte sensitiver und erleben diese deshalb belastender und anforderungsreicher.
- Bei Belastungen zeigen Mädchen im Vergleich zu Jungen eine erhöhte Reaktivität, zum Beispiel negativere Reaktionen und ungünstigere Attributionen bei Mißerfolg.
- Die Selbstbehauptungsfähigkeit von Mädchen ist geringer als die von Jungen.

Diese, durch Sozialisationsprozesse geprägten, präadoleszenten Risikofaktoren bei Mädchen treffen im Alter von circa zwölf Jahren mit höchster Wachstumsgeschwindigkeit und raschem Östrogenanstieg einerseits sowie oftmals mit dem Wechsel in eine weiterführende Schule andererseits zeitlich zusammen. Zudem scheinen Mädchen die biologischen und sozialen Veränderungen während und nach der Pubertät unangenehmer und belastender zu empfinden als Jungen. Bei diesen sind auch der Schulwechsel und die körperlichen Veränderungen zeitlich entzerrt, da Jungen später als Mädchen in die Pubertät kommen. So kann das stärkere Ansteigen der Depressionsrate bei Mädchen im Jugendalter mit großer Wahrscheinlichkeit auf eine stärkere Vulnerabilität zurückgeführt werden; diese Vulnerabilität hat ihre Basis in den aufgeführten präadoleszenten Risikofaktoren der Mädchen, die durch das kumulierte Auftreten der körperlichen und schulischen Veränderungen negativ zum Tragen kommen. Zeitgleiche kritische Lebensereignisse dürften den Negativeffekt zusätzlich sehr verschärfen.

4.2 Psychische Faktoren

Eine Reihe psychischer Faktoren stellt Risiken für die Entwicklung oder Auslösung einer Depression dar. Hierzu gehören verschiedene kognitive Aspekte, soziale und Problemlösefertigkeiten sowie das Vorliegen komorbider Störungen.

Kognitive Faktoren. Ähnlich wie bei Erwachsenen konnte in verschiedenen Studien bei Jugendlichen ein deutlicher Zusammenhang zwischen irrationalen Kognitionen, negativen Selbstrepräsentationen und Depression festgestellt werden. Im Vergleich zu nichtdepressiven Altersgenossen neigen depressive Jugendliche dazu, sich selbst für negative Erfahrungen verantwortlich zu machen, sich hilflos und hoffnungslos angesichts der Zukunft zu fühlen und ihre Kompetenzen in sozialer und schulischer Hinsicht sowie ihr Verhalten generell negativ zu bewerten (Tab. 5; vgl. auch die Ergebnisse zu Geschlechtsunterschieden).

Tabelle 5:
Kognitive Faktoren bei Depression.

Autoren	Altersgruppe	Ausgewählte Ergebnisse
Fine et al. (1993)	47 Jugendliche im Alter von 13-17 Jahren	– hohe Korrelation zwischen Depression und negativem Selbstbild – stärkere Vorhersagekraft des Selbstbildes für Depression als umgekehrt
King et al. (1993)	30 depressive und 30 nicht-depressive Jugendliche; Durchschnittsalter: 15,3 Jahre	– niedriges Selbstwertgefühl bei depressiven Jugendlichen – signifikante Korrelation zwischen Depression und sozialer Anerkennung, Attraktivität und Freundschaften
Daley et al. (1994)	105 Jugendliche (Durchschnittsalter: 17,3); drei Gruppen: (a) leichte depressive Symptome; (b) starke depressive Symptome; (c) ohne depressive Symptome	– Jugendliche mit starker depressiver Symptomatik schätzen ihre soziale Kompetenz geringer ein als Jugendliche mit leichten depressiven Symptomen – Jugendliche aus Gruppe (a) und (b) schätzen ihre soziale Kompetenz signifikant höher ein als ihre Lehrer – nicht-depressive Jugendliche zeigen keine vergleichbar unrealistische Sichtweise
Stiensmeier-Pelster et al. (1994)	855 Schüler (4.-8. Klasse)	– Eine stabile und globale Ursachenattribution für negative Ereignisse korreliert mit einem erhöhten Ausmaß an depressiven Symptomen, geringem Selbstwertgefühl und Geringschätzung eigener Fähigkeiten
Cole et al. (1996)	322 Schüler (Alter 8-16 Jahre)	– signifikante Korrelation zwischen „Selbst-Schuld" und Schweregrad der Depression ab der neunten Klasse – mit zunehmendem Alter stärkere Beziehung zwischen negativen sozialen Ereignissen und Depression

Die Annahme, daß *irrationale Kognitionen* und kognitive Verzerrungen ursächlich oder aufrechterhaltend mit einer depressiven Erkrankung im Zusammenhang stehen, geht auf die kognitive Theorie von Beck (1976) zurück. Nach Becks Theorie tendieren depressive Personen bei der Bewertung persönlicher Erfahrungen und ihrer Umwelt zu irrationalen Gedanken und logischen Denkfehlern, die sich in folgenden Denkmustern äußern:

- **Willkürliches Schlußfolgern**, das heißt Schlüsse werden auf einer unzureichenden Basis an Beweisen gezogen;
- **selektive Abstraktion**, das heißt Schlüsse werden nicht auf der Basis der gesamten Situation, sondern nur aufgrund von einzelnen, hervorstehenden Bestandteilen der Situation gezogen;
- **Übergeneralisierung**, das heißt allgemeine Schlüsse werden auf der Basis selektiver Elemente generiert;
- **Maximierung und Minimierung**, das heißt positive Erlebnisse werden in ihrer Bedeutung unterschätzt; gleichzeitig wird aber aversiven Ereignissen eine übertrieben hohe Bedeutung zugeschrieben und

- **Personalisierung**, das heißt die eigene Person wird für negative Ereignisse verantwortlich gemacht.

Die depressionstypischen Kognitionen können zu einem negativen Körperbild, gering ausgeprägtem Selbstwertgefühl sowie der Tendenz zu gesteigerter Selbstaufmerksamkeit führen. Insbesondere bei depressiven Mädchen scheint es einen Zusammenhang zwischen der negativen Wahrnehmung des eigenen Körpers und dem defizitär entwickelten Selbstwertgefühl zu geben (Lewinsohn et al., 1994).

Neben einem negativen Selbstbild, Selbstschuldzuweisungen und verschiedenen weiteren, oben genannten irrationalen Kognitionen sind Gefühle und Überzeugungen der Hilflosigkeit bedeutsam. Seligmans (1995) Theorie der *erlernten Hilflosigkeit* basiert auf der Annahme, daß Menschen, die unkontrollierbaren Situationen und Ereignissen ausgesetzt waren, diese Hilflosigkeitserfahrungen auf andere Lebensbereiche und zukünftige Anforderungen generalisieren. Die ursprüngliche Theorie ist um die Annahme erweitert worden, daß Attributionsprozesse den Grad der Hilflosigkeit einer betroffenen Person moderieren. Die reformulierte Theorie geht davon aus, daß Depression einerseits aus der Überzeugung resultiert, Ereignisse seien mit negativen Folgen verknüpft; andererseits besteht zugleich die Erwartung, die Ereignisse beziehungsweise die negativen Folgen seien unbeeinflußbar und damit unkontrollierbar. Eine *ungünstige Kausalattribution,* nämlich *internal* im Sinne von „ich kann ein Ereignis nicht beeinflussen", *stabil* über die Zeit und *global* bezüglich aller Lebensumstände, führt zu generalisierten und chronischen Hilflosigkeitserwartungen, die sich ungünstig auf die Selbstachtung auswirken. Attribuieren also zur Depression neigende Personen internal, stabil und global bei negativen, unkontrollierbaren Ereignissen, anstatt external, variabel und spezifisch nach Erklärungen zu suchen, so sind sie besonders vulnerabel für eine Depressionsentwicklung.

Soziale und Problemlösefertigkeiten. Lewinsohn et al. (1994) postulieren, daß depressive Personen *soziale Defizite* aufweisen, die es ihnen erschweren, positive Verstärkung von ihrem sozialen Umfeld zu erhalten. Vor allem jüngere Jugendliche und Kinder scheinen nicht über Basisfertigkeiten für positive soziale Interaktionen sowie Kommunikationsfertigkeiten zu verfügen. Depression wird im Rahmen dieser Überlegungen als Reaktion auf mangelnde positive Verstärkung in wichtigen Lebensbereichen betrachtet, weswegen von *Verstärker-Verlust-Hypothese* gesprochen wird. Das Ergebnis dieser verringerten Rate positiver Verstärkung ist, daß die betreffende Person an Aktivitäten, die ihr positive Verstärkung einbringen, noch weniger teilnimmt; dies führt erneut zu Dysphorie und Depression. Die Abnahme reaktionsbedingter positiver Verstärkung könnte eine Funktion dreier Faktoren sein:

- Die Person verfügt nicht über angemessene Fertigkeiten, um Verstärker zu erlangen oder aversive Situationen zu bewältigen.
- Es könnte ein Mangel an positiven Verstärkern in der Umwelt oder einen Überschuß an aversiven Erfahrungen geben.
- Es könnte sein, daß die Fähigkeit einer Person, positive Erfahrungen zu genießen, abgenommen oder ihre Empfindsamkeit negativen Ereignissen gegenüber zugenommen hat.

Neben sozialen Defiziten können für den Ausbruch und die Aufrechterhaltung einer Depression auch ineffektive und defizitäre Fertigkeiten, ein Problem zu lösen, einen wichtigen Faktor darstellen (Nezu, Nezu & Perri, 1989). *Problemlösefähigkeiten* bestehen aus fünf Komponenten; sind einige oder sogar alle fünf Komponenten defizitär, steigt das Risiko für eine Depression. Bei den fünf Komponenten des Problemlösens handelt es sich um die Fähigkeiten:

- ein Problem zu definieren und zu formulieren,
- alternative Problemlösungen zu finden,
- sich für eine Problemlösung zu entscheiden,
- die Problemlösung auszuführen und

- den Erfolg der realisierten Problemlösung zu überprüfen.

Während die erste Komponente überwiegend von der Motivation einer Person geprägt wird, beziehen sich die anderen Komponenten auf spezifische Fertigkeiten einer Person, die sie befähigen, ein Problem effektiv zu lösen.

Die Fähigkeit, soziale Probleme zu lösen, wird sowohl durch direkte Erfahrungen mit anderen Menschen erlernt als auch durch stellvertretendes Lernen erworben. Manche Personen sind deshalb schlechte Problemlöser, weil sie die notwendigen Fähigkeiten dazu nicht erlernt haben; andere schlechte Problemlöser haben zwar die Fertigkeiten erworben, sie sind aber aufgrund ungünstiger Emotionen, zum Beispiel starker Angst, unfähig, die Problemlösung in eine Handlung umzusetzen.

Unabhängig von den spezifischen Problemlösedefiziten einer Person nimmt man an, daß Depression dann *ausgelöst* wird, wenn die Person erlebt, daß sie aktuelle Probleme nicht lösen und bewältigen kann. Eine mangelhafte oder nicht ausgeführte Problemlösung kann zu negativen Konsequenzen führen; dies wiederum geht damit einher, daß positive Bekräftigungen abnehmen. An dieser Stelle wird die ungünstige Interaktion von Fertigkeitsdefiziten und Verstärker-Verlusten sehr deutlich. Der gesamte Prozeß kann schwere und lang andauernde depressive Episoden begünstigen oder auch Rückfallraten erhöhen. Im konkreten Verhalten einer Person äußern sich diese Defizite beim Problemlösen in sozialem Rückzug, sozialer Isolation, aber auch in rücksichtslosem Verhalten (Lewinsohn et al., 1994).

Komorbide Störungen. Depression bei Kindern und Jugendlichen tritt häufig mit anderen psychischen Störungen kombiniert auf. Angold und Costello (1993) zufolge erhöht das Vorliegen einer Depression bei Kindern und Jugendlichen die Wahrscheinlichkeit einer weiteren Störung mindestens um das zwanzigfache. In einer Reihe von Studien wiesen 25 bis 75 % der depressiven Kinder und Jugendlichen Angstsyndrome (Lewinsohn, Zimbarg, Seeley, Lewinsohn & Sack, 1997b), 21 bis 50 % komorbide Verhaltensstörungen (Gjone & Stevenson, 1997; Kusch & Petermann, 1997) oder Trotzverhalten auf; etwa 25 % zeigten Alkohol- oder Drogenmißbrauch (Nottelman & Jensen, 1999; Petermann & Scheithauer, 1998). Bei klinischen Stichproben konnten für 16 bis 37 % der depressiven Kinder und 11 bis 25 % der Jugendlichen Verhaltensstörungen festgestellt werden (Nottelman & Jensen, 1999). In der Bremer Jugendstudie (Essau et al., 1998a, b) waren von allen Jugendlichen mit depressiven Störungen etwas weniger als die Hälfte ausschließlich depressiv (44,2 %); 40,1 % wiesen eine und 17,9 % mindestens zwei weitere Störungen auf. Das *häufigste Komorbiditätsmuster* war Depression in Verbindung mit Angststörungen (Essau & Petermann, 1999); dies trifft besonders für Kinder zu. Bei der Analyse der Subtypen dieser Störungen zeigte sich, daß Major Depression und dysthyme Störung am häufigsten mit undifferenzierten somatoformen Störungen, Phobien und Alkoholmißbrauch/ -abhängigkeit auftreten. Im Jugendalter dominieren Eßstörungen sowie Alkohol- und Drogenmißbrauch. In den meisten Fällen bestanden bereits vor Entwicklung der Depression Angststörungen (Groen & Petermann, 1998). Lewinsohn et al. (1997b) haben vor allem die einfache Phobie und die Störung mit Trennungsangst als Vorläufer der Major Depression identifizieren können. Kinder, die zusätzlich zur Depression unter anderen psychischen Störungen leiden, unternehmen häufiger Suizidversuche und begeben sich häufiger in Behandlung als „rein" depressive Kinder (Rohde, Lewinsohn & Seeley, 1991).

Aggressives Verhalten und andere Verhaltensstörungen treten vor allem bei Jungen komorbid mit Depression auf (vgl. Kusch & Petermann, 1997). Das komorbide Auftreten von Depression und Aggression kann zu schwerwiegenden psychosozialen Folgen führen. So ist mit größeren Schulschwierigkeiten, ausgeprägten depressiven Symptomen und einer höheren Suizidgefahr zu rechnen (vgl. Petermann & Scheithauer, 1998). Folgendes ist zu den möglichen *Zusammenhängen* zwischen *Aggression* und *Depression* bekannt (vgl. Kusch & Petermann, 1997):

Gemeinsame Risikofaktoren. Kinder und Jugendliche mit komorbider Aggression-Depression haben ein deutlich erhöhtes Risiko für Alkohol- und Drogenmißbrauch. In den Familiengeschichten der Betroffenen

tritt ein breites Spektrum von depressiven Störungen, Alkohol- und Drogenmißbrauch sowie dissozialem Verhalten auf. Aller Voraussicht nach haben sowohl depressive als auch aggressive Kinder und Jugendliche ein gesteigertes Suizidrisiko; das komorbide Auftreten der beiden Störungen erhöht das Suizidrisiko um ein Vielfaches. Die Ursache dafür wird in einem vermehrten Auftreten autoaggressiver Verhaltensweisen während der Phase der Depression gesehen.

Gemeinsame kognitive Verarbeitungsmuster. Die sozial-kognitiven Informationsverarbeitungsmuster (vgl. Garber & Dodge, 1991) weisen sowohl bei aggressiven als auch bei depressiven Jugendlichen dysfunktionale Merkmale auf, die sich teils ähneln, teils unterscheiden (vgl. Tab. 6).

Neben den beiden in Tabelle 6 aufgeführten Informationsverarbeitungsstilen weisen aggressiv-depressive Jugendliche noch eine *eigene Form der Informationsverarbeitung* auf. Diese besteht in der Neigung, in vermeintlich aversiven Situationen hauptsächlich affektiv zu reagieren, statt besonnenes Verhalten zu zeigen. Sie erwarten weiterhin von ihrer Umwelt vorwiegend negative Konsequenzen für sozial angemessenes Verhalten und positive Konsequenzen für aggressives Verhalten. Zudem sind sie – ebenso wie nur aggressive Kinder und Jugendliche – frustriert, wenn ihr Verhalten nicht die erhoffte Wirkung zeigt. Aus diesen Erfahrungen resultieren vermehrt Ärger und Hilflosigkeit, die für nur depressive Jugendliche ebenfalls charakteristisch sind. Besonders auffallend ist bei den aggressiv-de-

Tabelle 6:
Sozial-kognitive Informationsverarbeitung als zugrundeliegender Wirkmechanismus von Aggression und Depression (modifiziert nach Kusch & Petermann, 1997, S. 218).

Verarbeitungsstufen	Aggression	Depression
Stufe 1: **Wahrnehmung von Informationen aus der Umwelt**	Erkennen von nur wenigen sozialen Hinweisreizen; Schwierigkeiten, die Aufmerksamkeit von aggressiven Hinweisreizen abzulenken	Erkennen von bevorzugt negativen Aspekten der Umwelt
Stufe 2: **Speicherung und Interpretation der Informationen**	Zuschreibung angeblicher Feindseligkeit, insbesondere bei vieldeutigen sozialen Hinweisreizen	Vermehrte internale, stabile und globale Zuschreibung für negative Ereignisse; Zuschreibung angeblicher Feindseligkeit
Stufe 3: **Suche nach möglichen Reaktionen**	Vermehrte Auswahl aggressiver Reaktionsalternativen	Vermehrte Auswahl von sozialem Rückzug als Reaktion, kaum Durchsetzungsvermögen
Stufe 4: **Bewertung der Lösungsmöglichkeiten**	Die Konsequenzen aggressiven Verhaltens werden überbewertet	Erwartung eigenen Versagens und geringer Verstärker für Verhalten
Stufe 5: **Auswahl einer Handlungsalternative und deren Umsetzung**	Vermehrte aggressive Reaktionen	Vermehrt auftretende Traurigkeit und häufiger Rückzug

pressiven Jugendlichen, daß sie ihre Aufmerksamkeit vermehrt auf ihre Frustration und ihren Ärger richten. Mit dieser Wahrnehmungstendenz wird erklärt, warum die Jugendlichen gehäuft aggressive Verhaltensweisen zeigen und sich verstärkt mit suizidalen Gedanken beschäftigen beziehungsweise Suizid begehen, wenn sie ein Ziel nicht erreichen.

Sozialer Rückzug und Zurückweisung. Ein Wirkmechanismus für das komorbide Auftreten von Aggression und Depression könnte der Zusammenhang zwischen dem Rückzug aus Sozialbeziehungen und der Zurückweisung durch Gleichaltrige sein (Reicher, 1999). Die soziale Ablehnung beziehungsweise Isolation wird dabei als Mediator für das komorbide Auftreten von Aggression und Depression erachtet. Hierzu kommen Schulprobleme und schulische Mißerfolge (Capaldi, 1992; Kusch & Petermann, 1997; Patterson & Capaldi, 1990). Der zeitliche Zusammenhang zwischen Aggression, sozialer Ablehnung und Depression scheint derart zu sein, daß die soziale Ablehnung der Depression vorausgeht, während die Aggression der sozialen Ablehnung zeitlich vorgeschaltet ist. Diese Annahmen lassen sich durch klinische Beobachtungen unterstützen, die belegen, daß depressive Kinder oftmals wegen bestimmter Merkmale von Gleichaltrigen abgelehnt werden und sich dann von ihnen sozial zurückziehen; aggressive Kinder hingegen werden aufgrund ihres Verhaltens von Gleichaltrigen abgelehnt, ohne sich aber dabei von ihnen abzuwenden. Demnach läßt sich die Entwicklung des komorbiden Auftretens beider Störungen in folgendes zeitliches Verlaufsmuster einordnen (vgl. Abb. 1):

Dieses Modell eines zeitlichen Verlaufsmusters stimmt mit Überlegungen von Achenbach (1993) überein, die ein gleichzeitiges Auftreten von Symptomen internalisierender und externalisierender Verhaltensstörungen ausschliessen. Das Modell berücksichtigt zudem, daß aggressives Verhalten soziale *und* schulische Defizite gleichermaßen hervorrufen kann, welche die soziale Ablehnung und Schulprobleme verstärken; dies erhöht wiederum das Risiko für depressive Verstimmung (Capaldi, 1992; Patterson & Capaldi, 1990).

Die bisherigen Aussagen lassen sich dahingehend zusammenfassen, daß es sich bei der Beziehung zwischen Aggression und Depression um eine *entwicklungsbezogene Komorbidität* handelt. Kusch und Petermann (1997) beschreiben folgende Ursachenkette zur Genese von Aggression und Depression: Komorbid gestörte Kinder weisen in der frühen Kindheit eine Betragensstörung (Störung mit Oppositionellem Trotzverhalten oder Störung des Sozialverhaltens) auf, aufgrund derer sie vermehrt in Auseinandersetzungen mit Gleichaltrigen verwickelt sind und vermehrt von diesen abgewiesen werden. Die Ablehnung durch Gleichaltrige bewirkt gleichzeitig, daß die als aversiv erlebten Erfahrungen im Umgang mit anderen durch mangelnde soziale Unterstützung nicht angemessen kompensiert werden können. Neben den Problemen mit Gleichaltrigen treten auch Probleme in der schulischen Leistung auf. Dieses Versagen, sowohl im Kontakt mit Gleichaltrigen als auch im schulischen Bereich, intensiviert das externalisierende Verhalten der Betroffenen; gleichzeitig bewirkt aber die als Mediator fungierende soziale Ablehnung und soziale Isolation, daß sich eine depressive Symptomatik entwickelt.

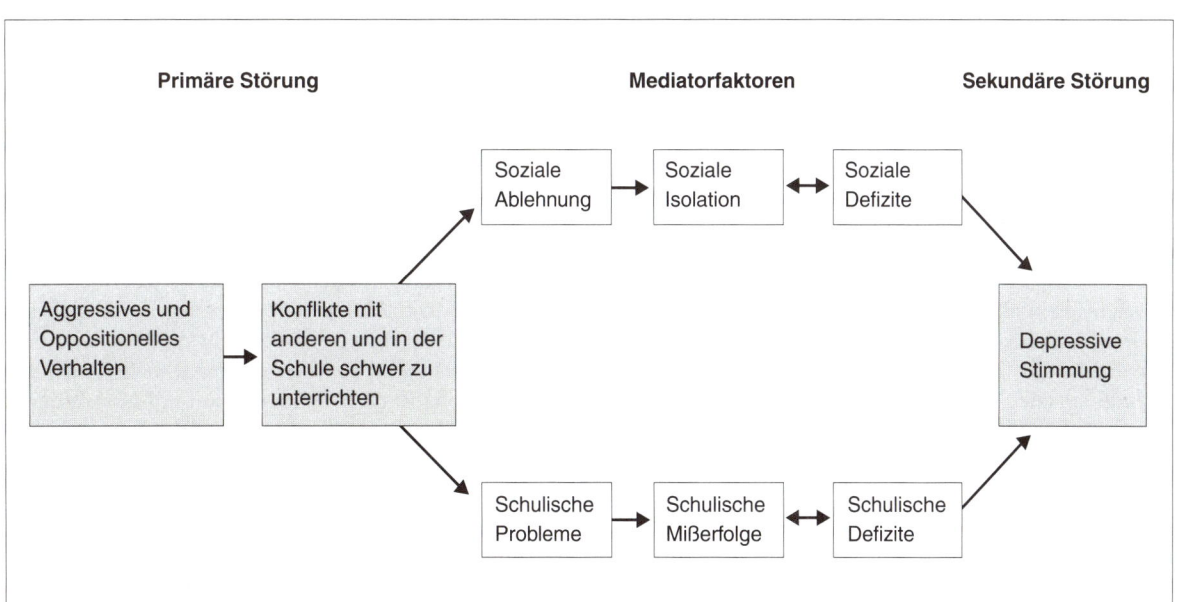

Abbildung 1:
Modell des Entwicklungsverlaufes von aggressivem Verhalten zur depressiven Stimmung.

4.3 Soziale Faktoren

Bei den sozialen Faktoren müssen die Beziehungen und Bedingungen in der Familie, der Kontakt zu Gleichaltrigen, kritische Lebensereignisse sowie die soziale Herkunft als verursachende, auslösende oder aufrechterhaltende Faktoren in Erwägung gezogen werden.

Familiäre Faktoren. Ein depressiver Elternteil gilt als Hauptrisikofaktor für die Entwicklung einer Depression im Kindes- und Jugendalter (Hammen, 1991). Zahlreichen Familienstudien zufolge weisen Kinder depressiver Eltern etwa sechsmal höhere Depressionsraten auf als Kinder aus Kontrollgruppen (Herpertz-Dahlmann & Remschmidt, 1995); zudem besteht für diese Kinder die Gefahr, andere psychische Störungen zu entwickeln (Wüthrich et al., 1997). Dieser Tatbestand wird am häufigsten mit der direkten genetischen Übertragung der Störung erklärt. Es gibt jedoch keinen eindeutigen Beweis für eine genetisch übertragene depressive Erkrankung, da nicht bekannt ist, was übertragen oder wie die biologische Vulnerabilität aktiviert werden könnte. Somit können genetische Erklärungsansätze nur in sehr begrenzter Weise den Zusammenhang zwischen elterlicher Psychopathologie und kindlichen Verhaltensproblemen erklären. Demzufolge müssen noch weitere Faktoren bei der Übertragung von depressiven Störungen beachtet werden (Wüthrich et al., 1997). Neben genetischen Faktoren wird auch noch der Einfluß von individuellen Faktoren auf Seiten des Kindes sowie der Eltern diskutiert. Aufgrund der Ergebnisse einiger Studien könnte eine Anzahl von psychosozialen Faktoren an der Übertragung der Depression von den Eltern auf das Kind beteiligt sein (Dadds & Barretts, 1996; Laucht, Esser & Schmidt, 1993); diese umfassen:

- dysfunktionale Eltern-Kind-Interaktionen,
- Ehekonflikte oder
- die mangelnde emotionale Ausdrucks- und Reaktionsfähigkeit der Eltern.

Normalerweise beeinflussen Eltern die Entwicklung ihrer Kinder, und zwar durch die Art des Umgangs miteinander, durch Einüben von Verhaltensweisen oder durch den Aufbau sozialer Aktivitäten (Laucht et al., 1993). Diese elterlichen Kompetenzen können durch eine Depression beeinträchtigt sein; dabei kann die Hospitalisierung eines kranken Elternteils, sein mit der Depression einhergehendes Desinteresse (auch am Kind), unzureichende soziale Aktivitäten oder die Unfähigkeit, den Alltag des Kindes zu strukturieren, eine Rolle spielen. Es wird auch berichtet, daß sich depressive Mütter negativ gegenüber den Anforderungen der Elternschaft äußern, ihre Elternrolle als wenig positiv ansehen und sich selbst als wenig kompetent sowie angemessen wahrnehmen (Reicher, 1998; Wüthrich et al., 1997).

Die Eltern-Kind-Beziehung depressiver Kinder ist durch mangelnde Kommunikation, Feindseligkeit, Ablehnung und Zurückweisung, unsichere Bindungen, Wut, Gleichgültigkeit, Bestrafung oder sogar Mißhandlung und Vernachlässigung charakterisiert (Essau & Merikangas, 1999; Lewinsohn et al., 1994). Beobachtungen aus Mutter-Kind-Interaktionen haben erbracht, daß depressive Mütter weniger aktiv, spielerisch sowie zugänglich sind und weniger wechselseitiges Sprechen und liebevollen Kontakt bei der Interaktion mit ihren Kindern zeigen (Wüthrich et al., 1997). Depressive Mütter neigen dazu, ihren Kindern gegenüber negativ, kritisch, wenig positiv und bestätigend zu sein (Dadds, Marrett & Rapee, 1996; Frankel & Harmon, 1996). Somit bewirkt die Depression einer Mutter, daß sie gegenüber ihren Kindern weniger sensibel reagiert. Weiterhin weisen depressive Eltern Beeinträchtigungen in ihrem Erziehungsverhalten und in ihren Erziehungskompetenzen auf. Diese Defizite äußern sich in einer inkonsequenten Erziehung, geringeren Unterstützung des Kindes, in der negativen Bewertung der eigenen Erzieherrolle sowie in einer Überforderung und eigenen Gefühlen der Inkompetenz in bezug auf die Erziehung des Kindes (vgl. Abb. 2).

Daneben läßt sich in Familien mit depressiven Mitgliedern ein gehäuftes Auftreten von psychosozialen Belastungsfaktoren feststellen; diese Kumulation beeinflußt insofern negativ die weitere Entwicklung, da die Effekte der einzelnen Belastungsfaktoren nicht nur additiv wirken, sondern möglicherweise auch einander gegenseitig potenzieren (Wüthrich et al., 1997). Liegen solche kumulierten Belastungen nicht vor und bestehen inner- sowie außerfamiliäre gute Beziehungen für die Kinder, so wirkt sich dies positiv auf die Entwicklung der Kinder mit einem depressiven Elternteil aus. Auch ein leichter Schweregrad der Depression und eine weniger lang anhaltende Episode sowie ausbleibende komorbide Störungen sind günstig anzusehen. Ausreichende Intelligenz und gute schulische Leistungen stellen für die Kinder ebenso Schutzfaktoren dar wie die Fähigkeit derselben, sich emotional vom depressionserkrankten Elternteil abzugrenzen, keine Schuldgefühle zu entwickeln, die Situation angemessen einzuschätzen sowie sehr aktiv und initiativ zu bleiben (Reicher, 1998). Bei diesen Schutzfaktoren eines Kindes spielen wahrscheinlich die Merkmale Alter, Geschlecht, Intelligenz und Temperament eine wesentliche Rolle. Resümierend kann festgestellt werden, daß nicht eine depressive Erkrankung eines Elternteils für sich genommen den Hauptrisikofaktor für die kindliche Entwicklung darstellt, sondern das zusätzliche Auftreten von Risikofaktoren in Kombination mit Schweregrad und Dauer der elterlichen Depression sowie mit Merkmalen des Kindes entscheidend zu sein scheint. Der Einfluß auf die Entwicklung besonders jüngerer Kinder dürfte im Schwerpunkt über die Erziehungs- und Kommunikationskompetenz des depressiven Elternteils gegeben sein, welche durch die Erkrankung und weitere Belastungsfaktoren geprägt werden (vgl. Abb. 2).

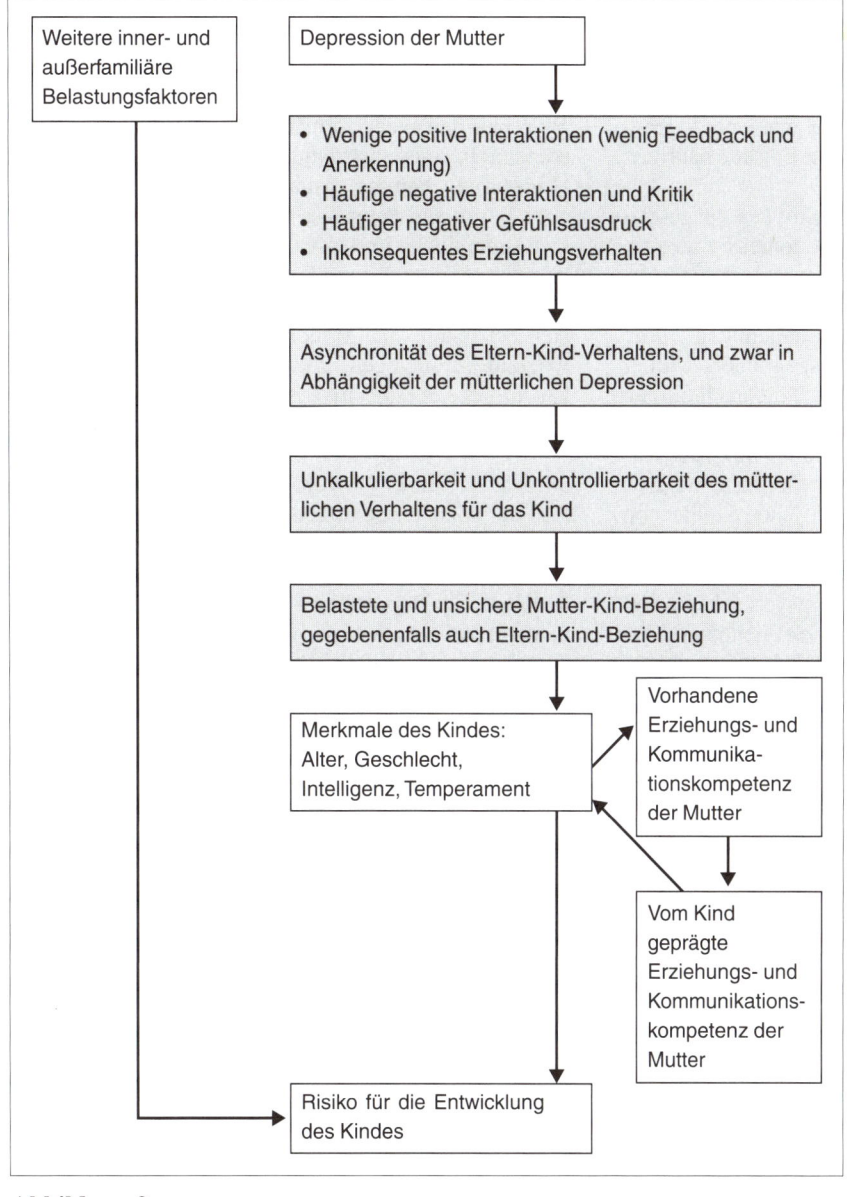

Abbildung 2:
Mütterliche Depression und kindliche Entwicklung.

hungen zu Gleichaltrigen als Schutzfaktor; dies ist besonders dann der Fall, wenn die Beziehung zu den Eltern beeinträchtigt ist (Petersen et al., 1991; Sarigiani, Wilson, Petersen & Vicary, 1990).

Weiterhin lassen sich noch einige unspezifische Risikofaktoren für die Entwicklung einer depressiven Störung nennen (vgl. Lewinsohn et al., 1994):

- Bereits bestehende psychische Auffälligkeiten,
- spezifische Denkmuster wie beispielsweise eine pessimistische Haltung,
- ein gering ausgeprägtes Selbstwertgefühl sowie Selbstbeschuldigungen und
- auffällige somatische Symptome.

Kritische Lebensereignisse. Solche Ereignisse wurden mit dem erstmaligen Auftreten depressiver Störungen sowie mit Rückfällen in Zusammenhang gebracht. In Studien mit Erwachsenen konnte gezeigt werden, daß bei bis zu 70 % der Betroffenen dem Beginn ihrer Depression ein bedeutsames kritisches Lebensereignis vorausgegangen war (Goodyer, 1999). In einigen Studien mit depressiven Kindern und Jugendlichen fand man ebenfalls einen signifikanten Zusammenhang zwischen kritischen

Kontakt zu Gleichaltrigen. Depressive Kinder zeigen in der Vorpubertät deutliche Probleme in sozialen Beziehungen mit Geschwistern und Freunden; sie pflegen weniger Kontakt zu Freunden, werden von ihnen wenig sozial unterstützt (Lewinsohn et al., 1994) und von Gleichaltrigen häufig gehänselt (Kusch & Petermann, 1997). Geringere Nähe zum sogenannten besten Freund, weniger Kontakt zu Freunden und häufigere Erfahrung von Ablehnung (Vernberg, 1990) hängen scheinbar mit Depression und depressiven Symptomen zusammen.

Während schlechte Beziehungen zu Gleichaltrigen zwar einen Risikofaktor für Depression im frühen Jugendalter darstellen, scheinen gute soziale Beziehungen in diesem Alter nicht vor Depression zu schützen. Im Verlauf der Adoleszenz wirken jedoch enge Bezie-

Lebensereignissen und Depression. Depressive Jugendliche waren vor dem Ausbruch der Depression häufiger kritischen Lebensereignissen ausgesetzt als Jugendliche aus Kontrollgruppen (Goodyer, 1999; Goodyer, Cooper, Vize & Ashby, 1993). Ein hohes Depressionsniveau war mit besonders einschneidenden Lebensereignissen verbunden, wie etwa „Arbeitslosigkeit eines Familienmitgliedes" oder „Beenden einer gegengeschlechtlichen Freundschaft" (Adams & Adams, 1991). Auch in der Bremer Jugendstudie berichteten Depressive über mehr kritische Lebensereignisse, aber auch mehr negative Lebensbedingungen. Jugendliche mit wiederholt auftretender Depression – im Vergleich zu Jugendlichen mit einer einzelnen depressiven Episode – wiesen eine wesentlich höhere Anzahl kritischer Lebensereignisse auf (Essau & Petermann, 1998). Bei getrennter Analyse der Daten nach Lebensereignissen und Lebensbedingungen wurde deutlich, daß die Jugendlichen mit wiederholter Depression eine höhere Anzahl chronischer negativer Lebensbedingungen angegeben hatten, als die Jugendlichen mit einer einzelnen depressiven Episode. Allerdings waren kritische Lebensereignisse bei Jugendlichen mit einer einzelnen depressiven Episode häufiger.

Bei Kindern, die einem hohen Streßniveau ausgesetzt waren, stieg die Wahrscheinlichkeit depressiv zu werden besonders dann, wenn die Mütter sich selbst in einer depressiven Episode befanden (Hammen & Goodman-Brown, 1990). Folgender Zusammenhang wurde vermutet: Eine stimmungsmäßig ausgeglichene Mutter hilft ihrem Kind mit ihrer Gegenwart, die nachteiligen Effekte von Stressoren abzubauen. Dies ist für depressive Mütter nicht mehr selbstverständlich möglich, was das Risiko für ein Kind erhöht, eine Depression durch Streßeinwirkung zu entwickeln. In einer Studie von Goodyer et al. (1993) waren Jugendliche von psychisch kranken Müttern häufiger kritischen Lebensereignissen ausgesetzt als jene, deren Mütter psychisch gesund waren. Dies kann zumindest *dreierlei* bedeuten: *Erstens* treten in diesen Familien mehr kritische Lebensereignisse auf, welche zur psychischen Erkrankung der Mutter beitragen und ebenso auf die Kinder der Familie einwirken. *Zweitens* ruft die psychische Erkrankung der Mutter mehr kritische Lebensereignisse für die Kinder hervor (z. B. wenn mit einem Krankenhausaufenthalt der Mutter eine Fremdunterbringung für das Kind verbunden ist). Und *drittens* können die Kinder die „natürlich auftretenden" kritischen Lebensereignisse (z. B. einen Schulwechsel oder Wohnungsumzug) nicht selbstverständlich bewältigen, da die depressiven Mütter für ihre Kinder hierbei keine Hilfe sind. Durch die mangelnde Unterstützung wird die negative Wirkung von Stressoren nicht reduziert, sondern führt langfristig wahrscheinlich zu Auswirkungen, wie beispielsweise schlechten Schulleistungen, die ihrerseits zu Stressoren werden können; dadurch erhöht sich wiederum die Zahl der kritischen Lebensereignisse. Somit führen sowohl psychische Störungen der Mutter als auch vermehrte kritische Lebensereignisse zu einem deutlich erhöhten Risiko für Depression bei Jugendlichen.

Trotz eines klar erkennbaren Zusammenhangs zwischen kritischen Lebensereignissen und Depression ist wenig darüber bekannt, welche spezifischen Merkmale eines Ereignisses das Depressionsrisiko erhöhen. In Studien mit Erwachsenen wurden Aspekte untersucht, die besonders stark mit Depression assoziiert sein könnten und die Merkmale Unkontrollierbarkeit sowie unerwartete Ereignisse als relevant eingeschätzt. Im Hinblick auf Kinder und Jugendliche stehen derartige Studien noch aus. Andere Autoren betonen vor allem individuelle Unterschiede in der Wahrnehmung und Bewertung von Streß (Lazarus, 1995). Hierbei nehmen kognitive Prozesse eine zentrale Rolle ein. Lazarus zufolge hängt die Wahrnehmung von Streß sowohl von den Anforderungen der Umwelt als auch von den Ressourcen des Individuums ab, diese Anforderungen zu bewältigen. Streß resultiert aus einem Ungleichgewicht zwischen den beiden Polen Anforderung versus Ressourcen. In Übereinstimmung mit diesem theoretischen Hintergrund konnten Adams und Adams (1991) wie auch Essau und Petermann (1998) zeigen, daß depressive Jugendliche im Umgang mit einschneidenden Lebensereignissen mit größerer Wahrscheinlichkeit ungünstiges Bewältigungsverhalten zeigen, zum Beispiel sich betrinken, sich zurückziehen oder von zu Hause weglaufen; hingegen nutzen nur schwach depressive Jugendliche eher positive Alternativen, wie die Bedeutung des kritischen Lebensereignisses zu relativieren.

Soziale Herkunft. Obwohl bei Erwachsenen der Einfluß der sozialen Schicht auf die Entwicklung der Depression gut dokumentiert ist, fallen die Ergebnisse bei Kindern und Jugendlichen widersprüchlich aus. Höhere Raten für Depression wurden für Jugendliche mit niedrigerem sozioökonomischen Status berichtet (Reinherz et al., 1993). Whitaker et al. (1990) konnten keine signifikanten Unterschiede der Depressionsraten in Bezug auf den sozioökonomischen Status bei Jugendlichen feststellen. Eine Studie von Berney et al. (1991) dagegen zeigte, daß depressive Kinder sogar eine höhere soziale Herkunft aufweisen. Möglicherweise ist der sozioökonomische Status kein nützliches Merkmal zur Erklärung der Depression, weil es sehr unterschiedlich erfaßt wird. Soziale Nachteile eines niedrigen sozioökonomischen Status' können sich in geringem Einkommen, niedrigem Ausbildungsniveau der Eltern, chronischem Streß etc. ausdrücken.

In sogenannten *integrativen Modellen* wird das Auftreten von Depression sowohl als ein Ergebnis umweltbedingter als auch dispositioneller Faktoren erklärt (Lewinsohn, Hoberman, Teri & Hautzinger, 1985). Situative Faktoren sind wichtige *Auslöser* einer Depression, und kognitive Faktoren sind *Mittler* zwischen Umweltereignissen und deren Wirkung. So können kritische Lebensereignisse auf hormonelle Bedingungen treffen, die eine Depression begünstigen und damit die Erkrankung auslösen. Der Ausbruch der Depression wirkt sich in der Regel auf die Umwelt beziehungsweise persönlichen Beziehungen aus. Dies führt wiederum dazu, daß positive Erfahrungen reduziert werden oder sogar aversive an ihre Stelle treten. Erkennt eine depressive Person den Zusammenhang zwischen ihrer Erkrankung und den Reaktionen ihrer Umwelt, dann erklärt sie dies eventuell als Versagen und kann damit internalen Standards nicht gerecht werden. Die Selbstbewertung führt konsequenterweise zu erhöhter Dysphorie und anderen depressiven Symptomen. Somit sind depressive Episoden nach diesem Modell das Ergebnis vielfältiger Ereignisse und Prozesse.

5 Interventionsverfahren

Die am meisten angewandten Behandlungsmethoden bei depressiven Kindern und Jugendlichen sind zum einen Pharmakotherapien und zum anderen kognitive sowie behaviorale Interventionen. Die Wirksamkeit dieser Maßnahmen ist in einigen empirischen Studien untersucht worden.

Die Behandlung von Depression bei Kindern und Jugendlichen kann als dreiphasiger Prozeß beschrieben werden (Kutcher, 1999). Die *erste Phase* umfaßt die Diagnosestellung, die Erfassung der Symptome, die Aufklärung des Patienten und seiner Familie im Hinblick auf die Störung, die Beurteilung der mit der Störung einhergehenden Schwierigkeiten sowie die Auswahl spezifischer Vorgehensweisen der Behandlung (Kasten 4). In der *zweiten Phase* werden die ausgewählten Behandlungsverfahren umgesetzt, um der Symptomatik entgegenzuwirken und störungsspezifische Probleme zu verringern. Die *dritte Phase* dient der Evaluation der Behandlungsfortschritte sowie möglicherweise der Umformulierung der Behandlungsziele sowie eventuell der Veränderung der Behandlungsmethoden.

Kasten 4:
Behandlungsphasen bei Depression.

Phase 1: Diagnostik und Behandlungsplanung
- Diagnose und Symptomerfassung
- Aufklärung des Kindes beziehungsweise Jugendlichen und seiner Familie im Hinblick auf die Störung sowie mögliche Formen einer Behandlung
- Erfassung des psychosozialen Funktionsniveaus (sozialer, schulischer und familiärer Bereich)
- Erfassung des Suizidrisikos

Phase 2: Durchführung der Behandlung
- Pharmakotherapie
  - Tricyklische Antidepressiva (TCA)
  - Selektive Serotonin-Wiederaufnahme-Hemmer (SSRI)
- Psychologische Interventionen
  - kognitiv-behaviorale Strategien
  - Familientherapie
- Kombination von Psychotherapie mit medikamentöser Behandlung

Phase 3: Evaluation, Modifikation der Behandlung, Festlegung des weiteren Vorgehens
- möglichst acht bis zehn Wochen nach Behandlungsbeginn
- Erfassung der Symptome und der damit verbundenen Schwierigkeiten

Im folgenden wird kurz auf die Pharmakotherapie und ausführlich auf die psychologischen Interventionen aus der zweiten Phase eingegangen. Neben einer Übersicht über einzelne psychologische Behandlungstechniken werden komplexe Interventionsprogramme vorgestellt.

5.1 Pharmakotherapie

Pharmakotherapeutische Maßnahmen bei Kindern und Jugendlichen sind am ehesten bei schweren und akuten depressiven Verstimmungen angezeigt. Aber auch bei dieser Sachlage sollten pharmakologische Interventionen ausschließlich eine ergänzende Rolle im Rahmen einer umfassenden psychotherapeutischen Behandlung spielen (Eggers & Stage, 1994).

Tricyklische Antidepressiva. Die meisten pharmakologischen Studien im Rahmen der Behandlung von Depression bei Kindern und Jugendlichen konzentrieren sich auf tricyklische Antidepressiva (TCA) wie beispielsweise Imipramin, Amitriptylin, Nortriptylin und Desipramin. Eine Reihe von Doppel-Blind-Studien, in denen Depression mit TCA-Medikamenten behandelt wurde, haben nicht belegen können, daß diese einem Placebo-Medikament überlegen waren (Boulos et al., 1991). Hughes et al. (1990) haben gezeigt, daß Imipramin bei Kindern mit Depression und Ängsten besser wirkte, als bei Kindern mit Depression und Verhaltensstörungen. Die Behandlung mit TCA-Medikamenten scheint prinzipiell dann weniger effektiv zu sein, wenn neben der Depression komorbide Störungen vorhanden sind. Auch scheint die Behandlung mit TCA-Medikamenten bei depressiven Jugendlichen weniger wirksam zu sein als bei Kindern. Neben dem Schweregrad der depressiven Störung könnte dafür der Unterschied zwischen Kindern und Erwachsenen hinsichtlich des Gleichgewichtes cerebraler Neurotransmitter, auf die Antidepressiva wirken (Strober, Freeman & Rigali, 1990), verantwortlich sein.

TCA-Medikamente können eine Reihe von Nebenwirkungen wie Schläfrigkeit, Übelkeit, Verstopfung und Mundtrockenheit verursachen. Aus diesem Grund sollte ein TCA-Medikament nur bei Kindern und Jugendlichen mit schweren Depressionen oder bei solchen verwendet werden, die auf andere Behandlungsmethoden nicht ansprechen. Weitere ernste Nebenwirkungen bei der Behandlung mit Imipramin äußern sich in zunehmenden negativen Reaktionen, wie zum Beispiel einer erhöhten Gereiztheit und Aggression (Kutcher, 1999).

Serotonin-Wiederaufnahme-Hemmer. Am besten belegt ist die Wirksamkeit und Verträglichkeit der pharmakologischen Depressionsbehandlung Jugendlicher mit der Gruppe der selektiven Serotonin-Wiederaufnahme-Hemmer, einschließlich Fluoxetin, Fluvoxamin, Setralin und Paroxetin. Zahlreichen Studien zufolge sprechen 60 bis 75 % der Behandelten auf diese Medikamente an (Kutcher, 1999). Bisherige Ergebnisse sprechen dafür, daß Serotonin-Wiederaufnahme-Hemmer bei früh einsetzenden affektiven Störungen besonders vorteilhaft sind. Abgesehen von ihrer Wirksamkeit werden sie auch besser toleriert als tricyklische Antidepressiva; darüber hinaus ist eine Überdosis weitaus ungefährlicher.

5.2 Psychologische Interventionen: Eine Übersicht

Aufgrund der heterogenen Entstehungsbedingungen der Depression scheint eine Integration unterschiedlicher Interventionen unumgänglich zu sein (Weisz, Valeri, McCarty & Moore, 1999). So sollten sowohl spezifische Störungsmerkmale auf Seiten eines Kindes beziehungsweise Jugendlichen geändert als auch prädisponierende und aufrechterhaltende Bedingungen in der Lebensumwelt modifiziert werden (Hautzinger, 2000). Da kognitive, verhaltensbezogene sowie soziale Aspekte bei der Genese, Aufrechterhaltung und Veränderung der Depression eine bedeutsame Rolle spielen (Eggers & Stage, 1994), müssen diese im Rahmen einer Therapie berücksichtigt und aufgegriffen werden. Mögliche Ziele einer Intervention können sich auf folgende Bereiche beziehen (vgl. Groen & Petermann, 1998, S. 358):

- Vermittlung von Verständnis für die eigene Erkrankung,
- Aufbau von Selbstsicherheit,
- Modifikation negativer sowie eingeschränkter Wahrnehmungs- und Bewertungsstrategien,
- Stärkung von vorhandenen sozialen Kompetenzen,
- Ausbildung von Problemlösekompetenzen,
- Minimierung von Belastungen im familiären und sozialen Umfeld des Patienten,
- Stärkung der Kommunikations- und Interaktionskompetenzen in der sozialen Umwelt und in der Familie,
- Strukturierung des Alltags und
- Förderung von positiven Aktivitäten beziehungsweise Erfahrungen sowie Erfolgserlebnissen.

Die Auswahl und Gestaltung der Intervention sollte sich dabei nach den individuellen Voraussetzungen eines Kindes beziehungsweise Jugendlichen, seiner Familie sowie der sozialen Umwelt richten (Hautzinger, 2000; Petermann & Petermann, 1996).

Bei der psychologischen Behandlung depressiver Kinder und Jugendlicher scheinen sich kognitiv – verhaltenstherapeutische Konzepte zu bewähren; hinsichtlich ihrer Effektivität liegen eine Reihe von positiven Ergebnissen vor (Hautzinger, 2000). Bei den derzeit verwendeten verhaltenstherapeutischen Techniken zur Behandlung von Depression im Kindes- und Jugendalter handelt es sich in der Regel um Interventionsverfahren, die bei Erwachsenen erfolgreich eingesetzt werden und an die Behandlung von Jugendlichen sowie teilweise auf die Therapie von Kindern adaptiert

wurden. Die einzelnen Interventionstechniken werden im Sinne einer multimodalen Behandlung meistens miteinander kombiniert (vgl. Groen & Petermann, 1998, S. 359; Hautzinger, 2000).

Selbstkontrolltherapie. Dieses Vorgehen basiert auf lernpsychologischen Prinzipien, wobei Selbstverstärkung angewendet wird, um erfolgreiche Handlungen zu initiieren (Antonucci, Ward & Tearnan, 1989). Selbstverstärkung, das heißt die positive Bekräftigung oder Bestrafung eigenen Verhaltens, setzt eine gezielte Beobachtung und eine an selbstgewählten Standards orientierte Bewertung eigenen Handelns voraus. Die Abfolge von

- Selbstbeobachtung,
- Selbstbewertung und
- Selbstverstärkung

bezeichnet man in der Lernpsychologie als Selbstkontrolle. Die klinische Anwendung dieser Prinzipien wird als Selbstkontrolltherapie bezeichnet.

Die Selbstkontrolltherapie verläuft strukturiert und wird häufig in Gruppen durchgeführt; sie gliedert sich in drei Teile, die sich auf die typischen Defizite bei depressiven Personen beziehen. In der *Phase der Selbstbeobachtung* werden die Patienten gebeten, täglich ihre positiven Erfahrungen sowie die damit verbundenen Stimmungen zu protokollieren. In der *Phase der Selbstbewertung* werden die Patienten angeleitet, sich verschiedene Ziele zu setzen und zwar im Hinblick auf positive Aktivitäten, aber auch allgemein bezüglich spezifischer Pläne und Vorhaben. In der *Phase der Selbstverstärkung* werden die Patienten darauf hingewiesen, persönliche Verstärker zu erkennen und sie für sich zu nutzen, das heißt sich selbst zu belohnen, wenn sie ihre einzelnen Ziele erreicht haben. Eine ungünstige Selbstbewertung, die auf überhöhten selbstgewählten Standards basiert, muß modifiziert werden, um die bei Depressiven häufig vorfindbaren Mechanismen der Selbstbestrafung abzubauen.

Kognitive Therapie. Dieser Ansatz setzt an der Wahrnehmung an, da diese den affektiven Zustand einer Person entscheidend beeinflußt. Die Nähe zur Selbstkontrolltherapie ist erkennbar. In der kognitiven Therapie soll Patienten vermittelt werden, daß:

- ihr emotionaler Streß aus Form und Inhalt ihrer Denkstile resultiert,
- sie lernen können, negative Denkstile zu erkennen und zu beobachten,
- sie ihre Gedanken verändern können, damit sie systematischer und realitätsnäher werden (Beck, Rush, Shaw & Emery, 1994).

Die Techniken der kognitiven Therapie nach Beck bestehen unter anderem aus kognitiver Umstrukturierung sowie Identifizierung und Hinterfragen negativer Schemata (vgl. Hautzinger, 2000; siehe im Abschnitt 4.2

den Aspekt „kognitive Faktoren"). Die kognitive Umstrukturierung automatischer negativer Gedanken wird damit begonnen, daß die Patienten den Zusammenhang zwischen ihren Gedanken und ihren Gefühlen beobachten und erkennen sollen; sie sollen Erlebnisse, die bei ihnen Emotionen auslösen, protokollieren; ebenso werden die damit verbundenen negativen Gedanken aufgezeichnet. Im nächsten Schritt werden die Patienten aufgefordert, jeden negativen Gedanken zu hinterfragen. Fragetechniken dazu sind zum Beispiel:

„Gibt es eine Verzerrung?"
„Wie ist dieser Gedanke beweisbar?"
„Kann man diesen Sachverhalt auch anders sehen, und wenn ja, wie?"

Das mit den Fragestrategien verfolgte Ziel besteht darin, jeden dysfunktionalen Gedanken durch einen realistischen zu ersetzen.

Problemlösetraining. Da viele depressive Kinder und Jugendliche mangelnde Fähigkeiten und Fertigkeiten bei der Auseinandersetzung mit Problemsituationen zeigen, wird eine Optimierung von Problemlösekompetenzen angestrebt (vgl. Groen & Petermann, 1998, S. 360).

Mit solchen Ansätzen werden *vier Ziele* verfolgt:

- Depressiven Personen soll geholfen werden, vergangene und zukünftige Alltagssituationen zu erkennen, die die depressive Episode wahrscheinlich herbeigeführt haben.
- Sie sollen befähigt werden, die negativen Auswirkungen bestehender depressiver Symptome auf gegenwärtiges und zukünftiges Verhalten zu minimieren.
- Sie sollen in die Lage versetzt werden, Probleme im Alltag effektiver zu lösen.
- Depressive Personen sollen allgemeine Fertigkeiten lernen, damit sie mit zukünftigen Problemen besser umgehen können und dadurch vor depressiven Reaktionen mehr geschützt sind (Nezu, Nezu & Peri, 1989).

Damit Patienten diese Ziele erreichen, berücksichtigt ein Problemlösetraining die oben ausgeführten Komponenten des Problemlösens (vgl. Abschnitt 4.2). Dazu werden eine Reihe kognitiver und behavioraler Techniken angewendet, wie Instruktion und Prompting, Modellernen, kognitives Einüben, Hausaufgabentechnik, Shaping, Verstärkung und Verhaltensrückmeldung.

Training sozialer Fertigkeiten. Dieser Ansatz geht davon aus, daß depressive Personen durch ihre Passivität und Initiativelosigkeit soziale Fertigkeiten verloren haben oder daß sie nie über solche Verhaltensweisen verfügt haben (Petermann & Petermann, 2000). Deshalb zählt ein Training sozialer Fertigkeiten gerade bei Kindern und Jugendlichen zu den psychologischen Standardmethoden; die meisten Behandlungsprogramme

erstrecken sich über zehn bis fünfzehn Wochen, in der Regel mit einer einstündigen Sitzung. Dieser Behandlung können, nachdem sie abgeschlossen ist, weitere Sitzungen über einen längeren Zeitraum verteilt folgen, um die erzielten Effekte langfristig zu stabilisieren.

Die Struktur der Programme konzentriert sich meistens auf drei Fertigkeitsbereiche:

- *Negative Selbstbehauptung.* Der Patient wird darin trainiert, entweder Ansprüche anderer zurückzuweisen oder Kompromisse zu verhandeln und zu finden.
- *Positive Selbstbehauptung.* Patienten lernen, positive Gefühle anderen gegenüber auszudrücken.
- *Konversationsfertigkeiten.* Patienten lernen, wie sie ein Gespräch beginnen, fortsetzen und beenden können, wie sie Fragen stellen und eine angemessene Selbstöffnung praktizieren können.

Solche auf die Interaktion bezogene Kompetenzen nennt man soziale Fertigkeiten, die situationsbezogen in Rollenspielen mit Kindern und Jugendlichen eingeübt werden. Die Fertigkeiten müssen dann schrittweise auf den Alltag sowie auf verschiedene Situationen übertragen werden. In einem solchen Programm wird, wie zum Beispiel im „Training mit sozial unsicheren Kindern" von Petermann und Petermann (2000), für verschiedene Alltagssituationen sozial sicheres (kompetentes) Verhalten eingeübt. Die Situationen beziehen sich auf den Kontakt mit unterschiedlich vertrauten Personen (Familienmitglieder, Freunde, Fremde) und entsprechende soziale Anforderungen (zu Hause, Freizeit, Schule). Für jede soziale Situation können die folgenden vier Komponenten trainiert werden:

- Soziale Fertigkeiten einschließlich spezifischer Reaktionsmöglichkeiten werden trainiert.
- Es wird die soziale Wahrnehmung trainiert, das heißt, die Bedeutung verschiedener sozialer Signale wird gelernt. Die Aufmerksamkeit für bedeutende Aspekte in einer Interaktion wird erhöht; und schließlich soll die Fähigkeit aufgebaut werden, die Folgen sozialen Handelns genau vorauszusagen (Petermann & Petermann, 2000).
- Nachdem diese Basisfertigkeiten vermittelt wurden, werden die neuen Verhaltensweisen in verschiedenen Situationen des Alltags eingeübt.
- Schließlich wird ein Kind angeleitet, sein Verhalten und seine Reaktionen selbst realistisch zu bewerten und sich in angemessener Form selbst zu verstärken.

Operante Methoden. Da negative Erfahrungen und das Fehlen von Erfolgserlebnissen an der Entstehung und vor allem an der Aufrechterhaltung der Depression beteiligt sind, sollen solche Erfahrungen und Verhaltensweisen, die mit negativen Stimmungen gemeinsam auftreten, vermindert und solche, die mit positiver Stimmung in Beziehung stehen, verstärkt werden. Dabei werden bereits kleine Erfolge bei der Überwindung negativer Emotionen und der Steigerung aufmunternder Verhaltensweisen verstärkt (Groen & Petermann, 1998, S. 359).

Veränderung der psychosozialen Lebensbedingungen. Da sich eine Depression oft im Kontext belastender familiärer und sozialer Umstände entwickelt und die oben angeführten therapeutischen Maßnahmen generell wirkungsvoller unter Einbezug der Familie verwirklichen lassen, ist die Beteiligung des sozialen Umfeldes an der Therapie depressiver Kinder und Jugendlicher unbedingt notwendig. So sollten die Familienmitglieder für die Probleme des depressiven Kindes beziehungsweise Jugendlichen sensibilisiert werden und dabei helfen, Belastungen zu minimieren sowie durch eine offene Kommunikation und differenzierte Verstärkung die depressive Symptomatik zu reduzieren (Groen & Petermann, 1998, S. 360).

5.3 Komplexe psychologische Interventionsprogramme

- **Primary and Secondary Control Enhancement Training Program (PASCET)**. Das PASCET-Programm (Weisz, Thurber, Sweeney, Proffitt & Le Gagnoux, 1997) basiert auf kognitiv-verhaltenstherapeutischen Interventionselementen. Theoretisch orientiert es sich am Zwei-Prozeß-Kontrollmodell (Weisz, Rothbaum & Blackburn, 1984). Diesem Modell zufolge bedeutet primäre Kontrolle, objektive Bedingungen nach eigenen Wünschen zu gestalten, um eine Belohnung zu erhalten oder um Bestrafung zu vermeiden. Sekundäre Kontrolle bedeutet im Gegensatz dazu die eigene Anpassung an objektive Bedingungen, um eine Belohnung zu erhalten oder Bestrafung zu vermeiden. Es wird argumentiert, daß eine Depression vermindert werden kann, indem man lernt, primäre Kontrolle in veränderbaren Situationen und sekundäre Kontrolle in den Situationen auszuüben, die nicht veränderbar sind (Weisz et al., 1997).

Das PASCET umfaßt 14 Einzelsitzungen je 45 Minuten mit einem Kind und zwei Sitzungen mit den Eltern (Tab. 7). Das Vorgehen soll näher beschrieben und einige Materialien wiedergegeben werden:

- *Einzelsitzungen mit dem Kind.* Die Kinder werden in einer Einzeltherapie behandelt. Für die ersten neun Sitzungen ist das Programm festgelegt, die folgenden fünf Sitzungen werden auf die Bedürfnisse eines Kindes zugeschnitten. In einem illustrierten Übungsbuch für Kinder sind die Aktivitäten der Sitzungen wie Rollenspiele, Spiele, Video und Hausaufgaben detailliert aufgelistet. In den Sitzungen werden primäre und sekundäre Kontrolle als Bewätigungsstrategien für Situationen, die oft mit Depression bei Kindern in Verbindung stehen, gelernt und geübt.

- *Sitzungen mit den Eltern.* Die Behandlung umfaßt zwei Einzelsitzungen mit den Eltern, wovon eine zu Beginn der Behandlung und eine weitere später im Verlauf der Behandlung stattfindet. Die Hauptziele sind
  - die Eltern über das Programm zu informieren,
  - die elterliche Sicht über das Kind kennenzulernen und
  - dem Therapeuten zu ermöglichen, Hinweise zur Entstehung und zu den aufrechterhaltenden Bedingungen der Erkrankung zu sammeln.

Tabelle 7:
Die Sitzungsinhalte des PASCET-Programms.

1. Sitzung	**Einführung in das PASCET-Programm.** In dieser Sitzung soll sowohl eine persönliche Beziehung zum Kind aufgebaut als auch über den Sinn und den Prozeß dieser Sitzung diskutiert werden. Zu den Sitzungen gehören auch die Anweisungen aus dem Übungsbuch, Belohnungen, eine regelmäßige Teilnahme und Elterngespräche am Sitzungsende. Außerdem werden die Gründe und „Symptome" des sich Wohl- und Schlechtfühlens erörtert.
2. Sitzung	**Angenehme Aktivitäten unternehmen.** Während der zweiten Sitzung werden die folgenden Themen diskutiert: • Die Beziehung zwischen den Aktivitäten, die man unternehmen kann und wie man sich dabei fühlt (wobei die Verknüpfung zwischen angenehmen Aktivitäten und dem Sich-Wohlfühlen besonders betont wird). • Aktivitäten mit Personen, die man besonders mag, unternehmen. • Sich mit außerhäuslichen Aktivitäten beschäftigen, um sich abzulenken. • Anderen Menschen helfen; hierdurch erhält der Helfer positives Feedback.
3. Sitzung	**Entspannungsverfahren.** Bei der dritten Sitzung lernt man sich zu entspannen: Es wird den Kindern durch „Ruhigbleiben" und sich entspannen die Möglichkeit gegeben, Empfindungen bei Streß positiv zu beeinflussen. Es werden zwei Arten von Entspannung vermittelt: Ein komplexes Entspannungsverfahren (z. B. die progressive Muskelentspannung) und zeitlich kürzere Entspannungsübungen (z. B. imaginative Verfahren).

4. Sitzung	**Positive Selbstdarstellung.** In dieser Phase soll das Kind lernen, wie es sich selbst auf eine positive und optimistische Weise im Umgang mit anderen präsentiert. Das Kind wird auf Video aufgenommen, während es versucht, sich traurig und negativ zu verhalten; bei der zweiten Aufnahme soll sich das Kind dann positiv präsentieren. Diese Aufnahmen werden gemeinsam besprochen und bewertet.
5. Sitzung	**Talente und Fertigkeiten entwickeln.** Hier wird darüber diskutiert, daß viele Fertigkeiten erlernt werden können. Während der Sitzung werden drei Schritte erörtert, wie man positive Fertigkeiten entwickeln kann: • sich ein Ziel setzen, z. B. eine bestimmte Fähigkeit zu erreichen, die man erlangen will; • kleine Schritte planen, die dazu nötig sind, um dieses Ziel zu erreichen; • solange üben, bis man die kleinen Schritte beherrscht und das Ziel erreicht ist.
6. Sitzung	**Positiv Denken – Negatives Denken nicht erlaubt.** Es soll gelernt und geübt werden, negative Gedanken zu erkennen und sie durch positive zu ersetzen.
7. Sitzung	**Gute Dinge tun, wenn schlechte Dinge passieren.** In dieser Sitzung liegt der Schwerpunkt darauf, zu erkennen, daß die meisten Lebenserfahrungen – auch die negativen – sowohl gute als auch schlechte Seiten haben. Ob man sich dabei gut oder schlecht fühlt, hängt wesentlich davon ab, welche Seite man in den Vordergrund rückt.
8. Sitzung	**Kombination primärer und sekundärer Kontrolle: Ideen, um sich gut zu fühlen.** Hier handelt es sich darum, daß verschiedene Ideen und Methoden bei der Bewältigung von schlechten Gefühlen ausprobiert werden sollen, um positive Gedanken zu entwickeln. Ein anderes Ziel dieser Sitzung ist es, dem Kind Erfahrungen als eine Art „Stimmungsdetektiv" zu vermitteln, um herausfinden zu können, was eine schlechte Stimmung verursacht und wie man sie in positive Gefühle umwandeln kann.
9. Sitzung	**Zusammenfassung der Sitzungen 1 – 8**
10.-14. Sitzung	**Individuell zugeschnittene Sitzungen zum Üben der während der Behandlung erworbenen Fähigkeiten**

In all diesen Sitzungen werden ausgewählte Videoszenen gezeigt, um die Themen der Sitzungen zu veranschaulichen. Es wird ebenfalls ein Quiz über das Hauptthema gegen Sitzungsende durchgeführt, um sicherzugehen, daß das Kind den jeweiligen Inhalt verstanden hat; zum Sitzungsende werden auch die Übungsaufgaben des Kindes für die nächste Woche besprochen. Die Eltern sollen dazu ermuntert werden, das Kind bei dem Übungsprogramm zu unterstützen.

Kasten 5:
Ein Beispiel für einen Tagesbericht des PASCET.

Ich zeige mich von meiner guten Seite

Tag 1

An welchem Tag war das?

_____

Mit wem habe ich gesprochen?

_____

Was haben wir gemacht oder worüber haben wir gesprochen?

_____

Was habe ich getan, um mich von meiner guten Seite zu zeigen?
Kreuze die Dinge an, die Du getan hast!

❏ 1. Dem Gesprächspartner in die Augen gesehen.

❏ 2. Gerade gesessen oder gestanden.

❏ 3. Gelächelt.

❏ 4. Mit klarer Stimme geredet, laut genug, daß mein Gesprächspartner mich gut verstehen konnte.

❏ 5. Mit fröhlicher, selbstbewußter Stimme gesprochen.

❏ 6. Positiv über die Dinge gesprochen, die ich tue.

Was ich gesagt habe:

_____

❏ 7. Positiv über andere Menschen gesprochen.

Was ich gesagt habe:

_____

Kasten 6:
Ein weiteres Beispiel für einen Tagesbericht des PASCET.

Gute Dinge, die man tun kann, wenn schlechte Dinge passieren

1. EINEN FREUND UM HILFE BITTEN
„Wenn wir Probleme haben, dann können wir einen Freund um Hilfe bitten. Wenn etwas Schlimmes passiert ist, kann es eine große Hilfe sein, mit jemanden zu reden, dem wir vertrauen. Hier ist eine Liste von Menschen, mit denen ich reden kann, wenn etwas Schlimmes passiert".

Menschen, mit denen ich reden kann, wenn etwas Schlimmes passiert sind:

_____

_____

2. DAS GUTE DARAN ERKENNEN
„Alles Schlechte hat auch sein Gutes. Wenn etwas Schlimmes passiert ist, gibt es oft auch eine gute Seite daran oder etwas Positives, das sich daraus entwickeln kann. Wenn wir scharf nachdenken, können wir vielleicht diese gute Seite entdecken. Hier sind ein paar Beispiele von Situationen, in denen ich dachte, die Dinge wären schlecht; aber dann erkannte ich das Gute daran".

Situationen, von denen ich dachte, sie seien schlimm ... und das Gute, was ich daran erkannte habe.

- Die Situation: _____
- Das Gute daran: _____
- Die Situation: _____
- Das Gute daran: _____

3. SCHLECHTE GEDANKEN NICHT STÄNDIG WIEDERHOLEN
„Wenn etwas Schlechtes passiert, werde ich mich auch schlecht fühlen, wenn ich es mir immer und immer wieder durch den Kopf gehen lasse. Anstatt immer wieder darüber nachzudenken, hilft es mir, auf ein anderes Programm umzuschalten, wie bei einem Fernseher. Es ist besser, wenn ich mich auf etwas anderes konzentriere, damit ich nicht mehr an die negativen Dinge denken muß. Hier ist eine Liste von Dingen, die ich tun kann, um mich auf andere Gedanken zu bringen".

Dinge, die ich tun kann, um mich auf andere Gedanken zu bringen:

_____

_____

- **Adolescent Coping with Depression Course (CWD-A).** Eine Integration verschiedener kognitiv-verhaltenstherapeutischer Ansätze stellt der CWD-A für Jugendliche dar (Hautzinger, 2000). Der CWD-A wird als Gruppenprogramm für drei bis acht Jugendliche mit einer Dauer von acht Wochen mit jeweils 16 zweistündigen Trainingssitzungen veranstaltet. Aufgabe der Therapeuten ist es, die Selbstkontroll- und Selbstmanagementfertigkeiten der Betroffenen im Umgang mit der depressiven Erkrankung auszubilden beziehungsweise zu verbessern; dabei sollen mit den Teilnehmern folgende

Ziele verwirklicht werden (vgl. Groen & Petermann, 1998, S. 360):
- Vermitteln eines plausiblen Krankheitsbildes zum besseren Verständnis der eigenen emotionalen Befindlichkeit,
- Fördern sozialer Fertigkeiten, um selbstsicheres Verhalten zu stärken,
- Abbau negativer, unangemessener Kognitionen,
- Verbessern der sozialen Interaktion,
- Vermitteln von Strategien zur erfolgreichen Krisenbewältigung und
- Aufbau von Kommunikations- und Problemlösefertigkeiten.

Mit Hilfe spezifischer therapeutischer Techniken, wie zum Beispiel der protokollierten Selbstbeobachtung, Verhaltensübungen, Hausaufgaben, Videoaufzeichnungen, Gruppendiskussionen, Kommunikations- und Entspannungsübungen, sollen die Ziele des Trainingsprogramms verwirklicht werden. Bei den protokollierten Selbstbeobachtungen beispielsweise handelt es sich um (Lewinsohn et al., 1997a):
- ein Stimmungstagebuch,
- eine Liste angenehmer Tätigkeiten und Aktivitäten,
- ein Tagesprotokoll negativer Gedanken sowie
- eine Liste hilfreicher Gedanken.

Solche Materialien zur Selbstbeobachtung finden sich auch in anderen Behandlungsprogrammen, wie zum Beispiel von Stark, Swearer, Kurowski, Sommer und Bowen (1997) oder Petermann und Petermann (2000).

Neben dem Training mit Jugendlichen findet ein Elterntraining im Umfang von insgesamt neun Sitzungen statt. Mit dieser trainingsbegleitenden Intervention sollen diejenigen familiären Bedingungen geändert werden, die die depressive Symptomatik des Jugendlichen aufrechterhalten. Um dieses Ziel zu erreichen, werden vom Therapeuten zwei wesentliche Komponenten mit den Eltern bearbeitet:

- Übersicht über die den Jugendlichen im Training vermittelten therapeutischen Interventionsstrategien und

- Training in denselben kommunikativen und problemlösenden Verhaltensweisen, die den Jugendlichen vermittelt werden; damit wird das Ziel verfolgt, die Veränderungen im Verhalten des Jugendlichen zu stabilisieren.

- **Cognitive-behavioral Treatment Program for Depressed Youths.** Dieses Vorgehen wurde von Stark et al. (1997) entwickelt. Mit diesem Programm sollen Fähigkeiten der Selbstkontrolle, sozialen Kompetenz und kognitiven Umstrukturierung erworben werden. Das Programm besteht aus 30 Sitzungen und kann als Einzel- und als Gruppentherapie durchgeführt werden. Die wichtigsten Ziele des Trainings sind folgende:

  - Den Kindern wird durch Instruktionen, Modelllernen, Coaching, Üben und Feedback gezeigt, Problemlösungen in differenzierten Schritten zu vollziehen (vgl. zum Problemlösetraining oben). Dazu werden Brettspiele eingesetzt, um die Schritte zu veranschaulichen.
  - Entwicklung von Strategien, anhand derer die Kinder fehlangepaßte Kognitionen identifizieren und verändern können.
  - Das Erlernen von Methoden zur Veränderung fehlerhafter Informationsverarbeitung durch Selbstbeobachtung, Vermittlung positiver Erlebnisse und angenehmer Emotionen.
  - Veränderung automatischer Gedanken durch kognitive Umstrukturierung und Selbstinstruktion.
  - Veränderung dysfunktionaler Schemata.

  Ein begleitendes Elterntraining ist dazu bestimmt,
  - die Eltern über depressive Störungen aufzuklären;
  - den Eltern zu zeigen, wie zu Hause Belohnungsprogramme durchgeführt werden können, die Bewältigungsverhalten fördern sowie
  - den Eltern positive Verfahren des Verhaltensmanagements nahezubringen.

- **Interpersonal Family Therapy for Childhood Depression (IFT).** Schwartz, Kaslow, Racusin und Carton (1998) zeigen in zahlreichen Studien einen Zusammenhang zwischen dysfunktionalen Eltern-Kind-Interaktionen und kindlichen Verhaltensauffälligkeiten auf. Durch diese Ergebnisse ist die Anwendung familientherapeutischer Ansätze bei der Behandlung von kindlichen Verhaltensauffälligkeiten populär geworden. Wie bereits erwähnt, zeigen depressive Kinder oft Beeinträchtigungen in den Beziehungen zu ihren Eltern und Gleichaltrigen. Verglichen mit den nicht-depressiven Gleichaltrigen geben sie an, daß sie von ihrer Familie weniger Unterstützung bekommen, dafür aber um so mehr Konflikte auftreten würden. In Familien, bei denen die Mutter depressiv ist, wurde eine gereizte, dysfunktionale Kommunikation festgestellt. Diese wechselseitige Beziehung kann vielleicht die Entwicklung des kindlichen Selbstwertgefühls und effektiver Kommunikationsmuster verschlechtern so-

wie die kindliche Vulnerabilität für eine Depression erhöhen. Um sich diesen Problemen zuzuwenden, wurde die Interpersonelle Familientherapie entwickelt.

Die IFT von Schwartz et al. (1998) stellt ein Interventionsverfahren für Grundschulkinder dar. Es zielt darauf ab, positive Familieninteraktion zu fördern und das kognitive, affektive und soziale Zusammenspiel in der Familie zu verbessern. Das Programm beruht auf 16 Behandlungseinheiten (vgl. Tab. 8).

Tabelle 8:
Komponenten des IFT.

Sitzungen	Ziele / Strategien
1 und 2	• Diagnose des depressiven Kindes und seiner Familie
3	• Ausarbeitung eines Behandlungsplans mit der Familie • Informationsvermittlung über Depression
4	• Vermittlung von Strategien zur Linderung depressiver Symptome • Identifizierung von Verstärkern depressiver Reaktionen • Aufzeigen geeigneter Wege, mit Stressoren umzugehen
5 und 6	• Depressive kognitive Muster erkennen, hinterfragen und ändern
7 und 8	• Negative und positive Gefühle benennen und ausdrücken
9 und 10	• Förderung von Problemlösungsfähigkeiten und positiver Kommunikation in der Familie • Unterstützung bei der Entwicklung sozialer Fähigkeiten • Verbesserung der Beziehung zu Gleichaltrigen • Fördern angenehmer Aktivitäten mit Altersgenossen
11	• Erlernen und Praktizieren altersangemessenen Verhaltens
12 und 13	• Dysfunktionale familiäre Interaktionsmuster erkennen • Strukturelle Veränderungen des Familiensystems
14 bis 16	• Zusammenfassung und Einschätzung von Therapiefortschritten

In Studien, die kognitive und behaviorale Ansätze kombinieren, sind bei depressiven Jugendlichen signifikante Verbesserungen festgestellt worden (Fine, Forth, Gilbert & Haley, 1991; Lewinsohn et al., 1994).

In einem systematischen Vergleich stellten Weisz et al. (1999) fest, daß in verhaltensorientierten Therapien positivere Effekte erzielt wurden als in Gesprächstherapien. Der Erfolg verhaltensorientierter Ansätze wurde über eine Zeitspanne von bis zu sechs Monaten analysiert, wobei stabile Effekte registriert wurden. Dabei scheinen Kinder im Alter von elf bis dreizehn Jahren in einem wesentlich größeren Ausmaß von kognitiv-behavioralen Ansätzen zu profitieren als jüngere Kinder beziehungsweise Kinder mit einem geringen kognitiven Entwicklungsniveau (Döpfner, 1997).

Zusammenfassung

Depression ist bei Vorschulkindern selten und kommt in weniger als 1 % der Fälle vor. Bei Kindern im Schulalter liegt die Prävalenz von Depression bei etwa zwei und bei Jugendlichen bei bis zu 18 %. Die Prävalenz von Depression steigt also mit zunehmendem Alter an. Während bei Kindern keine Geschlechtsunterschiede auftreten, haben Mädchen im Jugendalter zwei- bis dreimal höhere Depressionsraten als gleichaltrige Jungen. Der Verlauf der Depression ist in vielen Fällen chronisch und anhaltend, die durchschnittliche Dauer der depressiven Episode beträgt etwa 30 Wochen. Depressive Kinder und Jugendliche weisen psychosoziale Beeinträchtigungen und schulische Probleme auf. Nach zwischenzeitlicher Genesung kommt es häufig zu Rückfällen. Nur eine geringe Anzahl von Kindern und Jugendlichen weisen eine reine Depression auf, das heißt die Komorbidität von Depression mit anderen psychischen Störungen ist hoch. Die Störungen, die am meisten mit Depression assoziiert auftreten, sind Angststörungen, Störungen des Sozialverhaltens und Störungen in Zusammenhang mit Substanzmißbrauch.

Angesichts der schlechten Prognose und der potentiell ernsten Langzeitfolgen von Depression bei Kindern und Jugendlichen wurde eine Reihe von psychologischen Interventionsverfahren entwickelt. Die bei depressiven Jugendlichen angewandten psychologischen Interventionsverfahren schließen unter anderem Selbstkontrolltherapie, Training sozialer Fertigkeiten und Problemlösetraining mit ein. Zahlreiche Interventionsmaßnahmen wurden für Kinder und Jugendliche entwickelt, wozu das „Primary and Secondary Control Enhancement Training Program", „Adolescent Coping with Depression Course", „Cognitive-behavioral Treatment Program for Depressed Youths" sowie die „Interpersonal Family Therapy for Childhood Depression" gehören. In den wenigen Studien, in denen diese psychologischen Interventionen systematisch eingesetzt wurden, besserten sich die depressiven Symptome.

Verständnisfragen

1. Mit welchen Störungen tritt Depression bei Kindern und Jugendlichen häufig komorbid auf?
2. Welches sind die Risikofaktoren depressiver Störungen?
3. Welche Merkmale charakterisieren den Verlauf depressiver Störungen?
4. Welche biologischen und psychologischen Erklärungsansätze gibt es für depressive Störungen?
5. Welches sind die wichtigsten Interventionsverfahren bei Depression?

Weiterführende Literatur

Essau, C.A. & Petermann, F. (Eds.) (1999). *Depressive disorders in children and adolescents: Epidemiology, risk factors, and treatment.* Northvale: Jason Aronson.

Goodyer, I. M. (Ed.) (1995). *The depressed child and adolescent. Developmental and clinical perspectives.* Cambridge: University Press.

Groen, G. & Petermann, F. (2002). *Depressive Kinder und Jugendliche.* Göttingen: Hogrefe.

Reicher, H. (1998). *Depressionen bei Kindern und Jugendlichen.* Münster: Waxmann.

Literatur

Achenbach, T.M. (1993). Taxonomy and comorbidity of conduct problems: Evidence from empirically based approaches. *Development and Psychopathology, 5*, 51-4.

Achenbach, T.M. (1995). Developmental issues in assessment, taxonomy, and diagnosis of child and adolescent psychopathology. In D. Cicchetti & D.J. Cohen (Eds.), *Developmental psychopathology, Vol. I: Theory and methods* (57-80). New York: Wiley.

Adams, M. & Adams, J. (1991). Life events, depression and perceived problem solving alternatives in adolescents. *Journal of Child Psychology and Psychiatry, 32*, 811-820.

Akiskal, H.S. & Weller, E.B. (1989). Mood disorders and suicide in children and adolescents. In H.J. Kaplan & B.J. Saddock (Eds.), *Comprehensive textbook of psychiatry*, Vol. 1 (5th edition, 1981-1994). Baltimore: Williams & Wilkins.

Anderson, J.C., Williams, S., McGee, R. & Silva, P.A. (1987). DSM-III disorders in preadolescent children. Prevalence in a large sample from the general population. *Archives of General Psychiatry, 44*, 69-76.

Angold, A. & Rutter, M. (1992). Effects of age and pubertal status on depression in a large clinical sample. *Development and Psychopathology, 4*, 5-28.

Angold, A. & Costello, E. J. (1993). Depressive comorbidity in children and adolescents: Empirical, theoretical and methodological issues. *American Journal of Psychiatry, 150*, 1779-1791.

Antonucci, D.O., Ward, C.H. & Tearnan, B.H. (1989). The behavioral treatment of unipolar depression in adult outpatients. In M. Hersen, R.M. Eisler & P.M. Miller (Eds.), *Progress in behavior modification*, Vol. 24 (152-191). New York: Sage.

Beck, A.T. (1976). *Cognitive therapy and the emotional disorders*. New York: International Universities Press.

Beck, A.T., Rush, A.J., Shaw, B.F. & Emery, G. (1994). *Kognitive Therapie der Depression* (4. Auflage). Weinheim: Psychologie Verlags Union.

Berney, T.P., Bhate, S.R., Kolvin, I., Famuyima, M.L., Barrett, T., Fundudis, T. et al. (1991). The context of childhood depression. *British Journal of Psychiatry, 11*, 28-35.

Bernstein, G.A., Massie, E.D., Thuras, P.D., Perwin, A.R., Borchardt, C.M. & Crosby, R.D. (1997). Somatic symptoms in anxious-dressed school refusers. *Journal of the American Academy of Child and Adolescent Psychiatry, 36*, 661-668.

Birmaher, B. & Ryan, N.D. (1999). Neurobiological factors. In C.A. Essau & F. Petermann (Eds.), *Depressive disorders in children and adolescents: Epidemiology, risk factors, and treatment* (287-318). New Jersey: Jason Aronson.

Boulos, C., Kutcher, S., Marton, P., Simeon, J., Ferguson, B. & Roberts, N. (1991). Response to desipramine treatment in adolescent major depression. *Psychopharmacology Bulletin, 27*, 59-65.

Burke, K., Burke, J., Regier, D. & Rae, D. (1990). Age at onset of selected mental disorders in five community populations. *Archives of General Psychiatry, 47*, 511-518.

Canals, J., Domenech, E., Carbajo, G. & Blade, J. (1997). Prevalence of DSM-III-R and ICD-10 psychiatric disorders in a Spanish population of 18-year-olds. *Acta Psychiatrica Scandinavica, 96*, 287-294.

Capaldi, D.M. (1992). Co-occurence of conduct problems and depressive symptoms in early adolescent boys: II. A 2-year follow up at Grade 8. *Development and Psychopathology, 4*, 125-144.

Cole, D.A., Peeke, L.G. & Ingold, C. (1996). Characterological and behavioral self-blame in children: Assessment and development considerations. *Development and Psychopathology, 8*, 381-397.

Cooper, P.J. & Goodyer, I.M. (1993). A community study of depression in adolescent girls. I. Estimates of symptom and syndrome prevalence. *British Journal of Psychiatry, 163*, 369-374.

Cytryn, L. & McKnew, D.H. (1972). Proposed classification of childhood depression. *American Journal of Psychiatry, 129*, 149-155.

Dadds, M.R. & Barrett, P.M. (1996). Family processes in child and adolescent anxiety and depression. *Behaviour Change, 13*, 231-239.

Dadds, M.R., Marrett, P.M. & Rapee, R.M. (1996). Family process and child anxiety and aggression: An observational analysis. *Journal of Abnormal Child Psychology, 24*, 715-734.

Daley, B.D., Bolocofsky, D.N. & Karlin, N.J. (1994). Teacher-ratings and self-ratings of social competency in adolescents with low- and high-depressive symptoms. *Journal of Abnormal Child Psychology, 4*, 477- 485.

Dilling, H., Mombour, W. & Schmidt, M.H. (Hrsg.) (1995). *Internationale Klassifikation psychischer Störungen. ICD-10 Kapitel V (F) Klinisch-diagnostische Leitlinien*. (2. korr. u. bearb. Auflage). Bern: Huber.

Döpfner, M. (1997). Verhaltenstherapie mit Kindern und Jugendlichen – Konzepte, Ergebnisse und Perspektiven der Therapieforschung. In F. Petermann (Hrsg.), *Kinderverhaltenstherapie: Grundlagen und Anwendungen* (331-366). Baltmannsweiler: Schneider.

Eggers, C. & Stage, A. (1994). Kinder- und jugendpsychiatrische Ansätze bei Depression: Ein integratives Modell. *Kindheit und Entwicklung, 3*, 178-184.

Emslie, G.J., Rush, A.J., Weinberg, W.A., Gullion, C.M., Rintelmann, J. & Hughes, C.W. (1997). Recurrence of major depressive disorder in hospitalized children and adolescents. *Journal of the American Academy of Child and Adolescent Psychiatry, 36*, 785-792.

Essau, C.A., Conradt, J., Groen, G., Turbanisch, U. & Petermann, F. (1999). Kognitive Faktoren bei Jugendlichen mit depressiven Störungen: Ergebnisse der Bremer Jugendstudie. *Zeitschrift für Klinische Psychologie, Psychiatrie und Psychotherapie, 47*, 51-72.

Essau, C.A., Karpinski, N.A., Petermann, F. & Conradt, J. (1998a). Häufigkeit, Komorbidität psychischer Störungen bei Jugendlichen: Ergebnisse der Bremer Jugendstudie. *Zeitschrift für Klinische Psychologie, Psychiatrie und Psychotherapie, 46*, 105-124.

Essau, C.A., Karpinski, N.A., Petermann, F. & Conradt, J. (1998b). Häufigkeit, Komorbidität und psychosoziale Beeinträchtigung von Depressiven Störungen bei Jugendlichen: Ergebnisse der Bremer Jugendstudie. *Zeitschrift für Klinische Psychologie, Psychiatrie und Psychotherapie, 46*, 319-329.

Essau, C.A. & Merikangas, K.R. (1999). Family and genetic factors. In C.A. Essau & F. Petermann (Eds.), *Depressive disorders in children and adolescents: Epidemiology, risk factors, and treatment* (261-285). New Jersey: Jason Aronson.

Essau, C.A. & Petermann, U. (1997). Mood disorders. In C. A. Essau & F. Petermann (Eds.), *Developmental psychopathology: Epidemiology, diagnostics, and treatment* (265-310). London: Harwood.

Essau C.A. & Petermann, F. (1998). *Life events and coping: Their association to depressive disorders among adolescents.* Budapest: Seventh International Conference on Social Stress Research.

Essau, C.A. & Petermann, F. (Eds.) (1999). *Depressive disorders in children and adolescents: Epidemiology, risk factors, and treatment.* New Jersey: Jason Aronson.

Essau, C.A., Petermann, F. & Feehan, M. (1997). Research methods and designs. In C.A. Essau & F. Petermann (Eds.), *Developmental psychopathology: Epidemiology, diagnostics, and treatment* (63-95). London: Harwood.

Essau, C.A., Petermann, F. & Reynolds, W.M. (1999). Diagnostic and classification. In C.A. Essau & F. Petermann (Eds.), *Depressive disorders in children and adolescents: Epidemiology, risk factors, and treatment* (2-25). New Jersey: Jason Aronson.

Feehan, M., McGee, R., Nada-Raja, S. & Williams, S.M. (1994). DSM-III-R disorders in New Zealand 18-year-olds. *Australian and New Zealand Journal of Psychiatry, 28,* 87-99.

Fergusson, D.M., Horwood, L.J. & Lynskeyl, M.T. (1993). Prevalence and comorbidity of DSM-III-R diagnoses in a birth cohort of 15 year olds. *Journal of the American Academy of Child and Adolescent Psychiatry, 32,* 1127-1134.

Fine, S., Forth, A., Gilbert, M. & Haley, G. (1991). Group therapy for adolescent depressive disorder: A comparison of social skills and therapeutic support. *Journal of the American Academy of Child and Adolescent Psychiatry, 30,* 79-85.

Fine, S., Haley, G., Gilbert, M. & Forth, A. (1993). Self-image as a predictor of outcome in adolescent major depressive disorder. *Journal of Child Psychology and Psychiatry, 8,* 1399-1407.

Fleming, J.E., Boyle, M.H. & Offord, D.R. (1993). The outcome of adolescent depression in the Ontario Child Health Study follow – up. *Journal of the American Association of Child and Adolescent Psychiatry, 32,* 28-33.

Frankel, K.A. & Harmon, R.J. (1996). Depressed mothers: They don't always look as bad as they feel. *Journal of the American Academy of Child and Adolescent Psychiatry, 35,* 289-298.

Garber, J. & Dodge, K. A. (Eds.) (1991). *The development of emotion regulation and dysregulation.* Cambrigde: Cambrigde University Press.

Giaconia, R., Reinherz, H.Z., Silverman, A.B., Pakiz, B., Frost, A.K. & Cohen, E. (1994). Ages of onset of psychiatric disorders in a community population of older ado-

lescents. *Journal of the American Academy of Child and Adolescent Psychiatry, 33,* 706-717.

Gjone, H. & Stevenson, J. (1997). The association between internalizing and externalizing behavior in childhood and early adolescence: Genetic or environment common influences? *Journal of Abnormal Child Psychology, 25,* 277-286.

Goodyer, I.M. (1999). The influence of recent life events on the onset and outcome of major depression in young people. In C.A. Essau & F. Petermann (Eds.), *Depressive disorders in children and adolescents: Epidemiology, risk factors, and treatment* (237-260). New Jersey: Jason Aronson.

Goodyer, I.M. & Cooper, P.J. (1993). A community study of depression in adolescent girls II: The clinical features of identified disorder. *British Journal of Psychiatry, 163,* 374-380.

Goodyer, I.M., Cooper, P.J., Vize, C.M. & Ashby, L. (1993). Depression in 11-16year-old girls: The role of past parental psychopathology and exposure to recent life events. *Journal of Child Psychology and Psychiatry, 34,* 1103-1115.

Groen, G. & Petermann, F. (1998). Depression. In F. Petermann, M. Kusch & K. Niebank, *Entwicklungspsychopathologie. Ein Lehrbuch* (327-361). Weinheim: Psychologie Verlags Union.

Groen, G., Scheithauer, H., Essau, C.A. & Petermann, F. (1997). Epidemiologie depressiver Störungen im Kindes- und Jugendalter: Eine kritische Übersicht. *Zeitschrift für Klinische Psychologie, Psychiatrie und Psychotherapie, 45,* 115-144

Hammen, C. (1991). *Depression runs in families: The social context of risk and resilience in children of depressed mothers.* New York: Springer.

Hammen, C. & Goodman-Brown, T. (1990). Self-schemes and vulnerability to specific life stress in children at risk for depression. *Cognitive Therapy and Research, 14,* 215-227.

Harrington, R. (1992). Annotation: The natural history and treatment of child and adolescent affective disorders. *Journal of Child Psychology and Psychiatry and Allied Disciplines, 33,* 1287-1302.

Hautzinger, M. (2000). Depression. In F. Petermann (Hrsg.), *Fallbuch der Klinischen Kinderpsychologie und -psychotherapie* (2. erweit. Aufl., 161-172). Göttingen: Hogrefe.

Herpertz-Dahlmann, B. & Remschmidt, H. (1995). Entwicklungsabweichungen infolge von Störungen der Kind-Umwelt-Interaktion im Säuglingsalter. *Kindheit und Entwicklung, 4,* 15-24.

Hughes, C.W., Preskorn, S.H., Weller, E., Weller, R. et al. (1990). The effect of concomitant disorders in childhood depression on predicting treatment response. *Psychopharmacology Bulletin, 26,* 235-238.

Kashani, J.H. & Carlson, G.A. (1987). Seriously depressed preschoolers. *American Journal of Psychiatry, 144,* 348-350.

Kazdin, A.E. & Kagan, J. (1994). Models of dysfunction in developmental psychopathology. *Clinical Pychological: Science and Practice, 1,* 35-52.

Kerns, L.L. (1997). *Hilfen für depressive Kinder. Ein Ratgeber*. Bern: Huber.

King, C.A., Naylor, M.W., Segal, H.G., Evans, T. & Shain, B. (1993). Global self-worth, specific self-perceptions of competence, and depression in adolescents. *Journal of the American Academy of Child and Adolescent Psychiatry, 32*, 745-752.

Kovacs, M. (1996). Presentation and course of major depression disorder during childhood and later years of the life-span. *Journal of the American Academy of Child and Adolescent Psychiatry, 35*, 705-715.

Kovacs, M. & Devlin, B. (1998). Internalizing disorders in childhood. *Journal of Child Psychology and Psychiatry, 39*, 47-63.

Kovacs, M., Feinberg, T.L., Crouse-Novak, M., Paulauskas, S.L. & Finkelstein, R. (1984). Depressive disorders in childhood: I. A longitudinal prospective study of characteristics and recovery. *Archives of General Psychiatry, 41*, 229-237.

Kusch, M. & Petermann, F. (1997). Komorbidität von Aggression und Depression. *Kindheit und Entwicklung, 6*, 212-223.

Kutcher, S. (1999). Pharmacotherapy of depression: A review of current evidence and practical clinical directions. In C.A. Essau & F. Petermann (Eds.), *Depressive disorders in children and adolescents: Epidemiology, risk factors, and treatment* (437-458). New Jersey: Jason Aronson.

Laucht, M., Esser, G. & Schmidt, M.H. (1993). Psychische Auffälligkeiten im Kleinkind- und Vorschulalter. *Kindheit und Entwicklung, 2*, 143 – 149.

Lazarus, R.S. (1995). Streß und Sreßbewältigung – ein Paradigma. In S.-H. Filipp (Hrsg.), *Kritische Lebensereignisse* (5. Auflage, 198-232). Weinheim: Psychologie Verlags Union.

Lewinsohn, P.M., Clarke, G. N., Rohde, P., Hops, H. & Seeley, J. R. (1997a). A course in coping: A cognitive-behavioral approach to the treatment of adolescent depression. In E. D. Hibbs & P. S. Jensen (Eds.), *Psychosocial treatments for child and adolescent disorders* (3th edition, 109-135). Washington: American Psychological Association.

Lewinsohn, P.M., Hoberman, H., Teri, L. & Hautzinger, M. (1985). An integrative theory of depression. In S. Reiss & R. Bootzin (Eds.), *Theoretical issues in behavior therapy* (331-359). New York: Academic Press.

Lewinsohn, P.M., Hops, H., Roberts, R.E., Seeley, J.R. & Andrews, J.A. (1993). Adolescent psychopathology: I. Prevalence and incidence of depression and other DSM – III – R disorders in high school students. *Journal of Abnormal Psychology, 102*, 133-144.

Lewinsohn, P.M., Rohde, P. & Hautzinger, M. (1994). Kognitive Verhaltenstherapie depressiver Störungen im Jugendalter. Forschungsergebnisse und Behandlungsempfehlungen. *Der Psychotherapeut, 39*, 353-359.

Lewinsohn, P.M., Rohde, P. & Seeley, J.R. (1998). Major depressive disorder in older adolescents: Prevalence, risk factors, and clinical implications. *Clinical Psychology Review, 18*, 765-794.

Lewinsohn, P.M., Zinbarg, R., Seeley, J.R., Lewinsohn, M. & Sack, W.H. (1997b). Comorbidity among anxiety disorders and other mental disorders in adolescents. *Journal of Anxiety Disorders, 11*, 377-394.

Leyendecker, P. & Petermann, U. (1993). Suizidalität im Denken und Erleben von Kindern und Jugendlichen. *Zeitschrift für Klinische Psychologie, Psychopathologie und Psychotherapie, 41*, 255-270.

McCauley, E., Myers, K., Mitchell, J., Calderon, R., Schloredt, K. & Treder, R. (1993). Depression in young people: Initial presentation and clinical course. *Journal of the American Academy of Child and Adolescent Psychiatry, 32*, 714-722.

Nezu, A.M., Nezu, C.M. & Perri, M.G. (1989). *Problem-solving therapy for depression: Theory, research, and clinical guidelines*. New York: Wiley.

Nolen-Hoeksema, S. & Girgus, J.S. (1994). The emergence of gender differences in depression in children during adolescence. *Psychological Bulletin, 115*, 424-443.

Nottelman, E.D. & Jensen, P.S. (1999). Comorbidity of depressive disorders in children and adolescents: Rates, temporal sequencing, course, and outcome. In C.A. Essau & F. Petermann (Eds.), *Depressive disorders in children and adolescents: Epidemiology, risk factors, and treatment* (137-191). New Jersey: Jason Aronson.

Nurcombe, B. (1992). The evolution and validity of the diagnosis of Major Depression in childhood and adolescence. In D. Cicchetti & S.L. Toth (Eds.), *Rochester Symposium on developmental psychopathology, Vol. 4. Developmental perspectives on depression* (1-27). Rochester: University of Rochester Press.

Patterson, G.A. & Capaldi, D.M. (1990). A mediational model for boys' depressed mood. In J. Rolf, A.S. Masten, D. Cicchetti, K.H. Nuechterlein & S. Weintraub (Eds.), *Risk and protective factors in the development of psychopathology* (141-163). New York: Cambridge University Press.

Petermann, F., Kusch, M. & Niebank, K. (1998). *Entwicklungspsychopathologie. Ein Lehrbuch*. Weinheim: Psychologie Verlags Union.

Petermann, F. & Scheithauer, H. (1998). Aggressives und antisoziales Verhalten im Kindes- und Jugendalter. In F. Petermann, M. Kusch & K. Niebank, *Entwicklungspsychopathologie. Ein Lehrbuch* (243-295). Weinheim: Psychologie Verlags Union.

Petermann, U. & Petermann, F. (1996). Voraussetzungen, Anforderungen und Effekte von Verhaltenstrainings mit Kindern. *Kindheit und Entwicklung, 5*, 129-132.

Petermann, U. & Petermann, F. (2000). *Training mit sozial unsicheren Kindern* (7. vollst. überarb. Auflage). Weinheim: Psychologie Verlags Union.

Petersen, A.C., Sarigiani, P.A. & Kennedy, R.E. (1991). Adolescent depression: Why more girls? *Journal of Youth and Adolescence, 20*, 247 – 271.

Rao, U., Ryan, N.D., Birmaher, B., Dahl, R.E., Williamson, D.E., Kaufman, J., Roa, R. & Nelson, B. (1995). Unipolar depression in adolescents: Clinical outcome in adulthood. *Journal of the American Academy of Child and Adolescent Psychiatry, 34*, 566-578.

Reicher, H. (1998). *Depressionen bei Kindern und Jugendlichen*. Münster: Waxmann.

Reicher, H. (1999). Depressivität und Aggressivität im Jugendalter: Gemeinsame und spezifische psychosoziale Charakteristika. *Kindheit und Entwicklung, 8*, 171-185.

Reinherz, H.Z., Giaconia, R.M., Lefkowitz, E.S., Pakiz, B. & Frost, A.K. (1993). Prevalence of psychiatric disorders in a community population of older adolescents. *Journal of the American Academy of Children and Adolescents Psychiatry, 32*, 369-377.

Rie, H.E. (1966). Depression in childhood: A survey of some pertinent contributions. *Journal of the American Academy of Child Psychiatry, 5*, 653-685.

Rohde, P., Lewinsohn, P.M. & Seeley, J. (1991). Comorbidity of unipolar depression: II. Comorbidity with other mental disorders in adolescents and adults. *Journal of Abnormal Psychology, 100*, 214-222.

Rohde, P., Lewinsohn, P.M. & Seeley, J.R. (1994). Are adolescents changed by an episode of major depression? *Journal of the American Academy of Child and Adolescent Psychiatry, 33*, 1289-1298.

Rossmann, P. (1993). *Der Depressionstest für Kinder (DTK)*. Bern: Huber.

Rossmann, P. (1994). Neuere Entwicklungen zur Diagnostik der Depression im Kindesalter. *Kindheit und Entwicklung, 3*, 172-177.

Ruble, D.N., Greulich, F., Pomeranz, E.M. & Gochberg, B. (1993). The role of gender related processes in the development of sex differences in self-evaluation and depression. *Journal of Affective Disorders, 29*, 97-128.

Rutter, M. (1986). The developmental psychopathology of depression: Issues and perspectives. In M. Rutter, C.E. Izard & P.B. Read (Eds.), *Depression in young people* (3-10). New York: Guilford Press.

Sanford, M., Szatmari, P., Spinner, M., Munroe-Blum, H., Jamieson, E., Walsh, C. & Jones, D. (1995). Predicting the one-year course of adolescent major depression. *Journal of the American Academy of Child and Adolescent Psychiatry, 34*, 1618-1628.

Sarigiani, P.A., Wilson, J.L., Petersen, A.C. & Vicary, J.R. (1990). Self-image and educational plans for adolescence from two contrasting communities. *Journal of Early Adolescence, 10*, 37-55.

Schwartz, J.A., Kaslow, N.J., Racusin, G.R. & Carton, E.R. (1998). Interpersonal family therapy for childhood depression. In V.B. Van Hasselt & M. Hersen (Eds.), *Handbook of psychological treatment protocols for children and adolescents* (109-151) New Jersey: Erlbaum.

Seligman, M.E.P. (1995). *Erlernte Hilflosigkeit* (5. Auflage). Weinheim: Psychologie Verlags Union.

Stark, K. D., Swearer, S. & Kurowski, C., Sommer, D. & Bowen, B. (1997). Targeting the child and the family: A holistic approach to treating child and adolescent depressive disorders. In E. D. Hibbs & P. S. Jensen (Eds.), *Psychosocial treatments for child and adolescent disorders* (3th edition, 207-238). Washington: American Psychological Association.

Stiensmeier-Pelster, J., Schürmann, M., Eckert, C. & Pelster, A. (1994). Der Attributionsstilfragebogen für Kinder und Jugendliche (ASF-KJ): Untersuchungen zu seinen psychometrischen Eigenschaften. *Diagnostica, 40*, 329-343.

Strober, M., Freeman, F. & Rigali, J. (1990). The pharmacotherapy of depressive illness in adolescence: I. An open label trial of imipramine. *Psychopharmacology Bulletin, 26*, 80-84.

Verhulst, F.C., van der Ende, J., Ferdinand, R.F. & Kasius, M.C. (1997). The prevalence of DSM-III-R diagnoses in a national sample of Dutch adolescents. *Archives of General Psychiatry, 54*, 329-336.

Vernberg, E.M. (1990). Psychological adjustment and experiences with peers during early adolescence: Reciprocal, incidental, or unidirectional relationships? *Journal of Abnormal Child Psychology, 18*, 187-198.

Weisz, J.R., Rothbaum, F.M., & Blackburn, T.C. (1984). Standing out and standing in: The psychology of control in America and Japan. *American Psychologist, 39*, 955-969.

Weisz, J.R., Thurber, C.A., Sweeney, L., Proffitt, V.D. & LeGagnoux, G.L. (1997). Brief treatment of mild to moderate child depression using primary and secondary control enhancement training. *Journal of Consulting and Clinical Psychology, 65*, 703-707.

Weisz, J.R., Valeri, S.M., McCarty, C.A. & Moore, P.S. (1999). Interventions for child and adolescent depression: Features, effects, and future directions. In C.A. Essau & F. Petermann (Eds.), *Depressive disorders in children and adolescents: Epidemiology, risk factors, and treatment* (384-435). New Jersey: Jason Aronson.

Whitaker, A., Johnson, J., Shaffer, D., Rapoport, J.L., Kalikow, K., Walsh, B.T., Davies, M., Braiman, S. & Dolinsky, A. (1990). Uncommon troubles in young people: Prevalence estimates of selected psychiatric disorders in a nonreferred population. *Archives of General Psychiatry, 47*, 487-496.

Wittchen, H.-U., Nelson, C.B. & Lachner, G. (1998). Prevalence of mental disorders and psychosocial impairments in adolescents and young adults. *Psychological Medicine, 28*, 109-126.

World Health Organization (1993). *Mental disorders: Glossary and guide to their classification in accordance with the Ninth Revision of the International Classification of Diseases* (9th and 10th editions). Genf: WHO.

Wüthrich, C., Mattejat, F. & Remschmidt, H. (1997). Kinder depressiver Eltern. *Kindheit und Entwicklung, 6*, 141-146.

III. Kognitive Störungen und Entwicklungsstörungen

11 Neurophysiologische Störungen
von Gerhard Neuhäuser

Inhaltsübersicht

1 Einleitung

Neuropädiater, Kinderpsychiater und Klinische Psychologen haben in der Praxis oft mit Kindern zu tun, die bestimmte Störungen des Nervensystems aufweisen; diese sind während der Entwicklung entstanden oder Folge von Erkrankungen, Verletzungen beziehungsweise anderen Ursachen (Kalbe, 1993).

Die folgende Darstellung ist an ätiologisch-pathogenetischen Aspekten orientiert, obwohl es nur selten „noxenspezifische" Symptome gibt. Sie soll gewissermaßen eine Brücke schlagen zwischen den Ursachen, die zu Hirnfunktionsstörungen führen, und den Auswirkungen, die „neurophysiologische Veränderungen" auf Verhalten, Fähigkeiten und Fertigkeiten des Kindes zeigen.

2 Beschreibung der Störungen

Abhängig vom Entstehungszeitpunkt, von Ausdehnung und Lokalisation neurophysiologischer Störungen findet man Funktionsausfälle auf unterschiedlichen Ebenen:

- Motorik und Wahrnehmung,
- Informationsverarbeitung und Speicherung,
- Verhalten und Leistungsfähigkeit.

2.1 Fehlbildungen und Dysgenesien des Nervensystems

Fehlbildungen entstehen während der Embryogenese in den ersten drei Monaten der Schwangerschaft. Als Strukturveränderungen sind sie heute mit bildgebenden Verfahren gut zu erfassen, manchmal schon vor der Geburt. Ist gleichzeitig die Differenzierung, der Feinaufbau des Nervensystems gestört, wirkt sich dies im weiteren Verlauf der Schwangerschaft beziehungsweise nach der Geburt auf die Entwicklungsprozesse aus. Aus diesem Grund treten meist umfassende Funktionseinbußen auf, es entstehen geistige Behinderung, Cerebralparesen und cerebrale Anfälle (Neuhäuser, 2000).

Bei der *Holoprosencephalie* ist die Ausbildung der vorderen Hirnabschnitte verändert, die Hemisphären sind nicht getrennt, es gibt nur einen Ventrikel. Gleichzeitig beobachtet man Fehlbildungen des Gesichts, beispielsweise Lippen-Kiefer-Gaumenspalten; betroffene Kinder sind im allgemeinen schwer und mehrfach behindert.

Die *Lissencephalie*, ein Gehirn ohne Furchen (Sulci) und Windungen (Gyri), ist Folge einer Störung der zwischen dem zweiten und vierten Schwangerschaftsmonat sich abspielenden Wanderung (Migration) der Nervenzellen. Weil diese ihren Bestimmungsort in der Hirnrinde nicht erreichen, bleibt deren typische Schichtung und das Entstehen von Furchen sowie Windungen aus. Meist resultiert eine schwere Mehrfachbehinderung mit Mikrocephalie (Kopfumfang unterhalb der altersentsprechenden Norm, Mißverhältnis zwischen Hirn- und Gesichtsschädel), geistiger Behinderung, cerebralen Anfällen und Bewegungsstörung (vgl. den Beitrag von Schmidt in diesem Buch). Durch bildgeben-

de Verfahren können solche Strukturveränderungen nachgewiesen werden. Sie sind Folge von Genmutationen, Chromosomenstörungen, Stoffwechseldefekten oder exogenen Faktoren (Sarnat, 1993).

Hinweis: Weniger stark ausgeprägte *Migrationsstörungen* oder Fehler beim Entstehen der Verbindungen zwischen den Neuronen (Synaptogenese), auch bei Rückbildungsvorgängen („cell death"), die sich schon vor der Geburt abspielen (Apoptose), können eine strukturelle Grundlage von Teilleistungsschwächen oder umschriebenen Entwicklungsstörungen sein.

Dysgenesien sind histologisch faßbare Differenzierungsstörungen bestimmter Gewebe. Sie treten als Folge von Genmutationen bei den neurocutanen Syndromen (Phakomatosen) auf, die Symptome am Nervensystem und an der Haut aufweisen. So kommt es bei der tuberösen Sklerose (Bourneville-Pringle) zu depigmentierten Flekken, später zu einem Adenoma sebaceum der Haut (knötchenförmige Veränderungen im Bereich der Wangen), zusätzlich zu kleinen Tumoren (Tubera) im Gehirn, besonders an der Wand der Ventrikel. Bei einer anderen Phakomatose, der Neurofibromatose (von Recklingshausen), die ebenfalls autosomal dominant vererbt wird, entstehen braune Hautveränderungen (Café-au-lait-Flecken) und Knötchen entlang peripherer Nerven, auch Tumoren im Bereich von Hirnnerven beziehungsweise in der Hirnsubstanz. Je nach Ausprägung der Differenzierungsstörung beim Vernetzen von Hirnstrukturen resultieren unterschiedlich stark ausgeprägte Funktionseinbußen, die von einer schweren Mehrfachbehinderung bis zu umschriebenen Schwächen (Teilleistungsstörungen) reichen. Dysgenesien können das Entstehen von Tumoren begünstigen, was wiederum zu Hirnfunktionsstörungen führt.

Eine isolierte Fehlbildung kann der *Balkenmangel* (Agenesie des Corpus callosum) sein: Es fehlt die große Verbindungsstruktur (Balken) zwischen den Hirnhälften. Ursache sind verschiedene Störungen während der Entwicklung. Der Balkenmangel kann symptomlos bleiben, ist aber oft mit anderen Differenzierungsstörungen des Gehirns verbunden. Dies erklärt, daß recht verschiedene Befunde bei Kindern mit einer derartigen Fehlbildung festgestellt werden (Ramaekers & Njiokiktjien, 1991). Durch neuropsychologische Tests sind auch Funktionen zu erfassen, die eine ungestörte Zusammenarbeit der Hirnhälften voraussetzen; im Rahmen des „Diskonnektionssyndroms" ist der Transfer von Informationen beeinträchtigt.

Die *Mikrocephalie* ist Ausdruck einer das Hirnwachstum bremsenden Entwicklungsstörung. Der Wert des Kopfumfangs liegt unterhalb der zweiten Perzentile, die Proportion des Gesichtsschädels ist gegenüber dem Hirnschädel vergrößert. Ursachen sind Genmutationen, Chromosomenanomalien (dann meist mit bestimmten Syndromen), Stoffwechseldefekte oder exogene Störungen (Rötelninfektion, Alkoholembryopathie). Nur ausnahmsweise ist die Hirnfunktion bei Mikrocephalie normal, im allgemeinen beobachtet man eine mehr oder weniger stark ausgeprägte Intelligenzminderung, seltener umschriebene Entwicklungsstörungen.

2.2 Perinatale Komplikationen („Geburtstrauma")

Gefahrensituationen in der Zeit vor, bei oder kurz nach der Geburt haben meist diffuse Schäden am Gehirn zur Folge, wenn sie nicht dank der Kompensationsfähigkeit und Plastizität des kindlichen Nervensystems überstanden werden. Bestimmte Strukturen können stärker betroffen sein als andere, so daß eine unterschiedliche Ausprägung von Intelligenzminderung oder Wahrnehmungsschwächen, cerebralen Bewegungsstörungen oder Anfällen resultiert. Ob es eine Abstufung der Symptome im Sinne einer „Verdünnungsreihe" gibt, was auch leichtere Störungen erklären könnte, bleibt fraglich. Somit ist die retrospektive Bewertung von perinatalen Komplikationen bei Kindern mit umschriebenen Entwicklungsstörungen oder Teilleistungsschwächen immer problematisch. Ultraschalluntersuchungen und andere bildgebende Verfahren haben bestätigt, was seit den neuropathologischen Studien Sigmund Freuds (1897) bekannt ist, daß nämlich nur geringe Korrelationen zwischen beobachteten Strukturveränderungen und Funktionsstörungen festgestellt werden können. Manchmal sind bei großen Gewebedefekten die Symptome erstaunlich gering, während bei schwer behinderten Kindern das Gehirn selbst in der feingeweblichen Analyse mitunter keinerlei Veränderungen aufweist. Dies erklärt auch, weshalb prognostische Aussagen so schwierig sind. Immer ist eine sorgfältige Kontrolle des Entwicklungsverlaufs notwendig, bevor ein zuverlässiges Urteil über die Folgen perinataler Komplikationen abgegeben werden kann (Harris, 1995).

Neben Störungen der geistigen Entwicklung, infantilen Cerebralparesen und cerebralen Anfällen können auch umschriebene Entwicklungsstörungen auftreten. Wie erwähnt, ist aber bei retrospektiver Betrachtung oft schwer zu beweisen, daß Entwicklungsstörungen auf perinatale Komplikationen zurückzuführen sind. Vielfach wirken nämlich im Sinne einer „Noxenkette"

mehrere Faktoren ein, wobei die nach der Anamnese vermuteten Ereignisse nicht immer die wirklich bedeutsamen sein müssen. Auch nach perinatalen Komplikationen sind psychosoziale Einflüsse auf die Entwicklung von Kindern zu berücksichtigen. Ergebnisse verschiedener Längsschnittuntersuchungen zeigen, daß es dabei zu komplexen Interaktionen und Wechselbeziehungen kommt (Meyer-Probst & Reis, 1999; Esser, Laucht & Schmidt, 1995; Kalverboer, Hopkins & Geuze, 1993). Die Situation von Eltern und der Familie, das soziale Netzwerk und andere Kompensationsmöglichkeiten sind von Bedeutung. Ebenso wie nachteilige psychosoziale Bedingungen ungünstige biologische Voraussetzungen noch verstärken, tragen positive Umweltfaktoren dazu bei, biologische Schwächen weitgehend oder ganz auszugleichen (Neuhäuser, Beckmann & Pauli, 1990; Guralnick, 1997).

2.3 Entzündliche Erkrankungen des Zentralnervensystems

Viren, Bakterien oder Pilze können Entzündungen am Nervensystem verursachen. Häufig sind nur die Hirnhäute betroffen (Meningitis), der Prozeß kann aber auf das Gehirn übergreifen (Meningoencephalitis) oder dieses primär erfassen (Encephalitis). Manche Erreger haben eine Vorliebe für bestimmte Areale, zum Beispiel das Herpesvirus für die temporalen Strukturen.

Akute Symptome sind Fieber, Bewußtseinsstörung (organisches Psychosyndrom), Anfälle, motorische Störungen sowie Liquor- und EEG-Veränderungen, auch neuroradiologische Befunde nach Anwendung bildgebender Verfahren. Bei manchen Erkrankungen stehen psychische Symptome ganz im Vordergrund, so bei der *Encephalitis vom temporalen Typ*. Oft kann die Diagnose nur aufgrund der klinischen Symptome gestellt werden, nachdem andere Erkrankungen ausgeschlossen wurden (Vergiftungen, Tumoren, Durchblutungsstörungen). Der Nachweis verantwortlicher Erreger, zum Beispiel von Viren, kann Zeit erfordern und nicht immer gelingen. Somit ist auch retrospektiv die Annahme einer entzündlichen Erkrankung ohne Nachweis der Ätiologie unsicher, muß die Diagnose von postencephalitischen Leistungs- und Verhaltensstörungen kritisch betrachtet werden (Neuhäuser, 1972).

Hinweis: Eine spezifische Ausprägung der nach entzündlichen Erkrankungen beobachteten Hirnfunktionsstörungen gibt es nicht, auch wenn sie gelegentlich eine bestimmte Akzentuierung aufweisen. So haben die nach Encephalitis lethargica beobachteten Verhaltensstörungen mit impulsiven Reaktionen, starker Unruhe, Triebausbrüchen und verändertem Schlaf-Wach-Rhythmus das Konzept der „Hirnschädigung" als Ursache von psychischen Symptomen und Verhaltensauffälligkeiten wesentlich geprägt.

Neben cerebralen Bewegungsstörungen und Anfällen (neurologisches Defektsyndrom) können verschiedene psychische Funktionen von den durch eine Encephalitis verursachten Läsionen betroffen sein, vor allem kognitive, perzeptive, psychomotorische und affektive. Das Alter des Kindes und der Entwicklungsstand des Nervensystems spielen eine Rolle: Bei Säuglingen ist die Prognose besonders ungünstig, entsteht oft ein schweres Defektsyndrom, weil Entwicklungspotenzen gestört werden. Eine untergeordnete Rolle spielen Lokalisation und Ausdehnung des Krankheitsprozesses, damit auch der Erreger, wenn er bestimmte Hirnstrukturen bevorzugt.

In verschiedenen Studien wurde nachgewiesen, daß Teilleistungsschwächen und umschriebene Entwicklungsstörungen eine Folge entzündlicher Erkrankungen des Zentralnervensystems sein können. Sie machen sich gelegentlich erst einige Zeit nach der akuten Infektion bemerkbar, was die Beurteilung des kausalen Zusammenhangs erschwert (Taylor, Schatschneider & Rich, 1992).

2.4 Verletzungen des Zentral- nervensystems

Schädel-Hirn-Traumen sind bei Kindern relativ häufig und haben nicht selten bleibende Folgen. Gewalteinwirkung auf den Kopf bei Verkehrsunfällen, Sportverletzungen, häuslichem Unglück, mitunter auch als Mißhandlungsfolge, führt zu Erschütterung, Quetschung, Schwellung und Verlagerung von Hirngewebe, zu Blutungen (intracerebral, subarachnoidal, epi- oder subdural) und Gewebeläsionen. Man unterscheidet leichte, mäßige und schwere Traumen (Commotio oder Contusio bzw. Compressio cerebri), wobei als Kriterien hauptsächlich *Tiefe und Dauer der Bewußtseinsstörung* sowie Folgeerscheinungen gelten. Als verläßliches Maß hat sich die Ausprägung der *posttraumatischen Amnesie* erwiesen, die allerdings bei Kindern nicht ganz einfach zu erfassen ist. Nach einer Verletzung des Gehirns wird meist unmittelbar das Bewußtsein beeinträchtigt; die Quantifizierung mittels der Glasgow-Coma-Scale (vgl. Tab. 1) hat Konsequenzen für Therapie und Prognose. Im akuten Stadium werden auch Lähmungen und Anfälle beobachtet; Lage und Haltung des Patienten geben Hinweise auf die Schädigungsebene.

Entscheidend für die Folgen von Hirnverletzungen ist das posttraumatische Ödem (Hirnschwellung). Es entwickelt sich bei Kindern

meist rasch, kann durch Blutungen kompliziert werden. Folge ist eine Drucksteigerung im Schädelinnern, wodurch eine verminderte Durchblutung resultiert mit der Gefahr des Entstehens sekundärer Läsionen. Man bemüht sich deshalb, dem Hirnödem durch geeignete Behandlungsmaßnahmen zu begegnen.

Als Folge einer Dysfunktion im Bereich des Hirnstamms treten vegetative Regulationsstörungen auf (Temperatur, Blutdruck, Atmung). Bei der schweren Komplikation des *apallischen Syndroms* (Coma vigile) sind die vegetativen Funktionen wieder stabilisiert, bewußte Reaktionen aber bleiben aus, offenbar infolge einer funktionellen Trennung zwischen basalen Strukturen und Hirnrinde. Dabei kann es sich um ein *Durchgangssyndrom* handeln, das überwunden wird, oder aber um einen Endzustand mit schwerer bleibender Behinderung. Frühe Rehabilitationsmaßnahmen, die differenziert auf gestörte Funktionen eingehen, können erfolgreich sein:

- gezielte Interaktionsversuche,
- Physiotherapie und
- Kinästhetik mit sensorischer Stimulation.

Schädel-Hirn-Traumen führen zu neurologisch definierten Ausfallerscheinungen, wie

- Lähmungen,
- Koordinationsstörungen,
- Dyskinesien oder
- posttraumatischen Anfällen, aber auch
- zu psychischen Syndromen mit neuropsychologischen und reaktiven Störungen in unterschiedlicher Ausprägung.

Tabelle 1:
Glasgow-Coma-Scale für Kinder zum Erfassen der posttraumatischen Bewußtseinsstörung.

Verhalten bzw. Reaktion		Punkte- bewertung
Augenöffnen	Spontan	4
	Auf Anruf	3
	Auf Schmerzreiz	2
	Nicht vorhanden	1
Verbale Antwort	Orientiert	5
	Verwirrt	4
	Unzusammenhängende Worte	3
	Unverständlich	2
	Nicht vorhanden	1
Motorische Antwort	Führt Befehle aus	5
	Lokalisiert Schmerzreize	4
	Beugung bei Schmerzreiz	3
	Strecksynergismen	2
	Nicht vorhanden	1

Leistungsprobleme und Verhaltens-auffälligkeiten, die nach Traumen beobachtet werden, haben wiederum keine noxenspezifische Ausprägung (Fennel & Mickle, 1992). Vielmehr sind Alter und Entwicklungsstand, Schwere und Lokalisation von Läsionen bedeutsam, aber auch Möglichkeiten der Kompensation sowie posttraumatische Strukturveränderungen, nicht zuletzt Reaktionen seitens der Umwelt. Verschiedene Untersuchungen zeigen, daß die weitere Entwicklung hirnverletzter Kinder sowohl von biologischen wie auch von psychosozialen Faktoren bestimmt wird. Wesentlich für das Entstehen bleibender Folgen sind Dauer und Tiefe der Bewußtseinsstörung beziehungsweise der posttraumatischen Amnesie, wodurch die Schwere der Verletzung angezeigt wird. Jüngere Kinder besitzen eine ungünstigere Prognose, der Entwicklungsstand des Nervensystems ist von Bedeutung. Je nach der Lokalisation umschriebener Läsionen können neuropsychologische Symptome beobachtet werden, zum Beispiel Sprachstörungen (Aphasie) oder Erscheinungen des Frontalhirn-Syndroms mit Antriebsmangel und emotionaler Labilität. Wesentlich sind aber auch die psychosozialen Bedingungen, die ein Kind nach dem Unfall vorfindet, wie sich die Eltern mit einer Behinderung auseinandersetzen und welchen Erfolg Rehabilitationsmaßnahmen haben.

Die Häufigkeit von Symptomen, die psychiatrischer Behandlung bedürfen, ist nach Schädel-Hirn-Traumen vermehrt. Bei ihrer Ausprägung spielen auch Faktoren mit, die vielleicht den Unfall begünstigten. Hauptsächlich werden Antrieb und Aktivierungsniveau, Konzentration und Aufmerksamkeit sowie Gedächtnisleistungen betroffen; Anpassungsmöglichkeiten sind nicht selten vermindert. Teilleistungsstörungen werden mit geeigneten Testverfahren nachgewiesen (vgl. Tab. 2).

Folgen von Schädel-Hirn-Traumen können sich bei Kindern ändern: Entwicklungsprozesse haben Besserung zur Folge, meist innerhalb von ein bis zwei Jahren nach dem Trauma, sie können aber auch zu neuen Symptomen führen, beispielsweise infolge einer „Fehlverschaltung". Selbst nach leichten Verletzungen sind bleibende Folgen möglich. Manche Teilleistungsstörungen machen sich erst dann bemerkbar, wenn die Anforderungen steigen. Dies ist bei Haftpflichtansprüchen zu berücksichtigen (auch posttraumatische Anfälle können noch fünf bis zehn Jahre nach einem Trauma auftreten). Reaktive Störungen schränken ebenfalls die Leistungsfähigkeit ein; es ist jedoch oft schwer zu beweisen, daß sie mit dem Trauma im Zusammenhang stehen, wenn nicht der zeitliche Zusammenhang mit „Brückensymptomen" eindeutig ist.

Tabelle 2:
Hirnschädigung nach Schädel-Hirn-Traumen und ihre Folgen.

Primäre und umschriebene Folgen		
Offene Verletzungen		
Kontusionsherde (Coup oder Contrecoup)		
Intrakranielle Blutungen		
Diffus-allgemeine Folgen		
Primär:	Abscheren oder Dehnen von Axonen	
Sekundär:	Hirnödem und Hirnschwellung	
	Zunahme des intrakraniellen Druckes	
	Fokales Ödem um traumatische oder blutungsbedingte Läsionen	
	Ischämie durch Blutverlust, Herz-Kreislauf- oder Atemstörung	
	Untergang von Nervenfasern	
	Posttraumatischer Hydrocephalus	
Schwere des Schädel-Hirn-Traumas		
Leicht	Commotio cerebri	Bewußtlosigkeit bis 1 Stunde, keine neurologisch faßbaren Symptome
Schwer	Contusio cerebri	Bewußtlosigkeit länger als 1 Stunde, Anfälle
	Compressio cerebri	Lähmungen u.a. neurologisch faßbare Symptome
Neuropsychologische Störungen		
Kognitive Störungen	– Abfall im Gesamt- und Handlungs-IQ	
	– Aufmerksamkeits- und Konzentrationsstörungen	
	– Gedächtnis- und Merkfähigkeitsstörungen	
	– Sprachstörungen	
	– Motorische Verlangsamung	
	– Abfall der Schulleistungen	
Emotionale Störungen, Verhaltensauffälligkeiten		

2.5 Folgen von Tumoren des Zentralnervensystems

Bei den Krebserkrankungen des Kindes stehen Hirntumoren in der Häufigkeit hinter Leukämien und Nierenbeziehungsweise Nebennierengeschwülsten an dritter Stelle. Mit Ausnahme des Säuglings- und Jugendalters überwiegen Tumoren der hinteren Schädelgrube (Kleinhirn, Hirnstamm), während bei Erwachsenen Großhirntumoren häufiger sind. Symptome werden von der Lokalisation bestimmt. Bei Kindern kommt es meist rasch zu Hirndruckerscheinungen (Kopfschmerz, Erbrechen, Bewußtseinsveränderung), weil die Liquorzirkulation verlegt wird oder ein zunehmendes Hirnödem raumfordernd wirkt. *Symptome der Hirnfunktionsstörung (psychoorganisches Syndrom, exogenes Psychosyndrom)* führen zu Aktivitätsminderung, Aufmerksamkeits- und Gedächtnisstörungen: Die Kinder werden ruhiger, erscheinen oft besonders brav und angepaßt; es können auch Verhaltensänderungen auftreten, die als psychoreaktiv angesehen werden (vgl. Petermann & Kroll, 1996).

Hirnlokale Symptome sind vom Sitz des Tumors geprägt. Geschwülste des Kleinhirns verursachen Koordinationsstörungen (Ataxie), Tumoren im Bereich der Mittellinienstrukturen führen zu Sehstörungen und hormoneller Dysfunktion, Tumoren der Hemisphären vor allem zu partiellen oder komplex-partiellen Anfällen, zu cerebralen Werkzeugstörungen (Aphasie, Apraxie, Agnosie) und Lähmungen. Für die Diagnose sind heute bildgebende Verfahren entscheidend, die bei entsprechendem Verdacht unverzüglich eingesetzt werden müssen.

Nach der Tumorbehandlung durch Operation, Bestrahlung oder Chemotherapie bleiben nicht selten Folgen zurück, wiederum bestimmt von Lokalisation und Ausdehnung des Krankheitsprozesses, aber auch vom Entwicklungsstand des Nervensystems. Sie gleichen den Symptomen, die man nach Verletzungen beobachtet. Längsschnittstudien zeigten, daß nach Bestrahlung des Nervensystems (wegen Leukämien oder Tumoren) vor allem bei jüngeren Kindern die cortikalen Funktionen bleibend gestört werden können. Vor allem kognitive Leistungen sind betroffen, Minderung des Intelligenzquotienten kann 15 Punkte oder mehr betragen (Langer et al., 1998). Die Radiotherapie muß deshalb einer strengen Indikationsstellung unterliegen und bei Kindern besonders schonend durchgeführt werden.

2.6 Neurodegenerative Erkrankungen

Stoffwechselstörungen (neurometabolische Erkrankungen) und neurodegenerative Störungen (Abbauvorgänge), deren metabolische Grundlage noch nicht geklärt ist, führen am Zentralnervensystem zu Veränderungen beim chemischen Aufbau oder zu vorzeitigem Verlust von Strukturen (Degeneration, Demyelinisierung), damit meist zu globalen Funktionseinbußen; ihre Pathogenese ist verschieden, je nach der zugrundeliegenden Störung meist genetisch bedingt (Aicardi, 1998).

Prinzipiell beeinträchtigen neurodegenerative Erkrankungen entweder die weiße Hirnsubstanz mit ihren der Leitungsfunktion dienenden Strukturen und verursachen zuerst neurologisch faßbare Ausfälle, zum Beispiel Bewegungsstörungen, oder sie verändern die Funktionen der Nervenzellen in der grauen Substanz des Cortex beziehungsweise der Stammganglien, haben dann Verhaltensänderung und Leistungsstörungen

beziehungsweise Dyskinesien (abnorme Bewegungen) zur Folge. Sie führen zu einem Verlust bereits erworbener Fähigkeiten, zur *Demenz* (vgl. Neuhäuser, 1999). Beim Kind sind sie durch einen Entwicklungsknick mit einer deutlichen Veränderung im Entwicklungsverlauf charakterisiert. Zusätzliche Symptome, wie Störungen an den Sinnesorganen, an der Haut oder an inneren Organen geben weitere diagnostische Hinweise (Neuhäuser & Steinhausen, 1999). Vielfach werden Stoffwechselanalysen und bioptische Untersuchungen (Entnahme von Gewebeproben) erforderlich.

Hinweis: *Demenzprozesse* sind mit einem Verlust kognitiver Funktionen verbunden, von Merkfähigkeit und Gedächtnis, Konzentrations- und Abstraktionsvermögen. Am Beginn einer derartigen Erkrankung kann es schwierig sein, psychoreaktiv bedingte Symptome (Unruhe, emotionale Labilität, Aufmerksamkeitsstörung) abzugrenzen. So werden manchmal Verhaltensänderungen falsch gedeutet, wenn nicht eine sorgfältige neurologische Untersuchung erfolgt.

2.7 Infantile Cerebralparesen

Verschiedene Ursachen, die eine funktionelle Störung des sich entwickelnden Gehirns, speziell seiner bewegungssteuernden Zentren zur Folge haben, führen zu infantilen Cerebralparesen:

- Pränatal kommen Entwicklungsstörungen durch genetische Einflüsse, Infektionen oder andere Noxen zustande,
- perinatal Veränderungen nach Hirnblutungen, Sauerstoffmangel (hypoxisch-ischämische Encephalopathie) oder Entzündungen,
- postnatal durch Verletzungen oder Erkrankungen.

Hinweis: *Infantile Cerebralparesen* sind Störungen der Beweglichkeit und der Körperhaltung, ihre Symptome sind bleibend, aber nicht unveränderlich, oft mit anderen Zeichen der Hirnfunktionsstörung kombiniert (Intelligenzminderung, Wahrnehmungsstörung, Anfälle). Es handelt sich um klinische Syndrome, deren Ätiologie und Pathogenese durch zusätzliche Untersuchungen, vor allem mit bildgebenden Verfahren geklärt werden müssen (Ferrari & Cioni, 1998; Heinen & Bartens, 2001).

Nach der Ausprägung neurologischer Symptome werden *verschiedene Formen infantiler Cerebralparesen* unterschieden (vgl. Tab. 3). Sie sind durch Veränderung der Muskelspannung (Spastik bzw. Tonusvermehrung, Hypotonie, Dystonie), durch abnorme Bewegungen (Dyskinesien) oder Koordinationsstörungen (ataktische Symptome) charakterisiert.

Tabelle 3:
Klinische Differenzierung der infantilen Cerebralparesen.

Spastische Tetraplegie-Syndrome (bilaterale Hemiplegie)
Spastische Paresen an den oberen Extremitäten ebenso oder stärker ausgeprägt als an den Beinen; häufig Beugekontrakturen. Oft hochgradige geistige Behinderung, auch Epilepsie, schwere Sprachstörung; Schluckstörung (Pseudobulbärparalyse)
Spastische Diplegie-Syndrome (beinbetonte Tetraplegie)
Mehr oder weniger symmetrische spastische Paresen der Extremitäten; Beine und Füße stärker betroffen als Arme und Hände. Bei bevorzugtem Befall der Beine (Paraplegie) durch sorgfältige Untersuchung fast immer auch leichte Dysfunktion der Hände nachzuweisen. Mitunter hochgradige Behinderung an allen Extremitäten, Arme jedoch immer etwas weniger betroffen als Beine.
Spastische Hemiplegie-Syndrome
Spastische Halbseitenlähmung mit entsprechenden Symptomen; mitunter leicht dyskinetischer Charakter; nicht selten unterschiedlich starke Ausprägung an oberer und unterer Extremität.
Hypotonie-Syndrome
Allgemeine Verminderung des Muskeltonus mit Überstreckbarkeit der Gelenke bei meist normalen oder gesteigerten Muskeleigenreflexen; statische Funktionen oft stark beeinträchtigt (atonisch-astatisches Syndrom Foerster); häufig geistige Behinderung, mitunter cerebrale Anfälle.
Dyskinetische Syndrome (Syndrom des Tonuswechsels)
Schwere Tetraplegie; motorische Entwicklung auf neonataler oder frühkindlicher Stufe; abnormer Wechsel des Muskeltonus (Dystonie oder veränderliche Rigidität); deutliche Persistenz neonataler oder frühkindlicher Reflexmuster und Reaktionen; athetotische Hyperkinesie, jedoch nicht immer (mitunter auch choreatische, dystone oder ballistische Bewegungsstörung); häufig keine abnormen Pyramidenbahnzeichen
Kongenitale Ataxie-Syndrome
Kongenitale zerebellare Ataxie: Unfähigkeit, Willkürbewegungen zu koordinieren (Dyssynergie), mit Gangunsicherheit, Dysmetrie, Intentionstremor; verzögerte statomotorische Entwicklung; Muskelhypotonie. **Ataktische Diplegie:** Dyssynergie-Symptome hauptsächlich an den oberen Extremitäten; spastische Zeichen an den Beinen. **Syndrome mit Gleichgewichtsstörung (Dysäquilibrium-Syndrom):** Schwierigkeiten im Beibehalten der aufrechten Körperposition bei gestörter Lageempfindung des Körpers im Raum.

Gewisse Korrelationen von strukturellen und funktionellen Veränderungen sind keineswegs regelhaft. Im Verlauf der Entwicklung kann sich das klinische Bild ändern, deshalb ist eine Frühdiagnose schwierig. Oft ist erst im zweiten Lebensjahr eindeutig zu bestimmen, welche Form der Cerebralparese vorliegt. Bei manchen Kindern treten Symptome nur vorübergehend auf, bei anderen verstärken sie sich im Verlauf der Entwicklung. Mit Behandlungsmaßnahmen sind gewisse Veränderungen zu erreichen, auch wenn die zugrundeliegende cerebrale Läsion nicht zu beeinflussen ist (Schlack, 1998). Diese hat zur Folge, daß auch andere Hirnfunktionsstörungen auftreten können. Cerebrale Anfälle kommen bei etwa 30 % der Kinder mit infantilen Cerebralparesen vor. Wahrnehmungsstörungen, beeinträchtigte Sinnesfunktionen, Intelligenzminderung und Teilleistungsschwächen sowie Verhaltensauffälligkeiten werden ebenfalls häufig beobachtet. Bei der Bewertung von Testergebnissen ist die motorische Behinderung zu berücksichtigen (vgl. Neuhäuser, 1995). Leistungsstörungen findet man vor allem im sprachlichen, perzeptiven und kognitiven Bereich (vgl. Tab. 4).

Tabelle 4:
Neuropsychologische Störungen bei infantilen Cerebralparesen.

Beeinträchtigung von Intelligenzfunktionen
• Störung im logisch-abstrahierenden Denken • Störung von Aufmerksamkeit und Konzentration • Störung visuell-motorischer Funktionen • Störung von Gedächtnisleistungen • Diskrepanz zwischen Verbal- und Handlungs-IQ
Beeinträchtigung der psychomotorischen Geschwindigkeit
Spezifische Entwicklungsstörungen (Sprache usw.)
• Störung von Sinnesfunktionen (Hören, Sehen) • Störung von integrativen Funktionen (sensorische Integration) • Störung von sensomotorischen Funktionen • emotionale Störungen, • affektive Verhaltensauffälligkeiten

2.8 Cerebrale Anfälle

Cerebrale oder epileptische Anfälle sind Folge einer übermäßig synchronen Entladung von Nervenzellen; sie äußern sich in recht unterschiedlichen Symptomen. Bei epileptischen Erkrankungen treten sie rezidivierend auf; es sind verschiedene Anfallssyndrome und Verlaufsformen zu unterscheiden (Klassifikation der Internationalen Liga gegen Epilepsie, s. Doose, 1998). Zur Klärung der Ursache sind vor allem bildgebende Verfahren und Stoffwechselanalysen erforderlich. Dann werden Residualepilepsien als Folge abgeschlossener Läsionen (Residuum einer Verletzung oder Erkrankung) von Prozeßepilepsien unterschieden, die durch fortschreitende

Krankheiten verursacht sind. Bei den „idiopathischen" Epilepsien spielen genetische Faktoren und (noch) nicht faßbare Strukturveränderungen ursächlich eine Rolle. Die Gruppe der kryptogenetischen (ungeklärten) Epilepsien wird dank verbesserter diagnostischer Möglichkeiten immer kleiner (Matthes & Schneble, 1992).

Nach den klinischen Erscheinungen und mit Hilfe des EEG-Befundes sind *verschiedene Epilepsie-Formen* zu differenzieren:

- *Generalisierte Anfälle*, bei denen die pathologische Erregung das gesamte Gehirn erfaßt, werden von
- *fokalen (partiellen) Anfällen* unterschieden, bei denen die Entladung von umschriebenen Stellen ausgeht.
- *Große Anfälle (grand mal, primär oder sekundär generalisiert)* gehen mit unvermittelt oder allmählich eintretender Bewußtlosigkeit einher, mit einer tonischen und klonischen Phase, wobei es zu Verkrampfungen beziehungsweise zu Zuckungen kommt, mit Zungenbiß, vermehrter Speichelproduktion, Einnässen, Einkoten oder Verletzungen. Nach etwa fünf bis zehn Minuten hört der Anfall langsam auf, der Patient fällt dann in einen tiefen Erholungsschlaf. Der Anfall wird nicht erinnert, es besteht Amnesie; die Erkrankung ist also nur durch Reaktionen der Umwelt beziehungsweise an ihren Folgen zu erleben, was sehr belastend sein kann.
- *Kleine Anfälle (petit mal)* verlaufen ohne Bewußtseinsstörung (fokale oder partielle Anfälle) mit motorischen oder sensorischen Erscheinungen (Muskelzuckungen bzw. Mißempfindungen), führen zu kurzen Bewußtseinspausen (Absencen) oder zu verengter Wahrnehmung und eingeschränktem Reaktionsvermögen mit abnormen Verhaltensweisen (komplex-partielle oder psychomotorische Anfälle).

Bestimmte kleine Anfälle sind altersgebunden, kommen also bevorzugt in Entwicklungsphasen vor: Neugeborenenkrämpfe zeigen wenig charakteristische (amorphe) Symptome und können je nach ihrer Ursache zu bleibenden Folgen führen. Für die Blitz-Nick-Salaam-Krämpfe (BNS-Krämpfe oder West-Syndrom) des Säuglings sind nach vorne gerichtete (propulsive) Zuckungen charakteristisch, die in Serie auftreten und mit relativ typischen EEG-Veränderungen einhergehen; sie führen nicht selten zu einer deutlichen Entwicklungsstörung infolge meist nachweisbarer Läsion. Bei den myoklonisch-astatischen Anfällen des Kleinkindalters (Lennox-Gastaut-Syndrom) treten vor allem Muskelzuckungen (Myoklonien) und plötzliche Stürze auf; auch dabei kommen bleibende Entwicklungsstörungen vor. Absencen,

bevorzugt im Schulalter, werden manchmal zuerst an nachlassenden Leistungen bemerkt, bevor die kurzen Bewußtseinspausen oder ein Verdrehen der Augen nach oben auffallen. Das Impulsiv-Petit mal des Jugendlichen (Janz-Syndrom) geht mit besonders morgens auftretenden, heftigen Zuckungen einher und ist oft von psychoreaktiven Störungen begleitet.

Hinweis: Neuropsychologisch faßbare Symptome werden von der Art der cerebralen Funktionsstörung, vom Alter des Kindes, von Ätiologie und Lokalisation, aber auch von der erforderlichen Behandlung der Epilepsie geprägt (Curley, 1992).

Antikonvulsiv wirkende Medikamente sind nötig, um Anfälle zu kontrollieren, aber auch anfallsbedingte Schäden zu vermeiden (Doose, 1998). Sie können abnorme Erregungen von Nervenzellen beeinflussen, eine übermäßige Ausbreitung der Entladung verhindern oder Hemmungsvorgänge verstärken, die im Nervensystem wichtige Aufgaben haben. Dabei werden neben den „epileptischen" Neuronen aber auch andere Nervenzellen beeinflußt. So ist vielfach die Frage nicht einfach zu beantworten, welche Faktoren für Leistungsprobleme oder Verhaltensauffälligkeiten bei anfallskranken Kindern verantwortlich sind. Es werden

Tabelle 5:
Neuropsychologische Störungen bei cerebralen Anfällen und verursachende Faktoren.

Neuropsychologische Störungen
• Störung von Intelligenzfunktionen (Diskrepanz zwischen Verbal- und Handlungs-IQ)   • Demenz (ESES)   • Aufmerksamkeits- und Konzentrationsstörungen   • Gedächtnisstörungen   • Sprachstörungen (Landau-Kleffner-Syndrom)   • verlangsamte Reaktionsfähigkeit   • emotionale Störungen, Verhaltensauffälligkeit

Mögliche Ursachen	
Neurologische Faktoren	– Lokalisation und Ausdehnung cerebraler Läsionen – Hypersynchrone Aktivität (EEG-Befunde)
Soziale Faktoren	– Einstellung zur Epilepsie in Familie und Gesellschaft – Einengen spontaner Aktivität – Störung der Familienstruktur – „Etikettierung"
Psychosoziale Faktoren	– Intelligenzminderung – Spezifische Lernstörungen – Empfinden der Anfälle (verändertes Körperschema)
Pharmakologische Faktoren	– Antikonvulsiva – andere Medikamente

detaillierte Untersuchungen nötig, wobei auch psychosoziale Probleme und Belastungen der Familie durch die Krankheit Berücksichtigung finden müssen.

Mit neuropsychologischen Verfahren sind einzelne Leistungsbereiche differenziert zu prüfen (vgl. Tab. 5). In verschiedenen Studien wurden bei anfallskranken Kindern vor allem *kognitive Störungen und Teilleistungsschwächen* nachgewiesen (Doose & Neuhäuser, 1997); Unterschiede zwischen den Anfallsformen werden auch durch ätiologische und therapeutische Differenzen erklärt. Mit den üblichen Intelligenztests wird vielfach eine Diskrepanz zwischen dem Ergebnis im Verbal- und im Handlungteil gefunden.

Spezifische Hirnfunktionsstörungen treten beim *Landau-Kleffner-Syndrom* auf, das zu einer epileptisch bedingten Sprachstörung führt. Neben der Beeinträchtigung vor allem rezeptiver Sprachfunktionen findet man hypersynchrone Aktivität im EEG. Wenn im Rahmen von Anfallskrankheiten nächtliche, langdauernde Anfälle auftreten (ESES-Syndrom mit kontinuierlicher hypersynchroner Aktivität im EEG), kann es zu einem fortschreitenden Verlust kognitiver Fähigkeiten, zur Demenz kommen.

Vielfach ist eine Entwicklungsstörung zugleich Ursache für die cerebralen Anfälle wie für die Leistungs- und Verhaltensprobleme. Aber auch häufig auftretende Anfälle können ungünstig sein, ebenso Nebenwirkungen der erforderlichen Medikamente. Immer sind differenzierte Untersuchungen nötig, um diese Zusammenhänge zu klären. Dabei können neuropsychologische Befunde hilfreich sein (Curley, 1992).

3 Epidemiologie, Verlauf und Nosologie

Die erwähnten neurophysiologischen Störungen werden unterschiedlich oft beobachtet. Für die wichtigsten, infantile Cerebralparesen und epileptische Anfälle, sind 0,2 bis 0,3 % beziehungsweise 0,3 bis 0,5 % als *Prävalenz* anzugeben. Nach verschiedenen Statistiken ist damit zu rechnen, daß neurophysiologische Störungen bei ein bis zwei Prozent aller Kinder vorkommen. Neuropsychologische Störungen dürften häufiger sein (5 - 10 %), wenn man Teilleistungsschwächen und umschriebene Entwicklungsstörungen einbezieht (Neuhäuser & Steinhausen, 1999).

Der *Verlauf* hängt von der verantwortlichen Ursache und der jeweils wirksamen Pathogenese ab, von endogenen und exogenen Faktoren, muß also individuell betrachtet werden. Bei den früh entstandenen Störungen sind trotz der „Plastizität" des Nervensystems die Möglichkeiten der Kompensation begrenzt, wenn Entwicklungspotenzen geschwächt wurden (Neuhäuser, 1996). Andererseits kann bei umschriebenen Läsionen auch eine erstaunliche Erholung auftreten. Immer wird der Verlauf durch Umwelteinflüsse mitbestimmt; psychosoziale Faktoren spielen in Auseinandersetzung mit den „organischen" Komponenten eine wichtige Rolle.

Im *multiaxialen Klassifikationsschema* werden neurophysiologische Symptome auf der vierten Achse mit den körperlichen Befunden codiert, sofern nicht ihre Auswirkungen auf der ersten Achse zu vermerken sind. ICD-10 beziehungsweise DSM-IV erfassen sie unter den organischen Störungen beziehungsweise bei Entwicklungsstörungen (F70, F81; 314, 315, 317).

4 Erklärungsansätze

Neurophysiologische Störungen führen zu bestimmten Symptomkombinationen, je nach den von einer Schädigung betroffenen Strukturen, nach deren Lokalisation und Ausdehnung. Man unterscheidet globale Funktionseinbußen, die fast alle Hirntätigkeiten betreffen, und umschriebene Störungen, die zu spezifischen Symptomkombinationen führen. Es ist hilfreich, die Befunde auf verschiedenen Ebenen zu definieren:

- Die *morphologische Ebene* entspricht den Strukturabweichungen, die mittels bildgebender Verfahren heute relativ einfach festgestellt und genau beschrieben werden können, wenn auch nur in einem relativ groben Raster (Barkovich, 1995).
- Die eigentlich *neurophysiologische Ebene* betrifft die mittels neurologischer Untersuchung und elektrophysiologischer Methoden ermittelten Befunde; sie gestatten vielfach eine Lokalisation der Läsionen, wenn auch nur in funktioneller Hinsicht.
- Auf der *neuropsychologischen Ebene* werden die mit geeigneten Testverfahren festgestellten Resultate zusammengefaßt; sie sind mit der Lokalisation von Läsionen zu korrelieren (Heubrock & Petermann, 1998).
- Die *Verhaltensebene* schließlich repräsentiert Leistungen, Fähigkeiten und Fertigkeiten sowie emotionale und affektive Äußerungen, damit auch psychoreaktive Komponenten. Verhaltensauffälligkeiten und Leistungsstörungen sind letztlich ein unspezifischer Ausdruck beeinträchtigter Hirnfunktionen. Es gibt nur wenig Symptome, die für eine bestimmte Ätiologie und Pathogenese charakteristisch sind.

5 Interventionsverfahren

Bei bestimmten neurophysiologischen Störungen werden *Medikamente* eingesetzt: Die Behandlung epileptischer Anfälle erfordert eine differenzierte Auswahl der am besten geeigneten Mittel, abhängig von der Anfallsform, vom EEG-Befund und vom Alter des Kindes (Doose, 1998). Sorgfältige Kontrollen sind erforderlich, da alle Antikonvulsiva Nebenwirkungen haben können, die recht unterschiedlich sind, gelegentlich auch das Verhalten oder die Leistungsfähigkeit beeinflussen (Curley, 1992). Es ist jeweils genau zu prüfen, welche Faktoren beim einzelnen Kind in Betracht zu ziehen sind, wenn Schwierigkeiten auftreten.

Medikamente können auch andere Funktionen des Nervensystems verändern, zum Beispiel die Regulation des Muskeltonus oder bestimmte Verhaltensäußerungen. Bei kritischer Indikation sind Psychopharmaka (Tranquilizer oder milde Neuroleptica, gegebenenfalls auch Psychostimulantien) in der Lage, einen günstigen Effekt zu erzielen, indem sie andere Behandlungsmaßnahmen unterstützen; ihre Anwendung sollte sorgfältig überwacht und immer zeitlich begrenzt werden (Nissen, Fritz & Trott, 1998).

Wesentlich für die Therapie neurophysiologischer Störungen sind übende Verfahren, vor allem *Physiotherapie (Krankengymnastik)*, *Ergotherapie (Beschäftigungstherapie)* und *Logopädie (Sprachbehandlung)*, aber auch *Verhaltens- und Mototherapie (psychomotorische Übungsbehandlung*; Ferrari & Cioni, 1998; Lohse-Busch, Riedel & Graf-Baumann, 2001). Verhaltenstherapeutische Ansätze gewinnen immer mehr an Bedeutung; sie zielen beispielsweise darauf ab, die Selbstkontrolle vor dem Einsetzen des Anfalls beim Wahrnehmen der ersten Vorzeichen („Aura") zu steigern (Oepen, 1999). Von der jeweiligen Diagnose und von der Situation des Kindes hängt es ab, welcher Methode der Vorzug zu geben ist. Auch das familiäre Umfeld ist zu berücksichtigen. Selbst wenn es nicht gelingt, die Hirnfunktionsstörung zu verändern, also primäre Wirkungen zu erreichen, so kann doch der reaktiven, sekundären Symptomatik begegnet und damit nicht selten wesentliche Besserung erzielt werden (Schlack, 1998).

Bei der *Physiotherapie* werden vor allem die Methode nach Bobath und das Verfahren nach Vojta angewandt, die von unterschiedlichen theoretischen Vorstellungen ausgehen und Teilnahme an Spezialkursen voraussetzen. Während im Bobath-Konzept „reflexhemmende Positionen" und „Fascilitation von Bewegungen" wichtig sind, sollen bei der „reflexveranlagten Lokomotion" nach Vojta verschiedene Bewegungsmuster aktiviert werden, die für die weitere Differenzierung des Nervensystems bedeutsam sind (s. Forssberg & Hirschfeld, 1992).

In der *Ergotherapie* erfolgt nicht nur ein Üben feinmotorischer Funktionen, es werden auch Sinnesempfindung und Wahrnehmung mit gezielten Aktivitäten angesprochen, beispielsweise in „Trainingsprogrammen" nach Affolter (1988) oder nach Ayres (1998). Vielfach sind die theoretischen Grundlagen zweifelhaft, die propagiert werden, was jedoch nicht gegen erreichbare Trainingseffekte spricht (Schlack, 1998).

Für die *Mototherapie* ist der Einfluß von Bewegung und Wahrnehmung auf die Persönlichkeitsentwicklung des Kindes wesentlich. Von handlungstheoretischen Vorstellungen ausgehend werden Aufgaben gestellt, die den Umgang mit dem eigenen Körper, mit der Umwelt und in der Gruppe verbessern.

Verhaltenstherapeutische Programme orientieren sich auch bei neurophysiologischen Störungen an bestimmten Symptomen, wie Konzentration, Aufmerksamkeit, Antrieb und Aktivität, Aggressivität oder Rückzug (Neuhäuser & Heubrock in diesem Buch).

Zur Effizienz physiotherapeutischer Verfahren sind in den letzten Jahren mehrere Studien und Metaanalysen durchgeführt worden; die Ergebnisse sind uneinheitlich, sprechen aber eher dafür, daß den Sekundärwirkungen die wesentliche Bedeutung zukommt. Damit ist der „Methodenstreit" hinfällig: Es kommt weniger auf die Art der Behandlung, mehr auf den Therapeuten und ein umfassendes Interventionsprogramm an (vgl. Schlack, 1998).

Bei neurophysiologischen Störungen, die zu einer mehr oder weniger stark ausgeprägten Behinderung führen, sind immer mehrere ursächlich verantwortliche Faktoren auszumachen. Dementsprechend müssen Maßnahmen der Therapie und Förderung vielseitig und vielfältig sein, sie erfordern die Mitwirkung verschiedener Fachdisziplinen. Um Kind, Eltern und Familie zu unterstützen, ihnen zu einer echten Integration zu verhelfen, sind die Maßnahmen sinnvoll aufeinander abzustimmen. Es erweist sich als günstig, so früh als möglich zu beginnen, weil dann nicht nur die größeren Kompensationsfähigkeiten des Nervensystems ausgenützt werden, sondern auch der Entstehung und Verfestigung reaktiver Störungen am besten zu begegnen ist. Aus diesem Grund kommt der *interdisziplinären Frühförderung*, die familiennah geschieht, ein wichtiger Stellenwert unter den Interventionsmaßnahmen zu (Guralnick, 1997). Diese müssen sich realitätsbezogen an den Möglichkeiten des einzelnen Kindes orientieren, haben die Belastbarkeit, aber auch die Ressourcen der Familie zu berücksichtigen, um Kind wie Eltern zum „Leben so normal wie möglich" zu verhelfen (vgl. Noeker & Haverkamp, 1996).

Zusammenfassung

Neurophysiologische Störungen sind auf die Beeinträchtigung verschiedener Hirnfunktionen zurückzuführen; sie äußern sich in Veränderungen von Motorik und Wahrnehmung, bei der Informationsverarbeitung und -speicherung, auch im Verhalten und Leistungsvermögen.

Fehlbildungen und Dysgenesien haben Strukturveränderungen zur Folge, mit meist deutlichen Funktionseinbußen. Migrationsstörungen können zu umschriebenen Veränderungen führen (cortikale Dysplasie), aber auch symptomlos bleiben. Perinatale Komplikationen, zum Beispiel hypoxisch-ischämische Encephalopathie durch Sauerstoffmangel, haben oft diffuse Schäden zur Folge und verursachen dann eine deutliche Behinderung (Cerebralparese, Intelligenzminderung, Anfälle). Bei der Entwicklung sind Wechselwirkungen zwischen biologischen Faktoren und Umwelteinflüssen zu beachten.

Entzündliche Erkrankungen des Zentralnervensystems und ihre Folgen haben zum Konzept der „frühkindlichen Hirnschädigung" beziehungsweise des psychoorganischen Syndroms beigetragen. Verletzungen des Gehirns führen in der Akutphase zur Bewußtseinsstörung (Glasgow-Coma-Scale). Bleibende Folgen sind von der Schwere des Trauma abhängig. Posttraumatische Verhaltens- und Leistungsstörungen sind nicht noxenspezifisch geprägt. Tumoren des Zentralnervensystems führen beim Kind meist bald zu einer Hirndrucksteigerung und damit zu den Symptomen des psychoorganischen Syndroms; hirnlokale Ausfälle sind selten. Auch durch die Behandlung (Operation, Bestrahlung, Chemotherapie) können bleibende Folgen entstehen. Neurodegenerative Erkrankungen werden meist durch einen „Entwicklungsknick" im Verlauf gekennzeichnet (Demenz). Bei infantilen Cerebraleparesen und cerebralen Anfällen kommt es zu Auswirkungen in Leistungsfähigkeit und Verhalten, abhängig von der Ausprägung der Läsionen, auch von psychosozialen Faktoren.

Die Behandlungsmaßnahmen haben zum Ziel, entwicklungsfördernd zu wirken. Die Behandlung ist interdisziplinär orientiert und muß gezielt auf den Einzelfall abgestimmt sein. Immer sind dabei reaktive, sekundär entstandene Symptome zu berücksichtigen und zu beeinflussen.

Verständnisfragen

1. Gibt es noxenspezifische neurophysiologische Störungen?
2. Was versteht man unter einem psychoorganischen Syndrom?
3. Welche Verhaltens- und Leistungsschwierigkeiten werden nach Schädel-Hirn-Traumen beobachtet?
4. Sind Leistungsprobleme bei cerebralen Anfällen auf die Therapie zu beziehen?

Weiterführende Literatur

Aicardi, J. (1998). *Diseases of the nervous system in childhood. Clinics in Developmental Medicine*, No. 113/118 (2nd edition). London: MacKeith Press.

Birbaumer, N. & Schmidt, R. F. (1996). *Biologische Psychologie* (3. Auflage). Berlin: Springer.

Kalbe, U. (1993). *Cerebral-Parese im Kindesalter. Kurzer Leitfaden für ärztlich, therapeutisch, pädagogisch und sozialberatend Tätige* (2. Auflage). Stuttgart: Fischer.

Matthes, A. & Schneble, H. (1992). *Epilepsien. Diagnostik und Therapie für Klinik und Praxis* (5. Auflage). Stuttgart: Thieme.

Neuhäuser, G. & Steinhausen, H.-C. (Hrsg.) (1999). *Geistige Behinderung. Grundlagen, Klinische Syndrome, Behandlung und Rehabilitation* (2. Auflage). Stuttgart: Kohlhammer.

Literatur

Affolter, F. (1988). *Wahrnehmung, Wirklichkeit und Sprache.* Villingen-Schwenningen: Neckar-Verlag.

Aicardi, J. (1998). *Diseases of the nervous system in childhood. Clinics in Developmental Medicine*, No. 113/118 (2nd edition). London: MacKeith Press.

Ayres, J. (1998). *Bausteine der kindlichen Entwicklung* (3. Auflage). Berlin: Springer.

Barkovich, A. J. (1995). *Pediatric neuroimaging* (2nd edition). New York: Raven Press.

Curley, A. D. (1992). Behavioral disturbances in children with seizures. In M. G. Tramontana & S. R. Hooper (Eds.), *Advances in child neuropsychology,* Vol. 1 (109-136). Berlin: Springer.

Doose, H. (1998). *Epilepsien im Kindes- und Jugendalter* (11. Auflage). Hamburg: Desitin.

Doose, H. & Neuhäuser, G. (1997). Gutartige Epilepsieformen und neuropsychologische Beeinträchtigungen bei erblichen Hirnreifungsstörungen. *Kindheit und Entwicklung, 6,* 48-58.

Esser, G., Laucht, M. & Schmidt, M. H. (1995). Der Einfluß von Risikofaktoren und der Mutter-Kind-Interaktion des Säuglingalters auf die seelische Gesundheit des Vorschulkindes. *Kindheit und Entwicklung, 4,* 33-42.

Ferrari, A. & Cioni, G. (1998). *Infantile Zerebralparese. Spontaner Verlauf und Orientierungshilfen für die Rehabilitation.* Berlin: Springer.

Fennel, E. B. & Mickle, J. P. (1992). Behavioral effects of head trauma in children and adolescents. In M. G. Tramontana & S. R. Hooper (Eds.), *Advances in Child Neuropsychology,* Vol. 1 (24-39). Berlin: Springer.

Forssberg, H. & Hirschfeld, H. (Eds.) (1992). *Movement disorders in children. Medicine and Sport Sciences,* Vol. 36. Basel: Karger.

Freud, S. (1897). Die infantile Cerebrallähmung. In H. Nothnagel (Hrsg.), *Spezielle Pathologie und Therapie* (Band 9, II. Teil, 2. Abteilung). Wien: Hölder.

Guralnick, M. J. (Ed.) (1997). *The effectiveness of early intervention.* Baltimore: Brookes.

Harris, J. C. (1995). *Developmental neuropsychiatry* (Vol. I, Fundamentals, Vol. II. Assessment, diagnosis, and treatment of developmental disorders). Oxford: Oxford University Press.

Heinen, F. & Bartens, W. (Hrsg.) (2001). *Das Kind und die Spastik. Erkenntnisse der Evidence-based Medicine zur Cerebralparese.* Bern: Huber.

Heubrock, D. & Petermann, F. (1998). Neuropsychologische Diagnostik und Therapie bei umschriebenen Teilleistungsstörungen. *Kindheit und Entwicklung, 7,* 50-57.

Kalbe, U. (1993). *Cerebral-Parese im Kindesalter. Kurzer Leitfaden für ärztlich, therapeutisch, pädagogisch und sozialberatend Tätige* (2. Auflage). Stuttgart: Fischer.

Kalverboer, A. F., Hopkins, B. & Geuze, R. (Eds.) (1993). *Motor development in early and later childhood: Longitudinal approaches.* Cambridge: Cambridge University Press.

Langer, T., Huk, W. J., Hertzberg, H., Überall, M. A., Meier, W., Korinthenberg, R. & Beck, J. D. (1998). Akute lymphblastische Leukämie im Kindesalter. Morphe und Funktion des Gehirns nach Behandlungsende. *Deutsches Ärzteblatt, 95,* A-3058-3068.

Lohse-Busch, H., Riedel, M. & Graf-Baumann, T. (Hrsg.) (2001). *Das therapeutische Angebot für bewegungsgestörte Kinder. Konzepte, Bewertung, Ausblicke.* Berlin: Springer.

Matthes, A. & Schneble, H. (1992). *Epilepsien. Diagnostik und Therapie für Klinik und Praxis* (5. Auflage). Stuttgart: Thieme.

Meyer-Probst, B. & Reis, O. (1999). Von der Geburt bis 25: Rostocker Längsschnittstudie (ROLS). *Kindheit und Entwicklung, 8,* 59-68.

Neuhäuser, G. (1972). *Folgen enzphalitischer Erkrankungen bei Kindern. Untersuchungen zum Problem der sogenannten frühkindlichen Hirnschädigung.* Stuttgart: Enke.

Neuhäuser, G. (1995). Psychosocial conditions of motor development. In A. Vermeer & W. Davies (Eds.), *Physical and motor development in mental retardation. Medicine and Sport Sciences,* Vol. 40 (99-110). Basel: Karger.

Neuhäuser, G. (1996). Plastizität des Zentralnervensystems. Konsequenzen für therapeutische und pädagogische Maßnahmen. In G. Opp & F. Peterander (Hrsg.), *Focus Heilpädagogik* (217-223). München: Reinhardt.

Neuhäuser, G. (1999). Intelligenzminderung – Intelligenzstörung. In D. Michalk & E. Schönau (Hrsg.), *Differentialdiagnose Pädiatrie* (130-138). München: Urban & Schwarzenberg.

Neuhäuser, G. (2000). Frühe Anlagestörungen des Nervensystems – primäre und sekundäre Fehlbildungen. In M. J. Lentze, J. Schaub, F. J. Schulte & J. Spranger (Hrsg.), *Pädiatrie. Grundlagen und Praxis* (1282-1298). Berlin: Springer.

Neuhäuser, G., Beckmann, D. & Pauli, U. (1990). Zur Entwicklung sogenannter Risikokinder. Ergebnisse einer Längsschnittuntersuchung. *Frühförderung interdisziplinär, 9,* 1-11.

Neuhäuser, G. & Steinhausen, H.-C. (Hrsg.) (1999). *Geistige Behinderung. Grundlagen, Klinische Syndrome, Behandlung und Rehabilitation* (2. Auflage). Stuttgart: Kohlhammer.

Nissen, G., Fritze, J. & Trott, G.-E. (1998). *Psychopharmaka im Kindes- und Jugendalter.* Ulm: Fischer.

Noeker, M. & Haverkamp, F. (1996). Ärztliche Aufklärung und elterliche Diagnoseverarbeitung bei der kindlichen Epilepsie. *Kindheit und Entwicklung, 5,* 234-239.

Oepen, J. (1999). Stationäre Rehabilitation in der Neuropädiatrie. In F. Petermann & P. Warschburger (Hrsg.), *Kinderrehabilitation* (233-248). Göttingen: Hogrefe.

Petermann, F. & Kroll, T. (1996). Psychosoziale Folgen bei Krebserkrankungen im Kindes- und Jugendalter. *Kindheit und Entwicklung, 5,* 209-214.

Ramaekers, G. & Njiokiktjien, Ch. (1991). *Pediatric behavioural neurology, Vol. 3.* Amsterdam: Suyi Publications.

Sarnat, H. B. (1993). *Cerebral dysgenesis. Embryology and clinical expression.* New York: Oxford University Press.

Schlack, H. (1998). Grundkonzepte der Behandlung. Eine Orientierung in der Vielfalt der Methoden. In H. G. Schlack (Hrsg.), *Welche Behandlung nützt behinderten Kindern?* (18-27). Mainz: Kirchheim.

Taylor, H. G., Schatschneider, C. & Rich, D. (1992). Sequelae of haemophilus influenzae meningitis: Implications for the study of brain disease and development. In M. G. Tramontana & R. S. Hooper (Eds.), *Advances in child neuropsychology,* Vol. 1 (50-108). Berlin: Springer.

12 Neuropsychologische Störungen
von Gerhard Neuhäuser und Dietmar Heubrock

Inhaltsübersicht

1 Einleitung

Die Neuropsychologie untersucht Zusammenhänge zwischen der Gehirnaktivität (Hirnfunktion) und dem Verhalten. Bei umschriebenen Veränderungen cerebraler Strukturen werden *„funktionelle Hirnsysteme"* (Anochin, 1978) beeinträchtigt, wobei es zu verschiedenen Verhaltensstörungen kommt. Eine Störung spezifischer Hirnfunktionen äußert sich in Schwierigkeiten beim Sprechen, Lesen, Schreiben oder Rechnen, in der Wahrnehmung, beim Planen oder Ausführen von Handlungen. Die klassische Hirnpathologie unterscheidet cerebrale Werkzeugstörungen und meint damit neuropsychologische Syndrome als umschriebene Störungsbilder wie Aphasien (Sprachstörungen), Apraxien (Handlungsstörungen) oder Amnesien (Gedächtnisstörungen). Meist gibt es in diesen Fällen eindeutige Beziehungen zwischen betroffener Hirnstruktur (cerebrales Areal) und Symptomkombination (Creutzfeld, 1983; Hartje & Poeck, 1997; Luria, 1970). Es treten aber auch unspezifische Hirnfunktionsstörungen auf, die als hirnorganisches Psychosyndrom (Göllnitz, 1954), als frühkindliche Hirnschädigung (Lempp, 1978) oder minimale cerebrale Dysfunktion (MCD; Bauer, 1986) bezeichnet werden. Dabei sind Grundfunktionen, wie Merkfähigkeit und Gedächtnis, Antrieb und Psychomotorik, verändert (Ruf-Bächtiger,

1998). Wo dies möglich ist, sollte jedoch heute besser von neuropsychologischen Störungen oder Hirnfunktionsstörungen gesprochen und die betroffenen Funktionen benannt werden.

> **Hinweis:** Im Kindesalter ist immer der Entwicklungsaspekt zu beachten. Die verschiedenen cerebral repräsentierten Fähigkeiten werden allmählich erworben. Sie sind Resultat der strukturell-funktionellen Differenzierung von „Zentren", die sich in Auseinandersetzung mit der Umwelt und ihren mannigfaltigen Einflüssen vollzieht. Während zunächst die Kompensationsmöglichkeiten bei noch wenig gefestigten funktionellen Hirnsystemen beträchtlich sind („Plastizität"), werden später in bestimmten cerebralen Arealen spezifische Hirnleistungen fest repräsentiert sein. Über diese Entwicklungsvorgänge ist noch wenig bekannt, viele unserer Annahmen von den Beziehungen zwischen Struktur und Funktion beruhen auf Vermutungen. Da genetische und epigenetische (umweltabhängige) Faktoren in komplexer Weise zusammenspielen, sind Analysen im Entwicklungsverlauf schwierig (Spitzer, 1996; Petermann, Kusch & Niebank, 1998). Aus diesem Grund sind unsere Kenntnisse von den neuropsychologischen Störungen bei Kindern noch lückenhaft.

2 Beschreibung der Störungen

Um spezifische Hirnfunktionsstörungen zu erfassen, müssen Abweichungen bei der Tätigkeit von Hirnsystemen genau registriert, aber auch von reaktiv bedingten (sekundären) Störungen differenziert werden. Durch eine detaillierte Verhaltensanalyse sind beobachtete Symptome auf bestimmte Hirnleistungen zu beziehen, um sie dann mit festgestellten Strukturveränderungen (Anomalien) zu korrelieren (Creutzfeld, 1983; Kleist, 1934; Luria, 1970). Beziehungen sind leicht zu erkennen, wenn gut definierte Symptomkombinationen auftreten, deren strukturell-funktionelle Grundlagen (Lokalisation) bekannt sind (Kolb & Whishaw, 1996). In der Praxis fällt allerdings oft die Entscheidung darüber schwer, ob gewisse Befunde Ausdruck einer „organischen Störung", Folge reaktiver Vorgänge oder Resultat einer Kombination mehrerer Faktoren sind.

Hirnpathologische oder neuropsychologische Störungen (früher: „cerebrale Werkzeugstörungen") wurden bei Erwachsenen seit mehr als 150 Jahren vielfach dokumentiert; Struktur und Funktion sind dabei ziemlich eindeutig aufeinander zu beziehen (Creutzfeld, 1983; Kleist, 1934; Luria, 1970). Im Kindesalter hat man es jedoch nur selten mit derart umschriebenen Syndromen zu tun, da die Funktionen noch nicht „ausgereift" und

fest an bestimmte Strukturen gebunden sind. Nach manchen Störungen (Läsionen) können gewisse Symptome wegen der „Plastizität" des kindlichen Gehirns relativ rasch kompensiert werden (vgl. Neuhäuser, 1998). Die bei Erwachsenen erhobenen Befunde sind auf Kinder also nicht ohne weiteres zu übertragen: Es ist ein Unterschied, ob „etablierte" Hirnleistungen beeinträchtigt werden oder ob Störungen im Verlauf der Entwicklung funktioneller Systeme auftreten und die Ausbildung von Fähigkeiten behindern.

Spezifische Hirnfunktionsstörungen werden bei Kindern auch als Teilleistungsschwächen oder umschriebene Entwicklungsrückstände bezeichnet (siehe Esser & Wyschkon und Warnke & Roth in diesem Buch). Der Begriff „minimale cerebrale Dysfunktion" (MCD) sollte besagen, daß es neben eindeutigen Hirnläsionen, die morphologisch faßbar sind, auch Funktionsstörungen gibt, deren strukturelle Basis (noch) nicht nachweisbar ist. Kritische Untersuchungen haben allerdings erwiesen, daß dieses Konzept wenig hilfreich ist (Esser & Schmidt, 1987). Besser sollten einzelne Funktionsebenen differenziert betrachtet und genau beschrieben werden, um sie mit festgestellten Strukturveränderungen in Beziehung setzen zu können (Heubrock & Petermann, 2000a).

Der Begriff „*Teilleistungs- oder Entwicklungsstörung*" vermeidet die Zuordnung zu bestimmten Arealen, die bei Kindern ohnehin nicht oder nur begrenzt möglich ist. Er umgeht damit auch den Bezug auf eine bestimmte Ätiologie: Es kann sich um „echte Retardierung", um anlagebedingte „Schwächen" oder um Folgen einer Schädigung („Residuum") handeln. Der Begriff ist deskriptiv und setzt die Normalitäts- wie die Diskrepanzannahme voraus (siehe Kapitel Esser & Wyschkon in diesem Buch). Bei neuropsychologischen Störungen wird demgegenüber eine Spezifizierung hinsichtlich betroffener Strukturen (Lokalisation) nötig, auch sind ätiologische und pathogenetische Faktoren zu berücksichtigen (vgl. Heubrock & Petermann, 2000b).

2.1 Störungen der motorischen Entwicklung

Eine verzögerte oder abweichende Ausbildung grob- und feinmotorischer Fähigkeiten beziehungsweise Fertigkeiten kann isoliert oder im Rahmen allgemeiner Entwicklungsstörungen vorkommen. Eindeutig beeinträchtigte Funktionen findet man bei den neurologischen Syndromen infantiler Cerebralparesen mit Tonusänderung (Spastik, Dystonie, Hypotonie), Seitendifferenzen, abnormen Reflexen oder Reaktionen sowie dyskinetischen Bewegungen. Gewisse Beziehungen zu den Funktionsebenen des motorischen Systems können zu erkennen sein; mit bildgebenden Verfahren sind strukturelle Veränderungen in entsprechenden Arealen nachzuweisen, wenn auch keineswegs regelhaft. Im Erscheinungsbild gibt es gewissermaßen eine „Verdünnungsreihe" von ausgeprägten Störungen bis hin zu einer nur leicht abnormen motorischen Funktion, beispielsweise bei ungeschickten Kindern (Gordon & McKinley, 1980; Nelson et al., 1994; Teeter & Semrud-Clikeman, 1997, S. 187ff.).

Ein wesentliches Merkmal umschriebener Störungen der Bewegungsentwicklung ist die *motorische Dyskoordination*. Man beobachtet Schwierigkeiten bei der Gleichgewichtserhaltung und in der Bewegungssteuerung, beim Ablauf motorischer Aktionen (rasche Aufeinanderfolge, Anpassung an veränderte Umweltbedingungen) sowie feinmotorischer Fertigkeiten. Nicht immer sind derartige Funktionsstörungen eindeutig von Varianten der normalen Entwicklung beziehungsweise von Grenzwerten einer beträchtlichen intra- und interindividuellen Variabilität zu unterscheiden. Vielfach bringen erst die Diagnostik der Motorik und eine Verlaufskontrolle Klarheit (Neuhäuser, 1996).

Die motorische Entwicklung kann in ihrem Ablauf verzögert sein, man spricht dann von einer *stato- oder psychomotorischen Retardierung*. Dieser Begriff ist besonders für Eltern problematisch, wenn sich nämlich später die Verzögerung als Ausdruck einer bleibenden Störung erweist.

Im Rahmen umschriebener Entwicklungsrückstände treten auch abnorme Symptome auf, die normalerweise nicht oder nur kurzfristig vorkommen beziehungsweise von vornherein als pathologisch zu betrachten sind (siehe Kasten 1). Dann handelt es sich oft um bleibende Abweichungen im motorischen Funktionssystem, deren morphologische Grundlage nicht selten auch bildgebende Verfahren sichtbar machen (Michaelis & Niemann, 1999).

Kasten 1:
Motorische Symptome bei umschriebenen Entwicklungsrückständen.

Tonusveränderungen:	Hypertonie, Dystonie, Hypotonie
Reflexabweichungen:	Hyperreflexie, Asymmetrie, Abschwächung
Dyskinesien:	hyperkinetisch, choreatisch, choreiform, athetotisch, myoklonisch, Tremor, Tic
Ataxie:	Koordinationsstörung von Rumpf oder Extremitäten, Dysmetrie, Dysdiadochokinese, Asynergie

Neuropsychologische Störungen (im engeren Sinn) bei Planung und Ausführung von Handlungen werden als *Apraxie* bezeichnet (Poeck, 1997). Die von Erwachsenen bekannte Differenzierung (siehe Kasten 2), in ihrer Einteilung nicht unumstritten, kann nur schwer auf das sich entwickelnde Nervensystem übertragen werden.

Kasten 2:
Syndrome mit Apraxie.

Ideomotorische Apraxie (Handlungsplanung)
Beeinträchtigung in der Auswahl der motorischen Elemente, die eine Bewegung konstituieren und in der korrekten sequentiellen Anordnung dieser Elemente, zum Beispiel als Gesichtsapraxie, bilaterale oder einseitige Gliedmaßenapraxie
Ideatorische Apraxie (Handlungsausführung)
Unfähigkeit, komplexe Handlungsfolgen auszuführen Apraxie der Handlungsfolgen
Bukkofaziale Apraxie
mit mangelndem Zusammenspiel der mimischen Muskulatur und der Zungenbewegungen.

Bei Kindern spricht man von einer *konstruktiven Dyspraxie* mit Störung „gestaltender Handlungen", oft verbunden mit einer Beeinträchtigung der räumlichen Orientierung und des Körperschemas sowie einer ungenügend ausgebildeten Lateralität. Bei der *räumlichen Dyspraxie* kann die zeitliche Abfolge von Bewegungen nicht eingehalten werden, die Imitation von Bewegungsfolgen ist erschwert und das Körperschema gestört. Kinder mit Dyspraxien fallen zuerst durch eine verzögerte motorische Entwicklung auf, sie haben ungeschickte Bewegungen und vermeiden bestimmte Tätigkeiten, die ihnen offenbar Mühe bereiten. Es kann schwierig sein, die einzelnen Funktionen genau zu differenzieren und auf bestimmte Hirnareale (in der Parietalregion, siehe Abb. 1) zu beziehen (Deegener et al., 1992; Kolb & Whishaw, 1996). Generell weisen psychomotorisch beeinträchtigte Kinder häufig auch visuomotorische Funktionsstörungen auf, die sich später beim Erlernen mathematischer Fähigkeiten negativ auswirken und zu Fehleinschätzungen in der Raumanalyse führen (vgl. auch Teeter & Semrud-Clikeman, 1997).

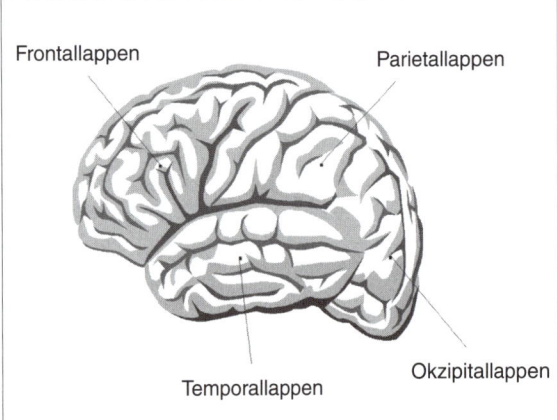

Abbildung 1:
Anatomische Struktur der Großhirnrinde (Cortex) mit den vier paarig angelegten Hirnlappen.

Ob Entwicklungsstörungen der Motorik durch äußere Einflüsse wesentlich zu verändern sind, ist nach verschiedenen Studien fraglich. Obwohl es sicher gelingt, Sekundärsymptome und reaktive Folgen, die im Vordergrund des Störungsbildes stehen können, zu mindern oder ganz zu beseitigen, deuten Verlaufsstudien eher darauf hin, daß dyspraktische Befunde relativ konstant bleiben (Esser, 1991).

2.2 Störungen der Sprachentwicklung

Man unterscheidet *Sprachentwicklungsverzögerung* und *Sprachentwicklungsstörung* (Leischner, 1987), auch wenn die Differenzierung oft erst mit dem Schulalter gelingt. Der Ablauf des Spracherwerbs kann lediglich retardiert und es kann später eine normale Funktion vorhanden sein (siehe Kasten 3), vielfach werden aber verschiedene Symptome beobachtet, wel-

che die verbale Kommunikation behindern und nicht selten zu einer bleibenden Funktionsschwäche führen (Sprachbehinderung).

Kasten 3:
Störungen des Sprechens und der Sprache.

verzögerte vorsprachliche Entwicklung verzögerter Sprachentwicklungsbeginn
eingeschränkter Wortschatz Dysgrammatismus Aussprachestörung (Dyslalie)
Sprachverständnisstörung
Sprachentwicklungsverzögerung
Sprachentwicklungsstörung Dyslalie und Dysgrammatismus eingeschränkter Wortschatz Sprachverständnisstörung
Sprechstörung (z.B. Poltern und Stottern) Stimmstörung
Aphasie (erworbene Sprachstörung)
Mutismus (Sprachverweigerung)

Wie bei der motorischen gibt es auch in der sprachlichen Entwicklung eine beträchtliche *Variationsbreite*. Äußere Einflüsse sind dafür ebenso verantwortlich wie konstitutionell-genetische Faktoren. Es ist davon auszugehen, daß im Alter von etwa drei Jahren gute sprachliche Funktionen bei mehr als 90% der gesunden Kinder vorhanden sind (Largo, 1993).

Hinweis: Für die Entwicklung der Sprache sind nicht nur verschiedene cerebrale Funktionssysteme erforderlich. Wichtig ist vielmehr auch die Möglichkeit zur Interaktion und Kommunikation, die bereits in den ersten Lebenswochen einsetzen (Papousek & Papousek, 1990). Entscheidend ist ein ungestörtes Hörvermögen, da Imitationsvorgänge bedeutsam sind und Rückkopplung über den auditiven Sinneskanal voraussetzen.

Nach der Beobachtung von erwachsenen Patienten, die durch Verletzungen, Tumoren oder Durchblutungsstörungen umschriebene Hirnläsionen erlitten haben, kennt man isolierte Ausfallerscheinungen von Sprachfunktionen: Bei der *expressiven* oder *motorischen Aphasie* (Broca-Aphasie) ist die Sprachproduktion betroffen, bei der *rezeptiven* oder *sensorischen Aphasie* (Wernicke-Aphasie) mehr das Sprachverständnis. Übergeordnete Systeme sind bei der *Leitungsaphasie* und bei der *amnestischen Aphasie* oder *Anomie* (Wortfindungsstörung) beeinträchtigt (siehe Tab. 1).

Tabelle 1:
Klassifikation der Aphasien und ihrer Hauptsymptome (nach Heilman & Valenstein, 1993).

Aphasietyp	spontanes Sprechen	Paraphasien	Verstehen	Wiedergabe	Benennen
Broca-Aphasie	stockend	selten	gut	schlecht	schlecht
Wernicke-Aphasie	flüssig	häufig	schlecht	schlecht	schlecht
Leitungsaphasie	flüssig	häufig	gut	schlecht	schlecht
Globale Aphasie	stockend	variabel	schlecht	schlecht	schlecht
Anomie	flüssig	fehlen	gut	gut	schlecht
Subcortikale Aphasie	flüssig oder stockend	häufig	variabel	gut	variabel

Mit der Aphasielehre ist nach den grundlegenden Beobachtungen von Broca (1865) und von Wernicke (1874) die neuropsychologische Betrachtungsweise begründet worden. Neuerdings haben Möglichkeiten der Durchblutungs- oder Aktivitätsmessung mit bildgebenden Verfahren die Zusammenhänge zwischen Struktur und Funktion vielfach bestätigt (Bigler & Porter, 1997; Kolb & Whishaw, 1996).

Auch bei Sprachentwicklungsstörungen können vorwiegend expressive oder hauptsächlich rezeptive Funktionen betroffen sein (siehe Esser & Wyschkon in diesem Buch). Die Pathogenese der Störung ist aber völlig anders, da nicht eine bereits ausgebildete Funktion verlorengeht, sondern deren Entwicklung von Beginn an beeinträchtigt wird. Aus diesem Grund trifft auch der Begriff „Aphasie" hier nicht zu. Man spricht von *Entwicklungsdysphasie* und versucht, durch sprachanalytische und linguistische Analsysen festzustellen, welche Funktionen betroffen sind (Rapin & Allen, 1991); dabei müssen natürlich Hörvermögen und Intelligenzentwicklung berücksichtigt werden (siehe Kasten 4).

Auch im Verlauf unterscheiden sich Aphasie und Dysphasie: Tritt Sprachverlust bei Kindern nach einer Verletzung des Gehirns auf, beobachtet man eine „gemischte Aphasie", die sich meist rasch bessert. Demgegenüber ist die Prognose einer Entwicklungsdysphasie weniger günstig, da sie Folge einer Hirnläsion vor dem Spracherwerb ist. Von Dysphasien abzugrenzen sind autistische und mutistische Sprachstörungen: Autismus ist mit einer tiefgreifenden Veränderung im sozialen Verhalten verbunden, beim selektiven Mutis-

Kasten 4:
Linguistische Gesichtspunkte bei der Diagnose von Sprachentwicklungsstörungen (nach Rapin, 1982; Rapin & Allen, 1991).

Aufgrund der Untersuchung von Sprachverständnis, sprachlichem Ausdruck und Imitationsfähigkeit (Anwendung geeigneter Testverfahren):

- allgemeine Schwäche (Verständnis und Ausdruck gering)
- starke Imitation (Verständnis gestört, „Papageiverhalten")
- mangelndes Verständnis (Ausdruck und Imitation relativ gut)
- phonologisches Verständnis, Formulierung und Imitation mangelhaft (Syntax deutlich besser als Phonologie)
- unspezifische Schwäche bei Formulierung und Imitation (Verständnis besser als Ausdruck)
- fehlende Formulierung und Imitation bei gutem Verständnis

Aufgrund des Gebrauchs von Sprache sind Syndrome zu differenzieren:

- Verbale auditive Agnosie (Worttaubheit)
  stumm, kein Verständnis, unterschiedliches Verhalten, visuelle Verarbeitung von Sprache möglich
- Semantisch-pragmatisches Syndrom, lexikalisch-syntaktisches Syndrom
  flüssiges Sprechen, Echolalie, Anomie, mangelndes Verständnis bei Diskussionen, oft hyperverbal und tangential, Verhalten unterschiedlich
- Gemischt phonologisch-syntaktisches Syndrom (rezeptiv-expressiv)
  kein flüssiges Sprechen, Verständnis besser als Ausdruck, mundmotorische Funktionen unterschiedlich gestört
- Phonologische Programmstörung (verbale Dyspraxie)
  schwere Störung des Ausdrucks, angemessenes Verständnis, mundmotorische Funktionen unterschiedlich gestört
- Flüssig – vorwiegend expressives Syndrom
  Prosodie, Phonologie und Verständnis verschieden, Pragmatik schwer gestört, Echolalie, autistisches Verhalten

mus handelt es sich um eine willentliche Sprachverweigerung in bestimmten Situationen, die psychoreaktive Ursachen hat. Ein im Zusammenhang mit operativen Hirntumorentfernungen bei Kindern unter 15 Jahren vereinzelt auftretendes Syndrom ist der „cerebelläre Mutismus", bei dem die Patienten nach einer kurzen postoperativen Phase unbeeinträchtigter Sprachfunktionen einen vorübergehenden Sprachverlust erleiden (Dailey, McKhann & Berger, 1995; VanDeinse & Hornyak, 1997). Dieses Syndrom wird heute als neuropsychologische Folge einer schwerwiegenden Funktionsstörung des Kleinhirns (Cerebellum) verstanden und zeigt, daß auch dieses an komplexeren kognitiven und linguistischen Prozessen beteiligt ist (vgl. Heubrock & Petermann 2000a).

Störungen der *rezeptiven Sprachentwicklung* äußern sich durch mangelndes oder fehlendes Sprachverständnis, kommen auch im Rahmen einer benignen Partialepilepsie vor (Landau-Kleffner-Syndrom, vgl. Esser & Wyschkon in diesem Buch). Nicht immer ist es einfach, eine allgemeine Beeinträchtigung der kognitiven Entwicklung eindeutig abzugrenzen. Kinder mit *Hörstummheit* (akustische Agnosie, Audimutitas) zeigen besondere Verhaltensweisen, die als autistisch verkannt werden können. Wichtig ist immer, die Hörfähigkeit genau zu prüfen, gegebenenfalls mit objektiven Methoden (z.B. evozierte Hirnpotentiale; Dudenhausen & Gortner, 1998).

Die Sprache setzt Verarbeitung des Gehörten, aber auch intakte Sprechwerkzeuge voraus. Bei *expressiver Sprachstörung* ist das Sprachverständnis gut entwickelt, auch für komplexe Zusammenhänge. Die Kinder weisen aber Schwierigkeiten auf, Wörter nachzusprechen und Sätze zu bilden. Man beobachtet Dyslalie (Stammeln mit Schwierigkeiten bei der Aussprache von verschiedenen Buchstaben) und Dysgrammatismus (häufige Fehler im Satzbau). Die in einem sprachfreien Test ermittelten Leistungen sind gut, auch wenn nicht selten weitere Schwächen nachzuweisen sind, zum Beispiel Schreib-, Lese- oder Rechenstörungen (siehe Warnke & Roth in diesem Buch). Untersuchungen mit bildgebenden Verfahren deuten darauf hin, daß dabei hauptsächlich die motorischen Sprachareale der dominanten Hemisphäre in ihrer Tätigkeit gestört sind.

Kasten 5:

Funktion und Bereiche, die bei der Diagnose von Sprachentwicklungsstörungen berücksichtigt werden sollten (nach Amorosa, 1984).

Perzeption im Bereich der • Semantik • Syntax • Phonologie
Produktion im Bereich der • Semantik • Syntax • Phonologie
Pragmatik
Artikulation, Phonation, Atmung
nicht-sprachliche Mundmotorik
Gehör
kognitive Faktoren • nicht-verbale Intelligenz • auditives und visuelles Gedächtnis
neurologischer Befund
motorische Entwicklung
Verhaltensstörung
ungünstige psychosoziale Umstände

In der Praxis werden Kinder mit verzögerter oder gestörter Sprachentwicklung häufig vorgestellt. Folgende diagnostische Schritte sind dann nötig (Grimm & Weinert, 1994):

- Immer muß zuerst eine Hörminderung mit allen verfügbaren Möglichkeiten ausgeschlossen werden (siehe Kasten 5).
- Bei der Beobachtung des Kindes in Spielsituationen ist zu analysieren, ob mehr das Sprachverständnis oder eher die Sprachproduktion betroffen ist.
- Der Entwicklungsstand des Kindes hinsichtlich seiner motorischen, kognitiven und sozialen Fähigkeiten ist zu beurteilen.
- Mit geeigneten Tests sind Sprachverständnis, Sprachproduktion und Artikulation differenziert zu prüfen (siehe den Beitrag von Esser & Wyschkon in diesem Buch).
- Eine EEG-Untersuchung kann zum Nachweis epileptisch bedingter Sprachstörungen (Landau-Kleffner-Syndrom) angezeigt sein. Bei umschriebenen Funktionsausfällen sind bildgebende Verfahren (z.B. Computer- und Magnetresonanztomographie) erforderlich, sofern möglich mit Funktionsprüfung.

Auch für die umschriebene *Artikulationsstörung*, die lange Zeit primär als motorisches Problem (motorische Apraxie oder orale Dyspraxie) galt, haben neuere Untersuchungen weitere neuropsychologische Auffälligkeiten aufzeigen können (vgl. Teeter & Semrud-Clikeman, 1997, S. 149ff.). Neben Beeinträchtigungen der multimodalen Informationsverarbeitung und des seriellen Gedächtnisses zeigten artikulationsgestörte Kinder häufig diskrete phonematische Auffälligkeiten. Insgesamt sind Kinder mit umschriebenen Artikulationsstörungen in neuropsychologischer Hinsicht weniger beeinträchtigt als Kinder mit umschriebenen Sprachstörungen; sie nehmen eine Mittelstellung zwischen diesen und vollkommen unauffälligen Kindern ein.

2.3 Störungen der Wahrnehmung und Informationsverarbeitung

Aus der klassischen Hirnpathologie beziehungsweise Neuropsychologie des Erwachsenen sind verschiedene *Agnosie-Syndrome* (Störungen des sinnentnehmenden Erkennens bei intakter Wahrnehmung) bekannt, die bei Läsionen bestimmter cerebraler Areale auftreten (siehe Tab. 2). Im Kindesalter ist eine vergleichbare Differenzierung nicht möglich. Entwicklungsstörungen können zwar zu Veränderungen kognitiver Funktionen bei der Wahrnehmung und Informationsverarbeitung führen, sie lassen sich aber im allgemeinen nicht auf Beeinträchtigungen bestimmter Hirnfunktionen beziehen. Über die neurophysiologischen Grundlagen der „sensorischen Integration" (Ayres, 1998) bei der Abstimmung der aus verschiedenen Sinneskanälen eintreffenden Informationen weiß man noch wenig.

Visuelle Funktionen sind frühzeitig ausgebildet. Für die zentrale Verschaltung ist eine ungestörte

Tätigkeit des Auges wichtig, wie Deprivationsexperimente oder Beobachtungen bei Schwachsichtigkeit (Amblyopie) zeigen: Fehlt der visuelle Input, bleiben für die spätere Funktion wichtige Entwicklungen aus (Greenough & Black, 1992; Kandel & Jessell, 1996; vgl. auch Petermann, Kusch & Niebank, 1998, S. 70ff.). Durch eine differenzierte Analyse sind die einzelnen Abschnitte des optischen Systems genau zu prüfen: brechende Medien (Hornhaut, Linse und Glaskörper) des Auges, Netzhaut, Sehnerv, Schaltstellen im

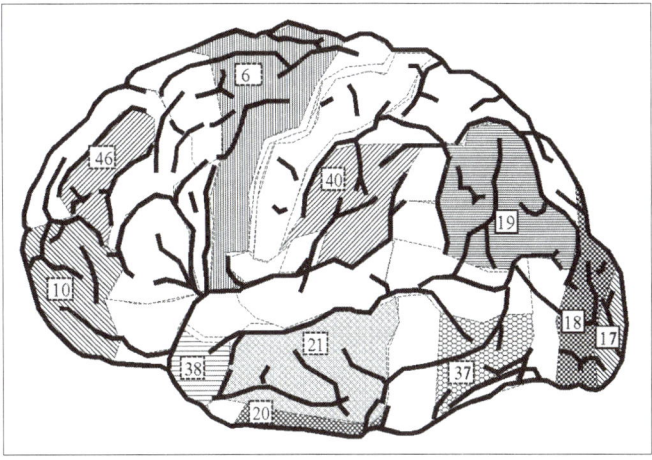

Abbildung 2:
Ausgewählte Cortex-Areale nach Brodmann.

Tabelle 2:
Agnosie-Syndrome (nach Kolb & Whishaw, 1996).

Art der Agnosie	Störungen
Visuelle Agnosien	
• Objektagnosie	Benennen, Verwenden und Wiedererkennen von Objekten
• Agnosie für Zeichnungen	Wiedererkennen gezeichneter Objekte
• Prosopagnosie	Wiedererkennen von Gesichtern
• Farbagnosie	Assoziation von Farben mit Objekten
• Farbanomie	Benennen von Farben
• Achromatopsie	Unterscheiden von Farbtönen
• visuell-räumliche Agnosie	stereoskopisches Sehen und topographische Konzeptbildung
Auditorische Agnosien	
• Amusie	Taubheit für Töne und Melodien, Störungen bezüglich Rhythmus, Takt und Tempo
• Lautagnosie	Erkennen der Bedeutung nichtverbaler Laute
Somatosensorische Agnosien	
• Asterognosie	Erkennen von Objekten durch Berührung
• Anosognosie	Bewußtheit des (eigenen) Krankseins
• Anosodiaphorie	Reagieren auf das (eigene) Kranksein
• Autotopagnosie	Identifizierung und Benennen von Körperteilen
• Asymbolie für Schmerz	Reaktion auf Schmerz

Mittelhirn, Sehbahn und Rindenareale. Bei Kindern werden dabei oft durch die notwendige Mitarbeit gewisse Grenzen gesetzt.

Von *optischer Agnosie* (früher: Seelen- oder Rindenblindheit) spricht man, wenn durch eine Läsion im Bereich der Sehstrahlung oder des Cortex (Rindenareal 17 nach Brodmann, siehe Abb. 2) bei intaktem Auge und ungestörter Informationsleitung bis zum Mittelhirn (normaler Pupillenreflex) keine visuelle Perzeption erfolgt.

Mittels bildgebender Verfahren oder neurophysiologischer Methoden (visuell evozierte Potentiale) kann eine gute Korrelation der Befunde erreicht werden. Gesichtsfeldausfälle (z.B. homonyme Hemianopsie, Quadrantenanopsie) weisen auf bestimmte Läsionsorte hin (siehe Kasten 6).

Kasten 6:
Störungen visueller Funktionen (nach von Cramon, Mai & Ziegler, 1993).

- Sehschärfe und Kontrastsehen

- Hell- und Dunkeladaptation

- Gesichtsfeldausfälle und -störungen

- Hemi- und Quadrantenanopsie, visueller Hemineglect

- visuelle Explorationsstörungen

- visuell bedingte Lesestörungen

- visuell-räumliche und räumlich-konstruktive Störungen

- visuelle Gesichter- und Objektwahrnehmung

- cerebrale Farbsinnstörungen

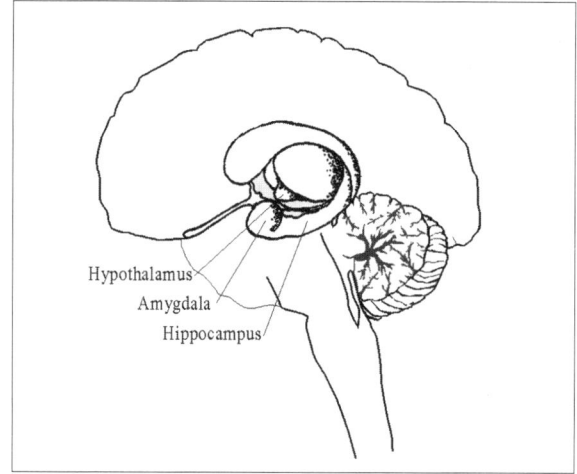

Abbildung 3:
Das limbische System.

Zu den neuropsychologischen Grundfunktionen gehören *Merkfähigkeit und Gedächtnis*. Sie werden bei unterschiedlich lokalisierten Hirnläsionen in Mitleidenschaft gezogen, aber auch bei diffusen Störungen, beispielsweise im Zusammenhang mit Stoffwechselerkrankungen oder bei verschiedenen genetischen Syndromen (vgl. Heubrock & Petermann, 2000a). So sind für die Hypothyreose (Unterfunktion der Schilddrüse), die bei Kindern als Folge eines angeborenen Fehlens (Agenesie) der Schilddrüse vorkommt, ausgeprägte Merkfähigkeits- und Gedächtnisstörungen beschrieben worden. Unter den genetischen Syndromen mit charakteristischem „kognitivem Phänotyp" sind vor allem das Williams-Beuren- und das Prader-Willi-Syndrom durch zum Teil modalitäts- und materialspezifische Merkfähigkeitsstörungen gekennzeichnet.

2.4 Emotionale Störungen

Die kindliche Entwicklung wird in besonderer Weise von Gefühlsbeziehungen, von Affekten und Emotionen geprägt. Da diese im limbischen System des Gehirns (siehe Abb. 3) ihre strukturelle und funktionelle Repräsentanz haben, sind sie auch für spezifische Hirnleistungen bedeutsam.

Selten kommen Störungen isoliert vor, zum Beispiel nach temporal lokalisierten Erkrankungen (Encephalitis vom temporalen Typ, limbische Encephalitis) oder auch nach operativen Temporallappenteilentfernungen bei anders nicht zu behandelnden Temporallappen-Epilepsien. Ausgeprägte Verhaltensänderungen erinnern dann an eine akute Psychose des Erwachsenen. Werden bei Kindern derartige Symptome beobachtet,

sind sie eher Folge exogener Faktoren, seltener Ausdruck einer endogenen Erkrankung.

Emotionale Voraussetzungen bestimmen gewissermaßen die Verfügbarkeit der funktionellen Hirnsysteme, wirken als Katalysatoren oder Störvariable, beispielsweise auch bei neuropsychologischen Untersuchungen. Oft ist ihr Anteil am Ergebnis bestimmter Prüfungen nur schwer bestimmbar. Dies gilt auch für umschriebene Hirnläsionen, bei denen das Auftreten von Verhaltensauffälligkeiten bekannt ist (Frontalhirn-Syndrom mit Antriebsstörung und Enthemmungsphänomenen, vgl. Heubrock, 1994; Koch, 1994).

2.5 Psychosoziale Bedingungen, psychoreaktive und neuropsychologische Störungen

Bei der Beurteilung von Kindern mit Hirnfunktionsstörungen oder spezifischen Entwicklungsstörungen ist immer zu bedenken, daß die beobachteten Verhaltensweisen von zahlreichen Faktoren beeinflußt und letztlich als Reaktionsbildung komplexer Interaktionsprozesse anzusehen sind. Zu Wechselwirkungen und Reaktionen kommt es schon während der pränatalen Entwicklung; damit wird die Differenzierung des Nervensystems von Umweltbedingungen beeinflußt. Allerdings sind unsere Kenntnisse über diesen Aspekt der „pränatalen Psychologie" noch recht lückenhaft, sie beruhen meist auf Spekulation. Kritische Studien bestätigen jedoch, daß bereits während der Schwangerschaft Interaktionen zwischen Mutter und Kind stattfinden, die für die Hirnreifung des ungeborenen Kindes bedeutsam sind (Nijhuis, 1992).

Sobald das Kind nach der Geburt mit seinen Bezugspersonen Kontakt aufnimmt, sind Reaktionen ständig zu beobachten, die von endogenen und von exogenen Reizen ausgelöst werden (Petermann et al., 1998,

S. 122ff.). Dem Kind wird dabei eine Funktionsstörung frühzeitig bewußt, die Auseinandersetzung führt zu komplexen Wechselwirkungen. Diese können durch additive oder gar potenzierende Effekte (Risikofaktoren) Entwicklungsstörungen verstärken, andererseits aber auch Kompensationsvorgänge begünstigen und zum Ausgleich von Schwächen führen (Schutzfaktoren).

Hinweis: Die Ausprägung psychosozialer Störungen ist unspezifisch, so daß sie von manchen Symptomen einer Hirnfunktionsstörung nicht eindeutig zu unterscheiden sind. Die Frage, die Eltern in diesem Zusammenhang oft stellen, ob nämlich das Kind nicht könne oder nicht wolle, ist deshalb meist nicht sicher zu beantworten. Man wird nur von einem mehr oder weniger starken Gewicht des einen oder anderen Faktors sprechen können. Trotzdem muß versucht werden, bei Beurteilung umschriebener Entwicklungsstörungen den sekundären (reaktiven) Anteil zu bestimmen. Dabei sind entwicklungsdynamische Aspekte zu berücksichtigen, nach denen Interaktionsmuster vom Alter des Kindes und von der jeweils gegebenen Umweltkonstellation abhängen. Auch wenn keine sichere Differenzierung gelingt, kann mit therapeutischen und fördernden Maßnahmen versucht werden, Verhaltensänderungen zu erreichen. Durch Wirkung auf psychosoziale Bedingungen wird nämlich nicht selten die Situation des Kindes in einer Weise geändert, daß sich neue Möglichkeiten der Kompensation und Integration eröffnen, selbst wenn die vorhandene Hirnfunktionsstörung nur wenig zu beeinflussen ist.

3 Epidemiologie, Verlauf und Nosologie

Spezifische Hirnfunktionsstörungen, bei denen neuropsychologische Beziehungen im eigentlichen Sinn festgestellt werden, sind bei Kindern eher selten. Dies hängt mit den Besonderheiten des sich entwickelnden Nervensystems und den stets wirksamen Umwelteinflüssen zusammen. Hingegen werden *Teilleistungsstörungen* beziehungsweise umschriebene Entwicklungsstörungen bei Kindern mit Verhaltensauffälligkeiten und Leistungsproblemen relativ oft beobachtet (vgl. Heubrock & Petermann, 2000c; Heubrock, Petermann & Brinkmeier, 2001). In epidemiologischen Studien werden vor allem Lese-Rechtschreibschwäche und Sprachentwicklungsstörungen genannt (siehe Tab. 3).

Tabelle 3:
Prävalenz von Entwicklungs- und Verhaltensstörungen (nach Bode & Sproll-Fenner, 1998; es wurden Prozentwerte angegeben).

Schulärztliche Untersuchungen	1991	1992	1993
Anzahl der Kinder	3110	3371	3478
Allgemeine Entwicklungsverzögerung	6,3	6,5	6,4
Grobmotorische Störung	5,3	5,0	5,8
Feinmotorische Störung	2,9	4,3	5,4
Graphomotorische Störung	4,3	7,1	6,6
Sprachstörung	12,0	13,0	15,4
Verhaltensauffälligkeit	5,3	5,7	6,1
Verdacht auf emotionale Störung	1,4	2,2	1,6
Hyperkinetisches Syndrom	0,2	0,3	0,8
Teilleistungsstörung	0,1	0,2	0,3
Auffälligkeiten im Gruppenverhalten	0,3	0,1	0,2
Spezielle Auffälligkeiten	1,3	0,8	1,1
Summe	**36,1**	**41,6**	**45,7**

Bei den Angaben spielt eine Rolle, durch welche Symptome die Kinder erfaßt wurden und welche Institutionen beteiligt waren. Für eine ambulante neuropsychologische Inanspruchnahmepopulation konnten Heubrock, Petermann und Brinkmeier (2001) ebenfalls zeigen, daß Teilleistungs- und Verhaltensstörungen die häufigsten Zuweisungsdiagnosen darstellten und zusammen über die Hälfte aller neuropsychologisch untersuchten Kinder ausmachten. Studien zum *Verlauf* neuropsychologischer Störungen im Kindesalter sind spärlich. Die Vorstellung von einer weitgehenden Plastizität des kindlichen Gehirns geht auf Untersuchungen aus der Aphasieforschung zurück, denenzufolge früh erworbene zentrale Sprachstörungen später nicht mehr oder weniger ausgeprägt nachweisbar waren, während später erworbene Hirnschädigungen häufiger Residualstörungen hervorriefen (Rasmussen & Milner, 1977; Woods & Teuber, 1973). Neuere Studien deuten aber darauf hin, daß

- im frühen Lebensalter erworbene Hirnschädigungen langfristig sogar schwerwiegendere Folgen für höhere Hirnfunktionen nach sich ziehen (Teeter, 1986) und
- es darüber hinaus kritische Wachstumsperioden gibt, in denen Hirnschädigungen besonders ungünstige Konsequenzen haben.

Generell korreliert das Ausmaß der neuropsychologischen Störungen mit der Schwere der neurologischen Schädigung. Hierbei erwiesen sich sprachliche Leistungen als vergleichsweise schädigungsresistent und visuelle, mnestische und komplexe Leistungen unter Zeitdruck als vulnerabler. Als besonders entwicklungssensibel haben sich Läsionen im Bereich der Frontallappen gezeigt. Bei Kindern kommt erschwerend hinzu, daß die Reifung und Ausdifferenzierung des Frontalhirns bis in das Jugendalter anhält. Viele Funktionsstörungen durch frühe Läsionen zeigen sich erst, wenn an die Kinder höhere Anforderungen an die selbständige Organisation im Alltag gestellt werden. Auf diese Weise ist auch eine lokalisations- und syndromspezifische Bestimmung von Remissionsverläufen nach frühen Hirnfunktionsstörungen im Kindesalter sehr schwierig.

Spezifische Entwicklungsstörungen werden auf der zweiten Achse des multiaxialen Klassifikationsschemas codiert; hier sind auch die spezifischen Hirnfunk-

tionsstörungen bezüglich ihrer Auswirkungen einzuordnen. Nach ICD-10 werden umschriebene Entwicklungsstörungen (F 8) in solche des Sprechens und der Sprache (F 80), von schulischen Fertigkeiten (F 81) oder der motorischen Entwicklung (F 82) differenziert; im DSM-IV werden Lernstörungen in Lesestörung (315.00), Rechenstörung (315.1), Störung des schriftlichen Ausdrucks (315.2) unterteilt und sind entwicklungsbezogene Koordinationsstörungen (315.4) sowie Kommunikationsstörungen separat aufgeführt: Expressive Sprachstörung (315.31), kombiniert rezeptiv-expressive Störung (315.39) und Stottern (307.0).

4 Erklärungsansätze

Grundlage für ein Verständnis neuropsychologischer Störungen sind Kenntnisse der funktionellen Hirnsysteme und der strukturell-funktionellen Beziehungen cerebraler Areale oder Zentren; beim Kind muß immer der *Entwicklungsaspekt* berücksichtigt werden. Bei Erwachsenen mit umschriebenen Hirnläsionen erzielte man durch bildgebende Verfahren und experimentelle Studien differenzierte Ergebnisse (Dudel, Menzel & Schmidt, 1996; Kolb & Whishaw, 1996). Demgegenüber fehlen vielfach noch Informationen über Prozesse und Veränderungen, die sich während der Entwicklung vollziehen. Die Möglichkeiten der bildgebenden Diagnostik und differenzierte neuropsychologische Methoden haben in den letzten Jahren zwar neue diagnostische Möglichkeiten eröffnet, um Beziehungen zwischen Struktur und Funktion zu analysieren; beim Studium von Entwicklungsvorgängen sind trotzdem viele methodische Schwierigkeiten zu überwinden und der Analyse gewisse Grenzen gesetzt (Harris, 1995; Melchers & Lehmkuhl, 2000).

Die funktionelle Spezialisierung der Hirnhälften (Hemisphärendominanz) ist weitgehend genetisch determiniert; beim Neugeborenen weist das Planum temporale der linken Hemisphäre einen größeren Umfang auf, offenbar Ausdruck für die Aufgabe, die Sprachfunktion zu übernehmen (siehe Abb. 4).

Trotzdem sind Umwelteinflüsse bedeutsam, wenn es zu Veränderungen während der Entwicklung kommt. Die Bedeutung der Hemisphärendominanz für verschiedene Entwicklungsstörungen ist oft untersucht worden, auch im Zusammenhang mit der Handpräferenz (Lateralität; vgl. Bishop, 1990). Viele Studien sind allein wegen methodischer Mängel zu kritisieren (vgl. Hynd et al., 1990); so kann Linkshändigkeit keinesfalls als Hinweis für eine Hirnfunktionsstörung angesehen werden, obwohl es „pathologische Linkshänder" gibt, bei denen die eigentlich dominante Hirnhälfte eine Schädigung erlitten hat (Gaddes & Edgell, 1994).

4.1 Störungen der linken Hemisphäre

Neuropsychologisch faßbare Symptome, die auf Funktionen der linken Hemisphäre zu beziehen sind, werden häufiger beobachtet als solche der rechten. Dies hängt möglicherweise damit zusammen, daß die im allgemeinen links lokalisierte Sprachfunktion besonders störanfällig ist; denkbar ist jedoch auch, daß sprachbezogene Beeinträchtigungen bei Kindern schneller auffallen. Bei Läsionen beobachtet man neben Sprachstörungen auch dyspraktische oder räumlich-konstruktive Störungen mit Veränderungen bei der Ausführung von Handlungen. Selten ist bei Kindern ein umschriebenes Areal allein betroffen, häufiger kommt es zu globalen Funktionseinbußen, weshalb es auch nur schwer gelingt, einzelne Funktionen der linken Hemisphäre detailliert und isoliert zu erfassen (siehe Kasten 7).

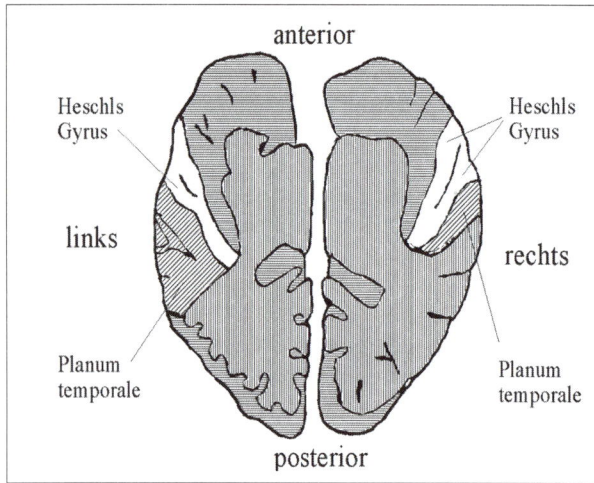

Abbildung 4:
Sprachrelevante cortikale Zonen mit hemisphärenspezifischer Asymmetrie.

Kasten 7:
Neuropsychologische Befunde bei Funktionsstörungen der linken Hemisphäre (nach Njiokiktjien, 1988).

Sprache
• Entwicklungs-Dysphasie und –Dyslexie • Syntax und Morphe der Sprache gestört • Sequenzieren in sprachlichen und motorischen Funktionen beeinträchtigt • Wortfindung und verbale Flüssigkeit gestört

Kognition
• Verbal-IQ kleiner als Handlung-IQ • verbales Kurzzeitgedächtnis gestört • Agnosie für Objekte, Farben, Symbole

Motorik
• motorische Funktionen von Gesicht und Mund rechts vermindert • zentrale Bewegungsstörung der rechten Seite (Arm stärker als Bein) • ipsilaterale Synkinesien rechts, Spiegelbewegungen links • ideomotorische Dyspraxie beider Hände • Phantasiespiel schwach oder fehlend • pathologische Linkshändigkeit oder inkomplette Rechtshändigkeit • motorischer Neglect nach rechts

Wahrnehmung
• asymmetrischer optokinetischer Nystagmus oder rechtsseitige Hemianopsie • (selten) räumlicher Neglect auf der rechten Seite • gelegentlich Begabung für Zeichnen oder besonders gutes visuelles bzw. räumliches Gedächtnis

Emotionalität
• introvertiert, gelegentlich paranoid oder aggressiv; manchmal autistisch anmutendes Kontaktvermeiden

Bereits in den 70er Jahren konnte die Arbeitsgruppe um Galaburda zeigen, daß Kinder und Jugendliche mit einer umschriebenen Lesestörung (Dyslexie) pathologische Veränderungen im Bereich der linken Hemisphäre aufweisen, die insgesamt auf eine Störung der Zellwanderung (neuronale Migration) und Reifung während des fünften bis siebten Schwangerschaftsmonats hindeuten (Geschwind & Galaburda, 1985a, b, c) und später zu Beeinträchtigungen der Lateralisation von Hirnfunktionen führen. Neuere Studien konnten des weiteren zeigen, daß beim Lesen neben beidseitig im hinteren Hirnbereich gelegenen Regionen vor allem das Wernicke-Areal (Planum temporale) und die Broca-Region sowie Verbindungen zwischen diesen aktiviert sind, so daß Funktionsstörungen entweder nach traumatischen Ereignissen zu Aphasien oder nach Hirnreifungsstörungen zu einer Entwicklungsdyslexie führen (Gaddes & Edgell, 1994; Prior, 1996). Dieses als Wernicke-Geschwind-Modell bekanntgewordene

Konzept zur Erklärung erworbener Sprachstörungen (Aphasien) wurde später auch zur Modellbildung für angeborene Sprachstörungen und für die Dyslexien herangezogen.

4.2 Störungen der rechten Hemisphäre

Während die linke Hirnhälfte vorwiegend die Sprachfunktionen repräsentiert, kommen der rechten hauptsächlich solche der Wahrnehmung, Informationsverarbeitung und Speicherung zu (Kolb & Whishaw, 1996). Sie hat aber auch teil an Handlungsplanung und Verständigung, jeweils im Zusammenwirken mit der dominanten Seite. Beziehungen zum limbischen System erklären die Bedeutung emotionaler Faktoren bei verschiedenen Leistungen, beispielsweise auch beim Erkennen mimischer und gestischer Signale (siehe Kasten 8).

Kasten 8:
Neuropsychologische Befunde bei Funktionsstörungen der rechten Hemisphäre (nach Njiokiktjien, 1988).

Wahrnehmung
• Fehlen des Gesichtsausdrucks auf der linken Seite • Prosopagnosie • vermindertes Erkennen von Mimik • Agnosie für visuell-räumliche Beziehungen und für Muster • verminderte ästhetische Wahrnehmung • Anosognosie für (eigenes) ungünstiges Verhalten

Motorik
• Rechtshändigkeit, selten pathologische Rechtshändigkeit • spastische Parese der linken Seite; linkes Bein, selten auch Arm, kürzer und dünner • motorischer Neglect der linken Hand, Neglect der linken Raumhälfte • Hemianopsie nach links • niedriger Handlungs-IQ, gelegentlich niedriger Verbal-IQ • Wiederholung rückwärts von Buchstaben schwach • motorische Unruhe und Unbeständigkeit • konstruktive Dyspraxie oder räumlich-konstruktive Störung • geringes Zeichentalent, Dysgraphie

Sprache
• gelegentlich verzögerte Sprachentwicklung • expressive oder rezeptive Dysprosodie • bizarre Sprachinhalte

Emotionalität
• Aggressivität; extreme Stimmungsschwankungen • affektive Psychosen

4.3 Störungen von Verbindungsstrukturen (Diskonnektions-Syndrome)

Die funktionelle Spezialisierung der Hemisphären macht einen stetigen Informationsaustausch bei nahezu allen kognitiven Anforderungen erforderlich. Dieser wird durch Verbindungsbahnen (Kommissuren) ermöglicht, deren wichtigste der Balken (Corpus callosum) ist. Störungen bei Balken-Läsionen sind im Rahmen von „Split-brain"-Experimenten ausführlich untersucht und analysiert worden (Sperry, 1964), auch bei Kindern mit angeborenem Balkenmangel (Agenesie des Corpus callosum; vgl. Dennis, 1977; Lassonde & Jeeves, 1994). Entwicklungsspezifische Voraussetzungen haben zur Folge, daß hierbei sehr unterschiedliche Symptome auftreten, zum Beispiel eine Beeinträchtigung der Koordination beider Hände, im Transfer von Sinnesinformationen, beim „Kreuzen" der Körpermitte oder bei der Fingererkennung (siehe Tab. 5). Vereinzelt wurde auch über untypische visuelle Neglect-Syndrome (Vernachlässigung einer Körper- und Raumhälfte; Rourke, Bakker, Fisk & Strang, 1983, S. 272ff.; Temple & Ilsley, 1994), über Störungen der phonologischen Analyse (Jeeves & Temple, 1987; Temple, 1997; Temple, Jeeves & Villaroya, 1989) sowie über psychotisch anmutende Verhaltensbesonderheiten (Heubrock & Petermann, 2000a) berichtet. Die bei Kindern mit einer Balkenagenesie häufig beschriebenen Probleme des Schreibens und Lesens (Entwicklungsdyslexie), die bei oberflächlicher Betrachtung in Kontrast zu den sonst besser ausfallenden sprachlichen Teilleistungen stehen, lassen sich als Folge einer spezifischen Einschränkung der phonologischen Analyse erklären: Da die Fähigkeit, das Lesen flüssig zu erlernen, von einer schnellen Lautanalyse abhängt und da beim Schreiben zusätzlich eine schnelle Analyse von Graphem-Phonem-Verbindungen erforderlich ist, wirken sich bereits geringfügige Beeinträchtigungen der Lautanalyse immer auf diese beiden wichtigen Kulturtechniken aus. Dies zeigt sich bei Kindern mit einer Balkenagenesie oft darin, daß sie im Erkennen von Reimen große Schwierigkeiten haben und daß ihnen die Verbindung von phonematischer Analyse und orthographischer Gestaltung nur schlecht gelingt (Temple, Jeeves & Villaroya, 1990).

4.4 Störungen von Funktionen des Frontalhirns (Frontalhirn-Syndrom)

Bei Läsionen frontaler Areale, zum Beispiel nach frontobasalen Verletzungen, werden Störungen der motorischen Koordination und bei der Handlungsplanung sowie zum Teil äußerst gravierende Verhaltensauffälligkeiten und emotionale Störungen berichtet (siehe Kasten 9).

Tabelle 5:
Neuropsychologische Befunde bei Störungen der interhemisphärischen Verbindungen (Diskonnektions-Syndrome; nach Njiokiktjien, 1988).

Symptombild
• Störungen bei der bimanuellen Koordination • beeinträchtigter Transfer kinästhetischer Informationen • Schwierigkeiten beim Kreuzen der Körpermitte • Synkinesien und Spiegelbewegungen • gestörtes Fingererkennen, verminderte Topognosis

Ätiopathogenese der interhemisphären Diskonnektion	
Klassische Balkendysgenesie (frühe Fehlbildung; genetisch, chromosomal, infektiös o. a.)	**Dysgenesie gelegentlich ohne Symptome** meist somatische Anomalien und/oder verminderter IQ
Atrophie (prä- oder perinataler Gefäßverschluß, Asphyxie, frühe postnatale Läsion, Deformation)	meist verminderte IQ-Werte und neuropsychologische Störungen
Störung des physiologischen neuronalen Retraktionsprozesses (kortikale Entwicklungsstörung oder Läsion)	noch hypothetisch, evtl. wie Atrophie
Myelinisierungsstörung	noch hypothetisch Corpus callosum meist vorhanden
Störung der Synaptogenese	noch hypothetisch Corpus callosum meist normal

Kasten 9:
Neuropsychologische Störungen nach Frontalhirnschädigungen.

- zwanghaftes Verwendungsverhalten („utilization behavior")
- zwanghaftes Imitationsverhalten („imitation behavior")
- motorische Perseverationen (stereotype Wiederholungen)
- apraktische Symptome
- aphasische Symptome („dynamische Aphasie")
- amnestische Symptome („vergessen, sich zu erinnern")
- Störungen der visuellen Wahrnehmung und Organisation („visuelle Apraxie")
- Neglect-Symptome
- Störungen abstrakten und flexiblen Problemlösens
- Bewußtseinsstörungen (v.a. Anosognosie)
- Persönlichkeitsstörungen (Euphorie, Stimmungsschwankungen, Hemmungslosigkeit oder Gleichgültigkeit)

Obwohl sich in der testpsychologischen Untersuchung keine oder nur geringfügige Defizite nachweisen lassen, fallen Kinder mit einem Frontalhirn-Syndrom meist durch ihr Verhalten auf: Sie

- können sich nur kurze Zeit auf die geforderte Aufgabe konzentrieren,
- schweifen in der Gedankenführung immer wieder ab,
- reagieren sofort auf jeden neuen Umgebungsreiz,
- imitieren oder berühren den Untersucher oft,
- kommentieren laut eigene und fremde Handlungen,
- reagieren vorschnell und übereilt,
- zeigen raschen Stimmungswechsel und heftige Gefühlsausbrüche (Heubrock, 1994).

In jüngerer Zeit haben sich auch für einige neuropsychiatrische Erkrankungen des Kindesalters Funktionsstörungen im Bereich des Frontalhirns nachweisen lassen. So fanden sich bei autistischen Kindern (Bishop, 1993; Rumsey & Hamburger, 1988), bei Kindern mit einem Tourette-Syndrom (Comings, 1990; Rothenberger, 1996) und beim Hyperkinetischen Syndrom (Fox & Raichle, 1985; Lou, Henriksen & Bruhn, 1984; Rothenberger, 1995, 1996) in bildgebenden Verfahren und in neuropsychologischen Untersuchungen Hinweise auf eine Mitbeteiligung frontaler Dysregulationen am Krankheitsgeschehen.

4.5 Störungen von Funktionen der Temporallappen

Die Temporallappen sind ein wesentlicher Teil der funktionellen Einheit, die nach Luria (1992) für die Aufnahme, Verarbeitung und Speicherung von Informationen zuständig ist. Der linken Schläfenregion kommt hierbei eine entscheidende Funktion für die Organisation der akustischen Wahrnehmung zu, so daß es nach Läsionen in diesem Bereich zu (vorwiegend rezeptiven) Sprachstörungen kommt. Visuell-analytische und nicht-sprachliche Gedächtnisfunktionen sind an den rechten Temporallappen gebunden; Funktionsstörungen dieser Gehirnregion verursachen daher raumanalytische und räumlich-konstruktive Fehlleistungen sowie Merkfähigkeitsstörungen für visuell-figurale Informationen. Da Sprachstörungen nach linkstemporalen Läsionen schneller auffallen, wurden die Folgen rechts-temporaler Hirnfunktionsstörungen bei Kindern lange Zeit kaum beachtet. Inzwischen wissen wir, daß diese Gehirnregion entscheidenden Anteil an grundlegenden Aufmerksamkeitsprozessen hat. Das ebenfalls zu den Temporallappen gehörende limbische System spielt eine große Rolle in der emotionalen Bewertung von Informationen und ist sowohl an der langfristigen Speicherung (Gedächtnis) als auch an der Verhaltenssteuerung maßgeblich beteiligt.

4.6 Störungen von Funktionen der Parietal- und Okzipitallappen

In den Parietallappen sind zum einen Funktionen lokalisiert, die sich auf das Körpergefühl beziehen. So erhalten die Parietallappen taktile Informationen aus allen übrigen Körperregionen (somästhetische Funktionen) und sie spielen eine entscheidende Rolle für die neuromuskuläre Koordination und Kontrolle. Zum anderen haben die Parietallappen eine integrierende Funktion, indem sie Informationen aus verschiedenen Sinneskanälen zusammenführen und zu einer interpretierbaren Information integrieren (multimodale Integration). Auch abstrakte Informationen und Konzepte wie mathematische und schriftsprachliche Symbole (Zahlen und Buchstaben) werden in den Parietallappen verarbeitet. Störungen dieser Hirnfunktionen führen zu Agnosien und zu Apraxien, aber auch zu spezifischen Problemen des Lesens und Schreibens. Läsionen der Okzipitallappen führen zu Störungen der Verarbeitung visueller Informationen, da diese Gehirnstruktur das primäre Sehzentrum (Brodman-Areal 17; siehe Abb. 2) und visuelle Assoziationsfelder umfaßt, in denen die Bedeutung der visuellen Sinnesreize generiert wird (siehe Kasten 10).

Kasten 10:
Funktionsausfälle nach Läsion umschriebener Hirnareale (nach Kolb & Whishaw, 1996).

Parietallappen-Läsionen
- Störung der taktilen Wahrnehmung
- taktile Agnosie
- Apraxie
- konstruktive Apraxie
- Akalkulie
- gestörtes cross-modales Vergleichen („Matching")

- kontralateraler Neglect
- schlechtes Kurzzeitgedächtnis
- Körpergefühlsstörungen
- Rechts-Links-Verwechslung
- räumlich-konstruktive Störung (Störung räumlicher Fertigkeiten und des Zeichnens)
- Augenbewegungen gestört
- fehlerhafte Zielbewegung (Fehlgriffe)

Temporallappen-Läsionen

- Störung der akustischen Wahrnehmung

- Störung der Selektion visueller und akustischer Reize
- Störung der visuellen Wahrnehmung
- gestörte Organisation und Kategorisierung
- Störung der Sprachwahrnehmung (Verständnis – eingeschränkte Verwendung von Kontextinformationen)
- schlechtes Langzeitgedächtnis
- Änderung der Persönlichkeit und des Affektes
- Änderung sexuellen Verhaltens

5 Interventionsverfahren

5.1 Verhaltenstherapeutische Ansätze

Während die Rehabilitation von Hirnfunktionsstörungen bei Erwachsenen den Wiedererwerb oder Ausgleich verlorener Fähigkeiten zum Ziel hat, umfaßt die Rehabilitation bei Kindern und Jugendlichen „immer auch eine Förderung der bis dahin noch nicht entfalteten Entwicklungspotentiale" (Kalbe, 1994, S. 102). Aus diesem Grund wird auch von *Entwicklungsrehabilitation* gesprochen, wenn Kinder mit Hirnfunktionsstörungen keine *altersgemäße* Entwicklung durchlaufen oder Kinder und Jugendliche durch eine erworbene Hirnschädigung, ein Schädel-Hirn-Trauma oder eine neurologische Erkrankung beeinträchtigt, in ihrer Entwicklung unterbrochen oder verändert sind.

Die „Entwicklungsrehabilitation" behinderter und von Behinderung bedrohter Kinder kann auf eine lange verhaltenstherapeutische Tradition zurückblicken (vgl. Brack, 1996). Die Folgen frühkindlicher Hirnschädigungen sind meist nicht im eigentlichen Sinne zu „heilen", die traditionellen Therapieformen (Krankengymnastik, Motopädie, Heilpädagogik, Ergotherapie) kommen oft dort an Grenzen, wo die vielfältigen Behinderungen (z.B. bei einer infantilen Cerebralparese) sekundär zu einer ungünstigen Verhaltensdynamik führen, was häufig die notwendigen therapeutischen Übungen beeinträchtigt. Diese Erfahrung hat zur Entwicklung ambulanter verhaltenstherapeutischer Interventionen geführt, die als Vorläufer moderner neuropsychologischer Therapieansätze gelten können. Hierzu zählen

- die *kognitiv-sprachliche Entwicklungsförderung,* bei der die Aktivitäten des behinderten Kindes durch die erwachsene Bezugsperson sensibel aufgegriffen, systematisch angeregt, operant verstärkt und schrittweise auf neue Situationen übertragen werden,

- die *Modifikation von Eßstörungen bei behinderten Kleinkindern,* durch die mit Hilfe von Techniken der systematischen Desensibilisierung und einer schrittweisen Verhaltensformung selbst schwerste Störungen der Nahrungsaufnahme behandelt werden können, und
- der *Aufbau einer kooperativen Beziehung bei krankengymnastischen Übungen,* vor allem bei Therapieverfahren, die für das Kleinkind unangenehm sind (Brack, 1997).

5.2 Neuropsychologische Förderung geistig behinderter Kinder und Jugendlicher

Oft kommt es bei geistig behinderten Kindern und Jugendlichen zu begleitenden Verhaltensstörungen, etwa zu autoaggressivem Verhalten (z.B. Kopfschlagen, Beißen, Haareausreißen), und zu Störungen in der sozialen Interaktion (vgl. Mühl & Neukäter, 1998). Die neuropsychologische Rehabilitation kann

- auf eine Erweiterung des Repertoires an Fähigkeiten und Fertigkeiten durch *Neulernen* oder
- auf ein *Verlernen* oder *Umlernen* ungünstiger Verhaltensweisen (z.B. stereotypes Verhalten, Flucht- und Vermeidungsverhalten, Aggressionen) abzielen.

Hier gewinnen seit etwa zehn Jahren dezidiert neuropsychologisch fundierte Behandlungsansätze an Bedeutung. In einer Übersicht beschreibt Weber (1996)

- einen *entwicklungsneuropsychologischen Rehabilitationsansatz,* der in einem mehrstufigen Behandlungskonzept eine ressourcenorientierte Adaptation des behinderten Kindes oder Jugendlichen an die Umweltanforderungen erreichen soll,
- einen *neuropsychologischen Ressourcenansatz,* mit dem bei leichter und mittelgradiger geistiger Behinderung sowie bei Lernbehinderung die in-

dividuellen Stärken gezielt zur Strukturierung des Lernprozesses herangezogen werden, und

- einen *verhaltensneuropsychologischen Ansatz*, bei dem die Organismus-Variable der geistigen Behinderung innerhalb eines verhaltensanalytischen und -therapeutischen Modells nicht nur eine deskriptive, sondern auch eine interventionsleitende neuropsychologische Größe darstellt.

5.3 Neuropsychologische Verfahren zur Behandlung epileptischer Anfallsleiden

Obwohl die medikamentöse Behandlung mit Antikonvulsiva auch bei Kindern und Jugendlichen im Vordergrund steht, wurden verschiedene verhaltenstherapeutische und neuropsychologische Ansätze mit dem Ziel entwickelt, bei medikamentös schwer kontrollierbaren oder sogar therapieresistenten Epilepsien die Anzahl der Anfälle zu reduzieren. Neben der klassischen Konditionierung und Selbstkontrolle haben hier vor allem auch *Biofeedback-Verfahren* zu vielversprechenden Ergebnissen geführt (Gerber, 1994). Diese zielen darauf ab, durch optische oder akustische Rückmeldung der Hirnaktivität Krampfpotentiale für den Patienten erfahrbar und durch willkürliches Verhalten veränderbar werden zu lassen (Oepen, 1999). Biofeedback wird bei Kindern und Jugendlichen derzeit noch seltener angewandt als bei erwachsenen Epilepsie-Patienten, dürfte aber zunehmend an Bedeutung gewinnen (vgl. Düchting-Röth, Schmid-Schönbein & Noeker, 1995). Ein Ansatz, der in den letzten Jahren vermehrt Beachtung gefunden hat, ist die Methode der *Anfallsunterbrechung* von Dahl (1992). Kinder und Jugendliche lernen, die ersten Anzeichen eines drohenden Anfalls wahrzunehmen und dessen Ausbruch mit Entspannungsmethoden als „Gegenmittel" frühzeitig zu begegnen. Zusätzlich wird die erfolgreiche Anwendung der Gegenstrategien durch anwesende Erwachsene positiv verstärkt - auch der erfolgreich abgebrochene Krampfanfall wirkt bereits als positiver Verstärker.

5.4 Neuropsychologische Therapie bei Frontalhirn-Syndromen im Kindes- und Jugendalter

Schädigungen des Stirn- oder Frontalhirns treten bei Kindern und Jugendlichen zumeist als Folge von Unfällen, gelegentlich auch durch Hirntumoren oder nach entzündlichen Erkrankungen (Encephalitiden) auf. Da das Frontalhirn als relativ eigenständiges funktionelles System eine bedeutende Rolle für die Analyse, Planung und Ausführung komplexer Tätigkeiten spielt, führen Läsionen oder Dysregulationen häufig zu schweren kognitiven, affektiven und verhaltensbezogenen Beeinträchtigungen; aus einer neuropsychologischen Perspektive werden sie unter dem Begriff des *Frontalhirn-*

oder dysexekutiven Syndroms zusammengefaßt. Auch wenn in psychometrischen Testverfahren vielfach keine schweren Defizite nachzuweisen sind, fallen betroffene Kinder und Jugendliche meist durch ausgeprägte Verhaltensstörungen auf: Sie können sich nur kurz auf eine Aufgabe konzentrieren, sind leicht ablenkbar und reagieren sofort auf jede Veränderung ihrer Umgebung impulsiv und ohne vorheriges Überlegen, unterschätzen Gefahren und sind häufig stimmungslabil, nicht selten aggressiv (vgl. Heubrock, 1994; Koch, 1994). Auch nach scheinbar erfolgreichen stationären Rehabilitationsmaßnahmen ist die langfristige Reintegration oft durch die erheblichen und zumeist überdauernden Verhaltensstörungen gefährdet. In vergleichenden Therapiestudien haben sich bisher weder ausschließlich medikamentöse noch gesprächspsychotherapeutische Behandlungsansätze als wirksam erwiesen. Dagegen wurden verschiedene verhaltenstherapeutische Methoden erfolgreich angewandt (vgl. Kasten 11). Sie können problemlos ambulant als neuropsychologische Therapie durchgeführt werden (vgl. Heubrock & Petermann, 1997).

Kasten 11:
Verhaltenstherapeutische Methoden in der Rehabilitation des Frontalhirn-Syndroms.

Operante Konditionierung
- positive Verstärkung (Belohnung) - Entzug positiver Verstärker (Bestrafung), z.B. „time-out", „response cost".
Selbstkontrolltechniken
- Selbstverbalisation (offene, → abgeschwächte, → verdeckte Selbstregulation) - Verhaltensübungen (z.B. Liste aller Teilschritte erstellen → Teilschritte zeit- und sachlogisch ordnen → praktisches Einüben im Rollenspiel → Verknüpfen der einzelnen Elemente → Anwenden in realen Situationen)
Externe Verhaltenskontrolle **(äußere Strukturhilfen)**
- Stunden-, Tages- und Wochenpläne - Orientierung am Vorbild von Gruppenmitgliedern - visuelle und/oder akustische Signale als verhaltenssteuernde Auslösereize - schriftliche Arbeitsinstruktionen (ggf. mit Abstreichlisten)

5.5 Neuropsychologische Einzeltherapie bei umschriebenen Hirnfunktionsstörungen

Kognitiv orientierte neuropsychologische Therapieverfahren bei *umschriebenen Teilleistungsstörungen* stellen den wichtigsten Anwendungsbereich der Klinischen Kinderneuropsychologie dar. Generell sind zwei grundlegende Strategien zu unterscheiden:

- Beim *direkten Angehen der Beeinträchtigungen* wird versucht, die in der neuropsychologischen Diagnostik als Defizite objektivierten Teilleistungen durch Übungen und Trainingsverfahren zu verbessern.
- Beim *Ansetzen an den Stärken* wird dagegen versucht, die gestörten Funktionen durch vorhandene Leistungsreserven zu stützen und mitunter sogar zu ersetzen.

Bei Kindern und Jugendlichen hängt die Auswahl geeigneter neuropsychologischer Therapieverfahren unter anderem von den Funktionsstörungen, vorhandenen (kognitiven und sozialen) Ressourcen, von Alter und Motivation ab (vgl. Deegener et al., 1992). Ein direktes Angehen der Teilleistungsschwächen, etwa durch Übungsprogramme zur visuellen Wahrnehmung oder mit Merkfähigkeitsaufgaben, kann vor allem bei jüngeren Kindern wirksam sein, deren cerebrale und kognitive Verarbeitungsstrategien noch nicht voll entwickelt sind, so daß eine effektive Umstrukturierung funktioneller Systeme eher zu erwarten ist. Bei älteren Kindern ab etwa neun Jahren mit bereits länger bestehenden Funktionsstörungen haben sich häufig schon spontane Umwegstrategien derart hartnäckig im Alltag verankert, daß diese direkt nur schwer zu beeinflussen sind. Außerdem reagieren ältere Kinder und Jugendliche häufiger mit Ablehnung und Unlust. Deshalb erweisen sich Therapieverfahren als wirksam, die an vorhandenen Leistungsstärken ansetzen und diese gezielt nutzen, um Teilleistungsstörungen zu kompensieren. In der klinischen Praxis hat sich immer wieder gezeigt, daß die vor allem nach prä- und perinatalen Komplikationen auftretenden Beeinträchtigungen der visuellen Analyse und Synthese sowie raumanalytischer Funktionen oft durch gezielte Versprachlichung („verbale Codierung") kompensiert oder zumindest gemildert werden können. Nicht zuletzt wirken sich Erfolge, die mit den individuellen Teilleistungsstärken eines Kindes zu erzielen sind, positiv auf Selbstkonzept und Transfer der erlernten Strategien in den Kindergarten- oder Schulalltag aus. Eine Voraussetzung ist jedoch, daß im Teilleistungsprofil des betroffenen Kindes hinreichend stabil entwickelte Leistungsschwerpunkte vorkommen; diese müssen außerdem zur Kompensation der Funktionsstörungen auch unter komplexen Alltagsbedingungen geeignet sein. Als günstig haben sich hier vor allem sprachbezogene Ressourcen und erhaltene Fähigkeiten im problemlösenden und flexiblen Denken sowie in den exekutiven Funktionen (vgl. Pennington & Ozonoff, 1996) erwiesen.

Seit etwa zehn Jahren spielt auch der Einsatz *computergestützter Therapieprogramme* eine große Rolle in der neuropsychologischen Einzeltherapie (vgl. Riepe, 1998). Wesentliche Vorteile sind eine

- größere Vielseitigkeit,
- größere Realitätsnähe,
- höhere Motivation durch eine ansprechende Benutzeroberfläche,
- schnellere Rückmeldung über erzielte Therapieerfolge und
- bessere Darstellbarkeit komplexer Reizkonstellationen.

Bei Kindern und Jugendlichen kommt hinzu, daß sie sich durch computergestützte Trainingsprogramme generell stärker angesprochen fühlen. Gerade Kinder mit vorausgegangener langjähriger Therapie, die im wesentlichen auf Papier- und Bleistift-Verfahren beim Wahrnehmungs- oder Konzentrationstraining beruhte, haben oft einen ausgeprägten und generalisierten Widerstand gegen diese Therapieform entwickelt. Computergestützten Therapieverfahren wird vorgeworfen, daß sie lediglich auf einem repetitiven Üben beeinträchtigter Funktionen (vgl. Matthes-von Cramon & von Cramon, 1995) beruhen und nicht zur Strategievermittlung beitrügen. Auch eigene Erfahrungen sprechen dafür, daß sie in der ambulanten neuropsychologischen Rehabilitation erst nach Kombination mit einem simultanen und gezielten Strategietraining langfristig wirksam sind (vgl. Heubrock & Petermann 2000a; 2000c).

5.6 Neuropsychologische Gruppentherapie bei komplexen Hirnfunktionsstörungen

In der Regel werden kognitiv orientierte neuropsychologische Therapien auch bei Kindern und Jugendlichen als Einzelförderung durchgeführt. Diese traditionelle Begrenzung hat aber zumindest bei denjenigen Hirnfunktionsstörungen keine Berechtigung, bei denen sich die störungstypischen Auswirkungen nicht nur im Leistungsbereich, sondern ebenso in den *sozialen Fähigkeiten* zeigen (Heubrock, Petermann, Jacobs & Muth, 2001). Neben sprachbezogenen Beeinträchtigungen betrifft dies die raumanalytischen und räumlich-konstruktiven Teilleistungsstörungen, die als *Syndrom der nicht-sprachlichen Störungen* zusammengefaßt werden (Rourke, 1995). Raumanalytische Funktionen stellen aus einer entwicklungs- und neuropsychologischen Perspektive ein außerordentlich komplexes System dar, das mindestens

- die Abstands- und Entfernungsschätzung,
- die relative Positionsschätzung,
- die Winkelschätzung,
- die subjektive Einschätzung der Vertikalen und der Horizontalen, sowie
- die subjektive Geradeausrichtung

umfaßt (Kerkhoff, 1988). Dabei sind vor allem zwei neuronale Systeme, der posteriore parietale und der temporale Cortex, maßgeblich beteiligt sind (Kolb &

Whishaw, 1996). Durch Störungen in diesen Hirnregionen können Lesen und Schreiben sowie Wiedergabe von Größenverhältnissen, Raumrichtungsanalyse und dreidimensionale Reproduktion beeinträchtigt sein. Im Alltag fallen Kinder und Jugendliche oft dadurch auf, daß sie

- topographische Orientierungsstörungen haben (z.B. sich verlaufen, sich im Verkehr nicht zurechtfinden, im Kindergarten den Weg zur Toilette auch nach langer Übung verfehlen, den Weg von der Schule nach Hause oder umgekehrt nicht rekonstruieren können),
- die räumlich-sequentielle Anordnung von Wörtern nicht einhalten,
- Schwierigkeiten beim Ablesen der Uhrzeit an einer Analoguhr haben,
- Probleme bei der Körperorientierung aufweisen und
- selbst einfache Objektabbildungen nicht abzeichnen können (vgl. Hartje & Sturm, 1997).

Häufig kommt es als Folge der räumlich-konstruktiven Funktionsstörung auch zu einer umschriebenen Rechenstörung (Dyskalkulie), die sich sowohl in Geometrie als auch bei algebraischen Rechnungen zeigt, oft sogar schon bei den Grundrechenarten. Bemerkenswert ist, daß die charakteristische *soziale Beeinträchtigung* bei räumlich-konstruktiven Funktionsstörungen bisher kaum beachtet wurde. Nur vereinzelt finden sich Hinweise auf „eigentümliches Sozialverhalten" (Wais & Köster-Wais, 1986) nach rechtshemisphärischen Läsionen, denen zufolge Interaktionen oft abrupt und ohne erkennbaren Bezug zur jeweiligen Situation begonnen und beendet werden. Kinder und Jugendliche mit räumlich-konstruktiven Störungen sind häufig in unerklärliche Konflikte verwickelt, obwohl sie nicht aggressiv sind. Genauere Analysen zeigen ein sozial unangemessenes Verhalten. Soziale Vorgänge werden hinsichtlich ihrer Richtung (von wem ging die Interaktion mit welcher Intention aus und an wen war sie gerichtet) nicht zureichend eingeschätzt, vor allem in unübersichtlichen Gruppensituationen mit vielen Teilnehmern. Der Funktionszusammenhang zwischen den Gruppenmitgliedern in einer gegebenen, schnell ablaufenden Situation ist nicht zu erfassen. Konflikte entstehen als Folge einer räumlich-konstruktiven Störung, wenn das soziale Konzept „Einen-Kompromiß-Schließen" die räumliche Dimension des „Sich-in-der-Mitte-Treffens" beinhaltet. Wegen der sozialen Dimension sollten neuropsychologische Interventionen als *Gruppentherapie* konzipiert sein und folgende Ziele anstreben:

- eine verbesserte Kompensation der räumlich-konstruktiven Teilleistungsstörung,
- eine verbesserte Schulleistungsfähigkeit,
- ein angepaßtes Sozialverhalten und
- eine Verbesserung der Motivation, sich raumanalytischen und räumlich-konstruktiven Anforderungen im Alltag nach einer oft langen Phase des Scheiterns überhaupt wieder zu stellen (Muth, Heubrock & Petermann, 2001).

Zusammenfassung

Mit neuropsychologischen Methoden werden die Zusammenhänge zwischen Hirnfunktionen und Verhalten untersucht. Bei Hirnfunktionsstörungen im Erwachsenenalter sind vielfach eindeutige Beziehungen zu bestimmten Arealen der Hirnrinde bekannt; es werden spezifische Ausfallerscheinungen beobachtet, wie Aphasie, Apraxie, Agnosie oder Amnesie. Bei Kindern kommt es nur selten zu umschriebenen Läsionen, häufig jedoch zu Entwicklungsstörungen, durch die bestimmte Hirnleistungen beeinträchtigt sind (Dysphasie, Dyspraxie, Dyskoordination). Die motorische Entwicklung kann in ihrem Ablauf, aber auch in der Qualität des Bewegungsverhaltens verändert sein; manchmal sind vor allem Planung und Ausführung von motorischen Handlungen gestört (Dyspraxie). Bei der Sprachentwicklung kann die expressive und die rezeptiv-perzeptive Funktion isoliert und schwerpunktmäßig betroffen sein; eine globale Sprachentwicklungsstörung geht oft mit einer allgemeinen kognitiven Beeinträchtigung einher. Durch pädaudiologische, neuropädiatrische und neuropsychologische Untersuchungen sind die Störungen zu differenzieren. Bei Agnosien sind Wahrnehmung und Informationsverarbeitung gestört; sie kommen bei Kindern nur selten vor. Emotionale Störungen lassen sich neuropsychologisch interpretieren, wenn sie von Veränderungen im Bereich temporaler oder frontaler Strukturen bzw. von Störungen im limbischen System ausgehen. Hier bestehen enge Verbindungen zu anderen Hirnarealen, insbesondere zum frontobasalen Cortex (Bewegungssteuerung). Oft ist die Unterscheidung von sekundär bzw. reaktiv entstandenen Störungen schwierig, die sich als Folge einer neuropsychologischen Beeinträchtigung einstellen und dann ganz im Vordergrund des Beschwerdebildes stehen können.

Spezifische Hirnfunktionsstörungen sind relativ häufig und werden je nach Erfassungskriterien bei 10 bis 15% der Schulkinder festgestellt. Sie hängen zum Teil mit einer Beeinträchtigung umschriebener Hirnareale zusammen; die Lokalisation ist aber beim Kind meist nur schwer zu bestimmen. Als Interventionsmaßnahmen kommen spezifische neuropsychologische Therapieverfahren oder Methoden der Verhaltensmodifikation in Frage, oft werden beide miteinander kombiniert. Da die Motivation des Kindes für den Therapieerfolg entscheidend sein kann, werden heute Therapieverfahren bevorzugt, die an den individuellen Stärken des Kindes ansetzen und sie nutzen, um alltagstaugliche Kompensationsmechanismen zu unterstützen.

Verständnisfragen

1. Was versteht man unter neuropsychologischen Störungen?
2. Welche Unterschiede lassen sich zwischen cerebralen Werkzeugstörungen und spezifischen Entwicklungsstörungen treffen?

3. Welche Verfahren sind zur Beeinflussung von Hirnfunktionsstörungen bei Kindern am besten geeignet?
4. Welche verhaltenstherapeutischen Methoden haben sich zur Behandlung des Frontalhirn-Syndroms bewährt?

Weiterführende Literatur

Birbaumer, N. & Schmidt, R. F. (1996). *Biologische Psychologie* (3. Aufl.). Berlin: Springer.

Dudel, J., Menzel, R. & Schmidt, R. F. (Hrsg.) (1996). *Neurowissenschaft. Vom Molekül zur Kognition*, Berlin: Springer.

Heubrock, D. & Petermann, F. (2000). *Lehrbuch der Klinischen Kinderneuropsychologie. Grundlagen, Syndrome, Diagnostik und Intervention.* Göttingen: Hogrefe.

Kolb, B. & Whishaw, I. Q. (1996). *Neuropsychologie* (2. Aufl.). Heidelberg: Spektrum.

Luria, A.R. (1992). *Das Gehirn in Aktion. Einführung in die Neuropsychologie.* Reinbek: Rowohlt.

Teeter, P.A. & Semrud-Clikeman, M. (1997). *Child neuropsychology. Assessment and interventions for neurodevelopmental disorders.* Boston: Allyn & Bacon.

Literatur

Amorosa, H. (1984). Die diagnostische Klassifikation kindlicher Sprachentwicklungsstörungen. *Zeitschrift für Kinder- und Jugendpsychiatrie, 12,* 379-390.

Anochin, P. K. (1978). *Beiträge zur allgemeinen Theorie des funktionellen Systems.* Jena: VEB Gustav Fischer.

Ayres, J. (1998). *Bausteine der kindlichen Entwicklung* (3. Auflage). Berlin: Springer.

Batshaw, M. L. (Ed.) (1997). *Children with disabilities* (4th edition). Baltimore: Brookes.

Bauer, A. (1986). *Minimale cerebrale Dysfunktion und/oder Hyperaktivität im Kindesalter. Überblick und Literaturdokumentation.* Berlin: Springer.

Bigler, E.D. & Porter, S.S. (1997). Neuroimaging: Interface with clinical neuropsychology. In M. E. Maruish & J.A. Moses (Eds.), *Clinical neuropsychology: Theoretical foundations for practitioners* (163-218). Mahwah: Erlbaum.

Bishop, D. V. M. (1990). *Handedness and developmental disorders. Clinics in Developmental Medicine No. 110.* London: Mac Keith.

Bishop, D.V.M. (1993). Annotation: Autism, executive functions and theory of mind: A neuropsychological perspective. *Journal of Child Psychology and Psychiatry,, 34,* 279-293.

Bode, H. & Sproll-Fenner, G. (1998). Prävalenz von Entwicklungs- und Verhaltensstörungen bei der schulärztlichen Untersuchung. *Pädiatrische Praxis, 53,* 589-595.

Brack, U.B. (1996). Entwicklungsstörungen. *Kindheit und Entwicklung, 5,* 3-11.

Brack, U.B. (1997). Verhaltenstherapeutische Förderung entwicklungsgestörter Kinder. In F. Petermann (Hrsg.), *Kinderverhaltenstherapie. Grundlagen und Anwendungen* (311-330). Baltmannsweiler: Schneider.

Broca, P. (1865). Sur le siège de la faculté du langage articulé. *Bulletin of the Society of Anthropology, 6,* 377-396.

Comings, D.E. (1990). *Tourette syndrome and human behavior.* Durante: Hope.

Cramon, D. Y. von, Mai, N. & Ziehl, J. (Hrsg.) (1993). *Neuropsychologische Diagnostik.* Weinheim: Verlag Chemie.

Creutzfeld, C. D. (1983). *Cortex cerebri. Leistung, strukturelle und funktionelle Organisation der Hirnrinde.* Berlin: Springer.

Dahl, J. (1992). *Epilepsy. A behavior medicine approach to assessment and treatment in children.* Seattle: Hogrefe & Huber.

Dailey, A.T., McKhann, G.M. & Berger, M.S. (1995). The pathophysiology of oral pharyngeal apraxia and mutism following posterior fossa tumor resection in children. *Journal of Neurosurgery, 83,* 467-475.

Deegener, G., Dietel, B., Kassel, H., Matthaei, R. & Nödl, H. (1992). *Neuropsychologische Diagnostik bei Kindern und Jugendlichen. Handbuch zur TÜKI - Tübinger Luria-Christensen Neuropsychologische Untersuchungsreihe für Kinder.* Weinheim: Psychologie Verlags Union.

Dennis, M. (1977). Cerebral dominace in three forms of early brain disorder. In M. Blaw, I. Rapin & M. Kinsbourne (Eds.), *Topics in child neurology* (189-212). New York: Spectrum.

De Sonneville, L. & Njiokiktjien, Ch. (1988). *Pediatric behavioural neurology.* Vol. 2. Information processing. Amsterdam: Suyi.

Düchting-Röth, A., Schmid-Schönbein, C. & Noeker, M. (1995). Psychologische Interventionsansätze zur Anfallskontrolle bei Kindern und Jugendlichen mit Epilepsien. *Kindheit und Entwicklung, 4,* 96-105.

Dudel, J., Menzel, R. & Schmidt, R. F. (Hrsg.) (1996). *Neurowissenschaft. Vom Molekül zur Kognition*, Berlin: Springer.

Dudenhausen, J. W. & Gortner, L. (Hrsg.) (1998). *Hören und Entwicklung: Risikoerkennung beim Neugeborenen.* Frankfurt: Medizinische Verlagsgesellschaft.

Esser, G. (1991). *Was wird aus Kindern mit Teilleistungsschwächen? Der langfristige Verlauf umschriebener Entwicklungsstörungen.* Stuttgart: Enke.

Esser, G. & Schmidt, M. (1987). *Minimale cerebrale Dysfunktion – Leerformel oder Syndrom? Empirische Untersuchung zur Bedeutung eines zentralen Konzepts in der Kinderpsychiatrie.* Stuttgart: Enke.

Faber, D. & Njiokiktjien, Ch. (1993). *Pediatric behavioural neurology. Vol. 4. Developing brain and cognition.* Amsterdam: Suyi.

Fox, P.T. & Raichle, M.E. (1985). Stimulus rate determines regional brain blood flow in striate cortex. *Annals of Neurology, 17,* 303-305.

Frankenburg, W. K., Thornton, S. M. & Cohrs, M. E. (1992). *Entwicklungsdiagnostik bei Kindern. Trainingsprogramm zur Früherkennung von Entwicklungsstörungen* (2. Auflage). Stuttgart: Thieme.

Gaddes, W.H. & Edgell, D. (1994). *Learning disabilities and brain function. A neuropsychological approach* (3rd edition). New York: Springer.

Gerber, W.-D. (1994). Neurologische Erkrankungen. In W.-D. Gerber, H.-D. Basler & U. Tewes (Hrsg.), *Medizinische Psychologie* (229-250). München: Urban & Schwarzenberg.

Geschwind, N. & Galaburda, A.M. (1985a). Cerebral lateralization: Biological mechanisms, associations, and pathology, I: A hypothesis and a program for research. *Archives of Neurology, 42,* 428-459.

Geschwind, N. & Galaburda, A.M. (1985b). Cerebral lateralization: Biological mechanisms, associations, and pathology, II: A hypothesis and a program for research. *Archives of Neurology, 42,* 521-552.

Geschwind, N. & Galaburda, A.M. (1985c). Cerebral lateralization: Biological mechanisms, associations, and pathology, III: A hypothesis and a program for research. *Archives of Neurology, 42,* 634-654.

Gordon, N. & Mc Kinlay, I. (Hrsg.) (1985). *Das ungeschickte Kind.* Stuttgart: Hippokrates.

Greenough, W.T. & Black, J.E. (1992). Induction of brain structure by experience: Substrates for cognitive development. In M.R. Gunnar & C.A. Nelson (Eds.), *The Minnesota symposia on child psychology. Vol. 24* (155-200). Hillsdale: Erlbaum.

Grimm, H. & Weinert, S. (Hrsg.) (1994). *Intervention bei sprachgestörten Kindern. Voraussetzungen. Möglichkeiten und Grenzen.* Stuttgart: Fischer.

Göllnitz, G. (1954). *Die Bedeutung der frühkindlichen Hirnschädigung für die Kinderpsychiatrie.* Leipzig: VEB Thieme.

Harris, J. C. (1995). *Developmental neuropsychiatry. Vol. I. Fundamentals. Vol. II. Assessment, diagnosis and treatment of developmental disorders.* New York: Oxford University Press.

Hartje, W. & Poeck, K. (Hrsg.) (1997). *Klinische Neuropsychologie* (3. Aufl.). Stuttgart: Thieme.

Hartje, W. & Sturm, W. (1997). Räumliche Orientierungsstörung und konstruktive Apraxie. In W. Hartje & K. Poeck (Hrsg.), *Klinische Neuropsychologie* (3. Aufl.; 255-259). Stuttgart: Thieme.

Heilman, K. M. & Valenstein, E. (Eds.) (1993). *Clinical neu-rophysiology* (3rd edition). New York: Oxford University Press.

Heubrock, D. (1994). Aspekte der Verhaltensmodifikation beim Frontalhirn-Syndrom. *Kindheit und Entwicklung, 3,* 101-107.

Heubrock, D. & Petermann, F. (1997). Verhaltenstherapie in der Klinischen Neuropsychologie (2): Verhaltensanalyse und Verhaltensmodifikation eines Patienten mit traumatisch erworbenen Frontalhirn-Syndrom. *Verhaltenstherapie, 7,* 204-215.

Heubrock, D. & Petermann, F. (2000a). *Lehrbuch der Klinischen Kinderneuropsychologie. Grundlagen, Syndrome, Diagnostik und Intervention.* Göttingen: Hogrefe.

Heubrock, D. & Petermann, F. (2000b). Neuropsychologische Grundlagen der Entwicklungsstörungen. In F. Petermann, K. Niebank & H. Scheithauer (Hrsg.), *Risiken in der frühkindlichen Entwicklung. Entwicklungpsychopathologie der ersten Lebensjahre* (173-195). Göttingen: Hogrefe.

Heubrock, D. & Petermann, F. (2000c). Neuropsychologische Störungen. In F. Petermann (Hrsg.), *Fallbuch der Klinischen Kinderpsychologie und -psychotherapie* (2., überarb. Aufl.; 243-267). Göttingen: Hogrefe.

Heubrock, D., Petermann, F. & Brinkmeier, W. (2001). Referrals, diagnoses, and neuropsychological findings in an outpatient sample of German children and adolescents with brain dysfunction. *Pediatric Rehabilitation, 4,* 75-82.

Heubrock, D., Petermann, F., Jacobs, C. & Muth, D. (2001). Effizienz neuropsychologischer Therapie bei Kindern mit räumlich-konstruktiven Störungen: Psychometrische und psychosoziale Effekte. *Kindheit und Entwicklung, 10,* 105-113.

Hynd, G.W., Semrud-Clikeman, M., Lorys, A.R., Novey, E.S. & Eliopoulos, D. (1990). Brain morphology in developmental dyslexia and Attention Deficit Disorder/Hyperactivity. *Archives of Neurology, 47,* 919-926.

Jeeves, M.A. & Temple, C.M. (1987). A further study of language function in callosal agenesis - A reply to Dennis. *Brain and Language, 32,* 325-335.

Kalbe, U. (1994). Organisation der neurologischen Frührehabilitation im Kindesalter. Kritische Gedanken eines Pädiaters. *Prävention und Rehabilitation, 6,* 102-104.

Kandel, E.R. & Jessell, T.M. (1996). Sensorische Erfahrung und die Entstehung visueller Schaltkreise. In E.R. Kandel, J.H. Schwartz & T.M. Jessell (Hrsg.), *Neurowissenschaften* (477-493). Heidelberg: Spektrum.

Kerkhoff, G. (1988). Visuelle Raumwahrnehmung und Raumoperationen. In D. von Cramon & J. Zihl (Hrsg.), *Neuropsychologische Rehabilitation* (197-214). Berlin: Springer.

Kleist, K. (1934). *Gehirnpathologie.* Leipzig: Barth.

Koch, J. (1994). *Neuropsychologie des Frontalhirnsyndroms.* Weinheim: Psychologie Verlags Union.

Kolb, B. & Whishaw, I. Q. (1996). *Neuropsychologie* (2. Aufl.). Heidelberg: Spektrum.

Largo, R. H. (1993). *Babyjahre. Die frühkindliche Entwicklung aus biologischer Sicht.* Hamburg: Carlsen.

Lassonde, M. & Jeeves, M. (Eds.) (1994). *Callosal agenesis: The natural split brain.* New York: Plenum.

Leischner, A. (1987). *Aphasien und Sprachentwicklungsstörungen* (2. Aufl.). Stuttgart: Thieme.

Lempp, R. (1978). *Frühkindliche Entwicklung und Neurose* (2. Aufl.). Bern: Huber.

Lou, H.C., Henriksen, L. & Bruhn, P. (1984). Focal cerebral hypoperfusion in children with dysphasia and/or attention deficit disorder. *Archives of Neurology, 41*, 825-829.

Luria, A. R. (1970). *Die höheren kortikalen Funktionen des Menschen und ihre Störungen bei örtlichen Hirnschädigungen*. Berlin: VEB Deutscher Verlag der Wissenschaften.

Luria, A.R. (1992). *Das Gehirn in Aktion. Einführung in die Neuropsychologie*. Reinbek bei Hamburg: Rowohlt.

Matthes-von Cramon, G. & von Cramon, D.Y. (1995). Kognitive Rehabilitation. *Zeitschrift für Neuropsychologie, 6*, 116-127.

Melchers, P. & Lehmkuhl, G. (2000). Neuropsychologie des Kindes- und Jugendalters. In W. Sturm, M. Herrmann & C.-W. Wallesch (Hrsg.), *Lehrbuch der Klinischen Neuropsychologie* (613-647). Lisse: Swets & Zeitlinger.

Michaelis, R. & Niemann, G. (1998). Therapeutische Zielsetzungen mit Hilfe bildgebender und entwicklungsneurologischer Untersuchungen? In H. G. Schlack (Hrsg.), *Welche Therapie nützt behinderten Kindern?* (66-80). Mainz: Kirchheim.

Michaelis, R. & Niemann, G. (1999). *Entwicklungsneurologie und Neuropädiatrie. Grundlagen und diagnostische Strategien* (2. Aufl.). Stuttgart: Hippokrates.

Mühl, H. & Neukäter, H. (1998). Pädagogischer Umgang bei Menschen mit selbstverletzendem Verhalten und geistiger Behinderung. *Kindheit und Entwicklung, 7*, 93-98.

Muth, D., Heubrock, D. & Petermann, F. (2001). *Training für Kinder mit räumlich-konstruktiven Störungen. Das neuropsychologische Gruppenprogramm DIMENSIONER*. Göttingen: Hogrefe.

Nelson, K.B., Swaiman, K.F. & Russman, B.S. (1994). Cerebral palsy. In K.F. Swaiman (Ed.), *Pediatric neurology* (471-488). St. Louis: Mosby.

Neuhäuser, G. (1990). Minimale cerebrale Dysfunktion. Kritische Betrachtung eines medizinischen Konzeptes. In R. Voss (Hrsg.), *Pillen für den Störenfried?* (2. Aufl.; 79-96), München: Reinhardt.

Neuhäuser, G. (1996). Motodiagnostik im Vorschulalter. *Motorik, 19*, 12-17.

Neuhäuser, G. (1997). Welchen Beitrag können die Neurowissenschaften zur Begründung von Therapiemethoden leisten? *Kinderärztliche Praxis, 68*, 208-212.

Neuhäuser, G. (1998). Entwicklungsbiologie und Umwelt. *Kindheit und Entwicklung, 7*, 65-69.

Nijhuis, J. G. (Ed.) (1992). *Fetal behaviour. Developmental and perinatal aspects*. Oxford: Oxford University Press.

Njiokiktjien, Ch. (1988). *Pediatric behavioural neurology*. Vol. 1. Clinical principles. Amsterdam: Suyi.

Obrzut, J. E. & Hynd. G. (Eds.) (1986a). *Child neuropsychology*. Vol. 1: Theory and research. Orlando: Academic Press.

Obrzut, J. E. & Hynd. G. (Eds.) (1986b). *Child neuropsychology*. Vol. 2: Clinical practice. Orlando: Academic Press.

Oepen, J. (1999). Stationäre Rehabilitation in der Neuropädiatrie. In F. Petermann & P. Warschburger (Hrsg.), *Kinderrehabilitation* (233-248). Göttingen: Hogrefe.

Papousek, M. & Papousek, H. (1990). Intuitive elterliche Früherziehung in der vorsprachlichen Kommunikation. *Sozialpädiatrie, 12*, 579-583.

Pennington, B.F. & Ozonoff, S. (1996). Executive functions and developmental psychopathology. *Journal of Child Psychology and Psychiatry, 37*, 51-87.

Petermann, F., Kusch, M. & Niebank, K. (1998). *Entwicklungspsychopathologie. Ein Lehrbuch*. Weinheim: Psychologie Verlangs Union.

Poeck, K. (1997). Motorische Apraxie. In W. Hartje & K. Poeck (Hrsg.), *Klinische Neuropsychologie* (3. Aufl.; 191-200). Stuttgart: Thieme.

Prior, M. (1996). *Understanding specific learning difficulties*. Hove: Psychology Press.

Rapin, I. (1982). *Children with brain dysfunction. Neurology, cognition, language and behavior*. New York: Raven.

Rapin, I. & Allen, D. A. (1991). Preschool children with inadequate language acquisition. Implications for differential diagnosis and clinical management. In N. Amir, I. Rapin & D. Bransk (Eds.), *Pediatric neurology. Behavior and cognition of the child with brain dysfunction. Pediatric Adolescent Medicine*. Vol. 1 (110-128). Basel: Karger.

Rapin, I. & Segalowitz, S. J. (Eds.) (1992). *Handbook of neuropsychology*. Vol. 6, Sect. 10. Child neuropsychology. Amsterdam: Elsevier.

Ramaekers, G. & Njiokiktjien, Ch. (1991). *Pediatric behavioural neurology*. Vol. 3: The child's corpus callosum. Amsterdam: Suyi.

Rasmussen, T. & Milner, B. (1977). The role of early left-brain injury in determining lateralization of cerebral speech functions. *Annals of the New York Academy of Science, 299*, 355-369.

Remschmidt, H. (1981). Neuropsychologische Befunde nach entzündlichen Erkrankungen des Gehirns und nach Schädel-Hirn-Traumen. In H. Remschmidt & M. Schmidt (Hrsg.), *Neuropsychologie des Kindesalters* (302-320). Stuttgart: Enke.

Riepe, J. (1998). Neuropsychologische Therapie am Computer (NPT-PC): Vorschlag für ein dynamisch-normatives Systematisierungskonzept. In E. Kasten, G. Schmid & R. Eder (Hrsg.), *Effektive neuropsychologische Behandlungsmethoden* (345-361). Bonn: Deutscher Psychologen Verlag.

Rothenberger, A. (1995). Electrical brain activity in children with hyperkinetic syndrome: Evidence of frontal cortical dysfunction. In J. Sergeant (Ed.), *European approaches to hyperkinetic disorder* (225-270). Zürich: Trümpi.

Rothenberger, A. (1996). Tourette-Syndrom und assoziierte neuropsychiatrische Auffälligkeiten. *Zeitschrift für Klinische Psychologie, 25*, 259-279.

Rourke, B. P. (Eds.) (1995). *Syndrome of nonverbal learning disabilities: Neurodevelopmental manifestations*. New York: Guilford.

Rourke, B. P., Bakker, D. J., Fisk, J. L. & Strang, J. D. (1983). *Child neuropsychology. An introduction to theory, research and clinical practice*. New York: Guilford.

Rourke, B. P., Fisk, J. L. & Strang, J. D. (1986). *Neuropsychological assessment of children. A treatment-oriented approach*. New York: Guilford.

Ruf-Bächtiger, L. (1998). *Das frühkindliche psychoorganische Syndrom* (3. Aufl.). Stuttgart: Thieme.

Rumsey, J.M. & Hamburger, S.D. (1988). Neuropsychological findings in high-functioning men with infantile autism, residual state. *Journal of Clinical and Experimental Neuropsychology, 10*, 201-221.

Rutter, M. (Eds.) (1984). *Developmental neuropsychiatry.* Edingburgh: Churchill Livingstone.

Sperry, R.W. (1964). The great cerebral commissure. *Scientific American, 210*, 240-250.

Spitzer, M. (1996). *Geist im Netz. Modelle für Denken, Lernen und Handeln.* Heidelberg: Spektrum.

Spreen, O., Tupper, D., Eisser, A., Tuokko, H. & Edgell, D. (1984). *Human developmental neuropsychology.* New York: Oxford University Press.

Straßburg, H. M., Dacheneder, W. & Kreß, W. (1997). *Entwicklungsstörungen bei Kindern. Grundlagen der interdisziplinären Betreuung.* Lübeck: Fischer.

Teeter, P.A. (1986). Standard neuropsychological batteries for children. In J.E. Obrzut & G.W. Hynd (Eds.), *Child neuropsychology. Vol. 2: Clinical practice* (187-228). Orlando: Academic Press.

Teeter, P.A. & Semrud-Clikeman, M. (1997). *Child neuropsychology. Assessment and interventions for neurodevelopmental disorders.* Boston: Allyn & Bacon.

Temple, C. (1997). *Developmental cognitive neuropsychology.* Hove: Psychology Press.

Temple, C.M. & Ilsley, J. (1994). Sounds and shapes: Language and spatial cognition in callosal agenesis. In M. Lassonde & M. Jeeves (Eds.), *Callosal agenesis: The natural split brain.* New York: Plenum.

Temple, C.M., Jeeves, M.A. & Villaroya, O. (1989). Ten, pen, men: Rhyming skills in two children with callosal agenesis. *Brain and Language, 37*, 548-564.

Temple, C.M., Jeeves, M.A. & Villaroya, O. (1990). Reading in callosal agenesis. *Brain and Language, 39*, 235-253.

VanDeinse, D. & Hornyak, J.E. (1997). Linguistic and cognitive deficits associated with cerebellar mutism. *Pediatric Rehabilitation, 1*, 41-44.

Wais, M. & Köster-Wais, H. (1986). Psychopathologische Phänomene nach rechthemisphärischer Hirnschädigung. *Beschäftigungstherapie und Rehabilitation, 25*, 217-219.

Weber, G. (1996). Neuropsychologische Ansätze in Diagnostik und Therapie bei geistiger Behinderung. *Verhaltensmodifikation und Verhaltensmedizin, 17*, 311-330.

Wendlandt, W. (1992). *Sprachstörungen im Kindesalter.* Stuttgart: Thieme.

Wernicke, C. (1874). *Der aphasische Symptomenkomplex.* Breslau: Cohn & Weigert.

Woods, B.T. & Teuber, H.-L. (1973). Early onset of complementary specialization of cerebral hemispheres in man. *Transactions of the American Neurological Association, 98*, 113-117.

13 Psychische Störungen infolge von Intelligenzminderungen
von Martin H. Schmidt

Inhaltsübersicht

1 Phänomenologie

1.1 Formen der Intelligenzminderung

Kinder mit *intellektuellen Fähigkeiten im Grenzbereich zwischen niedriger Intelligenz und leichter Intelligenzminderung* sind bis zum Schuleintritt kaum von Kindern mit mittlerer Intelligenz zu unterscheiden. Im Grundschulalter erlernen sie die Umkehrbarkeit bestimmter Operationen verspätet. Erst wenn Beeinträchtigungen des formalen Denkens (im Sinne Piagets) an der Schwelle zur Adoleszenz deutlich werden, läßt sich die Beeinträchtigung aus dem klinischen Bild, das heißt ohne psychometrische Verfahren, erkennen.

Verhaltensbesonderheiten bei *leichter Intelligenzminderung* bestehen in einem verzögerten Spracherwerb, einem verzögerten Lernen von Alltagsroutinen, Abstraktionsschwierigkeiten und einem erschwerten Erwerb der Kulturtechniken; demgemäß bestehen Schulprobleme. Emotionale und soziale Unreife erschweren die Anpassung an gesellschaftliche Rollen in der Adoleszenz.

Bei *mittelgradiger Intelligenzminderung* ist die Entwicklung der passiven wie der aktiven Sprache verlangsamt. Die sozialen Fertigkeiten sind auf einfache beschränkt. Motorische Fertigkeiten, Blasen- und Mastdarmkontrolle sowie Fertigkeiten der Selbstversorgung werden verzögert erlernt. Nur ein Teil der Betroffenen erwirbt die Kulturtechniken. Die Beeinträchtigungen begrenzen später eine unabhängige Lebensweise dieser Gruppe.

Schwere Intelligenzminderungen weisen beschränkte Lernmöglichkeiten auf. Die Sprachentwicklung ist aktiv wie passiv auf basale Kommunikationsfunktionen beschränkt, sie wird teilweise durch Handzeichen kompensiert. Begleitende motorische Schwächen sind bei diesem Ausprägungsgrad oft nicht mehr Folge der Entwicklungsverzögerung, sondern sie resultieren aus Beeinträchtigungen des Zentralnervensystems. Der begrenzte Erwerb von Möglichkeiten der Selbstversorgung macht lebenslange Hilfen erforderlich.

Die von *schwerster Intelligenzminderung* Betroffenen weisen keine Sprachentwicklung auf. Ohne das Verstehen von Aufforderungen oder Anweisungen sind ihre Lernmöglichkeiten auf Imitation und Lernen durch Versuch und Irrtum beschränkt. Nicht nur die nonverbale Kommunikation ist begrenzt, auch die motorischen Fertigkeiten einschließlich der Blasen- und Mastdarmkontrolle. Demgemäß sind Hilfe und Überwachung ständig notwendig.

Unter *Demenz* wird eine erworbene, auf organischer Hirnschädigung beruhende Geistesschwäche verstanden. Demenz ist nur nach einer gewissen Zeit unauffälliger Entwicklung zu diagnostizieren (wie z. B. beim Heller-Syndrom, Russow, Penny, Kolodny & Gillberg, 1996). Am Anfang ist die Anamnese ein hilfreicheres Instrument als die unmittelbare Beobachtung. Demenzprozesse beginnen – jener Entwicklungsstand – mit Einbußen beim kritischen Urteilen und der sprachlichen Darstellung komplizierter Beziehungen sowie einem Verlust von Planungsfähigkeiten. Es folgen Einschränkungen des schlußfolgernden Denkens beziehungsweise der Abstraktionsfähigkeit und des Sprachverständnisses; die Wahrnehmungsgeschwindigkeit sinkt, das Behalten wird reduziert. Dysphasien (zentral bedingte Sprachausdrucksstörungen) und Dyspraxien (zentral bedingte Unfähigkeit, sinnvolle Bewegungen auszuführen) leiten über zu Einschränkungen der Motorik und erhöhter cerebraler Erregbarkeit. Damit sind nicht nur die Fähigkeiten zum schulischen Lernen und zur Alltagsbewältigung beeinträchtigt, sondern auch Fertigkeiten der Selbstversorgung.

Einige genetisch bedingte Intelligenzminderungen verlaufen nach dem Muster dementieller Prozesse, weil sie bis zur Geburt durch den mütterlichen Stoffwechsel kompensiert werden. So besteht etwa bei der Phenylketonurie ein zunehmender Verlust früher kognitiver Fähigkeit mit der erst nach der Geburt einsetzenden stoffwechselbedingten Hirnschädigung. Für die Phänomenologie bei der Geburt vorhandener Beeinträchtigungen, die Intelligenzminderungen nach sich ziehen, spielen Entstehungszeitpunkt (Früh- oder Spätschwangerschaft beziehungsweise Geburts- oder Neugeborenenphase) und Entstehungsmechanismen (erblich oder erworben) nur eine begrenzte Rolle, eben weil die Entwicklung insgesamt betroffen ist.

Posttraumatische Intelligenzminderungen, die im weiteren Entwicklungsalter erworben werden, aber nicht fortschreitend sind, gehen häufig mit hirnorganischen Psychosyndromen einher. Beeinträchtigte Konzentration, erhöhte Reizbarkeit, vermindertes Gedächtnis und Leistungstempo werden von körperlichen Symptomen wie Kopfschmerzen, Schwindel und Schlafstörungen begleitet. Die Empfindlichkeit für affektive Einflüsse steigt. Die Verluste an intellektuellen Fähigkeiten sind natürlich um so höher, je früher das Trauma eintritt. Die weitere Intelligenzentwicklung hängt auch vom Ausmaß der Schädigung ab.

Andere *Hirnerkrankungen* führen zu leichteren Intelligenzminderungen in Kombination mit der sogenannten organischen Persönlichkeitsstörung, bei der mangelnde Ausdauer, Belastbarkeit, verminderte Frustrationstoleranz, emotionale Labilität und schlechte Impulskontrolle – auch zu Lasten der Umwelt – im Vordergrund stehen. Logorrhoe (vermehrtes Sprechbedürfnis) wird von unscharfen Formulierungen und wenig flexiblen Denken sowie thematischer Fixierung begleitet.

1.2 Intelligenzminderungen bei umfassenden Entwicklungsstörungen

Die Kombination von Intelligenzminderung mit autistischen Syndromen ist häufig, sie liegt bei 70 % der autistischen Menschen vor. Das Vollbild des *frühkindlichen Autismus* (sogenannter Kanner'scher Autismus, weitgehend genetisch determiniert) wird vor dem 30. Lebensmonat entwickelt, betrifft bei einer Gesamthäufigkeit von 5:10.000 Jungen häufiger als Mädchen. Vordergrundsymptome sind die Unfähigkeit, wechselseitige soziale Beziehungen einzugehen und aufrechtzuerhalten (vorzugsweise bedingt durch den kaum möglichen Wechsel der sozialen Perspektive) und sprachliche und nicht-sprachliche Kommunikation herbeizuführen sowie ein eingeengtes Spektrum an Verhaltensweisen und Interessen. Damit stehen eine Häufung von (nicht nur motorischen) Verhaltensstereotypien und zwanghaftes Haften an bestimmten Reaktionen und Umfeldern im Zusammenhang. Symptomatisch im frühen Kindesalter sind oft der fehlende oder verkürzte Blickkontakt, fehlendes Lächeln, Fehlen der körperlichen Kontaktbereitschaft (Kind streckt die Arme nicht aus, wenn es aus dem Bett aufgehoben werden soll) und das Fehlen gemeinsamer Aktionen (autistische Kinder weisen nicht auf Dinge hin, die ein anderer sehen soll oder folgen mit ihren Blicken nicht dessen ausgestrecktem Arm). Zur Differentialdiagnose tragen bei: qualitative Besonderheiten der immer – entsprechend der Intelligenzminderung – verzögerten Sprachentwicklung (vor allem die pronominale Umkehr, bei der die Anrede „du" statt „ich" verwendet wird), Wortneuschöpfungen, Echolalien (Nachsprechen gehörter Wörter ohne Rücksicht auf deren Inhalt) und bizarre Haltungen. Die Sprachmelodie wird nicht durch Heben und Senken der Stimme verändert, und das Sprechen ist kaum von Gesten begleitet. Häufig fällt ein spezifisches Interesse für Teilaspekte von Objekten (deren Geruch oder Oberfläche) auf. Andere Merkmale, die nicht zur Differenzierung gegenüber Intelligenzminderungen dienen können, sind hier nicht aufgeführt. Zu den Bewegungsstereotypien (s. u.) gehören auch solche mit Selbstverletzungen.

Atypisch werden Autismusformen genannt, die entweder nach dem 30. Lebensmonat beginnen und/oder bei denen eines oder zwei der drei diagnostischen Kriterien fehlen. Diese Formen werden besonders bei durch organische Erkrankungen bedingte autistische Syndrome gesehen. Von ihnen zu unterscheiden sind autistische Züge bei intelligenzgeminderten Kindern. Am häufigsten ist darunter das Symptom des stereotypen und repetitiven Verhaltens mit eingeschränktem Interessenspektrum. Natürlich ist diese Symptomatik eher mit einem kognitiven Entwicklungsstand verbunden, der weniger Verhaltensvarianten zuläßt.

Das praktisch nur bei Mädchen beschriebene *Rett-Syndrom* (in der Kerngruppe inzwischen genetisch aufgeklärt) entspricht bezüglich der Intelligenzminderung einem Demenzprozeß; in der Regel um die Mitte des ersten Lebensjahres (aber auch früher beginnend oder erst gegen Ende des zweiten Lebensjahres) gehen die bisher erworbenen Fertigkeiten im Gebrauch der Hände und der sprachlichen Kommunikation zunehmend zurück. Zielgerichtete Handlungen werden durch stereotype, windende Handbewegungen ersetzt. Ein Interesse an der Kommunikation besteht in den ersten Jahren des Krankheitsverlaufes noch, reduziert sich aber mit dem Verlust der intellektuellen Fähigkeiten. Selbstverständlich täuscht der Sprachverlust, zumal bei frühem Beginn, leicht eine verzögerte Sprachentwicklung vor. Oft bestehen Episoden von Hyperventilation und Eßstörungen, der Gebrauch der Mundorgane wird verlernt. Blasen- und Mastdarmkontrolle werden in der Regel nicht erworben. Die Sozialentwicklung ist gehemmt und ähnelt im Kommunikationsmuster autistischen Verhaltensweisen. Komplexe stereotype Bewegungen sind ebenso selten wie Selbstbeschädigungen und dienen zur differentialdiagnostischen Abgrenzung gegenüber dem Autismus.

Das Asperger-Syndrom kommt bei intelligenzgeminderten Kindern nicht häufiger vor, als es der Zufallsverteilung der Intelligenz entspricht. Eine entsprechende Verdachtsdiagnose ist demgemäß stets sorgfältig zu prüfen, zumal das Krankheitsbild bei normaler Intelligenz deutlich häufiger ist als der Kanner'sche Autismus (sicher 1:1000, nach Ehlers & Gillberg, 1993, sogar bis zu 2:1000). Zur Abgrenzung des Kanner-Syndroms bei älteren Kindern gegen das Asperger-Syndrom vergleiche Kusch und Petermann in diesem Buch.

Bei Störungen mit hyperkinetischem Verhalten bestehen zwei Varianten: Das klassische hyperkinetische Syndrom beginnt vor dem Ende des sechsten Lebensjahres. Seine Leitsymptome sind Beeinträchtigungen der Aufmerksamkeit und eine schlecht modulierte, überschießende Aktivität, auch im Bereich der Motorik. Diese Symptome treten nicht nur situationsabhängig auf (Details der Störung vgl. Döpfner in diesem Buch) und dürfen nicht in einem Mißverhältnis zu Alter und Intelligenzniveau des betroffenen Kindes stehen, denn eingeschränkte kognitive Fähigkeiten begünstigen mangelnde Ausdauer in der Beschäftigung mit irgendwelchen Objekten oder Aufgaben. Daneben können Distanzstörungen, auffallende Angstlosigkeit, verschiedene spezifische Lernstörungen und Symptome von Störungen des Sozialverhaltens bestehen. Die Störung tritt nie akut auf und ist praktisch nicht vor dem vierten Lebensjahr erkennbar; in dieser Frühzeit sind differentialdiagnostische Erwägungen besonders wichtig. Hyperkinetisches Verhalten mit Intelligenzminderungen kommt gehäuft bei Alkoholembryopathien vor. Bei einer Alkoholembryopathie handelt es sich um eine durch Alkoholmißbrauch während der Schwangerschaft beim Kind hervorgerufene Störung.

Von dem bisher Berichteten ist die Kombination eines *hyperkinetischen Verhaltens mit Intelligenzminderung und Bewegungsstereotypien* zu unterscheiden, die vorzugsweise bei wenigstens mittelgradiger Intelligenzminderung, also einem IQ von weniger als 50, auftritt. Die motorische Unruhe solcher Kinder ist häufig dranghaft ausgeprägt (Erethie) und hat geringe, nicht wechselnde Ziele. Häufig bestehen hohe Ablenkbarkeit und geringe Ausdauer. Anfallsleiden vor der Pubertät häufen sich bei diesen Kindern. Für den Verlauf dieser Störung ist typisch, daß die Hyperaktivität mit Eintritt der Adoleszenz häufig in verminderte Aktivität umschlägt. Behandlung mit Stimulanzien ist in der Regel nicht möglich, wohl aber mit bestimmten Neuroleptika; eine Aufmerksamkeitsstörung zählt nicht zu den die Diagnose bestimmenden Merkmalen. Das Syndrom ist häufig von anderen Entwicklungsstörungen begleitet, Klarheit über einen Zusammenhang mit hirnorganischen Beeinträchtigungen besteht nicht.

Ausgeprägte *Entwicklungsstörungen der rezeptiven Sprache* sind sowohl gegenüber der Intelligenzminderung als auch gegenüber autistischen Syndromen schwierig abgrenzbar. Umschriebene Entwicklungsstörungen sollen wegen der besseren Differenzierbarkeit nur bei intellektuellen Fähigkeiten, die wenigstens oberhalb des Prozentrangs 3 der gesamten Intelligenzverteilung liegen, diagnostiziert werden. Ausgenommen von dieser Regel sind die sprachlichen Entwicklungsstörungen. Diese Ausnahme beruht darauf, daß das Ausmaß der Sprachentwicklungsverzögerung beziehungsweise Sprachbehinderung auch bei niedrigen Intelligenzgraden noch gut differenzierbar ist. Ausgenommen sind die schwersten Intelligenzminderungen, bei denen eine Sprachentwicklung praktisch nicht möglich ist. Bis zu einem IQ von 35 ist sprachliche Kommunikation in der Regel jedoch gegeben, auch wenn sie sich nur auf das Mitteilen basaler Bedürfnisse beziehungsweise das Verstehen basaler Informationen bezieht. Die rezeptive Sprachstörung bereitet besondere differentialdiagnostische Probleme, weil bei ihr die expressive Sprache praktisch immer beeinträchtigt ist und Störungen der Wort- beziehungsweise Lautproduktion häufig sind. Betroffene Kinder reagieren nicht auf vertraute Bezeichnungen oder Namen, selbst wenn sie das Entwicklungsniveau eines Einjährigen erreicht haben. Auf einem Entwicklungsniveau entsprechend einem Kind von 18 Monaten können sie häufig vorkommende Gegenstände nicht bezeichnen und auf einem Entwicklungsniveau entsprechend einem Kind von ca. zwei Jahren können sie einfachen, aber häufigen Instruktionen nicht folgen. Später ist das Verständnis grammatikalischer Strukturen eingeschränkt. Die Symptomatik kommt unabhängig vom Kanner'schen Autismus vor, mit dem sie leicht verwechselt werden

kann, und wird aufgrund der erhaltenen nicht-sprachlichen Kommunikation von dieser Störung abgegrenzt. Die Rate begleitender emotionaler und anderer Verhaltensauffälligkeiten ist hoch und die soziale Entwicklung wird durch die Störung verzögert. Echolalien können auftreten, während die Kinder Als-Ob-Spiele beherrschen, elterlichen Zuspruch in Anspruch nehmen und Gestik und Mimik überwiegend richtig gebrauchen.

Kasten 1: Intelligenzminderung bei umfassenden Entwicklungsstörungen.

Syndrom	gehäuft gemeinsames Vorkommen	differentialdiagnostisch bedeutsam
Frühkindlicher Autismus	+	+
Atypischer Autismus	+	+
Rett-Syndrom	+ (Demenz)	
Hyperkinetisches Verhalten mit Bewegungsstereotypien	+	
Rezeptive Sprachstörungen		+

1.3 Intelligenzminderungen bei Erkrankungen, die typischerweise im Kindesalter beginnen

Störungen, deren Qualität oder Quantität durch die Intelligenzminderung nicht verändert wird, werden hier nicht behandelt (z. B. Ticstörungen, spezifische Entwicklungsstörungen schulischer Fertigkeiten), ebenfalls nicht-neurologische Störungen. Unter den motorischen Phänomenen finden sich vorzugsweise Bewegungsstereotypien. Sie bestehen in gleichförmigen repetitiven, oft rhythmischen Bewegungen, die willkürlich in Gang gesetzt werden und keine Funktion haben. Sie sind von unterschiedlicher Komplexität und können mit Selbstbeschädigung einhergehen, was bei intelligenzgeminderten Kindern häufiger ist als bei anderen, bei denen die Häufigkeit nach dem frühen Schulalter deutlich abfällt. Eine erhöhte Prävalenz wird mit verminderter Stimulation, aber auch mit geringer Schmerzempfindlichkeit (bei Selbstverletzung) und mit unerkannten Mittelohrentzündungen in Zusammenhang gebracht. Bei Kindern in Institutionen sind Stereotypien häufiger; da sie willkürlich in Gang gesetzt werden können, verstärken sie sich oft selbst. Zu den Symptomen zählen seitliches Hin- und Herwerfen des Kopfes, Stoßen des Kopfes gegen Bett oder Wand, Auf- und Abbewegen des Rumpfes im Knien, Drehen von Haaren zwischen den Fingern, Ausreißen von Kopfhaaren oder Wimpern, Schlagen ins eigene Gesicht, Faustschläge gegen den Kopf, Beißen in Hände und Arme, Augenbohren, auch Finger- und Nägelabbeißen oder -abreißen gehören zu den Bewegungsstereotypien. Bei freudiger Erregung ist eine Kombination von Hüpfen auf der Stelle und Wedeln mit den

Händen beziehungsweise Schnipsen mit den Fingern häufiger. Die Abgrenzung gegen Tic-Erkrankungen gelingt leicht; letztere betreffen gewöhnlich eine ganze Muskelgruppe und werden nicht willkürlich herbeigeführt, sind auch nicht rhythmisch. Manchmal ist die Abgrenzung gegen Zwangssymptome notwendig, die gerade bei jüngeren intelligenzgeminderten Kindern keinen Krankheitswert haben, sondern als Wiederholungszwänge der Sicherung und der Affektbewältigung dienen (vgl. Döpfner in diesem Buch).

Der verzögerte Erwerb der zum Essen notwendigen Fertigkeiten bedingt bei intelligenzgeminderten Kindern häufig längeres Füttern. Damit rücken störbare Interaktionsprozesse zwischen Kind und Umwelt in den Vordergrund, die sich durch Nahrungsverweigerung oder extrem wählerisches Essen als Ausdruck für oppositionelles Verhalten eignen. Dies um so mehr, je geringer die Flexibilität und je höher die Erwartungshaltung der Umwelt ist. Die Verweigerung kann sich auch auf feste Nahrung beziehen. Die Störung kann völlig einseitig durch gestörte Erwachsenen-Kind-Interaktionen ausgelöst sein und läßt sich eher als *Fütterstörung* denn als Eßstörung bezeichnen. Das willkürliche Wiederheraufwürgen von bereits geschluckter Nahrung und anschließende erneute Kauen und Schlucken wird als *Rumination* bezeichnet und gilt unter anderem als Ausdruck deprivierender Bedingungen, steht also den Stereotypien nahe. Das häufigere Auftreten von *Pica* (Essen nicht-eßbarer Substanzen) hängt mit den kognitiven Beeinträchtigungen zusammen, kann aber gleichzeitig Ausdruck einer Deprivation sein, kommt also auch gemeinsam mit Bewegungsstereotypien vor. Zu den Fütterstörungen im engeren Sinne gehört das Erbrechen im Schwall nach dem Füttern oder auch nach hastigem Essen sehr begehrter Speisen.

Einkoten und Einnässen sind als definierte Störungen an ein Entwicklungsalter von mindestens vier Jahren gebunden. Einkoten und Einnässen können also beim sechsjährigen geistig Behinderten durchaus noch physiologisch sein. Beide Störungen sind bei intelligenzgeminderten Kindern häufiger Ausdruck von Lernproblemen, selten von intrapsychischen Konflikten. Primäre Störungen sind also häufig, das heißt Darm- und Blasenkontrolle wurden in der Regel noch nie erreicht. Zur Symptomatik der Enkopresis gehören das Absetzen von Stuhl an dafür nicht vorgesehenen Orten, das sich bei geringen Mengen als Einschmieren äußert (abzugrenzen gegen unzureichende Reinigung nach dem Stuhlgang). Je geringer die intellektuellen Fähigkeiten, um so häufiger ist die Kombination mit Enuresis, um so häufiger auch das Kotschmieren an Körper oder Wände. Der unwillkürliche Urinabgang bei der Enuresis erfolgt bei Intelligenzminderung zwar immer noch häufiger nachts als tagsüber, jedoch ist die Häufigkeit des Tageseinnässens erhöht; ebenfalls gehäuft kommt die Kombination von Enuresis nocturna und diurna vor. Bei manchen Syndromen, die mit Intelligenzminderung einhergehen, ist die Differentialdiagnose gegen

die Inkontinenz, aber auch gegen neurogene Blasenstörungen wichtig. Außerdem kann nächtliches Einnässen Ausdruck nächtlicher Krampfanfälle sein (vgl. Petermann & Petermann in diesem Buch).

Trennungsängste als Symptom mangelnder Autonomie sind entsprechend der psychischen Entwicklung bei intelligenzgeminderten Kindern häufiger als bei anderen. Sehr enge Bindungen an Hauptbezugspersonen werden durch den erhöhten Schutz- und Aufsichtsbedarf verstärkt. Die Symptomatik besteht in der Angst vor Trennung von der Bezugsperson, also auch der Verweigerung, an anderen Orten zu bleiben, in fremden Wohnungen zu schlafen, trotz vorhandener kognitiver Voraussetzungen nicht allein daheim bleiben zu wollen und massiven Befürchtungen vor bevorstehenden Trennungen. Als körperliche Begleitsymptome kommen wie bei gesunden Kindern Übelkeit, Brechreiz oder Kopf- und Bauchschmerzen vor. Neben der für Intelligenzgeminderte spezifischen Pathogenese spielen natürlich auch hier erkennbar bedrohliche Zustände bei beziehungsweise zwischen den Hauptbezugspersonen (Alkoholmißbrauch, ernste Krankheiten, Tätlichkeiten) eine zusätzliche Rolle.

Die Tatsache, daß *spezifische Phobien* bei intelligenzschwachen Kindern häufiger sind, ergibt sich ebenfalls aus der Unreife der Bewältigungsfunktionen. Entsprechend beziehen sich die Ängste häufig auf fremde Personen, neue Situationen, Dunkelheit und Naturerscheinungen. Unsicherheit besteht bezüglich des häufigeren Auftretens von Geschwisterrivalität.

Eindrucksmäßig häufiger bei Intelligenzminderungen sind *reaktive Bindungsstörungen* wegen des höheren Risikos relativer Vernachlässigung solcher Kinder. Die sozialen Reaktionen sind ambivalent. Die Kinder lassen sich halten, wenden aber ihr Gesicht ab, sind für Zuspruch häufig nicht zugänglich. Sie interessieren sich zwar für Gleichaltrige, kommunizieren aber auf negative Weise. Zusätzlich treten Rückzugsverhalten, depressive Verstimmungen und aggressive sowie autoaggressive Symptome auf. Dauert dieses Verhalten an, dann entsteht ein qualitativ abnormes Interaktionsverhalten: Solche Kinder klammern sich an Fremde an, suchen diffus Kontakt und Aufmerksamkeit, das heißt ohne eine ihrer Altersstufe angemessene Distanz. Die Betroffenen können soziale Interaktionen schlechter initiieren, emotionale und dissoziale Begleitstörungen sind häufig.

Aggressives Verhalten hat bei Intelligenzgeminderten häufig Symptomcharakter. Bekommt es Störungswert, dann zeigt es häufig die spezifische Färbung oppositionellen Verhaltens, das also mehr als aufsässig denn als dissozial erscheint. Im Hintergrund bestehen Beziehungs- und Sozialisationsmängel; die Haltung der Kinder im Kontakt ist häufig negativistisch bis feindselig, das gilt für Erwachsene wie Gleichaltrige, vor allem auch für bekannte Personen mit Autoritätsanspruch.

Wenn aus mangelnder Kooperation Widerstand wird, dann zeigen sich im Verhalten Trotz, Aufsässigkeit, Provokationen und Wutanfälle; in Abhängigkeit von den Möglichkeiten des Betroffenen kann es zur aktiven Mißachtung sozialer Regeln zum gezielten Ärgern der Sozialpartner kommen. Die niedrige Frustrationstoleranz kann im weiteren Verlauf zu dissozialem Verhalten (bei vorhandenen oder fehlenden sozialen Bindungen) führen. Bei diesen Bildern stehen dann Streiten und Tyrannisieren, Sachbeschädigungen, Lügen, Stehlen, Regelübertretungen, verbale und körperliche Aggressionen sowie auch Zündeln im Vordergrund.

telligenz liegen nicht vor. Anpassungsstörungen nach entscheidenden Veränderungen in den Lebensumständen, vor allem nach Eingriffen in das Netz der persönlichen Unterstützung, zeigen sich bei Jugendlichen häufig als aggressiv-dissoziales Verhalten; es ist unklar, ob diese Tendenz bei Intelligenzminderungen verstärkt ist. Regressive Phänomene (Zurückgehen von bereits entwickelten Verhaltensweisen auf infantilere Stufen) werden bei akuten Belastungen vermehrt gesehen, gehäuft scheint auch eine Mischung von Angst mit Symptomen einer Störung des Sozialverhaltens aufzutreten.

Kasten 2: Kindheitstypische durch Intelligenzminderungen beeinflußte Störungen.

Syndrom	veränderte Häufigkeit	besondere Ausgestaltung
Bewegungsstereotypien	+	
Bewegungsterotypien mit Selbstverletzung	+	
Fütterstörungen	+	Pica, Rumination
Ausscheidungsstörungen		Tageinnässen, komb. Tag- und Nachteinnässen, komb. Enkopresis/Enuresis
Trennungsangststörungen/Phobien	+	
aggressives Verhalten	+	

1.4 Intelligenzminderungen bei nicht alterstypischen Störungen

Die Störungen beginnen entweder in der Kindheit oder Adoleszenz, gleichen aber in Symptomatik und Verlauf denen, die im Erwachsenenalter ihren Ausgangspunkt haben. Auch hier werden Störungen, bei denen infolge der Intelligenzminderung keine Besonderheiten zu beobachten sind, nicht beschrieben (vgl. Kasten 3).

Belastungsreaktionen und Anpassungsstörungen zeigen bei Intelligenzminderungen mit zunehmendem Alter steigende Prävalenzraten, weil die Unterstützung bei der Verarbeitung belastender Lebensereignisse beziehungsweise der Anpassung an langfristige Veränderungen abnimmt. Unter diesen Umständen sind bei Kindern und Jugendlichen mit Intelligenzminderungen Selbstbeschädigungen im Sinne suizidaler oder parasuizidaler (alle geplanten Selbstverletzungen ohne Selbsttötungsabsicht) Handlungen seltener als unter Altersgleichen. Der im Anschluß an initiale Starre und Desorientierung häufig auftretende Rückzug ist angesichts von Intelligenzminderungen ausgeprägter. Motorische Reaktionen werden häufig als bizarrer erlebt. Anstelle depressiver Reaktionen herrscht eher Angst vor. Empirische Erkenntnisse über den Verlauf posttraumatischer Belastungsstörungen bei reduzierter In-

Unter den *somatoformen und dissoziativen Störungen* treten die diffuseren Syndrome in den Vordergrund, während klassisch hypochondrische Störungen (mit der stetigen ängstigenden Vorstellung einer schweren oder progredienten Erkrankung) seltener beobachtet werden. Wie bei Kindern ohne Intelligenzminderung wird eine Häufung von Funktionsstörungen vegetativ kontrollierter Organsysteme registriert. Sie sind häufig mit klassischen dissoziativen Symptomen kombiniert, seltener sind es reine dissoziative Störungen (vgl. Steinhausen in diesem Buch). Unter den autonomen Funktionsstörungen stehen Störungen des Gastrointestinaltraktes im Vordergrund (Schluckstörungen, Kloßgefühl, Übelkeit, Bauchschmerzen, Erbrechen, Nahrungsverweigerung), unter den dissoziativen Störungen Hyperventilation bei psychogenen Anfällen, Koordinationsstörungen und sensorische Störungen. Das begleitende Verhalten ist eher aufmerksamkeitssuchend und zeigt nicht die für Erwachsene typische belle indifference (unangemessene Distanz des Patienten zum eigenen Leiden). Häufig fehlt die Fixierung auf ein Organsystem bei den somatoformen Störungen, statt dessen sind die berichteten Beschwerden diffuser. Teilweise ist die Abgrenzung gegen Wahnsymptome wegen der geringen Äußerungsfähigkeit der Betroffenen erschwert.

Von den Eßstörungen gelingt der Nachweis der klassischen Anorexia nervosa bei Jugendlichen mit deutlicher Intelligenzminderung kaum. Einschlägige Bilder, die beschrieben wurden, lassen sich in der Regel als anorektische Reaktionen deuten, die häufig nach Auflösung übermäßig enger Eltern-Kind-Beziehungen auftreten. Unter differentialdiagnostischen Gesichtspunkten ist für die Anorexie die Nahrungsverweigerung aufgrund verzerrten Körpergefühls kennzeichnend. Bei begleitenden Depressionen ist es schwierig, diese als primär oder als Folge des Fastens zu identifizieren. Ältere Kinder mit Intelligenzminderung zeigen gelegentlich Polydypsie oder Polyphagie (vermehrte Flüssigkeits- oder Nahrungsaufnahme), die unter Umständen nach Hirnschädigung beobachtet werden konnten, außerdem ein habituiertes Erbrechen (ohne Eßanfälle), das zu Gewichtsverlusten führen kann. Übergewicht durch Überernährung ist ein häufiges Symptom bei älteren Kindern und Jugendlichen.

Bei *Angststörungen* entsprechen die Angstinhalte älterer Kinder häufig denen jüngerer. Die Frage der Angemessenheit eigenen Verhaltens an die Erwartungen anderer oder sexuelle und politische Probleme werden seltener als Angstquellen beobachtet. Bei leichten Intelligenzminderungen ist Schulangst als Auslöser zu erwägen und von den alterstypischen Trennungsstörungen zu unterscheiden. Bei niedriger Intelligenz gelingt die Differenzierung zwischen Panikstörung und generalisierten Angststörungen nur unzureichend, weil die Plötzlichkeit und die Situationsunabhängigkeit von Panikattacken nicht beschrieben werden können. Agoraphobische Symptome sind in der Regel gut differenzierbar. Diese Symptome bedürfen der frühzeitigen Behandlung, weil die Vermeidungstendenz bei intelligenzgeminderten Kindern und Jugendlichen häufig besonders stark ausgeprägt ist. Schwierigkeiten bestehen auch bei der Differenzierung der Primär- und Sekundärsymptomatik bei sozialen Phobien. Angststörungen treten häufiger in Lebensphasen auf, in denen die Unterstützung erwachsener Bezugspersonen vermindert wird. Zwangssyndrome scheinen bei Kindern und Jugendlichen mit Intelligenzminderungen seltener vorzukommen.

Erschwert ist wegen des geringeren Äußerungsspektrums und der beschränkten Introspektion die Diagnose für Persönlichkeitsstörungen. Sie sind häufig mit einem hohen Ausmaß von Unreife beziehungsweise infantilen Verhaltensweisen verknüpft, was die klassische

Diagnostik einschränkt. Soweit Erkenntnisse vorliegen, treten abnorme Gewohnheiten mit Impulskontrollstörungen (pathologische Brandstiftung, pathologisches Stehlen) bei intelligenzgeminderten Jugendlichen nicht häufiger auf als bei anderen. Unklar sind die Verhältnisse bezüglich der Trichotillomanie (krankhafte Sucht, sich die Haare auszureißen). Bezüglich isolierter dissozialer Verhaltensweisen (Zerstörungen, Angriffe auf andere) ist unklar, wie häufig sie dem Typ der Impulskontrollstörungen zuzuordnen sind, das heißt wieweit es sich nicht um gezielte Regelübertretungen, sondern um Handlungen dreht, denen eine Anspannung vorausgeht, der während des Handlungsablaufes Erleichterung folgt.

Unter den affektiven Störungen zeigen die manischen Syndrome keine wesentlichen Besonderheiten, die *depressiven Störungen* weisen phänomenologische Abweichungen auf, die auch die Diagnose erschweren. Symptome, die sich auf Stimmung, Aktivität, Ermüdbarkeit, Interessenspektrum, Schlafrhythmik, Psychomotorik, Appetit und Libido beziehen, können gut registriert werden; wesentlich schwieriger festzustellen sind Grübeln, Perspektivlosigkeit und Wertlosigkeitsvorstellungen ohne Suizidgedanken. Dysphorische Gereiztheit (mißmutig-gereizte Verstimmung) scheint häufiger aufzutreten, desgleichen Rückzugssymptomatik. Schwierigkeiten bereitet häufig die Differenzierung zwischen Appetitverlust, psychotischer Essensangst und anorektischer Symptomatik. Die Kombination von Angst und Depression ist bei ausgeprägten depressiven Zuständen ebenfalls gehäuft. Unklar ist, ob Klagen über körperliche Beschwerden zunehmen. Entsprechend schwierig ist die Diagnose dysthymer Störungen (chronisch depressive Verstimmungen).

Unter den *schizophrenen und schizoaffektiven Erkrankungen* scheint es keine Unterschiede bezüglich des leichten beziehungsweise akuten Beginns zu geben. Frühsymptome sind bei intelligenzgeminderten Jugendlichen schwer deutbar. Ob tatsächlich ein Typ schizo-

Kasten 3: Nicht-altersabhängige durch Intelligenzminderung beeinflußte Störungen.

Syndrom	veränderte Häufigkeit	besondere Ausgestaltung
Belastungs- und Anpassungsreaktionen	+	Regression, bizarre Motorik, Angst
Suizidales/parasuizidales Verhalten	–	
Somatoforme Störungen		autonome Funktionsstörung, diffuse, unspezifische Symptome
Eßstörungen (außer mit Adipositas)	–	Polydipsie, Polyphagie, habituiertes Erbrechen
Angststörungen	–	Angstinhalte jüngerer Kinder
Zwangsstörungen	–	
Depressive Störung		
Schizophrene Störungen	–	Angst, katatone Symptome, körperbezogene Symptome

phrener Erkrankungen häufiger angetroffen wird, ist empirisch nicht geklärt. Bezüglich des Symptomspektrums überwiegen aber stärker als bei Ersterkrankungen Jugendlicher Angstsymptome gegenüber Wahnsymptomen. Katatone Symptome (nicht Syndrome!) werden häufiger beobachtet, desgleichen körperliche Symptome. Eßstörungen und ausgeprägter Rückzug bereiten diagnostische Schwierigkeiten. Bizarre Bewegungen werden auch bei nicht-katatonen Schizophrenien registriert. Unklar ist ebenfalls, ob Negativsymptome wirklich häufiger auftreten. Leicht übersehen werden postschizophrene Depressionen. Residualsymptome werden häufig oft unzureichend gegen die Symptome der Intelligenzminderung differenziert. Die Diagnose schizotyper Störungen, also das schizophren wirkende, exzentrische Verhalten mit Denkstörungen und affektive Störungen ohne eindeutige schizophrene Symptome (Persönlichkeitsstörung mit kaltem Affekt, sozialem Rückzug, Denken und Sprache umständlich), gelingt schlechter, desgleichen die akuter passagerer psychotischer Störungen (Symptome einer Schizophrenie, die nur über einen kurzen Zeitraum bestehen).

2 Epidemiologie und Klassifikation

2.1 Ergebnisse der deskriptiven Epidemiologie

Überdurchschnittliche Intelligenz stellt selten ein Risiko für psychische Störungen dar. Hinter den in Tabelle 1 zusammengestellten Häufigkeitsdaten verbergen sich selbstverständlich unterschiedlichste psychopathologische Mechanismen (vgl. Abschnitt 3). Aussagen wie in Tabelle 1 lassen sich nur für Gruppen machen, die durch ihre intellektuelle Leistungsfähigkeit definiert sind. Die Prävalenzraten schwanken auch danach, ob sich die Falldefinition auf Symptome, faktoriell ermittelte Syndrome, deskriptive Diagnosen oder Diagnosen unter Berücksichtigung von Schweregrad, Beeinträchtigung oder Behandlungsbedürftigkeit stützt. Wie frühere Untersuchungen weisen auch die in Tabelle 1 angegebenen Daten eine Häufung psychischer Störungen bei Kindern mit Intelligenzminderungen aus.

Tabelle 1:

Frequenz kinderpsychiatrischer Störungen bei unterschiedlichem Intelligenzquotienten (erweitert nach Schmidt, 1986).

IQ	Frequenz	Alter (Jahre)	Autoren
> 85	17 %	8 + 13	Esser et al. (1992)
≈ 80	32 %	7	Amon et al. (1998)
< 70	41 %	4-18	Einfeld & Tonge (1996)
≤ 50	47 %	< 14	Corbett (1983)

Die Daten aus Tabelle 1 stützen sich auf repräsentative Stichproben. In der Praxis wird jedoch häufig auf Daten aus administrativ definierten Gruppen zurückgegriffen; so werden in der Regel die Gruppen nach der Art der besuchten Schule definiert. Da in der Bundesrepublik bis zu 5 % aller Kinder Schulen für Lern- und geistig Behinderte besuchen, ist dies gerechtfertigt. Prävalenzangaben über psychische Störungen bei geistig behinderten Kindern, also mit einem IQ häufig unter 60 (bei strenger Definition unter 50), liegen wesentlich häufiger vor als Angaben über Kinder aus Schulen für Lernbehinderte. Hier sind die Befunde erwartungsgemäß uneinheitlicher, setzen sich doch diese Schüler nicht nur aus denen mit leichten Intelligenzminderungen (mit einem IQ zwischen 50 und 70) zusammen, sondern schöpfen auch aus einem weiteren Grenzbereich, nämlich dem zwischen der unteren Normgrenze und der als pathologisch eingestuften Intelligenzminderung, also zwischen einem IQ von 85 und 70. Mit 14 % ist diese Gruppe für die jeweilige Altersstufe nicht unwesentlich. In Schulen für Lernbehinderte findet sich allerdings ein deutlicher Anteil von Schülern mit umschriebenen Entwicklungsstörungen, also definitionsgemäß mit uneingeschränkter Intelligenz, die jedoch deutlich häufiger psychiatrische Komplikationen aufweisen. Außerdem werden diese Schulen von mehr Ausländerkindern besucht, was auf Förderprobleme, aber auch auf diagnostische Schwierigkeiten hinweist (vgl. Abschnitt 4.1).

Geht man davon aus, daß 4 % aller Kinder eine Schule für Lernbehinderte besuchen, dann muß die Hälfte von ihnen aus der Gruppe mit einem IQ 70 bis 85 stammen, dabei gibt es eine starke Streuung, die sich im unteren Bereich konzentriert. Bei der Gruppe der Schüler mit einem IQ < 80, die immerhin 10 % der Schüler umfaßt, wird die Sonderschulaufnahme durch gleichzeitiges Bestehen psychischer Störungen wahrscheinlicher, insbesondere wenn Aggression und Hyperaktivität vorliegen, was den höheren Anteil von Jungen in dieser Schulform bedingt. Eine solche Geschlechtsverschiebung finden wir in Schulen für geistig Behinderte nicht. Umgekehrt ist der Verbleib in der Regelschule auch mit einem IQ < 75 umso wahrscheinlicher, je unauffälliger sich ein Kind verhält. Demgemäß fanden Amon et al. (1998) in Förderklassen für Sechs- bis Zehnjährige im ländlichen wie im großstädtischen Bereich 33 % mit psychischen Auffälligkeiten. Das sind doppelt so viele, wie zu erwarten waren.

Die bisher dargestellten Ergebnisse unterscheiden sich nochmals von Befunden aus Inanspruchnahmestichproben klinischer Einrichtungen, in denen Kinder mit Intelligenzminderungen häufig zur Klärung ihrer intellektuellen Leistungsfähigkeit und einer angemessenen Förderung vorgestellt werden und nicht nur wegen psychischer Auffälligkeiten. Aus solchen Stichproben lassen sich Informationen über die Inanspruchnahmegründe ableiten. Marcus und Schmidt (1993) konnten bei einer Stichprobe fünf- bis 16jähriger psychiatrischer Patienten in 70 % psychische Auffälligkeiten nachweisen; der IQ lag bei diesen Patienten zwischen 50 und 84, wobei geringgradige Intelligenzminderungen deutlich überrepräsentiert waren.

2.2 Ergebnisse der analytischen Epidemiologie

Mit zunehmender Intelligenzminderung steigt die Aufklärungsquote für deren Ursachen (von 25 % bei lernbehinderten auf über 60 % bei geistig behinderten Kindern; Strømme & Hagberg, 2000). Parallel dazu nehmen genetische Einflüsse und erworbene Beeinträchtigungen des Zentralnervensystems zu, insbesondere durch Hirnschädigungen und Chromosomenaberrationen (Abweichung der Chromosomen von der normalen Struktur). Auch geht damit die Geschlechterverschiebung bei den leichteren Intelligenzminderungen zugunsten der Jungen von 1.8-2.1:1 auf 1:1 zurück, ebenso vermindert sich die bei den leichteren Intelligenzminderungen angetroffene Zugehörigkeit zu niedrigen sozialen Schichten beziehungsweise der deutliche Einfluß adversiver familiärer und sozialer Bedingungen auf die kognitive Entwicklung. Die Rate von Zusatzbehinderungen nimmt zu: Zweidrittel mittel und schwer Intelligenzgeminderter zeigen Sprachstörungen und die Hälfte Sehstörungen.

Die Ätiologie der Intelligenzminderung ist kaum für die Art der psychischen Auffälligkeit von Belang, sie beeinflußt jedoch die kognitive Beeinträchtigung. Bei hirngeschädigten Kindern trägt sie in der Regel deutlich den Stempel eines hirnorganischen Psychosyndroms, was mit Schwächen auch im Bereich der Wahrnehmungsorganisation und des Gedächtnisses einhergeht.

Generell sind Störungen häufiger, die sich aus Entwicklungsverzögerungen ergeben. Sie weisen auf ein größeres Maß an Unreife hin. Solches Verhalten kann also auch bei jüngeren Kindern ohne Intelligenzminderung gefunden werden. Manche Krankheitsbilder bekommen durch die gleichzeitig bestehende Intelligenzminderung eine typische Färbung, zum Beispiel Pfropfpsychosen (Überlagerung von Intelligenzminderung und schizophrener Psychose). Bei Kindern mit Intelligenzminderungen infolge chromosomaler Störungen ist die Rate psychischer Auffälligkeiten eher niedrig.

Die klinische Symptomatik zeigt kein einheitliches Bild. Lehmkuhl (1998) gibt für mittelgradige Intelligenzminderungen eine Häufigkeit für Stereotypien von 40 %, für autoaggressives Verhalten 13 %, für motorische Unruhe 12 %, für Pica fünf bis 10 %. Aggressives Verhalten wird bei ausgeprägter Intelligenzminderung häufig als Begleitsymptomatik angesehen, bei leichteren Intelligenzminderungen nimmt es eher den Charakter von Störungen des Sozialverhaltens an.

Marcus und Schmidt (1993) fanden in einer Inanspruchnahmepopulation 1915 Patienten mit IQ von 50 bis 84, die in Tabelle 2 dargestellten Beziehungen zwischen Alter und psychischer Störung, wobei auch unter den Fünf- bis 16jährigen eine Jungen- und Mädchen-Relation von 1.5:1 herrschte; Störungen mit altersbedingt unterschiedlicher Auftretenswahrscheinlichkeit wurden weggelassen. Beim Vergleich der Populationen mit IQ bis 84 mit einer Teilstichprobe der Inanspruch-

Tabelle 2:
Psychische Störungen bei niedriger Intelligenz in unterschiedlichen Altersgruppen (IQ = 50-84), nach Marcus und Schmidt (1993).

Syndrom	5- bis 10jährige	11- bis 16jährige
Belastungsreaktion/ Anpassungsstörungen		+
hyperkinetische Störungen	+	
reaktive/neurotische Störungen		+
Enuresis	+	
Störungen des Sozialverhaltens		+

nahmepopulation mit einem IQ von 108 bis 114 fanden Marcus und Schmidt folgende Häufigkeitsdifferenzen für Fünf- bis Zehnjährigen beziehungsweise Elf- bis 16jährigen (vgl. Tab. 3).

Einfeld und Tonge (1996) untersuchten an einer repräsentativen Stichprobe aus 15- bis 18jährigen aus einem australischen Bundesstaat die Häufigkeit unterschiedlicher psychischer Störungen bei klinisch relevanten Intelligenzminderungen. Möglicherweise waren dabei Intelligenzgeminderte und Jugendliche mit Intelligenzminderungen etwas unterrepräsentiert. Sie fanden keinen Einfluß von Alter und Geschlecht auf die Verteilungen (lediglich die Häufigkeit antisozialer Verhaltensweisen stieg mit dem Alter an), aber eine wesentlich geringere Wahrscheinlichkeit für das Vorkommen psychischer Störungen bei schwerst Intelligenzgeminderten, die auch geringere Schweregrade

Tabelle 3:
Häufigkeit psychischer Störungen bei Kindern und Jugendlichen aus unterschiedlichen Alters- und Intelligenzgruppen (IQ = 50-84), nach Marcus und Schmidt (1993).

Syndrom	5- bis 10jährige		11- bis 16jährige	
	IQ 50-84	IQ 85-11	IQ 50-84	IQ 85-114
frühkindlicher Autismus	+		+	
hyperkinetische Störungen	+		+	
Enkopresis			+	
Stammeln und Stottern				+
Tic-Störungen				+
altersspezifische emotionale Störungen mit Empfindsamkeit/Beziehungsstörungen			+	
altersspezifische emotionale Störungen mit Niedergeschlagenheit				+
Reaktive/neurotische Störungen	+		+	
Anorexia nervosa		+		+
Störungen des Sozialverhaltens	+			+

solcher Störungen aufwiesen. Die Daten stützen sich auf Subskalen der Developmental Behavior Checklist (DBC), die von ihren Vertrauenspersonen ausgefüllt worden waren. Die Stichprobe besteht aus 454 Teilnehmern, von denen 42 % weiblich waren. Weniger als 10 % der Auffälligen hatten fachpsychiatrische Hilfe wegen ihrer Störung erfahren, bei allerdings relativ niedriger Prävalenz von 0,3 % mittleren oder schwereren Intelligenzminderungen (vgl. Tab. 4).

Sicher ist, daß bei ausgeprägter Intelligenzminderung autistische Syndrome und hyperkinetische Störungen sowie Stereotypien und Pica häufiger als Hauptdiagnosen auftreten. Bei abnehmender Intelligenzminderung treten Stereotypien und Pica mehr als Begleitsymptome auf. Aggressives Verhalten stellt bei einer ausgeprägten Störung oft eine Begleiterscheinung dar, wobei sie bei leichteren Intelligenzminderungen eher den Charakter einer Störung des Sozialverhaltens annimmt.

Dabei tritt oft der Typ mit oppositioneller Störung auf (ICD-10: F 92.3).

2.3 Klassifikation

Intelligenzminderungen als solche sind psychische Störungen; sie werden in der Internationalen Klassifikation psychischer Störungen, in der zur Zeit gültigen 10. Revision (Dilling, Mombour & Schmidt, 2000), in Kapitel V unter F 70 bis F 79 klassifiziert, und zwar in einer Vierfachabstufung (bei Anwendung ausreichend standardisierter Intelligenztests; vgl. Kasten 4).

Definitionsgemäß sind Störungen der „Anpassung an die Anforderungen des alltäglichen Lebens" Voraussetzungen der genannten Diagnosen, es besteht also im weiteren Sinne des Wortes ein gewisses Maß an „Verhaltensstörungen" im Sinne von Defiziten. Das eindi-

Tabelle 4:
Mittelwerte der Subskalen der Developmental Behavior Checklist (DBC) bei verschiedenen Ausprägungen von Intelligenzminderung (nach Einfeld & Tonge, 1996).

Subskala	Intelligenzmiderung			
	leicht	mittel	schwer	schwerst
Disruptives Verhalten (hyperaktives-impulsives Verhalten)	14	12	10	3
Rückzugsverhalten	10	10	15	8
Abweichende Kommunikation	5	5	5	1
Ängstliches Verhalten	7	8	6	4
Autistisches Verhalten	5	5	7	8
Antisoziales Verhalten	1	1	1	0

Kasten 4:
Klassifikation von Intelligenzminderungen gemäß ICD-10.

F 70 Leichte Intelligenzminderung

Hierunter fällt der IQ-Bereich von 50 bis 69 mit den dazugehörigen Bezeichnungen: Schwachsinn, leichte geistige Behinderung, leichte Oligophrenie oder Debilität.

F 71 Mittelgradige Intelligenzminderung

Diese Diagnose umschreibt in der Regel einen IQ-Bereich zwischen 35 und 49 mit den dazugehörigen Begriffen: Mittelgradige geistige Behinderung, mittelgradige Oligophrenie oder Imbezilität.

F 72 Schwere Intelligenzminderung

Hier wird ein IQ-Bereich von 20 bis 34 angenommen, dazugehörig sind die Begriffe: Schwere geistige Behinderung oder schwere Oligophrenie.

F 73 Schwerste Intelligenzminderung

Unter dieser diagnostischen Kategorie wird der Intelligenzquotient auf weniger als 20 geschätzt. Dazugehörige Begriffe sind: Schwerste geistige Behinderung, schwerste Oligophrenie oder Idiotie (i. S. der „Privatisierung", d. h. des völligen Abgeschlossenseins von der Außenwelt).

F 78 Sonstige Intelligenzminderung

Mit dieser Klassifikation werden Störungen belegt, bei denen Intelligenzbeurteilungen mit den üblichen Verfahren wegen der begleitenden sensorischen oder körperlichen Beeinträchtigungen, d. h. Taubheit, Körperbehinderungen oder schwere Verhaltensstörungen praktisch nicht möglich sind.

F 79 Nicht näher bezeichnete Intelligenzminderung

Diese Kategorie ist dann anzuwenden, wenn die Informationen nicht genügen, um die Intelligenzminderung einer der umliegenden Kategorien zuzuordnen. Dazugehörige Begriffe sind: Nicht näher bezeichneter Schwachsinn, nicht näher bezeichnete geistige Behinderung, nicht näher bezeichnete Oligophrenie.

mensionale Klassifikationsvorgehen von ICD-10 sieht vor, den Grad der Auffälligkeit dieser Störung zusätzlich zu erfassen und reserviert dafür die vierte Stelle der Klassifikation:

F 7x-0 Keine oder geringfügige Verhaltensstörung

F 7x-1 Deutliche Verhaltensstörung, die Beobachtung oder Behandlung erfordert

F 7x -2 Sonstige Verhaltensstörung

F 7x -9 Nicht näher bezeichnete Verhaltensstörung

Diese Klassifikation bezieht sich auf für intelligenzgeminderte Kinder und Jugendliche typische Verhaltensweisen, die als Symptome zusätzlicher psychischer Störungen aufgefaßt werden können. Die Abgrenzung kann gelegentlich Schwierigkeiten bereiten. Bei konsequentem Vorgehen nach ICD-10 wird eine psychische Störung zusätzlich klassifiziert, sofern sie eine eigene diagnostische Kategorie bildet, also eine depressive Störung, ein autistisches Syndrom oder eine stereotype Bewegungsstörung darstellt. Damit werden so viele Diagnosen verschlüsselt, wie für die Beschreibung des klinischen Bildes notwendig sind. Die Diagnose, der die größte aktuelle Bedeutung zukommt, wird als Hauptdiagnose betrachtet, in der Regel die Störung, die zum Kontakt mit der in Anspruch genommenen Institution geführt hat. Das kann bei einem Kind oder einem Jugendlichen mit einer Intelligenzminderung diese selbst oder die zusätzliche psychische Störung sein. Chronische oder rezidivierende Störungen können jedoch Vorrang haben, zum Beispiel eine Intelligenzminderung oder ein autistisches Syndrom, weil sich aus ihr möglicherweise die spezifische Färbung oder Bedeutung der aktuellen Diagnose ableiten läßt. Im Zweifelsfalle empfiehlt die ICD-10 die Reihung der Diagnosen in der im F-Kapitel vorgegebenen Folge der Diagnoseziffern.

Soweit Parallelerkrankungen bestehen – bei Intelligenzminderungen vor allem aber soweit Grunderkrankungen bekannt sind – werden diese in den entsprechenden Kapiteln für körperliche Erkrankungen separat klassifiziert, also etwa eine cerebrale Lähmung, eine Stoffwechselstörung, eine Chromosomenaberration oder ein Anfallsleiden. Für Symptome, die nicht die Qualität einer Diagnose erreichen, steht speziell Kapitel R zur Verfügung, desgleichen für Verletzungen, Vergiftungen oder andere Folgen äußerer Einwirkungen wie Mißhandlungen oder sexueller Mißbrauch. Die äußeren Ursachen von Morbidität und Inanspruchnahme wie zum Beispiel Mißhandlung, Vernachlässigung, Schul- oder Erziehungsprobleme, auch suizidale Handlungen werden in den Kapiteln X, Y und Z klassifiziert.

Die ICD-10 klassifiziert Demenzprozesse unter F 0 als Folge von chronischen oder progredienten zentralnervösen Erkrankungen (wie etwa der Chorea Huntington, einer erblichen degenerativen Erkrankung des zentralen Nervensystems) oder bei Erkrankungen, die unter den körperlichen Erkrankungen klassifiziert werden (z. B. Epilepsien oder Zustände nach Schädel-Hirn-Trauma).

Die in der Kinder- und Jugendpsychiatrie seit Ende der 60er Jahre übliche *multiaxiale Klassifikation* geht von vornherein von einer unabhängigen Bewertung der kognitiven Fähigkeiten und psychiatrischen Symptome, umschriebener Entwicklungsstörungen, körperlicher Störungen und potentiell auslösender psychosozialer Umstände sowie der Bewertung der Beeinträchtigung der Alltagsfunktionen aus. Die analog zur 10. Revision der ICD erschienene Neufassung sieht also sechs Achsen zur Klassifikation psychischer Störungen vor (Remschmidt, Schmidt & Poustka, 2001).

Die Klassifikation auf den verschiedenen Achsen erfolgt unabhängig voneinander. Sollten neben einer Intelligenzminderung mehrere psychische Störungen bestehen, die der ersten Achse zuzuordnen wären, ergäben sich Probleme in der Reihenfolge der Klassifikation. In diesen Fällen ist der die Konsultation verursachenden Störung Vorrang einzuräumen (um Mehrfachklassifikationen psychischer Störungen neben der Intelligenzminderung zu vermeiden), während andere behandlungsrelevante Symptome in einem diagnoseergänzenden Symptomkatalog klassifiziert werden.

Das DSM-IV, das Diagnostische und Statistische Manual psychischer Störungen in der vierten revidierten Fassung, geht von einer multiaxialen Klassifikation aus, die bei Kindern und Jugendlichen fünf Achsen umfaßt (s. Petermann et al. in diesem Buch). Da für Intelligenzminderung keine eigene Achse reserviert ist, sind Mehrfachklassifikationen im DSM häufig notwendig, so etwa bei der Kombination von Intelligenzminderung und autistischem Syndrom. Mehrfachdiagnosen treten im DSM auch deswegen auf, weil kombinierte Störungen vermieden werden, während die ICD-10 bei spezifischem Verlauf solche Diagnosen zuläßt, wie zum Beispiel hyperkinetische Störung des Sozialverhaltens, Angst und depressive Störung.

Die Klassifikation der Intelligenzminderungen erfolgt analog zur ICD-10. Verlangt wird eine bedeutsame Minderung des generellen Intelligenzniveaus, begleitet von eindeutigen Beeinträchtigungen der Anpassung und vor dem 18. Lebensjahr beginnend. Die Diagnose erfolgt unabhängig von parallel bestehenden körperlichen oder psychischen Störungen und beschreibt die Unterform mit folgenden Zusätzen (vgl. Kasten 5).

Ausdrücklich wird vermerkt, daß 319.00 nicht benutzt werden soll, wenn ein IQ über 70 angenommen wird. Dafür ist als Spezialkategorie eine V-Klassifikation vorgesehen (für Bedingungen, die nicht den psy-

chischen Störungen zugeordnet werden können, aber Aufmerksamkeit, Beobachtung oder Behandlung erfordern) und zwar V 40.00 „Borderline intellectual functioning". Hier liegt der IQ zwischen 71 und 84. Diese diagnostische Einschätzung wird bei parallel bestehenden psychischen Erkrankungen häufig übersehen und dadurch werden die Adaptionsmöglichkeiten der Betroffenen (Anpassung an Entwicklungsaufgaben) nicht korrekt eingeschätzt, zum Beispiel bei einer Residual-Schizophrenie.

Im DSM-IV wird Demenz unter den psychoorganischen Syndromen (Organic Mental Syndromes) beschrieben. Dort sind auch kindliche Demenzprozesse zu klassifizieren, sobald von einem zuvor stabilen Intelligenzniveau ausgegangen werden kann (nach DSM-IV bei einem Alter von drei oder vier Jahren). Bei vorangehender Intelligenzminderung werden dann beide Diagnosen vergeben. Für die Klassifikation muß ein spezifischer pathogenetischer organischer Faktor nachgewiesen oder vermutet werden. Die Intelligenzminderung darf beispielsweise nicht auf eine Depression zurückgehen, sie darf außerdem nicht nur während eines deliranten Zustandes (vorübergehende Bewußtseinsstörung) auftreten.

Kasten 5:
Klassifikation von Intelligenzminderung im DSM-IV.

| **317.00 Leichte Intelligenzminderung** |
| Umfaßt etwa 85 % aller Intelligenzgeminderten, wobei der IQ zwischen 50-55 und etwa 70 liegt und die Betroffenen sich im Vorschulalter oft nicht von gesunden Kindern unterscheiden. |
| **318.00 Mäßige Intelligenzminderung** |
| Umfaßt etwa 10 % aller Betroffenen, gemessener IQ zwischen 35-40 und 50-55. |
| **318.10 Schwere Intelligenzminderung** |
| Diese Kategorie umfaßt 3 bis 4 % aller Intelligenzgeminderten, wobei die Grenzen für den IQ zwischen 20-25 und 35-40 liegen. |
| **318.20 Schwerste Intelligenzminderung** |
| Bis 2 % aller Betroffenen einschließend, mit einem geschätzten IQ unter 20-25. |
| **319.00 Unspezifische Intelligenzminderung** |
| Bei mit standardisierten Intelligenztests wegen Behinderungen oder mangelnder Kooperation nicht untersuchbaren Personen oder Fehlen geeigneter Tests, vor allem bei Unsicherheit bei nicht schwerst intelligenzgeminderten, jüngeren Kindern. |

3 Erklärungsansätze

In einem vereinfachten Modell entscheiden fünf Faktoren über das Entstehen psychischer Störungen:

- eine genetisch determinierte Vulnerabilität,
- eine erworbene Vulnerabilität,
- chronische Streßfaktoren,
- akute Streßfaktoren und
- die Streßbewältigung.

Zunächst muß man von einer genetisch determinierten und/oder erworbenen Vulnerabilität ausgehen, die schon allein zur Krankheitsmanifestation führen kann; erst recht aber in Kombination mit chronischen beziehungsweise akuten Streßfaktoren. Nach heutigen Erkenntnissen kommt den chronischen Faktoren dabei die wichtigere Rolle zu; demgegenüber stehen Bemühungen zur Streßbewältigung. Im Wechselspiel von Vulnerabilität, Streß und Streßbewältigung kann sich eine allein nicht ausreichend pathogene Disposition in einer Krankheit manifestieren. Über den weiteren Krankheitsverlauf entscheidet die Balance zwischen krankheitsabhängigen Belastungen und kompensatorischen Möglichkeiten (u. a. Therapieangeboten). Abhängig von der Form des Gleichgewichts kann es zur Genesung oder Chronifizierung kommen.

Intelligenzminderungen können sowohl Risiko- als auch Schutzfaktoren bei der Entstehung psychischer Störungen sein, aber auch die Folge solcher Störungen.

Die möglichen Konstellationen veranschaulicht Abbildung 1. Zunächst können psychische Auffälligkeiten oder Störungen von Krankheitswert aus der Intelligenzminderung resultieren. Weiterhin können psychische Auffälligkeiten oder Störungen von Krankheitswert aus der Intelligenzminderung entstehen, zum Beispiel eine Angststörung (Variante 1). Häufiger ist die Konstellation, daß Intelligenzminderung und begleitende psychische Störungen Folge der gleichen Grundstörungen sind und sich zusätzlich gegenseitig beeinflussen, vor allem im Sinne einer typischen Färbung der psychischen Störung (Variante 2). Die Komorbidität beruht also auf einer gemeinsamen Ursache. Eine andere Möglichkeit ist als Variante 3 dargestellt: Die Grunderkrankung verursacht die Intelligenzminderung, ein anderes Risiko die psychische Störung, beide Folgezustände beeinflussen sich gegenseitig im Sinne einer Überfärbung. Einem ähnlichen Mechanismus folgt Variante 4: Wegen der durch eine bestimmte Grunderkrankung bedingten Intelligenzminderung steigt die Wahrscheinlichkeit, daß ein anderes Risiko zur Manifestation einer psychischen Störung führt, weil die Intelligenzminderung ebenfalls als Risikofaktor wirkt; zusätzliche Einflüsse der Intelligenzminderung auf die psychische Störung sind dabei vorstellbar. Diese Mechanismen sagen nichts über die quantitativen Verknüpfungen der Größen miteinander. Wenn Intelligenzminderung und psychische Störung nebeneinander bestehen, können sie sich gegenseitig im Sinne einer Beeinträchtigung des Individuums addieren oder potenzieren.

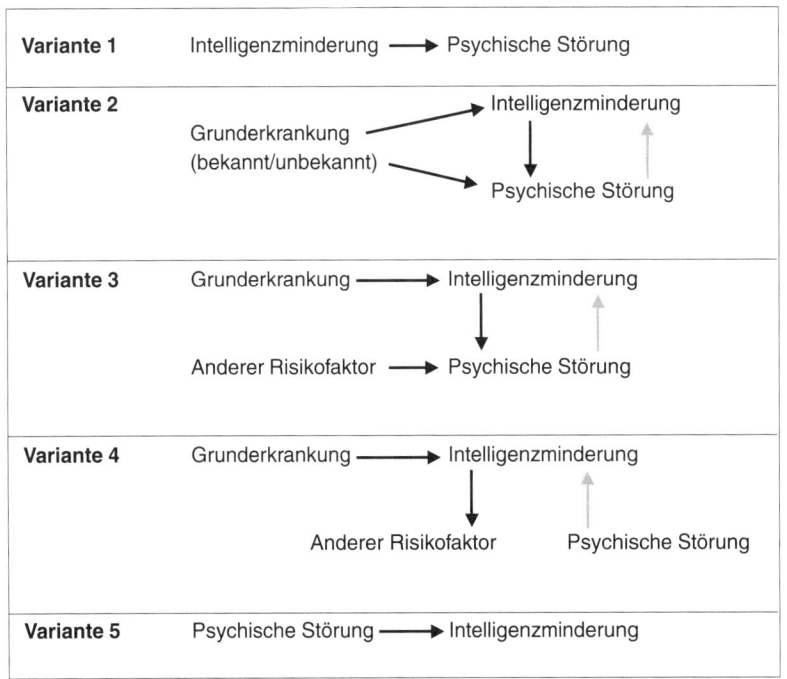

Abbildung 1:
Mögliche Modelle für ein gemeinsames Auftreten von Intelligenzminderung und psychischen Störungen.

Intelligenzminderung als Schutzfaktor. Sie können sich im Sinne einer protektiven Wirkung bei Variante 4 aber auch gegenseitig abschwächen, dann nämlich, wenn die Intelligenzminderung die Wirkung des anderen Risikofaktors absenkt. Niedrige Intelligenz wirkt beispielsweise dann als Schutzfaktor, wenn sie verhindert, daß bestimmte Zusammenhänge erkannt werden, deren Wahrnehmung pathogen wirkt. Die protektive Wirkung ist umso häufiger, je jünger und auch emotional undifferenzierter ein Kind ist. Sie bleibt in der Adoleszenz nur erhalten, wenn die Forderungen der Umwelt den Handlungsmöglichkeiten des intelligenzgeminderten Jugendlichen angepaßt sind. Wahrscheinlich erstreckt sich die protektive Wirkung vor allem auf emotionale Störungen, also auf solche, für die eine relativ gute Binnendifferenzierung Voraussetzung ist, weniger auf externalisierende Verhaltensstörungen, die durch Selbstkontrolle reguliert werden.

Bei Verhaltensauffälligkeiten ohne Krankheitswert, die die Intelligenzminderung begleiten, handelt es sich in der Regel um eine unangemessene Bewältigung altersentsprechender Entwicklungsaufgaben wegen kognitiver Mängel. An solchen Symptomen kommen Aufmerksamkeitsstörungen und Pica, altersuntypische Ängste, Einnässen und Einkoten, Stereotypien oder Interaktionsprobleme mit Gleichaltrigen und Erwachsenen vor. Wegen des niedrigen Entwicklungsstandes haben diese Auffälligkeiten lediglich Symptomcharakter, aber keinen Krankheitswert.

Psychische Störungen von Krankheitswert bei Intelligenzminderung. Mittelbare Folgen von Intelligenzminderungen manifestieren sich oft als Entwicklungsverzögerungen; Funktionen (Handlungskompetenzen oder Abwehrmechanismen) werden verspätet erworben. Folgen sind häufig monosymptomatische Störungen wie Pica, Bewegungsstereotypien mit und ohne Selbstverletzung, Einnässen, Einkoten, spezifische Phobien, sozial ängstliches und ggf. mutistisches Verhalten, Rivalität gegen Geschwister und oppositionelles Verhalten. Zusätzlich ist eine bestimmte Gruppe von Zwangsphänomenen zu nennen, die keinen Krankheitswert besitzt, aber Anlaß zu differentialdiagnostischen Erwägungen gibt. In der Regel sind die genannten Störungen nicht unmittelbare Folge der Intelligenzminderung. Sie werden aber durch sie begünstigt.

Qualitative Änderung komorbider psychischer Störungen durch eine Intelligenzminderung. Wie unter 1.3 und 1.4 beschrieben, können psychische Störungen bei intelligenzgeminderten Kindern und Jugendlichen eine spezifische Ausprägung erfahren, auch wenn sie nicht durch die Intelligenzminderung bedingt sind. Erinnert sei an die spezifischen Angstinhalte intelligenzgeminderter Kinder und ihre spezifischen Reaktionsweisen auf Belastungen oder Anpassungsanforderungen oder die typische Ausgestaltung ihrer depressiven Störungen.

Komorbidität von Intelligenzminderung und psychischer Störung einheitlicher Pathogenese. Komorbidität von Intelligenzminderung und psychischer Störung kann aufgrund einer gemeinsamen Grundstörung entstehen. Cerebrale Erkrankungen, die zur Demenz und zu Verhaltensauffälligkeiten als Residuen im Sinne einer „Hirnschädigung" (z. B. nach Meningitis) führen, sind dafür klassische Beispiele. Häufigster Mechnismus sind Hirnschädigungen in früher Lebenszeit, die als Ursachen oder Mitursachen für Intelligenzminderungen und autistische Syndrome gelten. Exemplarisch für Grundstörungen und Folgeerkrankungen sind nachstehende Mechanismen (mit jeweils einem Beispiel) zu nennen.

Komorbidität von Intelligenzminderung und psychischer Störung bei unterschiedlicher Pathogenese. Weniger als die Hälfte der psychischen Erkrankungen dürfte diesem Mechanismus folgen, bei dem allfällige Verursachungsfaktoren in Kombination mit einer (aufgrund einer anderen Erkrankung bestehenden) Intelli-

Kasten 6:
Intelligenzminderung und psychische Störungen mit einheitlicher Pathogenese.

- Störung des Aminosäurestoffwechsels (Phenylketonurie)
- Störung des Kohlenhydratstoffwechsels (Galaktosämie)
- Störung des Sphingolipid-Stoffwechsels (Morbus Gaucher)
- Störung des Hormonhaushaltes (angeborene Hypothyreose)
- Störung des Elektrolythaushaltes (Chronische idiopathische Hypercalcämie)
- Störung der Plasmaproteine (Morbus Wilson)
- Chromosomenaberration (Klinefelter Syndrom)
- Fehlbildung des Zentralnervensystems (= ZNS; Dandy-Walker-Syndrom)
- hereditäre Erkrankung des ZNS (Morbus Recklinghausen)
- hereditäre Erkrankung des ZNS mit primären Zusatzbehinderungen (Möbius-Syndrom)
- infektiöse Erkrankungen während der Schwangerschaft (Rötelnembryopathie)
- externe, während der Schwangerschaft erworbene Schädigung (Alkoholembryopathie)
- perinatale Komplikationen (infantile Zerebralparese)
- Erkrankung in der frühen Kindheit (Slow-Virus-Infektion)

genzminderung zu einer psychischen Störung führen, wobei der Manifestationsmechanismus durch die Intelligenzminderung begünstigt wird. Dissoziale Störungen oder Depressionen, Konversionssyndrome, nicht altersspezifische Angststörungen und Phobien, schizophrene Erkrankungen oder Eßstörungen folgen diesem Muster. Die psychische Störung kann dabei durch die Intelligenzminderung spezifisch gefärbt sein. Oft ist die Dynamik solcher Störungen aber wahrscheinlich die gleiche wie ohne eine Intelligenzminderung. Sie sind aufgrund der geringen Äußerungsfähigkeit mancher intelligenzgeminderter Kinder schwerer zu diagnostizieren.

Intelligenzminderung als Folge anderweitiger psychischer Störungen. Dieser Mechanismus soll der Vollständigkeit halber erwähnt werden. Für ihn bleibt im Kindes- und Jugendalter wegen der kurzen biographischen Spanne, aber auch aufgrund der noch geringen Wahrscheinlichkeit an einer entsprechenden psychischen Störungen zu erkranken, wenig Raum. Wesentliches Beispiel sind Verluste der Denkfähigkeit infolge früh einsetzender schizophrener Störungen. Für chronische Folgen von Drogen- und Alkoholmißbrauch reicht die Zeitspanne bis zum Ende der Adoleszenz häufig nicht aus. Das gleiche gilt für die Folge chronifizierter Depressionen oder Eßstörungen. Ob leichte Intelligenzminderungen als Folge chronischer hyperkinetischer Syndrome vorkommen, ist noch unklar.

4 Diagnostik

4.1 Diagnostik kognitiver Beeinträchtigungen

Die Diagnose kognitiver Beeinträchtigungen will langfristige Voraussagen treffen und nötigenfalls Interventionen festlegen, die in der Regel in den Bildungsgang der Betroffenen eingreifen. Ziel dabei ist eine frühestmögliche Intervention, während die Prognose erst mit dem Alter genauer wird. Der Versuch einer möglichst punktgenauen Bestandsaufnahme verführt überwiegend zu einer Defizitdiagnostik, die aber nicht die Fähigkeiten, sondern die Bilanz der bisherigen Förderung abbildet. Für die Entwicklungsprognose und Interventionsentscheidungen wäre aber eine Förderdiagnostik optimal (Was müßte und was kann gelernt werden?). Ein Schulsystem mit definierten Terminen für die Entscheidung über Wiederholung einer Klasse führt dabei leicht zu unangemessenem Entscheidungsdruck und verhindert ein gestuftes Vorgehen, wie es im Sinne einer Förderdiagnostik nötig wäre. Vor allem bei ausgeprägteren Intelligenzminderungen übersieht eine solche Diagnostik die Abhängigkeit der Prognose von der sozialen Kompetenz eines Kindes und von seiner Lernfähigkeit. Lernfähigkeit ihrerseits hängt sowohl von der Förderung als auch der Lern- und Leistungsmotivation ab. Ein gestuftes Vorgehen ist der Tragweite entsprechender diagnostischer Prozeduren angemessen. Verfahren, die sowohl in den oberen wie in den unteren Extrembereichen der Leistungsfähigkeit zu differenzieren versuchen, beschreiben im Vorschulalter die Leistungsfähigkeit eines kognitiv beeinträchtigten Kindes nur näherungsweise (z. B. das Kaufman ABC; vgl. Melchers & Preuß, 1991). Ergeben sich dabei Hinweise auf Leistungsschwächen, bedarf es der Klärung derselben mittels gezielter Verfahren, um somit auch im unteren Leistungsbereich ausreichend differenzieren zu können (z. B. mittels der Testbatterie für geistig behinderte Kinder; Ingenkamp, 1997). Sie beziehen heute zunehmend Aufgaben ein, die an Stelle schulischer Fertigkeiten die soziale Anpassung berücksichtigen. Sie versuchen außerdem, verschiedene Dimensionen kognitiver Leistungsfähigkeit und deren Entwicklungsstand zu beurteilen. Auf die Aussagekraft der gängigen deutschen Testverfahren in diesem Bereich gehen Baving und Schmidt (2000) ein.

Unabhängig davon muß sich der Diagnostiker erst recht bei schwachen Ergebnissen für die Motivation des Untersuchten interessieren, damit nicht „Lernbehinderung" (als Behinderung beim Lernen) mit eingeschränkter Leistungsfähigkeit verwechselt wird; die Lernmotivation hängt von der Förderung ab. Der Förderung sind besonders sprachliche Fertigkeiten zugänglich. Höhere Schichtzugehörigkeit, weibliches Geschlecht, gute muttersprachliche Fähigkeit der Eltern und der Umgang mit Gleichaltrigen erhöhen die sprachliche Kompetenz von Kindern mit Intelligenzminderungen. Der aktive Wortschatz, wie er häufig mittels des AWT von Kiese und Kozielsky (1996) erfaßt wird, ist kein verläßlicher Indikator für die intellektuelle Leistungsfähigkeit (vgl. Facon, Bollengier & Grubar, 1993).

Die Diagnostik von Intelligenzminderungen bei Ausländerkindern stellt ein besonderes Problem dar, weil sie gerade in frühen Entwicklungsstadien häufig nur in der Familie leben und damit die Sprache ihrer Mutter, nicht aber die des Gastlandes lernen. Auch ältere Ausländerkinder mit Kenntnissen der deutschen Sprache haben Probleme beim Verständnis fachlicher Testanweisungen; die an ihnen mit sogenannten Speed-Tests gewonnenen Testergebnisse sind deshalb mit Vorsicht zu betrachten.

Zur Absicherung gegen Irrtümer empfehlen sich dynamisches Testen nach dem Prinzip des Testing-the-Limits oder Verfahren der Lerndiagnostik im engeren Sinn, wie es Wiedl und Carlson (1981) vorgeschlagen haben. Sprachliche Fertigkeiten führen nicht nur zur Überschätzung intellektueller Fähigkeiten, sondern tragen dann zu deren Unterschätzung bei, wenn bei intelligenzgeminderten Kindern zusätzlich sprachliche Teilleistungsschwächen vorliegen. Die ICD-10 sieht deshalb die Diagnose solcher Schwächen bei einem IQ von weniger als 70 vor. Für den, der das Kind im Alltag kennt, ist die Diskrepanz zur intellektuellen Leistungsfähigkeit offenkundig, für den Diagnostiker oft nicht. Greift die Diagnostik – wie häufig dem Vorschulalter beziehungsweise dem präoperationalen Niveau angemessen – auf Paarbildungen und Seriationsaufgaben (vergleichende Betrachtungen optischer Wahrnehmungen) zurück, dann können sich Fehlurteile bei Kindern mit Beeinträchtigungen der optischen Wahrnehmung ergeben (vgl. Warnke & Roth in diesem Buch). Es hat sich nicht als effektiv erwiesen, solche Schwächen auch über spezifische Tests zur Diagnose von Hirnschädigungen auszuschließen, weil die Spezifität dieser Verfahren niedrig ist und vor allem in jüngeren Altersstufen mit intellektuellen Fähigkeiten verknüpft ist, so zum Beispiel die Aufgaben aus den Subtests IV und V des Wahrnehmungstests von Frostig.

Die Abgrenzung von Intelligenzminderungen und Teilleistungsschwächen stellt ein weiteres Problem dar, zumal die Nichterkennung teilleistungsschwacher Kinder oft zur ungerechtfertigten Einschulung in Schulen für Lernbehinderte führt. Teilleistungsschwache Kinder können nur schwer Lesen und Schreiben erlernen, und ihre rezeptive Sprache weist Schwächen auf. Schlechte Leistungen im Rechnen hingegen führen häufiger zu einer Überschätzung der intellektuellen Fähigkeiten, weil scheinbar spezifische Rechenschwächen oft nur Indiz generell geminderter intellektueller Fertigkeiten sind. Aufgrund der ungünstigen Entwicklungsprognose von Kindern mit umschriebenen Entwicklungsstörungen (Teilleistungsschwächen) ist ihr differentialdiagnostischer Ausschluß wesentlich. Gerade wegen der zahlreichen sprachlichen Teilleistungsschwächen gilt es deswegen bei scheinbar niedriger Intelligenz, diese stets durch ein auf das schlußfolgernde Denken beschränktes Verfahren zu sichern, das möglichst frei von schulisch erworbenen Fertigkeiten ist.

Die Diagnostik dementiver Prozesse stützt sich bei Störungsbeginn auf die Verschlechterung des abstrakten Denkens. Sie wird erkennbar am Versagen bei Aufgaben, die Ähnlichkeiten oder Beziehungen von Worten, die Definition von Konzepten oder die Fähigkeit zur Bewertung von Sachverhalten verlangen. Im weiteren Verlauf kann bei schulischen Problemen oder außerschulischen Aufgaben nicht mehr angemessen geplant werden, desgleichen ist die Durchführung eigener Pläne erschwert. In fortgeschrittenen Stadien dementiver Entwicklungen entstehen Beeinträchtigungen der Umgangssprache und des Handelns, die auf eine beeinträchtigte Auffassungsgeschwindigkeit und gestörte Merkfähigkeit zurückzuführen sind. Die Alltagsbewältigung sowohl im familiären und im schulischen Rahmen als auch im Umgang mit Gleichaltrigen sinkt oder verschlechtert sich, ebenso die affektive Kontrolle.

Die Überlagerung von Intelligenzminderung mit psychopathologischen Syndromen stellt eine spezifische Störungsquelle für die Diagnostik dar, zumal häufig die Frage auftaucht, ob ein spezifisch auffälliges Verhalten Folge der intellektuellen Beeinträchtigung oder die verminderte intellektuelle Leistungsfähigkeit Folge der psychiatrischen Auffälligkeit ist. Autistische Störungen, hyperkinetische Syndrome, psychotische Störungen, emotionale Störungen, Eßstörungen, Epilepsien sind Quellen von Fehleinschätzungen. Für autistische Syndrome besteht bei den Erkrankungen vom Kanner-Typ bei 75 bis 90 % ein IQ von weniger als 70, also eine wenigstens leichte Intelligenzminderung, während beim Asperger-Syndrom die Intelligenzverteilung unbeeinträchtigt erscheint. Autistische Züge allein sagen nichts über intellektuelle Beeinträchtigungen aus, wenngleich sie mit diesen häufig assoziiert sind. Solche Züge kommen gehäuft vor bei der Kombination von Intelligenzminderungen mit therapieresistenten Epilepsien. Frith (1989) beschreibt ein spezifisches HAWIK-Profil in der Wechslerskala für Kinder beim Kanner-Syndrom mit guten Ergebnissen im Mosaik-Test und extrem schlechten im Bilderordnen und in den Verständnisaufgaben, das offensichtlich häufig durch Probleme bei den Ähnlichkeitsaufgaben ergänzt wird. Daraus wurde gelegentlich geschlossen, daß autistische Kinder, unabhängig von ihrem Intelligenzniveau, ein spezifisches kognitives Defizit haben, infolgedessen sie die psychischen Zustände Dritter, die nicht anhand äußerer Handlungen beobachtbar sind, nicht nachvollziehen, also auch nicht in ihre kognitiven Prozesse einbeziehen können. Hyperkinetische Kinder weisen eine geringfügige Intelligenzbeeinträchtigung auf, die aber in unterschiedlichen Subgruppen verschieden ausgeprägt ist. Neben diesem generellen Effekt wirkt eine Aufmerksamkeitsstörung auf das Ergebnis diagnostischer Verfahren. Unabhängig davon sind hyperkinetische Verhaltensweisen, wie erwähnt, bei Intelligenzgeminderten ein häufiges Symptom. Ablenkbarkeit und Impulsivität beeinträchtigen bei diesen Kindern die Intelligenzbeurteilung. Akute Zustände von schizophrenen, manischen, depressiven und anorektischen Störungen beeinträchtigen die intellektuellen Fähigkeiten und erfordern Wiederholungsmessungen für eine solide Beurteilung, erst recht bei dem Verdacht auf Intelligenzminderung. Bei mittlerem Intelligenzniveau sind emotionale Störungen eine mögliche Irrtumsquelle bei der Intelligenzbeurteilung. Wie weit das auch bei Intelligenzminderungen zutrifft, ist bisher empirisch nicht geklärt.

4.2 Relevante somatische Diagnostik

Der Klinische Psychologe, der psychische Störungen bei intelligenzgeminderten Kindern behandeln will, muß sich Rechenschaft über deren mögliche Ursachen abgeben, also auch abschätzen können, ob diese eher erlernt sind, von der Entwicklungsretardierung abhängen oder biologische Ursachen haben. Aber auch spezifische Verhaltensprofile, zum Beispiel für eine genetisch bedingte Intelligenzminderung, wurden beschrieben (Sarimski, 1997). Oft ist auch die Kenntnis der biologischen Basis der Intelligenzminderung selbst wichtig, um eine entsprechende diagnostische Einordnung vornehmen zu können. Beispielsweise haben drei Viertel der intelligenzgeminderten Kinder Sprech- und Sprachstörungen, die Hälfte Sehstörungen, fast ein Drittel im Laufe ihres Lebens zu irgendeinem Zeitpunkt zerebrale Anfälle und ein Fünftel leidet an Zerebralparesen.

Kinder- und Jugendpsychiater oder Pädiater untersuchen deswegen Kinder und Jugendliche mit Intelligenzminderungen auf vielfältige Besonderheiten, nämlich:

- Anomalien von Schädel und Gesicht sowie im Nacken- und Schulterbereich,
- Besonderheiten des Längen- und Gewichtswachstums,
- Besonderheit der Haut einschließlich ihrer Pigmentierung,
- Auffälligkeiten des Skeletts, der Muskulatur und des Bindegewebes,
- Anomalien der Augen und Ohren,
- Besonderheiten der inneren Organe und der Genitalien.

Hinzu kommen computertomographische und kernspintomographische Untersuchungen zur Beurteilung der Hirnstrukturen auf Dichteunterschiede oder Erweiterung der Hohlräume und psychophysiologische Untersuchungen zur Beurteilung der Grundaktivität des Gehirns wie auch spezifischer Phänomene, insbesondere zerebrale Anfallsleiden, laborchemische Untersuchungen zur Feststellung biochemischer Auffälligkeiten bei Stoffwechselerkrankungen und Chromosomenanalysen sowie molekulargenetische Untersuchungen zum Nachweis erheblicher Erkrankungen (vgl. z.B. Gillberg, 1997).

4.3 Diagnostik psychiatrischer Störungen

Das intellektuelle Niveau beeinflußt die Mechanismen der Verarbeitung intrapsychischer und externer Gegebenheiten. Die nicht altersentsprechende Entwicklung läßt lern- und geistig behinderte Kinder bezüglich Wahrnehmung und Integration (die mehr Piagets Prinzip der Assimilation als dem der Akkomodation folgt), der Abwehrmechanismen und der Bewältigungsstrategien (die häufig kurzfristig angelegt sind) jünger erscheinen. Kinder mit Intelligenzminderungen behalten länger als normal ihr egozentrisches Weltbild bei. Das erschwert Wahrnehmung, Informationsverarbeitung sowie die Entwicklung von Leistungsmotivation und beeinträchtigt den Interaktionsstil.

Demgemäß ähneln psychopathologische Symptome intelligenzgeminderter Kinder häufig denen jüngerer Kinder. Als Ausdruck der verlangsamten Entwicklung treten mehr körperliche Symptome auf, hyperkinetisches, aggressives oder destruktives Verhalten ist häufiger, Defizitsymptome erscheinen vermehrt. Das Symptombild ist insgesamt uniformer und stereotyper, einfache Angst- und Kontaktstörungen nehmen zu, während Erkrankungen, denen ein diffizilerer intrapsychischer Mechanismus zugrunde liegt, in ihrer Häufigkeit reduziert sind. Auch die unweltabhängigen pathogenen Mechanismen ergeben teilweise ein anderes Spektrum als bei anderen Kindern: psychische Störungen bei anderen Familienmitgliedern, Zurückweisung durch gesunde Gleichaltrige und Überforderung treten ebenso gehäuft auf wie ungünstige soziale Lebensbedingungen und restriktiver Erziehungsstil.

Aus diesen Erkenntnissen lassen sich einige Hilfsregeln für die psychiatrische Untersuchung von Kindern und Jugendlichen mit geminderter Intelligenz ableiten (vgl. Kasten 7).

Kasten 7:
Zusatzempfehlung für die psychiatrische Untersuchung von Kindern und Jugendlichen mit Intelligenzminderung.

- Die Fremdanamnese ist auch bei älteren Kindern und bei Jugendlichen ein wichtiges diagnostisches Instrument.
- Häufig ist die Erstellung eines Stammbaums hilfreich.
- Die Beschreibung der Schulkarriere ist oft wichtiger als die augenblickliche Schulleistung.

- Wenn möglich, sind Zeichnungen geeignet, und die Informationen über den Entwicklungsstand zu ergänzen.
- Verhaltensbeobachtung ist oft wertvoller als Befragung.
- Die Beobachtung des Problemverhaltens sollte möglichst in der Interaktion, in der sie auftritt, erfolgen.
- Die Reaktionen des Umfeldes auf das Problemverhalten gehören zur Diagnostik.
- Die Belastung der Umwelt durch das Problemverhalten muß zusätzlich erfaßt werden.

Hilfreich bei der Diagnostik psychischer Störungen von intelligenzgeminderter Kinder und Jugendlichen sind in jüngerer Zeit entwickelte Verfahren, auch wenn sie nicht für deutsche Verhältnisse psychometrisch überprüft wurden. Solche sind in Kasten 8 aufgeführt:

Kasten 8:
Verfahren zur Verhaltensbeurteilung bei Kindern und Jugendlichen mit Intelligenzminderungen.

- Das Nisonger Child Behavior Rating Form (CBRF), das Aman, Tasse, Rojahn und Hammer (1996) aus der Aberrant Behavior Checklist, einem Verfahren für Erwachsene, entwickelt haben.
- Die Developmental Behavior Checklist (DBC) wurde von Einfeld und Tonge (1996) aus der Child Behavior Checklist entwickelt.
- O'Brien (1991) berichtet über das Behavioral Phenotypes Postal Questionnaire.
- Die Motivation Assessment Scale (MAS) von Durand und Crimmens (1988) erfaßt die kommunikative Funktion von Problemverhalten.
- Die Matson Evaluation of Social Skills with Youngsters (MESSY) erfaßt soziale Fertigkeiten bei autistischen Kindern (Matson, 1991).
- Das Self-Injourious Behavior Questionnaire (SIBY) beschreibt selbstverletzendes Verhalten (Schroeder et al., 1997).
- Der Parenting Stress Index (PSE) von Abidin (1990) will aus der Interaktion zwischen einem intelligenzgeminderten/verhaltensauffälligen Kind und den Eltern resultierende Belastungen erfassen.

5 Verlauf, Behandlung und Prävention psychischer Störungen bei Intelligenzminderungen

Dieser Abschnitt befaßt sich nicht mit der Therapie der Intelligenzminderung selbst beziehungsweise der ihr zugrundeliegenden Störungen, auch nicht mit der Förderung intelligenzgeminderter Kinder. Ersteres ist, soweit dafür überhaupt Möglichkeiten bestehen, Gegenstand ärztlicher Behandlung, letzterer Gegenstand sonderpädagogischen Bemühens. Dafür stehen zahlreiche Entwicklungsprogramme zur Verfügung, die zu einem möglichst optimalen Entwicklungsverlauf führen sollen. Überwiegend stützen sich solche Maßnahmen auf Beiträge der Lernpsychologie (vgl. z. B. Kane & Kane, 1990). Sprachanbahnung, Erweiterung nichtsprachlicher Kommunikation und vereinfachte Gebärdensprache (Adam, 1993) spielen außerdem eine wichtige Rolle. Mit zunehmendem Alter gehen sie in schulpädagogische Maßnahmen über. Mit der Adoleszenz treten Fragen der beruflichen Eingliederung, aber auch der Partnerschaft, Sexualität und Kontrazeption hinzu. Einschlägige Überlegungen beschränken sich aber in der Regel auf Kinder mit wenigstens mäßiger oder schwer ausgeprägter Intelligenzminderung, während sie für solche mit leichteren Intelligenzminderungen oder intellektueller Befähigung im Grenzbereich zur Norm fehlen. Kommunikationsmöglichkeiten und Autonomie sind wichtige Voraussetzungen für die Lebensqualität geistig behinderter Menschen, aber auch wesentliche Elemente der Vorbeugung psychischer Störungen, da letztere teilweise der Gewinnung einer nicht erreichbaren Aufmerksamkeit und der Kompensation nicht vorhandener Kompetenz dienen.

Die Interventionen bezüglich psychiatrischer Störungen beziehen sich teils auf Auffälligkeiten, die lediglich Symptomcharakter haben, teils auf eigenständige Syndrome. Obwohl sich solche Verhaltensweisen bei Kindern und Jugendlichen, die in Heimen betreut werden, häufen, sprechen heutige Erkenntnisse dagegen, daß sie überwiegend Folge deprivierender Lebensbedingungen sind, sondern dafür, daß sie häufig Grund für die außerfamiliäre Betreuung waren, also primär bestanden. Daß fachliche Hilfe häufig spät in Anspruch genommen wird, führt leicht zu einer Verfestigung bestimmter Verhaltensweisen wie Schreien, körperliche Angriffe, Selbstverletzungen, Zerstörungen, Rumination, autistischen Verhaltensweisen, Hyperaktivität, Bewegungsstereotypien, Eßstörungen, Schlafstörungen und Wutausbrüchen. Das psychotherapeutische Repertoire zur Behandlung solcher Störungen ist überwiegend der Verhaltenstherapie entlehnt, auch bei entsprechenden Störungen, die nicht durch die Intelligenzminderung spezifisch beeinflußt sind (vgl. Petermann, 1997; Steinhausen & v. Aster, 1999). Im Vordergrund steht dabei die Modifikation auslösender Bedingungen

(fehlende Beschäftigungsangebote, fehlende Struktur, Lärm). Auf diese Weise werden Erregungszustände, in denen bestimmte Verhaltensweisen auftreten, am ehesten reduziert. Soweit das nicht möglich ist, wird das Erlernen alternativer, mit der Verhaltensauffälligkeit möglichst nicht kompatibler Verhaltensweisen eingesetzt. Auch hierbei steht der Abbau aggressiver und unruhiger Verhaltensweisen im Vordergrund.

Eine weitere Methode bilden sogenannte time-out-Verfahren, mittels deren Belohnungen entzogen werden (vgl. Petermann, 1997). Beim „time-out" wird der Betroffene beim Auftreten bestimmter unerwünschter Verhaltensweisen sofort aus der Gruppe gebracht und darf erst dann zurückkehren, wenn das unerwünschte Verhalten nicht mehr auftritt, wenn zum Beispiel nicht mehr geschrien wird. Bei intelligenzgeminderten Kindern und Jugendlichen, die an Gruppenaktivitäten nicht interessiert sind, versagt dieses Verfahren; vielfach ist es auch zur Reduktion von Selbstverletzungen geeignet. Weniger wirksam und begrenzter anwendbar sind Verfahren, bei denen die Betroffenen gegebenenfalls unter Anleitung Schäden beseitigen müssen.

Die Anwendung von Bestrafungsprozeduren ist bei intelligenzgeminderten Kindern und Jugendlichen dann kaum wirksam, wenn auffälliges Verhalten eine spezifische Funktion hat. Aus ethischen Gründen wendet man solche Verfahren heute im wesentlichen an, um selbstverletzendes Verhalten abzubauen, so zum Beispiel durch kurzfristiges In-den-Mund-Nehmen von Eiswürfeln bei sich selbst beißenden Kindern. Alternative Verfahren sind positive und negative Übung. Erstere wird häufig aus einer Korrektursituation ausgeführt, das heißt, der Betroffene muß zunächst die Ausgangssituation wiederherstellen (zu diesen Überkorrekturverfahren gehört die Festhaltetherapie), bei negativer Übung muß das unerwünschte Verhalten solange wiederholt werden, bis eine Sättigung eintritt.

Wehmeyer (1995) hat in seiner Metaanalyse darauf hingewiesen, daß es relativ gut möglich ist, stereotypes Verhalten zu reduzieren, wobei lediglich time-out-Prozeduren und Extinktionsversuche dabei unwirksam waren. Ausgeprägte Stereotypien waren schwer zu eliminieren, Hand- und Fingerstereotypien sprachen am besten auf die Behandlung an, stereotype Rumpfbewegungen dagegen am wenigsten. Seinen Zweifel an der besseren Ansprechrate älterer Kinder bestätigt Oliver (1995) in seiner Übersichtsarbeit über Diagnose and Therapie selbstverletzenden Verhaltens. Er rückt dieses Verhalten in die Nähe von anderem aufmerksamkeitssuchenden Verhalten und trennt es damit von aggressiven und autoaggressiven Verhaltensweisen. Seine Übersicht hebt die Notwendigkeit der Frühintervention und einer Bedingungsanalyse vor jeder Therapieplanung hervor. Sozialer Kontakt erscheint ihm als wesentlicher Verstärker und aversive Anforderungen als wesentlicher Auslöser. Er verweist auf den Nutzen der Motivanalyse nach Durand und Crimmens (1988) und schlägt auch vor, bei der Funktionsanalyse entwickelte Annahmen durch Manipulation des Umweltverhaltens zu testen. Zur Reduzierung selbstverletzenden Verhaltens mit Funktionscharakter soll die Kommunikation des intelligenzgeminderten Kindes verbessert werden, damit das selbstverletzende Verhalten sich erübrigt beziehungsweise durch den eingeleiteten Kommunikationsvorgang ersetzt und verdrängt wird. Damit wird dem Betroffenen Kontrolle über das Verhalten zurückgegeben, aber auch zugewiesen. Trotz der Effizienz des Verfahrens sind häufig zusätzliche verhaltenstherapeutische Maßnahmen notwendig.

Die Übersicht von Oliver (1995) erwägt anhand der Erfolge mit Opiat-Blockern und Fluphenazin und Serotonin-Wiederaufnahme-Hemmern die Rolle des Opiatsystems, des Dopaminergen und Serotoninergen Systems bei der Pathogenese selbstverletzenden Verhaltens. Andere symptombezogene pharmakotherapeutische Ansätze betreffen in der Regel aggressives oder hyperkinetisches Verhalten. Zur Behandlung des aggressiven Verhaltens eignen sich gegebenenfalls Pipamperon, Propranolol oder Carbamazepin, letzteres nur bei Kindern über sechs Jahre, jeweils nach Ausschluß von Kontraindikationen, vorsichtiger Aufdosierung und Beachtung möglicher unerwünschter Wirkungen. Ist aggressives Verhalten mit Impulskontrollstörung verbunden, lohnt sich ein Versuch mit Metylphenidat. Letzteres wird auch bei hyperkinetischem Verhalten leicht intelligenzgeminderter Kinder mit Erfolg benutzt, während Kinder mit ausgeprägten Intelligenzminderungen darauf seltener ansprechen, so daß sich Pipamperon besser eignet (vgl. Schmidt & Blanz, 1996).

Wenn umschriebene Syndrome bei intelligenzgeminderten Kindern und Jugendlichen auftreten, entspricht die Behandlung dem Regelvorgehen, das in anderen Kapiteln dieses Buches beschrieben wird; sie wird nötigenfalls durch einschlägige Pharmakotherapie ergänzt. Die Behandlung muß aber an das kognitive Niveau angepaßt werden, das bedeutet, daß Psychotherapieverfahren, die in höherem Maße Introspektion und logisches Denken erfordern, mit abnehmendem Intelligenzniveau seltener eingesetzt werden können. Die klassischen verhaltenstherapeutischen Verfahren rükken dann in den Vordergrund. Bei der Behandlung autistischer Syndrome sind sie ohnehin üblich. Bei der Behandlung hyperkinetischer Störungen entfällt die Möglichkeit von Selbstinstruktion und die Interventionen werden auf das Kontingenzmanagement beschränkt. Bei Störungen der rezeptiven Sprache stehen Verfahren der Aphasiebehandlung im Vordergrund. Bei der Behandlung entwicklungsgebundener Störungen ist mit langsameren Fortschritten als üblich zu rechnen. Die therapeutischen Schritte müssen entsprechend kleiner sein, auf die Verständlichkeit der ihnen zugrundeliegenden Kontingenzen ist zu achten. In der Regel bedeutet das klare, knappe sprachliche Anweisungen, die gestisch untermauert werden, und den Verzicht auf Nebensächliches, längere Lernzeiten und häufigere Überprüfungen des Gelernten. Beim Einsatz von Verstärkern wirken Verstärker-Entzugsprogramme besser als positive Verstärkung. In jedem Falle muß die Verstärkung aber unmittelbar erfolgen, und es muß eindeutig sein, worauf sie sich bezieht. Verstärker- oder Token-Entzugsprogramme, bei denen Belohnungen beziehungsweise Verluste summiert werden, setzen Mengen- und Zeitverständnis bei den behandelten Kindern oder Jugendlichen voraus.

Das relativ stereotype Verhalten intelligenzgeminderter Kindern produziert stereotype Reaktionen auf seiten ihrer erwachsenen Bezugspersonen. Auch wenn diese nicht Auslöser auffälligen Verhaltens sind, halten sie es häufig aufrecht. Deshalb ist auch im Rahmen von Behandlungen, in denen Eltern häufig als Kotherapeuten mitarbeiten, die Überprüfung ihres Verhaltens vor Ort unumgänglich, das heißt, der Behandler muß sich einzelne Therapieschritte vorführen lassen, auch um sich so zu vergewissern, daß das betroffene Kind ausreichend versteht. Primäre Interaktionsprobleme sind als solche zu behandeln; sie bestehen oft bei Fütter- und Trennungsangststörungen. Daher steht hier zunächst die Verhaltensmodifikation bei den Eltern im Vordergrund. Sind verdeckte Konflikte an dem pathogenen Verhalten der Eltern beteiligt, kommt Beratung oder konfliktzentrierte Psychotherapie der Eltern in Frage. Bei Konversionsstörungen (Verlust der normalen Integration, die sich auf die Kontrolle von Körperbewegungen, unmittelbare Empfindungen, Erinnerung an die Vergangenheit bezieht) intelligenzgeminderter Kinder und Jugendlicher sind Entspannungsverfahren hilfreich (vgl. Petermann & Petermann, 2000).

Intelligenzminderungen selbst sind stabil, ausgenommen die Demenz, bei der ein progredienter Verlauf auftreten kann. Eine ähnlich hohe Stabilität zeigen die psychischen Auffälligkeiten vom Kindes- bis ins junge Erwachsenenalter. Die Stabilität emotionaler Störungen ist bei Mädchen stärker, die Stabilität aggressiv-dissozialer Störungen bei beiden Geschlechtern ähnlich. Hyperkinetisches und autistisches Verhalten sowie Stereotypien nehmen mit zunehmendem Alter ab. Statt dessen ergibt sich eine relative Häufung schizophrener Erkrankungen (wegen ihres späteren Auftretens als Pfropfschizophrenien bezeichnet) und Persönlichkeitsstörungen. Letztere machen ein Drittel der psychischen Störungen intelligenzgeminderter Erwachsener aus, gefolgt von autistischen und depressiven Störungen, mit denen sie zusammen zwei Drittel der einschlägigen Auffälligkeiten bilden.

Ein sekundär-präventiver Umgang mit intelligenzgeminderten Kindern und Jugendlichen stellt die wichtigste primäre Prävention für psychische Störungen bei dieser Gruppe dar. Dazu gehören Früherkennung der Beeinträchtigung, frühe Information der Eltern und Frühförderung für die Betroffenen. Angemessene Forderungen stellen vor allem bei gering ausgeprägten

Intelligenzminderungen vielleicht die wichtigste präventive Maßnahme dar. Sie tragen auch zur ohnehin verspäteten Entwicklung überdauernder Leistungsmotivation bei. Unterforderung und Leerlauf begünstigen Verhaltensauffälligkeiten. Mit zunehmendem Alter werden für Jugendliche mit Intelligenzminderungen trotz aller Integrationsbemühungen Kontakte mit ebenfalls beeinträchtigten Gleichaltrigen wichtig, weil speziell in der Adoleszenz sozialer Austausch mit Nichtbehinderten eher schwierig ist.

Rechtliche Aspekte spielen bei Behandlung Minderjähriger mit Intelligenzminderung eine geringere Rolle als ethische. Rechtlich erfolgt die Vertretung in der Regel durch die gesetzlichen Vertreter. Erst mit Erreichen der Volljährigkeit kommen Regelungen des Betreuungsgesetzes auch als Voraussetzung für die Einwilligung in Therapien zum Tragen. Bezüglich der Finanzierung psychotherapeutischer Maßnahmen ist rechtlich zwischen der Behandlung der Grunderkrankungen zu Lasten der Krankenversicherer, der Förde-

rung bezüglich der Intelligenzminderung, die nicht in den Indikationsbereich des Psychotherapeutengesetzes, sondern in den des Bundessozialhilfegesetzes fällt, und psychotherapeutische Maßnahmen bei zusätzlichen psychischen Störungen zu unterscheiden. Was die ethischen Probleme angeht, weist Lehmkuhl (1998) mit Recht darauf hin, daß sich die Angemessenheit von Interventionen an den Zuwachs an eigenständiger Lebensführung und Unabhängigkeit messen lassen muß. Wenn das nicht zu erreichen ist, dann sind im Rahmen des oben erwähnten Kommunikationstrainings eingeführte Verhaltensweisen zumindest in ihrem Wert fraglich, und Behandler und Bezugspersonen müssen über Möglichkeiten nachdenken, die Toleranz für Auslöser des unerwünschten Verhaltens zu steigern. Damit ist nochmals festzustellen, daß in der Förderung von Kindern mit Intelligenzminderungen Kommunikationsfähigkeit und Autonomie gerade wegen ihrer präventiven Bedeutung ein hoher Stellenwert zukommen muß.

Zusammenfassung

Beeinträchtigung der intellektuellen Funktionen bei Kindern und Jugendlichen ziehen in der Regel eine Veränderung in praktisch allen Entwicklungsbereichen nach sich. Das gilt nicht nur für die 0,5 % der mittelgradig oder schwer Intelligenzgeminderten, sondern auch für die leichteren Formen und den Übergangsbereich von der unteren Normgrenze zu den klinisch relevanten Ausprägungen. Die Komorbidität von Intelligenzminderungen mit umfassenden Entwicklungsstörungen ist hoch. Für alterstypische oder nicht altersgebundene psychische Auffälligkeiten ist sie selektiv erhöht oder erniedrigt; typische Einfärbungen solcher Störungen durch die Intelligenzminderung sind häufig. Je nach Ausprägungsgrad muß bei 30 bis 40 % der Kinder und Jugendlichen mit Intelligenzminderungen mit komorbiden psychischen Störungen gerechnet werden. Sie entstehen aufgrund unterschiedlicher Mechanismen und sind teils Folge, teils Begleiterscheinung der Intelli-

genzminderung, gelegentlich auch deren Ursache. Geminderte Intelligenz kann auch als Schutzfaktor wirken. Die Kenntnis der Mechanismen der Komorbidität sind wichtig für die Therapieplanung. Die vorgeschaltete Diagnostik von Intelligenzminderung und psychischen Störungen stellt spezifische Anforderungen an psychometrische Verfahren und die psychopathologische Untersuchung. Bei den Interventionen wird zwischen pädagogischen Fördermaßnahmen bezogen auf die Intelligenzminderung und spezifische Therapieverfahren unterschieden, die auf die Behandlung zusätzlicher psychischer Störungen abzielen. Die häufig nicht altersgerechte Zustimmungsfähigkeit der Betroffenen zu therapeutischen Interventionen macht spezifische ethische Überlegungen notwendig. Pädagogische Förderung ist neben Frühdiagnostik und Frühintervention bei psychischen Störungen die wichtigste Form der Prävention.

Verständnisfragen

1. Nennen Sie Merkmale zur Differentialdiagnose zwischen umfassenden Entwicklungsstörungen und Intelligenzminderungen.
2. Was unterscheidet die fünf vorgeschlagenen Mechanismen zur Erklärung der Komorbidität von psychischen Störungen und Intelligenzminderung?
3. Nennen Sie zusätzliche Veränderungen psychischer Störungen bei Intelligenzminderung.
4. Welche Fehlermöglichkeiten bestehen bei der Auffassung kognitiver Fähigkeiten bei Kindern und Jugendlichen mit Intelligenzminderungen und wie wird ihnen vorgebeugt?
5. Erläutern Sie die Beziehungen zwischen pädagogischer Förderung und primärer und sekundärer Prävention psychischer Störungen bei intelligenzgeminderten Kindern und Jugendlichen.

Weiterführende Literatur

Castell, R. (Hrsg.) (1998). *Intensive Förderung von Kindern in Schule und Heim*. Würzburg: Edition von Freisleben.

Eggers, C. & Billke, O. (1995). *Oligophrenie und Demenzprozesse des Kindes- und Jugendalters*. Stuttgart: Thieme.

Sarimski, K. (1997). *Entwicklungspsychologie genetischer Syndrome*. Göttingen: Hogrefe.

Literatur

Abidin, R. (1990). *Parenting Stress Index*. Charlottesville: Pediatric Psychology Press.

Adam, H. (1993). *Mit Gebärden und Bildsymbolen kommunizieren. Voraussetzungen und Möglichkeiten der Kommunikation von Menschen mit geistiger Behinderung*. Würzburg: Edition von Freisleben.

Aman, M., Tasse, M., Rojahn, J. & Hammer, D. (1996). The Nisonger CBRF: A child behavior rating form for children with developmental disabilities. *Research in Developmental Disabilities, 17*, 41-57.

Amon, P., Castell, R. & Le Pere, A. (1998). 3 Jahre Sonderpädagogik: Intelligenz, Verhalten, Sprache. Ergebnisse einer Longitudinalstudie an bayrischen Diagnose- und Förderklassen. In R. Castell (Hrsg.), *Intensive Förderung von Kindern in Schule und Heim*. Würzburg: Edition von Freisleben.

Baving, L. & Schmidt, M.H. (2000). Testpsychologie zwischen Anspruch und Wirklichkeit am Beispiel der Intelligenzdiagnostik. *Zeitschrift für Kinder- und Jugendpsychiatrie und -psychotherapie, 28*, 163-176.

Corbett, J. (1983). An epidemiological approach to the evaluation of services for children with mental retardation. In M.H. Schmidt & H. Remschmidt (Eds.), *Epidemiological approaches in child psychiatry*, Vol. II (140-150). Bern: Huber.

Dilling, H., Mombour, W. & Schmidt, M.H. (2000). *ICD-10. Internationale Klassifikation psychischer Störungen* (4. Aufl.). Bern: Huber.

Dosen, A. (1993). Diagnosis and treatment of psychiatric and behavioral disorders in mentally retarded individuals: the state of the art. *Journal of Intellectual Disability Research, 37*, 1-5.

Durand, V. & Crimmens, D. (1988). Identifying the variables maintaining self-injurious behavior. *Journal of Autism and Developmental Disorders, 18*, 99-107.

Eggers, C. & Billke, O. (1995) *Oligophrenie und Demenzprozesse des Kindes- und Jugendalters*. Stuttgart: Thieme.

Ehlers, S. & Gillberg, C. (1993). The epidemiology of Asperger syndrome. A total population study. *Journal of Child Psychology and Psychiatry and allied disciplines, 34*, 1327-1350.

Einfeld, S.L. & Tonge, B.J. (1996). Population prevalence of psychopathology in children and adolescents with intellectual disability: epidemiological findings. *Journal of Intellectual Disability Research, 40*, 99-109.

Esser, G. Schmidt, M.H., Blanz, B., Fätkenheuer, B., Fritz, A., Koppe, T., Laucht, M., Rensch, B. & Rothenberger, A. (1992). Prävalenz und Verlauf psychischer Störungen im Kindes- und Jugendalter – Ergebnisse einer prospektiven epidemiologischen Längsschnittstudie von 8 – 18 Jahren. *Zeitschrift für Kinder- und Jugendpsychiatrie, 20*, 232-242.

Facon, B., Bollengier, T. & Grubar, J.C. (1993). Overestimation of mentally retarded persons IQs using the PPVT: A re-analysis and some implications for future research. *Journal of Intellectual disability Research, 37*, 373-379.

Frith, U. (1989) Autism and theory of mind. In C. Gillberg (Ed.), *Diagnosis and treatment of autism* (22-52). New York: Plenum.

Gillberg, C. (1997). Pracitioner review: Physical investigations in mental retardation. *Journal of Child Psychology and Psychiatry, 38*, 889-897.

Ingenkamp, K. (Hrsg.) (1997). *Testbatterie für geistig behinderte Kinder* (3. Aufl.). Weinheim: Beltz.

Kane, G. & Kane, N. (1990). Psychologische Maßnahmen. In G. Neuhäuser & H.-Ch. Steinhausen (Hrsg.), *Geistige Behinderung* (220-234). Stuttgart: Kohlhammer.

Kiese, C. & Kozielsky, P.M. (1996) *Aktiver Wortschatztest für 3- bis 6jährige*. Göttingen: Hogrefe.

Kusch, M. & Petermann, F. (1991). *Entwicklung autistischer Störungen* (2., erweit. Auflage). Bern: Huber.

Lehmkuhl, G. (1998). Intelligenzminderung. In M. Berger (Hrsg.), *Psychiatrie und Psychotherapie* (867-880). München: Urban & Schwarzenberg.

Marcus, A. & Schmidt, M.H. (1993). Lernbehinderung und psychische Auffälligkeiten. In R. Castell (Hrsg.), *Lernbehinderung* (61-103). Rimpar: Edition von Freisleben.

Matson, J.L., Compton, L.S. & Sevin, J.A. (1991). Comparison and item analysis of the MESSY for autistic and normal children. *Research in Developmental Disabilities, 12*, 361-369.

Melchers, P. & Preuß, U. (1991). *Kaufman ABC*, dt.-sprachige Fassung. Amsterdam: Swets & Zeitlinger.

Neuhäuser, G. & Steinhausen, H.-C. (Hrsg.) (1990). *Geistige Behinderung. Grundlagen und genetische Syndrome. Behandlung und Rehabilitation*. Stuttgart: Kohlhammer.

O'Brien, G. (1991). *Discriminatory power of the SSBP postal questionnaire demonstrated by finding for children with different types of callosal agenesis*. London: Paper presented at the Society for the Study of Behavioural Phenotypes workshop.

O'Brien, G. (1992). Behavioural phenotypes and their measurement: Annotation. *Developmental Medicine and Child Neurology, 34*, 365-367.

Oliver, C. (1995). Self-Injurious Behaviour in children with learning disabilities: Recent advances in assessment and intervention. *Journal of Child Psychology and Psychiatry, 30*, 909-927.

Petermann, F. (Hrsg.) (1997). *Kinderverhaltenstherapie*.

Grundlagen und Anwendungen. Baltmannsweiler: Schneider Verlag Hohengehren.

Petermann, U. & Petermann F. (2000). Entspannungsverfahren bei Kinder und Jugendlichen. In D. Vaitl & F. Petermann (Hrsg.), *Handbuch der Entspannungsverfahren,* Band 1 (2., erweit. Auflage; 392-415). Weinheim: Psychologie Verlags Union.

Remschmidt, H., Schmidt, M.H. & Poustka, F. (2001). *Multiaxiales Klassifikationsschema für psychische Störungen des Kindes- und Jugendalters nach ICD-10 der WHO* (4. Aufl.). Bern: Huber.

Russow, M., Penny, R., Kolodny, E. & Gillberg, C. (1996). Heller-Syndrom in a pre-schoolboy. Proposals for medical evaluation and hypothesized pathogenesis. *European Child and Adolescence Psychiatry, 5,* 172-175.

Sarimski, K. (1997). *Entwicklungspsychologie genetischer Syndrome.* Göttingen: Hogrefe.

Sass, H., Wittchen, U.H., Zaudig, M. & Houben, I. (1998). *Diagnostische Kriterien des diagnostischen und statistischen Manuals psychischer Störungen, DSM IV.* Göttingen: Hogrefe.

Schmidt, M. H. (1986). Psychopathologie bei geistiger Behinderung. In G. Neuhäuser (Hrsg.), *Entwicklungsstörungen des Zentralnervensystems* (175-182). Stuttgart: Kohlhammer.

Schmidt, M.H. & Blanz, B. (1996). *Psychopharmakotherapie im Kindesalter.* Stuttgart: Enke.

Schroeder, S.R., Rojahn, J. & Reese, R.M. (1997). Reliability and validity of instruments for assessing psychotropic medication effects on self-injurious behaviour in mental retardation. *Journal of Autism and Developmental Disorders, 27,* 89-102.

Steinhausen, C. & v. Aster, M. (Hrsg.) (1999). *Handbuch der Verhaltenstherapie und Verhaltensmedizin bei Kindern und Jugendlichen* (2., erweit. Auflage). Weinheim: Psychologie Verlags Union.

Strømme, P. & Hagberg, G. (2000). Aetiology in severe and mild mental retardation: a population-based study of Norwegian children. *Developmental Medicine and Child Neurology, 42,* 76-86.

Wehmeyer, M.L. (1995). Intra-indiviual factors influencing efficacy of interventions for stereotyped behaviours: a meta-analysis. *Journal of Intellectual Disability Research, 39,* 205-214.

Wiedl, K. H. & Carlson, J. S. (1981). Dynamisches Testen bei lernbehinderten Sonderschülern mit dem farbigen Matrizentest von Raven. *Heilpädagogische Forschung, 11,* 19-26.

14 Störungen der Ausscheidung: Enuresis und Enkopresis

von Ulrike Petermann und Franz Petermann

Inhaltsübersicht

1 Beschreibung und Klassifikation der Störung

Störungen der Ausscheidung beziehen sich auf Einnässen (Enuresis) und Einkoten (Enkopresis); sie sind in der Regel auf das Kindes- und Jugendalter begrenzt. Die Ausscheidungsstörungen gehören zu den häufigsten Störungen im Kindesalter (von Gontard, 1998a; Richter & Goldschmidt, 2001); sie dürfen erst in einem Alter diagnostiziert werden, ab dem Kinder aufgrund von biologischen Reifungsprozessen in der Lage sind, Kontrolle über die betreffenden Schließmuskeln auszuüben. Probleme, die vor diesem Alter auftreten können, sind als normale und vorübergehende Schwierigkeiten während der Sauberkeitserziehung zu betrachten. Bei vielen Kindern, die an Enkopresis leiden, tritt auch Enuresis auf; der umgekehrte Sachverhalt ist nicht gegeben.

1.1 Enuresis: Symptomatik und Klassifikation

Im klinischen Sprachgebrauch bezieht sich Enuresis auf wiederholtes und unangebrachtes Einnässen in einem Alter, in dem ein Kind die Blasenkontrolle gelernt haben sollte, wobei organische Ursachen von Inkontinenz, also der Unfähigkeit, Urin und auch Stuhl zurückzuhalten, ausgeschlossen sein müssen. Eine nicht körperlich bedingte Enuresis wird funktionelle Enuresis genannt. Die diagnostischen Kriterien für eine funktionelle Enuresis nach DSM-IV (1996) und ICD-10 (WHO, 1993) sind in Tabelle 1 zusammengestellt. Sie erlaubt einen Überblick über die Kriterien der beiden Klassifikationssysteme und zeigt die gemeinsamen sowie Unterscheidungsmerkmale auf.

Die *diagnostischen Merkmale* von DSM-IV und ICD-10 sind vergleichbar bis auf den Hinweis im DSM-IV, daß das wiederholte Einnässen gelegentlich auch willkürlich, also absichtlich, erfolgen kann. Eine Information hierüber weist auf eine eventuell komorbid vorliegende Verhaltensstörung hin. Bei der geforderten *Auftretenshäufigkeit* existieren deutliche Unterschiede zwischen beiden Klassifikationssystemen. Aufgrund klinischer Untersuchungen schlägt von Gontard (1998a) ein einmal wöchentliches Auftreten als angemessen vor, hingegen ein- beziehungsweise zweimal pro Monat (nach ICD-10) ist deutlich zu wenig und zweimal pro Woche (nach DSM-IV) zu häufig. Die *Mindestdauer* wird mit drei aufeinanderfolgenden Monaten gleichlautend angegeben. Beim *Manifestationsalter* gibt es einen Unterschied bezüglich des Entwicklungs- beziehungsweise Intelligenzalters. Bei beiden Klassifikationssystemen wird noch auf die sekundäre Enuresis hingewiesen, allerdings mit einer einjährigen Abweichung bezüglich des Zeitraumes des ersten Auftretens.

Die *Subtypenangaben* sind bezüglich primärer und sekundärer Enuresis identisch; bei beiden Systemen fehlt jedoch die wichtige Zeitangabe für die sekundäre Enuresis, nämlich für wieviele Monate eine Blasenkontrolle bestanden haben muß, um von sekundärem Einnässen sprechen zu können. In der Literatur herrschen hierzu unterschiedliche Zeitangaben vor, sie reichen von einem Monat bis zu zwölf Monaten; am sinnvollsten scheint das Intervall von minimal sechs zusammenhängenden Monaten zu sein, welches übereinstimmend von erfahrenen Klinikern genannt wird (Eggers, 1993; von Gontard, 1998a; Richter & Goldschmidt, 2001). Das DSM-IV geht weiter auf die Subtypen Enuresis nocturna, diurna sowie die Kombination der beiden ein. Nicht in den klinisch-diagnostischen Leitlinien des ICD-10, aber in deren Forschungskriterien werden diese Subtypen genannt, jedoch nicht ausgeführt oder kommentiert; dies ist unzureichend. Abweichungen gibt es auch bei den *Ausschußkriterien*, weswegen hier beide Systeme zu Rate gezogen werden sollten. Bei Überfunktion der Schilddrüse und bei Verstopfung kann als sekundäres Symptom Enuresis auftreten (Oregan et al., 1986), weswegen diese Krankheitsbilder ebenfalls Ausschlußkriterien für eine Enuresisdiagnose darstellen. Warum im ICD-10 eine die Kriterien erfüllende andere psychische Störung eine Enuresisdiagnose ausschließt, bleibt unverständlich. Vielmehr ist es wichtig, die Komorbidität mit anderen Störungen zu erfassen (von Gontard, 1998a). Tritt eine Enuresis nach ICD-10 nicht „monosymptomatisch", sondern in Kombination mit einer emotionalen oder Verhaltensstörung auf, so wird die Hauptdiagnose Enuresis nur dann vergeben, wenn das Einnässen wenigstens mehrmals wöchentlich auftritt. Weiter wird gefordert, daß die anderen Symptome mit den Enuresis-Phänomenen zeitlich variieren müssen. Treten Enuresis und Enkopresis gemeinsam auf, so soll die Enkopresis vorrangig diagnostiziert werden.

1.2 Enkopresis: Symptomatik und Klassifikation

Einkoten bezeichnet das wiederholte Entleeren von Stuhl an unpassenden Orten, und zwar im einem Alter, in dem die willentliche Kontrolle über die Schließmuskulatur der Analregion entwickelt und die Sauberkeitserziehung normalerweise abgeschlossen ist. Körperliche Ursachen sind ausgeschlossen, weswegen auch von nicht-organischer Stuhlinkontinenz oder von funktioneller Enkopresis gesprochen wird. Tabelle 2 gibt einen Überblick über die Klassifikationskriterien von DSM-IV und ICD-10.

Die *diagnostischen Merkmale* beider Klassifikationssysteme sind vergleichbar. Im DSM-IV wird beispielhaft angegeben, an welchen unüblichen Orten der Stuhl abgesetzt wird; diese Information fehlt in den klinisch-diagnostischen Leitlinien der ICD-10; sie ist hingegen in den Forschungskriterien der ICD-10 enthalten. Im DSM-IV wird weiter darauf hingewiesen, daß die unwillkürliche Stuhlentleerung häufig mit Verstopfung,

Tabelle 1:
Klassifikation der Enuresis.

	Diagnostische Merkmale	Auftretenshäufigkeit	Minimale Dauer	Manifestationsalter	Subtypen	Ausschlußkriterien
DSM-IV 307.6	• wiederholtes Einnässen • bei Tag und/oder bei Nacht • in die Kleidung und/oder ins Bett • geschieht gewöhnlich unwillkürlich • gelegentlich auch absichtlich • die biologischen Reifungsprozesse lassen eine willentliche Blasenkontrolle zu	• zweimal pro Woche oder alternativ, wenn das Häufigkeitskriterium nicht erfüllt ist: • klinisch relevantes Leiden und/oder Beeinträchtigtsein in familiären, sozialen, schulischen, beruflichen Bereichen	• drei aufeinanderfolgende Monate	• biologisches Alter minimal fünf Jahre bei primärer Enuresis • Entwicklungsalter mindestens fünf Jahre bei Kindern mit Retardierungen bei primärer Enuresis • bei sekundärer Enuresis in jedem Alter möglich, in der Regel jedoch zwischen dem fünften und achten Lebensjahr	• Enuresis nocturna: Bettnässen • Enuresis diurna: Einnässen tagsüber • Enuresis nocturna et diurna: Kombination von Einnässen während des Schlafens und des Wachzustandes • primäre Enuresis: Ein Kind hat noch nie die Blasenkontrolle erworben • sekundäre Enuresis: Ein Kind beherrschte die Blasenkontrolle bei Tag und Nacht (ohne Zeitangabe, für wieviele Monate die Blasenkontrolle bestanden haben muß)	• Direkte körperliche Wirkung einer Substanz (z. B. Diuretika = harntreibende Mittel) • Vorliegen einer körperlichen Erkrankung wie: – Diabetes – Spina bifida (hintere Wirbelsäulenspaltbildung) – Anfallsleiden – Akute Harnwegsinfektion
ICD-10 F 98.0	• unwillkürlicher Harnabgang • am Tag und in der Nacht • in das Bett oder in die Kleidung (nur in den ICD-Forschungskriterien) • untypisch für das Entwicklungsalter	• zweimal pro Monat unter sieben Jahren • mindestens einmal pro Monat ab sieben Jahren (nur in den ICD-Forschungskriterien angegeben)	• drei aufeinanderfolgende Monate	• nicht vor dem fünften Lebensjahr zu diagnostizieren • ab einem Intelligenzalter von vier Jahren zu diagnostizieren • bei sekundärer Enuresis (vor allem im Alter von fünf bis sieben Jahren)	• primäre Enuresis: Sie besteht von Geburt an • sekundäre Enuresis: Sie tritt nach einer Periode bereits erworbener Blasenkontrolle auf (ohne Zeitangabe, für wieviele Monate die Blasenkontrolle bestanden haben muß) • Enuresis nocturna • Enuresis diurna • Enuresis nocturna et diurna	• Vorliegen einer körperlichen Erkrankung wie: – Neurologische Erkrankung – Epileptische Anfälle – Strukturelle Anomalie der ableitenden Harnwege • Eine andere psychische Störung, die die Kriterien für eine ICD-10-Kategorie erfüllt

Tabelle 2:
Klassifikation der Enkopresis.

	Diagnostische Merkmale	Auftretenshäufigkeit	Minimale Dauer	Manifestationsalter	Subtypen	Ausschlußkriterien
DSM-IV 307.7 und 787.6	• wiederholtes Absetzen von Stuhl an dafür nicht vorgesehenen Stellen • in die Kleidung, in Behältnisse des Alltagsgebrauchs wie Körbe, auf den Fußboden • geschieht meistens unabsichtlich	• minimal einmal pro Monat	• drei aufeinanderfolgende Monate	• biologisches Alter mindestens vier Jahre • bei Kindern mit Retardierungen ein minimales Entwicklungsalter von vier Jahren	• Enkopresis ohne Verstopfung und ohne Überlaufinkontinenz, intermittierend auftretend • Enkopresis mit Verstopfung und mit Überlaufinkontinenz, kontinuierlich tagsüber und nachts auftretend • primäre Enkopresis: Ein Kind konnte noch nie den Stuhlgang kontrollieren • sekundäre Enkopresis: Ein Kind beherrschte die Stuhlkontrolle bei Tag und Nacht (ohne Zeitangabe, für wieviele Monate die Stuhlkontrolle bestanden haben muß)	• direkte körperliche Wirkung einer Substanz (z. B. Abführmittel) • Vorliegen einer körperlichen Erkrankung (z. B. chronische Diarrhoe = reichlicher dünnflüssiger Stuhl)
ICD-10 F 98.1	• wiederholtes Absetzen von Stuhl an soziokulturell nicht vorgesehenen Stellen • in die Kleidung oder auf den Fußboden (Angaben nur in den Forschungskriterien) • tritt willkürlich trotz normaler Darmkontrollfähigkeit auf und • geschieht unwillkürlich	• minimal einmal pro Monat	• keine Angabe in den klinisch-diagnostischen Leitlinien; in den Forschungskriterien werden minimal sechs Monate verlangt	• keine Angabe in den klinisch-diagnostischen Leitlinien; in den Forschungskriterien wird ein biologisches und kognitives Entwicklungsalter von mindestens vier Jahren gefordert	• Enkopresis als abnorme Verlängerung der normalen kindlichen Inkontinenz (= primäre Enkopresis im DSM-IV) • Enkopresis nach bereits vorhandener physiologischer Darmkontrollfähigkeit (= sekundäre Enkopresis im DSM-IV; auch in der ICD-10 ohne Zeitangabe, für wieviele Monate die Stuhlkontrolle bestanden haben muß) • Enkopresis mit Stuhlzurückhaltung, sekundärem Überlaufen und Absetzen des Stuhls an unpassenden Stellen	• Vorliegen einer körperlichen Erkrankung (z. B. Analfissur = Risse in der Haut im Analbereich; Magen-Darminfekte; Megacolon congenitum; Spina Bifida) • Verstopfung mit Stuhlblockade sowie folgender Überlaufinkontinenz, wobei die Stuhlbeschaffenheit flüssig oder halbflüssig ist

Stuhlblockade und –zurückhaltung sowie nachfolgendem Überlaufen verbunden ist; in diesem Fall ist der Kot flüssig. Durch die kontinuierliche Inkontinenz gelangen nur geringe Stuhlmengen in die Toilette. Der Stuhl kann aus unterschiedlichen Gründen zurückgehalten werden, beispielsweise Angst davor, eine fremde und/oder unhygienische Toilette aufzusuchen, oppositionelles Verhalten oder Schmerzen beim Stuhlgang. Auch die ICD-10 verweist bei Stuhlverhalten zum Beispiel auf oppositionelles Verhalten, etwa im Rahmen einer konfliktreichen elterlichen Sauberkeitserziehung, auf Mißerfolge bei Erlernen der Darmkontrolle oder auf einen schmerzhaften Stuhlgang wegen Rissen in der Haut im Analbereich. Oppositionelles Verhalten sowie eine Störung des Sozialverhaltens treten häufig bei Enkopresis ohne Verstopfung und ohne Überlaufinkontinenz auf. Die Konsistenz und Form des Stuhles sind in diesen Fällen normal.

Die Angaben zur *Auftretenshäufigkeit* sind in beiden Klassifikationen identisch. Zur minimal geforderten *Dauer* fehlen in den klinisch-diagnostischen Leitlinien der ICD-10 Angaben, ebenso zum *Manifestationsalter*. Die Forschungskriterien des ICD-10 nennen eine minimale Dauer von sechs Monaten und weisen darauf hin, daß ein biologisches und kognitives Entwicklungsalter von minimal vier Jahren zu fordern ist. Die Vergleichbarkeit der *Subtypen* in den beiden Klassifikationssystemen ist schwierig. Eine Einteilung in sekundäre und primäre Enkopresis erfolgt in der ICD-10 nicht, kann jedoch erschlossen werden (vgl. Tab. 2). In beiden Systemen fehlt wie bei der sekundären Enuresis die Zeitangabe darüber, wie lange ein Kind „sauber" gewesen

sein muß. Deutliche Unterschiede zwischen beiden Systemen hinsichtlich der Subtypen bestehen bei der Enkopresis mit Verstopfung und Überlaufinkontinenz: Im DSM-IV ist sie ein Subtyp, in der ICD-10 ein Ausschlußkriterium. Es gibt jedoch in der ICD-10 einen Subtyp, der dem Ausschlußkriterium sehr ähnlich ist, nämlich Enkopresis mit Stuhlzurückhaltung, sekundärem Überlaufen und Absetzen des Stuhls an unpassenden Stellen. Hier fehlt also das Merkmal „Verstopfung", und es bleibt unklar, was mit sekundärem Überlaufen gemeint ist und wie dieses ohne Verstopfung ausgelöst wird.

Bei den *Ausschlußkriterien* liegen ebenfalls Unterschiede vor, so daß die Klassifikationssysteme ergänzend benutzt werden sollten. Die ICD-10 gibt für das gemeinsame Auftreten von Enkopresis und Verstopfung vor, beide zu kodieren, nämlich Enkopresis plus die die Verstopfung hervorrufende Störung.

Viele Kinder mit Enkopresis weisen auch eine Enuresis auf. Die ICD-10 gibt für diese Fälle eine vorrangige Kodierung der Enkopresis vor. Mit der Enkopresis gekoppelt, treten häufig weitere Störungen auf, die behandelt werden müssen, da sie ansonsten die Behandlung stark beeinträchtigen können. Bei den mit Enkopresis komorbiden Störungen handelt es sich um Lernstörungen und Lernbehinderungen (Stern, Lowitz, Prince, Altshuter & Stroh, 1988), Depression (Kisch & Pfeffer, 1984; Landman, Rappaport, Fenton & Levine, 1986) und Verhaltensstörungen (Bhatia, Nigam, Bohra & Malik, 1991).

2 Epidemiologie, Verlauf und Nosologie

2.1 Epidemiologie

Die Verbreitung von Enuresis und Enkopresis wurde in verschiedenen Ländern untersucht. Die Studien weisen große Unterschiede in Abhängigkeit vom Alter der Kinder und der jeweils verwendeten diagnostischen Kriterien auf. Die meisten Studien berichten jedoch übereinstimmend, daß Jungen in jedem Alter häufiger Enuresis und Enkopresis aufweisen als Mädchen (Butler, 1997; 1998). Enuresis nocturna tritt bei Jungen etwa zweimal häufiger auf als bei Mädchen (von Gontard & Lehmkuhl, 1997).

Enuresis tritt im Alter von fünf Jahren bei circa zehn Prozent (7 % Jungen und 3 % Mädchen) und im Alter von zehn Jahren bei circa fünf Prozent der Kinder (3 %

Jungen und 2 % Mädchen) auf. Vergleicht man die *Subtypen* miteinander, so ist Enuresis diurna im Vergleich zu Enuresis nocturna ein selten auftretendes Phänomen; bei den tagsüber einnässenden Kindern liegt fast immer eine funktionelle Harninkontinenz vor (vgl. Abschnitt 2.3). Bei nächtlichem Einnässen tritt in 20 % der Fälle eine zusätzliche funktionelle Blasenentleerungsstörung auf (Schultz-Lampel & Thüroff, 1997). Eine primäre Enuresis ist bei circa 80 % aller einnässenden Kindern gegeben (Walker, Kenning & Faust-Campanile, 1989).

Esser, Schmidt und Woerner (1990) untersuchten in ihrer Studie unter anderem den *Schweregrad* von Enuresis; sie fanden heraus, daß von den achtjährigen Kindern 3,7 % schwere und nur 0,9 % mäßige Symptome aufwiesen (= insgesamt 4,6 % der Kinder). Bei vielen Kindern mit Enuresis zeigt sich keine *komorbide psychische Störung* (vgl. Friman, Handwerk, Swearer, McGinnis & Warzak, 1998; Hirasung, van Leerdam,

Bolk-Bennink & Bosch, 1997); allerdings treten bei enuretischen Kindern Enkopresis, Schlafstörungen mit Schlafwandeln und nächtliches Angstaufschrecken (Pavor nocturnus) sowie Entzündungen der Harnwege häufiger zusätzlich auf als bei „trockenen" Kindern. Kinder mit einer psychischen Störung haben ein höheres Risiko für eine Enuresis. So weisen Robson, Jackson, Blackhurst und Leung (1997) darauf hin, daß für Sechsjährige mit Aufmerksamkeits-/Hyperaktivitätsstörungen die Prävalenz für

- nächtliches Einnässen um das 2,7fache und
- Enuresis diurna um das 4,5fache erhöht ist.

In einer Längsschnittstudie von Moilanen et al. (1998), die an über 5000 zufällig ausgewählten finnischen Kindern durchgeführt wurde, zeigte sich, daß die *Prognose* der Enuresis unabhängig von zusätzlich auftretenden psychischen Auffälligkeiten ist. Komorbide psychische Störungen beeinflussen offensichtlich nicht die Tatsache, ob Kinder mit einer Enuresis im Laufe ihrer Entwicklung trocken werden oder nicht. Tabelle 3 zeigt eine Übersicht zur Prävalenz aus unterschiedlichen Ländern.

Einkoten tritt bei Jungen drei bis sechs Mal häufiger auf als bei Mädchen (vgl. Luxem & Christophersen, 1997). Die Mannheim-Studie zeigt, daß von achtjährigen einkotenden Kindern 2,3 % mittlere Symptome und 0,6 % der Dreizehnjährigen massive Symptome aufweisen (Esser et al., 1990). Eine Übersicht zur

Prävalenz der eher selten auftretenden Enkopresis zeigt Tabelle 4.

Tabelle 4:
Prävalenz von Enkopresis.

Land/Region	Prävalenz	Alter	Geschlecht
Skandinavien (Bellman, 1966)	1,5 %	7-8 Jahre	
Isle of Wright (Rutter et al., 1973)	1,3 % 0,3 %	10-12 Jahre 10-12 Jahre	Jungen Mädchen
Deutschland (Esser et al., 1990)	2,3 % 0,6 %	8 Jahre 13 Jahre	
USA (Luxem & Christophersen, 1997)	2,0 %	7-8 Jahre	

2.2 Verlauf

Enuresis geht mit zunehmendem Alter zurück. Die Mehrheit der einnässenden Kinder wird im Jugendalter trocken; trotzdem weisen über 1 % von ihnen als Jugendliche weiterhin die Störung auf. Von Gontard und Lehmkuhl (1997) geben zur Beschreibung des Verlaufs der Enuresis an, daß pro Lebensjahr 13,5 % der Kinder trocken werden, wobei Kinder aus einer höheren sozialen Schicht eher trocken werden. Im DSM-IV wird die Rate der Spontanremission ab dem Alter von fünf Jahren mit fünf bis zehn Prozent pro Jahr angegeben. Richter und Goldschmidt (2001) nennen eine Spontanheilungsrate pro Jahr von 14 % bis 16 %. Das nächtliche Einnässen scheint sich in verschiedenen Ländern auf unterschiedlichem Altersniveau spontan zurückzubilden. Abbildung 1 illustriert Verläufe für Kinder aus drei Regionen (vgl. Richter & Goldschmidt, 2001).

Die *Enkopresis* verliert sich ebenfalls mit zunehmendem Alter. Dieser natürliche Prozeß wird gewöhnlich durch eine Behandlung so verkürzt, daß man eine Verbesserung innerhalb eines Jahres in über 90 % der Fälle erwarten kann (Moilanen et al., 1998; Richter & Goldschmidt, 2001). In den Studien von Loening-Baucke (1992; 1996) wird deutlich, daß über die Hälfte der Kinder mit Enkopresis keinen Rückfall innerhalb von zwölf Monaten nach Behandlungsende hatten; sie benötigten dann auch keine Abführmittel mehr; weitere, nämlich 15 bis 20 % der Kinder benötigten innerhalb von ein bis zwei Jahren keine Abführmittel mehr. In einer anderen Studie hatten nach sieben Jahren noch 14 % der einkotenden Kinder diese Symptomatik, und die Hälfte von ihnen zeigte aggressives Verhalten (Wille, 1984).

Tabelle 3:
Prävalenz von Enuresis.

Land/Region	Prävalenz	Alter	Geschlecht
Isle of Wright (Rutter et al., 1973)	3 % 1 %	10 Jahre 14 Jahre	
Deutschland (Esser et al., 1990)	4,6 %	8 Jahre	
Finnland (Moilanen et al., 1998)	12,1 % 7,4 %	8 Jahre 8 Jahre	Jungen Mädchen
Japan (Watanabe, 1998)	19 % 6 %	5 Jahre 11 Jahre	
Neuseeland (Fergusson et al., 1986)	7,4 %	8 Jahre	
England (Mark & Frank, 1995)	23 %	5 Jahre	
USA (Byrd et al., 1996)	33 % 18 % 7 % 0,7 %	5 Jahre 8 Jahre 11 Jahre 17 Jahre	

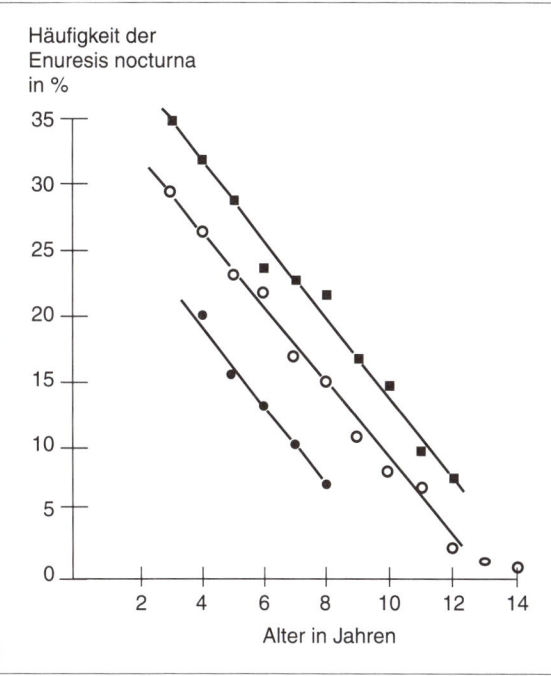

Abbildung 1:
Häufigkeit des nächtlichen Einnässens in Abhängigkeit vom Alter bei drei verschiedenen Stichproben (aus Richter & Goldschmidt, 2001, S. 215). Erklärung:
● Kinder aus Neuseeland, ○ Kinder aus dem Sudan, ■ Kinder aus Baltimore.

2.3 Nosologie

Neben den bereits aufgeführten Klassifikationskriterien existieren heute weitere bedeutende Differenzierungen, die in Diagnostik und Therapie berücksichtigt werden. So wird zwischen *Enuresis* und *Harninkontinenz* unterschieden. Beiden ist zwar das unwillkürliche Einnässen am falschen Ort zur falschen Zeit gemeinsam; bei Enuresis ist jedoch die Miktion (siehe unten) normal, und die Blasenentleerung erfolgt vollständig. Hingegen ist die Harninkontinenz durch eine funktionelle Blasenentleerungsstörung charakterisiert, was eine unvollständige Entleerung zur Folge haben kann. Diese funktionelle Harninkontinenz ist ebensowenig wie die Enuresis organisch bedingt (von Gontard, 1998a; Olbing, 1993; Schultz-Lampel & Thüroff, 1997). Bei der Harninkontinenz werden fünf Formen differenziert (Richter & Goldschmidt, 2001).

- **Dranginkontinenz:** Unwillkürliche Kontraktionen der Blasenwandmuskulatur (=Detrusorkontraktionen) führen zu starkem Harndrang und einem unwillkürlichen Öffnen des Blasenausgangs (=Miktion); dabei sind die Intervalle der Miktionen verkürzt. Unter Miktion ist das Verschließen beziehungsweise Öffnen des Blasenausgangs durch Kontraktionen des äußeren Schließmuskels (=Sphinkter) zu verstehen.

- **Harninkontinenz bei Miktionsaufschub:** Der Miktionsaufschub kommt scheinbar dadurch zustande, daß von den Kindern - meistens Mädchen - der erste Miktionsreiz nicht wahrgenommen wird, besonders bei geringer Blasenfüllung.
- **Harninkontinenz bei verspannter Miktion:** Die verspannte Miktion kommt durch die gleichzeitige Kontraktion des äußeren Blasenschließmuskels (=Blasensphinkter) und der Blasenwandmuskulatur (=Detrusor) zustande. Dadurch wird die Miktionszeit deutlich verlängert und die natürliche Harnentleerung aus der Blase unter Umständen unterbrochen.
- **Harninkontinenz bei fraktionierter Miktion:** Eine Kontraktionsschwäche der Blasenwandmuskulatur (=Detrusorhypokontraktilität) verursacht eine mehrfach unterbrochene Miktion; größere Mengen von Restharn sind die Folge.
- **Streßinkontinenz:** Unabhängig von der Harnmenge in der Blase löst ein erhöhter Druck im Bauchbereich, zum Beispiel durch Husten oder Niesen, Einnässen aus. Diese Inkontinenzform kommt bei Kindern jedoch selten vor.

Der verbreitetste Subtypus ist die *Enuresis nocturna*. Das Bettnässen erfolgt in der Regel im ersten Drittel der Nacht. REM-Phase und Harnentleerung sind nicht notwendigerweise gekoppelt; wenn dies jedoch gelegentlich der Fall ist, dann kann das einnässende Kind einen Traum erinnern, der das Urinieren beinhaltete. Bei der Enuresis nocturna ist die *monosymptomatische* beziehungsweise **isoliert** auftretende Form ohne zusätzliche Miktionsauffälligkeiten von der *nicht-monosymptomatischen* zu unterscheiden (von Gontard, 1998a; Richter & Goldschmidt, 2001). Die nicht-monosymptomatische Form bezieht sich auf zusätzlich vorliegende funktionelle Störungen wie Miktionsaufschub, Dyskoordination, verspannte und fraktionierte Miktion oder Dranginkontinenz. Eine nicht-monosymptomatische primäre Enuresis zielt also nicht auf komorbide psychische Störungen ab, obwohl die Enkopresis als weiteres Symptom einbezogen werden kann.

Enuresis diurna, also Einnässen während des Tages, tritt bei Mädchen häufiger als bei Jungen auf und verliert sich in der Regel nach dem neunten Lebensjahr. Das Einnässen erfolgt am ehesten am frühen Nachmittag an Schultagen, was verschiedene Gründe haben kann; so können soziale Ängste wie auch versunkenes Spielen oder schulisches Arbeiten zu einem Widerwillen führen, eine Toilette aufzusuchen.

Die *Enkopresis* kann sehr unterschiedliche Formen aufweisen und von gelegentlichen Kotschmieren in der Unterwäsche bis zum Einkoten großer Stuhlmengen reichen. Da das Problem für Eltern und Kind in der Regel sehr peinlich und schambesetzt ist, wird es nicht ohne weiteres offen benannt. Treten unspezifische oder nur leichte Symptome auf, so kann die Enkopresis von der Familie verkannt oder verschwiegen werden. Aus diesem Grund sollte bei nicht eindeutiger Symptomatik, besonders in Kombination mit einigen spezifischen anderen Störungen, eine Enkopresis in Erwägung gezogen und systematisch wie sensibel geprüft werden (vgl. Tab. 5 und Berger-Sallawitz, 1999).

Eine nicht-monosymptomatische Enkopresis tritt am häufigsten komorbid mit der Enuresis auf; auch die Kopplung mit Hyperkinese und Teilleistungsstörungen tritt auf. Hyperkinetische Kinder haben deshalb manchmal Enkopresisepisoden, weil sie den Füllungsdruck des Stuhls nicht früh oder intensiv genug wahrnehmen. Die komorbiden Störungen sind je nach primärer oder sekundärer Enkopresis verschieden. Bei der primären Form treten eher Entwicklungsverzögerungen und Enuresis komorbide auf. Bei der sekundären Enkopresis sind psychosoziale Anpassungsschwierigkeiten und Verhaltensprobleme wahrscheinlicher (Foreman & Thambirajah, 1996).

Die Enkopresis kann zwar jahrelang bestehen und sich zeitweise verschlimmern; sie wird jedoch selten chronisch. Häufig sind die Folgen für ein Kind und die Eltern-Kind-Interaktion schwerwiegend. Das Kind schämt sich oder ekelt sich manchmal vor sich selbst, und es erfährt nicht selten Hänseleien von Geschwistern oder Gleichaltrigen. Dies führt zur Vermeidung von bestimmten Situationen und Sozialkontakten, was Sekundärprobleme für die Sozialentwicklung mit sich bringen kann. Ein gestörtes positives Selbstwertgefühl tritt häufig auf, besonders hinsichtlich des Körperselbstbildes. Die Reaktionen der Eltern reichen von Hilflosigkeit und Verheimlichen der Symptomatik bis zu Verärgerung, Bestrafung, Mißhandlung und Ablehnung des Kindes. Die Auswirkungen dieser Elternreaktionen tragen zur Stabilisierung und Aufrechterhaltung der Störung bei.

Tabelle 5:
Spezifitätsgrad der Enkopresissymptome.

Grad des Spezifität der Symptome	Merkmale der Enkopresis	Zusätzliche Hinweise
unspezifisch	• rezidivierender Bauchschmerz • Übelkeit • Erbrechen • Appetitlosigkeit • Blässe • chronische Müdigkeit • Passivität und Initiativelosigkeit	• der Familie ist die Problematik „Enkopresis" nicht bewußt • die Familie kann leicht die Problematik leugnen • der Diagnostiker übersieht leicht eine „verdeckt" vorliegende Enkopresis
mäßig spezifisch	• Schmerzen beim Stuhlgang • Risse und Entzündungen der Haut im Analbereich • Blutabgang beim Stuhlgang • unvollständige Stuhlentleerung • wiederholte Harnwegsinfekte	• es gelten auch hier die Hinweise der unspezifischen Symptome
eindeutig spezifisch	• gelegentliche Kotschmieren in der Unterwäsche • scheinbarer Durchfall (= Überlaufkontinenz) • Verstopfung aufgrund von → Ernährungsgewohnheiten → körperlicher Disposition → Zurückhalten des Stuhls, z. B. aus Angst oder Ekel • Einkoten oder Absetzen großer, überliechender Fäzes an auffallenden Stellen	• Das gelegentliche Kotschmieren führt leicht zur Verwechslung mit mangelnder Analhygiene. • Beschmutzte oder eingekotete Wäsche wird häufig aus Scham vom Kind versteckt oder weggeworfen. • Das Absetzen von Stuhl an auffallenden Stellen kann mit komorbiden oppositionellen Trotzverhalten, Störung des Sozialverhaltens oder in Folge analer Masturbation auftreten.

3 Erklärungsansätze

Eine Reihe ätiologischer Faktoren sind mit der Enuresis verknüpft (vgl. Tab. 6), die Enkopresis eingeschlossen. Seitdem eine Diagnose von funktioneller Enuresis und Enkopresis beim Vorliegen organischer Ursachen ausgeschlossen wird, müssen diese Ursachen berücksichtigt und gründlich abgeschätzt werden.

3.1 Enuresis

In diesem Abschnitt werden verschiedene biologische und psychosoziale Faktoren zur Erklärung von Enuresis herangezogen.

3.1.1 Biologische Faktoren

Als biologische Komponenten werden erstens die *Blasenkapazität,* zweitens die *übermäßige nächtliche Harnausscheidung,* drittens die *Störung der Harnentleerung* und viertens *genetische Faktoren* betrachtet.

Bei der *Blasenkapazität* unterstellt man, daß die geringere Blasenkapazität, die man häufig bei einnässenden Kindern fand, als Ursache bedeutsam sei (Zaleski, Gerrard & Shokeir, 1973). In einer neueren Zusammenstellung von Richter und Goldschmidt (2001, S. 218) wird deutlich, daß bei der Enuresis mit Detrusorinstabilität (Instabilität der Blasenwandmuskulatur) die Blasenkapazität verringert ist. Die Muskulatur der Blasenwand kann durch ein Einhaltetraining (= Blasentraining) verbessert werden (vgl. Abschnitt 5).

Die Hypothese der *übermäßigen nächtlichen Harnausscheidung* geht davon aus, daß Enuresis durch ein erhöhtes nächtliches Harnvolumen (Polyurie) verursacht wird, das bis zu viermal die vorhandene Blasenkapazität überschreiten kann (von Gontard, 1998a). Die zu große nächtliche Harnproduktion wird durch einen nachts auftretenden Mangel an antidiuretischem Hormonen (ADH = Stoffe zur Hemmung der Wasserausscheidung aus der Niere) erklärt. Rittig, Knudsen, Norgaard, Pedersen und Djurhuus (1989) stellten bei gesunden Kindern – im Gegensatz zu einnässenden - fest, daß die Menge des antidiuretischem Hormons dazu beiträgt, daß wenig Urin produziert wird und sich die Harnkonzentration vergrößert. So verwundert es nicht, daß bei manchen Kindern eine Substitutionstherapie mit Desmopressin Erfolge zeigen kann (vgl. Abschnitt 5.1.1). Allerdings läßt sich der ADH-Mangel nicht generell nachweisen; und es ist davon auszugehen, daß wie bei der Blasenkapazitätshypothese auch die ADH-Mangel-Hypothese nicht ausreicht, für jedes Kind das Vorliegen einer Enuresis zu erklären.

Bei einer *Störung der Harnentleerung* entsteht die Enuresis aufgrund einer funktionellen Blasenentlee-

rungsstörung wie Dranginkontinenz, Harninkontinenz bei Miktionsaufschub, verspannter Miktion oder fraktionierter Miktion (vgl. Abschnitt 2.3). Auch diese biologischen Aspekte sind im Kontext einer multikausalen Erklärung zu sehen.

Die meisten Mütter stimmen nach Butler, Brewin und Forsythe (1986) darin überein, daß mit einem zu tiefen Schlaf das Einnässen ihres Kindes zu erklären sei. Nevéus, Läckgren, Stenberg und Hetta (1998) legten eine Studie zu enuretischen Schlafmustern vor. Es zeigte sich, daß Enuretiker im Vergleich zu nicht-enuretischen Kindern zwar einen „tieferen Schlaf" besitzen, aber andere Schlafprobleme dafür viel seltener auftreten (z. B. Einschlafstörungen, nächtliches Aufwachen, Alpträume). Kinder mit einer Enuresis weisen tatsächlich einen besonders tiefen Schlaf auf, wobei diese Schlaftiefe als mögliche biologische Ursache angesehen werden kann (Grosse, 1991). Allerdings ist die Schlafarchitektur von Kindern mit Enuresis nocturna unauffällig; Einnässen tritt in allen Schlafstadien auf, jedoch im ersten Drittel des gesamten Nachtschlafes am häufigsten; es gibt keine eindeutigen Traumzusammenhänge und dem Einnässen gehen keine spezifischen auffälligen EEG-Muster voraus (von Gontard, 1998a). Enuretische Kinder können im Vergleich zu nicht-einnässenden Kindern ein Wecksignal schwerer wahrnehmen, was durch eine zentralnervöse Reifungsstörung erklärt werden kann (von Gontard, 1998a).

Bei der Entwicklung der Enuresis wird eine *genetische Komponente* vermutet. Eine Reihe von Autoren berichten darüber, daß 50 bis 70 % der Kinder mit Enuresis Eltern oder nahe Verwandte haben, die ihrerseits das Einnäßproblem als Kinder aufwiesen (Gimpel, Warzak, Kuhn & Walburn, 1998; Mikkelsen et al., 1980). Das Risiko für ein Kind, an Enuresis zu erkranken, ist siebenmal größer, wenn der Vater über das vierte Lebensjahr hinaus Enuresis hatte; liegt diese Bedingung bei der Mutter vor, dann wächst das Risiko um das Fünffache (Järvelin, 1989). Diese Ergebnisse sollten dennoch mit Vorsicht interpretiert werden, da sich Umwelteinflüsse ebenso auf Familienstrukturen auswirken können. Um diesen Punkt abzuklären, wurden Zwillingsstudien durchgeführt. Bakwin (1973; vgl. auch von Gontard & Lehmkuhl, 1997) fand bei eineiigen Zwillingen eine Konkordanzrate von 68 %, bei zweieiigen Zwillingen von 36 %, so daß die Annahme einer genetischen Basis für Enuresis gestützt wird. Neue molekulargenetische Untersuchungen zeigen zwar auf, daß das ADH-Gen als Genort für die Enuresis nocturna ausgeschlossen werden kann, jedoch konnten Marker auf dem langen Arm des Chromosoms Nummer 8 und 12 gefunden werden (Hjälmas, 1998). In anderen molekulargenetischen Studien wurden Marker auf den Chromosomen 13q, 12q und 8q identifiziert (von Gontard, 1998a). Diese genetische Heterogenität bezüglich mindestens dreier „Genorte" findet seine Entsprechung in einer klinischen Heterogenität der Enuresis. Das bedeutet, daß die Subtypen der Enuresis mit allen drei Chromosomenintervallen („Genorten") kombiniert auftreten können (von Gontard, 1998a). Für den *Subtyp Enuresis nocturna* scheint festzustehen, daß sie keine psychosozial verursachte Störung darstellt, sondern vor allem durch Mutationen an unterschiedlichen „Genorten" bedingt ist, die sich als Entwicklungs- beziehungsweise Reifungsstörungen im ZNS manifestieren. Die ZNS-Reifungsstörung führt vermutlich zum nächtlichen ADH-Mangel und in der Folge zur Polyurie, aber ebenso zur schweren Erweckbarkeit und mangelnden Wahrnehmung der Blasenfüllung im Schlaf.

Immer wieder wurde die Frage gestellt, ob die beiden *Subtypen* der *primären* und *sekundären Enuresis nocturna* unabhängig voneinander zu betrachten sind, also jeweils eine Störung für sich darstellen. Für diese Annahme schienen Ergebnisse zu sprechen, die sowohl eine erhöhte Komorbidität mit psychischen Störungen als auch vermehrt auftretende kritische Lebensereignisse bei Kindern mit sekundärer Enuresis nocturna feststellten (Feehan, McGee, Stanton & Silva, 1990; Järvelin, Moilanen, Vikeväinen-Tervonen & Huttunen, 1990). Die neuen molekulargenetischen Ergebnisse legen jedoch den Schluß nahe, daß es sich nicht um zwei unterschiedliche Störungen handelt, sondern um *ein und dieselbe Störung* mit einem *weiten Spektrum*. Bei der primären Enuresis treten im Gegensatz zur sekundären kaum komorbide psychische Störungen auf; die sekundäre Enuresis kann durch kritische Lebensereignisse mitbedingt sein (vgl. Abb. 2). So wird aufgrund von *genetischen Faktoren* angenommen (Hjälmas, 1998; von Gontard, 1998a), daß diese im Falle der primären Enuresis nocturna für ein verspätetes Trockenwerden verantwortlich sind und im Falle der sekundären Enuresis nocturna eine Disposition zum Einnässen darstellen. Zugleich trägt auch ein verspätetes Trockenwerden zur Disposition einer sekundären Enuresis nocturna bei.

Mit einer groß angelegten epidemiologischen Studie aus Neuseeland konnte gezeigt werden, daß das Alter der ersten Blasenkontrollfähigkeit eine bedeutsame Rolle als Schutz- beziehungsweise Risikofaktor spielen kann (Fergusson et al., 1986). Wird ein Kind nach dem Alter von fünf Jahren trocken, so hat es im Vergleich zu einem Kind, das im Alter von drei Jahren die Blasenkontrolle erlernte, ein fast dreieinhalbfaches Risiko, eine sekundäre Enuresis nocturna zu entwickeln. Dieselbe Studie bestätigte auch, daß belastende Umweltfaktoren, und zwar ab vier und mehr kritischen Lebensereignissen, eine sekundäre Enuresis nocturna auslösen können. Dieser Tatbestand erhöht das Risiko um ungefähr das Zweieinhalbfache. Zu den belastenden Umweltfaktoren zählen auch komorbide psychische Störungen, die oftmals vor der sekundär ausgelösten Enuresis auftreten und bis ins Jugendalter fortbestehen können (Feehan et al., 1990). Eine sekundäre Enuresis kann durch kritische Lebensereignisse als auch komorbide Störungen ausgelöst werden (Järvelin et al., 1990).

Die dargestellten biologischen Faktoren sind ebenso heterogen wie das klinische Erscheinungsbild der Enuresis. Obwohl keine einfache und eindeutige Zuordnung von der Genetik über Körperprozesse bis zu den verschiedenen Enuresis-Phänomenen möglich und manches noch nicht einwandfrei geklärt ist, so läßt sich zumindest für die Subtypen primäre und sekundäre Enuresis nocturna feststellen: Die primäre Form zeigt eine geringe Komorbidität, insbesondere mit externalisierenden Störungen, und es treten wenige psychosoziale Risikofaktoren auf. Die sekundäre Enuresis nocturna geht mit einer hohen Rate von emotionalen Störungen und vielfältigen belastenden Lebensereignissen einher. Diese Zusammenhänge werden in Abbildung 2 in Anlehnung an von Gontard (1998a) verdeutlicht.

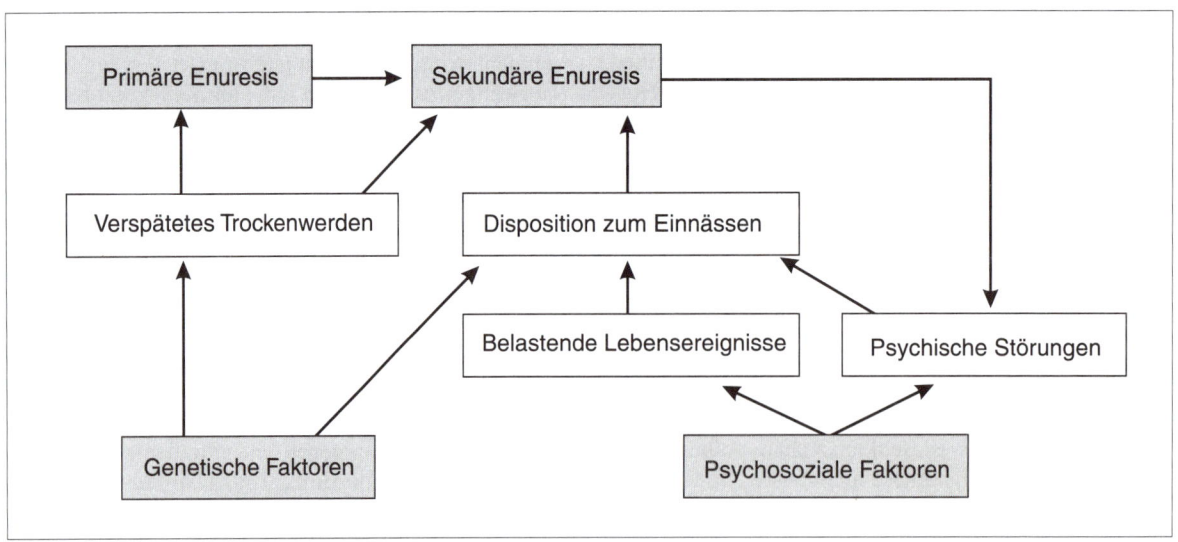

Abbildung 2:
Zusammenhänge zwischen primärer und sekundärer Enuresis (nach Gontard, 1998a, S. 72).

Entwicklungsrückstände eines Kindes, die mit ZNS-Reifungsstörungen im Zusammenhang stehen können, prägen unstrittig das Ausmaß der Blasenkontrollfähigkeit. Auswirkungen von Reifungsstörungen zeigen sich auch in anderen Entwicklungsbereichen. So verwundert ein gehäuft komorbides Auftreten von Enuresis bei einer verzögerten Sprachentwicklung und bei retardierten grobmotorischen Fertigkeiten nicht (Järvelin, 1989; vgl. auch Esser & Wyschkon in diesem Buch); ebenso gehäuft kommt Enuresis bei körper- und geistigbehinderten Kindern vor (vgl. Schmidt in diesem Buch).

3.1.2 Psychosoziale Faktoren

Eine Reihe von Studien zeigten, daß Kinder mit Enuresis häufiger *psychische Störungen* aufweisen als Kinder ohne Enuresis (Rutter, 1989). In der Studie von Mikkelsen et al. (1980) traten bei der Hälfte der Kinder, die einnäßten, auch psychische Störungen auf. Am häufigsten traten aggressives Verhalten, Überängstlichkeit und Aufmerksamkeitsstörungen mit Hyperaktivität auf. Werden einnässende Kinder mit Kontrollgruppen verglichen, dann weisen sie einen höheren Prozentsatz von Aufmerksamkeitsstörungen mit Hyperaktivität auf (Robson et al., 1997). Gemeinsam mit primärer nächtlicher Enuresis kann auch eine minimale cerebrale Dysfunktion auftreten (Lunsing, Hadders-Algra, Tou-

wen & Huisjes, 1991). Diese Symptomverknüpfung ist dann besonders eindeutig, wenn die Kinder aus der sozialen Unterschicht sowie aus Familien mit Einnäß-Tradition kommen und schließlich zudem Lern- und Verhaltensprobleme vorhanden sind. Diese Ergebnisse stehen scheinbar im Widerspruch zu den oben ausgeführten genetischen Faktoren (vgl. Abschnitt 3.1.1). Dies läßt sich dadurch auflösen, indem zwischen primärer und sekundärer Enuresis unterschieden wird. Wahrscheinlich sind sozial bedingte komorbide psychische Störungen wie oppositionelles, aggressives oder auch ängstliches Verhalten eine der möglichen Auslöser für eine sekundäre Enuresis auf der Basis einer genetischen Prädisposition. Neurologisch bedingte psychische Störungen, wie dies zum Beispiel bei manchen Hyperkineseformen der Fall zu sein scheint, können eher mit primärer Enuresis verknüpft auftreten.

Kinder mit Enuresis erfahren generell mehr *kritische Lebensereignisse* als Kinder, die keine Einnäß-Problematik haben (Haug-Schnabel, 1994; Järvelin et al., 1990; Rutter, 1989). Die Längsschnittuntersuchung, die Rutter (1989) auf der Isle of Wright durchführte, weist eine Häufung von Einnässen bei den Kindern auf, die psychosozialen Streß erfahren und die sozial benachteiligt sind. Eine Krankheit eines Elternteils, Trennung oder Scheidung der Eltern und häufiger Wohnortwechsel wurden als häufige kritische Ereig-

Tabelle 6:
Erklärungsansätze von Enuresis.

	Biologische Faktoren
• **Genetische Faktoren**	50 bis 70 % der Kinder mit Enuresis haben einen Verwandten ersten Grades, der Enuresis hatte oder hat; eine höhere Übereinstimmungsrate besteht bei eineiigen als bei zweieiigen Zwillingen.
• **Blasenkapazität**	Hierzu liegen keine gesicherten Ergebnisse vor.
• **Übermäßige nächtliche Harnausscheidung**	Der Mangel an antidiuretischem Hormon (ADH) führt zu einer so hohen Urinmenge, daß die normale Blasenkapazität überschritten wird.
• **Störung der Harnentleerung**	Die Blasenentleerung ist funktionell gestört, z. B. aufgrund fraktionierter oder aufgeschobener Miktion.
• **Schlaftiefe und Erwachen**	Tiefes Schlafen wird als Grund für das Bettnässen angenommen; neue Studien zeigen, daß Enuresis in jeder Schlafphase auftreten kann.
• **Entwicklungsverzögerungen**	Eine zentralnervöse Reifungsstörung beeinträchtigt die Entwicklung der Blasenkontrollfähigkeit; somit können Entwicklungsverzögerungen die Enuresisentstehung ebenso wie z. B. Sprach- oder motorische Störungen beeinflussen.
	Psychosoziale Faktoren
• **Psychische Störungen**	Psychische Störungen treten gekoppelt mehr bei Kindern mit als ohne Enuresis auf; es ist unklar, ob die Komorbidität ein zufälliges Phänomen ist oder die psychischen Störungen die Enuresis mitbedingen oder als sekundär zu betrachten sind.
• **Kritische Lebensereignisse**	Kinder mit Enuresis erleben mehr kritische Lebensereignisse als Kinder, die nicht einnässen. Jedoch ist hier auch keine Kausalität eindeutig belegbar.
	Eine begünstigende Funktion haben kritische Lebensereignisse am wahrscheinlichsten bei der sekundären Enuresis nocturna.

nisse bei einnässenden Kindern gefunden, besonders wenn es sich um psychisch auffällige Kinder mit Enuresis handelte (Mikkelsen et al., 1980).

In einer Übersicht von Butler (1998) wird darauf hingewiesen, daß kritische Lebensereignisse wie Disharmonie zwischen den Eltern, Scheidung der Eltern und frühe Trennung des Kindes von den Eltern mit einer sekundären Enuresis verknüpft sind. Haug-Schnabel (1994) betont eine enge Beziehung zwischen Bettnässen und alltäglichen belastenden Ereignissen (= „Kummertage"). Besondere, kritische Tagesereignisse können dazu führen, daß Bettnässen schlimmer wird; hingegen sind trockene Nächte an die Ferienzeit gekoppelt oder an eine Zeit, zu der sich ein Kind nicht zu Hause aufhält. Obwohl all diese Studien einen Zusammenhang zwischen belastenden Lebens- und Alltagsereignissen und Enuresis nahelegen, konnte eine kausale Verursachung nicht nachgewiesen werden (vgl. Tab. 6 und Abb. 2).

3.2 Enkopresis

Analog der Enuresis werden zwei Ursachenbereiche betrachtet, zum einen biologische Faktoren, zum anderen psychosoziale Komponenten.

3.2.1 Biologische Faktoren

Bei Enkopresis wurden Beeinträchtigungen im Dickdarmbereich festgestellt. Nach Loening-Baukke (1996) benötigen Kinder mit Enkopresis eine größere Stuhlmenge, also ein größeres Enddarmvolumen, um die Ausdehnung sowohl bei anfänglichem als auch starkem Stuhldrang überhaupt zu spüren. Viele Kinder mit Enkopresis verstärken während der Ausscheidung die Kontraktion des äußeren Afterschließmuskels und die Aktivität des Beckenbodens, gesunde Kinder hingegen verringern die Kontraktion. Diese pathologische Kontraktion und die reduzierte Entspannung des inneren Sphinkters könnten das Zurückhalten des Stuhlgangs bedingen. Ferner ermöglicht die Ausdehnung des Enddarms bei vielen Kindern mit Enkopresis keinen maximalen willkürlichen Sphinkterdruck, der jedoch für die Darmentleerung wichtig ist (Trott, Friese, Wirth & Nissen, 1994). Das erweiterte Enddarmvolumen ist wahrscheinlich Folge des häufigen und übermäßigen Zurückhaltens vom Stuhl. Die harte Kotsäule drückt immer stärker auf den Schließmuskel und erzeugt dort und am Beckenboden eine Daueranspannung. Der ständige Darmdruck führt zu einem Verlust der Körperwahrnehmung im Enddarm; vor allem bei Entspannung tritt dann ein unwillkürliches Einkoten auf. Luxem und Chri-

stophersen (1997) weisen darauf hin, daß Kinder auf diese Weise allmählich ihre Darmsensitivität und ihre Darmkontrolle verlieren.

3.2.2 Psychosoziale Faktoren

Eine zu strenge und zu frühe Sauberkeitserziehung stellt genauso einen Risikofaktor dar, wie der Einsatz von Strafen, wenn das Kind zu Beginn der Sauberkeitserziehung Mißerfolge erlebt. Auch andere psychosoziale Faktoren können bei einem Kind Angst vor dem Toilettengang auslösen; so scheuen sich manche Kinder, nach der Toilette zu fragen. Es kann auch zu Problemen kommen, wenn die Toilette nur zu festgelegten Zeiten aufgesucht werden kann (z. B. während einer Pause). Manche Kinder sind auch so stark in Aktivitäten (z. B. ein Spiel) vertieft, daß sie den Gang zur Toilette vergessen. In einigen Fällen meiden Kinder aus Ekelgefühlen das Aufsuchen einer Toilette, da zum Beispiel öffentliche Toiletten penetrant riechen und/oder sehr verschmutzt sind. Besonders häufig machen ältere Kinder solche Erfahrungen im Rahmen von Freizeitaktivitäten (z. B. Freizeit- oder Klassenfahrten). Dieses Ekelgefühl kann zum übermäßigen Zurückhalten des Stuhls und in der Folge zu Darmproblemen führen. Solche Darmprobleme können darin bestehen, daß das vermehrte Stuhlvolumen den Enddarm erweitert (vgl. die biologischen Faktoren).

Kritische Lebensereignisse kommen bei Kindern mit Enkopresis häufig vor, vor allem wenn eine sekundäre

Tabelle 7:
Risikofaktoren für die Entstehung einer chronischen Verstopfung und Enkopresis (modifiziert nach Loening-Baucke, 1996).

Stufe 1: Kleinkindalter
• einfache Verstopfung
• schmerzhafter oder schwieriger Stuhlgang (z. B. wegen Rissen in der Haut im Analbereich)
• frühe Dickdarmträgheit
• voreiliger Einsatz von Abführmittel
Stufe 2: Kinder der Altersgruppe von zwei bis fünf Jahren
• übermäßig strenge oder zu frühe Sauberkeitserziehung
• Angst vor dem Toilettengang
• schmerzhafter oder schwieriger Stuhlgang
• Vertieftsein in andere Tätigkeiten
Stufe 3: Grundschulalter
• Meiden der Toiletten in der Schule
• schmerzhafter oder schwieriger Stuhlgang
• chronische oder akute Schleimhautentzündung des Magen-Darm-Traktes
• Toiletten sind nicht sofort verfügbar

Enkopresis vorliegt (Levine, 1975). Verschiedene Autoren (Krisch, 1985) berichten über die Verknüpfung von Enkopresis und sexuellem Mißbrauch, vor allem, wenn die Kinder anal mißbraucht wurden. Solche spekulativen Aussagen konnten jedoch von neueren Übersichten nicht bestätigt werden (Bretz, Bodenstein & Petermann, 1994).

Erst seit kurzem wird die Enkopresis unter einer biopsychosozialen Entwicklungsperspektive diskutiert (vgl. Loening-Baucke, 1992; 1996). Tabelle 6 gibt eine Übersicht über einige biologische und psychosoziale Risikofaktoren, die alle mit einer Enkopresis verknüpft sein können. Im einzelnen handelt es sich beispielsweise um körperliche Krankheiten (z. B. Darmerkrankungen), übermäßige Anforderungen der Eltern beim „Sauberwerden" oder medizinische Maßnahmen bei einfachen Darmproblemen (z. B. voreiliger Einsatz von Abführmitteln).

4 Diagnostik

4.1 Enuresis

Gerade im sensiblen Bereich der Ausscheidungsstörungen sind die Belastungen, die mit den verschiedenen diagnostischen Schritten verbunden sind, so gering wie möglich zu halten. Trotzdem muß eine Diagnosestellung so umfassend durchgeführt werden, daß die notwendigen differentialdiagnostischen Abklärungen möglich sind, da ansonsten ein falscher Therapieansatz gewählt wird.

Sowohl bei der Enuresis als auch bei der Enkopresis sind vier diagnostische Wege zu beschreiten:

- Erhebung der **Anamnese** bezüglich des Kindes sowie der Familie, um die Symptomatik beim Kind sowie deren familiäres Auftreten zu klären und um bisherige Problemlösungen der Familie zu erfahren;
- verschiedene **körperliche Untersuchungen**, um organische Komponenten und eventuell vorliegende Ursachen festzustellen;
- **psychologische Abklärungen**, um den kognitiven Entwicklungsstand und komorbide Störungen sowie psychosoziale Folgen und Beeinträchtigungen zu erkennen und
- Erhebung von Informationen zur **Verhaltensanalyse** und um die Einstellung der Eltern gegenüber ihrem Kind und seiner Störung einzuschätzen.

Bei der Erhebung der *Anamnese* muß ein vertraulicher und einfühlsamer Gesprächsstil realisiert und zugleich sehr strukturiert vorgegangen werden, um alle relevanten Informationen vollständig zu erhalten. Sie umfassen die Informationen im Kasten 1.

Kasten 1:
Themen einer Enuresis-Anamnese (nach Richter & Goldschmidt, 2001).

1. Form und Vorkommen der Symptomatik inner- und außerhalb der Familie (z. B. Häufigkeit des Einnässens am Tag und/oder in der Nacht).
2. Phasen des Trockenseins und Verlauf, das heißt Verbesserung und Verschlechterung der Symptomatik.
3. Symptomspezifische, auf urologische Störungen hinweisende Informationen wie:
   - Häufigkeit des Harnlassens,
   - Häufigkeit und Intensität des Harndrangs,
   - Zeitpunkte des Harnlassens über Tag und nachts,
   - Schmerzen während des Harnlassens,
   - Harnwegsinfekte und
   - Harnträufeln während und nach dem Harnlassen.
4. Rituale vor, während und nach dem Harnlassen.
5. Belastetheit der Familie durch das Einnässen.
6. Bisherige Behandlungsversuche und deren Erfolg beziehungsweise Mißerfolg.

Zur Erfassung der Miktionsgewohnheiten liegt ein gut einsetzbarer, systematischer Fragebogen von Olbing (1993) vor, der beispielsweise Fragen enthält wie „Ist das Bettzeug triefend naß? – feucht? – abwechselnd feucht und naß?" oder „Muß Ihr Kind während des Wasserlassen anhaltend pressen?". Die Fragen sollen von den Eltern mit „Ja", „Nein" oder „Weiß nicht" beantwortet werden (vgl. Richter & Goldschmidt, 2001, S. 221).

Bei der *psychologischen Abklärung* wird der kognitive und sozial-emotionale Entwicklungszustand des Kindes erhoben. Standardgemäß sollte ein Intelligenztest (z. B. K-ABC oder AID) mit dem Kind durchgeführt sowie seine Beziehungen zu den Eltern, Geschwistern und Freunden festgestellt werden. Die Situation im Kindergarten beziehungsweise Schulleistungsprobleme sind zu erfassen. Diese Diagnostik soll einen Entwicklungsrückstand oder Hirnfunktionsstörungen ausschließen. Weiter ist in diesem diagnostischen Bereich abzuklären, ob die Kriterien für eine weitere psychische Störung erfüllt sind und in welchem Zusammenhang diese komorbiden Störungen zur Enuresis stehen, das heißt, ob sie auslösende, nachfolgende oder eigenständige Phänomene darstellen. Insbesondere ist auch an das häufig gemeinsame Auftreten von Enuresis mit Enkopresis zu denken.

Zur *Verhaltensanalyse* gehört die Erfassung dreier Themenbereich: *Erstens* Informationen, die direkt mit der Symptomatik im Zusammenhang stehen, wie Häufigkeit und Zeitpunkt des Einnässens, Ort des Schlafplatzes, der Toilette, des Bades und situativ auslösende Faktoren in Familie, Schule und Freizeit. *Zweitens* Informationen, die sich auf die Eltern-Kind-Interaktion und das Erziehungsverhalten der Eltern beziehen, aber auch Einstellungen der Eltern gegenüber ihrem Kind, seiner Symptomatik und damit zusammenhängende Krankheitskonzepte umfassen. Auch Einstellungen und Verhaltensweisen des Kindes, das heißt die Bewertung der Störung und der bisherigen Behandlungsmaßnahmen, sind bedeutsam. *Drittens* Informationen darüber, ob kritische Lebensereignisse auftraten, die möglicherweise mit dem Beginn einer sekundären Enuresis verbunden sein können.

4.2 Enkopresis

Bei der *Anamnese* kann man verfahren wie bei der Enuresis. Spezifische Punkte, die Berücksichtigung finden müssen, betreffen:

- die Sauberkeitserziehung,
- Phasen und zusammenhängende Zeitdauer von Nicht-Einkoten und Nicht-Kotschmieren,
- Neigung zur Verstopfung sowohl beim Kind als auch bei anderen Familienmitgliedern sowie
- symptombezogene Informationen, und zwar
  - Stuhlganggewohnheiten sowie Toilettenrituale bezüglich Regelmäßigkeit, Länge der „Sitzungen", Zeitpunkt im Tagesablauf beziehungsweise nach welcher Mahlzeit und begleitende Beschäftigungen (z. B. Lesen),
  - Art der Ernährung,
  - Menge und Art der Flüssigkeitsaufnahme und
  - Bewegung beziehungsweise Ausmaß körperlicher Aktivitäten;
- früheres und/oder aktuelles Einkoten bei einem weiteren Familienmitglied.

Die *medizinische Abklärung* der Enkopresis stellt eine besonders belastende und schamauslösende Angelegenheit dar. *Rektaluntersuchungen* sollen so wenig wie möglich und *analinvasive Maßnahmen* nur in „Notfallsituationen" durchgeführt werden. Solche *Notsituationen* bestehen einmal bei akuten Bauchschmerzsymptomen und einmal, wenn eine zuverlässig durchgeführte Therapie nach drei bis sechs Monaten keine Erfolge bringt.

Mit einer medizinischen Diagnostik soll geklärt werden, ob

- eine Obstipation vorliegt und
- welchen Schweregrad diese aufweist,
- ein funktiontionelles Megacolon gegeben ist,
- es sich beim Abgang dünnflüssigen Stuhls um eine Überlaufinkontinenz oder um Diarrhoe (Durchfall) handelt,
- eine Verengung (Stenose) des Rektums oder Anus vorliegt,
- eine Hirschsprungsche sowie
- muskuläre Erkrankung vorliegt und schließlich
- endokrine Abweichungen ausgeschlossen werden können.

Bei diesen medizinisch-diagnostischen Untersuchungen liegen Belastung und Nutzen nah beieinander. Neben *Inspektion* und „*tastenden*" *Maßnahmen* des Bauch- und Analbereiches kann eine rektale Manometrie aufschlußreich sein. Mit ihr kann die Sphinkter-Koordinationsfähigkeit, die Wahrnehmungsfähigkeit des Rektums, der rektoanale Reflex, das heißt die Entspannungsfähigkeit des inneren Sphinkters, der maximal mögliche willkürliche Sphinkterdruck und der Ruhetonus festgestellt werden. Zur Durchführung dieser Untersuchung wird dem Patienten eine Sonde mit einem aufblasbaren Ballon an einem Ende in das Rektum eingeführt (Trott et. al., 1994). Ein Colonkontrasteinlauf, Rektumschleimhautbiopsie sowie weitere analvasive Maßnahmen sollten den genannten Notfallsituationen vorbehalten bleiben, zumal sie oftmals für den therapeutischen Nutzen einer Enkopresis-Behandlung keinen diagnostischen Wert besitzen (Berger-Sallawitz, 1999; Krisch, 1985).

Bei *psychologischen Untersuchungen* eines Kindes mit Enkopresis und der *Verhaltensanalyse* kann man sich an den Ausführungen zur Enuresis orientieren. Von besonderer Bedeutung in diesem Kontext ist, die Krankheitseinsicht und die Krankheitskonzepte des betroffenen Kindes und seiner Familie herauszuarbeiten sowie die Folgen für die Qualität der Eltern-Kind-Beziehung und für die sozial-emotionale Entwicklung einzuschätzen. Das häufig kombinierte Auftreten von Enkopresis mit Enuresis ist zu beachten.

5 Interventionsverfahren

Die Interventionsverfahren sollen in pharmakologische und psychologische Methoden eingeteilt werden. Die Entscheidung für oder gegen eine Behandlungsmethode wird stark davon bestimmt, welche Ursachen man für die Entwicklung und Aufrechterhaltung der Enuresis und Enkopresis annimmt.

5.1 Enuresis

5.1.1 Pharmakotherapie

Im Regelfall werden einnässende Kinder zunächst dem Kinderarzt vorgestellt. Diese Kinder erhalten meistens eine pharmakologische Behandlung (vgl. Olbing, 1993). Zur Behandlung werden in den meisten Fällen Psychopharmaka eingesetzt, vorwiegend Imipramin (Tofranil) und Desmopressin-Azetat (Minirin).

- **Imipramin.** Obwohl Imipramin das am häufigsten eingesetzte Medikament bei der Enuresis-Behandlung ist, konnte die Wirkungsweise bislang nicht geklärt werden. Imipramin ist ein bekanntes Antidepressivum und besitzt einen anticholinergen Effekt, der die Harnausscheidung der Blase hemmt. Weiterhin stimuliert Imipramin den harnaustreibenden Muskel (Detrusor) und trägt zur Kontraktion der Harnblase bei (vgl. Richter & Goldschmidt, 2001).

  Zwischen 10 bis 50 % der Kinder, die mit Imipramin behandelt werden, erreichen das Behandlungsziel. Wird Imipramin ausgeblendet, dann treten bei sehr vielen Kindern Rückfälle auf (vgl. Richter & Goldschmidt, 2001). Einige Kinder verbessern sich zu Beginn der Behandlung, jedoch tritt nach einer Phase von zwei bis sechs Wochen ein Gewöhnungseffekt auf. Bei einer Dosissteigerung können sich vielfältige und folgenschwere Nebeneffekte einstellen (z. B. Reizbarkeit, Mundtrockenheit, Kopfschmerzen, erhöhte Herzrate; Gimpel et al., 1998). Nach dem heutigen Erkenntnisstand kann die Behandlung mit Imipramin als überholt gelten.

- **Desmopressin-Azetat.** Dieses Medikament wirkt auf die Niere ein, vermindert die nächtliche Urinproduktion und verringert dadurch die Harnausscheidung während der Nacht (von Gontard, 1998b). Ähnlich wie beim Imipramin wird das Bettnässen selten völlig verschwinden. Houts (1991) belegt zwar, daß während der Behandlung das Bettnässen deutlich reduziert werden kann, aber bei einer Nachkontrolle – nachdem das Medikament abgesetzt wurde – näßten 46 bis 100 % der Patienten wieder ein. Zur Zeit sind beim Desmopressin-Azetat kaum Nebenwirkungen bekannt.

5.1.2 Psychologische Methoden

Die Behandlungsansätze untergliedern sich nach Vorgehensweisen, die sich auf die Familie sowie auf kindspezifische Angebote beziehen. Jede kindbezogene Methode muß mit den Eltern beziehungsweise der Familie genau besprochen werden (vgl. Petermann & Borg-Laufs, 2000); vielfach kann man der Familie das Management – nach einer solchen Aufklärung – übertragen (vgl. Mellon & Houts, 1998).

- **Familienbezogene Intervention.** Bevor eine kindzentrierte Behandlung beginnen kann, müssen die Vorstellungen über und die Einstellungen zu der Enuresis bei allen Familienmitgliedern abgeklärt werden. Bei einer chronischen Belastung, wie dem nächtlichen Einnässen, sind alle Familienmitglieder betroffen; das heißt, das Familienleben und Freizeitverhalten eines Kindes ist eingeschränkt. So sind bestimmte Sozialkontakte (z. B. das Übernachten bei Freunden) sowie Schul- und Ferienfreizeiten kaum möglich, da die Problematik verheimlicht wird und das Zusammenleben mit anderen betroffen ist (vgl. Butler, 1997). Das Selbstbild der Kinder ist negativ (vgl. Hägglöf, Andrén, Berström, Marklund & Wendelius, 1998); die Einstellung vieler Eltern gegenüber ihren einnässenden Kindern ist ablehnend, resigniert und /oder ambivalent (vgl. Morrison, 1998). Die familienbezogenen Interventionsschritte sollten die in Kasten 2 angesprochenen Elemente umfassen.

Kasten 2:
Elemente einer familienbezogenen Intervention.

Zur Vorbereitung einer familienbezogenen Intervention müssen Faktoren sorgfältig abgeklärt werden, die den Behandlungserfolg, seine Stabilität und gegebenenfalls einen vorzeitigen Therapieabbruch beeinflussen. Die Wahl eines Behandlungansatzes wird durch familiäre Kontextbedingungen, wie das Vorhandensein eines Einzelzimmers und ähnliches bestimmt. Da das Thema Schamgefühle bei den Familienmitgliedern auslöst, muß dem schrittweisen Aufbau einer therapeutischen Beziehung besondere Bedeutung zukommen (vgl. Petermann, 1996; Quaschner & Mattejat, 1997). Im **Erstkontakt** mit der Familie sollten folgende Aspekte beachtet werden:
- Exploration der **bisherigen Behandlungsversuche** und der erzielten Erfolge.
- **Bewertung der Enuresis** als unveränderbar, als vorübergehend oder Bösartigkeit des Kindes gegenüber der Familie (= Störungskonzept der Familie).
- **Einstellungen zum Einnässen** (vgl. Fragebogen von Grosse, 1991, S. 33f; z. B. Fragen der Art „Es ist lästig, wegen eines einnässenden Kindes nachts aufzustehen." oder „Ein Bettnässer darf nach 17 Uhr nichts mehr trinken, damit er trocken bleibt.").
- **Fragen zur Sauberkeitserziehung** (wann, mit welchen Mitteln).

- **Erwartungen an die Therapie** (z. B. Bereitschaft zur aktiven Mitarbeit; Hoffnung auf ein Wundermittel, neue Medikamente).
- Erfragen von **familiären Regeln und Ritualen** (z. B. Einschlaf-Rituale).
- Erfragen der **emotionalen Lage der Familienmitglieder** (z. B. Verärgerung und Verzweiflung der Mutter; vgl. Butler et al., 1998).

Im Verlauf der **weiteren familienbezogenen Intervention** sind folgende Themen wichtig:
- **Herausarbeitung des Leidensdruckes** des Kindes und der Familie.
- Informationen und Rückmeldung zur **kindbezogenen Therapie** (z. B. Einsatz und Fortschritte mit dem Klingelapparat).
- **Thematisieren von Familien- beziehungsweise Ehekonflikten**, die sich als Folge des Einnässens entwickelt haben.
- Unterstützung von **Aktivitäten des Kindes außerhalb der Familie** (z. B. Übernachten bei Freunden, Schulfreizeiten).
- Auffordern und Ermutigen der Eltern, auch **kleine Fortschritte zu loben** und die Eigenverantwortlichkeit des Kindes im Kontext des Enuresis-Managements unterstützen.
- **Hilfen bei Rückschlägen beziehungsweise Mißerfolgen.**

- **Kindbezogene Interventionen.** Die zweifelsfrei am besten untersuchte und am häufigsten angewandte Methode bildet der Klingelapparat (Klingelhose). Das sogenannte Dry-Bed-Training und das Breitband-Training kombinieren verschiedene Methoden (z. B. den Klingelapparat, das Einhaltetraining, Verhaltensübungen).

Klingelapparat. Die Idee zum Klingelapparat stammt ursprünglich von Pflaunder aus dem 19. Jahrhundert, und sie wurde von Mowrer und Mowrer (1938) populär gemacht. Beim Klingelapparat wird zwischen einem Kontaktkissen (vgl. Kasten 2) und einem Signalgeber (Wecker) eine Verbindung hergestellt. Der Klingelapparat kann als Klingelmatte, die im Bett des Kindes liegt, oder als Klingelhose angewandt werden. Die Klingelhose weist einige technische Vorteile auf (vgl. Stegat, 1996) und reagiert bereits auf kleinste Mengen Urin. Im weiteren Text und im Kasten 3 wird deshalb vor allem auf die Klingelhose Bezug genommen.

Wird die Klingelhose feucht, so wird der Kontakt geschlossen, der das Signal ertönen läßt, wodurch das Kind erwacht. Das Kind geht dann zur Toilette und beendet das Harnlassen. Es kehrt zum Bett zurück, wechselt das Bettuch und stellt die Startbedingungen des Klingelapparates wieder her. Während der gesamten Behandlungsdauer wird folgendes registriert:

- Anzahl der trockenen Nächte,
- Anzahl des Einnässens pro Nacht,

Kasten 3:
Apparative Verhaltenstherapie: Die Klingelhose (nach Stegat, 1996).

Ein Meßfühler, der austretende Harnflüssigkeit anzeigt, wird vor der Harnröhrenöffnung in einer Unterhose befestigt. Der Gurt, in dem sich die Zuleitung zum Signalgeber befindet, wird in der Unterhose mit Druckknöpfen befestigt. Tritt Harnflüssigkeit aus, ertönt das Signal und das Kind wacht auf.

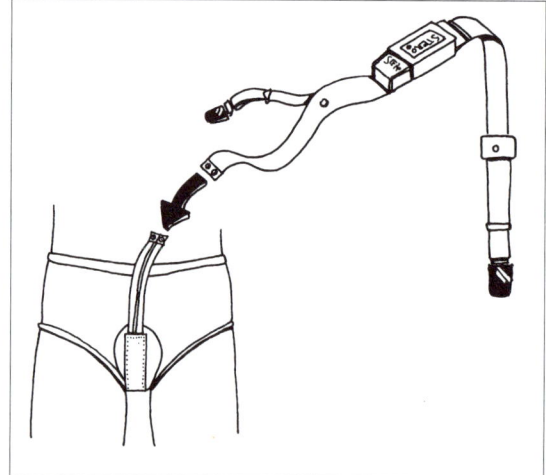

Abbildung 3:
Illustration der Klingelhose.

Das Signal hilft dem Kind, den Harndrang besser wahrzunehmen, die Miktion zu unterbrechen und eine Handlung einzuleiten. Da das ertönende Signal erst mit einem Schlüssel abgestellt werden kann, der sich auf der Toilette befindet, muß das Kind aufstehen und zur Toilette gehen. Der Wegfall des unangenehmen Reizes, also des lauten und lästigen Weckersignals, stellt eine **negative Verstärkung** dar. Das Lob der Eltern nach einem solchen „Durchgang" bildet eine **positive Verstärkung**.

- Zeitpunkt des Einnässens und
- Durchmesser des feuchten Flecks auf dem Bettuch.

In einer Literaturübersicht gibt Moffatt (1997) an, daß sich bei 66 % der Kinder, die an einer Behandlung von mindestens vier Wochen teilnahmen, positive Effekte einstellten; diese Effekte konnten durch Zusatzmaßnahmen auf 76 % gesteigert werden (s. u.). Die ursprüngliche Erklärung für den großen Erfolg des Klingelapparates wurde auf dem Hintergrund des klassischen Konditionierens vorgenommen (vgl. Mowrer & Mowrer, 1938). Durch die Kombination mit einem unkonditionierten Reiz (= Signalton) baut der konditionierte Reiz (= Wahrnehmung der vollen Harnblase und beginnenden Miktion) allmählich die Fähigkeit auf, bei Harndrang in der Nacht aufzuwachen. Den Erfolg des Vorgehens kann man jedoch auch operant erklären, da das Klingeln des Weckers und das nachfolgende Aufwachen eine *unangenehme Konsequenz* darstellen, die nur verhindert werden kann, wenn gelernt wird, nicht mehr während der Nacht einzunässen.

Obwohl der Klingelapparat sehr effektiv ist, kann man den Zeitaufwand der Methode kritisieren. Die Methode erfordert eine professionelle Anleitung sowie vom Kind und seinen Eltern Geduld und Ausdauer. Sie stellt für die gesamte Familie zudem eine große Belastung dar, da besonders beim anfänglichen Einsatz des Klingelapparates alle Familienmitglieder aufwachen, das betreffende Kind oftmals ausgenommen. Bollard (1982) weist darauf hin, daß 40 % der einnässenden Kinder im Zeitraum eines Jahres nach der Behandlung rückfällig werden und erneut behandelt werden müssen (vgl. auch Moffatt, 1997). Die hohe Rückfallrate führte dazu, daß zusätzlich zwei Methoden zur Verbesserung des Vorgehens eingesetzt wurden: *Überlernen und intermittierende Verstärkungspläne.*

- **Überlernen** ist bei Kindern einsetzbar, die schon in einem gewissen Umfang durch den Einsatz des Klingelapparates trocken sind (z. B. in 14 aufeinanderfolgenden Nächten). Die Kinder sollen eine Stunde vor dem Zubettgehen eine große Menge trinken und weiterhin den Klingelapparat benutzen (vgl. Moffatt, 1997). Dieses Vorgehen wird solange fortgesetzt, bis das Kind konstant nachts trocken bleibt und das gelernte Verhalten nicht wieder gelöscht werden kann. Zwei Prinzipien tragen dazu bei, daß sich die Rückfälle reduzieren: **Erstens** wird durch das Zurückhalten des Urins vor der Leerung die Blasenkapazität verbessert; **zweitens** wird das Kind dadurch bekräftigt, daß es nachts die Blase kontrollieren kann.
- Bei **intermittierenden Verstärkungsplänen** wird der Klingelapparat in Abhängigkeit der Menge der Harnentleerung eingesetzt. Gerade eine intermittierende, also nicht-kontinuierliche Verstärkung, hat besonders stabilisierende Effekte, da das verstärkte Verhalten löschungsresistent wird. Bei diesem Vorgehen wird das Urinieren einer ausreichend großen Menge in die Toilette dadurch verstärkt, daß das unangenehme Wecksignal nicht erfolgt. Es handelt sich also um eine negative Verstärkung, die von der entleerten Harnmenge abhängig ist; insofern steuert ein Kind die intermittierende Verstärkung selbst.

Moffatt (1997) weist darauf hin, daß Überlernen und intermittierende Verstärkungspläne im Vergleich zur Anwendung des alleinigen Klingelapparates die Rückfallrate senken. Integriert man zudem ein *Einhaltetraining,* erhöht sich der Erfolg um 10 %. Allerdings erhöht sich damit der Zeitaufwand, der nötig ist, um Trockenheit zu erreichen.

Einhaltetraining (= Blasentraining). Mit dem Vorgehen wird versucht, das einnässende Kind zu trainieren, den Urin über längere Zeiträume zurückzuhalten, nachdem es einen Harndrang verspürt. Die Methode basiert auf dem Befund, daß einnässende Kinder eine zu geringe Blasenkapazität besitzen (vgl. Zaleski et al., 1973); aus diesem Grund müssen einnässende Kinder häufiger, aber geringere Mengen Urin lassen als gesunde Kinder. Das *Einhaltetraining* soll nach Kimmel und Kimmel (1970) die Blasenkapazität stärken und das Bettnässen verringern.

Die Trainingssitzung wird damit begonnen, das Kind auf die Toilette zu schicken und es soll – wenn möglich – Harn lassen. Wenn es zurückkommt, gibt man ihm einen halben Liter Flüssigkeit zu trinken und ermutigt es, den Toilettengang so lange wie möglich aufzuschieben. Wenn das Kind die Harnleerung nicht mehr aufschieben kann, dann erlaubt man ihm, auf die Toilette zu gehen und bittet darum, den Urin in einem Meßbecher aufzufangen. Jede erfolgreiche Verzögerung des Harnlassens wird von den Eltern gelobt. Diese Methode bewirkt allerdings lediglich die Zunahme der Blasenkapazität.

Dry-Bed-Training. Dieser Ansatz geht davon aus, daß Enuresis aufgrund ungünstiger psychosozialer Faktoren gelernt ist und sich auf dem Hintergrund verschiedener Faktoren entwickelt (Azrin, Sneed & Foxx, 1974): Mangelnde Fähigkeit, das Harnlassen zu kontrollieren, eine unzureichende Motivation, trocken zu werden und die mangelnde Anstrengung, das Bettnässen aufzugeben. Bei der Behandlung spielen soziale und motivationale Faktoren eine ebenso wichtige Rolle wie das Beherrschen der Blasen- und Darmtätigkeit selbst. Mit großer Konsequenz wird angemessenes Verhalten, wie Trockensein während der Nacht und der nächtliche Toilettengang, positiv verstärkt und ein negativer Verstärker sofort nach dem Einnässen angewandt.

Das Dry-Bed-Training setzt den Klingelapparat, Weckpläne, Einhaltetraining, Verhaltensübung und Reinlichkeitstraining kombiniert ein:

- Der *Klingelapparat* soll das Kind dazu veranlassen, trocken zu werden.
- Der *Weckplan* ist so gestaltet, daß er dem Kind helfen soll, leicht aus dem Schlaf aufzuwachen.
- Im *Einhaltetraining* wird das Kind aufgefordert, eine immer größere Menge zu trinken und dann das Harnlassen hinauszuzögern.
- Durch *Verhaltensübung und Reinlichkeitstraining* sollen mittels wiederholtem Üben im Intensiv-Training sowie nach dem Einnässen angemessenes Toiletten- und Sauberkeitsverhalten stabilisiert werden. Zur *Verhaltensübung* liegt das Kind im Bett, zählt leise soweit es innerhalb einer Minute kommt, geht dann zur Toilette und versucht, Harn zu lassen. Danach legt sich das Kind wieder ins Bett, und der Vorgang wird viermal wiederholt. Nach jedem Einnässen muß das Kind dies zwanzig Mal hinterein-

ander wiederholen. Beim *Reinlichkeitstraining* muß das Kind den Pyjama wechseln, das nasse Bettuch abziehen und zur Wäsche legen. Es wird danach aufgefordert, sein Bett mit einem sauberen Bettuch zu beziehen und den Klingelapparat wieder anzustellen (vgl. Moffatt, 1997).

Tabelle 8 beschreibt die Stufen genauer, in denen das Dry-Bed-Training durchgeführt wird.

Tabelle 8:
Dry-Bed-Training.

1. Intensiv-Training (nur in der ersten Nacht)

a) Zu-Bett-geh-Zeit
- Dem Kind wird die Maßnahme beschrieben, und es wird aufgefordert, etwas zu trinken.
- Der Klingelapparat wird installiert.

b) Einsatz des Weckplans
- Die Eltern wecken ihr Kind das erste Mal nach einer halben und anschließend nach jeder vollen Stunde auf und weisen auf die Toilette hin. Gibt das Kind an, daß es den Urin noch eine Stunde zurückhalten kann, wird es für seine Blasenkontrolle gelobt; muß es Harnlassen, geht das Kind auf die Toilette und wird für den korrekten Toilettengang gelobt.
- Am Bett wird das Kind dann für das trockene Bettuch bekräftigt und dazu ermutigt, es auch weiter trocken zu halten. Vor dem Einschlafen erhält es ein weiteres Getränk. Der gesamte Vorgang wird stündlich wiederholt.

c) Eintreten des Bettnässens
- Tritt das Bettnässen auf, wird das Kind ermahnt und zur Toilette geschickt, um das Harnlassen zu beenden.
- Nachdem das Kind an das Bett zurückgekommen ist, muß es das Reinlichkeitstraining und die Verhaltensübungen fünfmal durchführen.

2. Kontrolle des Trainingseffektes
(ab der zweiten Nacht) mit einem Weckplan

- Das Kind wird zwei Stunden, nachdem es ins Bett ging, geweckt und aufgefordert, zur Toilette zu gehen, um Harn zu lassen.
- Nach jeder „trockenen Nacht" wird das Kind 30 Minuten früher aufgeweckt und zur Toilette geschickt.
- Das nächtliche Aufwecken wird beendet, wenn das Intervall zwischen dem Einschlafen und der vorgegebenen Weckzeit eine Stunde beträgt. Tritt das Einnässen innerhalb einer Woche zweimal auf, dann wird der Weckplan wiederholt.
- Tritt Einnässen in einer Nacht auf, dann wird das Kind aufgefordert, das Reinlichkeitstraining und die Verhaltensübung fünfmal durchzuführen.

3. Normalisierung
(nach sieben aufeinanderfolgenden „trockenen Nächten")

- Der Klingelapparat wird nicht länger eingesetzt.
- Jeden Morgen wird das Kind gelobt, wenn das Bettuch trocken ist. Ist das Bettuch naß, dann wird das Kind sofort zum Reinlichkeitstraining und der Verhaltensübung aufgefordert.

Dieses Vorgehen zeigt bei 90 % der Kinder - bei einer durchschnittlichen Behandlungszeit von sechs Wochen - Erfolge, wobei bei 25 % Rückfälle auftreten (Bollard, Nettelbeck & Roxbee, 1982). Setzt man den Klingelapparat nicht ein, dann beträgt der Erfolg lediglich 60 % und die Behandlungszeit verlängert sich auf zehn Wochen. Ein bedeutender Nachteil bei der Durchführung des kompletten Dry-Bed-Training besteht darin, daß es komplexe Anforderungen und einen großen Aufwand abverlangt. Nach Bollard et al. (1982) brechen 35 % der Eltern die Behandlung vorzeitig ab, nach Fincham und Spettell (1984) sind es sogar 60 %.

Aus diesem Grunde wurden verschiedene Versuche unternommen, die Komplexität und den Zeitaufwand bei der Durchführung des Dry-Bed-Trainings dadurch zu reduzieren, indem man Teile davon wegließ. Es konnte belegt werden, daß der Weckplan eine sehr effektive Komponente darstellt und diese, kombiniert mit dem Klingelapparat, fast genauso erfolgreich ist wie das komplette Dry-Bed-Training. So kann man nach Bollard et al. (1982) auf das Einhalte-, Reinlichkeitstraining und die Verhaltensübung ohne große Nachteile verzichten.

Breitband-Training. Dieses Vorgehen kombiniert Selbstkontrolle, Einhalte- und Reinlichkeitstraining, Klingelapparat und Überlernen (Houts, Liebert & Padawer, 1983). Die Familie erhält alle nötigen Trainingsunterlagen (z. B. einen Klingelapparat, eine Elternanleitung).

Im Selbstwahrnehmungs- und Einhaltetraining soll das Kind jeden Tag die Zeitdauer bis zur Harnentleerung ausdehnen, wobei ein Dreiminuten-Intervall gewählt wurde. Konnte das Kind die Harnentleerung erfolgreich hinauszögern, dann wurde es von den Eltern mit Geldbeträgen belohnt. Beim Reinlichkeitstraining muß das Kind den nassen Schlafanzug und die Bettwäsche an einen bestimmten Platz legen. Die Eltern hinterlegen entsprechend die saubere Wäsche, die das Kind zum Beziehen des Bettes benötigt. Ist das Kind in 14 aufeinanderfolgenden Tagen trocken, dann soll es eine Stunde vor dem Zubettgehen ein Getränk zu sich nehmen (= Prinzip des Überlernens).

Alle Verfahren werden von den Eltern zu Hause eingesetzt, wobei sie diese nach einer einstündigen Anleitung beherrschen (vgl. Houts et al., 1983). Whelan und Houts (1990) konnten belegen, daß durch einen zusätzlich eingesetzten Weckplan das Trainingsziel nicht schneller erreicht werden kann. Die Autoren folgern aus diesem Ergebnis, daß ein Weckplan nur bei einnässenden Kindern mit Aufwachproblemen nützlich ist.

Das Breitband-Training ist bei mehr als 80 % der Kinder in knapp zehn Wochen erfolgreich, wobei nach Houts et al. (1983) eine Rückfallquote von 25 % auftritt. Positiv ist dabei, daß sowohl die Kinder als auch die Eltern dieses Vorgehen sehr gut akzeptieren (vgl. Houts, Peterson & Whelan, 1986).

Zusammenfassende Bewertung. Einige der dargestellten Verfahren weisen zwar beachtliche Anfangserfolge auf, jedoch sind diese nicht stabil; bei anderen Vorgehen treten aufgrund ihrer Komplexität und Aufwendigkeit in vielen Fällen Durchführungsprobleme auf, die zum Motivationsverlust und zu Durchhalteproblemen bei der gesamten Familie führen. Die dadurch verursachten Mißerfolge erschweren eine erneute Enuresis-Behandlung, da eine Mißerfolgserwartung aufgebaut wird.

Obwohl in den Erklärungsansätzen die biologischen Komponenten in ihrer heutigen Gewichtung deutlich wurden, so spielen *erstens* im Verlauf einer Enuresis, *zweitens* bei der sekundären Enuresis und *drittens* bei älteren Kindern etwa ab acht, neun Jahren aufrechterhaltende Bedingungen im Sinne von operanten und Gewöhnungsprozessen eine entscheidende Rolle. Aus diesem Grund sind die psychologischen Interventionsmethoden trotz neuer molekulargenetischer Erkenntnisse nicht überholt und, unter Umständen in Kombination mit einer Pharmakotherapie angewandt, wirkungsvoll. Damit eine psychologische Methode erfolgreich sein kann, muß sie konsequent und ausdauernd eingesetzt werden und die Behandlung mit einem durchdachten Ausblendplan schrittweise beendet werden. Der Ausblendplan muß auch Handlungsanleitungen zum Umgang mit Rückfällen beinhalten, wie dies beispielsweise beim Dry-Bed-Training deutlich wurde.

5.2 Enkopresis

5.2.1 Pharmakotherapie

Die meisten pharmakologischen Behandlungen kombinieren verschiedene Methoden, zum Beispiel Einläufe oder Abführmittel, um den Dickdarm zu entleeren. Für junge Kinder verwendet man Abführmittel, die man der Milch beimischt; bei älteren mischt man abführende Früchte (z. B. Pflaumen) in das Essen (vgl. Loening-Baucke, 1992; 1996). Sollte dies nicht helfen, zieht man andere Abführmittel wie Magnesium-Milch heran. Ältere Kinder können zwischen einem täglich oral verabreichten Abführmittel oder einem täglich anal angewandten Einführzäpfchen (jeweils morgens nach dem Aufwachen) wählen. Die Kinder sollten im Abstand von zwei bis drei Monaten zwischen beiden

Verabreichungsformen wechseln (Loening-Baucke, 1996). Nach der ersten Entleerung des Dickdarms wird der Stuhlgang weicher und die Verdauung gefördert, wobei durch eine Diät einer Verstopfung vorgebeugt werden kann. Bei der Ernährung sollte auf Ballaststoffe in Form von Gemüse und Früchten geachtet werden (Stark et al., 1997).

5.2.2 Psychologische Methoden

In einer Übersicht von Rockney, McQuade, Days, Linn und Alario (1996) wird deutlich, daß eine pharmakologische Behandlung der Enkopresis nur geringe Erfolge zeigt; vor allem ist unklar, ob die Erfolge längerfristig Bestand haben. Aus diesem Grunde empfehlen neuere Arbeiten psychologisch fundierte und breitangelegte Behandlungen, die mit einer *Entmystifizierung der Darmstörung* beginnen. Van der Plas, Benninga, Taminian und Büller (1997) sowie Rockney et al. (1996) verstehen darunter, am Krankheitskonzept der Familie anzusetzen und durch einfühlsame Aufklärung den Eltern und dem Kind zu vermitteln, daß

- die Enkopresis eine *normale Erkrankung* des Kindesalters darstellt,
- das Kind daran *keine Schuld hat* und
- es *effektive Behandlungsmethoden* gibt.

Ein solches Informationsangebot soll den Zusammenhang zwischen beeinträchtigten Darmfunktionen und Enkopresis erläutern; hierzu kann man einfache Diagramme und kindgemäße Zeichnungen heranziehen. In der Regel werden durch diese Aufklärung Schuldgefühle (vor allem auf der Seite eines Kindes) und familiäre Strafmaßnahmen abgebaut.

Van der Plas et al. (1997) empfehlen weiterhin eine

- *Diätberatung,*
- *körperliche Aktivierung,* um ungünstige Bewegungsmuster zu vermeiden und
- *Modifikation der Stuhlgewohnheiten,* zum Beispiel einen fünf- bis fünfzehnminütigen Toilettengang nach jeder Mahlzeit.

Die Levine-Methode. Nach Levine (1983) wird die verhaltenstherapeutische Behandlung meistens mit einem Abführmittel und Diätvorschriften verknüpft. Die meisten Behandlungsprogramme registrieren sowohl die Nahrungsaufnahme als auch den Aufenthalt auf der Toilette, sie verstärken angemessenes Toilettenverhalten und einen erfolgreichen Stuhlgang. In der ersten Phase werden Kind und Eltern aufgeklärt und ihnen wird versichert, daß die Enkopresis ein Problem bei Kindern darstellt, welches nicht außergewöhnlich ist und vorkommen kann. Durch Diagramme werden der Verdauungsprozeß und mögliche pathogene Erscheinungsformen erläutert. Diese Phase schließt mit genauen Ausführungen zum Behandlungsplan ab.

Tabelle 9:
Enkopresis-Behandlung nach Levine (1983).

Phasen	Ziele und Vorgehen
Erstberatungs-Phase	• Aufklärung über die Problematik. • Erklärung und Einführung des Behandlungsplanes.
Reinigungs-Phase (stationär)	• An drei von sieben Tagen einer Woche werden Einläufe durchgeführt; ebenso werden Einführzäpfchen eingesetzt, wobei sich an jede Mahlzeit ein 15minütiger Toilettengang anschließt.
Reinigungs-Phase (ambulant)	• In **schweren** Fällen werden Einläufe und Einführzäpfchen in jeweils dreitägigen Zyklen mehrmals eingesetzt.
Erhaltungs-Phase	• In **mittleren** Fällen werden eins bis zwei Wochen lang Tabletten eingesetzt. • Das Kind entwickelt ein Toilettenritual, in dem es zweimal täglich (nach dem Essen) versucht, Essen auszuscheiden. • Täglich wird Abführöl (Rizinusöl) über einen Zeitraum von vier bis sechs Monaten eingesetzt. • Verschiedene Vitamine werden mit dem Abführöl verabreicht. • Eine ballaststoffreiche Diät mit Kleie, Getreide, Obst und Gemüse wird durchgeführt. • Orale Abführmittel können nach einer gewissen Zeit durch Gleitmittel (Lubricantia) ersetzt werden.
Nachkontroll-Phase	• Hausbesuche werden im Abstand von vier bis zehn Wochen durchgeführt, wobei der Zeitraum vom Ausmaß der Problematik, dem Unterstützungsbedarf, der Therapiemitarbeit und den Begleitsymptomen abhängt. • Telefonkontakte erfolgen, wenn nötig. • Im Falle eines Rückfalles werden folgende Schritte eingeleitet: – Überprüfung der Therapiemitarbeit, – Einsatz von oralen Abführmitteln über eins bis zwei Wochen, – angemessene Dosierung des Abführöls, – Beratung bei psychosozialen Begleitsymptomen, – durch Aufklärung nochmals „entmystifizieren" und – anhand von Aufzeichnungen die bisherigen Fortschritte dokumentieren.

Die nächste Phase bezieht sich auf die Darmreinigung mit Einläufen und Abführmitteln. Das Kind erhält täglich eine Dosis Abführmittel, um die normale Darmtätigkeit aufrechtzuerhalten. Ein wichtiges Element des Vorgehens bezieht sich auf den Einsatz von Stuhlenthärtern, Ernährungsvorschriften (z. B. mehr Früchte und Gemüse) und Regeln für Toilettengänge. Ein Stuhlenthärter ist erforderlich, um den Darmdurchmesser und -tonus über einen längeren Zeitraum (ca. drei Monate) allmählich auf das übliche Maß zu reduzieren. Einer Mahlzeit soll eine Toilettensitzung von minimal zehn Minuten folgen. Regelmäßiges und angemessenes Toilettenverhalten wird belohnt (vgl. Tab. 9).

Abschließende Hausbesuche und Telefonanrufe beziehen sich auf die Abstimmung der medikamentösen Behandlung und die Diskussion der Verhaltensfortschritte des Kindes. Das Kind kann schrittweise von den Stuhlenthärtern entwöhnt werden, wenn es in einem Zeitraum von vier bis sechs Monaten täglich zwei- bis dreimal Stuhlgang hat. Die Erfolgsquote dieses Vorgehens ist sehr hoch.

Die Wright-Methode. Das Vorgehen von Wright und Walker (1978) basiert auf den Methoden der operanten Konditionierung, die mit medizinischen Verfahren kombiniert werden. Zunächst wird mit Einläufen der Dickdarm gereinigt. Nach dem Aufwachen am Morgen wird das Kind aufgefordert, auf die Toilette zu gehen, um das Essen auszuscheiden. Erfolgt Stuhlgang, dann wird das Kind gelobt und es erhält eine Belohnung. Hat das Kind keinen Stuhlgang, erfolgt keine Belohnung und es erhält ein Abführzäpfchen, um den Stuhlgang damit einzuleiten. Das Vorgehen ist detailliert in Tabelle 10 beschrieben.

Zwischen zehn bis 15 % der Eltern sind in der Lage, die gesamte Prozedur umzusetzen, bei diesen Eltern beträgt die Erfolgsrate dann 100 % (Wright & Walker, 1978).

Tabelle 10:
Die Wright-Methode.

1. Phase	**Mit einem Einlauf wird der Dickdarm gereinigt**

- Nach dem Aufwecken geht das Kind zur Toilette und versucht, Stuhl auszuscheiden.
- Ist das Kind dabei erfolgreich, wird es gelobt und erhält eine kleine Belohnung.
- Erfolgt kein Stuhlgang, wird ein Einführzäpfchen verabreicht.

2. Phase	**Nach dem Frühstück begibt sich das Kind zur Toilette**

- Erfolgt Stuhlgang, dann wird das Kind belohnt, andernfalls wird ein Einlauf durchgeführt.
- Am Abend wird die Kleidung des Kindes geprüft. Ist die Kleidung nicht verschmutzt, erfolgt eine Belohnung.
- Ist die Kleidung jedoch verschmutzt, dann wird das Kind moderat bestraft, z. B. muß es Hausarbeit verrichten und darf weniger fernsehen.

3. Phase	**Schrittweise Beendigung der Darmreinigung**

Diese Phase beginnt, wenn die Kleidung zwei aufeinanderfolgende Wochen nicht verschmutzt ist.

- An einem bestimmten Tag in der Woche wird kein Einlauf vorgenommen.
- Hat das Kind anschließend für eine Woche keine verschmutzte Wäsche, dann wird in der folgenden Woche an zwei Tagen kein Einlauf gemacht.
- Dies wird solange fortgesetzt, bis keine Verschmutzung mehr auftritt und der Darm nicht mehr gereinigt werden muß; an dieser Stelle des Programms erübrigt sich auch der Einsatz von Lob und Strafe.

Verhaltenstherapeutisches Gruppentraining. Stark et al. (1997) berichten über ein familienorientiertes Interventionsprogramm, das aus sechs einstündigen Sitzungen besteht, die für Eltern und Kinder separat durchgeführt werden, wobei sich die Inhalte ähneln und altersangemessen aufbereitetes Material vorliegt. An der Studie nahmen über 50 Familien teil; an einer verhaltenstherapeutischen Gruppensitzung beteiligten sich drei bis sechs Familien. Die Behandlung erfolgte in drei Phasen:

- *Phase 1 (Sitzung 1 und 2);* die Nahrungsaufnahme und der Stuhlgang des Kindes werden durch die Eltern systematisch erhoben (= Baseline). Im einzelnen werden folgende Angaben notiert:
  - tägliche Nahrungsaufnahme des Kindes,
  - Datum und Uhrzeit jedes Stuhlgangs, selbständig oder auf Aufforderung und
  - Einkoten in die Unterhose.
  Des weiteren wird der Einlauf zur Beseitigung der Verstopfung vorbereitet und zu Beginn der Phase 2 durchgeführt.
- *Phase 2 (Sitzung 3 und 4);* das Thema „Ernährungsumstellung", vor allem die vermehrte Einnahme von Ballaststoffen, wird angesprochen.
- *Phase 3 (Sitzung 5 und 6)* thematisiert das Toilettenverhalten. In der Elterngruppe liegt der Schwerpunkt der Sitzungen auf der Vermittlung von Informationen zur Enkopresis, dem Krankheitsmanagement (Diät, Einläufe, Laxantien) und lernpsychologischen Aspekten der Kindererziehung. Den Kindern werden die Themen „Einlauf" und „Ballaststoffeinnahme" sowie Toilettenverhalten und Selbstkontrolltechniken (z. B. Entspannungsverfahren) nahegebracht.

In der Studie von Stark et al. (1997) erzielten von 52 Kindern nur sieben (14 %) keinen Erfolg; schon nach Phase 2 nahm bei 59 % und am Ende der Behandlung bei 86 % der Kinder das Einkoten deutlich gegenüber der Baseline ab. Das Gruppentraining nach Stark et al. (1997) stellt somit ein multimodal angelegtes, hocheffektives Behandlungsprogramm der Enkopresis dar. Das Training kann auch präventiv (bei knapp 3jährigen Kindern) eingesetzt werden und zeigt auch in dieser Altersgruppe deutliche Erfolge.

Biofeedback-Training. Für die sieben Fälle, bei denen mit dem verhaltenstherapeutischen Gruppenprogramm nach Stark et al. (1997) kein Erfolg erzielt wurde, konnte dies bei zwei Kindern durch organische Ursachen erklärt werden; in einem Fall lag eine Laktose-Intoleranz und im anderen Fall ein schwacher Sphinktermuskel vor. Dem Kind mit schwachem Sphinktermuskel konnte mit einem Biofeedback-Training (vgl. Kasten 4) sehr gut geholfen werden.

Kasten 4:
Biofeedback-Training zur Kontrolle des Schließmuskels (vgl. Loening-Baucke, 1996).

Durch das Biofeedback werden Körperprozesse in anschaulicher Weise einem Kind, zum Beispiel durch eine visuelle Illustration, verdeutlicht. Im Falle der Enkopresis soll einem Kind die Kontraktion des Schließmuskels widergespiegelt werden. Die Apparatur besteht in der Regel aus einem mit Luft oder Flüssigkeit gefüllten Ballon, der dem Kind in den Anus eingeführt wird. Druckunterschiede im Ballon, die durch Kontraktion des Schließmuskels hervorgerufen werden, können einem Kind in visueller Form (auf einem Bildschirm) rückgemeldet werden. Mit solchen Übungen gelingt es vielen Kindern, die willentliche Kontrolle über den Schließmuskel zu entwickeln.

5.3 Prädiktoren des Behandlungserfolgs

Ein großes Problem bei der Interpretation der Behandlungsergebnisse ergibt sich aus den unklaren Definitionen für Erfolg und Rückfall. Hinzu kommen erhebliche Schwankungen hinsichtlich des Zeitraumes, nach dem Nachkontrollen durchgeführt wurden (Gimpel et al., 1998). Zudem bestehen erhebliche Unterschiede zwischen den Behandlungsplänen (z. B. dem kompletten Dry-Bed-Training oder modifizierten Versionen). Unterschiedliche Ergebnisse können von diesen Differenzen herrühren.

Tabelle 11 gibt eine Übersicht über Prädiktoren des Behandlungserfolgs bei Enuresis; bei der Behandlung der Enkopresis fehlen – bis auf wenige Ausnahmen (z. B. Rockney et al., 1996) – systematische Erfolgsstudien. Aus diesem Grund beziehen sich alle Aussagen auf die Enuresis-Behandlung. Für diese Behandlungen scheinen folgende Merkmale einen positiven Vorhersagewert zu besitzen:

- Unterstützung durch die Eltern (Butler, Brewin & Forsythe, 1990a),
- Druck der Gleichaltrigen (Butler, Brewin & Forsythe, 1988) und
- Hänseln seitens der Geschwister (Butler et al., 1988).

Somit garantieren die Kooperationsbereitschaft der Eltern und der Leidensdruck der Kindes den Therapieerfolg. Bei solchen Kindern führt eine erfolgreiche

Enuresis-Behandlung zu einer unmittelbaren und nachhaltigen Erhöhung des Selbstwertes (vgl. Hägglöf et al., 1998). Das Merkmal „Selbstwert" umfaßte in der Studie von Hägglöf et al. (1998) vor allem Aspekte des Körperbildes und psychischen Gesundheit sowie die Qualität der Beziehung zu den Eltern und anderen nahen Bezugspersonen.

Kindern, denen bewußt ist, daß sie durch ihr Bettnässen weniger akzeptiert werden, haben bereits einen Schritt vollzogen, um von der Enuresis loszukommen. Das Hänseln der Geschwister kann bei einem Kind bewirken, daß es sehr motiviert bei der Behandlung mitarbeitet. Ist hingegen Bettnässen sozial akzeptiert, fehlt Kindern die Motivation trocken zu werden; eine solche Haltung bewirkt, daß die Behandlung des Bettnässens vermutlich weniger erfolgreich ist.

Eine Reihe von Faktoren besitzen offensichtlich *keinen Einfluß auf den Behandlungserfolg;* zu ihnen gehören

- das Alter (Butler et al., 1990a),
- die Stellung in der Geschwisterreihe, die Familiengröße und die soziale Herkunft (Dische, Yule, Gorbett & Hand, 1983),
- das Geschlecht (Butler et al., 1988),
- die Problembewertung der Eltern und des Kindes sowie
- die familiäre Belastung durch Enuresis und vorausgehende medizinische Behandlungen (vgl. Houts et al., 1983).

Familiäre Probleme, massive Ängste einer Mutter und wenn sie ihr Kind als sozial unsicher bewertet, beeinflussen den Erfolg negativ. Ähnlich sieht es aus, wenn keine familiäre Unterstützung herrscht und ein Kind nicht die Fähigkeit besitzt, den Toilettengang aufzuschieben (Gimpel et al., 1998). Ebenso verhält es sich, wenn mehrmals pro Nacht eingenäßt wird (vgl. Finley, Rainwater & Johnson, 1982). Mißerfolge treten auch

Tabelle 11:
Prädiktoren einer Enuresis-Behandlung.

Ungünstige Prädiktoren	Günstige Prädiktoren	Keinen Einfluß
• familiäre Probleme • negative Einschätzung des Einnässens durch die Eltern • hochängstliche Mütter • Bewertung des Kindes als sozial unsicher durch die Mutter • mehrmaliges Einnässen pro Nacht • unorganisierte Familien • kein eigenes Zimmer zum Schlafen • unzureichende (verfügbare) Toiletten	• Unterstützung durch die Eltern • Hänseln durch die Geschwister • Druck der Gleichaltrigen • Fähigkeit, den Toilettengang aufzuschieben	• Alter • Geschlecht • Geschwisterkonstellation • soziale Herkunft • Familiengröße • bisherige familiäre Belastung • Bewertung der Enuresis durch die Eltern und das Kind • vorherige medizinische Behandlungen

auf, wenn unbefriedigende häusliche Bedingungen bestehen, das Kind kein eigenes Zimmer besitzt und die Familie schlecht organisiert ist (Gimpel et al., 1998). Besonders nachteilig wirkt es sich aus, wenn das Einnässen durch die Eltern negativ bewertet und als unnötige Last empfunden wird (Gimpel et al., 1998).

Auch die häuslichen Voraussetzungen begünstigen oder erschweren den Behandlungserfolg: So sind nach Dische et al. (1983) Schwierigkeiten zu erwarten, wenn nur begrenzt Toiletten im Haus verfügbar sind. Allerdings beeinflussen diese ungünstigen häuslichen Bedingungen nicht den langfristigen Erfolg der Behandlung; es sind lediglich die Durchführungsbedingungen für das Trockenwerden erschwert. Es gibt keine eindeutigen Hinweise dafür, ob eine primäre oder sekundäre Enuresis eine ungünstigere Prognose besitzt. Einige Studien belegen, daß Kinder mit einer sekundären Enuresis schneller einen Behandlungserfolg erzielen (Sacks & De Leon, 1983). Said, Wilson und Hensley (1991) weisen jedoch daraufhin, daß Kinder mit einer primären Enuresis wahrscheinlicher das Therapieziel erreichen und die Häufigkeit des Bettnässens deutlicher reduzieren können.

Rückfallprädiktoren. Ein Rückfall nach einem verhaltenstherapeutischen Vorgehen weist *keine Beziehung zu den folgenden Merkmalen* auf (vgl. Houts et al., 1983; Moffatt, 1997):

- Alter und Geschlecht des Kindes,
- primäres und sekundäres Einnässen,
- bisherige tägliche Häufigkeit des Harnlassens,
- Schweregrad der Symptomatik zu Beginn,
- bisherige familiäre Belastetheit mit Enuresis und
- Behandlungslänge.

Die Rückfallneigung hängt von der Häufigkeit des Bettnässens, dem täglichen Harndrang und dem bisherigen Einnässen (tagsüber) nach dem vierten Lebensjahr ab (vgl. Moffatt, 1997; Richter & Goldschmidt, 2001). Auch die geringe Tendenz eines Kindes, sich

mit dem Einnässen auseinanderzusetzen, begünstigt einen Rückfall (vgl. Butler, Brewin & Forsythe, 1990b). Des weiteren treten Rückfälle auf, wenn die Behandlung mit Imipramin mißlang (Houts et al., 1983), familiäre Schwierigkeiten vorlagen und das Lehrerurteil Auffälligkeiten zeigte (Dische et al., 1983). Rückfälle hängen häufig auch von kritischen Lebensereignissen ab; besonders solchen, die eine sozialpädagogische Hilfe bei Familienproblemen erforderlich machen (Gimpel et al., 1998).

Prädiktoren des vorzeitigen Therapieabbruchs. Der Behandlungserfolg wird vor allem durch einen vorzeitigen Therapieabbruch gefährdet. Die Abbruchrate kann bei einigen Methoden 60 % betragen (Fincham & Spettell, 1984). Butler et al. (1988) weisen darauf hin, daß ein Therapieabbruch besonders bei Müttern auftritt, die gegenüber der Enuresis intolerant sind. So übt vermutlich die ärgerliche Mutter schon in der Anfangsphase der Behandlung einen zunehmenden Druck aus und gibt bei ersten Mißerfolgen des Kindes auf.

Eine erfolgreiche Therapieteilnahme wird entscheidend durch die Motivation der Eltern (vgl. Morison, 1998), ihre Fähigkeiten und ihre Behandlungseinsicht geprägt (Quaschner & Mattejat, 1997). Diese Ergebnisse unterstreichen die Notwendigkeit, die *Motivation* und *Kooperationsbereitschaft der Eltern* vor der Anwendung einer Behandlung abzuklären und gegebenenfalls durch eine familienbezogene Intervention zu fördern (vgl. Kasten 1).

Kinder, die eine verhaltenstherapeutische Maßnahme vorzeitig beenden, besitzen ein geringes Selbstwertgefühl (Geffken, Johnson & Walker, 1986) und weisen deutliche Verhaltensprobleme auf (Wagner & Johnson, 1988). Es liegt also nahe, daß einnässende Kinder mit Verhaltensproblemen weniger gut in einer Behandlung kooperieren; sie enttäuschen damit ihre Eltern und erhöhen die Wahrscheinlichkeit für einen frühzeitigen Abbruch.

Zusammenfassung

Bei der Enuresis und Enkopresis handelt es sich um Ausscheidungstörungen, die bei Jungen häufiger auftreten als bei Mädchen. Eine Enkopresis liegt frühestens ab dem vierten und die Enuresis ab dem fünften Lebensjahr vor. Die Enuresis tritt sehr viel häufiger auf als die Enkopresis. Die Ursachen beider Störungen umfassen biologische und psychosoziale Faktoren. Bei der Enuresis werden genetische Faktoren, eine Störung der Harnentleerung, die Blasenkapazität, die übermäßige nächtliche Harnausscheidung, eine verzögerte Entwicklung und die Schlaftiefe als biologische Komponenten diskutiert. Als psychosoziale Faktoren kommen psychische Störungen und kritische Lebensereignisse in Betracht. Zur Erklärung der Enkopresis können eine Vielzahl altersspezifischer Risikofaktoren angeführt werden (z. B. frühe Darmträgheit, schmerzhafter und schwieriger Stuhlgang, übermäßig strenge oder zu frühe Sauberkeitserziehung).

Die entwickelten Behandlungsverfahren kann man in pharmakologische und psychologische Methoden untergliedern. Die Erfolge der pharmakologischen Therapie werden kritisch bewertet; breitangelegte (multimodale) Behandlungsstrategien, die die Familie und das Kind einbeziehen, zeigen die größten und stabilsten Behandlungserfolge. Im Kontext solcher Behandlungsstrategien nimmt die Verhaltenstherapie eine wichtige Stellung ein. Bei der Enuresis-Behandlung erzielt der Einsatz des Klingelapparates oder das Dry-Bed-Training hervorragende Ergebnisse. Bei der Enkopresis-Behandlung überzeugt das familienorientierte Gruppentraining von Stark et al. (1997). Der Aufklärung und Motivierung aller Familienmitglieder kommt eine besondere Bedeutung zu. Nur auf diese Weise kann eine langfristige Therapiemitarbeit (Compliance) erreicht werden.

Verständnisfragen

1. Welche Faktoren können eine Enuresis verursachen?
2. Welche Befunde zur Prävalenz und Komorbidität liegen vor?
3. Welche verhaltenstherapeutische Methoden zur Behandlung der Enuresis kennen Sie?
4. Warum ist der Einbezug der Familie im Rahmen der Behandlung von Ausscheidungsstörungen so wichtig?
5. Beschreiben Sie das familienorientierte Vorgehen von Stark et al. (1997) zur Behandlung der Enkopresis.

Weiterführende Literatur

Buchanan, A. (1992). *Children who soil*. Chichester: Wiley.

Gontard, A. von & Lehmkuhl, G. (2002). *Enuresis*. Göttingen: Hogrefe.

Grosse, S. (1991). *Bettnässen: Diagnostik und Therapie* (2. Auflage). Weinheim: Psychologie Verlags Union.

Petermann, U. & Borg-Laufs, M. (2000). Enuresis und Enkopresis. In F. Petermann (Hrsg.), *Fallbuch der Klinischen Kinderpsychologie und -psychotherapie* (2. überarb. Auflage; 331-350). Göttingen: Hogrefe.

Richter, D. & Goldschmidt, H. (2001). Enuresis – Diagnostik und Therapie in der stationären Rehabilitation. In F. Petermann & P. Warschburger (Hrsg.), *Kinderrehabilitation* (2. erweit. Auflage; 213-229). Göttingen: Hogrefe.

Literatur

Azrin, N.H., Sneed, T.J. & Foxx, R.M. (1974). Dry bed: rapid elimination of childhood enuresis. *Behavioral Research and Therapy, 12*, 147-156.

Bakwin, H. (1973). The genetics of enuresis. In I. Kolvin, R.C. MacKeith & S.R. Meadow (Eds.), *Bladder control and enuresis* (73-77). London: Heinemann.

Bellman, M. (1966). Studies on encopresis. *Acta Paediatrica Scandinavica, 170* (Suppl.), 1-151.

Berger-Sallawitz, F. (1999). Enkopresis. In H.-C. Steinhausen & M. v. Aster (Hrsg.), *Handbuch Verhaltenstherapie und Verhaltensmedizin bei Kindern und Jugendlichen* (2. überarb. Auflage, 469- 486). Weinheim: Psychologie Verlags Union.

Bhatia, M. S., Nigam, V. R., Bohra, N. & Malik, S. C. (1991). Attention deficit disorder with hyperactivity among paediatrics outpatients. *Journal of Child Psychology and Psychiatry and Allied Disciplines, 32*, 297-306.

Bollard, J. (1982). A 2-year follow-up bedwetters treated by dry-bed training and standard conditioning. *Behavior Research and Therapy, 20*, 571-580.

Bollard, J., Nettelbeck, T. & Roxbee, L. (1982). Dry-bed training for childhood bedwetting: A comparison of group with individually administered parent instruction. *Behaviour Research and Therapy, 20*, 209-217.

Bretz, E., Bodenstein, F. & Petermann, F. (1994). Sexueller Mißbrauch von Kindern und Jugendlichen: Diagnostik und Prävention. *Kindheit und Entwicklung, 3*, 39-53.

Butler, R. J. (1997). Elimination disorders. In C. A. Essau & F. Petermann (Eds.), *Developmental psychopathology* (441-446). London: Harwood.

Butler, R. J. (1998). Annotation: Night wetting in children: Psychological aspects. *Journal of Child Psychology and Psychiatry and Allied Disciplinces, 34*, 453-463.

Butler, R.J., Brewin, C.R. & Forsythe, W.I. (1986). Maternal attributions and tolerance for nocturnal enuresis. *Behavior Research and Therapy, 24*, 307-312.

Butler, R.J., Brewin, C.R. & Forsythe, W.I. (1988). A comparison of two approaches to the treatment of nocturnal enuresis and the prediction of effectiveness using pretreatment variables. *Journal of Child Psychology and Psychiatry, 29*, 501-509.

Butler, R.J., Brewin, C.R. & Forsythe, W.I. (1990a). Relapse in children treated for nocturnal enuresis: Prediction of response using pre-treatment variables. *Behavioural Psychotherapy, 18*, 65-72

Butler, R.J., Brewin, C.R. & Forsythe, W.I. (1990b). The child's constructing of nocturnal enuresis: A method of inquiry and prediction of outcome. *Journal of Child Psychology and Psychiatry and Allied Disciplines, 31*, 447-454.

Byrd, R. S., Weizmann, M., Lanphear, N. E. & Auinger, P. (1996). Bed-wetting in us-children: Epidemiology and related behavior problems. *Pediatrics, 98*, 414-419.

Dische, S., Yule, W., Gorbett, J. & Hand, D. (1983). Childhood nocturnal enuresis: Factors associated with outcome of treatment with an enuresis alarm. *Development Medicine and Child Neurology, 25*, 67-80.

DSM-IV (1996). *Diagnostisches und Statistisches Manual Psychischer Störungen*. Göttingen: Hogrefe.

Eggers, Ch. (1993). Psychologisch-psychiatrische Aspekte der Enuresis im Kindes- und Jugendalter. In H. Olbing (Hrsg.), *Enuresis und Harninkontinenz bei Kindern* (93-104). München: Marseille Verlag.

Esser, G., Schmidt, M.H. & Woerner, W. (1990). Epidemiology and course of psychiatric disorders in school-age children: Results of a longitudinal study. *Journal of Child Psychology and Psychiatry and Allied Disciplines, 31*, 243-263.

Feehan, M., McGee, R., Stanton, W. & Silva, P. A. (1990). A 6 year follow-up of childhood enuresis: Prevalence in adolescence and consequences for mental health. *Journal of Paediatric Child Health, 26*, 75-79.

Fergusson, D.M., Horwood, L.J. & Shannon, F.T. (1986). Factors related to the age of attainment of nocturnal bladder control: An 8-year longitudinal study. *Pediatrics, 78*, 884-890.

Fergusson, D. M., Horwood, L. J. & Shannon, F. T. (1990). Secondary enuresis in a birth cohort of New Zealand children. *Pediatric and Perinatal Epidemiology, 4*, 53-63.

Fincham, F.D. & Spettell, C. (1984). The acceptability of dry bed training and urine alarm training as treatments of nocturnal enuresis. *Behavior Therapy, 15*, 388-394.

Finley, W.W., Rainwater, A. & Johnson, G. (1982). Effects of varying alarm schedules on acquisition and relapse parameters in the conditioning treatment of enuresis. *Behaviour Research and Therapy, 20*, 69-80.

Friman, P. C., Handwerk, M. L., Swearer, S. M., McGinnes, J. C. & Warzak, W. J. (1998). Do children with primary nocturnal enuresis have clinically significant behavior problems? *Archives of Pediatric and Adolescent Medicine, 152*, 537-539.

Foreman. D. M. & Thambirajah, M. S. (1996). Conduct disorder, enuresis and specific developmental delays in two types of encopresis: Case note study 63 boys. *European Child and Adolescent Psychiatry, 5*, 33-37.

Geffken, G., Johnson, S.B. & Walker, D. (1986). Behavioral interventions for childhood nocturnal enuresis: The differential effect of bladder capacity on treatment progress and outcome. *Health Psychology, 5*, 261-272

Gimpel, G. H., Warzak, W. J., Kuhn, B. R. & Walburn, J. N. (1998). Clinical perspectives in primary nocturnal enuresis. *Clinical Pediatrics, 37*, 23-30.

Gontard, A. von (1998a). Gibt es einen Verhaltensphänotyp der Enuresis nocturna? *Kindheit und Entwicklung, 7*, 70-78.

Gontard, A. von (1998b). Annotation: Day and night wetting in children – A paediatric and child psychiatric perspective. *Journal of Child Psychology and Psychiatry, 39*, 439-451.

Gontard, A. von & Lehmkuhl, G. (1997). Enuresis noctura – neue Ergebnisse zu genetischen, pathophysiologischen und psychiatrischen Zusammenhängen. *Praxis der Kinderpsychologie und Kinderpsychiatrie, 46*, 709-726.

Grosse, S. (1991). *Bettnässen: Diagnostik und Therapie* (2. Auflage). Weinheim: Psychologie Verlags Union.

Hägglöf, B., Andrén, O., Bergström, E., Marklund, L. & Wendelius, M. (1998). Self-esteem in children with enuresis and urinary incontinence: Improvement of self-esteem after treatment. *European Urology, 33*, 16-19.

Haug-Schnabel, G. (1994). *Enuresis. Diagnose, Beratung und Behandlung bei kindlichem Einnässen*. München: Reinhardt.

Hirasing, R. A., Leerdam, F. J. M. van, Bolk-Bennink, L. B. & Bosch, J. D. (1997). Bedwetting and behavioural and/ or emotional problems. *Acta Paediatrica, 86*, 1131-1134.

Hjälmas, K. (1998). Nocturnal enuresis: Basic facts and new horizons. *European Urology, 33* (suppl. 3), 53-57.

Houts, A.C. (1991). Nocturnal enuresis as a behavioral problem. *Behavior Therapy, 22*, 133-151.

Houts, A.C., Liebert, R.M. & Padawer, W. (1983). A delivery system for the treatment of primary enuresis. *Journal of Abnormal Child Psychology, 11*, 513-519.

Houts, A.C., Peterson, J.K. & Whelan, J.P. (1986). Prevention of relapse in full-spectrum home training for primary enuresis: A components analysis. *Behavior Therapy, 17*, 462-469

Järvelin, M.R. (1989). Developmental history and neurological findings in enuretic children. *Developmental Medicine and Child Neurology, 31*, 728-736.

Järvelin, M.R., Moilanen, I. & Vikevainen-Tervonen, L. & Huttunen, N.P. (1990). Life changes and protective capacities in enuretic and non-enuretic children. *Journal of Child Psychology and Psychiatry and Allied Disciplines, 31,* 763-774

Kimmel, H.D. & Kimmel, E. (1970). An instrumental conditioning method for the treatment of enuresis. *Journal of Behavior Therapy and Experimental Psychiatry, 1,* 121-123.

Kisch, E.H. & Pfeffer, C.R. (1984). Functional encopresis: Psychiatric inpatient treatment. *American Journal of Psychotherapy, 38,* 264-271.

Krisch, K. (1985). *Enkopresis.* Bern: Huber.

Landman, G.B., Rappaport, L., Fenton, T. & Levine, M.D. (1986). Loss of control and self-esteem in children with encopresis. *Journal of Developmental and Behavioral Pediatrics, 7,* 111-113.

Levine, M.D. (1975). Children with encopresis: A descriptive analysis. *Pediatrics, 56,* 412-416.

Levine, M.D. (1983). Encopresis. In M.D. Levine, W.B. Carey & A.C. Crocker (Eds.), *Developmental behavioral pediatrics* (586-595). Philadelphia: Saunders.

Loening-Baucke, V. (1989). Factors determining outcome in children with chronic constipation and faecal soiling. *Gut, 30,* 999-1006.

Loening-Baucke, V. (1992). Elimination disorders. In D.E. Greydanus & M.L. Wolraich (Eds.), *Behavioral pediatrics* (280-297). New York: Springer.

Loening-Baucke, V. (1996). Encopresis and soiling. *Pediatric Clinics of North America, 43,* 279-298.

Lunsing, R. J., Hadders-Algra, M., Touwen, B.C. & Huisjes, H.J. (1991). Nocturnal enuresis and minor neurological dysfunction at 12 years: A follow-up study. *Developmental Medicine and Child Neurology, 33,* 439-445.

Luxem, M. C. & Cristophersen, E. R. (1997). Office management of encopresis. *Comprehensive Therapy, 23,* 384-390.

Mark, S. D. & Frank, J. D. (1995). Nocturnal enuresis. *British Journal of Urology, 75,* 427-434.

Mellon, M. W. & Houts, A. C. (1998). Home-based treatment for primary enuresis. In J. M. Briesmeister & C. E. Schaefer (Eds.), *Handbook of parent training* (2nd edition, 384-417). New York: Wiley.

Mikkelsen, E.J., Rapoport, J.L., Nee, L., Gruenau, C., Mendelson, W.B. & Gillin, J.C. (1980). Childhood enuresis. I. Sleep patterns and psychopathology. *Archives of General Psychiatry, 37,* 1139-1144.

Moffatt, M. E. K. (1997). Nocturnal enuresis: A review of the efficacy of treatments and practical advice for clinicans. *Developmental and Behavioral Pediatrics, 18,* 49-56.

Moilanen, I., Tirkkonen, T., Järvelin, M. R., Linna, S. L., Almqvist, F., Piha, J., Räsänen, E. & Tamminen, T. (1998). A follow-up of enuresis from childhood to adolescence. *British Journal of Urology, 81,* 94-97.

Morison, M. J. (1998). Family attitudes to bed-wetting and their influence on treatment. *Professional Nurse, 13,* 321-325.

Mowrer, O.H. & Mowrer, W.M. (1938). Enuresis - a method for its study and treatment. *American Journal of Orthopsychiatry, 8,* 436-459.

Nevéus, T. Läckgren, G., Stenberg, A. & Hetta, J. (1998). Sleep and night-time behavior of enuretics. *British Journal of Urology, 81,* Suppl. 3, 67-71.

Olbing, H. (Hrsg.) (1993). *Enuresis und Harninkontinenz bei Kindern.* München: Marseille Verlag.

Oregan, S., Yazbeck, S., Hamberger, B. et al. (1986). Constipation a commonly unrecognized cause of enuresis. *American Journal of Disease Child, 140,* 260-261.

Petermann, F. (1996). *Psychologie des Vertrauens* (3. Auflage). Göttingen: Hogrefe.

Petermann, U. & Borg-Laufs, M. (2000). Enuresis und Enkopresis. In F. Petermann (Hrsg.), *Fallbuch der Klinischen Kinderpsychologie und -psychotherapie* (2. überarb. Auflage; 331-350). Göttingen: Hogrefe.

Plas, R. N. van der, Benninga, M. A., Taminian, J. A. J. M. & Büller, H. A. (1997). Treatment of defaecation problems in children: The role of education, demystification and toilet training. *European Journal of Pediatrics, 156,* 689-692.

Quaschner, K. & Mattejat, F. (1997). Enuresis und Enkopresis. In H. Remschmidt (Hrsg.), *Psychotherapie im Kindes- und Jugendalter* (305-321). Stuttgart: Thieme.

Richter, D. & Goldschmidt, H. (2001). Enuresis – Diagnostik und Therapie in der stationären Rehabilitation. In F. Petermann & P. Warschburger (Hrsg.), *Kinderrehabilitation* (2. erweit. Auflage; 213-229). Göttingen: Hogrefe.

Rittig, S., Knudsen, U.B., Norgaard, J.P., Pedersen, E.B. & Djurhuus, J.C. (1989). Abnormal diurnal rhythm of plasma vasopressin and urinary output in patients with enuresis. *American Journal of Physiology, 256,* F664-F671.

Robson, M. L. M., Jackson, H. P., Blackhurst, D. & Leung, A. K. C. (1997). Enuresis in children with attention-deficit-hyperactivity disorder. *Southern Medical Journal, 90,* 503-505.

Rockney, R. M., McQuade, W. H., Days, A. L., Linn, H. E. & Alario, A. J. (1996). Encopresis treatment outcome: Long-term follow-up of 45 cases. *Developmental and Behavioral Paediatrics, 17,* 380-385.

Rutter, M. (1989). Isle of Wright revisited: Twenty-five years of child psychiatric epidemiology. *Journal of the American Academy of Child and Adolescent Psychiatry, 28,* 633-653.

Rutter, M.L., Yule, W. & Graham, P.J. (1973). Enuresis and behavioral deviance: Some epidemiological considerations. In I. Kolvin, R.C. MacKeith & S.R. Meadow (Eds.), *Bladder control and enuresis* (137-147). London: Heinemann.

Sacks, S. & De Leon, G. (1983). Training the disturbed enuretics. *Behavior Research and Therapy, 16,* 693-694.

Said, J.A., Wilson, P.H. & Hensley, V.R. (1991). Primary versus secondary enuresis: Differential response to urine-alarm treatment. *Child and Family Behavior Therapy, 13,* 1-13.

Schultz-Lampel, D. & Thüroff, J. W. (1997). Enuresis. *Urologe, 36,* 265-274.

Stark, L., J. Opipari, L. C., Donaldson, D. L., Danovsky, M. B., Rasile, D. A. & DelSanto, A. F. (1997). Evaluation of a standard protocol for retentive encopresis: A replication. *Journal of Pediatric Psychology, 22,* 619-633.

Stegat, H. (1996). Die apparative Verhaltenstherapie der Enuresis. *Geistige Behinderung, 35,* 95-98.

Stern, H.P., Lowitz, G.H., Prince, M.T., Altshuter, L. & Stroh, S.E. (1988). The incidence of cognitive dysfunction in an encopretic population in children. *Neurotoxicology, 9*, 351-357.

Trott, G.-E., Friese, H.-J., Wirth, S. & Nissen, G. (1994). Diagnostik und Therapie der Enkopresis. *Psycho, 20*, 81-86.

Wagner, W. & Jonson, J. T. (1988). Childhood noctural enuresis: The prediction of premature withdrawal from behavioral conditioning. *Journal of Abnormal Child Psychology, 16*, 687-692.

Walker, C.E., Kenning, M. & Faust-Companile, J. (1989). Enuresis and encopresis. In E.J. Mash & R.A. Barkley (Eds.), *Treatment of childhood behavior disorder* (423-448). New York: Guilford.

Watanabe, H. (1998). Nocturnal enuresis. *European Urology, 33*, 2-11.

Wille, A. (1984). *Die Enkopresis im Kindes- und Jugendalter*. Berlin: Springer.

Whelan, J.P. & Houts, A.C. (1990). Effects of a waking schedule on primary enuretic children treated with full-spectrum home training. *Health Psychology, 9*, 164-176.

WHO (1993). *Internationale Klassifikation psychischer Störungen. ICD-10* (2. korr. Auflage). Bern: Huber.

WHO (1994). *Internationale Klassifikation psychischer Störungen. ICD-10: Forschungskriterien*. Bern: Huber.

Wright, L. & Walker, C.E. (1978). A simple behavioral treatment program for psychogenic encopresis. *Behavior Research and Therapy, 16*, 209-212.

Zaleski, A., Gerrard, J.W. & Shokeir, M.K.K. (1973). Nocturnal enuresis: The importance of a small bladder capacity. In I. Kolvin, R.C. MacKeith & S.R. Meadow (Eds.), *Bladder control and enuresis* (95-101). London: Heinemann.

15 Umschriebene Entwicklungsstörungen
von Günter Esser und Anne Wyschkon

Inhaltsübersicht

1 Einleitung

Umschriebene Entwicklungsstörungen kennzeichnen Leistungsdefizite in begrenzten Funktionsbereichen, die aufgrund der allgemeinen Intelligenz, Förderung sowie körperlicher und seelischer Gesundheit des Betroffenen nicht erklärt werden können. Solche Entwicklungsstörungen betreffen die Sprache und das Sprechen, die Motorik sowie spezifische Formen der Lese-, Rechtschreib- oder Rechenschwäche. Allen Entwicklungsstörungen wird eine hohe Bedeutung für Schulleistungsprobleme und meist sekundär auch für psychische Störungen zugeschrieben.

Der Begriff „umschriebene Entwicklungsstörung" ist der ICD-10 (WHO, 1994) entlehnt. Im DSM-IV wird der Begriff der umschriebenen Entwicklungsstörung nicht verwendet; statt dessen wurden im Kapitel „Störungen, die gewöhnlich zuerst im Kleinkindalter, in der Kindheit oder Adoleszenz diagnostiziert werden" die Bezeichnungen „Lernstörungen", „Störung der motorischen Fertigkeiten" und „Kommunikationsstörungen" gewählt.

Eine enge Beziehung des Konzepts der umschriebenen Entwicklungsstörung zu Teilleistungsschwächen (Graichen, 1979a; 1979b), learning disabilities (eingeführt von Kirk, 1962) und einer Reihe verwandter Begriffe läßt sich aufzeigen. Zu diesen verwandten, häufig synonym gebrauchten Begriffen zählen solche, die vor allem

- eine *organische Ursache* der Störung betonen: Organic brain disease, organic brain dysfunction, minimal brain damage, minimal brain injury, minimal cerebral damage, minimal brain dysfunction und
- den *Verhaltensaspekt* mit betonen: Hyperkinetic syndrome, dyslexia, perceptually handicapped, specific reading disability, aphasoide syndrome, learning disorders, educationally handicapped.

Es muß dabei betont werden, daß Teilleistungsschwächen und umschriebene Entwicklungsstörungen mit vielen der genannten und synonym gebrauchten Begriffe nichts oder nur am Rande zu tun haben. Insbesondere hyperkinetische Störungen werden in den diagnostischen Klassifikationsschemata deutlich abgegrenzt. Der Begriff minimale cerebrale Dysfunktion ist, so wie er von einigen Klinikern verwendet wird (als Hirnfunktionsstörung mit spezifischen Teilleistungsschwächen und Verhaltensauffälligkeiten, meist nach frühkindlicher Hirnschädigung), nicht haltbar (Esser & Schmidt, 1987; vgl. Döpfner in diesem Buch) und sollte mit den spezifischen Auffälligkeiten umschriebener Entwicklungsstörungen nicht verwechselt werden.

Zwei Annahmen, die Normalitäts- und die Diskrepanzannahme, liegen dem Konzept der umschriebenen Entwicklungsstörung zugrunde:

- Die *Normalitätsannahme* beinhaltet, daß Kinder mit umschriebener Entwicklungsstörung über eine normale Intelligenz verfügen, keine Sinnesschädigung oder eine umschriebene neurologische Störung aufweisen. Darüber hinaus dürfen eventuell bestehende emotionale Probleme nur Folge und nicht Ursache der Störung sein. Außerdem wird eine angemessene Förderung der Kinder verlangt.
- Die *Diskrepanzannahme* fordert eine bedeutende Differenz zwischen allgemeinem Leistungsniveau und der spezifischen Teilleistung beziehungsweise zwischen den aufgrund von Intelligenz und Lerngeschichte zu erwartenden und den realisierten Leistungen.

Unter dem Oberbegriff umschriebene Entwicklungsstörung des Sprechens wird in den Forschungskriterien der ICD-10 die *Artikulationsstörung* (F 80.0) beschrieben. Die Definition beinhaltet, daß das betreffende, geistig nicht behinderte Kind Artikulationsfertigkeiten zeigt, die mehr als zwei Standardabweichungen unterhalb des Mittelwertes seiner Altersgruppe einzuordnen sind. Zusätzlich müssen die erbrachten Artikulationsleistungen mindestens eine Standardabweichung unter dem nonverbalen IQ liegen. Weiterhin wird gefordert, daß der sprachliche Ausdruck und das Sprachverständnis des Kindes relativ zu seiner Altersgruppe durchschnittlich ausgeprägt sind. Dies ist notwendig, um Kinder abzugrenzen, deren Schwierigkeiten beim Sprechen ihre Ursache in einer rezeptiven oder expressiven Sprachstörung (s. u.) haben. Bei einem Kind mit der Diagnose einer Artikulationsstörung muß das Vorliegen einer Tiefgreifenden Entwicklungsstörung ausgeschlossen worden sein und es dürfen keine neurologischen, sensorischen oder körperlichen Beeinträchtigungen vorhanden sein, die sich direkt auf die Sprachproduktion auswirken.

Im DSM-IV wird für die Artikulationsstörung der Begriff „phonologische Störung" (315.39) verwendet. Auch hier soll die Fähigkeit des Kindes, Sprechlaute zu artikulieren, deutlich (zwei Standardabweichungen) vom Altersdurchschnitt abweichen und so stark gestört sein, daß dadurch die schulischen beziehungsweise beruflichen Leistungen oder die soziale Kommunikation behindert werden. Nach diesem Klassifikationssystem ist es im Unterschied zur ICD-10 allerdings auch möglich, bei Kindern mit geistiger Behinderung eine phonologische Störung zu diagnostizieren, wenn die Sprechschwierigkeiten das erwartete Ausmaß überschreiten. Gleiches gilt für Kinder mit sprechmotorischen oder sensorischen Defiziten. Eine solche Definition verstößt gegen die Normalitätsannahme, einer Grundlage für das Konzept der umschriebenen Entwicklungsstörung. Darüber hinaus fehlt im DSM-IV eine Abgrenzung der phonologischen Störung gegenüber rezeptiven und expressiven Sprachstörungen.

Innerhalb der Kategorie umschriebene Entwicklungsstörungen der Sprache werden in der ICD-10 die expressive Sprachstörung (F 80.1), die rezeptive Sprachstörung (F 80.2) sowie das Landau-Kleffner-Syndrom (F 80.3) unterschieden.

Die Forschungskriterien der ICD-10 fordern für die Diagnose einer *expressiven Sprachstörung,* daß

- die Fertigkeiten des Kindes in der expressiven Sprache mehr als zwei Standardabweichungen unterhalb des Altersdurchschnitts einzuordnen sind,
- diese Fertigkeiten mindestens eine Standardabweichung hinter dem nonverbalen IQ zurückbleiben,
- das Sprachverständnis des Kindes dem Altersdurchschnitt entspricht sowie
- der Gebrauch und das Verständnis nonverbaler Kommunikation im Normbereich liegen.

Letzteres bildet ein wichtiges Kriterium zur Abgrenzung der Kinder mit expressiven Sprachstörungen von solchen mit autistischen Störungen. Außerdem müssen die Kinder einen nonverbalen IQ von mindestens 70 erreichen und sie dürfen keine neurologischen, sensorischen oder körperlichen Beeinträchtigungen aufweisen, die direkt den Gebrauch der gesprochenen Sprache betreffen.

Auch im DSM-IV wird für die Diagnose einer expressiven Sprachstörung (315.31) gefordert, daß die Fertigkeiten im expressiven Sprachgebrauch deutlich hinter den nonverbalen intellektuellen Leistungen sowie der rezeptiven Sprachentwicklung zurückstehen. Die Störung der expressiven Sprache muß die schulischen beziehungsweise beruflichen Leistungen oder die soziale Kommunikation behindern. Analog zur phonologischen Störung werden auch hier im Unterschied zu den Kriterien der ICD-10 Kinder mit geistiger Behinderung, sprachmotorischen oder sensorischen Defiziten nicht von der Diagnose einer expressiven Sprachstörung ausgeschlossen, solange ihre Sprachschwierigkeiten erheblicher sind, als dies unter vergleichbaren Bedingungen zu erwarten wäre.

Um eine *rezeptive Sprachstörung* zu diagnostizieren, muß das Sprachverständnis des betreffenden, geistig nicht-behinderten Kindes mehr als zwei Standardabweichungen unter dem Durchschnitt seiner Altersgruppe liegen und mindestens eine Standardabweichung schlechter sein als der nonverbale IQ. Weiterhin dürfen gemäß ICD-10 keine neurologischen, sensorischen oder körperlichen Beeinträchtigungen vorliegen, welche die Störung direkt bedingen.

Im DSM-IV wird der Begriff „kombinierte rezeptiv-expressive Sprachstörung" (315.31) verwendet. Damit wird der Tatsache Rechnung getragen, daß eine isolierte rezeptive Sprachstörung praktisch nicht beobachtet wird, da die Entwicklung der expressiven Sprache auf dem Erwerb des Sprachverständnisses aufbaut. Ein Kind mit dieser Diagnose muß sowohl bei der Testung der rezeptiven als auch der expressiven Sprach-

fertigkeiten Werte erzielen, die wesentlich geringer sind als seine nonverbale intellektuelle Leistungsfähigkeit. Außerdem muß die betreffende Person durch die Störung in ihren schulischen beziehungsweise beruflichen Leistungen oder der sozialen Kommunikation deutlich behindert werden. Im Gegensatz zur ICD-10 ist es auch hier möglich, die Diagnose an Kinder mit geistiger Behinderung, sprachmotorischen oder sensorischen Defiziten zu vergeben.

In der ICD-10 wird unter der Bezeichnung *Landau-Kleffner-Syndrom* (erworbene Aphasie mit Epilepsie) ein schwerer Verlust von expressiven und rezeptiven Sprachfertigkeiten bei einem Kind mit zuvor unauffälliger Sprachentwicklung über einen relativ kurzen Zeitraum (nicht mehr als sechs Monate) verstanden. Bei Beginn der Störung treten EEG-Veränderungen auf, die fast immer im Temporallappenbereich angesiedelt sind. Solche EEG-Veränderungen müssen in einem Zeitraum von zwei Jahren vor bis zu zwei Jahren nach dem anfänglichen Sprachverlust gesichert werden können. Häufig treten auch epileptische Anfälle auf. Das Hörvermögen der Kinder liegt im Normbereich, die nonverbale Intelligenz bleibt erhalten (im Durchschnittsbereich) und es liegt keine Tiefgreifende Entwicklungsstörung vor. Neben dem abnormen EEG und den epileptischen Anfällen darf keine diagnostizierbare neurologische Störung vorhanden sein. Der Erkrankungsbeginn liegt gewöhnlich zwischen dem vierten und achten Lebensjahr. Kritikwürdig ist, daß das Landau-Kleffner-Syndrom nach den oben angeführten Kriterien keine umschriebene Entwicklungsstörung im eigentlichen Sinne darstellt. In der ICD-10 selbst wird zu den umschriebenen Entwicklungsstörungen allgemein ausgeführt, daß die Einschränkung gewöhnlich schon vom frühestmöglichen Zeitpunkt an vorgelegen hat, und daß es vorher keine Periode einer normalen Entwicklung gab. Unverständlicherweise wird das Landau-Kleffner-Syndrom, bei dem die Kinder definitionsgemäß vor dem Ausbruch der Störung eine Phase normaler Sprachentwicklung gezeigt haben müssen, zu den umschriebenen Entwicklungsstörungen gerechnet. Daneben wird gegen die Normalitätsannahme verstoßen, indem diagnostizierbare neurologische Störungen zugelassen werden. In der ICD-10 wird die Aufnahme des Landau-Kleffner-Syndroms in die Kategorie der umschriebenen Entwicklungsstörungen damit begründet, daß die Charakteristika der Störung und ihr Verlauf viele Ähnlichkeiten mit der Gruppe der Entwicklungsstörungen aufweist. Außerdem sei derzeit unbekannt, ob sich dieses Syndrom ätiologisch von anderen umschriebenen Entwicklungsstörungen unterscheidet. Im DSM-IV wird das Landau-Kleffner-Syndrom nicht erwähnt.

Unter dem Oberbegriff umschriebene Entwicklungsstörungen schulischer Fertigkeiten werden in der ICD-10 die umschriebene Lesestörung (F81.0), die isolierte Rechtschreibstörung (F 81.1) und die Rechenstörung (F 81.2) aufgeführt. Da die umschriebene Störung des

Lesens und Rechtschreibens im Kapitel von Warnke und Roth in diesem Buch behandelt wird, soll an dieser Stelle nicht darauf eingegangen werden.

Für die Diagnose einer *Rechenstörung* wird gefordert, daß das geistig nicht-behinderte Kind in einem standardisierten Rechentest einen Wert erzielt hat, der mindestens zwei Standardabweichungen unterhalb des Durchschnitts seiner Altersgruppe sowie seiner allgemeinen Intelligenz liegt. Warum mit dieser Definition von der Regel bei den umschriebenen Entwicklungsstörungen des Sprechens und der Sprache abgewichen wird, nach der zwischen gestörter Teilleistung und Intelligenz nur eine Differenz von mindestens einer Standardabweichung bestehen muß, ist nicht ersichtlich. Kinder mit einer Rechenstörung müssen weiterhin Lese- und Rechtschreibleistungen aufweisen, die sich im Normbereich befinden und eine angemessene Beschulung erfahren haben. Außerdem sollen die Rechenschwierigkeiten seit Beginn des Rechenlernens bestehen und die Schulausbildung oder alltägliche Tätigkeiten behindern, die Rechenfertigkeiten erfordern.

Die Kriterien des DSM-IV für eine Rechenstörung (315.1) entsprechen denen der ICD-10. Der einzige Unterschied besteht darin, daß das DSM-IV auch in diesem Fall Kinder mit einem IQ unter 70 nicht von vornherein für diese Diagnose ausschließt. Es wird jedoch einschränkend festgelegt, daß nur in einigen Fällen bei leichter geistiger Behinderung von einer Rechenstörung gesprochen werden sollte, wenn die Rechenleistungen deutlich geringer ausfallen, als dies aufgrund des Unterrichts und des Schweregrades der Behinderung zu erwarten wäre.

Eine *umschriebene Entwicklungsstörung der motorischen Funktionen* (F 82) wird entsprechend den Forschungskriterien der ICD-10 diagnostiziert, wenn die Fertigkeiten des Kindes in einem standardisierten Test für fein- und grobmotorische Koordination mindestens zwei Standardabweichungen unterhalb des Altersdurchschnitts liegen. Außerdem muß die betreffende Person durch die Störung in ihrer Schulausbildung oder alltäglichen Aktivitäten behindert werden und es darf keine diagnostizierbare neurologische Störung vorliegen. Im Unterschied zu den Definitionen der übrigen umschriebenen Entwicklungsstörungen wird keine bedeutsame Diskrepanz zwischen den motorischen und den intellektuellen Leistungen gefordert, sondern es werden lediglich Kinder mit einem nonverbalen IQ unter 70 von der Diagnose ausgeschlossen. Die Ursache für diese „Inkonsequenz" ist sicherlich darin zu suchen, daß Motorik und Intelligenz im Durchschnittsbereich der intellektuellen Leistungsfähigkeit nahezu unkorreliert sind. Allerdings fanden Wilkes, Amon, Beck, Castell und Mall (1993) bei Erstkläßlern aus Lernbehindertenschulen, also größtenteils Kindern im Grenzbereich zwischen noch durchschnittlicher Intelligenz und geistiger Behinderung, eine moderate Korrelation von .47 zwischen Intelligenz- und

Motorikleistungen. Wenn geringere motorische Leistungen auch mit einer geringeren intellektuellen Leistungsfähigkeit einhergehen, ist es notwendig, eine kritische Differenz zwischen beiden festzulegen, um isolierte motorische Beeinträchtigungen und nicht einen allgemeinen Entwicklungsrückstand zu erfassen.

Im DSM-IV wird für die Diagnose einer entwicklungsbezogenen Koordinationsstörung (315.4) konsequenterweise eine bedeutsame Diskrepanz zwischen der motorischen Koordination sowie dem Alter und der Intelligenz des Kindes gefordert. Wie auch gemäß ICD-10 muß die Störung schulische Leistungen oder Aktivitäten des täglichen Lebens behindern und sie darf nicht auf medizinische Krankheitsfaktoren zurückzuführen sein. Allerdings kann nach DSM-IV auch bei Kindern mit geistiger Behinderung eine entwicklungsbezogene Koordinationsstörung diagnostiziert werden, wenn die motorischen Schwierigkeiten wesentlich größer sind als diejenigen, die gewöhnlich mit der Behinderung verbunden sind.

Die angeführten Klassifikationssysteme beschreiben die verschiedenen Formen umschriebener Entwicklungsstörungen auf einem eher komplexen Niveau des Verhaltens (Sprechen, Sprache, Motorik, Lesen, Rechtschreiben und Rechnen). Anstelle dieser Klassifikation könnte prinzipiell eine Zuordnung auch nach neuropsychologischen Grundfunktionen (z. B. Gedächtnis, Wahrnehmung, Motorik, integrative Prozesse der Verarbeitung sowie der Input- und Outputkontrolle) treten. Diese informationstheoretischen Ansätze (z. B. Luria, 1970) scheinen auf den ersten Blick wesentlich systematischer. Die Zahl isolierbarer neuropsychologischer Prozesse der Informationsverarbeitung ist jedoch nahezu unbestimmbar, außerdem werden gestörte Grundfunktionen häufig durch andere Prozesse der Informationsverarbeitung kompensiert, so daß aus ihnen nicht zwangsläufig komplexe Leistungsstörungen resultieren (Schmidt, 1988). Sie erreichen erst dann (vor allem für die Therapieplanung) Relevanz, wenn sie zusammen mit komplexeren Störungen auftreten. Exakt ist die Klassifikation in der ICD-10 oder dem DSM-IV jedoch auch nicht gelungen, denn Störungen der Sprache führen häufig zu Lese-Rechtschreibschwächen, das heißt, zwischen diesen beiden Störungsarten ergibt sich ein deutlicher Überschneidungsbereich, wobei die früher auftretende Sprachstörung als eine Ursache für die spätere Störung des Lesens und Schreibens angesehen werden muß.

Die Bestimmung der Diskrepanz zwischen gestörter Teilleistung und dem übrigen (ungestörten) Gesamtniveau muß drei Aspekte berücksichtigen:

- Die Diskrepanz sollte bedeutend sein, für die klinische Praxis wird eine Differenz von mindestens eineinhalb Standardabweichungen gefordert.
- Die Teilleistung soll sich im Bereich klinisch relevanter Störung befinden, das heißt mindestens ein-

einhalb Standardabweichungen unter dem Mittelwert der Altersgruppe liegen.

- Der Bezugspunkt (Gesamtniveau) für die Berechnung der Differenz zur Teilleistung soll aus den von der Teilleistung unabhängigen Intelligenzbereichen bestimmt werden. Dies wäre für Störungen aus dem sprachlichen Bereich die nonverbale Intelligenz und für solche aus dem mathematischen Bereich die verbale Intelligenz.

2 Formen umschriebener Entwicklungsstörungen

Es wird im weiteren auf folgende Störungen eingegangen:

- Artikulationsstörungen,
- expressive und rezeptive Sprachstörungen,
- Landau-Kleffner-Syndrom,
- Rechenstörungen und
- umschriebene Störungen der motorischen Funktionen.

2.1 Artikulationsstörungen

2.1.1 Beschreibung der Störung

Die korrekte Artikulation aller Sprachlaute muß von Kindern zunächst erlernt werden. Die Entwicklungsfortschritte sind dabei unterschiedlich rasch, die Variation der Verläufe ist groß. Von einer umschriebenen Entwicklungsstörung der Artikulation wird erst dann gesprochen, wenn das Kind in seinen Artikulationsleistungen deutlich von der Norm abweicht.

Bis zur Vollendung des vierten Lebensjahres sind die meisten Kinder in der Lage, den gesamten Lautbestand korrekt zu artikulieren. Artikulationsfehler (sog. Stammelfehler oder Dyslalie) sind in diesem Alter vor allem noch im Bereich der Zisch-Laute (s, sch, st, sp, ch) zu erkennen. Ein kleinerer Teil der Kinder weist Probleme bei der korrekten Artikulation von g und k auf (werden durch d und t ersetzt, z. B. „dut" statt „gut") oder bei bestimmten Lautkombinationen (bl, nk, fl, br, kr, dr oder kn). Sind nur die Zisch-Laute betroffen, sind die Chancen gut, daß die Artikulationsstörung bis zum Einschulungsalter „ausreift".

Artikulationsstörungen treten im Zusammenhang mit verschiedenen körperlichen Erkrankungen und Leistungsminderungen auf, so zum Beispiel infolge einer Kiefern-Gaumen-Spalte oder anderer anatomischer Anomalitäten, als Folge eines Hörverlustes, im Rahmen eines allgemeinen Entwicklungsrückstandes (einer Intelligenzminderung) oder im Zusammenhang mit weiteren Störungen der expressiven oder rezeptiven Sprache. Störungen der Artikulation mit einem der genannten Hintergründe werden nicht zu den umschriebenen Entwicklungsstörungen der Artikulation gezählt. In einer Pilotversion der 10. Revision der International Classification of Diseases (WHO, 1991) wurde daher der Begriff „einfache" Artikulationsstörung gewählt, der unterstrich, daß es sich bei der fraglichen Entwicklungsstörung lediglich um eine isolierte (reine) Artikulationsstörung handeln soll.

Die Diagnose darf also nur dann gestellt werden, wenn die übrigen Grunderkrankungen ausgeschlossen sind. Die Artikulationsleistung des Kindes sollte mindestens eineinhalb Standardabweichungen hinter seiner Intelligenzleistung zurückbleiben und ebenfalls eineinhalb Standardabweichungen unter dem Mittelwert der Artikulationsleistungen der Altersgruppe liegen. Für Forschungsfragen werden zwei Standardabweichungen Differenz zum Altersdurchschnitt und (nur) eine Standardabweichung Differenz zur nonverbalen Intelligenz gefordert (Forschungskriterien der ICD-10). Relevanz besitzt die Diagnostik insbesondere im Vorschulalter, da dort notwendige Sprachheilbehandlungen erfolgversprechend sind. Zur Erfassung der Artikulation wird der Möhring-Test empfohlen (Normen für die Kurzversion beim Erstautor erhältlich) sowie der Lautbildungstest für das Vorschulalter (Fried, 1980). Die Referenzmessung der nonverbalen Intelligenz kann mit Hilfe der Kartenform der Columbia-Mental-Maturity-Scale (Burgemeister, Blum & Lorge, 1972) sowie nonverbaler Untertests (z. B. Bilderzuordnen) aus dem Psycholinguistischen Entwicklungstest vorgenommen werden. Bei Einhalten der genannten diagnostischen Vorgaben ist mit Prävalenzraten zwischen 5 und 6% zu rechnen.

2.1.2 Epidemiologie, Verlauf und Nosologie

In einer großen epidemiologischen Studie, die 399 achtjährige Mannheimer Kinder umfaßte, die prospektiv bis zum Alter von 18 Jahren nachuntersucht wurden (Esser, 1991), zeigte sich, daß Kinder mit Artikulationsstörungen in keiner Weise vermehrte Schulleistungsprobleme aufwiesen. Dies galt sowohl für das Grundschulalter als auch für die weitere Entwicklung auf weiterführenden Schulen. Immerhin 70% der artikulationsgestörten Kinder besuchten das Gymnasium oder die Realschule. Die Durchschnittsnote in den Hauptfächern entsprach weitgehend derjenigen von normal begabten Kindern ohne umschriebene Entwicklungsstörung.

Nonverbale Intelligenz (Mittelwert = 102) und verbale Intelligenz (Mittelwert = 106) weichen nicht von der normal entwickelter Kinder ab. Auch beim Lösen kognitiver Aufgaben waren artikulationsgestörte Kinder nicht etwa impulsiver als andere, sie blieben jedoch in ihrer Konzentrationsleistung hinter den normal entwickelten Gleichaltrigen zurück. Die Besserungsrate der Artikulationsstörung war zwischen acht und 13 Jahren mit 62% im Vergleich zu anderen umschriebenen Entwicklungsstörungen ungewöhnlich hoch. Shriberg, Kwiatkowski und Gruber (1994) berichteten, daß 18,5% der untersuchten Vierjährigen mit Artikulationsstörungen innerhalb eines Jahres ein dem Altersdurchschnitt entsprechendes Artikulationsniveau erreichten.

Ein Drittel der Kinder mit Artikulationsstörungen weist jedoch zusätzliche klinisch bedeutende psychische Störungen auf und unterscheidet sich damit deutlich von normal entwickelten Kindern (Esser, 1991). Diese zusätzlichen psychischen Auffälligkeiten der artikulationsgestörten Kinder betreffen vor allem hyperkinetische Symptome, also Aufmerksamkeitsstörungen und motorische Unruhe. Außerdem treten weitere entwicklungsabhängige psychische Auffälligkeiten gehäuft auf, so zum Beispiel Einnässen, Eß- und Schlafstörungen. Bis zur Pubertät halten diese Auffälligkeiten an, um sich dann im Jugendalter deutlich zurückzubilden. An der Schwelle zum Erwachsenenalter unterscheiden sich Kinder mit Artikulationsstörungen in der Häufigkeit zusätzlicher psychischer Auffälligkeiten nicht mehr von normal entwickelten Gleichaltrigen.

2.1.3 Erklärungsansätze

- *Biologische Faktoren.* Jungen sind unter den Kindern mit Artikulationsstörungen (mit 87%) weit überrepräsentiert. Die Händigkeit als grobes Indiz für Lateralisationsprobleme unterscheidet sich bei Artikulationsgestörten nicht von normal entwickelten Kindern, wir finden vergleichbar viele Linkshänder und Beidhänder. Es gibt ebenfalls keinen Hinweis auf eine höhere Rate frühkindlicher Hirnschädigungen als Folge von schwerwiegenden Schwangerschafts- und Geburtskomplikationen. In die gleiche Richtung weist eine nicht erhöhte Rate feinneurologischer Zeichen (sog. Softsigns). Auch Reifeparameter der Grundaktivität des EEG ergaben keine Störungshinweise, genausowenig wie Parameter visuell evozierter Potentiale.

- *Psychosoziale Faktoren.* Im Bereich psychosozialer Belastungen unterscheiden sich artikulationsgestörte Kinder nicht von ihren normal entwickelten

Altersgenossen. Dies gilt sowohl für die frühe Entwicklung der ersten Lebensjahre als auch für spätere chronische Belastungen. Der Bildungshintergrund der Eltern weist keine Besonderheiten auf.

2.1.4 Interventionsverfahren

Die langfristige Entwicklung artikulationsgestörter Kinder ist also insgesamt günstig. Einschränkend müssen die vermehrten hyperkinetischen und entwicklungsabhängigen Verhaltensauffälligkeiten genannt werden, die zumindest vorübergehend beeinträchtigende Wirkung haben. Es kann gezeigt werden, daß sowohl die psychischen Auffälligkeiten als auch die Artikulationsstörungen gemeinsamer Ausdruck einer partiellen Entwicklungsverzögerung sind. Es gibt keinen Hinweis darauf, daß die Verhaltensauffälligkeiten Folge der Artikulationsstörung sind oder sie gar bedingen. Nach dem jetzigen Kenntnisstand ist eine genetisch bedingte milde Form einer zentralnervösen Entwicklungsverzögerung für die Gesamtheit der Auffälligkeiten verantwortlich. Der insgesamt günstige Verlauf fordert eine differenzierte Betrachtung therapeutischer Interventionen. Behandelt werden sollten nur Kinder, deren Artikulationsstörung so erheblich ist, daß sie von ihrer Umgebung nur schwer verstanden werden können. Ein Therapiebeginn vor Vollendung des vierten Lebensjahres ist wegen der erforderlichen Kooperation des Kindes nicht ratsam.

Die nach ICD-Definition „einfache Artikulationsstörung", also das Vorliegen von Stammelfehlern ohne gleichzeitige rezeptive oder expressive Sprachstörung, ist als das Beibehalten abweichender Artikulationsbewegungen aufgrund von Gewöhnung oder eingeschränkten artikulomotorischen Leistungen anzusehen. Störungen der auditiven Lautunterscheidung liegen bei diesen Kindern meist nicht vor. Die Kinder sind sich ihrer Fehler bewußt, können sie aber ohne fremde Hilfe nicht korrigieren. Die Behandlung durch den Logopäden zielt daher darauf, dem Kind durch neue Bewegungen und Stellungen der Artikulationsorgane (Lippen, Zunge, Gaumen) die korrekte Lautbildung zu ermöglichen. Bewährt hat sich die Bildung des Ziellautes aus einem benachbarten Laut, zum Beispiel der -s- aus dem -f-Laut. Dabei soll das logopädische Training dem Kind eine möglichst eindeutige auditive Rückmeldung über den zu korrigierenden Laut geben (vgl. Kasten 1).

Kasten 1:
Logopädisches Training bei Artikulationsstörungen.

- Anfangs artikulieren Therapeut und Kind zum Beispiel abwechselnd den zu erlernenden Laut. Das Kind hat dabei die Aufgabe, seine Artikulation möglichst genau der des Therapeuten anzupassen.

- Wenn der einzelne Ziellaut beherrscht wird, muß dieser neue Laut stabilisiert werden (van Riper & Irwin, 1994). Das Kind spricht hierzu eine Serie von Wörtern mit diesem Laut (am Wortanfang, in der Wortmitte, am Wortende) und entscheidet, welcher Ausspracheversuch sich am besten angehört hat.
- Danach benennt es eine Reihe von Bildern, die den betreffenden Laut enthalten und ordnet diese Bilder den Kategorien „gute", „mittelmäßige" und „schlechte" Aussprache zu.
- Das Kind kontrolliert einen von ihm selbst auf Tonband gesprochenen Text, indem es die Zahl der korrekt ausgesprochenen Ziellaute zählt.
- Zur Erhöhung der Motivation des Kindes wird zusätzlich anfangs jede, später jede dritte oder jede fünfte korrekte Artikulation des Ziellautes durch die Vergabe von Tokens verstärkt.

Eine Variante zur spielerischen Festigung neu erlernter Laute ist in Kasten 2 dargestellt.

Kasten 2:

„Zauberspiele" zur Festigung von erlernten Lauten (Franke, 1996).

- Man benötigt Handpuppen und Gegenstände, Bilder oder einen „Schatz".
- Das Kind spielt den Zauberer, auf dessen Zauberspruch hin eine Veränderung eintritt (z. B. der Schatz hat sich vergrößert oder ein neues Spielzeug ist hinzugekommen). Der „Zauberspruch" kann ein bestimmter Laut, eine Silbe, ein Wort oder ein Satz sein. Er bewirkt nur bei korrekter Artikulation des Ziellautes die gewünschte Veränderung.

Die Bedeutsamkeit einer korrekten Aussprache kann den Kindern über die sogenannte minimal pair technique vermittelt werden (van Borsel & Demeulenaere, 1998). Hierbei werden jeweils zwei Wörter vorgegeben, die bei ungenauer Artikulation identisch klingen, aber verschiedene Bedeutung haben (z. B. der/Teer, Blatt/platt). Das Kind soll dadurch im Hören von Phonemunterschieden und den resultierenden semantischen Unterschieden trainiert werden.

Mögliche zusätzliche psychische Auffälligkeiten der Kinder, die in ihrem Schweregrad im übrigen eher milde Formen darstellen, sind in der großen Mehrzahl durch gezielte Beratung der Eltern, in schwerwiegenderen Einzelfällen vorzugsweise durch verhaltenstherapeutische Ansätze anzugehen. Dabei sind die verwendeten Verfahren von der Art der Auffälligkeit abhängig. So kommen bei expansiven Störungen Techniken der Verstärkerrückgabe, des Verstärkerausschlusses (time-out) oder der Streßimpfung in Frage, während bei ängstlichen Kindern Methoden der Desensibilisierung und bei sozial unsicheren Kindern Sozialtrainings angewendet werden (vgl. Petermann & Petermann, 2000).

2.2 Expressive und rezeptive Sprachstörung

2.2.1 Beschreibung der Störung

Die Erscheinungsformen rezeptiver und expressiver Sprachstörungen verändern sich mit dem Alter des Kindes. Erste Hinweise können sich im Alter von zwei Jahren ergeben, wenn die Sprachproduktion bis dahin völlig fehlt (von einzelnen Wörtern wie Mama, Papa und Ball abgesehen) oder das Sprachverständnis so schlecht ist, daß auch einfachste Anweisungen ohne begleitende Gestik nicht verstanden werden. In der weiteren Entwicklung sind die expressiven Sprachstörungen durch folgende Merkmale gekennzeichnet:

- ein eingeschränktes aktives Vokabular,
- Schwierigkeiten in der Auswahl passender Begriffe und
- zahlreiche grammatikalische Fehler (z. B. bei der Pluralbildung, der Auswahl von Pronomen, der Bildung von Komperativ und Superlativ, von Perfekt, Imperfekt und Futur).

Kinder mit expressiver Sprachstörung vermeiden das aktive Sprechen und ersetzen häufig sprachliche Kommunikation durch nonverbale Kommunikation, also insbesondere Gesten.

Die Störung des Sprachverständnisses (rezeptive Sprachstörung) zeigt sich vor allem darin, daß nur eine im Vergleich zum Alter geringe Zahl von Begriffen verstanden wird und insbesondere inhaltsähnliche Begriffe häufig verwechselt werden. Im weiteren Verlauf ist vor allem das Verständnis grammatikalischer Strukturen sowie von Präpositionen beeinträchtigt. Dies wird insbesondere dann deutlich, wenn der übliche Satzaufbau verändert wird und überraschende Inhalte auftreten (z. B. den Hund beißt der Mann). Neben dem Verständnis von Sprachinhalten und Sprachaufbau wird der Einfluß der Prosodie (Sprachmelodie) auf den Sinngehalt der Sprache nicht ausreichend verstanden. Van der Meulen, Janssen und Os (1997) verglichen Vier- bis Sechsjährige mit und ohne umschriebene Entwicklungsstörungen der Sprache hinsichtlich ihrer Fähigkeit, die Sprachmelodie von vorgesprochenen Sätzen korrekt zu imitieren. Sie unterschieden zwischen der linguistischen Funktion der Prosodie (z. B. Einsatz der Sprachmelodie zur Veränderung der Wortbedeutung oder zur Kennzeichnung von Satztypen) und der emotionalen Funktion (Prosodie bietet Informationen über den emotionalen Zustand des Sprechers). Die Autoren fanden, daß Kinder mit Sprachstörungen bei der Imitation der linguistischen und der emotionalen Prosodie von Sätzen schlechter abschnitten als ihre unauffälligen Altersgenossen.

Störungen der rezeptiven und expressiven Sprache sind im Zusammenhang mit anderen Entwicklungsstörungen oder organischen Erkrankungen zu beobachten.

Am häufigsten ist der Spracherwerb durch eine geistige Behinderung beeinträchtigt. Auf der anderen Seite werden Kinder mit Sprachstörungen in ihren intellektuellen Fähigkeiten eher unterschätzt. So bedarf es stets einer umfassenden Diagnostik der verschiedenen intellektuellen Funktionen, um Kinder mit umschriebenen Sprachentwicklungsstörungen von allgemein retardierten Kindern zu unterscheiden. Abgegrenzt werden rezeptive und expressive Sprachstörungen ebenfalls gegen Taubheit und ausgeprägte Formen der Schwerhörigkeit. Erhebliche Störungen der Sprachentwicklung sind auch ein Kennzeichen autistischer Kinder, bei denen jedoch außerdem Störungen im Kontaktverhalten sowie spezifisches stereotypes Verhalten im Vordergrund stehen (vgl. Kusch & Petermann in diesem Buch), die bei Kindern mit rezeptiven und expressiven Sprachstörungen fehlen. Leichter fällt die Abgrenzung gegen mutistische Störungen, obwohl bei einigen mutistischen Kindern Sprachentwicklungsverzögerungen im Hintergrund stehen. Trotz mangelhafter Kooperation dieser Kinder in der Untersuchungssituation läßt sich mit Hilfe der anamnestischen Daten die Diagnose meist zweifelsfrei erstellen.

2.2.2 Epidemiologie, Verlauf und Nosologie

Liegt sowohl eine rezeptive als auch eine expressive Sprachstörung vor, wird nach der ICD-10 die Diagnose rezeptive Sprachstörung gestellt. Die Diagnose einer expressiven Sprachstörung kommt also nur dann in Frage, wenn nachweislich keine rezeptive Sprachstörung besteht. Die Diagnosestellung erfordert den Einsatz standardisierter psychologischer Testverfahren, um die erforderliche Diskrepanz von eineinhalb Standardabweichungen zum Mittelwert der Altersgruppe in Sprachproduktion oder Sprachverständnis sowie eine gleich große Differenz zur individuellen Intelligenzleistung des Kindes abzusichern. Als Testverfahren kommen im Alter von zwei Jahren die entsprechenden Untertests der Münchner funktionellen Entwicklungsdiagnostik (Köhler & Egelkraut, 1984) oder der Griffith-Skalen (Brandt, 1983) in Frage. Diese Leistungen müssen dann in Relation zur nonverbalen Intelligenz, die ebenfalls mit den genannten Verfahren gemessen werden kann, gesetzt werden. Im Vorschulalter sind zur Erfassung der rezeptiven Sprachstörung die Untertests Wortverständnis und Wörterergänzen aus dem Psycholinguistischen Entwicklungstest von Angermaier (1974) zu empfehlen, zur Erfassung der expressiven Sprachfunktionen der Grammatiktest sowie eingeschränkt das Sätzeergänzen aus der gleichen Testbatterie. Im Grundschulalter kann neben dem Psycholinguistischen Entwicklungstest mit gleicher Effizienz der Heidelberger Sprachentwicklungstest eingesetzt werden (Grimm & Schöler, 1991). Zur Erfassung der nonverbalen Intelligenz ist im Vorschulalter die Columbia Mental Maturity Scale von Burgemeister et al. (1972) in der Kartenform sowie im Grundschulalter die CMM 1-3 von Schuck, Eggert und Raatz (1975) und

der Grundintelligenztest CFT 1 von Cattell, Weiß und Osterland (1977) zu empfehlen. Bei Einhalten der genannten diagnostischen Vorgaben ist mit Prävalenzraten um 5% zu rechnen, wobei der größere Teil den rezeptiven Sprachstörungen zuzuordnen ist, da ihnen der Überschneidungsbereich zu expressiven Störungen zugeschlagen wird.

Dunn, Flax, Sliwinski und Aram (1996) empfehlen, neben den Ergebnissen standardisierter Tests auch die Spontansprache des Kindes in die Diagnostik einzubeziehen. Sie fanden, daß sich folgende Sprachdefizite in standardisierten Tests nicht ausreichend abbilden lassen:

- *strukturelle Fehler* (Fehler in der Wortstellung; falsche Endungen; Verwendung von Artikeln, Präpositionen, Verkürzungen; Sprechen im Telegrammstil; falsche Negativierungen);
- *pragmatische Fehler*
  - Irrelevante Details werden genannt (z. B. Erwachsener: Magst Du die Show? Kind: Ja und meine Mutter liebt Pizza);
  - Widersprüche zu vorhergehenden Aussagen (z.B. Erwachsener: Hast Du Geschwister? Kind: Nein. Erwachsener: Dann bist Du ein Einzelkind? Kind: Nein, mein Bruder ist Johannes);
  - Kind bleibt nicht beim Thema und wechselt mitten in einer Äußerung zu einem völlig anderen Thema;
- häufige *Formulierungsrevisionen*.

Sprachstörungen sind oft Vorläufer von Lese-Rechtschreibschwächen, daher sind vermehrt Schulleistungsprobleme zu erwarten (Cantwall & Baker, 1987; Scarborough, 1990). Nach Schätzungen von Cantwall und Baker (1987) haben 60% der Kinder mit einer Lesestörung auch eine irgendwie geartete Sprech- oder Sprachstörung. In einer eigenen epidemiologischen Studie waren 60% der rezeptiv Sprachgestörten auch leserechtschreibschwach; über 90% dieser Kinder hatten gravierende Schulleistungsprobleme (Esser, 1991). In anderen Studien schwankt das Ausmaß der Schulleistungsstörungen in klinischen Stichproben zwischen 50 und 80% (King, Jones & Lasky 1982; Aram, Ekelman & Nation, 1984). Auch im langfristigen Verlauf ist der Schulerfolg dieser Kinder schlecht, in der genannten eigenen Studie besuchten 50% die Sonderschule für Lernbehinderte und nur 9% erreichten Gymnasium oder Realschule. Möglicherweise als Folge der schlechten Schulkarriere waren die Zukunftsvorstellungen bezüglich des eigenen Berufs weniger konkret und weniger realistisch als in der Kontrollgruppe. Neben den Sprachstörungen bestanden weitere gravierende Leistungsdefizite, die auch eine insgesamt niedrigere allgemeine Intelligenz mit einem Durchschnitts-IQ von knapp 90 umfaßten. Charakteristisch ist eine extrem hohe Differenz zwischen verbaler und nonverbaler Intelligenz (in der vorgelegten Untersuchung waren dies 24 IQ-Punkte zugunsten nonverbaler Anteile). Die Behinderung im Sprachbereich wurde durch einen durchschnittlichen

Verbal-IQ von 65 dokumentiert. Weitere Auffälligkeiten ergaben sich im Bereich des Kurzzeitgedächtnisses, der Konzentrationsfähigkeit sowie im Lösungsstil von kognitiven Aufgaben. Die Besserungsrate von Sprachstörungen war zwischen acht und 13 Jahren mit nur 12% ausgesprochen gering.

Uneinheitlich sind die Ergebnisse zu den psychischen Folgen von Sprachentwicklungsverzögerungen. Langzeitstudien an epidemiologischen Stichproben (Stevenson, Richman & Graham, 1985) erbrachten entweder eine insgesamt erhöhte psychische Auffälligkeit (ohne spezifischen Diagnoseschwerpunkt) oder Tendenzen zu dissozialem Verhalten. In der eigenen epidemiologischen Studie (Esser, 1991) waren circa 60% im Alter von acht und ungefähr die Hälfte der Kinder im Alter von 13 Jahren psychisch auffällig. Im Alter von 18 Jahren reduzierte sich diese Rate auf ca. ein Drittel. Im Grundschulalter waren mit Ausnahme von emotionalen Problemen in allen Symptombereichen, also der der Sozialstörungen, hyperkinetischen Syndrome und der entwicklungsabhängigen Störungen (wie z. B. Einnässen, Eßstörungen, Tics) vermehrt Auffälligkeiten zu beobachten. Im weiteren Verlauf verwischte sich die hyperkinetische Symptomatik in der Adoleszenz, während die entwicklungsabhängigen Auffälligkeiten bestehen blieben, und die Sozialstörungen deutlich anstiegen. Dieser Anstieg setzte sich bis zum beginnenden Erwachsenenalter fort; daneben waren hier auch erstmals vermehrt emotionale Probleme zu beobachten.

2.2.3 Erklärungsansätze

- *Biologische Faktoren.* Jungen sind unter den Kindern mit rezeptiven und expressiven Sprachstörungen (mit 70%) weit überrepräsentiert. Hinweise auf eine höhere Rate frühkindlicher Hirnschädigungen als Folge schwerwiegender Schwangerschafts- und Geburtskomplikationen ergaben sich nicht (vgl. auch Aram, Hack, Hawkins, Weissman & Borawski-Clark, 1991; Bishop, 1997; Tomblin, Smith & Zhang, 1997), es waren in der Gruppe der Sprachgestörten jedoch vermehrt feinneurologische Zeichen festzustellen. Die Grundaktivität des EEG war unauffällig, genauso wie die Parameter visuell evozierter Potentiale.

- *Psychosoziale Faktoren.* Kinder mit Sprachstörungen zeigten deutlich vermehrt Belastungen in den ersten Jahren der Entwicklung. Die Schwangerschaft war häufiger unerwünscht, die Geburt nichtehelich (Esser, 1991). Sprachgestörte Kinder wachsen häufiger in großen Familien auf als ihre unauffälligen Altersgenossen (Bishop, 1997). Ihre Väter rauchten im Vergleich zu den Vätern der Kindern ohne Sprachstörungen während der Schwangerschaft verstärkt und die Kinder mit Sprachstörungen wurden von ihren Müttern signifikant seltener und über einen kürzeren Zeitraum brustgestillt (Tomblin et al., 1997); in den ersten Jahren trat

ein Bezugspersonenwechsel gehäuft auf. Auch im Grundschulalter war die Zahl familiärer Belastungsfaktoren deutlich höher als in Vergleichsgruppen, daneben blieb die Schulbildung sowohl der Mutter als auch des Vaters deutlich hinter dem Bevölkerungsmittelwert zurück (Esser, 1991). Tomblin et al. (1997) konnten zeigen, daß die Väter von Kindern mit umschriebenen Entwicklungsstörungen der Sprache vermehrt Sprach- oder Lernstörungen beziehungsweise geistige Behinderung aufwiesen; diese Beziehung galt für die Mütter nicht.

Die langfristige Entwicklung von sprachgestörten Kindern ist also als ausgesprochen ungünstig zu bezeichnen. Dies gilt sowohl für die Schulkarriere als auch für die zusätzlichen psychischen Probleme, deren Schwerpunkt langfristig im dissozialen Bereich liegt, wobei jedoch auch zusätzliche emotionale Probleme bei den jungen Erwachsenen festzustellen sind (vgl. auch Kiese-Himmel, 1999). Es kann darüber hinaus gezeigt werden, daß das Vorliegen von rezeptiven Sprachstörungen einen eigenen Beitrag zur Verstärkung der psychischen Symptomatik leistet, im Gegensatz zu den Artikulationsstörungen sind hier umschriebene Entwicklungsstörung und psychische Auffälligkeiten nicht allein auf eine gemeinsame Ursache rückführbar. Als Ursache für umschriebene Sprachentwicklungsstörungen werden überwiegend genetische Faktoren angenommen (Bishop, 1987). Wegen der engen Verknüpfung mit späteren Lese-Rechtschreibschwächen wird die genetische Verursachung durch andere Studien gestützt (Childs & Finucci, 1984; Stevenson, Graham, Fredman & McLoughlin, 1987). Die hohe Bedeutung psychosozialer Belastungen, insbesondere der frühen Kindheit, könnte auch über die Kovarianz von psychosozialen mit genetischen Faktoren erklärt werden. Wahrscheinlicher ist jedoch ein Vulnerabilitätsmodell, das bei leichter oder mittlerer Beeinträchtigung des Spracherwerbs insbesondere dann zu manifesten Störungen führt, wenn eine angemessene Förderung fehlt - wahrscheinlich gerade in den ersten Lebensjahren (vgl. Abb. 1).

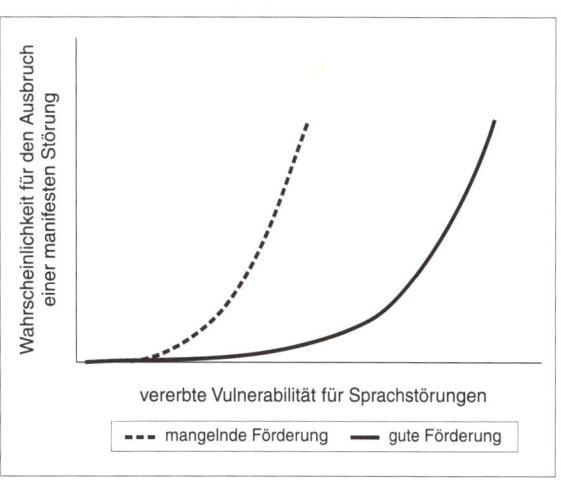

Abbildung 1:
Vulnerabilitätsmodell.

2.2.4 Interventionsverfahren

Der insgesamt ungünstige Verlauf verstärkt den Ruf nach Frühdiagnostik und Frühtherapie der Sprachentwicklungsstörungen (vgl. Kiese-Himmel, 1999). Je älter das Kind zum Zeitpunkt der Diagnosestellung ist, desto unwahrscheinlicher ist eine günstige Prognose der Störung (Rescorla & Schwartz, 1990). Mit Hilfe der genannten psychologischen Testverfahren ist eine Diagnosestellung bereits im Vorschulalter weitgehend zuverlässig möglich. Die frühe Zuweisung zu einer Sprachheilbehandlung soll einerseits die späteren schulischen Probleme mildern und andererseits den zumindest teilweise sekundären Verhaltensstörungen vorbeugen. Mit einer höheren Rate von Verhaltensauffälligkeiten ist nach der Untersuchung von McGee, Williams, Share, Anderson und Silva (1986) bereits zum Zeitpunkt der Einschulung zu rechnen, so daß nicht allein die Folgen von Schulversagen für Verhaltensstörungen verantwortlich gemacht werden können. Ein Teil der Verhaltensstörungen ist nach heutigem Kenntnisstand auf die infolge der Sprachstörungen erschwerte Kommunikation mit Gleichaltrigen und Erwachsenen zurückzuführen.

Sprachheilbehandlungen differieren in Abhängigkeit und vom Ausmaß der vorliegenden Störungen und vom allgemeinen Entwicklungsstand des Kindes. Sprachheilbehandlungen folgen dem Ablauf der ontogenetischen Sprachentwicklung, also den Stufen, die der Erwerb der phonologischen, grammatikalischen und semantischen Struktur beim normalen Kind durchläuft. Hierbei gilt, daß aktive Sprache erst aufgrund des Sprachverständnisses entsteht, Sprachperzeption beziehungsweise -rezeption also der Sprachproduktion vorausgeht. Als besonders günstige Phase der Förderung gilt das Alter zwischen eineinhalb und vier Jahren, wobei in diesem Alter Sprachentwicklungsstörungen nur bei einer extremen Ausprägung zuverlässig diagnostiziert werden können (vgl. Kiese-Himmel, 1999). In der Praxis konzentriert sich daher die Behandlung auf die Zeit nach Vollendung des vierten Lebensjahres, spätestens dann ist jedoch eine abwartende Haltung nicht mehr anzuraten. Der Erfolg der pädagogischen Bemühungen ist entscheidend von der Qualität der Therapeut-Kind-Beziehung abhängig. Kinder imitieren vor allem Äußerungen von Modellen (z. B. Therapeuten), die ihnen persönlich nahestehen und deren Reden und Handeln sie als attraktiv und persönlich bedeutsam empfinden (Dannenbauer, 1992). In gleichem Maße ist entscheidend, inwieweit die Eltern des Kindes in die Behandlung einbezogen werden können, das heißt inwieweit sie im Alltag die Behandlungsprinzipien einhalten (vgl. auch Ritterfeld & Dehnhardt, 1998). Sprachförderung kann sich nur in realen Handlungssituationen vollziehen.

Grimm (1994) konnte für vierjährige Kinder mit expressiven Sprachstörungen nachweisen, daß sich die Mütter in der Kommunikation mit ihren Kindern an deren produktive Sprachleistungen anpassen. Die Mütter solcher Kinder blieben hinsichtlich der Komplexität ihrer Äußerungen bedeutsam hinter Müttern von sprachunauffälligen gleichaltrigen Kindern zurück und dies, obwohl sie sich dessen bewußt waren, daß ihre Kinder sehr viel mehr verstehen als selbst produzieren können (vgl. auch Grimm, 1995). Das Komplexitätsniveau der mütterlichen Äußerungen entsprach in etwa dem der Kommunikation von Müttern mit zweieinhalbjährigen unauffälligen Kindern, die hinsichtlich des Sprachentwicklungsniveaus den vierjährigen sprachgestörten Kindern gegenübergestellt wurden. Nach Grimm ist die Anpassung der mütterlichen Sprache an das Sprachniveau des Kindes für eine gute expressive Sprachentwicklung günstig. Allerdings schätzt die Autorin solche „Kleinkind-Lehrstrategien" als ungünstig für die Entwicklung anderer Aspekte der Persönlichkeit des Kindes ein. Da Kinder mit expressiven Sprachstörungen wesentlich mehr Dinge verstehen als sie selbst ausdrücken können, werden sie durch eine derart vereinfachte Kommunikation kognitiv nicht entwicklungsangemessen gefördert. Dies könnte im weiteren Verlauf dazu beitragen, daß solche Kinder neben den sprachlichen auch kognitive Defizite entwickeln. Eine wesentliche Implikation für die Therapie besteht darin, daß Mütter (Bezugspersonen) von Kindern mit Sprachstörungen lernen müssen, die sprachlichen Defizite von anderen Fähigkeiten der Kinder zu trennen. Diese anderen gut entwickelten Fähigkeiten müssen dem Alter und der Intelligenz des Kindes entsprechend gefördert werden. Leider befindet sich die Elternarbeit im Bereich der Sprachtherapie noch in den Anfängen, wie eine Analyse von Ritterfeld und Dehnhardt (1998) belegte.

Die betroffenen Kinder müssen die Erfahrung machen, daß der Gebrauch der Sprache ihnen das alltägliche Leben erleichtert. Der Gebrauch der Sprache sollte daher in der Übungssituation unmittelbar verstärkt werden, zum Beispiel indem den sprachlich geäußerten Wünschen des Kindes unmittelbar entsprochen wird. Zur Sprachanregung sind Lieder und Kinderreime hilfreich, vor allem dann, wenn sie in Verbindung mit kindgemäßen Bewegungen (z. B. Hüpfen) angeboten werden (Wirth, 1994). Die einzelnen Therapieschritte werden in Kasten 3 skizzenhaft dargestellt.

Kasten 3:
Schritte im Rahmen der Sprachförderung.

- Der Therapeut begibt sich auf das Sprachniveau des Kindes, um dem Kind das Verständnis von Sprache zu erleichtern.
- Der Therapeut initiiert bei stark retardierten Kindern die Selbstnachahmung, indem er die Äußerungen des Kindes in dessen Tonfall und Rhythmus wiederholt.
- Der Therapeut stärkt Versuche des Kindes, den Therapeuten nachzuahmen.
- Der Therapeut kommentiert in einfachen Sätzen die Tätigkeiten des Kindes.

- Der Therapeut kommentiert in einfachen Sätzen Abläufe im Umfeld des Kindes, auf die das Kind gerade seine Aufmerksamkeit richtet.
- Der Therapeut kommt nur noch sprachlich geäußerten Wünschen des Kindes nach.
- Der Therapeut erweitert die sprachlichen Äußerungen des Kindes (Beispiel Kind: Mama Bett; Therapeut: Die Mama liegt auf dem Bett.).
- Das Kind wird für das Wiederholen der Erweiterung verstärkt.
- Der Therapeut erweitert die sprachlichen Äußerungen des Kindes semantisch (Beispiel Kind: Hund bellen; Therapeut: Ja, aber er beißt nicht.).
- Das Kind wird für das Wiederholen der semantischen Erweiterung verstärkt.

Dannenbauer (1992) warnt davor, zu häufig reine Nachsprechübungen zu verwenden. Dies geschieht häufig aus dem Wunsch heraus, schnell sichtbare Resultate zu erzielen, führt aber dazu, daß das Kind statische, leere Wortgefüge lernt, die relativ schnell wieder vergessen werden, wenn sie nicht ständig wiederholt werden. Wortgefüge, deren Sinn und Regeln für das Kind unklar sind, werden nicht in die Spontansprache übernommen. Dem Kind muß ausreichend Gelegenheit gegeben werden, neu erlernte Worte oder erkannte Regeln spontan anzuwenden. Hierbei auftretende Fehler sollen ihm zurückgemeldet werden, ohne daß in jedem Falle Nachsprechübungen verlangt werden. Wichtig ist außerdem, daß auch kleine Fortschritte verstärkt werden, ein Bestehen auf vollständigen Sätzen stellt meist eine klare Überforderung des Kindes dar. Im Kasten 4 sind beispielhaft Übungen zur Vermittlung der Bedeutung von Verben zusammengefaßt.

Kasten 4:
Beispiele für Übungen zur Vermittlung von Verben (Cooke & Williams, 1995).

- **Singen von Liedern mit Handlungen**

  (z. B. „Wer will fleißige Handwerker sehn.“). Die Handlungen werden zunächst mit dem Kind zusammen ausgeführt und später ausgeblendet, so daß dann nur noch gesungen wird.

- **Hindernisläufe**

  Zu Beginn werden die Handlungen des Kindes kommentiert. Bei weiteren Durchläufen müssen an den Hindernissen konkrete Anweisungen befolgt werden (z. B. klettere über den Tisch).

- **Puppenspiele**

  Beschreiben von Tätigkeiten, die die Puppe ausführt. Später soll das Kind mit Hilfe der Puppe bestimmte Handlungen vorführen.

- **Pantomime in der Gruppe**

  Jedes Kind stellt eine bestimmte Aktivität pantomimisch dar. Die übrigen Gruppenmitglieder erraten, welche Tätigkeit vorgeführt wird.

2.3 Landau-Kleffner-Syndrom (erworbene Aphasie mit Epilepsie)

2.3.1. Beschreibung der Störung

Kinder mit der Diagnose Landau-Kleffner-Syndrom (LKS) verfügen über eine durchschnittliche Intelligenz und zeigen zunächst eine unauffällige sprachliche Entwicklung. Ein verzögerter Spracherwerb wird nur bei etwa 15% der Kinder beobachtet (Baur, 1996). Vor dem Ausbruch der Erkrankung gibt es keine typischen Sprach- und Sprechauffälligkeiten (Elliger et al., 1990). Im Zusammenhang mit Auffälligkeiten des EEG, die fast immer im Temporallappenbereich angesiedelt sind, kommt es zu einem Sprachverlust. Die Herdbefunde im EEG sind nicht an die sprachdominante Hemisphäre gebunden. Sie wechseln oft auch die Lokalisation innerhalb einer Hemisphäre. Das EEG ist immer auffällig, allerdings unspezifisch und variabel innerhalb und zwischen Patienten (Martins da Silva & Nunes, 1995). Zu Beginn der Erkrankung können bei über 90% der Betroffenen EEG-Veränderungen festgestellt werden (Elliger et al., 1990).

Der Sprachverlust entwickelt sich bei einem Viertel der Fälle schrittweise über einen längeren Zeitraum (mehrere Monate), bei der Mehrzahl der Kinder gehen die bereits erworbenen Sprachfertigkeiten aber plötzlich innerhalb von wenigen Tagen oder Wochen verloren (WHO, 1991). Es fallen insbesondere schwere Beeinträchtigungen der rezeptiven Sprache auf. Oft werden zuerst Schwierigkeiten dabei beobachtet, Gehörtes zu verstehen. Die Kinder wirken zunächst häufig wie Hörgeschädigte, obwohl sie im allgemeinen beim Hören reiner Töne keine Schwierigkeiten haben (Szliwowski, 1991). Sie sind nicht in der Lage, Sprachsignale zu erkennen und ihre Bedeutung zu erfassen (Elliger et al., 1990). Im weiteren Verlauf der rezeptiven Störung kommt es dann auch zu Ausfällen in der expressiven Sprache. Diese zeigen sich in sehr kurzen Äußerungen (Telegrammstil) und einem stark eingeschränkten Vokabular, einige Kinder werden sogar stumm (Baur, 1996; Baynes, Kegl, Brentari, Kussmaul & Poizner, 1998; Chapman, Stormont & McCathren, 1998; Chevrie-Muller et al., 1991; Eslava-Cobos & Mejia, 1997; Paquier, van Dongen & Loonen, 1992). Das gesamte System Sprache ist in den Bereichen Phonologie, Lexikon, Syntax und Semantik gestört. Die Kinder können unter Wortfindungsstörungen, Neologismen, eingeschränktem Wortschatz, Echolalien, Artikulations- und Lautdiskriminationsstörungen leiden. Daneben können Störungen der Geräuschidentifikation und des Richtungshörens auftreten (Baur, 1996). Bei etwa 70 bis 80% der Patienten werden epileptische Anfälle beobachtet, die dem Sprachverlust vorausgehen (ca. 50% der Fälle mit LKS), mit diesem parallel auftreten oder ihm folgen. Die Häufigkeit und Art der epileptischen Anfälle ist sehr verschieden. Zwischen dem Schweregrad der Epilepsie und dem Ausmaß der Sprachstörung gibt es keinen erkennbaren Zusammenhang (Baur, 1996; Eslava-Cobos & Mejia, 1997; Paquier et al., 1992; Tharpe & Olson, 1994).

In etwa der Hälfte bis zu zwei Dritteln aller Fälle werden in den Monaten vor oder nach dem anfänglichen Sprachverlust Verhaltens- und emotionale Störungen beobachtet. Diese können so massiv sein, daß eine stationäre psychiatrische Unterbringung notwendig wird. Folgende Auffälligkeiten treten im Zusammenhang mit dem LKS häufig auf: Aggression, fehlende Selbstkontrolle, geringe Frustrationstoleranz, Wutausbrüche, emotionale Labilität, regressive Tendenzen, zwanghaft stereotypes Verhalten und Umstellungsprobleme (Baur, 1996; Eslava-Cobos & Mejia, 1997). Bei etwa 50% der Kinder werden hyperkinetische Symptome (exzessive Bewegungsunruhe, Impulsivität, erhebliche Konzentrations- und Aufmerksamkeitsdefizite) beobachtet (Elliger et al., 1990).

2.3.2 Epidemiologie, Verlauf und Nosologie

Das LKS tritt sehr selten auf (genaue Prävalenzraten sind nicht bekannt). In den Jahren zwischen der Beschreibung des Syndroms durch Landau und Kleffner 1957 und 1990 wurde in der Literatur über rund 140 Fälle berichtet (Elliger et al., 1990). Der Beginn der Störung liegt meist zwischen dem vierten und achten Lebensjahr, die Erkrankung kann aber auch schon mit 18 Monaten oder später in der Kindheit (bis zum 14. Lebensjahr) einsetzen (Chevrie-Muller et al., 1990). Jungen sind etwa doppelt so häufig betroffen wie Mädchen.

Es werden sowohl variable Krankheitsbilder, bei denen Teilremissionen und erneute Verschlechterungen abwechseln, als auch statische Verläufe beobachtet (Baur, 1996; Paquier et al., 1992). Etwa zwei Drittel der Kinder behalten einen rezeptiven Sprachdefekt, während ungefähr ein Drittel vollständig gesundet (WHO, 1991). Auch nach mehreren Jahren unveränderten Verlaufs können sich noch Voll- und Teilremissionen einstellen, allerdings ist es derzeit kaum möglich vorherzusagen, welche Kinder gesunden und welche niemals wieder eine normale Sprache aufweisen werden (Baynes et al., 1998). Das Alter beim Auftreten der Sprachstörung scheint ein bedeutsamer prognostischer Faktor zu sein (Bishop, 1985). Nach Gerard, Dugas, Valdois, Franc und Lecendreux (1993) ist die mit dem Alter zusammenhängende Reife sprachlicher Verarbeitungsprozesse ein bedeutsamerer Faktor bei der Vorhersage der weiteren Entwicklung als das Lebensalter an sich.

In der Pubertät normalisiert sich gewöhnlich (mit oder ohne therapeutische Einflußnahme) der EEG-Befund, epileptische Anfälle werden nach dem zehnten Lebensjahr nur noch bei etwa 20% der Patienten beobachtet. Es gibt keine Berichte über das Auftreten von Anfällen

nach dem 15. Lebensjahr (Morrell et al., 1995). Die Sprachstörungen können nach dem Verschwinden der epileptischen Anfälle sowie der Normalisierung des EEG weiter bestehen (Gerard et al., 1993).

Zur Diagnosestellung sind umfangreiche medizinische und psychiatrische Untersuchungen notwendig. Dazu gehören neurologische Untersuchungen, EEG-Ableitungen, CT- und Kernspintomographie. Labordiagnostisch müssen Stoffwechselstörungen ausgeschlossen werden, ein Antikörpersuchtest durchgeführt werden und Entzündungsparameter bestimmt werden (Baur, 1996). Die allgemeine Intelligenz der Kinder ist aufgrund der Sprachstörung mit Hilfe nonverbaler Verfahren zu ermitteln. Die Sprachentwicklung ist in der Anamnese ausführlich zu erheben. Weiterhin sind rezeptive und expressive Sprachfertigkeiten zu erfassen, gegebenenfalls auch die schriftsprachlichen Fähigkeiten.

2.3.3 Erklärungsansätze

Über die Ursachen des LKS ist wenig bekannt. Genetischen Faktoren wird bei der Entstehung keine entscheidende Rolle zugeschrieben. Folgende Ursachen werden diskutiert (Baur, 1996):

- organisch-strukturelle Veränderungen,
- entzündliche Veränderungen (slow-virus-Erkrankung),
- gestörte Autoimmunprozesse und
- metabolische Veränderungen.

Über systematische Beobachtungen an einem Einzelfall gelangte Baur (1996) zu der Auffassung, daß die Verhaltensstörungen beim LKS nicht, wie häufig angenommen, ausschließlich eine Folge der Verständnis- beziehungsweise Kommunikationsdefizite sind (vgl. auch Eslava-Cobos & Mejia, 1997). Dafür spricht auch, daß die Verhaltensauffälligkeiten bei einem Teil der Kinder bereits vor dem Sprachverfall beobachtet werden (Elliger et al., 1990). Allerdings können sich Sprach- und Verhaltensstörungen zusätzlich gegenseitig verstärken (Baur, 1996).

2.3.4 Interventionsverfahren

Die epileptischen Anfälle können mit Antiepileptika gut behandelt werden (Chevrie-Muller et al., 1991; Elliger et al., 1990; Gerard et al., 1993; Morrell et al., 1995). Damit gehen aber in der Regel keine Fortschritte in der Sprache einher (Lerman, Lerman-Sagie & Kivity, 1991). Unter dem Einsatz von Kortikosteroiden können sich die sprachlichen Fertigkeiten der Kinder drastisch verbessern, wobei der Mechanismus, über den Kortikosteroide diese Veränderungen bewirken, nicht bekannt ist (Baur, 1996; Stefanatos, Grover & Geller, 1995). Gemäß Lerman et al. (1991) müssen Kortikosteroide so früh wie möglich nach Beginn der

Sprachschwierigkeiten und über einen längeren Zeitraum (mindestens zwei bis drei Monate) verabreicht werden. Allerdings waren die von Baur (1996) beobachteten Einzelfälle trotz langer und hochdosierter Therapie mit Kortikosteroiden und begleitender Sprachtherapie weit von unauffälligen Sprachverständnisleistungen entfernt, obwohl sich die Kinder deutlich verbesserten. Bei der Behandlung mit Kortikosteroiden kann es auch zu Besserungen der Symptomatik der Verhaltensstörungen kommen, häufig verschlechtern sich die Verhaltensprobleme aber massiv (Baur, 1996). Problematisch bei der Behandlung mit Kortikosteroiden ist auch die in der Folge erhöhte Infektanfälligkeit der Kinder, die dazu führen kann, daß öffentliche Verkehrsmittel nicht benutzt werden können oder ein Kindergarten- beziehungsweise Schulbesuch nicht mehr möglich ist.

Die Fluktuationen und die großen interindividuellen Unterschiede zwischen Kindern mit LKS erfordern eine individuelle Sprachtherapie (Chapman et al., 1998). Ein Ansatz zur Behandlung der Sprachstörungen besteht darin, den Kindern über den visuellen Kanal die Schriftsprache zu vermitteln (Assoziation eines geschriebenen Wortes mit einem Objekt), um dann in einem zweiten Schritt auditive und visuelle Reizmuster zu koppeln (De Wijngaert & Gommers, 1993).

Die Kinder sollen lernen, sich in kurzen Sätzen auszudrücken, die die wesentliche Information beinhalten, ohne sich in Details zu verlieren (De Wijngaert & Gommers, 1993). Zur Erleichterung des Verständnisses von Satzstrukturen kann man Farben verwenden. Hier lernt das Kind zum Beispiel, daß rot immer mit einem Objekt oder einer Person assoziiert ist, während gelb mit einer Handlung in Zusammenhang gebracht wird (De Wijngaert & Gommers, 1993). Chapman et al. (1998) nennen die im Kasten 5 aufgeführten Strategien zum Umgang mit Kindern mit LKS.

Als günstig hat sich auch erwiesen, Kindern mit LKS sowie ihren Eltern eine lautsprachbegleitende Gebärdensprache zu vermitteln. Diese kann für die Kinder nach dem Verlust der Sprache ein erster Weg sein, mit ihrer Umwelt wieder zu kommunizieren (Baur, 1996). Die Eltern von Kindern mit LKS müssen kontinuierlich über den Umgang mit den Kommunikationsproblemen und Verhaltensstörungen beraten werden.

2.4 Rechenstörung

2.4.1 Beschreibung der Störung

Unter einer Rechenstörung wird eine Beeinträchtigung der Rechenfertigkeit verstanden, die nicht durch eine Minderung der allgemeinen Intelligenz oder eine mangelnde Förderung (im Sinne einer unangemessenen Beschulung) erklärt werden kann. Besonders hervorstechend sind Probleme in den grundlegenden mathematischen Operationen Addition, Subtraktion, Multiplikation und Division. Beeinträchtigungen in höheren mathematischen Funktionen (z. B. Algebra oder Trigonometrie) werden seltener berichtet, dies aber vielleicht nur, weil entweder die Kinder mit spezifischer Rechenschwäche keine weiterführenden Schulen besuchen oder im späteren Schulalter eben nur noch ein geringes Interesse an umschriebenen Rechenstörungen besteht.

Kinder mit einer Rechenstörung unterscheiden sich von ihren unauffälligen Altersgenossen in der Fähigkeit, Rechenprozeduren zur Lösung arithmetischer Probleme anzuwenden. Außerdem haben sie größere Schwierigkeiten bei der Repräsentation und dem Abruf von grundlegenden mathematischen Fakten aus dem Langzeitgedächtnis (Geary, 1993).

2.4.2 Epidemiologie, Verlauf und Nosologie

Zu den Rechenstörungen gibt es weit weniger gesicherte Erkenntnisse als zur Lese-Rechtschreibschwäche. Die Forschung hat in der Vergangenheit das Thema umschriebene Rechenstörungen weitgehend vernachlässigt. Erst in den letzten Jahren (von Aster, 1992) wurden neuere Forschungsansätze dem umfassenden Überblick von Grissemann und Weber (1993) hinzugefügt. Bislang wurden die meisten Studien an kleineren klinischen Stichproben durchgeführt, epidemiologische Ansätze fehlen weitgehend; zudem fehlt noch eine befriedigende neuropsychologische Beschreibung der verschiedenen Rechenvorgänge.

Kasten 5:
Strategien zur Förderung von Kindern mit LKS (nach Chapman et al., 1998).

- **Verwende eine vorhersagbare Sprache**. Wiederholungen und Redundanzen sind extrem bedeutsam, wenn man Kinder mit Sprachproblemen behandelt. Eine konsistente Kopplung von Wörtern mit alltäglichen Ereignissen hilft dabei, verbale Routinen für das Kind aufzubauen.
- **Schaffe Situationen, in denen eine Notwendigkeit zur Kommunikation besteht** (z. B. das Kind möchte ein bestimmtes Objekt haben, kann es aber allein nicht erreichen).
- **Nutze alternative (nonverbale) Kommunikation**. Alternative Verständigungsmittel sollten immer nur zusätzlich zur (nicht anstelle von) Sprache verwendet werden. Sprache sollte von Gesten und Gesichtsausdrücken begleitet werden, um dem Kind zu helfen, die Bedeutung der Worte zu verstehen.
- **Verwende visuelle Hilfen**, zum Beispiel Objekte, Modelle, Bilder oder Demonstrationen.

Traditionell wird unterschieden zwischen Kindern, deren Rechenschwäche als Folge einer ausgeprägten Lese-Rechtschreibschwäche beziehungsweise der ihr zugrundeliegenden neuropsychologischen Defizite anzusehen ist und Rechenschwächen, die bei guten Lese-Rechtschreibleistungen auftreten. Während im ersten Fall nicht von einer echten Rechenschwäche ausgegangen werden kann, sondern eine generalisierte Sprachschwäche als Ursache angenommen werden muß, werden für die letztgenannten visuoräumlichen Defizite gefunden (von Aster, 1996; Rourke & Conway, 1997).

Rourke und Conway (1997) verglichen neun- bis 14jährige Kinder mit Rechenstörungen und guten Lese-Rechtschreibleistungen mit einer Gruppe von Kindern, die ebenfalls relativ zum Altersdurchschnitt schwache Rechenleistungen zeigten, zusätzlich aber eine Lese-Rechtschreibschwäche aufwiesen, die signifikant stärker ausgeprägt war als ihre Rechenprobleme. Beide Gruppen unterschieden sich hinsichtlich ihrer mathematischen Fertigkeiten nicht voneinander. Die Autoren beobachteten bei ersteren (neben visuoräumlichen Defiziten) bedeutsame Defizite in Aufgaben zur visuellen Wahrnehmung, Psychomotorik und der taktilen Wahrnehmung, und zwar sowohl im Vergleich zur Altersnorm als auch relativ zu den Kindern mit Rechenstörungen und starken Lese-Rechtschreibproblemen (vgl. auch Harnadek & Rourke, 1994; Rourke, 1993). Weiterhin zeigten diese Kinder vermehrte Schwierigkeiten, wenn neue und komplexe Anforderungen gestellt wurden und dies sowohl im verbalen Bereich als auch besonders deutlich bei visuoräumlichen, psychomotorischen und Aufgaben zur taktilen Wahrnehmung. Wenn es bei Aufgaben zur taktilen Wahrnehmung sowie zur Psychomotorik Hinweise auf lateralisierte Defizite gab, zeigten die Kinder mit alleiniger Rechenstörung nahezu ausschließlich relative Beeinträchtigungen der Fertigkeiten auf der linken Körperhälfte (Harnadek & Rourke, 1994; Rourke, 1993). Sie waren aber der Gruppe mit Rechenschwierigkeiten und Lese-Rechtschreibstörung in der auditiven Wahrnehmung sowie bei verbalen Aufgaben (z. B. Satzgedächtnis, Definition von Wörtern) überlegen (vgl. auch Rourke, 1993).

Rourke und Conway (1997) schlußfolgerten aus einer Serie mehrerer Studien, daß Kinder mit gleichzeitig vorhandenen Rechendefiziten und starker Lese-Rechtschreibschwäche eine relative Beeinträchtigung der linkshemisphärischen Funktionen aufweisen. Ihre Schwierigkeiten scheinen auf den verbalen Bereich beschränkt zu sein (mit einer Ausnahme wiesen alle Kinder dieser Gruppe im Hamburg-Wechsler-Intelligenztest einen geringeren Verbal-IQ im Vergleich zum Handlungs-IQ auf), während sie bei Messungen zum nicht-sprachlichen Problemlösen gute Ergebnisse erbringen und von nonverbalem Feedback bei der Aufgabenlösung profitieren. Die Defizite von Kindern mit Rechenschwächen bei guten Lese-Rechtschreibleistungen seien dagegen auf den nonverbalen Bereich begrenzt (bei allen Kindern war der Verbal-IQ größer als der Handlungs-IQ), was eine relative Dysfunktion

der rechten Hemisphäre nahelege (vgl. auch Rourke, 1993). Diese Ergebnisse sprechen dafür, daß es sich bei Kindern mit umschriebenen Rechenstörungen und solchen mit kombinierten Rechen- und Lese-Rechtschreibproblemen um zwei verschiedene Gruppen handelt, deren Probleme aus qualitativ verschiedenen neuropsychologischen Defiziten resultieren (vgl. auch Lewis, Hitch & Walker, 1994).

Grissemann und Weber (1993) sehen verschiedene neuropsychologische Funktionsstörungen als Grundlage für Rechenschwächen:

- Fehlendes operatives Verständnis bei der mechanisch assoziativen Automatisierung des Rechenvorgangs;
- auditive Kurzzeitgedächtnisschwäche;
- Richtungsstörungen im Umgang mit den Ziffern;
- Fehlleistungen im Kodieren und Dekodieren mathematischer Symbole (z. B. gestaltähnliche Zeichen werden verwechselt, z. B. 6 und 9; Auslassungsfehler, z. B. Weglassen von Kommas oder Stellen);
- Schwierigkeiten des Sprachverständnisses beim Übertragen von Textaufgaben in den praktischen Rechenvorgang;
- graphomotorische Behinderungen (Störungen des Zahlenschreibens) sowie
- Konzentrationsschwierigkeiten bei komplexeren Rechenvollzügen.

Differentialdiagnostisch ist insbesondere die Abgrenzung gegen Intelligenzminderungen und gegen schwere Formen der Lese-Rechtschreibschwäche erforderlich. Die Diagnostik sollte zunächst die allgemeinen Intelligenzleistungen bestimmen. Hierzu ist unbedingt ein Verfahren notwendig, das auch das sprachlich-schlußfolgernde Denken erfaßt. Solche Verfahren sind im Kindesalter eher selten. Zu empfehlen ist der Untertest Sätzeergänzen aus dem Psycholinguistischen Entwicklungstest von Angermaier (1974), ersatzweise kann der Verbalteil des HAWIK-R zur Schätzung des schlußfolgernden verbalen Denkens verwendet werden. Zur Intelligenzleistung muß dann die Rechenleistung in Beziehung gesetzt werden; sie kann mit Hilfe von Rechentests (z. B. MT2 oder DRE 3) gemessen werden. Damit ist jedoch eine Diagnostik erst frühestens Ende der zweiten Klasse möglich. Zur früheren Diagnostik von Rechnen und Mengenbegriff eignet sich der Untertest Rechnen aus dem Kaufman-ABC (Melchers & Preuss, 1991). Nicht empfohlen werden kann der Untertest Mengen und Zahlen aus dem French-Bilder-Intelligenztest wegen seiner nicht zufriedenstellenden Normierung (deutliche Überschätzung des wahren Leistungsstandes). Zur ergänzenden Diagnostik visuoräumlicher Gedächtnisfunktionen kann der Untertest Räumliches Gedächtnis aus dem Kaufman-ABC (Melchers & Preuss, 1991) empfohlen werden. Daneben sollte das Kurzzeitgedächtnis über entsprechende Verfahren zum Zahlennachsprechen geprüft werden sowie Verfahren, die die Reihenfolge von Symbolen berücksichtigen (Symbolfolgengedächtnis aus dem Psycholinguistischen Entwicklungstest) oder solche, die die Zuordnung von Zahlen zu Symbolen erfassen (wie der Zahlensymboltest aus dem HAWIK-R).

Shalev, Auerbach und Gross-Tsur (1995) fanden, daß elf- bis zwölfjährige Jungen und Mädchen mit Rechenstörungen nach Elternberichten signifikant mehr Aufmerksamkeitsprobleme aufwiesen als unauffällige Kinder. Jungen mit Rechenschwierigkeiten erhielten in der Childhood Behaviour Checklist (CBCL; vgl. Döpfner et al. in diesem Buch) im Vergleich zu Jungen ohne solche Störungen höhere Werte für die Gesamtsumme der Verhaltensprobleme, die Summen über externalisierende und internalisierende Auffälligkeiten sowie für Aggression, Delinquenz und soziale Probleme. Dies konnte für die Mädchen nicht gezeigt werden. Mädchen und Jungen mit Rechenschwächen, bei denen eine klinisch bedeutsame Aufmerksamkeitsstörung festgestellt wurde, wiesen signifikant höhere Werte in der Skala Angst/Depression auf als Kinder mit Rechenstörungen ohne Aufmerksamkeitsstörung. Die Autoren fanden keine bedeutsame Beziehung zwischen Angst/Depression und den Ergebnissen der arithmetischen Testbatterie. Höhere Ängstlichkeit beziehungsweise Depressivität kann also nicht einfach auf eine geringere Leistungsfähigkeit zurückgeführt werden oder umgekehrt. Relativ zur Gesamtbevölkerung war der Prozentsatz von rechengestörten Kindern mit klinisch bedeutsamen externalisierenden und internalisierenden Verhaltensproblemen zweieinhalb- bis dreimal höher. Bei klinisch relevanten Aufmerksamkeitsstörungen, sozialen Problemen und Rückzugsverhalten lag der Prozentsatz betroffener Kinder mit Rechenschwierigkeiten sogar sechsmal höher als erwartet. Die Autoren verglichen auch (analog zu Rourke, 1993; Rourke & Conway, 1997) Kinder mit Rechenstörungen und guten Lese-Rechtschreibleistungen mit solchen, die zusätzlich zu ihren Rechenschwierigkeiten auch bedeutsame Lese-Rechtschreibprobleme aufwiesen. Hier wurden bei letzteren signifikant mehr externalisierende Verhaltensstörungen und Aufmerksamkeitsstörungen festgestellt als bei Kindern ohne begleitende sprachliche Probleme.

In ihrer epidemiologischen Studie an neun- bis zehnjährigen britischen Schulkindern wählten Lewis et al. (1994) folgende Definitionskriterien für umschriebene Rechenstörungen:

- nonverbale Intelligenz und Leseleistung entsprechen einem IQ von mindestens 90,
- Rechenfertigkeiten liegen unter einem IQ von 85,
- Englisch als Muttersprache und
- keine Hinweise auf sensorische Beeinträchtigungen oder psychiatrische Störungen.

Die Autoren ermittelten für umschriebene Rechenstörungen eine Prävalenzrate von 1,3%. Diese Schätzung sollte als Mindestschätzung der Zahl der in der klinischen Praxis diagnostizierten Fälle betrachtet werden, da der geforderte nonverbale IQ von mindestens 90 ein sehr strenges Kriterium darstellt. Gemäß ICD-10 kann die Diagnose an alle Kinder vergeben werden, die einen Mindest-IQ von 70 erreichen. Die Auftretenshäufigkeit von kombinierten Rechen- und Lese-Rechtschreibstörungen wurde auf 2,3% geschätzt (Lewis et al., 1994). Prävalenzangaben für umschriebene Rechenstörungen reichen bis zu 6,5% (Gross-Tsur, Manor & Shalev, 1996). In dieser Studie wurde jedoch keine kritische Differenz zwischen intellektuellen Fähigkeiten und Rechenfertigkeiten bestimmt. - Über den Langzeitverlauf von Kindern mit Rechenschwäche ist nichts bekannt.

2.4.3 Erklärungsansätze

Als Ursachen für allgemeine Rechenschwächen werden neben unangemessenen Lehrplänen und einer pathologischen Ängstlichkeit, insbesondere Intelligenzdefizite, aber auch Störungen im sprachlichen und visuoräumlichen Bereich angenommen. Die fast ausschließliche Verwendung von klinischen Stichproben hat die Repräsentativität der Befunde gemindert. Außerdem stammen die Befunde häufig von Gruppen, die keine *umschriebene* Rechenstörung aufweisen, also von Kindern, deren Intelligenzniveau die Mathematikleistungen nicht bedeutend übertrifft.

Die biologischen Hintergrundfaktoren von Rechenstörungen sind weitgehend unbekannt. Es gibt Hinweise darauf, daß genetische Faktoren bei der Weitergabe der Störung eine Rolle spielen (Alarcon, DeFries, Gilles Ligth & Pennington, 1997; Geary, 1993). Das Geschlechtsverhältnis scheint im Gegensatz zu allen anderen umschriebenen Entwicklungsstörungen relativ ausgeglichen zu sein (Lewis et al., 1994).

2.4.4 Interventionsverfahren

Die pädagogischen Therapieansätze bei Rechenstörungen sind bei Grissemann und Weber (1993) ausführlich dargestellt und umfassen vier Stufen:

- Den konkreten Handlungsvollzug unter Beachtung quantitativer Strukturen (z. B. die Förderung anschaulich praktischer Intelligenzleistungen, ein visuelles Wahrnehmungstraining, die Sicherung des Zahlbegriffs (Beispiel, s. Kasten 6) und die Förderung der Einsicht in das dekadische Positionssystem),
- Verstehen der bildlichen Darstellung von Operationen unter Vorstellung des Vollzuges (insbesondere Training des anschaulichen Gedächtnisses),
- Verstehen der Zifferngleichungen unter Ausblendung der Vorstellung und
- Maßnahmen zur Festigung und Automatisierung arithmetischer Grundbeziehungen.

Kasten 6:
Beispiel für Material zur Förderung des Mengenbegriffs (in Anlehnung an Milz, 1997).

Eine Förderung des Mengenbegriffs kann z. B. durch das spezifische Fördermaterial zur Erweiterung des Zahlenraumes erfolgen.

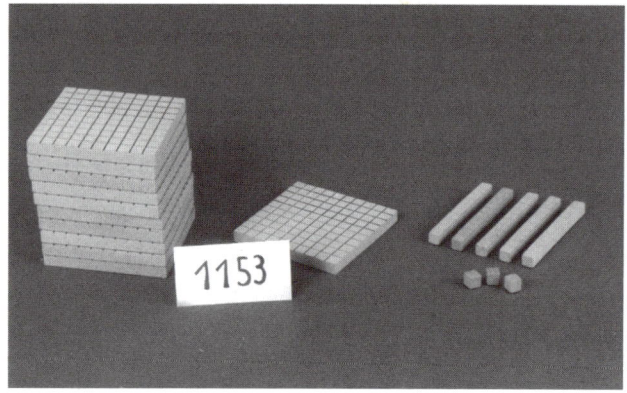

Dieses Material besteht aus:
losen Holzwürfeln (Einer), Stangen aus zehn Würfeln (Zehner), Quadraten aus 10 Zehnerwürfeln (Hunderter) und Quadern aus 10 Hunderterquadraten (Tausender)

Hiermit sollen die Kinder ihren Zahlenraum bis 1000 erweitern und in das Dezimalsystem eingeführt werden. Dies geschieht über die taktile und visuelle Erfassung der einzelnen Einheiten des Dezimalsystems, denen durch einfaches Auszählen Zahlwörter zugeordnet werden. Später werden diesen Zahlwörtern dann die geschriebenen Ziffern zugeordnet.

Auch wenn die wissenschaftlichen Ergebnisse zur Rechenschwäche noch unzureichend sind, sollte im Interesse der betroffenen Kinder eine Diagnostik nach den allgemeinen Richtlinien für umschriebene Entwicklungsstörungen (Rechenleistung bleibt eineinhalb Standardabweichungen hinter der Norm der Altersgruppe und der individuellen Intelligenz zurück) rechtzeitig erfolgen. Das therapeutische Angebot ist bislang eher spärlich, viele betroffene Eltern müssen mit ihren Kindern in die wenigen privaten Therapiezentren reisen. In der Schule, in der sich in den letzten Jahren die Lese-Rechtschreibschwäche mühsam ihre bereits einmal erlangte Anerkennung zurückgewinnt, wird das Phänomen häufig genug nicht ernst genommen. Für die betroffenen Kinder ist jedoch von einer Therapiedauer von mindestens ein bis zwei Jahren, vergleichbar derjenigen bei lese-rechtschreibschwachen Kindern auszugehen.

Die zukünftigen Bemühungen sollten die Bedeutung der umschriebenen Rechenschwäche für die weitere schulische Entwicklung, das Auftreten von Verhaltensstörungen und emotionalen Problemen, neuropsychologische und neurophysiologische Korrelate sowie Faktoren der Genese abklären.

2.5 Umschriebene Entwicklungsstörungen der motorischen Funktionen

2.5.1 Beschreibung der Störung

Kinder mit einer umschriebenen Entwicklungsstörung der motorischen Funktionen gelten als motorisch ungeschickt, unbeholfen, schlecht koordiniert. Handlungen, die fein- oder grobmotorisches Geschick verlangen, werden von diesen Kindern nur mangelhaft ausgeführt (z. B. Hüpfen, Ballwerfen und -fangen, Anziehen, Zeichnen). Beim Erlernen des Laufens, Fahrradfahrens, Schwimmens, Rollschuh- und Schlittschuhfahrens sowie im Sportunterricht fallen diese Kinder durch staksige, plumpe Bewegungen, fehlende Geschmeidigkeit und Gleichgewichtsstörungen auf. Sie vermeiden deshalb häufig körperliche Anstrengungen und werden leicht Opfer von Hänseleien.

2.5.2 Epidemiologie, Verlauf und Nosologie

Besonders gravierende Koordinationsprobleme treten im Rahmen von neurologischen Erkrankungen (z. B. cerebrale Bewegungsstörung oder Muskeldystrophie) auf sowie als Folge von Schädel-Hirn-Traumen. Die motorischen Störungen dieser Krankheitsbilder fallen nicht unter die umschriebenen Entwicklungsstörungen der motorischen Funktionen. Da auch leichtere Formen cerebraler Bewegungsstörungen vorkommen, fällt die Abgrenzung nicht immer leicht, sie ist nur mit Hilfe einer sorgfältigen neurologischen Untersuchung möglich, wobei Kinder mit umschriebenen Entwicklungsstörungen der motorischen Funktionen lediglich sogenannte neurologische Softsigns aufweisen dürfen. Neurologische Softsigns (feinneurologische Zeichen) erfassen eine mangelhafte fein- oder grobmotorische Koordination, die auch bei normal entwickelten jüngeren Kindern häufig zu beobachten ist. Dagegen darf keine diagnostizierbare spezifische neurologische Erkrankung vorliegen.

Bei Kindern mit geistiger Behinderung werden im Rahmen einer harmonischen mentalen und motorischen Retardierung gleichfalls gehäuft motorische Koordinationsstörungen beobachtet, die keiner neurologischen Erkrankung zuzuordnen sind. Geistig behinderte Kinder mit erheblichem motorischen Entwicklungsrückstand sind ebenfalls von einer umschriebenen Entwicklungsstörung der motorischen Funktionen abzugrenzen.

Nach Ausschluß einer neurologischen Erkrankung und einer geistigen Behinderung ist der motorische Leistungsstand mit Hilfe eines standardisierten Testverfahrens festzustellen. Im Schulalter empfiehlt sich zur

Erfassung der motorischen Koordination der Körperkoordinationstest (KTK) von Kiphard und Schilling (1974). Alternativ kann die Kurzform der Lincoln Oseretzky Scale (LOS-KF 18) von Lüer, Cohen und Eggert (1970) angewendet werden. Für das Vorschulalter ist der von Zimmer und Volkamer (1984) entwickelte Motoriktest (MOT 4-6) geeignet. Zu berücksichtigen ist, daß die Normen des KTK eindeutig zu streng sind. Bei einer Zufallsstichprobe achtjähriger Kinder lag der Mittelwert des Körperkoordinationstests bei einem MQ = 85, bei einer Streuung von s = 13 (Esser, 1991). Unter Verwendung der Normen des KTK wird die Zahl der Kinder mit umschriebener Entwicklungsstörung um ein Vielfaches überschätzt. Während der Körperkoordinationstest nur grobmotorische Koordinationen erfaßt, gehen sowohl in die Lincoln Oseretzky Scale als auch in den MOT 4-6 auch feinmotorische Übungen mit ein, machen jedoch beim MOT 4-6 an der Gesamtzahl der Übungen nur einen geringen Teil aus. Zeigt das Kind in dem für es angemessenen Testverfahren zur Erfassung der motorischen Funktionen eine Leistung, die mindestens eineinhalb Standardabweichungen unter dem Mittelwert der Altersnorm liegt und gleichzeitig eine Intelligenzleistung, die mindestens eineinhalb Standardabweichungen über die Leistung des Motoriktests hinausragt, so sind die Voraussetzungen für die Diagnose einer umschriebenen Entwicklungsstörung der motorischen Funktionen erfüllt. Unter den gegebenen Voraussetzungen ist mit einer Prävalenzrate von ca. 3% zu rechnen.

Kinder mit umschriebenen motorischen Störungen weisen keine erhöhte Rate von Schulleistungsproblemen auf. Der Anteil derjenigen, die Gymnasium oder Realschule besuchen, ist genauso hoch wie bei Normalbegabten ohne umschriebene Entwicklungsstörung und unterscheidet sich damit deutlich von Kindern mit rezeptiven und expressiven Sprachstörungen sowie Kindern mit Lese-Rechtschreibschwäche. Auch Defizite in kognitiven Leistungstests sind bei motorisch Entwicklungsgestörten kaum zu beobachten. Die nonverbale und die verbale Intelligenz weichen nicht von der normal entwickelter Kinder ab. Die Besserungsrate der motorischen Störungen lag zwischen dem achten und 13. Lebensjahr bei ca. 50%. Zusätzliche psychische Auffälligkeiten sind bei motorisch entwicklungsverzögerten Kindern vor allem im Jugendalter zu beobachten; sie weisen mehr Kontaktschwierigkeiten auf, sind scheu, zurückgezogen und ängstlich. Mit emotionalen Problemen geht eine verzögerte sozial-emotionale Entwicklung einher, die die Ablösung vom Elternhaus erschwert.

2.5.3 Erklärungsansätze

Zwei Drittel der motorisch gestörten Kinder sind Jungen. In der Anamnese finden sich vermehrt prä- und perinatale Belastungen als Hinweise auf eine frühkindliche Hirnschädigung. Erwartungsgemäß zeigen motorisch entwicklungsgestörte Kinder eine erhöhte Rate feinneurologischer Zeichen (vgl. Neuhäuser & Heubrock in diesem Buch).

Im Bereich psychosozialer Belastungen unterscheiden sich motorisch gestörte Kinder nicht von ihren normal entwickelten Altersgenossen. Dies gilt sowohl für die frühe Entwicklung der ersten Lebensjahre als auch für spätere chronische Belastungen. Der Bildungshintergrund der Eltern weist keine Besonderheiten auf.

2.5.4 Interventionsverfahren

Die langfristige Entwicklung motorisch gestörter Kinder muß differenziert betrachtet werden. Motorisch gestörte Kinder sind in ihren Schulleistungen nicht beeinträchtigt, weisen aber vermehrt emotionale Probleme auf. Diese Probleme beeinflussen die weitere Entwicklung. Nach dem jetzigen Kenntnisstand sind motorische Entwicklungsstörungen mit prä- und perinatalen Belastungen verknüpft. Im Schulalter sind sie häufig das letzte Indiz einer schweren prä- und perinatalen Belastung (z. B. eines Geburtsgewichts unter 1500 g).

Die Behandlung motorisch entwicklungsgestörter Kinder mit krankengymnastischen und mototherapeutisch übenden Verfahren ist vor allem deshalb angezeigt, um durch eine verbesserte motorische Koordination sozialen Benachteiligungen entgegenzuwirken beziehungsweise diese zu mindern. Zur Vorbereitung des Therapieprogramms werden die kinetische Quantität und Qualität, die Dynamik, das Tempo, die Metrik und die Innervations- und Denervationsablösung der Bewegungsabläufe des Kindes beurteilt. Das Therapieprogramm orientiert sich an den diagnostizierten Störungen und soll weniger vorgegebene Übungsaufgaben bereitstellen, sondern vielmehr die Kreativität des Kindes fördern, indem ihm die Möglichkeit gegeben wird, eigene Bewegungsabläufe durchzuführen und so Körpererfahrungen zu sammeln. Die Therapie sollte in kleinen Schritten erfolgen mit der Tendenz, das Kind zu unterfordern, um dem Kind eine hohe Erfolgsquote zu garantieren. Anregungen für Übungen mit motorisch gestörten Kindern sind im Kasten 7 zusammengefaßt. Eine ausführliche Darstellung findet sich bei Kiphard (1984).

Kasten 7:
Anregungen für Übungen zur Verbesserung der Motorik.

1. Übungen zur Verbesserung des Gleichgewichtssinnes
Z. B.: Wippen, Springen auf federnden Unterlagen (z. B. Trambolin, Bett), Schaukeln, Balancieren, Köperdrehungen um die Längsachse (z. B. eine schiefe Ebene hinunterrollen, in einen Teppich einrollen) oder Köperdrehungen um die Querachse (z. B. Purzelbaum vorwärts und rückwärts), Karussellübungen, Übungen mit dem

Rollbrett, Hindernisläufe (Kesper & Hottinger, 1997; Kiphard, 1990; Linn & Holtz, 1995).

2. Übungen zur Verbesserung der Auge-Hand-Koordination
Z. B.: Werfen, Prellen und Fangen eines Balls, Treffen eines Ziels (Ball, Pusterohr, Wurfpfeile), Reagieren auf Bälle (z. B. Ausweichen), im halbdunklen Raum mit einer Taschenlampe die Umrisse von Gegenständen anleuchten oder mit der eigenen Taschenlampe andere Lichtkegel „einfangen", Pendel mit dem Finger treffen, Hindernislauf mit Hockeyschläger und Ball, Verwendung von Schwungtüchern in der Gruppe (Kesper & Hottinger, 1997; Kiphard, 1990; Linn & Holtz, 1995).

3. Übungen zur Verbesserung des Handgeschicks
Z. B.: Kneten, Biegen von Draht, Erbsen aus einem Becher in kleine Gläser füllen, mit der Zange (später mit der Pinzette) kleine Gegenstände greifen, Perlen auffädeln, Faden aufwickeln, Knoten in eine Schnur machen, Schlösser auf- und zuschließen, Ausschneiden von Figuren, Bauen (Bausteine, Lego), Malen (Kiphard, 1990).

4. Üben von Anspannung und Entspannung
Z. B. mit Hilfe der Progressiven Muskelrelaxation (PMR) nach Jacobson (Kiphard, 1990).

Wenn bereits ausgeprägte emotionale Probleme vorliegen, ist zum Beispiel ein Selbstsicherheitstraining (vgl. Petermann & Petermann, 2000), vorzugsweise mit einer Kindergruppe, zu empfehlen. Besondere Bedeutung kommt auch der Beratung der Eltern zu, die aufgrund des Wissens um die motorische Ungeschicklichkeit ihres Kindes häufig zu einer überbesorgten Erziehungshaltung neigen und damit die Bewegungsentwicklung ihres Kindes zusätzlich hemmen.

Zusammenfassung

Umschriebene Entwicklungsstörungen sind Leistungsdefizite in begrenzten Funktionsbereichen, die aufgrund der allgemeinen Intelligenz, Förderung sowie körperlicher und seelischer Gesundheit des Betroffenen nicht erklärt werden können. In der ICD-10 werden umschriebene Entwicklungsstörungen des Sprechens (Artikulationsstörung) und der Sprache (expressive und rezeptive Sprachstörung, Landau-Kleffner-Syndrom), umschriebene Entwicklungsstörungen schulischer Fertigkeiten (Lese-Rechtschreibstörung, Rechenstörung) und umschriebene Entwicklungsstörungen der motorischen Funktionen unterschieden. Im Gegensatz zu anderen umschriebenen Entwicklungsstörungen haben Kinder mit einem Landau-Kleffner-Syndrom vor dem Störungsbeginn eine Phase unauffälliger Entwicklung durchlaufen und weisen diagnostizierbare neurologische Auffälligkeiten auf, was eine Zuordnung des Syndroms zu den umschriebenen Entwicklungsstörungen fragwürdig erscheinen läßt. Umschriebene Entwicklungsstörungen werden relativ häufig diagnostiziert (mit Ausnahme des Landau-Kleffner-Syndroms). Die Prävalenzschätzungen für die einzelnen Untergruppen liegen zwischen 2 und 6,5%. Abgesehen von den Rechenstörungen, die bei beiden Geschlechtern etwa gleich häufig beobachtet werden, treten umschriebene Entwicklungsstörungen bei Jungen deutlich häufiger auf als bei Mädchen.

Für Artikulationsstörungen und motorische Störungen ist die Prognose bezüglich der umschriebenen Defizite sowie hinsichtlich von zusätzlichen psychischen Auffälligkeiten relativ günstig. Die Besserungsrate für Sprachstörungen vom Kindesalter bis zur Pubertät ist äußerst gering. Daneben erfahren viele dieser Kinder bedeutsame Schulschwierigkeiten und sie zeigen vermehrt ernsthafte psychische Auffälligkeiten, insbesondere im dissozialen Bereich. Über den Langzeitverlauf von Kindern mit Rechenschwäche ist nichts bekannt.

Eine umfassende Diagnostik ist Voraussetzung für eine erfolgreiche Therapie umschriebener Entwicklungsstörungen. Die Behandlung muß auf die spezifischen Defizite dieser Kinder zugeschnitten sein. Wichtig ist außerdem eine kontinuierliche Beratung und Unterstützung der Eltern sowie die Berücksichtigung eventuell zusätzlich vorhandener psychischer Störungen.

Verständnisfragen

1. Charakterisieren Sie das Konzept der umschriebenen Entwicklungsstörung! Was beinhalten in diesem Zusammenhang die Normalitäts- und die Diskrepanzannahme?
2. Welche Verfahren können eingesetzt werden, um eine Artikulationsstörung zu diagnostizieren?
3. Wann ist bei Kindern mit Artikulationsstörungen eine Behandlungsindikation gegeben? Beschreiben Sie, wie eine solche Behandlung aufgebaut sein kann!
4. Worin besteht der Unterschied zwischen rezeptiven und expressiven Sprachstörungen?

5. Mit welcher anderen umschriebenen Entwicklungsstörung gehen Sprachstörungen im weiteren Verlauf häufig einher?
6. Welche diagnostischen Verfahren können eingesetzt werden, um eine Rechenschwäche zu diagnostizieren?
7. Wie ist die langfristige Entwicklung von Kindern mit einer umschriebenen Entwicklungsstörung der motorischen Funktionen einzuschätzen?

Weiterführende Literatur

Baur, S. (1996). *Landau-Kleffner-Syndrom: Sprache, Verhalten, Sprachtherapie*. Berlin: Edition Marhold.

Esser, G. (1991). *Was wird aus Kindern mit Teilleistungsschwächen? - Der langfristige Verlauf umschriebener Entwicklungsstörungen*. Stuttgart: Enke.

Franke, U. (1996). *Artikulationstherapie bei Vorschulkindern: Diagnostik und Didaktik*. München: Reinhardt.

Grimm, H. (1999). *Störungen der Sprachentwicklung*. Göttingen: Hogrefe.

Grissemann, H. (1996). *Dyskalkulie heute*. Bern: Huber.

Milz, I. (1997). *Rechenschwächen erkennen und behandeln: Teilleistungsstörungen im mathematischen Denken*. Dortmund: Verlag modernes Lernen.

Literatur

Alarcon, M., DeFries, J.C., Gilles Light, J. & Pennington, B.F. (1997). A twin study of mathematics disability. *Journal of Learning Disabilities, 30*, 617-623.

Angermaier, M. (1974). *Psycholinguistischer Entwicklungstest*. Weinheim: Beltz.

Aram, D.M., Ekelman, B. & Nation, J.E. (1984). Preschoolers with language disorders: 10 years later. *Journal of Speech and Hearing Research, 27*, 232-244.

Aram, D.M., Hack, M., Hawkins, S., Weissman, B.M. & Borawski-Clark, E. (1991). Very-low-birthweight children and speech and language development. *Journal of Speech and Hearing Research, 34*, 1169-1179.

Aster, v. M.G. (1992). Neuropsychologie der Dyskalkulie. In H.C. Steinhausen (Hrsg.), *Hirnfunktionsstörungen und Teilleistungsschwächen* (155-167). Berlin: Springer.

Aster, v. M.G. (1996). Psychopathologische Risiken bei Kindern mit umschriebenen schulischen Teilleistungsstörungen. *Kindheit und Entwicklung, 5*, 53-59.

Baur, S. (1996). *Landau-Kleffner-Syndrom: Sprache, Verhalten, Sprachtherapie*. Berlin: Edition Marhold.

Baynes, K., Kegl, J.A., Brentari, D., Kussmaul, C. & Poizner, H. (1998). Chronic auditory agnosia following Landau-Kleffner syndrome: A 23 year outcome study. *Brain and Language, 63*, 381-425.

Bishop, D.V.M. (1985). Age of onset and outcome in acquired aphasia with convulsive disorder (Landau-Kleffner syndrome). *Developmental Medicine and Child Neurology, 27*, 705-712.

Bishop, D.V.M. (1987). The causes of specific developmental language disorder („developmental dysphasia"). *Journal of Child Psychology and Psychiatry, 28*, 1-8.

Bishop, D.V.M. (1997). Pre- and perinatal hazards and family background in children with specific language impairments: A study of twins. *Brain and Language, 56*, 1-26.

Brandt, J. (1983). *Griffith-Entwicklungsskalen (GES)*. Weinheim: Beltz.

Borsel, van J. & Demeulenaere, H. (1998). The minimal pair technique and the remediation of spelling problems. *Clinical Linguistics and Phonetics, 12*, 379-387.

Burgemeister, B., Blum, L. & Lorge, J. (1972). *Columbia Mental Maturity Scale*. New York: Harcourt Brace Jovanovich.

Cantwell, D.P. & Baker, L. (1987). *Developmental speech and language disorders*. New York: Guilford.

Cattell, R.B., Weiss, H. & Osterland, J. (1977). *Grundintelligenztest CFT 1*. Braunschweig: Westermann.

Chapman, T., Stormont, M. & McCathren, R. (1998). What every educator should know about Landau-Kleffner syndrome. *Focus on Autism and other Developmental Disabilities, 13*, 39-44.

Childs, B. & Finucci, J.M. (1984). Genetics, epidemiology and specific reading retardation. In M. Rutter (Ed.), *Developmental neuropsychiatry* (507-519). Edinburgh: Churchill Livingstone.

Chevrie-Muller, C., Le Normand, M.-T., Forgue, M., Arabia, C., Chevrie, J.-J., Salefranque, F., Rigoard, M.-T. & Aicardi, J. (1991). A peculiar case of acquired aphasia with epilepsy in childhood. *Journal of Neurolinguistics, 6*, 415-431.

Cooke, J. & Williams, D. (1995). *Therapie mit sprachentwicklungsverzögerten Kindern.* Stuttgart: Fischer.

Dannenbauer, F.M. (1992). Grammatik. In S. Baumgartner & I. Füssenich (Hrsg.), *Sprachtherapie mit Kindern: Grundlagen und Verfahren* (123-203) München: Reinhardt.

De Wijngaert, E. & Gommers, K. (1993). Language rehabilitation in the Landau-Kleffner syndrome: Considerations and approaches. *Aphasiology, 7,* 475-480.

Dunn, M., Flax, J., Sliwinski, M. & Aram, D. (1996). The use of spontaneous language measures as criteria for identifying children with specific language impairment: An attempt to reconcile clinical and research incongruence. *Journal of Speech and Hearing Research, 39,* 643-654.

Elliger, T.J., Trott, G.-E., Hoffmeyer, O. & Nissen, G. (1990). Das Landau-Kleffner-Syndrom. *Fortschritte der Neurologie, Psychiatrie, 58,* 125-136.

Eslava-Cobos, J. & Mejia, L. (1997). Landau-Kleffner syndrome: Much more than aphasia and epilepsy. *Brain and Language, 57,* 215-224.

Esser, G. (1991). *Was wird aus Kindern mit Teilleistungsschwächen.* Stuttgart: Enke.

Esser, G. & Schmidt, M.H. (1987). *Minimale cerebrale Dysfunktion - Leerformel oder Syndrom?* Stuttgart: Enke.

Franke, U. (1996). *Artikulationstherapie bei Vorschulkindern: Diagnostik und Didaktik.* München: Reinhardt.

Fried, L. (1980). *Lautbildungstest für Vorschulkinder (4-7 Jahre).* Weinheim: Beltz.

Geary, D.C. (1993). Mathematical disabilities: Cognitive, neuropsychological, and genetic components. *Psychological Bulletin, 114,* 345-362.

Gerard, C.-L., Dugas, M., Valdois, S., Franc, S. & Lecendreux, M. (1993). Landau-Kleffner syndrome diagnosed after 9 years of age: Another Landau-Kleffner syndrome? *Aphasiology, 7,* 463-473.

Graichen, J. (1979a). Zum Begriff der Teilleistungsstörungen. In R. Lempp (Hrsg.), *Teilleistungsstörungen im Kindesalter* (43-62). Bern: Huber.

Graichen, J. (1979b). Teilleistungsschwächen. *SpracheStimme-Gehör, 3,* 158-166.

Grimm, H. (1994). Entwicklungskritische Dialogmerkmale in Mutter-Kind-Dyaden mit sprachgestörten und sprachunauffälligen Kindern. *Zeitschrift für Entwicklungspsychologie und Pädagogische Psychologie, 26,* 35-52.

Grimm, H. (1995). Mother-child dialogues: A comparison of preschool children with and without specific language impairment. In I. Marková, C.F. Graumann & K. Foppa (Eds.), *Mutualities in dialogue* (217-237) Cambridge: University Press.

Grimm, H. (1999). *Störungen der Sprachentwicklung.* Göttingen: Hogrefe.

Grimm, H. & Schöler, H. (1991). *Heidelberger Sprachentwicklungstest* (H-S-E-T, 2. Auflage). Göttingen: Hogrefe.

Grissemann, H. & Weber, A. (1993). *Grundlagen und Praxis der Dyskalkulietherapie: Diagnostik und Interventionen bei speziellen Rechenstörungen als Modell sonderpädagogisch-kinderpsychiatrischer Kooperation.* Bern: Huber.

Gross-Tsur, V., Manor, O. & Shalev, R.S. (1996). Developmental dyscalculia: Prevalence and demographic features. *Developmental Medicine and Child Neurology, 38,* 25-33.

Harnadek, M.C.S. & Rourke, B.P. (1994). Principal identifying features of the syndrome of nonverbal learning disabilities in children. *Journal of Learning Disabilities, 27,* 144-154.

Kesper, G. & Hottinger, C. (1997). *Mototherapie bei Sensorischen Integrationsstörungen: Eine Anleitung zur Praxis.* München: Reinhardt.

Kiese-Himmel, C. (1999). Überlegungen zur psychologischen Frühdiagnostik von Sprachentwicklungsstörungen. *Kindheit und Entwicklung, 8,* 92-99.

King, R., Jones, C. & Lasky, E. (1982). In retrospect a 15 year follow-up of speech-language-disordered children. *Language, Speech and Hearing Services in Schools, 13,* 24-32.

Kiphard, E.J. (1983/84). *Psychomotorische Entwicklungsförderung - Band I bis Band III.* Dortmund: Verlag Modernes Lernen.

Kiphard, E.J. (1990). *Mototherapie – Teil I und Teil II.* Dortmund: Verlag modernes Lernen.

Kiphard, E.J. & Schilling, F. (1974). *Der Körperkoordinationstest für Kinder (KTK).* Weinheim: Beltz.

Kirk, S.A. (1962). *Educating exceptional children.* Boston: Houghton Mifflin.

Köhler, G. & Egelkraut, H. (1984). *Münchner Funktionelle Entwicklungsdiagnostik für das 2. und 3. Lebensjahr: Handanweisung.* München: Institut für soziale Pädiatrie und Jugendmedizin der Universität.

Lerman, P., Lerman-Sagie, T. & Kivity, S. (1991). Effect of early corticosteroid therapy for Landau-Kleffner syndrome. *Developmental Medicine and Child Neurology, 33,* 257-260.

Lewis, C., Hitch, G.J. & Walker, P. (1994). The prevalence of specific arithmetic difficulties and specific reading difficulties in 9- to 10-year-old boys and girls. *Journal of Child Psychology and Psychiatry, 35,* 283-292.

Linn, M. & Holtz, R. (1995). *Übungsbehandlung bei psychomotorischen Entwicklungsstörungen.* München: Reinhardt.

Lüer, G., Cohen, R. & Eggert, D. (1970). Zur Erfassung der motorischen Begabung bei minderbegabten Kindern durch eine Hamburger Version der Lincoln Oseretzky Motor Developmental Scale. *Praxis der Kinderpsychologie und Kinderpsychiatrie, 19,* 18-29.

Luria, A.R. (1970). *Die höheren kortikalen Funktionen des Menschen und ihre Störungen bei örtlichen Hirnschädigungen.* Berlin: VEB Deutscher Verlag der Wissenschaften.

Martins da Silva, A. & Nunes, B. (1995). Landau-Kleffner Syndrome: A neuronal maturation deficit? In C. K. Leong & R. M. Joshi (Eds.), *Developmental and acquired dyslexia: Neuropsychological and neurolinguistic perspectives* (159-166). Dordrecht: Kluwer.

McGee, R., Williams, S., Share, D. L., Anderson, J. & Silva, P. A. (1986). The relationship between specific reading retardation, general reading backwardness and behavioral problems in a large sample of Dunedin boys: A longitudinal study from five to eleven years. *Journal of Child Psychology and Psychiatry, 27,* 597-610.

Melchers, P. & Preuss, U. (1991). *Kaufman Assessment Battery for Children: K-ABC* (deutschsprachige Fassung). Frankfurt: Swets & Zeitlinger.

Meulen, van der S., Janssen, P. & Os, E.D. (1997). Prosodic abilities in children with specific language impairment. *Journal of Communication Disorders, 30,* 155-170.

Milz, I. (1997). *Rechenschwächen erkennen und behandeln: Teilleistungsstörungen im mathematischen Denken.* Dortmund: Verlag modernes Lernen.

Morrell, F., Whisler, W.W., Smith, M.C., Hoeppner, T.J., de Toledo-Morrell, L., Pierre-Louis, S.J.C., Kanner, A.M., Buelow, J.M., Ristanovic, R., Bergen, D., Chez, M. & Hasegawa, H. (1995). Landau-Kleffner syndrome: Treatment with subpial intracortical transection. *Brain, 118,* 1529-1546.

Paquier P.F., Dongen, van H.R. & Loonen, M.C.B. (1992). The Landau-Kleffner syndrome or acquired aphasia with convulsive disorder. *Archives of Neurology, 49,* 354-359.

Petermann, U. & Petermann F. (2000). *Training mit sozial unsicheren Kindern* (7. völlig veränd. Auflage). Weinheim: Psychologie Verlags Union.

Rescorla, L. & Schwartz, E. (1990). Outcome of toddlers with specific expressive language delay. *Applied Psycholinguistics, 11,* 393-407.

Ritterfeld, U. & Dehnhardt, C. (1998). Elternarbeit in der Sprachtherapie. *Kindheit und Entwicklung,* 7, 163-172.

Riper, van C. & Irwin, J.V. (1994). *Artikulationsstörungen.* Berlin: Wissenschaftsverlag Volker Spiess.

Rourke, B.P. (1993). Arithmetic disabilities, specific and otherwise: A neuropsychological perspective. *Journal of Learning Disabilities, 26,* 214-226.

Rourke, B.P. & Conway, J.A. (1997). Disabilities of arithmetic and mathematical reasoning: Perspectives from neurology and neuropsychology. *Journal of Learning Disabilities, 30,* 34-46.

Scarborough, H.S. (1990). Very early language deficits in dyslexic children. *Child Development, 61,* 1728-1743.

Schmidt, M.H. (1988). Teilleistungsstörungen aufgrund von Entwicklungsstörungen. In K.P. Kisker, H. Lauter, J.-E. Meyer, C. Müller & E. Strömgren (Hrsg.), *Psychiatrie der Gegenwart, Bd. 7, Kinder- und Jugendpsychiatrie* (215-233). Berlin: Springer.

Schuck, K.-D., Eggert, D. & Raatz, U. (1975). *Columbia Mental Maturity Scale (CMM 1-3).* Weinheim: Beltz.

Shalev, R.S., Auerbach, J. & Gross-Tsur, V. (1995). Developmental dyscalculia behavioral and attentional aspects: A research note. *Journal of Child Psychology and Psychiatry, 36,* 1261-1268.

Shriberg, L.D., Kwiatkowski, J. & Gruber, F.A. (1994). Developmental phonological disorders II: Short-term speech-sound normalization. *Journal of Speech and Hearing Research, 37,* 1127-1150.

Stefanatos, G.A., Grover, W. & Geller, E. (1995). Case study: Corticosteroid treatment of language regression in pervasive developmental disorder. *Journal of the American Academy of Child and Adolescent Psychiatry, 34,* 1107-1111.

Stevenson, J., Graham, P., Fredman, G. & McLoughlin, V. (1987). A twin study of genetic influences on reading and spelling ability and disability. *Journal of Child Psychology and Psychiatry, 28,* 229-247.

Stevenson, J., Richman, N. & Graham, P. (1985). Behaviour problems and language abilities at three years and behavioural deviance at eight years. *Journal of Child Psychology and Psychiatry, 26,* 215-230.

Szliwowski, H.B. (1991). The Landau-Kleffner syndrome: The state of the art. *Journal of Neurolinguistics, 6,* 401-413.

Tharpe, A.M. & Olson, B.J. (1994). Landau-Kleffner syndrome: Acquired epileptic aphasia in children. *Journal of the American Academy of Audiology, 5,* 146-150.

Titze, I. & Tewes, U. (1983) *Hamburg-Wechsler-Intelligenztest für Kinder (HAWIK-R).* Bern: Huber.

Tomblin, J.B., Smith, E. & Zhang, X. (1997). Epidemiology of specific language impairment: Prenatal and perinatal risk factors. *Journal of Communication Disorders, 30,* 325-344.

WHO (1991). *Internationale Klassifikation psychischer Störungen. ICD-10.* Bern: Huber.

WHO (1994). *Internationale Klassifikation psychischer Störungen. ICD-10: Forschungskriterien.* Bern: Huber.

Wilkes, J., Amon, P., Beck, B., Castell, R. & Mall, W. (1993). Motorische Entwicklungsstörungen und psychiatrische Diagnosen bei Sonderschülern. *Praxis der Kinderpsychologie und Kinderpsychiatrie, 42,* 198-204.

Wirth, G. (1994). *Sprachstörungen, Sprechstörungen, kindliche Hörstörungen.* Köln: Deutscher Ärzte-Verlag.

Zimmer, R. & Volkamer, M. (1984). *Motoriktest für vier- bis sechsjährige Kinder.* Weinheim: Beltz.

16 Tiefgreifende Entwicklungsstörungen
von Michael Kusch und Franz Petermann

Inhaltsübersicht

1 Beschreibung und Klassifikation Tiefgreifender Entwicklungsstörungen

Ungeachtet der vielen abweichenden Verhaltensprobleme, die während der letzten 40 Jahre als autismusspezifisch angesehen wurden, zeigt es sich, daß allein die frühe Entwicklung des Sozialverhaltens als Grundlage autistischer Störungen angesehen werden kann (Cohen & Volkmar, 1997; Kusch & Petermann, 1997; Sigman, 1996; Rapin, 1997; Van Meter, Fein, Morris, Waterhouse & Allen, 1997; Wing, 1997). Seit der ersten Beschreibung autistischer Störungen von Kanner (1943) werden immer wieder Kinder diagnostiziert, die schwere Beeinträchtigungen der zwischenmenschlichen Interaktion, der nonverbalen und verbalen Kommunikation und der Phantasietätigkeit sowie ungewöhnliche Aktivitäten aufweisen, die beherrscht sind von wiederholten, stereotypen Routinen. Die auf diesen verhaltensnahen Kriterien beruhende Klassifikation autistischer Störungen in sozial zurückgezogene, sozial passive und aktive Kinder mit sonderbaren Interaktionsformen hat sich auch in den letzten Jahren, unter Verwendung der DSM-IV-Kriterien, bewährt (Waterhouse et al., 1996). Rutter und Schopler (1992) haben zu diesen Merkmalen autistischer Störungen verhaltensnahe, diagnostische Kriterien aufgelistet. So liegt eine qualitative Beeinträchtigung der zwischenmenschlichen Beziehung vor, wenn die folgenden Kriterien erfüllt sind:

- Augenkontakt, Gesichtsausdruck, Körperhaltung und Gestik werden kaum zur Regulation der sozialen Interaktion eingesetzt;
- andere Personen werden selten gesucht, um Zuneigung oder Trost zu erhalten;
- Interaktionen mit anderen Personen werden vom Kind selten initiiert;
- Trost wird selten gegeben, auf Freude oder Trauer anderer Menschen wird nicht reagiert; und
- andere Personen werden selten gegrüßt oder deren Verhalten nachgeahmt.

Die qualitative Beeinträchtigung der verbalen und nonverbalen Kommunikation zeigt folgende Auffälligkeiten:

- Verzögertes oder völliges Fehlen der gesprochenen Sprache, die nicht kompensiert wird durch alternative kommunikative Mittel wie Mimik und Gestik – häufig fehlt zunächst das kommunikative Babbeln im Säuglingsalter;
- ein Fehlen der Reaktion auf die Kommunikationsversuche anderer, zum Beispiel beim Rufen des Namen des Kindes;
- Störung in der Gesprächsführung, das heißt der Einleitung und Aufrechterhaltung des kommunikativen Austausches und der Berücksichtigung des Wissens um den Gesprächspartner in den eigenen sprachlichen Äußerungen;

- prompte oder verzögerte Echolalie (= Nachsprechen von Wörtern oder Sätzen);
- idiosynkratischer Wortgebrauch, der nur aus der individuellen Lerngeschichte des Kindes heraus verständlich ist;
- Gebrauch von „Du", wenn „Ich" gemeint ist; und
- Veränderungen paralinguistischer Aspekte wie der Tonhöhe, Akzentuierung usw.

Ein deutlich beschränktes Repertoire an Aktivitäten und Interessen zeigt sich in folgenden Verhaltensaspekten:

- Völliges Eingenommensein von stereotypen und begrenzten Interessen;
- Verhaftetsein an ungewöhnlichen Objekten (z. B. Sammeln von Hemdkragen);
- Festhalten an zwanghaften Ritualen;
- stereotype und sich wiederholende motorische Manierismen; und
- Verunsicherung bei Änderungen in unwesentlichen Aspekten der Umgebung.

Immer noch ist die Frage ungeklärt, ob es sich bei den verschiedenen Formen der Tiefgreifenden Entwicklungsstörungen um unterschiedliche Syndrome handelt oder um verschiedene Ausprägungen einer sogenannten Spektrumsstörung (Kusch & Petermann, 1997; Wing, 1997). Es wird daher die Frage diskutiert, ob es sich beim Autismus um eines von mehreren Syndromen im Rahmen der Tiefgreifenden Entwicklungsstörungen handelt, was einem kategorialen Ansatz entspricht, oder um eine prototypische Form in einem Spektrum autistischer Störung, was einem dimensionalen Ansatz entspricht. Entgegen dem DSM-III-R (APA, 1987/1989) werden im DSM-IV (APA, 1994/1996) die Tiefgreifenden Entwicklungsstörungen wieder im Rahmen des kategorialen Ansatz betrachtet.

1.1 Syndrome im Rahmen Tiefgreifender Entwicklungsstörungen

Als Tiefgreifende Entwicklungsstörungen werden Kinder klassifiziert, denen die Kompetenzen fehlen, spezifische kognitive, sprachliche und motorische Fertigkeiten zu erwerben (APA, 1994/1996). Dies entspricht der neueren Diskussion in der Autismusforschung, wonach mehrere Syndrome im Rahmen Tiefgreifender Entwicklungsstörungen unterschieden werden sollen (Volkmar, 1994). Primär handelt es sich dabei um mangelhafte sozial-kognitive Kompetenzen (Kusch & Petermann, 2001; Petermann, Kusch & Niebank, 1998), wobei die neurobiologischen Zusammenhänge trotz neuer Erkenntnisse derzeit immer noch ungeklärt sind (Rapin & Katzman, 1998; Rutter, Bailey, Simonoff & Pickles, 1997). Die Bezeichnung „Tiefgreifende Entwicklungsstörung" entspricht der Auffassung, daß es sich um eine Störung mit einer schweren qualitativen Abweichung vom normalen Entwicklungsverlauf handelt, die in keinem Entwicklungsstadium normal ist, wogegen beispielsweise bei der „Geistigen Behinderung" eine quantitative Verzögerung des Entwicklungsverlaufes vorliegt (APA, 1994/1996; Rapin, 1997).

In der Kategorie autistischer Störungen werden nach DSM-IV vier Hauptmerkmale unterschieden:

- Qualitative Beeinträchtigungen der sozialen Interaktion;
- qualitative Beeinträchtigungen der Kommunikation;
- beschränkte Interessen und Aktivitäten;
- Beginn vor dem dritten Lebensjahr mit Verzögerung oder abnormer Funktionsfähigkeit in der sozialen Interaktion, der sozialen Kommunikation oder dem symbolischen oder Phantasiespiel.

Im ICD-10 (WHO, 1991) kann zusätzlich auch die „Hyperkinetische Störung mit Intelligenzminderung und Bewegungsstereotypien" klassifiziert werden. Die einzelnen Störungsbilder innerhalb der Gruppe der Tiefgreifenden Entwicklungsstörungen weisen einige diagnostische Kriterien auf, die für autistische Störungen kennzeichnend sind, haben darüber hinaus aber auch zum Teil spezifische zusätzliche Merkmale.

Asperger-Störungen. Kinder mit Asperger-Störung haben eine normale Intelligenz, erscheinen in ihrem Verhalten plump und behäbig, sind sehr von ihren idiosynkratischen (= für einen Beobachter nicht nachvollziehbaren) Interessen eingenommen und haben zwar ein Interesse an anderen Menschen, können aber an normalen sozialen Interaktionen nicht teilnehmen. Man nimmt an, daß Kinder mit Asperger-Störung sehr viele Gemeinsamkeiten mit hochintelligenten autistischen Kindern aufweisen (Kurita, 1997; Towbin, 1997). Neben autismusspezifischen Störungen sind bei Kindern mit Asperger-Störung zusätzliche Symptome charakteristisch:

- Ihr Sprachgebrauch ist relativ unbehindert, jedoch können sich die Kinder nicht an die unterschiedlichen sozialen Kontexte oder an die Bedürfnisse des Zuhörers anpassen (pragmatische Störung).
- Sie wünschen Beziehungen mit Gleichaltrigen, jedoch gelingt es ihnen nicht, sozial angepaßt zu sein, da sie unangemessen auf soziale Kontaktangebote reagieren oder diese initiieren.
- Sie sind auffallend ungeschickt und
- entwickeln idiosynkratische, aber fesselnde Interessen und
- ihr nonverbaler Ausdruck (Stimmlage, Gesichtsausdruck, Gestik, Blickkontakt, Körperposition) ist beeinträchtigt.

Die Prävalenz der Asperger-Störung liegt bei 1 pro 10.000 (Frith, 1991), obwohl eine höhere Anzahl an Fällen als wahrscheinlicher angesehen wird (Szatmari, 1992). Ehlers und Gillberg (1993) berichten von einer Prävalenz von drei bis vier in 1000 Fällen. Zumeist sind Jungen von dieser Störung betroffen. Obwohl die meisten betroffenen Kinder von durchschnittlicher Intelligenz sind, werden Fälle einer milden Retardierung ebenfalls berichtet. Der Störungsbeginn liegt nach dem 24. Lebensmonat und damit etwas später als bei autistischen Kindern. Die Kinder mit Asperger-Störung haben aufgrund ihrer sprachlichen Kompetenzen und der hohen Intelligenz einen milderen Störungsverlauf als die Kinder mit autistischer Störung. Sie sind weniger sozial zurückgezogen, nehmen aktiv Sozialkontakt auf, gehen dabei aber unangemessen mit ihren Interaktionspartnern um (z. B. permanentes Fragenstellen). Die motorische Entwicklung ist beeinträchtigt, was sich vor allem in der frühen Kindheit in Ungeschicklichkeit und Plumpheit äußert. Im Jugendalter und frühen Erwachsenenalter können diese Kinder auch Symptome der Depression aufweisen. Obwohl eine Depression bei allen Formen der Tiefgreifenden Entwicklungsstörungen vorliegen kann (Ghaziuddin, Alessi & Greden, 1995), ist sie bei Kindern mit Asperger-Störung aufgrund ihrer relativ guten Fähigkeit zur Selbstreflexion am ehesten zu erwarten (Frith, 1991).

Kinder mit Asperger-Störung werden von Kindern mit autistischer Störung vor allem aufgrund des Ausprägungsgrades der Verhaltensstörungen unterschieden. Hierzu gehören mildere Formen des beeinträchtigten Sozialverhaltens, der Kommunikation und der stereotypen Aktivitäten sowie die besseren sprachlichen und kommunikativen Kompetenzen der Kinder mit Asperger-Störung (Klin, Volkmar, Sparrow & Cicchetti, 1995). Unter Verwendung der ICD-10- und DSM-IV-Kriterien ist es jedoch schwierig, eine präzise Differentialdiagnose zu stellen (Eisenmeyer et al., 1996). In jüngster Zeit wird deshalb in Frage gestellt, ob es sich tatsächlich um zwei unterschiedliche Störungsformen handelt (Miller & Ozonoff, 1997).

Rett-Störung. Die Rett-Störung ist eine Störung des Zentralnervensystems, mit der Verhaltensformen verbunden sind, die denen autistischer Störungen sehr ähneln (Hagberg, 1993; Tsai, 1994). Die Rett-Störung beginnt gewöhnlich zwischen dem sechsten und 18. Lebensmonat mit einem verzögerten Wachstum des Kopfumfanges, Hypotonie und einem ausgesprochen geringen Interesse am Spielen. Bereits zwischen dem ersten und zweiten Lebensjahr sind die Entwicklungsrückstände offensichtlich. In dieser Phase werden die autismustypischen Symptome deutlich, zu denen selbstschädigendes Verhalten und neurologische Auffälligkeiten wie ein Anfallsleiden und EEG-Veränderungen hinzukommen. Zwischen dem dritten und vierten Lebensjahr kann keine Verschlechterung der Symptomatik beobachtet werden, die autismustypischen Symptome werden sogar weniger deutlich. Es kommt aber zu Unregelmäßigkeiten des Schlaf-Wach-Zyklus (mehr Tag- als Nachtschlaf), zu Störungen der Atemfunktion, Bruxismus (= Knirschen mit den Zähnen, vornehmlich im Schlaf), Stereotypien in Form von windenden Handbewegungen und Hyperventilation, zu Rumpfataxien (= Koordinationsstörung mit ausfahrenden, mangelhaft kontrollierten Bewegungsabläufen) und Apraxie (= zentralnervös bedingte Unfähigkeit zum zweckmäßigen Handeln trotz erhaltener Wahrnehmungs- und Bewegungsfähigkeit). Im Schulalter und frühen Jugendalter kommt es wieder zu einer Zunahme des sozialen Interesses und der sozialen Interaktionen. Es treten Skoliose oder Kyphoskoliose (= spezifische Verformungen oder Krümmungen der Körperachse), Muskelschwund und andere körperliche Gebrechen auf, die bis zur teilweisen oder völligen Immobilität führen können. Die Störung resultiert zudem in einer schweren Intelligenzminderung (IQ von 20-25 bis 35-40), die gravierender ist als bei Kindern mit autistischer Störung. Nach einer Übersicht zur Rett-Störung von Hagberg (1993) und Tsai (1994) liegt die Prävalenz der Rett-Störung bei 1 pro 10.000 bis 15.000, mit weltweit 1500 registrierten Fällen. Die Störung tritt gehäuft bei Mädchen auf, ist völlig unabhängig von Faktoren wie Schichtzugehörigkeit der Eltern, Rasse und Nationalität. Zwar erreichen die meisten Patienten das 40. Lebensjahr, jedoch erleiden viele einen „plötzlichen Tod". Die Rett-Störung ist wahrscheinlich eine vererbte Störung, die zu 100% bei monozygoten und zu 0% bei dizygoten Zwillingen auftritt.

Desintegrative Störung. Die Desintegrative Störung des Kindesalters ist eine neurologische Störung, die anfänglich durch eine Periode der normalen Entwicklung mit einer nachfolgenden Phase des massiven Verlustes sprachlicher und kommunikativer Kompetenzen und der Selbständigkeit gekennzeichnet ist (Volkmar, 1994). Im DSM-IV wird die Desintegrative Störung im Kindesalter durch folgende Merkmale charakterisiert:

- Normale Entwicklung bis zum zweiten Lebensjahr. Altersentsprechende Fertigkeiten treten vor Störungsbeginn in der Kommunikation, der Sozialentwicklung, des Spielverhaltens und im Anpassungsverhalten auf.
- Ein endgültiger und klinisch signifikanter Verlust zuvor erworbener Fähigkeiten in mindestens zwei der folgenden fünf Bereiche:
  - Sprache (expressive und/oder rezeptive Sprache),
  - Sozialverhalten,
  - Anpassungsverhalten und/oder Selbständigkeit,
  - Spielverhalten und
  - motorische Fertigkeiten.
- Qualitativ abweichendes Verhalten in mindestens zwei der folgenden vier Bereiche (Bereich 1 bis 3 repräsentieren Symptome der autistischen Störung):

  - Soziale Interaktion,
  - Kommunikation,
  - eingeschränkte, sich wiederholende und stereotype Aktivitäten und Interessen sowie
  - deutliches Desinteresse an der Umwelt.
- Die Störung ist nicht mit anderen Tiefgreifenden Entwicklungsstörungen wie Autismus und Rett-Störung vergleichbar.

Erste Studien anhand der DSM-IV-Kriterien bestätigen die Validität der diagnostischen Kategorie einer Desintegrativen Störung im Kindesalter und zeigen eine gute prognostische Vorhersagekraft (Mouridsen, Rich & Isager, 1998). Kinder mit einer Desintegrativen Störung besitzen eine schlechte Prognose, da die Störung in eine schwere Intelligenzminderung mündet. Die Störung tritt mit 0.11 in 10.000 Fällen äußerst selten (Burd, Fischer & Kerbeshian, 1987) und mit einem Verhältnis von 8 zu 1 wesentlich häufiger bei Jungen als bei Mädchen auf (Volkmar, 1994). In manchen Fällen kommt es nach einer scheinbar normalen Entwicklung während der ersten drei bis vier Jahre zu einer graduellen, über Wochen bis Monate andauernden Verschlechterung, in anderen Fällen zu einem abrupten Verfall der erworbenen Fähigkeiten, der innerhalb von Tagen bis wenigen Wochen auftritt. Im Schulalter ist das volle, wenn auch weniger stark ausgeprägte Symptommuster autistischer Störungen beobachtbar. Hinzu kommen besondere Symptome, wie Hyperaktivität oder ausgeprägte Ängstlichkeit, gemeinsam mit dem Verlust an Selbständigkeit und einem gravierenden oder völligen Verlust kommunikativer Kompetenzen. In etwa 75% der Fälle verbleiben die Defizite im weiteren Entwicklungsverlauf auf dem geringen Niveau, etwa 40% der Betroffenen gewinnen gewisse sprachliche Fähigkeiten (Ein-Wort-Sätze) und etwa 20% die Fähigkeit zurück, in ganzen Sätzen zu sprechen (Volkmar, 1994).

Hyperkinetische Störung mit Intelligenzminderung und Bewegungsstereotypien. Die ICD-10 (1991) spricht hierbei von einer schlecht definierten Störung, die noch nicht zu genüge untersucht wurde. Die diagnostischen Kriterien dieser Kategorie sind:

- Mittelgradige bis schwere Intelligenzminderung (IQ unter 59).
- Schwere Hyperaktivität und Aufmerksamkeitsstörungen mit stereotypen Verhaltensweisen.
- Kinder mit dieser Störung reagieren nicht so auf Stimulanzien, wie dies Kinder mit vergleichbaren Intelligenzdefiziten tun.
- Im Jugendalter verändert sich die Hyperaktivität in verminderte Aktivität, was für Kinder mit vergleichbarer Hyperaktivität nicht typisch ist.

Bei Kindern mit diesen Störungen treten zusätzlich Symptome sämtlicher anderen Entwicklungsstörungen auf.

Nicht Näher Bezeichnete Tiefgreifende Entwicklungsstörungen (NNBTE). Bei der NNBTE handelt es sich um eine heterogene Gruppe Tiefgreifender Entwicklungsstörungen, die vor allem dadurch charakterisiert ist, daß sie Verhaltensstörungen aufweisen, die den Kriterien der autistischen Störung zwar entsprechen, in der Ausprägung der Symptomatik aber nicht derart gravierend sind (Towbin, 1994). Es handelt sich gewissermaßen um eine Restkategorie, in der all diejenigen Formen der Tiefgreifenden Entwicklungsstörungen fallen, die sich ansonsten nicht eindeutig zuordnen lassen (Kusch & Petermann, 2001).

1.2 Diagnostik und Früherkennung

Zur Diagnostik autistischer Störungen stehen umfangreiche Methoden bereit, die sowohl die sozial-kognitiven als auch die sozial-emotionalen und sozial-kommunikativen Defizite dieser Kinder erfassen (Kusch & Petermann, 2001). Während die Diagnostik der Kompetenzen und Defizite autistischer Kinder im frühen Vorschulalter (ab den 24. Lebensmonat) bereits anhand standardisierter Verfahren durchgeführt werden kann (Gerardo et al., 1995), ist die Früherkennung von Säuglingen und Kleinstkindern (bis zum 24. Lebensmonat), die bereits eine Vorform oder ein erhöhtes Risiko für eine autistische Störung ausweisen, erst seit kurzem anhand von standardisierten Verfahren möglich (Wetherby & Prizant, 1995; vgl. Tab. 1).

Die Früherkennung autistischer Störungen vor dem 36. Lebensmonat stellt mittlerweile die wichtigste Herausforderung der Autismusforschung dar (Baron-Cohen et al., 1996; Charman et al., 1997; Gillberg, Nordin & Ehlers, 1996; Pisula, 1997; Tonge, 1996). Könnten gefährdete Kinder oder solche mit einem klaren autistischen Störungsbild bereits im Säuglings- und Kleinkindalter identifiziert werden, wäre die Prävention oder Frühförderung bereits zu einem günstigen Zeitpunkt möglich (Mundy & Crowson, 1997; Sampson & Hale, 1997; Ryan & Murkies, 1997). Die Früherkennung autistischer und gefährdeter Kinder ist zudem notwendig, da die Diagnose „Autismus" häufig erst nach zwei bis zweieinhalb Jahren erfolgt, nachdem die Eltern erste Auffälligkeiten feststellen. Es konnte gezeigt werden, daß 54% der autistischen Kinder bereits im ersten Lebensjahr von ihren Eltern als auffällig beschrieben werden und weitere 34% im zweiten Lebensjahr. Dies bedeutet, daß 76% bis 88% der Kinder, die im Vorschulalter diagnostiziert werden, bereits im Säuglings- und Kleinkindalter in ihrem Sozialverhalten Hinweise für diese Störung aufweisen (Kusch & Petermann, 2001).

Die Identifikation gefährdeter Kinder ist um den 18. Lebensmonat der Kinder möglich (Gillberg, Nordin & Ehlers, 1996). Die um den 18. Lebensmonat identifizierbaren Kinder zeichnen sich durch eine geringere Intelligenz aus als die Kinder, die nach dem 24. Lebensmonat identifiziert werden (vgl. Kasten 1). Die meisten

Tabelle 1:
Ausgewählte revidierte (rev) und neue (n) Verfahren zur Diagnostik autistischer Störungen.

Autoren	Jahr	Verfahren
O'Brien	1996 (rev)	Wing Subgroup Questionnaire Verfahren zur Subgruppierung von Kindern mit autistischen Störungen
Poustka et al. Pilowsky, Yirmya, Shulman & Dover	1996 (rev) 1998 (rev)	Autism Diagnostic Interview Verfahren zur Klassifikation Tiefgreifender Entwicklungsstörungen nach DSM-IV
Steerneman, Muris, Merckelbach & Willems	1997 (rev)	Psychoeducational Profile Verfahren zur Interventionsplanung und Evaluation
Barthelemy et al.	1997 (rev)	Revised Behavior Summarized Evaluation Scale Verfahren zur Früherkennung und Therapieverlaufskontrolle
DiLavore, Lord & Rutter	1995 (n)	Pre-linguistic Autism Diagnostic Observation Schedule Verfahren zur Erkennung autistischer Störungen im Vorschulalter (ab dem Vorschulalter)
Wetherby & Prizant	1995 (n)	Communication and Social Behavior Scales Verfahren zur Erkennung autistischer Störungen im Kleinkindalter (bis zum 3. Lebensjahr)
Baron-Cohen et al.	1996 (n)	Checklist for Autism in Toddlers Verfahren zur Erkennung autistischer Störungen im Kleinkindalter (bis zum 3. Lebensjahr)

der früh identifizierbaren Kinder sollen irgendeine Form einer Hirnstörung oder „Geistigen Behinderung" aufweisen. Bei den Kindern, die erst während der ersten beiden Lebensjahre eine autistische Störung entwickeln, das heißt ein hohes neurologisches Risiko besitzen, scheint dagegen eine (noch) nicht nachweisbare zentralnervöse Störung vorzuliegen, die vermutlich erst im späteren Entwicklungsverlauf zum Tragen kommt (Dawson, 1991). Neben diesen Kindern scheint es auch solche zu geben, die keine neurologischen Entwicklungsrisiken aufweisen, jedoch ein hohes Risiko für eine sozial-kommunikative oder semantisch-pragmatische Störung (vgl. Kusch & Petermann, 1997; 2001). Erste Studien anhand der „Checklist for Autism in Toddlers" zeigen auf, daß sich bereits im 20. Lebensmonat autistische von Kleinkindern mit „Geistiger Behinderung" differenzieren lassen (Charman et al., 1997). Autistische Kinder suchen während emotionaler Interaktionen und der „Aufmerksamkeitslenkung" keinen Blickkontakt und beherrschen das funktionale, nicht jedoch das spontane „So-tun-als-ob-Spiel" (symbolische Spiel).

Kasten 1:
Übersicht über einige wichtige Frühindikatoren einer autistischen Störung.

Kommunikative Funktionen
Gebrauch von Gestik; Lautproduktion; Worte zur Verhaltensregulation; Häufigkeit der Kommunikation für soziale Zwecke; besonders wichtig ist dabei der Tatbestand, daß zwei Interaktionspartner ihre Aufmerksamkeit auf ein Objekt oder Ereignis richten (z. B. das gemeinsame Betrachten eines Bilderbuches).

Gestisch-kommunikative Mittel
Verschiedene konventionelle Gesten, Gebrauch distaler Gestik und Koordination von Gestik und Lautproduktion.

Vokal-kommunikative Mittel
Gebrauch von Lauten ohne Gestik, die Verfügbarkeit unterschiedlicher Konsonanten usw.

Verbal-kommunikative Mittel
Verwendung unterschiedlicher Worte und Wortkombinationen.

Reziprozität
Gebrauch kommunikativer Reaktionen auf die Gestik und Sprache von Erwachsenen, die Häufigkeit des kommunikativen Austausches und die Fähigkeit, kommunikative Zusammenbrüche zu beheben und/oder die Kommunikationsbemühungen zu verändern, wenn ein erwünschtes Ziel nicht erreicht wurde.

Signalisieren
Gebrauch von Blickwechseln zwischen einer Person und einem Gegenstand, der Ausdruck positiver Affekte in Verbindung mit dem lenkenden Blickverhalten und Episoden negativen Affektausdrucks.

In einer ersten Studie an 16.000 zufällig ausgewählten Kindern im 18. Lebensmonat in Südost-England konnten zwölf Kinder mit Verdacht auf Autismus identifiziert werden (Baron-Cohen et al., 1996). Die anhand der „Checklist for Autism in Toddlers" identifizierten Kinder zeigten bei Aufforderung nicht auf bekannte Gegenstände (Zeigen-Test), sie konnten mimisches und gestisches Verhalten nicht angemessen einordnen (Expressions-Test) und zeigten kein „So-tun-als-ob-Spiel". Zehn dieser gefährdeten Kinder konnten von geschulten Klinikern als autistisch gestört diagnostiziert werden; die verbleibenden zwei mußten als besonders auffällig beschrieben werden. Die Diagnose der autistisch gestörten Kinder wurde in einer Nachuntersuchung im 42. Lebensmonat der Kinder bestätigt. Die 22 Kinder, die in der Erstuntersuchung nur im „Expression-Test" und/oder im „So-tun-als-ob-Test" versagten, erhielten keine Diagnose „Autismus", sondern wiesen in der Folgezeit eine Sprachverzögerung auf. Allein diejenigen Kinder, die im Alter von 18 Monaten in allen drei Tests versagten, hatten ein Risiko von 83% für eine autistische Störung.

Zu beachten ist jedoch, daß die dramatischen Verhaltensprobleme autistischer Kinder häufig erst während des Vorschulalters auftreten und es bislang noch nicht hinreichend geprüft ist, wie viele dieser Kinder in den ersten drei Lebensjahren auffälliges Verhalten zeigen.

2 Epidemiologie, Verlauf und Nosologie

Berücksichtigt man die verschiedenen Syndrome der „Tiefgreifenden Entwicklungsstörungen", so zeigen sich folgende Prävalenzraten (vgl. Tab. 2).

Tabelle 2:
Prävalenzrate autistischer Störungen.

Diagnosegruppe	Prävalenz	Autoren
Sämtliche Formen der Tiefgreifenden Entwicklungsstörungen	3.3 bis 16 pro 10.000	Wing (1993)
Frühkindlicher Autismus (nach Kanner)	2-5 pro 10.000	Kusch & Petermann (2001)
Autistische Störung	1.3 pro 1000	Sugiyama, Takei & Abe (1992)
	1-2 pro 1000	Gillberg & Coleman (1992)
	4-5 pro 10.000	Sponheim & Skjeldal (1998)
Asperger-Störung	1 pro 10.000	Frith (1991)
	3-4 pro 1000	Ehlers & Gillberg (1993)
Rett-Störung	1 pro 10.000-15.000	Hagberg (1993); Tsai (1994)
Desintegrative Störung	0.11 pro 10.000	Volkmar (1994)
NNBTE	0.7 pro 1000	Sugiyama, Takei & Abe (1992)

Die Prävalenzwerte stiegen in den letzten Jahren an. Es wird diskutiert, ob dies auf methodische Unzulänglichkeiten der einzelnen Studien (geringer Umfang der untersuchten Stichprobe), auf Veränderungen der diagnostischen Kriterien, verbesserte Untersuchungsinstrumentarien beziehungsweise eine gestiegene Sensibilität gegenüber der Störung zurückzuführen ist, oder ob es tatsächlich mehr Kinder mit Tiefgreifenden Entwicklungsstörungen gibt. Die neuere epidemiologische Studie von Sponheim und Skjeldal (1998) konnte jedoch zeigen, daß es im wesentlichen die verwendeten diagnostischen Kriterien sind, die eine höhere oder geringere Prävalenzrate bedingen. Unter Verwendung der ICD-10-Kriterien werden weniger Fälle erfaßt, als unter Verwendung der DSM-IV-Kriterien beziehungsweise von psychometrischen Verfahren.

Generell erkranken mehr Jungen an Tiefgreifenden Entwicklungsstörungen als Mädchen. Die Geschlechtsverteilung ist jedoch innerhalb der einzelnen Störungen sehr unterschiedlich (vgl. Tab. 3). Ein Literaturüberblick zur Geschlechtsverteilung zeigt, daß Mädchen mit autistischer Störung ein höheres Risiko für eine Geistige Behinderung haben (Cohen & Volkmar, 1997; Rapin, 1996).

Es konnte gezeigt werden, daß in Familien mit einem autistischen Kind häufiger motorische Tics, Zwangserkrankungen sowie affektive Störungen vorliegen als in Familien mit einem an Down-Syndrom erkrankten Kind (Bolton, Pickles, Murphy & Rutter, 1998). Die Zwangsstörungen gingen mit autismusähnlichen sozialen und kommunikativen Beeinträchtigungen einher und die affektiven Störungen standen nicht im Zusammenhang mit der postnatalen Entwicklungsphase des autistischen Kindes. Entgegen früheren Berichten, wonach das Fragile-X-Chromosom bei autistischen Störungen um bis zu 25% häufiger vorliegen soll, konnten Studien mit angemesseneren methodischen Ansätzen nur eine Häufigkeit von 1,6%, also keine Zusammenhänge zwischen beiden Störungsformen feststellen (Bailey et al., 1993). Zwillingsstudien berichten von einer Konkordanzrate von 90% für die Diagnose „Autismus" bei monozygoten Zwillingen und von 5 bis 10% bei gleichgeschlechtlichen dizygoten Zwillingen (Bailey et al., 1995). Generell muß festgehalten werden, daß es trotz aller Bemühungen bislang nicht gelungen ist, eine klare genetische Disposition bei autistischen Störungen zu belegen (Cohen & Volkmar, 1997). In einer neueren Studie wird jedoch das sogenannte Serotonin-Transporter-Gen im Zusammenhang mit autistischen Störungen diskutiert, da die Verabreichung von Serotonin-Transporter-Inhibitoren bei autistischen Kindern stereotype Rituale und Routinen deutlich reduziert (Cook et al., 1997).

In drei Studien hat sich bislang gezeigt, daß bei autistischen Störungen Besonderheiten im Geburtsmonat auf-

Tabelle 3:
Geschlechtsverteilung autistischer Störungen.

Diagnosegruppe	Jungen zu Mädchen	Autoren
Sämtliche Formen der Tiefgreifenden Entwicklungsstörungen	3-4 zu 1	Wing (1997)
Asperger-Störung	fast nur bei Jungen	Klin (1994)
Rett-Störung	fast nur bei Mädchen	Tsai (1994)
Desintegrative Störung	8 zu 1	Volkmar (1994)

treten (Barak, Ring, Sulkes, Gabbay & Elizur, 1995). Danach werden autistische Kinder deutlich häufiger in den Monaten März und August geboren als in allen anderen Monaten. Zu den bekannten pränatalen Faktoren bei autistischen Kindern zählen Röteln, das Cornelia de Lange-Syndrom, chromosomale Veränderungen wie das Fragile-X-Chromosom, das Angelman-Syndrom und zuweilen sogar das Down-Syndrom (Gillberg & Coleman, 1992). Perinatale Faktoren spielen beim Autismus kaum eine Rolle (Nelson, 1991).

Eltern berichten, daß ihre Säuglinge „anders sind als andere Kinder" und keine Notiz von ihnen nehmen würden oder sich nicht mit Spielzeug beschäftigen, kaum einmal lachen würden und keinen Gesichtsausdruck hätten. Dieses ungewöhnliche Verhalten hält überdauernd an, und auch im späteren Säuglingsalter würden die Kinder kaum mit ihren Eltern spielen oder an anderen Kindern Interesse zeigen, sie würden nicht auf Dinge zeigen, die sie gern hätten oder Gegenstände, mit denen sie spielen, ihren Eltern herzeigen. Bereits im Vorschulalter zeigt sich das volle Bild der autistischen Störung, bestehend aus der sozialen Zurückgezogenheit, der gestörten verbalen und nonverbalen Kommunikation und dem Beharren auf Gleichförmigkeit sowie dem stereotypen und ritualisierten Verhalten. In dieser Altersperiode lassen sich die sozial zurückgezogenen von den sozial passiven und den sozial aktiven, aber sonderbaren Kindern gut unterscheiden. Die größten Probleme in der mittleren Kindheit (7 bis 12 Jahre) stellen Verhaltensstörungen wie Hyperaktivität, Aggression, Autoaggression, Mutismus, Echolalie oder eine reduzierte Sprachfähigkeit dar. Im Jugendalter kommt es bei einem Teil der Kinder zu einer Symptomverschlechterung. Die Verhaltensprobleme der Kinder werden um so massiver, je geringer deren sozial-kognitives Funktionsniveau ist. Intelligente autistische Kinder bemerken mitunter ihre „Andersartigkeit" und leiden unter ihrer fehlenden Kompetenz zur Kontaktaufnahme. 20% bis 30% der geistig behinderten autistischen Kinder entwickeln zwischen dem elften und 14. Lebensjahr ein Anfallsleiden. Autistische Kinder der sozial passiven Gruppe können eine Adipositas entwickeln.

Die Prognose im Erwachsenenalter ist für die gesamte Gruppe Tiefgreifender Entwicklungsstörungen schlecht. Folgende prognostische Angaben liegen vor:

- 1 bis 2% der Betroffenen führen ein relativ normales Leben;
- 5 bis 20% leben im Beruf und der Freizeit relativ normal, nehmen jedoch keine persönlichen Beziehungen auf;
- 15 bis 20% zeigen deutliche Verhaltensauffälligkeiten und müssen daher zum Teil in Heimen mit pflegerischer Betreuung leben;
- 60 bis 70% der Betroffenen leben ständig in Institutionen und sind sehr pflegebedürftig.

Weitere Angaben zur Prognose lassen sich aus Tabelle 4 entnehmen.

Tabelle 4:
Aspekte, die mit einer günstigen/ungünstigen Prognose verbunden sind.

Günstigere Prognose	Aspekt	Ungünstigere Prognose
gering	**Geburtsrisiken**	hoch
> 70	**IQ** (handlungsgebundene Intelligenz)	< 70
sprunghaft	**Lernfortschritte**	nicht ausgeprägt
< 5. Lj.	**Sprachfähigkeit** (Voraussetzung ist ein IQ über 50)	> 5. Lj.
< 8. Lj.	**Ausscheidungsfunktionen** (kontrolliert)	> 8. Lj.
< 10. Lj.	**Imitationsverhalten** (vorhanden)	> 10. Lj.
< 10. Lj.	**Rückgang der Stereotypien**	> 10.Lj.
Nein	**Epilepsie**	Ja
sozial passiv oder aktiv	**Soziale Interaktion**	sozial zurückgezogen

3 Erklärungsansätze

Die Frage nach den Ursachen und Risiken einer Tiefgreifenden Entwicklungsstörung kann erst dann beantwortet werden, wenn geklärt ist, welche neurobiologischen und Umweltfaktoren für die Entstehung des Störungsbildes verantwortlich sind. Für die Erklärung der Entwicklung dieser Kinder ist jedoch vorwiegend die Wechselwirkung der biologischen und Umweltfaktoren zu beachten, die nach der Geburt den Störungsverlauf bestimmt (Yeung-Courchesne & Courchesne, 1997; Petermann et al., 1998).

3.1 Biologische Faktoren

Neurologisch-neuroanatomische Untersuchungen fanden bei autistischen Kindern eine durch Zellvermehrung bedingte Organvergrößerung in zwei Bereichen des Kleinhirns sowie eine Verkleinerung einer Kleinhirnhälfte. Studien bei nicht-behinderten autistischen Kindern fanden eine Verkleinerung des gesamten Hirnstamms und subtile Veränderungen des Frontalhirns (Courchesne, 1997). Diese Befunde sind bedeutsam, da die Fortsätze des Kleinhirns enge Verbindungen mit dem Hirnstamm und limbischen Regionen haben, die komplexe Verhaltensabläufe und Affekte kontrollieren. Abnorme Hirnstrukturen sind jedoch in vielen verschiedenen Hirnbereichen vorzufinden, so daß es unwahrscheinlich ist, daß spezifische Veränderungen der Hirnstruktur eine direkte Rolle in der Entstehung Tiefgreifender Entwicklungsstörungen spielen (Bauman & Kemper, 1995).

Neurophysiologische Studien zeigen, daß kaum Unterschiede zwischen autistischen und Kindern gleichen Entwicklungsalters vorliegen (Rubinstein, Lotspeich & Ciaranello, 1993). Ornitz (1987) führte Studien an, die auf eine Störung im Hirnstamm hinweisen, insbesondere im aufsteigenden retikulären System (ARAS), das die Hypo- und Hyperaktivitätszustände autistischer Kinder erklären könnte. EEG-Untersuchungen zum erlebniskorrelierten Potential zeigen eine reduzierte P300-Wellenamplitude, wodurch man die Aufmerksamkeitslenkung für bedeutsame, neue und unvorhersagbare Informationen beschreiben kann (Courchesne, Townsend & Chase, 1995). Dawson (1991) nennt Studien, in denen eine Störung autonomer Regulationsprozesse nachgewiesen wird, insbesondere der Habituation an neue Reize. Zudem sollen autistische Kinder ungewöhnliche Aktivitätsmuster beider Hirnhemisphären während der Verarbeitung verbaler Informationen zeigen. Es handelt sich zumeist um eine verstärkte rechtshemisphärische Aktivität, was im Gegensatz zu einer verstärkten linkshemisphärischen Aktivität bei normalen Kindern und Erwachsenen steht. Bei nichtsprachgebundenen, visuellen und räumlichen Lernaufgaben zeigen sich keinerlei Unterschiede zwischen den zentralnervösen Aktivitätsmustern autistischer und normaler Kinder.

Die neurobiologischen Studien zur autistischen Störung können keine eindeutigen Hinweise auf eine autismusspezifische, neurologische oder neurophysiologische Beeinträchtigung liefern. Auch wenn gewisse neurologische Korrelate autistischen Verhaltens (Kleinhirn, P300, ARAS) identifizierbar sind, so begrenzen sich diese stets auf Einzelaspekte autistischen Verhaltens. Anhand genauer Untersuchungen konnten jedoch gewisse neurologische Veränderungen im hinteren Kortex und Kleinhirn autistischer Kindern gefunden werden (Haas et al., 1996; Piven, Saliba, Bailey & Arndt, 1997).

3.2 Entwicklungsbezogene Faktoren

Kind-Umwelt-Wechselwirkungen beziehen sich auf die kurzfristigen und überdauernden wechselseitigen Einflüsse, die zwischen einem Kind und seiner (sozialen) Umwelt stattfinden. Im Falle Tiefgreifender Entwicklungsstörungen wird dabei davon ausgegangen, daß das gestörte Sozialverhalten der Kinder eine Störung in der sozialen Interaktion verursacht und somit die Erwartungen und das Erziehungsverhalten der Eltern überdauernd verändert (Dawson, 1991). Dies wiederum hat zur Folge, daß neben der Entwicklung auch die Sozialisation des autistischen Kindes einen abweichenden Verlauf nimmt (Borden & Ollendick, 1992). Bezogen auf die Ätiopathogenese autistischer Störungen muß die Frage untersucht werden, inwieweit die soziale Interaktion zwischen dem autistischen Kind und seinen Bezugspersonen an der Ausprägung des Störungsbildes beteiligt sind. Zu bemerken ist, daß

- auch wenn die grundlegende Störung autistischer Kinder durch die frühen Eltern-Kind-Interaktionen nicht verursacht und auch nicht grundsätzlich verändert werden, diese Interaktion dennoch kompensierend oder zusätzlich schädigend auf die Entwicklung wirken könnte und
- die frühen Eltern-Kind-Interaktionen vielleicht nicht die grundlegende Störung, aber die zusätzlichen Verhaltensprobleme autistischer Kinder beeinflussen könnten.

Folgende Befunde zeigen den Einfluß der Eltern-Kind-Interaktion auf die Entwicklung Tiefgreifender Entwicklungsstörungen.

Behaviorale Studien. Die Wahrnehmung autistischer Kinder ist bereits ab deren Kleinkindalter deutlich beeinträchtigt (O'Neill & Jones, 1997). Ihr Verhalten ist daher ebenfalls deutlich gestört, vor allem dann, wenn sie die Ereignisabfolge in ihrer Umwelt nicht vorhersagen können. In dem Maße, wie sie das Verhalten anderer, beispielsweise von Gleichaltrigen, vorhersagen können, zeigen autistische Kinder deutlich kompetentere soziale Interaktionen (Quill, 1997). Gleiches gilt bezüglich der Häufigkeit selbststimulierenden Verhaltens und von Echolalie-Äußerungen, die deutlich öfter in der sozialen Interaktion mit unbekannten als mit bekannten Personen gezeigt werden. Werden soziale Interaktionsprozesse vorhersagbarer gemacht, indem das Sozialverhalten der autistischen Kinder imitiert wird, so steigt die Anzahl des Augenkontaktes und das Ausmaß des Sozialverhaltens sprunghaft an (Dawson, 1991).

Die Studien zum Verhalten autistischer Kinder werden zunehmend kritisiert, da sich gezeigt hat, daß allein schon die Konstruktion der Untersuchungssituation häufig dazu beiträgt, ungewöhnliches Sozialverhalten zu stimulieren (Duchan, 1998). Studien im natürlichen beziehungsweise quasi-natürlichen Setting werden somit wieder als besonders wichtige Voraussetzungen betrachtet (Kusch, 1993; Kusch & Petermann, 1990), um nicht nur defizitäres, sondern auch kompetentes Sozialverhalten autistischer Kinder beobachtbar zu machen (Duchan, 1998).

Studien zur Imitation. Die Probleme autistischer Kinder, andere zu imitieren, gehören zu ihren deutlichsten Störungen (Kusch & Petermann, 2001). Zu den Schwierigkeiten der Imitation zählen Defizite der Bewegungsimitation, der gestischen, motorischen und verbalen Imitation und der Imitation sensumotorischer und symbolischer Handlungen. Die Kinder haben besonders dann Probleme, wenn sie emotionale Äußerungen imitieren sollten, wie beispielsweise die pantomimische Darstellung von Gefühlen (Loveland et al., 1994). Obwohl manche Forscher die Störungen der Imitationsfähigkeit auf die symbolische Imitation begrenzen, zeigen andere Studien deutlich, daß auch grundlegende Imitationsleistungen beeinträchtigt sind, die nicht auf kognitive Defizite zurückgeführt werden können (Rogers & Pennington, 1991). Noch weitgehend unklar ist, ob die beeinträchtigte Imitationsfähigkeit autistischer Kinder lediglich eine Vorstufe ihrer reduzierten sozial-kognitiven Kompetenzen darstellt oder als unabhängig von den kognitiven Störungen zu betrachten ist (Charman & Baron-Cohen, 1994).

Neuheit versus Vorhersagbarkeit in der Informationsverarbeitung. Seit langem ist bekannt, daß autistische Kinder zwar in der Verarbeitung sehr einfacher sozialer Informationen beeinträchtigt sind, dagegen in nichtsozialen Aufgaben, wie der Objektpermanenz, räumlich-visuellen Aufgaben und anderen kognitiven Aufgaben durchaus normale oder überdurchschnittliche Leistungen zeigen können (Cohen & Volkmar, 1997).

Die Diskrepanz zwischen dem Verständnis von Personen und Gegenständen wird auf die geringe Bandbreite optimaler Stimulation autistischer Kinder zurückgeführt (Pierce, Glad & Schreibman, 1997). Da in sozialen Interaktionen multiple oder multimodale (motorische, sensorische, visuelle, auditive) Reize auftreten, die zudem sehr oft neu und unvorhersagbar sind, ziehen autistische Kinder den Umgang mit Gegenständen demjenigen mit Personen vor. Der Grund hierfür ist darin zu sehen, daß der Umgang mit der physikalischen Welt eher durch Vorhersagbarkeit und geringe Veränderungen gekennzeichnet ist. Ein anderer Bereich, in dem vorhersagbare Reize verarbeitet werden, sind selbstgerichtete Verhaltensweisen, beispielsweise Stereotypien oder die Selbststimulation. Während fremdgerichtetes Verhalten sehr variable und unvorhersagbare soziale Reaktionen hervorruft, ist die Selbststimulation mit eindeutigem Feedback verbunden. Normale Kinder differenzieren zwischen sich und anderen Personen, indem sie unter anderem zwischen selbst- und fremdgerichteten Verhalten unterscheiden lernen. Eine Fähigkeit, die bei autistischen Kindern unzureichend ausgeprägt ist, wodurch sozialer Rückzug und selbststimulierendes Verhalten resultiert (Hobson, 1993).

Emotionale Reaktionen. In sozialen Situationen zeigen autistische Kinder vielfältige emotionale Reaktionen (Sigman, 1996). Sie zeigen aber deutlich weniger positive Reaktionen als normale Kinder und äußern während sozialer Interaktionen, die normalerweise mit positiven Gefühlsäußerungen einhergehen, vermehrt negative Reaktionen. Autistische Kinder neigen auch dazu, verschiedene Emotionen miteinander zu vermischen, so daß ihre emotionalen Signale nicht eindeutig interpretiert werden können. Ebenso zeigt sich, daß fremde Personen die Gesichtsausdrücke autistischer Kinder nicht so eindeutig einordnen können wie diejenigen normaler Kinder (Hobson, 1993).

Emotionales Verständnis. Autistische Kinder haben Schwierigkeiten, Photographien bezüglich ihrer emotionalen Inhalte zu sortieren. Sie sind nicht in der Lage zu bemerken, daß andere Personen Gefühle haben, die von ihren eigenen abweichen (Hobson, 1993). Dies zeigt sich unter anderem in ihren Problemen, komplexe emotionale Zustände zu verstehen, wie solche der „Überraschung" (Baron-Cohen, Spitz & Cross, 1993). Autistische Kinder sind jedoch im Vergleich zu Kindern entsprechenden Entwicklungsalters durchaus dazu in der Lage, Emotionen angemessen zu verarbeiten (Loveland et al., 1997). Es sind vor allem die autistischen Kinder mit geringem sozial-kognitiven Funktionsniveau, die Schwierigkeiten haben genau anzugeben, was eine Person empfindet, wenn die Person nicht explizit über ihre Emotionen spricht.

Selbst- und Fremdrepräsentation. Koop und Wyer (1994) unterscheiden mehrere Arten der Selbstrepräsentation, die als Voraussetzung der Entwicklung der Selbst-Anderer-Differenzierung angesehen werden können. Ein Aspekt, der in der Autismusforschung untersucht wurde, bildet das *körperliche Selbst.* Die entsprechenden Studien verwendeten die standardisierte Spiegelbild-Wahrnehmungs-Aufgabe, in der bei normalen Kindern ab dem 18. bis 20. Lebensmonat die Selbstwahrnehmung beobachtbar wird. Bei der Spiegelbildaufgabe wird einem Kleinkind ein Spiegel vorgehalten, in dem es einmal sein gewohntes und ein anderes Mal sein verändertes (z. B. durch einen roten Punkt auf der Nasenspitze) Spiegelbild wahrnimmt. Je nach Reaktion des Kindes kann festgestellt werden, ob das Kind bereits eine Vorstellung von sich selber entwickelt hat (z. B. wenn es sich selber die rote Schminke von der Nase reibt) oder noch nicht (z. B wenn es bei seinem Spiegelbild auf die Nase zeigt): Die Studien konnten zeigen, daß autistische Kinder ihr Spiegelbild erkennen. Auf der Ebene der *sensorischen Wahrnehmung* des Selbst und anderer Personen scheinen autistische Kinder daher durchaus zu denselben Leistungen fähig zu sein wie Kinder gleichen Entwicklungsalters. Diese Befunde widersprechen älteren Annahmen, die den Kindern die Fähigkeit abgesprochen haben, sich selbst und andere Personen anhand sensorischer Wahrnehmungs- und Verarbeitungsprozesse zu unterscheiden (Kusch & Petermann, 2001). Die grundlegende *soziale Fähigkeit,* die eigene von anderen Personen zu unterscheiden, ist bei autistischen Kindern unbeeinträchtigt. Es ist daher davon auszugehen, daß autistische Kinder über grundlegende Konzepte – „Selbst", „Andere" und „Objekte der physikalischen Welt" – verfügen. Beeinträchtigungen zeigen sich dagegen in komplexeren Formen der Selbst- und Fremdwahrnehmung (Rogers & Pennington, 1991). Loveland und Mitarbeiter (1995) konnten etwa zeigen, daß autistische Kinder im Vergleich zu geistig behinderten Kindern beeinträchtigt sind, ein Konzept des *affektiven Selbst* aufzubauen, was die Wahrnehmung eigener Affektzustände voraussetzt, die sich im Gesichtsausdruck und im lautlichen und sprachlichen Ausdruck zeigen.

Soziale Bezugnahme. In sozial-kommunikativen Situationen zeigen autistische Kinder keine zusammenhängenden Verhaltensweisen, die eine Reaktion auf die Signale des Interaktionspartners darstellen, wie motorische Passivität, Lächeln und Beobachten der expressiven Gestik der Eltern oder Lächeln als Reaktion auf „Angelächelt-werden" (Mundy, 1995).

Aufmerksamkeitslenkung. Autistische Kinder sind während sozialer Austauschprozesse nicht in der Lage, Zusammenhänge zwischen ihren eigenen affektiven Zuständen und denen anderer Personen herzustellen. Diese Kontingenzen sind eine Voraussetzung dafür, daß ein Kind sich in die Lage seines Interaktionspartners hineinversetzen, dessen Gedanken kognitiv nachvollziehen und sich dementsprechend verhalten kann. Autistische Kinder sind stark darin beeinträchtigt, die aus derartigen Austauschprozessen resultierenden Repräsentationsstrukturen zu bilden sowie zu verstehen, daß die emotionalen Zustände des Interaktionspartners absichtlich beeinflußt werden können. Sie zeigen beispielsweise nicht auf einen Gegenstand, während sie ihre Mutter ansehen oder können nicht zwischen ihr und dem Gegenstand hin- und herblicken. Sie reagieren auch nicht mit Freude, wenn sie etwas erhalten, um das sie gebeten haben (Mundy, 1995). Ebenso behandeln sie ihre Interaktionspartner eher als Objekte, die mechanisch gebraucht werden, denn als Subjekte mit eigenen emotionalen Empfindungen und Sichtweisen (Phillips et al., 1995).

So-tun-als-ob-Spiel. Im funktionalen Gebrauch von Gegenständen und Spielzeug sind autistische Kinder nicht deutlicher beeinträchtigt als Kinder gleichen Entwicklungsalters (Sigman, Ungerer, Mundy & Sherman, 1987). Sie können also durchaus beim Essen Messer und Gabel benutzen. Im spielerischen Umgang mit Gegenständen, in denen diese so verwendet werden, als ob sie einen anderen Gegenstand repräsentieren (z. B. eine Banane als Telephonhörer benutzen), weisen autistische Kinder dagegen deutliche Störungen auf (Kusch & Petermann, 2001). Wenn autistische Kinder optimal durch den Untersucher unterstützt werden, können sie einfache „So-tun-als-ob-Spiele" spielen, ohne aber spontan neue Spielformen zu bilden (Jargold, Boucher & Smith, 1996).

Intentionale Kommunikation. In sozialen Interaktionen kommunizieren autistische Kinder ebenso oft wie normale Kinder; ihre Kommunikation hat aber häufiger die Funktion, Objekte zu erhalten, den Interaktionspartner zu Handlungen aufzufordern oder zu protestieren. Die verbalen Äußerungen autistischer Kinder verfolgen kaum soziale Funktionen, wie etwas kommentieren, nach Informationen fragen oder um Erlaubnis bitten. Autistische Kinder verwenden häufiger idiosynkratische kommunikative Signale, um ihre Absichten mitzuteilen. Diese Signale können nur ihnen sehr vertraute Personen eindeutig interpretieren. Sind die Kinder nicht sprachfähig, so verwenden sie selbstverletzendes Verhalten, um zu protestieren oder sie bewegen die Hand der Interaktionspartners, um etwas zu erhalten. Sind die Kinder dagegen sprachfähig, so verwenden sie die direkte oder verzögerte Echolalie, um ihre Absichten zu äußern (Mundy & Hogan, 1994).

Pragmatik. Autistische Kinder sind kaum in der Lage, ihre Gesprächsführung den sozialen Gegebenheiten anzupassen, um etwa auf eine Mitteilung über ein Mißgeschick einer Person mit Empathie zu reagieren. Sie können ebenso kaum von der Sprecher- zur Hörerrolle wechseln oder bestimmte Vorannahmen über das Wissen des Gesprächspartners in ihrer Konversation berücksichtigen (Baron-Cohen, 1988).

Symbolisches Spiel. Autistische Kinder zeigen in der kognitiven Entwicklung Defizite, die in irgendeiner Form den Symbolgebrauch betreffen; insbesondere ist die Fähigkeit des „So-tun-als-ob-Spiels" beeinträchtigt. Sensumotorische Fähigkeiten und die Kategorienbildung sind dagegen nicht autismusspezifisch gestört. Man geht davon aus, daß diejenigen Konzepte und Fähigkeiten autistischer Kinder beeinträchtigt sind, für deren Entwicklung die soziale Interaktion wichtig ist. Im Sozialverhalten müssen die Kinder nämlich die Absichten und Annahmen ihrer Interaktionspartner beachten. Diejenigen Kompetenzen, die das autistische Kind ohne Hilfe anderer Personen erwerben kann, sind dagegen nicht spezifisch gestört; hierzu gehört insbesondere die Bewältigung der materiellen Umwelt.

Theory-of-Mind. Unter der Metarepräsentation versteht man die kognitive Fähigkeit, sich von der sensorischen Wahrnehmung (= primäre Repräsentation) zu lösen und diese zum Zwecke einer besseren Anpassung an die Umwelt neu zu verknüpfen (Leslie, 1987). Eine Fragestellung in diesem Kontext bezieht sich darauf, ob autistische Kinder die „Theory-of-Mind" entwickeln. Gefragt wird, ob diese Kinder in der Lage sind, in ihrem Denken zu berücksichtigen, was eine andere Person denkt, weiß, fühlt oder beabsichtigt. Baron-Cohen, Leslie und Frith (1985) beschäftigten sich mit dieser Fähigkeit, indem sie autistische, geistig behinderte (Down-Syndrom) und normale Kinder untersuchten. Sie wollten herausfinden, ob autistische Kinder das Konzept, welches eine andere Person von einer Situation herstellt, in ihrem Handeln berücksichtigen können. Die Studien zur Theory-of-Mind orientieren sich an sogenannten Puppenspiel-Szenen (vgl. Abb. 1 und Kasten 2).

Abbildung 1:
Illustration zur Puppenspiel-Szene Sally und Anne.

Kasten 2:
Die Puppenspiel-Szene Sally und Anne.

Den Kindern wird wie folgt eine Puppenspiel-Szene vorgespielt: Eine Puppe (Sally) besitzt einen Korb, in dem sich ein Ball befindet; die andere Puppe (Anne) hat eine verschlossene und leere Schachtel, die nicht einsehbar ist. Während der Szene geht Sally aus dem Puppenzimmer, und Anne nimmt aus Sally's Korb den Ball und versteckt diesen in ihrer Schachtel. Nachdem Sally ins Puppenzimmer wieder zurückkommt, wird die Spielszene unterbrochen, und die Kinder werden gefragt, wo Sally ihren Ball wohl suchen würde (Glaubensfrage). Der Spielverlauf wird in drei verschiedenen Durchgängen gespielt, wobei sich der Ball einmal in Anne's Schachtel, einmal in Sally's Korb und einmal in der Tasche des Untersuchers befindet. Zeigte ein Kind nach der Glaubensfrage auf denjenigen Ort, an welchem Sally in der dargestellten Spielszene suchen würde, nachdem sie wieder in das Spielzimmer zurückkommt (Sally's Korb), so wurde dieser Glaubensfrage eine Realitätsfrage (Wo ist denn der Ball wirklich?) und eine Gedächtnisfrage (Wo war der Ball am Anfang des Spiels?) nachgeschoben. Zu Beginn des Spiels vergewissert sich der Untersucher, ob alle Kinder die Puppen voneinander unterscheiden konnten.

Die Studie von Baron-Cohen et al. (1985) zeigt folgende Ergebnisse:

- Alle Kinder konnten die beiden Puppen voneinander unterscheiden.
- Alle Kinder konnten auf die Realitäts- und die Gedächtnisfrage korrekt antworten.
- Fast alle der normalen und der geistig behinderten Kinder beantworteten die Glaubensfrage korrekt, während diese nur von vier der 20 autistischen Kinder korrekt beantwortet wurde. Der Unterschied ist hochsignifikant (p = .001).
- Alle autistischen Kinder, die die Glaubensfrage falsch beantworteten, zeigten auf die Schachtel, das heißt auf den Ort, an dem der Ball tatsächlich lag und nicht auf irgendeinen anderen Ort (p = .006).

Alle Kinder wußten zu den Kontrollfragen die richtige Antwort, so daß es ihnen klar war, daß der Ball von dem Korb in die Schachtel gelegt wurde, nachdem die Puppe Sally den Raum verließ (primäre Repräsentation). Zur kritischen Frage „Wo wird Sally den Ball suchen?" gaben die autistischen Kinder eine andere Antwort als die geistig behinderten und die normal entwickelten Kinder. Die geistig behinderten und die normalen Kinder beantworteten die Glaubensfrage, indem sie auf diejenige Stelle zeigten, an welcher sich der Ball anfänglich befand (Korb), bevor Sally das Puppenzimmer verlassen hatte. Diese Kinder müssen Annahmen darüber entwickelt haben, daß ihr eigenes Wissen über den gegenwärtigen Ort, an dem der Ball

tatsächlich lag, als Sally wieder in das Puppenzimmer kam (Schachtel), von dem zu unterscheiden ist, was die Puppe Sally wissen konnte (Ball liegt im Korb). Dies bedeutet aber, daß diese Kinder das Verhalten der Puppe Sally auf Grundlage dessen voraussagten, was die Puppe annahm und nicht aufgrund dessen, was sie selbst wußten. Die autistischen Kinder hingegen zeigten auf den Ort, an dem der Ball sich tatsächlich befand (Schachtel). Wesentlich ist, daß die autistischen Kinder dies in konsistenter Weise machten.

Auch im zweiten Versuch, als der Ball in der Tasche des Untersuchers verschwand, deuteten sie auf diese, als sie nach dem Ort befragt wurden, wo Sally den Ball suchen würde. Dies bedeutet, daß die autistischen Kinder nur ein Abbild dessen herstellten, was sie beobachten konnten, das heißt eine primäre Repräsentation. Die Ergebnisse von Baron-Cohen et al. (1985) wurden in vielen Studien bestätigt (Baron-Cohen, Tager-Flusberg & Cohen, 1993) und gelten als eine wichtige Erklärung der Verhaltensbesonderheiten autistischer Kinder, auch wenn die aktuellen Erklärungsmodelle der abweichenden Entwicklung autistischer Kinder darüber hinaus gehen (Petermann et al., 1998).

In den letzten Jahren wurde wiederholt von Studien berichtet, in denen an dem Erklärungspotential der „Theory-of-Mind"-Hypothese gezweifelt wird (vgl. Yirmya, Solomionica-Levi, Suhlman & Pilowsky, 1996). So konnten beispielsweise Dahlgreen und Trillingsgaard (1996) keine Unterschiede zwischen nichtbehinderten autistischen und Kindern mit Asperger-Störung sowie normalen Kindern in „Theory-of-Mind"-Aufgaben finden. Aus diesem Grund wurde ein „Theory-of-Mind"-Test für sehr kompetente Erwachsene mit autistischer Störung und Asperger-Störung entwickelt, um die Annahme eines spezifischen „Theory-of-Mind"-Defizites näher zu prüfen (Baron-Cohen, Jolliffe, Mortimore & Robertson, 1997). In diesem Test konnte wieder belegt werden, daß Personen mit autistischen Störungen sich nicht in die Gedankenwelt einer anderen Person hineinversetzen können.

In der aktuellen Diskussion erklärt man die autistische Entwicklung mit autismustypischen Defiziten (Empathie, Aufmerksamkeitslenkung und Imitation) und untersucht sehr junge autistische Kinder (unter dem 20. Lebensmonat), da so ein möglichst authentisches Bild der Defizite gewonnen werden kann (Charman et al., 1997).

3.3 Erklärungsmodelle der abweichenden Entwicklung autistischer Kinder

Derzeit werden verschiedene Modelle diskutiert, die das abweichende Verhalten autistischer Kinder erklären sollen (Charman, 1997; Mundy & Hogan, 1994).

- Die „Theory-of-Mind" (Baron-Cohen, 1988) geht von einer kognitiven Störung aus, insbesondere den sekundären Repräsentationen. Die Störung beeinträchtigt insbesondere das Verständnis autistischer Kinder für die Überzeugungen, Wünsche, Gefühle und Gedanken anderer Personen.
- Die „Intersubjektivitätstheorie" (Rogers & Pennington, 1991) geht von einer neurokognitiven Störung aus, die im Frontalcortex lokalisiert werden kann. Diese Störung beeinträchtigt die Fähigkeit, die Repräsentationen des Selbst und der anderen Personen zu koordinieren (vgl. Abb. 2).
- Das „Erregungsmodell" (Dawson & Levi, 1989) geht von einer kognitiv-affektiven Störung aus, die sich darin äußert, daß die Kinder soziale Ereignisabfolgen nicht angemessen verarbeiten können und dadurch übererregt werden und sich nicht sozial angepaßt zu verhalten lernen.
- Das „Affektmodell" (Hobson, 1993) geht von einer affektiven Störung aus. Diese Störung zeigt sich darin, daß die Kinder ihr affektives Befinden nicht angemessen verarbeiten und ausdrücken können. Dies wiederum führt zu einer abweichenden sozial-kognitiven Entwicklung.

Die Relevanz von Entwicklungsmodellen für die zusammenhängende Erklärung der abweichenden Entwicklung autistischer Kinder soll anhand der Intersubjektivitätstheorie von Rogers und Pennington (1991) verdeutlicht werden. Die Autoren gehen von drei sozialen Verhaltenskompetenzen aus, die sich bereits kurz nach der Geburt entwickeln und bei Kindern mit einer Tiefgreifenden Entwicklungsstörung in spezifischer Weise beeinträchtigt sein sollen:

- Imitation des Verhaltens von Interaktionspartnern,
- emotionale Anteilnahme und die
- „Theory-of-Mind".

Neben diesen grundlegenden Verhaltenskompetenzen sind auch diejenigen sozialen Kompetenzen beeinträchtigt, die im Entwicklungsverlauf aus den primären Störungen resultieren:

- die gemeinsame Aufmerksamkeit und Pragmatik sowie
- das symbolische Spiel (So-tun-als-ob).

Andere soziale Verhaltenskompetenzen sind bei näherer Betrachtung nicht autismusspezifisch gestört. Hierzu zählen:

- das Bindungsverhalten,
- die einfache Selbst-Andere-Repräsentation und
- einfache soziale Reaktionen.

Rogers und Pennington (1991) gehen davon aus, daß der Imitation, der emotionalen Anteilnahme und der „Theory-of-Mind" die Ausbildung und Koordination sozialer Repräsentationen von Selbst und Anderen zugrunde liegen. Sie entwickeln sich ab dem Zeitpunkt der Geburt und zeigen im Entwicklungsverlauf immer komplexere Organisationsformen.

Die Intersubjektivitätstheorie stellt ebenso wie die anderen Theorien nicht länger den aktuellen Stand der Forschung dar (Cohen & Volkmar, 1997). Es ist aber auch noch keine neue einheitliche Theorie in Sicht, die die autistischen Störungen umfassend erklären könnte. Die Autismusforschung konzentriert sich gegenwärtig weniger darauf eine umfassende Autismustheorie zu formulieren, als darauf, die genauen Zusammenhänge zwischen den einzelnen autismusspezifisch gestörten Verhaltensweisen zu präzisieren. So befassen sich beispielsweise Mundy und Hogan (1994) mit den Zusammenhängen zwischen der Intersubjektivität (Empathie) und der gemeinsamen Aufmerksamkeit (Soziale Interaktion). Charman (1997) untersucht die Zusammenhänge zwischen der gemeinsamen Aufmerksamkeit

Abbildung 2:
Die Intersubjektivitätstheorie (Rogers & Pennington, 1991).

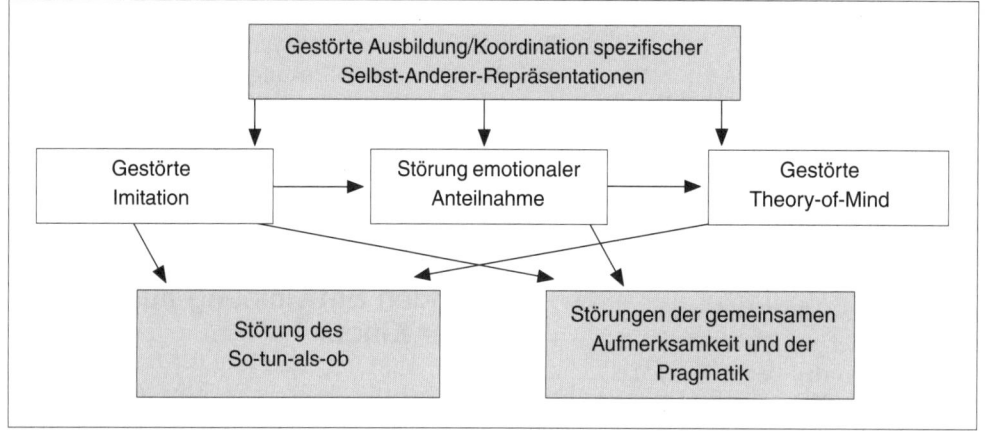

und dem „So-tun-als-ob-Spiel". McDonough, Stahmer, Schreibman und Thompson (1997) verweisen auf mögliche Zusammenhänge zwischen dem symbolischen Spiel, den Gedächtnisleistungen und dem zielgerichteten Verhalten autistischer Kinder. Loveland und Mitarbeiter (1994; 1995; 1997) befassen sich mit den Zusammenhängen zwischen intermodaler Wahrnehmung, die motorische, sensorische, auditive und kinästhetische (= bewegungsbezogene) Sinneseindrücke betrifft, der Imitation und der Speicherung affektiver Informationen. Diese Arbeiten stellen die Bemühungen dar, die Zusammenhänge zwischen einzelnen Verhaltensproblemen autistischer Kinder aufzuklären. Sie gelten als vielversprechende Ansätze, da sie Hinweise auf normale und abweichende Entwicklungsschritte liefern, die an der Entwicklung autistischer Störungen beteiligt sind. Letztlich kann es dadurch möglich werden, einen Zusammenhang zwischen den biologischen Grundlagen und dem beobachtbaren Verhalten autistischer Kinder darzustellen (Yeung-Courchesne & Courchesne, 1997).

Kontrovers werden gegenwärtig auch die neurobiologischen Grundlagen der autistischen Störung diskutiert. Unterschieden werden sogenannte Bottom-Up- und Top-Down-Ansätze. Beide neurobiologischen Ansätze sind bemüht, Erklärungen für die gleichen klinisch-experimentellen Befunde zu geben, greifen dabei jedoch auf jeweils andere Grundannahmen zurück.

Bottom-Up-Ansätze. Dawson (1991) geht davon aus, daß autistische Kinder bereits von Geburt an Schwierigkeiten mit der psychophysiologischen Regulation von Erregungszuständen und der Verarbeitung neuer und unvorhersagbarer Informationen aufweisen. Diese verändern die sich im ersten Lebensjahr entwickelnde Fähigkeit, an dauerhaften, mit Freude verbundenen sozialen Interaktionen teilzunehmen.

Mundy (1995) geht ebenso von einer zugrundeliegenden psychophysiologischen Störung aus, an der sowohl kognitive als auch affektive Aspekte beteiligt sind. Autistische Kinder sind demnach während sozialer Austauschprozesse nicht in der Lage, Kontingenzen (= Zusammenhänge) zwischen ihren eigenen affektiven Zuständen und denen anderer Personen herzustellen. Somit sind sie auch unfähig, die aus derartigen Austauschprozessen resultierenden Kognitionen zu bilden. Dies bezieht sich vor allem darauf, daß die emotionalen Zustände des Interaktionspartners absichtlich beeinflußt werden können (Mundy, 1995).

Top-Down-Ansätze. Rogers und Pennington (1991) sehen eine neurologisch verursachte Störung der Ausbildung und Koordination von Repräsentationen der eigenen und anderer Personen als zentral für das Verständnis autistischer Störungen an. Diese Störung bezieht sich auf diejenigen Repräsentationen, die die Kontrolle der Planung und Ausführung des eigenen Sozialverhaltens betreffen. Baron-Cohen (1992) geht ebenso von einer angeborenen höherkortikalen Störung aus, in welcher die primäre Repräsentation (= direkt erfahrbare Umwelt) von der Metarepräsentation entkoppelt ist (Charman, 1997). Daraus resultieren:

- Beeinträchtigungen der Fähigkeit sich vorstellen zu können, was der Interaktionspartner weiß, glaubt oder denkt,
- Störungen der Fähigkeit, eine Verhaltensweise intentional-kommunikativ einzusetzen oder
- die Unfähigkeit, sich die nicht direkt wahrnehmbaren, sondern erst zu erschließenden Aspekte der Interaktion vorstellen zu können.

Gegenwärtig kann noch nicht eindeutig entschieden werden, welchem dieser Ansätze der Vorzug zu geben ist.

4 Interventionsverfahren

In den letzten drei Jahrzehnten sind dramatische Erfolge in der Behandlung autistischer Kinder erzielt worden (Campbell, Schopler, Cueva & Hallin, 1996). Insbesondere in der Erziehung und der Berücksichtigung der Eltern als Therapeuten, der Verlagerung der Intervention in die natürliche Umgebung des Kindes, wie Schule und Zuhause, sind wichtige Schritte hin zu einer kindgerechten Behandlung. Es gilt als gesichert, daß die Früherkennung und Frühförderung autistischer Kinder deren Prognose deutlich verbessern kann (Bristol et al., 1996; Freeman, 1997; Howlin, 1998). Ver-

schiedene Länder sind daher bemüht, umfassende Früherkennungs- und Frühförderprogramme aufzulegen (Bristol et al., 1996; Tonge, 1996). Optimistische Berichte, wonach intensive Frühförderprogramme (vgl. Kasten 3) bei 47% der autistischen Kinder eine deutliche Verbesserung der Symptomatik und bei weiteren 42% eine Linderung der Schwere der autistischen Störung herbeiführen können (Lovaas & Smith, 1989), lassen sich jedoch nicht erhärten. Es kann bei den meisten der zur Zeit durchgeführten Programmen nicht spezifiziert werden, welche Interventionsformen bei welchen Kindern die besten Effekte erzielen (Campbell, Schopler, Cueva & Hallin, 1996; Howlin, 1998). Auch das „Early Intervention Program" unterliegt

Mängeln und weist verschiedene methodischen Probleme auf (Gresham & MacMillan, 1998).

Kasten 3:

„Early Intervention Program" nach Lovaas (1987; vgl. auch Cordes & Petermann, 2000).

Bei dem „Early Intervention Program" handelt es sich um ein umfassendes Frühförderprogramm für drei- bis vierjährige autistische Kinder. Die Interventionsdauer beträgt zwei bis drei Jahre, bei einer durchschnittlichen Interventionsdauer von 40 Stunden pro Woche. Die Interventionen finden im häuslichen, im schulischen und im sozialen Setting statt und werden sowohl von verschiedenen Therapeuten als auch von den Eltern als Co-Therapeuten durchgeführt, um eine umfassende Förderung sicherzustellen. Die Schwerpunkte der Frühförderung liegen auf der Reduktion unangemessenen Verhaltens (z. B. Stereotypien und Aggression), dem Aufbau prosozialen Verhaltens (z. B. Spielverhalten und soziale Kommunikation) und der Förderung kognitiver Kompetenzen (z. B. Lesen und Schreiben).

Je nach Behandlungserfolg wird das Frühförderprogramm nach den ersten zwei Interventionsjahren verändert. Bei Kindern, die die reguläre erste Schulklasse besuchen konnten, wurde die Intervention auf zehn Stunden täglich reduziert. Kinder, die noch nicht beschulbar waren, erhielten das vollständige Interventionsprogramm (24 Stunden täglich) über weitere sechs Jahre.

Mundy und Crowson (1997) schlagen vor, sich bei der Durchführung und Evaluation von Frühförderprogrammen stärker als bislang an den zentralen Verhaltenssymptomen der Kinder zu orientieren. Eine solche theoriegestützte Intervention kann wertvolle Hilfen nicht nur für die Behandlung (Zanolli, Daggett & Adams, 1996), sondern auch für die Therapieforschung und das Verständnis autistischer Störungen liefern.

Sicherlich müssen die verfügbaren Interventionsansätze noch stärker an den Kernproblemen der gestörten Kommunikation und des Sozialverhaltens autistischer Kinder ansetzen (vgl. Howlin, 1998). Von Bedeutung ist es, die Ziele und Inhalte der Intervention auf die Besonderheiten – vor allem der autistischer Kinder im Vorschulalter – abzustimmen (McGee, Feldman & Morrier, 1997). Verschiedene Bemühungen wurden beispielsweise unternommen, um autistischen Kindern die Bewältigung der „Theory-of-Mind"-Aufgaben zu ermöglichen. Man hoffte dabei, daß Kinder, die die „Theory-of-Mind"-Aufgaben zu lösen gelernt haben, besser an Gesprächen teilhaben könnten. Die bislang durchgeführten Bemühungen blieben jedoch erfolglos (Hadwin, Baron-Cohen, Howlin & Hill, 1997).

Ein grundlegendes Ziel neuerer Interventionsansätze liegt darin, die Eltern autistischer Kinder stärker als bislang, über die Erkrankung ihres autistischen Kindes aufzuklären und sie in der Behandlung ihres Kindes zu schulen (Freeman, 1997). Autistische Kinder allein durch Spezialisten in einzeltherapeutischen Sitzungen zu behandeln, ist nicht länger als die Therapie der Wahl anzusehen, zumal eine Behandlung im häuslichen Milieu, die von den Eltern durchgeführt und von Klinikern begleitet wird, nachweisbar gute Ergebnisse erzielt (Sheinkopf & Siegel, 1998). Wesentliches Ziel aller neueren Interventionsansätze ist es, den Kindern Verhaltenskompetenzen zu vermitteln, die nach Beendigung der Intervention nicht nur bestehen bleiben, sondern auch auf neue Situationen und neue Verhaltensweisen generalisiert werden können (Koegel, Camarata, Koegel, Ben-Tall & Smith, 1998; Krantz & McClannahan, 1998).

Ausgehend von den Erkenntnissen der Autismusforschung und der Autismustherapie haben Kusch und Petermann (1997; 2001) eine entwicklungsbezogene Verhaltenstherapie mit dem Ziel empfohlen, eine Frühförderung, Behandlung und Prävention von Folgestörungen zu ermöglichen. Die entwicklungsbezogene Verhaltenstherapie ist bestrebt, folgende grundlegende Aspekte zu beachten:

- **Verlaufsbezogenheit.** Ziel entwicklungsbezogener Ansätze ist es, gezielt diejenigen Aspekte eines abweichenden Entwicklungsverlaufes
  - zu *verhindern*, die einer zunehmenden Abweichung vorausgehen, diejenigen Aspekte
  - zu *fördern*, die eine Normalisierung begünstigen und diejenigen
  - zu *verändern*, die diesen Bemühungen im Wege stehen.

So sind autistische Kinder möglichst frühzeitig und nicht erst im Vorschulalter zu behandeln; ihre Förderung sollte im Rahmen alltäglicher Anforderungen erfolgen und die Bezugspersonen sollen sich auf die ungewöhnlichen Lebensumstände dieser Kinder einstellen.

- **Phasenbezogenheit.** Wichtig ist es, gezielt Methoden der Kinderpsychotherapie auszuwählen und auf die Bedingungen anzuwenden, die eine Störung während bestimmter Entwicklungsperioden kontrollieren. So sind beispielsweise während der ersten drei Lebensjahre vor allem absichtsvolle *Eltern-Kind-Interaktionen* und im Vorschulalter zusätzlich die *Gleichaltrigenbeziehungen* zu fördern. In den folgenden Jahren kommen schulische Fertigkeiten und die Selbständigkeit hinzu.

- **Störungsbezogenheit.** Wichtig ist es, Behandlungsansätze auszuwählen oder zu erarbeiten, die auf das konkrete Störungsbild bezogen sind und sich nicht allein auf eine diagnostische Kategorie als Behandlungsgrundlage zu verlassen. Eine störungsspezifische Therapie autistischer Kinder würde die beobachtbare Symptomatik eines Kindes gewichten und beispielsweise der Störung der Imitation, der Aufmerksamkeitslenkung und der intentionalen Kommunikation größere Bedeutung zusprechen als der Förderung einzelner Fertigkeiten wie Sprache, Wahrnehmung oder Motorik.

- **Kontextbezogenheit.** Wichtig ist es, das Störungsbild unter denjenigen biopsychosozialen Kontextbedingungen zu behandeln, in denen es tatsächlich beobachtbar ist. Das therapeutische Setting darf beispielsweise nicht aus einem Therapieraum bestehen, in dem nur mit Puppen oder anderem symbolischen Spielzeug gespielt oder klassische Verstärkerpläne durchgeführt werden. Vielmehr sind natürliche oder quasi-natürliche Situationen und störungsspezifische Austauschprozesse zu konstruieren, in denen die Freude einer gelungenen Interaktionssequenz als natürlicher Verstärker fungiert.

Nur wenige Therapieansätze behandeln Kinder während der ersten beiden Lebensjahre, die eine Vorform oder ein erhöhtes Risiko für die Entwicklung einer autistischen Störung aufweisen. Dies ist auch nicht verwunderlich, da erst seit kurzem therapieorientierte Diagnoseverfahren und Behandlungsmethoden für derartige Kinder vorliegen. Dennoch können bereits während der ersten Lebensmonate beobachtbare Probleme der Eltern-Kind-Interaktion identifiziert und gezielt behandelt werden (Ghuman & Kates, 1992; Kalmanson, 1992).

Kleinkinder, die ein Risiko für die Entwicklung einer Tiefgreifenden Entwicklungsstörung aufweisen, haben gravierende Schwierigkeiten, die einfachsten sozialen Austauschprozesse durchzuführen. Das größte Problem der Therapie dieser Kinder besteht daher darin, den sozial-kommunikativen Kontakt zum Kind herzustellen. Eine genaue Abstimmung des Vorgehens auf die sozialen Kompetenzen des Kindes ist daher die Grundvoraussetzung jeder Intervention (Petermann et al., 1998). Die entsprechenden Aspekte der therapieorientierten Diagnostik und der Therapie sozialer Kompetenzen haben wir an anderer Stelle ausführlich erläutert (Kusch & Petermann, 2001, S. 201ff.). Im folgenden sollen daher nur die wichtigsten Prinzipien der sozialen Interaktion mit tiefgreifend entwicklungsgestörten Kindern ausgeführt werden, mit denen der Sozialkontakt hergestellt werden kann:

- Berücksichtige die psychophysiologische Regulation, bevor mit dem Kind eine soziale Interaktion begonnen wird. Es ist darauf zu achten, das sich das Kind in einem ausgeglichenen Zustand befindet. Es sollte in diesem Moment weder hypo- noch hyperaktiv sein.
- Berücksichtige die sensorische und motorische Aufmerksamkeitsfokussierung. Achte darauf, wohin das

Kind seine Aufmerksamkeit lenkt. Befindet sich das Kind beispielsweise entfernt und wendet es sein Gesicht und seinen Oberkörper zu, so ist seine sensorische Aufmerksamkeit gegeben. Steht es dagegen nah bei und berührt es den Therapeuten, ohne ihn anzusehen, so ist es motorisch aufmerksam.
- Richte die Kommunikation auf die jeweils geöffneten Kommunikationskanäle des Kindes aus. Sensorische und akustische Signale kann des Kind nur aufnehmen, wenn es seine sensorische Aufmerksamkeit auf den Therapeuten fokussiert; taktile und kinästhetische Signale des Therapeuten bedürfen der motorischen Aufmerksamkeitsfokussierung des Kindes.
- Achte auf die sensorischen und motorischen Reaktionen des Kindes. Alle Reaktionen, die das Kind unmittelbar auf ein Kommunikationsangebot zeigt, sollten als Signale interpretiert werden, das heißt als absichtliches Verhalten. Die kommunikativen Signale des Kindes können in einer Variation seines aktuellen Verhaltens bestehen, in Lautäußerungen, in einer Wiederholung einer Verhaltenssequenz, in einem plötzlichen Innehalten, aber auch in Blickkontakt und emotionalen Äußerungen.
- Wiederhole die Kommunikationsangebote. Überprüfe jede Reaktion des Kindes auf seinen Signalcharakter. Wiederhole dazu die Kommunikationsangebote, die unmittelbar vor einer Reaktion des Kindes gemacht wurden.
- Stelle die Voraussetzungen einer sozialen Routine-Interaktion her. Kommt es dazu, daß beim Kind eine charakteristische Reaktion hervorgerufen wird oder das Kind ein Kommunikationsangebot beim Therapeuten hervorruft, so kommt den Reaktionen Signalcharakter zu und soziale Routine-Interaktionen können initiiert werden. Der Beginn einer sozialen Routine-Interaktion besteht aus sogenannten Ausgangsstrategien, beispielsweise dem Handausstrekken, Blickkontakt, der körperlichen Nähe, dem in die Hände klatschen, lautlichem Signalisieren oder an der Hand nehmen und ziehen.
- Führe eine soziale Routine-Interaktion durch. Versuche anfänglich das Therapeutenverhalten oder die kommunikativen Signale des Kindes zu variieren oder zu modellieren, indem beispielsweise die Intensität, die Häufigkeit, die Dauer oder das Tempo des Verhaltens verändert werden. Erstelle danach eine sinnvolle Interaktionssequenz, etwa das Geben und Nehmen von Gegenständen, den Ball hin- und herrollen oder das gegenseitige Berühren an verschiedenen Körperteilen. Versuche im nächsten Schritt die Komplexität der Interaktionssequenzen zu verändern, indem grundlegendes Sozialverhalten eingeübt wird. Hierzu zählen sogenannte Durchführungsstrategien wie das Bitten (Verknüpfung von Blickkontakt und in die Hände klatschen), das Kommentieren (Verknüpfung von Blickkontakt/Nähe, zeigen eines Gegenstandes und lautliche/sprachliche Äußerungen) oder das Abwarten-können (= Verzicht des Kindes, einen Gegenstand direkt zu neh-

men, und statt dessen Abwarten, bis die Erlaubnis erfolgt).

- Achte darauf, daß jede soziale Routine-Interaktion beendet wird. Anfänglich beendet das Kind eine Interaktionssequenz, indem es sich körperlich abwendet. Es muß jedoch lernen, daß ein soziales Signal eine Interaktion beendet und letztlich auch erfahren, daß emotionale Äußerungen mit dem Ende eines positiven Sozialkontaktes einhergehen. Diese sogenannten Beendigungsstrategien müssen mit dem Ende jeder Interaktionssequenz verbunden werden, da das Kind ansonsten soziale Kompetenzen erwirbt, die es unablässig äußert.

Verhaltenstherapeutische Interventionen mit tiefgreifend entwicklungsgestörten Kindern bleiben uneffektiv, wenn es nicht gelingt, diese grundlegenden Kompetenzen des Sozialverhalten herzustellen (Howlin, 1998). Der Aufbau und die Einübung solcher sozialen Kompetenzen sind zudem von Vorteil, daß sich diese Formen der sozialen Interaktion an der normalen Entwicklung sozialer Kompetenzen orientieren. Solche Interaktionen sind in allen sozialen Situationen und mit allen Personen möglich und können häufig positiv verstärkt werden.

Zusammenfassung

Bei der autistischen Störung handelt es sich um die prototypische Form der Tiefgreifenden Entwicklungsstörungen. Die wesentlichen Merkmale aller Formen der Tiefgreifenden Entwicklungsstörungen sind qualitative Beeinträchtigungen der zwischenmenschlichen Interaktion und der verbalen und nonverbalen Kommunikation sowie ungewöhnliche Aktivitäten und Interessen, die beherrscht sind von wiederholten, stereotypen Routinen. Führende Autismusforscher sehen Störungen der Hirnentwicklung als die wesentliche Ursache für Tiefgreifende Entwicklungsstörungen an. Obwohl bislang keine neurologisches Grundstörung identifiziert werden konnte, häufen sich die Hinweise, die für eine angeborene oder erworbene Störung der neurologischen Entwicklung kurz vor oder kurz nach der Geburt sprechen. Da diese Störungen so gravierend sind, werden autistische Kinder bereits zwischen dem zwölften und 18 Lebensmonat auffällig, obwohl sie gewöhnlich erst zwischen dem 30. und 36. Lebensmonat als autistisch erkannt werden. Betrachtet man die Häufigkeit autistischer Störungen in der Bevölkerung, so treten die Rett-Störung und die Desintegrative Störung mit 0.11 bis 1 pro 10.000 Fällen äußerst selten und die autistische Störung und die Asperger-Störung mit 1 bis 4 pro 1.000 relativ häufiger auf. Autistische Störungen sind häufiger bei Jungen vorzufinden als bei Mädchen, wobei Mädchen mit autistischer Störung zumeist auch eine deutliche geistige Behinderung auf-

weisen. Entgegen früheren Annahmen, daß Kinder mit autistischen Störungen niemals zugleich auch ein Down-Syndrom haben, geht man heute davon aus, das eine solche komorbide Entwicklungsstörung durchaus vorkommen kann. Generell stehen sehr viele Störungen mit neurologischen Ursachen mit autistischen Störungen in Beziehung.

Vielversprechend für eine Erklärung autistischer Störungen scheinen neuropsychologische Ansätze zu sein, die von einer Störung in höherkortikalen oder in subkortikalen Hirnregionen ausgehen. So sollen autistische Kinder zum einen nicht dazu in der Lage sein, nachvollziehen zu können, was eine andere Person denkt, glaubt oder fühlt, da sie sich nicht von den direkt wahrgenommenen Eindrücken lösen und die relevanten Informationen nicht herausfiltern und weiterverarbeiten können (Top-Down-Ansätze). Zum anderen sollen sie nicht die vielen sozial bedeutsamen Informationen angemessen verarbeiten können, da sie durch derartige Informationen überstimuliert und übererregt werden (Bottom-Up-Ansätze). In beiden Fällen verläuft die Entwicklung bei autistischen Kindern während der ersten zwei bis drei Lebensjahre völlig anders als bei gesunden Kindern. Neuere Therapieansätze möchten durch Frühförderung primäre Defizite abbauen und so früh als möglich versuchen, kompensatorisch in den abweichenden Entwicklungsverlauf dieser Kinder einzugreifen.

Verständnisfragen

1. Warum spricht man im Zusammenhang mit dem Autismus von einer Tiefgreifenden Entwicklungsstörung?
2. Welche Erkenntnisse stützen die Annahme, daß bei Kindern mit autistischen Störungen eine genetische Disposition vermutet wird?
3. Welchen Stellenwert hat die „Theory-of-Mind" für das Verständnis der normalen und abweichenden Entwicklung?
4. Was verspricht man sich von der Früherkennung und Frühbehandlung von Kindern mit autistischen Störungen?

Weiterführende Literatur

Cohen, D.J. & Volkmar, F.R. (Eds.) (1997). *Autism and pervasive developmental disorders: A handbook*. New York: Wiley.

Howlin, P. (1998). *Children with autism and Asperger syndrome*. Chichester: Wiley.

Howlin, P., Baron-Cohn, S. & Hadwin, J. (1999). *Teaching children with autism to mind-read. A practical guide for teachers and parents*. Chichester: Wiley.

Kusch, M. & Petermann, F. (2001). *Entwicklung autistischer Störungen* (3. vollst. überarb. Auflage). Göttingen: Hogrefe.

Petermann, F. , Kusch, M. & Niebank, K. (1998). *Entwicklungspsychopathologie. Ein Lehrbuch*. Weinheim: Psychologie Verlags Union.

Literatur

Adrien, J.L., Martineau, J., Barthelemy, C., Bruneau, N., Garreau, B. & Sauvage, D. (1995). Disorders of regulation of cognitive activity in autistic children. *Journal of Autism and Developmental Disorders, 25*, 249-263.

American Psychiatric Association (1987/1989). Diagnostic and statistical manual of mental disorders (3rd ed. rev.). Washington, DC: Author. (dt. Bearbeitung von Wittchen, H.-U., Saß, H., Zaudig, M. & Koehler, K. (1989). *Diagnostisches und Statistisches Manual Psychischer Störungen* (DSM-III-R). Weinheim: Beltz.

American Psychiatric Association (1994/1996). Diagnostic and statistical manual of mental disorders (4th ed.). Washington, DC: Author. (dt. Bearbeitung von H. Saß, U.-H. Wittchen & M. Zaudig, 1996). *Diagnostisches und Statistisches Manual Psychischer Störungen* (DSM-IV). Göttingen: Hogrefe.

Bailey, A., Bolton, P., Butler,L., Le Couteur, A., Murphy, M., Scott, S., Webb, T. & Rutter, M. (1993). Prevalence of the fragil X anomaly amongst autistic twins and singletons. *Journal of Child Psychology and Psychiatry, 34*, 673-688.

Bailey, A., Le Couteur, A., Gottesman, I., Bolton, P., Simenoff, E., Yuzada, E. & Rutter, M. (1995). Autism as a strong genetic disorder. *Psychological Medicine, 25*, 63-77.

Barak, Y., Ring, A., Sulkes, J., Gabbay, U. & Elizur, A. (1995). Season of birth and autistic disorder in Israel. *American Journal of Psychiatry, 152*, 798-800.

Baron-Cohen, S. (1988). Social and pragmatic deficits in autism. *Journal of Autism and Developmental Disorders, 18*, 379-402.

Baron-Cohen, S. (1992). Debate and argument: On modularity and development in autism: A reply to Burack. *Journal of Child Psychology and Psychiatry, 33*, 623-629.

Baron-Cohen, S., Cox, A., Baird, G., Swettenham, J., Nightingale, N., Morgan, K., Drew, A. & Charman, T. (1996). Psychological markers in the detection of autism in infancy in a large population. *British Journal of Psychiatry, 168*, 158-163.

Baron-Cohen, S., Jolliffe, T., Mortimore, C. & Robertson, M. (1997). Another advanced test of theory of mind: Evidence from very high functioning adults with autism or Asperger Syndrome. *Journal of Child Psychology and Psychiatry, 38*, 813-822.

Baron-Cohen, S., Leslie, A.M. & Frith, U. (1985). Does the autistic child have a theory of mind. *Cognition, 21*, 37-46.

Baron-Cohen, S., Spitz, A. & Cross, P. (1993). Do children aith autism recognize surprise? A research note. *Cognition and Emotion, 7*, 507-516.

Baron-Cohen, S., Tager-Flusberg, H. & Cohen, D.J. (Eds.) (1993). *Understanding other minds. Perspectives from autism*. Oxford: Oxford University Press.

Barthelemy, C., Roux, S., Adrien, J.L., Hameury, L., Guerin, P., Garreau, B., Fermanian, J. & Lelord, G. (1997).Validation of the Revised Behavior Summarized Evaluation Scale. *Journal of Autism and Developmental Disorders, 27*, 139-53.

Bauman, M. & Kemper, T. (Eds.) (1995). *The neurobiology of autism*. Baltimore: Johns Hopkins.

Bolton, P.F., Pickles, A., Murphy, M. & Rutter, M. (1998). Autism, affective and other psychiatric disorders: Patterns of familial aggregation. *Psychological Medicine, 28*, 385-395.

Borden, M.C. & Ollendick, T.H. (1992). The development and differentiation of social subtypes in autism. *Advances in Clinical Psychology, 14*, 61-106.

Bristol, M.M., Cohen, D.J., Costello, E.J., Denckla, M., Eckberg, T.J., Kallen, R., Kraemer, H.C., Lord, C., Maurer, R., McIlvane, W.J., Minshew. N., Sigman, M. & Spence, M.A. (1996). State of the science in autism: Report to the National Institutes Health. *Journal of Autism and Developmental Disorders, 26*, 121-154.

Burd, L., Fischer, W. & Kerbeshian, J. (1987). A prevalence study of pervasive developmental disorders in North Dakota. *Journal of the American Academy of Child Psychiatry, 26*, 700-703.

Campbell, M., Schopler, E., Cueva, J.E. & Hallin, A. (1996). Treatment of autistic disorder. *Journal of the American Academy of Child and Adolescent Psychiatry, 35*, 134-143.

Charman, T. (1997). The relationship between soint attention and pretend play. *Development and Psychopathology, 9*, 1-16.

Charman, T., Swettenham, J., Baron-Cohen, S., Cox, A., Baird, G. & Drew, A. (1997). Infants with autism: An investigation of empathy, pretend play, joint attention, and imitation. *Developmental Psychology, 33*, 781-789.

Charman, T. & Baron-Cohen, S. (1994). Another look at imitation in autism. *Development and Psychopathology, 6*, 403-414.

Cohen, D.J. & Volkmar, F.R. (Eds.). (1997). *Autism and pervasive developmental disorders: A handbook.* New York: Wiley.

Cook, E.H., Courchesne, R., Lord, C., Cox, N.J., Yan, S., Lincoln, A., Haas, R., Courchesne, E. & Leventhal, B.L. (1997). Evidence of linkage between the serotonin transporter and autistic disorder. *Molecular Psychiatry, 2,* 247-250.

Cordes, R. & Petermann, F. (2000). Autistische Störung. In F. Petermann (Hrsg.), *Fallbuch der Klinischen Kinderpsychologie und -psychotherapie* (2., überarb. Auflage; 205-228). Göttingen: Hogrefe.

Courchesne, E. (1997). Brainstem, cerebellar and limbic neuroanatomical abnormalities in autism. *Current Oppinions in Neurobiology, 7,* 269-278.

Courchesne, E., Townsend, J. & Chase, C. (1995). Neurodevelopmental principles guide. In D. Cicchetti & D.J. Cohen (Eds.), *Developmental psychopathology, Vol. 1. Theory and methods* (195-226). New York: Wiley.

Dahlgren, S.O. & Trillingsgaard, A. (1996). Theory of mind in non-retarded children with autism and Asperger's syndrome: A research note. *Journal of Child Psychology and Psychiatry, 37,* 759-763.

Dawson, G. (1991). A psychobiological perspective on the early socio-emotional development of children with autism. In D. Cicchetti & S.L. Toth (Eds.), *Rochester symposium on developmental psychopathology: Models and integrations.* (Vol. 3, 207-234). Hillsdale, NJ: Erlbaum.

Dawson, G. & Lewy, A. (1989). Arousal, attention, and the socioemotional impairments of individuals with autism. In G. Dawson (Ed.), *Autism: Nature, diagnosis, and treatment* (49-74). New York: Guilford Press.

DiLalla, D.L. (1991). *Stability and predictiveness of subscales of the Childhood Autism Rating Scale.* Seattle: Paper presented at the meeting of the Society for Research in Child Development.

DiLavore, P.C., Lord, C. & Rutter, M. (1995). The pre-linguistic autism diagnostic observation schedule. *Journal of Autism and Developmental Disorders, 25,* 355-379.

Duchan, J.F. (1998). Describing the unusual behavior of children with autism. *Journal of Communication Disorders, 31,* 93-110.

Ehlers, S. & Gillberg, C. (1993). The epidemiology of Asperger syndrome: A total population study. *Journal of Child Psychology and Psychiatry, 34,* 1327-1350.

Eisenmeyer, R., Prior, M., Leekam, S., Wing, L., Gould, J., Welham, M. & Ong, B. (1996). Comparison of clinical symptoms in autism and Asperger's disorder. *Journal of the American Academy of Child and Adolescent Psychiatry, 35,* 1523-1531.

Freeman, B.J. (1997). Guidelines for evaluating intervention programs for children aith autism. *Journal of Autism and Developmental Disorders, 27,* 641-651.

Frith, U. (Ed.) (1991). *Autism and Asperger syndrome.* Cambridge: Cambridge University Press.

Gerardo, A., Balottin, U., Bettaglio, E., Manfredi, P., Zambrino, C.A. & Lanzi, G. (1995). Assessment of autism and pervasive developmental disorders: a selective review of behavior rating scales. *Minerva Psychiatrica, 36,* 99-109.

Ghaziuddin, M., Alessi, N. & Greden, J.F. (1995). Life events and depression in children with pervasive developmental disorders. *Journal of Autism and Developmental Disorders, 25,* 495-502.

Ghuman, J.K. & Kates, W.G. (1992). Approaches to the development of social communication in forster children with pervasive developmental disorder. *Zero to Three, 13,* 27-31.

Gillberg, C. & Coleman, M. (1992). *The biology of the autistic syndrome* (2.nd ed.). London: Mac Keith Press.

Gillberg, C., Nordin, V. & Ehlers, S. (1996). Early detection of autism. Diagnostic instruments for clinicians. *European Journal of Child and Adolescent Psychiatry, 5,* 67-74.

Gresham, F.M. & MacMillan, D.L. (1998). Early Intervention Project: Can ist claims be substantieted and it's effects replicated? *Journal of Autism and Developmental Disorders, 28,* 5-13.

Haas, R.H., Townsend, J., Courchesne, E., Lincoln, A.J., Schreibman, L. & Yeung-Courchesne, R. (1996). Neurologic abnormalities in infantile autism. *Journal of Child Neurology, 11,* 84-92.

Hadwin, J., Baron-Cohen, S., Howlin, R. & Hill, K. (1997). Does teaching theory of mind have an effect on the ability to develop conversation in children with autism? *Journal of Autism and Developmental Disorders, 27,* 519-537.

Hagberg, B.A. (1993). *Rett syndrome: Clinical and biological aspects.* Cambridge: Cambridge University Press.

Hobson, R.P. (1993). *Autism and the development of mind.* Hillsdale: Erlbaum.

Howlin, P. (1998). Practitioner review: Psychological and educational treatments for autism. *Journal of Child Psychology and Psychiatry, 39,* 307-322.

Jargold, C., Boucher, J. & Smith, P. (1996). Generativity deficit in pretend play in autism. *British Journal of Developmental Psychology, 14,* 275-300.

Kalmanson, B. (1992). Diagnosis and treatment of infants and young children with pervasive developmental disorders. *Zero to Three, 13,* 21-26.

Kanner, L. (1943). Autistic disturbance of affective contact. *Nervous Child, 2,* 217-250.

Klin, A. (1994). Asperger syndrome. *Child and Adolescent Psychiatric Clinics of North America, 3,* 131-148.

Koegel, R.L., Camarata, S., Koegel, L.K., Ben-Tall, A. & Smith, A.E. (1998). Increasing speech intelligibility in children with autism. *Journal of Autism and Developmental Disorders, 28,* 241-51.

Kopp, C.B. & Wyer, N. (1994). Self-relation in normal and atypical development. In D. Cicchetti & S.L. Soth (Eds.). *Disorders and dysfunctions of the self. Rochester symposium on developmental psychopathology* (Vol. 5, 31-56). New York: University of Rochester Press.

Krantz, P.J. & McClannahan, L.E. (1998). Social interaction skills for children with autism: A script-fading procedure for beginning readers. *Journal of Applied Behavior Analysis, 31,* 191-202.

Kurita, H. (1997). A comparative study of Asperger Syndrome with high-functioning atypical autism. *Psychiatry and Clinical Neuroscience, 51,* 67-70.

Kusch, M. (1993). *Entwicklungspsychopathologie und Therapieplanung in der Kinderverhaltenstherapie.* Frankfurt: Lang.

Kusch, M. & Petermann, F. (1990). Diagnostik des Sozialverhaltens autistischer Kinder. *Zeitschrift für Klinische Psychologie, Psychopathologie und Psychotherapie, 38,* 206-224.

Kusch, M. & Petermann, F. (1997). Autistic disorders. In C.A. Essau & F. Petermann (Eds.), *Developmental psychopathology* (177-218). Amsterdam: Harwood Academic Press.

Kusch, M. & Petermann, F. (2001). *Entwicklung autistischer Störungen* (3., vollst. überarb. Auflage). Göttingen: Hogrefe.

Leslie, A.M. (1987). Pretense and representation: The origin of "theory of mind". *Psychological Review, 94,* 412-426.

Lovaas, O.I. (1987). Behavioral treatment and normal education and intellectual functioning in young autistic children. *Journal of Consulting and Clinical Counseling, 55,* 3-9.

Lovaas, O.I. & Smith, T. (1989). A comprehensive behavioral theory of autistic children: Paradigm for research and treatment. *Journal of Behavior Therapy and Experimental Psychiatry, 20,* 17-29.

Loveland, K.A., Tunali-Kotoski, B., Chen, R., Brelsford, K.A., Ortegon, J. & Pearson, D.A. (1995). Intermodal perception of affect in persons with autism and Down Syndrome. *Development and Psychopathology, 7,* 409-418.

Loveland, K.A., Tunali-Kotoski, B., Chen, R., Ortegon, J., Pearson, D.A., Brelsford, K.A. & Gibbs, M.C. (1997). Emotion recognition in autism: Verbal and nonverbal information. *Development and Psychopathology, 9,* 579-593.

Lovelend, K.A., Tunali-Kotoski, B., Pearson, D.A., Brelsford, K.A., Ortegon, J. & Chen, R. (1994). Imitation and expression of facial affect in autism. *Development and Psychopathology, 6,* 433-444.

McDonough, L., Stahmer, A., Schreibman, L. & Thompson, S.J. (1997). Deficits, delays, and distractions: An evaluation of symbolic play and memory in children with autism. *Development and Psychopathology, 9,* 17-42.

McGee, G.G., Feldman, R.S. & Morrier, M.J. (1997). Benchmarks of social treatment for children with autism. *Journal of Autism and Developmental Disorders, 27,* 353-364.

Miller, J.N. & Ozonoff, S. (1997). Did Asperger´s cases have Asperger disorder? A research note. *Journal of Child Psychology and Psychiatry, 38,* 247-251.

Mouridsen, S.E., Rich, R. & Isager, T. (1998). Validity of childhood disintegrative psychosis. General findings of a long-term follow-up study. *British Journal of Psychiatry, 172,* 263-267.

Mundy, P. (1995). Joint attention and social-emotional approach behavior in children with autism. *Development and Psychopathology, 7,* 63-82.

Mundy, P. & Crowson, M. (1997). Joint attention and early social communication: Implications for research in intervention with autism. *Journal of Autism and Developmental Disorders, 27,* 653-676.

Mundy, P. & Hogan, A. (1994). Intersubjectivity, joint attention, and autistic developmental psychopathology. In D. Cicchetti & S.L. Toth (Eds.), *Disorders and dysfunctions of the self. Rochester symposium on developmental psychopathology* (1-30). New York: University of Rochester Press.

Nelson, K.B. (1991). Prenatal and perinatal factors in the etiology of autism. *Pediatrics, 87,* 761-766.

Ornitz, E.M. (1987). Neurophysiological studies in infantile autism. In D.J. Cohen, A.M. Donnellan & R. Paul (Eds.), *Handbook of autism and pervasive developmental disorders* (148-165). New York: Wiley.

O'Brien, S.K. (1996). The validity and reliability of the Wing Subgroups Questionnaire. *Journal of Autism and Developmental Disorders, 26,* 321-35.

O'Neill, M. & Jones, R.S. (1997). Sensory-perceptual abnormalities in autism: A case for more research? *Journal of Autism and Developmental Disorders, 27,* 283-293.

Petermann, F., Kusch, M. & Niebank, K. (1998). *Entwicklungspsychopathologie. Ein Lehrbuch.* Weinheim: Psychologie Verlags Union.

Phillips, W., Gomez, J.C., Baron-Cohen, S., Laya, V. & Riviere, A. (1995). Treating people as objects, or „subjects": How young children with and without autism make requests. *Journal of Child Psychology and Psychiatry, 36,* 1383-1398.

Pierce, K., Glad, K.S. & Schreibman, L. (1997). Social perception in children with autism: An attentional deficit? *Journal of Autism and Developmental Disorders, 27,* 265-282.

Pilowsky, T., Yirmya, N., Shulman, C. & Dover, R. (1998). The Autism Diagnostic Interview-Revisited and the Childhood Autism Rating Scale. Differences between diagnostic systems and comparison between genders. *Journal of Autism and Developmental Disorders, 28,* 143-151.

Pisula, E. (1997). Early detection of autism in children: Review of literature. *Psychiatrica Polska, 31,* 389-396.

Piven, J., Harper, J., Palmer, P. & Arndt, S. (1996). Course of behavioral change in autism: A retrospective study of high-IQ adolescents and adults. *Journal of the American Academy of Child and Adolescent Psychiatry, 35,* 523-529.

Poustka, F., Lisch, S., Ruhl, D., Sacher, A., Schmotzer, G. & Werner, K. (1996). The standardized diagnosis of autism, Autism Diagnostic Interview-Revided: Interrater reliability of the German form of the interview. *Psychopathology, 29,* 145-153.

Quill, K.A. (1997). Instructional considerations for young children with autism: The rationale for visual cued instruction. *Journal of Autism and Developmental Disorders, 27,* 697-714.

Rapin, I. (Ed.). (1996). *Preschool children with inadequate communication: Developmental language disorders, autism and low IQ.* London: Mac Heith Press.

Rapin, I. (1997). Autism. *New England Journal of Medicine, 337,* 97-104.

Rapin, I. & Katzman, R. (1998). Neurobiology of autism. *Annales in Neurology, 43,* 7-14.

Rogers, S.J. & Pennington, B.P. (1991). A theoretical approach to the deficits in infantile autism. *Development and Psychopathology, 3,* 137-162.

Rubinstein, J.L., Lotspeich, L. & Ciaranello, R.D. (1993). The neurobiology of developmental disorders. In B.B. Lahey & A.E. Kazdin (Eds.), *Advances in clinical child psychology, Vol. 15* (1-52). New York: Plenum.

Rutter, M. & Schopler, E. (1992). Classification of pervasive developmental disorders: Some concepts and practical considerations. *Journal of Autism and Developmental Disorders, 22,* 459-182.

Ryan, J.P. & Murkies, A.S. (1997). Autism. Time for a national approach to early assessment and management. *Medical Journal of Australia, 166,* 442, 446.

Sampson, A.L. & Hale, L.G. (1997). Autism. Time for a national approach to early assessment and management. *Medical Journal of Australia, 166,* 442, 446.

Sheinkopf, S.J. & Siegel, B. (1998). Home-based behavioral treatment of young children with autism. *Journal of Autism and Developmental Disorders, 28,* 15-23.

Sigman, M. (1996). Behavioral research in childhood autism. In M.F. Lenzenweger & J.J. Haugaard (Eds.). *Frontiers in developmental psychopathology* (190-206). Oxford: Oxford University Press.

Sigman, M., Ungerer, J.A., Mundy, P. & Sherman, T. (1987). Cognition in autistic children. In D.J. Cohen & A.M. Donnellan (Eds.), *Handbook of autism and pervasive developmental disorders* (103-120). New York: Wiley.

Sponheim, E. & Skjeldal, O. (1998). Autism and related disorders: Epidemiological findings in a Norwegian study using ICD-10 diagnostic criteria. *Journal of Autism and Developmental Disorders, 28,* 217-227.

Steerneman, P., Muris, P., Merckelbach, H. & Willems, H. (1997). Brief report: assessment of development and abnormal behavior in children with pervasive developmental disorders. Evidence for the reliability and validity of the revised psychoeducational profile. *Journal of Autism and Developmental Disorders, 27,* 177-185.

Sugiyama, T., Takei, Y. & Abe, T. (1992). The prevalence of autism in Nagoya, Japan. In H. Naruse & E.M. Ornitz (Eds.), *Neurobiology of infantile autism* (181-184). Amsterdam: Excerpta Medica.

Szatmari, P. (1992). The validity of autistic spectrum disorders: A literature review. *Journal of Autism and Developmental Disorders, 22,* 583-600.

Tonge, B.J. (1996). Autism. Time for a national approach to early assessment and management. *Medical Journal of Australia, 165,* 244-245.

Towbin, K.E. (1994). Pervasive developmental disorder not otherwise specified: A review and guidelines for clinical care. *Child and Adolescent Psychiatric Clinica of North America, 3,* 149-160.

Towbin, K.E. (1997). Autism and Asperger´s Syndrome. Current Oppinions. *Pediatrics, 9,* 361-366.

Tsai, L.Y. (1994). Rett syndrome. *Child and Adolescent Psychiatric Clinics of North America, 3,* 105-118.

Van Meter, L., Fein, D., Morris, R., Waterhouse, L. & Allen, D. (1997). Delay versus deviance in autistic social behavior. *Journal of Autism and Developmental Disorders, 27,* 557-569.

Volkmar, F.R. (1994). Childhood desintegrative disorder. *Child and Adolescent Psychiatric Clinics of North America, 3,* 119-129.

Waterhouse, L., Morris, R., Allen, D., Dunn, M., Fein, D., Feinstein, C., Rapin, I. & Wing, L. (1996). Diagnosis and classification in autism. *Journal of Autism and Developmental Disorders, 26,* 59-86.

Wetherby, A.M. & Prizant, B.M. (1995). Die „Communication and Symbolic Behavior Scales" (CBS). *Kindheit und Entwicklung, 4,* 54-50.

Wing, L. (1993). The definition and prevalence of autism: A review. *European Journal of Child and Adolescent Psychiatry, 2,* 61-74.

Wing, L. (1997). The autistic spectrum. *Lancet, 350,* 1761-1766.

World Health Organization (1991). *International Classification of Diseases* – Tenth Edition. Genf: WHO.

Yeung-Courchesne, R. & Courchesne, E. (1997). From impass to insight in autism research: From behavioral symptoms to biological explanations. *Development and Psychopathology, 9,* 389-419.

Yirmiya, N., Solomonica-Levi, D., Suhlman, C. & Pilowsky, T. (1996). Theory of mind abilities in individuals with autism, Down Syndrome, and mental retardation of unknown etiology: The role of age and intelligence. *Journal of Child Psychology and Psychiatry, 37,* 1003-1014.

Zanolli, K., Daggett, J. & Adams, T. (1996). Teaching preschool age autistic children to make spontaneous initiations to peers using priming. *Journal of Autism and Developmental Disorders, 26,* 407-422.

17 Umschriebene Lese-Rechtschreibstörung
von Andreas Warnke und Ellen Roth

1 Einleitung

Schriftsprache ist die nur dem Menschen gegebene Fähigkeit, Visuelles mit Sprachlichem zu verknüpfen und visuomotorisch abzubilden (Rechtschreiben) sowie zu entschlüsseln (Lesen). Beim Lesen werden bildhafte oder graphische Zeichen oder Zeichenfolgen in akustisch-sprachliche Informationen übersetzt; beim Rechtschreiben wird akustisch wahrgenommene Sprache (z. B. beim Diktat) oder dem Gedächtnis zugängliche Spontansprache (z. B. das Aufsatzschreiben) in Visuell-Graphisches transformiert (Földes-Papp, 1987). Mit visuell-räumlich geordneten Mitteln wird etwas akustisch-zeitlich Geordnetes verschlüsselt. Mit dem lauten Lesen wird Sichtbares wieder hörbar gemacht, mit der Rechtschreibung wird Gehörtes sichtbar. Auge (Sehen), Ohr (Hören) und Hand (Graphomotorik) sind funktionell verknüpft. Dabei sind im Gedächtnis zu speichernde Lese- und Rechtschreibregeln, der Sinn von Wort und Satz, zu erlernen (zur Geschichte der Schriftsprachentwicklung s. Haarmann, 1991; zur Geschichte des Lesens Manguel, 1998).

Der Gegenstand dieses Kapitels ist die Beeinträchtigung *des Erlernens* der Schriftsprache. Gemeint ist eine *Entwicklungsstörung* (kein Verlustsyndrom) und eine *Teilleistungsstörung*, also eine diagnostisch isolierbare Schwäche im Erlernen des Lesens und Rechtschreibens. Als solche umschriebene Entwicklungsstörung ist sie eine Entdeckung, die Augenärzte, Chirurgen, Schulärzte und Neurologen im deutschen und angelsächsischen Sprachraum Ende des 19. Jahrhunderts und Anfang des 20. Jahrhunderts machten (vgl. Warnke, 1990).

2 Beschreibung der Störung

2.1 Das Störungsbild des Lesens

Beim Erlernen des Lesens einer alphabetischen Schrift kann sich die Lesestörung zu Beginn des Lese-Lernprozesses in der Schwierigkeit äußern, das Alphabet aufzusagen, Buchstaben korrekt zu benennen, trotz normaler Hörfähigkeit Laute akustisch zu unterscheiden und den entsprechenden Buchstabenzeichen zuzuordnen. Im späteren Leselernstadium treten dann beim lauten Vorlesen Schwierigkeiten zutage.

Die Symptome der Lesestörung sind (vgl. ICD-10, WHO, 1991, S. 259):

- Auslassen, Ersetzen, Verdrehen oder Hinzufügen von Worten oder Wortteilen,
- niedrige Lesegeschwindigkeit,
- Startschwierigkeiten beim Vorlesen, langes Zögern oder Verlieren der Zeile im Text, ungenaues Phrasieren,
- Vertauschen von Wörtern im Satz oder von Buchstaben in den Wörtern.

Defizite im Leseverständnis zeigen sich in

- einer Unfähigkeit, Gelesenes wiederzugeben, einer Unfähigkeit, aus Gelesenem Schlüsse zu ziehen oder Zusammenhänge zu sehen,
- der Verwendung allgemeinen Wissens als Hintergrundinformation anstelle von Information aus einer besonderen Geschichte, wenn zu dieser besonderen Geschichte Fragen zu beantworten sind.

Schwergradige Lesestörungen erlauben es dem Kind nicht, auch nach Hinweis auf einen Lesefehler diesen zu erkennen und sich zu korrigieren. Ein zunächst richtig gelesenes Wort kann bei seinem nächsten Erscheinen falsch gelesen werden, dann wieder richtig oder in anderer Form fehlerhaft, als ob gelesene Worte offensichtlich nicht korrekt wiedererkannt werden können. Die Lesestörungen sind häufig mit Rechtschreibstörungen verknüpft.

2.2 Das Störungsbild des Rechtschreibens

Die Rechtschreibfehler sind abhängig vom schulischen Entwicklungsstand des Kindes. Eine diagnosespezifische Fehlertypologie gibt es nicht. In der deutschen Schriftsprache lassen sich immer wieder folgende Rechtschreibfehler finden (vgl. die Abb. 1 und 2).

Symptome der Rechtschreibstörung:

- Reversionen: Verdrehungen von Buchstaben im Wort: (b-d, p-q, u-n),
- Reihenfolge- oder Sukzessionsfehler: Umstellungen von Buchstaben im Wort (die-dei),
- Auslassungen von Buchstaben (auch-ach),
- Einfügungen falscher Buchstaben,
- Regelfehler (Dehnung, Groß- und Kleinschreibung),
- Wahrnehmungsfehler (Verwechslung von d-t, g-k) sowie
- Fehlerinkonstanz dadurch, daß ein- und dasselbe Wort immer wieder unterschiedlich fehlerhaft geschrieben wird.

Den Kindern gelingt es auch bei Hinweis oft nicht, den Fehler zu erkennen und sich zu verbessern. In den allermeisten Fällen sind die Fortschritte im Lesen deutli-

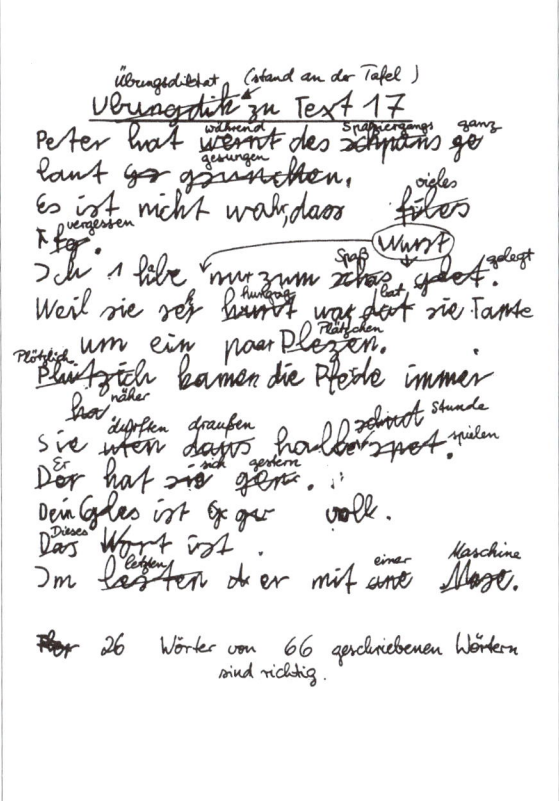

Abbildung 1:
Die Leistung eines Schülers mit Legasthenie im Rechtschreibtest WRT 4/5 (die Intelligenz nach HAWIK-R
lag im guten Durchschnittsbereich, der Prozentrang im
WRT 4/5 lag zwischen 1 bis 5 %).

Abbildung 2:
Diktatleistung eines 12jährigen Schülers mit schwergradiger Lese- und Rechtschreibstörung bei durchschnittlicher Intelligenz nach HAWIK R (Gesamt-IQ 93,
Handlungs-IQ 83, Verbal-IQ 104. Im Rechtschreibtest
WRT 4/5 Prozentrang von 0. Im Vorschulalter verzögerte Sprachentwicklung. Der Vater selbst hatte bis zu
seinem Jugendalter Lese- und Rechtschreibschwierigkeiten.

cher, während die Rechtschreibstörungen überwiegend
bis in das Jugend- und auch in das Erwachsenenalter
hinein andauern. Kinder, die schnell auswendig lernen,
können die Lese- und Rechtschreibstörung oft in den
ersten beiden Schuljahren gut kompensieren. Erst in
der dritten Klasse, wenn ungeübte Diktate und Aufsätze gefordert werden, tritt bei diesen Kindern die Lese-
Rechtschreibschwäche als Störung in Erscheinung.

ke, 1990; Schulte-Körne, Remschmidt & Warnke,
1991; Esser & Schmidt, 1994; Klicpera & Gasteiger-
Klicpera, 1993; Wimmer, 1996; Wimmer, Mayringer
& Landerl, 1998; s. Abschnitt 3.2.2).

2.3 Vorschulische und primäre Begleitstörungen

Kinder mit Lese- und Rechtschreibstörungen haben
häufig andere umschriebene Entwicklungsstörungen,
die teilweise im Vorschulalter diagnostizierbar sind.
Bei etwa 60 bis 80 % der betroffenen Kinder lassen
sich Entwicklungsstörungen des Sprechens oder der
Sprache nachweisen, bei etwa 5 bis 10 % finden sich
visuelle und visuo-motorische Symptome (gestörte Fi-
gurgrundwahrnehmung, graphomotorische Schwierigkeiten). Charakteristisch und häufig ist eine komorbide
Verknüpfung mit Aufmerksamkeitsschwierigkeiten,
Überaktivität und Impulsivität (Klicpera, 1985; Warn-

2.4 Sekundäre Begleitstörungen

Schüler, die beim Erlernen des Lesens und Rechtschreibens versagen, haben erhebliche schulische
Nachteile und stehen in Gefahr, chronisch überfordert
und irrtümlich als minderbegabt eingeschätzt zu werden. Fehler, die ihnen korrigiert werden, können sie
selbst nicht erkennen, so daß sie sich für Leistungen
bestraft fühlen, ohne die Fehlerhaftigkeit wahrnehmen
zu können. Leidensdruck entsteht, und erste psychische
Symptome der Überforderung können bereits nach wenigen Schulwochen auftreten.

Psychische Begleitstörungen schulischen Lese- und
Rechtschreibversagens können sein (Esser, 1991; Es-

ser & Schmidt, 1994; Martinius, 1996; Warnke, Remschmidt & Niebergall, 1989; Warnke, 1996):

- hyperkinetische Symptomatik,
- Konzentrationsstörungen,
- allgemeine Lern-Leistungsstörungen (Motivationsverlust; seltener: Überehrgeiz; generalisiertes Leistungsversagen),
- emotionale Symptome (Zeichen der Schulangst, Versagensangst, depressive Verstimmungen; im Jugendalter gehäuft: suizidale Äußerungen),
- psychosomatische Symptome als Anzeichen von Schulangst (Bauchschmerzen, Übelkeitsgefühle bis hin zum Erbrechen),
- Störungen im Sozialverhalten und Disziplinschwierigkeiten und
- Hausaufgabenkonflikte.

Die epidemiologische Mannheimer Längsschnittstudie ist für den deutschen Sprachraum besonders aufschlußreich geworden (Esser, 1991; Esser & Schmidt, 1994). Demnach wiesen vier Fünftel der Schüler mit umschriebener Lese- und Rechtschreibstörung im Alter von acht Jahren mangelhafte Leistungen in einem der Kernfächer auf und die Hälfte hatte - bei durchschnittlicher Intelligenz - bereits eine Schulklasse wiederholt. Im Vergleich zu Schülern mit anderen umschriebenen Entwicklungsstörungen hatten die Kinder mit Lese-Rechtschreibstörungen im Alter von 13 Jahren den ungünstigsten schulischen Entwicklungsstand, nur 27 % besuchten das Gymnasium. Dem gegenüber waren die gleichaltrigen Mitschüler mit Sprachentwicklungsstörungen oder motorischen Entwicklungsstörungen bis zu 58 % Gymnasiasten. Im Alter von 18 Jahren hatten von den Kindern mit Lese-Rechtschreibstörung nur 12 % Gymnasial- oder Realschulniveau erreicht, hingegen 59 % der Restgruppe mit umschriebenen Entwicklungsstörungen. Die Häufigkeit psychiatrischer Symptome war in den Gruppen mit Entwicklungsstörungen der Sprache und Motorik sowie Lesens und Rechtschreibens nicht unterschiedlich. Die Quote von 61 % psychisch auffälliger Kinder mit Entwicklungsstörungen im Alter von acht und 13 Jahren sowie von 41 % im Alter von 18 Jahren war jedoch im Vergleich zur Quote der Normalpopulation (hier sind Quoten von 5 bis 7 % anzunehmen; Remschmidt & Walter, 1990) signifikant erhöht. Bemerkenswert ist vor allem das Ergebnis, daß im Alter von acht, 13 und 18 Jahren die durchschnittliche Zahl von dissozialen Symptomen mindestens dreimal höher war als in der Gruppe Normalbegabter ohne umschriebene Entwicklungsstörung (Esser, 1991, S. 105). Bei der Bewertung ist allerdings zu beachten, daß die Gruppe der Kinder mit Lese- und Rechtschreibstörungen signifikant häufiger umweltbedingten Belastungen (z. B. Bedingungen der unteren sozialen Schicht) ausgesetzt waren als alle übrigen Kinder mit umschriebenen Entwicklungsstörungen.

Familiäre Erziehungsschwierigkeiten eskalieren bei Kindern mit Lese- und Rechtschreibstörungen häufig in der *Hausaufgabensituation*. Kinder mit Legasthenie sitzen durchschnittlich wesentlich länger an den täglichen Hausaufgaben als die Mitschüler. Weil sie überfordert sind, werden sie ärgerlich, mißmutig, unkonzentriert und suchen verstärkt aktiv die Hilfe bei den Eltern. Die Eltern sind damit früh in die Hausaufgabensituation einbezogen und bleiben trotz intensiver Bemühungen relativ erfolglos. Die hohe Fehlerquote der Kinder einerseits und das erhöhte und dennoch vergebliche Bemühen der Eltern andererseits sind Triebfedern für die Eskalation von Konflikten bei den Hausaufgaben (Warnke et al., 1987, 1989).

2.5 Klassifikation

Die Begriffsdiskussion um die umschriebene Lese-Rechtschreibstörung ist lebhaft geführt worden, teils kontrovers (zur Übersicht vgl. Warnke, 1990; 1999b). In den beiden international anerkannten Klassifikationsschemata ICD-10 und DSM-IV ist die umschriebene Lese- und Rechtschreibstörung als diagnostischer Begriff anerkannt und als Entwicklungsstörung klassifiziert. Im multiaxialen Klassifikationsschema (Remschmidt & Schmidt, 1994) sind die Störungen des Lesens und Rechtschreibens auf der zweiten Achse klassifiziert. Die Einordnung der Lese- und Rechtschreibstörungen in die Gruppe der Entwicklungsstörungen ist aus Tabelle 1 zu ersehen.

Die Lese- und Rechtschreibstörung ist nach ICD-10 unter den „umschriebenen Entwicklungsstörungen schulischer Fertigkeiten (F 81.0)" klassifiziert, im DSM-IV unter den „Lernstörungen".

Lese- und Rechtschreibstörung (ICD-10 F 81.0; entspricht Lesestörung nach DSM-IV 315.00). Das Hauptmerkmal ist eine deutlich beeinträchtigte Entwicklung der Lesefertigkeiten, die sich nicht durch eine geistige Behinderung, unzureichenden Unterricht, Hör- oder Sehstörungen oder neurologische Erkrankungen erklären läßt. Dabei können Leseverständnis, das Wiedererkennen gelesener Worte beeinträchtigt sein, und das laute Lesen ist verlangsamt, stockend oder fehlerhaft. Für die Diagnose ist vorausgesetzt, daß sich die Beeinträchtigung deutlich auf die schulischen Leistungen auswirkt. Auch im DSM-IV schließt die „Lesestörung" eine gleichzeitige Rechtschreibstörung ein. Die Lese- und Rechtschreibleistungen müssen unter dem Niveau liegen, das aufgrund des Alters, der allgemeinen Intelligenz und der Beschulung zu erwarten ist.

Die Diagnose ist gewöhnlich im zweiten Schuljahr zu sichern, in schweren Fällen ist sie bereits im ersten Schuljahr deutlich. Insbesondere bei Kindern mit hohen Intelligenztestwerten kann die Lese- und Rechtschreibstörung bis in das vierte Schuljahr hinein kompensiert werden und erst dann zum Vorschein kommen. In der späteren Kindheit und im Erwachsenenalter treten in der Regel die Leseschwierigkeiten stärker zurück

Tabelle 1:
Klassifikatorische Einordnung der umschriebenen Lese- und Rechtschreibstörung nach ICD-10 und DSM-IV.

ICD-10 Umschriebene Entwick-lungsstörungen des Sprechens und der Sprache (F 80)	DSM-IV Kommunikations-störungen	ICD-10 Umschriebene Entwick-lungsstörungen schulischer Fertigkeiten (F 81)	DSM-IV Lernstörungen
Artikulationsstörungen (F 80.0)	Phonologische Störungen (315.39)	Lese- u. Rechtschreibstö-rung (F 81.0)	Lesestörung (315.00)
Expressive Störung (F 80.1)	Expressive Sprachstörung (315.31)	Isolierte Rechtschreibstö-rung (F81.1)	Störung des schriftsprachli-chen Ausdrucks (315.20)
Rezeptive Störung (F 80.2)	Kombinierte rezeptiv-expressive Sprachstörung (315.31)	Rechenstörung (F 81.2)	Rechenstörung (315.10)
Erworbene Aphasie mit Epilepsie (F 80.3)		Kombinierte Störung schulischer Fertigkeiten (F 81.3)	
Andere (F 80.8)			
Nicht näher bezeichnete (F 80.9)		Andere (F 81.8)	
[Stottern (F 98.5)]	Stottern (307.00)	*Umschriebene Entwick-lungsstörungen der motorischen Funktionen*	*Entwicklungsstörungen der motorischen Koordination (315.40)*
[Poltern (F 98.6)]			

als die Rechtschreibprobleme, die meist bis zur späteren Kindheit und in den schweren Fällen lebenslang bestehen bleiben.

Isolierte Rechtschreibstörung (ICD-10 F 81.1; im DSM-IV ohne Entsprechung). Hauptmerkmal dieser Störung ist eine umschriebene und eindeutige Störung in der Entwicklung der Rechtschreibung ohne vorher aufgetretene, umschriebene Lesestörung. Wiederum wird vorausgesetzt, daß sie nicht durch eine geistige Behinderung, unzureichende Unterrichtung, Hör- oder Sehstörungen oder neurologische Erkrankungen erklärt ist. Die Symptomatik entspricht der oben beschriebenen Fehlercharakteristik in der Rechtschreibung. Graphomotorische Handschriftschwierigkeiten sind kein Diagnosekriterium, können aber gleichzeitig bestehen. Die Rechtschreibung ist meist phonetisch richtig im Vergleich zu den kombinierten Lese-Rechtschreibstörungen. Die Störung ist selten, ohne daß bekannt ist, wie häufig sie ist.

Störung des schriftlichen Ausdrucks (DSM-IV 315.2; im ICD-10 F 81.8). Diese neu eingeführte Kategorie bezeichnet die Verknüpfung unterschiedlicher Schwächen beim Abfassen schriftlicher Texte. Neben zahlreichen Rechtschreibfehlern fallen dysgrammatischer Satzbau, Schwächen der textlichen Strukturierung und aus graphomotorischen Gründen äußerst unleserliche Handschrift auf. Entscheidend ist die Beeinträchtigung der schriftlichen Ausdrucksfähigkeit, während Rechtschreibfehler und unleserliche Handschrift allein nicht zur Diagnose ausreichen. Im deutschen Sprachraum fehlen hierzu standardisierte Verfahren und jegliche empirische Studien, so daß nähere Angaben zur Epidemiologie und zu Therapie und Verlauf vorläufig nicht gemacht werden können.

Die klassifikatorische Abgrenzung der Lese-Rechtschreibstörung ist vorzunehmen gegenüber

- den erworbenen Lese- und Rechtschreibstörungen aufgrund einer Hirnschädigung (Dyslexie),
- der infolge emotionaler Störungen oder anderer psychiatrischer Erkrankungen entstandenen Lesestörung (ICD-10 F 93) sowie
- Lese- und Rechtschreibschwierigkeiten, die infolge fehlenden oder unangemessenen Unterrichts erklärt werden (ICD-10 Z 55.x; der sog. Analphabetismus).

3 Epidemiologie, Verlauf

3.1 Epidemiologie

Epidemiologische Studien belegen für den deutschen Sprachraum eine Häufigkeit von 2,7 % lese-rechtschreibschwacher Schüler im Alter von acht Jahren. In einer Schülerstichprobe waren 10 bis 15 % im Grundschulalter im Lesen beziehungsweise Rechtschreiben ein oder zwei Jahrgangsstufen rückständig, und 1 % der Schüler waren des Lesens oder Rechtschreibens kaum mächtig (Klicpera & Gasteiger-Klicpera, 1993). Die Rechtschreibstörung nahm relativ in den höheren Grundschulklassen zu. Etwa 15 % der Kinder einer Klassenstufe wiesen eine geringere Rechtschreibleistung auf als die jeweils niedrigere Klassenstufe, 5 bis 10 % zeigten einen Rückstand von zwei oder mehr Jahren. Bei einer repräsentativen Inanspruchnahmepopulation fanden sich Lese- und Rechtschreibschwächen bei 8 % der Patienten (Remschmidt & Walter, 1989).

Lese- und Rechtschreibstörungen treten bei Verwandten ersten Grades signifikant häufiger auf als in der Allgemeinbevölkerung. In den meisten Studien waren die Jungen mit 60 bis 80 % gegenüber den Mädchen häufiger von einer Lese-Rechtschreibstörung betroffen. Die Lese-Rechtschreibstörung tritt grundsätzlich in allen sozialen Schichten auf. Zweifellos wirken sich Defizite des schulischen Lese-Rechtschreibunterrichts nachteilig auf Kinder aus, die eine Veranlagung zur Lese- und Rechtschreibstörung haben. Gerade weil die Lese-Rechtschreibstörung eine neurobiologische Begründung hat, sind disponierte Kinder sehr stark von ungünstigen, milieugegebenen Einflüssen auf die Lese-Rechtschreibentwicklung betroffen.

3.2 Verlauf und Prognose

3.2.1 Zur Prognose der Primärsymptomatik: Entwicklung der Lese- und Rechtschreibfähigkeit

Aufgrund der definitorischen Unschärfen und ungleicher Kriterien katamnestischer Studien lassen sich nur Näherungswerte hinsichtlich der Prognose nennen. Die Wiener Verlaufsstudie von Klicpera und Gasteiger-Klicpera (1989, 1993) belegt, daß das *Niveau der Lese- und Rechtschreibentwicklung eines Schülers hochgradig stabil* erscheint. Die meisten Kinder, die zum Ende der ersten Klasse beziehungsweise zu Beginn der zweiten Klasse als lese- und rechtschreibschwach diagnostiziert wurden, waren auch am Ende der Volksschulzeit noch schriftsprachlich beeinträchtigt. Die schwächsten Leser hatten in der Wiener Studie am Ende der Pflichtschulzeit (8. Klasse) „erst jenen Leistungsstand erreicht, den Kinder gewöhnlich nach der ersten oder zweiten Klasse Volksschule erreichen" (Klicpera & Gasteiger-Klicpera, 1993, S. 170). Schüler mit um

schriebener Lese- und Rechtschreibstörung verbessern sich absolut in der Lese- und Rechtschreibleistung, sie bleiben jedoch relativ im Vergleich zu den Mitschülern ohne Schriftsprachstörung immer weiter zurück (vgl. Kurzweil, 1992; Strehlow, 1994, 1998). Kinder mit Legasthenie, die *Patienten einer kinderpsychiatrischen Ambulanz* waren, haben Strehlow und Mitarbeiter (1992) untersucht. In einem Katamnesezeitraum von zwölf Jahren über die Schulzeit hinaus war die Rechtschreibleistung zwar absolut besser geworden, im Vergleich zur Altersgruppe jedoch noch einmal um eine Standardabweichung schlechter. Bei den Patienten, die eine spezifische Therapie über mehr als ein halbes Jahr erhalten hatten, ließ sich kein Therapieeffekt über den Katamnesezeitraum hinweg nachweisen.

3.2.2 Zur Prognose psychischer Entwicklung und schulischer, beruflicher und sozialer Integration

Es sind psychische, schulische und berufliche sowie soziale Verlaufsaspekte zu unterscheiden. Hinsichtlich der *psychischen Entwicklung* werden Kinder, die im Lesen und Rechtschreiben versagen, von Lehrern häufiger als emotional auffällig und verhaltensgestört beurteilt (Marx, 1992, S. 251; Casey, Brown & Brooks-Gunn, 1992). Die Wahrscheinlichkeit, daß Kinder mit Teilleistungsstörungen in den ersten Jahren nach der Einschulung als psychisch auffällig registriert werden, ist doppelt so hoch wie bei Gleichaltrigen. Dabei bleibt zu beachten, daß ein Teil der Kinder mit Legasthenie bereits vor dem Vorschulalter im Verhalten auffällig ist (McGee, Williams, Share, Anderson & Silva, 1986). Die epidemiologische Studie von Esser und Schmidt (1993, 1994) ergab, daß Kinder mit Legasthenie im Alter von acht Jahren zu 43,2 % und im Alter von 18 Jahren noch 34,4 % psychische Störungen aufwiesen. Charakteristisch waren nicht emotionale Störungen, sondern motorische Unruhe, Konzentrationsstörungen und dissoziale Verhaltensprobleme. Zwar fand sich im Vergleich zur Kontrollgruppe keine erhöhte Quote von depressiven Entwicklungen, dennoch wurde bei den 18jährigen mit Legasthenie im Vergleich zur Kontrollgruppe eine signifikant höhere „Suizidgefährdung" (13,3 % gegenüber 3,9 % in der Kontrollgruppe) festgestellt.

Die *schulische und berufliche Entwicklung* sind ebenfalls gefährdet. Die Kinder stehen in Gefahr, außer in den sprachlichen Fächern auch in anderen Schulleistungsbereichen relativ zu ihrem primären Vermögen schlecht abzuschneiden; die weitere Schullaufbahn ist beeinträchtigt. In der Studie von Strehlow und Mitarbeitern (1992) hatten die Personen, bei denen im Kindesalter eine Legasthenie diagnostiziert worden war, trotz eines gut durchschnittlichen IQ von 112 nur sechs von 59 das Abitur erreichen können, wobei die soziale Herkunft nicht ausschlaggebend war. Beruflich über

wogen Ausbildungen, in denen Lese- oder Recht-
schreibfähigkeiten keine wesentliche Rolle spielen. In
einer repräsentativen Stichprobe (Esser & Schmidt,
1993) erreichten legasthene Schüler trotz normaler
oder überdurchschnittlicher allgemeiner Begabung relativ zu Schülern mit anderen Teilleistungsstörungen
(wie z. B. Sprachentwicklungsstörungen) ein geringeres schulisches und berufliches Ausbildungsniveau.
Die Rate der Schulabbrüche, geringerer Berufsausbil-
dung und geringerer Beschäftigung mit Lesestoff korreliert mit dem Schweregrad der Lese-Rechtschreibstörung.

Haffner und Mitarbeiter (1998) untersuchten 576 Personen im Alter von 16 bis 25 Jahren aus Berufsschulen
und Gymnasien sowie Studenten einer Anfängervorle-
sung der Fachrichtungen Erziehungswissenschaft und
Medizin. Die Stichprobe war hinsichtlich des Schul-
abschlusses annähernd repräsentativ. In dieser Studie
war der Zusammenhang zwischen Rechtschreibstörung
im Jugend- beziehungsweise Erwachsenenalter und
Schulerfolg signifikant, Personen mit Rechtschreibstörung erreichten trotz durchschnittlicher allgemeiner
Begabung nahezu keine weiterführenden Schul-
abschlüsse. Nur 7 bis 9 % erreichten einen Real-
schulabschluß und 0 bis 2 % das Abitur. Das Ergebnis
ließ sich nicht auf allgemeine Intelligenzdefizite zurückführen. Es ließ sich der Nachweis führen, daß sich
die schlechte Rechtschreibleistung am Ende der Grundschule zu einer signifikanten Beeinträchtigung der weiteren schulischen Entwicklung im Sinne eines Selekti-
onseffektes auswirkt. Trotz durchschnittlicher Intelligenz schaffte nur etwa ein Drittel (37,3 %) der Schüler
mit Rechtschreibproblemen in der Grundschule den
Übergang auf weiterführende Schulen. Für die Gesamtstichprobe erklärte die Diktatnote am Ende der
Grundschulzeit etwa ein Drittel der Varianz der Rechtschreibleistung in der Adoleszenz. Die Rechtschreibleistung im Erwachsenenalter war zentraler Faktor zur
Unterscheidung und Vorhersage der erreichten Schul-
abschlüsse, während die zusätzliche Berücksichtigung
der Faktoren Geschlecht, sprachfreie Intelligenz und
Diktatnote am Ende der Grundschule nur eine geringe
Erhöhung der Varianzaufklärung von zusätzlich etwa
2 % liefern konnte. Daß die Rechtschreibleistung im

Erwachsenenalter durch die Schulform der Sekundarstufe wesentlich besser vorhergesagt werden kann als
durch die Diktatnote am Ende der Grundschulzeit,
spricht dafür, daß zumindest bei den intelligenteren
Schülern eine deutliche Verbesserung der Lese-Recht-
schreibleistung erreicht werden kann, wenn entsprechend schulisch gefördert wird.

Gemäß der Mannheimer Längsschnittstudie waren im
Alter von 25 Jahren 26 % der Personen, die im Alter
von acht Jahren erstmalig als legasthen diagnostiziert
worden waren, arbeitslos (in der Kontrollgruppe nur
4 %; vgl. Esser, 2002).

Die soziale Entwicklung kann beeinträchtigt sein. Untersuchungen bei dissozialen, delinquenten Jugendlichen und Gefängnisinsassen ergaben in unabhängigen
Studien Anteile zwischen 26 bis 73 % an Personen mit
spezifischen Entwicklungsstörungen, wobei die Lese-
und Rechtschreibschwierigkeiten eine vorrangige Bedeutung hatten (Übersichten bei Schonhaut & Satz,
1984; Maughan, Gray & Rutter, 1985; Weinschenk,
1981). In der repräsentativen Längsschnittstudie von
Esser (1991) waren 25 % der 18jährigen, die mit acht
Jahren als lese-rechtschreibgestört diagnostiziert worden waren, wegen strafrechtlicher Delikte verurteilt
worden (signifikant mehr als in den Kontrollgruppen).

Die schulischen, beruflichen und sozialen Probleme
betreffen vor allen Dingen lese- und rechtschreibge-
störte Schüler, die in sozioökonomisch schwachen Fa-
milienverhältnissen aufwachsen. Schullaufbahn und
Berufschancen sind weniger beeinträchtigt, wenn der
familiäre Sozialstatus sehr hoch ist.

Diese Ergebnisse unterstreichen die Notwendigkeit einer familiär orientierten Hilfe, wenn Kinder schwergradig von der Lese-Rechtschreibstörung betroffen
sind. Die Gesamtprognose ist für die Mehrzahl der betroffenen Personen durchaus günstig, obwohl die Prognose bezüglich der Funktionsstörungen im Lesen und
Rechtschreiben ungünstig und die Teilleistungsschwäche auch die schulische, berufliche und soziale Integration der Kinder beeinträchtigt.

4 Diagnostik umschriebener Lese- und Rechtschreibstörung

Die diagnostischen Kriterien der Lese- und Rechtschreibstörung sind nach DSM-IV (S. 85) folgendermaßen definiert:

A) Die mit individuell durchgeführten, standardisierten Tests für Lesegenauigkeit oder Leseverständnis gemessenen Leseleistungen liegen wesentlich unter denen, die aufgrund des Alters, der gemessenen Intelligenz und der altersgemäßen Bildung einer Person zu erwarten wären.

B) Die unter A) beschriebene Störung behindert deutlich die schulischen Leistungen oder Aktivitäten des täglichen Lebens, bei denen Lese-Leistungen benötigt werden.

C) Liegt ein sensorisches Defizit vor, sind die Leseschwierigkeiten wesentlich größer als diejenigen, die gewöhnlich mit diesem Defizit verbunden sind.

Die Kriterien entsprechen den diagnostischen Leitlinien nach ICD-10 (S. 258). Im deutschen Sprachraum ist für die Diagnosestellung ein individuell angewendeter, standardisierter Rechtschreibtest einzubeziehen.

Das diagnostische Vorgehen ist Tabelle 2 zu entnehmen.

Tabelle 2:
Diagnostik der Primärsymptomatik der Lese- und Rechtschreibstörung (Niebergall, 1987).

Basisdiagnostik
1. Leseprüfung
2. Rechtschreibprüfung (z. B. standardisierte Rechtschreibtests)
3. Buchstabenlesen
4. Buchstabendiktat
5. Abschreiben von Wörtern und Texten
6. Zahlenlesen
Zusatzdiagnostik
1. Intelligenzdiagnostik
2. Sprachentwicklungsdiagnostik
3. Diagnostik weiterer Teilleistungsbereiche: Motorische Entwicklung, Visuomotorik, Konzentration
4. Internistische und neurologische Untersuchung, zum Beispiel Seh- und Hörfunktion, Ausschluß einer Zerebralparese etc.
5. Anamnese und Exploration

Anamnese und Exploration. Die Befragung der Eltern und Lehrer zur Lebensgeschichte des Kindes und insbesondere zu seiner Lese-Rechtschreibentwicklung und anderen schulischen Erfahrungen sind diagnostisch richtungsweisend. Eltern und Lehrer beobachten bereits nach wenigen Wochen der ersten Schulklasse die Lese-Rechtschreibprobleme des Kindes. In der zweiten Schulklasse wird die Störung zur Gewißheit, da meist auch intensive Hausaufgabenbemühungen und auch gesonderte schulische Fördereinheiten ein Versagen im Diktat und beim lauten Vorlesen nicht verhindern können. Die Schulnoten im Diktat und die Rechtschreibung bei Aufsätzen - in der Regel erst ab der dritten Klasse benotet - sind nicht ausreichend. Diagnostisch ist entscheidend, daß das Kind beim Lesen und Rechtschreiben des *Wortes* versagt. Die Analyse eines Wortes in Buchstaben beziehungsweise in Laute oder die Synthese von Buchstabenfolgen zum Wort mißlingt. In der ersten Klasse ist das Abschreiben von Wörtern und Texten, das Zahlenlesen, das Buchstabenlesen und das Lautieren von Buchstaben durchaus mehr oder weniger fehlerhaft - entscheidend ist aber das Versagen im Lesen beziehungsweise Rechtschreiben des Wortes. Die Kinder erlernen meist das Lesen, wenngleich dies auch verlangsamt bleibt und in den schwereren Fällen in den späteren Schuljahren noch stockend und fehlerhaft ist. Die Korrelationen zwischen Lese- und Rechtschreibleistung liegen zwischen r = .65 und r = .85 (Warnke, 1990, S. 29; Klicpera et al., 1993).

Folgende Merkmale zur Anamnese der Symptomatik sind ergänzend diagnostisch zu beachten:

- Unauffällige psychische und soziale vorschulische Entwicklung,
- Sprachauffälligkeiten und/oder Störungen der visuomotorischen Koordination im Vorschulalter,
- ein Zusammenhang zwischen psychischen Symptomen, psychosomatischen Beschwerden und Schulunlust beziehungsweise Lern-Leistungsängsten im Laufe der ersten Schulklasse beziehungsweise in den späteren Grundschuljahren,
- eine psychische und körperliche Gesundung in den Ferien, erneutes Aufbrechen der genannten Symptome in der Schulzeit und
- die Leistungen im Lesen und in der Rechtschreibung sind sowohl diskrepant zu dem Leistungsstand in anderen Schulfächern als auch zu den übrigen Fähigkeiten des Kindes im Alltag.

Psychometrische Beurteilung. Intelligenztestung sowie standardisierte Lese- und Rechtschreibtests ergänzen Anamnese und Exploration. Nach Bedarf sind andere Teilleistungsschwierigkeiten im Bereich der Sprache, der Motorik, der Konzentration und Wahrnehmung standardisiert zu untersuchen. Psychische Begleitstörungen des Kindes (als Screening-Verfahren eignet sich die Achenbach-Skala, CBCL) und die erzieherische Situation bei den Hausaufgaben sind zu klären. Hilfreich sind Informationen darüber, wie sich Kind

und Eltern über die Lese- und Rechtschreibschwierigkeiten des Kindes hinweghelfen und mit welchen Strategien das Kind Lernfortschritte bislang zu erreichen
vermochte. Die Analyse der Lese- und Rechtschreibschwäche orientiert sich an der normalen Entwicklung
des Lesens und Rechtschreibens. Für die klinische Diagnostik und den sozialrechtlichen Begutachtungsfall
(z. B. hinsichtlich § 35 a Sozial-Gesetz-Buch VIII) hat
sich nachfolgende Vorgehensweise bewährt.

**Entscheidungsschema für die Diagnostik der Lese-
und Rechtschreibstörung.**

Leitsymptom ist das Versagen im Erlernen des Lesens
und/oder Rechtschreibens gemäß Eltern- und Lehrerurteil, schulischen Zeugnissen und Arbeitsheften. Die
Noten im Lesen und/oder Rechtschreiben sind mangelhaft oder ungenügend.

Ausschlußdiagnosen. Die Lese- und Rechtschreibstö-
rung ist aufgrund der Ergebnisse aus Anamnese und
Exploration nicht Folge einer erworbenen zerebralen
Schädigung, die zum Verlust der bereits erworbenen
Lese- und Rechtschreibfertigkeit geführt hätte (Dysle-
xie - R 48.0; Dysgraphie - R 48.8) und auch nicht Folge
einer primären psychischen Störung oder organischen
Erkrankung oder Behinderung wie zum Beispiel Zere-
bralparese oder Sinnesbehinderung (F 93: erworbene
Leseverzögerung infolge emotionaler Störung, Lese-
Rechtschreibstörung organischer Genese). Auch ist die
Lese-Rechtschreibstörung nicht primär Folge einer un-
zureichenden schulischen Förderung (Z 55.x: Analphabetismus).

Ausschluß allgemeiner Intelligenzminderung. Die Testung in einem Lese- beziehungsweise Rechtschreibtest ergibt einen Prozentrang von circa < 10 % und einem Intelligenzquotienten von < 70: In diesem Fall
liegt eine Lese- und Rechtschreibstörung im Rahmen
einer Intelligenzminderung vom Grade der geistigen
Behinderung vor, so daß nach den klassifikatorischen
Richtlinien keine Entwicklungsstörung des Lesens und
Rechtschreibens diagnostiziert werden sollte.

Sicherung der diagnostischen Kriterien. Die Lese- und
Rechtschreibtestleistung liegt bei etwa < 10 % und der
Intelligenzquotient ist > 70; gleichzeitig liegt der psy-
chometrisch ermittelte Intelligenzquotient etwa 1,5
Standardabweichungen oberhalb des Lese-Recht-
schreib-Testwertes (alternativ etwa 12 T-Wertpunkte
Diskrepanz; im klinischen Alltag wird vor allen Din-

gen bei niedrigeren Intelligenzquotienten auch die Diskrepanz der Standardabweichung von 1,0 als klinisch
relevant gewertet, wenn die übrigen Klassifikationskriterien zutreffen). Nach dieser Maßgabe liegt klassifikatorisch eine *Lese- und Rechtschreibstörung im Sinne
von ICD-10 F 81.0* beziehungsweise *isolierte Rechtschreibstörung im Sinne von F 81.1* vor (Warnke, Martinius & Amorosa, 1996).

Bei der Anwendung des Intelligenztests ist zu beachten, ob etwa bei gegebener Sprachentwicklungsstörung
anstelle des Gesamt-IQ im HAWIK der Handlungs-IQ
herangezogen werden sollte. Für die Intelligenzdiagnostik sind folgende Verfahren geeignet: Hamburg-
Wechsler Intelligenztest für Kinder in der revidierten
Form (HAWIK-R), Kaufman-Assessment Battery for
Children (K-ABC), Adaptives Intelligenzdiagnosti-
kum (AID), CFT 1, CFT 20. Liegen die Testwerte bei
CFT 1 beziehungsweise CFT 20 im unteren Durchschnittsbereich (IQ 85-95), so empfiehlt sich eine
Überprüfung mit den Verfahren HAWIK-III oder K-
ABC beziehungsweise AID, um eine allgemeine Intelligenzminderung auszuschließen. Die Sprachentwick-
lungsdiagnostik kann sich auf eine orientierende
Überprüfung der phonologischen Bewußtheit und auditiven Wahrnehmung, Artikulation und Wortschatz
sowie auf grammatikalische Sprachbeherrschung beschränken. Orientierend sind weiterhin die motorische
Entwicklung (z. B. mit LOS, KTK), Visuomotorik
(Göttinger-Formreproduktionstest) und die Konzentration (d2) zu erfassen.

Die internistische und neurologische Untersuchung
sollte eine EEG-Ableitung beinhalten (Ausschluß von
Epilepsie). Die neurologische Untersuchung sollte eine
Zerebralparese ausschließen. Liegen Anhaltspunkte für
eine Sprachentwicklungsstörung vor, so ist eine Hör-
prüfung angezeigt. Stets sollte eine augenärztliche
Überprüfung der Sehfunktion vorgenommen werden.

Die Diagnostik sollte mit einer Stellungnahme zur Beeinträchtigung der psychosozialen Anpassung infolge
der Lese-Rechtschreibstörung abschließen. Dies beinhaltet eine Stellungnahme darüber, inwieweit neben
der schulischen Förderung ein außerschulischer Be-
handlungsbedarf besteht und inwiefern die Eingliederung des Kindes gefährdet ist, so daß unter Umständen
seitens des Jugendamtes darüber entschieden werden
kann, ob die Kriterien zur Gewährung von Eingliederungshilfe nach § 35 a SGB VIII erfüllt sind (vgl.
Warnke, 1999a).

5 Erklärungsansätze

Im Rahmen der Diskussion um die Ätiologie der umschriebenen Lese- und Rechtschreibstörung herrschen zwei übergeordnete Sichtweisen: *Erstens* eine somatogene Begründung, die von konstitutionellen Faktoren ausgeht, die aus einer Veranlagung und prä-, peri- und postnatal entstandenen Hirnfunktionsstörungen resultieren. *Zweitens* eine psychogene und soziokulturelle Begründung, die psychosozialen Einflüssen, psychogenen Lernhemmungen und einer defizitären Förderung Effekte zuschreiben.

Übereinstimmung dürfte heute weitestgehend darüber bestehen, daß die Lese-Rechtschreibstörung ein heterogenes Syndrom ist, dem eine Polyätiologie entspricht. Die allein psychosozial begründete und durch defizitären Unterricht entstandene Lese-Rechtschreibstörung ist definitorisch ausgeschlossen; ebenso das Lese- und Rechtschreibversagen infolge einer primären psychischen Erkrankung. Selbstverständlich beeinflußten Übung und die Qualität des Unterrichts das Ausmaß der Beeinträchtigung (Klicpera & Gasteiger-Klicpera, 1989). Die Annahme *minimaler cerebraler Dysfunktionen* als Ursache umschriebener Lese- und Rechtschreibstörung wird durch relativ hohe Raten von biologischen Risikofaktoren und die häufige Verknüpfung mit anderen Hirnfunktionsstörungen gestützt. Dieser Zusammenhang ist aber weder spezifisch noch zwingend (Warnke, 1990). Rutter und Yule (1975) fanden bei Kindern mit intelligenzdiskrepanter umschriebener Lese- und Rechtschreibstörung signifikant weniger neuropsychiatrische Auffälligkeiten als bei unterdurchschnittlich begabten leseschwachen Kindern (zur Kritik vgl. Klicpera et al., 1993).

Die *genetische Disposition* zur Lese-Rechtschreibstörung ist zu einem zentralen Forschungsgegenstand geworden. Die familiäre Häufung ist in unabhängigen Studien gesichert (Schulte-Körne et al., 1998 b). Ist ein Kind betroffen, so sind 52 bis 62 % der Geschwister ebenfalls betroffen, unabhängig davon, ob Alters- oder IQ-Diskrepanz als diagnostisches Kriterium verwendet werden (Schulte-Körne, Remschmidt & Hebebrand, 1993); eine polygene Vererbung ist anzunehmen. Nach Zwillingsstudien ist der genetische Anteil der beobachteten Gesamtvarianz auf Heritabilität von Lesefähigkeit zwischen 3 und 63 %, für die Rechtschreibung zwischen 60 und 70 % wahrscheinlich (Schulte-Körne et al., 1998 b).

Unter der Annahme eines autosomal-dominanten Erbganges wurden Kopplungen auf Chromosom 15 und Chromosom 6 festgestellt (zur Übersicht Schulte-Körne et al., 1998 b, c; Grimm, Noethen & Schulte-Körne, 1998). Auf Chromosom 6 ergab sich eine Kopplung mit dem Merkmal „phonologische Bewußtheit", auf Chromosom 15 mit „Wortlesen". Diese Befunde deuten darauf hin, daß nicht die Lese-Rechtschreibstörung an sich veranlagt ist, sondern schriftsprachimmanente Funktionen, die für das Erlernen des Lesens und Rechtschreibens mehr oder weniger unabdingbar sind.

Eine umfassende Übersicht über mögliche Erklärungsansätze zur Lese-Rechtschreibstörung haben Morton und Frith (1995) vorgelegt. Das strukturelle Modell ist in Tabelle 3 zusammengefaßt.

Zwischen biologischer, kognitiver und Verhaltensebene bestehen Wechselwirkungen. Neurobiologische Erklärungsansätze gehen davon aus, daß es die primär biolo-

Tabelle 3:
Strukturelles Modell zur Ätiologie der Lese- und Rechtschreibstörung (nach Morton & Frith, 1995).

Biologische Ebene	Kognitive Ebene	Verhaltensebene	Ebene äußerer Einflußfaktoren
Genetische oder andere biologische Begründungen cerebraler Besonderheiten, die für die Lese-, Rechtschreibstörung relevant sind (z. B. beeinträchtigte sprachlich-akustische Wahrnehmung, unreife Hirnentwicklung, verlangsamte Informationsverarbeitung im visuellen Kortex).	Fehlen kognitiver Strukturen (kognitive Defizite), die zu Besonderheiten in der kognitiven Informationsverarbeitung führen, die wiederum als Voraussetzung für die Lese-Rechtschreibstörung anzusehen sind (z. B. Defizite in der automatisierten Verbindung von Lauten und Lautzeichen [Buchstaben], Schwächen in der phonologischen Bewußtheit).	Fehlersymptome im Lesen und Rechtschreiben (z. B. Verlangsamung, Auslassen und Verdrehen von Lauten bzw. Buchstaben).	Hierzu zählen Einflußfaktoren, wie beispielsweise eine unzulängliche Unterrichtung.

gischen Bedingungen sind, die in Besonderheiten der kognitiven Informationsverarbeitung resultieren, wobei allgemeine Intelligenzentwicklung, Alter, Persönlichkeitsentwicklung sowie Umwelteinflüsse (Lernanregung, Übung, Qualität schulischen Unterrichts, Hausaufgabenförderung) eine variierende Rolle spielen.

Neuropsychologische und neurophysiologische Erklärungsmodelle lassen die Ursachenfrage offen; sie gehen von zentralnervösen Korrelaten aus, gleich, ob sie nun genetisch oder nicht genetisch begründet sind. Der neuropsychophysiologische Erklärungsansatz postuliert nicht das Vorliegen einer Hirnschädigung, „vielmehr wird das Wissen um die Entwicklung zentralnervöser Funktionen und um die Organisation des Zentralnervensystems benutzt, um den Beitrag konstitutioneller Faktoren zu den individuellen Schwierigkeiten der Kinder zu erklären" (Klicpera, 1985, S. 14). Inwieweit dabei eine „nachweisbare strukturelle beziehungsweise funktionale Störung des zentralen Nervensystems", eine „zentralnervöse Funktionsstörung", für die sich aber kein strukturelles Korrelat finden läßt, eine „verlangsamte oder andersartige Reifung von zentralnervösen Funktionen" oder schließlich eine „individuelle Variation zentralnervöser Funktionen" kausal bedeutsam ist, bleibt zunächst offen. Dabei wäre die zentralnervöse funktionelle und strukturelle Entwicklung wiederum als durch neuronale Aktivität bestimmt zu verstehen, sei dies nun genetisch oder durch Umwelteinflüsse determiniert (Singer, 1986). Die Erklärungsansätze unterscheiden sich in den Ebenen, ob strukturell oder funktionell sowie in den Inhalten beziehungsweise Modalitäten, ob es sich also um sprachliche, visuelle Dysfunktionen, ob es sich um Aufmerksamkeits- oder Gedächtnisstörungen handelt.

Zwei neuropsychologische Erklärungsansätze sind heute dominierend, und zwar die Annahme einer Dysfunktion sprachlicher Informationsverarbeitung und die einer Dysfunktion visueller Informationsverarbeitung.

5.1 Hypothese gestörter sprachlicher Informationsverarbeitung

In den letzten zwei Jahrzehnten der Schriftsprachforschung hat sich die Bedeutung sprachlicher (phonologischer) Informationsverarbeitungsprozesse für den Schriftspracherwerb differenzierter herauskristallisiert. Ausgangspunkt hierfür bilden Stadienmodelle, welche die Informationsverarbeitungstheorien des Lese-Rechtschreibprozesses beschreiben (Ehri, 1997; Frith, 1986; vgl. Klicpera & Gasteiger-Klicpera, 1995; Breuer, 1998). Im ersten *logographischen Stadium* ist die Worterkennung an visuellen Merkmalen orientiert. Das anschließende *alphabetische Stadium* ist durch die Nutzung der Graphem-Phonem-Korrespondenzregeln gekennzeichnet; ein Wort wird Buchstabe für Buchstabe „erlesen" (phonologisches Rekodieren). Im *ortho-*

graphischen Stadium sind Wörter als vollständige innerliche Repräsentation von Buchstabenfolgen im Gedächtnis gespeichert und abrufbar.

Die Stadienmodelle heben die Bedeutung der Verarbeitung lautsprachlicher Informationen beim Aneignungsprozeß des Lesens und Rechtschreibens hervor. Als phonologische Informationsverarbeitung wird allgemein die Nutzung von Informationen über die Lautstruktur bei der Auseinandersetzung mit gesprochener beziehungsweise geschriebener Sprache bezeichnet. Unter phonologischer Informationsverarbeitung werden drei Komponenten subsummiert:

- die *phonologische Bewußtheit*,
- das *phonologische Rekodieren beim Zugriff auf das semantische Gedächtnis* und
- das *phonetische Rekodieren im Arbeitsgedächtnis*.

Die *phonologische Bewußtheit* bezieht sich auf die Fähigkeit, sprachliche Einheiten (Worte, Reime, Silben, Phoneme) zu erkennen und mit ihnen zu operieren. Skowronek und Marx (1989) differenzieren außerdem zwischen phonologischer Bewußtheit im weiteren und im engeren Sinne. Während sich die *phonologische Bewußtheit im weiteren Sinne* auf die Erkennung von größeren Spracheinheiten wie Wörter, Silben, Reime bezieht, umfaßt *phonologische Bewußtheit im engeren Sinne* die Fähigkeit zur Manipulation von Phonemen als kleinste lautsprachliche Einheiten (s. Tab. 4). Bei Kindern mit Lese-Rechtschreibstörung ist die phonologische Bewußtheit mangelhaft ausgebildet. Es gelingt ihnen beispielsweise meist nicht, die einzelnen Phoneme in einem Wort zu „hören" und zu identifizieren (Phonemanalyse). Weiterhin bereitet es ihnen Schwierigkeiten, Einzellaute zu einem vollständigen Wort zusammenzufügen (Phonemsynthese).

Tabelle 4:
Aufgaben zur Erfassung der phonologischen Bewußtheit (Küspert, 1998; Roth, 1999; Schulte-Körne et al., 1998 a; Yopp, 1988).

Phonologische Bewußtheit im weiteren Sinne	
Silbentrennen	Wie klatscht man bei dem Wort „Kindergarten"?
Silbenzählen	Wie oft kann man zu dem Wort „Limonade" klatschen?
Reime erkennen	Reimen sich „Maus" und „Haus"?
Reime produzieren	Was hört sich an/klingt wie „Brot"?
Lautkategorisierung	Welches Wort klingt am Ende anders als die anderen: „Saum-Baum-Laut-Raum"?

Phonologische Bewußtheit im engeren Sinne	
Phonemsynthese	Was bedeutet /ei/ /s/? Rate!
Phonemanalyse	Welche Laute hört man in dem Wort „Uhr"?
Phoneme zählen	In welchem Wort hört man mehr Laute: „Brille" oder „Sonne"?
Anlauterkennung	Welchen Laut hört man am Anfang von „Mond"?
Wortrest benennen	Was bleibt übrig, wenn man den Anfangslaut von „Wal" wegläßt?
Phonemersetzung	Ersetze /a/ durch /i/ in „Wand"!
Phonemvertauschung	Vertausche die ersten beiden Laute in „Löwe"! - „Ölwe"

Das *phonologische Rekodieren beim Zugriff auf das semantische Gedächtnis* meint die Fähigkeit, schriftliche Symbole (geschriebene Wörter, Bilder) zu rekodieren (in eine lautsprachliche Struktur zu übertragen), um schließlich aus dem Langzeitgedächtnis deren Bedeutung abzurufen. Die Geschwindigkeit, mit der legasthene Kinder auf das semantische Gedächtnis zugreifen können, ist im Vergleich zu normalen Lesern und Rechtschreibern signifikant niedriger. Bei Aufgaben, in denen Wörter, Zahlen oder Objekte so schnell wie möglich benannt werden sollen, ist die Benennungsgeschwindigkeit legasthener Kinder deutlich verlangsamt.

Das *phonetische Rekodieren im Arbeitsgedächtnis* bedeutet, daß schriftliche Symbole im Kurzzeitgedächtnis lautsprachlich repräsentiert sind. Zunächst wird ein Wort Buchstabe für Buchstabe erlesen und dann „im Geiste" zu einem vollständigen Wort verbunden. Die Kapazität des Arbeitsgedächtnisses für sprachliches Material kann über Aufgaben zur Erfassung der verbalen Gedächtnisspanne (z. B. Wortspanne, Satzspanne), der Artikulationsgeschwindigkeit und -genauigkeit gemessen werden. Legasthene Kinder zeigen in der Regel in solchen Aufgaben schwächere Leistungen als normale Leser und Rechtschreiber (Roth, Schleider & Warnke, 1999).

Im deutschen Sprachraum demonstrieren die *Wiener Längsschnittuntersuchung* (Klicpera & Gasteiger-Klicpera, 1993) die *Münchner LOGIK-Studie* (Näslund & Schneider, 1996; Schneider & Näslund, 1997) sowie die *Bielefelder Längsschnittstudie* (Marx, Jansen, Mannhaupt & Skowronek, 1993; Jansen & Skowronek, 1997), daß die Komponenten der phonologischen Informationsverarbeitung reliable Prädiktoren für die Lese-Rechtschreibkompetenz darstellen. Vorschulkinder mit guten phonologischen Fähigkeiten werden problemlos lesen und schreiben lernen, wohingegen schwach ausgebildete phonologische Fähigkeiten mit großer Wahrscheinlichkeit zu Schwierigkeiten beim Schriftspracherwerb führen. Darüber hinaus konnte die *Spezifität* des Einflusses wahrscheinlich gemacht werden. Während phonologische Informationsverarbeitungsprozesse beim Lesen- und Schreibenlernen eine entscheidende Rolle spielen, scheint ihr Einfluß auf die Intelligenz- oder Mathematikleistung relativ bedeutungslos. Die Spezifität der Prädiktorvariablen wurde zur Vorhersage und Prävention von Schriftsprachkompetenz genutzt (s. Abschnitt 6).

Legasthene Kinder weisen signifikante Defizite in der phonologischen Verarbeitung auf (Landerl, 1996; Wimmer, 1996). Lautsprachliche Informationen werden von legasthenen Kindern nur unzureichend genutzt, so daß die Einsicht in das alphabetische Prinzip erschwert wird. Die defizitäre lautsprachliche Verarbeitung bleibt bei Legasthenikern meist bis ins Erwachsenenalter bestehen (Bruck, 1992).

Neurophysiologische und neuroanatomische Befunde stützen das linguistische Modell. *Hirnelektrische Auffälligkeiten* wurden vor allem linkshemisphärisch in Regionen gefunden, die mit der Verarbeitung sprachlicher Informationen verknüpft sind (Remschmidt & Warnke, 1992). Die *neuroanatomischen Befunde* von Galaburda und Mitarbeiter (1985) verweisen ebenfalls auf vorwiegend linkshemisphärische und sprachrelevante Areale. *Neurophysiologische Untersuchungen zum akustischen System* (Tallal, Miller & Fitch, 1993; Schulte-Körne et al., 1998a) sprechen dafür, daß Besonderheiten der sprachlichen Informationsverarbeitung bereits auftreten, bevor Einflüsse von Aufmerksamkeit und Motivation wirksam werden und daß nicht die Ton-Wahrnehmung, sondern die Sprachlautwahrnehmung bei zumindest einer Subgruppe der Lese-Rechtschreibstörungen beeinträchtigt ist.

Studien mit *bildgebenden Verfahren* führten zur Hypothese, daß bei Personen mit Lesestörung und Störungen der phonologischen Verarbeitung eine „Unterbrechung" der funktionellen Verbindung zwischen unterschiedlichen Spracharealen der dominanten Hirnhälfte vorliegen könnte („Diskonnektion-Syndrom", Paulesu et al., 1996). Die neuroanatomischen und neurophysiologischen Befunde sind unterschiedlich und auch nicht immer bestätigt worden. Dennoch sind jene Hirnareale in den Mittelpunkt des Interesses gerückt, die auf der dominanten (linken) Hirnhälfte für Funktionen der sprachlichen und visuellen Informationsverarbeitung relevant sind. Zu bedenken ist aber: Bei einem beachtlich hohen Anteil schriftsprachlich gestörter Kinder ist keine Sprech- oder Sprachentwicklungsstörung nachweisbar und umgekehrt sind Kinder mit Sprachentwicklungsstörungen durchaus nicht gleichzeitig im Erlernen des Lesens und Rechtschreibens gestört.

5.2 Hypothese gestörter visueller Informationsverarbeitung

Bei wahrscheinlich 5 bis 10 % der Kinder mit Lese-
und Rechtschreibstörung sind visuell-räumliche Wahr-
nehmungsschwierigkeiten diagnostizierbar, wobei Defizite sowohl bei der Analyse als auch Kodierung visueller Informationen in Frage kommen (Klicpera, 1985).
Die Erklärung mit Hilfe einer visuellen Informationsverarbeitungsstörung wurde wiederholt in Frage gestellt (Vellutino, 1980). Eine Übersicht findet sich bei
Warnke (1990). Bei aller Kritik hat offensichtlich doch
ein kleinerer Teil der Schüler mit einer Legasthenie
Schwierigkeiten bei der visuellen Informationsverarbeitung. In einer eigenen Studie war bei einer Gruppe
von durchschnittlich zehnjährigen Schülern mit Lese-
Rechtschreibstörung die einfache visuelle Reaktionszeit im Mittel konstant um 28 msec langsamer als bei
der schriftsprachlich normal entwickelten Gruppe.
Vermutlich gibt es altersabhängige Defizite als Korrelat (Ursache?) der Lese-Rechtschreibstörung, da man
die verlangsamte visuelle Verarbeitung bei der Gruppe
der 13jährigen nicht mehr finden konnte (vgl. auch
Wolff, 1993). Dem gegenüber erschienen die sprach-
abhängigen Defizite der Schüler mit Lese-Rechtschreibstörung über die Altersspanne hinweg konstant
(Warnke, Remschmidt & Henninghausen, 1994).

Neurobiologische Korrelate stützen die Annahmen,
daß bei einem Teil der Personen mit Lese-Rechtschreibstörung Besonderheiten der Anatomie und
Hirnfunktion des Systems visueller Informationsverarbeitung vorliegen. Anomalien der neuronalen Migration wurden in den sogenannten magnozellulären (groß-
zelligen, für das Bewegungssehen verantwortliche
Zellen) Schichten des lateralen Nucleus geniculatus
(ein Kernbereich im Thalamus, der die Netzhaut Punkt
für Punkt mit der visuellen Hirnrinde verbindet) festgestellt (Livingstone, Rosen, Dislane & Galaburda,
1991). Da sich auch funktionelle Besonderheiten in
diesem Kernbereich fanden und bildgebende Verfahren auf eine Hypoperfusion im Thalamus hindeuten,
haben die Thalamusstrukturen weiterhin Forschungs-
relevanz (Eden et al., 1996; mit negativem Befund:
Vanni, Uusitalo, Kiesilä & Hari, 1997). Auch hirnelektrische Korrelate scheinen gesichert und verweisen
wiederum auf die dominante Hirnhemisphäre. So wurden bei der Untergruppe der Kinder mit Legasthenie,
deren Rechtschreibleistung hochgradig niedriger lag
als ihre Intelligenzleistung (T-Wertdifferenz > 15),
linkszentral abnorme Potentialverläufe im visuell-evo-
zierten Potential gefunden (Warnke & Remschmidt,
1992; s.a. Abschnitt 5.3).

Heute ist auch bei der Dominanz der beiden Erklärungsansätze grundsätzlich davon auszugehen, daß es nicht
nur „die eine Lese-Rechtschreibstörung" mit ausschließlich „nur eindeutiger Symptomatik" und „nur einer einzigen Ursache" gibt, sondern, daß Lese-Rechtschreibstörungen unterschiedlicher Ätiologie und Ausprägung

bestehen. Dabei könnten den einzelnen Subgruppen unterschiedliche Ursachenfaktoren zugrunde liegen.

5.3 Weitere Hypothesen zur Pathogenese

Unter diesen zwei, heute dominierenden übergeordneten Erklärungsansätzen wurden im Rahmen der Leg-
asthenieforschung folgende pathogenetische Hypothesen untersucht:

- *Abnorme anatomische, strukturelle cerebrale Entwicklung.* Hierfür sprechen Autopsie-Befunde, die
  in lese-rechtschreibrelevanten Hirnarealen unwahr-
  scheinliche Symmetrieverhältnisse und zusätzlich
  histologisch nachgewiesene strukturelle Veränderungen (abnorme Zellstrukturen der Hirnrinde und
  Gefäßabnormitäten) aufzeigten (Galaburda et al.,
  1985). Widersprüchliche Befunde durch bildgebende Verfahren lassen vorläufig noch keine endgültige
  Beurteilung dieser anatomischen Zusammenhänge
  zu (Warnke et al., 1999).

- *Gestörter Aufbau funktioneller Hemisphärendominanz* von an sich lateralisierten Hirnfunktionen
  beziehungsweise eine *abnorme Entwicklung der
  Lateralisierung schriftsprachlicher Informationsverarbeitung* (Bakker, 1979; Schenk-Danzinger,
  1991). Auch hier sind die Untersuchungsbefunde
  widersprüchlich (Pirozzolo, Rayner & Hynd, 1983).

- Eine *Störung des intra- und interhemisphärischen
  Informationsflusses* wird dadurch plausibel gemacht, daß es den lese-rechtschreibgestörten Kindern schwerfällt, visuelle Informationen und akustische Informationen angemessen schriftsprachlich zu
  verknüpfen (Schenk-Danzinger, 1991; Warnke,
  1990; Warnke & Wewetzer, 1997). Insbesondere
  hat Vellutino (1980) herausgearbeitet, daß die
  Schwierigkeit, visuelle Informationen in sprachliche
  zu transformieren, die Problematik der lese-rechtschreibgestörten Kinder kennzeichnet. Paulesu und
  Mitarbeiter (1996) verwiesen auf die Möglichkeit,
  daß Verbindungen zwischen unterschiedlichen
  Sprachregionen der linken (dominanten) Hirnhälfte
  „unterbrochen" sein könnten.

- Eine *gestörte Sehfunktion*, ob peripher oder in zentralen Sehfeldern begründet, könnte eine Legasthenie
  verursachen. Bislang ist die Annahme nicht bewie-
  sen. Sehstörungen, Refraktionsanomalien, Inter-
  ferenzen der visuellen Reizverarbeitung sowie Störungen der Augenmotilität werden nach wie vor
  diskutiert (Pavlidis, 1986; Rayner, 1986; Schäfer,
  1998).

- *Störungen der selektiven Aufmerksamkeit.* Viele Kinder mit Lese- und Rechtschreibstörungen erscheinen
  im Unterricht konzentrationsgestört. Selektive Auf-

merksamkeit meint im Lese- und Rechtschreibprozeß die Fähigkeit, aus dem komplexen Reizgefüge - wie etwa dem Text einer Buchseite - in richtiger zeitlicher Aufeinanderfolge auf einen relevanten Reiz (z. B. Buchstabenfolge) richtig zu reagieren (das Wort zu lesen). Marx (1985) hat in einer empirischen Studie auf unterschiedliche Strategien der Aufmerksamkeit hingewiesen. In einer eigenen Studie fanden wir signifikante Hinweise für eine Beeinträchtigung der selektiven Aufmerksamkeit, jedoch keine Beeinträchtigung der Daueraufmerksamkeit (Schulte-Körne, Remschmidt & Warnke, 1991).

- Die *Beeinträchtigung in der sequentiellen Reizverarbeitung* ist zweifellos bei einer Reihe der Kinder mit Legasthenie nachweisbar. Die Kinder scheitern zum Beispiel daran, beim Rechtschreiben die Lautzeichen (Phoneme) in die richtige Folge der Schriftzeichen (Grapheme) zu transformieren. Dieses Defizit, Aufgaben zu bewältigen, die ein genaues Einhalten von Reihenfolgen abfordern, tritt umso deutlicher zutage, je ähnlicher das Reizmaterial der Schriftsprache ist (Wolff, 1993; Tallal et al., 1993).

- *Dysfunktionen des Gedächtnisses* beziehen sich auf Wortfindungsstörungen und nicht optimale Gedächtnisstrategien, wie zum Beispiel ein zu geringer Zeitaufwand für das Memorieren schriftsprachlicher Information sowie ungenügende Wiederholungs-

strategien bei Kindern mit Lese-Rechtschreibstörungen (Schleider, Zoeke & Warnke, 1994; Schneider & Näslund, 1993; Gathercole & Baddely, 1993).

Zusammenfassend sprechen die neuropsychologischen und -physiologischen Ergebnisse für die Annahme, daß zur Genese einer Störung des Lesens und Rechtschreibens bei einem Kind gleichzeitig unterschiedliche Defizite zusammentreffen können, die zeitliche, sequentielle, visuelle und verbale Funktionen der Verarbeitung schriftsprachlicher Informationen betreffen. Dabei ist es möglich, daß pathogenetisch bedeutsame Korrelate (wie z. B. eine verlangsamte visuelle Informationsverarbeitung) in späteren Altersstufen nicht mehr als defizitär nachgewiesen werden können (Wolff, 1993; Warnke, Remschmidt & Henninghausen, 1994). Der Schriftspracherwerb ist ein komplexer Entwicklungsvorgang; viele Funktionen sind dabei integriert (Sehen, Hören, Motorik etc.). Denkbar ist, daß Störungen jeweils einzelner Komponenten des Lese-Rechtschreibprozesses oder von Kombinationen solcher Störungen jene spezifische Disposition ausmachen, welche die Lese-Rechtschreibstörung als Entwicklungsstörung und Teilleistungsschwäche manifest werden läßt (weiterführend: Schenk-Danzinger, 1991; Warnke, 1990). Klassifikatorische Subgruppenbildungen sind Versuche, der Polyätiologie und unterschiedlichen Symptomatologie gerecht zu werden.

6 Interventionsverfahren

6.1 Prävention und vorschulische Förderung

Der schulische Alltag eines Kindes mit Lese-Rechtschreibstörung ist nicht selten von Mißerfolgserlebnissen, Versagensängsten, geringem Selbstvertrauen und Schulunlust gekennzeichnet. Wie bereits in Abschnitt 3 ausgeführt, ist zudem zu erwarten, daß die Problematik bis ins Erwachsenenalter andauert und negative Folgen auftreten. Um einem Kind dieses Schicksal zu ersparen, hat man sich mit der frühzeitigen Prävention von Lese-Rechtschreibschwierigkeiten befaßt. In Abschnitt 5.1 wurden bereits phonologische Kompetenzen als spezifische Prädiktoren für den erfolgreichen Schriftspracherwerb herausgestellt. Auf der Basis phonologischer Informationsverarbeitung wurde das *Bielefelder Screening-Verfahren* (BISC) zur frühen Identifikation von Lese-Rechtschreibschwierigkeiten entwickelt (Jansen et al., 1999), das bereits im Vorschulalter eingesetzt werden kann. Die *phonologische Bewußtheit* wird hierbei über Aufgaben zur Silbensegmentierung (z. B. „Te-le-fon"), Reimerkennung („Reimen sich „Kind" und „Stuhl"?"), Lautanalyse (z. B. „Hörst Du ein „i" in „Igel"?") und Lautsynthese (z. B.

„Was bedeutet „f"-"isch"?") erfaßt. Das *phonetische Rekodieren im Arbeitsgedächtnis* wird durch die Artikulationsgenauigkeit überprüft. Die *Zugriffsgeschwindigkeit auf das semantische Gedächtnis* wird über Aufgaben zum schnellen Benennen erhoben, wobei die Farben von bildlich dargestellten, nicht-farbigen Objekten so schnell wie möglich benannt werden sollen (Salat, Tomate, Pflaume, Zitrone). Weiterhin wird die *visuelle Aufmerksamkeitsleistung* untersucht, indem jeweils ein abgebildetes Standardwort mit vier Alternativwörtern zu vergleichen und das mit dem Standardwort übereinstimmende Wort zu identifizieren ist.

In der Bielefelder Längsschnittstudie wurde die Vorhersagegüte des Screening-Verfahrens vom letzten Kindergartenjahr bis ins neunte Schuljahr untersucht. Die Befunde demonstrierten, daß die erhobenen vorschulischen schriftsprachspezifischen Voraussetzungen auch nach neun Unterrichtsjahren eine enge Beziehung zu den Lese-Rechtschreibkompetenzen in der Sekundarstufe aufwiesen. Dies ist insofern bemerkenswert, da die Erhebungen im Vorschulalter noch nicht unter schulischem Einfluß stehen, hohe Korrelationen also anzeigen, daß mit den schulischen Eingangsvoraussetzungen die schriftsprachliche Entwicklung in der Regel weitgehend vorbestimmt ist und Schule somit nicht eine eigene, ausgleichende Wirkung entfaltet. Erstaunlicherweise war aufgrund der allgemeinen intellektuellen Leistungsfähigkeit, die mittels des nonverbalen IQ gemessen wurde, keine annähernd so treffsichere Vorhersage möglich (Jansen & Skowronek, 1997). Der prädiktive Wert des Bielefelder Screening-Verfahrens konnte in der LOGIK-Studie bestätigt werden (Näslund & Schneider, 1991; Schneider & Näslund, 1992). Vorschulkinder, die niedrige Leistungen im Bielefelder Screening-Verfahren erbringen, laufen Gefahr, Schwierigkeiten beim Lesen- und Schreibenlernen in der Schule zu entwickeln. Mit Hilfe des Screenings lassen sich demnach „gefährdete" Kinder (Risikokinder) bereits im Vorschulalter identifizieren, so daß frühzeitig entsprechende Fördermaßnahmen eingeleitet werden können.

In welcher Hinsicht Vorschulkinder erfolgreich gefördert werden können, dokumentieren drei Würzburger Trainingsstudien (Roth, 1999; Küspert, 1998; Schneider et al., 1997; Schneider, Roth, Küspert & Ennemoser, 1998). Ein in Skandinavien entwickeltes Trainingsprogramm zur Förderung der phonologischen Bewußtheit (Lundberg, Frost & Petersen, 1988) wurde adaptiert und in deutschen Kindergärten angewandt. Das Training hatte zum Ziel, den Vorschulkindern Einsicht in die Lautstruktur der Sprache zu vermitteln. Es wurde über circa 20 Wochen in Form von täglich 15- bis 20minütigen phonologischen Übungen und Spielen von zuvor geschulten Erzieherinnen in Kleingruppen von circa vier bis acht Kindergartenkindern durchgeführt. Das Förderprogramm besteht aus sechs meta-linguistischen Übungseinheiten, die inhaltlich aufeinander aufbauen (Küspert & Schneider, 1999). In *Lauschspielen* werden zunächst die Sinne der Kinder für Geräusche und ihre Identifikation geschärft. Anschließend geht es darum, *Reime* zu erkennen und selbst zu bilden. Die dritte Übungseinheit beschäftigt sich mit dem Erkennen von *Sätzen und Wörtern*. Die vierte Trainingseinheit beinhaltet die Identifikation von *Silben* in Wörtern. Die beiden letzten Übungsphasen befaßten sich mit der Identifikation von *Phonemen* in Wörtern. Die Evaluation der Trainingseffekte zeigte, daß geförderte Kinder im Vergleich zu nicht-behandelten Kontrollkindern auch langfristig signifikant höhere Lese-Rechtschreibleistungen in der Schule erbrachten. Die vorschulische Förderung der phonologischen Bewußtheit erleichterte somit den Kindern den späteren Schriftspracherwerb. Darüber hinaus ließen sich in einer weiteren kontrollierten Studie signifikante Trainingserfolge auch für Risikokinder, die aufgrund des Bielefelder Screening-Verfahrens klassifiziert wurden, nachweisen. Besonders für die Kombination des phonologischen Bewußtheitstrainings mit einem Buchstaben-Laut-Training konnten langfristige Effekte auf schriftsprachliche Kompetenzen gesichert werden (Roth, 1999). Risikokinder profitieren erheblich von der vorschulischen Förderung. Es konnten demnach günstige Voraussetzungen geschaffen werden, die der Entwicklung von Schwierigkeiten im Lese- und Rechtschreiberwerb vorbeugen (Schneider, Roth & Ennemoser, 2000).

6.2 Spezifische Förderung und Therapie im Schulalter

Im Schulalter sind neben der schulischen Förderung außerschulische therapeutische Maßnahmen notwendig.

Drei *Behandlungsaufgaben* liegen vor:

- Die funktionelle Behandlung des Lesens und Rechtschreibens,
- die Unterstützung des Kindes bei der psychischen Bewältigung der bestehenden und gegebenenfalls bleibenden Lese- beziehungsweise Rechtschreibschwäche und
- die Behandlung der begleitenden psychischen Symptome.

Als *Ansatzpunkte* bieten sich an:

- Die Therapie mit dem Kind,
- Elterntraining und Familienberatung,
- Maßnahmen in Schule und Beruf sowie
- sozialrechtliche Maßnahmen, die zu einer umfassenden Betreuung führen, die von Krankenkassen, Sozial- oder Jugendhilfe getragen werden.

Die Behandlung beinhaltet einerseits die schulische Förderung, andererseits außerschulische ambulante, teilstationäre und in den schwersten Fällen stationäre therapeutische Vorgehensweisen. Teilstationäre und stationäre Interventionen sind im Rahmen kinder- und jugendpsychiatrischer Einrichtungen in den Fällen angezeigt, in denen eine schwere psychische Begleitsymptomatik (schwere Schulangst mit chronischer Schulverweigerung; Depression mit Suizidalität; drohende dissoziale Entwicklung und drohende Ausschulung) besteht. Stationäre Fördermöglichkeiten bieten auch Internate, die sich auf die schulische und heilpädagogische Förderung der betroffenen Schüler spezialisiert haben (zu erfragen beim Bundesverband Legasthenie, Königstr. 32, 30175 Hannover).

6.2.1 Die Therapie mit dem Kind

Die Therapie hat vorrangig die Funktionsstörung des Lesens und Rechtschreibens anzugehen; gleichzeitig sind psychische Verarbeitungsprozesse sowie die psychosozialen Konsequenzen der Lese-Rechtschreibschwäche ins Auge zu fassen. Die Indikation der Behandlung ergibt sich aus dem Schweregrad der Lese-Rechtschreibschwäche, dem sich daraus ergebenden schulischen beziehungsweise beruflichen Versagen und den psychischen Begleitproblemen.

Allgemeine Richtlinien. Bei aller Unterschiedlichkeit der methodischen Zugänge in der Behandlung der Legasthenie lassen sich doch allgemeine Richtlinien erkennen:

- Voraussetzung einer Therapie und Förderung ist eine umfassende Diagnostik. Sie beinhaltet die in Abschnitt 4 benannten Diagnoseschritte.
- *So früh wie möglich* sollten spezifische *schulische* Fördermaßnahmen eingeleitet und in den schwereren Fällen und bei Ausbildung psychischer Begleitsymptome eine *therapeutische Hilfe* gegeben werden.
- Die spezifische *Übungsbehandlung* sollte möglichst häufig (ein- bis zweimal wöchentlich) erfolgen.
- Bei schweren Ausprägungsformen ist eine *Einzeltherapie* unerläßlich; eine Förderung in *Kleingruppen* und im Klassenverband ist nur bei entsprechender personeller Kapazität und günstiger Unterrichtsgestaltung hilfreich.
- Eine *qualifizierte Förderung* des Kindes macht eine Therapieausbildung notwendig. In der Praxis erfolgt die Behandlung durch entsprechend qualifizierte Lehrer der Regelschulen, durch Sonderpädagogen, durch Psychologen und Pädagogen in Erziehungsberatungsstellen, in freien Praxen und anderen Therapieeinrichtungen sowie in kinder- und jugendpsychiatrischen Praxen und klinischen Einrichtungen. Dabei sind die Kenntnisse des Erstlese- und Rechtschreibunterrichts, der funktionellen Übungsbehandlung, verhaltenstherapeutische Verfahren und heilpädagogische Methoden vorauszusetzen.
- *Eltern und Lehrer* sind in Planung, Organisation und Durchführung der Hilfsmaßnahmen *regelmäßig einzubeziehen*. Die Eltern kommen als „Lehrer" oder „Therapeuten" ihres Kindes mit Lese-Rechtschreibstörung dann nicht in Frage, wenn die Hausaufgaben beziehungsweise Übungssituationen zu einem Dauerkonflikt zwischen Kind und Eltern führen und die Eltern-Kind-Beziehung dadurch Schaden nimmt.
- Die Förderung des Lesens und Rechtschreibens entspricht der Systematik einer *Übungsbehandlung*. Sie erfolgt *stetig und systematisch* nach einem Behandlungsplan. Im Einzelfall sind motivationale und verhaltenskorrigierende Maßnahmen zusätzlich notwendig.
- Die Übung des Lesens und Rechtschreibens beachtet die Ergebnisse einer *individuellen Fehleranalyse* beim jeweiligen Kind; die Arbeitsschritte beginnen auf einem Schwierigkeitsniveau, das dem Kind ein *Arbeiten an der „Nullfehlergrenze"* ermöglicht und *Erfolgserlebnisse* vermittelt; die Arbeitsschritte gliedern sich vom Leichten zum Schweren. Beim *ganzheitlich-analytischen* Vorgehen, der Ganzwortmethode, wird die Wortbildung geschult, ohne daß vollständige Buchstabenkenntnisse vorausgesetzt werden. Beim *synthetischen* Vorgehen werden Einzelbuchstaben eingeführt, um dann die Synthese von Buchstaben zu Silben und Wörtern zu vollziehen; beide Methoden ergänzen sich.
- Das *Training spezifischer Teilleistungsfunktionen*, die als Begleitsymptome der Lese- und Rechtschreibschwäche diagnostiziert sind, wird nur dann als hilfreich für den Erwerb des Lesens und Rechtschreibens gewertet, wenn die Übungen in einem unmittelbaren Bezug mit dem Lesen und dem Rechtschreiben stehen. Die Förderung der Raum-Lage-Erkennung und Konzentration, der Abbau von Sprachentwicklungsstörungen sollte also mit dem Lesen und Rechtschreiben kombiniert erfolgen.

Methodische Ansätze der Übungsbehandlung. Die *Erklärung der Diagnose* der Lese-Rechtschreibstörung für Kind und Eltern steht am Anfang der Behandlung. Die Information, daß die Lese-Rechtschreibstörung weder „Faulheit" noch „Dummheit" ist, kann das Kind beflügeln. Eltern entlastet es, daß nicht ein „erzieherisches Versagen" und keine „elterliche Schuld" oder „Leseversagen" vorliegt. Auf diese Weise können auch bestehende Spannungen zwischen Schule und Elternhaus gelöst und dem verantwortlichen Lehrer eine pädagogische Orientierung gegeben werden.

Eine Evaluation *systematischer Förderprogramme* zur Rechtschreibung haben im deutschen Sprachraum Kossow (1979), Hoffmann und Koschay (1996), Kossow (1991) und für den Zeitraum nach der Grundschulzeit Reuter-Liehr (1993) vorgelegt. In der Praxis ausgezeichnet eingeführt ist der Kieler Lese- und Rechtschreibaufbau (Dummer-Smoch & Hackethal, 1993 a, b). Das Marburger Eltern-Kind-Rechtschreibtraining ist ein Beispiel für die Möglichkeit, Eltern systematisch in die Förderung einzubeziehen (Schulte-Körne, Deimel & Remschmidt, 1998; Schulte-Körne, Schäfer, Deimel & Remschmidt, 1997). Daß sich eine systematische Lese-Rechtschreibschulung effektiv über eine spezifische Lehrerweiterbildung in den Schulbereich umsetzen läßt, hat das Mecklenburger Modell erwiesen (Behrndt & Steffen, 1996).

Als Beispiel für die grundsätzliche Systematik sei das Verfahren nach Reuter-Liehr näher beschrieben. Es wurde für den schulischen Förderunterricht konzipiert, ist aber auch in seinen Prinzipien in der Einzeltherapie anwendbar. Die *lautgetreue Rechtschreibförderung* (Reuter-Liehr, 1992) stellt ein systematisches Förderprogramm dar, das auf der Basis der qualitativen Fehleranalyse Lese- und Rechtschreibkompetenzen prozeßorientiert trainiert. Die qualitative Fehleranalyse dient zur Diagnose und Therapie. Reuter-Liehr (1992) differenziert vier verschiedene Fehlertypen (s. Tab. 5).

Probleme auf Phonemebene werden durch den Aufbau des lautgetreuen Schreibens und der Methode des synchronen rhythmischen Sprechschreibens behandelt. Bei Regel- und Speicherfehlern wird die Morphemmethode angewandt. Dem mehrstufig aufgebauten Konzept des *lautgetreuen Schreibens* liegen die Prinzipien

Tabelle 5:
Beschreibung der Fehlertypen (Reuter-Liehr, 1992).

Fehlertypen	Beschreibung
1. Phonemfehler	Verstöße gegen die lautgetreue Schreibung (z. B. Ketreide, Nse)
2. Regelfehler	Verstöße gegen die regelhaften Abweichungen (z. B. Schtall, Forsicht)
3. Speicherfehler	Verstöße gegen die Abweichungen vom Regelhaften (z. B. wegseln, Fahbrik)
4. Restfehler	Verstöße gegen Rechtschreibregeln, die einen höheren Abstraktionsgrad erfordern

vom Leichten zum Schweren und *vom Häufigen zum Seltenen* zugrunde. Begleitend zum Lernprozeß werden Wörter beim Sprechen durch Klatschen und Schreiten in Silben gegliedert beziehungsweise lautierend gesprochen.

Tabelle 6:
Stufenaufbau des lautgetreuen Schreibens (Reuter-Liehr, 1992).

Stufen	Inhalt
Stufe 1: Das Wortmaterial beim Sprechen, Lesen und Schreiben ist lautgetreu.	alle Vokale und Dauerlaute: l, m, n, f, r, w, s, sch
Stufe 2: Das Wortmaterial wird erweitert durch Verschlußlaute und schwierige Laute.	Verschlußlaute: b, d, g, k, p, t Schwierige Laute: h, z, ch, j
Stufe 3: Das Wortmaterial wird erweitert durch Konsonanten-häufungen innerhalb einer Silbe.	Konsonantenpaare: fr, fl, schl, schm, schn, schr, schw, zw, wr
Stufe 4: Das Wortmaterial wird erweitert durch Konsonanten-häufungen mit einem Ver-schlußlaut.	Lautverbindungen: bl, br, pl, pr, dr, tr, gl, gr kl, kr, kn
Stufe 5: Das Wortmaterial wird erweitert durch /i:/ verschriftet als ie.	Wortbeispiele: kriechen, Wiegenlieder etc. aber nicht: Liter
Stufe 6: Das Wortmaterial wird erweitert durch Wärter mit ß zwischen Vokalen.	Wortbeispiel: Ostergrüße, Außenseiter etc.

Die *Morphemmethode* gewährleistet den Übergang vom lautgetreuen Schreiben zu regelhaften Abweichungen, indem die Wörter in Morpheme gegliedert werden. Es wird eine Kombination von Silbengliederung und eingeschränkter Morphemgliederung (Stamm-, Anfangs- und Endmorpheme) verfolgt. Für die lautgetreue Schreibung sind 20 Schuldoppelstunden vorgesehen, an die 35 weitere Termine angeschlossen werden, an denen der Aufbau des morphematischen Prinzips erworben wird. In kontrollierten Studien wurde die Effektivität des Förderprogramms nachgewiesen (Reuter-Liehr, 1992).

Die Vorgehensweise von Kossow (1979, 1991) und Hoffmann und Koschay (1996) geht nach ähnlichen Prinzipien vor. Kossow betont im ersten Schritt die Notwendigkeit, die Laute aus dem einzelnen Wort zu isolieren und den einzelnen Buchstabenzeichen zuzuordnen; dazu werden Sprech- und Hörübungen durchgeführt. Begonnen wird die Lese- und Rechtschreibübung mit dem Lesen und Schreiben der lautgetreuen Wörter. Silbenübungen werden schließlich ergänzt durch das Erlernen der Regeln zur Groß- und Kleinschreibung und andere Rechtschreibregeln.

Der *Kieler Lese- und Rechtschreibaufbau* (Dummer-Smoch & Hackethal, 1993 a, b) ist ein systematisch aufgebautes Übungsprogramm für lese- und rechtschreibschwache Schüler. Auch hier ist das lautierende Lesen und das lautorientierte Schreiben die Voraussetzung für weitergehende Lernschritte. Übungen mit kurzen Silben aus Konsonant-Vokal-Verbindungen folgen Wortschatzübungen, die nach Schwierigkeit gestaffelt sind. Wichtig ist die Einführung von Lautgebärden (Dummer-Smoch, 1989, S. 118-120). Manchen Kindern gelingt es zunächst nur, über das Mittel der Handzeichensprache Buchstabenzeichen (Graphem) mit dem Laut (Phonem) zu verbinden.

Aus motivationalen Gesichtspunkten hat das ergänzende Training mittels *rechnergesteuerter Lese- und Rechtschreibprogramme* seinen Platz im Rahmen der Gesamtbehandlung. Weitere Anleitungen zur Behandlung finden sich bei Schenk-Danzinger (1991), Firnhaber (1996), Breuninger und Betz (1989), Warnke und Niebergall (1997), Amorosa, Müller-Egloff und Pretzlick (1994), Behrndt und Steffen (1996).

Eine systematische Einbeziehung der Eltern sieht das *Marburger Eltern-Kind-Rechtschreibtraining* vor (Schulte-Körne & Mathwig, 2001). Mütter lese-rechtschreibschwacher Kinder wurden darin angeleitet, über zwei Jahre hinweg ein Rechtschreibregeltraining durchzuführen. Ziel des Trainings war die Vermittlung von spezifischem Regelwissen (Groß- und Kleinschreibung, Dehnung und Schärfung, morphologische Eigenschaften etc.). In Tabelle 7 sind die verschiedenen Übungsbereiche aufgeführt.

Die Rechtschreibregeln wurden in Merksätzen, die in Reimform präsentiert waren, formuliert. Ein Beispiel für einen Merksatz zum Bereich „Dehnungs-h" lautete: „Beim langen Selbstlaut, das ist klar, steht nur dann ein stummes h, wenn danach folgt l, m, n und r. Die Regel

Tabelle 7:
Übersicht über die Lern- und Übungsbereiche des Trainingsprogramms (Schulte-Körne et al., 1998 d).

Lern- und Übungsbereich	Beispiel
Erkennen von Wortstamm, Vor- und Endsilben	Glück, glücklich, glücken, verunglücken
Wortarten-Erkennen	Hauptwort, Tuwort, Eigenschaftswort
Erkennen des kurz gesprochenen Selbstlautes und Schreibung nach kurzem Selbstlaut	„Katze" - Ist der Selbstlaut kurz oder lang gesprochen?
Erkennen des lang gesprochenen Selbstlautes und Schreibung nach langem Selbstlaut	„Hose" - Ist der Selbstlaut kurz oder lang gesprochen?
Die Schreibung des stummen -h	Lehm, Bühne, ernähren
Schreiben von Verben, Grundformbildung	er bringt (bringen) sie schreibt (schreiben)
Schreibung von gleichklingendem „Sch" und „S"	„Schrank" - „Stein"
Ableitregeln zur Schreibung der Endsilben	Wand (Wände) Berg (Berge)
Ableitregeln zur Schreibung gleichklingender Laute	Zähne (Zahn), Zelte (Zelt), Bäume (Baum)
Groß- und Kleinschreibung	das Haus, groß, bringen

ist doch gar nicht schwer" (Schulte-Körne et al., 1997, S. 153). Nach zweijähriger Trainingszeit ließen sich signifikante Effekte im Hinblick auf die Fehleranzahl und das Rechtschreibniveau nachweisen. Der Prozentsatz der Rechtschreibfehler reduzierte sich von circa 40 % auf 15 %, und die Diktatnote verbesserte sich im Mittel von 4.6 auf 3.8. Weiterhin konnte eine bedeutsame Veränderung hinsichtlich der subjektiv beurteilten Rechtschreibleistung aus Sicht der Kinder festgestellt werden. Die Erhöhung des Selbstwertgefühls der Kinder kann als positiver Sekundäreffekt des Trainings gewertet werden. Der Trainingserfolg wurde durch die Rechtschreibkompetenz der Mutter und deren Berufstätigkeit beeinflußt. Mütter mit guten Rechtschreibkenntnissen und ohne berufliche Tätigkeit erzielten die größten Lernfortschritte bei ihren Kindern. Schließlich ist nach Ansicht der Autoren eine weitere wichtige Voraussetzung für eine effiziente Trainingsdurchführung die Betreuung der Eltern bei Interaktionsproblemen mit dem Kind durch einen professionellen Berater. Eine ausführliche Darstellung aktueller Therapieprogramme findet sich bei Roth und Warnke (2001).

Zur Behandlung psychischer Folgen. Treten psychische Symptome als Begleitstörung auf, die die soziale Integration und eine begabungsangemessene Lernleistung eines Kindes behindern, sind psychotherapeutische Hilfen nötig. Solche Maßnahmen haben dabei unterschiedliche Schwerpunkte:

- Abbau von leistungsbezogenen Ängsten und Aufbau von Lernmotivation, das heißt die Verbesserung des Lernverhaltens, Gestaltung des Arbeitsplatzes, Übungen zur Konzentration und Entspannung, die Erarbeitung von Selbsthilfemethoden (z. B. der Gebrauch von Lexika, selbständige Absprachen mit dem Lehrer) und Techniken der Fehlerkontrolle (z. B. inneres Verbalisieren von Kontrollschritten: „Ich lese das Wort noch einmal!"; „Ich achte auf Großschreibung!") und Selbstbestätigung (sich selbst Lob zusprechen).
- Einübung von Bewältigungsstrategien: Das Kind übt, Fehlererfahrungen zu verarbeiten und trotz Versagenserlebnissen den Mut nicht zu verlieren (vgl. dazu den Einsatz von Techniken der Selbstkontrolle, der Selbstbestärkung und der Entspannung).
- Die Behandlung spezifischer psychologischer Symptome wie zum Beispiel Schulangst, sekundäres Einnässen oder schulische Disziplinschwierigkeiten und Störungen im Sozialverhalten.

Aufgrund der Breite der möglichen Begleitsymptome lassen sich spezielle psychotherapeutische Maßnahmen nur aus der individuellen Problemanalyse ableiten. Das Spektrum umfaßt neben kindzentrierter Behandlung im wesentlichen Eltern- und Lehrerberatung. Insbesondere bewährt haben sich Elterntrainings in Gruppen, unter Umständen unter Einbezug des Deutschlehrers (Innerhofer, 1977; Warnke, 1997).

Medikamentöse Behandlung. Eine spezifische Medikation zur Behandlung der Lese- und Rechtschreibschwäche gibt es nicht; dennoch kann eine Medikation im Einzelfall sinnvoll sein. Multizentrische Doppelblindstudien belegten, daß die Leseflüssigkeit sich durch den Einsatz von Nootropika (Pirazetam in der täglichen Dosierung von 3 g) verbessern kann (Wilsher, 1985). Die Indikation einer medikamentösen Hilfestellung wird durch den entsprechend erfahrenen Kinder- und Jugendpsychiater gestellt werden müssen. Bei schweren depressiven psychischen Begleitstörungen können vorübergehend Antidepressiva indiziert sein. Stimulanzien kommen dann in Frage, wenn ein hyperkinetisches Syndrom vorliegt.

6.2.2 Hilfestellung für die Familie

Zunächst muß die Diagnose den Eltern erklärt werden; die Eltern werden über Möglichkeiten der familiären, schulischen und therapeutischen Hilfe sowie schul- und sozialrechtlichen Gegebenheiten informiert. Eine Erziehungsberatung, die insbesondere auch die Hausaufgabensituation beachtet, ist angezeigt. Sie ist unerläßlich, wenn die Lese-Rechtschreibstörung mit einer erheblichen psychischen Störung einhergeht. Auf Besonderheiten der Hilfe für die Familie gehen zum Beispiel Breuninger und Betz (1989), Firnhaber (1996), Warnke und Niebergall (1997) und Schulte-Körne et al. (1997, 1998d) ein.

Eine Hausaufgabenhilfe durch Eltern bei schweren Formen der Lese-Rechtschreibstörung ist nur unter bestimmten Voraussetzungen anzuraten:

- Eltern müssen die Eigenart der Lese-Rechtschreibstörung des Kindes kennen.
- Eltern müssen Zeit und Geduld aufbringen, dem Kind langdauernd Hilfen zu geben. Dies belastet Eltern insbesondere dann, wenn sich trotz aller Bemühungen die Erfolge nur spärlich einstellen.
- Die elterliche Hilfe muß pädagogisch zweckmäßig sein, so daß eine Entlastung des Kindes resultiert und zugleich chronische Hausaufgabenkonflikte vermieden werden. Kommt es zu ständigen Hausaufgabenstreitigkeiten (vgl. Warnke, Remschmidt & Niebergall, 1989), so ist es günstiger, die Hausaufgabenbetreuung durch eine außerfamiläre Fachkraft zu gewährleisten. Wesentlich ist, daß die Eltern das Selbstwertgefühl des Kindes stärken, es gegenüber negativen Erfahrungen schützen und unabhängig von der Lese-Rechtschreibförderung die Entwicklung des Kindes insgesamt stützen. Dabei kommt es darauf an, alternative Begabungen und Interessen des Kindes zu fördern und ihm Erfolge zu vermitteln. Regelmäßige Absprachen zwischen Elternhaus und Schule sind notwendig.

6.2.3 Hilfe im schulischen Bereich

Nach der Empfehlung der Kultusministerkonferenz vom 20.04.1978 sollen die Bundesländer Verordnungen und Richtlinien zur besonderen Förderung von Schülern mit Lese- und Rechtschreibstörungen formulieren; diese wurden inzwischen auch für die neuen Bundesländer entwickelt. Die Verordnung des Landes Mecklenburg-Vorpommern (mit Weiterbildung zum „Legasthenie-Lehrer"; „Legasthenie-Klassen") kann dabei als vorbildlich gelten. Grundsätzlich werden die Schulen in die Pflicht genommen, schulpädagogische Möglichkeiten zur Lese-Rechtschreibförderung optimal auszugestalten und auszuschöpfen. Sie sollen sicherstellen, daß ein Kind seiner allgemeinen Begabung entsprechend beschult werden kann und dies nicht von der isolierten Lese-Rechtschreibstörung abhängt. Den Verordnungen und Richtlinien sind weitgehend folgende Bestimmungen gemeinsam:

- Schüler mit Lese- und Rechtschreibstörung haben Anspruch auf eine besondere Förderung in der Schule, zum Beispiel durch innere Differenzierung und Förderkurse.

- Entscheidungen über die Nicht-Versetzung, Sonderschuleinweisung oder hinsichtlich des Übergangs in eine weiterführende Schule sollten nicht von der Rechtschreibleistung abhängig gemacht werden.
- Bei schriftlichen Arbeiten, die nicht die Rechtschreibfähigkeit überprüfen (z. B. Aufsätze), sollten die Rechtschreibfehler nicht in die Notenbewertung eingehen. In den meisten Bundesländern kann auf die Benotung der Rechtschreibleistung verzichtet werden. Über die pädagogische Diagnostik der Lese-Rechtschreibstörung hinaus werden psychologische und fachärztliche Diagnosestellungen und schließlich auch außerschulische Therapiemaßnahmen empfohlen.

Neben dem Regelschulsystem gibt es *Internate*, die sich auf die besondere Förderung lese-rechtschreibgestörter Kinder spezialisiert haben.

Im Rahmen einer *Tagesklinik* hat sich folgendes Vorgehen bewährt (Warnke, 1987):

- Kleine Klassen mit bis zu zehn Schülern;
- ein den Interessen und der Lernfähigkeit (Lernvoraussetzungen) des Kindes angepaßter Lernstoff;
- ein individuelles Leistungsniveau, das die Leistungsanforderung nach dem jeweiligen Leistungsvermögen des Kindes in den verschiedenen Fächern bemißt;
- eine indviduelle Lehrweise: So lernen manche Kinder zunächst nur mit Hilfe der Gebärdensprache, andere profitieren von der Silbenrhythmisierung; bei den entmutigten Kindern können spielerische Lernmaterialien (z. B. Buchstabenwürfel) den Lese-Rechtschreibprozeß anbahnen, bei anderen Kindern gilt es, spezifische Neigungen und Interessenfelder (z. B. Interesse an Tieren) zu nutzen;
- eine individuelle Instruktion, so daß sichergestellt ist, daß das einzelne Kind seine Aufgabe verstanden hat und eigenständig bearbeiten kann;
- die zeitliche Strukturierung: Der Wechsel zwischen Lernarbeit und Erholungsphase bestimmt sich nach Ausdauer des Kindes;
- die räumliche Strukturierung: Der Klassenraum läßt sich in einen Raum für Gruppenarbeit, Einzelarbeit und Erholung gliedern. Damit lassen sich Abschnitte der Einzelarbeit, Gruppenarbeit und der individuellen Pause räumlich trennen und eine unerwünschte Vermischung von Unterrichts- und Erholungsphase vermeiden.
- Kennzeichnend ist eine grundsätzlich bestärkende pädagogische Grundhaltung: Unmittelbare Leistungskontrolle, die unzweckmäßiges fehlerhaftes Arbeiten weitestgehend verhindert und richtige Leistung des Kindes möglichst kurzfristig bestärkt; systematische Wiederholung des Geübten; Lernen in kleinen Schritten vom Leichten zum Schwierigen und die Anwendung der Lehrmethode des Unterrichts ebenso in der Hausaufgabensituation.

6.2.4 Sozialrechtliche Hilfen

Die Finanzierung der Behandlung der umschriebenen Lese- und Rechtschreibstörung ist nach wie vor nur unbefriedigend geregelt. *Eingliederungshilfe* für die Behandlung einer Lese-Rechtschreibstörung ist zu gewähren, wenn eine zumindest drohende seelische Behinderung daraus hervorgeht. Dies ist in der Regel der Fall, wenn eine schwergradige Lese-Rechtschreibstörung die schulische Eingliederung oder die psychische Gesundheit gefährdet. Nach § 35 a SGB VIII kann nach einem Gutachtenverfahren die Eingliederungshilfe durch das zuständige Jugendamt gewährt werden (Martinius & Amorosa, 1994; Warnke, 1999a).

In einigen Fällen haben Gerichte die umschriebene Lese-Rechtschreibstörung im Sinne des Krankheitsbegriffes der Reichsversicherungs-Ordnung (RVO) anerkannt, so daß zum Beispiel auch die Beihilfefähigkeit der Therapie unter den oben genannten Voraussetzungen bejaht wurde.

Zusammenfassung

Die umschriebene Lese- und Rechtschreibstörung ist eine Beeinträchtigung des Erlernens der Schriftsprache, die sich nicht durch eine allgemeine Intelligenzminderung, unzureichenden Unterricht, Hör- oder Sehstörungen oder neurologische Erkrankungen erklären läßt. Mindestens ein Prozent der Schüler sind schwergradig betroffen, so daß sie im Grundschulalter kaum lesen und rechtschreiben können. Das Niveau der Lese- und Rechtschreibentwicklung ist hochgradig stabil. Kinder mit schwergradiger Lese-Rechtschreibstörung sind in ihrer schulischen, beruflichen und sozialen Integration gefährdet; insbesondere dann, wenn die Kinder in sozioökonomisch schwachen Familien aufwachsen, die Störung nicht diagnostiziert wird und eine angemessene schulische Rücksichtnahme und Förderung nicht gewährleistet sind. Die Lese- und Rechtschreibstörung ist ein heterogenes Syndrom, dem eine Polyätiologie entspricht. Eine genetische Disposition kann als gesichert gelten. Neurobiologische Korrelate lassen sich anatomisch, neurophysiologisch und neuropsychologisch aufzeigen. Erklärungsrelevant sind vorrangig Besonderheiten der sprachlichen Informationsverarbeitung, aber auch der visuellen Informationsverarbeitung. Förderung und Therapie haben Ansatzpunkte in der Zusammenarbeit mit Kind, Familie und Schule. Prävention und Therapie beinhalten wesentlich eine Übungsbehandlung in Komponenten des Lesens und Rechtschreibens (z. B. von phonologischer Bewußtheit) und des Lesens und Rechtschreibens selbst.

Verständnisfragen

1. Welches sind die entscheidenden Kriterien für die Diagnose einer Entwicklungsstörung des Lesens und Rechtschreibens?
2. Was kennzeichnet den Begriff der „Phonologischen Bewußtheit"?
3. Welche Erklärungsansätze bestehen zur Genese der Lese-Rechtschreibstörungen?
4. Welche Prinzipien kennzeichnen die schulische Förderung und Therapie des Schülers mit Lese- und Rechtschreibschwäche?

Weiterführende Literatur

Bundesverband Legasthenie (Hrsg.). *Kongreßberichte.* Hannover: Bundesverband Legasthenie.

Klicpera, Ch. & Gasteiger-Klicpera, B. (Hrsg.) (1999). Lese-Rechtschreibprobleme. *Kindheit und Entwicklung, 8,* Heft 3.

Küspert, P. & Schneider, W. (1999). *Hören, lauschen, lernen. Sprachspiele für Kinder im Vorschulalter. Würzburger Trainingsprogramm zur Vorbereitung auf den Erwerb der Schriftsprache.* Göttingen: Vandenhoeck & Ruprecht.

Warnke, A., Hemminger, U., Roth, E. & Schneck, S. (2002). *Legasthenie.* Göttingen: Hogrefe.

Warnke, A., Wewetzer, Ch., Hennighausen, K., Schulte-Körne, G. & Remschmidt, H. (1999). Neurobiologie und Neuropsychologie der Legasthenie. *Kindheit und Entwicklung, 8,* 135-140.

Literatur

Amorosa, H., Müller-Egloff, E. & Pretzlik, E. (1994). Treatment approaches in dyslexia. *Acta paedopsychiatrica, 56*, 155-248.

Bakker, D.J. (1979). Hemispheric differences and reading strategies: two dyslexias? *Bulletin of Orton Society, 29*, 84-100.

Behrndt, S.-M. & Steffen, M. (Hrsg.) (1996). *Lese-Rechtschreibschwäche im Schulalltag*. Frankfurt: Lang.

Breuer, H. (1998). Früherkennung und Frühförderung von Schreib-Lese-Lernvoraussetzungen. *Sprache – Stimme – Gehör, 22*, 34-38.

Breuer, H. & Weuffen, M. (1990). *Gut vorbereitet auf das Lesen- und Schreibenlernen*. Berlin: Volk und Wissen.

Breuninger, H. & Betz, D. (1989). *Jedes Kind kann schreiben lernen*. Weinheim: Beltz.

Bruck, M. (1992). Persistence of dyslexics' phonological awareness deficits. *Developmental Psychology, 28*, 874-886.

Casey, R., Levy, S.E., Brown, K. & Brooks-Gunn, J. (1992). Impaired emotional health in children with mild reading disability. *Developmental and Behavioral Pediatrics, 13*, 256-260.

DSM-IV (1996). *Diagnostisches und Statistisches Manual psychischer Störungen*. Göttingen: Hogrefe.

Dummer-Smoch, L.(1989). *Mit Phantasie und Fehlerpflaster. Hilfen für Eltern und Lehrer legasthenischer Kinder*. München: Reinhardt.

Dummer-Smoch, L. & Hackethal, R. (1993a). *Handbuch zum Kieler Leseaufbau* (3. Auflage). Kiel: Veris.

Dummer-Smoch, L. & Hackethal, R. (1993b). *Handbuch zum Kieler Rechtschreibaufbau* (2. Auflage). Kiel: Veris.

Eden, G.F., VanMeter, J.W., Rumsey, J.M., Maisog, J.M., Woods, R.P. & Zeffiro, T.A. (1996). Abnormal processing of visual motion in dyslexia revealed by functional brain imaging. *Mature, 382*, 66-69.

Ehri, L.C. (1997). Sight word learning in normal readers and dyslexics. In B. Blachmann (Ed.), *Foundations of reading acquisition and dyslexia: Implications for early intervention* (163-189). Mahwah: Erlbaum.

Esser, G. (1991). *Was wird aus Kindern mit Teilleistungsschwächen?* Stuttgart: Enke.

Esser, G. (2002). Umschriebene Entwicklungsstörungen. In G. Esser (Hrsg.), *Lehrbuch der Klinischen Psychologie und Psychotherapie des Kindes- und Jugendalters* (134-151). Stuttgart: Thieme.

Esser, G. & Schmidt, M.H. (1993). Die langfristige Entwicklung von Kindern mit Lese-Rechtschreibschwäche. *Zeitschrift für Klinische Psychologie, 22*, 100-116.

Esser, G. & Schmidt, M.H. (1994). Children with specific reading retardation - early determinants and long-term outcome. *Acta paedopsychiatrica, 56*, 229-238.

Firnhaber, M. (1996). *Legasthenie*. Frankfurt: Fischer.

Földes-Papp, K. (1987). *Vom Felsbild zum Alphabet. Die Geschichte der Schrift*. Stuttgart: Belser.

Frith, U. (1986). Psychologische Aspekte des orthographischen Wissens. In G. Augst (Ed.), *New trends in graphemics and orthography* (218-233). New York: de Gruyter.

Galaburda, A.M., Sherman, G.F., Rosen, G.D., Aboitiz, F. & Geschwind, N. (1985). Developmental dyslexia: four consecutive patients with cortical anomalies. *Annual Neurology, 18*, 222-233.

Gathercole, S.E. & Baddeley, A.D. (1993). Phonological working memory: A critical building block for reading development and vocabulary acquisition? *European Journal of Psychology of Education, 3*, 259-273.

Grimm, T., Noethen, M. & Schulte-Körne, G. (1998). Zur Genetik der Legasthenie. *Sprache - Stimme - Gehör, 22*, 8-12.

Haarmann, H. (1991). *Universalgeschichte der Schrift*. Frankfurt: Campus.

Haffner, J., Zerahn-Hartung, C., Pfüller, U., Parzer, P., Strehlow, U. & Resch, F. (1998). Auswirkungen und Bedeutung spezifischer Rechtschreibprobleme bei jungen Erwachsenen - empirische Befunde in einer epidemiologischen Stichprobe. *Zeitschrift für Kinder- und Jugendpsychiatrie und Psychotherapie, 26*, 124-135.

Hoffmann, H. & Koschay, E. (1996). Erarbeitung einer „LRS-spezifischen Lesehilfe" für Kinder mit einer Lese-Rechtschreibschwäche. In S.-M. Behrndt & M. Steffen (Hrsg.), *Lese-Rechtschreibschwäche im Schulalltag* (211-230). Frankfurt: Lang.

Innerhofer, P. (1977). *Das Münchner Trainingsmodell. Beobachtung, Interaktionsanalyse, Verhaltensänderung*. Berlin: Springer.

Jansen, H., Mannhaupt, G. Marx, H. & Skowronek, H. (1999). Bielefelder Screening zur Früherkennung von Lese-Rechtschreibschwierigkeiten (BISC). Göttingen: Hogrefe.

Jansen, H. & Skowronek, H. (1997). *Lese- und Rechtschreibschwäche und funktionaler Analphabetismus in der Sekundarstufe I. Abschlußbericht*. Universität Bielefeld.

Klicpera, C. (1985). *Leistungsprofile von Kindern mit spezifischen Lese- und Rechtschreibschwierigkeiten*. Heidelberg: Schindele.

Klicpera, C. & Gasteiger-Klicpera, B. (1989). Die Entwicklung des Lesens und Schreibens bei Kindern mit Lese- und Rechtschreibschwäche. In L. Dummer-Smoch, (Hrsg.), *Legasthenie. Bericht über den Fachkongreß 1988* (49-66). Hannover: Bundesverband Legasthenie.

Klicpera, C. & Gasteiger-Klicpera, B. (1993). *Lesen und Schreiben. Entwicklung und Schwierigkeiten*. Bern: Huber.

Klicpera, C. & Gasteiger-Klicpera, B. (1995). *Psychologie der Lese- und Schreibschwierigkeiten*. Bern: Huber.

Klicpera, C., Schabmann, A. & Gasteiger-Klicpera, B. (1993). Lesen- und Schreibenlernen währens der Pflichtschulzeit: Eine Längsschnittuntersuchung über die Häufigkeit und Stabilität von Lese- und Rechtschreibschwierigkeiten in einem Wiener Schulbezirk. *Zeitschrift für Kinder- und Jugendpsychiatrie, 21*, 214-225.

Kossow, H.-J. (1979). *Zur Therapie der Lese-Rechtschreibschwäche*. Berlin: VEB Deutscher Verlag der Wissenschaften.

Kossow, H.-J. (1991). *Leitfaden zur Bekämpfung der Lese-Rechtschreibschwäche. Übungsbuch und Kommentare* (2. Auflage). Berlin: Verlag der Wissenschaften.

Küspert, P. (1998). *Phonologische Bewußtheit und Schriftspracherwerb*. Frankfurt: Lang.

Küspert, P. & Schneider, W. (1999). *Hören, lauschen, lernen. Sprachspiele für Kinder im Vorschulalter. Würzburger Trainingsprogramm zur Vorbereitung auf den Erwerb der Schriftsprache*. Göttingen: Vandenhoeck & Ruprecht.

Kurzweil, S. (1992). Developmental reading disorder: predictors of outcome in adolescents who received early diagnosis and treatment. *Developmental and Behavioral Pediatrics, 13*, 399-404.

Landerl, K. (1996). *Legasthenie in Deutsch und Englisch*. Frankfurt: Lang.

Livingstone, M.S., Rosen, C.D., Dislane, F.W. & Galaburda, A.M. (1991). Physiological and anatomical evidence for a magnocellular defect in developmental dyslexia. *Proceedings of the Academy of Science USA, 88*, 7943-7947.

Lundberg, I., Frost, J. & Petersen, O.P. (1988). Effects of an extensive program for stimulating phonological awareness in preschool children. *Reading Research Quarterly, 23*, 263,284.

Manguel, A. (1998). *Eine Geschichte des Lesens*. Berlin: Volk und Welt.

Martinius, J. (1996). Legasthenie und Auffälligkeiten des Verhaltens. In S.-M. Behrndt & M. Steffen (Hrsg.), *Lese- und Rechtschreibschwäche im Schulalltag* (45-53). Frankfurt: Lang.

Martinius, J. & Amorosa, H. (1994). Die Versorgung von Kindern mit Leistungsschwächen. Rechtliche Voraussetzungen, Defizite, Perspektiven. *Zeitschrift für Kinder- und Jugendpsychiatrie, 22*, 61-65.

Marx, H. (1985). *Aufmerksamkeitsverhalten und Leseschwierigkeit*. Weinheim: Edition Psychologie.

Marx, H. (1992). Methodische und inhaltliche Argumente für und wider eine frühe Identifikation und Prädiktion von Lese-Rechtschreibschwierigkeiten. *Diagnostica, 38*, 249-268.

Marx, H., Jansen, H., Mannhaupt, G. & Skowronek, H. (1993). Prediction of difficulties in reading and spelling on the basis of the Bielefeld Screening. In H. Grimm & H. Skowronek (Eds.), *Language acquisition problems and reading disorders: Aspects of diagnosis and intervention* (219-241). Berlin: de Gruyter.

Maughan, B., Gray, G. & Rutter, M. (1985). Reading retardation and antisocial behavior: A follow-up into employment. *Journal of Child Psychology and Psychiatry and Allied Disciplines, 26*, 741-758.

McGee, R., Williams, S., Share D.L., Anderson, J. & Silva, Ph.A. (1986). The relationship between specific reading retardation, general reading backwardness and behavioural problems in a large sample of Dunedin Boys: a longitudinal study from five to eleven years. *Journal of Child Psychology and Psychiatry, 27*, 597-610.

Morton, J. & Frith, U. (1995). Causal modeling: a structural approach to developmental psychopathology. In D. Cicchetti & D.J. Cohen (Eds.), *Developmental psychopathology, Vol. 1* (357-390). New York: Wiley.

Näslund, J.C. & Schneider, W. (1991). Longitudinal effects of verbal ability, memory capacity, and phonological awareness on reading performance. *European Journal of Psychology of Education, 6*, 375-392.

Näslund, J.C. & Schneider, W. (1996). Kindergarten letter knowledge, phonological skills, and memory process: Relative effects on early literacy. *Journal of Experimental Child Psychology, 62*, 30-59.

Paulesu, E., Frith, U., Snowling, M., Gallagher, A., Morton, J., Frackowiak, R.S., Morton, J. & Frith, C.D. (1996). Is developmental dyslexia a disconnection syndrome? Evidence from PET scanning. *Brain, 119*, 143-157.

Pavlidis, G.T. (1986). The role of eye movements in the diagnosis of dyslexia. In G.T. Pavlidis & D. Fischer (Eds.), *Dyslexia. Its neuropsychology and treatment* (97-110). Chichester: Wiley.

Pirozzolo, F.J., Rayner, K. & Hynd, G.W. (1983). The measurement of hemispheric asymmetries in children with developmental reading disabilities. In J.B. Hellige (Ed.), *Cerebral hemispheric asymmetry. Method, theory and application* (498-515). New York: Praeger.

Rayner, K. (1986). Eye movements and the perceptual span: evidence for dyslexic topology. In G.T. Pavlidis & D.F. Fischer (Eds.), *Dyslexia: Its neuropsychology and treatment* (111-130). Chichester: Wiley.

Rego, L.L. & Bryant, B. (1993). The connection between phonological, syntactic and semantic skills and children's reading and spelling. *European Journal of Psychology of Education, 3*, 235-247.

Remschmidt, H. & Schmidt, M. (1994). *Multiaxiales Klassifikationsschema für psychiatrische Erkrankungen im Kindes- und Jugendalter nach ICD 10*. Bern: Huber.

Remschmidt, H. & Walter, R. (1989). *Evaluation kinder- und jugendpsychiatrischer Versorgung. Analysen und Erhebungen in drei hessischen Landkreisen*. Stuttgart: Enke.

Remschmidt, H. & Walter, R. (1990). *Psychische Auffälligkeiten bei Schulkindern*. Göttingen: Hogrefe.

Remschmidt, H. & Warnke, A. (1992). Visual information processing and cerebral activation in dyslexic boys: Quantitative EEG analysis during discrimination reading tasks. *European Child and Adolescent Psychiatry, 1*, 42-53.

Reuter-Liehr, C. (1992). *Lautgetreue Rechtschreibförderung. Stundenplanungen und Materialien*. Bochum: Winkler.

Reuter-Liehr, C. (1993). Behandlung der Lese-Rechtschreibschwäche nach der Grundschulzeit: Anwendung und Überprüfung eines Konzeptes. *Zeitschrift für Kinder- und Jugendpsychiatrie, 21*, 135-147.

Roth, E. (1999). *Prävention von Lese-Rechtschreibschwierigkeiten: Evaluation einer vorschulischen Förderung der phonologischen Bewußtheit und der Buchstabenkenntnis*. Frankfurt: Lang.

Roth, E. & Warnke, A. (2001). Therapie der Lese-Rechtschreibstörung. *Kindheit und Entwicklung, 10*, 87-96.

Rutter, M. & Yule, W. (1975). The concept of specific reading retardation. *Journal of Child Psychology and Psychiatry, 16*, 181-197.

Schäfer, W.D. (1998). Visuelle Wahrnehmung bei Legasthenie. *Sprache - Stimme - Gehör, 22*, 13-16.

Schenk-Danzinger, L.L. (1992). *Legasthenie. Zerebral-funktionelle Interpretation. Diagnose und Therapie*. München: Reinhardt.

Schleider, K., Zoeke & Warnke, A. (1994). Zur Begutachtung entwicklungspsychologischer Gedächtnisforschung für die Konzeption und Diagnostik von primären Lernstörungen. *Zeitschrift für Kinder- und Jugendpsychiatrie, 22,* 47-60.

Schneider, W., Küspert, P., Roth, E., Visé, M. & Marx, H. (1997). Short- and long-term effects of training phonological awareness in kindergarten: evidence from two German study. *Journal of Experimental Child Psychology, 66,* 311-340.

Schneider, W. & Näslund, J.G. (1992). Longitudinal effects of verbal ability, memory capacity, and phonological awareness on reading performance. *European Journal of Psychology of Education, 6,* 375-392.

Schneider, W.& Näslund, J.C. (1993). The impact of early metalinguistic competences and memory capicity on reading and spelling in elementary school: Results of the Munich Longitudinal Study on the Genesis of Individual Competences (LOGIC). *Euopean Journal of Psychology of Education, 8,* 273-289.

Schneider, W. & Näslund, J.C. (1997). The early prediction of reading and spelling. Evidence from Munich longitudinal study on the genesis of individual competencies. In C.K. Leong & R.M. Joshi (Eds.), *Cross-language studies of learning to read and spell* (139-159). Dordrecht: Kluwer.

Schneider, W., Roth, E. & Ennemoser, M. (2000). Training phonological skills and letter knowledge in children at risk für dyslexia: A comparison of three kindergarten intervention programs. *Journal of Educational Psychology, 92,* 284-295.

Schneider, W., Roth, E., Küspert, P. & Ennemoser, M. (1998). Kurz- und langfristige Effekte eines Trainings der sprachlichen (phonologischen) Bewußtheit bei unterschiedlichen Leistungsgruppen: Befunde einer Sekundäranalyse. *Zeitschrift für Entwicklungspsychologie und Pädagogische Psychologie, 30,* 26-39.

Schneider, W., Visé, M., Reimers, P. & Blaesser, B. (1994). Auswirkungen eines Trainings der sprachlichen Bewußtheit auf den Schriftspracherwerb in der Schule. *Zeitschrift für Pädagogische Psychologie, 8,* 177-178.

Schonhaut, S. & Satz, P. (1984). Prognosis for children with learning disabilities: A review of follow-up studies. In M. Rutter (Ed.), *Developmental neuropsychiatry.* Edinburgh: Livingstone.

Schulte-Körne, G., Remschmidt, H. & Warnke, A. (1991). Selektive visuelle Aufmerksamkeit und Daueraufmerksamkeit bei legasthenen Kindern. Eine experimentelle Untersuchung. *Zeitschrift für Kinder- und Jugendpsychiatrie, 19,* 99-106.

Schulte-Körne, G., Remschmidt, H. & Hebebrand, J. (1993). Zur Genetik der Lese-Rechtschreibschwäche. *Zeitschrift für Kinder-und Jugendpsychiatrie, 21,* 242-252.

Schulte-Körne, G., Schäfer, J., Deimel, W. & Remschmidt, H. (1997). Das Marburger Eltern-Kind-Rechtschreibtraining. *Zeitschrift für Kinder- und Jugendpsychiatrie und Psychotherapie, 25,* 151-159.

Schulte-Körne, G., Deimel, W., Bartling, J. & Remschmidt, H. (1998a). Die Bedeutung der auditiven Wahrnehmung auf der phonologischen Bewußtheit für die Lese-Rechtschreibschwäche. *Sprache - Stimme - Gehör, 22,* 24-29.

Schulte-Körne, G., Grimm, T., Nöthen, M.M., Müller-Myhsok, B., Cichon, S., Vogt, I.R., Propping, P. & Remschmidt, H. (1998b). Evidence for linkage of spelling disability to chromosome 15. *American Journal of Human Genetics, 63,* 279-282.

Schulte-Körne, G. & Mathwig, F. (2001). *Das Marburger Rechtschreibtraining. Ein regelgeleitetes Förderprogramm für rechtschreibschwache Schüler.* Bochum: Winkler.

Schulte-Körne, G., Nöthen, M.M. & Remschmidt, H. (1998c). Genetik der Lese-Rechtschreibstörung (Legasthenie). *Medizinische Genetik, 10,* 402-405.

Schulte-Körne, G., Deimel, W. & Remschmidt, H. (1998d). Das Marburger Eltern-Kind-Rechtschreibtraining nach zwei Jahren. *Zeitschrift für Kinder- und Jugendpsychiatrie und Psychotherapie, 26,* 167-173.

Singer, W. (1986). The brain as a self-organizing system. *European Archives of Psychiatry and Neurology Science, 236,* 4-9.

Skowronek, H. & Marx, H. (1989). Die Bielefelder Längsschnittstudie zur Früherkennung von Risiken der Lese-Rechtschreibschwäche: Theoretischer Hintergrund und erste Befunde. *Heilpädagogische Forschung, 15,* 38-49.

Strehlow, U. (1994). Katamnestic studies on dyslexia. *Acta paedopsychiatrica, 56,* 219-228.

Strehlow, U. (1998). Der Verlauf der umschriebenen Lese-Rechtschreibschwäche. *Sprache - Stimme - Gehör, 22,* 1-52.

Strehlow, U., Kluge, R., Möller, H. & Haffner, J. (1992). Der langfristige Verlauf der Legasthenie über die Schulzeit hinaus: Katamnesen aus einer Kinderpsychiatrischen Ambulanz. *Zeitschrift für Kinder- und Jugendpsychiatrie, 20,* 254-265.

Tallal, P., Galaburda, A.M., Llinás, R.R. & von Euler, C. (Eds.) (1993). *Temporal information processing in the nervous system.* New York: The New York Academy of Sciences.

Tallal, P., Miller, S. & Fitch, R.H. (1993). Neurobiological basis of speech: a case for the preeminence of temporal processing. In P. Tallal, A.M. Galaburda, R.R. Llinás & C. von Euler (Eds.), *Temporal Information Processing in the Nervous System* (682). New York: The New York Academy of Sciences.

Vanni, S., Uusitalo, M., Kiesilä, P. & Hari, R. (1997). Visual motion activates V5 in dyslexics. *NeuroReport, 8,* 1939-1942.

Vellutino, F.R. (1980). *Dyslexia. Theory and research.* Cambridge: The MIT Press.

Warnke, A. (1987). Behandlung von Legasthenie im Kindesalter. *Monatsschrift Kinderheilkunde, 135,* 302-307.

Warnke, A. (1990). *Legasthenie und Hirnfunktion.* Bern: Huber.

Warnke, A. (1996). Umschriebene Lese- und Rechtschreibschwäche aus kinder- und jugendpsychiatrischer Sicht. In S.-M. Behrndt & M. Steffen (Hrsg.), *Lese- und Rechtschreibschwäche im Schulalltag* (45-53). Frankfurt: Lang.

Warnke, A. (1997). Elterntraining. In H. Remschmidt (Hrsg.). *Psychotherapie im Kindes- und Jugendalter* (175-190). Stuttgart: Thieme.

Warnke, A. (1999a). Sozialrechtliche Hilfen für Schüler mit Lese-Rechtschreibstörung. *Kindheit und Entwicklung, 8,* 167-170.

Warnke, A. (1999b). Reading and spelling disorders: Clinical features and causes. *European Child and Adolescent Psychiatry, 8,* S002-S012.

Warnke, A., Faller, K., Müller H.G., Müller-Egloff, E. & Vogel, B. (1987). Wie steuern teilleistungsgestörte Kinder das erzieherische Handeln bei leichter und schwerer Aufgabe? - Die interaktive Bedeutung von Fehlern und Blickzuwendung. In O. Speck, F. Peterander & P. Innerhofer (Hrsg.), *Kindertherapie* (239-244). München: Reinhardt.

Warnke, A., Martinius, J. & Amorosa, H. (1996). Empfehlungen zu den Kriterien für das ärztliche Gutachten im Rahmen der Eingliederungshilfe nach § 35 a SGB VIII bei vorhandener oder drohender seelischer Behinderung. *Zeitschrift für Kinder- und Jugendpsychiatrie und Psychotherapie, 24,* 209-301.

Warnke, A. & Niebergall, G. (1997). Legasthenie und Rechenstörungen. In H. Remschmidt (Hrsg.), *Psychotherapie im Kindes- und Jugendalter* (322-342). Stuttgart: Thieme.

Warnke, A. & Remschmidt, H. (1992). Visual information processing in developmentally dyslexic boys: A neuropsychological study. In H. Remschmidt & M.H. Schmidt (Eds.), *Developmental psychopathology* (117-130). Bern: Huber.

Warnke, A., Remschmidt, H. & Hennighausen, K. (1994). Verbal information processing in dyslexia - data of a follow-up experiment to neuropsychological aspects and EEG. *Acta paedopsychiatrica, 56,* 203-208.

Warnke, A., Remschmidt, H. & Niebergall, G. (1989). Legasthenie, sekundäre Symptome und Hausaufgabenkonflikte. In L. Dummer-Smoch (Hrsg.), *Legasthenie. Hannover: Bericht über den Fachkongreß 1988* (311-331). Hannover: Bundesverband Legasthenie.

Warnke, A. & Wewetzer, Ch. (1997). Legasthenie: Definition und Psychopathologie. *Zeitschrift praktische Augenheilkunde und augenärztliche Fortbildung, 18,* 94-102.

Warnke, A., Wewetzer, Ch., Hennighausen, K., Schulte-Körne, G. & Remschmidt, H. (1999). Neurobiologie und Neuropsychologie der Legasthenie. *Kindheit und Entwicklung, 8,* 135-140.

Weinschenk, C. (1981). *Entschluß zur Tat, Schuldfähigkeit, Resozialisierung, Prävention.* Königstein: Athenäum.

WHO (1991). *Internationale Klassifikation psychischer Störungen. (ICD-10 Kapitel V).* Bern: Huber.

Wilsher, C.R. (1986). The nootropic concept and dyslexia. *Annual Dyslexia, 26,* 118-137.

Wimmer, H. (1996). The nonword reading deficit in developmental dyslexia: Evidence from children learning to read German. *Journal of Experimental Child Psychology, 61,* 80-90.

Wimmer, H., Mayringer, H. & Landerl, K. (1998). Poor reading: a deficit in skill-automatization or a phonological deficit? *Scientific Studies of Reading, 2,* 321-340.

Wolff, P.H. (1993). Impaired temporal resolution in developmental dyslexia. In P. Tallal, A.M. Galaburda, R.R. Llinás & C. von Euler (Eds.), *Temporal information processing in the nervous system* (87-103). New York: The New York Academy of Sciences.

Yopp, H.K. (1988). The validity and reliability of phonemic awareness tests. *Reading Research Quarterly, 23,* 159-177.

IV. Chronische Krankheiten und psychosomatische Störungen

18 Belastungen bei chronisch kranken Kindern und deren Familien
von Petra Warschburger und Franz Petermann

Inhaltsübersicht

1 Einleitung

Die Verbreitung von chronischen Erkrankungen in der Bevölkerung nimmt stetig zu; eine solche Entwicklung wurde in den letzten Jahrzehnten auch für die Gruppe der chronisch kranken Kinder und Jugendlichen konstatiert (Newacheck & Halfon, 1998). Damit in Zusammenhang steht sicherlich, daß viele, früher unheilbare und mehr oder minder schnell tödlich verlaufende Erkrankungen heutzutage medikamentös sowie therapeutisch behandelt werden können und sich dadurch die Lebenserwartung der Betroffenen drastisch verbessert hat. Die zunehmende Bedeutung von chronischen Erkrankungen in der psychosozialen Versorgung läßt sich jedoch nicht nur auf die steigende Prävalenz dieser Erkrankungen reduzieren. Diskutiert werden immer wieder auch die Kosten, die im Rahmen der Versorgung chronischer Erkrankungen (z.B. Krankenhausaufenthalte, Arztbesuche oder Medikamente) entstehen – vor allem durch fehlende Compliance (vgl. Volmer & Kielhorn, 1998).

Bei chronischen Erkrankungen ist der medizinische Aspekt nur eine Seite der Medaille, der psychosoziale Aspekt die andere und zugleich oftmals die wesentlich wichtigere. Es stellt sich die Frage, wie Kinder und Jugendliche und deren Familien sowohl kurz- als auch langfristig mit dieser veränderten Situation umgehen:

• Wird die Erkrankung akzeptiert?
• Werden zusätzliche Ressourcen beim Kind oder in der Familie aktiviert?
• Wie wird der Betroffene in die Gesellschaft integriert?
• Wie können die Behandlungsanforderungen umgesetzt werden?
• Entstehen ausgeprägte psychosoziale Belastungen und wenn ja, in welchen Bereichen?

Dies bedeutet, daß sich die Betreuung chronisch Kranker von einer rein medizinischen, hin zu einer umfassend biopsychosozialen und interdisziplinären Perspektive orientieren muß.

Im Folgenden soll der Begriff der chronischen Erkrankung näher spezifiziert und die zentralen Charakteristika herausgearbeitet werden, bevor auf Fragen nach deren Verbreitung eingegangen wird. Die Palette chronischer Krankheitsbilder ist sehr breit und viele Krankheitsbilder treten zudem sehr selten auf. Chronische Erkrankungen im Kindes- und Jugendalter müssen einerseits im Kontext der Erkrankung (mit ihren Behandlungsanforderungen und Symptomen), andererseits im Kontext der Entwicklung betrachtet werden. Im Gegensatz zur Psychologie chronischer Erkrankungen im Erwachsenenalter handelt es sich bei Kindern und Jugendlichen um ein „moving target" (Harper, 1991): Die Belastungen verändern sich mit dem Alter der Betroffenen sehr stark. Hierbei spielen entwicklungsspezifische Anforderungen und das sich ändernde Krankheitsverständnis der Kinder eine Rolle. Diese Aspekte werden in Abschnitt 4 und 5 diskutiert.

Bevor auf die Frage nach der psychosozialen Befindlichkeit chronisch kranker Kinder und Jugendlicher sowie von deren Familien eingegangen wird, soll der Stellenwert psychosozialer Faktoren angesprochen werden. Dabei wird vor allem das Krankheitsfolgenmodell zur Verdeutlichung der biopsychosozialen Perspektive vorgestellt und die Frage nach der ätiopathogenetischen Relevanz psychosozialer Aspekte aufgeworfen. Im Mittelpunkt der Ausführungen stehen die Prävalenz und Ausprägung psychosozialer Folgebelastungen. Um die potentiellen Folgen einer chronischen Erkrankung zu verdeutlichen, wurden zwei Krankheitsbilder herausgegriffen: Asthma und Krebserkrankungen (die psychosozialen Aspekte der Adipositas wurden bei Fichter und Warschburger in diesem Buch diskutiert). Diese Wahl wurde aus verschiedenen Gründen getroffen:

• Die psychosozialen Belastungen für die Betroffenen und deren Familien wurden an diesen beiden Krankheitsbildern umfassend untersucht. Längsschnittstudien dokumentieren vor allem für krebskranke Kinder und Jugendliche den längerfristigen Einfluß einer chronischen Erkrankung (vgl. Petermann & Kroll, 1996).
• Während Asthma zu den häufigsten chronischen Erkrankungen gehört und dadurch eine wichtige Bedeutung innerhalb der Versorgung zukommt, handelt es sich bei Krebserkrankungen – trotz mittlerweile deutlich verbesserter Überlebenschancen – um ein emotional bewegendes Thema und diese haben dadurch starkes Forschungsinteresse auf sich gezogen.
• Beide Erkrankungen unterscheiden sich in einigen krankheitsspezifischen Merkmalen (wie Verlauf, Lebensbedrohlichkeit, Dauer der akuten Phase, erforderliche Therapiemaßnahmen), so daß sich diese gut eignen, um einerseits das Spektrum der Anforderungen und Belastungen zu verdeutlichen, andererseits lassen sich hieran gut die allgemeinen Aspekte einer chronischen Erkrankung aufzeigen.

Die genannten Aspekte haben dazu beigetragen, daß Asthma und Krebs insgesamt die meisten Forschungsaktivitäten auf sich gezogen haben. Die Erörterung der psychosozialen Aspekte bildet – neben den krankheitsspezifischen Anforderungen – den Hintergrund für die Entwicklung von Interventionsprogrammen (vgl. Noeker & Petermann in diesem Buch) und nimmt daher einen wichtigen Stellenwert in der aktuellen Forschung ein.

Abbildung 1 veranschaulicht die Konzeption für die weiteren Ausführungen. Im Mittelpunkt stehen die beobachtbaren und/oder berichteten Auswirkungen einer chronischen Erkrankung im Verhalten und Erleben der Kinder und Jugendlichen sowie von deren Familien. Diese Betrachtung muß jedoch vor dem Hintergrund der Entwicklung, der Erkrankung und dem gesamten familiären Rahmen gesehen werden. Entscheidend dabei ist auch, wie die ojektiven Veränderungen der Lebenssituation oder beobachteten Einschränkungen verarbeitet werden (z.B. Krankheitskonzepte der Kinder und Jugendlichen).

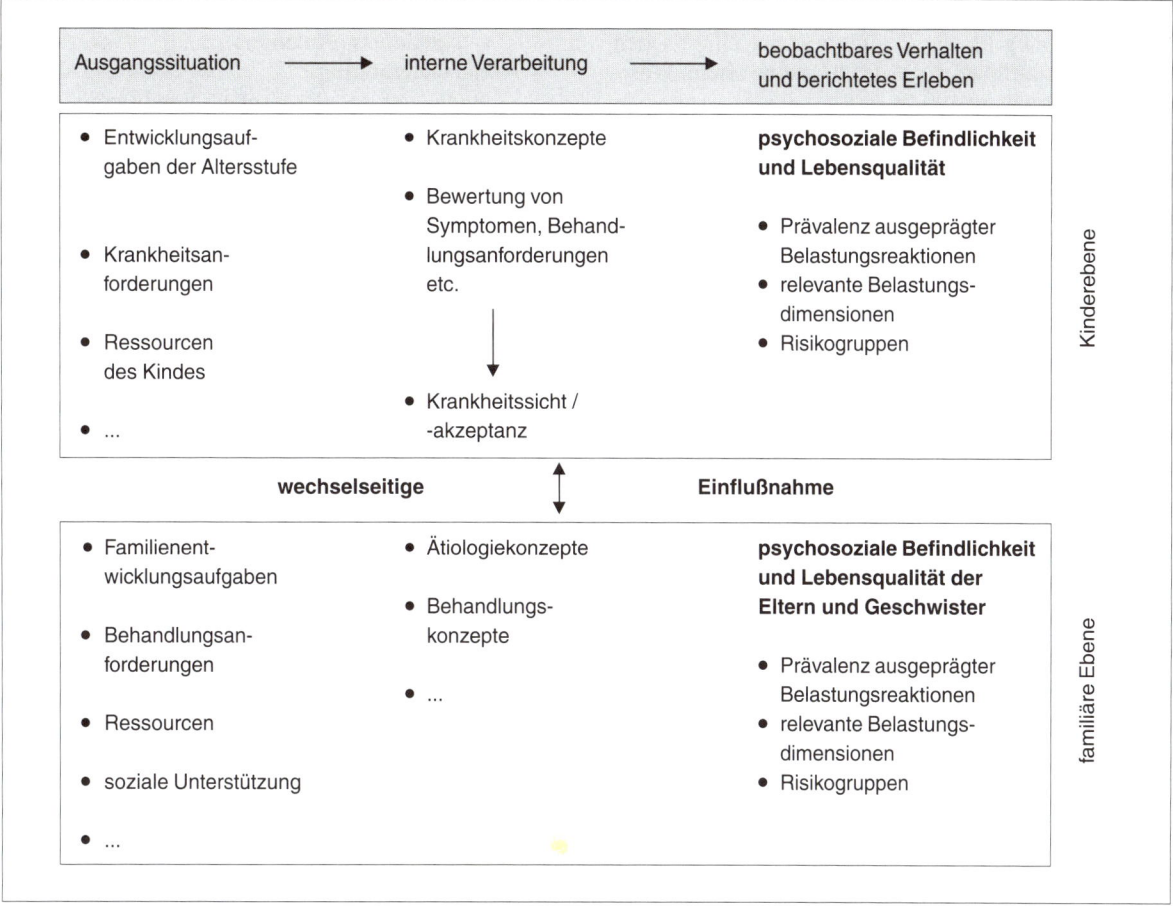

Abbildung 1:
Ordnungsschema zur Betrachtung psychosozialer Belastungen bei chronisch kranken Kindern und Jugendlichen sowie deren Familien.

2 Chronische Krankheiten: Definition und Merkmale

Zu den chronischen Erkrankungen zählen so unterschiedliche Erscheinungsbilder wie Krebs, Asthma, Diabetes mellitus, Rheuma oder Mukoviszidose. Diese Krankheitsbilder können allein oder in Kombination (= Multimorbidität) auftreten. Die folgenden Ausführungen beziehen sich ausschließlich auf körperlich chronisch kranke Kinder und Jugendliche. Die Vielfalt der Erscheinungsbilder und die damit unterschiedlichen Anforderungen an Behandlung und Krankheitsbewältigung erschweren eine eindeutige, zugleich jedoch auch umfassende Definition. Dennoch konnten „diagnoseübergreifende" Aspekte einer chronischen Erkrankung bestimmt werden (vgl. auch Abschnitt 4.2).

Die Weltgesundheitsorganisation (WHO, 1998) definiert ein Gesundheitsproblem als eine Veränderung oder ein Merkmal des Gesundheitszustandes, das zu Leid, einer Beeinträchtigung im Alltag oder einer Inanspruchnahme von Gesundheitsleistungen führen kann. Diese Gesundheitsprobleme können chronischer oder akuter Natur sein. „Chronisch" bedeutet in Abgrenzung zu „akut", daß es sich um einen längerandauernden Prozeß handelt, der nicht in unmittelbar absehbarer Zeit abgeschlossen ist. Um eine solche Abgrenzung vorzunehmen, muß der Begriff „längerandauernd" operationalisiert werden; in der Literatur finden sich verschiedene Definitionsversuche. Im folgenden wird die Definition von Stein, Bauman, Westbrook, Coupey und Ireys (1993) vorgestellt (vgl. Kasten 1). Sie sprechen von einer chronischen Erkrankung, wenn die Erkrankung mindestens ein Jahr lang vorliegt, um akut-rezidivierende Störungsbilder auszuschließen. Darüber hinaus müssen jedoch weitere Aspekte gegeben sein, um diese Einteilung zu rechtfertigen. Generell läßt sich hervorheben, daß neben den zugrundeliegenden medizinischen, psychologischen oder kognitiven Faktoren die Auswirkungen auf den Alltag der Betroffenen ein zentrales Merkmal chronischer Erkrankungen im Kindes- und Jugendalter darstellen.

Kasten 1:
Kriterienkatalog für die Definition einer chronischen Erkrankung nach Stein et al. (1993) sowie Stein, Westbrook und Bauman (1997).

1. Es liegt eine biologische, psychologische oder kognitive Basis für die Erkrankung vor *und*
2. die Krankheit besteht seit mindestens einem Jahr oder ist seit diesem Zeitraum so gut wie sicher *und*
3. sie führt zu mindestens einer der genannten Folgen:
   - **Funktionelle Einschränkungen**
     Einschränkung der Funktionen, Aktivitäten oder schulischen Rolle im Vergleich zu gesunden Gleichaltrigen in der körperlichen, kognitiven, emotionalen und sozialen Entwicklung (hierunter werden genannt: unfähig, mit anderen Kindern zu spielen; eingeschränkt in der Ausübung von Aktivitäten; Schwierigkeiten beim Essen (Füttern), Anziehen, Waschen, zur Toilette gehen, Gehen; Hör-, Sprach-, Kommunikationsprobleme).
   - **Kompensatorische Modalitäten**
     Abhängigkeit von einem der folgenden Dinge, um die funktionellen, aktivitätsbezogenen oder sozialen Einschränkungen zu kompensieren oder zu minimieren:
     - Medikation,
     - spezielle Diät,
     - medizinische Technologie,
     - unterstützende Gerätschaften,
     - persönliche Anleitung.
   - **Servicenutzung**
     Bedarf an medizinischer Versorgung oder verwandten Leistungen, psychologisch erzieherischen Dienstleistungen, die über das Altersmaß hinausgehen, oder an speziellen überdauernden Behandlungen oder Unterbringungen (zu Hause oder in der Schule; hierunter werden verstanden: Hospitalisierungen; Arztbesuche; Versorgung oder Behandlung durch Krankenhauspersonal; Physio- oder Sprachtherapie; psychologische Angebote; spezielle Arrangements in der Schule; spezielle Instruktionen oder andere erziehungsbildende Leistungen; Bedarf nach aktuell nicht verfügbaren Serviceleistungen).

Wie in einer weiteren Studie (Westbrook, Silver & Stein, 1998) gezeigt werden konnte, sind die beschriebenen Folgebelastungen unterschiedlich häufig: Wurde die Kategorie „Servicenutzung" zugrundegelegt, wurden die meisten Kinder und Jugendlichen (72%) als behindert klassifiziert, nach der Kategorie „kompensatorische Modalitäten" noch 55% und 49% laut „funktioneller Einschränkungen". Es ergaben sich interessanterweise keine Unterschiede in Abhängigkeit von der zugrundeliegenden Störung. 20% der Kinder und Jugendlichen erfüllten die Merkmale aller drei Kategorien; dabei handelte es sich vor allem um multimorbide Kinder und solche mit schwereren Störungen.

3 Verbreitung ausgewählter chronischer Krankheitsbilder

Es ist relativ schwer abzuschätzen, wie hoch der Anteil chronisch kranker Kinder und Jugendlicher in der Bevölkerung ist, da dies großangelegte epidemiologische Studien erfordert; die meisten Daten hierzu stammen aus den USA. Gortmaker, Walker, Weitzman und Sobol (1990) sprechen von rund 10%, Newacheck und Taylor (1992a, 1992b) gehen sogar davon aus, daß jedes dritte Kind chronisch krank ist. Nach einer Befragung des „National Health Interview Survey (NHIS) on Child Health" sollen 31% der Kinder und Jugendlichen unter 18 Jahren mindestens eine chronische Erkrankung aufweisen, wobei 19 verschiedene Störungsbilder vorgegeben waren; diese konnten um weitere ergänzt werden, die Störungen mussten jedoch mindestens drei Monate lang andauern. In die Erhebung gingen auch Sinnesbehinderungen (wie Taub- oder Blindheit) mit ein, so daß die Gesamtprävalenzschätzung etwas nach unten korrigiert werden müßte. In Tabelle 1 ist die Auftretenswahrscheinlichkeit der am häufigsten genannten Erkrankungsbilder (ohne die Behinderungen) aufgelistet.

Am häufigsten traten demnach respiratorische Allergien (9,68%), häufige oder wiederholte Ohrentzündungen (8,34%) und Asthma (4,25%) auf. Die jüngsten Daten von Stein und Silver (1999) greifen auf die bereits vorgestellten Kriterien von Stein et al. (1993) zurück. Mit dieser etwas engeren Definition gelangten sie zu einer Prävalenzschätzung von 14,8%. Generell sind mit diesen Erkrankungen häufige Arztkontakte, Krankenhausaufenthalte oder Schulfehlzeiten verbunden, vor allem wenn funktionelle Einschränkungen vorliegen (vgl. Newacheck & Halfon, 1998; Newacheck & Stoddard, 1994).

Tabelle 1:
Prävalenzen chronischer Erkrankungen (ohne Behinderungen) in den USA bei Kindern und Jugendlichen im Alter bis zu 18 Jahren (N = 17 110; nach Newacheck & Stoddard, 1994; Newacheck & Taylor, 1992a).

Chronischer Zustand	Anzahl	Fälle pro 1000 Kinder	Fälle pro 1000 Kinder im Alter unter 10 Jahren	Fälle pro 1000 Kinder im Alter von 10 – 17 Jahren
Alle Kinder mit chronischen Zuständen	5332	307,6	302,2	315,0
Diabetes	25	1,0	0,6	1,5
Sichelzellenanämie	26	1,2	1,3	0,9
Anämie	139	8,8	11,0	5,8
Asthma	747	42,5	39,3	46,8
Respiratorische Allergien (z.B. Heuschnupfen)	1746	96,8	71,8	130,3
Ekzem und Hautallergien	557	32,9	31,1	35,2
Epilepsie und Anfälle	34	2,4	1,7	3,3
Arthritis	79	4,6	1,5	8,7
Kardiovaskuläre Erkrankungen	272	15,2	13,6	17,4
Häufige oder wiederholte Ohrentzündung	1480	83,4	120,6	33,6
Häufige Diarrhoe / Darmbeschwerden	308	17,1	22,6	9,6
Nahrungsmittelallergien	398	22,3	23,2	21,1
Häufige oder schwere Kopfschmerzen	419	25,3	9,9	45,8
Andere	344	19,8	12,1	30,0

Für Deutschland liegen Daten aus epidemiologischen Studien zu einzelnen Krankheitsbildern vor. Dabei konnte immer wieder die hohe Prävalenz von Asthma unter Kindern und Jugendlichen bestätigt werden: Sie wird auf rund 10% geschätzt (von Mutius, 1997) und stellt mit rund ein Fünftel aller Heilbehandlungen die häufigste Indikation für eine stationäre Rehabilitation im Kindes- und Jugendalter dar (Verband Deutscher Rentenversicherungsträger, 1999). Krebserkrankungen sind im Kindes- und Jugendalter sehr selten; laut Gut-

jahr (1999) erkranken 2 von 1000 Kindern und Jugendlichen daran. Das Deutsche Krebsregister in Mainz liefert zudem detaillierte Angaben zum Auftreten von spezifischen Krebserkrankungen. Demnach traten bei 21 752 Kindern und Jugendlichen unter 15 Jahren im Zeitraum zwischen 1980 und 1995 bösartige Neubildungen auf. Der höchste Anteil entfiel dabei auf die Leukämien (34,2%), die Tumoren des Zentralen Nervensystems (16,6%) und maligne Lymphone (11,7%).

4 Entwicklungsbezogene und krankheitsspezifische Anforderungen

Eine chronische Erkrankung im Kindes- und Jugendalter muß vor dem Hintergrund der allgemeinen Entwicklungsaufgaben des Kindes und der Familie gesehen werden; sie trägt zusätzliche Anforderungen an die Bewältigungskompetenzen der Betroffenen und deren Familien heran. Folgende Aspekte sollen näher ausgeführt werden:

- allgemeine entwicklungsbezogene Aufgaben der Kinder und Jugendlichen sowie der Familien sowie
- krankheitsbedingte Aufgaben und Anforderungen an die Compliance.

Die Belastungen, die möglicherweise für Kind und Familie entstehen, werden demnach dadurch beeinflußt:

- wieviele Belastungen diese insgesamt (unabhängig von der Erkrankung) erleben,
- welche (persönlichen oder sozialen) Ressourcen ihnen zur Bewältigung zur Verfügung stehen,
- wie hoch die konkreten Anforderungen der zugrundeliegenden Erkrankung sind und
- wie sehr diese mit der normalen Entwicklung interferieren.

Abbildung 2 versucht diese Sichtweise zu veranschaulichen.

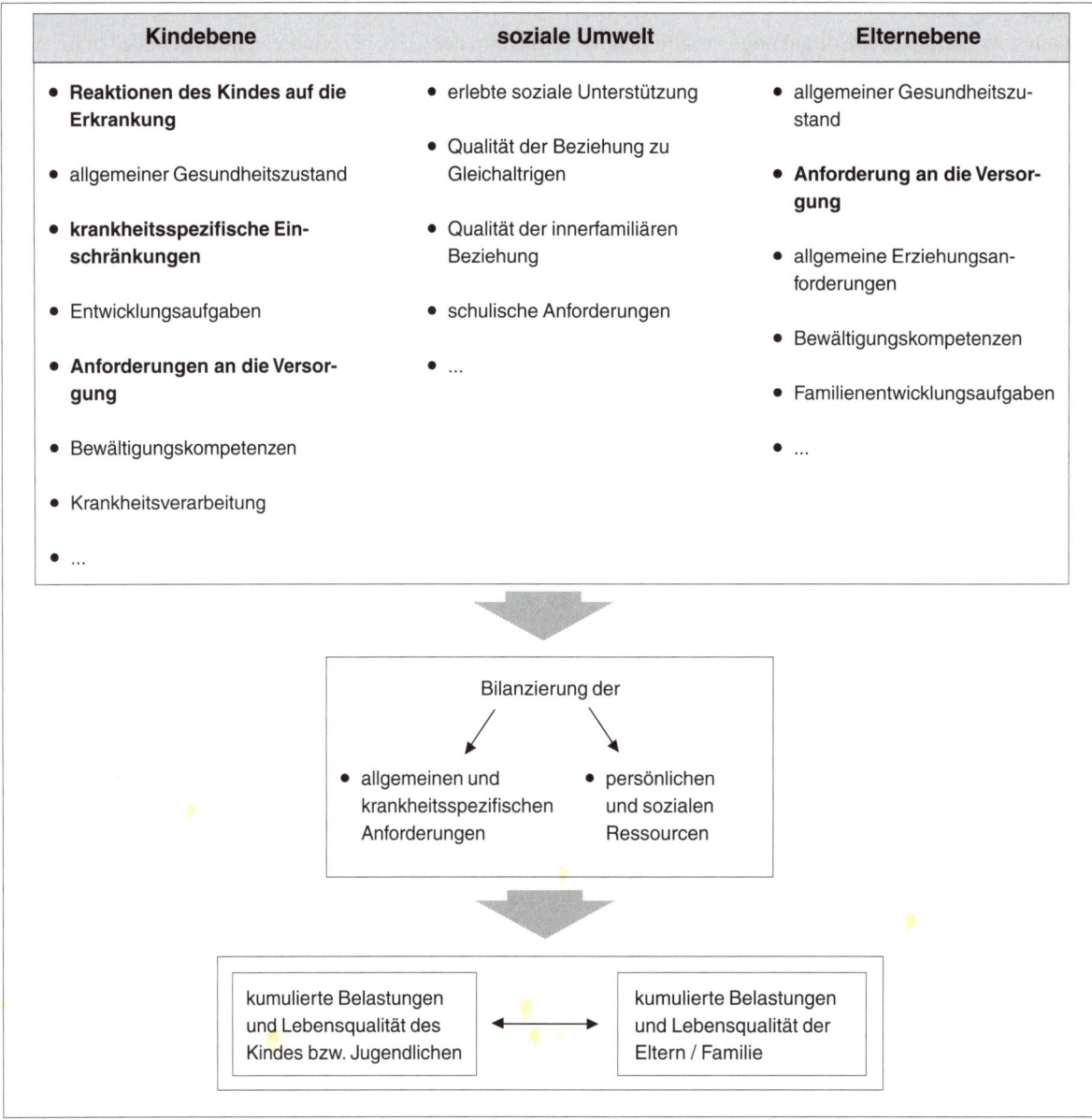

Abbildung 2:
Anforderungen an die psychosoziale Bewältigung chronischer Erkrankungen (die krankheitsspezifischen Aspekte wurden fett gedruckt).

4.1 Entwicklungsbezogene Aufgaben des Kindes und der Familie

Die Belastungen, die Kinder und Jugendliche mit einer chronischen Erkrankung erleben, können nicht unabhängig von den altersbezogenen Aktivitäten und Anforderungen betrachtet werden (Eiser, 1993). Im Verlauf ihrer Entwicklung werden an Kinder und Jugendliche zahlreiche Anforderungen und Aufgaben gestellt, die es zu bewältigen gilt. Mit dem Alter der Kinder und Jugendlichen wandeln sich diese Anforde-

rungen (vgl. Tab. 2). Die Passung zwischen den jeweiligen Entwicklungsaufgaben und den krankheitsspezifischen Anforderungen ist wichtig, um das Belastungspotential abschätzen zu können. Mit anderen Worten: für ein jüngeres Kind mag es noch relativ unbelastend sein, daß die Erkrankung das Spektrum zu ergreifender Berufe einschränkt, für einen Jugendlichen, der sich mit dieser Frage auseinandersetzt, kann dies eine Belastung darstellen; vor allem dann, wenn das angestrebte Berufsziel aufgrund der Erkrankung nicht oder nur sehr schwer realisierbar ist.

Tabelle 2:
Entwicklungsaufgaben in der mittleren Kindheit und dem Jugendalter nach Havinghurst (zitiert nach Seiffge-Krenke, 1994, S. 17).

Mittlere Kindheit (6 - 12 Jahre)	Jugendalter (12 – 18 Jahre)
• Erlernen körperlicher Geschicklichkeit, die für gewöhnliche Spiele notwendig ist. • Aufbau einer positiven Einstellung zu sich als einem wachsenden Organismus. • Lernen, mit Altersgenossen zurechtzukommen. • Erlernen eines angemessenen männlichen oder weiblichen sozialen Rollenverhaltens. • Entwicklung grundlegender Fertigkeiten im Lesen, Schreiben und Rechnen. • Entwicklung von Konzepten und Denkschemata, die für das Alltagsleben notwendig sind. • Entwicklung von Gewissen, Moral und einer Wertskala. • Erreichen persönlicher Unabhängigkeit. • Entwicklung von Einstellungen gegenüber sozialen Gruppen und Institutionen.	• Neue und reifere Beziehungen zu Altersgenossen beiderlei Geschlechts aufbauen. • Übernahme der männlichen oder weiblichen Geschlechtsrolle. • Akzeptieren der eigenen körperlichen Erscheinung und effektive Nutzung des Körpers. • Emotionale Unabhängigkeit von den Eltern und von anderen Erwachsenen. • Vorbereitung auf Ehe und Familienleben. • Vorbereitung auf eine berufliche Karriere. • Werte und ein ethisches System erlangen, das als Leitfaden für das Verhalten dient – Entwicklung einer Ideologie. • Sozial verantwortliches Verhalten erstreben und erreichen.

Wie die Entwicklungsaufgaben der Kinder und Jugendlichen ändern sich mit dem Alter der Kinder auch die Aufgaben für die Eltern; die Folgen chronischer Erkrankungen für Kind und Familie sind daher zusätzlich im Kontext der Familienentwicklungsaufgaben (vgl. Schneewind, 1999) zu sehen (vgl. Tab. 3).

Tabelle 3:
Familienentwicklungsaufgaben (nach Schneewind, 1999).

Stufe	Entwicklungsaufgaben für die Eltern
Familien mit jungen Kindern	• Anpassung des Ehesystems, um Raum für ein Kind beziehungsweise Kinder zu schaffen. • Koordinierung der Kindererziehung, des Umgangs mit Geld und der Haushaltsführung. • Neuorientierung der Beziehungen mit der erweiterten Familie, um Eltern und Großeltern mit einzubeziehen.
Familien mit Jugendlichen	• Veränderung der Eltern-Kind-Beziehungen, um Jugendlichen zu ermöglichen, sich innerhalb und außerhalb des Familiensystems zu bewegen. • Neue Fokussierung auf die ehelichen und beruflichen Themen der mittleren Lebensspanne. • Hinwendung auf die gemeinsame Pflege und Sorge für die ältere Generation.

4.2 Krankheitsbedingte Anforderungen

Eine chronische Erkrankung geht für die betroffenen Kinder und Jugendlichen mit zahlreichen Anforderungen als zusätzliche, potentielle Belastungsquellen einher, die zudem mit den „normalen Entwicklungsaufgaben" ihrer Altersstufe kollidieren können. Zu nennen sind hier beispielsweise:

- die regelmäßige Einnahme von Medikamenten,
- der Umgang mit den Symptomen der Erkrankung und deren Berücksichtigung bei alltäglichen Aktivitäten (wie z.B. bei Unternehmungen mit Freunden oder sportlichen Aktivitäten),
- das Entstehen von Schulfehltagen aufgrund von Krankenhausaufenthalten, Arztbesuchen oder gesundheitlichen Einschränkungen,
- emotionale Bewältigung der mit der Erkrankung verbundenen eingeschränkten Lebensperspektive oder
- Umgang mit schmerzhaften Prozeduren und häufigen Krankenhausaufenthalten.

McNaab, Wilson-Pessano und Jacobs (1986) stellten einen ausführlichen Anforderungskatalog für ein erfolgreiches Selbstmanagement bei Asthma zusammen. Sie befragten Kliniker, Eltern und Kinder, was für den Umgang mit dem Asthma zentral sei und teilten die Antworten in vier wesentliche Kategorien ein:

- **Verhindern akuter Asthmasymptome durch präventive Maßnahmen** (z.B. Allergenkarenz, Kontrolle von negativen Emotionen oder kooperatives Verhalten bei der Behandlung),
- **Umgang mit akuter Symptomverschlechterung** (z.B. regelmäßige Einnahme von Medikamenten, Durchführung von Atemübungen oder Einnehmen von atemerleichternden Stellungen),
- **Anpassung an die allgemeinen Lebensbedingungen** (z.B. Auseinandersetzungen mit anderen über die Erkrankung, eigenverantwortlicher Umgang mit der Erkrankung) und
- **Umgang mit negativen äußeren Einflüssen** (z.B. familiäre Probleme, die zu einer Symptomverschlechterung beitragen).

Die Ausführungen eines zehnjährigen Jungen mit Asthma sollen dies verdeutlichen (vgl. Kasten 2).

Bei vielen chronischen Erkrankungen kann nicht davon ausgegangen werden, daß die Krankheitsanforderungen stabil bleiben; je nach Krankheitsphase verändern sich diese sehr stark. Hertl (1999) hat die Probleme bezogen auf die jeweilige Krankheitsphase, medizinischen Aufgaben und psychischen Reaktionen für Krebserkrankungen zusammengefaßt (vgl. Tab. 4). Diese Auflistung veranschaulicht exemplarisch die Variabilität der Krankheitsfolgen in Abhängigkeit vom jeweiligen Krankheitsstatus (vgl. auch Petermann, Noeker, Bochmann & Bode, 1990).

Kasten 2:
Anforderungen an das Selbstmanagement im Umgang mit dem Asthma aus der Sicht eines Betroffenen.

Junge mit Asthma, 10 Jahre alt.

Was „muß man alles beachten", wenn man Asthma hat?

Diese Aufgaben und Anforderungen werden an die gesamte Familie eines chronisch kranken Kindes gestellt. Als zusätzliche Belastungen der Eltern sind unter anderem zu nennen:

- Mehraufwand durch die besondere Pflege des Kindes,
- Umgang mit Geschwisterrivalitäten,
- Sorgen um das kranke Kind,
- Fragen nach „Schuld" oder der Verursachung der Erkrankung,
- finanzielle Mehraufwendungen (z.B. durch Fahrten ins Krankenhaus oder Geschenke) oder
- spezielle familiäre Arrangements, um eine Betreuung zu gewährleisten.

Wie anhand dieser Ausführungen bereits deutlich wird, stehen je nach Krankheitsbild bestimmte Anforderungen mehr oder minder im Fokus. So ist die Auseinandersetzung mit Themen wie „Sterben und Tod" für ein krebskrankes Kind mit schlechter Prognose sicherlich augenscheinlicher und wesentlicher als für ein Kind mit leichtem Asthma, das noch nie einen massiven Asthmaanfall erlitten hat. Dennoch sind viele Belastungen auf andere Krankheitsbilder übertragbar (nonkategorialer Ansatz; Stein & Jessop, 1982). Zu den krankheitsübergreifenden Aspekten gehören zum Beispiel:

- Krankenhausaufenthalte,
- diagnostische Prozeduren,
- häufige Arztkontakte,
- Umgang mit einem veränderten Selbstbild oder
- Akzeptanz der Erkrankung.

In einer Reihe von Studien zur psychosozialen Belastung erwies es sich nicht als ausschlaggebend, welche medizinische Diagnose vergeben wurde (z.B. Stein & Jessop, 1989; Wallander, Varni, Babani, Banis & Wilcox, 1988). Relevanter scheinen bestimmte Krankheitsdimensionen zu sein wie Sicherheit bezüglich des Verlaufs, Sichtbarkeit der Symptome, die Prognose, das Alter bei Erstmanifestation, der Grad der funktionellen Einschränkungen, die medizinische Behandlung, um nur einige zu nennen (z.B. Jessop & Stein, 1985; Thompson & Gustafson, 1996). Aus diesem Grund lassen sich Erfahrungen mit einem bestimmten Krankheitsbild unter Berücksichtigung der relevanten Dimensionen auch auf andere übertragen.

Tabelle 4:
Krankheitsphasen, medizinische Aufgaben und psychosoziale Reaktionen bei Kindern und Jugendlichen mit Krebs sowie deren Familien (modifiziert nach Hertl, 1999).

Krankheitsphase	Medizinische Aufgaben (Beispiele)	Psychosoziale Aufgaben (Beispiele)
Diagnosefindung	• direkte Untersuchung • diagnostische Techniken	• Umgang mit Angst und Unsicherheit • Krankenhausaufenthalte • diagnostische Untersuchungen über sich ergehen lassen
Diagnosestellung	• Aufklärung zum Krankheitsbild • Informationen zu Therapie und Prognose	• Auseinandersetzung mit Prognose • Vorbereitung auf neue Lebenssituation
Konservative Therapie	• Chemotherapie • Radiotherapie • technikgebundene Therapieüberwachung • supportive Therapie • Transplantation von Knochenmark oder Stammzellen	• Umgang mit Nebenwirkungen der Therapien (z.B. Erbrechen, Appetitlosigkeit, allgemeine Schwäche, Durchfall, Fieber, Haarausfall) • Krankenhausaufenthalte • Trennung von Freunden und Geschwistern • Schulfehlzeiten • Kooperation bei der Therapie
Chirurgische Eingriffe	• Amputation • postoperative Behandlung	• Umgang mit Schmerz • emotionale Bewältigung körperlicher Veränderungen
Remissionserhaltung; Nachsorge	• Erhaltungstherapie • Überwachungsdiagnostik (Spätfolgen?, Rezidivzeichen?)	• Umgang mit Angst vor Rezidiv • Wiedereingliederung in Schule • (Wieder-) Aufnahme sozialer Beziehungen mit Gleichaltrigen
Rezidivbehandlung	• erneute Diagnostik und Therapie	• Vorbereiten auf negativen Verlauf • Umgang mit erforderlichen Behandlungsverfahren
Tod und Sterben	• Begleitung • Bekämpfung von Schmerz, Atemnot und Blutungen	• emotionale Bewältigung • Umgang mit Schmerzen • Umgang mit familiären Belastungen

Im Folgenden soll eine gerade im Umgang mit chronischen Erkrankungen sehr wesentliche Anforderung – das Befolgen von ärztlichen Therapieanweisungen - detaillierter angesprochen werden.

4.2.1 Compliance: Definition und Merkmale

In den letzten Jahrzehnten hat sich die Forschung zunehmend mit der Frage der Compliance von Kindern und Jugendlichen, vor allem die der chronisch kranken, beschäftigt (Dunbar-Jacob, Dunning & Dwyer, 1993; Seiffge-Krenke & Kollmar, 1996). Dies ist sicherlich auch auf die Beobachtung zurückzuführen, daß trotz verbesserter Medikation und Versorgungsmöglichkeiten die Rate der letalen Verläufe sowie die Anzahl der Krankenhaustage in den letzten Jahrzehnten zum Beispiel beim kindlichen Asthma relativ unbeeinflußt blieb. Als eine Erklärungsmöglichkeit wird die mangelnde Compliance der Betroffenen diskutiert (Clark, 1998; Weinstein, 1998). Mangelnde Compliance wird darüber hinaus für die hohen Kosten im Gesundheitswesen verantwortlich gemacht (Barnes, Jonsson & Klim, 1996).

Allgemein wird unter Compliance das Befolgen von ärztlichen Therapieanweisungen verstanden (Haynes,

1979). Im Laufe der Zeit hat sich der Begriff gewandelt, weg von der starren Befolgung ärztlicher Anweisungen (passive Patientenrolle) hin zur aktiven Therapiemitarbeit und -kooperation (im Englischen „adherence" genannt; vgl. Petermann & Warschburger, 1997). Trotz dieses Wandels werden in der Forschung die ärztlichen Therapieanweisungen hinsichtlich der Einnahme von Medikamenten, dem Durchführen von Diäten oder Einleiten einer generellen Lebensstiländerung stets als „golden standard" herangezogen. Der Grad der Übereinstimmung des Patientenverhaltens mit diesen von ihm geforderten Verhaltensweisen definiert das Ausmaß der Compliance. So würde beispielsweise bei einem Kind mit Asthma seine Compliance daran festgemacht werden, ob es wie vom Arzt verordnet zweimal täglich zwei Hub seines bronchodilatatorischen Sprays nimmt. Je nach Verhalten können verschiedene Formen der fehlenden („Non"-) Compliance unterschieden werden:

- **Intensivierung der Therapie** durch die Einnahme zuvieler Medikamente (z.B. statt zwei Hub werden jedes Mal drei genommen),
- **Schwächung der Therapie** durch Wegfall, komplettes oder vereinzeltes Weglassen von Medikamenteneinnahmen (z.B. das Spray wird generell nur morgens angewandt oder am Wochenende schon mal vergessen) oder
- **variables Muster** mit sowohl einer Steigerung als auch Reduktion/Ausfall der Medikation (z.B. die ausgefallenen Einnahmen am Wochenende werden durch eine Dosissteigerung während der Woche „kompensiert").

Neben dem quantitativen Aspekt muß auch berücksichtigt werden, daß bei vielen Medikamenten die zeitlich korrekte Einnahme wichtig ist, um einen bestimmten Medikationsspiegel zu halten (z.B. ist es bei Theophyllin, einem Asthmamedikament, wichtig, eine bestimmte Medikamentenkonzentration im Blut zu halten). Darüber hinaus kann es durch die falsche Handhabung von Hilfsmitteln dazu kommen, daß Medikamente nicht wirksam werden können (z.B. es wird in den Turbohaler, ein Hilfsmittel zur Inhalation der Asthmamedikamente, ausgeatmet statt einzuatmen oder nicht realisiert, daß das Gerät leer ist).

Wie breit gefächert die Therapieanforderungen sowohl bei der Asthma- als auch der Krebsbehandlung sind, wurde bereits dargestellt. Kasten 3 soll exemplarisch die erlebten Anforderungen anhand eines typischen Tagesablaufes eines Kindes mit Asthma illustrieren.

Kasten 3:
Verdeutlichung der Anforderungen an das Selbstmanagement asthmakranker Kinder und Jugendlicher anhand eines Tagesablaufs.

Mädchen mit Asthma, 12 Jahre alt

Wie sieht ein ganz normaler Tag für Dich aus (vom Aufstehen bis zum Schlafengehen)?

1) erst Aufstehen waschen und dann Medikamente nehmen
2) in der Schule vor dem Sportunterricht mein Notfall Medikament nehmen (das ich keine Probleme bekomme)
3) wenn ich aus der Schule komme zu erst Peak-Flow messen
4) wenn ich raus gehe muß ich immer als erstes mein Notfallspräh einpacken
5) Bevor ich Abends esse meine Medikamente einnehmen und vor dem schlafen gehen noch eine Tablette das ich ruhig schlafen kann.

Kasten 4:
Verdeutlichung der Anforderungen im Rahmen der stationären Krebsbehandlung.

Mädchen mit Krebs, 16 Jahre alt

Wie sieht mein Tag auf Station aus?

8⁰⁰h: - Ich werde geweckt durch eine Schwester, die Temperatur und Blutdruck mißt.
- Dann kommt die Laborantin zum Fingerpiks.
- Noch vor dem Frühstück muß ich sämtliche Tabletten schlucken.
- jeden morgen inhalieren.
- je nach Bedarf und an Systemwechsel gemacht, Blut abgenommen, muß ich zum Röntgen, Echo, Ultraschall usw.
- Zwischendurch kommt noch die Krankengymnastin, die Lehrerin und die Psychologin

ab 14⁰⁰h: - wieder Kontrolle von Temperatur, Blutdruck, wieder Tabletteneinnahme, Inhalieren, Mundpflege usw.
- Am nächsten Tag haben wir aber Freizeit, teilweise muß man aber auch dann zum Ultraschall oder zum Röntgen

18⁰⁰h: - Abendessen
- Anschließend muß ich wieder Tabletten nehmen und inhalieren
- Fertigmachen fürs Bett
- Fernsehen.

22⁰⁰h: - letzte Kontrolle von Blutdruck und Temperatur, eventuell nochmal Tabletten nehmen.
- anschließend schlafen, wenn man kann!

Kinder und Jugendliche mit Krebs müssen während der akuten Phase regelmäßige Krankenhaustermine mit Chemotherapie, mitunter sogar operativen Eingriffen, wie eine Knochenmarktransplantation, über sich ergehen lassen. In Kasten 4 findet sich ein Beispiel, wie eine Jugendliche den Tagesablauf auf einer Krebsstation erlebt.

4.2.2 Ausmaß und Determinanten der Compliance

Das Ausmaß der Compliance wurde vor allem für die Einnahme der Medikamente untersucht. Dabei ergab sich übereinstimmend das Bild einer sehr geringen Compliance: Für Asthma schwanken die Raten zwischen 2 bis 100% (vgl. Bender & Milgrom, 1996; Creer & Levstek, 1996; Jerome, Wigal & Creer, 1987) und liegen insgesamt bei den chronisch kranken Kindern und Jugendlichen um 50% (La Greca & Schuman, 1995; Rudd, 1993). Nach Ansicht von Bender, Milgrom und Rand (1997) ist auch in den letzten Jahren keine Veränderung der Situation sichtbar. Das Jugendalter wurde lange Zeit als eine besonders sensible Phase betrachtet, die mit enormen Complianceproblemen einhergeht (vgl. Brooks-Gunn, 1993; Fotheringham & Swayer, 1995). Diese Sichtweise wurde angesichts der hohen Verbreitung mangelnder Compliance bei allen betroffenen Altersgruppen etwas relativiert.

Bislang ergeben sich keine klaren Determinanten einer günstigen oder ungünstigen Compliance. Untersucht wurden in erster Linie:
- die Merkmale der Medikamente und Verschreibung,
- die Merkmale der Erkrankung,
- psychologische und demographische Kennzeichen der Patienten sowie
- die Interaktion zwischen Arzt und Patient.

Zum Einfluß einzelner Faktoren lassen sich bislang nur wenig definitive Aussagen treffen. Matsui (1997) gelangt zu folgenden Schlußfolgerungen:

- demographische Variablen wie Alter, sozioökonomischer Status und Geschlecht scheinen eher einen geringen Einfluß auf die Compliance zu besitzen,
- eine ungünstige Familienstruktur stellt wahrscheinlich einen Riskofaktor für eine geringe Compliance dar,
- Erkrankungen mit einem asymptomatischen Verlauf (wie z.B. Asthma) wirken sich ungünstig auf die Compliance aus,
- Überzeugungen zur Nützlichkeit des Vorgehens unterstützen die Compliance und
- weniger komplexe und kurzandauernde Therapieregimes sind günstiger für eine höhere Compliance.

Die meisten empirischen Studien liegen für Asthma vor, während die Thematik bei Krebs nicht sehr intensiv erforscht wurde. Der Trend zu immer kürzeren stationären Aufenthalten mit verstärkter ambulanter Betreuung hat das Forschungsinteresse verstärkt. Generell ist die Befundlage in vielen Punkten sehr widersprüchlich; dies soll anhand einiger Ergebnisse verdeutlicht werden. Dabei werden vor allem Studien vorgestellt, die psychologische Aspekte wie Belastungen oder Bewältigungsstil berücksichtigt haben.

Untersucht wurde unter anderem die Behandlungseinstellung und der Einfluß der Eltern auf die Compliance. Van Sciver, D'Angelo, Rappaport und Woolf (1995) prüften, ob demographische und psychologische Variablen mit der berichteten Compliance bei Jungen mit Asthma, Hämophilie oder Sichelzellenanämie zusammenhängen. Nur bei den Jungen mit Hämophilie, nicht jedoch bei denen mit Asthma oder Sichelzellenanämie, stieg die Compliance mit einer unterstützenden Behandlungseinstellung an; die Belastung innerhalb der Familie spielte bei allen Krankheitsgruppen keine Rolle. In einer Studie von Christiaanse, Lavigne und Lerner (1989) hingegen erwiesen sich das Ausmaß der psychozialen Probleme in Kombination mit der familiären Belastung als wichtige Einflußgröße. Auch Wamboldt, Wamboldt, Gavin, Roesler und Brugman (1995) berichteten einen negativen Einfluß elterlichen Kritikverhaltens auf die Compliance von Jugendlichen mit einem schwerem, chronischen Asthma, während Schöbinger (Schöbinger, Florin, Zimmer, Lindemann & Winter, 1992; Schöbinger, Florin, Reichbauer, Lindemann & Zimmer, 1993) keinen signifikanten Einfluß der kritischen Einstellung der Eltern (sowohl Vater als auch Mutter) auf das Complianceverhalten der asthmakranken Kinder feststellen konnten.

In der Literatur wird immer wieder eine internale Kontrollüberzeugung als complianceförderlich eingestuft (Fotheringham & Swayer, 1995; Meichenbaum & Turk, 1994). Für Kinder und Jugendliche mit Asthma sind die Ergebnisse hierzu widersprüchlich. Rubin, Baumann und Lauby (1989) untersuchten unter anderem den Einfluß der Kontrollüberzeugungen auf das Asthmamanagement (als Indikator für Compliance). Die Kontrollüberzeugung stand ebensowenig wie die psychosoziale Belastung mit dem Asthmamanagement in Zusammenhang; lediglich das Wissen sagte das Verhalten im Umgang mit Asthma voraus. Auch Schmitt, Lohaus und Salewski (1989) konnten keinen positiven Effekt der internalen Kontrollüberzeugung auf die Compliance feststellen.

Vergleichbar uneinheitlich ist das Bild bei den krebskranken Kindern und Jugendlichen. Tamaroff, Festa, Adesman und Walco (1992) fanden in einer Studie mit 34 krebskranken Kindern und Jugendlichen keine Hinweise auf soziodemographische Unterschiede (Alter, Geschlecht) oder solche im Behandlungsmodus (Dauer der Behandlung, Komplexität, Kontinuität der Behandlung oder Involviertheit der Eltern) zwischen Kindern und Jugendlichen, die die Behandlung befolgten (n = 18) und solchen, die sie nicht befolgten (n = 16). Kinder und Jugendliche, die die Behandlung nicht befolgten, hatten weniger entwickelte Krankheitskonzepte, nahmen sich als weniger vulnerabel wahr und leugneten eher ihre Erkrankung. Manne, Jacobsen, Gorfinkle, Gerstein und Redd (1993) berichteten hingegen über einen starken Einfluß soziodemographischer Variablen (geringer sozioökonomischer Status und junges Alter gingen mit einer geringeren Compliance einher; 35% Varianzaufklärung), während das Funktionsniveau der Kinder, das unterstützende Elternverhalten und deren Wechselwirkung zusätzlich noch 19% Varianzaufklärung brachten. Phipps und DeCuir-Whalley (1990) fanden eine relativ hohe Rate an Complianceproblemen (52%), die bei Kindern und Jugendlichen im Zusammenhang mit einer Knochenmarktransplantation auftraten. Sie fanden keinen Einfluß des Geschlechts, der ethnischen Zugehörigkeit, der Diagnose oder der Dauer des Krankenhausaufenthalts; mit zunehmendem Alter der Kinder und Jugendlichen wurden die Complianceprobleme seltener.

Generell gibt es keine „Compliancepersönlichkeit": Typologien von complianten und noncomplianten Patienten sind fehlgeschlagen. Bei Compliance handelt es sich nicht um ein stabiles Persönlichkeitsmerkmal, sondern um ein multifaktorielles Geschehen, das im konkreten Kontext betrachtet werden muß. Bender und Milgrom (1997) schlußfolgern anhand der momentanen Daten, daß sich Patientenschulungsprogramme speziell auf die Frage der Compliance konzentrieren sollten; ein Beispiel für ein solches Vorgehen findet sich bei Petermann (1999). Dabei ist es wichtig, daß solche Programme in die Routineversorgung eingebunden werden, um ihren Stellenwert zu unterstützen. Gleichzeitig sollte bei der Verschreibung die Sichtweise der Patienten stärker berücksichtigt werden (vgl. Warschburger, 1998b).

5 Krankheitskonzepte von Kindern und Jugendlichen

Jede Betrachtung der psychosozialen Implikationen chronischer Erkrankungen im Kindes- und Jugendalter bleibt unvollständig, wenn die kognitive und psychosoziale Entwicklung des Kindes beziehungsweise Jugendlichen nicht in Betracht gezogen wird. So können unbegründete Ängste entstehen, weil Zusammenhänge nicht verstanden wurden, aber auch Ängste mit dem Alter verstärkt werden, wenn bestimmte Aspekte, zum Beispiel die potentielle Letalität, bewußter realisiert werden. Im Gegensatz zum Erwachsenenalter ist es im Kindes- und Jugendalter daher wesentlich bedeutsamer, das Alter der Kinder beziehungsweise ihren kognitiven Entwicklungsstand – gerade auch im Hinblick auf die Entwicklung psychosozialer Interventionen – zu betrachten. Wesentliches Interesse haben dabei die Gesundheits- und Krankheitskonzepte von Kindern und Jugendlichen erfahren. Diese werden in Analogie zur kognitiven Entwicklung von Kindern und Jugendlichen in vier Stufen (vgl. Lohaus, 1996) eingeteilt:

- sensumotorisches Stadium (Alter: bis 2 Jahre),
- präoperationales Stadium (Alter: 3 bis 6 Jahre),
- konkret-operationales Stadium (Alter: 7 bis 11 Jahre) und
- formal-operationales Stadium (Alter: ab 12 Jahre).

Die sensumotorische Phase bezeichnet die Phase des vorbegrifflichen Denkens und soll daher im folgenden nicht näher betrachtet werden.

Präoperationale Phase. Die allgemeine Denkentwicklung zeichnet sich durch eine Konzentration auf das unmittelbar Beobachtbare aus. Bezüge zu künftigen oder zurückliegenden Ereignissen können ebenso wie zum nicht-direkt Wahrnehmbaren kaum hergestellt werden. Zusammenhänge zwischen einzelnen Ereignissen (z.B. Ursache-Wirkungszusammenhänge) werden nicht erkannt, sondern sie stehen als unverbundene Einzelaspekte nebeneinander. Die Kinder sind unfähig, mehrere Zustände gleichzeitig zu betrachten und können sich nicht in die Perspektive anderer versetzen (egozentrische Sichtweise). Übertragen auf den Bereich von Gesundheit und Krankheit heißt dies, daß sich die Kinder auf sichtbare und fühlbare Symptome konzentrieren. Zur Erklärung von Krankheit werden oft irrationale Konzepte herangezogen (z.B. Krankheit als Strafe für eigenes Fehlverhalten; „magisches Denken"). Die Krankheit wird als Einheit gesehen, Symptomunterscheidungen und -veränderungen über die Zeit (Krankheit als Prozeß) können nicht wahrgenommen werden. Das egozentrische Denken läßt die Kinder nicht nachvollziehen, daß andere von außen ihre Symptome und Schmerzen nicht beurteilen können.

Konkret-operationale Phase. Das Denken ist noch an konkrete Erfahrungen gebunden, aber die einzelnen Erfahrungen können zunehmend in Zusammenhang gebracht werden. Von der eigenen Sichtweise der Zusammenhänge können andere Blickwinkel getrennt, verschiedene Zustände können gleichzeitig betrachtet werden. Das Denken gewinnt auch dadurch an Flexibilität, daß die Prozeßhaftigkeit von Zuständen erkannt wird (Reversibilität des Denkens). Bezogen auf den

Bereich der Gesundheit und Krankheit bedeutet dies, daß irrationale Erklärungen zugunsten realistischer Ansätze fallen gelassen werden. Durch die Perspektivenübernahme ist es möglich, daß Behandlungsintentionen und das Informationsbedürfnis von außen nachvollziehbar sind. Die Sichtweise, daß Gesundheit und Krankheit miteinander verbunden sind, wird aufgebaut. Krankheit kann als ein längerfristiger Prozeß mit unterschiedlichen Zuständen gesehen werden.

Formal-operationale Phase. Diese Phase zeichnet sich in erster Linie durch den Verlust der Bindung von Denken an konkrete Erfahrungen aus. Abstrakte Denkoperationen und hypothetisches Denken („Was wäre, wenn...") werden aufgebaut. Komplexe Zusammenhänge werden nachvollziehbar und es können gleichzeitig mehrere Zustände betrachtet werden. Die Perspektivenübernahme wird weiter ausdifferenziert. Dies spiegelt sich auch in den Gesundheits- und Krankheitskonzepten von Kindern dieser Entwicklungsstufe wider. Die multifaktorielle Bedingtheit kann nachvollzogen werden. Die Möglichkeit von Wechselwirkungen, beispielsweise zwischen Streß und Gesundheitszustand, wird erkannt (vgl. Kasten 5). Die Kinder sind in der Lage, nicht nur die Krankheit aus der Betroffenen-Sicht zu beurteilen, sondern weitere Perspektiven (z.B. Sicht der Gesellschaft) zu übernehmen.

Kasten 5:

Erklärungsversuche eines Mädchens zur Entstehung ihrer Krebserkrankung

Mädchen mit Krebs, 16 Jahre alt

Woher kommt meine Krankheit und was bedeutet sie?

Ich hab' noch ca 2 Monate, bevor meine Krankheit festgestellt wurde ziemlich mies gefühlt. Ich erinnere mich, dass ich in mein Tagebuch geschrieben habe: „Mein Leben ist so langweilig, so eintönig. Tagein - Tagaus das gleiche."
Einen Tag vor dem 1. Arztbesuch ging es mir körperlich ganz schlecht. Diese wahnsinnigen Bauchschmerzen. Da habe ich meine Mutter gefragt, ob ich sterben muß. Meine Mutter war von der Diagnose völlig schockiert. Ich selbst eigentlich nicht. Nach Diagnosestellung habe ich nicht daran gedacht, dass ich am Krebs sterben könnte. Eigentlich war es jetzt nicht mehr so langweilig, es passierte plötzlich so viel mit mir.

In Tabelle 5 sind die drei kognitiven Entwicklungsstufen nochmals kurz im Überblick dargestellt. Gerade im angloamerikanischen Sprachraum liegen zahlreiche Studien zur Entwicklung des Krankheitskonzepts vor, die die hier vorgestellte Einteilung in wesentlichen Punkten bestätigen (vgl. Übersichten von Lohaus, 1990; Schmidt & Lehmkuhl, 1994). Solche Grundlagen sind für das Verständnis von Krankheit und Gesundheit sowie die Entwicklung von Behandlungskonzepten (z.B. Patientenaufklärung) von Bedeutung (Wiedebusch, 1994).

Tabelle 5:
Stufen der kognitiven Entwicklung und deren Relevanz für das Krankheits- und Behandlungsverständnis von Kindern und Jugendlichen.

Präoperationales Entwicklungsstadium (ca. 3 bis 6 Jahre)	Konkret-operationales Entwicklungsstadium (ca. 7 bis 11 Jahre)	Formal-operationales Entwicklungsstadium (ca. ab 12 Jahren)
• Konzentration auf sichtbare oder fühlbare Symptome	• Verständnis einfacher Relationen zwischen Krankheitsursache und Wirkung („physiologisches Denken")	• Verständnis für komplexe Funktionszusammenhänge („psychophysiologisches Denken")
• Keine oder wenig realistische Vorstellungen über Krankheitsursachen und Krankheitsverläufe („magisches Denken")	• Zunehmendes Verständnis für die Prozeßhaftigkeit von Erkrankungen	• Fähigkeit, abstrahierte Modelle (auch hypothetisch) auf andere Sachverhalte zu übertragen
• Geringes Verständnis für die Prozeßhaftigkeit von Erkrankungen	• Verständnis für Sachverhalte, die konkret beschrieben werden (konkrete Symptome, konkrete Therapien etc.)	• Fähigkeit, Sachverhalte aus den verschiedensten Perspektiven zu betrachten (z.B. Krankheit aus individueller und gesellschaftlicher Perspektive)
• Geringes Verständnis für die Intentionen anderer sowie für die Fähigkeit anderer, die eigene Situation zu verstehen	• Fähigkeit, Denken und Gefühle anderer zu erschließen und Wissen, daß auch andere dies können	• Fähigkeit, Denken und Gefühle anderer zu erschließen und Wissen, daß auch andere dies können

6 Der Stellenwert psychosozialer Belastungen im Kontext chronischer Erkrankung

Im folgenden soll die Rolle psychosozialer Belastungen bei chronischen Erkrankungen detaillierter diskutiert werden. Dabei wird zuerst das Krankheitsfolgenmodell der Weltgesundheitsorganisation (1998) vorgestellt, um die multidimensionale Betrachtungsweise zu verdeutlichen. Im Anschluß daran wird unter verhaltensmedizinischer Sicht die Rolle psychosozialer Belastungen diskutiert.

6.1 Biopsychosoziale Sicht – das Krankheitsfolgenmodell

Der vorgestellte Definitionsversuch verdeutlicht bereits, wie vielgestaltig sich chronische Erkrankungen auswirken können. Die Weltgesundheitsorganisation hat 1998 in revidierter Form die Internationale Klassifikation der Impairments, Disabilities und Handicaps (ICIDH-2) vorgelegt; im deutschen Sprachraum wird von Schäden, Aktivitäten und Partizipation (d.h. Teilnahme an sozialen Aktivitäten) gesprochen, um eine negative Begriffswahl zu vermeiden (vgl. Kasten 6). Das Konzept versucht systematisch die Folgen von Gesundheitsproblemen aller Art (z.B. Krankheiten, Verletzungen oder Gesundheitsstörungen) anhand von drei Dimensionen (Körper, Person und Gesellschaft) zu erfassen. Sie erweitert damit den Blick von einer eindimensionalen zu einer multifaktoriellen Sichtweise: Erkrankungen sollen nicht nur auf der medizinischen Ebene, die der Schäden, betrachtet, sondern auch die

psychosozialen Wirkungen für die Person und deren sozialen Bezüge einbezogen werden.

Kasten 6:
Dimensionen des Krankheitsfolgenmodells (Weltgesundheitsorganisation, 1998, S. 19).

> - „Ein **Schaden** ist ein Verlust oder eine Abnormalität" ... „der Körperstruktur oder einer physischen oder psychischen Funktion."
> - „Eine **Aktivität** ist die Art und das Ausmaß der gesundheitlichen Integrität auf der Ebene der Person als handelndem Subjekt. Eine Aktivität kann in Art, Dauer und Qualität gestört sein."
> - „Die **Partizipation** ist die Art und das Ausmaß des Einbezogenseins einer Person an beziehungsweise in Lebensbereiche in bezug auf Schäden, Aktivitäten, gesundheitliche Situation und Kontextfaktoren. Die Partizipation kann in Art, Dauer und Qualität eingeschränkt sein."

Behinderung wird als das Ergebnis einer komplexen Wechselwirkung zwischen dem Gesundheitsproblem (z.B. Asthma oder Krebs) und den Kontextfaktoren (z.B. familiäre Einbindung oder persönliche Ressourcen) angesehen. Dabei kann nicht davon ausgegangen werden, daß jede Schädigung der körperlichen Integrität automatisch zu Aktivitätseinschränkungen der Person oder Nachteilen in ihren sozialen Bezügen führt. Es kann beispielsweise eine massive Einschränkung auf der Ebene der Partizipation vorliegen, während die Schädigung der körperlichen Struktur als minimal bewertet wird. Dieses Verständnis der Krankheitsfolgen verdeutlicht, daß die körperliche Dimension bei der Betrachtung von chronischen Erkrankungen nur einen

Tabelle 6:
Grundlegende Übersicht der Dimensionen der ICIDH-2 (modifiziert nach Weltgesundheitsorganisation, 1998).

	Schäden	**Aktivität**	**Partizipation**	**Kontextfaktoren**
Ebene der Funktionsfähigkeit	Körper (Körperteile)	Person als Ganzheit	Beziehungen zur Gesellschaft	umweltbedingte und persönliche Faktoren
Charakteristika	Körperfunktionen; Körperstruktur	Aktivitäten des täglichen Lebens	Einbezogensein in verschiedene Lebensbereiche	Merkmale der physikalischen und sozialen Umwelt; Einstellungen
Positiver Aspekt	funktionelle und strukturelle Funktionsfähigkeit	Aktivität	Partizipation	begünstigende Faktoren
Negativer Aspekt	Schaden	Aktivitätsstörung	Einschränkung der Partizipation	Hindernisse / Hemmnisse
Zusatzkennungen	• Schweregrad • Lokalisation • Dauer	• Ausmaß der Schwierigkeiten bei Ausführung • Assistenz • Dauer • Perspektive	• Ausmaß der Partizipation • begünstigende oder hinderliche Umweltfaktoren	—

Teil der Situation widerspiegeln kann: Auf der Grundlage solcher Veränderungen können sich weitere, für die Versorgung zentrale, psychische und soziale Folgebelastungen ergeben. Die zusätzliche Betrachtung dieser Dimensionen ist deshalb so wichtig, da beispielsweise eine Aktivitätseinschränkung auch ihrerseits zu einer Schädigung beitragen oder diese verstärken kann. Diese Sichtweise entspricht dem momentanen Forschungsstand zur Ätiologie und Aufrechterhaltung von chronischen Erkrankungen. Tabelle 6 gibt nochmals einen genaueren Überblick darüber, welche Aspekte bei der Diagnostik und Interventionsplanung jeweils betrachtet werden müssen. Dabei wird auch explizit auf positive Faktoren im Sinne von persönlichen oder sozialen Ressourcen (vgl. Noeker & Petermann in diesem Buch) hingewiesen.

Demnach lassen sich die Folgen einer gesundheitlichen Schädigung relativ unabhängig von der zugrundeliegenden Erkrankung betrachten: viel entscheidender ist, mit welchen Einschränkungen die Person in ihren persönlichen, sozialen und gesellschaftlichen Belangen rechnen muß. Diese Sichtweise findet sich auch im sogenannten nonkategorialen Ansatz (vgl. Abschnitt 4) wieder.

6.2 Psychosoziale Belastungen – Ursache oder Folge?

Gerade in der älteren psychosomatischen Literatur werden immer wieder Konzepte wie „Asthmapersönlichkeit" oder „Krebspersönlichkeit" diskutiert (vgl. Stein-

hausen in diesem Buch). Aufgrund von retrospektiven Studien gelangten Forscher zu der These, daß die oftmals beobachteten Auffälligkeiten ursächlich an der Entstehung solcher Krankheiten beteiligt sind. Neben der krankheitsspezifischen Persönlichkeit wurde auch die frühe Interaktion zwischen Mutter und Kind als wesentlich für die Krankheitsentstehung erachtet (vgl. z.B. Hürny, 1998; Kaptein, 1998; Schüffel, Hermann, Dahme & Richter, 1998). Obwohl diese Thesen nicht wissenschaftlich untermauert werden konnten, sind sie nach wie vor populär.

Mitte der 60er Jahre kam mit dem Behaviorismus eine andere Sichtweise auf. Zahlreiche Studien befaßten sich eher mit der Rolle psychosozialer Faktoren bei der Aufrechterhaltung beziehungsweise fehlenden Besserung des Gesundheitszustandes. Demnach wird zwischen drei relevanten Bedingungskomplexen unterschieden:

- **prädisponierenden** Faktoren, die bereits prämorbid auf die Krankheitsentstehung hinweisen,
- **auslösenden** (d.h. Aspekten, die unmittelbar mit Symptomverschlechterungen in Verbindung stehen) und
- **aufrechterhaltenden** Faktoren (d.h., solche, die die Symptomatik verstärken oder verlängern).

Während die Rolle psychosozialer Faktoren als prädisponierende Bedingungen zur Zeit mehr als fraglich erscheint, konzentrierte sich die Forschung vor allem auf die Frage nach deren auslösenden und aufrechterhaltenden Funktion (vgl. Abb. 3).

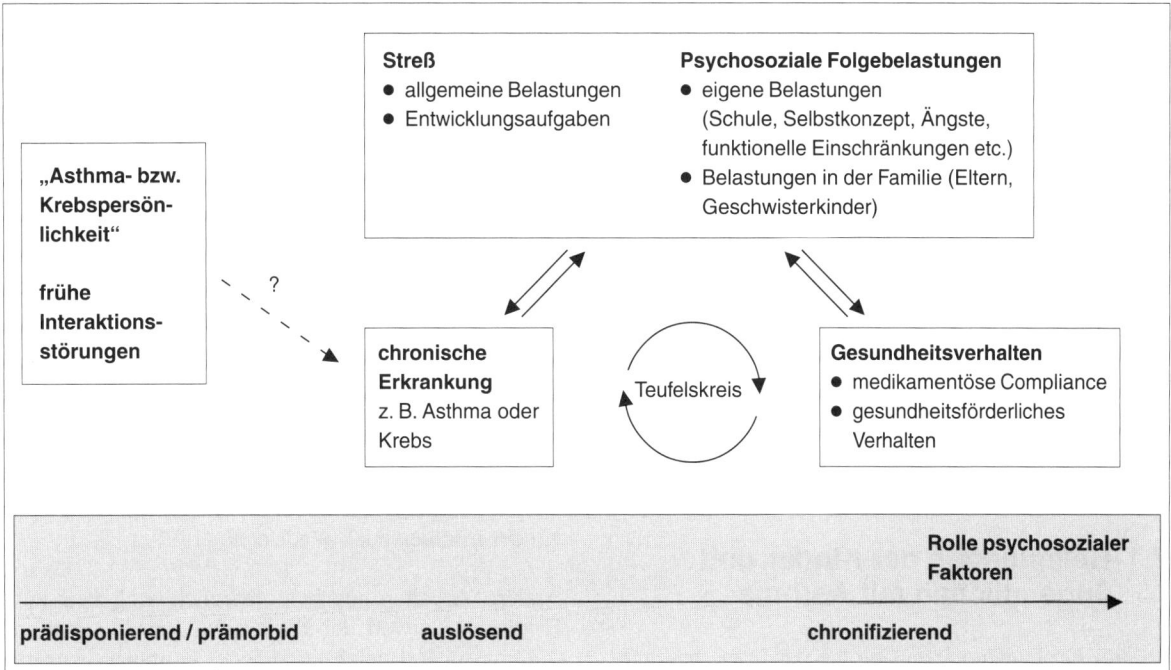

Abbildung 3:
Modell zur Rolle psychosozialer Faktoren bei chronischen Erkrankungen im Kindes- und Jugendalter (modifiziert nach Warschburger, 1996, S. 81).

Die psychosozialen Belastungen chronisch kranker Kinder und Jugendlicher werden dementsprechend nicht als der Störung der zugrundeliegenden psychosozialen Befindlichkeit betrachtet, sondern als Folge der chronischen Erkrankung und den damit verbundenen

Anforderungen und Einschränkungen (= sekundäre psychosoziale Belastungen). Welche Belastungen konkret bei den Betroffenen beobachtet werden, soll näher beleuchtet werden.

7 Belastungen der betroffenen Kinder und Jugendlichen

Im folgenden wird auf die Krankheitsbilder Asthma und Krebs näher eingegangen, um exemplarisch anhand einer stark lebensbedrohlichen Erkrankung (Krebs) und einer nicht heilbaren Erkrankung mit zahlreichen Therapieanforderungen (Asthma) die wesentlichen Belastungen chronisch kranker Kinder und Jugendlicher herauszuarbeiten und ihre Auftretenswahrscheinlichkeit zu verdeutlichen. Einige Anmerkungen sollen jedoch vorangestellt werden. Betrachtet man die psychosoziale Belastungsforschung über die Zeit hinweg, zeigt sich deutlich ein historischer Trend in der Sichtweise: Während in den früheren Arbeiten vor allem das Vorliegen einer psychiatrischen Diagnose als Kriterium für die erhöhte psychosoziale Belastung genommen wurde, wird in jüngeren Arbeiten eher auf Aspekte der psychosozialen Anpassung eingegangen. Damit deutet sich eine Abwendung von einer psychopathologischen hin zu einer allgemein belastungsorientierten Betrachtung an, die die Stressoren im Umgang mit der Erkrankung in den Vordergrund rückt (vgl. zur Diagnostik psychischer Störungen Döpfner, Lehmkuhl, Petermann & Scheithauer in diesem Buch).

Die einseitige Konzentration auf die Belastungen chronischer Erkrankungen in diesem Beitrag bedeutet nicht, daß die Autoren davon ausgehen, daß diese Perspektive die einzige oder umfassend ist. Natürlich kann es auch zu positiven Veränderungen kommen (z.B., daß die Familie sich näher kommt und ihre Ressourcen entdeckt oder das Kind Zuwendung und andere Entwicklungschancen erhält, die ihm vorher nicht offen gestanden hätten). Die empirische Forschung hat sich allerdings sehr stark auf die negativen Aspekte konzentriert, zumal diese auch den psychosozialen Versorgungsalltag stark bestimmen.

7.1 Belastungen der Kinder und Jugendlichen mit Asthma

Zahlreiche Studien haben sich mit der Frage beschäftigt, ob es infolge Asthmas zu einer erhöhten psychosozialen Belastung kommt und, falls ja, in welchen Bereichen solche Belastungen hauptsächlich zu finden sind. Die aktuelle Befundlage ist hierzu oftmals sehr

widersprüchlich. Wie eine detaillierte Analyse der vorliegenden empirischen Publikationen im deutsch- und englischsprachigen Raum zeigte, haben sich rund 50 Arbeiten im Zeitraum von Anfang 1990 bis Anfang 1998 mit den psychosozialen Belastungen von Kindern und Jugendlichen mit Asthma befaßt. Einige dieser Arbeiten sind jedoch eher qualitativ orientiert und lassen keine Schlußfolgerungen zur relativen (d.h. im Vergleich zu anderen Gruppen erhöhten oder erniedrigten) Belastung zu. Die überwiegende Anzahl der Studien strebte einen Vergleich mit einer gesunden Kontroll- oder einer anderen Krankheitsgruppe an. Das Auftreten von Verhaltensproblemen (wie aggressives oder auch sozial unsicheres Verhalten) stand im Mittelpunkt des Interesses (vgl. ausführlicher bei Warschburger, 1998a). Im folgenden sollen exemplarisch einige Ergebnisse vorgestellt werden.

Am häufigsten wurde die „Child Behavior Checklist" (CBCL) von Achenbach eingesetzt, um das Auftreten von Verhaltensstörungen festzustellen. Dieses Erhebungsverfahren wurde ursprünglich für den klinisch-psychiatrischen Bereich entwickelt. In einigen Studien wurden Angaben zum Prozentsatz klinisch auffälliger Kinder und Jugendlichen gemacht, während in anderen lediglich Angaben zu den Gruppenmittelwerten vorliegen. MacLean, Perrin, Gortmaker und Pierre (1992) erhoben bei 81 Kindern und Jugendlichen mit Asthma die „Child Behavior Checklist" und verglichen ihre Ergebnisse mit den Normwerten dieser Skala. Laut Elternurteil zeigten 11,5% der Kinder und Jugendlichen mit Asthma klinisch auffälliges Verhalten (d.h., Werte oberhalb der 98. Perzentile). Ängste oder depressives Verhalten (sog. internalisierende Störungen) traten etwas häufiger als aggressives oder hyperaktives Verhalten (sog. externalisierende Störungen) auf. Wurde die 90. Perzentile als Maß für klinisch auffälliges Verhalten festgelegt, stieg der Prozentsatz der auffälligen Kinder und Jugendlichen auf rund ein Drittel an. Vergleichbare Angaben zum Prozentsatz belasteter Kinder machten auch Wade et al. (1997).

Andere Arbeiten machten lediglich Angaben zum Gruppenmittelwert der Kinder und Jugendlichen mit Asthma im Vergleich zu anderen Gruppen. Hamlett, Pellegrini und Katz (1992) fanden beispielsweise gerade bei den internalisierenden Störungen eine höhere Betroffenheit der Kinder und Jugendlichen mit Asthma sowohl im Vergleich zu den Normwerten als auch einer gesunden Kontrollgruppe. Keine Unterschiede ergaben sich im Vergleich mit diabeteskranken Kindern und Jugendlichen. Christiaanse et al. (1989) hingegen fanden CBCL-Werte im Normbereich. Neben der Fragen nach einer stärkeren Betroffenheit interessierte auch, auf welche Kinder und Jugendlichen dies vor allem zutrifft. Vila, Nollet-Clemencon, de Blic, Mouren-Simneoni und Scheinmann (1998) prüften, inwieweit die Schwere des Asthmas das Auftreten von Verhaltensstörungen beeinflußt. Für Kinder und Jugendliche mit einem mittelschweren oder schweren Asthma gaben die Eltern stärkere Verhaltensprobleme insgesamt, aber vor allem auch im internalisierenden Bereich, an als die Eltern, deren Kinder ein eher leichtes Asthma aufwiesen.

Der Einsatz der „Child Behavior Checklist" bei körperlich chronisch kranken Kindern und Jugendlichen wurde immer wieder kritisiert (vgl. Perrin, Stein & Drotar, 1991), da diese Probleme aufgrund zahlreicher Fragen nach Symptomen (z.B. nach Müdigkeit oder Appetitverlust) überschätzt. Diese werden fälschlicherweise z.B. als Hinweis auf eine depressive Verstimmung gewertet. Diese Kritik trifft allerdings nicht auf die Studie von Wade und Mitarbeitern zu (1997), da solche Fragen ausgeschlossen wurden. Wurden speziell für chronisch kranke Kinder und Jugendliche entwickelte Meßinstrumente verwandt, ergaben sich keine Hinweise auf eine erhöhte Verhaltensauffälligkeit der Gesamtgruppe (z.B. Perrin, MacLean & Perrin, 1989; Rubin et al., 1989).

Neben den Verhaltensstörungen wurde auch untersucht, inwieweit sich vermehrt emotionale Probleme, wie zum Beispiel Ängste, depressive Reaktionen oder ein negatives Selbstkonzept bei den asthmakranken Kindern und Jugendlichen finden lassen. Die Analysen mit der CBCL haben ja bereits darauf hingedeutet, daß die emotionalen Belastungen vor allem im Bereich von Angst und Depression zu suchen sind. So befragte Noeker (1991) 382 Kinder und Jugendliche mit Asthma unter anderem zu ihren emotionalen Belastungen: 37% berichteten über Ängste, 29% über Ärger, 27% über Trauer und je ein Viertel der Kinder und Jugendlichen über Zweifel und Unsicherheit. Aussagen über die klinische Relevanz dieser Beobachtungen können anhand der vorliegenden Studie nicht getroffen werden. Bussing und Burket (1993) fanden im Vergleich zu einer gesunden Kontrollgruppe eine hohe Rate von Angststörungen (laut DSM-III-R) bei Kindern und Jugendlichen mit Asthma; dies konnten sie in einer weiteren Studie bestätigen (Bussing, Burket & Kelleher, 1996).

Weiterhin wurde untersucht, inwieweit sich das Asthma auf das Selbstkonzept der Betroffenen auswirkt. Brook und Tepper (1997) stellten Kinder und Jugendliche mit Asthma einer gesunden Vergleichsgruppe gegenüber: Die Werte zum Selbstkonzept waren bei den Kindern mit Asthma geringer; allerdings waren die

Unterschiede zwischen den Gruppen insgesamt als sehr gering zu bewerten. Auch andere Studien deuten darauf hin, daß die Unterschiede eher gering und vor allem im Bereich der athletischen Kompetenz zu finden sind (Christiaanse et al., 1989).

Neben diesen emotionalen Belastungen könnten sich auch soziale und schulische Probleme ergeben. Aufgrund der häufig zu beobachtenden erhöhten Zahl der Schulfehltage wurde angenommen, daß sich daraus einerseits schulische Leistungsprobleme, aber auch vermehrte Probleme im Kontakt mit den Gleichaltrigen ergeben. Prinzipiell läßt sich festhalten, daß anhand der vorliegenden Daten von erhöhten Schulfehltagen bei chronisch kranken Kindern und Jugendlichen auszugehen ist (vgl. Abschnitt 3). Für Asthma läßt sich eine enorme Variabilität in den berichteten Schulfehltagen feststellen (vgl. Bernard-Bonnin, Stachenko, Bonin, Charette & Rousseau, 1995; Warschburger, 2000). Es deutet sich an, daß ein geringer Prozentsatz der Kinder und Jugendlichen eine hohe Zahl von Schulfehltagen aufweist und dadurch den Mittelwert der Gesamtgruppe erhöht. In der Regel wurde in jüngeren Studien kein Hinweis auf schlechtere Schulleistungen der Kinder und Jugendlichen mit Asthma gefunden. Fowler, Davenport und Garg (1992) analysierten hierzu die Daten des NHIS aus dem Jahre 1988. Kinder und Jugendliche mit Asthma wiesen nicht mehr Klassenwiederholungen oder Schulverweise auf als Kinder und Jugendliche ohne Asthma. Die erhöhten Lernprobleme verschwanden, sobald die Zahl der Schulfehltage berücksichtigt wurde.

Ähnliche Beobachtungen liegen zur sozialen Kompetenz vor. In der Studie von Noeker (1991) gaben nur 6,6% der Kinder und Jugendlichen an, sie hätten das Gefühl aufgrund ihrer Erkrankung weniger Freunde zu haben. Die Eltern schätzten ihre Kinder nicht als weniger sozial kompetent ein (z.B. Christiaanse et al., 1989; Wade et al., 1997), obwohl sich auch gegenteilige Befunde finden lassen (z.B. Eiser, Havermans, Pancer & Eiser, 1992). Insgesamt haben sich nur wenige Studien direkt mit diesen Fragen befaßt (La Greca, 1992; Walter, Petermann & Lecheler, 1996), so daß weitere Studien abgewartet werden sollten.

Zusammenfassend läßt sich festhalten, daß in einer Reihe von Studien psychosoziale Auffälligkeiten der Kinder und Jugendlichen mit Asthma gefunden wurden. Die Ergebnisse deuten auf eine stärkere Ängstlichkeit und schlechteres Selbstbild, vor allem im Bereich der athletischen Kompetenz im Vergleich zu gesunden Kindern hin, während im Vergleich zu anderen chronischen Krankheitsbildern die Auffälligkeiten meist verschwinden. Prinzipiell scheinen die meisten Kinder und Jugendlichen allerdings keine klinisch relevanten Störungen zu entwickeln. Die Auswirkungen einer chronischen Erkrankung scheinen sich eher im Alltag bemerkbar zu machen (z.B. in Form von krankheits- und behandlungsbezogenen Ängsten wie sie Petermann, 1999 diskutiert). Auf den Aspekt der funktionellen Einschränkungen wird im Rahmen der Lebensqualitätsdiskussion getrennt eingegangen.

7.2 Belastungen der Kinder und Jugendlichen mit Krebs

Die Diagnose „Krebs" stellt einen massiven Einschnitt in das Leben der Betroffenen dar. In erster Linie assoziiert man damit, daß der Tod mehr oder minder unmittelbar bevorsteht. In den letzten Jahren hat sich die Prognose, gerade für bestimmte Krebsarten, deutlich gebessert. Die Diagnose „Krebs" hat zwar dadurch nichts an ihrer Lebensbedrohlichkeit verloren, aber für viele Betroffene bedeutet dies eine erheblich verlängerte Lebensperspektive: zwischen 60 bis 70% der Kinder und Jugendlichen mit Krebs überleben die Erkrankung um fünf Jahre und länger (van Dongen-Melman, 1995). Diese Zeitspanne wird in der Literatur häufig mit einer Heilung gleichgesetzt. Im Gegensatz zu den sehr zahlreichen Studien an oft großen Patientengruppen beim Asthma wurden viele Arbeiten mit krebskranken Kindern und Jugendlichen an kleineren Gruppen durchgeführt.

Qualitative Interviews gewähren einen ersten Einblick in die Lebenswelt von Kindern und Jugendlichen mit Krebs. Enskär, Carlsson, Golsäter, Hamrin und Kreuger (1997a) interviewten krebskranke Kinder und deren Eltern zu ihrer Lebenssituation und den mit der Erkrankung verbundenen Problemen. Sie fanden Hinweise auf sechs wichtige Einflußbereiche:

- medizinische Behandlung und deren Nebeneffekte (wie Schmerzen oder Übelkeit),
- Isolation (wie Fernbleiben von der Schule oder Ausschluß von Aktivitäten ihrer Gleichaltrigen),
- im Mittelpunkt stehen (wie mehr Aufmerksamkeit oder Fürsorge von bedeutsamen Bezugspersonen erfahren),
- emotionale Reaktionen (wie Stimmungsschwankungen oder Auseinandersetzung mit dem Tod),
- soziale Unterstützung (durch die Familie oder Freunde) sowie
- Qualität der medizinisch-pflegerischen Versorgung.

Zentral wurden die Angst vor Schmerzen, die ständigen Krankenhausbesuche und das Gefühl, krank zu sein, eingeschätzt. So verweisen die Ergebnisse von Dolgin, Katz, Zeltzer und Landsverk (1989) darauf, daß die Chemotherapie für viele Betroffene (66%) mit antizipatorischen Ängsten und Stimmungsveränderungen (wie Ärger und Irritierbarkeit; 47%) verbunden ist; weiterhin wurde in 40% der Fälle aktiv die Behandlung behindert oder der Wunsch geäußert, dies zu tun (vgl. Abschnitt 4.2).

Wie auch beim Asthma wurde die CBCL eingesetzt, um das Auftreten von Verhaltensauffälligkeiten zu untersuchen. Padur et al. (1995) verglichen jeweils 25 Kinder und Jugendliche (im Alter zwischen 8 – 16 Jahren) mit Krebs (Nachsorgephase), Diabetes, Asthma (akute Symptomverschlimmerungen) und solche ohne chronische Erkrankung miteinander. Zusätzlich legten sie den Kindern und Jugendlichen auch eine Depressions- und Selbstkonzeptskala vor. Hinsichtlich Angst, Depression, sozialer Kompetenz und externalisierenden Störungen unterschieden sich die Gruppen nicht voneinander; die Kinder und Jugendlichen mit Asthma wiesen die höchsten Werte auf der Skala zu internalisierenden Verhaltensproblemen auf. Auch Stawski et al. (1995) fanden mit der CBCL keine Unterschiede zu gesunden Kindern und Jugendlichen. In einer weiteren Studie (Stawski, Auerbach, Barach, Lerner & Zimen, 1997) verglichen sie unter anderem krebskranke Kinder mit ihren gesunden Geschwisterkindern, sowie jeweils mit einer psychiatrischen und gesunden Kontrollgruppe. Die krebskranken Kinder und Jugendlichen wiesen mehr internalisierende Probleme auf als ihre Geschwister. Der Anteil der Kinder und Jugendlichen mit klinisch relevanten Verhaltensauffälligkeiten (90. Perzentil) lag bei 18%, in der gesunden Vergleichsgruppe bei 14%. Diese Daten weisen darauf hin, daß zumindest während der Nachsorgephase bei Kindern und Jugendlichen mit Krebs keine ausgeprägten Verhaltensauffälligkeiten mehr zu finden sind. Dieses Bild wurde in weiteren Studien untermauert.

Steinberg et al. (1998) stellten die CBCL-Werte von 17 Patienten mit einer akuten lymphoblastischen Leukämie den Normwerten dieser Skala gegenüber. Der Nachuntersuchungszeitraum variierte beträchtlich; er betrug wenige Wochen bis zu sieben Jahren. Als klinisch auffällig (ohne Angabe des verwandten Perzentilwerts) wurden fünf Kinder eingestuft. Noll et al. (1997) führten eine vergleichbare Nachuntersuchung nach rund vier Jahren bei 126 Kindern und Jugendlichen durch. Sie fanden keine Hinweise auf erhöhte Verhaltensauffälligkeiten der Gruppe, weder im Eltern- noch im Lehrerurteil. 13,5% der Kinder und Jugendlichen hatten Werte oberhalb der 90. Perzentile, 4% oberhalb der 98. (Elternurteil); die Angaben der Lehrer lagen bei 6,4 beziehungsweise 1,3%. Insgesamt sprechen diese Daten gegen eine langfristige Auswirkung der Krebserkrankung im Sinne klinisch relevanter Störungen.

Kazak et al. (1997) bezogen 130 leukämiekranke Kinder und Jugendliche in der Nachsorgephase (5,8 Jahre nach Akutbehandlung) und 155 Gesunde vergleichbaren Alters (8 - 20 Jahre) in ihre Studie ein. Die Kinder und Jugendlichen füllten unter anderem eine Skala zur sozialen Angst und zum Auftreten posttraumatischen Stresses aus. Es ergaben sich keine Anzeichen für verstärkte posttraumatische Streßsymptome in der Gruppe der Überlebenden (1,6% vs. 1,4% in der Vergleichsgruppe); die Überlebenden berichteten über mehr soziale Ängste als ihre Altersgenossen. Vergleichbare Ergebnisse zur psychosozialen Situation wurden von anderen Autoren berichtet (z.B. Elkin, Phipps, Mulhern

& Fairclough, 1997; Pendley, Dahlquist & Dreyer, 1997). Die Autoren weisen allerdings auch darauf hin, daß es sich um eine Veränderung der Wertmaßstäbe oder das Ergebnis von Leugnungsprozessen handeln kann. So fanden beispielsweise Phipps, Fairclough und Mulhern (1995) eine verstärkte Tendenz von krebskranken Kindern zu einem verleugnenden Bewältigungsstil, der sich mit zunehmendem Zeitintervall seit der Diagnosestellung verstärkte. Die Analysen von Pendley et al. (1997) deuten darauf hin, daß sich soziale Ängste und negatives Körperbild erst geraume Zeit nach Behandlungsende entwickeln.

Ebenso wie bei Asthma wurde auch bei Krebs unersucht, inwieweit sich die erhöhten Schulfehltage (vgl. Enskär et al., 1997a; Vannatta, Gartstein, Short & Noll, 1998) negativ auf die sozialen Beziehungen zu Gleichaltrigen auswirken. Während in älteren Arbeiten oftmals die negativen sozialen Wirkungen herausgestellt wurden, fanden Noll, LeRoy, Bukowski, Rogosch und Kulkarni (1991) nur geringe Unterschiede zu gesunden Kindern: Zwar wurden die Kinder und Jugendlichen mit Krebs als sozial isolierter beschrieben, waren aber nicht weniger beliebt und erlebten sich selbst nicht als wertloser. Dabei zeigte sich, daß diese Einschätzung auch geraume Zeit nach der Diagnose und Behandlungsphase anhält (Noll, Bukowski, Davies, Koontz & Kulkarni, 1993; Vannatta et al., 1998). Vergleiche mit anderen chronischen Erkrankungen und innerhalb der Gruppe ergaben, daß Lehrer gerade die Kinder mit Hirntumoren als isolierter wahrnahmen, während die krebskranken Kinder ohne zentralnervöse Beteiligung eher als die sozialen Führer eingeschätzt wurden (Noll, Ris, Davies, Bukowski & Koontz, 1992). Die Eltern sahen ihre Kinder als sozial isolierter, mit wenigen Freunden an (Eiser et al., 1992; Pendley et al., 1997).

Die vorliegenden Studien zu den psychosozialen Belastungen von Kindern und Jugendlichen mit Krebs sollten sehr vorsichtig interpretiert werden. Während qualitative Interviews auf emotionale Belastungen hinweisen, konnte dieses Bild in einer Reihe von Studien nicht bestätigt werden. Wurden Unterschiede gefunden, so lagen diese wie schon beim Asthma eher im internalisierenden Bereich. Zu beachten gilt, daß die Befragungen bei Überlebenden durchgeführt wurde, der Nachbefragungszeitraum variierte erheblich. Insgesamt unterstreichen diese Befunde eindrucksvoll, wie gut viele Kinder und Jugendlichen mit ihrer Krebserkrankung klar kommen und sich zumindest langfristig keine massiven Einschränkungen und Belastungen mehr feststellen lassen.

7.3 Ergebnisse aus epidemiologischen Studien

Epidemiologische Studien liegen vor allem aus dem angloamerikanischen Sprachraum vor. Sie basieren auf dem eingangs vorgestellten nonkategorialen Ansatz, das heißt, die spezifische Diagnose ist für die mit der chronischen Erkrankung einhergehenden Folgebelastungen eher sekundär und die Folgen können krankheitsübergreifend betrachtet werden. Dabei wurde immer wieder darauf verwiesen, daß chronisch kranke Kinder und Jugendliche stärker belastet sind als solche ohne eine chronische Erkrankung (z.B. Gortmaker et al., 1990; Newacheck, McManus & Fox, 1991). So stellten Boyle et al. (1987) heraus, daß im Vergleich zu gesunden Kindern und Jugendlichen:

- chronisch kranke Kinder und Jugendliche mit einer Funktionseinschränkung eine 3,4 höhere Rate an psychiatrischen Diagnosen und
- chronisch kranke Kinder und Jugendliche ohne Funktionseinschränkung immerhin noch eine um den Faktor 2,1 erhöhte Auftretenswahrscheinlichkeit aufwiesen.

In der Studie um Gortmaker et al. (1990) fiel das Risiko mit einer um 1,55 höheren Wahrscheinlichkeit geringer aus. Herausgestellt wurde dabei die verminderte körperliche Aktivität der Kinder, die mit einer Einschränkung des Aktionsradius und der sozialen Kontakte einhergeht; das Engagement in der Nachbarschaft erwies sich wiederum als bedeutsam für den Selbstwert (Holaday, Swan & Turner-Henson, 1997; vgl. auch Manne & Miller, 1998; Newacheck & Stoddard, 1994). Die aktuellsten Daten liegen von Stein, Westbrook und Silver (1998) vor. Sie bezogen sowohl 1275 sozial benachteiligte als auch 1388 Kinder und Jugendliche aus einer nationalen Stichprobe ein. Das Vorliegen einer chronischen Erkrankung wurde mit dem Fragebogen von Stein et al. (1997; vgl. Abschnitt 2), die psychosozialen Anpassungsprobleme mit einem speziell für chronisch kranke Kinder und Jugendliche entwickelten Instrument (PARS-III) geprüft. Der PARS-III enthält sechs Subskalen: Abhängigkeit, Feindseligkeit, Rückzug, Angst-Depression, Produktivität und Beziehung zu Gleichaltrigen. Mit Ausnahme der Beziehung zu Gleichaltrigen wiesen die chronisch kranken Kinder und Jugendlichen eine geringere psychosoziale Anpassung auf.

Lavigne und Faier-Routman (1992) führten eine Meta-Analyse über 87 empirische Studien zur psychischen Anpassung chronisch kranker Kinder und Jugendlicher durch. Sie stellten neben einem Mangel an wissenschaftlich aussagekräftigen Studien fest, daß:

- chronisch kranke Kinder und Jugendliche verstärkt unter psychosozialen Anpassungsproblemen, klinisch relevanten Verhaltensstörungen und niedriger Selbstachtung leiden,
- Störungen im internalisierenden Bereich (wie Ängste oder Depression) wahrscheinlicher sind als solche im externalisierenden,
- massive Unterschiede im Selbstkonzept wohl eher nicht zu erwarten sind und
- vor allem bei neurologischen Störungen und Sinnesbehinderungen mit einer stärkeren Beeinträchtigung zu rechnen ist.

Die größte Einschränkung wurde bei Verbrennungen, Anfallsleiden oder Taubheit gefunden, gefolgt von Lähmungen, Blindheit oder Diabetes. Asthma und Krebs lagen im mittleren Bereich der berichteten Einschränkungen. Die Ergebnisse sind immer in Abhängigkeit von der verwendeten Methodik zu sehen: Wurde in der Studie auf Vergleiche mit Normstichproben zurückgegriffen, deuteten die Ergebnisse auf eine höhere Belastung der chronisch kranken Kinder und Jugendlichen hin als in solchen Arbeiten, die einen Vergleich mit einer parallelisierten Kontrollgruppe heranzogen. Die eingangs erwähnten Studien mit reinen Normvergleichen scheinen somit die Belastung eher zu überschätzen.

7.4 Einflußfaktoren auf das Erleben von Belastungen und Schlußfolgerungen

Die Ergebnisse zu psychosozialen Belastungen verdeutlichen die Variabilität der Krankheitsfolgen. Dabei stellt sich die Frage, ob sich Indikatoren für das Auftreten von psychosozialen Belastungen finden lassen:
- Wie ist die Gruppe der psychosozial stark belasteten Kinder und Jugendlichen charakterisiert?
- Können wir prognostizieren, welche Kinder und Familien besondere Beeinträchtigungen entwickeln werden?

Solche Angaben würden es ermöglichen nicht nur auf die spezifischen Bedürfnisse zugeschnittene Interventionsprogramme zu entwickeln, sondern auch präventiv einzugreifen. Die vorliegenden Studien kamen in diesen Fragen eher zu widersprüchlichen Befunden. So fanden beispielsweise Vila et al. (1998) einen Zusammenhang zwischen Schweregrad und psychosozialer Belastung, andere Autoren hingegen nicht (MacLean et al., 1988). Lavigne und Faier-Routman (1993) führten aufbauend auf der bereits genannten Studie (vgl. Abschnitt 7.3) eine Meta-Analyse durch. Lediglich 38 methodisch gut kontrollierte Arbeiten gingen in die Analyse ein; sie fanden heraus, daß:
- die Merkmale des Kindes wie Intelligenz, Bewältigungsverhalten, Temperament und Selbstkonzept am stärksten mit der Anpassung verbunden (r = 0,43 – 0,56),
- die familiären Merkmale wie Belastung der Eltern und familiärer Zusammenhalt am zweitwichtigsten (r = 0,38 – 0,40) waren.

Die Schwere der Erkrankung korrelierte nur geringfügig mit der psychosozialen Belastung (r = 0,16), ebenso das Vorhandensein einer schlechten Prognose (r = 0,10). Von den soziodemographischen Merkmalen erwiesen sich das Geschlecht (Effektgröße = 0,49) und das Alter (r = 0,11) als wichtige Einflußgrößen. Jungen

wiesen mehr Probleme als Mädchen auf und mit dem Alter verstärkte sich die Belastung leicht. Der sozioökonomische Status der Eltern spielte überhaupt keine Rolle. Die Ergebnisse von Lavigne und Faier-Routman (1993) unterstreichen nochmals, daß eine chronische Erkrankung im Wechselspiel der dadurch potentiell entstehenden Belastungen sowie der vorhandenen Ressourcen von Kind und Familie betrachtet werden muß. Solange die Erkrankung nicht die Bewältigungskompetenzen von Kind und Familie ausschöpft, solange ist nicht mit ausgeprägten negativen Wirkungen zu rechnen (vgl. zum Konzept von Risiko- und Schutzfaktoren Scheithauer & Petermann, 1999).

Generell muß angemerkt werden, daß für einzelne Zusammenhänge nur sehr wenige Studien vorlagen; so gingen nur in die Analyse für den Einfluß des Schweregrads mehr als zehn Studien ein. Die Unterschiede zwischen den einzelnen Studien waren teilweise beträchtlich. Schlußfolgerungen auf diesem Gebiet können nur sehr vorsichtig gezogen werden.

Die vorrangegangenen Ausführungen haben verdeutlicht, daß:
- an chronisch kranke Kinder und Jugendliche eine Reihe von zusätzlichen Anforderungen gestellt werden, die mit „ihren" Entwicklungsaufgaben kollidieren können,
- sowohl in großangelegten epidemiologischen als auch klinischen Studien eine im Vergleich zu gesunden Kindern und Jugendlichen erhöhte psychosoziale Belastung festgestellt wurde.

Daraus darf jedoch keinesfalls geschlossen werden, daß alle chronisch kranken Kinder und Jugendliche automatisch stark belastet sind. Vielmehr läßt sich festhalten, daß eine bestimmte Subgruppe klinisch relevante Symptome zeigt, während der Großteil der Kinder und Jugendlichen laut Selbst- und/oder Elternbericht relativ gut mit der Erkrankung klar kommt. Eiser (1990) bezeichnet deshalb chronisch kranke Kinder und Jugendliche als „normale Menschen" in einer außergewöhnlichen Lebenssituation.

Erste Analysen haben gezeigt, daß für die Vorhersage, welche Kinder und Jugendliche besonders belastet sind, sich Merkmale der Erkrankung (wie z.B. die Schwere) weniger gut eignen als Merkmale der Person (wie Intelligenz oder Bewältigungsstil) beziehungsweise der Familie (wie Belastungen der Eltern). Wesentlich für das Auftreten von Belastungsreaktionen scheint es zu sein, welche Ressourcen das Kind beziehungsweise die Familie aufweisen, um mit dieser außergewöhnlichen Situation umzugehen (vgl. auch Noeker & Petermann in diesem Buch). Im folgenden soll auf die Belastungen der Familie eingegangen werden.

8 Belastungen der Familie

Belastungen von Kindern und Jugendlichen sowie deren Familien lassen sich kaum voneinander trennen: sie können sich gegenseitig aufschaukeln oder einfach nur summieren (z. B. Eiser & Berrenberg, 1995; Thompson & Gustafson, 1996). Familiär muß zwischen den Belastungen der Eltern und der Geschwisterkinder unterschieden werden.

8.1 Belastungen der Geschwisterkinder

Fragen nach den Belastungen der Geschwisterkinder wurden nur sehr selten thematisiert (Eiser, 1993) und gerade im deutschen Sprachraum vernachlässigt. Eine chronische Erkrankung des Geschwisters kann vielfältige Implikationen haben; zu nennen sind zum Beispiel:

- geringere Aufmerksamkeitszuwendung der Eltern,
- Angst um das Geschwisterkind,
- Angst um das eigene Wohlergehen (z.B. bei familiär gehäuft auftretenden Erkrankungen),
- Neid und Aggression infolge des im Mittelpunkt stehenden Geschwisters,
- Verzicht auf altersbezogene Aktivitäten aus Rücksicht oder „Gleichbehandlung" der Geschwister oder
- Eingebundensein in die Versorgung und Fürsorge für das kranke Geschwister.

Wie eine aktuelle Übersicht von Williams (1997) zeigt, wurden im angloamerikanischen Sprachraum zwischen 1970 und 1995 43 Arbeiten zur psychosozialen Belastung von Geschwisterkindern vorgelegt. Davon befaßten sich rund ein Viertel (12 Studien) mit der psychosozialen Anpassung von Geschwistern krebskranker Kinder und Jugendlicher. Mit einer Ausnahme gingen alle Ergebnisse in Richtung einer höheren psychosozialen Belastung der Gewisterkinder im Vergleich zu gesunden Kindern oder den Normwerten der eingesetzten Erhebungsverfahren. Über alle Krankheitsbilder hinweg läßt sich festhalten, daß über 60% der Studien einen Anstieg im Risiko fanden, 30% nicht. Als Wirkungen wurden ein breiter Bereich psychosozialer Belastungen genannt: Anstieg internalisierender und externalisierender Verhaltensprobleme, geringer Selbstwert und sozialer Rückzug, schlechte soziale Bezüge, Sorgen um das Geschwisterkind und schulische Probleme. Interessanterweise fanden sich in 10% der Studien sowohl positive als auch negative Wirkungen der chronischen Erkrankung. Unter den positiven Aspekten wurde auf eine ausgeprägtere Empathie und stärkeres Verantwortungsbewußtsein hingewiesen.

In einer aktuellen Studie von Stawski et al. (1997) ergaben sich weder für Geschwister von krebs- oder asthmakranken Kindern und Jugendlichen Hinweise für vermehrte Verhaltensauffälligkeiten im Vergleich zu einer gesunden Kontrollgruppe. Der Anteil der klinisch auffälligen Geschwisterkinder lag bei 11%, in der gesunden Vergleichsgruppe bei 14%. Vor allem bei den internalisierenden Problemen erwiesen sich die chronisch kranken Geschwisterkinder als verhaltensauffälliger. Ältere Geschwisterkinder (Alter um 14 Jahre) wiesen mehr internalisierende Verhaltensprobleme auf als jüngere (Alter um 9 Jahre). Geschlechtseffekte ergaben sich nicht. Generell ergaben sich positive Zusammenhänge in den Elterneinschätzungen in allen Skalen (r = 0,47 – 0,68). Ob es sich dabei um eine Häufung von emotionalen Problemen in Familien handelt oder aber die Eltern dazu tendieren, beide Geschwister ähnlich zu beurteilen, läßt sich anhand der aktuellen Daten nicht klären.

Geschwisterkinder als Knochenmarkspender in Familien mit einem krebskranken Kind stellen eine besondere Gruppe dar. Packman et al. (1997) verglichen die psychosozialen Belastungen von Geschwistern, die als Spender und solche, die nicht als Spender fungierten. Die Spender berichteten zugleich über mehr Angst, aber auch einen höheren Selbstwert als die „Nicht-Spender". Die Eltern beschrieben erstere Gruppe als depressiver; die Lehrer erlebten sie als sozial kompetenter und berichteten im Vergleich zu den „Nicht-Spendern" über weniger schulische, Aufmerksamkeits- und Lernprobleme. Diese Studie veranschaulicht zudem, daß zugleich positive und negative Wirkungen infolge einer chronischen Erkrankung eines Familienmitglieds entstehen können. Die alleinige Betrachtung der negativen Auswirkungen wird der Komplexität und Vielfalt der Reaktionen nicht gerecht. Insgesamt läßt sich feststellen, daß auf das Risiko psychosozialer Probleme bei den Geschwistern geachtet werden muß; weitere Studien sind nötig, um vor allem den Verlauf dieser Belastung zu dokumentieren.

8.2 Belastungen der Eltern

In der Literatur wird immer wieder das Konzept der „psychosomatischen Familie" mit wenig Flexibilität, hoher Rigidität und emotionaler Verstrickung diskutiert: Solche familiären Muster wurden nicht nur als Folge der chronischen Erkrankung der Kinder und Jugendlichen gesehen, sondern ihr Anteil im Rahmen der Krankheitsentstehung wurde immer wieder hervorgehoben. Gustafsson (1997) weist darauf hin, daß sich dieses Konzept so nicht halten läßt (vgl. Abschnitt 6.2). Vielmehr sollten die Belastungen der Eltern unter dem Aspekt der „Belastung durch die Pflege" betrachtet werden. In Studien zum Interaktionsverhalten wurde teilweise eine negativere Einstellung gegenüber dem Kind beobachtet (Schöbinger et al., 1992, 1993; Wamboldt et al., 1995). Im Vergleich zu Müttern mit einem gesunden Kind äußerten die Mütter krebskranker Kinder stärkeren Kontrollverlust und erlebten Interaktionen mit dem Kind als konfliktreicher. Generell ergaben sich keine Unterschiede im Einsatz angemessener und unangemessener Disziplinierungsmaßnahmen (Jelalian, Stark & Miller, 1997). Die Ergebnisse deuten insgesamt eher auf das Entstehen sekundärer Probleme hin, nicht so sehr auf deren Beteiligung bei der Krankheitsentstehung.

Man muß zwischen rein deskriptiven Beschreibungen der elterlichen Belastungen und der Untersuchung des Zusammenhangs mit der psychosozialen Befindlichkeit des Kindes unterscheiden (vgl. Abschnitt 7.4). Auf der deskriptiven Ebene erwiesen sich Belastungen der familiären und sozialen Beziehungen, finanzielle Belastung und subjektive Anspannung als wichtige Bereiche. Wie bereits für die betroffenen Kinder und Jugendlichen festgestellt wurde, kann nicht automatisch vom Vorliegen einer chronischen Erkrankung in der Familie auf eine erhöhte psychosoziale Belastung der Eltern geschlossen werden. Viele Studien deuten eher auf mehr oder minder starke Einschränkungen im alltäglichen Leben hin.

8.2.1 Belastungen der Eltern mit einem asthmakranken Kind

Eine Studie von Schulz, Dye, Jolicoeur, Cafferty und Watson (1994) zeigt, wie vielfältig die Belastungen der Eltern sein können. Die Autoren interviewten insgesamt 27 Eltern an Asthma erkrankter Schulkinder. Die Eltern berichteten aufgrund der Erkrankung ihres Kindes Einschränkungen und Belastungen in sehr unterschiedlichen Bereichen wie in der Eltern-Kind-Beziehung, in der Arbeit, im Selbstbild, hinsichtlich der eigenen Gesundheit, der erlebten Verantwortung, in der Schule, in der Familie, bezogen auf ihre finanzielle, soziale und emotionale Situation etc. Leider machen die Autoren keine Angaben dazu, wie häufig bestimmte Bereiche genannt wurden, so daß keine Aussage über die Bedeutung der jeweiligen Nennungen möglich ist. Lenney, Wells und O'Neill (1994) stellten die Ergebnisse der Lifestyle Study zusammen, in der 248 Eltern asthmaerkrankter Kinder interviewt wurden. 5% der arbeitenden Eltern hatten in den letzten drei Monaten wegen des Asthmas einen Tag frei genommen; bei jüngeren Kindern lag der Anteil bei 23%. Bis die Hälfte der Eltern sahen ihr soziales Leben eingeschränkt, dieser Anteil stieg noch an, wenn die Kinder nachts nicht durchschlafen konnten. Die häufigsten emotionalen Belastungen waren Ängste und Frustration; fast die Hälfte der Eltern bejahten die Frage nach Schuldgefühlen. Als zusätzliche Belastungen wurden der Kauf von speziellen Haushaltsgegenständen wegen der Erkrankung und der Verzicht auf Haustiere genannt. Vergleichbare Ergebnisse ergaben sich auch in anderen Befragungen (Eksi, Molzan, Savasir & Güler, 1995). Der fehlende Vergleich mit einer Kontrollgruppe schränkt die Interpretierbarkeit jedoch ein.

Die Wirkungen auf die gesamte Familie werden als gravierender eingeschätzt als die auf das unmittelbar betroffene Kind. In der Studie von Peri, Molinari und Taverna (1991) gaben über ein Drittel der Eltern an, daß die familiären Aktivitäten sich um die Erkrankung zentrierten und Ängste berichteten gar 64%. Negative emotionale Reaktionen bei den Kindern wurden hingegen für rund ein Viertel der Kinder benannt. Die familiären Beziehungen werden von rund einem Viertel der Betroffenen als streßreich wahrgenommen. Dieser Prozentsatz übersteigt um fast das Doppelte die Einschätzungen von Eltern HIV-positiver Bluter, während in der Kontrollgruppe ohne chronisch krankes Kind sogar kein Elternteil bedeutsamen Streß erlebte (Bussing & Burket, 1993; Bussing et al., 1996).

Zudem beklagten die Mütter asthmaerkrankter Kinder im Vergleich zu Müttern gesunder und diabeteskranker Kinder ein geringeres Ausmaß angemessener sozialer Unterstüzung. Dies mag sich nicht nur auf die unmittelbare Umgebung beziehen: Kritisiert wird von Eltern auch die geringe Informiertheit der Lehrer über allergische Krankheitsbilder (Schulz et al., 1994; Westbom, 1992) und praktische Probleme wie das Finden eines Babysitters (Butz et al., 1995).

Studien zum Zusammenhang zwischen Angst der Eltern und die der Kinder kamen zu keinem eindeutigen Ergebnis: So fanden Butz und Alexander (1993) bei den Müttern deutlich höhere Angstwerte als bei den Kindern, aber keine Beziehung zwischen der Angst der Mütter und die ihrer Kinder. 36,1% der Mütter, deren Kind vor dem ersten Lebensjahr erkrankte, wiesen hohe Angstwerte auf und 63,1% der hochängstlichen Mütter waren arbeitslos. Keine Beziehung ergab sich zum Krankheitsbild. Generell deutet sich eine erhöhte Ängstlichkeit der Eltern mit einem asthmakranken Kind an (Brook, Weitzman & Wigal, 1991)

Zusammenfassend betrachtet unterstreichen die vorliegenden Berichte, daß die chronische Erkrankung des Kindes für die Mütter (es wurden v.a. Mütter untersucht) ein streßreiches Ereignis ist. Die berichteten Einschränkungen sind vielfältig, erreichen jedoch bei den meisten Müttern nicht das Ausmaß ausgeprägter klinischer Probleme. Als wesentlicher Einfluß wurde das Vorhandensein sozialer Unterstützung herausgestellt.

8.2.2 Belastungen der Eltern mit einem krebskranken Kind

Gerade die Belastungen der Eltern mit einem krebskranken Kind haben besonderes Forschungsinteresse erfahren. Qualitative Analysen geben Aufschluß darüber, welche Aspekte von den Eltern als belastend erlebt werden. Enskär, Carlsson, Golsäter, Hamrin und Kreuger (1997b) interviewten 15 Eltern mit einem krebskranken Kind (sehr unterschiedliche Diagnosen und Behandlungsschemata). Anhand von qualitativen

Analysen kristallisierten sich acht verschiedene Belastungsdimensionen heraus:

- zusehen, wie das Kind leidet;
- von der Erkrankung des Kindes bestimmt werden (z.B. in puncto Arbeit oder Finanzen);
- Veränderung der familiären Beziehungen (z.B. wenig Zeit für den Ehepartner oder aufkommende Geschwisterrivalitäten);
- emotionale Reaktionen (wie Schock, Unsicherheit, aber auch Gefühle der Stärke und Reife);
- Bewältigungsversuche (wie kognitive Umattribuierung oder positive Zielformulierung);
- Lernen, mit den Reaktionen der Umwelt umzugehen;
- Suche nach sozialer Unterstützung und
- Auseinandersetzung mit und Bewertung der professionellen Hilfe.

Van Dongen-Melman (1995) berichtet über die Ergebnisse von qualitativen Interviews bei 85 Eltern krebskranker Kinder und Jugendlicher. Insgesamt gaben die Eltern an, daß dies die dramatischste Erfahrung in ihrem Leben war. Die negativen Veränderungen ließen sich in die Erfahrungen von Verlust (von Lebenszeit, dem Gefühl der Unverwundbarkeit, eines gesunden Kindes) und anhaltende Gefühle der Angst sowie überdauernde Probleme einteilen. Auch positive Veränderungen wurden berichtet, wenn auch sehr selten. Hier fokussierten die Eltern darauf, daß ihnen andere Dinge wichtiger und sie dadurch zufriedener geworden wären; zudem beobachteten sie, daß ihre Beziehungen innerhalb der Familie enger und insgesamt besser geworden seien.

Wie lange diese Belastungen anhalten, dazu liegen unterschiedliche Befunde vor. So fanden Speechley und Noh (1992) keine Unterschiede hinsichtlich Depressivität und Ängstlichkeit zwischen Eltern mit einem Kind, das den Krebs überlebt hat, und Eltern mit einem gesunden Kind. Geringe wahrgenommene Unterstützung ging mit einer verstärkten emotionalen Belastung einher. In der bereits erwähnten Studie von Kazak et al. (1997) ergaben sich noch rund fünf bis sechs Jahre nach Behandlungsende im Vergleich zu einer Kontrollgruppe mit einem gesunden Kind mehr Anzeichen für posttraumatische Streßsymptome, sowohl bei den Vätern als auch bei den Müttern. Auch hier erwies sich die soziale Unterstützung als wichtige Einflußgröße.

Van Dongen-Melman et al. (1995) befragten 133 Familien rund fünf Jahre nach Behandlungsende:
- Rund die Hälfte der Eltern berichteten über hochgradige Unsicherheit,
- 9% über Gefühle des Kontrollverlusts,
- 10% über starke Ängste,
- 3% über depressive Reaktionen und
- 14% über starke Schlafprobleme.

Die Probleme traten verstärkt bei Müttern auf, bei Eltern ohne religiöse Orientierung und beim Erleben zu-

sätzlicher Stressoren. Eltern, deren Kinder längerfristige Einschränkungen wie schulische Probleme oder sichtbare Veränderungen aufwiesen, litten verstärkt unter der Situation. Auch in anderen Arbeiten wurde auf die positive Wirkung sozialer Unterstützung auf das Erleben von psychosozialen Belastungen hingewiesen (Barakat et al., 1997). Ein Teil der Familien scheint langfristig durch die Erkrankung des Kindes belastet zu sein und sich auch Jahre danach davon nicht erholt zu haben (van Buiren, Häberle, Mathes & Schwarz, 1998).

Gerade in der akuten Behandlungsphase werden die Belastungen besonders deutlich (Dahlquist, Czyzewski & Jones, 1996; Kazak et al., 1995). Unlängst berichteten Manne und Miller (1998) über häufigere Konflikte von krebskranken Jugendlichen mit ihren Eltern als gesunde Kinder. Mütter krebskranker Kinder und Jugendlicher berichteten über einen positiven Effekt eines offenen und häufigen Austauschs mit dem Kind oder dem Ehepartner auf ihre eigene Befindlichkeit (Shapiro & Shumaker, 1987). Das gehäufte Auftreten von negativen Interaktionen wurde auch bereits für Asthma berichtet (vgl. Abschnitt 8.2.1). Dies unterstützt die Forderung nach psychosozialen Interventionen, die sich auf Konflikte innerhalb der Familie konzentrieren.

Zusammenfassend läßt sich festhalten, daß die Eltern krebskranker Kinder und Jugendlicher über starke Belastungen berichten. Im Vergleich zu den Nachuntersuchungen bei den Betroffenen selbst scheinen diese relativ stabil über die Zeit zu sein. Besondere Unterstützung benötigen die Eltern jedoch in der Phase der akuten Behandlung; soziale Unterstützung kann das Belastungserleben der Eltern mildern.

8.2.3 Schlußfolgerungen

Insgesamt läßt sich festhalten, daß Eltern mit einem chronisch kranken Kind, das funktionelle Einschränkungen aufweist, besonders belastet zu sein scheinen. Der Prozentsatz von Eltern mit starken psychischen Problemen lag bei 43% bis 51% im Vergleich zu 22% bis 30% in der Vergleichsgruppe mit einem gesunden Kind (Silver, Westbrook & Stein, 1998). In großangelegten, krankheitsübergreifenden Studien wie der Ontario Child Health Study (Cadman, Rosenbaum, Boyle & Offord, 1991) wurden insgesamt nur geringe Unterschiede festgestellt: Die Mütter mit einem chronisch kranken Kind gaben häufiger an, sich wegen „nervlicher Probleme" in Behandlung zu begeben und berichteten zudem über mehr negative Gefühle.

Der konkrete Zusammenhang zwischen Elternbelastung und psychosozialer Anpassung des Kindes beziehungsweise Jugendlichen wurde relativ selten untersucht. In der Literatur wird jedoch immer wieder betont (z.B. Perrin, Ayoub & Willett, 1993; Silver, Baumann

& Ireys, 1995; Varni & Setoguchi, 1991), daß die psychosoziale Situation der Eltern den Krankheitsverlauf beeinflußt. Eine Übersicht von Drotar aus dem Jahre 1997 zeigt, daß sich insgesamt 41 Arbeiten in den Jahren von 1976 bis 1995 mit dieser Fragestellung befaßt haben. Sie stellten fest, daß mütterliche Anpassungsprobleme vor allem bei den chronisch kranken Kindern und Jugendlichen mit psychosozialen Anpassungsschwierigkeiten zu finden sind. Allerdings konnte die elterliche Anpassung im Schnitt nur rund 10 bis 15% der Varianz der kindlichen Anpassung erklären. Die wenigen bislang vorliegenden prospektiven Studien deuten darauf hin, daß elterliche Überbehütung zu verstärkten Verhaltensproblemen führt.

Zusammenfassend läßt sich festhalten, daß sich viele Arbeiten mit der emotionalen Befindlichkeit der Eltern asthma- sowie krebskranker Kinder und Jugendlicher befaßt haben. Die Ergebnisse deuten darauf hin, daß gerade in akuten Krankheitsphasen die Belastungen der Familien enorm sein können, woraus jedoch nicht geschlossen werden sollte, daß alle Eltern klinisch relevante Störungen entwickelt haben. Der Großteil der Eltern kommt gut mit der Situation zurecht und berichtet eher über Einschränkungen im Alltagsleben durch den zusätzlichen Aufwand in der Versorgung. Die Belastung der Eltern verstärkt das Belastungserleben der Kinder, allerdings sind die Zusammenhänge nicht so hoch wie ursprünglich erwartet.

9 Lebensqualität – eine multidimensionale Sichtweise

In Zusammenhang mit der möglichst umfassenden Betrachtung chronischer Erkrankungen darf die Lebensqualitätsdiskussion nicht außen vor gelassen werden. Unter Lebensqualität versteht man die multidimensionale Betrachtung des sozialen, körperlichen und emotionalen Befindens als umfassenden Indikator des Gesundheitszustandes einer Person. Die Lebensqualitätsforschung betont, daß neben der Verlängerung des Lebens (=quantitativer Aspekt) auch die Qualität der „gewonnenen Lebenszeit" berücksichtigt werden muß. Wichtig ist eine ganzheitliche Sichtweise, die die Aufmerksamkeit auf psychische, soziale und biologische Aspekte des Lebens mit einer Erkrankung und deren komplexen Interaktionen lenkt (Christie, 1994). Darüber hinaus ist die Lebensqualität auch unter dem Aspekt zu betrachten, daß die von den Kindern und Jugendlichen geschilderten Belastungen oftmals nicht im psychopathologischen Bereich zu finden sind, sondern eher Einschränkungen in Alltagsfunktionen darstellen (vgl. Abschnitt 7).

9.1 Definition von Lebensqualität

Es existiert keine allgemeingültige Definition von Lebensqualität. Fletcher (1995) betrachtet folgende drei Dimensionen als wesentlich:

- **Soziale Funktionen** wie die Teilnahme an sozialen Ereignissen, Kontakt mit Freunden oder Verwandten, Qualität der familiären und sozialen Beziehungen oder Leistung in den üblichen sozialen Rollen (z. B. Schule),
- **physische Funktionen** wie Aspekte des täglichen Lebens (z. B. Selbstversorgung), in der

Freizeit oder Schule, Symptome (z. B. Schmerz, Müdigkeit) und
- **psychische Funktionen** wie Stimmung (z. B. Depression, Angst), Kognition (z. B. Gedächtnis, Konzentration) oder allgemeines Wohlbefinden.

Der funktionelle Status bezieht sich auf die Fähigkeit, eine Reihe von altersentsprechenden täglichen Aktivitäten durchzuführen, wie zum Beispiel sich selbst zu versorgen, Mobilität, körperliche, Rollen- und Freizeitaktivität. Gemessen wird die subjektive Wahrnehmung dieser Fähigkeit. Unter den psychischen Funktionen werden offene, verhaltensbezogene Probleme chronisch kranker Kinder und Jugendlicher verstanden, die unabhängig von der Grunderkrankung sind (z.B. Schlafbeschwerden oder Depression). Unter den sozialen Aspekten wird die Fähigkeit zur Aufrechterhaltung sozialer Beziehungen subsumiert. Bei Kindern und Jugendlichen beziehen sich die sozialen Kontakte auf die Gruppe der Gleichaltrigen, die Eltern, die Lehrer und die Professionellen im Gesundheitswesen. Darüber hinaus werden teilweise weitere Dimensionen als relevant betrachtet wie zum Beispiel Zufriedenheit mit dem äußeren Erscheinungsbild, Schulleistung oder allgemeine Zufriedenheit mit dem Leben (vgl. Apajasalo et al., 1996a, 1996b; Spieth & Harris, 1996).

Lebensqualitätserhebungen werden zwar einhellig zur Bewertung von klinischen Studien gefordert, aber nur in ca. 3% der Fälle eingesetzt (Bradlyn, Harris & Spieth, 1995). Als Gründe hierfür werden die geringe Akzeptanz durch das Personal und die Betroffenen sowie die Notwendigkeit, unterschiedliche Entwicklungsstufen und Behandlungsschemata zu berücksichtigen, diskutiert (Bradlyn et al., 1996). Problematisch ist sicherlich auch die Tatsache, daß die Instrumente möglichst ökonomisch, sensitiv für kleinere Veränderungen und zugleich sehr umfassend sein sollten (Jenney, Kane & Lurie, 1995).

9.2 Lebensqualität der Kinder und Jugendlichen mit Asthma

Mittlerweile beschäftigen sich einige Arbeitsgruppen mit der Frage, wie sich die gesundheitsbezogene Lebensqualität von Kindern und Jugendlichen mit Asthma erfassen läßt. Hierzu wurden im Vorfeld Interviews mit den betroffenen Kindern und Jugendlichen durchgeführt und darauf aufbauend die Instrumente konstruiert. In Tabelle 7 findet sich eine Übersicht zu einigen krankheitsspezifischen Erhebungsinstrumenten bei Asthma. Neben der Symptomatik wird immer wieder die mit der Erkrankung verbundene Einschränkung der Aktivität genannt.

Die Arbeitsgruppe um Creer (1993) entwickelte einen Fragebogen zur Erfassung der Einschränkungen in den Aktivitäten, indem sie in einem ersten Schritt 92 asthmakranke Kinder ihre Einschränkungen auflisten ließen. Danach ergaben sich Restriktionen in sechs Bereichen (ein Bereich „Essen und Trinken" fiel wegen zu geringer Relevanz raus):

- physische Aktivitäten (z.B. Joggen, Reiten, Trainieren oder Basketball),
- Arbeitsaktivitäten (z.B. „Gerüche um sich haben"),
- Aktivitäten außer Haus (z.B. bei kaltem Wetter draußen spielen, durchs Gras gehen, Blätter zusammenkehren, im Gras/auf der Wiese spielen, Kontakt mit Haustieren, Autoabgase),
- Emotionen und emotionale Verhaltensweisen (z.B. Lachen, Streß, Rufen)
- Hausarbeit (z.B. in Gerüchen oder Rauch arbeiten, Staub wischen, mit Haushaltschemikalien arbeiten, Staubsaugen) und
- Verschiedenes (z.B sich in verräucherten Räumen aufhalten, überhitzt sein oder sich in geschlossenen, überfüllten Räumen befinden).

Juniper (1995) betont, daß für Kinder und Jugendliche bedeutende Einschränkungen in der Lebensqualität durch die erschwerte oder behinderte Integration in die Gleichaltrigengruppe entstehen. Sie unterscheidet drei relevante Dimensionen: Einschränkungen in der Aktivität, emotionale Belastung und Symptome. Gerade Einschränkungen in den körperlichen Aktivitäten gel-

Tabelle 7:
Erhebungsinstrumtente zur Lebensqualität bei kindlichem Asthma und relevante Bereiche (modifiziert nach Warschburger, 1998c).

Bezeichnung des Intruments	Autoren	Dimensionen
Asthma-Symptome und Behinderungsfragebogen	Usherwood, Scrimgeour & Barber (1990)	• Behinderung • nächtliche Symptome • Symptome tagsüber
Childhood Asthma Questionnaires	Christie, French, Weatherstone, West & Applied Psychology Research Group (1991)	• Gesamtwert • vier nicht-etikettierte Faktorenscores
Childhood Attitudes Toward Illness Scale	Austin & Huberty (1993)	• Gesamtwert
Life Activities Questionnaire for Childhood Asthma	Creer et al. (1993)	• Physische Aktivitäten • Arbeitsaktivitäten • Aktivitäten draußen • Emotionen • emotionales Verhalten • Pflege zu Hause • Verschiedenes • Gesamtwert
Paediatric Asthma Quality of Life Questionnaire	Juniper et al. (1996)	• Aktivitätsbegrenzung • Symptome • emotionale Funktionen • Gesamtwert
Functional Severity of Asthma Scale	Rosier et al. (1994)	• Symptome • Aktivitätseinschränkung • Gesamtwert

ten als zentral (vgl. Newacheck & Taylor 1992a, 1992b). Daneben wird immer wieder auf die Funktionsfähigkeit der Kinder und Jugendlichen als integraler Bestandteil von Gesundheit hingewiesen.

Über die Konstruktion von krankheitsspezifischen Meßinstrumenten hinaus liegen kaum Daten zur gesundheitsbezogenen Lebensqualität von Kindern und Jugendlichen mit Asthma vor. Lenney et al. (1994) befragten 773 Kinder und Jugendliche mit Asthma zu ihren emotionalen Belastungen und Einschränkungen in den Aktivitäten. Am häufigsten (80%) wurden Einschränkungen bei sportlichen Aktivitäten genannt. 51% hatten Durchschlafprobleme und rund zwei Drittel erlebte Asthmaattacken als angstauslösend und schämte sich für „öffentliche" Anfälle. Gibson, Henry, Vimpani und Halliday (1995) fanden mit dem Fragebogen von Juniper eher geringe Einschränkungen in der Lebensqualität: Nur 22% berichteten starke Einschränkungen. Rund ein Drittel der Kinder sah sich in der Ausübung von Aktivitäten eingeschränkt. Die Aussagen eines neunjährigen Mädchens mit Asthma soll die Bedeutung des Asthmas nochmals verdeutlichen (vgl. Kasten 7).

Kasten 7:
Aussage eines betroffenen Kindes zur Bedeutung des Asthmas in seinem Leben.

Mädchen mit Asthma, 9 Jahre alt

Was bedeutet Asthma für Dich? Daß ich nicht so sehr spielen kann. Aber trotzdem führe ich ein normales Leben.

9.3 Lebensqualität der Kinder und Jugendlichen mit Krebs

Gerade im Bereich der Krebserkrankung können Lebensqualitätsinstrumente eine gute Alternative zur Betrachtung der Krankheitswirkungen sein. Dies gilt vor allem für die Akutbehandlung, während der die Kinder und Jugendlichen oft nicht die Konzentration und Kraft aufbringen, umfangreiche Fragenkataloge zu beantworten. Eltern schätzen häufig gerade Schmerz oder die emotionale Betroffenheit falsch ein (z.B. Billson & Walker, 1994; Glaser, Davies, Walker & Brazier, 1997).

Eiser, Havermans, Craft und Kernahan (1995) interviewten 41 Kinder und Jugendliche mit verschiedenen Krebsdiagnosen dazu, wie ihre Erkrankung ihr alltägliches Leben beeinflußt. Auf dieser Grundlage ergaben sich neun relevante Bereiche:
- Körperliche Aktivität,
- Einschränkungen bei Aktivitäten,
- Schule,

- Zurückweisung durch Gleichaltrige,
- Verhalten der Eltern,
- Manipulation,
- Gedanken bezüglich der Erkrankung,
- Bekanntgabe der Erkrankung und
- Behandlung.

Goodwin, Boggs und Graham-Pole (1994) gelangten bei einem vergleichbaren Vorgehen zu drei relevanten Bereichen: körperliches Funktionsniveau und Einschränkung normaler Aktivität, emotionale Belastung und Reaktion auf die momentane Behandlung. Hier werden die Eltern gebeten, die Reaktionen ihres Kindes einzuschätzen. Hockenberry-Eaton, Manteuffel und Bottomley (1997) befragten 75 krebskranke Kinder und Jugendliche (Alter: 7 – 13 Jahre), die momentan eine Chemotherapie erhielten. Die Kinder und Jugendlichen:
- hatten im Schnitt 16 Schulfehltage,
- 29% berichteten über Aktivitätsveränderungen und
- 17%, daß sie weniger Freunde als vorher hätten.

Als häufigste Stressoren nannten sie Haarverlust (72%), von der Behandlung krank werden (67%), Medikamente zu Hause nehmen müssen (70%), Gewichtsveränderungen (68%) und Schmerzen (88%). Am einschränkendsten wurden:
- Veränderungen im Schulbesuch (Quantität und Qualität der Aktivitäten, je 43%),
- Veränderungen im Aussehen (53%) und
- veränderte Aufgaben in der Familie (36%) empfunden.

Hohe Anpassung wurde für den Kontakt mit Eltern und Freunden sowie für den Umgang mit dem medizinischen Personal berichtet.

Neben diesen krankheitsspezifischen Skalen wurden auch diagnoseübergreifende Meßinstrumente eingesetzt. Billson und Walker (1994) schätzten bei 48 Kindern und Jugendlichen mit Krebs das Funktionsniveau in den Bereichen Sinne, Mobilität, Emotion, Kognition, Selbstversorgung und Schmerz ein. 66% der Befragten waren sehr zufrieden mit ihrem Leben. Insgesamt wurden nur geringe Defizite berichtet. Barr et al. (1993) setzten dieses System bei leukämiekranken Kindern und Jugendlichen mit unterschiedlich hohem Rezidivrisiko ein. Sie fanden bei 60% der Kinder und Jugendlichen mit niedrigem Rezidivrisiko keinerlei Einschränkungen, bei der Hochrisikogruppe traf dies nur auf 30% zu. Ähnliche Ergebnisse wurden auch von Feeny et al. (1993) berichtet.

Die wohl am häufigsten eingesetzte Skala ist die „Play Perfomance Scale for Children" (PPSC) von Lansky, List, Lansky, Cohen und Sinks (1985): Auf einer Skala von 0 bis 100 soll die Fähigkeit des Kindes einge-schätzt werden, altersangemessene Spielaktivitäten auszuführen. Beim Vergleich zwischen gesunden so-wie krebskranken Kindern und Jugendlichen in statio-närer und ambulanter Behandlung wies die stationäre Gruppe die geringsten Werte auf; weitere Gruppenun-terschiede ergaben sich nicht (Lansky, List, Lansky, Ritter-Sterr & Miller, 1987). Diese Ergebnisse deuten auf eher geringe Einschränkungen der Lebensqualität von Kindern und Jugendlichen mit Krebs nach der Akutbehandlungsphase (Mulhern, Faerclough, Fried-man & Leigh, 1990). Im weiteren Verlauf scheinen die

Unterschiede zu gesunden Patienten ganz zu ver-schwinden oder sogar in die Richtung zu gehen, daß Kinder und Jugendliche, die ihren Krebs überlebten, über eine höhere Lebensqualität berichten als Gesunde (vgl. Apajasalo et al., 1995).

Die vorliegenden empirischen Ergebnisse zur Lebens-qualität krebskranker Kinder und Jugendlicher unter-streichen nochmals, daß sich die meisten dieser Kinder als kaum oder gar nicht eingeschränkt erleben. Mit Be-lastungen ist vor allem während der akuten Behand-lungsphase im Krankenhaus zu rechnen.

Zusammenfassung

Chronische Erkrankungen sind im Kindes- und Ju-gendalter sehr weit verbreitet: beinahe jedes fünfte Kind litt oder leidet aktuell unter einer chronischen Erkrankung. Chronische Erkrankungen dürfen nicht auf ihren somatischen Aspekt reduziert, sondern im Sinne einer umfassenden Betrachtung müssen die eventuell auftretenden funktionellen und psychoso-zialen Folgewirkungen berücksichtigt werden. Das Krankheitsfolgenmodell der WHO bietet einen struk-turierten Rahmen für die Betrachtung der Wirkungen chronischer Erkrankungen auf das gesamte System und verdeutlicht die biopsychosoziale Sichtweise.

Chronische Erkrankungen wirken sich auf das familiä-re System aus und können zu Belastungen der Ge-schwister sowie der Eltern führen. Dabei ist vor allem an den pflegerischen Mehraufwand der Eltern im Um-gang mit dem chronisch kranken Kind zu denken. Ne-ben den negativen Aspekten wurde in jüngster Zeit ver-stärkt das Augenmerk auf positive Aspekte gerichtet. Die Bedeutung der entwicklungsbezogenen Perspekti-ve wurde vor allem unter dem Blickwinkel der Krank-heitskonzepte der betroffenen Kinder und Jugendli-chen betrachtet. Sie veranschaulichen, wie wichtig es ist, die sozial-emotionale sowie kognitive Entwick-lungsstufe der Kinder und Jugendlichen zu berücksich-tigen. Der Umgang mit den Anforderungen an ein selbstverantwortliches Krankheitsmanagement stellt eine der wesentlichen Aufgaben für die Betroffenen dar: Complianceprobleme bei der Umsetzung gefähr-den eine optimale medizinische Versorgung.

Insgesamt bergen chronische Erkrankungen für die Betroffenen ein erhöhtes Risiko, daß im Entwick-lungsverlauf negative psychosoziale Folgebelastun-gen auftreten. Die Prävalenz solcher Belastungen läßt sich nur sehr schwer als allgemeine Kenngröße ange-ben. Im Vergleich zur Verbreitung psychosozialer Probleme in der Allgemeinbevölkerung sind die Prävalenzen der chronisch kranken Kinder und Ju-

gendlichen maximal rund ein Drittel höher; dieser Wert scheint jedoch das Ausmaß der Problemlage eher zu überschätzen. Die meisten Studien haben sich auf die internalisierenden Störungen wie Ängste oder geringer Selbstwert, weniger auf den externalisieren-den Problembereich konzentriert. Gerade in diesem Bereich wurden auch vermehrt Auffälligkeiten gefun-den, dies gilt sowohl für Asthma als auch für Krebs.

Erste Ergebnisse liegen dazu vor, welche Kinder und Jugendliche besonders gefährdet sind: Demnach sind die Personenfaktoren wie Intelligenz des Kindes oder Bewältigungsstil wichtiger als Merkmale der Erkran-kung oder der sozialen Umgebung (wie der Status der Eltern). Genaue Angaben zur Verbreitung und zum Ausmaß der mit einzelnen Krankheitsbildern verbun-denen psychosozialen Belastungen bilden die Grund-lage für die Ermittlung des psychosozialen Unter-stützungsbedarfs. Die spezifische und detaillierte Be-trachtung der Belastungsprofile – ihrer Unterschiede und Gemeinsamkeiten – helfen bei der möglichst be-darfsgerechten Interventionsplanung (vgl. Noeker & Petermann in diesem Buch).

Chronische Erkrankungen dürfen jedoch nicht einsei-tig unter einer defizitorientierten Perspektive betrach-tet werden. Zwar stellt eine chronische Erkrankung – im Sinne eines Stressors – die betroffenen Kinder und Jugendlichen vor eine Reihe von zusätzlichen Bewäl-tigungsaufgaben, dies bedeutet jedoch nicht, daß alle Kinder und Jugendlichen zu jedem Zeitpunkt von die-ser Aufgabe überfordert sind. Die empirischen Befun-de legen vielmehr nahe, daß der Großteil der Kinder und Jugendlichen und deren Familien – zumindest nach einer Eingewöhnungsphase – sehr gut mit der neuen oder unerwarteten Situation klar kommt. Wich-tig ist es daher, sich in Zukunft viel stärker auf die Frage zu konzentrieren, wie im Vorfeld Risikogrup-pen bestimmt und diesem Personenkreis dann gezielt Unterstützung angeboten werden kann. Neben der

Frage nach den Risikofaktoren sollte – im Zusammenhang mit der Übernahme einer umfassenden Perspektive – stärker thematisiert werden, welche Ressourcen bei den Kindern und Jugendlichen und deren Familien bereits vorhanden sind beziehungsweise durch die Erkrankung aktiviert werden. Das zusätzliche Studium der Bewältigungsstile der Betroffenen ohne ausgeprägte psychosoziale Belastungsreaktionen hilft, Interventionsangebote für Risikogruppen abzuleiten.

Insgesamt ist die empirische Forschung in einigen Teilbereichen noch nicht sehr weit vorangeschritten. Es fehlen prospektive, kontrollierte Studien, die an größeren, homogenen Gruppen detaillierter die Frage nach den Auswirkungen einer chronischen Erkrankung auf das gesamte familiäre System untersuchen. Die Erhebungsinstrumente sollten krankheitsspezifisch ausformuliert sein, Aussagen über klinisch relevante Veränderungen liefern und die Prozeßhaftigkeit des Geschehens abbilden können.

Verständnisfragen

1. Anhand welcher zentralen Bestimmungsstücke wird eine chronische Erkrankung im Kindes- und Jugendalter definiert?
2. Welche psychosozialen Belastungen können infolge einer chronischen Erkrankung bei den betroffenen Kindern und Jugendlichen auftreten?
3. Mit welchen psychosozialen Belastungen und Anforderungen werden die Eltern infolge einer chronischen Erkrankung ihres Kindes konfrontiert?
4. Wie lassen sich Krankheitskonzepte in den verschiedenen Altersstufen kennzeichnen?
5. Was versteht man unter Lebensqualität?
6. Welche Konzepte lassen sich aus der psychosozialen Belastungsforschung für die Planung von Interventionen ableiten?

Weiterführende Literatur

Eiser, C. (1993). *Growing up with a chronic disease. The impact on children and their families.* London: Jessica Kingsley Publisher.

Petermann, F. (Hrsg.). (1994). *Chronische Krankheiten bei Kindern und Jugendlichen.* München: Quintessenz.

Petermann, F. & Warschburger, P. (Hrsg.). (2001). *Kinderrehabilitation* (2. erweit. Auflage). Göttingen: Hogrefe.

Schmidt, G.M., Kammerer, E. & Harms, E. (Hrsg.). (1996). *Kindheit und Jugend mit chronischer Erkrankung.* Göttingen: Hogrefe.

Thompson, R. J. & Gustafson, K. E. (1996). *Adaption to chronic childhood illness.* Washington: American Psychological Association.

Warschburger, P. (2000). *Chronisch kranke Kinder und Jugendliche. Psychosoziale Belastungen und Bewältigungsanforderungen.* Göttingen: Hogrefe.

Literatur

Apajasalo, M., Rautonen, J., Holmberg, C., Sinkkonen, J., Aalberg, V., Pihko, H., Siimes, M. A., Kaitila, I., Mäkelä, A., Erkkilä, K. & Sintonen, H. (1996a). Quality of life in pre-adolescence: A 17-dimensional health-related measure (17D). *Quality of Life Research, 5,* 532-538.

Apajasalo, M., Sintonen, H., Holmberg, C., Sinkkonen, J., Aalberg, V., Pihko, H., Siimes, M. A., Kaitila, I., Mäkelä, A. & Rautonen, J. (1995). The health-related quality of life of school-aged children. *Quality of Life Research, 4,* 390-391.

Apajasalo, M., Sintonen, H., Siimes, M. A., Hovi, L., Holmberg, C., Boyd, H., Mäkelä, A. & Rautonen, J. (1996b). Health-related quality of life adults surviving malignancies in childhood. *European Journal of Cancer, 32A,* 1354-1358.

Austin, J.K. & Huberty, T.J. (1993). Development of the child attitude toward illness scale. *Journal of Pediatric Psychology, 18,* 467-480.

Barakat, L.P., Kazak, A.E., Meadows, A.T., Casey, R., Meeske, K. & Stuber, M.L. (1997). Families surviving childhood cancer: a comparison of posttraumatic stress symptoms with families of healthy children. *Journal of Pediatric Psychology, 22,* 843-859.

Barnes, P.J., Jonsson, B. & Klim, J.B. (1996). The costs of asthma. *European Respiratory Journal, 9,* 636-642.

Barr, R. D., Furlong, W., Dawson, S., Whitton, A. C., Strautmanis, I., Pai, M., Feeny, D. & Torrance, G. W. (1993). An assessment of global health status in survivors of acute lymphoblastic leukemia in childhood. *The American Journal of Pediatric Hematology/ Oncology, 15,* 284-290.

Bender, B. & Milgrom, H. (1996). Compliance with asthma therapy: A case for shared responsibility. *Journal of Asthma, 33,* 199-202.

Bender, B. & Milgrom, H. (1997). Lessons from asthma treatment nonadherence in chronic illness. *New Medicine, 1,* 69-72.

Bender, B., Milgrom, H. & Rand, C. (1997). Nonadherence

in asthmatic patients: is there a solution to the problem? *Annals of Allergy, Asthma & Immunology, 79,* 177-186.

Bernard-Bonnin, A.-C., Stachenko, D., Bonin, D., Charette, Ch. & Rousseau, E. (1995). Self-management teaching programs and morbidity of pediatric asthma: A meta-analysis. *Journal of Allergy and Clinical Immunology, 95,* 34-41.

Billson, A.L. & Walker, D.A. (1994). Assessment of health status in survivors of cancer. *Archives of Disease in Childhood, 70,* 200-204.

Boyle, M.H., Offord, D.R., Hofmann, H.G., Catlin, G.P., Byles, J.A., Cadman, D.T., Crawford, J.W., Links, P.S., Rae-Grant, N.I. & Szatmari, P. (1987). Ontario Child Health Study. *Archives of General Psychiatry, 44,* 826-831.

Bradlyn, A.S., Harris, C.V. & Spieth, L.E. (1995). Quality of life assessment in pediatric oncology: A retrospective review of phase III reports. *Social Science and Medicine, 41,* 1463-1465.

Bradlyn, A.S., Ritchey, A.K., Harris, C.V., Moore, I.M., O'Brien, R.T., Parsons, S.K., Patterson, K. & Pollock, B.H. (1996). Quality of life research in pediatric oncology. Research methods and barriers. *Cancer, 78,* 1333-1339.

Brook, U. & Tepper, I. (1997). Self image, coping and familial interaction among asthmatic children and adolescents in Israel. *Patient Education and Counseling, 30,* 187-192.

Brook, U., Weitzman, A. & Wigal, J. K. (1991). Parental anxiety associated with a child's bronchial asthma. *Pediatric Asthma, Allergy & Immunology, 5,* 15-20.

Brooks-Gunn, J. (1993). Why do adolescents have difficulty adhering to health regimes? In N. A. Krasnegor, L. Epstein, S. Bennett Johnson & S. J. Yaffe (Eds.), *Developmental aspects of health compliance behavior* (125-151). Hillsdale: Lawrence Erlbaum.

Bussing, R. & Burket, R.C. (1993). Anxiety and intrafamilial stress in children with hemophilia after the HIV crisis. *Journal of the American Academy of Child and Adolescent Psychiatry, 32,* 562-567.

Bussing, R., Burket, R.C. & Kellerher, E.T. (1996). Prevalence of anxiety disorders in a clinic-based sample of pediatric asthma patients. *Psychosomatics, 37,* 108-115.

Butz, A.M. & Alexander, C. (1993). Anxiety in children with asthma. *Journal of Asthma, 30,* 199-209.

Butz, A.M., Malveaux, F.J., Eggleston, P., Thompson, L., Huss, K., Kolodner, K. & Rand, C. S. (1995). Social factors associated with behavioral problems in children with asthma. *Clinical Pediatrics, 34,* 581-590.

Cadman, D., Rosenbaum, P., Boyle, M. & Offord, D.R. (1991). Children with chronic illness: Family and parent demographic characteristics and psychosocial adjustment. *Pediatrics, 87,* 884-889.

Christiaanse, M.E., Lavigne, J.V. & Lerner, C.V. (1989). Psychosocial aspects of compliance in children and adolescents with asthma. *Developmental and Behavioral Pediatrics, 10,* 75-80.

Christie, M.J. (1994). Living with asthma: Contemporary perspectives - an editorial overview. In M. J. Christie & D.J. French (Eds.), *Assessment of quality of life in childhood asthma* (3-12). Chur: Harwood.

Christie, M.J., French, D., Weatherstone, L., West, A. &

Applied Psychology Research Group. (1991). The patients' perceptions of chronic disease and its management: psychosomatics, holism and quality of life in contemporary management of childhood asthma. *Psychotherapy and Psychosomatics, 56,* 197-203.

Clark, N.M. (1998). Management of asthma by parents and children. In H. Kotses & A. Harver (Eds.), *Self-management of asthma* (271-291). New York: Dekker.

Creer, T.L. & Levstek, D. (1996). Medication compliance and asthma: Overlooking the trees because of the forest. *Journal of Asthma, 33,* 203-211.

Creer, T.L., Wigal, J.K., Kotses, H., Hatala, J.C., McConnaughy, K. & Winder, J.A. (1993). A life activities questionnaire for childhood asthma. *Journal of Asthma, 30,* 467-473.

Dahlquist, L.M., Czyzewski, D.I. & Jones, C.L. (1996). Parents of children with cancer: A longitudinal study of emotional distress, coping style, and marital adjustment two and twenty months after diagnosis. *Journal of Pediatric Psychology, 21,* 541-554.

Dolgin M.J., Katz, E.R., Zeltzer, L.K. & Landsverk, J. (1989). Behavioral distress in pediatric patients with cancer receiving chemotherapy. *Pediatrics, 84,* 103-110.

Drotar, D. (1997). Relating parent and family functioning to the psychological adjustment for children with chronic health conditions: What have we learned? What do we need to know? *Journal of Pediatric Psychology, 22,* 149-165.

Dunbar-Jacob, J., Dunning, E.J. & Dwyer, K. (1993). Compliance research in pediatric and adolescent populations: Two decades of research. In N.A. Krasnegor, L. Epstein, S. Bennett Johnson & S.J. Yaffe (Eds.), *Developmental aspects of health compliance behavior* (29-51). Hillsdale: Lawrence Erlbaum.

Eiser, C. (1990). Psychological effects of chronic disease. *Journal of Child Psychology and Psychiatry, 31,* 85-98.

Eiser, C. (1993). *Growing up with a chronic disease. The impact on children and their families.* London: Jessica Kingsley Publisher.

Eiser, C. & Berrenberg, J.L. (1995). Assessing the impact of chronic disease on the relationship between parents and their adolescents. *Journal of Psychosomatic Research, 39,* 109-114.

Eiser, C. Havermans, T., Craft, A. & Kernahan, J. (1995). Development of a measure to assess the perceived illness experience after treatment for cancer. *Archives of Disease in Childhood, 72,* 302-307.

Eiser, C., Havermans, T., Pancer, M. & Eiser, J. R. (1992). Adjustment to chronic disease in relation to age and gender: Mothers' and fathers' reports of their childrens' behavior. *Journal of Pediatric Psychology, 17,* 261-275.

Eksi, A., Molzan, J., Savasir, I. & Güler, N. (1995). Psychological adjustment of children with mild and moderately severe asthma. *European Child and Adolescent Psychiatry, 4,* 77-84.

Elkin, T.D., Phillips, S., Mulhern, R.K. & Fairclough, D. (1997). Psychological functioning of adolescent and young adult survivors of pediatric malignancy. *Medical and Pediatric Oncology, 29,* 582-588.

Enskär, K., Carlsson, M., Golsäter, M., Hamrin, E. & Kreuger, A. (1997a). Life situation and problems as reported by children with cancer and their parents. *Journal of Pediatric Oncology Nursing, 14,* 18-26.

Enskär, K., Carlsson, M., Golsäter, M., Hamrin, E. & Kreuger, A. (1997b). Parental reports of changes and challenges that result from parenting a child with cancer. *Journal of Pediatric Oncology Nursing, 14,* 156-163.

Feeny, D., Leiper, A., Barr, R. D., Furlong, W., Torrance, G.W., Rosenbaum, P. & Weitzman, S. (1993). The comprehensive assessment of health status in survivors of childhood cancer: application to high-risk acute lymphoblastic leukaemia. *British Journal of Cancer, 67,* 1047-1052.

Fletcher, A. (1995). Quality-of-life measurements in the evaluation of treatment: Proposed guidelines. *British Journal of Clinical Pharmacology, 39,* 217-222.

Fotheringham, M.J. & Swayer, M.G. (1995). Adherence to recommended medical regimens in childhood and adolescence. *Journal of Pediatric and Child Health, 31,* 72-78.

Fowler, G.,M., Davenport, M.G. & Garg, R. (1992). School functioning of US children with asthma. *Pediatrics, 90,* 939-944.

Gibson, P.G., Henry, R.L., Vimpani, G.V. & Halliday, J. (1995). Asthma knowledge, attitudes, and quality of life in adolescents. *Archives of Disease in Childhood, 73,* 321-326.

Glaser, A.W., Davies, K., Walker, D. & Brazier, D. (1997). Influence of proxy respondents and mode of administration on health status assessment following central nervous system tumours in childhood. *Quality of Life Research, 6,* 43-53.

Goodwin, D.A.J., Boggs, S.R. & Graham-Pole, J. (1994). Development and validation of the pediatric oncology quality of life scale. *Psychological Assessment, 6,* 321-328.

Gortmaker, S.L., Walker, D.K., Weitzman, M. & Sobol, A.M. (1990). Chronic conditions, socioeconomic risks, and behavioral problems in children and adolescents. *Pediatrics, 85,* 267-276.

Gustafsson, P.A. (1997). Family dysfunction and asthma: results from a prospective study of the development of childhood atopic illness. *Pediatric Pulmonology, 16,* 262-264.

Gutjahr, P. (1999). Epidemiologie. In P. Gutjahr (Hrsg.), *Krebs bei Kindern und Jugendlichen* (4., überarb. Auflage; 23-27). Köln: Deutscher Ärzte-Verlag.

Hamlett, K.W., Pellegrini, D.S. & Katz, K.S. (1992). Childhood chronic illness as a family stressor. *Journal of Pediatric Psychology, 17,* 33-47.

Harper, D.C. (1991). Paradigms for investigating rehabilitation and adaptation to childhood disability and chronic illness. *Journal of Pediatric Psychology, 16,* 533-542.

Haynes, R.B. (1979). A critical review of the „determinants" of patient compliance with therapeutic regimens. In R. B. Haynes, D.W. Taylor & D.L. Sackett (Eds.), *Compliance in health care.* Baltimore: Johns Hopkins University Press.

Hertl, M. (1999). Psychosoziale Probleme und ihre Bewältigung. In P. Gutjahr (Hrsg.). *Krebs bei Kindern und Jugendlichen. Klinik und Praxis der Pädiatrischen Onkologie* (4. Auflage; 525-555). Köln: Deutscher Ärzte-Verlag.

Hockenberry-Eaton, M., Manteuffel, B. & Bottomley, S. (1997). Development of two instruments examining stress and adjustment in children with cancer. *Journal of Pediatric Oncology Nursing, 14,* 178-185.

Holaday, B., Swan, J.H. & Turner-Henson, A. (1997). Images of the neighborhood and activity patterns of chronically ill schoolage children. *Environment and Behavior, 29,* 348-373.

Hürny, C. (1998). Psychische und soziale Faktoren in Entstehung und Verlauf maligner Erkrankungen. In R.H. Adler, J.M. Herrmann, K. Köhle, O.W. Schonecke, T. von Uexküll & W. Wesiack (Hrsg.), *Uexküll: Psychosomatische Medizin* (5. überarb. Auflage; 953-969). München: Urban & Schwarzenberg.

Jelalian, E., Stark, L.J. & Miller, D. (1997). Maternal attitudes toward discipline: A comparison of children with cancer and non-chronically ill peers. *Children's Health Care, 26,* 169-182.

Jenney, M.E.M., Kane, R.L. & Lurie, N. (1995). Developing a measure of health outcomes in survivors of childhood cancer: A review of the issues. *Medical and Pediatric Oncology, 24,* 145-153.

Jerome, A., Wigal, J.K. & Creer, T.L. (1987). A review of medication compliance in children with asthma. *Pediatric Asthma, Allergy & Immunology, 1,* 193-211.

Jessop, D.J. & Stein, R.E.K. (1985). Uncertainty and its relation to the psychological and social correlates of chronic illness in children. *Social Science and Medicine, 20,* 993-999.

Juniper, E.F. (1995). Quality-of-life considerations in the treatment of asthma. *Pharmaco Economics, 8,* 123-138.

Juniper, E.F., Guyatt, G. H., Feeny, D.H., Ferrie, P.J., Griffith, L.E. & Townsend, M. (1996). Measuring quality of life in children with asthma. *Quality of Life Research, 5,* 35-46.

Kaptein, A. (1998). Personality correlates of asthma. In H. Kotses & A. Harver (Eds.), *Self-management of asthma* (21-34). New York: Dekker.

Kazak, A.E., Barakat, L.P., Meeske, K., Christakis, D., Meadows, A.T., Casey, R., Penati, B. & Stuber, M.L. (1997). Posttraumatic stress, family functioning, and social support in survivors of childhood leukemia and their mothers and fathers. *Journal of Consulting and Clinical Psychology, 65,* 120-19.

Kazak, A.E., Boyer, B.A., Brophy, P., Johnson, K., Scher, C.D., Covelman, K. & Scott, S. (1995). Parental perceptions of procedure-related distress and family adaptation in childhood leukemia. *Children's Health Care, 24,* 143-158.

La Greca, A. M. (1992). Peer influences in pediatric chronic illness: An update. *Journal of Pediatric Psychology, 17,* 775-784.

La Greca, A.M. & Schuman, W.B. (1995). Adherence to prescribed medical regimens. In M.C. Roberts (Ed.), *Handbook of pediatric psychology* (55-83). New York: Guilford.

Lansky, L.L., List, M.A., Lansky, S.B., Cohen, M.E. & Sinks, L.F. (1985). Toward the development of a play performance scale for children (PPSC). *Cancer, 56,* 1837-1840.

Lansky, S.B., List, M.A., Lansky, L.L., Ritter-Sterr, C. & Miller, D. (1987). The measurement of performance in childhood cancer patients. *Cancer, 60,* 1651-1656.

Lavigne, J.V. & Faier-Routman, J. (1992). Psychological adjustment to pediatric physical disorders: a meta-analytic review. *Journal of Pediatric Psychology, 17,* 133-157.

Lavigne, J.V. & Faier-Routman, J. (1993). Correlates of psychological adjustment to pediatric physical disorders: A meta-analytic review and comparison with existing models. *Developmental and Behavioral Pediatrics, 14,* 117-123.

Lenney, W., Wells, N.E.J. & O'Neill, B.A. (1994). The burden of paediatric asthma. *European Respiratory Review, 4,* 49-62.

Lohaus, A. (1990). *Gesundheit und Krankheit aus der Sicht von Kindern.* Göttingen: Hogrefe.

Lohaus, A. (1996). Krankheitskonzepte von Kindern aus entwicklungspsychologischer Sicht. In G. M. Schmitt, E. Kammerer & E. Harms (Hrsg.), *Kindheit und Jugend mit chronischer Erkrankung* (3-14). Göttingen: Hogrefe.

MacLean, Jr. W.E., Perrin, J.M., Gortmaker, S. & Pierre, C.B. (1992). Psychological adjustment of children with asthma: Effects of illness severity and recent stressful life events. *Journal of Pediatric Psychology, 17,* 159-171.

Manne, S. L., Jacobsen, P.B., Gorfinkle, K., Gerstein, F. & Redd, W.H. (1993). Treatment adherence difficulties among children with cancer: The role of parenting style. *Journal of Pediatric Psychology, 18,* 47-62.

Manne, S.L. & Miller, D. (1998). Social support, social conflict, and adjustment among adolescents with cancer. *Journal of Pediatric Psychology, 23,* 121-130.

Matsui, D.M. (1997). Drug compliance in pediatrics. *Pediatric Clinics of North America, 44,* 1-14.

McNabb, W.L., Wilson-Pessano, S.R. & Jacobs, A. M. (1986). Critical self-management competencies for children with asthma. *Journal of Pediatric Psychology, 11,* 103-117.

Meichenbaum, D. & Turk, D.C. (1994). *Therapiemotivation des Patienten. Ihre Förderung in Medizin und Psychotherapie: ein Handbuch.* Bern: Huber.

Mulhern, R.K., Fairclough, L., Friedman, A.G. & Leigh, L.D. (1990). Play performance scale as an index of quality of life of children with cancer. *Psychological Assessment, 2,* 149-155.

Newacheck, P.W., Budetti, P.P. & Halfon, N. (1986). Trends in activity-limiting chronic conditions among children. *American Journal of Public Health, 76,* 178-184.

Newacheck, P.W. & Halfon, N. (1998). Prevalence and impact of disabling chronic conditions in childhood. *American Journal of Public Health, 88,* 610-617.

Newacheck, P.W., McManus, M.A. & Fox, H.B. (1991). Prevalence and impact of chronic illness among adolescents. *American Journal of Diseases of Children, 145,* 1367-1373.

Newacheck, P.W. & Stoddard, J.J. (1994). Prevalence and impact of multiple childhood chronic illnesses. *Journal of Pediatrics, 124,* 40-48.

Newacheck, P.W. & Taylor, W.R. (1992a). Childhood chronic illness: Prevalence, severity, and impact. *American Journal of Public Health, 82,* 364-371.

Newacheck, P.W. & Taylor, W.R. (1992b). Prevalence and impact of childhood chronic conditions. *American Journal of Public Health, 82,* 364-371.

Noeker, M. (1991). *Subjektive Beschwerden und Belastungen bei Athma bronchiale im Kindes- und Jugendalter. Studien zur Jugend- und Familienforschung* (Bd. 7). Frankfurt a.M.: Lang.

Noll, R.B., Bukowski, W.M., Davies, W.H., Koontz, K. & Kulkarni, R. (1993). Adjustment in the peer system of adolescents with cancer: A two-year study. *Journal of Pediatric Psychology, 18,* 351-364.

Noll, R.B., LeRoy, S., Bukowski, W.M., Rogosch, F.A. & Kulkarni, R. (1991). Peer relationships and adjustment in children with cancer. *Journal of Pediatric Psychology, 16,* 307-326.

Noll, R.B., Ris, M.D., Davies, W.H., Bukowski, W.M. & Koontz, K. (1992). Social interactions between children with cancer or sickle cell disease and their peers: Teacher ratings. *Developmental and Behavioral Pediatrics, 13,* 187-193.

Noll, R.B., Stehbens, J.A., MacLean, W.E., Waskerwith, M.J., Whitt, J.K., Ruymann, F.B., Kaleita, T.A. & Hammond, G.D. (1997). Behavioral adjustment and social functioning of long-term survivors of childhood leukemia: Parent and teacher reports. *Journal of Pediatric Psychology, 22,* 827-841.

Packman, W.L., Crittenden, M.R., Schaeffer, E., Bongard, B., Rieger Fischer, J.B. & Cowan, M.J. (1997). Psychosocial consequences of bone marrow transplantation in donor and nondonor siblings. *Developmental and Behavioral Pediatrics, 18,* 244-253.

Padur, J.S., Rapoff, M.A., Houston, B.K., Barnard, M., Danovsky, M., Olson, N.Y., Moore, W.V., Vats, T.S. & Lieberman, B. (1995). Psychosocial adjustment and the role of functional status for children with asthma. *Journal of Asthma, 32,* 345-353.

Pendley, J.S., Dahlquist, L.M. & Dreyer, Z. (1997). Body image and psychosocial adjustment in adolescent cancer survivors. *Journal of Pediatric Psychology, 22,* 29-43.

Peri, G., Molinari, E. & Taverna, A. (1991). Parental perceptions of childhood illness. *Journal of Asthma, 28,* 91-101.

Perrin, E.C., Ayoub, C.C. & Willett, J.B. (1993). In the eyes of the beholder: Family and maternal influences on perceptions of adjustment of children with a chronic illness. *Developmental and Behavioral Pediatrics, 14,* 94-105.

Perrin, E.C., Stein, R.E.K. & Drotar, D. (1991). Cautions in using the child behavior checklist: Observations based on research about children with a chronic illness. *Journal of Pediatric Psychology, 16,* 411-421.

Perrin, J.M., MacLean, W.E. & Perrin, E.C. (1989). Parental perceptions of health status and psychologic adjustment of children with asthma. *Pediatrics, 83,* 26-30.

Petermann, F. (1999). *Asthma bronchiale.* Göttingen: Hogrefe.

Petermann, F. & Kroll, T. (1996). Psychosoziale Folgen bei Krebserkrankungen im Kindes- und Jugendalter. *Kindheit und Entwicklung, 5,* 209-214.

Petermann, F., Noeker, M., Bochmann, F. & Bode, U. (1990). *Beratung von Familien mit krebskranken Kindern: Konzeption und empirische Ergebnisse* (2., überarb. Auflage). Frankfurt: Lang.

Petermann, F. & Warschburger, P. (1997). Asthma und Allergie: Belastungen, Krankheitsbewältigung und Compliance. In R. Schwarzer (Hrsg.), *Gesundheitspsychologie. Ein Lehrbuch* (2., erweit. Auflage; 431-454). Göttingen: Hogrefe.

Phipps, S. & DeCuir-Whalley, S. (1990). Adherence issues in pediatric bone marrow transplantation. *Journal of Pediatric Psychology, 15,* 459-475.

Phipps, S., Fairclough, D. & Mulhern, R.K. (1995). Avoidant coping in children with cancer. *Journal of Pediatric Psychology, 20,* 217-232.

Rosier, M.J., Bishop, J., Nolan, T., Robertson, C.F., Carlin, J.B. & Phelan, P.D. (1994). Measurement of functional severity of asthma in children. *American Journal of Respiratory and Critical Care Medicine, 149,* 1434-1441.

Rubin, D.H., Baumann, L.J. & Lauby, J.L. (1989). The relationship between knowledge and reported behavior in childhood asthma. *Developmental and Behavioral Pediatrics, 10,* 307-312.

Rudd, P. (1993). The measurement of compliance: medication taking, In N.A. Krasnegor, L. Epstein, S.B. Johnson & S. Yaffe (Eds.), *Developmental aspects of compliance behavior* (185-213). Hillsdale: Lawrence Erlbaum.

Scheithauer, H. & Petermann, F. (1999). Zur Wirkungsweise von Risiko- und Schutzfaktoren in der Entwicklung von Kindern und Jugendlichen. *Kindheit und Entwicklung, 8,* 3-14.

Schmidt, A. & Lehmkuhl, G. (1994). Krankheitskonzepte bei Kindern - Literaturübersicht. *Fortschritte der Neurologie und Psychiatrie, 62,* 50-65.

Schmitt, G.M., Lohaus, A. & Salewski, C. (1989). Kontrollüberzeugungen und Patienten-Compliance: Eine empirische Untersuchung am Beispiel von Jugendlichen mit Diabetes mellitus, Asthma bronchiale und Alopecia areata. *Psychotherapie, Psychosomatik und Medizinische Psychologie, 39,* 33-40.

Schneewind, K.A. (1999). *Familienpsychologie* (2., erweit. Auflage). Stuttgart: Kohlhammer.

Schöbinger, R., Florin, I., Reichbauer, M., Lindemann, H. & Zimmer, C. (1993). Childhood asthma: Mother's affective attitude, mother-child interaction and children's compliance with medical requirements. *Journal of Psychosomatic Research, 37,* 697-707.

Schöbinger, R., Florin, I., Zimmer, C., Lindemann, H. & Winter, H. (1992). Childhood asthma: Paternal critical attitude and father-child interaction. *Journal of Psychosomatic Research, 36,* 743-750.

Schüffel, W., Herrmann, J.M., Dahme, B. & Richter, R. (1998). Asthma bronchiale. In R.H. Adler, J.M. Herrmann, K. Köhle, O.W. Schonecke, T. von Uexküll & W. Wesiack (Hrsg.), *Uexküll: Psychosomatische Medizin* (5., überarb. Auflage; 810-824). München: Urban & Schwarzenberg.

Schulz, R. M., Dye, J., Jolicoeur, L., Cafferty, T. & Watson, J. (1994). Quality-of-life factors for parents of children with asthma. *Journal of Asthma, 31,* 209-219.

Seiffge-Krenke, I. (1994). Entwicklungsrückstände durch chronische Krankheit? *Kindheit und Entwicklung, 3,* 16-23.

Seiffge-Krenke, I. & Kollmar, F. (1996). Der jugendliche Diabetiker und sein Arzt: Diskrepanzen in der Einschätzung der Arzt-Patienten-Beziehung und der Compliance. *Kindheit und Entwicklung, 5,* 240-248.

Shapiro, J. & Shumaker, S. (1987). Differences in emotional well-being and communication styles between mothers and fathers of pediatric cancer patients. *Journal of Psychosocial Oncology, 5,* 121-131.

Silver, E.J., Bauman, L.J. & Ireys, H.T. (1995). Relationships of self-esteem and efficacy to psychological distress in mothers of children with chronic physical illnesses. *Health Psychology, 14,* 333-340.

Silver, E.J., Westbrook, L.E. & Stein, R.E.K. (1998). Relationship of parental psychological distress to consequences of chronic health conditions in children. *Journal of Pediatric Psychology, 23,* 5-15.

Speechley, K.N. & Noh, S. (1992). Surviving childhood cancer, social support, and parents' psychological adjustment. *Journal of Pediatric Psychology, 17,* 15-31.

Stawski, M., Auerbach, J.G., Barasch, M., Lerner, Y. & Zimin, R. (1997). Behavioural problems of children with chronic physical illness and their siblings. *European Child and Adolescent Psychiatry, 6,* 20-25.

Stawski, M., Auerbach, J.G., Barasch, M., Lerner, Y., Zimin, R. & Miller, M.S. (1995). Behavioral problems of adolescents with chronic physical illness: A comparison of parent-report and self-report measures. *European Child and Adolescent Psychiatry, 4,* 14-20.

Stein, R.E.K., Bauman, L.J., Westbrook, L.E., Coupey, S.M. & Ireys, H.T. (1993). Framework for identifying children who have chronic conditions: The case for a new definition. *Journal of Pediatrics, 122,* 342-347.

Stein, R.E.K. & Jessop, D.J. (1982). A noncategorical approach to chronic childhood illness. *Public Health Reports, 97,* 354-362.

Stein, R.E.K. & Jessop, D.J. (1989). What diagnosis does not tell: The case for a noncategorical approach to chronic illness in childhood. *Social Science and Medicine, 29,* 769-778.

Stein, R.E.K. & Silver, E.J. (1999). Operationalizing a conceptually based noncategorial definition. *Archives of Pediatrics and Adolescent Medicine, 153,* 68-74.

Stein, R.E.K., Westbrook, L.E. & Bauman, L.J. (1997). The questionnaire for identifying children with chronic conditions: a measure based on noncategorial approach. *Pediatrics, 99,* 513-521.

Stein, R.E.K., Westbrook, L.E. & Silver, E.J. (1998). Comparison of adjustment of school-age children with and without chronic conditions: results from community-based samples. *Journal of Developmental and Behavioral Pediatrics, 19,* 267-272.

Steinberg, S., Hartmann, R., Wisniewski, S., Berger, K., Beck, J.D. & Henze, G. (1998). Untersuchung von Spätfolgen nach ZNS-Rezidiv einer akuten lymphoblastischen Leukämie im Kindesalter. *Klinische Pädiatrie, 210,* 200-206.

Tamaroff, M.H., Festa, R.S., Adesman, A.R. & Walco, G.A. (1992). Therapeutic adherence to oral medication regimens by adolescents with cancer. II. Clinical and psychologic correlates. *Journal of Pediatrics, 120,* 812-817.

Thompson, R.J. & Gustafson, K.E. (1996). *Adaption to chronic childhood illness.* Washington: American Psychological Association.

Usherwood, T.P., Scrimgeour, A. & Barber, J.H. (1990). Questionnaire to measure perceived symptoms and disability in asthma. *Archives of Disease in Childhood, 65,* 779-781.

Van Buiren, M., Häberle, H., Mathes, L. & Schwarz, R. (1998). Rehabilitation von Familien krebskranker Kinder und Jugendlicher – Psychosozialer Langzeitverlauf. *Klinische Pädiatrie, 210,* 304-309.

Van Dongen-Melman, J.E.W.M. (1995). *On surviving childhood cancer. Late psychosocial consequences for patients, parents, and siblings.* Rotterdam: Doctoral thesis.

Van Dongen-Melman, J.E.W.M., Pruyn, J.F.A., De Groot, A., Koot, H.M., Hählen, K. & Verhulst, F.C. (1995). Late psychosocial consequences for parents of children who survived cancer. *Journal of Pediatric Psychology, 20,* 567-586.

Van Sciver, M.M., D'Angelo, E.J., Rappaport, L. & Woolf, A.D. (1995). Pediatric compliance and the roles of distinct treatment characteristics, treatment attitudes, and family stress: A preliminary report. *Developmental and Behavioral Pediatrics, 16,* 350-358.

Vannatta, K., Gartstein, M.A., Short, A. & Noll, R.B. (1998). A controlled study of peer relationships of children surviving brain tumors: teacher, peer, and self ratings. *Journal of Pediatric Psychology, 23,* 279-287.

Varni, J.W. & Setoguchi, Y. (1991). Correlates of perceived physical appearance in children with congenital/acquired limb deficiencies. *Developmental and Behavioral Pediatrics, 12,* 171-176.

Verband Deutscher Rentenversicherungsträger (1999). VDR Statistik Rehabilitation des Jahres 1997. Frankfurt: Selbstverlag.

Vila, G., Nollet-Clemencon, D., de Blic, J., Mouren-Simeoni, M.-C. & Scheinmann, P. (1998). Asthma severity and psychopathology in a tertiary care department for children and adolescent. *European Child and Adolescent Psychiatry, 7,* 137-144.

Volmer, T. & Kielhorn, A. (1998). Compliance und Gesundheitsökonomie. In F. Petermann (Hrsg.), *Compliance und Selbstmanagement* (45-72). Göttingen: Hogrefe.

von Mutius, E. (1997). Epidemiologie des Asthma bronchiale im Kindesalter. *Pneumologie, 51,* 949-961.

Wade, S., Weil, C., Holden, G., Mitchell, H., Evans III, R., Kruszon-Moran, D., Bauman, L., Crain, E., Eggleston, P., Kattan, M., Kercsmar, C., Leickly, F., Malveaux, F. & Wedner, H.J. (1997). Psychosocial characteristics of inner-city children with asthma: A description of the NCI-CAS psychosocial protocol. National Cooperative Inner-City Asthma Study. *Pediatric Pulmonology, 24,* 263-276.

Wallander, J.L., Varni, J.W., Babani, L., Banis, H.T. & Wilcox, K.T. (1988). Children with chronic physical disorders: Maternal reports of their psychological adjustment. *Journal of Pediatric Psychology, 13,* 197-212.

Walter, H.-J., Petermann, F. & Lecheler, J. (1996). Familiäre Krankheitsbewältigung bei Asthma. *Kindheit und Entwicklung, 5,* 215-223.

Wamboldt, F. S., Wamboldt, M.Z., Gavin, L.A., Roesler, T.A. & Brugman, S.M. (1995). Parental criticism and treatment outcome in adolescents hospitalized for severe, chronic asthma. *Journal of Psychosomatic Research, 39,* 995-1005.

Warschburger, P. (1996). *Psychologie der atopischen Dermatitis im Kindes- und Jugendalter.* München: MMV-Quintessenz.

Warschburger, P. (1998a). *Chronisch kranke Kinder und Jugendliche - Psychosoziale Belastung und Bewältigung.* Unveröffentlichte Habilitationsschrift an der Universität Bremen im Bereich Psychologie.

Warschburger, P. (1998b). Lebensqualität und Compliance - Die Sichtweise des Patienten. In F. Petermann (Hrsg.), *Compliance und Selbstmanagement* (103-138). Göttingen: Hogrefe.

Warschburger, P. (1998c). Messung der Lebensqualität von asthmaerkrankten Kindern und Jugendlichen – Der Paediatric Asthma Quality of Life Questionnaire. *Rehabilitation, 37,* XVII-XXIII.

Warschburger, P. (2000). *Chronisch kranke Kinder und Jugendliche. Psychosoziale Belastungen und Bewältigungsanforderungen.* Göttingen: Hogrefe.

Weinstein, A.G. (1998). Adherence. In H. Kotses & A. Harver (Eds.), *Self-management of asthma* (329-378). New York: Dekker.

Weltgesundheitsorganisation (1998). *Internationale Klassifikation der Schäden, Aktivitäten und Partizipation. Ein Handbuch der Dimensionen von gesundheitlicher Integrität und Behinderung. Beta-1 Entwurf zur Erprobung.* Deutschsprachiger Entwurf.

Westbom, L. (1992). Well-being of children with chronic illness. A population-based study in a Swedish primary care district. *Acta Paediatrica, 81,* 625-629.

Westbrook, L.E., Silver, E.J. & Stein, R.E.K. (1998). Implication for estimates of disability in children: A comparison of definitional components. *Pediatrics, 101, 1*025-1030.

Wiedebusch, S. (1994). Die Entwicklung des Schmerzbegriffs im Kindesalter. In F. Petermann, S. Wiedebusch & T. Kroll (Hrsg.), *Schmerz im Kindesalter* (133-155). Göttingen: Hogrefe.

Williams, P.D. (1997). Siblings and pediatric chronic illness: a review of the literature. *International Journal of Nursing Studies, 34,* 312-323.

19 Interventionsverfahren bei chronisch kranken Kindern und deren Familien

von Meinolf Noeker und Franz Petermann

Inhaltsübersicht

1 Einleitung

Die Prävalenzangaben chronischer Krankheiten im Kindes- und Jugendalter variieren je nach Ein- oder Ausschluß von bestimmten Krankheitsbildern zwischen 5 bis 30 % aller Kinder (Newacheck & Taylor, 1992). Nahezu alle Organsysteme können betroffen sein, so daß jedes Gebiet der Kinderheilkunde spezifische chronische Erkrankungen aufweist: in der Gastroenterologie beispielsweise entzündliche Darmerkrankungen wie Morbus Crohn oder Colitis ulcerosa, in der Endokrinologie der Diabetes mellitus Typ I oder Wachstumsstörungen, in der Pneumologie das Asthma bronchiale und in der Dermatologie die Neurodermitis, in der Onkologie Leukämien und Tumorerkrankungen, in der Kardiologie angeborene oder erworbene Fehlbildungen des Herzens. Aus medizinischer Sicht sind diese chronischen Erkrankungen sehr heterogen hin-

sichtlich Ätiologie, Verlauf, Prognose sowie der therapeutischen Beeinflußbarkeit. Stein, Westbrook und Baumann (1997) definieren chronische Erkrankungen anhand der Erkrankungsdauer (länger als ein Jahr) sowie der Konsequenzen, die sich aus der Erkrankung für den Patienten ergeben (Einschränkungen von Alltagsaktivitäten, Angewiesenheit auf Behandlung und Unterstützung über das altersübliche Maß hinaus). In kinderpsychologischer Hinsicht leitet sich aus der obengenannten Definition ab, daß die Intensität und Bandbreite der psychosozialen Krankheitsfolgen und Einschränkungen der Lebensqualität (Eiser, 1997; Spieth & Harris, 1996) einen zentralen Stellenwert besitzen. Mit anderen Worten: Die medizinisch so heterogenen chronischen Krankheitsbilder können sich aus kinderpsychologischer Sicht infolge gleichartiger Belastungen sehr viel homogener darstellen.

2 Grundkonzepte der Intervention: Familienberatung, Verhaltensmedizin und Patientenschulung

Die medizinische Heterogenität der Krankheitsbilder legt zunächst nahe, für jedes einzelne Krankheitsbild spezifisch angepaßte kinderpsychologische Interventionskonzepte zu entwickeln, damit diese für den Patienten in Abstimmung mit der medizinischen Behandlung als ein integratives, in sich stimmiges Angebot erkennbar werden. Die Homogenität der psychosozialen Krankheitsfolgen läßt wiederum erwarten, daß bei den unterschiedlichsten Erkrankungen identische Interventionskonzepte erfolgreich eingesetzt werden können,

die nur noch geringfügig an die Besonderheiten des jeweiligen Krankheitsbildes angepaßt werden müssen.

Die Klinische Kinderpsychologie in der Kinderheilkunde (= Pädiatrische Psychologie) geht einen Mittelweg zwischen krankheitsübergreifenden und krankheitsspezifischen Interventionsansätzen, wobei drei Grundkonzepte charakteristisch sind: Familienberatung, Verhaltensmedizin und Patientenschulung. Bei den meisten Erkrankungsbildern steht jeweils eines dieser drei Ansätze deutlich im Vordergrund. Welcher gewählt wird, hängt unter anderem ab von

- dem Verlaufsbild und der Prognose der Erkrankung,
- ihrer Beeinflußbarkeit durch die medizinische Behandlung sowie durch das gewählte Bewältigungsverhalten des Patienten und

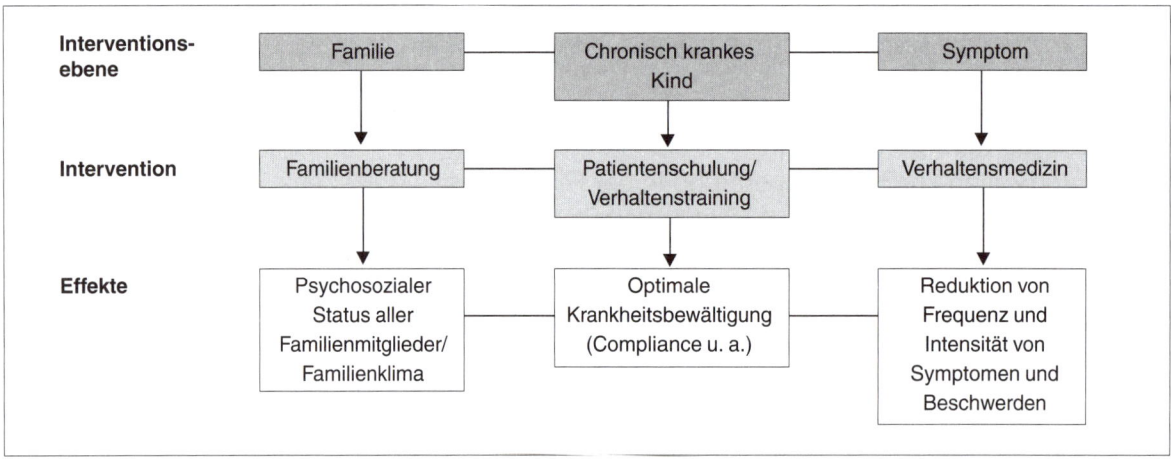

Abbildung 1:
Interventionsstrategien bei chronisch kranken Kindern und deren Familien.

• dem Stellenwert psychologischer Faktoren bei der Auslösung und Aufrechterhaltung der Erkrankung (vgl. Noeker & Haverkamp,1997).

Die drei Ansätze knüpfen an unterschiedlichen Ebenen (Symptom, chronisch krankes Kind, Familie) an und führen zu unterschiedlichen Effekten (vgl. Abb. 1).

2.1 Familienberatung bei fortschreitenden oder lebensbedrohlichen Erkrankungen

Konzepte der Familienberatung sind vor allem bei Krankheitsbildern mit einem fortschreitenden (progredienten) Verlauf entwickelt worden, bei denen entweder eine hohe Lebensbedrohlichkeit oder eine deutliche Verkürzung der Lebenserwartung im Vordergrund steht. Vorbildfunktion haben hier Beratungskonzepte für Familien mit einem leukämie- oder tumorerkrankten Kind gewonnen. Bei einer Krebserkrankung ist eine enge Kooperation von Patient und Familie unerläßlich, um die onkologischen Behandlungsmöglichkeiten (Chemotherapie, Bestrahlung, Chirurgie, Knochenmarktransplantation) optimal auszuschöpfen (Gutjahr, 1999). Aber auch eine optimale Mitarbeit bei diesen strapaziösen Behandlungen bietet keine Gewähr für einen positiven Erkrankungsausgang im Sinne einer Heilung. Demzufolge verfügt weder das Kind noch die Familie letztlich über eine entscheidende Kontrolle darüber, ob das Kind überlebt oder verstirbt. Psychologische Interventionen zielen demzufolge vorrangig auf:

• Die *emotionale Verarbeitung* der hochbedrohlichen Diagnose und die Klärung möglicher Schuldgefühle bezüglich der Verursachung der Krankheit,
• die *Entwicklung einer angemessenen*, den Anforderungen gerecht werdenden *Bewältigungshaltung*,
• eine wahrheitsgemäße, aber an das kognitive und emotionale Reifungsniveau angepaßte *Aufklärung* des Kindes über die Krankheit und Behandlung,
• die Stärkung einer offenen *innerfamiliären Kommunikation* bezüglich der Erkrankungssituation,
• den *Schutz einzelner Familienmitglieder*, vor allem hochbelasteter Mütter, vor Überforderung und die Stärkung des familiären Zusammenhaltes (Kohärenz) und
• die *Sicherung der Lebensqualität* und psychischen Gesundheit bei den einzelnen Familienmitgliedern.

Diesen Zielen wird am besten eine Familienberatung gerecht (vgl. Petermann, Noeker, Bochmann & Bode, 1990). Im Idealfall nehmen möglichst alle wichtigen familiären Bezugspersonen des erkrankten Kindes an der Beratung teil. Aufgrund der extremen zeitlichen Beanspruchung der einzelnen Familienmitglieder richtet sich die Beratungsarbeit häufig „nur" auf Subsysteme (z. B. nur die Eltern oder nur die Mutter, Großmutter und das erkrankte Kind). Neben der Berücksichtigung von praktischen Schwierigkeiten, alle Familienmitglieder zu einem gemeinsamen Termin zusammenzuführen, kann die Arbeit mit Subsystemen aber auch explizit angezeigt sein. Dies ist beispielsweise der Fall, wenn die Eltern sich zunächst alleine im Gespräch mit dem Berater auf Fragen ihres Kindes nach einem möglichen Mißerfolg der Therapie vorbereiten wollen und sich in ihren Antworten und Formulierungen unsicher fühlen. Lebensbedrohliche oder im Verlauf fortschreitende Erkrankungen weisen unterschiedliche Stadien auf, die jeweils durch charakteristische psychosoziale und existentielle Belastungen und Anforderungen gekennzeichnet sind. Eine Familienberatung richtet sich gezielt auf diese subjektiv erlebten Belastungen, um

• diese unmittelbar zu reduzieren (z. B. Sozialarbeit, familienentlastende Dienste),
• innerfamiliäre Ressourcen beziehungsweise soziale Unterstützung zu mobilisieren und
• das Bewältigungsverhalten zu optimieren.

Die Beratung von Familien mit chronisch kranken Kindern kann sich an den Konzepten und Ergebnissen der Bewältigungsforschung orientieren (vgl. Heim, 1998; Petermann, Noeker, & Bode, 1987; Wendt & Petermann, 1996; vgl. Warschburger & Petermann in diesem Buch). Demnach resultiert das Bewältigungsverhalten aus dem Wechselspiel von primären und sekundären Einschätzungsprozessen. Die primären Einschätzungsprozesse des chronisch kranken Kindes, aber auch beispielsweise seiner Eltern, richten sich auf die Belastungs- und Bedrohungsaspekte der Erkrankungssituation; die sekundären Einschätzungsprozesse richten sich im Gegenzug auf die verfügbaren Verhaltensmöglichkeiten und Ressourcen, die das Kind einsetzen kann, um diesen Bedrohungen zu begegnen (Lazarus, 1993). Diese beiden, spontan immer wiederkehrenden Einschätzungsprozesse können in der Familienberatung aufgegriffen und genutzt werden. Zwei Kernfragen sind dazu besonders geeignet, die in abgewandelter Form bei den unterschiedlichsten Problemlagen immer wieder nutzbringend herangezogen werden können:

• **Primäre Einschätzung der Belastung und Bedrohung:** „Was belastet und bedroht Dich/Sie zur Zeit am stärksten im Zusammenhang mit der Erkrankungssituation?"
• **Sekundäre Einschätzung von Kompetenzen und Ressourcen:** „Über welche Fertigkeiten und welche Hilfe verfügen Sie, um dieser Bedrohung wirksam zu begegnen? Woraus beziehen Sie Kraft und Zuversicht? Was genau brauchen Sie, um Ihr Wohlbefinden zurückzugewinnen?"

Diese beide Kernfragen finden sich in variierter Form auch in Tabelle 1 wieder. Dort sind typische Themen und konkrete Formulierungen für die Familienberatung bei fortschreitenden oder lebensbedrohlichen Erkrankungen zusammengestellt. Die medizinischen Grundlagen zum Verständnis der in Tabelle 1 ausgewählten Krebserkrankungen werden von Gutjahr (1999) erläutert. Tabelle 1 zeigt im Detail, wie die Familienberatung kontinuierlich an die für bestimmte Krankheitsphasen typischen Belastungen und Anforderungen aus Krankheit und Therapie gekoppelt ist. Die Formulierung der angegebenen Fragen illustriert, daß diese gleichzeitig eine diagnostische wie eine therapeutische Funktion haben. Sie dienen damit sowohl *der Problemdefinition und -lösung*, und zwar insbesondere dadurch, daß sie die Aufmerksamkeit der Familie auf verfügbare Ressourcen zur verbesserten Belastungsbewältigung richten.

Tabelle 1:
Beratungsthemen und Leitfragen der Familienberatung bei fortschreitenden oder lebensbedrohlichen Erkrankungen.

Wichtige Beratungsthemen in den einzelnen Erkrankungs- und Behandlungsphasen	Ausgewählte Leitfragen
Diagnoseeröffnung und -verarbeitung	
• Unterstützung der Verarbeitung des Diagnoseschocks durch aktives Zuhören, Verbalisieren und Klären der ausgelösten Gefühle und Phantasien	*„Welches Gefühl steht bei Ihnen angesichts dieser Nachricht im Vordergrund? Was brauchen Sie, um mit diesem Gefühl zurechtzukommen?"*
• Vorstellung der Beratung: Inhalte und eigene Rolle transparent machen; Vorbehalte gegenüber psychologischen Angeboten ansprechen und Angebot entmystifizieren; Motivation zur Beratung klären	*„Unser Angebot einer behandlungsbegleitenden psychologischen Beratung rührt nicht daher, daß wir Ihre Familie als psychisch auffällig wahrgenommen haben, sondern wir die Erfahrung gemacht haben, daß im Verlauf der Behandlung viele neuartige Belastungen auf Sie zukommen können. Diese Beratung soll Sie dabei unterstützen, mit diesen Anforderungen zurechtzukommen. Es ist ein Routineangebot, das wir grundsätzlich allen Familien machen."*
• Informationsvermittlung, individuell angepaßt an die jeweils vorrangigen Informationsbedürfnisse bzw. den Bewältigungsstil (Verleugnung versus aktive Informationssuche)	*„Welche Fragen bedrängen Sie am meisten? Welche Informationen brauchen Sie, um sich besser orientieren zu können? Welche Informationen haben Sie bei der Diagnosemitteilung nicht richtig aufnehmen können und sollten wir daher noch einmal durchgehen?"*
• Klärung des subjektiven Krankheitskonzeptes zur Verursachung der Erkrankung	*„Wenn Sie die medizinischen Informationen, die Sie gehört haben, außer acht lassen: Was glauben Sie persönlich, warum Ihr Kind diese Erkrankung bekommen hat?"*
• Wechselseitige Unterstützung der Familienmitglieder bei der Diagnoseverarbeitung sowie Initiierung einer offenen Kommunikation in der Familie	*„Teilen Sie miteinander die Gefühle, Sorgen und Belastungen in der Familie? Wenn nicht, was hindert Sie daran? Was befürchten Sie, wenn Sie es täten? Entlastet oder belastet Sie es eher, wenn Sie sich in der Familie über Ihre Sorgen und Gefühle austauschen?"*
Intensivbehandlung	
• Klärung erkrankungsunabhängiger Vulnerabilität bei Kind oder Familie	*„Gab es bei Ihrem Kind oder in Ihrer Familie insgesamt in der Zeit vor Ausbruch der Erkrankung schon andere, wichtige Belastungen und Sorgen, die Ihre Kraft zur Krankheitsbewältigung beeinträchtigen können? - Zeigte Ihr Kind vorher irgendwelche Auffälligkeiten?"*
• Aktivieren von Problem- und Konfliktlösungspotentialen	*„Welche anderen Krisen (z. B. andere schwere Erkrankungen in der Familie) haben Sie in der Vergangenheit gemeinsam gemeistert? Wie haben Sie sich damals verhalten? Was war erfolgreich? Können Sie dort anknüpfen? Wie sähe das heute konkret aus?"*
• Ausgewogene und praktikable Verteilung der Lasten	*„Welches Familienmitglied ist jetzt am stärksten in Gefahr, überfordert zu werden (z. B. Mutter)? Wer trägt Belastungen, die man nicht auf den ersten Blick sieht (z. B. Vater, Geschwister)?"*

	„Wer könnte welche Aufgaben im Alltag neu übernehmen? Empfindet jeder einzelne diese Aufgabenverteilung als fair und kräfteschonend?"
• Emotionale Krankheitsverarbeitung	*„Welche Grundhaltung macht es Ihnen möglich, diese Situation trotz allem durchzustehen?*
• Erziehungsberatung	*„Wie hat sich das Erleben und Verhalten des erkrankten Kindes und der Geschwister seit dem Erkrankungsausbruch verändert? Was signalisieren diese Veränderungen? Wie hat sich Ihr Erziehungsverhalten verändert (z. B. Gereiztheit, Verwöhnung)? Glauben Sie, Ihren Kindern gegenüber etwas wiedergutmachen oder ausgleichen zu müssen?"*
• Aktivierung sozialer Unterstützung	*Wer aus dem sozialen, beruflichen, persönlichen Umfeld könnte Sie bei welchen Anforderungen unterstützen? Wie können Sie diese Personen ansprechen und um Hilfe bitten? Möchten Sie, daß wir gemeinsam die Mitschüler Ihres Kindes über die Diagnose aufklären?"*
• Verhältnis: Familie - Behandlungsteam	*„Haben Sie besondere Bedürfnisse, Anregungen, Wünsche an das Behandlungsteam oder die Gestaltung und Themen unserer Beratungsgespräche?"*
Positiver Erkrankungsausgang: Langfristige Remission und Rehabilitation	
• Bewältigung der Rezidivangst	*„Welche Gedanken und Gefühle gehen Ihnen durch den Sinn, wenn Sie daran denken, daß die Erkrankung zurückkommen könnte? Versuchen Sie, solche Gedanken auf die Seite zu schieben? Wenn ja, wie machen Sie das? Welche Grundhaltung haben Sie als hilfreich erfahren, um diesen Ängsten zu begegnen? Wem teilen Sie Ihre Ängste mit?"*
• Soziale Wiedereingliederung des Kindes und Übernahme angemessener Anforderungen	*„Wie können Sie die Rückkehr Ihres Kindes in seinen Freundeskreis, in die Schule, in das Leben mit seinen Anforderungen und Pflichten unterstützen? Woran merken Sie, ob es seine Krankenrolle aufgibt?"*
• Verarbeitung schmerzlicher Erfahrungen und Bemühen um Aussöhnung	*„Welche menschlichen Enttäuschungen und Verbitterungen haben Sie erfahren müssen? Gab es innerhalb der Familie verletzende Erfahrungen? Würde eine Aussprache Sie erleichtern und wie könnte man diese gestalten?"*
• Rückschau auf die Phase der Intensivbehandlung	*„Welche positiven und kraftvollen Seiten haben Sie an sich und an der Familie entdecken und entwickeln können? Was hat sich in Ihren Kernüberzeugungen und Wertvorstellungen verändert? Was haben Sie in dieser Zeit gelernt?"*
Negativer Erkrankungsausgang: Erkrankungsrezidive, Finalphase **(Einige der folgenden Leitfragen erfordern eine sensible Anpassung an die familiäre Situation.)**	
• Emotionale Verarbeitung des Rezidivbefundes	*„Welches Gefühl herrscht bei Ihnen angesichts der Rezidivmittlung jetzt vor (Schock, Ratlosigkeit, Kampfgeist, Pessimus, Verzweiflung ...)?"*
• Klärung der Ambivalenzen gegenüber der Fortführung der Therapie	*„Welche Gedanken und Gefühle sprechen für eine Fortführung der Behandlung, welche dagegen? Welche Ziele verbinden Sie persönlich mit einer Fortsetzung der onkologischen Therapie (kurativ, lebensverlängernd, schmerzreduzierend)? Woran werden Sie erkennen, daß eine Fortführung der onkologischen Behandlung für Sie keinen Sinn mehr macht (ärztliches Urteil? Kraft und Wille Ihres Kindes? eigenes inneres Loslassen? ...)? Welche Vorstellung haben Sie, wie Sie die Zeit mit Ihrem Kind gestalten, wenn die Therapie abgesetzt ist?"*
• Vorbereitung der Eltern auf Gespräche mit dem Kind zu Tod und Sterben	*„Welche Antwort wäre nach Ihrer Einschätzung angemessen, wenn Ihr Kind Sie konkret nach einem Scheitern der Behandlung fragt? Fürchten Sie eine Situation, in der Ihr Kind Sie fragt, ob es sterben muß? Vermeiden Sie manchmal Situationen, in denen diese Frage hochkommen könnte? Welche Vorstellungen zu Tod und Sterben hat Ihr Kind? Wie können wir daran positiv anknüpfen, wenn es uns nach seinen Schicksal fragt? Welche Formulierungen sind geeignet, Wahrhaftigkeit und Trost zu verknüpfen? Was glauben Sie, wie im Kern Ihr Kind seinen eigenen Zustand einschätzt? Hat es ein „stilles Wissen"? Wie können Sie eine Atmosphäre herstellen, in der Ihr Kind sich sicher fühlen kann, seine Fragen zu stellen? Wen schützt das Kind mehr durch sein Schweigen: sich selbst oder die Familie?"*

• Finalstadium	*Wo ist der bessere Ort, um die verbleibende Zeit mit Ihrem Kind zu verbringen: in der sicheren Atmosphäre der Klinik oder in der vertrauten Atmosphäre zu Hause? Welche Bilder haben Sie von einem würdigen Abschiednehmen von Ihrem Kind?*
• Nach dem Tod des Kindes	*Botschaft geben: „Nicht das Kind oder die Familie hat versagt, sondern die Behandlungsmöglichkeiten!" Raum geben für Rückblick auf die Behandlungszeit; Engagement und Aufopferung für das Kind würdigen.*
	Erlaubnis vermitteln, dem Trauerprozeß nach persönlichen Bedürfnissen und nicht nach vermeintlich tröstlichen Ratschlägen Raum und Zeit zu geben. Individuell angemessene Trauer- und Gedenkrituale herausarbeiten.

Familienorientierte Beratungsstrategien, wie sie in Tabelle 1 am Beispiel der Krebserkrankungen ausgeführt sind, können sehr gut auf andere chronische Krankheiten übertragen werden, die ebenfalls durch Lebensbedrohlichkeit oder stark verkürzte Lebenserwartungen gekennzeichnet sind. Hierzu zählen beispielsweise neurodegenerative Erkrankungen und Muskelerkrankungen sowie zunehmend HIV / AIDS im Kindesalter (vgl. Committee on Pediatric AIDS, 1999).

Eine besonders sensibel zu handhabende Aufgabe für den Arzt beziehungsweise Klinischen Kinderpsychologen besteht in einer entwicklungsgerechten Aufklärung des Kindes (vgl. Kasten 1). Um leukämieerkrankten Kindern beispielsweise die Reifung von gesunden wie malignen (bösartigen) Zellen im Knochenmark zu veranschaulichen, haben Janovic et al. (1994) als Erklärungsbild das Wachsen eines Blumengartens entwickelt. Um den Kindern die Wirkungsweise einer Infusion von Chemotherapeutika zu verdeutlichen, kann das bekannte Computerspiel des Pac-Man eingesetzt werden. Bei diesem Computerspiel lenkt man ein rundes Männchen (Pac-Man) durch horizontale und vertikale Gänge, welches möglichst viele in diesen Gängen befindliche schwarze Punkte verschlucken soll. In diesem Bild entspricht der Pac-Man der Infusion von Chemotherapie, die Gänge entsprechen den Blutbahnen, die schwarzen Punkte entsprechen den Krebszellen. Bei dem Spiel wird davon ausgegangen, daß die Chancen, möglichst alle Krebszellen (schwarze Punkte) zu verschlucken, mit der Dauer und Intensität der Infusionen steigen. Es ist zu beachten, daß diese Analogie auch die Möglichkeit offenläßt, daß nicht alle schwarzen Punkte verschluckt werden. Die Erklärung läßt sich damit also auch im Falle eines Erkrankungsrezidivs wieder aufgreifen.

Kasten 1:
Entwicklungsangemessene Aufklärung krebskranker Kinder.

Es hat sich der Grundsatz durchgesetzt, Kinder auch schon im Vorschulalter grundsätzlich über die Bedrohlichkeit ihrer Erkrankung aufzuklären. Ohne diese Aufklärung ist dem Kind nicht vermittelbar, warum man ihm die Strapazen der Behandlung zu-

mutet. Der Hinweis auf die Ernsthaftigkeit der Erkrankung schützt das Kind davor, aus Erklärungsnot auf andere ungünstige Erklärungsansätze zurückzugreifen (z. B. schmerzhafte Behandlungsprozeduren als Strafe). Damit stellt sich nicht mehr die Frage, ob man Kinder überhaupt über ihre onkologische Erkrankung aufklärt, sondern wie dies in Anpassung an den Entwicklungsstand und die notwendige Therapiekooperation am besten zu gestalten ist. Eine solche entwicklungs- und behandlungsgerechte Aufklärung orientiert sich an folgenden Kriterien:

* Sie muß an das **kognitive Reifungsstadium des jeweiligen Kindes** angepaßt sein. Grundschulkindern sollten daher anschaulich die konkreten Behandlungsprozeduren gezeigt werden, deren Anwendung zur spürbaren Linderung von Krankheitsbeschwerden führt.
* Die Aufklärung muß **wahrheitsgemäß** erfolgen und die unterschiedlichen Verläufe umfassen, die die Krankheit nehmen kann.
* Die Behandlung soll für das Kind plausibel die **Erkrankung bekämpfen** (= Stimmigkeit von subjektivem Krankheits- und Behandlungskonzept) und zur **Mitarbeit motivieren.** Hierzu eignen sich Bildmaterialien und Analogien aus der Erfahrungswelt des Kindes.
* Das angebotene Erklärungskonzept sollte **Perspektiven eröffnen** und Therapiemitarbeit fördern. Besteht keine Hoffnung auf Heilung, sind „hilfsweise" Perspektiven zu entwickeln, die sich auf andere relevante Ziele im Bereich der Lebensqualität richten (z. B. Schmerz- und Beschwerdefreiheit, soziale Integration).
* Die Intensität und die Detailgenauigkeit der Aufklärung sollte sich am **Informationsbedürfnis des Kindes** orientieren.

2.2 Verhaltensmedizin

Verhaltenstherapeutisch begründete Techniken wie klassische und operante Konditionierung, kognitive Verfahren, Modellernen, Selbstinstruktionstechniken, Entspannungsverfahren und Biofeedback können die Bewältigung einer chronischen Erkrankung fördern.

Sie werden häufig unterstützend zur symptomatischen Behandlung der Grunderkrankung eingesetzt. Wichtige Indikationen für diese Techniken beziehen sich auf die Linderung und Bewältigung von Schmerzen unterschiedlicher Genese (z. B. Migräne, Spannungskopfschmerz) oder behandlungsbezogene Schmerzen (z. B. Punktionen bei Krebstherapie; vgl. Noeker & Petermann, 1990).

Je stärker kognitive, emotionale und verhaltensbezogene Faktoren an der Intensität des Schmerzerlebens und -verhaltens ursächlich beteiligt sind, desto wichtiger wird der Stellenwert psychologischer Interventionen bei der Schmerzbehandlung (vgl. Mühlig et al. in diesem Buch); therapeutische Strategien sind besonders bei psychosomatischen Erkrankungen vorteilhaft, bei denen eine biologische Erkrankungsdisposition („Diathese") durch psychosoziale Faktoren ausgelöst, vermittelt oder aufrechterhalten wird. Die Rezidivrate und Intensität von Krankheitsschüben bei entzündlichen Darmerkrankungen (Morbus Crohn, Colitis ulcerosa), bei Colon irritabile (Reizdarmsyndrom) oder von Synkopen („Ohnmachtsanfällen") kann durch Lernprozesse erhöht werden (vgl. Steinhausen in diesem Buch). Dies hat zur Folge, daß solche Krankheiten sich nicht nur dem biologischen Schweregrad entsprechend wieder zurückbilden, sondern ein zusätzliches Risiko zur Chronifizierung dadurch entsteht, daß das Krankheitsverhalten sekundäre psychische und sozial-kommunikative Funktionen für das Kind oder seine Familie gewinnt. Die verhaltensmedizinischen Interventionen basieren im wesentlichen auf der Anwendung von verhaltenspsychologischen Maßnahmen auf körperliche Erkrankungen.

2.3 Patientenschulung und Selbstmanagement

Konzepte der Patientenschulung und des Krankheitsbeziehungsweise Selbstmanagements sind vorrangig für solche Erkrankungen entwickelt worden, die einerseits die meiste Zeit stabil ohne gravierende Beschwerden verlaufen, die andererseits aber plötzlich zu extrem schweren und bedrohlichen Symptomatiken entgleisen können (Exazerbation). Besonders charakteristisch für diesen Verlaufstypus sind das Asthma bronchiale (vgl. Warschburger & Petermann in diesem Buch) und der Typ-I-Diabetes. Aber auch Epilepsien (cerebrale Anfallserkrankungen; vgl. Neuhäuser in diesem Buch), die chronische Niereninsuffizienz, die rheumatoide Arthritis beziehungsweise die Hämophilie können zu diesem Typus gerechnet werden. Diesen, in medizinischer Hinsicht sehr heterogenen Krankheitsbildern ist gemeinsam, daß das Krankheitsverhalten des Patienten und seiner Familie die Krankheitsprognose entscheidend mitsteuern (vgl. Akutkomplikationen, Schweregradverlauf, Risiko von Folgeerkrankungen). Im Gegensatz zu der Gruppe von Erkrankungen mit Lebensbedroh-

lichkeit und verkürzter Lebenserwartung, die entscheidend vom biologischen Spontanverlauf und den zur Verfügung stehenden medizinischen Behandlungsmöglichkeiten abhängen, trägt bei diesem Verlaufstypus das Krankheitsmanagement des Patienten wesentlich zum Behandlungserfolg und damit zur Prognose bei. Durch Schulungsangebote werden Patienten die notwendigen Informationen und Kompetenzen vermittelt, um selbstgesetzte Ziele zu erreichen. Die Schulung unterstützt den Patienten und seine Familie auf dem Weg zum Experten und weitgehend eigenverantwortlichen Entscheidungsträger in der alltäglichen Steuerung des gesundheitlichen Zustandes (Petermann, 1997). Diese Befähigung des Patienten („empowerment") umfaßt zwei Phasen des Krankheitsgeschehens, nämlich die kritische Phase einer akuten Zustandsverschlechterung und das weitgehend symptomfreie Intervall zwischen solchen Krisen:

- **Im symptomfreien Intervall** bezieht sich das Krankheitsmanagement vor allem darauf, durch prophylaktische Maßnahmen wie regelmäßige Medikation, Inhalationen, Diät und einen allgemein gesundheitsorientierten Lebensstil das Risiko von plötzlichen Zustandsverschlechterungen im Vorfeld zu minimieren. Bei allergisch mitbedingten Erkrankungen wie Asthma bronchiale oder Rheuma liegen diese Chancen beispielsweise in der Mitarbeit bei einer längerfristig angelegten Behandlung der zugrundeliegenden Entzündungsprozesse. Bezogen auf die Phase des symptomfreien Intervalls soll eine stabile Behandlungsmotivation und Therapiemitarbeit (Compliance) gewährleistet werden.

- **In der Akutkrise** beinhaltet ein angemessenes Krankheitsmanagement zum einen die rechtzeitige und korrekte Wahrnehmung von Vorboten einer akuten Zustandsverschlechterung und zum anderen ein kompetentes und eigenverantwortliches Einleiten von wirksamen Gegenmaßnahmen, um Krisen abzufangen. Selbstmanagement besteht folglich in der Erarbeitung und verhaltensnahen Einübung von altersgerecht angepaßten Krisen- und Notfallplänen. Abbildung 2 verdeutlicht am Beispiel der Asthmaschulung, wie das chronisch kranke Kind im Zuge des erfolgreichen Einsatzes solcher Krisenpläne seine Kompetenzen weiter ausdifferenziert und damit seine Selbstwirksamkeitserwartungen stärkt. Diese Lernprozesse bekräftigen und automatisieren wiederum das angemessene Verhalten mit Blick auf die nächste Krisensituation. Die Aufarbeitung einer fehlgeschlagenen Krankheitsbewältigung bietet die Chance, den Krisenplan individuell besser anzupassen und erkennbare Verhaltensdefizite nachzuschulen (vgl. Kasten 2).

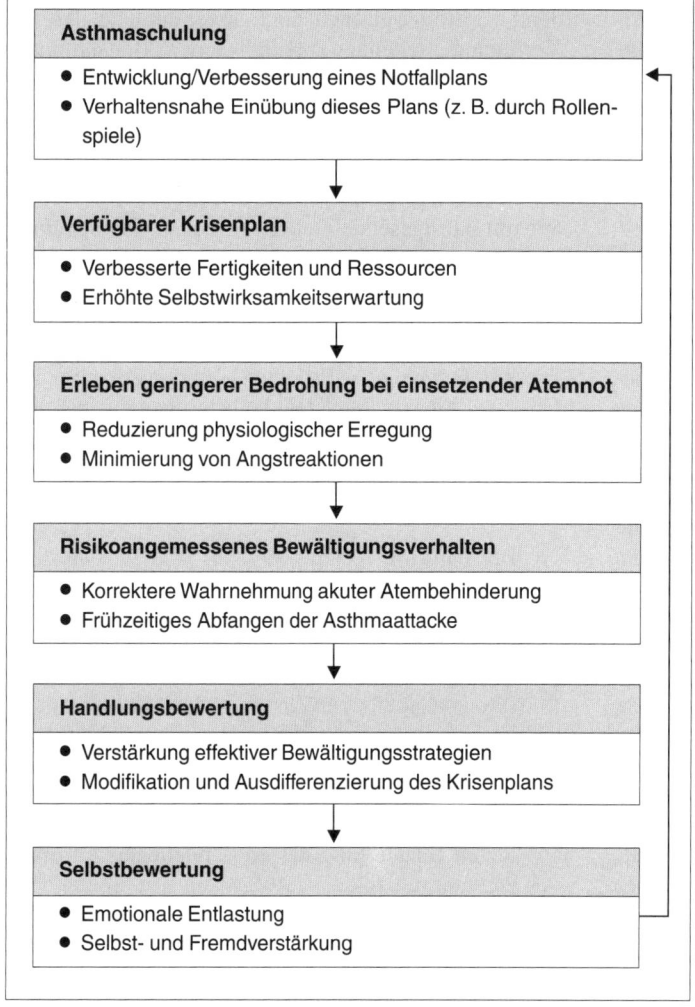

Asthmaschulung

- Entwicklung/Verbesserung eines Notfallplans
- Verhaltensnahe Einübung dieses Plans (z. B. durch Rollenspiele)

Verfügbarer Krisenplan

- Verbesserte Fertigkeiten und Ressourcen
- Erhöhte Selbstwirksamkeitserwartung

Erleben geringerer Bedrohung bei einsetzender Atemnot

- Reduzierung physiologischer Erregung
- Minimierung von Angstreaktionen

Risikoangemessenes Bewältigungsverhalten

- Korrektere Wahrnehmung akuter Atembehinderung
- Frühzeitiges Abfangen der Asthmaattacke

Handlungsbewertung

- Verstärkung effektiver Bewältigungsstrategien
- Modifikation und Ausdifferenzierung des Krisenplans

Selbstbewertung

- Emotionale Entlastung
- Selbst- und Fremdverstärkung

Abbildung 2:
Selbstmanagement am Beispiel des Asthma bronchiale.

Kasten 2:
Krankheits- und Selbstmanagement am Beispiel akuter Atemnot beim asthmakranken Kind.

Das Krankheitsmanagement bezieht sich auf Prozesse der Krankheitsbewältigung, bei denen der Patient Beeinträchtigungen seines körperlichen Wohlbefindens (Beschwerden und Symptome) durch gezielte Gegenmaßnahmen aktiv reguliert. Diese Regulation verläuft beispielsweise bei einem akuten Asthmaanfall über folgende Phasen (Noeker & Petermann, 1998):

- *Aufmerksamkeitsfokussierung* (Beobachten von Husten, Giemen und Luftnot),
- *Bewertung* (Identifikation als bedrohliche Asthmasymptome),
- *Auswahl einer Reaktion* (Inhalation eines Asthmasprays) und
- *Selbstbekräftigung* (Bekräftigung des Verhaltens durch Nachlassen der Atemnot und positive Selbstzuschreibung, kompetent gehandelt zu haben).

Krankheitsmanagement und Selbstmanagement werden häufig synonym gebraucht (vgl. Petermann, 1998), wobei der Begriff „Selbstmanagement" präziser ist. Selbstmanagement verdeutlicht, daß nicht nur die biologische Symptomatik, sondern auch Emotionen (krankheitsbezogene Ängste) und Kognitionen (z. B. Selbstinstruktionen zur Verhaltenssteuerung während eines Asthmaanfalls) reguliert werden. Selbstkontrolle und Selbstregulation bilden eine wichtige Grundlage im Rahmen der Patientenschulung.

3 Grundlagen kinderpsychologischer Intervention beim Diabetes mellitus

Die Behandlung des Diabetes mellitus zeigt, daß Familienberatung, Patientenschulung und verhaltensmedizinische Techniken sinnvoll miteinander kombiniert werden können (Petermann, 1995). Der Diabetes mellitus kann aus mehreren Gründen als modellhaft für Interventionen in der Klinischen Kinderpsychologie angesehen werden:

- Der Diabetes mellitus stellt das Krankheitsbild dar, bei dem zuerst im deutschsprachigen Raum interdisziplinäre Behandlungskonzepte in Form der Patientenschulung entwickelt und eingeführt wurden. Dies gilt auch für die gesetzlichen Regelungen der Ko-

stenerstattung. Patientenschulung wird beim Diabetes mellitus im Rahmen der gesetzlichen Krankenversicherung vergütet.

- Es liegen praxiserprobte Schulungsprogramme vor.
- Der Diabetes mellitus wird in unterschiedlichen Settings behandelt (Kliniken, Ambulanzen, Rehabilitationseinrichtungen, Schwerpunktpraxen).
- Beim Diabetes mellitus steht zwar die Patientenschulung als unverzichtbarer Therapiebestandteil im Vordergrund, darüber hinaus besteht aber häufig eine Indikation zur Familienberatung beziehungsweise spezifischen verhaltensmedizinischen Verfahren, so daß an diesem Krankheitsbild verdeutlicht werden kann, wie die unterschiedlichen Interventionen zusammenwirken.
- Der Diabetes mellitus verdeutlicht in mehrerer Hinsicht die Entwicklungsabhängigkeit des kindlichen und familiären Bewältigungsverhaltens. Dies be-

trifft sowohl die Entwicklungsabhängigkeit der subjektiven Krankheits- und Behandlungskonzepte vor dem Hintergrund der kognitiven Entwicklung als auch die Wechselwirkungen zwischen den Aufgaben des Diabetesmanagements und der Bewältigung regulärer Entwicklungsaufgaben.

- Beim Diabetes mellitus konnten im Rahmen einer Vielzahl empirischer Studien psychologische Risikofaktoren eines unzureichenden Krankheitsmanagements und einer schlechten Blutzuckerkontrolle identifiziert werden, aus denen sich gezielte Ansatzpunkte für kinderpsychologische Interventionen ableiten lassen.
- Das verhaltenspsychologisch fundierte Selbstmanagementkonzept hat Eingang in die Behandlungsempfehlungen der diabetologischen Fachgesellschaften gefunden und gilt als Standardbehandlung (American Diabetes Assocation, 1997; International Society for Pediatric and Adolescent Diabetes et al., 1995).
- Im Bereich der Qualitätssicherung besitzen die Bemühungen Vorbildcharakter für andere chronische Erkrankungen (Hecker, Grabert & Holl, 1999; Holl et al., 1997).

Aus diesem Grund sollen detailliert die kind- wie familienzentrierten Interventionsansätze bei dieser häufigsten Stoffwechselerkrankung des Kindes- und Jugendalters vorgestellt werden.

3.1 Diagnose, Behandlungskonzept und Erstaufklärung beim Typ-I-Diabetes

Wenn bei einem Kind oder Jugendlichen Typ-I-Diabetes diagnostiziert wird, tritt ein kompletter Ausfall der Insulinproduktion auf (Kerner, 1998). Beim Typ-I-Diabetes handelt es sich um eine multifaktoriell bedingte Autoimmunerkrankung, für die eine familiäre, genetische Disposition besteht, die sich aber erst durch das Zusammentreffen mit exogenen Faktoren (z. B. Infekte, Toxine) manifestiert. Bei dem im späten Erwachsenenalter vorherrschenden Typ-II-Diabetes kann das noch vorhandene Insulin den Blutzuckerspiegel nicht mehr ausreichend stabilisieren.

Der Ausbruch des Diabetes und die Mitteilung der Diagnose trifft das Kind wie die Familie in der Regel vollständig unvorbereitet. Die Erstaufklärung erfolgt in der Regel individuell im stationären Rahmen, bis die Familie hinreichend Zutrauen in ihre Kompetenzen zur Insulinsubstitution, zur angemessenen Ernährung sowie zur eigenständigen Blutzuckerkontrolle erworben hat. Belastend wirkt die Information, daß eine lebenslängliche Erkrankung und lebenslängliche Notwendigkeit zur Insulinsubstitution vorliegt. Die kinderpsychologische Unterstützung bei der Diagnoseverarbeitung richtet sich auf eine Bewältigung der ausgelösten Be-

fürchtungen und emotionalen Erstreaktionen (vgl. auch Tab. 1). Dazu können der bedrohlichen Botschaft der lebenslänglichen Behandlungspflichtigkeit ermutigend folgende Mitteilungen gegenübergestellt werden:

- Diabetes ist eine Erkrankung, die einerseits zwar Tag für Tag Anforderungen stellt, die andererseits aber auch gut behandelbar ist.
- Die Erkrankung bietet die Chancen zu einer weitgehend normalen Lebensgestaltung.
- Niemand trägt eine Schuld an der Diagnose.
- Ein engagiertes Diabetesmanagement ist zentral, um Komplikationen zu vermeiden und eine optimale Lebensqualität zu erhalten.

Die Akzeptanz der Erkrankung und die schrittweise Übernahme der Verantwortung für die Durchführung der Behandlung bei Kind und Familie ist Voraussetzung für ein erfolgreiches Diabetesmanagement. Umgekehrt sind jedoch Selbstwirksamkeitserfahrungen beim Diabetesmanagement wichtig für die emotionale Akzeptanz des Diabetes (vgl. Noeker, 1998). In dem Maße, wie das Vertrauen in die eigene Fähigkeit steigt, den Blutzuckerspiegel steuern zu können (positive sekundäre Einschätzungen im Sinne von Lazarus, 1993), reduziert sich auch die wahrgenommene Bedrohlichkeit der Erkrankung (primäre Einschätzungen). Die Schulung von behandlungsbezogenen Fertigkeiten trägt damit auch zur emotionalen Krankheitsverarbeitung bei.

Kasten 3:
Krankheitsbild des Diabetes und Anforderungen an das Diabetesmanagement.

Bei einer jährlichen Neuerkrankungsrate von 1500 Kindern und Jugendlichen und einer Gesamtprävalenz von 1:1400 beträgt die Zahl erkrankter Patienten in Deutschland circa 20000. Der Typ-I-Diabetes stellt damit die häufigste Stoffwechselkrankheit des Kindes- und Jugendalters dar. Das dazu erforderliche Diabetesmanagement, das im Alltag vom Patienten selbst und seinen Eltern umzusetzen ist, umfaßt täglich mehrere Insulininjektionen, vier bis sechs Kontrollen des Blutzuckerspiegels, ein geregeltes Ernährungsverhalten sowie ein darauf abgestimmtes Bewegungsverhalten. Das Behandlungsziel besteht darin, den Blutzuckerspiegel im normalen Bereich zwischen 60 und 160 mg/dl zu halten. Wenn der Patient im Vergleich zum verfügbaren Insulin zu viele Kohlenhydrate ißt, steigt der Blutzuckerspiegel; Abweichungen des Blutzuckers über 180 mg/dl stellen eine Hyperglykämie (Überzuckerung) dar. Spritzt der Patient in Relation zur eingenommenen Mahlzeit zuviel Insulin, sinkt der Blutzuckerspiegel; Abweichungen unter 50 mg/dl bezeichnet man als Hypoglykämie (Unterzuckerung). Beide Abweichungen enthalten Gesundheitsrisiken.

Die Hypoglykämie kann zu einer Bewußtseinstrübung führen und ist daher von Patienten wie Eltern als akute Komplikation gefürchtet. Um dieses Risiko zu minimieren, neigen manche Patienten zu einer eher „hohen" Blutzuckereinstellung, die allerdings wiederum im Zuge der Schädigung feiner Blutgefäße (Mikroangiopathie) das Risiko für diabetische Folgeerkrankungen wie Netzhaut-, Nieren- und Nervenschädigungen (Retinopathie, Nephropathie, Neuropathie) deutlich erhöht. Neben der Messung des aktuellen Blutzuckerspiegels kann mit einer Blutentnahme der sogenannte HbA1c–Wert bestimmt werden. Dieser Wert erlaubt eine Beurteilung der Stoffwechselqualität etwa über die letzten drei Monate. Dieser Wert wird häufig als Marker für die Compliance des Patienten herangezogen.

Das Diabetesmanagement stellt für den jungen Patienten eine komplexe Regulationsaufgabe mit dem Ziel dar, den Blutzuckerspiegel ständig zwischen Unter- und Überzuckerung zu halten (vgl. Kasten 3). Dazu müssen

- die aktuellen Blutzuckerwerte gemessen (= Selbstbeobachtung),
- in ein Protokollheft eingetragen,
- vor dem Hintergrund sich ständig ändernder Faktoren (Kohlenhydratzufuhr, Insulindosis, Insulintyp, Bewegungsverhalten) korrekt interpretiert werden (= Selbstbewertung) und
- bei Abweichungen korrigiert werden (= Selbstregulation).

Der Effekt dieser Korrekturen geht wieder als Einflußgröße in die nächste Phase der Selbstbeobachtung ein. Es handelt sich beim Diabetesmanagement also um ein vielfach rückgekoppeltes Behandlungsregimen, das mit der Aufgabe vergleichbar ist, ein Schiff oder Flugzeug bei turbulent wechselnden Wetterbedingungen immer wieder neu auf Kurs auszurichten (Glasgow, 1995).

Kasten 4:
Konventionelle versus intensivierte Insulintherapie: Das komplexere Diabetesmanagement bietet die bessere Lebensqualität.

Grundsätzlich können zwei diabetologische Behandlungsstrategien unterschieden werden, die ineinander überführt werden können (vgl. Hürter, v. Schütz & Lange, 1995): die konventionelle und die intensivierte Therapie. Bei der *konventionellen Therapie* wird das Insulin nach einem festen Schema zu bestimmten Tageszeiten gespritzt. An diese Insulinwirkung angepaßt wird ein Ernährungsplan mit festen Essenszeiten und festgelegten Kohlenhydratmengen aufgestellt. Dieses traditionelle Behandlungsregimen erfordert ein stark reglementiertes, von Hunger, Appetit und sozialen Mahlzeitsituationen unabhängiges Eßverhalten. Die konventionelle Insulintherapie beeinträchtigt daher die natürlichen Rhythmen des Tagesablaufs und somit die gesund-

heitsbezogene Lebensqualität erheblich. Das konventionelle Regimen bietet aber durch seine klaren Vorgaben eine vergleichsweise einfach zu erlernende und technisch handhabbare Behandlungsform mit niedriger Injektions- und Blutzuckermeßnotwendigkeit, auf die entsprechend bei der Ersteinstellung - gerade bei Kindern - zunächst regelmäßig zurückgegriffen wird.

Bei der *intensivierten Insulintherapie* kann das Eßverhalten dagegen variabel an die natürliche Nahrungszufuhr angepaßt und somit flexibilisiert werden. Das intensivierte Regimen ist im Management anspruchsvoller, erfordert differenziertere Kompetenzen, geht bei erfolgreicher Bewältigung jedoch mit geringeren Einbußen an Lebensqualität und einer größeren Autonomie in der Lebensführung einher (DCCT, 1996).

Die von der American Diabetes Association groß angelegte Studie mit dem Titel „Diabetes Control and Complications Trial" bei 1400 Patienten hat die jeweiligen Effekte einer konventionellen versus intensivierten Therapie (vgl. Kasten 4) auf die Entwicklung von Spätschäden untersucht (DCCT, 1993). Die Studie hat belegt, daß eine konsequent umgesetzte, intensivierte Therapie die diabetischen Spätschäden sehr deutlich senken kann. Allerdings ist das Risiko höher, daß Unterzuckerungen auftreten (Teuscher, Reinli & Nathan, 1994). Die Ergebnisse des DCCT haben den Nachweis erbracht, daß die Motivation und Kompetenz des Diabetikers bei der Therapiemitarbeit die Langzeitprognose verbessert. In der Folge sind die wissenschaftlichen und klinischen Anstrengungen verstärkt worden, über eine verbesserte Compliance grundsätzlich vermeidbare Sekundärkomplikationen so weit wie möglich auszuschließen. Entsprechende Behandlungsziele wurden europaweit in der St.-Vinzenz-Deklaration festgeschrieben (Gries, 1997).

3.2 Risiko- und Schutzfaktoren beim Diabetesmanagement

Verhaltenspsychologische Studien haben eine Vielzahl von Merkmalen identifiziert, die mit einem günstigen oder ungünstigen Diabetesmanagement verknüpft sind. Merkmale, die mit einem ungünstigen Erkrankungsverlauf einhergehen, stellen Risikofaktoren dar. Umgekehrt werden Variablen, die mit einem günstigen Diabetesmanagement in Beziehung stehen, als Schutzfaktoren aufgefaßt. Mit kinderpsychologischen Interventionen gelingt es, die Risikofaktoren zu reduzieren und die Schutzfaktoren zu stärken, wodurch die Ressourcen von Kind und Familie optimiert werden. Abbildung 3 stellt in vereinfachter Form den Zusammenhang zwischen diesen Risiko- beziehungsweise Schutzfaktoren, dem Diabetesmanagement, kinderpsychologischen Interventionen und den sich ergebenden Effekten auf körperlicher wie psychischer Ebene dar.

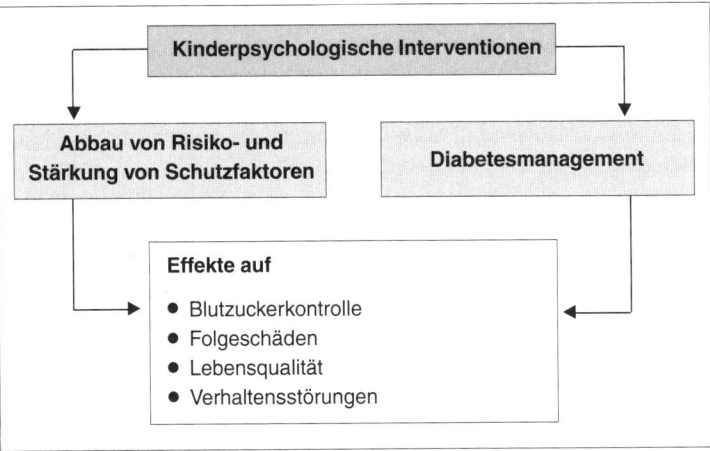

Abbildung 3:
Kinderpsychologische Interventionen zur Optimierung des Diabetes-managements: globale Ziele und Effekte.

Risiko- und Schutzfaktoren können nach unterschiedlichen Gesichtspunkten klassifiziert werden:

- *Therapeutisch beeinflußbare Faktoren* (z. B. Fertigkeiten der Blutzuckermessung) versus *nicht-beeinflußbare Faktoren* (Lernvoraussetzungen des Patienten);
- *kindbezogene Merkmale* (z. B. Fertigkeiten zur Blutzuckermessung beim Kind) versus *familienbezogene Merkmale* (z. B. elterliche Überwachung des Diabetesmanagements);
- *krankheitsunabhängige Faktoren* (z. B. generelle Konfliktbelastung in der Familie) versus *krankheitsbezogene Faktoren* (z. B. Kommunikation über diabetesbezogene Themen in der Familie).

Tabelle 2:
Therapeutisch beeinflußbare Risiko- und Schutzfaktoren beim Diabetesmanagement (in Anlehnung an Noeker, 1998).

Krankheitsbezogene Faktoren beim Kind
• Beherrschung der technisch-handwerklichen Fertigkeiten (Lange et al., 1995b),
• Umfang diabetesbezogenen Wissens (Roth, Kulzer & Borkenstein, 1993),
• Befürchtung von Spätfolgen (Bond, Aiken & Somerville, 1992),
• Selbstwirksamkeitserwartungen bezogen auf die Behandlungsanforderungen (Johnson, 1996),
• Toleranz gegenüber den aversiven (schmerzhaften, angstauslösenden) Behandlungsprozeduren (La Greca, 1988),
• Fähigkeit zur korrekten und angstfreien Hypoglykämiewahrnehmung (Mokan et al., 1994),
• Anpassung der Methode der Insulinsubstitution (konventionell versus intensiviert) an die individuellen Kompetenzen des Kindes (Hürter et al., 1995),
• Zufriedenheit mit der medizinischen Versorgung, Betreuungskontinuität, Einfühlungsvermögen und Kommunikationsverhalten des Arztes (Blanz, Rensch-Riemann, Fritz-Sigmund & Schmidt, 1993; Seiffge-Krenke & Kollmar, 1996).

Krankheitsunabhängige Faktoren beim Kind
• Akzeptanz und Integration in der Gleichaltrigengruppe (La Greca, 1992; La Greca, Swales, Klemp, Madigan & Skyler, 1995),
• sozial-kommunikative Kompetenzen (Schlundt et al., 1994),
• Ausmaß sozialer Unterstützung (Burroughs, Harris, Pontius & Santiago, 1997),
• Bewältigung der alterstypischen Entwicklungsaufgaben (Hauser, DiPlacido, Jacobson, Willett & Cole, 1993; Wysocki et al., 1996).

Krankheitsbezogene Faktoren in der Familie
• Verteilung von Verantwortlichkeiten für definierte Bestandteile des Diabetesmanagements (Giordano, Petrila, Banion & Neuenkirchen, 1992; Wysocki et al., 1992),
• elterliche Überwachung der Therapiedurchführung und diabetesbezogene Kommunikation (Wysocki et al., 1996).

Krankheitsunabhängige Faktoren in der Familie
• Ausmaß genereller Konfliktbelastung in der Familie (Bobrow, Ruskin & Siller, 1985),
• Qualität der familiären Unterstützung (Viner, McGrath & Trudinger, 1996; Hürter & Seiffge-Krenke, 1995; La Greca et al., 1995),
• familiären Fertigkeiten im Bereich Kommunikation und konstruktive Problemlösung (Wysocki, 1993).

Tabelle 2 gibt in Anlehnung an diese Gliederung Risiko- und Schutzfaktoren des Diabetesmanagements an. Es sind nur solche Faktoren berücksichtigt, die prinzipiell der kinderpsychologischen Intervention zugänglich sind. Viele dieser Faktoren begründen die im weiteren vorgestellten kind- wie familienzentrierten Interventionsstrategien.

3.3 Interventionsebenen und Effekte des Diabetesmanagements

Abbildung 4 differenziert die Aussagen von Abbildung 2 bezüglich der Interventionsebenen beim Diabetesmanagement. Grundlegend ist der Erwerb von diabetesbezogenen Fertigkeiten im Rahmen des Selbstmanagements; diese werden im Rahmen einer verhaltenspsychologisch begründeten Patientenschulung vermittelt. Auf der nächsten Ebene geht es um die notwendigen sozial-kommunikativen Fertigkeiten, um die Anforderungen der Diabetesbehandlung selbstsicher im sozialen Umfeld von Freunden, Klassenkameraden oder Lehrern, aber auch in der Öffentlichkeit vertreten und umsetzen zu können. Über die Vermittlung entsprechender Verhaltenstechniken in fortgeschrittenen Diabetesschulungen hinaus kann ein Anti-Streß-Training zur besseren Regulation von spezifischen sozialen Anforderungen sinnvoll sein, die sich infolge der Erkrankung ergeben (vgl. Stachow, 1999).

Gute technische Fertigkeiten bei der Selbstbehandlung sowie differenzierte sozial-kommunikative Fähigkeiten bedeuten jedoch nicht zwangsläufig, daß das Kind diese im Alltag in seinem Verhalten auch entsprechend anwendet. Beispielsweise lassen manche diabeteskranke Jugendliche ihre Fähigkeiten ungenutzt, wenn ihre hoch besorgten Eltern sie sehr engmaschig kontrollieren und bei registrierten Schwächen in verletzender Weise kritisieren. Ein demonstrativ unabgestimmtes Diabetesmanagement soll den Eltern Eigenständigkeit signalisieren sowie Autonomie und Selbstwert schützen. Bei solchen Problemstellungen führt eine Intensivierung der Diabetesschulung in der Regel nicht zum Ziel, sondern erfordert eine behavioral-systemische Familienberatung (vgl. Heekerens, 1997).

Die kinderpsychologische Intervention auf diesen drei Ebenen des Diabetesmanagements verbessert die Compliance, die Stoffwechselkontrolle und die Lebensqualität (Grey, Boland, Yu, Sullivan-Bolyai & Tamborlane, 1998; Guttman-Bauman, Flaherty, Strugger & Mc Evoy, 1998; Faulkner & Clark, 1998). Der verbesserte Gesundheitszustand zeigt sich kurzfristig im aktuellen Blutzuckerspiegel, mittelfristig im HbA1c-Wert und langfristig in der geringeren Manifestation von Folgeerkrankungen.

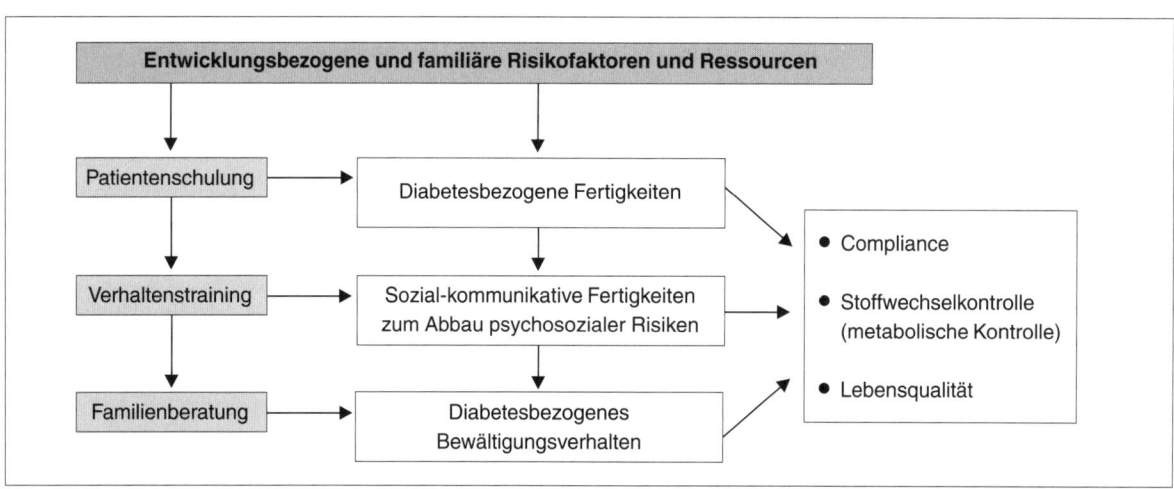

Abbildung 4:
Kinderpsychologische Interventionen zur Optimierung des Diabetesmanagements: Interventionsebenen.

4 Patientenschulung: Aufbau von Kompetenzen zum Diabetesmanagement

Die Gestaltung der Patientenschulung hängt wesentlich vom Alter der Kinder bei der Diagnosestellung ab (vgl. Petermann, 1997). Bei Kleinkindern konzentriert sich die Schulung ganz auf die Eltern: Bei der Erstschulung von Schulkindern und Jugendlichen wird die technische Durchführung etwa von Blutzuckerselbstkontrollen und Insulininjektionen zunehmend auf die Patienten übertragen, die Verantwortung für die Umsetzung tragen aber letztlich die Eltern. Für Schulkinder beziehungsweise Jugendliche liegen strukturierte Schu-

4. Was mache ich, damit mein Blutzucker nicht zu hoch und nicht zu niedrig wird?
5. Wie messe ich, ob mein Blutzucker zu hoch oder zu niedrig ist?
6. Für Kinder, die sich schon gut mit Diabetes auskennen: Wieviel Insulin brauche ich?

Die Konzeption bezieht stark entwicklungspsychologische Aspekte ein; beispielsweise wurde ein kindgerechtes Erklärungsmodell zur Anpassung der Insulindosis an die Nahrungsmenge ausgearbeitet (vgl. Abb. 6). Die komplexe Stoffwechselphysiologie der Blutzuckerregulation ist damit auf eine entwicklungsgerechte, einfach nachvollziehbare Regel reduziert, die geeignet ist, richtiges Handeln im Alltag zu unterstüt-

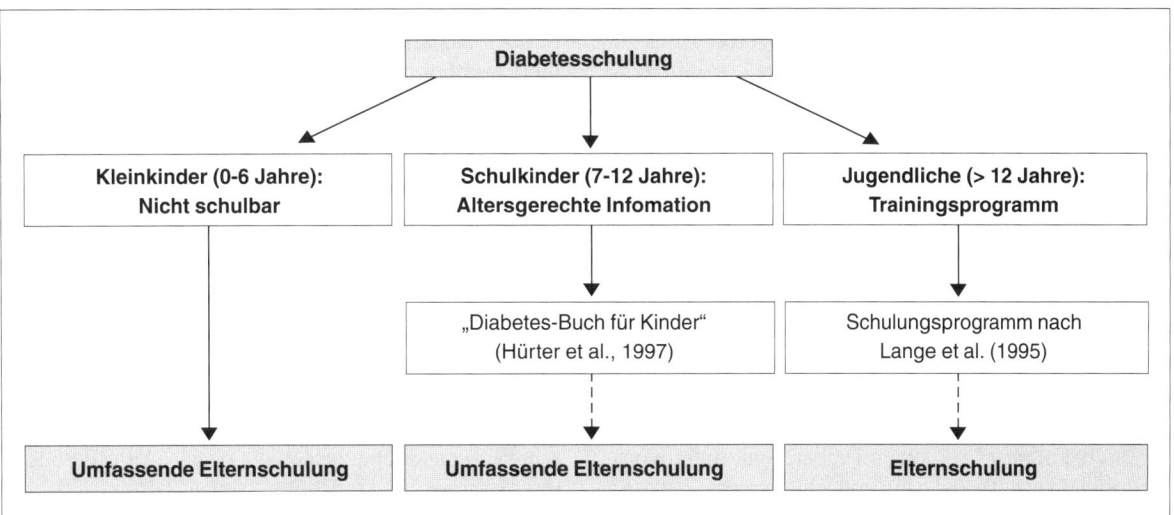

Abbildung 5:
Strukturierte Diabetesschulungsprogramme für unterschiedliche Altersgruppen (nach Lange, von Schütz & Hürter, 1995).

lungsprogramme vor (vgl. Abb. 5). Diese Programme eignen sich auch als ergänzende Lektüre für die Eltern. Darüber hinaus veröffentlichten Hürter und Travis (1997) eine Einführung zum Typ-I-Diabetes, die ursprünglich für Kinder und Jugendliche verfaßt wurde, sich aber besonders gut für Eltern von Kindern aller Altersgruppen eignet.

Für die Patientenschulung von sieben- bis zwölfjährigen Kindern stellt das „Diabetes-Buch für Kinder" von Hürter et al. (1997) das im deutschsprachigen Raum am häufigsten verwendete Schulungsprogramm dar. Dieses Programm bearbeitet die folgenden sechs Themen:

1. Was ist eigentlich Diabetes?
2. Essen und Trinken für Kinder mit Diabetes.
3. Insulin und Spritzen.

Abbildung 6:
Entwicklungsgerechte Darstellung des Verhältnisses von Insulindosis und Nahrungsmenge (aus Lange et al., 1995b, S. S57).

zen. Die Darstellung verbindet die beiden Abweichungen des Blutzuckerspiegels mit den für das Kind spürbaren Symptomen (Hypoglykämiebeschwerden bei Insulinüberdosierung oder Durst bei deutlicher Hyperglykämie). In emotionaler Hinsicht erleichtert dieses Ringbuch Krankheitsakzeptanz und konstruktive Krankheitsbewältigung durch die Einführung des zehnjährigen „Jan" als Identifikationsfigur. Er bietet sich in zweifacher Hinsicht als Modell an: Einerseits schildert er realistisch seine Schwierigkeiten, andererseits findet er optimistische und alltagstaugliche Lösungen. Als Ergänzung zu dem eigentlichen Schulungsbuch liegt ein Leitfaden für Schulende sowie eine Elternbroschüre vor.

Für Jugendliche zwischen 13 und 18 Jahren liegt ein differenziertes Schulungsprogramm von Lange et al. (1995a) vor. Es besteht aus einem Ringordner mit elf thematisch sortierten, reich bebilderten Einzelheften, die in Zusammenarbeit mit betroffenen Jugendlichen erarbeitet wurden. Im einzelnen beziehen sich die elf Hefte auf folgende Inhalte:

- „Diabetes, was nun": Einführung in die Diabetologie anknüpfend an typische erste Fragen von neumanifestierten Jugendlichen (Diagnose, Blutzucker, Ernährung, Krankheitsverursachung, Zukunftsperspektiven).
- „Wie Du Dich selbst gut behandelst – mit Insulin" (Insulinarten, Spritztechniken, Spritzenangst).
- „Laß Dir's gut schmecken" (Ernährung bei Diabetes).
- „So bekommst Du Deinen Diabetes gut unter Kontrolle" (Technik und Sinn von Blutzuckerselbstkontrolle und Protokollführung).

- „Wenn der Blutzucker mal daneben liegt" (Identifizierung und Behandlung bei Hyper- wie Hypoglykämien).
- „Diabetes – was ist das genau?" (Vertiefung des pathophysiologischen Wissens).
- „Wieviel Insulin brauchst Du" (Vertiefte Einführung in die Prinzipien der intensivierten Insulintherapie).
- „Bleib fit und beweglich!" (Effekte des Bewegungsverhaltens auf den Blutzuckerspiegel; Regeln für Reisen).
- „Du wirst erwachsen!" (Körperliche Entwicklung, Empfängnisverhütung und Kinderwunsch).
- „Was sagt das Gesetz?" (Berufswahl, Schwerbehindertenausweis und Führerschein).
- Diabetes heute und später (Risiken von Folgeerkrankungen und Umgang mit der Angst davor).

Je nach Bedarf können die Hefte miteinander kombiniert werden. Die ersten fünf Hefte vermitteln die Grundlagen des Diabetesmanagements und eignen sich daher besonders zur Schulung nach der Manifestation des Diabetes; die weiteren Hefte sind für Fortgeschrittene geeignet. Die dort erworbenen Kenntnisse unterstützen den Jugendlichen auf dem Weg zu einer zunehmenden Autonomie beim Diabetesmanagement. Das Programm zeichnet sich durch eine starke Orientierung an der Lebenswelt heutiger Jugendlicher aus. Das Training im Umgang mit den Anforderungen der Diabetesbehandlung wird an vielen Stellen verknüpft mit der Bewältigung der altersüblichen Entwicklungsaufgaben (z. B. Partnerschaftsfragen), mit denen sich diabeteskranke Jugendliche zusätzlich zu den Anforderungen ihrer Erkrankung konfrontiert sehen.

5 Kindzentrierte Interventionsstrategien bei unzureichendem Diabetesmanagement

Es wurden eine Vielzahl kinderpsychologischer Interventionsstrategien entwickelt, die weit über den Einsatz von Diabetesschulungsprogrammen hinausgehen. Solche Ansätze tragen dazu bei, ein unzureichendes Diabetesmanagement zu optimieren.

Abbildung 7 zeigt in der linken Spalte verschiedene Faktoren, die im Einzelfall für ein unzureichendes Diabetesmanagement verantwortlich sein können. In vielen dieser Faktoren spiegeln sich die empirisch ermittelten Risikofaktoren eines unzureichenden Diabetesmanagements wider (vgl. die Zusammenstellung in Tab. 2). Ausgehend von diesen Faktoren bietet die Abbildung 7 eine Zuordnung zu jeweils korrespondierenden kind- oder familienzentrierten Interventionen.

Die klinische Ausgangssituation ist durch eine ungenügende Stoffwechselkontrolle gekennzeichnet. Die Einschätzung, ob bestimmte Blutzuckerwerte beziehungsweise HbA1c-Werte als „ungenügend" zu qualifizieren sind, kann je nach Einschätzung durch den Arzt, die Eltern beziehungsweise den jungen Patienten erheblich differieren (vgl. Seiffge-Krenke & Kollmar, 1996; Wittich et al., 1996). Ein jugendlicher Diabetiker beispielsweise mag sich mit durchschnittlichen Blutzuckerwerten zwischen 250 bis 300 mg/dl zufrieden fühlen, da er sich subjektiv in seiner Beschwerdewahrnehmung nicht beeinträchtigt fühlt (Selbstbewertung der Symptome; vgl. Kasten 2) und große Angst vor Kontrollverlust durch Hypoglykämien hat. Sein Arzt oder die Eltern dagegen sind im Bewußtsein um die hohe Blutzuckereinstellung sehr besorgt und appellieren gemeinsam an den Jugendlichen, seinem Diabetes mehr Sorgfalt und Engagement entgegenzubringen. Solche Ausgangssituationen zeigen, daß parallel zu den Fragen der diabetologischen Behandlungsplanung

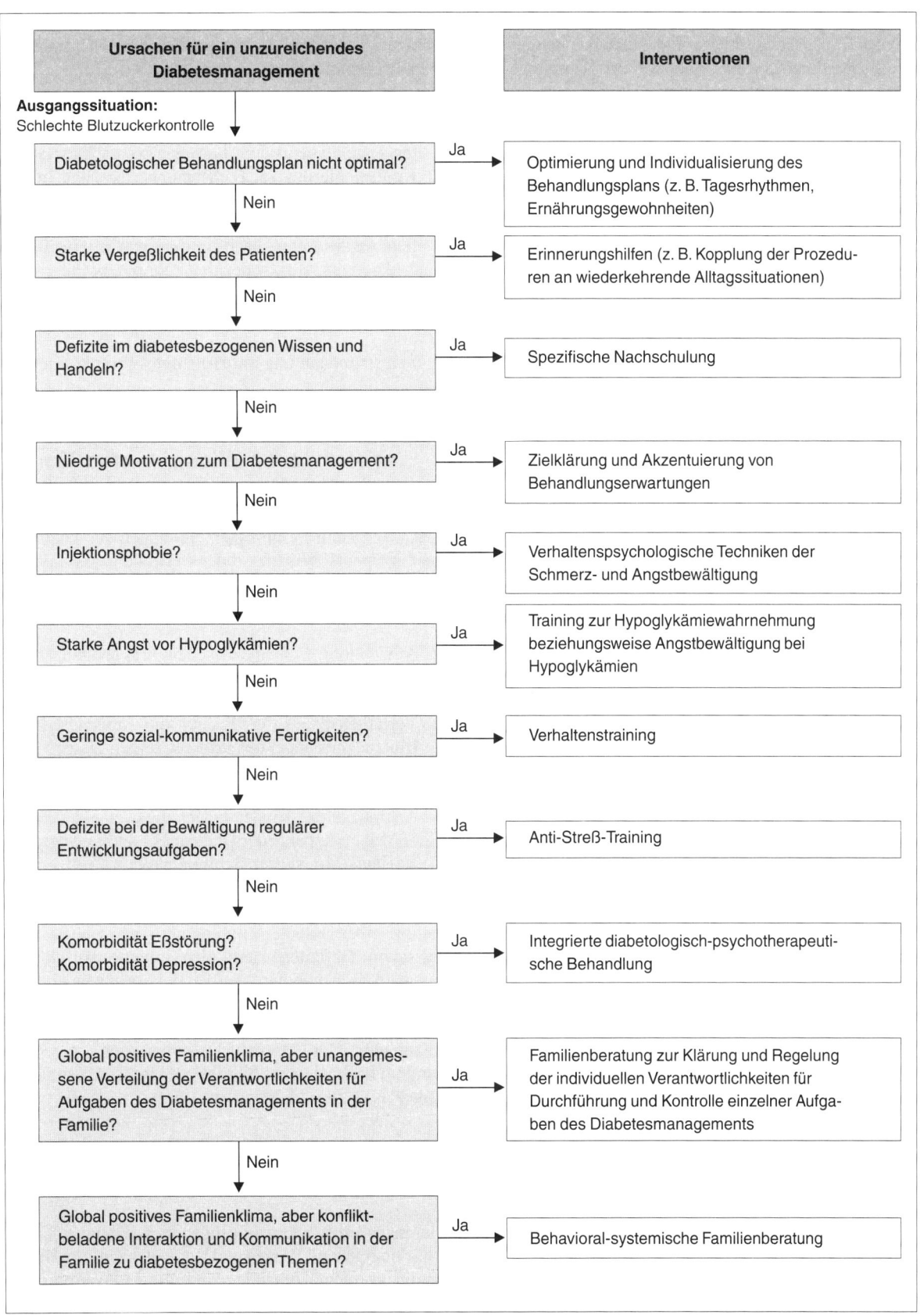

Abbildung 7:
Flußdiagramm zu Strategien zur Verbesserung des Diabetesmanagements (in der klinischen Praxis kann die Schritt-
folge von der Vorgestellten abweichen).

und des Krankheitsmanagements immer auch kommunikative Prozesse zu steuern sind, um einen weitgehenden Behandlungskonsens innerhalb der Trias von Patient, Eltern und Arzt zu erreichen. Dieser Behandlungskonsens als Grundlage für ein gemeinsam getragenes Diabetesmanagement kann nicht alleine durch medizinische Parameter definiert werden, sondern muß subjektiv bedeutsame Ziele, Werte und Aspekte der Lebensqualität von Kind und Eltern einbeziehen.

5.1 Optimierung und Individualisierung des Behandlungsplanes

Unbefriedigende Stoffwechselwerte sind nicht zwangsläufig auf ein unzureichendes Diabetesmanagement oder eine mangelnde Compliance zurückzuführen (Kavanagh, Gooley & Wilson, 1993). Zu hohe HbA1c-Werte können auch durch einen unangemessenen Behandlungsplan bedingt sein, bei dem die ärztlichen Empfehlungen für die Insulinsubstitution im Verhältnis zu den entsprechenden Ernährungsempfehlungen nicht ideal aufeinander abgestimmt sind (vgl. Kasten 4). Auch ein zu einfach angelegtes, konventionelles Behandlungsregimen kann für eine schlechte Stoffwechseleinstellung trotz guter Patientencompliance verantwortlich sein. So kann im Extremfall sogar gerade eine maximale Compliance im Rahmen eines diabetologisch mangelhaften Behandlungsplans schlechte Stoffwechselwerte nach sich ziehen (vgl. Petermann, 1998).

Ein häufiger Grund für schlechte Stoffwechselwerte bei guter Behandlungsmotivation liegt darin, daß die Zeitvorgaben für Insulininjektionen und Nahrungsaufnahme nicht spezifisch genug an die individuellen Tagesrhythmen angepaßt sind (z. B. Schulzeiten, Essenszeiten der Familie, Zeitverschiebungen am Wochenende, Freizeitgestaltung am Abend oder Wochenende bei Jugendlichen). Auch die Stärke des Appetits zu bestimmten Tageszeiten sollte vor allem beim konventionellen Behandlungsregimen einbezogen werden. Die genaue Anamnese typischer Tagesabläufe und Ernährungsgewohnheiten ist damit eine entscheidende Grundlage, um diabetologische Behandlungspläne individuell zu gestalten.

5.2 Erinnerungshilfen im alltäglichen Diabetesmanagement

Eine von den Eltern immer wieder an ihre diabeteskranken Kinder gerichtete Frage lautet: „Hast Du schon Deinen Blutzucker gemessen?". Eine ebenfalls sehr häufige Antwort darauf lautet: „Nein, hab´ ich vergessen." Diese Antwort wird wiederum von vielen Eltern als bequeme Ausrede angesehen; dennoch trifft sie oft zu. Kinder haben ein weniger ausgeprägtes Zeitgefühl als Erwachsene. Eine relativ einfache, aber in ihrer Wirkung nicht zu unterschätzende Hilfestellung besteht darin, Memo-

Techniken anzuwenden, die das Kind an seine Zeiten zur Blutzuckermessung, Insulininjektion oder Nahrungsaufnahme erinnern. Dazu zählen:

- Zeitliche Kopplung dieser Prozeduren an bestimmte, zu festen Zeiten wiederkehrende Alltagsaktivitäten entsprechend dem Lernprinzip der klassischen Konditionierung (z. B. Blutzuckermessung immer zur „Tagesschau"),
- geschicktes Plazieren der Selbstbehandlungsutensilien, wo sie automatisch zur richtigen Zeit ins Blickfeld geraten (z. B. neben den Zahnputzbecher, in die Schultasche),
- Verwendung von Armbanduhren mit Alarmanzeige und
- Selbstbeobachtung mit Hilfe eines Protokollheftes.

5.3 Spezifische Nachschulung bei erkennbaren Wissens- und Kompetenzdefiziten

Das Kind kann in einzelnen Bereichen des Diabetesmanagements Wissens- oder Fertigkeitsdefizite aufweisen, auch wenn eine Schulung erfolgte. Diese Defizite können wie folgt abgeklärt werden:

- Anwendung von spezifischen Fragebögen (z. B. Diabetes-Wissens-Test von Roth, Kulzer, Teupe & Borkenstein, 1996; vgl. Kohlmann, 1995),
- Verhaltensproben (z. B. sich die Anwendung des Blutzuckermeßgerätes konkret zeigen lassen; Quiz zur Bestimmung von in Nahrungsportionen enthaltenen Kohlenhydraten) sowie
- Anamnese des Kindes beziehungsweise der Eltern („Welche Aspekte der Diabetesbehandlung bereiten zu Hause am ehesten Schwierigkeiten?").

Bei sehr großen Defiziten kann die komplette Wiederholung einer Diabetesschulung nötig werden. Bei spezifischen Defiziten kann eine erneute Aufklärung erfolgen. Der modulare Aufbau der vorliegenden Patientenschulungsprogramme erleichtert es, dem Kind beziehungsweise den Eltern eine gezielte Hilfestellung anzubieten. Bei extremen Defiziten kann eine Schulung im Rahmen eines Klinik- oder Reha-Aufenthaltes angezeigt sein (vgl. Stachow, 1999).

5.4 Aufbau von Behandlungsmotivation zum Diabetesmanagement

Bei manchen Kindern und Jugendlichen zeigt sich, daß zwar hinreichend Wissen und Kompetenzen zum Diabetesmanagement vorhanden sind, die Motivation allerdings nur mäßig ausgeprägt ist, diese Fertigkeiten zu nutzen (vgl. Petermann & Mühlig, 1998). Die Stärke der Behandlungsmotivation läßt sich durch sogenannte Erwartungs-mal-Wert-Theorien abschätzen (vgl. Noeker, 1996; Schmidt & Dlugosch, 1997), vor allem durch

- den *subjektiven Wert* (persönlicher Nutzen; Ziel), der durch ein entsprechendes Gesundheitsverhalten zu erzielen wäre, sowie durch
- die Erwartung, ob ein gesundheitsorientiertes Verhalten tatsächlich auch zum *Erreichen dieses angestrebten Zieles* führt (Ereignis- bzw. Konsequenzerwartungen) und
- die Erwartung, ob der Patient sich auch in der Lage sieht, das erforderliche gesundheitsorientierte *Verhalten auszuführen* (Kompetenz- oder Selbstwirksamkeitserwartung).

Interventionen zur Stärkung der Behandlungsmotivation können an diesen drei Faktoren wie folgt ansetzen:

- **Herausarbeiten persönlich relevanter Ziele.** Für Kinder und Jugendliche besitzen gesundheitsorientierte Ziele oft nur einen begrenzten Anreizwert (Valenz). Es genügt nicht, auf die weit in der Zukunft liegenden Spätfolgen zu verweisen. Für das Kind oder den Jugendlichen müssen spürbare Vorteile im Alltag offensichtlich werden, zum Beispiel in Beziehungen zu Gleichaltrigen, Partnerschaft, Schule und Freizeit, Berufswahl, Flexibilität bei Reisen und Unternehmungen. Bei einer solchen Zielklärung, die von den persönlichen Bedürfnissen ausgeht, kann ein Kind oder ein Jugendlicher beispielsweise realisieren, daß ein kompetentes und verläßliches Diabetesmanagement den Eltern eine Sicherheit vermitteln kann, so daß diese wiederum bereit sind, dem Kind größere Freiheiten zuzugestehen (abends oder bei Ferienfreizeiten).

- **Stärkung von Konsequenz- und Selbstwirksamkeitserwartungen.** Diabetespatienten sind gehalten, ein Protokollheft zur Durchführung ihres Diabetesmanagements zu führen. Die Protokolleintragungen bieten die Chance, das eigene Bemühen (Bewegungsverhalten, Ernährung etc.) mit den erzielten Effekten (Blutzuckerwerte) zu verknüpfen. Je regelmäßiger (kontingenter) für den Patienten bestimmte Handlungen erkennbar zu klaren Konsequenzen führen, desto eindeutiger werden die Konsequenz- und Selbstwirksamkeitserwartungen des Patienten. Der Blutzuckerspiegel wird dann zunehmend als berechenbar und kontrollierbar erlebt; damit steigt die Motivation zur aktiven Steuerung. Gelingt es dem Patienten nicht, solche Handlungs-Folge-Verknüpfungen herzustellen, sondern bleibt im Gegenteil das Auf und Ab seines Blutzuckerspiegels nicht nachvollziehbar, dann sinkt die Bereitschaft, in diesen Prozeß steuernd einzugreifen. Um diese motivational so bedeutsamen Konsequenz- und Selbstwirksamkeitserwartungen aufzubauen, empfiehlt es sich, mit Hilfe des Protokollheftes Blutzuckerwerte in ihrem Zustandekommen zu rekonstruieren. Dabei lernt der Patient zunehmend, das Zusammenspiel zwischen Selbstmanagement und Stoffwechsel (Blutzuckerwerte) zu realisieren.

5.5 Verhaltenspsychologische Behandlung von Injektionsphobien

Chronisch hohe Blutzuckerwerte beziehungsweise HbA1c-Werte können durch ein Vermeidungsverhalten gegenüber den Nadeleinstichen beim Blutzuckermessen oder bei den Insulininjektionen bedingt sein. Der aversive Charakter resultiert in der Regel aus einer Mischung von Angst- und Schmerzempfindungen. In Einzelfällen kann dieses Vermeidungsverhalten einen phobischen Charakter annehmen, so daß verhaltenspsychologische Verfahren wie Selbstinstruktionstechniken oder Modellernen nötig werden (vgl. Mühlig et al. in diesem Buch). In den meisten Fällen bleibt die Intensität der Spritzenangst für den Patienten bewältigbar, so daß unterstützende Maßnahmen insbesondere in der ersten Zeit nach Diagnosestellung bis zur ausreichenden Entwicklung einer Schmerztoleranz genügen. Solche unterstützenden Maßnahmen umfassen:

- *Verhaltensübungen* zum Stechen und Spritzen (z. B. an Apfelsinen oder Zitronen),
- Erhöhen der *Kontrollmöglichkeiten* (z. B. Aussuchen der Spritzstelle; Entscheidung darüber, ob Mutter, Krankenschwester oder Kind selbst spritzen soll) und
- Wahl der *Aufmerksamkeitslenkung* (genaues Hinschauen oder Ablenken im Moment des Einstechens).

5.6 Training zur Hypoglykämiewahrnehmung

Viele Kinder, Jugendliche und ihre Eltern fürchten sich vor extremen Hypoglykämien. Jugendliche, die bedrohliche Hypoglykämien erlebt haben, geben eine stärker beeinträchtigte Lebensqualität an (Marrero, Guare, Vandagriff & Fineberg, 1997). Sie regulieren diese Angst, indem sie höhere Blutzuckerwerte anstreben, die einen gewissen „Sicherheitsabstand" zu den als bedrohlich eingeschätzten Unterzuckerungen bieten. Aus lerntheoretischer Perspektive wird ein solches Diabetesmanagement durch die ausbleibenden Unterzuckerungen negativ verstärkt (Vermeidungsverhalten). Diese Sicherheit wird jedoch mit einem erhöhten Risiko für Langzeitkomplikationen erkauft (vgl. Kasten 3).

Die subjektive Einschätzung, durch Unterzuckerungszustände bedroht zu sein, kann durch eine schrittweise geförderte Überzeugung reduziert werden, eine beginnende Unterzuckerung rechtzeitig wahrnehmen und gegenregulieren zu können. Wenn Patienten über hinreichende Ressourcen verfügen, Unterzuckerungen kompetent ohne Gefahr für das eigene Wohlbefinden abwenden zu können, so ist es für sie nicht mehr erforderlich, sich zur eigenen Sicherheit auf erhöhte Blutzuckerspiegel zu verlassen. Diese Überzeugung (Selbstwirksamkeitserwartung) kann im Rahmen eines

Trainings zur Hypoglykämiewahrnehmung vermittelt werden. Die rechtzeitige Wahrnehmung einer beginnenden Unterzuckerung stellt damit eine wichtige Fertigkeit beim Selbstmanagement einer akuten Stoffwechselkrise dar – vergleichbar der Wahrnehmung von beginnender Atemnot beim Asthmatiker (vgl. Abb. 2 bzw. Kasten 2).

Manche Patienten weisen deutliche Schwierigkeiten auf, die individuell typischen Unterzuckerungsanzeichen bei sich wahrzunehmen (Phänomen der „hypoglycemia unawareness"; vgl. Kriegstein, 1998). Vor diesem Hintergrund sind zunächst für erwachsene Patienten Trainings entwickelt worden, die die Wahrnehmung und Identifikation von typischen Hypoglykämienanzeichen verbessern (Cox et al., 1995). Besonders Kinder zeigen Schwierigkeiten, spezifische Hypoglykämiesymptome von unspezifischen Befindlichkeitszuständen anderer Genese (Angst, Aufregung) zu unterscheiden. Bei Kleinkindern ist es die Aufgabe der Eltern, Hypoglykämien entweder über gehäufte Blutzuckermessungen oder über äußere, ebenfalls aber nur schwer abgrenzbare Verhaltensanzeichen zu identifizieren.

In jüngster Zeit sind auch für Kinder Hypoglykämietrainings entwickelt worden (Stachow, 1999). Dabei lernen die Kinder, die subjektiven Befindlichkeiten und Beschwerden bei niedrigen Blutzuckerwerten aufmerksam zu spüren, detailliert zu beschreiben und sich zu merken. Aufbauend auf diesen Erfahrungen versuchen die Kinder, über ihre Körperwahrnehmung vor der Durchführung einer Blutzuckermessung ihren aktuellen Blutzuckerwert zu schätzen. Der anschließende Meßwert bietet dann eine Rückmeldung über die Präzision („Validität") der eigenen Körperwahrnehmung. Werden die Abweichungen von geschätztem und gemessenem Wert mit dem Kind besprochen, dann verbessert dies die Körperwahrnehmung zusätzlich.

5.7 Verhaltenstraining zum Aufbau von sozial-kommunikativen Fertigkeiten

Diabetesmanagement vollzieht sich in sozialen Situationen und Beziehungen. Die Erkrankung verändert die Beziehung zu wichtigen Interaktionspartnern; dazu zählen vor allem die Eltern und Geschwister, die Gruppe der Gleichaltrigen, Freunde und Klassenkameraden sowie das Behandlungspersonal. Aber auch das Verhalten in der anonymen Öffentlichkeit kann davon beeinflußt sein, ob sich das Kind beispielsweise traut, sich auf einem Sportplatz oder in einem Café ohne Scham Insulin zu spritzen. Gegenüber Gleichaltrigen ist selbstsicheres Verhalten erforderlich, um Süßigkeiten oder Alkohol zurückzuweisen. Dieses setzt wiederum die Fähigkeit voraus, die eigene Erkrankung und die damit verbundenen Einschränkungen mitzuteilen. Gegenüber dem Arzt bedeutet selbstsicheres Verhalten beispielsweise, die eigenen Fragen und Anliegen klar

in das Gespräch einzubringen, reale Überforderungen nicht zu verheimlichen, sondern frei mitteilen zu können sowie „Nachlässigkeiten" beim Diabetesmanagement berichten und besprechen zu können.

In jüngster Zeit sind verhaltenspsychologische Verfahren (z. B. Techniken wie Selbstinstruktion, Entspannung, Rollenspiel) für Kinder spezifiziert und in Anti-Streß-Trainings integriert worden (vgl. Hampel & Petermann, 1998). Solche Trainings können Kinder mit unterschiedlichen Risikobedingungen in ihrer Belastungsregulation unterstützen. Daneben sind ebenfalls in jüngster Zeit Trainingskonzepte entwickelt worden, die spezifisch auf die Förderung sozial-kommunikativer Bewältigungskompetenzen bei diabeteskranken Jugendlichen ausgerichtet sind (Grey et al., 1998; Mendez & Belendez, 1997; vgl. auch Stachow, 1999). Verhaltenstrainings sind für Gruppen konzipiert, wobei Rollenspielen eine zentrale Bedeutung zukommt (vgl. Kasten 5).

Kasten 5:
Praxis des Rollenspiels mit Gruppen diabeteskranker Jugendlicher.

Es wird von Belastungs- und Anforderungssituationen ausgegangen, die einzelne Teilnehmer erlebt haben. Falls die Teilnehmer noch nicht sehr vertraut miteinander sind und unsicheres, zurückhaltendes Gruppenverhalten vorherrscht, kann der Trainer auch typische Situationen vorgeben, die jugendliche Diabetiker schon erfahren haben. Ist eine kritische Belastungs- und Anforderungssituation thematisch eingegrenzt und verhaltensnah beschrieben, so kann die Umsetzung im Rollenspiel in folgender Weise gestaltet werden:

- In einem ersten Durchgang wird die Belastungssituation in einer Variante nachgespielt, wie sie sich real ereignet hat, das heißt einschließlich der negativen Erfahrungen.
- Nach der Durchführung berichten alle aktiven Teilnehmer des Rollenspiels, was sie aus ihrer jeweiligen Rolle heraus (des Diabetikers, des Klassenkameraden, des Lehrers etc.) empfunden haben. Hiermit soll das Einfühlungsvermögen in die Interaktionspartner des Diabetikers verbessert und Fehlwahrnehmungen korrigiert werden.
- Die Teilnehmer tauschen vergleichbare Erfahrungen mit dem Ziel aus, sich gegenseitig bei der Verarbeitung von verletzenden Erfahrungen zu unterstützen. Zudem werden konkrete Verhaltenstips erarbeitet, die man zukünftig anwenden kann.
- Ausgehend von der gleichen Ausgangssituation wird ein zweites Rollenspiel entwickelt, bei dem der diabeteskranke Jugendliche ein günstigeres Bewältigungsverhalten praktiziert. Dieses Verhalten soll auf andere Alltagssituationen übertragen und in einem weiteren Rollenspiel vertieft werden.

- In manchen Fällen ist es sinnvoll, die Anforderungen im Rollenspiel zu steigern (z. B. zeigen die Klassenkameraden ein deutlich provokativeres und herabsetzenderes Verhalten), um soziale Kompetenz auch für schwierige Alltagssituationen zu stärken. Dabei muß der Trainer auf jeden Fall darauf achten, daß die letzten Rollenspielvarianten mit einem erfolgreichen und durchsetzungsfähigen Verhalten des jugendlichen Diabetikers enden.

5.8 Integrative Behandlung von psychischen Begleiterkrankungen

Eßstörungen

Schätzungen gehen davon aus, daß Eßstörungen (Anorexia nervosa; Bulimia nervosa) und Typ-I-Diabetes gehäuft miteinander vorkommen. Für diese Annahme spricht, daß das Krankheitsbild und die Behandlung des Diabetes mindestens folgende drei Risikofaktoren für die Entwicklung einer Eßstörung beinhalten (vgl. Daneman, Olmsted, Rydall, Maharaj & Rodin, 1998):

- In der Regel kommt es vor der Diagnosestellung infolge des physiologisch nicht verwerteten Blutzuckers zu einer deutlichen Gewichtsabnahme, die nach Therapiebeginn durch die einsetzende Insulinwirkung wieder mehr als ausgeglichen wird. Mädchen können dadurch sich übertrieben mit ihrem Körpergewicht und Erscheinungsbild (body image) beschäftigen und ihre körperliche Attraktivität anzweifeln.
- Die notwendige Abstimmung des Ernährungsverhaltens (Diät) auf die Insulinwirkung erfordert von den Diabetespatientinnen, ihr Eßverhalten nicht mehr am Hunger- und Sättigungsgefühl, sondern an zeitlich festgelegten Kohlenhydratmengen zu orientieren. Eine solche überstarke kognitive Steuerung des Eßverhaltens, wie sie durch Diäten grundsätzlich eingeübt wird, ist als Risikofaktor für die Entwicklung von Heißhungerattacken und anschließendes Erbrechen der Nahrung im Rahmen von Eßstörungen bekannt.
- Mädchen entdecken rasch die Möglichkeit, durch Weglassen oder zumindest Unterdosieren ihrer Insulininjektionen ihr Gewicht zu reduzieren. Der Blutzucker steigt bei fehlendem Insulin sehr hoch an und wird dann über den Urin unverwertet ausgeschieden. Solche chronischen Hyperglykämien steigern extrem das Risiko von diabetischen Folgeerkrankungen (vgl. Kasten 3).

Zusätzliche entwicklungsbezogene und familiäre Risikofaktoren wie geringe Akzeptanz des eigenen Körpers, geringe soziale Akzeptanz durch Gleichaltrige oder eine hohe Konfliktbelastetheit innerhalb der Familie wirken sich gleichermaßen negativ auf das Diabetesmanagement wie auf die Entwicklung von Eßstörungen aus.

Eine extrem schlechte Stoffwechselkontrolle mit dauerhaft erhöhten Blutzuckerwerten (vgl. HbA1c-Werte, hoher Urinzucker), Gewichts- und Wachstumsabweichungen sowie anamnestische Angaben (besonders von seiten der Eltern oder aus dem sozialen Umfeld) können den Verdacht auf eine Komorbidität von Diabetes und Eßstörung nahelegen. In diesem Fall erfordert die Intervention eine enge Abstimmung zwischen den diabetologischen und kinderpsychologischen Interventionen, weil bei allen Maßnahmen die Wechselwirkungen zwischen den beiden Störungsbildern zu beachten sind. Eine diabetologische Neueinstellung mit dem Ziel niedriger Blutzuckerwerte bedeutet für die Patientin beispielsweise das Risiko von Gewichtszunahmen. Dieses kann wiederum ein reduziertes Eßverhalten auslösen, wodurch wiederum die Insulinverwertung gefährdet wird mit dem Risiko von Stoffwechselentgleisungen.

Vertiefende Diabetesschulungen können bei der Komorbidität von Eßstörung und Typ-I-Diabetes einen positiven wie negativen Effekt haben. Positiv können sie während stabiler Erkrankungsphasen die Kompetenz der Patientin zur Steuerung von Blutzuckerstoffwechsel und Ernährungsverhalten verbessern; negativ können sie aber auch während labiler Phasen zur noch perfekteren Instrumentalisierung des Diabetes im Kontext der Essens- und Gewichtsmanipulation führen.

Depression

Liegt im Einzelfall eine Komorbidität von depressiver Störung und Typ-I-Diabetes vor, so sind ebenfalls unterschiedliche Wechselwirkungen zwischen den Störungsbildern im Auge zu behalten. Eine depressive Störung verschlechtert nicht zwangsläufig die Stoffwechselkontrolle (Kovacs, Mukerji, Iyengar & Drash, 1996), weil sie dazu führen kann, daß die Eltern verstärkt die Kontrolle über das Diabetesmanagement übernehmen und damit eine bessere Stoffwechselkontrolle sicherstellen, die von dem Kind alleine nicht realisierbar wäre. Für den Stoffwechsel bedrohlich wären also besonders solche familiären Konstellationen, bei denen ein depressionsbedingt unzureichendes Diabetesmanagement des Kindes nicht durch ein stärkeres Engagement der Eltern ausgeglichen wird. Umgekehrt kann spekuliert werden, ob Eltern mit einer sehr peniblen und strengen Diabeteskontrolle bei entsprechend vulnerablen Kindern Stimmungsbeeinträchtigungen oder depressives Verhalten fördern.

Für die Interventionsplanung ist abzuklären, ob depressive Episoden durch die unzureichende Verarbeitung von diabetesbedingten Folgen und behandlungsbedingten Anforderungen verursacht sind. Eine kinderpsychologische Unterstützung der Krankheitsbewältigung und ein Erfolgserlebnisse vermittelndes Diabetesmanagement kann dann wesentlich zu der Behandlung der depressiven Störung beitragen.

6 Familienzentrierte Interventionen bei unzureichendem Diabetesmanagement

6.1 Indikation zur Familienberatung in der Risikophase Adoleszenz

Mit dem Eintritt in die Pubertät verschlechtert sich in der Regel die Stoffwechselkontrolle (Johnson, 1995). Dieser Befund ist zunächst erwartungswidrig, da mit zunehmendem Alter sich das Wissen und die Fertigkeiten zum Selbstmanagement kontinuierlich weiter ausdifferenzieren. Diesem Kompetenzzuwachs stehen jedoch folgende entwicklungsspezifischen Risikofaktoren gegenüber:

- *Hormonelle Veränderungen.* Mit dem Eintritt in die Pubertät und der damit einhergehenden hormonellen Umstellung verändert sich auch die Stoffwechselphysiologie des Insulins. Die Blutzuckerwerte sind infolge einer instabilen Insulinsensitivität schwieriger konstant zu halten (vgl. Bloch, Clemons & Sperling, 1987).
- *Reduzierte Konsequenz- und Selbstwirksamkeitserwartungen.* Durch die geringere Kontrollierbarkeit des Blutzuckerstoffwechsels können sich die diabetesbezogenen Konsequenz- und Selbstwirksamkeitserwartungen des Jugendlichen reduzieren. Je stärker der Jugendliche den Eindruck gewinnt, daß seine Blutzuckerwerte scheinbar chaotisch schwanken, desto niedriger wird die Behandlungsmotivation, damit die Compliance und damit wiederum die Stoffwechselkontrolle.
- *Komplexeres Behandlungsregimen.* Bei vielen jugendlichen Patienten wird die Umstellung von der konventionellen auf die anspruchsvollere intensivierte Insulintherapie vollzogen (vgl. Kasten 4).
- *Unklare Zuständigkeiten für Teile des Diabetesmanagements zwischen Eltern und Patient.* Mit zunehmendem Alter wird schrittweise die Verantwortung für einzelne Bestandteile des Diabetesmanagements auf den Jugendlichen übertragen; dieser Prozeß ist sehr störanfällig. Unklarheiten zwischen Eltern und Kind bezüglich der jeweiligen Zuständigkeiten können den innerfamiliären Konsens über die Stoffwechselführung erheblich irritieren.
- *Entwicklungspsychologische und familiäre Risikofaktoren.* Die Auseinandersetzung mit den typischen Entwicklungsaufgaben des Jugendalters kann Anforderungen beinhalten (z. B. Entwicklung eines positiven Körperkonzeptes, emotionale Unabhängigkeit von den Eltern; vgl. Seiffge-Krenke, 1994 bzw. Warschburger & Petermann in diesem Buch), die mit einem erfolgreichen Diabetesmanagement kollidieren. Autonomiebestrebungen können Familienkonflikte nach sich ziehen, die wiederum gemeinsame Vereinbarungen zum Diabetesmanagement erschweren.

Vor diesem Hintergrund kann eine Familienberatung aus zwei sich überlagernden Gründen notwendig sein:

- Zur Klärung der Aufgabenverteilung,
- als Krisenintervention bei ausgeprägter Non-Compliance in Verbindung mit familiären Interaktionsstörungen.

Bei beiden Beratungsanlässen geht es um die Moderation und Unterstützung familiärer Kommunikationsprozesse mit dem Ziel, konstruktive Regeln für den familiären Umgang mit dem Diabetesmanagement zu entwickeln. In Einzelfällen können wiederkehrende familiäre Auseinandersetzungen um das Diabetesmanagement auch die Funktion haben, vom Diabetes unabhängige, familiäre Konflikte beispielsweise auf der Paarebene der Eltern zu regulieren. Diese Funktion kann sich darin zeigen, daß konstruktive und faire Vereinbarungen zur Durchführung des Diabetesmanagements immer wieder unterlaufen werden. In diesen Situationen kann es angezeigt sein, eine über die diabetesbezogene Familienberatung hinausgehende Intervention zu vereinbaren oder zu vermitteln.

6.2 Diabetesmanagement: Aufgabenverteilung zwischen Patient und Eltern

Mit dem Übergang von der Kindheit in das Jugendalter werden schrittweise die Verantwortlichkeiten für das Diabetesmanagement von den Eltern auf den Patienten übertragen. Dieser Prozeß ist eine Voraussetzung dafür, daß im jungen Erwachsenenalter eine Loslösung von den Eltern ohne Gefährdung der Stoffwechselkontrolle vollzogen werden kann. Anderson, Auslander, Jung, Miller und Santiago (1990) fanden mit Hilfe eines speziellen Fragebogens zur Verteilung der Verantwortlichkeiten beim Diabetesmanagement in der Familie (vgl. Kasten 7) beträchtliche Diskrepanzen zwischen der Einschätzung der Mutter und des Jugendlichen, wer beispielsweise dafür verantwortlich ist, an die Insulininjektionen zu denken. Nicht selten zeigte sich, daß die Mutter diese Aufgabe dem Jugendlichen zuschrieb, während dieser die Verantwortung dafür noch bei den Eltern sah. Die fehlende Abstimmung über die Verteilung der Zuständigkeiten führte im Ergebnis zu einem unzureichenden Diabetesmanagement.

Kasten 7:
Fragebogen zur Verteilung der Verantwortlichkeiten beim Diabetesmanagement in der Familie (Anderson et al., 1990, S. 492; Übersetzung durch die Autoren).

In dem Fragebogen werden verschiedene Aufgaben oder Situationen vorgegeben, die sich auf das Diabetesmanagement in der Familie beziehen. Dabei soll jeweils eingeschätzt werden, wie mit der Aufgabe oder Situation in der Familie am besten umgegangen werden kann:

1 = Die Eltern haben fast immer die Verantwortung für diese Aufgabe.

2 = Die Eltern und das Kind teilen sich die Verantwortung für diese Aufgabe.

3 = Das Kind ist fast immer für diese Aufgabe verantwortlich.

Situationen oder Aufgaben:
1. An den Arzttermin in der Klinik denken.
2. Die Lehrer über Diabetes informieren.
3. Morgens oder abends an die Insulinspritze denken.
4. Arzttermine vereinbaren.
5. Verwandte über Diabetes informieren.
6. Insulindosis entsprechend der Meßwerte anpassen.
7. Auf gesundheitliche Veränderungen achten (z. B. Gewichtsveränderungen).
8. Freunde über Diabetes informieren.
9. Auf Unterzuckerung achten.
10. Die Insulininjektion durchführen.
11. Entscheiden, welches Essen im Restaurant bestellt wird.
12. Auf den Gesundheitszustand der Füße achten.
13. Daran denken, Zucker für den Fall einer Unterzuckerung mitzunehmen.
14. Krankheitsbedingte Entschuldigungen für die Schule schreiben.
15. Einstichstellen beim Insulinspritzen wechseln.
16. Das Verfallsdatum von Insulin und Medikamenten beachten.
17. An die Blutzuckermessung denken.

Der Fragebogen kann von Eltern wie Jugendlichen ausgefüllt und anschließend als Gesprächsgrundlage genutzt werden. Die differenzierten Aussagen verdeutlichen, daß pauschales Nachfragen („Wer kümmert sich zu Hause um den Diabetes?") wenig geeignet ist, die konkrete Verantwortung für spezifische Aufgaben zu klären und zu vereinbaren.

Mehrere Studien haben belegen können, daß ein in der Familie klar strukturiertes und regelgeleitetes Diabetesmanagement und eine intensive elterliche Kontrolle der Selbstbehandlungspraxis des Kindes mit einer besseren Stoffwechselkontrolle einhergeht (Anderson, Ho, Bracket, Finkelstein & Laffel, 1997; Seiffge-Krenke, 1998; Weist, Finney, Barnard, Davis & Ollendick, 1993; Wysocki et al., 1996). Dieses Ergebnis widerspricht den Vorstellungen vieler Eltern, die sich von der Zielvorstellung leiten lassen, ihr Kind möglichst früh zu einem weitgehend selbständigen Diabetesmanagement anzuleiten. Ein solches subjektives Behandlungskonzept der Eltern (vgl. Warschburger & Petermann in diesem Buch) birgt das Risiko, daß den Kindern eine frühzeitige Verantwortung für Aufgaben des Diabetesmanagements übertragen wird, die diese noch gar nicht leisten können. Eltern realisieren diese Überforderung nicht (Weissberg-Benchel et al., 1996),

wenn sie angesichts guter technischer Fertigkeiten ihres Kindes beim Selbstmanagement schlußfolgern, die Verantwortung an die Kinder abgeben zu können. Häufig fehlen den Kindern noch die kognitiven und vor allem die motivationalen Voraussetzungen zu einem autonomen, disziplinierten Selbstmanagement.

Kinder, die technisch perfekt mit dem Blutzuckermeßgerät umgehen können, verfügen nicht zwangsläufig auch über die notwendige Selbstkontrolle, um sich pünktlich an die nächste Messung zu erinnern oder eine attraktive Spieltätigkeit zugunsten der eher lästigen Meßprozedur zu unterbrechen. Es kann daher sehr wichtig sein, auf den Unterschied zwischen kompetenter *Durchführung* und noch unzureichender *Selbstkontrollfähigkeit (Disziplin)* bei der Aufgabenerledigung hinzuweisen. Diese Unterscheidung kann dann in eine gemeinsame Vereinbarung überführt werden, bei der beispielsweise klar geregelt ist, daß das Kind zwar eigenständig den Blutzucker mißt, den Eltern aber weiterhin die Aufgabe zufällt zu kontrollieren, ob die Messung auch tatsächlich korrekt und pünktlich gemacht wurden.

Erfolgreiche Übertragung von Verantwortung an das Kind

Weist et al. (1993) sprechen aufgrund der Tatsache, daß eine stärkere elterliche Kontrolle mit einer besseren Stoffwechselkontrolle einhergeht, folgende Empfehlungen aus:

- Die elterliche Überwachung der Diabetesbehandlung sollte bis in das Jugendlichenalter aufrechterhalten werden.
- Bei dem Schulkind sollte für Verständnis geworben werden, daß kompetente Erwachsene das Diabetesmanagement kontrollieren.
- Eltern und Schulkinder sollten gemeinsam aushandeln, welche Behandlungsmaßnahmen schrittweise in die Verantwortung des Kindes übergehen.

In welcher Form einem Kind Verantwortung übertragen werden kann, setzt einen gemeinsamen Entscheidungsprozeß zwischen Eltern, Patient und Behandlungsteam voraus. Dieser Prozeß kann leicht in Unter- oder Überforderungen münden, wenn als Entscheidungsgrundlage alleine der Entwicklungsstand des Kindes beziehungsweise der soziale Vergleich mit anderen diabeteskranken Kindern herangezogen wird. Auch wenn Gleichaltrige eine bestimmte Aufgabe schon souverän beherrschen, so ist zu prüfen, ob im Einzelfall die Voraussetzungen gegeben sind, bevor neue Verantwortlichkeiten vereinbart werden.

Abbildung 8 zeigt in Form einer Checkliste die wichtigsten Schritte auf dem Weg zu einer erfolgreichen Übertragung neuer Aufgaben an das Kind. Die positive Ausgangssituation ist dann gegeben, wenn eine zufriedenstellende Stoffwechselsituation aufgrund eines erfolgreichen Diabetesmanagements vorliegt (vgl. Noeker, 1998). Die Voraussetzungen für eine Aufgabenübertragung sind dann am günstigsten, wenn der Impuls dazu vom Jugendlichen selbst ausgeht. Der Anstoß kann aber auch in einer vom Arzt vorgeschlagenen Änderung des Behandlungsregimes liegen, beispielsweise bei der zunehmenderen Flexibilisierung des Diabetesmanagements beim Übergang von einer konventionellen zu einer intensivierten Insulintherapie.

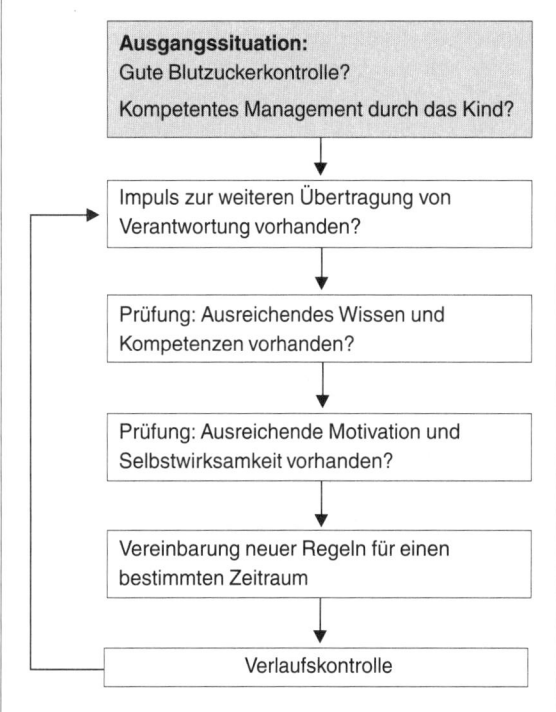

Abbildung 8:
Schrittweise Übertragung von Verantwortung für Teilaufgaben des Diabetesmanagements.

Zunächst ist zu prüfen, ob die erforderlichen Techniken im Rahmen des Selbstmanagements hinreichend beherrscht werden. Liegen große Defizite vor, sollte die Aufgabenübertragung zurückgestellt oder eine spezifische Nachschulung initiiert werden. Die sich anschließende Prüfung der Motivation sollte dem Jugendlichen die Möglichkeit offenlassen, ohne Bedrohung seines Selbstwertgefühls die Übernahme der neuen Aufgabe abzulehnen. Eine nicht-suggestiv formulierte Frage wäre etwa: „Manche Kinder/Jugendliche finden es besser, selber die Insulindosis bei zu hohen oder zu niedrigen Werten anzupassen, andere wiederum lassen das lieber ihre Eltern machen. Was möchtest Du lieber?" Die Frage, ob die neue Aufgabe auch umsetzbar erscheint, kann folgendermaßen formuliert werden: „Was traust Du Dir bei dieser Aufgabe zu? Was könnte Dir eher Schwierigkeiten machen und welche Unterstützung könntest Du dabei gebrauchen?"

Neue Regeln sollten grundsätzlich immer zunächst „auf Probe" für einen bestimmten Zeitraum vereinbart werden. Wird im Vorfeld die Möglichkeit eines Scheiterns („Rückfall") schon mit berücksichtigt, so fällt es dem Jugendlichen später leichter, Schwierigkeiten bei der Umsetzung zu kommunizieren und Überforderungen nicht aus falsch verstandenem Stolz zu verheimlichen. Ebenfalls sollte in der Regel festgelegt werden, daß die Eltern während dieses Zeitraumes weiterhin die Kontrolle der Aufgabendurchführung wahrnehmen (dürfen). Nach dem vereinbarten Zeitraum wird in zweierlei Hinsicht eine Verlaufskontrolle vorgenommen. Zum einen wird geprüft, ob sich die Veränderungen positiv oder negativ auf die Stoffwechselgüte ausgewirkt haben, und zum zweiten bewertet der Jugendliche, ob er die Veränderungen unter dem Aspekt seiner persönlichen Lebensqualität als Zugewinn oder Belastung erfahren hat. Bei positiver Beurteilung kann dann zu gegebener Zeit der Impuls zur Übertragung der nächsten Managementaufgabe gesetzt werden.

6.3 Non-Compliance in Verbindung mit familiären Interaktionsstörungen

Ein typischer Anlaß zur Familienberatung besteht in einer familiären Konfliktsituation, die
- *erstens* durch eine ausgeprägte Non-Compliance des diabeteskranken Jugendlichen und
- *zweitens* durch eine gestörte Interaktion zwischen den Eltern und dem Jugendlichen
gekennzeichnet ist.

Als Hintergrund für eine solche Konstellation ergibt sich bei der Anamnese oft eine familiäre Interaktion, die Anderson und Coyne (1993) als Prozeß des sogenannten miscarried helping (fehlgesteuerte Hilfe) beschrieben haben. In diesen Familien liegt im Unterschied zu Familien mit generell hoher Konfliktbelastung zunächst ein gutes Familienklima mit einem hohen Engagement der Eltern bei der Diabetesbehandlung vor. Paradoxerweise führt jedoch gerade die ausgeprägte Sorge der Eltern um die Stoffwechselkontrolle nach und nach dazu, daß der diabeteskranke Jugendliche sich massiv kontrolliert erlebt.

Um sich gegen die ständigen Nachfragen der Eltern nach Blutzuckermessung, Protokollführung und Ernährungsverhalten zur Wehr zu setzen, verweigert der Jugendliche den Eltern zunehmend den Einblick in sein Selbstmanagement, entzieht sich ihrer Kontrolle und zeigt provozierendes Verhalten wie Verzehr von Süßigkeiten ohne entsprechende Insulinkorrektur. Die Eltern reagieren auf ein solches Abgrenzungsverhalten mit verstärkter Besorgnis. Kontrolltermine beim Arzt scheinen ihnen recht zu geben, da diese tatsächlich Verschlechterungen bei den HbA1c-Werten ergeben. Aus ihrer Sorge um diese Entwicklung fühlen sie sich gezwungen, den Jugendlichen noch genauer zu kontrollieren und ihn bei Versäumnissen im Diabetesmanagement zur Rede zu stellen. Umgekehrt entwickelt der Jugendliche das Gefühl, daß jeder erkennbare Schwachpunkt beim Diabetesmanagement den Eltern einen erneuten Anlaß für Vorhaltungen, Kritik und Herabsetzungen bietet. Um das abzuwenden, ist der Jugendliche versucht, die Eintragungen in seinem Blutzuckerprotokoll und auch in seinem Meßgerät zu manipulieren. Die Eltern wiederum beginnen, ihm detektivisch nachzustellen, um ihn dabei zu überführen. Die Eltern erleben die „Lügen, Täuschungsmanöver und Manipulationen" als massiven Vertrauensbruch und Entwertung ihrer doch gutgemeinten Fürsorge. Der Jugendliche erlebt wiederum seinerseits die heimlichen Nachforschungen der Eltern als Vertrauensbruch und Grenzüberschreitung.

In der Regel sind es die Eltern, die in einer solchen scheinbar ausweglosen Situation das Angebot des Arztes gerne aufgreifen, eine Beratung wahrzunehmen. Für den Jugendlichen stellt sich dieses Angebot meistens sehr ambivalent dar: Einerseits besteht auch bei ihm hoher Leidensdruck und Hoffnung auf eine Veränderung, andererseits argwöhnt er, ob die Berater sich nicht offen oder verdeckt die Interessen der Eltern vertreten.
In dieser zugespitzten Situation ist eine Krisenintervention in Form einer behavioral-systemischen Familienberatung angezeigt. Tabelle 3 zeigt ein solches in der Praxis erprobtes Vorgehen.

Tabelle 3:
Praktisches Vorgehen der behavioral-systemischen Familienberatung.

Interventionsschritte	Ausgewählte, typische Leitfragen
1. **Begrüßung und Beratungskontext transparent machen**	*„Im Anschluß an den letzten Termin in der Diabetesambulanz hatten Sie (an die Mutter gerichtet) mich wegen eines Termins angerufen. Dabei hatten Sie mir schon in wenigen Worten mitgeteilt, was Sie als Eltern bezogen auf die Diabetesbehandlung beunruhigt. Ich habe in der Zwischenzeit die Akte gelesen und mit dem Arzt in der Ambulanz gesprochen. Ich schlage vor, daß zu Beginn dieses Gespräches jeder aus der Familie einmal seine wichtigsten Sorgen und Anliegen für dieses Gespräch zum Ausdruck bringt. Einverstanden?"*
2. **Beratungsmotivation klären und stärken**	*(An die Eltern gerichtet) „Welche Sorgen und Schwierigkeiten stehen für Sie im Vordergrund? Was hat Sie bewegt, das Beratungsangebot anzunehmen? Von wem ging die Initiative aus?"* *(An den Jugendlichen gerichtet) „Bist Du aus freien Stücken mitgekommen oder eher auf Druck Deiner Eltern? Hast Du das Gefühl, auf der Anklagebank zu sitzen? Welche Sorgen stehen für Dich momentan im Vordergrund? Welche Sorgen der Eltern teilst Du? Welche Veränderungen wünscht Du Dir persönlich? Was könnte ein für Dich wichtiges Ergebnis dieses Gespräches sein, so daß Du am Schluß sagst, es hat sich gelohnt?"*
3. **Verhaltensanalyse kritischer Situationen**	*(Jeweils an Eltern wie Jugendlichen gerichtet) „Schildern Sie / Du bitte eine typisch problematische Situation aus der letzten Zeit! Wie verhalten sich die Beteiligten? Welche Gedanken und welche Gefühle gehen Ihnen jeweils durch den Sinn (zu Beginn, während und am Ende dieser Situationen)? Welches Gefühl ist das wichtigste?"*
4. **Zielanalyse erwünschter Verhaltensweisen sowie Identifikation bisheriger, günstiger Bewältigungsversuche**	*(Jeweils an Eltern wie Jugendlichen gerichtet) „Schildern Sie / Du bitte umgekehrt eine Situation, die zwar genauso problematisch angefangen hat, die jedoch durch geschicktes Bewältigungsverhalten zu einem guten Ausgang geführt hat?"* *Alternativformulierung: „Haben Sie schon eine Idee, wie Sie in Zukunft in solchen Situationen handeln könnten, so daß es am Ende zu einem für alle Beteiligten zufriedenstellenden Ergebnis kommt?"*
5. **Vorstellen des Beratungsansatzes und Festlegen des weiteren Vorgehens**	*„Wir haben uns jetzt Klarheit verschafft, welche Sorgen, Zielvorstellungen und Anliegen jeder einzelne von Ihnen hat, um die Situation zum Besseren zu wenden. Als Sie die erfolgreich bewältigten Problemsituationen beschrieben haben, wurden schon in Umrissen mögliche Lösungsperspektiven erkennbar. Als nächsten Schritt für unser Gespräch möchte ich vorschlagen, daß wir nach neuen Regeln und Vereinbarungen suchen, die*

	• *diese persönlichen Ziele und Anliegen von allen Beteiligten so weit wie möglich realisieren,* • *den Stoffwechsel verbessern helfen und* • *von jedem einzelnen in der Familie als Fortschritt und Entlastung gegenüber der heutigen Situation erlebt werden.* *Um das zu erreichen, wird jeder etwas nehmen und geben müssen. Jeder sollte bereit sein, etwas einzubringen oder zu ändern. Die neuen Regeln müssen letztlich Sie selbst vereinbaren. Meine Aufgabe besteht darin, Ihnen dabei zu helfen. Zunächst werden wir Ideen für neue Regeln sammeln, die Entscheidung darüber treffen wir erst ganz am Schluß. Sind alle mit diesem Vorgehen einverstanden?"*
6. Klärung aktuell wirksamer Kommunikations- und Interaktionsregeln	*(Jeweils an die Eltern und den Jugendlichen gerichtet) „Bezogen auf die geschilderten problematischen Situationen: Wer trägt die Verantwortung für die Durchführung der einzelnen Diabetesaufgaben? Haben die Eltern das Recht, die Durchführung der Aufgaben durch den Jugendlichen zu kontrollieren? Haben die Eltern das Recht, den Jugendlichen kritisch zur Rede zu stellen, und wenn ja in welcher Form, oder handelt es sich alleine um eine Angelegenheit des Jugendlichen, die die Eltern nichts anzugehen hat?"*
7. Vorschlag des Kinderpsychologen zur Vereinbarung neuer Regeln	*„Ich möchte Ihnen zwei Regeln für die Problematik ... (Details vgl. Text) ... anbieten; (an jeden einzelnen gerichtet) verbessert diese Regel den aktuellen Zustand?"*
8. Verhaltensnahe Prüfung der Alltagstauglichkeit und Konsensfähigkeit der neuen Regeln	• *„Welche Probleme könnte es bei der Umsetzung im Alltag geben? Besteht die Gefahr, daß jemand die neue Regel sabotiert? Lassen Sie uns noch bei einigen vergangenen Problemen die neue Regel anwenden ..."* • *„Welche Konsequenzen können wir vereinbaren für den Fall, daß jemand sich klar gegen die Regel verhält?"* • *„Mein Vorschlag ist, daß die Vereinbarung bis zu dem Zeitpunkt gilt, bis Sie einvernehmlich in der Familie eine neue und bessere treffen."* • *„Gibt es bei der neuen Regel Gewinner und Verlierer? Empfindet jeder einzelne das Ergebnis als Erleichterung und als Verbesserung? Welchen der eingangs genannten Ziele und Anliegen sind wir durch die neue Regel nähergekommen? Welche Anliegen sind unberücksichtigt geblieben?"*
9. Vereinbarung treffen	*„Ich schlage vor, daß wir die neuen Regeln richtig wie bei einem Vertrag aufschreiben, den alle Anwesenden unterschreiben. Jeder bekommt ein Exemplar."*
10. Gesprächsabschluß und Vereinbarung einer Wiedervorstellung	*„Ich biete Ihnen an, daß wir uns zumindest noch einmal treffen, um zu überprüfen, ob die Vereinbarung im Alltag wirklich funktioniert und weiterhin von allen Beteiligten getragen wird. Wenn nichts wirklich Außergewöhnliches geschieht, sollte der Termin erst in vier bis sechs Wochen stattfinden, damit Sie genug Zeit haben, Erfahrungen mit der Anwendung zu Hause zu machen. Ich möchte Ihnen als Hausaufgabe für diesen Zeitraum mitgeben, einerseits alle sehr schwierigen und andererseits alle sehr erfolgreich verlaufenen Problemsituationen in kurzer Form zu protokollieren. Am besten fügen Sie diese Notizen an das Diabetes-Protokollheft an. Einverstanden?"*

Das Familiengespräch zeigt in der Regel (vgl. Schritt 2 und 3 in Tab. 3), daß die von den Eltern beziehungsweise dem Jugendlichen formulierten individuellen Ziele und Anliegen sich nur teilweise auf konkrete Wünsche zur Veränderung des Diabetesmanagements beziehen. Gerade zu Gesprächsbeginn stehen entsprechend den vorausgegangenen innerfamiliären Konflikten starke emotionale Bedürfnisse und Anliegen im Vordergrund. Die Eltern stehen emotional unter dem Eindruck, daß sie sich von ihrem Kind gegebenenfalls belogen, manipuliert und erpreßt fühlen. Der Jugendliche fühlt sich umgekehrt häufig in verletzender Weise

kritisiert, kontrolliert und „wie ein Kind" behandelt. In der Regel ist der damit einhergehende Machtkampf bei Beratungsbeginn in einer Pattsituation angelangt mit hohem Leidensdruck auf beiden Seiten. Die vorgeschlagenen Vereinbarungen müssen daher eine Lösung anbieten, die auf zwei Ebenen ansetzt und trägt:

• Die neuen Vereinbarungen müssen ein Zielverhalten beinhalten, daß eine *Wiederaufnahme der Therapiemitarbeit* und damit ein *positives Diabetesmanagement* sicherstellt.

- Die neuen Vereinbarungen müssen einen *Neuanfang in der Kommunikation und Interaktion zwischen Eltern und Jugendlichen* eröffnen. Dieses erfordert einen Ausstieg aus dem Machtkampf ohne Gesichtsverlust weder für die Eltern noch für den Jugendlichen.

Als Beispiel für einen solchen Lösungsvorschlag sei von einer kritischen Situation ausgegangen, wie sie von den Eltern berichtet wird (vgl. Schritt 3 in Tab. 3). Eine solche typische Situation liegt vor, wenn der Jugendliche seine Blutzuckerselbstkontrollen nur sehr verspätet beziehungsweise gar nicht durchführt und auf die dann einsetzende Kritik der Eltern abweisend und verweigernd reagiert. Der Vorschlag lautet, an den Jugendlichen gerichtet: „Ich schlage vor, daß wir heute festlegen, daß Du und nicht Deine Eltern für die Durchführung der Blutzuckerselbstkontrollen zur richtigen Zeit verantwortlich bist. Das heißt: Wenn beispielsweise abends um 18:30 Uhr eine Messung ansteht, haben die Eltern sich für die nächste halbe Stunde, also bis 19:00 Uhr jeder Nachfrage und kritischen Bemerkung zu enthalten. Du gibst Ihnen jedoch heute die Erlaubnis, nach einer halben Stunde nachzufragen. Nach dieser halben Stunde erledigst Du dann auch zügig die Messung. Deine Eltern haben nicht das Recht, vor Ablauf der halben Stunde irgend etwas nachzufragen oder zu kritisieren. Wenn Du grundsätzlich einverstanden bist und Deine Eltern auch, können wir uns kleine „Strafen" für Deine Eltern überlegen, wenn sie doch vorher zu nörgeln beginnen, beziehungsweise umgekehrt auch ein Strafe für Dich, wenn Du selbst nach der halben Stunde die Messung weiter verzögerst ..."

Zu der Akzeptanz für eine solche Regel trägt beträchtlich die Formulierung bei, daß das neu erworbene Recht der Eltern, ab einem bestimmten Zeitpunkt nachzufragen, nicht von diesen erzwungen wird, sondern erst durch die Erlaubnis des Jugendlichen zustandekommt. Diese Regel umgeht damit die für die Interaktion wichtige Frage, wer in der Auseinandersetzung sich als Gewinner durchsetzt beziehungsweise verliert. Solche Vereinbarungen können Familien mit einem chronisch kranken Kind oder Jugendlichen den Zugang zu den innerfamiliär vorhandenen, aber brachliegenden Ressourcen wieder zugänglich und erfahrbar machen.

Zusammenfassung

Kinderpsychologische Interventionen möchten die Krankheitsbewältigung verbessern und krankheitsbedingte Folgebelastungen reduzieren, die Lebensqualität sichern und psychischen Auffälligkeiten vorbeugen. Des weiteren soll die Therapiemitarbeit (Compliance) verbessert und der Krankheitsverlauf positiv beeinflußt werden. Die wichtigsten Interventionsansätze umfassen behavioral-systemische Familienberatung, Verhaltensmedizin und Patientenschulung. Diese Verfahren sind kombinierbar; je nach Erkrankungsbild und Problemlage steht häufig ein Verfahren im Vordergrund.

Am Beispiel der Krebserkrankungen wird das konkrete Vorgehen einer Familienberatung erläutert. Die Beratung aktiviert familiäre Ressourcen, um die typischen Belastungen und Anforderungen einzelner Erkrankungsphasen (Diagnoseeröffnung, Intensivbehandlung, Rehabilitation versus Finalphase) zu bewältigen. Sie umfaßt unter anderem Aufgaben wie Klärung und Verarbeitung von Schuldgefühlen, altersangemessene Aufklärung des Kindes über seine Erkrankung, Stützung der innerfamiliären Kommunikation, Erziehungsberatung, Nutzung außerfamiliärer Unterstützung sowie die emotionale Krankheitsverarbeitung vor allem im Fall eines Scheiterns der Therapie.

Am Beispiel des Diabetes mellitus werden die Konzepte des Selbstmanagements und der Patientenschulung vorgestellt. Bei erkennbaren Defiziten im Diabetesmanagement können je nach Ursache sowohl kind- wie familienzentrierte Verfahren angezeigt sein. Kindzentrierte Verfahren umfassen unter anderem die Stärkung der Behandlungsmotivation durch das Herausarbeiten subjektiv bedeutsamer Behandlungsziele, die verhaltensmedizinische Behandlung von Injektionsphobien oder ein Training zur frühzeitigen und präzisen Wahrnehmung von Unterzuckerungsanzeichen. Die familienzentrierte Beratung richtet sich auf das familiäre Diabetesmanagement und besonders auf Kriseninterventionen bei mangelhafter Compliance in Verbindung mit Interaktionsstörungen in der Familie.

Verständnisfragen

1. Welche Ziele und Aufgaben verfolgt die Familienberatung bei fortschreitenden oder lebensbedrohlichen Erkrankungen?
2. Was versteht man unter Patientenschulung?
3. Welche Ursachen können einem schlechten Diabetesmanagement zugrunde liegen?
4. Durch welche Strategien läßt sich das Diabetesmanagement verbessern?
5. Welche Prozesse kennzeichnen das Selbstmanagement beim Asthma bronchiale?

Weiterführende Literatur

Lehmkuhl, G. (Hrsg.) (1996). *Chronisch kranke Kinder und ihre Familien*. München: MMV-Quintessenz.

Petermann, F. (Hrsg.) (1997). *Patientenschulung und Patientenberatung* (2., erweit. Auflage). Göttingen: Hogrefe.

Petermann, F. (Hrsg.) (1998). *Compliance und Selbstmanagement*. Göttingen: Hogrefe.

Roberts, M.C. (Ed.) (1995). *Handbook of pediatric psychology* (2nd edition). New York: Guilford.

Literatur

American Diabetes Association (1998). Standards of medical care for patients with diabetes mellitus. *Diabetes Care, 17*, 616-623.

Anderson, B.J., Auslander, W., Jung, K.C., Miller, J.P. & Santiago, J.V. (1990). Assessing family sharing of diabetes responsibilities. *Journal of Pediatric Psychology, 15*, 477-492.

Anderson, B.J. & Coyne, J.C. (1993). Family context and compliance behavior in chronically ill children. In N.A. Krasnegor, L. Epstein, S.B. Johnson & S. Yaffee, S. (Eds.), *Developmental aspects of health compliance behavior* (77-90). Hillsdale: Erlbaum.

Anderson, B., Ho, J., Bracket, J., Finkelstein, D. & Laffel, L. (1997). Parental involvement in diabetes management tasks: relationship to blood glucose monitoring adherence and metabolic control in adolescents with insulin-dependent diabetes mellitus. *Journal of Pediatrics, 130*, 257-265.

Blanz, B.J., Rensch-Riemann, B.S., Fritz-Sigmund, D. & Schmidt, M.H. (1993). Zur Rolle erkrankungsbezogener kognitiv-emotionaler Faktoren als Determinanten der Compliance bei Jugendlichen mit Diabetes mellitus. *Zeitschrift für Klinische Psychologie, 22*, 264-275.

Bloch, C.A., Clemons, P. & Sperling, M.A. (1987). Puberty decreases insulin sensitivity. *Journal of Pediatrics, 110*, 481-487.

Bobrow, E.S., Ruskin, T.W. & Siller, J. (1985). Mother-daughter interactions and adherence to diabetes regimens. *Diabetes Care, 8*, 146-151.

Bond, G.G., Aiken, L.S. & Somerville, S.C. (1992). The health belief model and adolescents with insulin dependent diabetes mellitus. *Health Psychology, 11*, 190-198.

Burroughs, T.E., Harris, M.A., Pontius, S.L. & Santiago, J.V. (1997). Research on social support in adolescents with IDDM: A critical review. *The Diabetes Educator, 23*, 438-447.

Committee on Pediatric AIDS (1999). Disclosure of illness status to children and adolescents with HIV infection. *Pediatrics, 103*, 164-166.

Cox, D., Gonder-Frederick, L., Polonsky, W., Schlundt, D., Julian, D. & Clarke, W. (1995). A multicenter evaluation of blood glucose awareness training. *Diabetes Care, 18*, 523-528.

Daneman, D., Olmsted, M., Rydall, A., Maharaj, S. & Rodin, G. (1998). Eating disorders in young women with type 1 diabetes. *Hormone Research, 50*, 79-86.

Diabetes Control and Complications Trial Research Group (DCCT) (1993). The effect of intensive treatment of diabetes on the development and progression of long-term complications in insulin-dependent diabetes mellitus. *New England Journal of Medicine, 329*, 977-986.

Diabetes Control and Complications Trial Research Group (DCCT) (1996). Influence of intensive diabetes treatment on quality-of-life outcomes in the diabetes control and complications trial. *Diabetes Care, 19*, 195-203.

Eiser, Ch. (1997). Children's quality of life measures. *Archives of Diseases in Childhood, 77*, 350-354.

Faulkner, M.S. & Clark, F.S. (1998). Quality of life for parents of children and adolescents with type 1 diabetes. *The Diabetes Educator, 24*, 721-727.

Giordano, B.P., Petrila, A., Banion, C.R. & Neuenkirchen, G. (1992). The challenge of transferring responsibility for diabetes management from parent to child. *Journal of Pediatric Health Care, 6*, 235-239.

Glasgow, R.E. (1995). A practical model of diabetes management and education. *Diabetes Care, 18*, 117-126.

Grey, M., Boland, E.A., Yu, C., Sullivan-Bolyai, S. & Tamborlane, W.V. (1998). Personal and family factors associated with quality of life in adolescents with diabetes. *Diabetes Care, 21*, 909-917.

Gries, F.A. (1997). Umsetzung der St.-Vincent-Deklaration in der Bundesrepublik Deutschland. Rückblick und Stand 1996. *Diabetes und Stoffwechsel, 6*, 34-36.

Gutjahr, P. (Hrsg.) (1999). *Krebs bei Kindern und Jugendlichen* (4., erweit. Auflage). Köln: Deutscher Ärzte-Verlag.

Guttman-Bauman, I., Flaherty, B.P., Strugger, M. & Mc Evoy, G. (1998). Metabolic control and quality-of-life self-assessment in adolescents with IDDM. *Diabetes Care, 21*, 915-918.

Hampel, P. & Petermann, F. (1998). *Anti-Streß-Training für Kinder*. Weinheim: Psychologie Verlags Union.

Hauser, S.T., DiPlacido, J., Jacobson, A.M., Willett, J. & Cole, C. (1993). Family coping with an adolescent's chronic illness: an approach and three studies. *Journal of Adolescence, 16*, 305-329.

Hecker, W., Grabert, M. & Holl, R.W. (1999). Quality of Pediatric IDDM Care in Germany. *Journal of Pediatric Endocrinology and Metabolism, 12*, 31-38.

Heekerens, H.-P. (1997). Elterntraining und Familientherapie – Gemeinsamkeiten trotz Unterschiedlichkeit. *Kindheit und Entwicklung, 6*, 84-89.

Heim, E. (1998). Coping – Erkenntnisstand der 90er Jahre. *Psychotherapie, Psychosomatik, medizinische Psychologie, 48*, 321-337.

Holl, R.W., Grabert, M., Hecker, W., Klinghammer, A., Renner, C., Schweigert, F., Teller, W.M. & Heinze, E. für die Arbeitsgemeinschaft pädiatrische Diabetologie (1997). Qualitätssicherung bei der Betreuung von Kindern und Jugendlichen mit Diabetes: Ein externer Vergleich in 23 pädiatrischen Diabeteszentren. *Diabetes und Stoffwechsel, 6*, 83-90.

Hürter, A. & Seiffge-Krenke I. (1995). Das Familienklima bei Jugendlichen mit Diabetes mellitus Typ I. *Sozialpädiatrie und Kinderärztliche Praxis, 17,* 92-97.

Hürter, P., Jastram, H.U., Regling, B., Toeller, M., Lange, K., Weber, B., Burger, W. & Haller, R. (1997). *Diabetes-Buch für Kinder.* Köln: Deutscher Ärzte-Verlag.

Hürter, P. & Travis, L.B. (1997). *Einführungskurs für Typ-I-Diabetiker* (6. Auflage). Frankfurt: Gerhards.

Hürter P., v. Schütz, W. & Lange, K. (1995). Methoden der Insulinsubstitution bei Kindern und Jugendlichen mit Typ-I-Diabetes. *Monatsschrift Kinderheilkunde, 143, (Suppl.1),* S39-S53.

International Society for Pediatric and Adolescent Diabetes (ISPAD), International Diabetes Federation (IDF) European Region, World Health Organization (WHO) European Region (1995). *Consensus guidelines for the management of Insulin-dependent type I diabetes mellitus (IDDM) in childhood and adolescence.* London: Freund Publishing House.

Janovic, M., Loiacono, N.B., Spinetta, J.J., Riva, L.L., Conter, V. & Masera, G. (1994). Telling young children with leukemia their diagnosis: the flower garden as an analogy. *Pediatric Hematology and Oncology, 11,* 75-81.

Johnson, J.A. (1996). Self-efficacy theory as a framework for community pharmacy-based diabetes education programs. *The Diabetes Educator, 22,* 237-241.

Johnson, S.B. (1995). Insulin dependant diabetes mellitus in childhood. In M.C. Roberts (Ed.), *Handbook of pediatric psychology* (2nd edition, 263-285). New York: Guilford.

Kavanagh, D.J., Gooley, S. & Wilson, P.H. (1993). Prediction of control and adherence in diabetes. *Journal of Behavioral Medicine, 16,* 509-522.

Kerner, W. (1998). Klassifikation und Diagnose des Diabetes mellitus. *Deutsches Ärzteblatt, 49,* 3144-3148.

Kohlmann, C.-W. (Hrsg.) (1995). *Diabetes und Psychologie: Diagnostische Ansätze.* Bern: Huber.

Kovacs, M., Mukerji, P., Iyengar, S. & Drash, A. (1996). Psychiatric disorder and metabolic control among youth with IDDM. *Diabetes Care, 19,* 318-323.

Kriegstein, E. (1998). Hypoglykämieprobleme. *Diabetes und Stoffwechsel, 7 (Suppl. 2),* 28-30.

La Greca, A.M. (1988). Adherence to prescribed medical regimens. In D.K. Routh (Ed.), *Handbook of pediatric psychology* (299-320). New York: Guilford.

La Greca, A.M. (1992). Peer influences in pediatric chronic illness: An update. *Journal of Pediatric Psychology*, 15, 285-307.

La Greca, A.M., Swales, T., Klemp, S., Madigan, S. & Skyler, J. (1995). Adolescents with diabetes: Gender differences in psychosocial functioning and glycemic control. *Children´s Health Care, 24,* 61-78.

Lange, K., Burger, W., Haller, R., Heinze, E., Holl, R., Hürter, P., Schmidt, H. & Weber, B. (1995a). *Jugendliche mit Diabetes: ein Schulungsprogramm.* Mainz: Kirchheim.

Lange, K., v. Schütz, W. & Hürter, P. (1995b). Diabetesschulung für Kinder, Jugendliche und ihre Eltern. Ein unverzichtbarer Bestandteil moderner Diabetestherapie. *Monatsschrift Kinderheilkunde, 143,* S54-61.

Lazarus, R.S. (1993). Coping theory and research: Past, present, and future. *Psychosomatic Medicine, 55,* 234-247.

Marrero, D.G., Guare, J.C., Vandagriff, J.L. & Fineberg, N.S. (1997). Fear of hypoglycemia in the parents of children and adolescents with diabetes: Maladaptive or healthy response? *The Diabetes Educator, 23,* 281-286.

Mendez, F.P. & Belendez, M. (1997). Effects of a behavioral intervention on treatment adherence and stress management in adolescents with IDDM. *Diabetes Care, 20,* 1370-1375.

Mokan, M., Mirtkou, A., Veneman, T., Ryan C., Korytkowski M., Cryer, P. & Gerich, J. (1994). Hypoglycemia unawareness in IDDM. *Diabetes Care, 17,* 1397-1403.

Newacheck, P.W. & Taylor, W.R. (1992). Childhood chronic illness: Prevalence, severity, and impact. *American Journal of Public Health, 82,* 364-371.

Noeker, M. (1996). Therapieerwartungen und Behandlungsmotivation bei der Kortikoidtherapie des Asthma bronchiale. *Prävention und Rehabilitation, 8,* 180-184.

Noeker, M. (1998). Selbstmanagement, Compliance und glykämische Kontrolle beim Typ-I-Diabetes. In F. Petermann (Hrsg.), *Compliance und Selbstmanagement* (201-215). Göttingen: Hogrefe.

Noeker, M. & Haverkamp, F. (1997). Chronische Erkrankungen im Kindes- und Jugendalter: Entwicklung einer Typologie und Zuordnung spezifischer pädiatrisch-psychologischer Interventionskonzepte. *Monatsschrift Kinderheilkunde, 145,* 387-394.

Noeker, M. & Petermann, F. (1990). Treatment-ralated anxieties in children and adolescents with cancer. *Anxiety Research, 3,* 101-111.

Noeker, M. & Petermann, F. (1998). Children's and adolescents' perception of their asthma bronchiale. *Child: Care, Health and Development, 24,* 21-30.

Petermann, F. (Hrsg.) (1995). *Diabetes mellitus.* Göttingen: Hogrefe.

Petermann, F.(Hrsg.) (1997). *Patientenschulung und Patientenberatung* (2. erweit. Auflage). Göttingen: Hogrefe.

Petermann, F. (Hrsg.) (1998). *Compliance und Selbstmanagement.* Göttingen: Hogrefe.

Petermann, F. & Mühlig, S. (1998). Grundlagen und Möglichkeiten der Compliance-Verbesserung. In F. Petermann (Hrsg.), *Compliance und Selbstmanagement* (73-102). Göttingen: Hogrefe.

Petermann, F., Noeker, M., Bochmann, F. & Bode, U. (1990). *Beratung von Familien mit krebskranken Kindern: Konzeption und empirische Ergebnisse* (2., überarb. Auflage). Frankfurt: Lang.

Petermann, F., Noeker, M. & Bode, U. (1987). *Psychologie chronischer Krankheiten im Kindes- und Jugendalter.* München: Psychologie Verlags Union.

Roth, R., Kulzer, B. & Borkenstein, M. (1993). Das Wissen von Typ-I- Diabetikern und Eltern diabetischer Kinder über die Krankheit Diabetes und deren Behandlung. *Diabetes und Stoffwechsel, 2,* 3-8.

Roth, R., Kulzer, B., Teupe, B. & Borkenstein, M. (1996). *Diabetes-Wissens-Test: Typ I.* Göttingen: Hogrefe.

Schlundt, D.G., Pichert, J.W., Rea, M.R., Puryear, W., Penha, M.L.I. & Kline, S.S. (1994). Situational obstacles to adherence for adolescents with diabetes. *Diabetes Educator, 20,* 207-211.

Schmidt, L.R. & Dlugosch, G.E. (1997). Psychologische

Grundlagen der Patientenschulung und Patientenberatung. In F. Petermann (Hrsg.), *Patientenschulung und Patientenberatung* (2., erweit. Auflage, 23-52). Göttingen: Hogrefe.

Seiffge-Krenke, I. (1994). Die psychischen Folgen chronischer Krankheiten im Kindes- und Jugendalter. *Kindheit und Entwicklung, 3*, 6-15.

Seiffge-Krenke, I. (1998). The highly structured climate in families of adolescents with diabetes: Functional or dysfunctional for metabolic control? *Journal of Pediatric Psychology, 23*, 313-322.

Seiffge-Krenke, I. & Kollmar, F. (1996). Der jugendliche Diabetiker und sein Arzt: Diskrepanzen in der Einschätzung der Arzt-Patient-Beziehung und der Compliance. *Kindheit und Entwicklung, 5*, 240-248.

Spieth, L.E., & Harris, C.V. (1996). Assessment of health-related quality of life in children and adolescents: An integrative review. *Journal of Pediatric Psychology, 21*, 173-193.

Stachow, R. (1999). Verhaltensmedizinische Interventionen bei Diabetes mellitus Typ I. In F. Petermann & P. Warschburger (Hrsg.), *Kinderrehabilitation* (139-160). Göttingen: Hogrefe.

Stein, R.E.K., Westbrook, L.E. & Baumann, L.J. (1997). The questionnaire for identifying children with chronic conditions: A measure based on a noncategorical approach. *Pediatrics, 99*, 513-521.

Teuscher. A., Reinli, K. & Nathan, D.M. (1994). Severe hypoglycaemia in diabetes control and complications trial. *Lancet, 343*, 1097-1098.

Viner, R., McGrath M. & Trudingher, P. (1996). Family stress and metabolic control in diabetes. *Archives of Disease in Childhood, 74*, 418-421.

Weissberg-Benchel, J., Glasgow, A.M., Tynan, W.D., Wirtz, P., Turek, J. & Ward, J. (1996). Adolescent diabetes management and mismanagement. *Diabetes Care, 18*, 77-82.

Weist, M.D., Finney, J.W., Barnard, M.U., Davis, C.D. & Ollendick, T.H. (1993). Empirical selection of psychosocial treatment targets for children and adolescents with diabetes mellitus. *Journal of Pediatric Psychology, 18*, 11-28.

Wendt, A. & Petermann, F. (1996). Meßverfahren zur Erfassung des Bewältigungsverhaltens: Eine kritische Bestandsaufnahme. *Zeitschrift für Klinische Psychologie, Psychiatrie und Psychopathologie, 44*, 3-32.

Wittich, A., Jakob, U., Klinik, M., Opitz, U., Wirsching, M. & Leititis, J. (1996). Krankheitsanpassung jugendlicher Diabetiker: Ein Vergleich der Sicht der Patienten, ihrer Eltern und der behandelnden Ärzte. *Klinische Pädiatrie, 208*, 19-25.

Wysocki, T. (1993). Associations among teen-parent relationships, metabolic control, and adjustment to diabetes in adolescents. *Journal of Pediatric Psychology, 7*, 441-452.

Wysocki, T., Meinhold, P., Abrams, K., Barnrad, M., Clarke, W., Bellando, B. & Bourgeois, M. (1992). Parental and professional estimates of self-care independence in children and adolescents with IDDM. *Diabetes Care, 15*, 65-68.

Wysocki, T., Taylor, A., Houhj, B., Linscheid, T.R., Yeates, K.O. & Naglieri, J.A. (1996). Deviation from developmentally appropriate self-care autonomy. *Diabetes Care, 19*, 119-125.

20 Psychosomatische Störungen
von Hans-Christoph Steinhausen

Inhaltsübersicht

1 Einleitung

Der Begriff der psychosomatischen Störungen bezieht sich gemäß aktuellem Stand der wissenschaftlichen Diskussion auf eine Klasse von Störungen, bei der psychologische Faktoren eine bedeutsame Rolle bei der Entstehung und Aufrechterhaltung von Organpathologien beziehungsweise pathophysiologischen Prozessen des Organismus spielen. Die Untersuchung der Wechselwirkung von psychosozialen und biologischen Faktoren bei Krankheit und Gesundheit wie auch die Behandlung entsprechender Störungen ist gemäß traditionellem Verständnis Gegenstand und Auftrag der psychosomatischen Medizin. Dieser seit etwa 60 Jahren präsenten Wissenschaftsdisziplin mit traditionell vornehmlich psychoanalytischer Ausrichtung ist in der Zwischenzeit mit der Verhaltensmedizin beziehungsweise Verhaltenspädiatrie ein bedeutsamer Konkurrent erwachsen. Von Anbeginn der Entwicklung der psychosomatischen Medizin seit den 30er Jahren dieses Jahrhunderts sind ihre Modelle und Konzepte vornehmlich an Erwachsenen entwickelt worden. Erst in der Verhaltenspädiatrie, die sich noch vor der Verhaltensmedizin gegen Ende der 60er Jahre konstituierte, und später der systemischen Familientherapie ist es gelungen, eigenständige Beiträge zu einer Konzeption sogenannter psychosomatischer Störungen im Kindesalter zu leisten.

In einer historischen Perspektive (Lipowski, 1986a) entstand die psychosomatische Medizin als eine Gegenposition gegen die dualistische und reduktionistische Praxis der somatischen Medizin, welche in einer ausschließlich naturwissenschaftlichen Orientierung die psychosozialen von den biologischen Faktoren in den Krankheitsprozessen abgespalten hatte. Vorläufer der modernen psychosomatischen Medizin fanden sich in der Tradition einer ganzheitlichen Betrachtung der Medizin im alten Griechenland sowie auch im Konversionsmodell, in dem Sigmund Freud das körperliche Symptom als Ausdruck und Ersatz eines verdrängten Triebimpulses betrachtete, dessen Bewußtwerdung im analytischen Therapieprozeß die Heilung einleiten sollte.

Der eigentliche Begründer der modernen psychosomatischen Medizin, Franz Alexander, setzte sich von diesem Modell der hysterischen Konversionsneurose kritisch ab und postulierte, daß ungelöste unbewußte Konflikte zwischen aggressiven oder abhängigen Wünschen einerseits und den opponierenden Kräften des Ichs und Über-Ichs andererseits chronische emotionale Spannungen hervorrufen, deren physiologische Korrelate zu Dysfunktionen und schließlich strukturellen Veränderungen spezifischer Organe führen. Diese sogenannte Spezifitätstheorie wurde von ihm auf einen Kreis von Organerkrankungen angewandt, die seitdem als sogenannte Organneurosen beziehungsweise psychosomatische Störungen bezeichnet wurden: die essentielle Hypertonie, die rheumatoide Arthritis, die Thyreotoxikose, das Ulcus pepticum, die Colitis ulcerosa, das Asthma bronchiale und die Neurodermitis (atopische Dermatitis). Diese psychoanalytische Theorie war über zwei bis drei Jahrzehnte äußerst einflußreich, bis sie ähnlich wie die psychobiologische Theorie von Flanders Dunbars, welche Verknüpfungen zwischen bestimmten Persönlichkeitstypen und körperlichen Krankheiten postulierte, theoretisch erstarrte und mit dem allgemeinen Bedeutungsrückgang der Psychoanalyse in Theorie und Praxis einem stärker empirischen Forschungsansatz weichen mußte. Dieser berücksichtigte nunmehr neben biologischen und psychologischen Faktoren zunehmend auch soziale Bedingungen. Die Psychoanalyse entwickelte hinfort nur noch einmal ein relativ zentrales und breit diskutiertes Konzept: das der Alexithymie, welches die Unfähigkeit der Selbstwahrnehmung und Entäußerung von emotionalen Zuständen als das Charakteristikum bei Patienten mit psychosomatischen Störungen betrachtet (Nemiah, 1978).

Die Abkehr von psychoanalytischen Modellen in der psychosomatischen Medizin, die im deutschsprachigen Bereich nicht in vergleichbarer Weise wie in den angelsächsischen Ländern vollzogen wurde, führte zu neuen Brennpunkten der Forschung. Diese befaßten sich nunmehr mit den physiologischen Mechanismen als Mediatoren zwischen psychischen Befindlichkeiten und körperlichen Zuständen sowie der Bedeutung von Lebensereignissen für die Entwicklung und den Verlauf von Krankheiten. Die Theorie der psychosomatischen Medizin wurde nun von den Konzepten des psychosozialen Streß, der psychophysiologischen Reaktionsspezifitäten, des Coping und der Bewältigung sowie der sozialen Unterstützung bestimmt. Praktisch entstanden aus diesen wissenschaftlichen Entwicklungen die Anwendungsfelder der Liaison-Psychiatrie und der Verhaltensmedizin (Lipowski, 1986b). Auch die Verhaltensmedizin und mit ihr die Verhaltenspädiatrie – als die spezifisch auf das Kindes- und Jugendalter fokussierte Schwesterdisziplin – sind von dem dualen Anspruch gekennzeichnet, eine Forschungsrichtung mit spezifischen auf die Praxis bezogenen Anwendungs- und Interventionsmethoden zu verbinden. Verhaltensmedizin ist demgemäß ein multidisziplinärer Forschungsansatz, welcher verhaltenstheoretische und biomedizinische Methoden in der Erforschung von Krankheiten und Gesundheitsverhalten verbindet. Sie ist ferner die klinische Anwendung von Methoden der Verhaltensmodifikation und -therapie im Rahmen von Diagnose, Prävention und Behandlung körperlicher Krankheiten sowie physiologischer Funktionsstörungen (Steinhausen, 1991; Steinhausen & von Aster, 1999).

Trotz dieser positiven Entwicklungen ist die Formulierung von Modellvorstellungen über die Entstehung und Perpetuierung psychosomatischer Störungen spezifisch bei Kindern und Jugendlichen in den letzten Jahrzehnten nicht wesentlich vorangekommen. Angesichts

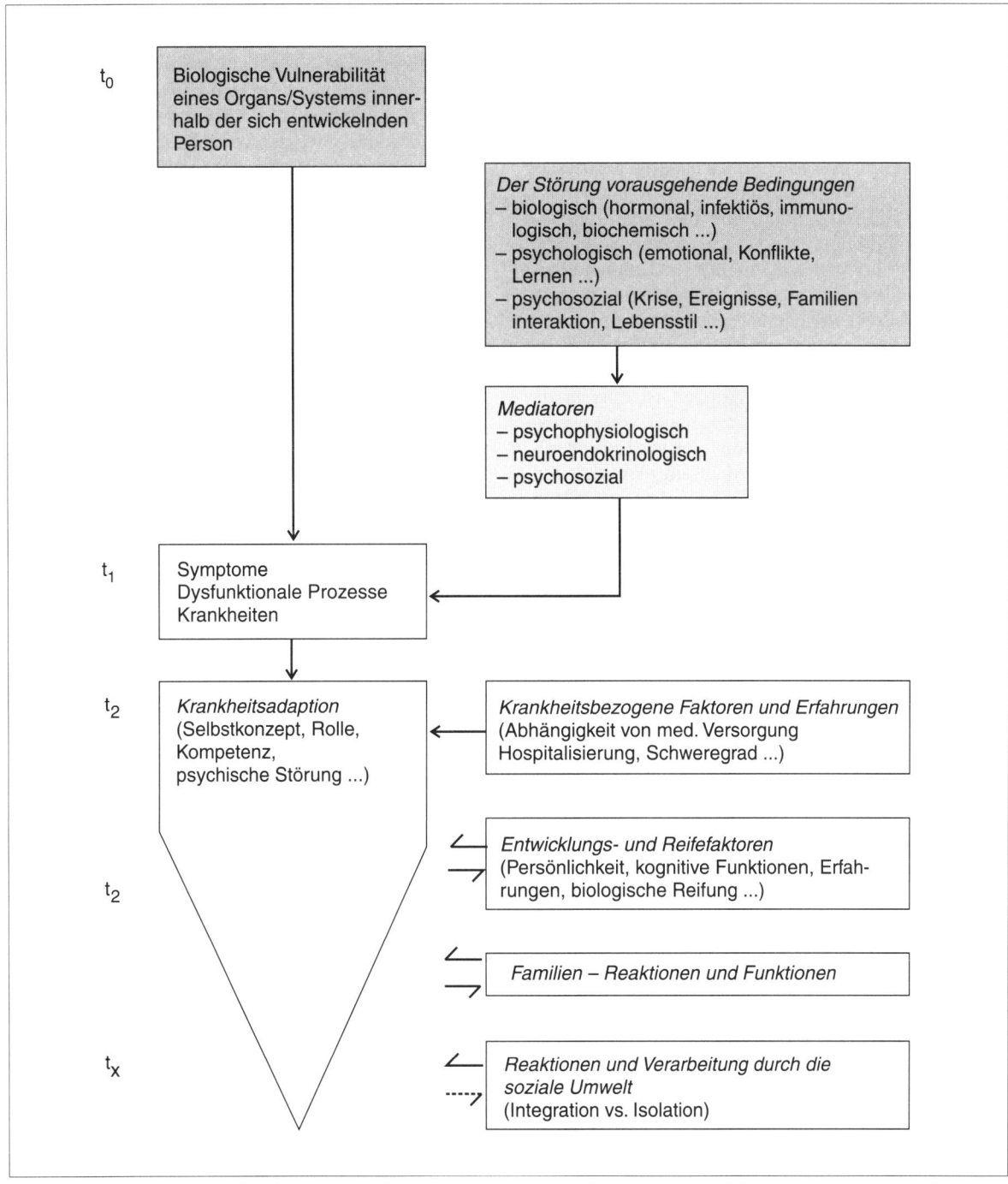

Abbildung 1:
Ein Modell der Entstehung und Entwicklung psychosomatischer Symptome und Krankheiten.

dieses Defizites seien daher an dieser Stelle eigene Konzeptansätze als abschließende theoretische Anmerkungen zitiert, die an anderer Stelle bereits vorgestellt wurden (Steinhausen, 1984a). Dieser theoretische Rahmen ist in Abbildung 1 skizziert.

Das Modell berücksichtigt die für das Kindes- und Jugendalter wichtige Dimension der *Entwicklung* und beschränkt sich nicht nur auf Entstehungsbedingungen von Krankheitsprozessen, sondern integriert angesichts des chronischen Charakters vieler psychosomatischer Störungen auch die Verlaufsperspektive. Die Entwicklungsperspektive des Modells zeigt die Wertigkeit von psychologischen Faktoren wie *Kognitionen*, *Emotionen* und *Persönlichkeitskomponenten* für den Prozeß der Krankheitsbewältigung. Die Interaktion von biologischen und psychosozialen Faktoren muß dabei als fließender Prozeß mit Veränderungscharakter betrachtet werden.

Ausgangspunkt des Modells ist die in vielen psychosomatischen Theorien als unverzichtbar angesehene *Vulnerabilität* von Organen und biologischen Funktionssystemen. Ein zweites wichtiges Element der Beschreibung der Entstehung von Störungen ist das Prinzip der *multiplen Ätiologie* mit der Berücksichtigung von biologischen, psychologischen und psychosozialen *Antezedenzien* (Vorbedingungen) beziehungsweise Stressoren. Die Entwicklung der modernen psychosomatischen Forschung hat gezeigt, daß nicht nur eine Vielzahl von hormonalen, infektiösen, immunologischen und anderen biologischen Parametern zu berücksichtigen ist, sondern auch unter den psychologischen Antezedenzien mehr als nur unbewußte Faktoren im Sinne der eher tradionell psychoanalytischen Betrachtungsweise bedeutsam sind. Ähnlich ist eine breite Klasse von psychosozialen Antezedenzien von Lebensereignissen bis Interaktionsstilen relevant. Eine detaillierte Beschreibung der als bedeutsam identifizierten Antezedenzien und Stressoren wird bei den einzelnen Störungen vorgenommen.

Ein drittes wichtiges Element des Modells für die Erklärung der Entstehung von psychosomatischen Störungen wird in *Mediatormechanismen* gesehen. Sie stellen die Verknüpfungen zwischen biologischen, psychologischen und psychosozialen Antezedenzien einerseits und pathophysiologischen Prozessen andererseits dar. Hier sind verschiedene psychobiologische Systeme wie psychophysiologische oder neuroendokrinologische Mediatoren ebenso beteiligt wie die psychosoziale Mediation, in der zum Beispiel individuelle wie auch sozial vermittelte Erfahrungen im Umgang mit Stressoren für die Bewältigung verfügbar gemacht wird.

Die aus den drei Elementen der Vulnerabilität, der Antezedenzien und der Mediatoren erklärten Symptome, Dysfunktionen und Krankheiten werden in der Verlaufsperspektive in dem Modell sodann als *Krankheitsbewältigung* konzipiert. Dieser Begriff wird als die Summe der Bewältigungsstrategien verstanden, die sich in Konstrukten wie Selbstkonzept, Rollentüchtigkeit, Kompetenz oder auch Psychopathologie analysieren läßt. Die Krankheitsbewältigung steht dabei mehrheitlich im Sinn einer Wechselwirkung zu einer Reihe bedeutsamer Faktoren in Beziehung. Sie wird einseitig durch krankheitsbezogene Faktoren und Erfahrungen determiniert, indem zum Beispiel die Notwendigkeit der Hospitalisierung oder einschränkende therapeutische Maßnahmen verarbeitet werden müssen.

Hingegen ist die Beziehung von Entwicklungs- und Reifefaktoren mit Krankheitsbewältigung wechselseitig angelegt. Emotionale und kognitive Funktionen sowie die Persönlichkeit des sich entwickelnden Kindes wirken nicht nur auf die Art der Krankheitsbewältigung ein, sondern werden von ihr auch geformt. Ebenso kann das Krankheitsgeschehen mit seinem oft chronischen Charakter auf biologische Funktionen wie zum Beispiel das Wachstum hemmend zurückwirken. Analog stehen auch die Organisations- und Funktionsstile von *Familien* mitsamt ihren Interaktionsmustern in einer Wechselbeziehung zum Prozeß der Krankheitsbewältigung durch das Kind. Die Bewältigung bezieht sich nicht nur in Reaktion auf zum Beispiel dysfunktionale Kommunikationsmuster in der Familie, wie sie von der systemischen Familientherapie als vermeintlich typisch für psychosomatische Störungen bei Kindern herausgestellt wurde. Der jeweilige Stand der Krankheitsverarbeitung hat vielmehr auch Rückwirkungen auf das Organisationsniveau der Familie, die angesichts des oft bedrohlichen und chronischen Charakters psychosomatischer Störungen bei Kindern und Jugendlichen besondere Ressourcen ihrer eigenen Bewältigung aktivieren muß und in der Gefahr steht, daß möglicherweise auch andere Familienmitglieder dekompensieren beziehungsweise dysfunktional reagieren.

Schließlich spielt die erweiterte *soziale Umwelt* nicht nur als allgemeiner Entwicklungskontext bei Kindern und Jugendlichen eine bedeutsame Rolle. Vielmehr wird über sie auch die Krankenrolle als ein wichtiger Bestandteil der Krankheitsbewältigung vermittelt. Hier besteht erneut wegen des Schweregrades und der Chronizität psychosomatischer Störungen die Gefahr der Ausgrenzung des kranken Kindes und Jugendlichen aus sozialen Gruppen und Beziehungsnetzen. Vergleichsweise weniger stark sind die Rückwirkungen, die das kranke Kind auf die soziale Umwelt nimmt, indem es zum Beispiel die soziale Wahrnehmung des kranken Menschen und seine Akzeptanz beeinflußt.
Diese allgemeinen Überlegungen zu einem theoretischen Rahmen für die Entwicklung und den Verlauf psychosomatischer Störungen werden bei der Abhandlung einzelner klinischer Störungen noch zu spezifizieren sein. Bevor in diesen Abschnitt eingetreten wird, sind jedoch noch einige Anmerkungen zum Stand der Klassifikation psychosomatischer Störungen zu machen.

2 Klassifikation

In den 80er Jahren ist der Begriff der psychosomatischen Störungen als einer bestimmten nosologischen Einheit weitgehend verlassen worden. Die Gründe wurden zum Beispiel in dem Umstand gesehen, daß der Ganzheitsanspruch der psychosomatischen Medizin nicht nur für einen begrenzten Kreis ausgewählter Störungen, sondern für Krankheit und Gesundheit schlechthin gelte (Lipowski, 1984; Steinhausen, 1984a, 1985a, 1989, 2002). Dabei hat sich die Forderung, den Begriff der psychosomatischen Störungen durch den der psychophysiologischen Störungen zu ersetzen, nicht durchsetzen können. Tatsächlich enthielten schon die in der Zwischenzeit revidierten internationalen Klassifikationssysteme der ICD-9 und des DSM-III keine separate Klasse sogenannter psychosomatischer Störungen.

Auch das bestimmende Klassifikationssystem der 90er Jahre, die ICD-10, kennt keine psychosomatischen Störungen. In der allgemeinen Einleitung zur ICD-10 (WHO, 1993) wird lediglich unter dem Abschnitt „Probleme in der Terminologie" festgestellt, daß die Begriffe „psychogen" und „psychosomatisch" als Bezeichnung diagnostischer Kategorien wegen ihrer unterschiedlichen Bedeutung in verschiedenen Sprachen und psychiatrischen Schulen in der ICD-10 nicht verwendet werden. In diesem Zusammenhang werden dann aber eine Reihe von Störungen aufgelistet, die in anderen Klassifikationssystemen als psychosomatisch bezeichnet werden. Dabei handelt es sich um somatoforme Störungen, Eßstörungen, sexuelle Funktionsstörungen sowie psychische und Verhaltensstörungen bei andernorts klassifizierten Störungen und Erkrankungen. Letztere werden als körperliche Störungen mit einer psychischen Verursachung, wie zum Beispiel das Asthma bronchiale, verstanden.

Sowohl die Kritik an der Reservierung des biopsychosozialen Krankheitsmodells für eine kleine Zahl von ausgewählten Störungen wie auch die fehlende Berücksichtigung einer separaten Klasse von psychosomatischen Störungen in den modernen Klassifikationssystemen lassen den Begriff der psychosomatischen Störung somit zu einer bloßen sprachlichen Konvention geraten. An ihrer Stelle ließe sich auch der vom Verfasser benutzte Begriff der psychischen Störungen mit körperlicher Symptomatik (Steinhausen, 2002) setzen, zu dem die in Tabelle 1 aufgeführten Störungen zu zählen sind.

Diese Gruppierung bildet auch teilweise den Leitfaden für die folgende Abhandlung klinischer Störungen. Von dieser sind die in einem separaten Kapitel dargestellten Eßstörungen ausgeschlossen. Ferner werden die Ausscheidungsstörungen Enuresis und Enkopresis, die Schlafstörungen, die Bewegungsstörungen (Tics und Stereotypien) sowie die Deprivationsstörungen als eigenständige nosologische Einheiten betrachtet, die ebenfalls in diesem Kapitel nicht zur Darstellung kommen. Viele dieser Störungen werden in anderen Kapiteln dieses Buches behandelt (vgl. auch Steinhausen, 2002).

Tabelle 1:
Psychische Störungen mit körperlicher Symptomatik.

(1) Krankheiten mit Organveränderungen
Asthma bronchiale
Ulcus pepticum
Colitis ulcerosa
Neurodermitis
(2) Dissoziative Störungen
(z. B. Lähmungen, Gangstörungen, Krampfanfälle)
(3) Somatoforme Störungen
(z. B. Bauchschmerzen, hypochondrische Störungen)
(4) Eßstörungen
Anorexia nervosa
Bulimia nervosa
Adipositas
Eßstörungen des Kindesalters (z. B. Appetitstörungen)
(5) Enuresis
(6) Enkopresis
(7) Schlafstörungen
Ein- und Durchschlafstörungen
Parasomnien
Hypersomnie
Symptomatische Schlafstörungen bei psychiatrischen Störungen (z. B. Depression)
(8) Bewegungsstörungen
Tics
Stereotypien
(9) Deprivationsstörungen
Frühkindliche Gedeihstörung
Psychosozialer Minderwuchs

3 Klinische Störungen

3.1 Asthma bronchiale

3.1.1 Beschreibung

Die *klinische Symptomatik* des Asthma bronchiale besteht aus einer reversiblen Veränderung der peripheren Luftwege, so daß es zu einer Behinderung der Ausatmung kommt. Ödeme der Schleimhaut, verstärkte Schleimsekretion und Spasmen der Bronchialmuskulatur auf dem Boden eines hyperreagiblen Bronchialsystems sind die pathophysiologischen Grundlagen der Symptomatik. Diese kann sich sowohl schleichend wie auch abrupt entwickeln und trägt den Charakter eines Anfalls mit Beeinträchtigung der Lungenventilation und der Herz-Kreislauf-Funktionen. Häufig beginnt das Krankheitsbild bereits in der frühen Kindheit. Verlauf und Schweregrad variieren intra- und interindividuell.

Kinder mit Asthma bronchiale haben eine deutlich erhöhte *psychopathologische Vulnerabilität* (Kashani, König, Shepherd, Wifley & Morris, 1988; Steinhausen, 1993, 1984b; Steinhausen et al., 1983a, b), wobei Angststörungen und internalisierte Störungen häufig sind (Wamboldt et al., 1998a). Die erhöhte Rate von psychischen Störungen findet sich insbesondere bei Kindern mit häufigen frühen Krankenhausaufnahmen (Mrazek, 1984) und bei ausgeprägter Familienpathologie (Steinhausen, 1984b). Eine klare Beziehung zum klinischen Schweregrad des Asthma bronchiale ließ sich bei sehr unterschiedlichen Definitionen dieses Merkmales nicht nachweisen (Kashani et al., 1988; Steinhausen et al., 1983a; Wamboldt et al., 1998a).

3.1.2 Epidemiologie, Verlauf und Nosologie

Nach Erhebungen in den USA betrug die *Prävalenz* des Asthma bronchiale in den späten 70er Jahren 6,7 % für Kinder und Jugendliche zwischen drei und 17 Jahren, wobei Jungen häufiger als Mädchen und Stadtkinder häufiger als Landkinder betroffen waren (vgl. Petermann, 1997). Die meisten asthmakranken Kinder hatten ihren ersten Anfall bereits von ihrem dritten Geburtstag. Es liessen sich keine Effekte der sozialen Herkunft auf die Prävalenzrate nachweisen, während zeitlich ein Trend der Zunahme in der 70er Jahren beobachtet werden konnte (Gergen, Mullaly & Evans, 1988). Eine Übersicht über die Prävalenz in westlichen Industrieländern kommt zu einer Gesamtschätzung von etwa 10 % (Nowak, Wiebicke & Magnusson, 1989).

Der klinische *Verlauf* des Asthma bronchiale zeigt bei etwa 30 % eine längerfristige stabile Remission, bei weiteren 20 % eine Symptomremission unter Vermeidung von anfallsauslösenden Allergenen, bei 20 % die Entwicklung anderer allergischer Symptome beziehungsweise Krankheiten und bei etwa einem Viertel der Kranken eine Chronifizierung. Nur etwa die Hälfte der chronischen Asthmakranken sind schwerkrank; die Mortalität beträgt 1%. In prognostischer Hinsicht läßt sich der Stellenwert psychologischer Faktoren in der Verursachung des Asthma bronchiale ebensowenig wie die Wertigkeit von psychologischen Interventionen abschätzen, zumal es an entsprechenden wissenschaftlichen Erkenntnissen noch mangelt. Prognostisch ungünstig sind familienanamnestische Belastungen mit Asthma bronchiale, begleitende Allergien, Ekzeme, hoher Schweregrad bei Erkrankungsbeginn und in der Adoleszenz, eine hohe unspezifische Atemwegsempfindlichkeit sowie aktives und passives Rauchen (Nowak et al., 1989).

Das Asthma bronchiale wird in der ICD-10 in spezifischer Weise *klassifiziert*. Dem psychosomatischen Aspekt, der einerseits in ätiologischer Hinsicht als bedeutsam anerkannt, andererseits aber im Sinne einer unspezifischen Psychopathologie gekennzeichnet wird, trägt die ICD-10 mit einer Doppelkodierung Rechnung. Demgemäß werden der Code „psychologische Faktoren oder Verhaltensfaktoren bei andernorts klassifizierten Erkrankungen" (F 54) und zusätzlich der Code für die somatische Symptomatik des Asthma bronchiale (J 45.9) verwendet. Diese Eigentümlichkeit rührt aus dem Verzicht der ICD-10 auf eine gesonderte Klasse sogenannter psychosomatischer Störungen.

3.1.3 Erklärungsansätze

Die neuere Forschung konvergiert in der Annahme, daß für die Ätiologie des Asthma bronchiale ein multikausales Modell angenommen werden muß. Ein Versuch, die verschiedenen beteiligten Elemente zu integrieren, ist vom Verfasser wiederholt unternommen worden (Steinhausen, 1993a, b) und in Abbildung 2 graphisch dargestellt. Die erste Stufe des Modells berücksichtigt eine *genetisch determinierte Organvulnerabilität, die in Verbindung mit der Allergenexposition eine Sensibilisierung* schafft. Aus dieser entwickelt sich in Verbindung mit *adjuvanten (unterstützenden) Faktoren* wie Infekten oder Belastungen aus der Umwelt eine *bronchiale Hyperreagibilität*. Aus dem Zusammenwirken verschiedener Klassen von *Auslösefaktoren* und der bronchialen Hyperreagibilität kann schließlich das Symptom der *Bronchoobstruktion*, das heißt die Verengung der Luftwege, resultieren.

Unter den vielfältigen *Auslösefaktoren* sind die psychosozialen Bedingungselemente an dieser Stelle von besonderem Interesse. Aspekte der *Persönlichkeit* können nur über psychologische *Mediatoren*, nicht aber direkt wirksam werden. Ebenso haben, im Gegensatz zu den empirisch nicht validierten Postulaten der systemischen Familientherapie, familiäre Funktionen einschließlich der Persönlichkeit der Eltern keine direkten, sondern nur indirekte Auslösefunktionen. Wie in

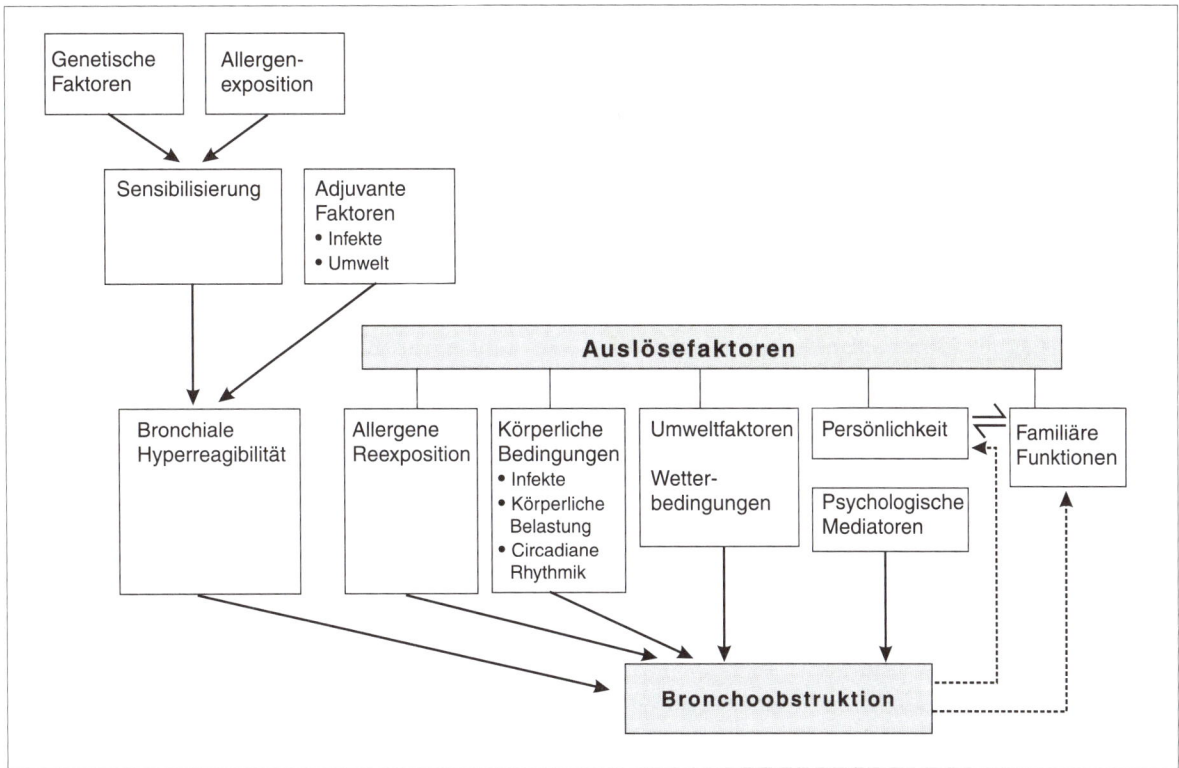

Abbildung 2:
Multikausales Ätiologie-Modell für das Asthma bronchiale.

dem eingangs skizzierten allgemeinen Modell dargestellt, sind also psychologische Mediatoren die zentralen Stellglieder, welche Emotionen und Kognitionen
mit autonom-vegetativen, zentralnervösen, neuroendo-
krinen, psychophysiologischen und anderen Funktionen verknüpfen. Auf diese Weise können zum Beispiel
emotionale Stressoren die Endorphine aktivieren, welche wiederum biologische Mediatoren in den Mastzel-
len stimulieren, die ihrerseits zum Symptom der Bronchoobstruktion beitragen. Dieses Symptom hat über
das zum Beispiel ängstlich getönte Erleben wiederum
Rückwirkungen auf die Persönlichkeit und die Funktionen der Familie. Insofern berücksichtigt das Modell
zusätzliche Rückkopplungsschleifen.

Dieses Modell integriert eine Reihe empirischer Befunde, die bei asthmakranken Kindern erhoben wurden.
Ältere Studien haben bestimmte psychische, über die
Persönlichkeit des Kindes vermittelte *Affektzustände*
identifiziert, welchen eine Auslösefunktion als Stressoren zukommt (Thal & Miklich, 1976; Weiss, Lyness,
Molk & Riley, 1976). Derartige Auslöser sind Affekte
wie Ärger, Angst und Sorge, Trauer und Depression
oder Erregung. Diese Fehlstellungen werden jedoch in
der neueren Forschung auf eine Minderheit von Patienten relativiert (Lehrer et al., 1993) und treffen möglicherweise eher für die subjektive Interpretation als die
objektiven Befunde, das heißt die Bronchoobstruktion
zu (Rietvelt & Prins, 1998). Gleichwohl sind die psychophysiologischen Zusammenhänge von Emotionen

und verschiedenen autonomen Funktionen einschließlich der Lungenfunktion auch in neueren Studien erneut experimentell belegt worden (Miller & Wood
1994, 1997). Der Stellenwert von psychologischen
Auslösern zu *Beginn der Erkrankung* läßt sich nicht sicher ausmachen. Neuere Untersuchungen betonen die
Interaktion von genetischem Risiko und psychosozialen Risikofaktoren (z. B. chaotischen Familienstrukturen) einschließlich einer genetisch bedingten Komorbidität mit internalisierten Störungen bei schwerem
Asthma bronchiale (Wamboldt et al., 1998b).

Eine Reihe von empirischen Untersuchungen zu den
Familienfunktionen haben Defizite bei Problemlösefertigkeiten, im emotionalen Ausdruck sowie vor allem
negative Auswirkungen von familiären Dysfunktionen
auf Bewältigung, Kontrolle und Verlauf der Krankheit
gefunden. So konnte gezeigt werden, daß Probleme in
der Übernahme der Elternrolle sowie der Bewältigung
der frühen Erziehungsaufgaben mit der Erstmanifestation von Symptomen eines Asthma bronchiale im
Säuglingsalter bei einer Risikogruppe von Kindern
asthmakranker Mütter bedeutsam korrelierten (Mrazek, Klinnert, Mrazek & Macey, 1991). Ferner konnte
in eigenen Studien nachgewiesen werden, daß Störungen der Familienfunktionstüchtigkeit den Grad der
psychiatrischen Störungen bei asthmakranken Kindern
besser als Lebensereignisse, Sozialschicht und Schweregrads des Asthma bronchiale vorhersagen (Steinhausen, 1984b; Steinhausen et al., 1983b). Die ungünsti-

gen Folgen von übermäßiger elterlicher Kritik auf den Krankheitsverlauf bei Jugendlichen wurden von Wamboldt et al. (1995) nachgewiesen. Andererseits konnte gezeigt werden, daß eine hohe Interdependenz (Kohäsion) und Struktur der Familie entgegen den Annahmen der systemischen Familientherapie eher mit positiver als mit negativer klinischer Kontrolle des Asthma bronchiale in Beziehung stehen (Meijer, Rupino, von Nierop & Oppenheimer, 1995). Schließlich zeigen die Untersuchungen von Gustafsson et al. (1994) aber auch, daß dysfunktionale Familieninteraktionen eher das Ergebnis als die Ursache der klinischen Symptomatik des Asthma bronchiale sein können. Diesen Ergebnissen kommt insofern besondere Bedeutung zu, als sie im Gegensatz zu den anderen Studien nicht auf einer korrelativen Querschnittsstudie, sondern auf einer Längsschnitterhebung mit zwei Meßzeitpunkten beruht und somit als einzige eine kausale Interpretation zuläßt.

3.1.4 Interventionsverfahren

Im Zentrum psychosomatischer beziehungsweise verhaltensmedizinischer Interventionen bei asthmakranken Kindern muß heute die Krankheitsbewältigung stehen. In dieser Hinsicht stellt das Asthma bronchiale den Prototyp einer chronischen Erkrankung dar (vgl. Steinhausen, 1993a, 1988a, b, 1985b, 1984b). Demgemäß haben neben den Verfahren, die bei Kindern und Jugendlichen mit psychischen Störungen Verwendung finden (Einzel- und Gruppenpsychotherapie sowie Familientherapie), vor allem verhaltenstherapeutische Interventionen einen breiten Indikations- und Anwendungsbereich. Sorgfältige Evaluationen der vorliegenden Literatur zum Einsatz dieser Methoden bei asthmakranken Kindern (Steinhausen, 1985a) zeigen, daß der Einsatz von *muskulärer Entspannung* und *Biofeedback* auf Lungenfunktionsparameter nicht immer zweifelsfrei effizient ist. Der Anwendungsbereich für *operante Techniken* ist relativ begrenzt, wenn zum Beispiel im Rahmen der Selbstversorgung ein Kind für die selbständige Einnahme der Medikation kontingent verstärkt wird.

Das gegenwärtig attraktivste Therapiemodell der Verhaltensmedizin bei asthmakranken Kindern stellen zweifellos die Schulungsprogramme dar (vgl. Könning et al., 1999; Petermann, 1999). In derartigen Programmen werden sowohl Wissensinhalte wie auch Fertigkeiten vermittelt, die dazu dienen, Asthmaanfällen vorzubeugen beziehungsweise die Krankheit zu kontrollieren, die Krankheitsversorgung in die Eigenverantwortung des Kindes zu geben und damit den Einfluß der Krankheit auf das Leben des Kindes und seiner Familie zu verringern. Entsprechend werden unter dem Gesichtspunkt der medizinischen Information zum Beispiel Wissensinhalte aus Anatomie und Physiologie, über die klinische Symptomatik und den Stellenwert der Medikamente vermittelt. Ferner werden die Wahrnehmung von Auslösern (z. B. Allergene oder körperliche unangemessene Anstrengungen) und vor allem die Selbstwahrnehmung der Atmung und vorhandener Warnsignale spezifisch angesprochen, um in Notfallsituationen kompetent handeln zu können. Diesem Zweck dient auch die Einführung in Hilfstechniken wie zum Beispiel atemerleichternde Körperstellungen oder die Handhabung von Inhalationsgeräten.

Ein weiterer Schwerpunkt von Schulungsprogrammen liegt bei der Krankheitsbewältigung. Hier sollen nicht nur mißlungene Bewältigungsversuche erkannt und eine realistische Einschätzung des eigenen Krankheitszustandes vermittelt werden. Vielmehr werden vor allem aktive Bewältigung, Eigenverantwortlichkeit und Kooperation bei der Durchführung der Behandlung (compliance) angestrebt (vgl. Petermann, 1998). Den differenzierten Programmen ist ferner eigen, daß neben den handlungsorientierten und kognitiven Kompetenzen der Bewältigung zusätzlich über Sport und Bewegung die Mototik ebenso wie das Sozialverhalten und die Persönlichkeit des Kindes in seinem jeweils bedeutsamen sozialen Kontext angesprochen werden. Insofern werden auch soziale Fertigkeiten sowie kompetentes Verhalten aufgebaut und dysfunktionale Verhaltensweisen abgebaut. Die vorhandenen Übersichten zu Evaluationsstudien (vgl. Könning et al., 1999; Petermann, 1999) zeigen, daß Schulungsprogramme diesen Zielen tatsächlich dienen.

3.2 Ulcus pepticum

3.2.1 Beschreibung

Die im Kindes- und Jugendalter seltenen Geschwüre des Magens (Ulcus ventriculi) und des Zwölffingerdarms (Ulcus duodeni) werden unter dem Begriff des Ulcus pepticum zusammengefaßt. Bei älteren Kindern ist wie bei Erwachsenen der sogenannte epigastrische Schmerz, der im Winkel der beiden Rippenbögen unter dem Brustbein lokalisiert ist, das Leitsymptom. Dieser manifestiert sich charakteristischerweise nachts und zwischen den Mahlzeiten als sogenannter Nüchternschmerz, während die Einnahme einer Mahlzeit zu einem Nachlassen des Schmerzes führt. Bei jüngeren Kindern ist die Symptomatik weniger typisch: der Schmerz zeigt keinen charakteristischen Tagesverlauf, wird durch Nahrungsaufnahme verstärkt und ist stärker in der Nabelgegend lokalisiert. Komplikationen können in Blutungen, blutigem Erbrechen und Magenperforation bestehen. Die klinische Diagnose wird wesentlich durch Röntgenkontrastaufnahmen des Magens beziehungsweise Zwölffingerdarms gesichert.

Die Theorienbildung über die *Psychopathologie* des ulcuskranken Patienten war gleichermaßen für Erwachsene wie für Kinder und Jugendliche lange durch die psychodynamische Theorie von Franz Alexander geprägt, welche einen Konflikt zwischen dem Wunsch nach Geborgenheit und Versorgung einerseits und Abwehrbildungen des Ichs gegen diese regressiven Wünsche andererseits postulierte. Dieser Konflikt werde verdrängt und in Form einer äußeren Fassade von Genügsamkeit, Leistungsorientierung und Ehrgeiz überkompensiert. Im Symptom würden sich die widerstreitenden Impulse von Abhängigkeits- und Unabhängigkeitsstrebungen Bahn brechen.

Die insgesamt sehr spärliche Literatur zur Psychopathologie des Ulcus pepticum im Kindes- und Jugendalter ist tatsächlich von Beobachtungen zu dieser zentralen Thematik der Abhängigkeitsproblematik bestimmt. Dabei muß allerdings offen bleiben, inwiefern die ungeprüfte Übernahme dieses theoretischen Konzeptes die Wahrnehmung der Untersucher gelenkt hat. Zusammengefaßt wurde bei den ulcuskranken Kindern und Jugendlichen ein Persönlichkeitsmuster beschrieben, das sich aus einem starken Anlehnungsbedürfnis, einer ängstlich-sensiblen und tendenziell depressiven Grundstimmung, Verlustängsten, fehlende Autonomie und sozialer Beziehungsschwäche sowie Leistungsehrgeiz zusammensetzt (Jungmann, 1978; Christodoulou, Gargoulas, Papaloukas, Marinopolou & Sideris, 1977; Purcell et al., 1972; Millar, 1969).

Der *familiäre Kontext* stellte sich in der psychodynamischen Betrachtungsweise dahingehend dar, daß feindselig-abwehrende oder überprotektiv-ambivalente Haltungen bei den Müttern postuliert wurden, welche für die Abhängigkeit des Kindes verantwortlich gemacht wurden. Diese enge Bindung könne beim ulcuskranken Kind häufig zu einer Schulphobie als Ausdruck der Trennungsangst von der Mutter führen (Millar, 1969). Unabhängig von dieser eher psychodynamischen Betrachtungsweise ist die Schulentwicklung dieser Kinder tatsächlich als beeinträchtigt beschrieben werden (Christodoulou et al., 1977). Dabei sind schulische Fehlzeiten und Verbleib im Elternhaus möglicherweise eher die Folge eines Krankheitsgeschehens, das schmerzhaft und belastend ist und das Kind die Nähe der versorgenden Mutter suchen läßt.

Der geschilderte relativ schmale Erkenntnisstand über die Psychopathologie und die Familienfunktion bei ulcuskranken Kindern und Jugendlichen basiert auf sehr selektiv gewonnenen Erfahrungen. Es fehlen Untersuchungen an unausgewählten Kollektiven, die nicht primär den Psychiater konsultieren und deren Diagnose bei der Untersuchung nicht bekannt ist. Methodische Aspekte wie eine reliable und valide psychopathologische Befunderhebung sowie Kontrollgruppenpläne sind bisher ungenügend in der Forschung berücksichtigt worden. Wahrscheinlich sind die bekannten Studienergebnisse aber vor allem die Folge falscher Behandlungsstrategien und damit einer Chronifizierung als Ausdruck ungenügender Kenntnisse über die Ursachen der Ulcuskrankheit gewesen (s.u.).

3.2.2 Epidemiologie, Verlauf und Nosologie

Neuere epidemiologische Zahlen zur *Häufigkeit* der Ulcuskrankheit im Kindes- und Jugendalter liegen nicht vor. Möglicherweise werden Ulcera bei unspezifischer Symptomatik eher unterdiagnostiziert. Die meisten älteren Angaben der Literatur beziehen sich auf Krankenhauspopulationen und sind von daher nicht repräsentativ (Übersicht bei Steinhausen, 1985a). In der einzigen systematischen, auf Fallregistern beruhenden Studie in Monroe County im Staate New York wurde zwischen 1947 und 1961 ein Ansteigen der Inzidenzraten von 0,5 auf 3,6 pro 100 000 Kinder und Jugendliche bis zu einem Alter von 16 Jahren festgestellt (Sultz, Schlesinger, Feldmann & Mosher, 1970). Adoleszente Jungen aus höheren soziale Schichten hatten das höchste Erkrankungsrisiko. Insgesamt ist das männliche Geschlecht deutlich häufiger betroffen.
Auch zum *Verlauf* der Ulcuskrankheit im Kindes- und Jugendalter mangelt es an systematischen Beobachtungen. Gemäß klinischen Erfahrungen kann von einem jahrelangen chronifizierten Verlauf bei knapp der Hälfte der Klientel ausgegangen werden, welche bis in das Erwachsenenalter reicht. Dabei ist angesichts fehlender Therapiestudien offen, inwieweit Psychotherapie den Verlauf der Ulcuskrankheit bei Kindern und Jugendlichen beeinflussen kann.

Die *Klassifikation* der Ulcuskrankheit erfolgt in der ICD-10 mit der bereits erwähnten Doppelkodierung für den psychiatrischen Anteil (F 54: psychologische Faktoren oder Verhaltensfaktoren bei andernorts klassifizierten Erkrankungen) und die körperliche Störung (K 25: Magenulcus).

3.2.3 Erklärungsansätze

Erkenntnisse der Grundlagenforschung, daß es sich beim Ulcus pepticum in biologischer Hinsicht nicht um eine einzige Krankheitseinheit, sondern um eine Gruppe heterogener Krankheiten mit verschiedenen Formen handelt, machten bereits zu Beginn der 90er Jahren eine Neubewertung aller Studien über psychologische Charakteristika und soziale Kontexte bei diesen Patienten dringend erforderlich (Weiner, 1991). Dabei kam die kritische Analyse von Weiner (1991) zu der Feststellung, daß die Rolle von belastenden Erfahrungen, Verhalten und Gehirn in der Ätiologie und Pathogenese der Ulcuskrankheit zwar angenommen, jedoch empirisch nicht genügend fest verankert war. Angesichts der Heterogenität der Ulcuskrankheit müsse sich die Fragestellung für die Forschung dahingehend verschieben, bei welchen Formen diese verschiedenen Manifestationen eine größere oder eine geringere Rolle spielen würde.

In der Zwischenzeit hat die gastroenterologische Forschung festgestellt, daß bei den meisten Fällen ätiologisch eine Infektion mit einem spezifischen Keim

(Heliobacter pylori) vorliegt, die mit antibiotischer Therapie folgenlos ausheilt. Diese Entdeckung kann nicht nur in therapeutischer, sondern auch in theoretischer Beziehung als bahnbrechend betrachtet werden. Im Lichte dieser neuen Erkenntnis muß die Ulcuskrankheit nicht mehr zwingend als sogenannte psychosomatische Krankheit klassifiziert werden. Psychische Auffälligkeiten sind wahrscheinlich in zahlreichen Fällen Folge einer belastenden und ungenügend spezifisch (d. h. antibiotisch) behandelten Infektionskrankheit.

3.2.4 Interventionsverfahren

Die somatische Therapie der Ulcuskrankheit bei Kindern und Jugendlichen umschließt in erster Linie eine antibiotische Therapie, die durch Bettruhe, gegebenenfalls Krankenhausaufnahme, diätetische Maßnahmen und säuresekretionshemmende Medikamente ergänzt wird. Hochakute Komplikationen wie eine Magenperforation können eine chirurgische Intervention erforderlich machen. Das Ziel einer Stützung der Krankheitsbewältigung muß nur bei chronisch verlaufenden Fällen verfolgt werden.

3.3 Colitis ulcerosa

3.3.1 Beschreibung

Die Kennzeichen dieser chronisch-entzündlichen Erkrankung sind die Geschwürsbildungen am Dickdarm sowie die blutig-eitrigen Durchfälle, wobei pathogene Mikroorganismen fehlen. Die Erkrankung kann hochakut mit hohem Fieber, heftigen Abdominalbeschwerden, anhaltenden Durchfällen sowie rapidem Kräfte- und Gewichtsverfall beginnen. Als Komplikation droht die Darmperforation mit lebensbedrohlichem Zustand. Mehrheitlich ist der Krankheitsbeginn jedoch allmählich, wobei die Durchfälle dominieren und der Gewichtsverlust nicht so ausgeprägt wie bei fulminantem Beginn ist. Die Diagnose wird rektoskopisch gesichert. Eine verwandte Krankheit, der Morbus Crohn, kann in Form einer regionalen Entzündung jeden Abschnitt des Gastrointestinaltraktes befallen. Beide Krankheiten werden in der anglo-amerikanischen Literatur auch zusammenfassend als entzündliche Darmerkrankung (inflammatory bowel disease IBD) bezeichnet.

In der älteren Literatur zur *Psychopathologie* bei der Colitis ulcerosa im Kindes- und Jugendalter sind eine Reihe von klinischen Beobachtungen zusammengetragen worden, die wiederum vielfach stark von psychodynamischen Betrachtungsweisen geprägt waren (Übersicht bei Steinhausen, 1985a). Dabei wird die Persönlichkeit dieser Kinder als zwanghaft-rigide, depressiv-gehemmt und abhängig-unreif beschrieben. Nur wenige Studien haben systematisch die Ausprägung und Variation emotionaler Störungen bei diesen Patienten erfaßt. Als Korrelat beziehungsweise sogar als ätiologischer Faktor wurde in Ergänzung der kindlichen Persönlichkeitsstruktur das Verhalten beziehungsweise die Einstellung der Eltern betrachtet. Psychodynamisch seien die aggressiv-dominanten, perfektionistisch-zwanghaften Grundhaltungen der Mütter bedeutsam, welche sich rigide mit der Sauberkeitsgewöhnung und den Darmfunktionen des Kindes beschäftigen würden. In einer affektverdrängenden und rigiden familiären Kommunikationsstruktur und frühgestörten Mutter-Kind-Beziehung würden die Kinder zu infantiler Abhängigkeit und Zwanghaftigkeit und Aggressionsverdrängung erzogen. Die Krankheitsauslösung erfolge im Kontext eines drohenden oder phantasierten Verlustes einer bedeutsamen Beziehungsperson oder bei fehlender elterlicher Unterstützung in Situationen subjektiv erlebter Hilflosigkeit.

Unkontrollierte Selektionsfaktoren und methodische Mängel bei der Untersuchung der Patienten lassen diese Feststellungen der älteren Literatur hinsichtlich ihrer Spezifität und Allgemeingültigkeit als äußerst problematisch erscheinen. Mehrheitlich hatten diese frühen Berichte unberücksichtigt gelassen, daß die Colitis ulcerosa als eine schwere, zur Chronifizierung neigende Krankheit erhebliche Probleme der Krankheitsbewältigung schafft, welche vielfach in Form von psychischen Störungen mißlingt. Während die prämorbide Entwicklung von Kindern mit Colitis ulcerosa in der Regel eher unauffällig oder bestenfalls in Einzelfällen unspezifisch belastet ist, besteht eher die Gefahr, daß diese Kinder im Verlauf ihrer Krankheit psychopathologische Auffälligkeiten entwickeln.

Für diese Sichtweise liegen aus neuerer Zeit eine Reihe von Belegen aus sorgfältig kontrollierten Studien vor. So konnten Steinhausen und Kies (1982) als erste an einer repräsentativen Stichprobe aller in West-Berlin an zwei Zentren behandelten Patienten eine gegenüber einer Kontrollgruppe beträchtlich erhöhte Prävalenz psychiatrischer Störungen von 57 % für die Colitis ulcerosa und von 60 % für den Mb. Crohn nachweisen. Dabei dominierten emotionale Störungen erheblich gegenüber Störungen des Sozialverhaltens. Andere Studien haben diese Häufung von psychiatrischen Störungen bei IBD bestätigt (Engström & Lindquist, 1991) und mit anderen Gruppen chronisch kranker Kinder verglichen (Steinhausen, 1984b; Burke et al., 1989; Engström, 1992). Diese vergleichenden Studien haben einheitlich festgestellt, daß Kinder und Jugendliche mit IBD jeweils eine höhere psychiatrische Morbidität als andere chronisch kranke Patienten dieser Altersgruppe aufweisen.

Bei einer differenzierten Betrachtung des Musters psychiatrischer Störungen ließ sich die Beobachtung von Steinhausen und Kies (1982), daß emotionale Störungen vorherrschen, ebenfalls bestätigen. So stellten Burke et al. (1989, 1990) sowie Engström (1992) eine Dominanz von Depression und Angststörungen fest. In der Studie von Burke et al. (1990) waren die depressiven Kinder weniger schwer körperlich krank, hatten andererseits aber mehr Lebensereignisse und mehr Konflikte innerhalb der Familie erfahren. Die Depression wurde bei der kleinen Stichprobe von 13 neuerkrankten Patienten eher als das Ergebnis von sozialen Faktoren und familiärer Prädisposition für eine Depression betrachtet. Interessanterweise konnte keine Beziehung von Krankheitsausbruch und Lebensereignissen festgestellt werden. Schließlich konnte Engström (1991) im Vergleich mit anderen Gruppen chronisch kranker Kinder eine höhere Rate familiärer Dysfunktionen bei IBD-Patienten und eine eher externale Kontrollüberzeugung feststellen, welche mit dem Schweregrad der körperlichen Krankheit und dem Vorliegen einer psychiatrischen Störung korrelierte.

3.3.2 Epidemiologie, Verlauf und Nosologie

Die Colitis ulcerosa kann bis zum 40. Lebensjahr und vereinzelt auch später auftreten. Bei 15 bis 20 % der Fälle liegt der Krankheitsausbruch vor dem Alter von 20 Jahren. Das typische Erkrankungsalter bei Kindern liegt zwischen zehn und 14 Jahren. Systematisch erhobene Daten zur *Prävalenz* und *Inzidenz* aus epidemiologischen Studien oder Fallregistern fehlen. Eine Bevorzugung eines der beiden Geschlechter läßt sich aus den Daten der publizierten Studien nicht ableiten. Der klinische *Verlauf* ist durch eine Neigung zur Chronifizierung gekennzeichnet. Viele Patienten sind daher von medizinischer Versorgung abhängig, zu der eine oft jahrelange Medikation mit Kortikosteroiden (Nebennierenrindenhormonen) oder immunsuppressiven (die körpereigne Abwehr unterdrückenden) Substanzen sowie diätetische Maßnahmen gehören. Der oft intermittierende Verlauf kann durch plötzliche Rückfälle unterbrochen werden. In einigen Fällen ist die chirurgische Resektion von Darmabschnitten erforderlich. Zwischen zehn bis 25 % der Patienten sterben an ihrer Grundkrankheit; dabei sind Karzinome in einem Drittel der Fälle die Todesursache. Die hoch akuten Verläufe haben eine Mortalitätsrate von mindestens 60%. Nur eine Minderheit von zehn bis 20 % der betroffenen Kinder zeigt eine totale Remission.

Die *Klassifikation* der Colitis ulcerosa erfolgt in der ICD-10 ebenfalls mit der beschriebenen Doppelcodierung für die psychiatrische Komponente (F 54) sowie den somatischen Krankheitsanteil (K 51).

3.3.3 Erklärungsansätze

Hypothetisch kann für die Ätiologie der Colitis ulcerosa ein *multikausales Modell* entworfen werden. Zunächst handelt es sich wahrscheinlich um eine Systemerkrankung auf einer immunologischen Basis. Der Stellenwert psychischer Faktoren muß sehr kritisch betrachtet werden, nachdem sich die psychodynamischen Annahmen über spezifische Persönlichkeitsprofile, Beziehungsstrukturen und Auslösesituationen nicht haben verifizieren lassen. Eine kritische Analyse der vornehmlich bei kranken Erwachsenen durchgeführten Studien kommt zu dem Schluß, daß die positive Verbindung von psychischen Faktoren und Colitis ulcerosa mit methodischen Defiziten der Studien konfundiert ist und die wenigen methodisch angemesseneren Studien eine derartige Verbindung nicht aufzeigen (North et al., 1990). Diese kritische Schlußfolgerung läßt sich auf die Studien an Kindern nicht übertragen. Hier ist zumindest die hohe psychische Vulnerabilität der betroffenen Kinder zweifels- und selektionsfrei nachgewiesen.

Gleichwohl stützen diese Befunde in erster Linie die Feststellung, daß die Krankheitsbewältigung und nicht notwendigerweise die Krankheitsauslösung von psychologischen Faktoren bestimmt wird. Es ist fraglich, ob der Anteil psychischer Faktoren für die Entstehung der Colitis ulcerosa bei Kindern und Jugendlichen wirklich befriedigend aufgeklärt werden kann. Hierzu wären Risikomodelle erforderlich, zumal sich eine unausgelesene Bevölkerungsgruppe nicht prämorbid und prospektiv erfassen ließe. Derartige Risikomodelle für die Entstehung einer Colitis ulcerosa existieren jedoch nicht.

Ein psychosomatisches Modell dieser Krankheit kann sich schließlich wiederum auf den Stellenwert von psychophysiologischen Mediatoren beziehen. Ältere klinische Einzelfallbeobachtungen wie auch Tierversuche haben gezeigt, daß insbesondere negativ erlebte emotionale Zustände zu einer Veränderung der Durchblutung, Sekretion und Motilität des Darmes führen. Hier sind sowohl neuroendokrine wie zentralnervöse und autonom-vegetative Regulationssysteme beteiligt. Für einen psychophysiologischen Zusammenhang spricht auch die Tatsache, daß feindselige Affekte bei jugendlichen Patienten in einem Zusammenhang mit der Aktivität des Krankheitsprozesses stehen (Ondersma et al., 1997). Eine detaillierte Aufschlüsselung der pathophysiologischen Mechanismen, die an einer Entstehung der Colitis ulcerosa beteiligt sind, steht jedoch noch weitgehend aus.

3.3.4 Interventionsverfahren

Auch für die Colitis ulcerosa muß festgestellt werden, daß Erkenntnisse über Indikation und Wirksamkeit differentieller Psychotherapie weitgehend fehlen. Aus einer klinisch-praktischen Perspektive läßt sich die Notwendigkeit einer stützenden Psychotherapie im Rahmen klinischer Liaison-Arbeit, das heißt in Zusammenarbeit der Kinder- und Jugendpsychiatrie mit der Kinderheilkunde, als ein sinnvolles Konzept ausweiten. Die Bedrohlichkeit der Krankheit, die Dauerabhängigkeit von Behandlungsmaßnahmen und die Gefahr von psychosozialen Beeinträchtigungen einschließlich schwerer emotionaler Störungen machen den Einsatz von einzelpsychotherapeutischen sowie die Eltern und Familien stützenden Interventionen dringend erforderlich. In diese Konzeption sind gleichermaßen Kriseninterventionen wie langfristige psychosoziale Begleitungen der Patienten und ihrer Familien einbezogen.

Die Charakteristika der begleitenden Psychotherapie bei Colitis ulcerosa sind nach den wenigen vorliegenden Berichten vor allem in der stützenden Funktion des Therapeuten zu sehen, der statt einer aufdeckend-analytischen Arbeit eher eine aktive, pragmatische und flexible Rolle einnehmen und sich zugleich kooperativ in das ärztliche Behandlungsteam integrieren muß. Vorschnelle Rückschlüsse von Symptomen auf eventuell vorliegende belastende Lebensereignisse sind ebenso zu vermeiden wie theoretisch ungenügend begründete Ableitungen körperlicher Symptome aus emotionalen Befindlichkeiten. So ist die depressive Verschlossenheit und Gehemmtheit dieser schwer kranken Kinder und Jugendlichen in der Regel eher ein Begleit- und Folgephänomen als ein Bedingungsfaktor ihrer Krankheit. Auch in der begleitenden Elternberatung besteht das Ziel nicht in der Analyse vermeintlich pathogener Bedingungsmuster, sondern in der Aufgabe, auch der Familie Hilfen bei der Bewältigung der Krankheit zu vermitteln.

In diesem Prozeß der therapeutischen Begleitung und Stützung stellt die Arbeit mit den häufig verschlossenen und von ihrer Krankheit meist schwer gezeichneten Patienten insofern besondere Anforderungen an ihre Therapeuten, als diese sich von der Notwendigkeit einer flexiblen Anpassung an ein sehr wechselhaftes Krankheitsgeschehen leiten lassen müssen. Möglicherweise muß der Therapeut dabei auch die bedrückende Erfahrung aushalten, daß er das Fortschreiten der Krankheit und chirurgische Eingriffe nicht aufhalten kann (McDermott & Finch, 1967). Der Einsatz von Psychotherapie darf sich jedoch nicht von diesen, ihre Effizienz nicht gerade stützenden Feststellungen leiten lassen.

3.4 Atopische Dermatitis

3.4.1 Beschreibung

Die auch als Neurodermitis bezeichnete atopische Dermatitis ist eine chronische, stark juckende Hautkrankheit, die durch Entzündung, Krustenbildung und eine Vergröberung des Hautreliefs (sogenannte Lichenifikation) gekennzeichnet ist. Im Säuglingsalter kommt es zu entzündlichen Rötungen im Gesicht- und Kopfbereich mit sogenannter Milchschorfbildung als Ausdruck der Krustenbildung. Langsam breiten sich die Hautveränderungen auf Stamm und Extremitäten aus. Im Kindes- und Jugendalter sind typischerweise die Armbeugen, Kniekehlen, Hand- und Fußgelenke sowie der Hals betroffen. Der ausgeprägte Juckreiz führt zu Kratzeffekten, wobei sekundäre Infektionen entstehen können.

Ältere psychodynamische Annahmen über Störungen in der frühen *Mutter-Kind-Beziehung* mit feindselig-

aggressiven und ängstlich-zurückweisenden Mütterpersönlichkeiten sowie überaktivem, unsicherem, ängstlichem und feindseligem Verhalten der Kinder sind empirisch nicht validiert. Im Gegenteil konnte eine aufwendige Beobachtungsstudie zeigen, daß die Mütter von Säuglingen mit atopischer Dermatitis genauso kooperativ, akzeptierend und warmherzig waren wie die Mütter einer Kontrollgruppe. Ebensowenig wiesen sie ausgeprägte Ängste auf. Auch die Säuglinge waren in beiden Gruppen hinsichtlich des Ausmaßes an Irritabilität, Feindseligkeit, Aggressivität und Angst sowie Aktivität und positiven wie negativen Affekten vergleichbar (Solomon & Gagnon, 1987). Andererseits haben Pauli-Pott et al. (1997) Züge von Depressivität und Hoffnungslosigkeit sowie ängstlich-überfürsorgliche Erziehungseinstellungen bei Müttern von Säuglingen mit atopischer Dermatitis beobachtet und als einen Risikofaktor für die Entwicklung der Mutter-Kind-Beziehung angesehen.

Weitere empirische Studien konnten ferner weder bei Kindern noch bei Erwachsenen mit einer atopischen Dermatitis ein spezifisches *Persönlichkeitsprofil* identifizieren (Gil et al., 1987; Ring, Palos & Zimmermann, 1986). Im Keinkindalter sind erhöhte Werte für Verhaltensauffälligkeiten insbesondere bei Jungen nachgewiesen (Fegert et al., 1996). Die beträchtlichen Belastungen für Eltern und Kinder durch Versagens- und Resignationsgefühle angesichts eines chronischen Krankheitsverlaufes sind sehr wahrscheinlich eher Folge als Ursache der Krankheit (Gieler, Köhnlein, Schauer, Freiling & Stangier, 1992). Dies könnte auch für die Ergebnisse einer weiteren Studie zutreffen, nach der Mütter von ihren Kindern mit atopischer Dermatitis im Vergleich zu einer Kontrollgruppe als weniger emotional zugewandt erlebt wurden (Ring & Palos, 1986).

3.4.2 Epidemiologie, Verlauf und Nosologie

Die atopische Dermatitis betrifft etwa zwei bis drei % aller Kinder und 0.7 % der Bevölkerung. Sie ist damit eine der häufigsten Hautkrankheiten, die sich meist im frühen Lebensalter manifestiert. In 60 % der Fälle tritt die Symptomatik im ersten Lebensjahr und in weiterer 30 % bis zum fünften Lebensjahr auf. Der chronische Verlauf schafft besondere Probleme bei der Krankheitsbewältigung (vgl. Petermann & Warschburger, 1999). Die atopische Dermatitis wird dem Formenkreis der sogenannten atopischen Krankheiten zugerechnet, zu dem ferner die allergische Rhinopathie (Heuschnupfen), die Urtikaria (Nesselsucht) und das Asthma bronchiale gehören.

3.4.3 Erklärungsansätze

Auch für die atopische Dermatitis muß eine mehrfaktorielle Genese angenommen werden. Grundlage bildet eine *polygene Vererbung*, die für die große Variabilität der Symptomatik und die zahlreichen Varianten der Krankheit verantwortlich ist. Bei 50 bis 70 % der Fälle liegen Hinweise auf eine familiäre Belastung mit atopischen Krankheiten vor. Je höher die Atopiebelastung in der Familie ist, desto höher ist die Wahrscheinlichkeit für die Erkrankung des Kindes.

Neben genetischen Faktoren sind weitere immunologische und biochemische Anomalien bedeutsam. Die Wertigkeit von *allergischen Reaktionen* auf Nahrungsmittel wird in der Fachliteratur sehr unterschiedlich beurteilt. Bei gleichzeitig bestehender allergischer Rhinitis wird oft eine synchrone Verschlechterung der Hautsymptome beobachtet, so daß inhalative Allergene (Pollen) zusätzlich bedeutsam sein können. Klimafaktoren sind insofern wichtig, als im Winter saisonal bedingte Verschlechterungen und im allergenarmen Reizklima von Küste und Hochgebirge sowie bei intensiver Sonnenbestrahlung Besserungen beobachtet werden können.

Der Stellenwert *psychischer Faktoren* in der Pathogenese ist wissenschaftlich unbefriedigend belegt. Die spekulativen Hypothesen der Psychoanalyse werfen eher Fragen auf, als gültige Konzepte zu liefern. Wenige neuere Studien zeigen, daß Wechselwirkungen von psychischen Faktoren mit dem Krankheitsstatus denkbar sind. Gil et al. (1987) konnten zeigen, daß krankheitsbedingte Probleme beim Kind mit dem Grad der durch die Familie realisierten Unabhängigkeit und Rigidität in einer bedeutsamen Beziehung stehen. Ein niedriges Niveau intrafamiliärer Belastungen korrespondierte mit einem günstigeren klinischen Zustandsbild beim Kind.

Andererseits ist die Hypothese einer spezifischen Charakteristik der Mutter-Kind-Beziehung und des Familienklimas empirisch widerlegt. Bei einer dicht am Erkrankungsbeginn vorgenommenen Untersuchung ließen sich keine Unterschiede gegenüber gesunden Kindern sichern (Langfeldt & Luys, 1993). Die in der gleichen Studie beobachtete höhere Belastung von Müttern mit chronisch-kranken Kindern spiegelt deutlich die Auswirkungen der atopischen Dermatitis wider.

3.4.4 Interventionsverfahren

Die Behandlung basiert zunächst auf *somatischen Therapiemaßnahmen* wie Lokalbehandlung der Haut, Hautpflege sowie begleitende Gabe von Antihistaminika zur Juckreizstillung, in Ausnahmefällen und bei besonderer Indikation auch die orale Behandlung mit Kortikoiden sowie die Kontrolle des Milieus im Sinne einer möglichen Meidung von Reizstoffen und Sicherung einer hohen Luftfeuchtigkeit. Eine allergenarme Ernährung mit günstigen Auswirkungen auf die atopische Dermatitis gibt es nicht. Daher sind die psychologisch oft noch zusätzlich belastenden Diätempfehlungen medizinisch wenig sinnvoll.

Verhaltensmedizinisch sind Erkenntnisse über die Kontextabhängigkeit des Kratzens für die Behandlung umsetzbar. Gil, Keefe, Sampson, Rodin und Grisson (1988) konnten zeigen, daß Kinder mit atopischer Dermatitis vor allem in wenig strukturierten Situationen kratzten. Das empfohlene Elternverhalten zielt darauf, die Aufmerksamkeit für Kratzen zu senken und in derartigen Situationen keine körperlichen Kontakte anzubieten. Im Sinne der operanten Konditionierung soll hingegen die Aufmerksamkeit für ein alternatives angemessenes Verhalten erhöht werden. Im einfachsten Fall können auch Ablenkung oder das Angebot von Aktivitäten eingesetzt werden, um das Kind vom Kratzen abzubringen. Die in jüngster Zeit entwickelten *integrierten Beratungskonzepte* versuchen im Sinne einer Patienten- und Elternschulung sowohl medizinische Information zu vermitteln wie auch den Umgang mit Juckreiz und Kratzen, die Hautpflege, den Einsatz von Entspannungsverfahren und Selbstkontrollstrategien sowie die Beratung bei Erziehungsfragen als Bestandteile des Programms zu integrieren (Gieler et al., 1992; Petermann & Warschburger, 1999).

3.5 Dissoziative Störungen

3.5.1 Beschreibung

Die dissoziativen Störungen sind gemäß ICD-10 durch einen partiellen oder totalen Verlust der normalen Integration gekennzeichnet, die sich auf Erinnerung an die Vergangenheit, Identitätsbewußtsein und unmittelbare Sinnesempfindungen sowie die Kontrolle von Körperbewegungen bezieht. Dieser Funktionsverlust ist in der Vergangenheit auch mit dem Begriff der Konversionsstörungen oder Hysterie belegt worden. Wegen ihrer nahen zeitlichen Verbindung zu traumatisierenden Ereignissen, belastenden oder unlösbaren Konflikten oder Beziehungsstörungen werden die dissoziativen Störungen auch in der ICD-10 trotz eines allgemeinen begrifflichen Vorbehalts als psychogene Störungen betrachtet. Kennzeichnend ist ferner, daß die Symptome der dissoziativen Störungen nicht durch eine körperliche Krankheit erklärt werden können.

Die typischen *klinischen Symptome* dissoziativer Störungen sind motorische und sensorische Funktionsstörungen sowie Bewußtseinsstörungen. Hierzu zählen Lähmungen, Gangauffälligkeiten (Abasie, Astasie), Blindheit beziehungsweise Sehverlust, Taubheit, Sprechunfähigkeit (Aphonie), Schluckstörungen, Krampfanfälle sowie Sensibilitäts- und Bewußtseinsstörungen. Differentialdiagnostisch müssen vor allem neurologische Krankheiten ausgeschlossen werden, bei denen die psychischen Auslösefaktoren fehlen. Gleichwohl ist die klinische Differentialdiagnostik nicht immer einfach. Nicht selten werden falsch positive Diagnosen und vor allem neurologische Krankheiten des Rückenmarks, der peripheren Nerven, der Knochen, der Muskulatur und des Bindegewebes nicht richtig erkannt.

Die Verleugnung von Problemen und Schwierigkeiten, die störungsrelevant sind, kann bis zum Ausdruck eines ausgeprägten Mangels an subjektiver Betroffenheit reichen, der mit dem Begriff der „belle indifférence" bezeichnet wird. Dissoziative Störungen können, müssen aber nicht notwendigerweise mit einer hysterischen Persönlichkeitsstruktur einhergehen.

Dissoziative Störungen erbringen einen *primären* und ein *sekundären Krankheitsgewinn*. Der primäre Gewinn bezeichnet die Tendenz, daß ein innerer Konflikt oder ein Bedürfnis außerhalb des Bewußtseins bleiben. Die gleichzeitige Befreiung von Pflichten und Aufgaben des Alltags durch die Störung wird als sekundärer Krankheitsgewinn betrachtet. Diagnostisch bedeutsam ist die häufig zu beobachtende Inkongruenz von Symptom und körperlichem Befund, das heißt die Diskrepanz zwischen Beschwerden und anatomisch-physiologischen Funktionszusammenhängen. So entsprechen zum Beispiel Sensibilitätsstörungen nicht der Innervation oder sind die Pupillenreaktionen bei einem dissoziativen Sehverlust normal.

Angesichts der relativen Seltenheit von dissoziativen Störungen im klinischen Krankengut liegen nur wenige Beschreibungen von Patientenserien aus neuerer Zeit vor. In der West-Berliner Klientel einer kinder- und jugendpsychiatrischen Universitätsabteilung dominierten Krampfanfälle im Sinne einer Pseudoepilepsie und Bewußtseinsstörungen deutlich vor Gangstörungen, während Seh- und Hörstörungen sowie Armlähmungen nur in Einzelfällen gesehen wurden (von Aster, Pfeiffer, Göbel & Steinhausen, 1987; Steinhausen, von Aster, Pfeiffer & Göbel, 1989). In einer gemeinsamen Studie der Universitätskliniken für Kinder- und Jugendpsychiatrie in Mannheim und Heidelberg waren ebenfalls Krampfanfälle vor Gangstörungen und Bewußtseinsstörungen am häufigsten (Lehmkuhl, Blanz, Lehmkuhl & Braun-Scharm, 1989). Die Dominanz von Mädchen nimmt mit dem Alter weiter zu (Putnam et al., 1996).

In einer Studie zur Syndromvalidierung konnten folgende Abgrenzungen gegenüber Angststörungen, Zwangsstörungen, emotionalen Störungen sowie einer gesunden Kontrollgruppe vorgenommen werden. Bei den dissoziativen Störungen lagen ein höherer Anteil von Mädchen, ein höheres Alter, ein höherer Anteil von Kindern aus niedriger sozialen Schichten sowie Gastarbeiterfamilien und ein höheres Ausmaß an psychiatrischen und medizinischen Krankheiten bei den Eltern vor (Steinhausen et al., 1989). Auch Lehmkuhl et al. (1989) beobachteten eine hohe Rate von psychiatrischen Störungen bei den Eltern von Kindern mit dissoziativen Störungen.

3.5.2 Epidemiologie, Verlauf und Nosologie

Es liegen keine repräsentativen Zahlen über die Häufigkeit dissoziativer Störungen bei Kindern und Ju-

gendlichen vor. In klinischen Inanspruchnahmepopulationen betrug die Inzidenzrate in Mannheim und Heidelberg ein beziehungsweise 0,5 Prozent (Lehmkuhl et al., 1989) und in West-Berlin ebenfalls deutlich unter einen Prozent (Steinhausen et al., 1989). Unter der Annahme einer beträchtlichen Rate von nicht gestellten Diagnosen liegen aber auch Schätzungen von fünf bis zehn Prozent betroffener Kinder und Jugendlicher in der Bevölkerung der USA vor (Ross, 1996).

Die Symptomatik tritt nicht regelhaft hoch akut auf. Alle dissoziativen Störungen tendieren aber dazu, sich nach einigen Wochen oder Monaten zurückzubilden. Dies gilt besonders für jene Manifestationen, die auf ein traumatisches Lebensereignis bezogen sind. Chronische Zustände wie Lähmungen und Sensibilitätsstörungen können sich langsam entwickeln und therapeutischen Maßnahmen hartnäckigen Widerstand entgegensetzen. Derartig chronifizierte Fälle sind häufig durch sekundäre Behinderungen wie zum Beispiel Inaktivitätsatrophien (Muskelschwund) bei Lähmungen kompliziert.

Die Klassifikation dissoziativer Störungen gemäß ICD-10 umfaßt die dissoziative Amnesie (Erinnerungsverlust), die dissoziative Fugue (zielgerichtete Ortsveränderung), den dissoziativen Stupor sowie Trance und Besessenheitszustände als für das Kindes- und Jugendalter eher seltene Phänomene. Die häufigsten klinischen Manifestationen dieses Altersabschnittes betreffen die dissoziativen Bewegungsstörungen, die dissoziativen Krampfanfälle sowie die dissoziativen Sensibilitäts- und Empfindungsstörungen, die ebenfalls in der ICD-10 klassifikatorisch erfaßt werden.

3.5.3 Erklärungsansätze

Die ältesten Erklärungsansätze für die Entstehung dissoziativer Störungen stammen aus der Psychoanalyse. Sie betrachtet das körperliche Symptom als symbolischen Ausdruck unbewußter Konflikte, wobei Angst über das normalerweise der Willkür unterworfene Nervensystem in eine körperliche Funktionsstörung konvertiert. Aus dieser Konzeption rührt der Begriff der Konversionsstörung.

Daß psychische – und damit nicht notwendigerweise ausschließlich unbewußte – Prozesse bedeutsam sind, wird auch aus dem Umstand ersichtlich, daß häufig bei der Entwicklung dissoziativer Störungen begünstigende Faktoren bedeutsam sind. Diese betreffen *Modelle mit Krankheiten* beziehungsweise analogen Störungen in der unmittelbaren Umgebung wie der Familie, eigene vorausgehende oder koexistierende Krankheiten (z. B. eine Epilepsie als Muster für pseudoepileptische Anfälle), in einigen Fällen auch *disponierende Persönlichkeitsanteile* wie ausgeprägte Phantasietätigkeit, hysterieforme Züge und eine erhöhte Suggestibilität sowie Hinweise auf emotionale und/oder intellektuelle

Retardierungen. Das Modell der Psychogenese muß neben den extremen, teilweise traumatischen *psychosozialen Belastungen* und Lebensereignissen als Auslöser auch diese bahnenden Faktoren berücksichtigen.

Ergänzende theoretische Konzepte betonen den nonverbalen Ausdrucksgehalt des Symptoms im Sinne eines sozial akzeptierten Symbols in der Sprache der Krankheit beziehungsweise der *Körpersprache* (Maisami & Freeman, 1987). Analog ermöglicht die Anwendung des Begriffs der Krankenrolle mit dem daraus abgeleiteten Krankheitsgewinn ein Verständnis für die charakteristische Vermeidung dieser Patienten, sich aktiv mit der Verarbeitung der oft sehr offensichtlichen Belastungssituation auseinanderzusetzen. Schließlich dürften soziale und kulturelle Kontextfaktoren nicht unbedeutend sein, zumal sich dissoziative Störungen häufiger in Übergangsgesellschaften beziehungsweise Migrationspopulationen mit besonderem kulturellen Druck finden, denen aufgrund ihrer Traditionen bewußtseinsnähere Auseinandersetzungen mit Konflikten und Belastungen nicht möglich sind.

3.5.4 Interventionsverfahren

Kinder und Jugendliche mit einer dissoziativen Störung bedürfen einer stationären Behandlung. In der Praxis werden sie häufig auf pädiatrischen oder anderen somatisch orientierten Stationen behandelt. Psychotherapeutische Interventionen sowie Elternberatung sind aber in jedem Fall unverzichtbare Elemente der Behandlung. Diese können sich angesichts fehlender systematischer Studien nur auf Erfahrungswissen stützen. Das Ziel der Therapie besteht in einer Aufhebung des Funktionsverlustes sowie der Behandlung der Grundstörung (von Aster, 1999).

Die vorliegenden Erkenntnisse lassen es sinnvoll erscheinen, sich in der Therapie von dissoziativen Störungen bei Kindern und Jugendlichen vom *Konzept der Krankenrolle* leiten zu lassen. In dieser Konzeption können somatische und psychologische Behandlungsanteile kombiniert werden, wobei physiotherapeutische und krankengymnastische Elemente ebenso wie das psychotherapeutische Bemühen um eine Bewältigung der Symptomatik auf einen allmählichen Abbau der Krankenrolle zielen. Diese Bemühungen werden durch die aktivitätsfördernden Anteile des Therapieplanes, gegebenenfalls auch durch die Konfrontation mit der Teilnahme am Alltagsleben und durch die positive Verstärkung kleiner erreichter Teilschritte besonders unterstrichen. Über eine gleichzeitige Arbeit mit der Familie beziehungsweise den Eltern sowie dem Krankenpflegepersonal auf der Station wird das Bemühen um den Abbau des sekundären Krankheitsgewinnes weiter verstärkt. Auch die Eltern müssen von der übermässigen Beschäftigung mit der Krankheit des Kindes abgelöst und wieder verstärkt dem normalen Alltagsleben zugeführt werden.

Bei Vermeidung überflüssiger medizinisch-diagnostischer Maßnahmen sowie Aufdeckung von belastenden und die Symptomatik unterhaltenden Faktoren lassen sich die Heilungstendenzen bei dissoziativen Störungen offensichtlich günstig beeinflussen, indem die gesunden Elemente und das Bewältigungsvermögen in der Therapie besonders berücksichtigt werden, wie Beschreibungen von Einzelfällen und kleineren Patientenserien belegen (Leslie, 1988; Schulman, 1988; Maisami & Freeman, 1987).

3.6 Somatoforme Störungen

3.6.1 Beschreibung

Neben den dissoziativen Störungen umfassen die somatoformen Störungen eine zweite Klasse von körperlichen Symptomen, die rezidivierend und vielschichtig auftreten, aber nicht körperlich begründet sind. Sie geben zu zahlreichen ärztlichen Untersuchungen Anlaß und neigen zur Chronifizierung. Der den somatoformen Störungen zugrundeliegende Begriff der Somatisierung bringt den psychosomatischen Grundgedanken zum Ausdruck, somatische Symptome in Reaktion auf psychosoziale Belastungen zu erfahren und zu kommunizieren (Lipowski, 1988).

Die *Symptomatik* somatoformer Störungen im Kindes- und Jugendalter ist altersabhängig. Beim Kind stehen rezidivierende Bauchschmerzen, Übelkeit und Erbrechen und eventuell auch Durchfälle im Vordergrund. Diese können von Kopfschmerzen, Fieber, Blässe und Müdigkeit begleitet sein und variieren hinsichtlich Frequenz und Dauer beträchtlich. Kinder mit rezidivierenden Bauchschmerzen sind ungewöhnlich häufig emotional gestört im Sinne von Ängstlichkeit und leichter Verstimmbarkeit beziehungsweise Depression (Scharff, 1997; Garber, Zeman & Walker, 1990; Robinson, Alverez & Dodge, 1990; Wasserman, Whitington & Rivara, 1988; Steinhausen, 1985c).

Im Jugendlichenalter nähern sich die Symptome somatoformer Störungen denen des Erwachsenenalters an. Nunmehr können sich Somatisierungsstörungen mit Magen-Darm-Beschwerden, abnormen Hautempfindungen (Jucken, Brennen, Prickeln, Taubheitsgefühle, Ausschlag) und vereinzelt auch sexuelle und menstruelle Beschwerden entwickeln. Dabei ist das weibliche Geschlecht sehr viel häufiger betroffen. Eine weitere Manifestation der somatoformen Störungen in diesem Entwicklungsabschnitt ist die Hypochondrie, bei der sich der Jugendliche anhaltend mit der Möglichkeit, an einer körperlichen Krankheit zu leiden beziehungsweise mit körperlichen Beschwerden oder der eigenen körperlichen Erscheinung beschäftigt. Auch die im Jugendlichenalter auftretenden somatoformen Störungen sind häufig von Angst und Depression begleitet.

Die Symptomatik der somatoformen Störungen bei Kindern und Jugendlichen setzt über die Eltern umfangreiche Arztbesuche und medizinische Untersuchungen in Gang, die bei mangelnder Berücksichtigung psychologischer Faktoren häufig frustran verlaufen. Umgekehrt widersetzen sich die Eltern häufig auch der Einsicht in ihre eigene Beteiligung an dem Geschehen und brechen daher psychologische Interventionen vorzeitig ab, um das Kind weiteren, oft aufwendigen und ergebnislosen ärztlichen Konsultationen und Untersuchungen zuzuführen.

3.6.2 Epidemiologie, Verlauf und Nosologie

Rezidivierende Bauchschmerzen sind im Kindesalter ein häufiges Phänomen. Angesichts uneinheitlicher definitorischer Kriterien variieren die Zahlenangaben zur Häufigkeit beträchtlich zwischen neun und 25 % (Scharff, 1997).

Der *Verlauf* somatoformer Störungen im Kinder- und Jugendalter ist sehr unterschiedlich. Rezidivierende Bauchschmerzen des Kindesalters können vollständig remittieren, in andere Symptome und dabei häufig in Kopfschmerzen und Migräne übergehen oder bis in das Erwachsenenalter persistieren. Diese drei Verlaufstypen variieren in den vorliegenden Studien beträchtlich; inwieweit differenzierte psychologische Interventionen den Verlauf beeinflussen, läßt sich angesichts fehlender systematischer Studien noch nicht beurteilen (Scharff, 1997).

Die *Klassifikation* somatoformer Störungen erfolgen in der ICD-10 als eine Untergruppe der somatoformen Störungen (F45). Dabei werden die jeweils betroffenen Organsysteme berücksichtigt. Insgesamt sind die diagnostischen Kriterien eher auf das Erwachsenenalter ausgerichtet.

3.6.3 Erklärungsansätze

Ein *multifaktorielles Modell* der Entstehung von somatoformen Störungen muß unter biologischen Bedingungen zunächst die Hinweise auf eine genetische Determination berücksichtigen. In Adoptionsstudien konnte festgestellt werden, daß Somatisierungsstörungen fünf- bis zehnmal häufiger bei weiblichen Verwandten ersten Grades von Patienten mit Somatisierungen vorkommen (Cloninger, 1986). Ob mit einer möglichen genetischen Disposition zugleich auch eine unspezifische dysfunktionelle Übererregbarkeit des autonomen Nervensystems korrespondiert, erscheint angesichts widersprüchlicher Forschungsergebnisse bei Kindern mit rezidivierenden Bauchschmerzen als fraglich. Hingegen ist eine Beziehung zum sogenannten schwierigen Temperamentstyp mit irregulärem Verhaltensstil nachgewiesen (Davison, Faull & Nicol, 1986).

Der Stellenwert von *Belastungsfaktoren* und kritischen Lebensereignissen für die Entstehung und Aufrechterhaltung von rezidivierenden Bauchschmerzen ist sowohl klinisch wie auch auf der Basis systematischer Untersuchungen belegt (Walker & Greene, 1991; Robinson et al., 1990; Wasserman et al., 1988). In Ergänzung dürften Elemente eines gelernten Verhaltens bedeutsam sein. Da in bestimmten Familien Somatisierungen (Walker, Garber & Greene, 1991; Cloninger, 1986) gehäuft auftreten, kann man neben dem postulierten genetischen Faktor auch vom Modellernen ausgehen, da Kinder mit den Folgen und Äußerungen von Eltern oder Geschwistern über ihre eigenen Beschwerden direkt konfrontiert werden. Weitere lerntheoretische Elemente können aus dem Paradigma der *operanten Verstärkung* abgeleitet werden. Kinder mit Somatisierungsstörungen erhalten nicht nur vermehrte Aufmerksamkeit wegen ihrer somatischen Symptome, sondern erleben auch zusätzlich positive Konsequenzen wie zum Beispiel die Freistellung vom Schulbesuch im Rahmen von Schmerzattacken bei rezidivierenden Bauchschmerzen.

3.6.4 Interventionsverfahren

Die meisten Kinder mit somatoformen Störungen werden in Praxen von Kinder- oder Hausärzten vorgestellt. Wenn in diesem Rahmen Hinweise auf bedeutsame psychische Faktoren ermittelt werden, sollten zunächst trotz eines möglichen Druckes von Seiten der Eltern weitere aufwendige medizinisch-diagnostische Maßnahmen eher kritisch bewertet und nach Möglichkeit eingestellt werden. Die potentiell verfügbaren Therapieelemente der *Verhaltenspädiatrie* oder *Liaison-Kinderpsychiatrie*, die statt dessen eingeführt werden sollten, umspannen das gesamte Repertoire von individuums- sowie familienbezogenen Interventionen einschließlich der Elternberatung. Spezielle Schwerpunkte bei der Behandlung chronischer Schmerzen liegen bei Entspannungsverfahren, Biofeedbacktherapie, kognitiv-verhaltenstherapeutischen Interventionen sowie operanten Vorgehensweisen unter Einbezug der Eltern. Bei den kognitiv orientierten Programmen werden verschiedene Komponenten in ein multistrategisches Vorgehen kombiniert; ferner liegen Selbsthilfetrainings vor (Pothmann & Mohn, 1999; Mühlig & Petermann, 1996).

Die Effizienz derartiger Interventionen läßt sich gegenwärtig noch nicht abschließend bewerten. Während einzelne Komponenten zumindest durch Fallstudien als wirksam ausgewiesen sind, fehlen Evaluationen der komplexen Interventionsprogramme noch weitgehend. Selbsthilfeprogramme können aufgrund der Ergebnisse kontrollierter Studien als vielversprechend betrachtet werden (Pothmann & Mohn, 1999).

Zusammenfassung

Nach einer kurzen historischen Skizze der Entwicklung der psychosomatischen Medizin mit einer Darstellung des veränderten Stellenwertes der psychoanalytischen Modelle wird in der Einleitung dieses Kapitels ein eigenes Modell der Konzeption psychosomatischer Störungen vorgestellt. Dieses berücksichtigt die Entwicklungsperspektive mit den Komponenten Kognitionen, Emotionen und Persönlichkeit sowie die Verlaufsperspektive von Krankheitsprozessen mit oft chronischem Charakter. Das Modell nimmt für die Entstehung psychosomatischer Störungen eine biologische Organvulnerabilität als Ausgangspunkt sowie verschiedene biologische, psychologische und psychosoziale Antezedienzien beziehungsweise Stressoren an, die über verschiedene Mediatormechanismen zu Symptomen, Dysfunktionen und Krankheiten führen. Schließlich wird die Verlaufsperspektive unter dem Begriff der Krankheitsbewältigung im Sinne von Bewältigung konzipiert, wobei Entwicklungs- und Reifefaktoren beim Kind bzw. Jugendlichen, Organisations- und Funktionsstile der Familie sowie die Reaktion der sozialen Umwelt die zentralen Faktoren der Krankheitsbewältigung darstellen.

In einem zweiten Abschnitt wird auf die Klassifikation der psychosomatischen Störungen in der ICD-10 als dem für die klinische Praxis bestimmenden nosologischen System eingegangen. Dabei wird auch aufgezeigt, daß der Begriff der psychosomatischen Störungen aktuell nicht mehr als eine sprachliche Konvention darstellt. Schließlich behandelt der dritte Abschnitt über die klinischen Störungen jeweils unter den Gesichtspunkten von Beschreibung, Epidemiologie, Verlauf und Nosologie, Erklärungsansätzen sowie Interventionsverfahren die folgenden Störungen: Asthma bronchiale, Ulcus pepticum, Colitis ulcerosa, atopische Dermatitis, dissoziative Störungen und somatoforme Störungen.

Verständnisfragen

1. Welche Modelle für die Entstehung psychosomatischer Störung kennen Sie?
2. Welche Störungen zählt man zum Formenkreis der psychosomatischen Störungen?
3. Welche Interventionsverfahren sind für einzelne psychosomatische Störungen indiziert?
4. Bei welchen Störungen können Schulungsprogramme eingesetzt werden?
5. Welche medizinischen Maßnahmen sind bei den einzelnen Störungen angesagt?

Weiterführende Literatur

Rutter, M. & Taylor, E. (Eds.) (2002). *Child and adolescent psychiatry – Modern approaches* (4th edition). Oxford: Blackwell Scientific Publications.

Steinhausen, H.-C. (2002). *Psychische Störungen bei Kindern und Jugendlichen. Lehrbuch der Kinder- und Jugendpsychiatrie* (5. Auflage). München: Urban & Fischer.

Steinhausen, H.-C. & von Aster, M. (Hrsg.) (1999). *Handbuch Verhaltenstherapie und Verhaltensmedizin bei Kindern und Jugendlichen* (2. erweit. Auflage). Weinheim: Psychologie Verlags Union.

Literatur

Burke, P., Meyer, V., Kocoshis, S., Orenstein, D.M., Chandra, R., Nord, D.J, Sauer, J. & Cohen E. (1989). Depression and anxiety in pediatric inflammatory bowel disease and cystic fibrosis. *Journal of the American Academy of Child and Adolescent Psychiatry, 28*, 948-951.

Burke, P., Meyer, V., Kocoshis, S.A., Chandra, R., Whiteway, M. & Sauer, J. (1990). Determinants of depression in recent onset pediatric inflammatory bowel disease. *Journal of the American Academy of Child and Adolescent Psychiatry, 29*, 608-610.

Christodoulou, G.N., Gargoulas, A., Papaloukas, A., Marinopoulou, A. & Sideris, E. (1977). Primary peptic ulcer in childhood. Psychosocial, psychological and psychiatric aspects. *Acta Psychiatrica Scandinavica, 56*, 215.

Cloninger, C.R. (1986). Somatoform and dissociative disorder. In G. Winokur & P. Clayton (Eds), *The medical basis of psychiatry* (123-151). Philadelphia: Saunders.

Davison, I.S., Faull, C. & Nicol, A.R. (1986). Temperament

and behaviour in 6-year-olds with recurrent abdominal pain - a follow-up. *Journal of Child Psychology and Psychiatry, 27,* 539-544.

Engström, I. & Lindquist, B.L. (1991). Inflammatory bowel disease in children and adolescents - A somatic and psychiatric investigation. *Acta Paediatrica Scandinavica, 80,* 640-647.

Engström, I. (1991). Family interaction and locus of control in children and adolescents with inflammatory bowel disease. *Journal of the American Academy of Child and Adolescent Psychiatry, 30,* 913-920.

Engström, I. (1992). Mental health and psychosocial functioning in children and adolescents with inflammatory bowel disease: a comparison with children having other chronic illnesses and with healthy children. *Journal of Child Psychology and Psychiatry, 33,* 563-582.

Fegert, M., Bergmann, R., Vogl-Voswinckel, L., Tacke, U., Krause, G., Groeger, M., Bergmann, K.E. & Wahn, U. (1996). Verhaltensauffälligkeiten bei Neurodermitis in den ersten drei Lebensjahren. *Kindheit und Entwicklung, 5,* 224-233.

Garber, J., Zeman, J. & Walker, L.S. (1990). Recurrent abdominal pain in children: Psychiatric diagnosis and parental psychopathology. *Journal of the American Academy of Child and Adolescent Psychiatry, 29,* 648-656.

Gergen, P.J., Mullally, D.I. & Evans, R. (1988). National survey of prevalence of asthma among children in the United-States, 1976 to 1980. *Pediatrics, 81,* 1-7.

Gieler, U., Köhnlein, B., Schauer, U., Freiling, G. & Stangier, U. (1992). Eltern-Beratung bei Kindern mit atopischer Dermatitis. *Hausarzt (Suppl. II), 43,* 37-43.

Gil, K.M., Keefe, F.J., Sampson, H.A., McCaskill, C.C., Rodin, J. & Grisson, J.E. (1987). The relation of stress and family environment to atopic dermatitis symptoms in children. *Journal of Psychosomatic Research, 31,* 673-684.

Gil, K.M., Keefe, F.J., Sampson, H.A., Rodin, J. & Grisson, J.E. (1988). Direct observation of scratching behavior in children with atopic dermatitis. *Behavior Therapy, 19,* 213-228.

Gustafsson, P.A., Björdstén, B. & Kjellman, N.-I. M. (1994). Family dysfunction in asthma: A prospective study of illness development. *Journal of Pediatrics, 125,* 493-498.

Jungmann, J. (1978). Psychogene Faktoren beim Ulcus duodeni et ventriculi im Kindes- und Jugendalter. *Zeitschrift für Kinder- und Jugendpsychiatrie, 6,* 219.

Könning, J., Gebert, N, Niggemann, B. & Wahn, U. (1999). Asthma bronchiale. In H.-C. Steinhausen & M. von Aster (Hrsg.), *Verhaltenstherapie und Verhaltensmedizin bei Kindern und Jugendlichen* (2. erweit. Auflage, 501-529). Weinheim: Psychologie Verlags Union.

Kashani, J.H., König, P., Shepherd, J.A., Wilfley, D. & Morris, D.A. (1988). Psychopathology and self-concept in asthmatic children. *Journal of Pediatric Psychology, 13,* 509-520.

Langfeldt, H.P. & Luys, K. (1993). Mütterliche Erziehungseinstellungen, Familienklima und Neurodermitis bei Kindern - eine Pilotstudie. *Praxis der Kinderpsychologie und Kinderpsychiatrie, 42,* 36-41.

Lehmkuhl, G., Blanz, B., Lehmkuhl, U. & Braun-Scharm, H. (1989). Conversion disorder (DSM-III 300.11): Symptomatology and course in childhood and adolescence. *European Archives of Psychiatry and Neurological Sciences, 238,* 155-160.

Lehrer, P. M., Isenberg, S. & Hochron, S. M. (1993). Asthma and emotion: a review. *Journal of Asthma, 30,* 5-21.

Leslie, S.A. (1988). Diagnosis and treatment of hysterical conversion reactions. *Archives of Diseases in Childhood, 62,* 506-511.

Lipowski, Z.J. (1984). What does the word „psychosomatic" really mean? A historical and semantic inquiry. *Psychosomatic Medicine, 46,* 153-171.

Lipowski, Z.J. (1986a). Psychosomatic medicine - past and present. 1. Historical background. *Canadian Journal of Psychiatry, 31,* 2-7.

Lipowski, Z.J. (1986b). Psychosomatic medicine - past and present. 2. Current state. *Canadian Journal of Psychiatry, 31,* 8-13.

Lipowski, Z.J. (1988). Somatization - The concept and its clinical application. *American Journal of Psychiatry, 145,* 1358-1378.

Maisami, M. & Freeman, J.M. (1987). Conversion reactions in children as body language - a combined child psychiatry / neurology team approach to the management of functional neurologic disorders in children. *Pediatrics, 80,* 46-52.

McDermott, J.F. & Finch, S.M. (1967). Ulcerative colitis in children. Reassessment of a dilemma. *Journal of the American Academy of Child and Adolescent Psychiatry, 6,* 512-525.

Millar, T.P. (1969). Peptic ulcers in children. In J.G. Howells (Ed.), *Modern perspectives in international child psychiatry* (471-493). Edinburgh: Oliver & Boyd.

Miller, B.D. & Wood, B.L. (1994). Psychophysiologic reactivity in asthmatic children: A cholinergically mediated confluence of pathways. *Journal of the American Academy of Child and Adolescent Psychiatry, 33,* 1236-1245.

Miller, D. & Wood, B.L. (1997). Influence of specific emotional states on autonomic reactivity and pulmonary function in asthmatic children. *Journal of the American Academy of Child and Adolescence Psychiatry, 36,* 669-677.

Mrazek, D. (1984). Effects of hospitalization on early child development. In R. Emde & R. Harmon (Eds.), *Continuity and discontinuities in development* (211-225). New York: Plenum Press.

Mrazek, D., Klinnert, M.D., Mrazek, P. & Macey, T. (1991). Early asthma onset: Consideration of parenting issues. *Journal of the American Academy of Child and Adolscent Psychiatry, 30,* 277-282.

Mühlig, St. & Petermann, F. (1996). Verhaltensmedizinische Schmerzbehandlung in der Pädiatrie am Beispiel rezidivierender Kopf- und Bauchschmerzen. *Monatsschrift Kinderheilkunde, 144,* 878-883.

Nemiah, J.C. (1978). Alexithymia. Theoretical considerations. *Psychotherapy and Psychosomatics, 28,* 199-206.

North, C.S., Clouse, R.E., Spitznagel, E.L. & Alpers, D.H. (1990). The relation of ulcerative colitis to psychiatric factors - A review of findings and methods. *American Journal of Psychiatry, 147,* 974-981.

Nowak, D., Wiebicke, W. & Magnusson, H. (1989). Die Prognose des Asthma bronchiale im Kindesalter. *Monatsschrift Kinderheilkunde, 137*, 8-12.

Ondersma, S.J., Lumley, M.A., Corlis, M.E., Tojek, T.M. & Tolia V. (1997). Adolescents with inflammatory bowel disease: The roles of negative affectivity and hostility in subjective versus objective health. *Journal of Pediatric Psychology, 22*, 723-738.

Pauli-Pott, U., Darui, A. & Beckmann, D. (1997). Aspekte der Mutter-Kind-Beziehung bei Säuglingen mit atopischer Dermatitis. *Zeitschrift für Klinische Psychologie, 26*, 189-200.

Petermann, F. (1999). *Asthma bronchiale*. Göttingen: Hogrefe.

Petermann, F. (Hrsg.) (1998). *Compliance und Selbstmanagement*. Göttingen: Hogrefe.

Petermann, F. & Warschburger, P. (Hrsg.) (1999). *Neurodermitis*. Göttingen: Hogrefe.

Pothmann, R. & Mohn, U. (1999). Chronische Schmerzen. In H.-C. Steinhausen & M. von Aster (Hrsg.), *Verhaltenstherapie und Verhaltensmedizin bei Kindern und Jugendlichen* (2. erweit. Auflage). Weinheim: Psychologie Verlags Union.

Putnam, W., Hornstein, N. & Peterson, G. (1996). Clinical phenomenology of child and adolescent dissociative disorders. Gender and age effects. *Child and Adolescent Psychiatric Clinics of North America, 5*, 351-360.

Rietveld, S. & Prins, P.J.M. (1998). The relationship between negative emotions and acute subjective and objective symptoms of childhood asthma. *Psychological Medicine, 28*, 407-415.

Ring, J. & Palos, E. (1986). Psychosomatische Aspekte der Eltern-Kind-Beziehung bei atopischem Ekzem im Kindesalter. II. Erziehungsstil, Familiensituation im Zeichentest und strukturiertes Interview. *Hausarzt, 37*, 609-617.

Ring, J., Palos, E. & Zimmermann, F. (1986). Psychosomatische Aspekte der Eltern-Kind-Beziehung bei atopischem Ekzem im Kindesalter. I. Psychodiagnostische Testverfahren bei Eltern und Kindern im Vergleich mit somatischen Befunden. *Hausarzt, 37*, 560-567.

Robinson, J.O. Alverez, J.H. & Dodge, J.A. (1990). Life events and family history in children with recurrent abdominal pain. *Journal of Psychosomatic Research, 34*, 171-182.

Ross, C.A. (1996). Epidemiology of dissociation in children and adolescents. Extrapolations and speculations. *Child and Adolescent Psychiatric Clinics of North America, 5*, 273-284.

Salomon, C.R. & Gagnon, C. (1987). Mother and child characteristics and involvement in dyads in which very young children have eczema. *Journal of Developmental and Behavioral Pediatrics, 8*, 213-220.

Scharff, L. (1997). Recurrent abdominal pain in children: A review of psychological factors and treatment. *Clinical Psychology Review, 17*, 145-166.

Schulman, J. (1988). Use of a coping approach in the management of children with conversion reactions. *Journal of the American Academy of Child and Adolescent Psychiatry, 27*, 785-788.

Steinhausen, H.-C. (1984a). Therapie bei psychosomatischen Störungen. In H. Remschmidt (Hrsg.), *Psychotherapie mit Kindern und Jugendlichen und Familien*, Bd. 2. (123-131). Stuttgart: Enke.

Steinhausen, H.-C. (1984b). Chronisch kranke Kinder. In H.-C. Steinhausen (Hrsg.), *Risikokinder* (55-72). Stuttgart: Kohlhammer.

Steinhausen, H.-C. (1985a). Psychophysiologische (psychosomatische) Krankheiten. In H. Remschmidt & M.H. Schmidt (Hrsg.), *Kinder- und Jugendpsychiatrie in Klinik und Praxis* (172-201). Stuttgart: Thieme.

Steinhausen, H.-C. (1985b). Psychische Störungen bei Behinderungen und chronischen Krankheiten. In H. Remschmidt & M.H. Schmidt (Hrsg.), *Kinder- und Jugendpsychiatrie in Klinik und Praxis* (324-348). Stuttgart: Thieme.

Steinhausen, H.-C. (1985c). Eß- und Verdauungsstörungen. In H. Remschmidt & M.H. Schmidt (Hrsg.), *Kinder- und Jugendpsychiatrie in Klinik und Praxis* (61-69). Stuttgart: Thieme.

Steinhausen, H.-C. (1988a). Chronische Krankheiten und Behinderungen bei Kindern. In U. Koch, G. Lucius-Hoene & R. Stegie (Hrsg.), *Handbuch der Rehabilitationspsychologie* (499-517). Berlin: Springer.

Steinhausen, H.-C. (1988b). Psychologische und psychopathologische Probleme des chronisch kranken Kindes. In K.P. Kisker, H. Lauter, J.E. Meyer, C. Müller & E. Strömgren (Hrsg.), *Psychiatrie der Gegenwart, Bd. VII, Kinder- und Jugendpsychiatrie* (267-288). Berlin: Springer.

Steinhausen, H.-C. (1989). Zur Klassifikation und Epidemiologie „psychosomatischer" Störungen im Kindes- und Jugendalter. *Praxis der Kinderpsychologie und Kinderpsychiatrie, 38*, 195-200.

Steinhausen, H.-C. (1991). Verhaltensmedizin im Kindes- und Jugendalter. In D. Hellhammer & U. Ehlert (Hrsg.), *Verhaltensmedizin: Ergebnisse und Anwendung* (59-65). Bern: Huber.

Steinhausen, H.-C. (1993). Allergie und Psyche. *Monatsschrift Kinderheilkunde, 141*, 285-292.

Steinhausen, H.-C. (2002). *Psychische Störungen bei Kindern und Jugendlichen. Lehrbuch der Kinder- und Jugendpsychiatrie* (5. Auflage). München: Urban & Fischer.

Steinhausen, H.-C. & Kies, H. (1982). Comparative studies of ulcerative colitis and Crohn's disease in children and adolescents. *Journal of Child Psychology and Psychiatry, 23*, 33-42.

Steinhausen, H.-C., Schindler, H. & Stephan, H. (1983a). Correlates of psychopathology in sick children: an empirical model. *Journal of the American Academy of Child and Adolescent Psychiatry, 22*, 559-564.

Steinhausen, H.-C., Stephan, H. & Schindler-Lembenz, H.-P. (1983b). Vergleichende Studien zur Psychopathologie bei Asthma bronchiale und cystischer Fibrose. *Monatsschrift Kinderheilkunde, 131*, 145-149.

Steinhausen, H.-C., von Aster, M., Pfeiffer, E. & Göbel, D. (1989). Comparative studies of conversion disorders in childhood and adolescence. *Journal of Child Psychology and Psychiatry, 30*, 615-621.

Steinhausen, H.-C. & von Aster, M. (Hrsg.) (1999).*Verhaltenstherapie und Verhaltensmedizin bei Kindern und Ju-*

gendlichen (2. erweit. Auflage). Weinheim: Psychologie Verlags Union.

Sultz, H.A., Schlesinger, E.R., Feldmann, J.G. & Mosher, W.E. (1970). The epidemiology of peptic ulcer in childhood. *Journal of Public Health, 60*, 492.

Thal, A. & Miklich, D.R. (1976). Emotionally induced decreases in pulmonary flow rates in asthmatic children. *Psychosomatic Medicine, 38*, 190-200.

von Aster, M., Pfeiffer, E., Göbel, D. & Steinhausen, H.-C. (1987). Konversionssyndrome im Kindes- und Jugendalter. *Praxis der Kinderpsychologie und Kinderpsychiatrie, 36*, 240-248.

von Aster, M. (1999). Dissoziative Störungen. In H.-C. Steinhausen & M. von Aster (Hrsg.), *Verhaltenstherapie und Verhaltensmedizin bei Kindern und Jugendlichen* (2. erweit. Auflage, 487-500). Weinheim: Psychologie Verlags Union.

Walker, L.S. & Greene, J.W. (1991). Negative life events and symptom resolution in pediatric abdominal pain patients. *Journal of Pediatric Psychology, 16*, 341-360.

Walker, L.S., Garber, J. & Greene, J.W. (1991). Somatization symptoms in pediatric abdominal pain patients: Relation to chronicity of abdominal pain and parent somatization. *Journal of Abnormal Child Psychology, 19*, 379-394.

Wamboldt, F.S., Wamboldt, M.Z., Gavin, L.A., Roesler, T.A. & Brugman, M.S. (1995). Parental criticism and treatment outcome in adolescents hospitalized for severe, chronic asthma. *Journal of Psychosomatic Research, 39*, 995-1005.

Wamboldt, M., Fritz, G., Mansell, A., McQuaid, E.L. & Klein, B.R. (1998a) Relationship of asthma severity and psychological problems in children. *Journal of the American Academy Child and Adolescent Psychiatry, 37*, 943-950.

Wamboldt, M.Z., Schmitz, S. & Mrazek, D. (1998b) Genetic association between atopy and behavioral symptoms in middle childhood. *Journal of Child and Psychology Psychiatry, 39*, 1007-1016.

Wasserman, A.L., Whitington, P.F. & Rivara, F.P. (1988). Psychogenic basis for abdominal pain in children and adolescents. *Journal of the American Academy of Child and Adolescent Psychiatry, 27*, 179-184.

Weiner, H. (1991). From simplicity to complexity (1950-1990). The case of peptic ulceration - I. Human studies. *Psychosomatic Medicine, 53*, 467-490.

Weiss, J.H, Lyness, J., Molk, J. & Riley, J. (1976). Induced respiratory change in asthmatic children. *Journal of Psychosomatic Research, 20*, 115-121.

WHO (1993). *Internationale Klassifikation psychischer Störungen. ICD-10 Kapitel V(F)* (2. Auflage). Bern: Huber.

Zuckerman, B., Stevenson, J. & Bailey, V. (1987). Stomachaches and headaches in a community sample of preschool children. *Pediatrics, 79*, 677-682.

21 Eßstörungen
von Manfred Fichter und Petra Warschburger

Inhaltsübersicht

Bei der Regulation des Eßverhaltens handelt es sich um einen äußerst komplexen psychophysiologischen Prozeß. Eine Betrachtung des Eßverhaltens und der damit in Verbindung stehenden Störungsbilder muß immer auch auf dem entsprechenden soziokulturellen und ökonomischen Hintergrund erfolgen. So ist beispielsweise Adipositas, verglichen mit den Entwicklungsländern, in westlichen Gesellschaften mit Nahrungsüberfluß prävalenter (Stunkard, 1984). Adipositas ist aber nicht in allen Schichten unserer Gesellschaft gleich häufig anzutreffen: Bei den Frauen existiert eine inverse Beziehung zwischen sozialer Schicht und Adipositas; bei Männern und Kindern lassen sich keine eindeutigen Zusammenhänge mit der sozialen Schicht feststellen (Sobal & Stunkard, 1989). Ein wichtiges Merkmal unserer westlichen Industriegesellschaften ist, daß Eß- und Gewichtsstörungen nicht mehr nur ein Problem für die kleine Minderheit der oberen Schichten darstellen; sie haben heute eine weitere Verbreitung als jemals zuvor. Gegenmaßnahmen bezüglich Adipositas werden hauptsächlich in den mittleren und höheren sozialen Schichten ergriffen.

Die Menschheit ist aufgrund ihrer Evolution über die Jahrtausende und durch positive Selektion derer, die Perioden der Nahrungsknappheit und des Hungers am besten überstehen, biologisch gut für Zeiten des Nahrungsmangels gerüstet. Allerdings ist sie nur sehr schlecht für die Bewältigung von permanentem Nahrungsüberfluß ausgestattet. Aus diesem anthropologischen evolutionären Blickwinkel ergibt die Entwicklung eines Ideals übermäßiger körperlicher Schlankheit

wie Garner und Garfinkel bereits 1980 formulierten durchaus einen Sinn. Ohne derartige Gegenregulationen könnten sich die gesundheitlichen Konsequenzen von Adipositas volkswirtschaftlich sehr schädlich auswirken. Körperideale, die die Schlankheit überbetonen, können den Menschen helfen, den Gefahren von Nahrungsüberfluß entgegenzuwirken. Eßstörungen, wie zum Beispiel Anorexia und Bulimia nervosa, können als der Preis für diese offensichtlich wirksame Gegenmaßnahme gegen Adipositas und ihre Gesundheitsrisiken gesehen werden (vgl. Garner, 1991).

Die folgenden Ausführungen beziehen sich auf die beiden häufigsten Eßstörungen – Anorexia und Bulimia nervosa – und auf die Adipositas. Bei der Adipositas handelt es sich im klassischen Sinne nicht um eine Eßstörung, sondern um eine körperliche Erkrankung. Bislang ist kein Nachweis erfolgt, daß bei der Adipositas eine psychische Störung vorliegt. Aufgrund ihrer Prävalenz und beträchtlichen Problematik sowie der neusten diagnostischen Entwicklungen im DSM-IV (der eine Subgruppe der Adipösen betrachtet), wird die Adipositas in diesem Zusammenhang dargestellt. Wegen der zahlreichen Gemeinsamkeiten zwischen Anorexia und Bulimia nervosa werden diese beiden Krankheitsbilder gemeinsam abgehandelt. Zuerst werden die Krankheitsbilder jeweils in ihrer Symptomatik beschrieben, ihre Klassifikation anhand gängiger Klassifikationssysteme (DSM-IV, ICD-10) verdeutlicht sowie Angaben zur Epidemiologie und zum Verlauf gemacht. Daran schließt sich eine Übersicht zu Erklärungsansätzen und schließlich zum therapeutischen Vorgehen an.

I. Anorexia und Bulimia nervosa

Nach den vorliegenden klinischen Beobachtungen und epidemiologischen Studien nahmen Eß- und Gewichtsstörungen in den letzten Jahrzehnten zu. Anorexia und Bulimia nervosa sind Eßstörungen, die überwiegend bei Frauen im Jugend- oder jungen Erwachsenenalter beginnen und sich selten bei Knaben oder jungen Männern finden. Geschlechtsspezifische Unterschiede im Erscheinungsbild bestehen nicht. Wegen der Häufung dieser Krankheitsbilder bei Frauen und Mädchen sprechen wir im Folgenden von Patient*innen*.

1 Beschreibung der Störungen

1.1 Symptomatik

Anorexia nervosa (auch Pubertäts-Magersucht genannt) wird in erster Linie charakterisiert durch absichtlichen Gewichtsverlust. Das Verhalten der Patientinnen ist darauf ausgerichtet, Gewicht durch Fasten, Diäten, Miß-

brauch von Laxantien, Diuretika, Schilddrüsen-Tabletten, übertriebene körperliche Aktivitäten oder Erbrechen zu verlieren. So sind sie beispielsweise genaustens darüber informiert, wieviele Kalorien bestimmte Nahrungsmittel enthalten und wieviele Kalorien sie beispielsweise durch extensives Lauftraining wieder verbrennen können. Jede einzelne Mahlzeit wird im Vorfeld „berechnet". Sie beschäftigen sich übermäßig mit ihrem Körpergewicht und ihrer Figur, definieren ihren Selbstwert darüber (je schlanker, um so höher wird in ihren Augen ihr Selbstwert sein) und haben große Angst vor einer Gewichtszunahme (Gewichtsphobie). Ihren eigenen Körper nehmen sie als zu fett oder normalgewichtig wahr (Störungen der Körperwahrnehmung), obwohl sie von der Außenwelt immer wieder auf ihre extreme Abmagerung angesprochen werden. Infolge des enormen Gewichtsverlusts kommt es bei postmenarchen Frauen zur Amenorrhoe. Bei Kindern vor der Pubertät sollte besser von einer fehlenden Gewichtszunahme gesprochen werden. Die infolge reduzierter Nahrungszufuhr bestehenden endokrinen Störungen äußern sich unter anderem in einer verzögerten sexuellen Reifung (z.B. primäre Amenorrhoe; vgl. Robin, Gilroy & Baker Dennis, 1998). Auf weitere medizinische Folgeerscheinungen wird in Kapitel 2.2 eingegangen.

Hauptmerkmal der Bulimia nervosa ist das wiederholte Auftreten von sogenannten Freßattacken („Binge Eating"). Die Betroffenen essen in kurzer Zeit große Nahrungsmengen (bis zu 15000 kcal; Russell, 1989), vorwiegend Nahrungsmittel mit einem hohen Fettgehalt, die zudem leicht zu verkosten sind (Woell, Fichter, Pirke & Wolfram, 1989). Dieses Eßverhalten tritt meist im geheimen auf und zeigt eine deutliche höhere Eßgeschwindigkeit („verschlingen"). Diese Eßattacken sind mit dem subjektiven Gefühl verbunden, die Kontrolle über das eigene Eßverhalten verloren zu haben (vgl. Fichter & Liberman, 1997). Um nicht an Gewicht zuzunehmen, werden unmittelbar nach einer Eßattacke gegenregulierende Maßnahmen wie beispielsweise Erbrechen, Mißbrauch von Laxantien, Diuretika oder Appetitzüglern eingeleitet. Zwischen den Eßattacken kann bei den betroffenen Frauen ein ausgeprägtes, restriktives Diätverhalten (vgl. Westenhöfer, 1996) beobachtet werden. Insgesamt läßt sich festhalten, daß sowohl während der Eßattacken, aber auch in den Phasen dazwischen, das Eßverhalten der Betroffenen auffällig ist (bezogen auf die Auswahl und Quantität der Nahrungsmittel, aber auch die Eßgeschwindigkeit). Das klinische Bild weist keine altersspezifischen Unterschiede auf (Schmidt, Hodes & Treasure, 1992).

Die Gemeinsamkeiten zwischen Anorexia und Bulimia nervosa sind beträchtlich: Mit anorektischen Patientinnen haben Bulimia nervosa Patientinnen die übermäßige Beschäftigung mit Körpergewicht und Essen (z.B. exzessives Sammeln von Kochrezepten oder stundenlange Vorbereitung von „kleinen Mahlzeiten") und eine kognitive Fixierung auf diesen speziellen Bereich des Lebens (Nahrungsaufnahme und körperliche Erscheinung gemäß den sozialen Normen) gemeinsam. Verglichen mit asketisch Magersüchtigen sind bulimische Patientinnen impulsiver und extravertierter. Psychodynamisch haben bulimische Patientinnen eine sehr niedrige Selbstachtung und sind extrem abhängig von sozialen Normen und der Meinung anderer. Ihr Selbstwertgefühl ist stark davon abhängig, wie gut sie es schaffen, diesen sozialen Normen und Idealen von Körpergewicht und Figur nahezukommen. Dichotomes Denken in „Alles-oder-Nichts"-Kategorien (z.B. „erlaubte vs. unverlaubte Nahrungsmittel"; beim ersten Übertreten der Diätgrenze das Essen nicht mehr stoppen zu können) ist bei bulimischen Patientinnen sehr häufig. Bulimische Symptome (vor allem Heißhungeranfälle) sind keine spezifische Kennzeichen dieser Eßstörung, sondern können auch bei anorektischen und adipösen Patientinnen auftreten.

1.2 Klassifikation

Nach dem ICD-10-Schlüssel der Weltgesundheitsorganisation (WHO, 1991) werden generell folgende Eßstörungen unterschieden:

- Anorexia nervosa (F 50.0),
- atypische Anorexia nervosa (F 50.1),
- Bulimia nervosa (F 50.2),
- atypische Bulimia nervosa (in der Regel mit Normalgewicht; F 50.3),
- Eßattacken bei anderen psychischen Störungen (F 50.4),
- Erbrechen bei anderen psychischen Störungen (F 50.5) sowie
- andere und nicht näher bezeichnete Eßstörungen.

Die Diagnose von Anorexia nervosa beschränkt sich auf Patientinnen mit niedrigem Körpergewicht; letzteres wird in den ICD-10-Kriterien (WHO, 1991) als Body Mass Index von 16 oder weniger definiert und nach den Kriterien des DSM-IV (1996) als ein Gewicht unter 85 % des erwarteten (normalen) Körpergewichts.

Die ICD-10-Diagnose einer „Bulimia mit Normalgewicht" betrifft Patientinnen mit normalem oder leicht erhöhtem Körpergewicht. Diese „Bulimia bei Normalgewicht" ist eine häufige aber weniger spezifische und weniger schwere Erkrankung als Bulimia nervosa; sie stellt eine heterogene Gruppe dar und in der Regel haben diese Patientinnen keine Magersuchtepisode in der Anamnese. Die DSM-IV- und die ICD-10-Kriterien für Bulimia nervosa sind etwas unterschiedlich. In den DSM-IV-Kriterien gibt es keine zusätzliche diagnostische Kategorie für „Bulimia mit Normalgewicht" wie im ICD-10.

Die klinischen Merkmale und diagnostischen Kriterien für Anorexia und Bulimia nervosa nach dem DSM-IV (1996) sind in Tabelle 1 dargestellt. Wenn die DSM-IV-Kriterien für eine Anorexia nervosa zutreffen und gleichzeitig bulimische Symptome vorliegen, wird die Diagnose „Anorexia nervosa (bulimischer Typ)" und nicht die Diagnose einer Bulimia nervosa gestellt.

Tabelle 1:
Diagnostische Kriterien für Anorexia nervosa und Bulimia nervosa nach DSM-IV (1996).

Anorexia nervosa , DSM-IV Nr. 307.1 (gekürzt)
A) Weigerung, das Körpergewicht über eine für Alter und Größe minimale Schwelle zu halten (Gewicht unter 85% des extrapolierten normalen Gewichts).
B) Ausgeprägte Angst vor einer Gewichtszunahme oder davor, dick zu werden, obgleich Untergewicht besteht.
C) Vorliegen von Körperschemastörungen; Selbstwertgefühl wird übermäßig durch subjektive Wahrnehmung der eigenen Figur und des eigenen Körpergewichts beeinflußt; oder Leugnung der Ernsthaftigkeit eines bestehenden Untergewichts.

D) Amenorrhoe bei Frauen nach Eintreten der Menarche, d.h. Aussetzen von mindestens drei konsekutiven Menstruationszyklen.

Zwei spezifische Untertypen werden nach DSM-IV unterschieden:

1. Asketischer Magersuchttyp („restricting type"). Hier liegen keine „Freßattacken" oder „Purging behaviour" (selbstinduziertes Erbrechen oder Laxantienmißbrauch, Diuretikaeinnahmen) vor.

2. Bulimische Magersucht („purging type"). Hier liegen zusätzlich zu den Magersuchtsymptomen „Freßattacken" und „Purging behaviour" (selbstinduziertes Erbrechen, Mißbrauch von Laxantien oder Mißbrauch von Diuretika) vor.

Bulimia nervosa , DSM-IV Nr. 307.51 (gekürzt)

A) Wiederholte Episoden von „Freßattacken", die charakterisiert sind durch
   1. Essen in relativ kurzer Zeit und
   2. das Gefühl, die Kontrolle über das Essen während der Eßepisode zu verlieren.

B) Wiederholt unangemessene Verhaltensweisen zur Gegensteuerung einer Gewichtszunahme, wie z.B. Einnahme von Laxantien oder Diuretika, Fasten, exzessives Maß an Körperaktivität.

C) Die „Freßattacken" und unangemessenen gegensteuernden Maßnahmen erfolgten mindestens zweimal pro Woche über drei Monate.

D) Das Selbstwertgefühl ist übermäßig durch die subjektive Wahrnehmung der eigenen Figur und des Körpergewichts beeinflußt.

E) Die Störung erfolgt nicht ausschließlich während einer Episode von Anorexia nervosa.

Zwei spezifische Untertypen von Bulimia nervosa werden unterschieden:

1. Bulimia nervosa mit Erbrechen oder Laxantien- bzw. Diuretikaeinnahme („purging type") und

2. Bulimia nervosa ausschließlich verbunden mit Fasten, Diät oder exessiver körperlicher Bewegung, doch ohne Erbrechen oder Mißbrauch pharmakologischer Substanzen („non-purging type").

---

2 Epidemiologie, Verlauf und Nosologie

2.1 Epidemiologie

Etwas kontrovers wird diskutiert, ob sich die Prävalenz von Anorexia nervosa erhöht hat: Gute Belege gibt es dafür, daß die Behandlungsinzidenz sowohl bulimischer als auch anorektischer Störungen angestiegen ist. Nielsen (1990) ermittelte zwischen 1973 und 1987 eine jährliche Behandlungsinzidenzrate von 1,04 pro 100.000 Einwohner (in der Altersgruppe zwischen 10 und 29 Jahren). Im Gegensatz zur Behandlungsinzidenz spricht Fombonne (1995) davon, daß die Prävalenz nicht gestiegen sei.

Anorexia nervosa ist bei jungen Frauen weit stärker verbreitet als bei jungen Männern (etwa im Verhältnis von 12 : 1) und beginnt im Durchschnitt im Alter von 16 Jahren. Die Jungen erkrankten im Schnitt fünf Jahre früher (Nielsen, 1990). Rathner und Messner (1993) ermittelten bei Mädchen im Alter zwischen 11 und 20 Jahren eine Prävalenzrate von 0,58%. Diese Zahl bezieht sich allerdings auf eine ländliche Umgebung und kann daher nicht unbedingt auf die Allgemeinbevölkerung übertragen werden. In besonders gefährdeten Gruppen (Mädchen zwischen 15 und 19 Jahren) gehen die Schätzungen auf 1 bis 3% hoch (Joergensen, 1992); die Zahl der betroffenen Mädchen und Frauen ist in den letzten Jahren noch angestiegen, die der Jungen und Männer blieb unverändert (Nielsen, 1990).

Es gibt derzeit keine gänzlich zufriedenstellenden Studien über die Epidemiologie von *Bulimia (nervosa)* in der Allgemeinbevölkerung. Die meisten vorliegenden Studien haben die weiteren amerikanischen DSM-III Kriterien benutzt und wurden bei ausgewählten Gruppen (Schüler, Studenten), meist mit einfachen Fragebogenverfahren durchgeführt. Bulimische Symptome (ohne ausgeprägtes klinisches Bild) scheinen eine höhere Prävalenz als Anorexia nervosa zu haben. Es wird geschätzt, daß etwa 1 bis 3 % der Frauen im kritischen Alter (15 bis 35 Jahre) von Bulimia nervosa (DSM-III-R, DSM-IV) betroffen sind. In einer neueren repräsentativen Studie auf der Basis von 8116 Personen in Kanada mit dem Composite International Diagnostic Interview (CIDI), fand sich eine Lebenszeit-Prävalenz für Bulimia nervosa von 1,1% für Frauen und 0,2% für Männer (Garfinkel et al., 1995). Johnson-Sabine, Wood, Patton, Mann und Wakeling (1988) schätzen die Verbreitung von Bulimia bei 14- bis 18jährigen Mädchen auf ca. 1%. Die Alters- und Geschlechtsverteilung ist ähnlich der bei Anorexia nervosa, aber das Alter zum Zeitpunkt der Diagnosestellung ist meist etwas höher als bei Magersucht; Bulimia nervosa tritt selten bei Kindern unter 14 Jahren auf (Lask & Bryant-Waugh, 1992). Ein Teil der bulimischen Patientinnen hatte zuvor eine Episode mit Anorexia nervosa (Schmidt et al., 1992).

2.2 Verlauf

Um die psychischen und somatischen Konsequenzen einer Eßstörung besser zu verstehen, soll im folgenden auf das *Modell der reduzierten Kalorienzufuhr* (Fichter, 1992) zurückgegriffen werden. An gesunden Personen wurde unter Bedingungen experimentell reduzierter Nahrungszufuhr demonstriert, daß totale oder teilweise Nahrungsabstinenz zu drastischen endokrinen Veränderungen führt. Reduzierte Kalorienzufuhr bewirkte:

- Störungen in der Hypothalamus-Hypophysen-Nebennieren-Achse (Hyperkortisolismus, unzureichende Suppression der Kortisolsekretion nach Gabe von Dexamethason),
- Regression des Sekretionsmusters der zentral ausgeschütteten gonadotropen Hormone (LH, FSH),
- Verminderung der nächtlichen Prolaktinausschüttung und
- Verminderung der Sekretion einzelner Schilddrüsenhormone (T3, verminderte Ausschüttung von TSH nach Injektion des Releasinghormones TRH („Sparflamme") und andere endokrine Störungen (Fichter & Pirke, 1995).

Die gleichen endokrinen Veränderungen wurden bei untergewichtigen Patientinnen mit Anorexia nervosa und normalgewichtigen Patientinnen mit Bulimia nervosa in Zeiten reduzierter Kalorienzufuhr gefunden (Fichter, Pirke, Poellinger & Wolfram, 1990). Endokrine Störungen bei Anorexia und Bulimia nervosa verschwinden, wenn sich das Eßverhalten normalisiert und die Kalorienzufuhr ausreichend ausfällt. Veränderungen in Neurotransmitter-Funktionen (wie z.B. eine Verminderung des Turnovers des Noradrenalins) wurden bei Anorexia und Bulimia nervosa beschrieben; sie sind im Wesentlichen als Folge von zeitweise reduzierter Kalorienzufuhr anzusehen.

Untergewicht und Unterernährung bei Magersüchtigen ziehen eine Vielzahl von sekundären medizinischen Symptomen und Komplikationen nach sich, wie zum Beispiel Blutbildveränderungen und eine Vielzahl hormoneller Veränderungen. Bei bulimisch Magersüchtigen kann es zu Störungen des Elektrolythaushaltes (Hypokaliämie) mit negativen Folgen für Herz und Nieren kommen (vgl. Mitchell, Pomeroy & Adson, 1997).

In jüngster Zeit wurden mehrere Langzeitverlaufsstudien zur Magersucht veröffentlicht. Bei Verläufen über sieben bis 20 Jahre nahm der Anteil remittierter Patientinnen über die Jahre zu, doch fand sich bei diesen vor längerer Zeit behandelten Patientinnen auch eine hohe Sterblichkeit infolge der Magersucht (10-20% nach 15 bis 20 Jahren; Fichter, 1985; Ratnasuriya, Eisler, Szmukler & Russell, 1991). Vergleichbare Ergebnisse liegen auch aus jüngeren Studien vor (Strober, Freeman & Morrell, 1997; Fichter & Quadflieg, 1999). Die

Ergebnisse von Hawley (1985) zeigten ein etwas günstigeres Bild: Über durchschnittlich acht Jahre wurden Kinder beobachtet, die spätestens im Alter von 13 Jahren an Anorexia nervosa erkrankten. In diesem Zeitraum traten keinerlei Todesfälle auf, 67% der Kinder konnten ihr Gewicht innerhalb 15% des Normalgewichts (bezogen auf ihr Alter und ihre Größe) halten. Steinhausen und Seidel (1994a) untersuchten prospektiv den Verlauf bei 60 eßgestörten Jugendlichen nach einer stationären Therapie. Sie stellten bei der Mehrzahl der Jugendlichen im vierjährigen Verlauf nicht nur Besserungen im Eßverhalten, sondern auch der psychosozialen Funktionen fest, während Finzer, Haffner und Müller-Küppers (1998) bei zwei Drittel der ehemaligen Patientinnen noch psychosoziale Auffälligkeiten fanden. Vermutlich haben Patientinnen mit frühem Krankheitsbeginn, die in jungen Jahren einer Therapie zugeführt werden, eine bessere Prognose (Atkins & Silber, 1993). Zur Frage, ob mit einer längeren Krankheitsdauer schlechtere Langzeiterfolge einhergehen, liegen widersprüchliche Befunde vor (Jones, Halford & Dooley, 1993; Steinhausen & Seidel, 1994b).

Infolge des bulimischen Verhaltens können verschiedene, teils unwichtige, teils gravierende medizinische Komplikationen auftreten. Bedeutungsvoll ist, daß es infolge häufigen Erbrechens zu einer chronischen Verminderung des Kaliumspiegels im Blut und Veränderungen im Säure-Basen-Haushalt kommen kann. Dies kann zu Herzrhythmusstörungen (mit der Gefahr eines Herzstillstandes) und chronischem Nierenversagen führen. Generell wird die Prognose bei der Bulimia nervosa als günstig betrachtet.

So gut wie alle vorliegenden Studien beschreiben den Kurzzeitverlauf von Bulimia nervosa mit sehr heterogenen Ergebnissen. Herzog, Hartmann, Sandholz und Stammer (1992) fanden sehr hohe Rückfallraten bei behandelten bulimischen Patientinnen. Günstigere Ergebnisse erbrachte eine längerfristige umfangreiche Verlaufsstudien bei stationär verhaltenstherapeutisch behandelten bulimischen Patienten, die zwei und sechs Jahre nach Behandlungsende nochmals untersucht wurden (Fichter & Quadflieg, 1997). Patientinnen mit zusätzlichen impulsiven Syndromen (impulsiver Mißbrauch von Alkohol oder Drogen, häufigeres Stehlen, Promiskuität, wiederholte selbstschädigende Handlungen) sind aufgrund ihres nicht selten provozierenden Verhaltens in der Behandlung nicht einfach und das Vorliegen einer multi-impulsiven Symptomatik ist ein Zeichen eher ungünstiger Prognose.

2.3 Nosologie

Zwangsgedanken und/oder Zwangshandlungen finden sich bei etwa einem Drittel bis zur Hälfte der Jugendlichen mit Anorexia nervosa (Rastam, 1992; Thiel, Ohlmeier, Jacoby & Schüßler, 1995). Bei Familienstudien fand man, daß affektive Erkrankungen gehäuft auftreten. Atkins und Silber (1993) stellten bei einer Gruppe von neun- bis zwölfjährigen Mädchen in 62% der Fälle depressive Erkrankungen in der Familie fest. Auch die Anorektikerinnen leiden gehäuft unter Depressionen, die meist nach Eintreten der Eßstörung in Erscheinung treten (Rastam, 1992). Allerdings zeigten Familienstudien bei Patientinnen mit affektiven Erkrankungen keine erhöhte Prävalenz von Eßstörungen; dabei ist zu beachten, daß die Häufigkeit von Eßstörungen bei den Müttern der Patientinnen schon alleine deshalb geringer ist, da vor mehreren Jahrzehnten Eßstörungen weniger verbreitet waren.

Wie bei Anorexia nervosa fand sich auch bei Angehörigen von bulimischen Patientinnen eine Häufung von affektiven Erkrankungen (vgl. Überblick bei Laessle & Pirke, 1997). Impulsives Verhalten, wie zum Beispiel Ladendiebstahl, Selbstmordversuch und impulsiver Konsum von Alkohol und Drogen sind bei bulimischen Patientinnen relativ häufig zu beobachten (Herzog, Keller, Sacks, Yeh & Lavori, 1992).

3 Erklärungsansätze

Bevor näher auf die einzelnen Aspekte bei der Entstehung und Aufrechterhaltung von Eßstörungen eingegangen wird, sollen kurz die biologischen Grundlagen des Eßverhaltens dargestellt werden. Bei der Regulation der Nahrungsaufnahme bestehen komplexe Wechselwirkungen zwischen biologischen, umgebungsmäßigen und psychologischen Variablen. Hunger und Sättigung werden hauptsächlich im Hypothalamus geregelt. Dieser steht sowohl mit anderen Gehirnregionen als auch mit dem peripheren Sättigungssystem, welches Peptide in Reaktion auf Nahrungszufuhr ausschüttet, in Wechselwirkung. Bestimmte Substanzen können Hunger und Nahrungszufuhr reduzieren; hierzu zählen unter anderem:

- das Monoamin Serotonin,
- der Corticotropin-Releasing-Faktor (CRF), der im Hypothalamus ausgeschüttet wird, sowie
- bestimmte Peptide, die sowohl zentral als auch peripher (überwiegend im Verdauungstrakt) freigesetzt werden (z.B. Cholezystokinin, Glukagon, Bombesin und das Gastrin-Releasing Peptid).

Andere Peptide, wie zum Beispiel das Neuropeptid Y und Peptid YY, die beide in der Bauchspeicheldrüse ausgeschüttet werden, erhöhen dagegen den Hunger und die Nahrungszufuhr. Diese biologischen Variablen werden von der Nahrung selbst (Kaloriengehalt, ernährungsmäßige Zusammensetzung und Schmackhaftigkeit) sowie Umgebungsbedingungen beeinflußt. Bei Tieren kann beispielsweise Streß (durch Zufügen von Schmerz) und eine Erhöhung der Schmackhaftigkeit der Nahrung eine experimentelle Adipositas erzeugen. Bei der Regulation der Nahrungsaufnahme spielen aber auch Lernprozesse eine wichtige Rolle: Die Nahrungsaufnahme wird nicht erst dann gestoppt, wenn gastrointestinale Hormone ausgeschüttet werden und ein

Völlegefühl entsteht; vielmehr kann eine solche Reaktion vorweggenommen werden. Booth (1985) beschreibt dies als konditionierte Reaktionen im Hinblick auf Appetit und Sättigung. Bei psychogen eßgestörten Patienten besteht eine Störung der Sättigungswahrnehmung; offen bleibt, inwieweit dies Folge oder Ursache des gestörten Eßverhaltens ist.

Anorexia und Bulimia nervosa sind keine nosologischen Entitäten; ihre Ätiologie ist vermutlich multifaktoriell. Sie stellen die gemeinsame Endstrecke einer Vielzahl verschiedener Entstehungsbedingungen und ihrer Wechselwirkungen dar. Folgende ätiologisch relevante Faktoren werden bezüglich dieser Eßstörungen diskutiert:

- **Biologische Faktoren** (genetisch, neurochemisch und physiologisch),
- **soziokulturelle Faktoren** (vermittelt durch Familie, Schule und Massenmedien),
- **entwicklungsbedingte Faktoren** (Störungen in der frühen oder späteren Kindheit und Pubertät),
- **gestörte Familienbeziehungen und lebensbedrohliche Ereignisse** und
- **chronische Schwierigkeiten** (Verlust von Bezugspersonen, Konflikt mit dem Partner, Einsamkeit).

Abbildung 1 soll dies kurz verdeutlichen. Die drei letztgenannten Faktoren wurden unter dem Aspekt „akute und chronische Belastungen" zusammengefaßt. Diese Aspekte sind bei der Auslösung und Aufrechterhaltung von Eßstörungen sicherlich individuell mit unterschiedlicher Gewichtung zu betrachten. Wichtig ist, daß die Symptomatik selbst einen kurzfristig spannungsabbauenden Effekt besitzt, der langfristig die Symptomatik aufrechterhält. Auf diese Weise entsteht ein Teufelskreis, der gleichzeitig auch die wichtigsten Ansatzpunkte für die Behandlung beinhaltet (vgl. Abschnitt 4.2, Tab. 2).

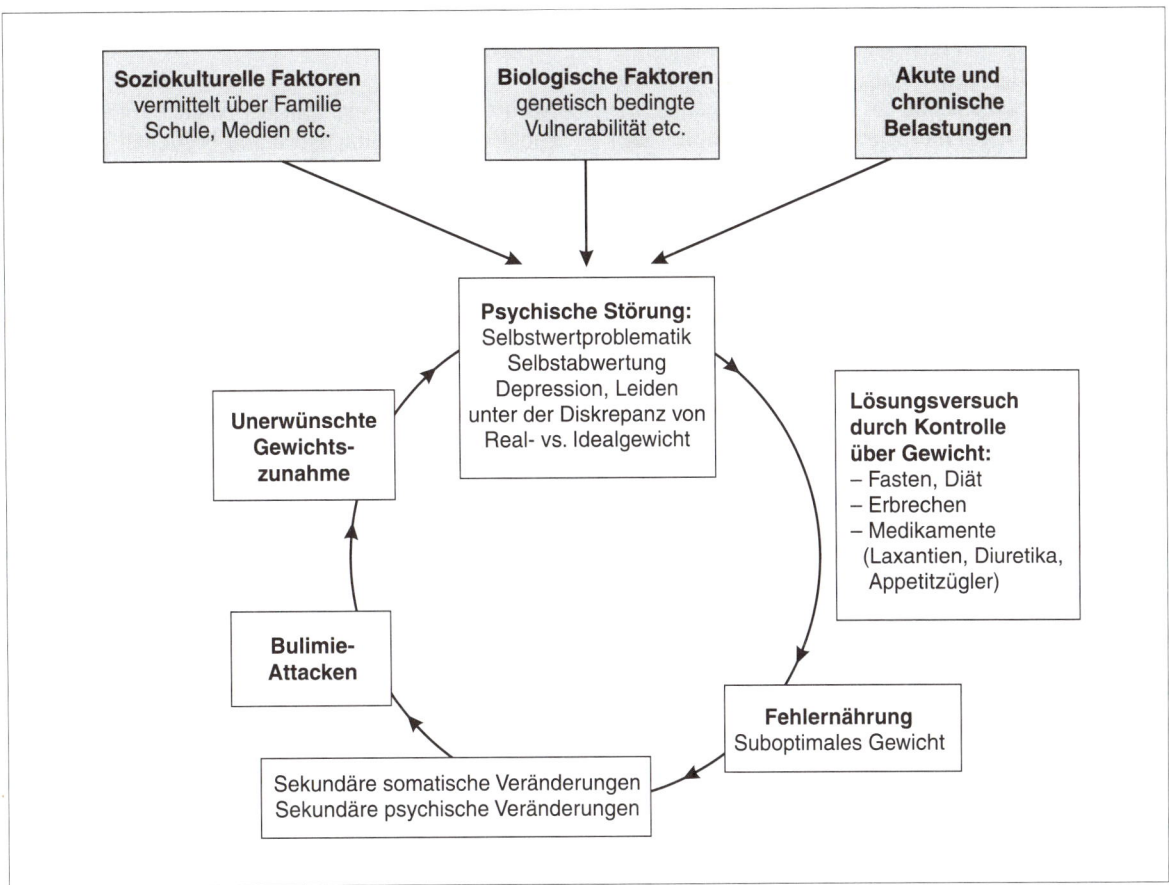

Abbildung 1:
Ätiologische und krankheitsaufrechterhaltende Faktoren bei Bulimia nervosa (modifiziert nach Fichter, 1998, S. 26).

Als auslösende Faktoren für die Eßstörungen werden demnach unter anderem biologische Faktoren wie eine genetisch bedingte Vulnerabilität diskutiert. Zwillingsuntersuchungen ergaben deutlich höhere Konkordanzraten hinsichtlich Eßstörungen bei eineiigen im Vergleich zu zweieiigen Zwillingen (vgl. Treasure & Holland, 1995); dies weist auf die Bedeutung genetischer Faktoren hin (Fichter & Nögel, 1990). Es ist plausibel, eine erhöhte biologische Vulnerabilität bei anorektischen und bulimischen Patientinnen anzunehmen. Trotz intensiver Suche ist es bis dato allerdings nicht geglückt, Indikatoren für die vermutete biologische Vulnerabilität zu finden und empirisch zu belegen.

Zu den soziokulturellen Faktoren wird vor allem das Diätverhalten gezählt. Diätverhalten wird als Eintrittskarte für die Entwicklung einer Eßstörung betrachtet (Lask & Bryant-Waugh, 1992) und ist schon in jungen Jahren weit verbreitet: 54% der Elf- bis 18jährigen haben schon einmal eine Diät gemacht (Paxton ct al., 1991). Dabei halten sich erschreckend viele untergewichtige Kinder und Jugendliche (ca. 20%) an eine Reduktionsdiät (Moses, Banilivy & Lifshitz, 1989). Besonders gefährdet sind solche Jugendliche, bei denen sich entwicklungsbedingte Veränderungen (wie Einsetzen der Menstruation und Verabredungen mit dem anderen Geschlecht) kumulieren, die Schlankheit als Schönheitsideal anstreben und einen starken Druck, schlank zu sein, von Eltern und Gleichaltrigen erleben (Levine, Smolak, Moodey, Shuman & Hessen, 1994). Gewicht ist bereits in jungen Jahren zentral für soziale Anerkennung und Stellung (Goldfield & Chrisler, 1995). Diese Ausführungen verdeutlichen den enormen sozialen Druck, unter dem viele Betroffene stehen. Daneben werden akute und chronische Belastungen als Auslöser diskutiert. Zu nennen sind hier beispielsweise familiäre Konflikte oder Partnerprobleme.

Neben diesen eher unspezifischen Faktoren müssen bei Anorexia nervosa und Bulimia nervosa weitere Aspekte, in unterschiedlicher Gewichtung, betrachtet werden. Für Bulimia nervosa wird beispielsweise unter anderem eine gemeinsame Genese mit Abhängigkeitserkrankungen diskutiert. Ebenso wie Frauen mit Alkohol- oder Drogenmißbrauch zeigen Bulimikerinnen erhöhte Werte in jenen Persönlichkeitsskalen, die Impulsivität, Depression, Aggressivität, Angst und sozialen Rückzug messen (vgl. Abschnitt 2.3). Ein Abhängigkeitsmodell erklärt jedoch nur einen Teil der Varianz. Gegenwärtig ist es offen, in welchem Ausmaß Störungen der Wahrnehmung von Hunger und Sättigung bei bulimischen Patientinnen primäre Symptome der Erkrankung sind oder sekundär zu Neurotransmitter- und Peptidveränderungen als Konsequenz des abnormen Eßverhaltens und der Nahrungsverweigerung. Das gleiche gilt für die depressiven Symptome. Den psychischen Problemen wird jedoch – wie aus Abbildung 1 ersichtlich – eine wichtige Rolle bei der Aufrechterhaltung der Bulimia nervosa zugeschrieben: Eßattacken werden vor allem in emotional belastenden Situationen ausgelöst und kurzfristig werden durch das Essen negative Gefühle wie Einsamkeit oder Anspannung kontrolliert. Langfristig steht dieses Verhalten einer angemessenen Bearbeitung der Probleme entgegen und mit der Eßattacke werden zudem die Gefühle von Hilflosigkeit und Kontrollverlust verstärkt. Mit der Diät kommt es zu einer Steigerung des Selbstwertgefühls, aber zugleich steigt die Gefahr einer Eßattacke (vgl. Westenhöfer, 1996). Mit jedem Durchbrechen der Diätgrenze wird das aufgebaute Selbstwertgefühl wieder zerstört; die durch die Fehl- und Mangelernährung

erzeugten körperlichen Probleme halten zusätzlich die Symptomatik aufrecht.

Nach Crisp (1997) besteht bei Anorexia nervosa eine phobische Vermeidungsreaktion bezüglich Essen und der damit im Jugendalter verbundenen sexuellen Reifung. In der Regel bestehen sexuelle Ängste und Konflikte sowie Ängste, ob man die mit dem Erwachsensein verbundene Verantwortung und Entscheidungen meistern kann. Die physischen Veränderungen im Erscheinungsbild während der Pubertät können diese Ängste bei verunsicherten Jugendlichen auslösen. Bruch (1973) beschrieb bei Magersüchtigen Entwicklungsstörungen während der Kindheit, die von Störungen der Mutter-Kind-Beziehungen ausgelöst werden und zu Störungen des Körperschemas, der Wahrnehmung und zu einem allgemeinen Gefühl der eigenen Unzulänglichkeit führen. Ihre Konzeption ergänzt die von Crisp um eine Perspektive der Psychodynamik und des sozialen Lernens.

4 Interventionsverfahren

4.1 Allgemeine Gesichtspunkte bei der Behandlung von Eßstörungen

Hilde Bruch (1973) beschrieb als die wesentlichen gemeinsamen Störungsbereiche für Anorexia nervosa, Bulimia („Thin Fat People") und (psychogene) Adipositas wie folgt:

- Körperschema-Störungen,
- Störungen der proprio-, interozeptiven sowie emotionalen Wahrnehmung und
- ein alles-durchdringendes Gefühl von Unzulänglichkeit.

Daraus lassen sich mehrere für diese Eßstörungen wichtige, therapeutische Ansätze ableiten. Bei allen drei Störungen muß die Patientin etwas aufgeben, das ihr geholfen hat, die emotionale Balance wenigstens kurzfristig zu erreichen: Die anorektische Patientin empfindet Stolz und persönliche Befriedigung, Gewicht durch Willensanstrengung trotz vorhandenen Appetites zu verlieren. Bei bulimischen (und vielen hyperphag-adipösen) Patientinnen verbessert die Nahrungsaufnahme kurzfristig die dysphorischen Verstimmungen oder hilft, Gefühle der Leere und Einsamkeit zuzudecken (vgl. Warschburger & Wojtalla, 1997 mit einem Fallbeispiel für Adipositas). Bei der Therapieplanung ist es daher wichtig, Therapiemotivation und Ausmaß des Leidensdrucks zu berücksichtigen. Dabei sollten die jugendlichen und erwachsenen

Patientinnen aktiv in die Zielsetzung und -realisierung einbezogen werden. Eine ausführliche Anamnese und Diagnostik bildet den allerersten Interventionsschritt.

Die Patientin sollte genaue *Informationen* über Entstehungsbedingungen, Funktion und Folgen von Eßstörungen sowie Behandlungsmöglichkeiten erhalten. Die Therapie sollte ihr transparent gemacht und die relevanten Schritte erklärt werden. Wichtig ist, daß Therapeut und Patientin sich darüber im klaren sind, daß es selten einfache Lösungen gibt, und kognitiv-emotionale Veränderungen meist Zeit brauchen. Daher sollten Ziele in einem realistischen Zeitrahmen gesetzt werden. Parallel zur Reduktion der Symptomatik, die ja auch schützende Funktion hatte, sollten alternative Verhaltensweisen zur besseren Bewältigung von frustrationserzeugenden Problemen geübt werden, die die entstehende Lücke ausfüllen können. Der Therapieaufbau erfolgt in kleinen Schritten, mit konkreten Hilfestellungen und klaren Vereinbarungen.

Patientinnen mit Eßstörungen sind üblicherweise Expertinnen im Zählen von Kalorien, doch wissen sie meist wenig über gesunde Ernährung. Aus diesem Grund ist eine *Beratung in gesunder Ernährung* sinnvoll, so daß ein normales Eßverhalten mit sinnvoller zeitlicher Strukturierung der Essenszeiten aufgebaut und das Nahrungsspektrum erweitert werden kann. Die Patientinnen sollten ermutigt werden, ihr selbstauferlegtes Verbot bestimmter Nahrungsmittel aufzugeben. Hierzu werden häufig Ernährungsprotokolle eingesetzt, um zu dokumentieren, wie die Nahrungsmittelwahl aussieht. Gleichzeitig können solche Selbstbeobachtungsbögen genutzt werden, um eine Verhaltensgleichung vorzubereiten. Abbildung 2 zeigt eine solche Selbstbeobachtungskarte.

Im Mittelpunkt der Therapie steht die *Verbesserung der körperlichen und emotionalen Wahrnehmung* und ein *direkter Ausdruck von Gefühlen*. Die eingeschränkte Wahrnehmung eigener Körpersignale und Gefühle können in speziellen Übungssitzungen behandelt werden; dabei sollte die Wahrnehmung in verschiedenen Bereichen geschärft werden (Hunger, Sättigung, Gefühle bei der Berührung durch andere, bewußtes Wahrnehmen von Körpersensationen und Gefühlen wie z.B. Ärger und Freude). Mit Hilfe von Rollenspielen kann in Einzel- oder Gruppensitzungen der angemessene Ausdruck von Gefühlen sicher erworben werden; die Patientin übt dabei systematisch, bestimmte Gefühle in vorgegebenen Situationen zum Ausdruck zu bringen. Mangelnde soziale Fähigkeiten und Kompetenz können im Selbstsicherheitstraining behoben werden. Verfügt die Patientin zwar über die erforderlichen sozialen Fertigkeiten, ist aber zu gehemmt, eigene Wünsche, Bedürfnisse und Gefühle auszudrücken, bietet die Therapie einen sicheren Rahmen, um mit dem Ausdruck von Gefühlen zu experimentieren. Dabei ist es ratsam, mit leichteren Übungen zu beginnen und zu schwierigeren Situationen voranzuschreiten; meist beginnt dies mit dem mehr *kathartischen Ausdruck „primitiver"* *Gefühle*. Die Patientin lernt zunehmend, verschiedene Situationen besser zu differenzieren, und übt den situationsangemessenen Ausdruck von Gefühlen. Aufgabe des Therapeuten ist es, die relevanten Bereiche herauszuarbeiten und die Sitzungen kreativ den Bedürfnissen der Patientinnen anzupassen.

Ein geringes Selbstvertrauen verbunden mit depressiven Gedanken und einer Tendenz zu selbstabwertenden Aussagen kann mit Verfahren der kognitiven Verhaltenstherapie behandelt werden. Als therapeutische Elemente werden hier „kognitive Umstrukturierung", die „Strategie der kleinen Schritte" oder das Training sozialer Fertigkeiten eingesetzt. Die Behandlung dürfte im Rahmen relativ problem-homogener Gruppen von Patientinnen mit Eßstörungen am wirksamsten sein. Mit Fortschreiten der Therapie sollten anorektische und bulimische Patientinnen zunehmend dazu ermutigt werden, *selbst Verantwortung zu übernehmen*. Wichtig ist, die Patientin bereits bei kleinen Fortschritten zu ermutigen und positiv zu verstärken.

Die Behandlung durch einen professionellen Therapeuten und die Teilnahme an einer *Selbsthilfegruppe* müssen sich keineswegs ausschließen, sondern können sich gegebenenfalls gut ergänzen. Eine *funktionale Analyse* dessen, was dem pathologischen Eßverhalten (z.B. Heißhungerattacken) vorausging, wird das Bewußtsein für kritische Situationen verbessern (vgl. Fichter & Liberman, 1997). So kann jemand Ärger fühlen oder eine dysphorische Stimmung durchleben, weil sie von jemand anderem kritisiert oder verletzt wurde.

Wann und wo?	Wie war die Situation? (Was habe ich gedacht? Was habe ich gefühlt?)	Was habe ich gegessen? Wieviel?	Wie habe ich mich danach gefühlt? (Was habe ich getan? Was habe ich gedacht?)	Habe ich Gegenmaßnahmen eingeleitet – ja/nein? Wenn ja, welche?

Abbildung 2:
Selbstbeobachtungskarte zur Protokollierung des Eßverhaltens.

In speziellen Rollenspielen können Patientinnen lernen, mit diesen Problemen auf direkte, annehmbare Weise umzugehen, statt die Probleme zu schlucken und aus Frustation zu essen.

Die obigen Ausführungen bezogen sich in erster Linie auf Jugendliche und Erwachsene. Viele der genannten therapeutischen Ansätze lassen sich auf die Arbeit mit Kindern übertragen; dies gilt vor allem für die verhaltenstherapeutischen Elemente (wie Rollenspiel oder Ernährungsprotokolle). Wichtig ist dabei, die Materialien altersangemessen anzupassen. Zuzätzlich sollten die Eltern in die Arbeit einbezogen und familiäre Probleme bearbeitet werden. Ein familienbezogener Ansatz hat sich gerade bei der Behandlung anorektischer Kinder bewährt (Eisler et al., 1997; Hodes, 1993).

4.2 Psychologische Behandlung

Bei der Behandlung von Eßstörungen empfiehlt Garner (1986) generell ein zweigleisiges Vorgehen: In einem ersten Schritt soll mit Hilfe behavioraler und kognitiver Verfahren das Eßverhalten und Körpergewicht normalisiert werden. Darauf aufbauend können dysfunktionale Kognitionen, die in Zusammenhang mit der Erkrankung stehen, verändert und psychosoziale Belastungen angegangen werden. Die folgenden Darstellungen beziehen sich vorwiegend auf die Therapie mit Jugendlichen und Erwachsenen; bis dato wurden sehr wenige kontrollierte Studien mit eßgestörten Kindern veröffentlicht.

Eine psychologische Therapie bei Anorexia nervosa ist kaum möglich, wenn die Patientin schwer untergewichtig ist. Vielfach wird die Patientin allen Versuchen, das Körpergewicht zu normalisieren, Widerstand entgegensetzen, wenn die erforderliche Gewichtszunahme noch nicht akzeptiert werden kann. Verhaltenstherapeutische Programme zur Erhöhung des Gewichts sind – wenn sachgerecht durchgeführt – sehr wirkungsvoll (Bemis, 1987; Touyz & Beumont, 1997). Bei extremen Fällen kann eine Sondenernährung im Kontext eines verhaltenstherapeutischen Gewichtsprogramms helfen, das normale Körpergewicht wiederherzustellen. Patientinnen, die „sich aus dem Krankenhaus herausessen", um den Bemühungen des Therapeuten zu entkommen, haben allerdings keine gute Prognose. Die Behandlung darf sich nicht einseitig auf die Steigerung des Körpergewichts konzentrieren; zusätzlich müssen körperliche und emotionale Wahrnehmung, Körperausdruck und soziale Fähigkeiten aufgebaut werden (vgl. auch Garner, Vitousek & Pike, 1997).

Zusätzlich zu den oben beschriebenen allgemeinen therapeutischen Ansätzen bei Eßstörungen kann es erforderlich werden, besondere Probleme in die Behandlung der Bulimia nervosa mit einzubeziehen. Dies ist der Fall, wenn weitere Probleme, wie zum Beispiel Alkohol- oder Drogenmißbrauch, multi-impulsives Verhal-

ten (wiederholte Diebstähle, selbstverletzendes Verhalten), exzessives Erbrechen oder Laxantienmißbrauch bestehen. Eine Aufklärung über die Folgen bulimischer Symptome kann dazu beitragen, die Behandlungsmotivation zu erhöhen. Psychologische Therapieansätze bei Eßstörungen wurden im Detail von Fichter (1989; 2000a, b, c) dargestellt; Jacobi, Thiel und Paul (1996) legten ein kognitiv-behaviorales Behandlungsprogramm bei Anorexia und Bulimia nervosa vor. Im Rahmen einer verhaltenstherapeutischen Breitbandtherapie können die in Tabelle 2 dargestellten Ansätze je nach Erfordernissen Verwendung finden. Dabei finden die bereits eingangs erwähnten Problembereiche Berücksichtigung. Fichter und Liberman (2000) stellen sowohl für Anorexia als auch Bulimia nervosa anhand konkreter Fallbeispiele die detaillierten Behandlungsschritte vor. Generell gilt, daß die Intervention den Bedürfnissen der Patientin angepaßt sein muß und die verschiedenen Interventionsebenen auch miteinander verbunden werden können.

Das konkrete Vorgehen wurde bereits in Kapitel 4.1 beschrieben. Zur Illustration sollen kurz die Inhalte des Anit-Diät-Kurses nach Shaw, Rief und Fichter (1997) skizziert werden (vgl. Kasten 1).

Kasten 1:
Themen des Anti-Diät-Kurses (modifiziert nach Shaw et al., 1997, S. 384).

- Einführung: Erfahrungen mit Diäten (Vor- und Nachteile)
- Informationsvermittlung über Essen, Hungern und Fehlernährung (z.B. Fasten; Unterscheidung zwischen Hunger und Appetit)
- Theorie der Verhaltenssteuerung (S-O-R-K-C-Modell)
- Veränderungsstrategien (Reizkontrolle, Reaktionsverhinderung, Identifizierung und Veränderung automatischer Gedanken und irrationaler Zielsetzungen)
- „verbotene Nahrungsmittel": Identifizierung und Reduktion (Ernährungsprotokoll)
- Wahrnehmungsübungen zum Riechen, Schmekken und Ertasten von Nahrungsmitteln
- Schlankheitsideale und Körperbild: „Einstellungen und Einstellungsänderung"
- positive Aspekte des aktuellen Gewichts
- Eßverhalten in der Familie und in der Öffentlichkeit (Vorbereitung eines Restaurantbesuches)
- Rückfallprophylaxe (Identifizieren von Risikofaktoren)

Zur Zeit gelten bei der Behandlung von Eßstörungen kognitiv-behaviorale Ansätze als die Methode der Wahl, vor allem bei Bulimia nervosa (Garner & Needleman, 1997; Wilson, Fairburn & Agras, 1997), da sie empirisch gut abgesichert sind (vgl. Compas, Haaga, Keefe & Leitenberg, 1998; Wilson, 1996; s. verschiedene Therapieverfahren Warschburger, 1999).

Tabelle 2:
Übersicht über behandlungsbedürftige Bereiche und therapeutische
Interventionen bei der Therapie bulimischer Syndrome.

Behandlungsbedürftige Bereiche	Interventionen
Informationsdefizite	*Informationsvermittlung:* • Streßreaktion • Ernährung • Möglichkeiten und Grenzen der Therapie • Selbsthilfe • Rückfallprophylaxe • Folgen bulimischen Verhaltens
Pathologisches Ernährungsverhalten	*Ernährungsberatung:* • Anti-Diät-Kurs • geordneter Plan für Mahlzeiten • Zusammenhang Streß und pathologisches Eßverhalten
Dysfunktionale, irrationale Gedanken, Überzeugungen und Wertungen	*Kognitive Therapie:* • Aufdeckung und Infragestellung • Reframing (= kognitive Umbewertung)
Störung der interozeptiven und emotionalen Wahrnehmung	*Wahrnehmungstraining:* • körperorientierte Übungen (z.B. Sport) • Schulung der interozeptiven Wahrnehmung • Schulung der emotionalen Wahrnehmung • Entspannungsverfahren
Störung des emotionalen Ausdrucks	*Training des emotionalen Ausdrucks:* • differenzierter Ausdruck von Emotion • Katharsisübungen • Kompetenz im Rollenspiel
Chronische Belastungen im sozialen Umfeld und ineffiziente Interaktion	*Einbeziehung des sozialen Umfeldes:* • Partnertherapie • Familientherapie
Passivität und Mangel an Übernahme von Verantwortung und unzureichendes Vertrauen in die eigenen Fähigkeiten	*Aktivierung eigener Initiativen und Verantwortung:* • aktive Teilnahme an Selbsthilfegruppen • Selbstregulation
Angst vor Rückfall	*„Maintenance Training":* • Antizipation von Problemen • relevante Belastungen exponieren • Planung weiterer Behandlungen und Teilnahme an Selbsthilfegruppen • Umgang mit Medikamenten

In einer großen, ambulanten, multizentrischen Psychotherapiestudie erhielten PatientInnen mit Bulimia nervosa (randomisiert) entweder eine kognitiv-verhaltenstherapeutische Behandlung (CBT) oder „Interpersonale Therapie" (IPT). Beide Therapiearten zeigten Wirkung. Diese war bei CBT jedoch zügiger und ausgeprägter (Agras et al., 2000).

4.3 Medikamentöse Behandlung

Eine medikamentöse Behandlung mit Antidepressiva war in den meisten der vorliegenden kontrollierten Studien bei Bulimia wirksam, auch wenn sich die Effektivität in Grenzen hielt (Garfinkel & Walsh, 1997). Antidepressiva sind insbesondere dann indiziert, wenn Depressionen bei der Patientin oder in der Familie vorkommen. Sie können einerseits die Stimmung stabilisieren, andererseits haben sie eine appetit- und gewichtssteigernde Wirkung. Speziell bei Bulimia muß aufgrund der Nebenwirkungen von MAO-Hemmern abgeraten werden. Bei Anorexia nervosa haben sich bisher weder Antidepressiva noch Neuroleptika noch andere Psychopharmaka in kontrollierten Studien als wirkungsvoll erwiesen (Thiel, 1997). In letzter Zeit fand das hohe Osteoporose-Risiko von chronisch untergewichtigen Magersüchtigen starke Beachtung; die beste Osteoporose-Prophylaxe ist die Normalisierung des Gewichts. Zusätzlich sollten zumindest bei lang bestehendem Untergewicht Medikamente, die die Knochenmineralisation anregen, gegeben werden (z.B. niedrig dosierte Östrogen-Gestagen Kombinationen; Fichter, 1993). Allerdings konnte bis dato die Wirksamkeit einer medikamentösen Osteoporosephrophylaxe bei Anorexia nervosa empirisch nicht belegt werden.

II. Adipositas

1 Beschreibung der Störung

Im Gegensatz zu den bereits beschriebenen Störungsbildern steht bei der Adipositas der medizinische Status im Vordergrund.

1.1 Symptomatik

Adipositas zeichnet sich durch eine übermäßige Ver-
mehrung von Körperfettgewebe aus, die mit einer gesundheitlichen Gefährdung einhergeht. Adipositas
muß eindeutig von Übergewicht getrennt werden, das
sich lediglich auf ein übermäßiges Körpergewicht bezieht. Da eine direkte Messung der Fettmasse zwar
möglich, jedoch meist sehr zeit- oder kostenintensiv
(vgl. Goran, 1998) ist, existieren in der Literatur zahlreiche Versuche, Adipositas indirekt zu messen. In der
Regel werden indirekte Schätzungen des Fettanteils
durch anthropometrische Messungen (z.B. Hautfalten-
dicke) vorgenommen (Wirth, 1997).

Zunehmend üblich wurde die indirekte Bestimmung
anhand des sogenannten Body Mass Index (BMI). Der
BMI berechnet sich durch die Formel: Körpergewicht
in kg dividiert durch das Quadrat der in Meter gemessenen Körpergröße (kg/m^2). Adipositas liegt bei Erwachsenen vor, wenn der BMI > 30 beträgt (Bray,
1978). Empirische Untersuchungen unterstreichen, daß
damit der Körperfettanteil auch für Kinder relativ gut
geschätzt werden kann (vgl. Lazarus, Baur, Webb &
Blyth, 1996). Allerdings müssen die Werte alters- und
geschlechtsspezifisch angepaßt werden. Vorgeschlagen werden daher Perzentilkurven, die Werte jenseits
der 85. (Hebebrand, Heseker, Himmelmann, Schäfer &
Remschmidt, 1994), der 90. (Georgi, Schaefer, Wühl
& Schärer, 1996) oder der 97. Perzentile (Zwiauer &
Wabitsch, 1997) als auffällig und behandlungsbedürftig einstufen. Weiterhin liegen spezielle Wachstums-
kurven vor, die einen Vergleich des individuellen Gewichts mit dem anderer Kinder gleicher Körpergröße,
gleichen Alters und Geschlechts erlauben (Hartung,
1993; Hesse, 1997). Somit ist für die Bestimmung, ob
Adipositas vorliegt, einzig und allein entscheidend, ob
eine als gesundheitsgefährdend eingestufte Vermeh-
rung des Fettgewebes vorliegt. Wie die Betroffenen mit
dieser Situation zurechtkommen und wie sie ihren eigenen Gewichtsstatus sehen, ist dafür irrelevant.

1.2 Klassifikation

Es existiert derzeit keine einheitliche Klassifikation
von Adipositas (vgl. Brownell, 1995). Zunehmend ge-
bräuchlich wird die Einteilung in verschiedene Schweregrade anhand des prozentualen Übergewichts; auf
dieser Grundlage kann dann eine differentielle Thera-

piezuweisung zu unterschiedlich invasiven Programmen erfolgen (Brownell & Wadden, 1992). Phänomenologisch kann zwischen einem weiblichen (gynoiden;
d.h. vermehrtes Fettgewebe an Hüften und Oberschen-
keln) und männlichen (androgenem; d.h. Fettkonzen-
tration in der Bauchregion) Adipositastyp unterschieden werden. Differentialdiagnostisch muß weiterhin
primäre und sekundäre Adipositas (= Folge einer endokrinen oder genetischen Erkrankung) voneinander abgegrenzt werden (vgl. Müller, 1996; Wirth, 1997). Bei
Erwachsenen wird zusätzlich erfragt, ob die Adipositas
bereits im Kindesalter bestand (= „childhood-onset
obesity") oder nicht (= „adult-onset obesity"). Ein früher Beginn geht mit einem höheren medizinischen Risiko einher (Feinstein & Quivers, 1997).

Die Adipositas wird nicht als eine psychische Erkrankung, sondern als körperliche, chronische Erkrankung
betrachtet. Auch in der neuen Version des DSM-IV
(1996) wird Adipositas nicht als diagnostische Kategorie aufgeführt. Es besteht jedoch die Möglichkeit unter
der Codierung 316, den Stellenwert psychischer Faktoren zu dokumentieren, die medizinische Störungsbilder beeinflussen. Im ICD-10 (WHO, 1991) wird eine
Untergruppe von Adipositas (Adipositas assoziiert mit
anderen psychischen Störungen) aufgeführt, so wie
zum Beispiel:

- als eine Reaktion auf schmerzvolle Ereignisse,
- als eine Ursache für eine psychische Störung und
- als ein unerwünschter Effekt von Langzeitmedikati-
  on mit Neuroleptika oder Antidepressiva.

In jüngster Zeit wurde erneut Diagnostik, Verlauf und
Therapie bulimischer Syndrome, die mit Heißhunger
und Hyperphagie, aber nicht mit nennenswerten über-
gewichts-gegenregulierenden Maßnahmen (z.B. Erbrechen) einhergehen, diskutiert. Diese wurden in der anglo-amerikanischen Literatur unter den Begriffen
„Binge-Eating Disorder" (Spitzer et al., 1992) oder
„Recurrent Overeating" (Fichter, Quadflieg & Brandl,
1993) abgehandelt (vgl. auch Tab. 1). In den neuen
DSM-IV-Kriterien wird die „Binge-Eating Störung"
zumindest im Anhang B genannt, um weitere Forschungsaktivitäten zu stimulieren. Die Kriterien für die
„Binge-Eating Disorder" beinhalten dieselben Kriteri-
en bezüglich Art und Häufigkeit der „Freßattacken"
(wiederholte Episoden von Essen in relativ kurzer Zeit,
verbunden mit dem Gefühl, die Kontrolle über das Essen zu verlieren an mindestens zwei Tagen in der Woche
über sechs Monate) wie bei Bulimia nervosa. Die Betroffenen leiden sehr stark unter der Situation; zudem
müssen drei der vier folgenden Merkmale vorliegen:

- sehr viel schnelleres Essen als andere Menschen,
- Essen bis zum Auftreten eines unangenehmen
  Völlegefühls,
- das Essen größerer Nahrungsmengen, obwohl
  kein Hungergefühl besteht, oder

- das Essen wird alleine eingenommen, aus Scham oder Ekel vor sich selbst oder aufgrund von Depressionen oder Schuldgefühlen.

Der wesentliche Unterschied zur Bulimia nervosa besteht im Fehlen gegenregulierender Maßnahmen wie selbstinduziertes Erbrechen oder Mißbrauch pharmakologischer Substanzen zur Gewichtsabnahme. Die Klassifikation befindet sich noch im Entwicklungsstadium.

2 Epidemiologie und Verlauf

2.1 Epidemiologie

Verläßliche epidemiologische Daten zur Prävalenz der Adipositas liegen – sicherlich auch aufgrund der aufwendigen Messungen und unklaren Definition – bislang für Deutschland kaum vor. Nach einer Studie der Deutschen Gesellschaft für Ernährung (1984) in den Jahren 1982/83 sind 17% der Kinder und Jugendlichen übergewichtig (d.h. ihr Gewicht liegt mindestens 15% über dem empfohlenen Referenzgewicht). In Bremen sind bereits rund 10% der Schulanfänger adipös (Zimmermann, 1998); in Jena drücken rund 10% der Kinder und Jugendlichen im Alter von sieben bis 14 Jahren mit Adipositas die Schulbank (Kromeyer-Hauschild & Jaeger, 1998). In den USA liegen die Prävalenzangaben mit zwischen 20 und 27% (Schonfeld-Warden & Warden, 1997) durchweg höher.

Weltweit deutet sich seit den 60er Jahren eine zunehmende Verbreitung von Adipositas an (Gortmaker et al., 1996; Ogden et al., 1997; Troiano, Flegal, Kuczmarski, Campbell & Johnson, 1995). In Jena stieg der Anteil der adipösen (jenseits der 97. BMI-Perzentile) und übergewichtigen (zwischen der 90. und 97. BMI-Perzentile) Kinder zwischen 1975 und 1995 deutlich an; bei den Mädchen verdoppelte sich sogar der Anteil (Kromeyer-Hauschild & Jaeger, 1998).

Während bei den Jungen mit zunehmendem Alter der Anteil der Übergewichtigen ansteigt, kann bei den Mädchen ein umgekehrter Trend beobachtet werden. Anders als bei Erwachsenen konnte kein eindeutiger Zusammenhang zwischen sozioökonomischem und Gewichtsstatus hergestellt werden (vgl. auch Sobal & Stunkard, 1989); bei der Adipositas handelt es sich um eine familiäre Erkrankung (Björntorp, 1997). Die Kinder entstammen häufig einem „adipösen Elternhaus" (Caviezel et al., 1992; Guillaumc, Lapidus, Beckers, Lambert & Björntorp, 1995). Das Risiko eines Kindes, übergewichtig zu werden, steigt proportional zur Zahl der übergewichtigen Familienmitglieder (Bogardus et al., 1986) und deren Grad des Übergewichts an (Whitaker, Wright, Pepe, Seidel & Dietz, 1997).

Angaben zur Verbreitung der „Binge-Eating Disorder" liegen derzeit nur in begrenztem Ausmaß vor. Götestam und Agras (1995) berichteten auf der Basis einer norwegischen Bevölkerungsstudie für Frauen eine Häufigkeit von 1,5%; Kinzl, Traweger, Trefalt und Biebl (1998a) führten eine telefonische Befragung bei 1000 Frauen (15 – 85 Jahre) in Tirol durch. 8,5% der Befragten mit Adipositas erfüllten die Kriterien. Eine vergleichbare Erhebung (Kinzl, Traweger, Trefalt, Mangweth & Biebl, 1998b) bei jüngeren Männern kam zu einem vergleichbar hohen Prozentsatz (6,3%); für Kinder und Jugendliche liegen bis dato keine Daten vor.

2.2 Verlauf

Bei Adipositas handelt es sich meist nicht um einen vorübergehenden Zustand, sondern um eine chronische Erkrankung mit einer beträchtlichen Stabilität. Diese beginnt bereits in der frühesten Kindheit. Kinder mit einem Geburtsgewicht von über 4500g haben eine zwei- bis dreimal so hohe Wahrscheinlichkeit mit 17 Jahren übergewichtig zu sein als Kinder mit einem Geburtsgewicht zwischen 3000 bis 3499g (Seidman, Laor, Gale, Stevenson & Danon, 1991). Die meisten Kinder behalten ihr Übergewicht bis ins Erwachsenenalter bei (Serdula et al., 1993; Srinivasan, Bao, Wattigney & Berenson, 1996); vor allem, wenn sie stark übergewichtig und weitere Familienmitglieder betroffen sind (Whitaker et al., 1997).

Können noch weitere Faktoren die Gefahr eines chronischen Verlaufs vorhersagen? Die Ergebnisse einer prospektiven Studie von Rolland-Cachera et al. (1984) deuten darauf hin, daß der Zeitpunkt des sogenannten adiposity-rebounds eine solche Vorhersage leisten kann. Der BMI verändert sich im Entwicklungsverlauf: Bis zum ersten Lebensjahr steigt er an, fällt dann bis zum sechsten Lebensjahr kontinuierlich ab und steigt dann wieder an („adiposity-rebound"). Kinder, bei denen dieser „rebound" ausgeprochen früh erfolgt, sind eher als Jugendliche übergewichtig als Kinder mit einem späten „rebound" (nach dem 7. Lebensjahr). Dieser Befund konnte auch unlängst von Whitaker, Pepe, Wright, Seidel und Dietz (1998) bestätigt werden.

Adipositas ist mit einer Reihe von sekundären Erkrankungen verbunden (vgl. Wirth, 1997). Adipöse Kinder haben ein erhöhtes Risiko für Herz-Kreislauferkrankungen einschließlich Bluthochdruck (Figueroa-Colon, Franklin, Lee, Aldridge & Alexander, 1997). Weitere mit Adipositas verbundene körperliche Risiken sind gehäuftes Vorkommen von Diabetes mellitus (Zuckerkrankheit), Gelenkschäden, Hautproblemen und bestimmten Krebsformen. Neben der erhöhten Morbidität ist im allgemeinen auch die Lebenserwartung bei Adipositas wegen medizinischer Komplikationen verringert (Must, Jacques, Dallal, Bajema & Dietz, 1992). Bei Kindern und Jugendlichen werden schnelleres Wachstum, erhöhter Blutdruck und Fettwechselstörungen als Folgeschäden mit hoher Wahrscheinlichkeit betrachtet (WHO Consultation on Obesity, 1998).

Neben den körperlichen Folgen ist auf die psychosozialen Aspekte der Adipositas besonderes Augenmerk zu richten. Unzufriedenheit mit dem Körpergewicht und der eigenen Figur sind gerade bei Jugendlichen weit verbreitet (Rolland, Farnill & Griffiths, 1996). Die psychologische Forschung fand weniger Hinweise auf eine generelle Einschränkung im Selbstkonzept der adipösen Kinder und Jugendlichen (vgl. French, Story & Perry, 1995) oder ausgeprägte depressive Reaktionen (Wadden, Foster, Letizia & Wilk, 1993), sondern spricht vielmehr von einer allgemeinen Unzufriedenheit mit dem eigenen Körper (Wadden et al., 1993). Festzuhalten bleibt, daß eine mehr oder minder große Subgruppe (ca. 5 – 30%) der adipösen Kinder und Ju-

gendlichen emotional stark belastet ist (Epstein, Klein & Wisniewski, 1994; Epstein, Myers & Anderson, 1996), was auch in einer deutschen Studie mit 176 adipösen Kindern und Jugendlichen bestätigt werden konnte (Warschburger, 1998). Besonders belastet sind Kinder und Jugendliche, die beispielsweise an einem Gewichtskontrollprogramm teilnehmen (Braet, Mervielde & Vandereycken, 1997).

Ein möglicher Grund für die starke emotionale Belastung Adipöser mag in der hohen Zuschreibung von Verantwortung für den körperlichen Status (Brownell, 1991), gekoppelt mit einer starken sozialen Ablehnung liegen (Goldfield & Chrisler, 1995; Hill & Silver, 1995), die Betroffene erfahren. Funktionelle Einschränkungen werden gerade auch im sportlichen Bereich erfahren (Warschburger, 1998), der wichtig für die soziale Anerkennung unter Kindern und Jugendlichen ist. In diesem Bereich sind auch negative Auswirkungen auf das Selbstkonzept der Kinder und Jugendlichen zu erwarten (French, Perry, Leon & Fulkerson, 1996; Hill, Draper & Stack, 1994). Generell läßt sich festhalten, daß großangelegte schulische Studien eher keine Unterschiede zwischen übergewichtigen und normalgewichtigen Kindern fanden, im Gegensatz zu klinischen Studien.

3 Erklärungsansätze

Adipositas ist eine sehr heterogene Störung mit zahlreichen Faktoren, die zu ihrer Entstehung beitragen können (Brownell & Wadden, 1992). Ganz allgemein ausgedrückt, wird an Gewicht gewonnen, wenn im Vergleich zum Verbrauch zuviel Nahrung zugeführt wird („Prinzip der Energiebilanz"): Die „persönliche Waage" aus Nahrungszufuhr und -abbau gerät ins Ungleichgewicht. Dieses einfache Energiebilanzprinzip ist erst in jüngster Zeit wieder stärker in den Mittelpunkt des Interesses gerückt, erweitert um die Annahme eines individuell unterschiedlichen set-points und der These, daß bei Übergewichtigen die Gewichtsregulation auf einem höheren Niveau, das heißt höherem Gewicht, erfolgt (Ellrott & Pudel, 1998; Pudel & Westenhöfer, 1998). Darüber hinaus wird gegenwärtig anstelle der Energie- die Nährstoffbilanz betrachtet, da sich herausgestellt hat, daß der Anteil des Fetts und der Kohlenhydrate in der täglichen Nahrung entscheidend zur Entwicklung der Adipositas beitragen (Pudel & Westenhöfer, 1998).

Welche Faktoren konkret zu betrachten sind, kann Abbildung 3 entnommen werden. Die Ursachen reichen von genetisch-metabolischen bis zu verhaltensbezogenen Faktoren. Gleichzeitig bietet das Wissen über mehr oder minder stark modifizierbare Einflußfaktoren die

Möglichkeit, Interventionsstrategien abzuleiten. Diese Interventionsstrategien können den grau unterlegten Kästen in Abbildung 3 entnommen werden; auf einige Aspekte wird in Kapitel 4 näher eingegangen.

3.1 Genetisch-metabolische Faktoren

In den letzten Jahren sind genetische Faktoren zunehmend in den Vordergrund gerückt. Aktuell wird die Entdeckung des sogenannten Adipositas-Gens („ob-Gen") und dessen Implikationen für die Forschung diskutiert (Ellrott & Pudel, 1998). Zahlreiche Zwillings- und Adoptionsstudien konnten zeigen, daß Vererbung eine wichtige Rolle bei der Entwicklung von Adipositas spielt (Björntorp, 1997). Beispielsweise unterscheiden sich eineiige Zwillinge kaum in ihrem Gewicht voneinander, egal ob sie getrennt voneinander oder gemeinsam aufwuchsen (Stunkard, Harris, Pedersen & McClearn, 1990; Price & Gottesman, 1991). Vererbt wird in erster Linie die Disposition, adipös zu werden; inwieweit diese angeborene Vulnerabilität zum Tragen kommt, beeinflussen Umweltfaktoren (Price & Stunkard, 1989). Der genetische Anteil wird von einigen Autoren – gerade im Kindes- und Jugendalter – relativ hoch eingeschätzt. Aus der familiären Häufung und den genetischen Einflüssen darf allerdings nicht geschlossen werden, daß die Adi-

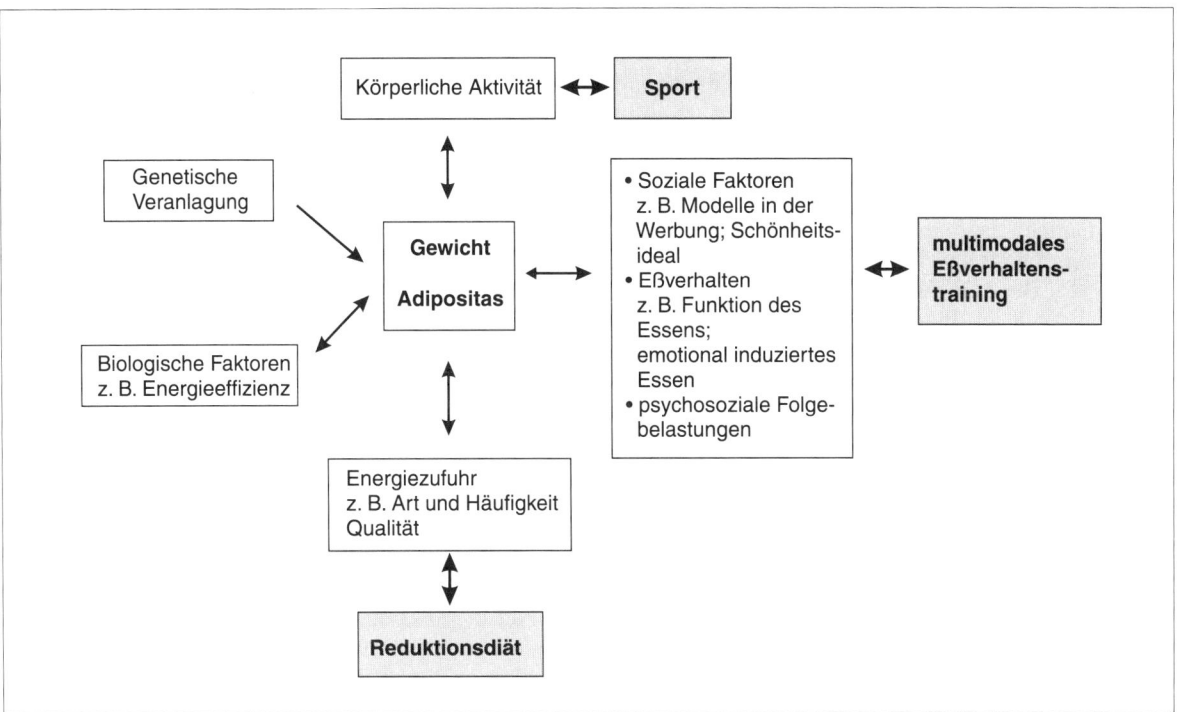

Abbildung 3:
Einflußfaktoren auf Entstehung und Aufrechterhaltung der Adipositas.

positas nicht beeinflußbar sei (vgl. Meyer & Stunkard, 1993): Wann und unter welchen Umständen die genetische Vulnerabilität zum Tragen kommt, wird von weiteren Faktoren (mit-) beeinflußt.

Worin sich diese vererbte Disposition äußert, dafür sind verschiedene Mechanismen denkbar. Als mögliche Erklärung kommt der interindividuell unterschiedliche Energiebedarf in Frage. Der Energiebedarf setzt sich aus drei Größen zusammen:

- dem *Grundumsatz* (zur Erhaltung aller lebenswichtigen Körperfunktionen; ca. 60% des Gesamt-Energiebedarfs),
- dem *thermogenetischen Effekt der Nahrung* (d.h. wieviel Körperwärme durch die Nahrung produziert wird) sowie
- der *körperlichen Aktivität.*

Ausgangsüberlegung war, daß Übergewichtige einen geringeren Energiebedarf (v.a. Grundumsatz) aufweisen und daher weniger Nahrung bedürfen; essen sie jedoch genauso viel wie Personen mit einem höheren Energiebedarf, wird die überschüssige Energie in Fettdepots angelegt. Das Vorliegen eines verhältnismäßig geringen Energieverbrauchs („energy effiency") prädisponiert zur Entwicklung einer Adipositas (Roberts, Savage, Coward, Chew & Lucas, 1988). Normalgewichtige Neugeborene mit geringem Energieverbrauch waren in der prospektiven Studie von Roberts et al. (1988) drei Monate später adipös; die Mütter dieser

Kinder waren selbst übergewichtig. Diese Studie legt nahe, daß der Grundumsatz genetisch determiniert wird; diese Vermutung konnten Bouchard et al. (1989) untermauern: Sie fanden deutliche Übereinstimmungen im Grundumsatz zwischen Eltern und Kind sowie zwischen eineiigen Zwillingspartnern.

Die These eines verminderten Energieverbrauchs adipöser Kinder ist jedoch umstritten. In einigen Vergleichsstudien fanden sich keine Unterschiede im Energiebedarf von über- und normalgewichtigen Kindern (Maffeis, Schutz, Schena, Zaffanello & Pinelli, 1993). Möglicherweise ist nur eine Untergruppe der adipösen Kinder davon betroffen. Neben dem Grundumsatz werden weitere Faktoren diskutiert, die genetischen Einflüssen unterliegen. Hierzu zählen beispielsweise die Lipolyse im Fettgewebe, die Fettpräferenz oder die Appetitregulation (vgl. WHO-Consultation on Obesity, 1998).

3.2 Umweltfaktoren

Wie bereits erwähnt, wird nicht das Übergewicht selbst, sondern die Empfänglichkeit dafür vererbt. Ob und in welchem Ausmaß sich Adipositas entwickelt, wird von Umweltfaktoren beeinflußt. Untersucht wurde hier vor allem die Rolle der Nahrungsaufnahme, des Eßverhaltens und der körperlichen Aktivität.

Eine positive Energiebilanz und damit eine Anreicherung von Fettgewebe kann nicht nur durch eine geringere Energieverwertung, sondern auch durch eine vermehrte Nahrungszufuhr entstehen. Wurden Selbstberichte zugrundegelegt, dann fanden sich keine Unterschiede in der täglichen Nahrungsmenge adipöser und normalgewichtiger Kinder (vgl. Caviezel et al., 1992; Maffeis, Schutz & Pinelli, 1991). Sowohl normal- als auch übergewichtige Jugendliche unterschätzen die tägliche Nahrungszufuhr; mit dem Gewicht der Person vergrößerte sich dieser Fehler (Klesges, Eck & Ray, 1995). Dieser Befund stellt die Genauigkeit von Selbstberichten in Frage. Waxman und Stunkard (1980) beobachteten in vier Familien die Nahrungsaufnahme beim Abendessen, um eine Verzerrung durch Selbstberichte auszuschließen. Im Vergleich zu ihren normalgewichtigen Brüdern aßen die übergewichtigen Jungen mehr und wurden von ihren Müttern stärker zum Essen ermuntert.

Neben der Nahrungsmenge wird auch die Verteilung der Nahrungsaufnahme über den Tag (Bellisle, Rolland-Cachera, Deheeger & Guilloud-Bataille, 1988) und die Energiedichte der zugeführten Nahrungsmittel (Kimm, 1995) diskutiert. Das konkrete Eßverhalten einer Person – in Quantität und Qualität – wird multidimensional bestimmt. Neben dem erlebten Hunger spielen auch Kognitionen (z.B. mehr als dreimal täglich schadet der Gesundheit), emotionale (z.B. Essen bei Streß) und Lernprozesse (klassische und operante Konditionierung) eine Rolle (Ellrott & Pudel, 1998).

In unserer Gesellschaft wird weithin die zunehmende körperliche Inaktivität – gerade auch bei Kindern und Jugendlichen – beklagt: Kinder werden mit dem Auto zu Verabredungen gebracht statt mit dem Rad zu fahren, oder mittags wird mit dem PC gespielt anstatt mit Freunden schwimmen zu gehen. Während der Grundumsatz und der thermogenetische Effekt der Nahrung weitgehend genetisch bestimmt sind, kann die Person den bewegungsinduzierten Energieverbrauch stark beeinflussen. Daher wurde vermutet, daß sich übergewichtige Kinder weniger häufig und intensiv bewegen und dadurch einen verminderten Energiebedarf aufweisen. So beobachteten Waxman und Stunkard (1980), daß die übergewichtigen Kinder zu Hause weniger aktiv waren als ihre normalgewichtigen Brüder. Klesges, Eck, Hanson, Haddock und Klesges (1990) analysierten, wie demographische Größen, die Umgebung und Eltern die körperliche Aktivität des Kindes beeinflussen. Mit dem Gewicht der Kinder nahm ihre körperliche Aktivität zu, mit dem Gewicht der Eltern nahm sie hingegen ab. Je häufiger die Kinder draußen spielen konnten, desto mehr bewegten sie sich auch. Im häuslichen Rahmen erwiesen sich vor allem die Kinder übergewichtiger Eltern als gefährdet: Wenn kein Familienmitglied mit ihnen spielte, war diese Gruppe äußerst inaktiv.

Übergewichtige Kinder scheinen nicht nur insgesamt physische Anstrengung zu meiden, sondern sind auch im Vergleich zu normalgewichtigen Kindern eher be-

reit, hohe Kosten dafür in Kauf zu nehmen. Epstein, Smith, Vara und Rodefer (1991) variierten experimentell die Kosten, die mit anstrengenden (wie Radfahren) oder ruhigen Aktivitäten (wie Videos angucken) verbunden sind. Bei gleichen Kosten für beide Aktivitäten bevorzugten alle Kinder die ruhige Aktivität; stiegen jedoch einseitig die Kosten dafür an, wechselten nur die Normal- und mäßig Übergewichtigen zu einer anstrengenden Aktivität. Diese und ähnliche Befunde deuten auf die geringere körperliche Aktivität von übergewichtigen Kindern hin (vgl. auch Davies, Gregory & White, 1995), erlauben jedoch keine Aussage darüber, ob dieses Verhaltensmuster Ursache oder Folge der Adipositas ist. Wie bedeutsam die körperliche Aktivität für die Entwicklung von Fettleibigkeit sein kann, konnten allerdings Berkowitz, Agras, Korner, Kraemer und Zeanah (1985) zeigen. Sie erhoben bei 52 Kindern im Alter zwischen vier und acht Jahren die körperliche Aktivität mit Hilfe eines Bewegungssensors. 30% der Variation im individuellen Fettanteil konnte durch das unterschiedliche Aktivitätsniveau der Kinder und das Gewicht der Eltern erklärt werden. Besonders gefährdet sind demnach Kinder, die sich kaum bewegen und deren Eltern übergewichtig sind.

Der tägliche Fernsehkonsum stellt mittlerweile im Leben von Kindern und Jugendlichen eine wichtige Quelle körperlicher Inaktivität dar. Inwieweit ein höherer Fernsehkonsum mit einem höheren Gewicht einhergeht, untersuchen erstmals Dietz und Gortmaker 1985 prospektiv über sechs Jahre bei 2153 Kindern. Von den Kindern, die als Sechsjährige mehr als fünf Stunden täglich vor dem Fernseher saßen, waren sechs Jahre später über 30% adipös; bei maximal einer Stunde Fernsehkonsum pro Tag lag der Anteil adipöser Jugendlicher bei 15%. Die positiven Zusammenhänge blieben erhalten, wenn das frühere Gewicht der Kinder und sozioökonomische Faktoren kontrolliert wurden. Vermittelt werden kann ein solcher Zusammenhang durch einen erniedrigten Energieverbrauch beim Fernsehen (Klesges, Shelton & Klesges, 1993). Robinson et al. (1993) konnten diese Ergebnisse nicht bestätigen, während Gortmaker et al. im Jahre 1996 ihre früheren Beobachtungen belegen konnten. Weitere Studien zu dieser Thematik bleiben abzuwarten, um hier zu verlässlichen Aussagen zu gelangen.

Problematisch ist an diesen Studien, daß sie mit manifest Betroffenen arbeiten, deren Energiebedarf aufgrund des höheren Gewichts bereits gestiegen ist. Die Ergebnisse deuten jedoch – ähnlich wie bei den Eßstörungen – auf einen sich selbst aufrechterhaltenden Kreislauf hin. Insgesamt läßt sich festhalten, daß die Ätiologie und Aufrechterhaltung der Adipositas multifaktoriell betrachtet werden muß. Welche Faktoren konkret und in welchem Ausmaß zur Adipositas beitragen, kann interindividuell sehr unterschiedlich sein. Eine sorgfältige Anamnese und Verhaltensanalyse ist im konkreten Fall zentral (vgl. Warschburger & Wojtalla, 2000).

4 Interventionsverfahren

Die multifaktorielle Betrachtung der Adipositas hinsichtlich ihrer Ätiologie macht auch entsprechend zugeschnittene, möglichst multimodale Behandlungsprogramme erforderlich. Reine Reduktionsdiäten und die üblichen Abmagerungskuren führen zwar zu kurzfristiger Gewichtsabnahme, doch zeigen sich bei der Evaluation über längere Zeitstrecken unbefriedigende Ergebnisse (Stunkard, 1985; Wirth, 1997). Gewarnt wird vor allem vor dem Auftreten des sogenannten Jo-Jo-Effekts (= kurz nach Beenden der Diät übersteigt das Gewicht das ursprüngliche Ausgangsgewicht) und vor der Sensibilisierung für Eßstörungen (Brownell & Rodin, 1994; Wardle, 1995). Zur Kalorienreduktion wird eine hypokalorische Mischkost empfohlen (Wirth, 1997), die zu einem moderaten, aber ungefährlichen Gewichtsverlust führt (Dietz, 1995; Williams, Campanaro, Squillace & Bollella, 1997). Für die längerfristige Aufrechterhaltung der Therapieerfolge haben sich multimodale Programme bewährt; sie setzen sich in der Regel aus drei Elementen zusammen:

- **Diät zur Gewichtsreduktion** (im Sinne einer langfristigen Ernährungsumstellung),
- **körperliche Übungen** zur Steigerung des Energieverbrauchs und Erhöhung der körperlichen Fitness sowie
- **verhaltenstherapeutische Strategien** zur Veränderung des Eßverhaltens und zum Einüben neuer Verhaltensmuster (Epstein & Wing, 1987).

Wichtig für die Therapieplanung ist – wie bereits erwähnt – eine funktionale Analyse von Auslösern abnormen Eßverhaltens (z.B. emotionaler Druck), Reaktion (z.B. Verschlingen hochkalorischer Speisen) und Konsequenzen des Essens (Völlegefühl, Scham, Ärger über Gewichtszunahme). Für hyperphage, psychogen Übergewichtige („emotional overeater") ist es bedeutungsvoll, die eigene Wahrnehmung und soziale Fähigkeiten zu verbessern; hierzu liegen nur sehr wenige empirische Ergebnisse vor. Eine intensive multimodale Verhaltenstherapie zeigte sowohl hinsichtlich des Eßverhaltens als auch bezüglich der allgemeinen Psychopathologie eine substantielle Besserung (Fichter, Quadflieg & Gnutzmann, 1998). Auch verringerte sich das Gewicht, um im weiteren Verlauf ein bis zwei Jahre nach Behandlung wieder zuzunehmen (Fichter et al., 1993).

Die Steigerung der körperlichen Aktivität gehört mittlerweile zum Standard von Gewichtsreduktionsprogrammen (Epstein, Coleman & Myers, 1996). Die Aktivitätssteigerung sollte dabei eher darauf ausgerichtet sein, generell einen aktiven Lebensstil zu verfolgen (z.B. Treppe statt Fahrstuhl benutzen). Die Freude und der Spaß an sportlicher Aktivität sollte im Vordergrund stehen. Mit einer besseren Fitness geht auch eine Verminderung – zumindest der medizinischen – Risikofaktoren einher (Berg & Korsten-Reck, 1995; Berg, Halle, Bauer, Korsten-Reck & Keul, 1994). Während im Erwachsenenbereich einige Therapiemanuale vorliegen (z.B. Hautzinger & Kaul, 1978; Gromus, Kahlke & Koch, 1985) fehlten lange Zeit für die Gruppe der Kinder und Jugendlichen im deutschsprachigen Raum solche Konzepte, vor allem in evaluierter Form, fast völlig. Dies läßt sich sicherlich auch auf die Kontroverse zurückführen, ob es sich bei Adipositas im Kindes- und Jugendalter wirklich um ein behandlungswürdiges Problem handelt. Die obigen Ausführungen haben nicht nur die enorme Stabilität, sondern auch die medizinischen und vor allem psychosozialen Folgebelastungen der Adipositas im Kindes- und Jugendalter hervorgehoben; sie unterstreichen damit den mit Adipositas verbundenen Interventionsbedarf.

Beispielhaft für das multimodale Herangehen soll das kognitiv-behaviorale Adipositastraining von Warschburger, Petermann, Fromme und Wojtalla (1999) dar-

Tabelle 3:
Überblick zum Adipositastraining für Kinder und Jugendliche (Warschburger et al., 1999, S. 56).

Sitzungstermin	Leitthemen	Schwerpunkte
1	Was Du essen und trinken kannst, um fit zu sein.	• Gruppen- und Motivationsaufbau • Ernährungswissen
2	Warum Du dick geworden bist und wie Du es ändern kannst.	• Ätiologiewissen • Behandlungswissen
3	Warum Du Dich bisher ungünstig ernährt hast und wie Du es besser machen kannst.	• Eßverhalten • positive und negative Konsequenzen
4	Wie Du es schaffen kannst, nur bei wirklichem Hunger zu essen.	• günstige Eßverhaltensweisen • emotionsinduzierte und soziale Auslöser
5	Wie Du Deine Stärken nutzen kannst, um Dich wohler zu fühlen.	• Stärken • Selbst- und Fremdbild • sozial kompetentes Verhalten
6	Wie es für Dich nach diesem Training weitergehen kann.	• Transfer • Rückfallprophylaxe • Wissensfestigung

gestellt werden. Dabei handelt es sich um ein im stationären Setting entwickeltes Programm für Kinder und Jugendliche ab dem zehnten Lebensjahr. Dieses Programm ist eingebettet in ein Therapieprogramm mit Sport und kalorienreduzierter Mischkost (= Diät). In Tabelle 3 findet sich ein Überblick zu den während des Trainings behandelten Themen.

Innerhalb des Programmes kommen zahlreiche, bewährte verhaltenstherapeutische Strategien zum Einsatz (Grilo, 1996):

- Selbstbeobachtung (z.B. durch Führen einer Gewichtskurve),
- Stimuluskontrolle (z.B. feste Essenszeiten),
- Einüben konkreter Verhaltensalternativen (z.B. im Umgang mit Eßverhalten),
- positive Verstärkung (z.B. Selbstbelohnungskarte),
- Kontraktmanagement (z.B. Trainingsvertrag) und
- kognitive Strategien (z.B. Gedankenstopp).

Des weiteren werden den Kindern und Jugendlichen altersgerecht Informationen zur Entstehung und Aufrechterhaltung der Adipositas, zu den Gefahren einseitiger Diäten und zu einer günstigen Ernährung vermittelt. Abbildung 4 verdeutlicht, wie anhand einer Ampelwahl Informationen zur gesunden Ernährung deutlich werden. Die Kinder und Jugendlichen sollen mit Hilfe eines „Ampelspiels" lernen, Nahrungsmittel grob in drei Gruppen (grün = prima! oft essen!; gelb = in Maßen genießen; rot = Stop! nur selten!) einzuteilen. Der Arbeitsbogen soll ihnen dabei helfen, ihre eigene Nahrungsmittelwahl kritisch zu reflektieren. Um Veränderungen im Verlauf der Intervention aufzuzeigen, wird diese „Selbstreflektion" zu Beginn und nochmals gegen Ende des Trainings durchgeführt.

Die Kinder und Jugendlichen sollen darüber hinaus lernen, sich in negativen Interaktionssituationen zu behaupten und Strategien zu erwerben, wie sie ihr eigenbestimmtes Eßverhalten gegenüber äußerem Druck behaupten können. Diese Anforderung ist für die Kinder und Jugendlichen oft sehr schwer zu realisieren, da gerade „liebe" Mitmenschen (z.B. Großmütter) lernen müssen, sich auf das veränderte Verhalten des Kindes einzustellen. Solche Situationen werden in der Gruppe besprochen, Lösungsstrategien erarbeitet und, falls möglich, im Rollenspiel geübt. Zudem sollen die Kinder und Jugendlichen lernen, sich auf ihre eigenen Stär-

Abbildung 4:
Ampelwahl – Arbeitsbogen für Kinder und Jugendliche (Warschburger et al., 1999, S. 85).

ken zu besinnen und diese auch in kritischen Situationen einzusetzen (vgl. Abb. 5).

Erste Evaluationsergebnisse unterstützen zumindest die kurzfristige Wirksamkeit dieses Vorgehens (vgl. Warschburger, Fromme, Wojtalla, Oepen & Petermann, 2000); so nahmen die Kinder und Jugendlichen geregelt ab, bauten alternative Eßverhaltensweisen („Fit-Tricks") auf und schätzten sich insgesamt als weniger belastet ein. Die langfristigen Ergebnisse deuten auf eine Stabilisierung des Gewichts und Besserung der Lebensqualität hin (vgl. Fromme, Warschburger, Petermann & Oepen, 2000; Warschburger, Fromme, Petermann, Wojtalla & Oepen, 2001).

Diskutiert wird zunehmend, ob die Eltern an solchen Programmen beteiligt werden sollten. Diese Frage ist auch vor dem Hintergrund zu sehen, daß das Gewicht der Eltern anscheinend eine wichtige Rolle für den langfristigen Therapieerfolg der Kinder spielt: Kinder übergewichtiger Eltern konnten ihr reduziertes Gewicht weniger gut halten als die normalgewichtiger Eltern (Epstein, Wing, Valoski & Gooding, 1987; Favaro & Santonastaso, 1995). Die Teilnahme wirkt sich allerdings nicht unbedingt auf den kurzfristigen Erfolg aus (Wadden et al., 1990). Im „Adipositastraining" werden die Eltern mit Hilfe sogenannter Elternbriefe über die wesentlichen Aspekte des Programms informiert und angeregt, sich intensiver bei ihren Kindern nach den Inhalten zu erkundigen, um langfristig die Leitlinien des Vorgehens aufrecht erhalten zu können. Gerade die soziale Unterstützung durch die Eltern wird als wesentlicher Faktor der höheren Erfolgsrate bei Kindern und Jugendlichen erachtet (Epstein, Valoski, Wing & Mc Curley, 1994; Wilson, 1994).

Während bei der Behandlung von Erwachsenen die Ergebnisse eher enttäuschen (vgl. Glenny, O'Meara, Melville, Sheldon & Wilson, 1997), sind die Effekte bei adipösen Kindern und Jugendlichen erfolgversprechender (Flodmark, 1998). Mit Hilfe verhaltenstherapeutischer Programme lassen sich kurzfristig Gewichtsverluste bis zu 19% erzielen (Brezinka, 1991). Trotz einer mittel- und langfristigen Gewichtszunahme hatten die behandelten Kinder noch zehn Jahre später ein geringeres prozentuales Übergewicht als die unbehandelten (Epstein, Valoski, Wing & Mc Curley, 1990). Die Arbeitsgruppe um Wabitsch (1994) hat erfolgreich einen stationären Aufenthalt um eine ambulante Vor- und Nachbehandlung ergänzt, um so die langfristige Wirksamkeit zu unterstützen.

Aggressivere Methoden wie chirurgische Eingriffe (z.B. zur Reduktion der Magengröße) werden nur bei sehr schwerer Adipositas empfohlen und gelten ebenso wie Medikamente derzeit für Kinder und Jugendliche als kontraindiziert (Wabitsch, 1998).

Stärken

Meine Stärken sind:

○ Mit mir kann man sich gut unterhalten.

○ Mit mir kann man viel Spaß haben.

○ Mit mir kann man viel erleben.

○ Mit mir kann man durch dick und dünn gehen.

○ Ich bin hilfsbereit.

○ Auf mich ist Verlaß.

○ Ich kann anderen gut zuhören.

○ _____

○ _____

Kreuze an, was auf Dich zutrifft oder schreib etwas dazu!

Abbildung 5: „Meine Stärken" – Arbeitsbogen für Kinder und Jugendliche (Warschburger et al., 1999, S. 124).

Zusammenfassung

Im Rahmen dieses Beitrages wurde sowohl auf die beiden Eßstörungen – Anorexia nervosa und Bulimia nervosa – als auch auf Adipositas eingegangen. Für alle drei Erscheinungsformen gilt, daß in den letzten Jahrzehnten eine zunehmende Verbreitung berichtet wurde. Anorexia nervosa und Bulimia nervosa sind fast nur bei jungen Mädchen und Frauen anzutreffen; psychische Aspekte werden für die Entstehung und Aufrechterhaltung als wesentlich betrachtet. Bei Adipositas hingegen sind mit zunehmenden Alter vor allem die Jungen betroffen; psychische Aspekte werden im Rahmen der „Binge-Eating Störung" diskutiert, Adipositas ist jedoch als chronisch körperliche Erkrankung definiert.

Bei der Entstehung und Aufrechterhaltung werden multifaktorielle Modelle favorisiert, die neben einer potentiell vorliegenden genetischen Disposition auch soziokulturelle, emotionale und verhaltensbezogene Aspekte betrachten. Gerade im Zusammenhang mit Eßstörungen wird immer wieder auf die zunehmende Ausbreitung von Diäten in der Bevölkerung hingewiesen. Diäten werden dabei als eine „Eintrittskarte" bei der Entwicklung einer klinisch relevanten Eßstörung betrachtet.

Entsprechend der multifaktoriellen Genese und Aufrechterhaltung sollen die Interventionsangebote möglichst vielgestaltig sein. Gerade im Bereich der

Eßstörungen haben sich kognitiv-behaviorale Therapieverfahren gegenüber anderen Ansätzen bewährt. Im Anschluß an eine ausführliche funktionale Verhaltensanalyse werden die zentralen Aspekte mit Hilfe von Selbstbeobachtungsprotokollen, Techniken des kognitiven Umstrukturierens, operanter Verstärkung, Rollenspielen etc. möglichst umfassend bearbeitet. Generell fokussiert die Behandlung zuerst auf die Stabilisierung des Gewichts bzw. des Eßverhaltens, um dann im zweiten Schritt auf psychosoziale Belastungen und dysfunktionale Kognitionen einzugehen.

Bei der Adipositasbehandlung kann ein multimodales, verhaltensmedizinisch-orientiertes Vorgehen als der „golden standard" betrachtet werden. Als wesentliche Bausteine sind eine kalorienreduzierte Mischkost, Sport und Bewegung sowie ein multimodales Verhaltenstraining zu nennen. Im Rahmen des Verhaltenstrainings sollten nicht nur Informationen über angemessenes Eßverhalten und die Entstehung der Adipositas vermittelt, sondern auch alternative Verhaltensfertigkeiten aufgebaut sowie die psychosoziale Belastung thematisiert werden. Trotz aller Therapieerfolge sind in diesem Bereich weitere, kontrollierte Studien zur Effektivität der Behandlung erforderlich.

Verständnisfragen

1. Definieren Sie die Begriffe Anorexia nervosa und Bulimia nervosa und arbeiten Sie die Unterschiede und Gemeinsamkeiten zwischen beiden Störungsbildern heraus.
2. Aus welchen Gründen werden Anti-Diät-Gruppen bei der Behandlung von Eßstörungen eingesetzt? Wie sieht eine solche Behandlungsstrategie aus?
3. Was ist ein Jo-Jo-Effekt?
4. Welche Faktoren werden in der Ätiologie der Adipositas diskutiert?

Weiterführende Literatur

Bruch, H. (1991). *Eßstörungen*. Frankfurt: Fischer.

Fichter, M.M. (1989) (Hrsg.). *Bulimia nervosa. Grundlagen und Behandlung*. Stuttgart: Enke.

Garner, D.M. & Garfinkel, P.E. (Eds.) (1997). *Handbook of treatment of eating disorders*. New York: Guilford.

Pudel, V. & Westenhöfer, J. (1998). *Ernährungspsychologie. Eine Einführung* (2., überarb. und erweit. Auflage). Göttingen: Hogrefe.

Warschburger, P., Petermann, F., Fromme, C. & Wojtalla, N. (1999). *Adipositastraining mit Kindern und Jugendlichen*. Weinheim: Psychologie Verlags Union.

Literatur

Agras, S. W., Walsh, B. T., Fairburn, C. G., Wilson, G. T. & Kraemer, H. C. (2000). A multicenter comparison of cognitive-behavioral therapy and interpersonal psychotherapy for bulimia nervosa. *Archives of General Psychiatry, 57,* 459-466.

Atkins, D. M. & Silber, T. J. (1993). Clinical spectrum of anorexia nervosa in children. *Developmental and Behavioral Pediatrics, 14,* 211-216.

Bellisle, F., Rolland-Cachera, M.-F., Deheeger, M. & Guilloud-Bataille, M. (1988). Obesity and food intake in children: Evidence for a role of metabolic and/or behavioral daily rhythms. *Appetite, 11,* 111-118.

Bemis, K. M. (1987). The present status of operant conditioning for the treatment of anorexia nervosa. *Behavior Modification, 11,* 432-463.

Berg, A., Halle, M., Bauer, S., Korsten-Reck, U. & Keul, J. (1994). Körperliche Aktivität und Eßverhalten: Strategien zur Verbesserung des Serumlipidprofils bei Kindern und Jugendlichen. *Wiener Medizinische Wochenschrift, 44,* 138-144.

Berg, A. & Korsten-Reck, U. (1995). Strategien zur Verbesserung des Aktivitäts- und Ernährungsverhaltens bei Kindern und Jugendlichen. *Der Lipidreport, 4,* 15-22.

Berkowitz, R. I., Agras, W. S., Korner, A. F., Kraemer, H. C. & Zeanah, C. H. (1985). Physical activity and adiposity: A longitudinal study from birth to childhood. *Journal of Pediatrics, 106,* 734-738.

Björntorp, P. (1997). Obesity. *The Lancet, 350,* 423-426.

Bogardus, C., Lillioja, S., Ravussin, E., Abbott, W., Zawadzki, J. K., Young, A., Knowler, W. C., Jacobowitz, R. & Moll, P. P. (1986). Familial dependence of the resting metabolic rate. *New England Journal of Medicine, 315,* 96-100.

Booth, D. A. (1985). Food-conditioned eating preferences and aversions with interceptive elements: Conditioned appetite and satieties. *Annals of the New York Academy of Sciences, 443,* 22-41.

Bouchard, C., Tremblay, A., Nadeau, A., Després, J. P., Thériault, G., Boulay, M. R., Lortie, G., Leblanc, C. & Fournier, G. (1989). Genetic effect in resting and exercise metabolic rates. *Metabolism, 38,* 364-370.

Braet, C., Mervielde, I. & Vandereycken, W. (1997). Psychological aspects of childhood obesity: A controlled study in a clinical and nonclinical sample. *Journal of Pediatric Psychology, 22,* 59-71.

Bray, G. A. (1978). Definitions, measurements and classification of the syndromes of obesity. *International Journal of Obesity, 2,* 99-112.

Brezinka, V. (1991). Verhaltenstherapeutische Behandlung von Übergewicht bei Kindern und Jugendlichen. *Zeitschrift für Klinische Psychologie, 20,* 205-225.

Brownell, K. D. (1991). Personal responsibility and control over our bodies: When expectation exceeds reality. *Health Psychology, 10,* 303-310.

Brownell, K. D. & Rodin, J. (1994). The dieting maelstrom. *American Psychologist, 49,* 781-791.

Brownell, K. D. & Wadden, T. A. (1992). Etiology and treatment of obesity: Understanding a serious, prevalent, and refractory disorder. *Journal of Consulting and Clinical Psychology, 60,* 505-517.

Bruch, H. (1973). *Eating disorders: Obesity, anorexia nervosa and the person within.* New York: Basic Books.

Caviezel, F., Croci, M., Tufano, A., Mazzocchi, M., Longari, V. & Greco, M. (1992). Role of nutrient intake in childhood obesity. In F. Belofiore, B. Jeanrenaud & D. Papalia (Eds.), *Obesity: Basic concepts and clinical aspects. Frontiers in diabetes* (85-94). Basel: Karger.

Compas, B. E., Haaga, D. A. F., Keefe, F. J. & Leitenberg, H. (1998). Sampling of empirically supported psychological treatments from health psychology: smoking, chronic pain, cancer, and bulimia nervosa. *Journal of Consulting and Clinical Psychology, 66,* 89-112.

Crisp, A. H. (1997). Anorexia nervosa as flight from growth: Assessment and treatment based on the model. In D. M. Garner & P. E. Garfinkel (Eds.), *Handbook of treatment for eating disorders* (248-277). New York: Guilford.

Davies, P. S., Gregory, J. & White, A. (1995). Physical activity and body fatness in pre-school children. *International Journal of Obesity and Related Metabolic Disorders, 19,* 6-10.

Deutsche Gesellschaft für Ernährung e.V. (1984). *Ernährungsbericht 1984.* Frankfurt: Deutsche Gesellschaft für Ernährung e.V.

Dietz, W. H. & Gortmaker, S. L. (1985). Do we fatten our children at the television set? Obesity and television viewing in children and adolescents. *Pediatrics, 75,* 807-812.

Dietz, W. H. (1995). Childhood obesity. In L. W. Y. Cheung & J. B. Richmond (Eds.), *Child health, nutrition, and physical activity* (155-169). Champaign: Human Kinetics.

DSM-IV (1996). *Diagnostisches und Statistisches Manual Psychischer Störungen DSM-IV.* Deutsche Bearbeitung von H. Saß, H. U. Wittchen & M. Zaudig. Göttingen: Hogrefe.

Eisler, I., Dare, C., Russell, G. F. M., Szmukler, G., Grange, D. & Dodge, E. (1997). Family and individual therapy in anorexia nervosa. *Archives of General Psychiatry, 54,* 1025-1030.

Ellrott, T. & Pudel, V. (1998). *Adipositastherapie. Aktuelle Perspektiven* (2., aktualisierte Auflage). Stuttgart: Thieme

Ellrott, T., Pudel, V. & Schauder, P. (1997). *Adipositastherapie. Aktuelle Perspektiven.* Stuttgart: Thieme.

Epstein, L. H., Coleman, K. J. & Myers, M. D. (1996). Exercise in treating obesity in children and adolescents. *Medicine and Science in Sports and Exercise, 28,* 428-435.

Epstein, L. H., Klein, K. R. & Wisniewski, L. (1994). Child and parent factors that influence psychological problems in obese children. *International Journal of Eating Disorders, 15,* 151-157.

Epstein, L. H., Myers, M. D. & Anderson, K. (1996). The association of maternal psychopathology and family socioeconomic status with psychological problems in obese children. *Obesity Research, 4,* 65-74.

Epstein, L. H., Smith, J. A., Vara, L. S. & Rodefer, J. S. (1991). Behavioral economic analysis of activity choice in obese children. *Health Psychology, 10,* 311-316.

Epstein, L. H., Valoski, A., Wing, R. R. & McCurley, J. (1994). Ten-year outcomes of behavioral family-based treatment for childhood obesity. *Health Psychology, 13,* 373-383.

Epstein, L. H., Valoski, A., Wing, R. R. & McCurley, J. (1990). Ten-year follow-up of behavioral, family-based treatment for obese children. *Journal of the American Medical Association, 264,* 2519-2523.

Epstein, L. H. & Wing, R. R. (1987). Behavioral treatment of childhood obesity. *Psychological Bulletin, 101,* 331-342.

Epstein, L. H., Wing, R. R., Valoski, A. & Gooding, W. (1987). Long-term effects of parent weight on child weight loss. *Behavior Therapy, 18,* 219-226.

Favaro, A. & Santonastaso, P. (1995). Effects of parents' psychological characteristics and eating behaviour on childhood obesity and dietary compliance. *Journal of Psychosomatic Research, 39,* 145-151.

Feinstein, J. A. & Quivers, E. S. (1997). Pediatric preventive cardiology: Healthy habits now, healthy hearts later. *Current Opions in Cardiology, 12,* 70-77.

Fichter, M. M. (1985). *Magersucht und Bulimia. Empirische Untersuchungen zur Epidemiologie, Symptomatologie, Nosologie und zum Verlauf.* Berlin: Springer.

Fichter, M. M. (1989). Psychologische Therapien bei Bulimia. In M.M. Fichter (Hrsg.), *Bulimia nervosa. Grundlagen und Behandlung* (230-247). Stuttgart: Enke.

Fichter, M. M. (1992). Starvation-related endocrine changes. In K. A. Halmi (Ed.), *Psychobiology and treatment of anorexia nervosa and bulimia nervosa.* Washington: American Psychiatric Press.

Fichter, M.M. (1993). Die medikamentöse Behandlung bei Anorexia und Bulimia nervosa: Eine Übersicht. *Der Nervenarzt, 64,* 21-35.

Fichter, M. M. (1998). Anorektische und bulimische Eßstörungen – neue Entwicklungen. Teil 1: Definitionen, klinisches Erscheinungsbild und Ätiopathogenese. *Fortschritte der Medizin, 116,* 22-26.

Fichter, M. M. (2000a). Wesentliches zur Erkrankung und Diagnostik von Eßstörungen. In H. J. Möller (Hrsg.), *Therapie psychiatrischer Erkrankungen* (886-897). Stuttgart: Enke.

Fichter, M. M. (2000b). Grundsätzliches zur Therapie von Eßstörungen. In H. J. Möller (Hrsg.), *Therapie psychiatrischer Erkrankungen* (897-906). Stuttgart: Enke.

Fichter, M. M. (2000c). Praxis der Verhaltenstherapie von Eßstörungen. In H. J. Möller (Hrsg.), *Therapie psychiatrischer Erkrankungen* (919-930). Stuttgart: Enke.

Fichter, M. M. & Liberman, R. P. (2000). Anorektische und bulimische Eßstörungen. In F. Petermann (Hrsg.), *Fallbuch der Klinischen Kinderpsychologie und -psychotherapie* (2., überarb. Auflage; 305-330). Göttingen: Hogrefe.

Fichter, M. M. & Nögel, R. (1990). Concordance for bulimia

nervosa in twins. *International Journal of Eating Disorders, 9,* 255-263.

Fichter, M. M. & Pirke, K. M. (1995). Starvation models and eating disorders. In G. Szmukler, C. Dare & J. Treasure (Eds.), *Handbook of eating disorders. Theory, treatment and research* (83-107). Chichester: Wiley.

Fichter, M. M., Pirke, K. M., Poelinger, J. & Wolfram, G. (1990). Disturbances in the hypothalamo-pituitary-adrenal and other neuroendocrine axes in bulimia. *Biological Psychiatry, 27,* 1021-1037.

Fichter, M. M. & Quadflieg, N. (1997). Six-year course of bulimia nervosa. *International Journal of Eating Disorders, 22,* 361-384.

Fichter, M. M., Quadflieg, N. & Brandl, B. (1993). Recurrent overeating: An empirical comparison of binge eating disorder, bulimia nervosa, and obesity. *International Journal of Eating Disorders, 14,* 1-16.

Fichter, M. M., Quadflieg, N. & Gnutzmann, A. (1998). Binge eating disorder: Treatment and outcome over a six-year course. *Journal of Psychosomatic Research, 44,* 385-405.

Fichter, M. M. & Quadflieg, N. (1999). Six-year course and outcome of anorexia nervosa. *International Journal of Eating Disorders, 26,* 359-385.

Figueroa-Colon, R., Franklin, F. A., Lee, J. Y., Aldridge, R. & Alexander, L. (1997). Prevalence of obesity with increased blood pressure in elementary school-aged children. *Southern Medical Journal, 90,* 806-813.

Finzer, P., Haffner, J. & Müller-Küppers, M. (1998). Zu Verlauf und Prognose der Anorexia nervosa : Katamnese von 41 Patienten. *Praxis der Kinderpsychologie und Kinderpsychiatrie, 47,* 302-313.

Flodmark, C.-E. (1998). Treatment of child obesity. *Annals of Diagnostical and Paediatric Pathology, 2,* 37-47.

Fombonne, E. (1995). Anorexia Nervosa. No evidence of an increase. *British Journal of Psychiatry, 166,* 462-471.

French, S. A., Perry, C. L., Leon, G. R. & Fulkerson, J. A. (1996). Self-esteem and change in body mass index over 3 years in a cohort of adolescents. *Obesity Research, 4,* 27-33.

French, S. A., Story, M. & Perry, C. L. (1995). Self-esteem and obesity in children and adolescents: A literature review. *Obesity Research, 3,* 479-490.

Fromme C., Warschburger, P., Petermann, F. & Oepen, J. (2000). Das Adipositastraining mit Kindern und Jugendlichen. Kurz- und längerfristige Effekte. *Kindheit und Entwicklung, 9,* 84-93.

Garfinkel, P. E., Lin, E., Goering, P., Spegg, C., Goldbloom, D. S., Kennedy, S., Kaplan, A. S. & Woodside, B. (1995). Bulimia nervosa in a Canadian community sample: Prevalence and comparison of subgroups. *American Journal of Psychiatry, 152,* 1052-1058.

Garfinkel, P. E. & Walsh, B. T. (1997). Drug therapies. In D. M. Garner & P. E. Garfinkel (Eds.), *Handbook of treatment for eating disorders* (2nd ed., 372-380). New York: Guilford.

Garner, D. M. (1986). Cognitive therapy for anorexia nervosa. In K. D. Brownell & J. P. Foreyt (Eds.), *Handbook of eating disorders* (301-327). New York: Basic Books.

Garner, D. M. (1991). Soziokulturelle Aspekte bei Eßstörun-

gen. In C. Jacobi & T. Paul (Hrsg.), *Bulimia und Anorexia nervosa – Ursachen und Therapie* (11-23). Berlin: Springer.

Garner, D. M. & Garfinkel, P. E. (1980). Socio-cultural factors in the development of anorexia nervosa. *Psychological Medicine, 10,* 647-656.

Garner, D. M. & Needleman, L. D. (1997). Sequencing and integration of treatments. In D. M. Garner & P. E. Garfinkel (Eds.), *Handbook of treatment for eating disorders* (50-63). New York: Guilford.

Garner, D. M., Vitousek, K. M. & Pike, K. M. (1997). Cognitive-behavioral therapy for anorexia nervosa. In D. M. Garner & P. E. Garfinkel (Eds.), *Handbook of treatment for eating disorders* (94-144). New York: Guilford.

Georgi, M., Schaefer, F., Wühl, E. & Schärer, K. (1996). Körpergröße und -gewicht bei gesunden Schulkindern und Jugendlichen in Heidelberg. *Monatsschrift Kinderheilkunde, 144,* 813-824.

Glenny, A. M., O'Meara, S., Melville, A., Sheldon, T. A. & Wilson, C. (1997). The treatment and prevention of obesity: a systematic review of the literature. *International Journal of Obesity, 21,* 715-737.

Götestam, K. G. & Agras, W. S. (1995). General population-based epidemiological study of eating disorders in Norway. *International Journal of Eating Disorders, 18,* 119-126.

Goldfield, A. & Chrisler, J. C. (1995). Body stereotyping and stigmatization of obese persons by first graders. *Perceptual and Motor Skills, 81,* 909-910.

Goran, M. I. (1998). Measurement issues related to studies of childhood obesity: Assessment of body composition, body fat distribution, physical activity, and food intake. *Pediatrics, 101 (Suppl.),* 505-518.

Gortmaker, S. L., Must, A., Sobol, A. M., Peterson, K., Colditz, G. A. & Dietz, W. H. (1996). Television viewing as a cause of increasing obesity among children in the United States, 1986-1990. *Archives of Pediatric and Adolescent Medicine, 150,* 356-362.

Grilo, C. M. (1996). Treatment of obesity: An integrative model. In J. K. Thompson (Ed.), *Body image, eating disorders, and obesity* (389-423). Washington: American Psychological Association.

Gromus, B., Kahlke, W. & Koch, U. (1985). *Interdisziplinäre Therapie der Adipositas – Forschungsbericht. Möglichkeiten einer Gruppentherapie.* Stuttgart: Kohlhammer.

Guillaume, M., Lapidus, L., Beckers, F., Lambert, A. & Björntorp, P. (1995). Familial trends of obesity through three generations: The Belgian-Luxembourg child study. *International Journal of Obesity and Related Metabolic Disorders, 19 (Suppl.),* 5-9.

Hartung, K. (1993). Wachstumsbeurteilung von Körperlänge und Gewicht. *Sozialpädiatrie, 15,* 43-44.

Hautzinger, M. & Kaul, S. (1978). *Verhaltenstraining bei Übergewicht. Ein verhaltenstherapeutisches Selbstkontrollprogramm zur Beratung und Behandlung Übergewichtiger.* Salzburg: Müller.

Hawley, R. M. (1985). The outcome of anorexia nervosa in younger subjects. *British Journal of Psychiatry, 146,* 657-660.

Hebebrand, J., Heseker, H., Himmelmann, W., Schäfer, H. & Remschmidt, H. (1994). Altersperzentilen für den Body-Mass-Index aus Daten der Nationalen Verzehrstudie einschließlich einer Übersicht zu relevanten Einflußfaktoren. *Aktuelle Ernährungsmedizin, 19*, 259-265.

Herzog, D. B., Keller, M. B., Sacks, N. R., Yeh, C. J. & Lavori, P. W. (1992). Psychiatric comorbidity in treatment-seeking anorexics and bulimics. *Journal of the American Academy of Child and Adolescent Psychiatry, 31*, 810-818.

Herzog, T., Hartmann, A., Sandholz, A. & Stammer, H. (1992). Prognostic factors in outpatient psychotherapy of bulimia. *Psychotherapy and Psychosomatics, 56*, 48-55.

Hesse, V. (1997). Wachstum und Reifung. In W. Meng & R. Ziegler (Hrsg.), *Endokrinologie* (105-131). Jena: Fischer.

Hill, A. J., Draper, E. & Stack, J. (1994). A weight on children's minds: Body shape dissatisfactions at 9 years old. *International Journal of Obesity and Related Metabolic Disorders, 18*, 383-389.

Hill, A. J. & Silver, E. K. (1995). Fat, friendless and unhealthy: 9-year old children's perception of body shape stereotypes. *International Journal of Obesity, 19*, 423-430.

Hodes, M. (1993). Anorexia nervosa and bulimia nervosa in children. *International Review of Psychiatry, 5*, 101-108.

Jacobi, C., Thiel, A. & Paul, T. (1996). *Kognitive Verhaltenstherapie bei Anorexia und Bulimia nervosa*. Weinheim: Psychologie Verlags Union.

Joergensen, J. (1992). The epidemiology of eating disorders in Fyn County, Denmark, 1977-1986. *Acta Psychiatrica Scandinavica, 85*, 30-34.

Johnson-Sabine, E., Wood, K., Patton, G., Mann, A. & Wakeling, A. (1988). Abnormal eating attitudes in London schoolgirls – a prospective epidemiological study: factors associated with abnormal response on screening questionnaires. *Psychological Medicine, 18*, 615-622.

Jones, L. M., Halford, W. K. & Dooley, R. T. (1993). Long-term outcome of anorexia nervosa. *Behaviour Change, 10*, 93-102.

Kimm, S. Y. S. (1995). The role of dietary fiber in the development and treatment of childhood obesity. *Pediatrics, 96*, 1010-1014.

Kinzl, J. F., Traweger, C., Trefalt, E. & Biebl, W. (1998a). Eßstörungen bei Frauen: Eine Repräsentativerhebung. *Zeitschrift für Ernährungswissenschaft, 37*, 23-30.

Kinzl, J. F., Traweger, C., Trefalt, E., Mangweth, B. & Biebl, W. (1998b). Eßstörungen bei Männern: Eine Repräsentativerhebung. *Zeitschrift für Ernährungswissenschaft, 37*, 336-342.

Klesges, R. C., Eck, L. H., Hanson, C. L., Haddock, C. K. & Klesges, L. M. (1990). Effects of obesity, social interactions, and physical environment on physical activity in preschoolers. *Health Psychology, 9*, 435-449.

Klesges, R. C., Eck, L. H. & Ray, J. W. (1995). Who underreports dietary intake in a dietary recall? Evidence from the second national health and nutrition examination survey. *Journal of Consulting and Clinical Psychology, 63*, 438-444.

Klesges, R. C., Shelton, M. L. & Klesges, L. M. (1993). Effects of television on metabolic rate: Potential implications for childhood obesity. *Pediatrics, 91*, 281-286.

Kromeyer-Hauschild, K. & Jaeger, U. (1998). Zunahme der Häufigkeit von Übergewicht und Adipositas bei Jenaer Kindern. *Monatsschrift Kinderheilkunde, 146*, 1192-1196.

Laessle, R. G. & Pirke, K.-M. (1997). Eßstörungen. In K. Hahlweg & A. Ehlers (Hrsg.), *Enzyklopädie der Psychologie, Klinische Psychologie, Band 2: Psychische Störungen und ihre Behandlungen* (589-654). Göttingen: Hogrefe.

Lask, B. & Bryant-Waugh, R. (1992). Early-onset anorexia nervosa and related eating disorders. *Journal of Child Psychology and Psychiatry, 33*, 281-300.

Lazarus, R., Baur, L., Webb, K. & Blyth, F. (1996). Body mass index in screening for adiposity in children and adolescents: Systematic evaluation using receiver operating characteristic curves. *American Journal of Clinical Nutrition, 63*, 500-506.

Levine, M. P., Smolak, L., Moodey, A. F., Shuman, M. D. & Hessen, L. D. (1994). Normative developmental challenges and dieting and eating disturbances in middle school girls. *International Journal of Eating Disorders, 15*, 11-20.

Maffeis, C., Schutz, Y. & Pinelli, L. (1991). Meal-induced thermogenesis in lean and obese prepubertal children. In G. Ailhaud, B. Guy-Grand, M. Lafontan & D. Ricquier (Eds.), *Obesity in Europe 91. Proceedings of the 3rd congress on obesity* (323-326). London: Libbey.

Maffeis, C., Schutz, Y., Schena, F., Zaffanello, M. & Pinelli, L. (1993). Energy expenditure during walking and running in obese and nonobese prepubertal children. *Journal of Pediatrics, 123*, 193-199.

Meyer, J. M. & Stunkard, A. J. (1993). Genetics and human obesity. In A. J. Stunkard & T. A. Wadden (Eds.), *Obesity: Theory and therapy.* (2nd edition, 137-149). New York: Raven Press.

Mitchell, J. E., Pomeroy, C. & Adson, D. E. (1997). Managing medical complications. In D. M. Garner & P. E. Garfinkel (Eds.), *Handbook of treatment for eating disorders* (383-393). New York: Guilford.

Moses, N., Banilivy, M. M. & Lifshitz, F. (1989). Fear of obesity among adolescent girls. *Pediatrics, 83*, 393-398.

Müller, M. J. (1996). Adipositas. *Der Internist, 37*, 101-118.

Must, A., Jacques, P. F., Dallal, G. E., Bajema, C. J. & Dietz, W. H. (1992). Long-term morbidity and mortality of overweight adolescents. A follow-up of the Harvard Growth Study of 1922 to 1935. *New England Journal of Medicine, 327*, 1350-1355.

Nielsen, S. (1990). The epidemiology of anorexia nervosa in Denmark from 1973 to 1987: a nationwide register study of psychiatric admission. *Acta Psychiatrica Scandinavica, 81*, 507-514.

Ogden, C. L., Troiano, R. P., Briefel, R. R., Kuczmarski, R. J., Flegal, K. M. & Johnson, C. L. (1997). Prevalence of overweight among preschool children in the United States, 1971 Through. *Pediatrics, 99*, e1.

Paxton, S. J., Wertheim, E. H., Gibbons, K., Szmukler, G. L., Hillier, L. & Petrovich, J. L. (1991). Body image satisfaction, dieting beliefs, and weight loss behaviors in adolescent girls and boys. *Journal of Youth and Adolescence, 20*, 361-379.

Price, R. A. & Gottesman, I. I. (1991). Body fat in identical twins reared apart: Roles for genes and environment. *Behavior Genetics, 21,* 1-7.

Price, R. A. & Stunkard, A. J. (1989). Commingling analysis of obesity in twins. *Human Hereditary, 39,* 121-135.

Pudel, V. & Westenhöfer, J. (1998). *Ernährungspsychologie. Eine Einführung* (2., überarb. und erweit. Auflage). Göttingen: Hogrefe.

Rastam, M. (1992). Anorexia nervosa in 51 Swedish adolescents: Premorbid problems and comorbidity. *Journal of the American Academy of Child and Adolescent Psychiatry, 31,* 819-829.

Rathner, G. & Messner, K. (1993). Detection of eating disorders in a small rural town: an epidemiological study. *Psychological Medicine, 23,* 175-184.

Ratnasuriya, H., Eisler, I., Szmukler, G.I. & Russell, G. F. M. (1991). Anorexia nervosa: Outcome and prognostic factors after 20 years. *British Journal of Psychiatry, 158,* 495-502.

Roberts, S. B., Savage, J., Coward, W. A., Chew, B. & Lucas, A. (1988). Energy expenditure and intake in infants born to lean and overweight mothers. *New England Journal of Medicine, 318,* 461-466.

Robin, A. L., Gilroy, M. & Baker Dennis, A. B. (1998). Treatment of eating disorders in children and adolescents. *Clinical Psychology Review, 18,* 421-446.

Robinson, T. N., Hammer, L. D., Killen, J. D., Kraemer, H. C., Wilson, D. M., Hayward, C. & Taylor, C.B. (1993). Does television viewing increase obesity and reduce physical activity? Cross-sectional and longitudinal analyses among adolescent girls. *Pediatrics, 91,* 273-280.

Rolland, K., Farnill, D. & Griffiths, R. A. (1996). Children's perceptions of their current and ideal body sizes and body mass index. *Perceptual and Motor Skills, 82,* 651-656.

Rolland-Cachera, M.-F., Deheeger, M., Bellisle, F., Sempé, M., Guilloud-Bataille, M. & Patois, E. (1984). Adiposity rebound in children: a simple indicator for predicting obesity. *American Journal of Clinical Nutrition, 39,* 129-135.

Russell, G. F. M. (1989). Diagnostik und klinische Meßverfahren bei Bulimia nervosa. In M. M. Fichter (Hrsg.), *Bulimia nervosa. Grundlagen und Behandlung* (12-29). Stuttgart: Enke.

Schmidt, U., Hodes, M. & Treasure, J. (1992). Early onset bulimia nervosa: Who is at risk? A retrospective case-control study. *Psychological Medicine, 22,* 623-628.

Schonfeld-Warden, N. & Warden, C. H. (1997). Pediatric obesity. An overview of etiology and treatment. *Pediatric Endocrinology, 44,* 339-361.

Seidman, D. S., Laor, A., Gale, R., Stevenson, D. K. & Danon, Y. L. (1991). A longitudinal study of birth weight and being overweight in late adolescence. *American Journal of Diseases in Children, 145,* 782-785.

Serdula, M. K., Ivery, D., Coates, R. J., Freedman, D. S., Williamson, D. F. & Byers, T. (1993). Do obese children become obese adults? A review of the literature. *Preventive Medicine, 22,* 167-177.

Shaw, R., Rief, W. & Fichter, M. M. (1997). Eßstörungen. In F. Petermann (Hrsg.), *Rehabilitation. Ein Lehrbuch zur Verhaltensmedizin* (2., erweit. und korr. Auflage; 371-396). Göttingen: Hogrefe.

Sobal, J. & Stunkard, A. J. (1989). Socioeconomic status and obesity: A review of the literature. *Psychological Bulletin, 105,* 260-275.

Spitzer, R. L., Devlin, M., Walsh, B. T., Hasin, D., Wing, R., Marcus, M., Stunkard, A., Wadden, T., Yanovski, S., Agras, S., Mitchell, J. & Nonas, C. (1992). Binge eating disorder: A multisite field trial of the diagnostic criteria. *International Journal of Eating Disorders, 11,* 191-203.

Srinivasan, S. R., Bao, W., Wattigney, W. A. & Berenson, G. S. (1996). Adolescent overweight is associated with adult overweight and related multiple cardiovascular risk factors: The Bogalusa Heart Study. *Metabolism, 45,* 235-240.

Steinhausen, H.-C. & Seidel, R. (1994a). Die Berliner Verlaufsstudie der Eßstörungen im Kindesalter. Teil 2: Die mittelfristige Katamnese nach 4 Jahren. *Der Nervenarzt, 65,* 42-34.

Steinhausen, H.-C. & Seidel, R. (1994b). Die Berliner Verlaufsstudie der Eßstörungen im Kindesalter. Teil 3: Evaluation und Prognose. *Der Nervenarzt, 65,* 42-34.

Strober, M., Freeman, R. & Morrell, W. (1997). The long-term course of severe anorexia nervosa in adolescents: survival analysis of recovery, relapse, and outcome predictors over 10-15 years in a prospective study. *International Journal of Eating Disorders, 22,* 339-360.

Stunkard, A. J. (1984). The current status of treatment for obesity in adults. In A. J. Stunkard & E. Stellar (Eds.), *Eating and its disorders* (157-173). New York: Raven Press.

Stunkard, A. J. (1985). Obesity. In H. I. Kaplan & B. J. Sadock (Eds.), *Comprehensive Textbook of Psychiatry. Vol. IV.* Baltimore: Wiliams & Wilkins.

Stunkard, A. J., Harris, J. R., Pederson, N. L. & McClearn, G. E. (1990). The body-mass index of twins who have been reared apart. *New England Journal of Medicine, 322,* 1483-1487.

Thiel, A. (1997). Sind Psychopharmaka für die Behandlung der Anorexia und Bulimia nervosa notwendig? *Psychotherapie, Psychosomatik, Medizinische Psychologie, 47,* 332-345.

Thiel, A., Ohlmeier, M., Jacoby, G. E. & Schüßler, G. (1995). Zwangssymptome bei Anorexia und Bulimia nervosa. *Psychotherapie, Psychosomatik, Medizinische Psychologie, 45,* 8-15.

Touyz, S. W. & Beumont, P. J. V. (1997). Behavioral treatment to promote weight gain in anorexia nervosa. In D. M. Garner & P. E. Garfinkel (Eds.), *Handbook of treatment for eating disorders* (361-371). New York: Guilford.

Treasure, J. & Holland, A. (1995). Genetic factors in eating disorders. In G. Szmukler, C. Dare & J. Treasure (Eds.), *Handbook of eating disorders. Theory, treatment and research* (65-81). Chichester: Wiley.

Troiano, R. P., Flegal, K. M., Kuczmarski, R. J., Campbell, S. M. & Johnson, C. L. (1995). Overweight prevalence and trends for children and adolescents. The National Health and Examination Surveys 1963-1991. *Archives of Pediatric and Adolescent Medicine, 149,* 1085-1091.

Wabitsch, M. (1998). Ursachen der Adipositas im Kindes- und Jugendalter. Konzepte für Prävention und Therapie. *Der Kinderarzt, 29,* 558-562.

Wabitsch, M., Hauner, H., Heinze, E., Muche, R., Böckmann,

A., Parthon, W., Mayer, H. & Teller, W. (1994). Body-fat distribution and changes in the atherogenic risk-factor profile in obese adolescent girls during weight reduction. *American Journal of Clinical Nutrition, 60,* 54-60.

Wadden, T. A., Foster, G. D., Letizia, K. A. & Wilk, J. E. (1993). Metabolic, anthropometric, and psychological characteristics of obese binge eaters. *International Journal of Eating Disorders, 14,* 17-25.

Wadden, T. A., Stunkard, A. J., Rich, L., Rubin, C. J., Sweidel, G. & McKinney, S. (1990). Obesity in black adolescent girls: A controlled clinical trial of treatment by diet, behavior modification, and parental support. *Pediatrics, 85,* 345-352.

Wardle, J. (1995). The assessment of obesity: Theoretical background and practical advice. *Behaviour Research and Therapy, 33,* 107-117.

Warschburger, P. (1998). *Chronisch kranke Kinder und Jugendliche – Psychosoziale Belastung und Bewältigung.* Bremen: Unveröffentlichte Habilitationsschrift.

Warschburger, P. (1999). Eßstörungen. In L. v. Rosenstiel, M. Hockel & W. Molt (Hrsg.), *Handbuch der Angewandten Psychologie* (7. Erg. Lfg. V-7.2.4, 1-24). Landsberg: ecomed.

Warschburger, P., Fromme, C., Petermann, F., Wojtalla, N. & Oepen, J. (2001). Conceptualisation and evaluation of a cognitive-behavioural training programme for children and adolescents with obesity. *International Journal of Obesity, 25 (Suppl. 1),* S93-S95.

Warschburger, P., Fromme, C., Wojtalla, N., Oepen, J. & Petermann, F. (2001). Verhaltensmedizinische Interventionen bei Adipositas. In F. Petermann & P. Warschburger (Hrsg.), *Kinderrehabilitation* (2., überarb. Auflage; 165-192). Göttingen: Hogrefe.

Warschburger, P., Petermann, F., Fromme, C. & Wojtalla, N. (1999). *Adipositastraining mit Kindern und Jugendlichen.* Weinheim: Psychologie Verlags Union.

Warschburger, P. & Wojtalla, N. (2000). Adipositas. In F. Petermann (Hrsg.), *Fallbuch der Klinischen Kinderpsychologie und -psychotherapie* (2., überarb. Auflage; 287-303). Göttingen: Hogrefe.

Waxman, M. & Stunkard, A. J. (1980). Caloric intake and expenditure of obese boys. *Journal of Pediatrics, 96,* 187-193.

Westenhöfer, J. (1996). *Gezügeltes Essen und Störbarkeit des Eßverhaltens* (2. Auflage). Göttingen: Hogrefe.

Whitaker, R. C., Pepe, M. S., Wright, J. A., Seidel, K. D. & Dietz, W. H. (1998). Early adiposity rebound and the risk of adult obesity. *Pediatrics, 101,* e5.

Whitaker, R. C., Wright, J. A., Pepe, M. S., Seidel, K. D. & Dietz, W. H. (1997). Predicting obesity in young adulthood from childhood and parental obesity. *New England Journal of Medicine, 337,* 869-873.

WHO (1991). *Internationale Klassifikation psychischer Störungen, ICD-10, Kapitel V* (F). Bern: Huber.

WHO Consultation on Obesity. (1998). Obesity. Preventing and managing the global epidemic. Genf: WHO.

Williams, C. L., Campanaro, L. A., Squillace, M. & Bollella, M. (1997). Management of childhood obesity in pediatric practice. *Annals New York Academy of Sciences, 817,* 225-240.

Wilson, G. T. (1996). Treatment of bulimia nervosa: When CBT fails. *Behaviour Research and Therapy, 34,* 197-212.

Wilson, G. T. (1994). Behavioral treatment of obesity: Thirty years and counting. *Advances in Behaviour Research and Therapy, 16,* 31-75.

Wilson, G. T., Fairburn, C. G. & Agras, W. S. (1997). Cognitive-behavioral therapy for bulimia nervosa. In D. M. Garner & P. E. Garfinkel (Eds.), *Handbook of treatment for eating disorders* (67-93). New York: Guilford.

Wirth, A. (1997). Adipositas. Berlin: Springer.

Woell, C., Fichter, M.-M., Pirke, K.-M. & Wolfram, G. (1989). Eating behavior of patients with bulimia nervosa. *International Journal of Eating Disorders, 8,* 557-568.

Zimmermann, E. (1998). *Interventionsbedürftiges Übergewicht bei Schulanfängern. Studie.* Bremen: Werkstattfassung.

Zwiauer, K. & Wabitsch, M. (1997). Relativer Body-mass-Index (BMI) zur Beurteilung von Übergewicht und Adipositas im Kindes- und Jugendalter. *Monatsschrift Kinderheilkunde, 145,* 1312-1318.

22 Schmerz
von Stephan Mühlig, Dagmar Breuker und Franz Petermann

Inhaltsübersicht

1 Schmerz – Eine Gegenstandsbestimmung

Das Erleben von Schmerz gehört zu den Grunderfahrungen des (menschlichen) Lebens. Akute Schmerzen besitzen eine wichtige *biologische Signal- und Schutzfunktion*, indem sie vor Gefahren wie schädigenden Außenreizen oder internen Krankheitsprozessen warnen und schützendes, linderndes oder heilendes Verhalten auslösen. Wenn jedoch Schmerzen über die zu erwartende Heilungszeit andauern oder Behandlungen erfolglos bleiben (weil die Schmerzursache nicht identifizier- oder nicht behebbar ist), verliert der Schmerz seinen biologischen Zweck. Bei chronischen oder wiederholt auftretenden (rezidivierenden bzw. rekurrierenden) Schmerzen entwickelt das Symptom selbst Krankheitswert, der Schmerz wird zur „*Schmerzerkrankung*". Obwohl Schmerzbeschwerden als Hauptanlaß für die Konsultation eines Arztes gelten, wurde das Phänomen Schmerz in der medizinischen Forschung und Praxis lange Zeit vernachlässigt (vgl. Zimmermann & Seemann, 1986). Erst seit Mitte der 60er Jahre hat sich die Schmerzforschung als eigenständiges Fachgebiet etabliert und neue Erkenntnisse über Mechanismen der Schmerzentstehung, körpereigene Systeme der Schmerzhemmung und die Wirkweise verschiedener Behandlungsformen bei chronischen Schmerzen hervorgebracht. Anfang der 70er Jahre wurde die *International Association for the Study of Pain (IASP)* gegründet und erstmals eine allgemein akzeptierte wissenschaftliche Definition des Phänomens Schmerz entwickelt: „*Schmerz ist ein unangenehmes Sinnes- und Gefühlserlebnis, das mit akuter oder potentieller Gewebsschädigung verbunden ist oder mit Begriffen einer solchen Schädigung beschrieben wird*" (IASP, 1979). Die Bedeutung dieser Definition ist in der Einigung auf ein grundlegend neues Schmerzverständnis zu sehen, das die ausschließlich somatisch orientierte Sichtweise überwindet und anerkennt, daß Schmerz ein *mehrdimensionales Ereignis* darstellt: Danach wird Schmerz nicht mehr als ausschließlich körperlicher Vorgang betrachtet, sondern als *psychisch* vermitteltes Wahrnehmungsphänomen und *unangenehmes Gefühlsereignis*. Die emotionale Komponente (Angst, Wut, Depressivität) wird als integraler Bestandteil und nicht nur als Folge des Schmerzerlebens angesehen. Schließlich wird die *subjektive Erfahrungsqualität* von Schmerz betont und anerkannt, daß Schmerzen zwar in den meisten Fällen mit einer organischen Gewebsirritation einhergehen, aber eine feststellbare körperliche Schädigung nicht zwingend voraussetzen. Damit werden Patienten mit Schmerzbeschwerden, für die keine organische Ursache nachgewiesen werden kann (z.B. idiopathische Kopf-, Bauch- oder Rückenschmerzen), Patienten mit organischem Befund gleichgestellt.

2 Klassifikation pädiatrischer Schmerzerkrankungen

Eine präzise Beschreibung und systematische Klassifikation von Schmerzerscheinungen sind zum einen für die Durchführung replizierbarer Studien und zum anderen für eine fundierte *Indikationsstellung* und *Behandlungsplanung* unerläßlich (Göbel et al., 1993; Klinger, Hasenbring & Pfingsten, 1992). Insbesondere bei kleinen Kindern, die ihre Schmerzerlebnisse nicht verbal artikulieren können, ergeben sich gravierende diagnostische Unsicherheiten, die nur mittels ausgereifter Beschreibungssysteme behoben werden können. Das Ziel einer Klassifikation ist die Gliederung oder Anordnung verschiedener Krankheiten mit dem Versuch einer zusammenhängenden und in ihrem Aufbau logischen Darstellung (Hildebrandt, Pfingsten, Maier, Klinger & Hasenbring, 1992). Dabei sollten spezifische Krankheitsbilder exakt definiert werden können, um eine vorläufige oder allgemeine Diagnosestellung zu ermöglichen, welche durch weitere diagnostische Untersuchungen zunehmend präzisiert werden kann. Darüber hinaus sollte eine Taxonomie flexibel genug sein, um die kontinuierliche Integration neuer medizinischer Erkenntnisse zu bestimmten Krankheitsbildern zu erlauben.

Die Klassifikation von Schmerzen kann nach sehr unterschiedlichen Kriterien erfolgen. Schmerzen lassen sich drei grundlegenden *Schmerzarten* zuordnen:

a) *Akutschmerzen* sind meist durch eine identifizierbare Ursache (z.B. Verletzungen, schmerzhafte medizinische Eingriffe) ausgelöst, gut lokalisierbar, von begrenzter Zeitdauer (selten länger als einen Monat) und in der Regel kausal therapierbar. Die psychischen Konsequenzen akuter Schmerzen beschränken sich in der Regel auf vorübergehendes Angst- und Streßerleben oder posttraumatische Belastungsstörungen.

b) *Rezidivierende/rekurrierende* Schmerzen, das heißt regelmäßig wiederkehrende Schmerzen (z.B. Migräne, Bauch- und Rückenschmerzen), besitzen eine unklare Ätiologie und treten ohne erkennbare Organschädigung in Episoden mit unterschiedlicher Frequenz, Dauer und Intensität auf. Zwischen diesen Episoden sind die Betroffenen beschwerdefrei und vollständig gesund. Rezidivierende Schmerzen sind in der Regel schwer zu lokalisieren, in ihrem Auftreten unvorhersehbar und meistens nur symptomatisch zu behandeln. Die Auslöser einer Schmerzepisode sind nicht eindeutig zu bestimmen, es kommen *sozia-*

le (kritische Lebensereignisse, Belastungssituationen in Familie und Schule), *externe* (Wettereinflüsse, Nahrungs- und Genußmittel) und *personale* (Emotionen, Stimmungen, Kognitionen) *Faktoren* dafür in Betracht.

c) *Chronische Schmerzen* treten ätiologisch meist klar bestimmbar als Folge von anhaltenden organischen Verletzungen (Unfälle, Verbrennungen) oder Gewebsschädigungen infolge einer chronischen Grunderkrankung (Polyarthritis, Hämophilie, Neuralgien, Krebs) auf. Sie sind für die Patienten recht klar zu lokalisieren und in ihren Intensitätsschwankungen einzuschätzen. Die Pathophysiologie chronischer Schmerzzustände ist erst ansatzweise bekannt. Man spricht von chronischen Schmerzen, wenn sie über die zu erwartende Heilungszeit hinaus oder mehr als sechs Monate anhalten. Der subjektive Leidensdruck ist extrem hoch: Gefühle der Ohnmacht, Hoffnungslosigkeit und Verzweiflung münden nicht selten in psychopathologische Erscheinungen (Depression, generalisierte Angst, Schlafstörungen, Appetitlosigkeit, Medikamentenmißbrauch). Die Behandlungsmöglichkeiten hängen von der jeweiligen Grundstörung ab; im Falle chronischer Krankheiten ist diese kausal nicht zu beheben, so daß die resultierenden Schmerzen lediglich symptomatisch therapiert werden können (vgl. auch Tryba & Zenz, 1993).

Kasten 1:
Kriterien der IASP-Klassifikation chronischer Schmerzen (vgl. Hildebrandt & Pfingsten, 1993).

1. Definition (kurzgefaßte Beschreibung des Schmerzbildes);
2. Schmerzoptik (Benennung der betroffenen Körperregion);
3. System (Benennung des Körpersystems, durch dessen Fehlfunktion der Schmerz produziert wird bzw. welches in das Schmerzproblem involviert ist);
4. Haupterscheinungsform (Prävalenz, Schmerzbeschreibung, Intensität);
5. Begleitsymptome (vegetative Symptome wie Übelkeit/Erbrechen);
6. Laborbefunde (Blutbild);
7. Üblicher Verlauf;
8. Komplikationen (operative Eingriffe in der Vorgeschichte);
9. Soziale und körperliche Behinderung;
10. Pathologische Befunde (Röntgen- und Ultraschallbild);
11. Zusammenfassung der Hauptbefunde und diagnostische Kriterien;
12. Differentialdiagnose;
13. Kodierung.

Die in der Klinischen Kinderpsychologie relevanten psychiatrischen Klassifikationssysteme (ICD-10, DSM-IV) beziehen sich primär auf psychische Störungsbilder. Für die Diagnostik von Schmerzerkrankungen mit deutlichem organischen oder pathophysiologischen Anteil (z.B. Kopfschmerzerkrankungen, Rückenschmerzen) sind sie weniger geeignet. Hier muß auf organmedizinische Klassifikationsschemata zurückgegriffen werden. Eine differenzierte und konsensfähige Schmerzsystematik wird in der Klassifikation chronischer Schmerzzustände der *International Association for the Study of Pain* (IASP) vorgenommen, die über 300 Schmerzsyndrome *phänomenologisch* erfaßt und *multiaxial* nach Lokalisation, betroffenem Funktionsbereich, Zeitcharakteristik, Intensität, Dauer und Ätiologie kodiert. Der Fokus dieser Taxonomie liegt allerdings auf den körperlichen Aspekten des Schmerzprozesses und berücksichtigt psychische und soziale Merkmale nur beiläufig und primär im Zusammenhang mit psychiatrischen Störungsbildern. Die IASP-Klassifikation schreibt eine Kodierung der Schmerzen nach 13 Kriterien vor (Hildebrandt & Pfingsten, 1993; vgl. Kasten 1).

Dabei erfolgt die Kodierung multiaxial auf den Achsen Körperregion, Organsystem, zeitliches Auftreten, Intensität und Dauer der Schmerzen sowie Ätiologie. Obwohl dieses Klassifikationssystem eine Verbesserung darstellte, wurde es in verschiedener Hinsicht kritisiert. Zu diesen Kritikpunkten zählen die Unvollständigkeit der im Schema aufgeführten Schmerzsyndrome sowie der eher geringe Einbezug psychosozialer Faktoren (Hildebrandt & Pfingsten, 1993). In der Folgezeit wurde daher der Versuch unternommen, für umgrenzte Schmerzkrankheitsbilder spezielle Klassifikationssysteme zu entwickeln. Am bekanntesten ist hier das *Klassifikationssystem für Kopf- und Gesichtsschmerzen der International Headache Society* (IHS), das 13 übergeordnete Kopfschmerzerkrankungen kategorisiert. Aber auch dieses System ist als rein medizinisches Schema konzipiert und vernachlässigt die psychosozialen Komponenten des Schmerzgeschehens. Die genannten Schmerztaxonomien sind aufgrund ihrer somatischen Ausrichtung als Grundlage für eine interdisziplinäre Behandlung und Erforschung von Schmerzsyndromen nur bedingt geeignet.

Ein Klassifikationsschema zur standardisierten Beschreibung von Schmerzsyndromen, das auf einem *biopsychosozialen* Schmerzverständnis basiert, wird erstmals von Klinger, Hasenbring und Pfingsten (1992) vorgestellt: Das *Multiaxiale Schmerzklassifikationsschema* (MASK). Das MASK-Schema besteht aus einem *somatischen* (MASK-S, vgl. Kasten 2) und einem neuen *psychosozialen* (MASK-P) Teil. MASK-S kodiert die körperlichen Aspekte der Schmerzproblematik ähnlich wie das IASP-System unter anderem nach Lokalisation, Dauer, Frequenz, Intensität des Schmerzes, betroffenem Funktionsbereich und ätiologischen Faktoren. Der neuartige psychosoziale Teil (MASK-P) bildet psychologische und soziale Aspekte in bezug auf Entstehung, Aufrechterhaltung und Konsequenzen chronischer Schmerzen explizit ab, unter anderem

- schmerzbezogene psychische Beeinträchtigungen,
- personspezifische Merkmale, die die Schmerzbewältigung fördern oder hemmen,
- Stressoren und
- soziale Faktoren, die das Schmerzgeschehen beeinflussen.

Kasten 2:
Beispiel einer Diagnosestellung mit MASK-S (vgl. Hildebrandt & Pfingsten, 1993).

3	Schmerz bei Durchblutungsstörung
3.1	Durch arteriellen Verschluß
3.1.2	Vom chronisch peripheren Typ
3.1.2.1	Der unteren Extremitäten
3.1.2.1.3	Vom Unterschenkeltyp

Der Diagnosekatalog erfaßt die Erscheinungsformen der häufigsten Schmerzsyndrome vorwiegend deskriptiv. Auf Informationen zur Ätiologie wurde weitgehend verzichtet, da die Krankheitsursachen häufig nicht genau bekannt sind. Die Diagnose wird mit fünf Ziffern kodiert – wobei jede Ziffer ein spezifisches Beschreibungsmerkmal abbildet und so eine möglichst eindeutige Diagnose ermöglicht. Zusätzliche Informationen zur Phänomenologie und möglichen Ätiologie werden auf weiteren sechs Achsen kodiert. Zu diesen Informationen gehören die anatomische Schmerzlokalisation, die -topographie, die zeitliche Charakteristik der Schmerzen, Daten zur allgemeinen Genese der Beschwerden, die überwiegende Schmerzqualität sowie mögliche und relevante neurologische Zusatzbefunde. Die Ergänzung der somatischen Dimension erfolgt durch Merkmalsklassifikation auf den psychosozialen Schmerzebenen. Diese psychosoziale Klassifikationsdimension MASK-P richtet sich an verhaltenstheoretischen Schmerzmodellen aus und soll eine Beschreibung der Schmerzen auf den Ebenen Verhalten, Emotion, Kognition, Streßfaktoren und personenspezifische Merkmale ermöglichen (Klinger et al., 1992). Die Ebenen Verhalten, Emotion und Kognition stellen das Schmerzerleben und die Beeinträchtigungen in den Mittelpunkt. Durch diese axial aufgebaute Diagnostik kann jedes Krankheitsbild mehrdimensional und nach verschiedenen Aspekten genau beschrieben werden. MASK-S und MASK-P ergänzen sich dabei zu einer multidimensionalen Klassifikation chronischer Schmerzen, auf deren Basis eine interdisziplinäre Schmerztherapie geplant und durchgeführt werden kann.

3 Entstehung und Aufrechterhaltung – Komponenten des Mehr-Ebenen-Modells

Lange Zeit wurde Schmerz ausschließlich aus der medizinisch-somatischen Perspektive betrachtet und auf die Diagnose von Verletzungen und anderen körperlichen Schädigungen sowie deren Behandlung reduziert. Dieser monokausale Therapieansatz ist jedoch bestenfalls für akute und verletzungsbedingte Schmerzen angemessen. Bei chronischen oder rezidivierenden Schmerzen, für die sich zum Teil keine organischen Schädigungen nachweisen lassen, haben rein organmedizinische Behandlungen nur begrenzt Erfolg (Flor, 1991). Heute finden Erklärungs- und Behandlungsmodelle, die unterschiedliche Aspekte von Schmerzerlebnissen berücksichtigen, zunehmend Beachtung.

Moderne *biopsychosoziale Modelle* gehen davon aus, daß Schmerz eine Reaktion auf mehreren Ebenen darstellt, in denen physiologische, psychologische und soziale Faktoren zusammenspielen. Dieses mehrdimensionale Schmerzverständnis (vgl. Abb. 1) trägt der Tatsache Rechnung, daß die Schmerzempfindung inter- und intraindividuell extrem variiert und von verschiedenen internen und externen Faktoren erheblich beeinflußt wird. Die *subjektive Erlebnisqualität* des Schmerzes impliziert, daß Schmerz sich nicht objektiv „messen" läßt, sondern vom Patienten erfragt werden muß. Die individuellen Unterschiede im Schmerzerleben resultieren u.a. daraus, daß das subjektive Erleben und der Umgang mit Schmerzen erworben wird und somit dem Einfluß persönlicher Lernerfahrungen unterliegt.

Schon die IASP-Schmerzdefinition geht von einem Mehr-Ebenen-Modell des Schmerzes aus, wobei sich die ursprüngliche Fassung auf die körperlichen Empfindungen und Gefühle (= sensorische und affektive Ebene) beschränkte. Mit späteren Modifikationen der Definition wurden psychosoziale Aspekte stärker berücksichtigt, vor allem der Einfluß von Lernerfahrungen. In einer dem aktuellen Forschungsstand angepaßten Schmerzdefinition ist das IASP-Konzept um weitere Komponenten zu erweitern (Schaible & Schmidt, 1997). Insgesamt lassen sich sechs Ebenen des Schmerzgeschehens unterscheiden (vgl. Mühlig, 1997):

- *Sensorisch-diskriminative Ebene.* Körperliche Schmerzempfindungen, nach denen sich der Schmerzreiz beschreiben läßt (z.B. Lokalisation, Stärke, Dauer).

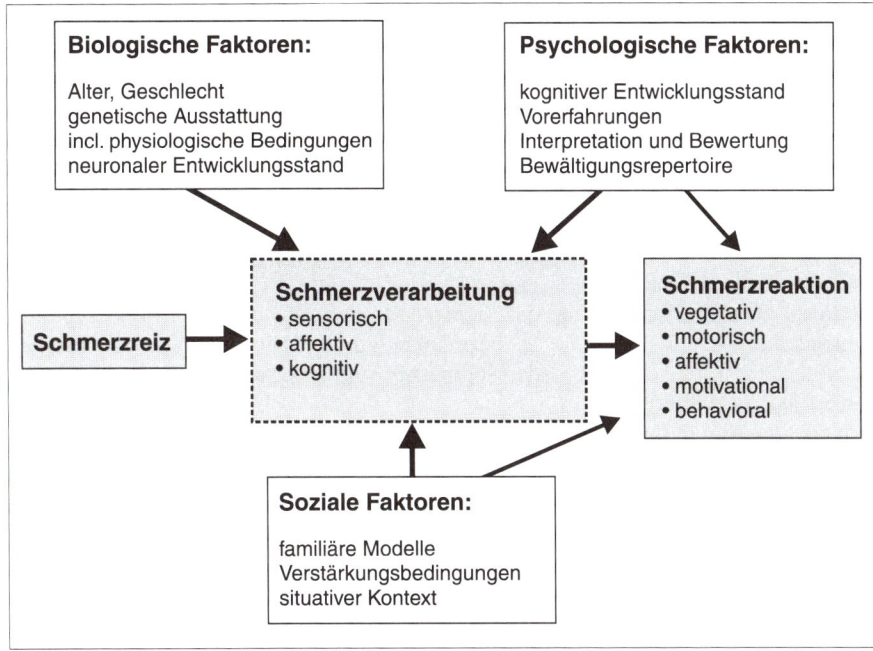

Abbildung 1:
Vereinfachtes biopsychosoziales Schmerzmodell.

3.1 Das Schmerzsinnessystem

Der menschliche Körper verfügt über ein sensorisches System, dessen Aufgabe in der Aufnahme von Signalen aus der Umwelt oder aus dem Körper sowie deren Weiterleitung an das zentrale Nervensystem besteht (vgl. Birbaumer & Schmidt, 1996). Die Aufnahme, Weiterleitung und Verarbeitung schmerzhafter Reize erfolgt über einen hierauf spezialisierten Apparat aus Rezeptoren, Leitungsbahnen und verarbeitenden Zentren (Birbaumer & Schmidt, 1996), der als *nozizeptives System* bezeichnet wird (vgl. Abb. 2).

- *Kognitiv-evaluative Ebene.* Einordnung und Interpretation des Schmerzreizes, wobei auf bisherige Schmerzerfahrungen und damit zusammenhängende Bewertungen von Schmerz zurückgegriffen wird (z.B. als gefährlich, bedrohlich, nicht auszuhalten).
- *Affektiv-motivationale Ebene.* Mit dem körperlichen Empfinden verbundene Gefühle, zum Beispiel Streß, Angst oder Wut und subjektives Leiden.
- *Autonome und somatomotorische Ebene.* Unwillkürliche körperliche Reaktionen auf Schmerzreize, die sich als Muskelreflexe zum Schutz vor einer Schmerzquelle oder in Begleiterscheinungen wie Schweißausbruch, Zittern, Übelkeit, Benommenheits- oder Schocksymptome äußern.
- *Motorisch-verhaltensbezogene Ebene.* Verbale und nonverbale Schmerzäußerungen wie Stöhnen, Verhaltensweisen zur Bewältigung der Schmerzen oder Schonhaltung.
- *Interpersonell-soziale Ebene.* Reaktionen auf die Schmerzen von Bezugspersonen, Kommunikation über Schmerzen und über Strategien zur Schmerzbewältigung mit anderen Personen.
- *Soziokulturelle Ebene.* Bewertung von Schmerzen, die auf sozialen Normen, religiösen, mythischen oder rituellen Bedeutungen beruhen (z.B. „Ein Indianer kennt keinen Schmerz!").

Um ein Schmerzerlebnis in seiner Komplexität verstehen zu können, bedarf es zuverlässiger Informationen über das Geschehen auf allen genannten Ebenen sowie deren Wechselwirkungen.

3.1.1 Aufnahme und Weiterleitung von Schmerzreizen

Der Organismus besitzt eine Vielzahl von unterschiedlichen Empfängern (*Rezeptoren*), die auf bestimmte äußere oder innere Reize (z.B. Tast-, Druck- oder Temperaturreize) aus allen Organen des Körpers reagieren und Informationen darüber an das Gehirn weiterleiten. Rezeptoren, die auf schädigende („*noxische*") Reize reagieren und als Schmerzsignal zum Rückenmark weitergeben, werden als *Nozizeptoren* bezeichnet. Diese Nozizeptoren werden nach der Art der Reize, auf die sie reagieren, klassifiziert in a) *modalitätsspezifische* Nozizeptoren (die jeweils nur spezifisch auf Druck-, Temperatur- oder chemische Reize von schädigender Stärke reagieren) und *polymodale* Nozizeptoren (die durch alle Reizarten aktiviert werden können). Dem zentralen Nervensystem werden über die Nozizeptoren und den zugehörenden Nervenfasern auch Informationen zu den *sensorischen Eigenschaften* des Schmerzes wie Lokalisation, Beginn, Intensität und Ende der schmerzhaften Reizung gemeldet.

Die Schmerzimpulse werden im peripheren Nervensystem über spezielle Nervenfasern (A-Delta- und unmyelinisierte C-Fasern) zum Hinterhorn des Rückenmarks weitergeleitet. Dabei vermitteln die A-Delta-Fasern (Leitungsgeschwindigkeit ca. 15m/sec) den sogenannten *ersten Schmerz* (hell, stechend, lokalisiert, relativ schnell abklingend), der für Akutschmerzen typisch ist, während die C-Fasern (Leitungsgeschwindigkeit ca. 1m/sec) den besonders für chronische Schmerzzustände bedeutsamen *Zweitschmerz* (dumpf, bohrend, schwer lokalisierbar, langsam abklingend) auslösen. Auf der *spinalen Ebene* (Rückenmark) wird der

Schmerzimpuls mit Hilfe von Neurotransmittern vom peripheren auf das Zentralnervensystem übertragen, während gleichzeitig motorische *Reflexreaktionen* ausgelöst werden (Reflexbogen). Bei dieser Umschaltung der Informationen in das zentrale Nervensystem werden unterschiedliche Neurone innerviert:

- Neurone der Vorderseitenstrangbahnen leiten die Informationen weiter zum Gehirn,
- andere aktivierte Neurone sind in verschiedene Reflexbögen eingebunden und lösen so motorische oder vegetative Reflexreaktionen aus.

Über spezifische Schmerzbahnen erfolgt die Weiterleitung zum Gehirn, wo das Schmerzsignal einige hundertstel Sekunden nach Erregung der Nozizeptoren im Thalamus eintrifft. Dort werden alle Umgebungsreize zentral erfaßt, an das übrige Gehirn weitergemeldet („Verteilerstation") und notfalls eine Flucht- oder Angriffsreaktion ausgelöst. Die *zentralnervöse Schmerzverarbeitung* ist nur ungenau bekannt. Es gibt im Ge-

gensatz zu anderen Sinnessystemen kein kortikales „Schmerzzentrum", sondern ganz unterschiedliche Gehirnregionen, die an diesem komplexen Prozeß beteiligt sind, unter anderem

- das *Stammhirn,* das unter anderem die Atmung und den Kreislauf reguliert,
- das *Hypothalamus-Hypophysensystem,* das die Ausschüttung von Hormonen und Endorphinen steuert und
- das *limbische System,* das als „Zentrum der Gefühle" bezeichnet wird und für das emotionale Erleben der Schmerzen verantwortlich ist.

3.1.2 Biochemische Schmerzmechanismen

Die Erregbarkeit (Reagibilität) der Schmerzrezeptoren wird durch biochemische Substanzen (z.B. Serotonin, Substanz P) moduliert, die bei der Verletzung von Zellstrukturen, bei schmerzhaften Grunderkrankungen und vor allem bei Entzündungen freigesetzt werden. Diese *algetischen Stoffe* können die Nozizeption direkt einleiten oder die Reizschwelle für die Nozizeptoren senken. Die Erregbarkeit der Neuronen steigt daher bei Krankheitsprozessen dramatisch an, das heißt, im Krankheitsfall werden sowohl normalerweise schwach noxische als auch schmerzneutrale Reize als deutlich schmerzhaft empfunden (*Allodynie* und *Hyperalgesie*). Erst wenn die Verletzung ausgeheilt ist, kann sich die Überempfindlichkeit der Nozizeptoren zurückbilden.

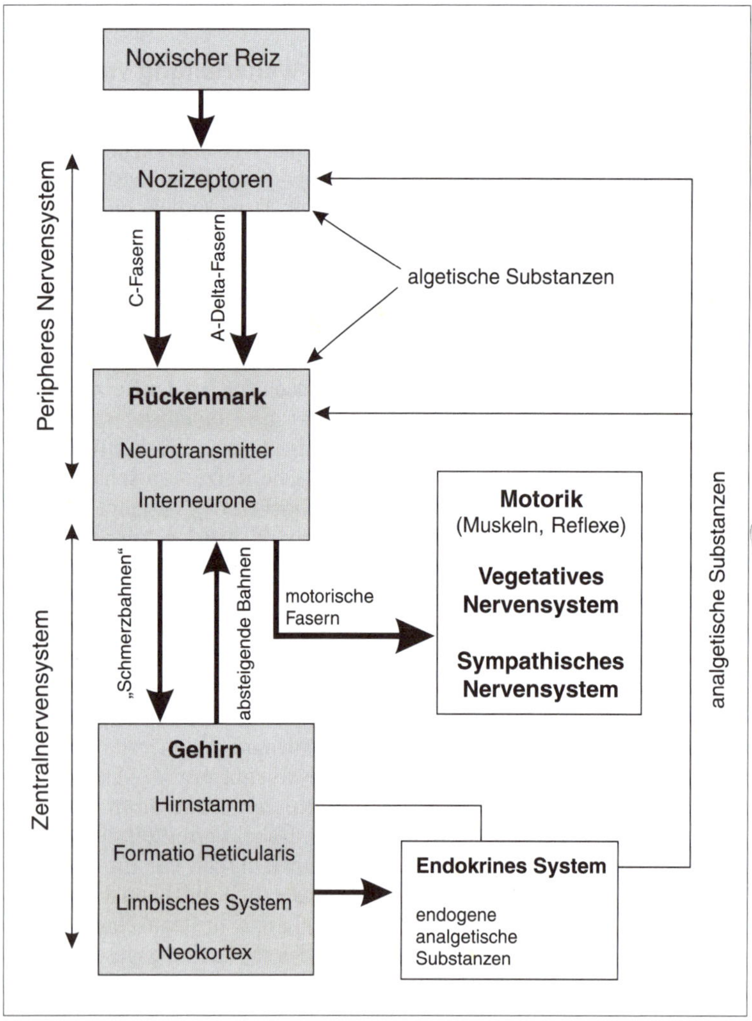

3.1.3 Physiologische Mechanismen der Schmerzchronifizierung

In den letzten Jahren sind bedeutsame Erkenntnisse über die Funktionsweise des Nervensystems gewonnen worden, die die physiologischen Mechanismen bei der Chronifizierung von Schmerzen erhellen. Das Nervensystem stellt keine statische Struktur mit festen Verschaltungen dar, sondern unterliegt in Abhängigkeit vom sensorischen Input und Lernerfahrungen einer unaufhörlichen strukturellen und funktionellen Veränderung. Diese *Neuroplastizität*, die die neurophysiologische Grundlage für die Lernfähigkeit des Organismus bildet, hat bezüglich der Schmerzwahrnehmung fatale Auswirkungen: Im Gegensatz zu anderen Rezeptoren tritt bei Nozizeptoren nach anhaltender oder wiederholter Rei-

Abbildung 2:
Schematische Darstellung des nozizeptiven Systems.

zung *keine Habituation* und damit *keine Schmerzadaption ein*, sondern eine *Sensibilisierung*. Das heißt, infolge einer Verletzung oder Schädigung *steigert* sich die Empfindlichkeit der Nozizeptoren erheblich (Zimmermann, 1993; Meßlinger, 1997), so daß schon eine leichte Berührung oder eine geringfügige Bewegung des verletzten Körperteils heftige Schmerzen verursacht. Die Nozizeptorzelle entwickelt gewissermaßen ein „Schmerzgedächtnis" und „lernt", auf heftige oder wiederholte Schmerzreize schneller und intensiver zu reagieren. Je nach Stärke des Signaltraumas kann diese Sensibilisierung Minuten bis Stunden anhalten (vgl. Birbaumer & Schmidt, 1996). Bleibt die Schmerzquelle längere Zeit bestehen, kommt es sogar zu einer *dauerhaften* Funktions- und Strukturveränderung, in deren Folge die physiologische Schmerzschwelle drastisch absinken kann. Das Nervensystem reagiert auf Schmerzreize in der Folge immer empfindlicher. Auch im Gehirn können – schon bei einmaliger traumatischer Schmerzreizung – langfristige Erregbarkeitssteigerungen ausgelöst werden, die in Form eines *Schmerz-Engramms* (Gedächtnisspur für Schmerz) wirksam werden. Dabei kann es in der Großhirnrinde zu einer *Kortikalisierung des Schmerzes* kommen, in deren Folge die Schmerzwahrnehmungen spontan und ohne peripheren Input ausgelöst werden (Flor et al., 1995). Das heißt, die Schmerzen verselbständigen sich im Gehirn, und die Patienten leiden ohne äußere Ursache unter erheblichen Schmerzsensationen (z.B. „Phantomschmerz").

3.1.4 Endogenes Schmerzkontrollsystem

Das Schmerzsystem unterliegt einer permanenten *Regulation*, die es auf einem mittleren Erregungsniveau und damit in einem optimalen Arbeitsbereich hält. Die Weiterleitung von Schmerzinformationen wird durch leitungshemmende Kontrollsysteme im Hinterhorn des Rückenmarks reguliert. Diese Regulationsinstanzen gewährleisten eine biologisch sinnvolle *Informationsselektion*, die verhindert, daß Schmerzinformationen ungefiltert das Gehirn erreichen und dessen Kapazitätsgrenzen überschreiten. Wird die Funktion dieses *endogenen Hemmsystems* gestört (z.B. durch Serotoninmangel), kann daraus eine Sensibilisierung für Schmerzempfindungen resultieren, was möglicherweise eine weitere Ursache für die Chronifizierung darstellt.

Der im Gehirn gesteuerte *Gegenregulationsprozeß* („absteigende Hemmung") erfolgt unter anderem über körpereigene Substanzen und Überträgerstoffe, die die Verarbeitung von Schmerzreizen modulieren. Die Neuronen besitzen spezifische Bindungsstellen (Rezeptoren), an denen diese analgetischen Stoffe andokken können. Sobald dies geschieht, wird die Erregungsfähigkeit der Neuronen herabgesetzt und damit die Aufnahme und Weiterleitung von Schmerzinformationen gezielt gehemmt. Opioidrezeptoren sind nicht nur im Gehirn, sondern an allen synaptischen Schaltstellen des nozizeptiven Systems lokalisiert. Die vom Gehirn ausgelöste Freisetzung körpereigener Opioide (Endorphine, Enkelaphine) wirkt somit in verschiedenen Bereichen des Körpers gleichzeitig schmerzhemmend, da über den Blutkreislauf sämtliche Bindungsstellen für Opioide erreicht werden (additive Potenz).

Das Schmerzempfinden kann jedoch auch durch sehr starken Streß reduziert oder völlig unterdrückt werden, wie unter anderem durch Berichte über Menschen in Extremsituationen (Schockerlebnisse, lebensbedrohliche Situationen im Krieg oder bei Unfällen, Leistungssport) belegt. Diese biologisch sinnvolle *streßinduzierte Analgesie* erfolgt durch die Aktivierung der hemmenden Kontrollsysteme und die verstärkte Ausschüttung körpereigender Opioide (Bolles & Fanselow, 1982). Die Fähigkeit sogenannter Schmerzkünstler, ihr Schmerzempfinden nahezu vollständig auszuschalten, basiert wahrscheinlich auf der bewußten Aktivierung dieser kortikalen Kontrollsysteme.

3.1.5 Entwicklungsphysiologie

Schon *Neugeborene* und sogar *Feten* besitzen die neurophysiologischen Voraussetzungen für Schmerzerfahrungen (Johnston, Stevens, Craig & Grunau, 1993). Inzwischen gilt es aufgrund empirischer Befunde als gesichert, daß sich dieses physiologische Schmerzsystem in wesentlichen Aspekten bereits pränatal entwikkelt. Die verschiedenen anatomischen, funktionalen und neurochemischen Komponenten des Schmerzsystems reifen während der menschlichen Ontogenese in unterschiedlicher Geschwindigkeit heran und sind bei der Geburt für eine differenzierte Schmerzwahrnehmung ausreichend ausgebildet (vgl. Droste & Büttner, 1992; Zimmermann, 1994). Bei der Geburt verfügen Kinder bereits über ein hochentwickeltes Nozizeptionssystem – sowohl im Bereich der peripheren Reizleitung als auch in der spinalen Umschaltung und Weiterleitung zu zentralen Bereichen.

Die Erregbarkeit von Nozizeptoren der Haut bildet sich bereits ab der siebten Schwangerschaftswoche zunächst im Gesicht, ab der elften Woche in Händen und Füßen, ab der 15. Schwangerschaftswoche in Beinen und Armen aus. Auch die biochemischen Mechanismen der Schmerzübertragung und -modulation entwickeln sich bereits sehr früh: Substanz P und entsprechende Rezeptoren sind bereits ab der 16. Gestationswoche nachweisbar. Zellen, die Endorphine produzieren, sind in der Hypophyse ab der 15. Gestationswoche enthalten. Ab der 20. Schwangerschaftswoche soll der Kortex bereits die volle Zahl seiner Neurone enthalten (Droste & Büttner, 1992). Eindeutige Schmerzreaktionen von Feten können ab etwa der 44. Woche gemessen werden (Zimmermann, 1994). Auch die Erinnerungsfähigkeit für Schmerzreize entwickelt sich offensichtlich schon vorgeburtlich. Studien belegen die Existenz eines *Schmerzgedächtnisses* und *rudimentären Schmerzbewußtseins* bei Feten und Neugeborenen (Droste & Büttner, 1992).

3.2 Psychische Ebenen des Schmerzgeschehens

Die Informationsverarbeitung von Schmerzreizen findet in einem komplizierten Zusammenspiel verschiedener kognitiver Ebenen statt. Im Ergebnis führen diese Verarbeitungsprozesse zu einer sehr komplexen Sinneserfahrung, die untrennbar mit Affekten und Verhaltenskonsequenzen verknüpft ist (Schaible & Schmidt, 1997).

Kognitive Mediatoren, wie Bewertungsprozesse, Kontrollerwartungen, Selbstwirksamkeitsüberzeugungen und kognitive Stile, sind nach dem aktuellen Forschungsstand von herausragender Relevanz für die Wahrnehmung und Bewältigung von Schmerzen. Zahlreiche empirische Studien belegen eindrucksvoll den Zusammenhang zwischen Einstellungsfaktoren, Schmerzbelastung und Bewältigungspotential. Bei Kindern kommt darüber hinaus der *affektiven* Schmerzkomponente eine besondere Bedeutung zu, da sie auf Schmerzereignisse mit einer spezifischen „*Distreß*"-Reaktion (vermischte Schmerz-Angst-Reaktion) antworten, bei der im Gegensatz zu Erwachsenen das affektiv-emotionale Geschehen im Vordergrund steht (vgl. 3.2.1). Die kognitiv-evaluative Verarbeitung von Schmerzinformationen hängt unter anderem vom Entwicklungsniveau und den Vorerfahrungen mit schmerzhaften Ereignissen ab. Beide Aspekte besitzen großen Einfluß auf die Bewertung und Interpretation von *Schmerzempfindungen* (vgl. 3.2.2). Auch das manifeste *Schmerzverhalten* ist als Resultat kognitiver Verarbeitungsprozesse anzusehen (vgl. 3.2.3).

3.2.1 Affektiv-motivationale Ebene

Im Gegensatz zu anderen Sinnesempfindungen, die in Abhängigkeit von situativen Aspekten lust- oder unlustbetonte Gefühle hervorrufen können, löst Schmerz im Regelfall aversive Affekte (z.B. Angst, Verzweiflung) aus, die zu einer Störung des Wohlbefindens führen. Im Falle chronifizierter Schmerzen treten häufig weitere negative Affekte wie Niedergeschlagenheit, Hilflosigkeit oder Depressivität auf. Bei anhaltenden Schmerzbeschwerden können sich diese dysphorischen Zustände zu psychischen Sekundärstörungen ausbilden. Tatsächlich ist bei chronisch schmerzkranken Patienten sehr häufig eine ausgeprägte Komorbidität mit Angststörungen und Depressionen zu beobachten. Es ist allerdings – zumindest bei den idiopathischen Schmerzsyndromen – nicht eindeutig zu bestimmen, ob diese psychischen Störungen als Folge oder als Ursache der Schmerzsymptomatik anzusehen sind. Angstzustände und Niedergeschlagenheit treten bereits bei kurzzeitigen akuten Schmerzen auf.

Ausgeprägte Ängste vor einer Verschlimmerung oder Aufrechterhaltung der Schmerzen können eine Schmerzchronifizierung mitbedingen oder zumindest fördern. Wie in einer Reihe von Experimenten zum Zusammenhang zwischen Ängstlichkeit und Schmerzerleben bei Akutschmerzen nachgewiesen werden konnte, existiert allerdings keine lineare Beziehung, das heißt, aktuelle Angstzustände führen nicht unmittelbar zu einer Verstärkung oder einer Verminderung des subjektiven Schmerzempfindens. Klinische Studien mit Kindern, die sich schmerzhaften medizinischen Prozeduren unterziehen mußten, weisen ebenfalls darauf hin, daß ängstliche Kinder zwar vor der Prozedur mehr Schmerz erwarten und währenddessen ein höheres Ausmaß an Ängstlichkeit zeigen, aber keine größere Schmerzintensität während des Eingriffes berichten als nicht-ängstliche Kinder (vgl. zusammenfassend Mühlig, 1997).

3.2.2 Kognitiv-evaluative Ebene

Die kognitive Verarbeitung von Schmerzimpulsen beinhaltet vor allem die Bewertung und Interpretation der aktuellen Schmerzereignisse sowie die Beurteilung der

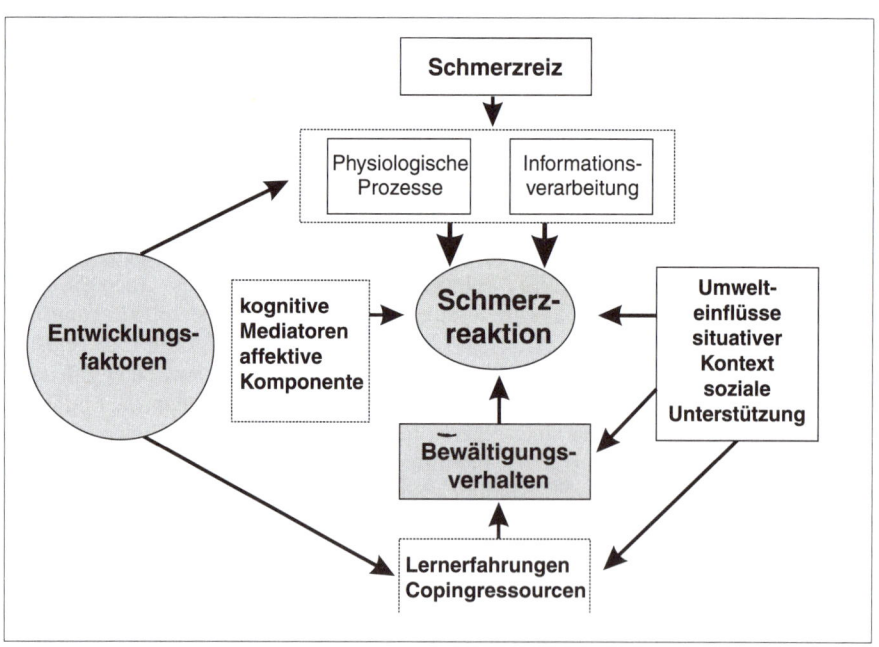

Abbildung 3:
Modell der Entwicklungseinflüsse auf die Schmerzreaktion.

zur Verfügung stehenden Bewältigungsmöglichkeiten. In diese Bewertungsprozesse fließen unter anderem Vorerfahrungen, situative Aspekte, familiäre Einflüsse, aber auch Emotionen ein (Schaible & Schmidt, 1997). Vor allem die Bewertung der eigenen Reaktions- und Verhaltensmöglichkeiten zur Bewältigung einer schmerzhaften Situation werden wesentlich vom Alter, dem kognitiven Entwicklungsniveau und den Vorerfahrungen eines Kindes beeinflußt (vgl. Abb. 3).

Bewertung der Schmerzempfindung. Kinder lernen im Verlauf ihrer Entwicklung ein breites Spektrum unterschiedlicher Schmerzen kennen, die nach Intensität, Lokalisation, Ausdehnung, Dauer, Art, Grad des Unwohlseins, sensorischen Qualitäten, affektiven Komponenten und Linderungsmöglichkeiten differieren. Es entwickelt sich *ein kognitives Bezugssystem* für Schmerzwahrnehmungen (*Schmerzschema*), mit dessen Hilfe sie neue Schmerzen einordnen und bewerten, und das mit jeder neuen Schmerzerfahrung modifiziert und erweitert wird. Mit fortschreitender Entwicklung erlangen Kinder zunehmend die Fähigkeit, Schmerzphänomene kognitiv zu erfassen, zu bewerten und eindeutig darüber zu kommunizieren (Harbeck & Peterson, 1992). Im Alter von 20 Monaten benutzen sie in überwiegender Mehrzahl schon verbale Schmerzbegriffe (McGrath & McAlpine, 1993). Vorschulkinder sind bereits in der Lage, mit Hilfe kindgerechter Schmerzerfassungsskalen unterschiedliche Schmerzintensitäten klar zu differenzieren (Belter, McIntosh, Finch & Saylor, 1988). Mittels dieser Erhebungsmethoden konnte belegt werden, daß sich bei verschiedenen Erkrankungen die Prävalenz und Intensität der Schmerzen von Kindern und Erwachsenen kaum unterscheiden (vgl. Zimmermann, 1994). Der gleiche Schmerzreiz (z.B. Venenpunktion) wird aber von sehr kleinen Kindern vergleichsweise als intensiver und bedrohlicher interpretiert (Lander & Fowler-Kerry, 1991). Ältere Kinder hingegen zeigen im Vergleich zu Erwachsenen keine Tendenz zu erhöhter Schmerzbeurteilung (Manne, Jacobsen & Redd, 1992).

Aufgrund ihrer Schmerzerfahrungen entwickeln Kinder spezifische Vorstellungen über die *Ursachen* ihrer Schmerzen. Diese subjektiven *Schmerzkonzepte* weichen gerade bei jüngeren Kindern erheblich von naturwissenschaftlichen Vorstellungen ab. Mit der Entwicklung des abstrakten Denk- und Vorstellungsvermögens werden die *Erklärungsmodelle* der Kinder zunehmend differenzierter. Empirische Studien bestätigen, daß mit zunehmendem Alter gegenwartsbezogene und konkrete Beschreibungen durch ein abstraktes Schmerzverständnis abgelöst werden (vgl. Wiedebusch, 1994). Dieser Zusammenhang zwischen Alter und Komplexität der Schmerzbeschreibungen konnte empirisch bestätigt werden. Basierend auf dem mehrstufigen Entwicklungsmodell von Piaget wurden gesunde Kinder und Jugendliche zu ihren Vorstellungen von Schmerz, seinen Ursachen und Auswirkungen befragt. Wiedebusch (1994) faßt die Ergebnisse verschiedener Studien dahingehend zusammen, daß Kinder zwischen dem *zweiten und vierten Lebensjahr* vornehmlich magische Vorstellungen über Schmerzen besitzen. Sie bezeichnen Schmerz als „irgendetwas, das weh tut" und als ausschließlich körperliches Erlebnis, das sie zum Beispiel bei Verletzungen erfahren. Ursachen liegen nach ihrer Auffassung ausschließlich außerhalb des Körpers. Zwischen dem *vierten und siebten Lebensjahr* beginnen die Kinder, verschiedene Schmerzintensitäten zu unterscheiden. In diesem Alter, in dem sich ihre Moralvorstellungen zu entwickeln beginnen, interpretieren sie Schmerzereignisse häufig als Bestrafung für vermeintliche Verfehlungen.

Mit der Weiterentwicklung zu konkret-logischen Denkprozessen wächst das Verständnis für Zusammenhänge zwischen Verletzung, Krankheit und Schmerz. Kinder zwischen *sieben und elf Jahren* beginnen, externe Ursachen von internen Auswirkungen zu unterscheiden. Sie verstehen, daß Schmerz durch Verletzungen oder Krankheiten verursacht sein kann und die „normalen" inneren Körpervorgänge verändert. Da Kinder dieses Alters noch keine konkreten Vorstellungen über physiologische Prozesse haben, verwenden sie Metaphern, um interne Ursachen und Wirkungen ihrer Schmerzen zu beschreiben. Ab dem *elften Lebensjahr* bildet sich die Fähigkeit zum formal-logischen Denken heraus. Es werden psychische und psychosoziale Ursachen für Schmerzen genannt. Die Kinder und Jugendlichen entwickeln ein ausgeprägtes Verständnis für Körpervorgänge und können Schmerzursachen mit neurologisch und physiologisch stimmigen Modellen erklären.

Bewertung der Bewältigungsmöglichkeiten. Das Schmerzkonzept beeinflußt auch die Bewertung der eigenen Reaktions- und Verhaltensmöglichkeiten zur Bewältigung einer schmerzhaften Situation. *Schmerzbewältigung* läßt sich beschreiben als Versuch einer Person, eine schmerzhafte Empfindung zu beenden oder in ihrer Intensität zu reduzieren. Das bekannteste Modell zur Bewältigung streßhafter Ereignisse, das *transaktionale Bewältigungsmodell* von Lazarus (Lazarus & Folkman, 1984), kann auch auf Schmerzen angewendet werden (vgl. Abb. 4). Danach werden Stressoren wie schmerzhafte Situationen zunächst als entweder irrelevant, positiv oder belastend beurteilt *(primäre Bewertung)*. Je nachdem, ob sie als Schaden/Verlust, Bedrohung oder Herausforderung empfunden werden, wird das Wohlbefinden einer Person beeinträchtigt.

Aufgrund der empfundenen Belastung werden zur Verfügung stehende Bewältigungsfähigkeiten und -möglichkeiten aktiviert und bewertet *(sekundäre Bewertung)*. Diese sekundäre Bewertung bestimmt die Auswahl der Verhaltensstrategien, mit denen die Situation bewältigt werden soll. Hierbei wird zwischen problembezogenen (= instrumentellen) und emotionsbezogenen (= palliativen) Strategien unterschieden. Problembezogene Strategien dienen der direkten Veränderung

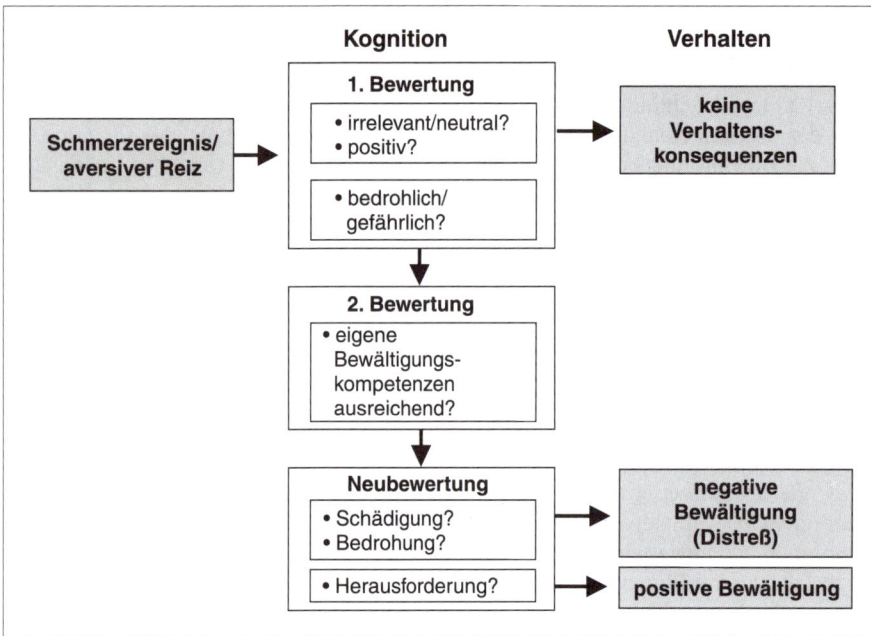

den Kindern eingesetzten Strategien werden durch allgemeine oder spezifische Vorerfahrungen mit Schmerzereignissen beeinflußt. Dabei bezeichnen spezifische Schmerzerfahrungen nicht-alltägliche schmerzhafte Situationen (z.B. invasive medizinische Prozeduren oder Erkrankungen). Verschiedene Studien weisen daraufhin, daß nicht die Anzahl der Vorerfahrungen sondern deren Qualität die emotionale Verfassung der Kinder und ihre Bewältigungsbemühungen beeinflußt (vgl. Mühlig, 1997).

Abbildung 4:
Bewältigungsmodell von Lazarus und Folkman (1984).

der belastenden Situation oder der Anpassung der Person an diese Situation, wodurch die Belastung reduziert werden soll (z.B. Einnahme eines Schmerzmittels). Emotionsbezogene Bewältigungsstrategien dagegen zielen darauf ab, die Affekte zu regulieren, die eine belastende Situation begleiten (z.B. Entspannung, Ablenkung). Nach dem Versuch, durch eigenes Verhalten die belastende Situation positiv zu beeinflussen, erfolgt gemäß dem transaktionalen Bewältigungsmodell eine *Neubewertung*, aus der gegebenenfalls weitere Bewältigungsversuche resultieren.

In den letzten Jahren rückte das *natürliche Bewältigungsverhalten* von Kindern unterschiedlicher Altersstufen, also das von dem Kind spontan gezeigte Verhalten zur Beeinflussung der Schmerzsituation, zunehmend in den Mittelpunkt des Interesses. Ziel der Studien war die Ableitung von Interventionen, mit denen Kindern und Jugendlichen für spezifische Schmerzsituationen effektivere Bewältigungstechniken vermittelt werden können. Die Ergebnisse werden von Mühlig (1997) dahingehend zusammengefaßt, daß ältere Kinder und Jugendliche spontan komplexe und anspruchsvolle kognitive Bewältigungsstrategien (z.B. Selbstverbalisation, Ablenkung) einsetzen. Bei jüngeren Kindern dagegen dominieren unter anderem der Wunsch nach sozialer Unterstützung und Vermeidungsverhalten. Diese Erkenntnisse werden zunehmend in psychologischen Behandlungsprogrammen zur Bewältigung akuter oder chronischer Schmerzen im Kindesalter berücksichtigt (Mühlig, 1997; Miller, Breuker & Petermann, 1996). Art und Anzahl der von

3.2.3 Motorisch-behaviorale Ebene

Die motorisch-behaviorale Ebene umfaßt die beobachtbaren Verhaltensreaktionen auf Schmerzreize. Zu diesen, unter dem Begriff „*Schmerzverhalten*" subsumierten, äußerlich sichtbaren Anzeichen des Schmerzempfindens zählen (vgl. Flor & Heimerdinger, 1992):

- verbale Klagen über Schmerz und Leiden,
- paraverbale Äußerungen (z.B. Stöhnen),
- Körperhaltung und Gestik (z.B. Humpeln),
- Anzeichen von Behinderungen oder Beeinträchtigungen (z.B. exzessives Schonverhalten) sowie
- Verhaltensweisen, die zur Schmerzreduktion führen sollen (z.B. Medikamenteneinnahme).

Neben diesen komplexen Verhaltensweisen werden auch motorische Reflexe (Wegzieh- oder Fluchtbewegungen) zum Schmerzverhalten gezählt. Zu den Schutzreflexen bei Schmerzen aufgrund interner Schmerzreize (Tiefenschmerz, viszeraler Schmerz) gehören Muskelverspannungen und sogenannte *Schonhaltungen*. Besonders im Kindesalter haben Verstärkerkontingenzen eine große Bedeutung für den Erwerb des individuellen Schmerzverhaltens: Durch die Reaktionen der Eltern erlernen Kinder spezifische Verhaltenspräferenzen, die langfristig ihren Bewältigungsstil prägen. Auf diese Weise lernt das Kind, durch die kontingenten Reaktionen seiner sozialen Umwelt Schmerzen entweder eher zu ignorieren oder überzubewerten (Flor, Breitenstein & Schlottke, 1994).

4 Psychologische Modelle zur Entstehung und Aufrechterhaltung chronischer Schmerzen

Schmerzen gehören zu den Alltagserfahrungen eines Kindes. Systematische Verhaltensbeobachtungen des freien Spieles von Vorschulkindern ergaben, daß sie sich mindestens alle drei Stunden einmal Schmerzen durch Hinfallen, Stoßen oder bei Raufereien mit anderen Kindern zuziehen (McGrath & McAlpine, 1993). Nicht-alltägliche Schmerzen werden zudem bei medizinischen Routineuntersuchungen durch invasive Prozeduren (z.B. Impfungen, Blutentnahmen), im Kontext von Krankheiten oder gravierenden Verletzungen erlebt. Bei chronischen oder rezidivierenden Schmerzerkrankungen stehen die Linderung der Beschwerden, die Bewältigung der Schmerzerkrankung und die Vorbeugung gegenüber Verschlechterungen und psychosozialen Folgen (z.B. Ängste, Schlafstörungen) im Mittelpunkt der Behandlung. Anhaltende oder rezidivierende Schmerzen beeinflussen über Monate und Jahre hinweg das Leben der Kinder. Die Erfüllung der sozialen Rollen (Familie, Freizeit, Schule) und die Gestaltung des Alltags werden vornehmlich von den Schmerzen bestimmt. Zum *Schmerzmanagement* gehört eine aktive Therapiemitarbeit (Arztbesuche, Medikamenteneinnahme, Krankenhausaufenthalte und ambulante physiotherapeutische Behandlungen), die auf Linderung der Beschwerden abzielt. Hinzu kommen eigenständige Bewältigungsversuche in alltäglichen Situationen, die von den Kinder unter anderem durch das aufmerksame Beobachten wichtiger Bezugspersonen (Modellernen), durch Verstärkung (operante Konditionierung) oder direkte Instruktion (Chaining, kognitive Vermittlung) erlernt werden. Nachfolgend werden wichtige psychologische *Modelle zur Entstehung und Aufrechterhaltung* chronischer und rezidivierender Schmerzen vorgestellt.

4.1 Operantes Modell

Zentrale Aussage des *operanten Lernmodells* ist, daß die Auftretenswahrscheinlichkeit eines Verhaltens durch seine Konsequenzen gesteuert wird. Schmerzen können demnach ohne organischen Befund allein durch Verstärkermechanismen aufrechterhalten werden, auch wenn die ursprüngliche Schmerzursache nicht mehr besteht (Fordyce, 1976). Ein Kind lernt diesem Modell zufolge, daß auf seine Schmerzäußerungen angenehme Konsequenzen folgen oder es sich vor ihm unangenehmen Situationen "schützen" kann. Wie in experimentellen Studien nachgewiesen wurde, können Eltern die Schmerztoleranz ihrer Kinder schon über bloße verbale Verstärkungen deutlich verändern (Linton, Melin & Götestam, 1985). Möglicherweise beginnt das Kind, seinen Schmerz instrumentell einzusetzen, um so von ihm positiv bewertete Ziele zu erreichen. Eltern reagieren auf das Schmerzverhalten ihrer Kinder häufig mit besonderer Beunruhigung und Besorgnis und tendieren dazu, sie von unangenehmen Aufgaben (z.B. Schule, Hausaufgaben) zu befreien. Die Kinder bekommen dadurch eine Sonderrolle, die sie langfristig von ihren Geschwistern und Gleichaltrigen isoliert. Fühlt sich die Familie durch die anhaltende Schmerzsituation schließlich überfordert, bieten operante Techniken zur Löschung des unerwünschten Verhaltens (z.B. durch dessen Nicht-Beachtung) häufig Entlastung. Darüber hinaus werden die Bezugspersonen dazu angehalten, das Kind für *bewältigende* Verhaltensweisen während einer Schmerzepisode oder gesundheitsförderliches Verhalten in schmerzfreien Phasen zu verstärken. Dieser Umgang unterstützt das Kind bei der aktiven Schmerzbewältigung, dem Aufbau von Sozialkontakten und Freizeitaktivitäten sowie dem Erleben von Selbsteffektivität. Zu den Kritikpunkten an diesem Modell zählt der Mangel an direkten experimentellen Belegen für seine Validität und die Reduktion möglicher moderierender Variablen für chronisches Schmerzverhalten ausschließlich auf Konditionierungsmechanismen (vgl. Flor, 1996).

4.2 Modellernen

Kinder lernen Schmerzverhalten unter anderem durch Beobachtung von Modellpersonen: Sie verfolgen aufmerksam die Schmerzerfahrungen, das Schmerzverhalten und die Bewältigungsstrategien ihrer Eltern und Geschwister. Dabei übernehmen sie diejenigen Aspekte in ihr eigenes Verhaltensrepertoire, die sie als erfolgreich erkennen bzw. die von ihrer Umwelt verstärkt werden (vgl. Petermann, Mühlig & Breuker, 1994). Harbeck und Peterson (1992) fanden Übereinstimmungen zwischen den von Kindern berichteten Schmerzmerkmalen (Art und Häufigkeit) und dem beobachtbaren Schmerzverhalten ihrer Eltern. Dieser familiäre Einfluß bei der Entstehung und Aufrechterhaltung kindlicher Schmerzsyndrome geht so weit, daß sich Schmerzprobleme von älteren Familienmitgliedern auf die Kinder übertragen können. Die Kinder entwickeln dabei über das Modellernen ähnliche Schmerzsymptome (nach Qualität, Lokalisation und Frequenz) wie ihre Eltern oder Geschwister. Die familiäre Schmerzinzidenz wurde mehrfach für verschiedene chronische bzw. rekurrierende Schmerztypen nachgewiesen (z.B. Turkat & Rock, 1984; Violin & Giurgea, 1984). In diesen "Schmerzfamilien" entwickelt sich das Schmerzproblem häufig zu einem zentralen Lebensmittelpunkt: Alltagsgestaltung und Aktivitäten der Familie werden primär von der Schmerzproblematik diktiert; die familiäre Kommunikation dreht sich vornehmlich um Krankheit, Schmerzen und Leiden; emotionales Erleben wird in somatisierenden Begriffen beschrieben (Violin, 1985). Trotz empirischer Belege hat das Prinzip des Modellernens bislang nur wenig Einfluß auf die klinische Praxis gewonnen. Eine Ausnahme bildet die psychologische Vorbereitung von Kindern auf akute Schmerzen durch medizinische Prozeduren, in deren

Rahmen Modellfilme erfolgreich eingesetzt werden (Mühlig, 1997; Flor, 1996).

4.3 Kognitiv-behaviorales Schmerzmodell

Dieser Ansatz berücksichtigt kognitive Faktoren, besonders Erwartungen und Einstellungen, bei der Entwicklung und Aufrechterhaltung chronischer Schmerzen. Das Modell postuliert, daß Schmerzpatienten negative Erwartungen haben bezüglich ihrer Fähigkeiten mit dem Schmerz umzugehen, des Ausgangs von Behandlungsversuchen, der zukünftigen Stärke ihrer Schmerzen und der Erfüllung von Lebenswünschen. Die Betroffenen fühlen sich von ihrem Schmerz beherrscht und in ihrer Lebensführung eingeschränkt. Die hieraus resultierenden Gefühle (z.B. Hilflosigkeit) können unter anderem zu Passivität, depressiven Verstimmungen, erhöhter Schmerzempfindlichkeit und einem negativen Selbstbild führen (Flor, 1996).

Aus diesem Modell wurden effektive kognitiv-behaviorale Interventionen zur Behandlung chronischer Schmerzpatienten abgeleitet (vgl. Kröner-Herwig, 1997). Als Kritikpunkte sind der noch geringe Einbezug der Erkenntnisse der Kognitionspsychologie sowie die geringe Berücksichtigung von physiologischen Reaktionen und Verhaltensaspekten zu nennen.

4.4 Biopsychosoziale Ansätze

Solche Modelle integrieren Erkenntnisse und Methoden der biomedizinischen und Verhaltenswissenschaften zur Erforschung, Diagnostik und Behandlung chronischer Erkrankungen. Danach sind Entstehung und Aufrechterhaltung dieser Krankheiten durch biologische, psychologische und soziale Faktoren sowie deren Wechselwirkungen bedingt. Damit wird ein *multikausales Erklärungsmodell* für chronische Schmerzen postuliert. Verschiedene Forschergruppen haben biopsychosoziale Konzepte zur Entstehung und Aufrechterhaltung chronischer Schmerzen formuliert, die nach Flor (1996) aufgrund mangelnder empirischer Belege aber eher als heuristische Erklärungsmodelle denn als gesicherte wissenschaftliche Erkenntnisse zu verstehen sind.

An dieser Stelle wird exemplarisch das *Diathese-Streß-Modell* für chronische Schmerzen von Flor (1991) vorgestellt. Grundannahme des Modells ist, daß jeder Mensch die genetische Veranlagung in sich trägt, eine bestimmte Schmerzerkrankung zu entwickeln. Diese Veranlagung mündet nur dann in eine manifeste Schmerzstörung, wenn folgende Faktoren gegeben sind:

- Eine physiologisch bedingten Disposition (Diathese), mit Veränderungen in einem spezifischen Körpersystem zu reagieren. Diese veränderte Re-

aktionsbereitschaft besteht im Falle chronischer Schmerzen in einer reduzierten Schwelle für die Aktivierung des nozizeptiven Systems. Dadurch werden sensorische Schmerzempfindungen schon durch Reize geringer Intensität ausgelöst. Diese Disposition kann wiederum auf einer genetischen Veranlagung, einer erlittenen Verletzung oder sozialen Lernprozessen beruhen.
- Physiologische Veränderungen, wie beispielsweise eine erhöhte Muskelspannung, die als Schmerzen wahrgenommen und interpretiert werden. Diese Veränderungen und ihre Interpretationen werden als *Reaktionsstereotypien* bezeichnet und lassen sich objektiv messen (z.B. Muskeltonus über eine Elektromyographie).
- Reaktionsstereotypien, die durch aversive externe/interne Reize (z.B. laute Geräusche, Angespanntheit) oder Reaktionen (z.B. Antizipation von Schmerz, mangelnde Kontrollüberzeugung) ausgelöst werden und zu Schmerzverhalten auf den bereits dargestellten Ebenen führen.
- Lern- und Verstärkerprozesse (z.B. Angst vor Schmerzen durch Bewegung; Zuwendung und Aufmerksamkeit bei Schmerzäußerungen), die die Schmerzreaktionen aufrechterhalten (vgl. Flor, 1991).

Auch dieser Erklärungsansatz, der gerade für die Entstehung und Aufrechterhaltung chronischer Rückenschmerzen eine hohe Plausibilität besitzt, ist nach Flor (1996) eher als heuristisches Denkmodell zu verstehen. Die Komplexität solcher Modelle, in denen Kognitionen und Feedbackschleifen wichtige Bestandteile darstellen, verhindert oftmals die experimentelle Überprüfung. Dennoch haben biopsychosoziale Ansätze zur Entwicklung effektiver Interventionen geführt.

4.5 Mikro-/Makromodell chronischer und rezidivierender Schmerzen

Geissner (1992) stellt ein komplexes *transaktionales Mikro-/Makromodell* (chronischer) Schmerzen vor. Er konzipiert Schmerz als multidimensionales Geschehen, das nicht Resultat einer passiven Reizübertragung, sondern Produkt eines aktiven Prozesses ist, der sensorische, kognitive, emotionale und motorische Komponenten umfaßt. In diesem Modell werden neben dem Schmerzgeschehen auf der Makroebene besonders die vorbewußten Verarbeitungsprozesse (Mikroebene) und die Wechselwirkungen zwischen Schmerzerleben und psychischen Beeinträchtigungen betrachtet.

Auch das Mikro-/Makromodell integriert biologische, psychologische und soziale Komponenten. Es geht von einem physiologischen Auslöser (Verletzungen, Wunden, Nervenschädigungen oder muskulären Veränderungen) einer Schmerzempfindung aus. Der nozizeptive Input setzt sich zusammen aus den bereits beschriebenen sensorischen, affektiven und motorisch-reflektorischen Facetten (vgl. 3.2) sowie einer allgemeinen Aktivierung des vegetativen Nervensystems. In dem Modell wird von einer vorbewußten Instanz der Schmerzmodulation ausgegangen, die in zwei simultan operierende Systeme unterteilt wird: in die sensorische und die affektive Reizverarbeitung. Auf dieser Ebene durchlaufen die einströmenden nozizeptiven Informationen eine Filterinstanz, die sogenannten *schematic memories*. Diese Schemata werden durch die individuelle Lerngeschichte sowie durch neue Schmerzerfahrungen gebildet und fortlaufend modifiziert. Durch einen Vergleich mit bereits erlebten Schmerzen wird eine Schmerzbewertung auf der Ebene der bewußten Repräsentation vorgenommen. Die weitere kognitive Bearbeitung (Handlungsplanung, Verlaufserwartungen, Bewältigungskognitionen) mündet schließlich in die aktionale Bewältigung (z.B. Beseitigung der Schmerzquelle, interne oder externe Aufmerksamkeitsdefokussierung), deren Ergebnis wiederum auf die kognitive Bearbeitung zurückwirkt (Feedbackschleife). Die Bewußtseinsebene wird dabei als integrierende Instanz betrachtet, in welcher einerseits Prozesse der Interpretation und Bewertung (Vergleichs- und Intensitätseinschätzungen) und andererseits der absteigenden neuronalen Hemmung ausgelöst werden.

Schmerzbezogene psychische Beeinträchtigungen werden in diesem Modell in behaviorale und emotionale Elemente unterteilt:

- Behaviorale Elemente beinhalten schmerzbedingte Veränderungen unter anderem in der Körperhaltung, im Ausdruck, in der Kommunikation sowie in der allgemeinen Lebensführung.
- Unter emotionalen Elemente werden dagegen Affekte wie Depression, Angst und Ärger zusammengefaßt, aber auch Beeinträchtigungen in der Befindlichkeit und im Selbstwertgefühl.

Die langfristigen Schmerzkonsequenzen, das heißt emotionale Folgen (Depression, Ärger, Angst, beeinträchtigtes Befinden und Selbstwertgefühl) und behaviorale Beeinträchtigungen (Schmerzverhalten, Inaktivität, Aktivitätseinschränkungen, Schmerzhaltung, atrophische Prozesse und Fehlhaltungen), wirken sich wiederum negativ auf die kognitive Repräsentationsebene aus (positive Rückkopplung): Durch die Beeinträchtigungen infolge der anhaltenden Konfrontation mit Schmerzreizen wird das Schmerzerleben für weitere Schmerzerfahrungen verstärkt und die kognitive Bearbeitungskapazität für aktive Bewältigungsversuche blockiert. Das Schmerzgeschehen wird darüber hinaus von personalen Faktoren (Ängstlichkeit, Depression, Gesundheitsstatus) und Umweltvariablen (Verstärkerbedingungen, sozioökonomische Rahmenbedingungen) beeinflußt. Auch das Mikro-/Makromodell basiert lediglich auf Annahmen über komplexe Mechanismen des Schmerzerlebens.

5 Migräne und Kopfschmerz vom Spannungstyp

Kopfschmerzen können durch vielfältige innere oder äußere Faktoren verursacht werden, wie Verletzungen, Vergiftungen oder organische Krankheiten (z.B. Entzündungen, Hirntumoren). Diese *sekundären* Kopfschmerzformen müssen abgegrenzt werden von *primären* oder *idiopathischen* Kopfschmerzen, die nicht Symptome einer Erkrankung, sondern eigenständige Störungsbilder darstellen. Nach dem Klassifikationsschema der International Headache Society (IHS; International Headache Society, 1988) werden *zwei Haupttypen von idiopathischen Kopfschmerzen* im Kindesalter unterschieden: a) *Migräne* und b) *Kopfschmerz vom Spannungstyp.*

5.1 Klinisches Erscheinungsbild

Bei der Migräne werden verschiedene *Unterformen* unterschieden:

- Die *einfache Migräne* (ohne Aura) stellt die am häufigsten auftretende Migräneform im Kindesalter dar.

Die ein- oder beidseitigen Kopfschmerzen dauern mehrere Stunden an und werden häufig von Übelkeit und Erbrechen, Schwindel, Stimmungsschwankungen sowie Lärm- und Lichtempfindlichkeit begleitet.
- Bei der *klassischen Migräne* mit *Aura* kommt es zusätzlich auch zu neurologischen Begleitsymptomen wie Seh- oder Gleichgewichtsstörungen, die etwa 20 bis 40 Minuten andauern und den eigentlichen Kopfschmerzen maximal eine Stunde vorausgehen (Prodromalstadium). Mit dem Einsetzen der Kopfschmerzen bilden sich diese Begleitsymptome vollständig zurück. Migränepatienten mit einer *visuellen Aura* berichten beispielsweise über Beeinträchtigungen im Sehen durch Flimmern, Flecken, Blitze oder Unschärfe. Es kann auch zu einem vorübergehend eingeschränkten Gesichtsfeld oder Halbseitenblindheit kommen.
- Seltener tritt die *komplizierte Migräne* auf, die durch zum Teil schwere neurologische Ausfallerscheinungen charakterisiert ist. Diese reichen von Doppelbildern, Schwindel, Sprach- und Empfindungsstörungen bis zur kurzzeitigen Bewußtlosigkeit oder Halbseitenlähmung. Diese neurologischen Ausfallerscheinungen halten mindestens 24 Stunden, manchmal auch über Wochen, an.

- Bei Kindern können *migräneähnliche Schmerzattacken* auftreten, bei denen migränetypische Symptome wie Schwindelgefühle, Bauchschmerzen, Übelkeit und Erbrechen auch ohne Kopfschmerzen auftreten können. Es wird daher von einer *abdominellen Migräne* gesprochen. Stehen die beschriebenen und wiederholt auftretenden Symptome im Vordergrund, besteht gerade bei kleineren Kindern im Vorschulalter die Gefahr von Fehldiagnosen. Häufig stellt sich erst im weiteren Verlauf der Erkrankung heraus, daß es sich bei diesen Beschwerden um eine Form der Migräne handelt.

Im Vergleich zu Erwachsenen dauern Migräneattacken bei Kindern deutlich kürzer, die Häufigkeit und Stärke der Migräneanfälle unterliegen in der Regel mehrmonatigen zyklischen Schwankungen. Meist kündigen sich die Attacken durch *unspezifische Vorboten* an (z.B. Müdigkeit, Antriebsschwäche, Schweregefühl im Kopf, Heißhunger auf Süßigkeiten) und treten in den Tages- oder Abendstunden, nur selten nachts oder nach dem Erwachen, auf (vgl. Kasten 3).

Kasten 3:
Kernmerkmale der (kindlichen) Migräne.

- Anfallsartiger Verlauf mit beschwerdefreien Intervallen;
- Dauer von 30 Minuten bis 3 Stunden bei Kindern;
- pulsierende Schmerzqualität;
- Begleitsymptome wie Übelkeit und Erbrechen, Schwindel, Appetitlosigkeit, Licht- und Lärmempfindlichkeit;
- häufig einseitiger Kopfschmerz, der sich im Verlauf der Attacke auf die andere Seite ausdehnen oder die Seite wechseln kann;
- Schmerzlokalisation in den Kopfbereichen Stirn, Schläfen, Augen, Hinterkopf oder im Nacken;
- Erhöhung der Schmerzintensität bei körperlicher Belastung;
- Besserung nach Schlaf sowie
- familiäre Häufung.

Kopfschmerzen vom Spannungstyp werden in der Regel als drückende, nicht-pulsierende Schmerzen von leichter bis mittlerer Stärke beschrieben. Der Schmerz wird vorwiegend über der Stirn, dem Hinterhaupt und Scheitel lokalisiert oder als bandförmiger Druckschmerz um den gesamten Schädel erlebt. Begleitsymptome wie Übelkeit, Erbrechen oder Empfindlichkeit gegenüber Lichtreizen fehlen in der Regel, die Schmerzintensität nimmt unter körperlicher Belastung nicht zu (vgl. Kasten 4).

Kopfschmerzen vom Spannungstyp werden in der Klassifikation der IHS in die Unterformen *episodisch* vs. *chronisch* eingeteilt. Wöber-Bingöl et al. (1996) konnten zeigen, daß die IHS-Kriterien zur Diagnosestellung auch auf Kinder und Jugendliche anwendbar sind. Bei beiden Formen können Verspannungen der Schädel-

Kasten 4:
Kernmerkmale des Kopfschmerz vom Spannungstyp (Ludin, 1997; Paulus & Schöps, 1998).

Episodischer Kopfschmerz vom Spannungstyp
- Tritt an weniger als 180 Tagen im Jahr auf;   - dauert 30 Minuten bis sieben Tage an;   - ist von drückender, nicht pulsierender Qualität sowie   - von schwacher bis mäßiger Intensität;   - meist beidseitig lokalisiert und   - verstärkt sich nicht bei körperlicher Belastung;   - neurologische und vegetative Begleitsymptome treten nur vereinzelt auf.
Chronischer Kopfschmerz vom Spannungstyp
- Tritt an mehr als 15 Tagen im Monat auf;   - ist von drückender Qualität und   - schwacher bis mäßiger Intensität;   - meist beidseitig lokalisiert und   - verstärkt sich nicht bei körperlicher Belastung;   - neurologische und vegetative Begleitsymptome treten nur vereinzelt auf.

muskulatur an der Entstehung beziehungsweise Aufrechterhaltung der Schmerzen beteiligt sein. Die Unterscheidung der episodischen und chronischen Form erfolgt nach der Anzahl der Kopfschmerztage pro Jahr und der Dauer der Schmerzattacken. Als *chronisch* werden sie bezeichnet, wenn sie über lange Zeiträume als ununterbrochen vorhandene Dauerkopfschmerzen auftreten, die lediglich in ihrer Intensität schwanken.

Treten Kopfschmerz vom Spannungstyp und Migräne gemeinsam auf, wird dies als *Kombinationskopfschmerz* bezeichnet, bei dem häufig die anhaltenden Kopfschmerzen vom Spannungstyp von einzelnen Migräneattacken überlagert werden (Pfaffenrath, 1993).

5.2 Epidemiologie und Verlauf

Seit den 60er Jahren werden Studien zum Auftreten von Kopfschmerzen im Kindes- und Jugendalter durchgeführt. Im Vergleich der Ergebnisse aus verschiedenen Jahrzehnten ergeben sich Hinweise darauf, daß die Prävalenz von chronischen Kopfschmerzen bei Kindern und Jugendlichen deutlich angestiegen ist. Obwohl die älteren epidemiologischen Studien wegen uneinheitlicher Diagnosekriterien und Untersuchungsdesigns nur begrenzt vergleichbar sind, zeigt sich im Durchschnitt eine Zunahme der kindlichen Kopfschmerzen von 5 bis 7% auf etwa 15 bis 17% (Kröner-Herwig, 1992). Untersuchungsergebnisse an einer repräsentativen Stichprobe von 4.835 deutschen Schülern wurden von Pothmann, Frankenberg, Müller, Sartory und Hellmeier (1994) vorgestellt. Kinder der dritten (8-9 Jahre), sechsten (12-13 Jahre) und neunten (15-16 Jahre) Klassen aller Schulformen wurden per Fragebogen zu ihren Erfahrungen mit drei Kopfschmerzformen (definiert nach den Klassifikationskriterien der IHS) befragt: Kopfschmerz vom Spannungstyp, Migräne ohne Aura und Migräne mit Aura. Von den befragten Kindern berichteten 88,8% über Kopfschmerzerfahrungen, wobei mit 48,7% am häufigsten *Kopfschmerzen vom Spannungstyp* angegeben wurden. *Migräne mit beziehungsweise ohne Aura* beschrieben 11% der Befragten, während 29% der Angaben keiner Kopfschmerzform eindeutig zugeordnet werden konnten.

Der *Erkrankungsbeginn* der kindlichen *Migräne* liegt überwiegend zwischen dem sechsten und zehnten Lebensjahr, in Ausnahmefällen aber auch deutlich früher. Am häufigsten manifestiert sie sich zwischen dem zehnten und 20. Lebensjahr (Diener, 1994). Eine Längsschnittstudie von Bille (1997) verdeutlicht, daß *Migräne* über Jahrzehnte persistieren kann: An einer Unterstichprobe von 73 Probanden, die schon als Kinder unter Migräne litten, wurde der Verlauf der Erkrankung über einen Zeitraum von 40 Jahren beobachtet. Von den Probanden hatten zwar 23% im Alter von 25 Jahren keine Migräneattacken mehr, bei über 50% von ihnen traten die Kopfschmerzen jedoch noch nach ihrem 50. Lebensjahr auf.

Studien zum *Verlauf* von *Kopfschmerzen vom Spannungstyp* zeigen, daß auch diese Kopfschmerzform über mehrere Jahre auftreten kann. An einer Stichprobe von 36 Kindern im Alter von vier bis 18 Jahren beobachteten Guidetti und Galli (1998) den Verlauf von episodischen und chronischen Kopfschmerzen vom Spannungstyp. Acht Jahre nach der ersten Untersuchung wurden 44,4% dieser Kinder als kopfschmerzfrei eingeschätzt. Bei 36,1% der Stichprobe hatten sich die Schmerzen verbessert, bei 16,7% waren keine Veränderungen aufgetreten und bei 2,7% der untersuchten Kinder wurde eine Verschlechterung festgestellt. Darüber hinaus hatten sich 8,3% der Kopfschmerzen vom Spannungstyp in eine Migräne verändert (Guidetti & Galli, 1998).

Der *Leidensdruck*, den Kinder aufgrund idiopathischer Kopfschmerzen erfahren, wird häufig unterschätzt: Die Kinder fehlen häufiger in der Schule als gesunde Kinder, 80% müssen normale Alltagsbeschäftigungen wegen ihrer Kopfschmerzen ab- oder unterbrechen, 35% sich regelmäßig hinlegen. Pothmann et al. (1994) fanden bei jedem 20. der von ihnen untersuchten Kinder mindestens zwei der folgenden Merkmale:

- nicht auszuhaltende Schmerzstärke (6%),
- tägliches Auftreten (6%),
- mindestens zwölfstündige Dauer (20%) und
- Schmerzmitteleinnahme (22%).

Jüngere Kinder scheinen durch die Beschwerden stärker beeinträchtigt zu sein als ältere Kinder: Sie berichten häufiger von starken bis nicht auszuhaltenden Schmerzen und zeigen mehr vegetative Begleitsymptome (Übelkeit, Erbrechen, Bauchschmerzen). Darüber hinaus können idiopathische Kopfschmerzen auch mit psychischen Störungen, zum Beispiel Angst- oder Schlafstörungen, einhergehen. Guidetti et al. (1998) untersuchten das gemeinsame Auftreten von Kopfschmerzen und psychischen Störungen an 100 Kindern und Jugendlichen. Gemäß den Kriterien des DSM-III-R wurden Schlafstörungen bei 12% und Angststörungen bei 11% der Gesamtstichprobe diagnostiziert. Acht Jahre später wurde die Stichprobe nochmals untersucht. Bei 53% der Kinder und Jugendlichen wurde die Diagnose für Migräne oder Kopfschmerz vom Spannungstyp bestätigt. Von den Migränepatienten erfüllten 63,6% die Kriterien einer generalisierten Angststörung und 40,9% die Kriterien einer Episode einer Major Depression. Im Vergleich hierzu wurde bei 21,4% der Patienten mit einem episodischen Kopfschmerz vom Spannungstyp eine generalisierte Angststörung und bei 13,6% eine Dysthymie diagnostiziert (Guidetti et al., 1998).

5.3 Ätiologische Modelle

Aus welchen Gründen einige Menschen zu unterschiedlichen Zeitpunkten ihres Lebens eine Migräne oder Kopfschmerzen vom Spannungstyp entwickeln und was letztendlich die Ursache für das erste Auftreten einer Kopfschmerzattacke bildet, ist erst ansatzweise geklärt (Gerber, Kropp, Schoenen & Siniatchkin, 1996). Neuere Studien geben Hinweise auf eine Beteiligung *genetischer Faktoren* an der Entstehung der Migräne. Zunächst wurden Studien nur für die *familiäre hemiplegische Migräne* durchgeführt, bei der mindestens ein weiteres Familienmitglied an dieser seltenen Form der Migräne, bei der die Schmerzen von Lähmungserscheinungen auf einer Körperseite begleitet werden, erkrankt ist. Es gilt inzwischen als gesichert, daß bei dieser speziellen Migräneform eine genetische Veränderung auf Chromosom 19 vorliegt, was als Beleg für einen dominanten Erbgang gewertet wird (Paulus & Schöps, 1998). Eine Studie an Familien, in denen mehrere Mitglieder an einer *typischen Migräne* erkrankt sind, ergab Hinweise darauf, daß bei dieser Migräneform andere genetische Veränderungen vorliegen (Nyholt, Lea, Goadsby, Brimage & Griffiths, 1998).

Kasten 5:
Auslösefaktoren der Migräne (Pfaffenrath, 1993).

- Wetterwechsel
- Alkohol
- Erwartung einer Streßsituation oder die Entspannungsphase danach
- Nahrungsmittel (Käse, Rotwein, Zitrusfrüchte, chinesisches Essen etc.)
- Wechsel des Schlaf-Wach-Rhythmus
- Hormone (Pille, Menstruation)
- Lärm
- Licht
- Gerüche

Nach den derzeitigen Vorstellungen über die Entstehung der Migräne soll bei Menschen mit einer genetischen Disposition durch spezifische Auslösefaktoren (vgl. Kasten 5) ein sogenannter *Migränegenerator* in Gang gesetzt werden. Dieser Generator führt unter anderem zu einer Aktivierung bestimmter Hirngebiete und moduliert auch den Blutfluß im Gehirn, weshalb es zu Symptomen einer Aura kommen kann. Die Aktivierung spezifischer Hirnareale führt zunächst zu einer Ausschüttung biochemischer Überträgerstoffe, die wiederum zu einer Gefäßweitung und zur Erregung bestimmter Anteile im Nervus trigeminus führen (Pfaffenrath, 1993). In den freien Endigungen der gefäßversorgenden Fasern dieses Nerves, der mit seinen drei Ästen die Gesichtshaut versorgt, befinden sich Bläschen, die biochemische Substanzen enthalten. Werden die Endigungen dieser Nervenfasern aktiviert, kommt es zur weiteren Ausschüttung biochemischer Substanzen (Kaube & Limmroth, 1996). Hierdurch werden unter anderem Chemorezeptoren (spezialisierte Zellen oder Nervenendigungen, die chemische Reize in Erregungspotentiale umwandeln) gereizt. Die Erregung dieser Chemorezeptoren soll unter anderem zu Symptomen wie Übelkeit und Erbrechen führen. Neben der Ausschüttung biochemischer Substanzen kommt es auch zur Weiterleitung der Erregung über Fasern des Nervus trigeminus in verschiedene Hirnbereiche, wo sie zu Symptomen wie Licht- und Lärmempfindlichkeit und zur Wahrnehmung von Schmerzen führt.

Weitere Studien lassen vermuten, daß Verhaltensauffälligkeiten im Kontext einer Migräne (wie Schlafstörungen, Nervosität und Angst) mit neurophysiologischen Mechanismen korrelieren. Bei diesen Studien wurden vor allem *langsame kortikale Potentiale* abgeleitet. Diese langsamen Potentiale geben nach Birbaumer und Schmidt (1996) die Aktivität ausgedehnter neuronaler Systeme im Gehirn wieder, die für die Planung und Auslösung von Verhaltensweisen notwendig sind. Eine besondere Rolle wird dabei der *Contingente Negative Variation* (CNV) zugesprochen, die das physiologische Korrelat von Prozessen wie der Orientierungsreaktion, der Erwartung, Aufmerksamkeit, Motivation und Vorbereitung auf ein Verhalten darstellen soll (Gerber, Kropp, Schoenen & Siniatchkin, 1996). In

diesen Studien konnte gezeigt werden, daß Migränepatienten unterschiedlichen Alters veränderte CNV-Schwingungsweiten in kopfschmerzfreien Phasen aufweisen. Zudem sollen Migräniker überempfindlich auf akustische und visuelle Reize reagieren. Gerber et al. (1996) interpretieren dies als Ausdruck einer *gestörten Aufmerksamkeit oder Informationsverarbeitungsstörung*, der eine erhöhte Erregbarkeit kortikaler Nervenzellen zugrunde liegt. Darüber hinaus soll es bei Migränepatienten zu einer *verzögerten Gewöhnung* an wiederholte Reize in einem kopfschmerzfreien Intervall kommen, die jedoch nicht während einer akuten Migräneattacke auftritt. Des weiteren wurde die Rolle des *autonomen Nervensystems* untersucht, dessen Beteiligung aufgrund der charakteristischen Begleitsymptomatik während einer Migräneattacke (z.B. Übelkeit, Erbrechen) naheliegt. Eine im Vergleich zu gesunden Kindern veränderte physiologische Streßreaktion des autonomen Systems bei Migränikern konnte jedoch nicht nachgewiesen werden (Hermann & Blanchard, 1998).

Die Vorstellungen zur *Pathophysiologie* des *Kopfschmerzes vom Spannungstyp* sind noch sehr spekulativ (vgl. Abb. 5). Nur bei einem Teil der Patienten ergeben sich Hinweise auf eine Verspannung der Schädelmuskulatur. Da sich Schmerz durch Muskelverspannung nur bei Patienten, nicht jedoch bei Perso-

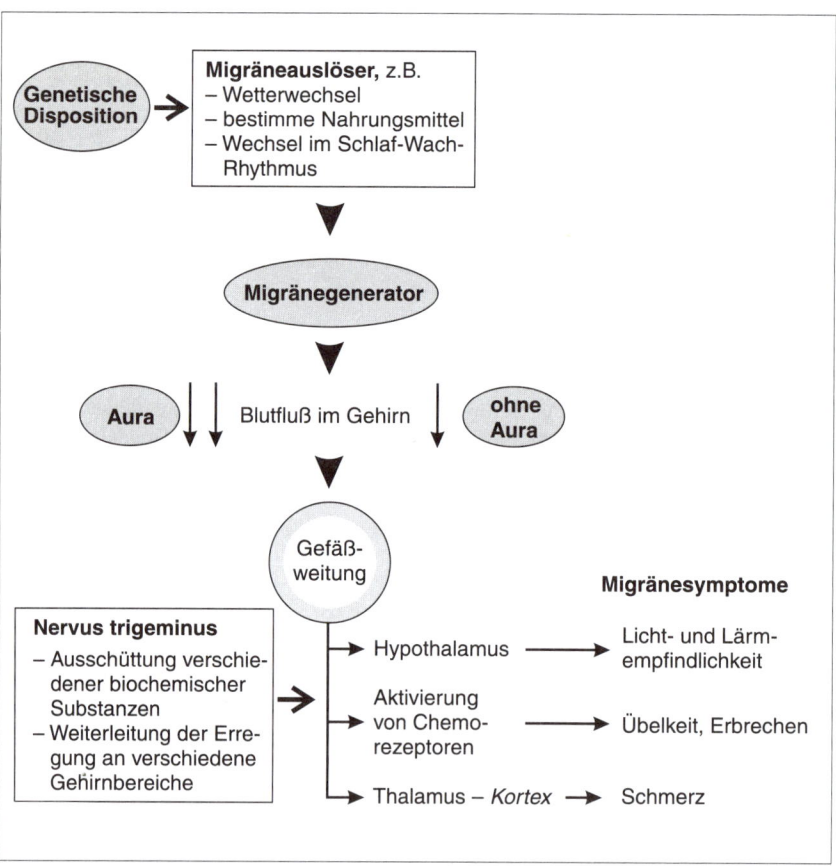

Abbildung 5:
Modellvorstellungen zur Pathophysiologie der Migräne.

nen ohne Kopfschmerzen experimentell auslösen läßt (Paulus & Schöps, 1998), wird bei Patienten mit Spannungskopfschmerz eine *dispositionelle Hypersensitivität* gegenüber körperinternen Reizen vermutet. Diese herabgesetzte Schmerzschwelle führt dazu, daß schon geringgradige muskuläre Spannungszustände als schmerzhaft erlebt werden.

Bei überempfindlichen Personen können bereits leichte Muskelverspannungen aufgrund von körperlichen oder psychischen Belastungen oder durch andauernde Fehlhaltungen zudem zur Minderdurchblutung dieser Muskelbereiche führen (vgl. Abb. 6). Dabei kommt es zur Ausschüttung biochemischer Überträgerstoffe, wodurch sich die zunächst lokalen Prozesse auch auf die übrige Schädelmuskulatur ausbreiten können. Gleichzeitig führt die lokale Durchblutungsstörung zu einer Ausschüttung biochemischer Substanzen, die das Schmerzgeschehen verstärken. Dies kann zur Sensibilisierung für Schmerzreize bei Anspannung oder Verspannung der Schädelmuskulatur sowie zur Hemmung der körpereigenen Kontrollsysteme führen, die die Weiterleitung von Schmerzinformationen unterbrechen oder abschwächen sollen. Bei den betroffenen Personen manifestieren sich Kopfschmerzen vom Spannungstyp, auf die sie wiederum in bestimmter Weise reagieren. So kann durch die erlebten Schmerzen eine ungünstige *Schonhaltung* ausgelöst werden, die kurzfristig zur Reduktion der Schmerzen führen kann, längerfristig aber zu einer erhöhten Muskelspannung führt. Auch die erlebte psychische Belastung durch die Kopfschmerzen (*Symptomstreß*) kann wiederum die körperliche Anspannung verstärken und damit wiederholt zu Kopfschmerzen führen (*Schmerz-Spannungs-Zirkel*).

Neben der Erforschung organischer Merkmale, die an der Entstehung idiopathischer Kopfschmerzen beteiligt sind, wurden auch *psychologische Mechanismen* als auslösende beziehungsweise aufrechterhaltende Bedingungen untersucht. Die bereits genannten Auslösefaktoren einer Migräne lassen sich verschiedenen Bereichen zuordnen:

- *Physikalische Faktoren*: Wetterwechsel, Lärm, Licht, Gerüche.
- *Chemische Faktoren*: Nahrungs- und Genußmittel wie Alkohol, Käse, Rotwein, Zitrusfrüchte, chinesisches Essen, Kaffee.
- *Biologische Faktoren*: Wechsel des Schlaf-Wach-Rhythmus, Schwankungen in der Hormonkonzentration.
- *Psychologische Faktoren*: Erwartung einer Streßsituation oder die Entspannungsphase danach.

Zu diesen generellen Auslösefaktoren einer Migräneattacke müssen entwicklungsspezifische Auslöser bei Kindern und Jugendlichen besonders beachtet werden, vor allem Faktoren sozialer Belastungen (Schule, Familie) und Leistungsanforderungen (Klassenarbeiten).

5.4 Psychologische Diagnostik

Um organische Grunderkrankungen ausschließen zu können, sollte in jedem Fall eine ausführliche *medizinische Diagnostik* erfolgen. Apparative Zusatzuntersuchungen wie Computertomographie (CT) oder Kernspintomographie (MRT) sind nur in besonderen Fällen erforderlich (Diener, 1996; vgl. Kasten 6). Eine umfassende *Anamnese,* in der nach der Schmerzgeschichte, -qualität, -dauer, -frequenz, -intensität, -lokalisation und nach Auslösern der Kopfschmerzen gefragt wird, sollte zentraler Bestandteil der Diagnostik sein und erlaubt mit 95prozentiger Sicherheit die Diagnose eines idiopathischen Kopfschmerzes (Göbel, 1997a). Um ein umfassendes Bild über die Merkmale der Kopfschmerzen sowie der Begleitsymptome zu erhalten, werden in der Praxis Patiententagebücher verwendet. Diese auch in kindgerechter Form vorliegenden Kopfschmerztagebücher (vgl. Pothmann et al., 1991) werden von den Patienten über mehrere Wochen ausgefüllt.

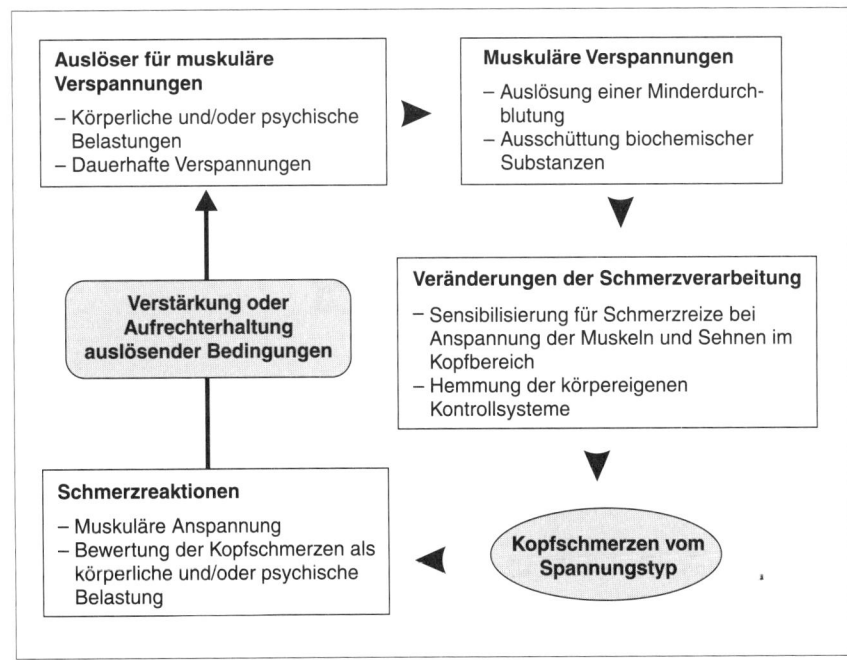

Abbildung 6:
Modellvorstellungen zur Pathophysiologie des Spannungskopfschmerzes.

In der *psychologischen Diagnostik* werden inbesondere

das Schmerzerleben und familiäre Einflußfaktoren erhoben. Zu letzteren zählen beispielsweise die familiäre Bewertung von Schmerzen (z.B. als furchtbare Belastung vs. zum Leben dazugehörend) und die familiären Strategien zur Schmerzbewältigung (z.B. Ablenkung vs. Einnahme von Schmerzmitteln). Darüber hinaus erfolgt eine differenzierte Verhaltensanalyse der Kopfschmerzattacken. Hierbei werden detaillierte Informationen zu bereits bekannten Auslösern einer Kopfschmerzattacke, bisherigen Behandlungsversuchen, zum Krankheitsverständnis, weiteren Erkrankungen, Schulproblemen, familiären Belastungen oder Verhaltensauffälligkeiten erhoben. Diese Informationen werden sowohl vom Kind oder Jugendlichen als auch von mindestens einem Elternteil erfragt. Insbesondere sollten auch Schulangst, Depressivität, emotionale Befindlichkeit und soziale Faktoren (z.B. Aktivitäten mit Freunden) beachtet werden (Denecke et al., 1997). Zur Erhebung dieser Informationen können standardisierte psychologische Verfahren verwendet werden, zu denen Fragebögen und Interviewleitfäden gehören. Eine kommentierte Zusammenstellung zu den in Deutschland vorliegenden Verfahren geben Denecke et al. (1997).

Kasten 6:
Indikationskriterien für apparative/labortechnische Diagnostik.

- Heftige Symptome bei kurzer Anamnese;
- kontinuierliche Verschlimmerung der Beschwerden über Tage und Wochen oder deutliche Veränderung eines jahrelang gleichförmigen Beschwerdebildes;
- anhaltende neurologische Begleitsymptome oder abnormer neurologischer Befund;
- Koinzidenz mit epileptischen Krampfanfällen;
- Störungen der Bewußtseinslage oder unerklärliche verhaltensmäßige oder psychiatrische Veränderungen;
- konstante Unilateralität der Schmerzen ohne Seitenwechsel;
- überwiegend nächtliches Auftreten;
- migräne- oder clusterkopfschmerztypische Symptome im Alter unter 5 Jahren;
- Auftreten der Symptome nach physischer oder körperlicher Anstrengung;
- Nackensteifigkeit, Temperatur und Verschlimmerung bei Augen- und Kopfbewegungen.

5.5 Psychologische Behandlungskonzepte

Obwohl psychologische Behandlungsverfahren bei idiopathischen Kopfschmerzen in der Praxis meist erst nach erfolglosen medikamentösen Therapieversuchen zum Einsatz kommen (Gerber, 1996), sollte ihnen gerade bei Kindern aus mehreren Gründen der Vorzug gegeben werden:

- Die Lerneffekte einer aktiven Schmerzbewältigung bleiben lebenslang erhalten, da sich die Bewältigungsstrategien selbständig jederzeit wieder einsetzen lassen,
- sie besitzen keine Nebenwirkungen und unkontrollierbare Langzeiteffekte und
- aufgrund der besonderen Bedeutung psychosozialer Einflüsse beim kindlichen Kopfschmerz ermöglichen sie eine auslöserbezogene („kausale") Intervention.

Als Ziele einer psychologischen Behandlung idiopathischer Kopfschmerzen lassen sich die Bewältigung der Schmerzen während einer Kopfschmerzattacke sowie die Verlängerung der kopfschmerzfreien Intervalle formulieren. Zu den am häufigsten hinsichtlich ihrer Effektivität untersuchten Behandlungsverfahren gehören *Entspannungsverfahren* und *kognitiv-behaviorale Behandlungsprogramme.*

Unter dem Begriff Entspannungsverfahren werden verschiedene therapeutische Interventionen zusammengefaßt, die körperliche oder mentale Veränderungen erzielen sollen (Vaitl, 2000). Zu den am häufigsten angewendeten Entspannungsverfahren zählen die *Progressive Muskelentspannung*, das *Autogene Training*, *Imaginationen* und das *Biofeedback*. Durch regelmäßiges Üben wird eine Entspannungsreaktion erzielt, die durch Gefühle des Wohlbefindens, der Ruhe und Gelöstheit gekennzeichnet ist (vgl. Abb. 7). Dieser Entspannungszustand ist dem Schmerzerleben inkompatibel, so daß unter anderem die Schmerzwahrnehmung verändert und eine innere Distanzierung von den Schmerzen erzielt werden kann (vgl. Derra, 1997; Gerber, 1994).

Abbildung 7:
Illustration einer Entspannungsreaktion (McGrath, Cunningham, Lascelles & Humphreys, 1990).

Die bekanntesten Entspannungsverfahren sind die Progressive Muskelrelaxation und das Autogene Training, die seit mehreren Jahrzehnten zum Einsatz kommen. Bei der Progressiven Muskelrelaxation wird die Entspannungsreaktion durch das An- und Entspannen verschiedener Muskelgruppen ausgelöst, während dies beim Autogenen Training ausschließlich durch psychische Konzentration erzielt wird. Entspannungsverfahren gelten als wichtiger Bestandteil in der psychologischen Schmerzbehandlung erwachsener Patienten, in der Behandlung von Kindern und Jugendlichen kommen sie jedoch seltener zum Einsatz (Kröner-Herwig, 1994). Dies könnte unter anderem darauf zurückzuführen sein, daß die Instruktionen zur Entspannung kindgerecht formuliert sein müssen, um bei Kindern und Jugendlichen auf Interesse und Akzeptanz zu stoßen. Welches der Verfahren eingeübt wird, hängt unter anderem von dem Konzentrationsvermögen und dem motorischen Bewegungsdrang der Kinder ab (vgl. Petermann & Petermann, 2000). Derzeitig vorliegende Entspannungsprogramme stellen meist Kombinationen verschiedener Methoden dar, wobei die Instruktionen in Geschichten eingebunden werden, in denen sich Handlungs- und Entspannungsphasen abwechseln (vgl. Petermann, 1999). In diese Geschichten werden die zuhörenden Kinder und Jugendlichen einbezogen, ihre Aufmerksamkeit und Konzentration richtet sich auf den Inhalt der Geschichte. Durch das Einflechten von Ruhe- und Entspannungsanweisungen wird ein Zustand körperlicher Entspannung ausgelöst. Da für diese Form der geleiteten Entspannungsverfahren eine andere Person zum Vorlesen oder eine Audiokassette benötigt wird, ist ihr Einsatz sehr umgebungs- und situationsabhängig.

Imaginationsübungen sind demgegenüber eher von inneren Faktoren wie der Phantasie und des Erinnerungsvermögens der Kinder bedingt. Sie werden in der Regel nicht als eigenständiges Entspannungsverfahren eingesetzt, sondern zur Ergänzung und Intensivierung eines anderen Verfahrens eingeübt. Dabei wird mit beruhigenden bildhaften Vorstellungen gearbeitet, die zunächst als Themen vorgegeben werden und dann individuell und kreativ ausgeschmückt werden können (vgl. Derra, 1997). Die Kinder und Jugendlichen werden aufgefordert, sich einen Ort vorzustellen (z.B. einen Sandstrand am Meer) und sich diese Situation möglichst genau auszugestalten. Mit Instruktionen zur Imagination wird den Kindern und Jugendlichen geholfen, ein Ruhe- und Entspannungsbild zu entwickeln, an das sie sich in verschiedenen Situationen erinnern können, um sich zu entspannen. Diese Instruktion kann schriftlich, im direkten Gespräch oder per Audiokassette

gegeben werden, Zeichnungen können zusätzlich den Inhalt illustrieren und als Anreiz dienen (vgl. Abb. 8).

Biofeedbackverfahren stellen eine spezielle Form der Entspannungsverfahren dar (Vaitl, 2000), da sie unter anderem zu einer Verbesserung und Beschleunigung der allgemeinen Entspannungsfähigkeit beitragen (Derra, 1997). Biofeedbackverfahren sollen jedoch in erster Linie zu einer Verbesserung der Wahrnehmung, Kontrolle und Beeinflussung von autonomen körperlichen Vorgängen führen (Kröner-Herwig, 1996). Je nach Erkrankung des Patienten werden physiologische Werte (Muskelspannung, Hauttemperatur oder Durchmesser von Blutgefäßen) mit an der Haut befestigten Elektroden abgeleitet, computergestützt ausgewertet und dem Patienten durch akustische oder visuelle Signale rückgemeldet. Der Patient wird aufgefordert, die abgeleiteten physiologischen Werte zu verändern. Um dies zu erreichen, soll er sich die gewünschten Veränderungen vorstellen. Die hierdurch erzielten Veränderungen werden durch Variationen der akustischen oder visuellen Signale zurückgemeldet. Auf diese Weise soll eine *bewußte Kontrolle über autonome Funktionen* erlernt werden, die zur Bewältigung akuter Kopfschmerzen oder zur körperlichen Entspannung eingesetzt werden kann (Vaitl & Petermann, 2000). Die Anwendung von Biofeedbackverfahren wurde in kontrollierten Studien überprüft und gerade auch in der kopfschmerzreduzierenden Wirkung bestätigt (Besken & Mohn, 1994). Vergleichende Untersuchungen zur krankheitsspezifischen Wirksamkeit von Biofeedbackverfahren zeigten keinen Unterschied in der Wirkung bei Migräne, Kopfschmerz vom Spannungstyp und beim Kombinationskopfschmerz (Kröner-Herwig, 1996).

Entspannungsverfahren werden in der psychologischen Schmerztherapie meist als therapeutischer Baustein im Rahmen eines Behandlungsprogramms eingesetzt. In verschiedenen Studien wurde ihre Wirkung als alleinige Intervention beziehungsweise in Kombination mit anderen Verfahren untersucht. Kröner-Herwig (1994) faßt die Ergebnisse dahingehend zusammen, daß sich durch Entspannungsverfahren die Häufigkeit von Kopfschmerzattacken klinisch bedeutsam (= 50%) verringern läßt. Die Wirkung von Biofeedback im Vergeich zu anderen Entspannungsverfahren ist mehrfach empirisch überprüft

Abbildung 8:
Illustration einer Imaginationsübung (McGrath et al., 1990).

worden. Labbé (1995) behandelte jeweils eine Gruppe von zehn migränekranken Kindern mit Biofeedback beziehungsweise Autogenem Training. Die Auswertung verschiedener Kopfschmerzmerkmale ergab, daß sich die Häufigkeit und Dauer der Kopfschmerzen nach dem Training in beiden Behandlungsgruppen reduzierten und daß sechs Monate nach dem Training 80% der

Kinder mit der Biofeedback-Behandlung und 50% der Kinder mit Autogenem Training symptomfrei waren. Obwohl die Veränderungsmöglichkeiten im physiologischen System durch Biofeedback als begrenzt eingeschätzt werden müssen, scheint es für bestimmte Störungsbilder, insbesondere für chronische Schmerzsyndrome, effektiv zu sein (Kröner-Herwig, 1996).

Kognitiv-behaviorale Behandlungsprogramme beinhalten neben verschiedenen Techniken zur Entspannung auch Interventionen zur Veränderung von Kognitionen (z.B. irrationale Überzeugungen) und Verhaltensweisen (z.B. soziale Kompetenz). Das wohl bekannteste Programm zur Behandlung kopfschmerzkranker Kinder und Jugendlicher ist *„Help yourself"* (McGrath et al., 1990), das in deutscher Übersetzung noch nicht publiziert wurde. Eine detaillierte Beschreibung findet sich bei Miller, Breuker und Petermann (1996). Das Programm richtet sich an Kinder und Jugendliche zwischen acht und 18 Jahren, die unter Migräne oder Kopfschmerzen vom Spannungstyp leiden. Die Erklärungen und Instruktionen sind verständlich formuliert und werden durch alltagsnahe Beispiele und ansprechende Illustrationen (vgl. Abb. 7-11) ergänzt. Das Programm läßt sich in Gruppen unter therapeutischer Anleitung oder eigenständig von den Kindern und Jugendlichen, mit regelmäßigem telefonischen Therapeutenkontakt, durchführen.

Abbildung 9:
Illustration einer Kopfschmerzattacke (McGrath et al., 1990).

Die Durchführung wird in drei Phasen unterteilt. In der Einführungsphase wird zunächst ein altersgerechtes Erklärungsmodell über die Entstehung der Schmerzen vermittelt und ein Kopfschmerztagebuch eingeführt, das die Kinder und Jugendlichen während der gesamten Behandlung ausfüllen. Viermal am Tag notieren sie die Intensität ihrer Kopfschmerzen (von 0=„keine Kopfschmerzen" bis 5=„so starke Schmerzen, daß ich gar nichts anderes mehr machen kann"), Begleitsymptome, Medikamente und mögliche Auslöser. Die Bearbeitung des Schmerztagebuchs führt zu einer verstärkten Selbstbeobachtung, die auch für mögliche Kopfschmerzauslöser sensibilisiert. Während der acht-

wöchigen Behandlungsphase werden die Kinder und Jugendlichen über verschiedene Auslöser und Bewältigungsstrategien von Kopfschmerzen aufgeklärt. An Beispielen aus ihrem Alltag (z.B. Klassenarbeiten) wird erklärt, daß Streß, belastende Gedanken und negative Gefühle zu Kopfschmerzen führen können.

In den acht Lektionen, die jeweils in einem Zeitraum von einer Woche bearbeitet werden, üben die Kinder und Jugendlichen 14 Bewältigungstechniken. Hierzu zählen unter anderem:

- Entspannung und Imagination,
- Aufmerksamkeitsablenkung,
- Problemlösestrategien und
- Gedankenstop.

Bei den 14 Bewältigungsstrategien handelt es sich überwiegend um verschiedene Strategien zur Entspannung sowie um kognitive Strategien zur Ablenkung und komplexere Problemlösestrategien. Bei der Bewältigungsstrategie *Gedankenstop* sollen beispielsweise belastende Gedanken, die zu Kopfschmerzen führen können, möglichst frühzeitig abgebrochen werden. Zu Beginn der Übung sollen die Kinder und Jugendlichen zunächst einen Gedanken aussuchen, an dem sie die Übung ausprobieren wollen. Sobald sie beginnen, ihn zu denken, sollen sie so laut sie können „STOP!" schreien. Dieses laute Schreien sollen sie einige Male wiederholen, sobald der Gedanke kommt. Nach dieser Phase üben sie, nur noch daran zu denken, ganz laut „Stop!" zu schreien – es aber nicht mehr zu tun. Auch diese Übung wird mehrfach wiederholt. Im nächsten Schritt wird dann die Vorstellung, in Gedanken laut zu schreien mit der visuellen Vorstellung eines großen Stopschildes kombiniert (vgl. Abb. 10). Nach mehrfacher Übung werden die Kinder und Jugendlichen aufgefordert, diese Technik einzusetzen, wann immer sie einen belastenden Gedanken haben.

Abbildung 10:
Illustration zur Gedankenstop-Technik (McGrath et al., 1990).

In den letzten zwei Wochen der Behandlung wird auf soziale Situationen und soziale Verhaltensweisen der Kinder und Jugendlichen eingegangen, die ebenfalls

Kopfschmerzen verursachen können. Hierbei stehen vor allem der Ausdruck von Ärger und Aggressivität im Vordergrund. Den Kindern werden alternative Reaktionen vermittelt, mit denen sie ihre Wünsche und Gefühle ausdrücken können, ohne unter emotionalen Streß zu geraten. Des weiteren wird eine Technik zur Lösung von Problemen geübt, mit deren Hilfe die Kinder und Jugendlichen schrittweise problematische Situationen bewältigen können. In der letzten Woche werden die Kinder und Jugendlichen angeleitet, einen individuellen Notfallplan zu entwickeln. Mit diesem werden sie darauf vorbereitet, daß immer wieder und in verschiedenen Situationen Kopfschmerzen auftreten können, deren Bewältigung sie planen und vorbereiten sollen.

Anschließend an diese achtwöchige Behandlungsphase füllen die Kinder und Jugendlichen vier Wochen lang ausschließlich das Kopfschmerztagebuch aus. Auf diese Weise sollen sie Veränderungen in der Häufigkeit, Dauer und Intensität ihrer Kopfschmerzen ebenso wahrnehmen lernen wie die Art und Häufigkeit der von ihnen durchgeführten Bewältigungsstrategien. Das Programm endet mit einer Erinnerung an alle gelernten Strategien, mit Hilfe derer die Selbstwirksamkeit der Kinder und Jugendlichen erhöht werden sollte (vgl. Abb. 11).

Abbildung 11:
Illustration zur erfolgreichen Bewältigung von Kopfschmerzen (McGrath et al., 1990).

Studien weisen darauf hin, daß „Help yourself" (McGrath et al., 1990) wie auch andere kognitiv-behaviorale Programme zur Behandlung von Migräne, Kopfschmerzen vom Spannungstyp und Kombinationskopfschmerz zu einer Abnahme der Häufigkeit von Kopfschmerzattacken führen (vgl. Griffiths & Martin, 1996; McGrath et al., 1992), eine positive Veränderung der Stärke und Dauer der Kopfschmerzen konnte jedoch nicht nachgewiesen werden.

6 Idiopathischer Bauchschmerz

Obwohl das idiopathische Bauchschmerzsyndrom (IBS[1]) zu den verbreitetsten Schmerzerkrankungen im Kindesalter gehört und neben den Kopfschmerzen den häufigsten Anlaß für Arztkonsultationen in der pädiatrischen Praxis bildet, wird die Thematik in der empirischen Forschung bisher eher vernächlässigt (vgl. Mühlig & Petermann, 1997). Im Vergleich zu den Ergebnissen im Bereich der rezidivierenden Kopfschmerzerkrankungen sind die Erkenntnisse zur Epidemiologie, Ätiologie, Pathophysiologie und Therapieeffektivität der idiopathischen Bauchschmerzen im Kindesalter noch mangelhaft und vielfach inkonsistent.

6.1 Nosologie, Klassifikation und klinisches Erscheinungsbild

Die gängige *nosologische Klassifikation* chronischer Bauchschmerzen im Kindesalter unterscheidet:

- **Organische Bauchschmerzen** aufgrund a) *somatischer Erkrankungen* mit intraabdominellen pathophysiologischen Prozessen (Infektionen, Entzündungen, Neuralgien, Autoimmunreaktion), b) *Verletzungen, Traumen* (Unfälle mit Gewebeschädigung oder -irritation) oder c) *Intoxikationen* (Lebensmittelvergiftung, Fehlmedikation, Einnahme giftiger Substanzen);
- **dysfunktionelle Bauchschmerzen** aufgrund nachweisbarer physiologischer Fehlregulation (z.B. genetisch bedingte Laktoseintoleranz) und
- **idiopathische Bauchschmerzen (IBS)** mit unklarer Genese und oft psychosozialen und/oder emotionalen Auslösern (z.B. Streß, Angst, Konflikte).

Obwohl die Angaben über den Anteil der *organisch* verursachten Störungen am Gesamtaufkommen der unklaren Bauchschmerzen im Kindesalter eine extreme Spannbreite aufweisen (zwischen 5 und 85%!), schätzen die meisten Experten, daß etwa 90% der Bauchschmerzbeschwerden bei Kindern nicht-organischen Ursprungs sind (Goodman & McGrath, 1991; Walker, Garber, van Slyke & Greene, 1995; Øymar, Rosendahl & Sykehus, 1993; Abb. 12).

Die Abwesenheit eines Organbefundes läßt aber nicht zwingend den Umkehrschluß auf das Vorliegen einer psychopathologischen Störung oder psychischen Fehlfunktion zu. Auch nicht-pathologische physiologische Fehlregulationen aufgrund eines ungesunden Ernährungsverhaltens oder Lebensstiles können für wieder-

---

[1] „Idiopathisch" = von sich aus bzw. ohne erkennbare Ursache entstanden. Die deutsche Abkürzung „IBS" für das „Idiopathische Bauchschmerzsyndrom" ist nicht zu verwechseln mit der gleichlautenden engl. Abkürzung für eine andere idiopathische Form von Abdominalbeschwerden (insbesondere bei Erwachsenen): „Irritable Bowel Syndrome (IBS)". Der im angloamerikanischen Sprachraum verwendete Begriff für idiopathische Bauchschmerzen im Kindesalter ist „Recurrent Abdominal Pain (RAP)".

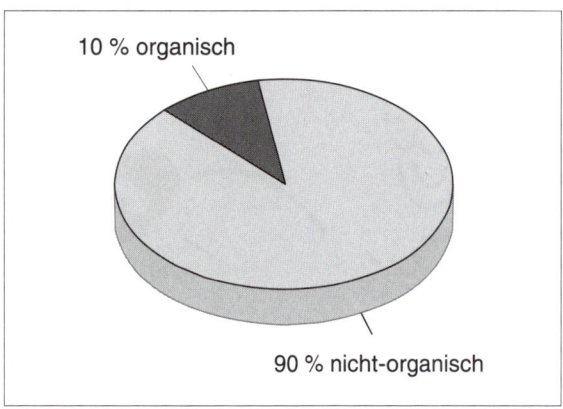

Abbildung 12:
Verteilung organisch und nicht-organisch bedingter Bauchschmerzen.

kehrende Bauchschmerzen verantwortlich sein. Dabei ist zu beachten, daß die Angaben der Kinder über ihr Verdauungsverhalten (Stuhlverstopfung, Blähungen etc.) häufig unzuverlässig sind, da sie Verdauungsprobleme bei anhaltendem Beschwerdebild unter Umständen für normal halten (Becker, 1988).

Das *Krankheitsbild* des IBS ist durch episodisch auftretende und kurzzeitig anhaltende abdominelle Schmerzen von krampfartiger Qualität im Bereich des Bauchnabels, die meist von vegetativen Symptomen (Übelkeit, Erbrechen) begleitet sind, charakterisiert (Burgy, 1987). Die gebräuchlichen Diagnosekriterien sind in Kasten 7 dargestellt.

Kasten 7:
Definitionsmerkmale: Idiopathische Bauchschmerzen (IBS) bei Kindern (Burgy, 1987; Apley & Naish, 1958).

- Keine identifizierbare organische Ursache/kein organischer Befund sowie keine erkennbare Organschädigung während oder nach der Attacke;
- unvorhersehbar episodisches Auftreten in Attacken mit unterschiedlicher Frequenz (mind. einmal täglich bis zweiwöchentlich), Dauer (0,5 bis 3 Stunden) und Intensität;
- Beschwerdefreiheit und uneingeschränkte Gesundheit zwischen den Attacken;
- krampfartige Schmerzqualität;
- unklare bis diffuse Schmerzlokalisation meist im Bereich des Bauchnabels;
- mittlere bis hohe Schmerzintensität;
- vegetative Begleitsymptome (Übelkeit, Erbrechen);
- Erkrankungsdauer mindestens 3 Monate und mindestens 3 Schmerzepisoden in der Anamnese;
- Mindestalter 3 Jahre.

6.2 Epidemiologie und Verlauf

Die empirischen Befunde zur Epidemiologie des IBS sind vergleichsweise widersprüchlich: Die Schätzungen zur *wahren Prävalenzrate* reichen von 6 bis 30% (Goodman & McGrath, 1991). In einer neuen Befragung an 1.035 Kindern und Jugendlichen (12-17 Jahre) aus 36 Bremer Schulen litten 8% der Jungen und 15% der Mädchen unter Bauchschmerzen – und 10% der Jungen sowie 19% der Mädchen unter Kopfschmerzen (Essau, Conrath & Petermann, 1999). Da diese Erhebung nach DSM-Kriterien, die Schmerzbeschwerden nicht gezielt thematisieren, durchgeführt wurde, stellen die Ergebnisse eher eine Unterschätzung der wahren Prävalenz dar. Realistischerweise ist davon auszugehen, daß sogar etwa 20 bis 30% der Kinder im Schulalter mindestens einmal wöchentlich unter idiopathischen Bauchschmerzen leiden (Garber, Walker & Zeman, 1991; Larson, 1991; Tamminen et al., 1991).

Die *Krankheitsfolgebelastungen* des IBS werden häufig unterschätzt. Die betroffenen Kinder stehen nicht nur unter einem beträchtlichen *subjektiven Leidensdruck*, sondern sind auch in ihrer *Funktionsfähigkeit* in Schule und Freizeit deutlich beeinträchtigt. Das *Erstmanifestationsalter* liegt für beide Geschlechter meist im Grundschulalter, mit einem *Altersgipfel* zwischen sechs und zwölf Jahren. Mädchen sind im Verhältnis 3:2 etwas häufiger betroffen als Jungen (Apley & Naish, 1958; vgl. Abb. 13).

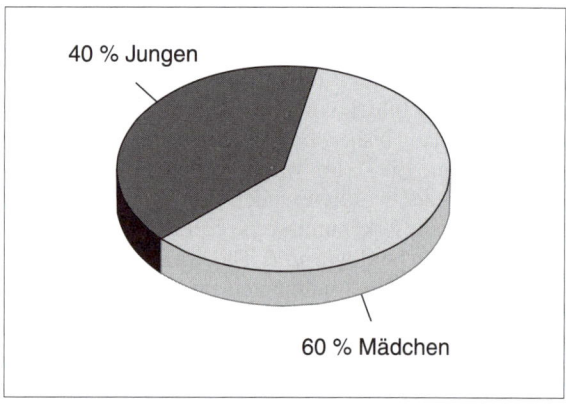

Abbildung 13:
Geschlechterverteilung des IBS.

Außerdem findet sich bei Mädchen eine vorübergehende Zunahme von IBS zwischen dem neunten und zwölften Lebensjahr. Die Resultate internationaler Längsschnittstudien zur *Symptomstabilität* über mehr als fünf Jahre schwanken zwischen 10 und 50% (Christensen & Mortensen, 1975; Øymar et al., 1995; Borge, Nordhagen, Moe, Botten & Bakketeig, 1994).
In neueren Studien wurden Bauchschmerzkinder fünf bis sechs Jahre nach der Erstdiagnose mit einer gesunden Kontrollgruppe verglichen (vgl. Kasten 8). Die früheren IBS-Patienten, insbesondere die weiblichen, lit-

ten auch zu diesem Zeitpunkt noch signifikant stärker unter abdominellen Symptomen, aber auch unter anderen körperlichen Beschwerden, höherer Streßbelastung, erhöhter Depressivität, geringerer sozialer Kompetenz und funktionellen Beeinträchtigungen wie Schulfehlzeiten, Klinikbesuche, geringerer schulischer Erfolg (Walker, Garber, van Slyke & Greene, 1995; Walker, Guite, Duke, Banard & Greene, 1998).

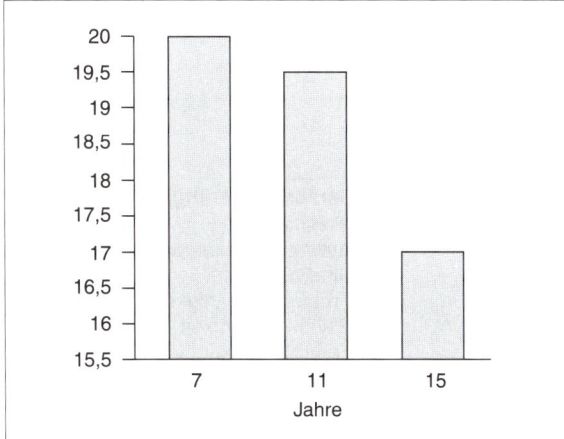

Abbildung 14:
Altersverteilung des IBS zwischen 7 und 15 Jahren in Prozent.

In der *langfristigen Prognose* unterscheiden sich die beiden Geschlechter hingegen nicht. Während bei der überwiegenden Anzahl der Fälle im Jugendalter eine *Spontanremission* eintritt, persistiert die Bauchschmerzsymptomatik bei mindestens 25 bis 30% der Kinder bis ins Erwachsenenalter (Hodges & Burbach, 1991; Walker et al., 1995).

Kasten 8:
Auswirkungen von idiopathischen Bauchschmerzen.

Hotopf et al. (1998) führten im Rahmen einer nationalen Gesundheitserhebung eine Längsschnittstudie über einen Zeitraum von 43 Jahren durch, in der ein repräsentativer Bevölkerungsquerschnitt (N=5.362) von der Geburt bis zum 43. Lebensjahr begleitend untersucht wurde (Geburtskohortenstudie). Die Resultate dieser besonders fundierten epidemiologischen Studie bestätigen im wesentlichen frühere Ergebnisse: Im Alter von sieben Jahren litten 20% der Kinder unter Bauchschmerzen, mit elf Jahren 19% und mit 15 Jahren 17% (vgl. Abb. 14). Von den Befragten litten nach Angaben der Autoren aber nur 2,1% zu allen drei Meßzeitpunkten eindeutig unter IBS. Diese vergleichsweise geringe Prävalenz ist möglicherweise auf Definitionsprobleme zurückzuführen, da die Diagnosekriterien für IBS erst zwölf Jahre nach Studienbeginn definiert wurden (vgl. Abu-Arafeh, 1998).

Die Schulfehlzeiten waren besonders im Alter zwischen sechs und zehn Jahren erhöht, lagen jedoch ab dem 13. Lebensjahr nur unwesentlich über dem Durchschnitt. Die Bauchschmerzen der Kinder standen in engem Zusammenhang mit Krankheitsäußerungen und Gesundheitsbeschwerden der Eltern sowie psychischen Belastungen und Neurotizismus der Mütter. Zusammenhänge zwischen dem IBS-Syndrom und Verhaltensstörungen der Kinder wurden kaum festgestellt. Weder Neurotizismus und Introversion noch aggressives Verhalten war mit dem Auftreten von Bauchschmerzbeschwerden assoziiert. Allein Tagträumen und ein niedriges Energieniveau wiesen mäßige Korrelation zum IBS auf. In der Langzeitprognose zeigte sich folgendes Bild: Nur 3,1% der IBS-Kinder litten im Alter von 36 Jahren noch immer unter wiederkehrenden Bauchschmerzen und 2,5% unter rezidivierenden Kopfschmerzen. Demgegenüber war in der Gruppe der ehemaligen IBS-Kinder die Anzahl allgemeiner und medizinisch ungeklärter körperlicher Symptome überdurchschnittlich, aber die Häufigkeit psychischer Störungen sogar massiv erhöht. IBS-Beschwerden im Kindesalter stellen somit einen klaren Prädiktor für psychische Störungen im Erwachsenenalter dar. Die Mortalität in der IBS-Gruppe lag signifikant *unter* dem Durchschnitt.

Interessanterweise neigen IBS-Kinder im Entwicklungsverlauf zur Manifestation weiterer Schmerzbeschwerden. Eine zeitgleiche *Komorbidität* (Punktprävalenz) mit anderen rekurrierenden Schmerzsyndromen wurde insbesondere zu Spannungskopfschmerzen, (myogenen) Rückenschmerzen sowie unspezifischen Schmerzbeschwerden festgestellt (Alfven, 1993a). Diese Koinzidenz zwischen Bauch- und andere Schmerzen nimmt im Alter zwischen vier und zehn Jahren kontinuierlich von 4 auf 20% zu (Borge et al., 1994). Auch die Komorbidität über die Lebenszeit ist deutlich erhöht, das heißt, IBS-Kinder entwickeln andere Schmerzsymptome auch *alternierend* (zeitlich vorausgehend oder nachfolgend) zu ihren Bauchschmerzen. So zeigt etwa ein Drittel der ehemaligen Bauchschmerzpatienten Jahre nach der Manifestation von abdominellen Beschwerden vermehrt Kopf- bzw. Rückenschmerzen (Christensen et al., 1975). Umgekehrt finden sich bei IBS-Kindern überdurchschnittlich häufig vorausgehende Kopfschmerzbeschwerden in der Anamnese (Mortimer, Kay & Jaron, 1993).

6.3 Ätiologie, Pathogenese und Pathophysiologie

Die Ätiologie, Pathogenese und Pathophysiologie des IBS sind bisher noch weitgehend ungeklärt. Bauchschmerzen im Kindesalter können vielfältige Ursachen haben, die sich nach traditionellem Verständnis entweder auf rein organpathologische oder „psychosomatische" Krankheitsprozesse zurückführen lassen. In em-

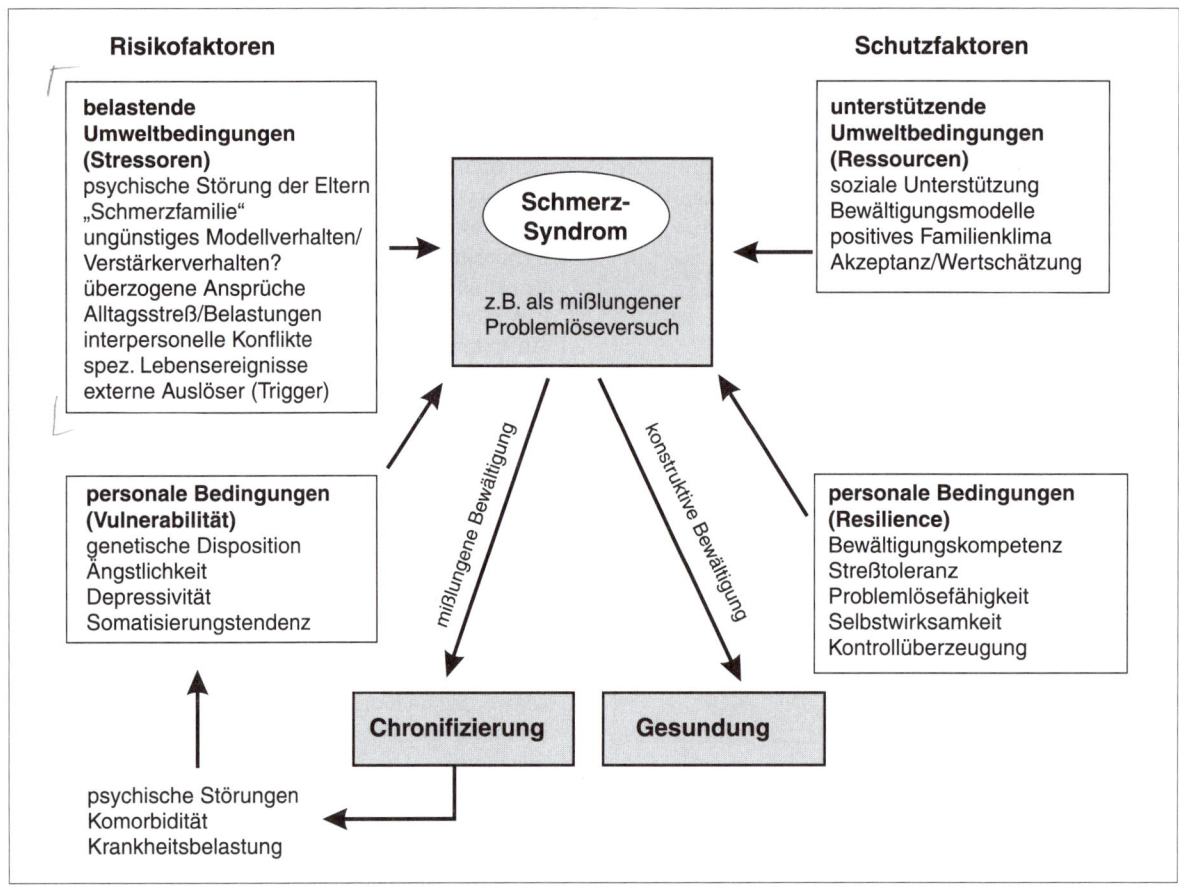

Abbildung 15:
Risiko-/Schutzfaktorenmodell der Entstehung und Chronifizierung funktioneller Schmerzen im Kindesalter (nach Mühlig & Petermann, 1997).

pirischen Erhebungen finden sich demgegenüber in ungefähr der Hälfte aller Fälle weder überzeugende Hinweise für organische noch psychopathologische Störungen oder pathogenetische Umweltfaktoren (Apley, 1975).

Moderne biopsychosoziale Erklärungsansätze begreifen chronische Bauchschmerzen daher als *multifaktorielles Geschehen*, das durch das Wechselspiel verschiedener Einflüsse und die summative Wirkung mehrerer jeweils nicht-pathologischer Faktoren (wie Alltagsstreß, dysfunktionales Bewältigungsverhalten etc.) verursacht werden kann (vgl. Abb. 15). Neuerdings wurde auch eine hohe Übereinstimmung hinsichtlich soziodemographischer Merkmale, schmerzverstärkender Bedingungen, Triggern, schmerzlindernder Faktoren und Begleitsymptomatik zwischen IBS-Kindern und einem Teil der Kinder mit Migräne festgestellt, die eine gemeinsame Pathogenese nahelegen (Abu-Arafeh & Russel, 1995). Möglicherweise bildet die *„abdominelle Migräne"* eine spezifische Unterform der unklaren Abdominalbeschwerden bei Kindern.

Der schmerzauslösende *pathophysiologische Mechanismus* der idiopathischen Bauchschmerzen, bei denen weder eine organische Grunderkrankung noch eine

funktionelle Fehlregulation nachgewiesen werden kann, ist allerdings weitgehend ungeklärt. Neben Indizien für eine generelle Überempfindlichkeit gegenüber körperinternen Reizen (*viszerale Hypersensitivität*; Zighelboim & Talley, 1993) gibt es neuerdings erste Hinweise darauf, daß das IBS – analog dem Spannungskopfschmerz – durch (streßinduzierte) muskuläre Anspannungzustände mit verursacht sein könnte (*myogene Abdominalbeschwerden*). Alfven fand in zwei Studien, daß kindliche Bauchschmerzpatienten

a) sowohl erhöhte Muskeltonuswerte im Abdominalbereich und vermehrt andere spannungsbedingte Symptome wie Spannungskopfschmerz oder Rückenschmerzen (Alfven, 1993a) als auch

b) eine hochsignifikant niedrigere allgemeine Schmerzschwelle, insbesondere eine erhöhte spezifische Schmerzempfindlichkeit im Bereich der Bauchmuskulatur (verglichen mit fünf anderen Muskelgruppen), aufweisen als eine gesunde Vergleichsgruppe (Alfven, 1993b).

Zu den *psychosozialen Belastungsfaktoren* mit pathogenetischem Einfluß zählen *psychopathologische Auffälligkeiten* und *psychosoziale Stressoren* wie alltäglicher Streß, kritische Lebensereignisse, belastende familiäre/soziale Umweltbedingungen (Scharff, 1997). Vor allem Ängstlichkeit und Depressivität (nach DSM-Kriterien) weisen eine hohe Koinzidenz zum IBS auf (Walker & Greene, 1991; Wassermann, Whitington & Rivara, 1988). Außerdem erfüllen die betroffenen Bauchschmerzkinder die DSM-Kriterien für mindestens eine *somatoforme Störung* (Konversionshysterie, Hypochondrie, Somatisierungsstörung, psychogenes Schmerzsyndrom). Auch in Symptomchecklisten und retrospektiven Interviews manifestieren sie deutliche *Somatisierungstendenzen* (Ernst, Routh & Harper, 1984; Walker, Garber & Greene, 1991). Dies könnte darauf hindeuten, daß dem IBS möglicherweise eine anhaltende psychische Störung (*Somatisierungsstörung*) zugrunde liegt (Fritz, Fritsch & Hagino, 1997). Dem stehen allerdings neuere Befunde entgegen, die Kinder mit IBS, Kinder mit eindeutig organisch bedingten Bauchschmerzen, psychiatrisch behandelte und gesunde Kinder hinsichtlich psychischer Auffälligkeiten miteinander verglichen: In beiden Bauchschmerzgruppen finden sich *vergleichbare psychische Abweichungen*, insbesondere erhöhte Angst- und Depressionswerte. Beide Gruppen mit abdomineller Symptomatik liegen dabei signifikant über den Psychopathologiewerten der gesunden Vergleichsgruppe und etwa auf gleichem Niveau wie die Gruppe mit diagnostizierter psychiatrischer Störung. Außerdem weisen die Patienten beider Bauchschmerzformen eine geringere *psychosoziale Anpassung* und einen höheren *Internalisierungs*-Score sowie höhere *Streßausprägungen* und *körperliche Beschwerden* auf als gesunde Kinder (Garber, Zeman & Walker, 1990; Walker, Garber & Greene, 1993). Demnach scheinen psychische Auffälligkeiten eher *Folge* als Ursache der Bauchschmerzen zu sein (vgl. Abb 16).

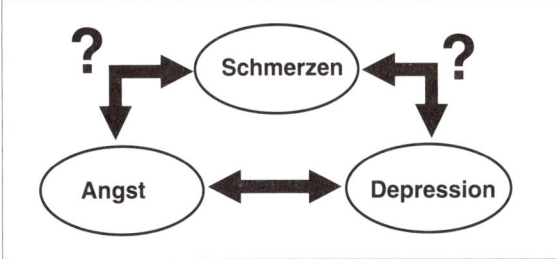

Abbildung 16:
Unklare Kausalbeziehung zwischen Schmerz, Angst und Depression.

Psychosoziale Streßfaktoren spielen in ihrer pathogenetischen Wirkung auf die IBS-Entstehung eine differenzierte Rolle. Bei den betroffenen IBS-Patienten wird in der Vorgeschichte nur selten eine im Vergleich zu gesunden Kindern, ambulanten Psychiatriepatienten oder organisch kranken Kindern erhöhte *Anzahl kritischer Lebensereignisse* gefunden (McGrath, 1983; Walker & Greene, 1991; Robinson, Alverez & Dodge, 1990) – wohl aber signifikant häufiger *spezifische* Erlebnisse, die mit Tod, Krankheit und Hospitalisierung

zu tun haben (Walker et al., 1993; Wassermann et al., 1988). Auch korreliert das erstmalige Auftreten von *akuten* Beschwerden bei IBS-Kindern im Gegensatz zu organisch kranken Patienten signifikant mit dem *Ausmaß vorangehenden anhaltenden Alltagsstresses* wie Probleme in der Schule oder mit Gleichaltrigen (Hodges et al., 1991; Walker & Greene, 1991). Die Entstehung von IBS ist zudem deutlich von *sozialen und familiären Umgebungsfaktoren* beeinflußt. So spielt das *physische, psychische und soziale Wohlbefinden der Eltern* eine entscheidende Rolle bei der Entwicklung der Bauchschmerzsymptomatik. Insbesondere die *Mütter* bauchschmerzkranker Kinder weisen signifikant mehr *Depressions*- als auch *Angstsymptome* auf als Mütter gesunder Kinder. Zwar sind auch die Mütter verhaltensgestörter oder organisch kranker Kinder psychisch stark belastet (Walker et al., 1989), aber die psychosozialen Auffälligkeiten sind bei den Müttern von IBS-Kindern deutlich stärker ausgeprägt (Garber et al., 1990). Besonders die *Somatisierungswerte* der Eltern korrespondieren eindeutig mit ausgeprägten Somatisierungstendenzen nur bei IBS-Kindern, nicht aber bei gesunden oder organisch kranken Kindern (Routh & Ernst, 1984; Walker et al., 1991).

Zahlreiche Befunde zu familiären Häufungen in „Schmerzfamilien" belegen die herausragende pathogenetische Bedeutung von *Modelleinflüssen* der Eltern auf die Ausbildung von Schmerzsymptomen bei ihren Kindern (McGrath & Feldman, 1986): Fast jedes dritte Kind eines Elternteils, das in der eigenen Kindheit unter idiopathischen Bauchschmerzen gelitten hat, entwickelt ebenfalls IBS. Außerdem leiden die Eltern von IBS-kranken Kindern auch überdurchschnittlich häufig unter *aktuellen* Schmerzbeschwerden (Becker, 1988; Payne & Norfleet, 1986), wobei das IBS besonders häufig bei Kindern von Eltern auftritt, die ein expressives Schmerzverhalten zeigen (Christensen et al., 1975). Interessanterweise bilden Kinder Schmerzsymptome aus, die nach Art und Ausmaß den *aktuellen* Schmerzbeschwerden der Eltern und weniger den Schmerzproblemen in deren eigener Kindheit ähneln (Osborne, Hatcher & Richtsmeier, 1989). Schließlich nehmen IBS-Kinder Schmerzmodelle in ihrer Umgebung sensibler wahr als eine organpathologische Vergleichsgruppe und bilden hinsichtlich Schmerztyp und -frequenz analoge Schmerzerlebnisse aus, wie sie sie bei ihren Eltern *subjektiv* registrieren (Osborne et al., 1989).

Selbstverständlich spielen auch die bekannten *operanten Verstärkungsmechanismen* innerhalb der Familie bei der Entstehung und Aufrechterhaltung rekurrierender Bauchschmerzen im Kindesalter eine wesentliche Rolle. Sowohl durch vermehrte Zuwendung (positive Verstärkung) als auch durch die Vermeidung unangenehmer Anforderungen (negative Verstärkung) wird die Intensität und Persistenz der Beschwerden deutlich erhöht (Hodges et al., 1991). Dabei sind die Eltern der betroffenen Kinder generell durch überdurchschnittliche gesundheitsbezogene Ängstlichkeit, Überbesorgtheit und Überbehütung charakterisiert (Wood et al., 1989). Darüber hinaus wird durch schmerzkontingent erfolgende elterliche Zuwendung die *Aufmerksamkeit* des Kindes gegenüber den eigenen körperinternen Prozessen erhöht (Wahrnehmungssensitivierung). Damit wird die bei IBS-Kindern ohnehin bereits bestehende viszerale Hypersensitivität verstärkt sowie deren Interpretation körperlicher Geschehnisse möglicherweise negativ gefärbt (Überbewertung, Bedrohlichkeit, Generalisierung etc.). Derartige Verstärkerprozesse der elterlichen Überbesorgtheit lassen sich allerdings sowohl bei Kindern mit IBS-Syndrom wie organischen Abdominalbeschwerden nachweisen (Walker et al., 1993).

6.4 Multidimensionale Schmerzdiagnostik

IBS-Kinder müssen häufig eine Reihe unnötiger und teilweise belastender medizinischer Untersuchungsprozeduren über sich ergehen lassen. Dennoch ist vor jedem psychologischen Therapieversuch eine sorgfältige medizinische Untersuchung und Anamneseerhebung zur *Ausschlußdiagnose* eines organpathologischen Befundes obligatorisch.

Kasten 9:
Kriterien für eine weitergehende medizinische Diagnostik (aus Reinhardt, 1997, S. 761).

> * Alter < 5 oder > 12 Jahre;
> * Schmerzlokalisation entfernt vom Nabel;
> * epigastritischer Druckschmerz;
> * nächtliches Erwachen durch den Schmerz;
> * galliges Erbrechen;
> * Abknicken der Gewichts- und Wachstumskurve;
> * Symptome einer Harnwegserkrankung;
> * Durchfälle;
> * Anämie;
> * erhöhte Blutsenkungsgeschwindigkeit (BSG).

Als medizinische *Basisdiagnostik* werden vor allem die klinische Untersuchung, Anamneseerhebung sowie wenig belastende und möglichst non-invasive Maßnahmen wie Stuhlvisiten und Ultraschallaufnahmen als sinnvoll betrachtet. Bei kaum einem Symptom sind eine sorgfältige Anamnese und der klinische Befund so entscheidend für eine gezielte Diagnostik wie bei Bauchschmerzen (Reinhardt, 1997). Weitergehende Untersuchungen sollten wegen ihres nur geringen diagnostischen Aufklärungswertes und ihrer zum Teil erheblichen Belastung für das Kind nur bei strenger Indikationsstellung (vgl. Kasten 9) vorgenommen werden (Geist, 1989; Olson, 1987).

Die eigentliche *psychologische Schmerzdiagnostik* umfaßt die exakte Erhebung der Schmerzcharakteristika (Frequenz, Dauer, Lokalisation, Qualität, Intensität, Begleitsymptome, affektive Reaktionen) sowie die all-

gemeine Befindlichkeit, den Entwicklungsstand und die bisherigen Schmerzerfahrungen des Kindes, um die IBS-Diagnose zu verifizieren. Obwohl spezielle Bauchschmerzmaße noch nicht existieren, lassen sich für die Verlaufsmerkmale kindgerechte Patiententagebücher, für die Schmerzbeschreibung, z.B. Körperschemata, Visuell-Analog-Skalen (VAS) oder Smiley-Analog-Skalen (SAS), heranziehen (Abb. 17; vgl. Kroll, 1994).

Abbildung 17:
Smiley-Skala (vgl. McGrath, 1990).

Die *Anamnese* sollte neben der Krankengeschichte und eventuellen Vorbefunden die Exploration weiterer ätiologisch relevanter Informationen umfassen (vgl. Kasten 10). Die *klinisch-psychologische Diagnostik* fokussiert darauf, Ansatzpunkte für psychotherapeutische Interventionen zu identifizieren. Dabei steht zunächst die Frage im Vordergrund, ob dem IBS eine umfassendere Somatisierungsstörung zugrunde liegt, das heißt, ob in der Anamnese Hinweise auf Koinzidenzen mit weiteren Schmerzerscheinungen oder idiopathischen körperlichen Beschwerden zu finden sind. Auch andere *psychische* Auffälligkeiten (Angst, Depression, Aggressivität, soziale Unsicherheit), die mit der körperlichen Symptomatik in Zusammenhang stehen könnten, sollten zu Beginn abgeklärt werden (vgl. Kasten 10). Für diesen Zweck eignet sich der Einsatz herkömmlicher psychodiagnostischer Verfahren. Auf dieser Grundlage ist eine Indikationsentscheidung für eine spezielle verhaltenstherapeutische Methode zu treffen. Für die Behandlung der eigentlichen *Bauchschmerzproblematik* sind Informationen über die familiäre Schmerzgeschichte (Modellverhalten), die dem Schmerzverhalten vorausgehenden und nachfolgenden Umweltkontingenzen (Verstärkungsbedingungen) sowie besondere Lebensereignisse und anhaltende Alltagsstressoren im Lebenskontext des Kindes zu eruieren. Darüber hinaus sollte die Art der kognitiven Verarbeitung und der Bewältigungsressourcen des Kindes im Umgang mit seinen Beschwerden erfaßt werden, um spezifische Bewältigungsdefizite feststellen und durch gezielte Trainingsmaßnahmen beheben zu können. Schließlich sollte nicht versäumt werden, die Lebensgewohnheiten sowie die bisherigen Selbsttherapieversuche des Kindes und seiner Eltern auf ihren potentiell störungsstabilisierenden Charakter abzuklären.

Kasten 10:

Kategorien der psychologischen Anamneseerhebung bei idiopathischem Bauchschmerz (vgl. Mühlig & Petermann, 1997).

* Komorbidität mit anderen Schmerzbeschwerden (z.B. Kopfschmerzen) oder Somatisierungstendenzen;
* psychische Auffälligkeiten des Kindes und/oder der Eltern (Angst, Depression);
* familiäre Schmerzgeschichte (spezifische abdominelle Beschwerden und Erkrankungen oder anderer Schmerzprobleme der Eltern oder Geschwister);
* Konsequenzen des Schmerzverhaltens („Krankheitsgewinn"): a) Reaktionen der Umwelt (Zuwendung, Aufmerksamkeit), b) Vermeidung unangenehmer Anforderungen, c) übermäßige Fokussierung auf Erkrankungsrisiken und Körpersymptome;
* kritische Lebensereignisse während der vorangegangenen zwei Jahre (Trennung oder Scheidung der Eltern, Tod, Krankheit oder Hospitalisierung von Familienmitgliedern etc.);
* anhaltende Alltagsstressoren (familiäre Konflikte, soziale Probleme, Schulschwierigkeiten etc.);
* dysfunktionale Denk- und Einstellungsmuster (überhöhtes Anspruchsniveau, übertriebener Ehrgeiz, niedrige Frustrationstoleranz, Katastrophisierungstendenz);
* Defizite in der Bewältigungskompetenz natürlicher Anforderungen (Entwicklungsaufgaben, Alltagsstreß, erlernte Hilflosigkeit);
* Lebensstil, Lebensgewohnheiten, Ernährung und Ausscheidung des Kindes;
* bisherige Selbstbehandlungsversuche (diätetische Maßnahmen, Medikamentenkonsum).

6.5 Psychologische Behandlungsansätze

Die medizinische Standardbehandlung der unklaren Bauchschmerzen beschränkt sich häufig auf die Aufklä-

rung der Eltern, daß es sich um keine besorgniserregende organische Krankheit handelt sowie auf unspezifische Beratungsgespräche. Sowohl medikamentöse Behandlungen als auch eine Überweisung zur Psychotherapie findet in der Regel nicht statt. Da diese ärztliche Minimalbehandlung selten mehr Erfolge bringt als gar keine Therapie (bei ca. 40% Spontanremissionen), wird zunehmend eine *psychologisch basierte IBS-Therapie* gefordert (vgl. Scharff, 1997). Dem *interdisziplinären Anspruch* der modernen Schmerztherapie entsprechend sollten aber auch psychologische Behandlungsmaßnahmen nicht isoliert, sondern möglichst in enger Zusammenarbeit mit Ärzten und weiteren Gesundheitsberufen wie Physiotherapeuten, Sport- und Bewegungstherapeuten erfolgen (vgl. Abb. 18).

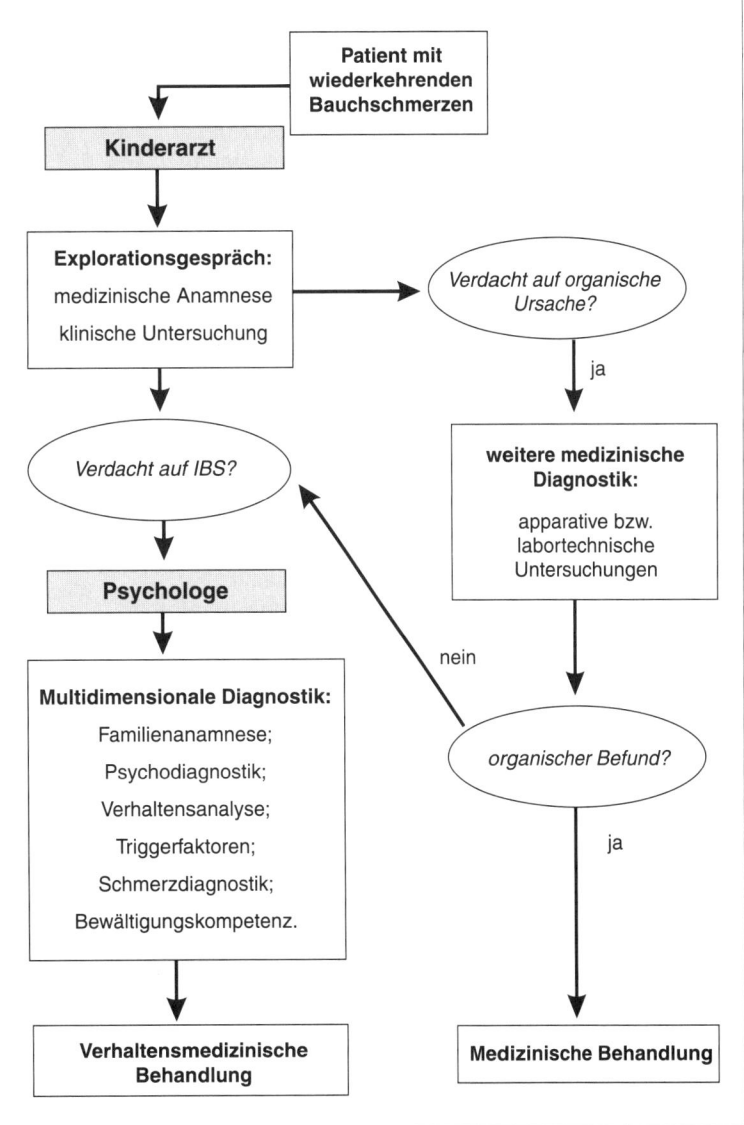

Abbildung 18:
Ablaufschema interdisziplinärer Bauchschmerzdiagnostik und -therapie.

Spezifische verhaltensmedizinische Verfahren zur Behandlung rezidivierender Bauchschmerzen verfolgen *fünf prinzipielle Ziele*:

- *Aufklärung/Informationsvermittlung* und Gewährleistung einer ausreichenden *Compliance,*
- *Anfalls-Prophylaxe,*
- *Symptomreduktion* (Verminderung aktueller Schmerzen),
- *Bewältigung sekundärer Krankheits-/Schmerzfolgen,*
- *Einbeziehung der sozialen Umwelt.*

Verhaltensmedizinische Interventionen und Behandlungsprogramme chronischer Schmerzerkrankungen und Akutschmerzen bei Kindern haben sich in den letzten zwei Jahrzehnten in der Praxis gut bewährt und gelten empirisch als gut evaluiert (Petermann, Mühlig & Breuker, 1994; Petermann, Wiedebusch & Kroll, 1994). Im Falle der *spezifischen* verhaltensmedizinischen Schmerzbehandlung von rekurrenten *Bauch*schmerzen im Kindesalter liegen demgegenüber erst wenige fundierte Ergebnisse vor.

Die Forschung versucht bislang vorwiegend, die Effektivität einzelner Behandlungsverfahren oder -programme nachzuweisen, die sich in ähnlicher Form zur allgemeinen Streßbewältigung oder für andere Schmerzsyndrome (z.B. Kopfschmerzen) seit längerem bewährt haben (Sanders et al., 1990; Singh, Nigam & Srivastava, 1986a; Singh, Nigam & Srivastava, 1986b). So führte ein *verhaltenstherapeutisches Programm*, das a) Selbstbeobachtung (mittels eines Beschwerdetagebuches), b) Modifikation des Verstärkungsverhaltens der Eltern, c) Vermittlung von Entspannungstraining (Autogenes Training und Progressive Muskelrelaxation), d) Diätanweisungen und e) Verhinderung von Vermeidungsverhalten umfaßte, zu ermutigenden Resultaten (Finney, Lemanek, Cataldo, Katz & Fuqua, 1989). Mit dieser Kurzintervention ließen sich im Durchschnitt die Schmerzsymptome der Kinder, ihre Schulabwesenheitszeiten und die Anzahl der Arztbesuche deutlich reduzieren.

Sanders et al. (1990) verglichen das medizinische Standardvorgehen mit einer kognitiv-behavioralen *Familienintervention*, das sich aus den Komponenten

a) Aufklärungsinformationen über die Erkrankung und das therapeutische Vorgehen,
b) Elterntraining und
c) Selbstmanagementtraining für die Kinder

zusammensetzte (Sanders, Sherperd, Cleghorn & Woolford, 1994). Die Eltern wurden instruiert, durch soziale Aufmerksamkeit und Verstärkung positives Bewältigungsverhalten ihrer Kinder zu unterstützen, auf verbale Schmerzäußerung mit ablenkenden Aktivitäten zu reagieren und nonverbales Schmerzverhalten zu ignorieren. Darüber hinaus sollten sie lernen, negatives Modellverhalten bei Krankheit zu vermeiden und zwischen IBS-Symptomen und Anzeichen

anderer Erkrankungen zu differenzieren. Den Kindern wurden verschiedene Bewältigungsstrategien beigebracht: Ablenkung, Atemtechniken und Progressive Muskelrelaxation. Außerdem erhielten sie eine Rückfallprophylaxe (Problemlösetraining) und spezifische Hausaufgaben. In der Gruppe der verhaltenstherapeutisch behandelten Kinder verminderte sich die Schmerzintensität und -frequenz sowie die Alltagsbeeinträchtigung signifikant stärker als in der Vergleichsgruppe.

Eine *komplexe verhaltensmedizinische Behandlung* von Kindern mit rezidivierenden Schmerzen könnte idealerweise folgendermaßen aufgebaut werden (vgl. Kasten 11).

Kasten 11:
Idealer Aufbau einer Behandlung für Kinder mit rezidivierenden Schmerzen.

1. Diagnostik und Anamnese

- *Medizinische Diagnostik:* Veranlassung einer Ausschlußdiagnose organischer Grunderkrankungen durch den Facharzt;
- *(Familien-)Anamnese:* anamnestische Befragung des Kindes und seiner Eltern nach familiären Häufungen, Komorbidität, Streßbelastungen, kritischen Lebensereignissen, Koinzidenzen zur Zeit der Erstmanifestation etc.;
- *Schmerzdiagnostik:* Registrierung der Anfallsfrequenz, -dauer, -intensität und Schmerzlokalisation mittels Schmerztagebüchern (Differentialdiagnostik);
- *Psychodiagnostik:* Prüfung eventuell zugrundeliegender oder mitverursachender psychischer Störungen (Somatisierungsstörung, Angst, Depression, Aggressivität, soziale Unsicherheit).

2. Kindgerechte Aufklärung

- *Krankheitsinformationen:* Vermittlung eines altersspezifischen Schmerz- bzw. Krankheitskonzeptes zur Erklärung des Schmerzes, seiner Ursachen, Anlässe und Behandlungsmöglichkeiten;
- *Behandlungsinformationen:* Erklärung der Therapieziele, -maßnahmen und -erfordernisse;
- *Compliance-Verbesserung:* Üben einer offenen Kommunikation mit dem Behandlungspersonal, ggf. Training der korrekten Medikation, Einhaltung von Verhaltensänderungen.

3. Maßnahmen zur Anfallsprophylaxe und sekundären Prävention

- *Interozeptionstraining:* Schulung der Wahrnehmung von Körpersignalen, damit das Kind in die Lage versetzt wird, einen beginnenden Anfall so früh wie möglich zu registrieren;
- *Triggervermeidung:* Analyse und Ausschaltung von Auslösefaktoren und Stressoren, Abbau von Fehlhaltungen;

- *Lebensstilanpassung:* Beratung zu gesundheits-
förderlicher Lebensführung (z.B. gesunde Ernährung, Vermeiden von physischer oder psychischer
Überbeanspruchung und großer Unregelmäßigkeiten im Tagesrhythmus, angemessene körperliche Aktivität);
- *Streßbewältigungstraining:* Vermittlung von Selbstinstruktionen, Selbstkontrolltechniken und allgemeinen Problemlösestrategien, um Ängste abzubauen, belastende Situationen und externe
Stressoren besser bewältigen zu lernen; Erkennen
negativer Gedanken und Einstellungen sowie deren Veränderung durch kognitive Umstrukturierung; Übungen zum Umgang mit Gefühlen.

4. Strategien zur Schmerzbewältigung und Anfallskupierung

- *Entspannungstechniken:* Erlernen von Entspannungsverfahren (z.B. Progressive Muskelentspannung, Autogenes Training oder Biofeedback), die möglichst schon bei den ersten
Hinweissymptomen angewandt werden sollten,
um den vollständigen Ausbruch der Attacke zu
verhindern;
- *Aufmerksamkeitssteuerung:* Vermittlung von
Techniken der Aufmerksamkeitssteuerung (Ablenkung und Imagination) oder Autosuggestion
zur Reduktion der Schmerzintensität;
- *Selbstkontrollverfahren:* Einüben positiver
Selbstinstruktionen und Selbstverbalisationen,
Gedankenstop.

5. Bewältigung sekundärer Krankheits-/Schmerzfolgen

- *Bewältigungstraining:* Vermittlung von Bewältigungsstrategien zur Minimierung der Krankheits-
folgenbelastung;
- *Training sozialer Kompetenz:* Umgang mit Akti-
onseinschränkungen, Anpassungsleistungen etc.

6. Elternberatung

- *Soziale Unterstützung:* Organisierung angemessener Hilfestellung;
- *Elternaufklärung:* Informationsvermittlung, Abbau unbegründeter Sorgen, Auflösung von Ohn-
machts- und Hilflosigkeitsgefühlen auf seiten der
Eltern;
- *Verstärkertraining:* Abbau unbeabsichtigter Verstärker für Schmerzverhalten (Schonhaltung, sekundärer Gewinn) und Verstärkung für angemessenes Bewältigungsverhalten;
- *Training von Modellverhalten:* Einüben positiven elterlichen Modellverhaltens im Umgang mit
Schmerzen;
- *Verhaltensinstruktionen:* Training der Eltern, wie
sie durch praktische Instruktionen Hilfestellung
geben können;
- *Verbesserung der Familieninteraktion:* Besprechen familiärer Probleme wie überzogene Lei-
stungsansprüche, Erziehungsschwierigkeiten, In-
teraktions- oder Beziehungsprobleme.

7 Ausblick

Die Problematik des Schmerzes im Kindesalter wird in
den letzten Jahren zunehmend in ihrer *gesundheitspoli-
tischen Bedeutung* erkannt. Leider ist die empirische
Datenbasis zur Epidemiologie, Ätiologie und Pathophysiologie der Schmerzsyndrome trotz intensivierter
Forschungsbemühungen noch immer vergleichsweise
dürftig. Es wird weiterer Anstrengungen in Forschung
und Praxis bedürfen, um zu angemesseneren Erklärungsmodellen und Behandlungskonzepten zu gelangen. Auf der anderen Seite sind in den letzten Jahren
bahnbrechende Erkenntnisse in der Grundlagenforschung (z.B. in bezug auf die neurologische und biochemische Pathophysiologie der Migräne) gelungen,
die sich auch auf die Kopfschmerztherapie bei Kindern
auswirken werden.

Gerade für Kinder besteht heute vielerorts noch immer
eine eklatante *Unterversorgung* in der Schmerztherapie. Die eindringliche Forderung nach einer angemessenen Analgesie und Anästhesie in der Pädiatrie stellt
allerdings allein noch keine Lösung dar. Pharmakologische Schmerzbehandlungen sind bei Kindern häufig
nur von eingeschränktem Nutzen, da sie das Schmerzempfinden nicht vollständig aufheben und die Angst-
und Streßkomponente sowie andere wichtige psychosoziale Einflußfaktoren nicht beeinflussen. Insbesondere im angloamerikanischen Raum sind daher während der letzten Dekade zahlreiche *psychologische
Alternativen in der Schmerz- und Angstreduktion bei
Kindern* entwickelt worden. Diese verhaltensmedizinischen Interventionsverfahren beziehen sich sowohl auf
akute (z.B medizinische Prozeduren), rekurrierende
(z.B. Migräne) als auch chronische (z.B. Polyarthritis)
Schmerzsyndrome und gewinnen in der klinischen Praxis einen wachsenden Stellenwert.

Empirische Überprüfungen haben für eine Vielzahl
dieser Interventionstechniken insgesamt beeindruk-
kend positive Ergebnisse erbracht. Allerdings entsprechen nicht alle Studiendesigns dem methodischen
Standard (z.B. fehlende Kontrollgruppe, Stichproben-
fehler, vermischte Interventionen und mangelnde Stan-

dardisierung, unpräzise Klassifikation der Schmerz-problematik, uneinheitliche Erfolgskriterien), so daß einige Ergebnisse weiterer Überprüfungen bedürfen. Außerdem besteht noch deutlicher *Forschungsbedarf* zur Beantwortung bislang ungeklärter Fragen, wie der differentiellen Indikation einzelner Verfahren, der ihnen zugrundeliegenden Wirkmechanismen, der vergleichenden Effektivität verhaltensmedizinischer wie medizinischer Interventionen und deren Kombination, der Stabilität der Behandlungseffekte und ihre Langzeitwirkungen.

Komplexe verhaltensmedizinische Schmerztherapien basieren heute auf einem *biopsychosozialen Krankheitsverständnis* und beziehen die Vielfalt psychosozialer Einflußfaktoren auf das Schmerzgeschehen ein. Dabei wird die Notwendigkeit einer präzisen *Klassifikation* und fundierten *Diagnostik* für eine differentielle Indikation und individuelle Therapieplanung immer deutlicher. Die Weiterentwicklung entwicklungsspezifischer diagnostischer Schmerzinventare für den deutschen Sprachraum ist daher dringend notwendig. Auch die psychologischen Interventionen (wie z.B. die Progressive Muskelrelaxation oder das EMG-Biofeedback) müssen noch gezielter für das Kindesalter adaptiert und al-tersgerecht eingesetzt werden. Eine besondere Rolle kommt dabei auch einer aktiven Einbeziehung der Eltern oder anderer Bezugspersonen der Kinder zu.

Ein integrativer Behandlungsansatz erfordert schließlich eine verstärkte *interdisziplinäre Zusammenarbeit* zwischen den verschiedenen Professionen des Gesundheitswesens. Sowohl von Patienten- wie von Ärzteseite wird in den letzten Jahren verstärkt ein dringender Bedarf nach psychologischen Schmerzbehandlungsangeboten artikuliert. Paradoxerweise scheint dieser wachsenden Nachfrage nach psychologischer Schmerztherapie aber zur Zeit ein eklatanter Mangel an qualifizierten psychologischen Schmerztherapeuten gegenüberzustehen. Vielfach können fundiert konzipierte interdisziplinäre Therapieprogramme in der Versorgungspraxis nicht realisiert werden, weil es den ärztlichen Schmerztherapeuten an psychologischen Kooperationspartnern fehlt. Es bleibt zu hoffen, daß in nächster Zeit die Weiterbildungsangebote zum psychologischen Schmerztherapeuten breitere Resonanz finden werden. Um diese Versorgungslücke wirksam zu schließen, wäre es jedoch vordringlich, die Zulassungs- und Abrechnungsrichtlinien für Diplom-Psychologen im Bereich der Schmerztherapie deutlich zu verbessern.

Zusammenfassung

Schmerz ist ein vielschichtiges Phänomen, das komplexe Reaktionen auf unterschiedlichen körperlichen und psychischen Ebenen einschließt und von äußeren Faktoren stark beeinflußt wird. Diese Komplexität der Schmerzreaktion erklärt, daß die subjektive Schmerzwahrnehmung inter- und intraindividuell extrem variiert. Man unterscheidet drei hauptsächliche Schmerzarten (akut, rezidivierend, chronisch) mit spezifische Ursachen und Merkmalen, die unterschiedliche Behandlungen erfordern. Es stehen heute schmerzbezogene Klassifikationssysteme zur Verfügung, die die Diagnose- und Indikationsstellung sowie die Therapieplanung bei Schmerzerkrankungen erheblich erleichtern.

Erst seit den 60er Jahren zu einem wissenschaftlichen Fachgebiet avanciert, macht die multidisziplinäre Schmerzforschung in jüngster Zeit beeindruckende Fortschritte. Inbesondere die neurobiologischen und neurophysiologischen Grundlagen der Schmerzentstehung, -verarbeitung und -chronifizierung werden zunehmend besser verstanden und können wichtige Anregungen für neue und gezieltere Interventionen liefern. Auch die psychischen Prozesse der Schmerzreaktion und -verarbeitung auf der affektiven, kognitiven und behavioralen Ebene sind bereits relativ gut bekannt und finden Eingang in moderne psychologische bzw. biopsychosoziale Schmerzmodelle. Diese bilden wiederum eine unverzichtbare theoretische Grundlage für interdisziplinäre Behandlungsansätze.

Schmerz im Kindesalter weist einige entwicklungsphysiologische und entwicklungspsychologische Besonderheiten auf, die für die Diagnostik und Therapie berücksichtigt werden müssen.

Die epidemiologisch wichtigsten Schmerzerkrankungen im Kindesalter sind die idiopathischen Kopf- und Bauchschmerzen. Fast jedes zweite Kind leidet wiederkehrend unter Migräne oder Kopfschmerzen vom Spannungstyp, ca. 20% gelten als behandlungsbedürftig. Das Bauchschmerzsyndrom ist mit einer Prävalenz von 20-30% unter Schulkindern ebenfalls sehr verbreitet. Obwohl die idiopathischen Kopf- und Bauchschmerzen zu den häufigsten Anlässen für Arztkonsultationen zählen, ist über ihre Ursachen erst relativ wenig bekannt. Demgegenüber existieren – zumindest bei der Migräne – fundierte Kenntnisse über die Pathophysiologie, die wichtige Konsequenzen für die Therapie besitzen. Da idiopathische Schmerzen in vielen Fällen über Jahre und Jahrzehnte anhalten können, ist eine rechtzeitige und zielgerichtete Behandlung im Kindesalter besonders wichtig, um Chronifizierungen vorzubeugen. In den letzten Jahren wurden sowohl altersgerechte diagnostische Verfahren wie entwicklungspsychologisch abgestimmte verhaltensmedizinische Interventionen und Behandlungsprogramme entwickelt. Klinische Erfahrungen und wissenschaftliche Evaluationen dieser psychologischen Behandlungsansätze erbrachten ermutigende Ergebnisse.

Weiterführende Literatur

Basler, H.-D., Franz, C., Kröner-Herwig, B., Rehfisch, H.-P. & Seemann, H. (Hrsg.) (1996). *Psychologische Schmerztherapie* (3. Auflage). Berlin: Springer.

Göbel, H. (1997). *Kopfschmerzen.* Berlin: Springer.

Mühlig, S. (1997). *Schmerz und Schmerzbehandlung bei Kindern und Jugendlichen.* Weinheim: Psychologie Verlags Union.

Noeker, M. (2002). Somatoforme Störungen. *Kindheit und Entwicklung, 11,* Heft 3.

Petermann, F., Wiedebusch S. & Kroll, T. (Hrsg.) (1994). *Schmerz im Kindesalter.* Göttingen: Hogrefe.

Literatur

Abu-Arafeh, I. & Russel, G. (1995). Prevalence and clinical features of abdominal migraine compared with those of migraine headache. *Archives of Diseases in Childhood, 72,* 413-417.

Abu-Arafeh, I. (1998). Long term follow up of children with recurrent abdominal pain: definition of RAP was not applied. *British Medical Journal, 317,* 682-683.

Alfven, G. (1993a). Preliminary findings on increased muscle tension and tenderness, and recurrent abdominal pain in children. A clinical study. *Acta Paediatrica, 82,* 400-403.

Alfven, G. (1993b). The pressure pain threshold (PPT) of certain muscles in children suffering from recurrent abdominal pain of non-organic origin. An algometric study. *Acta Paediatrica, 82,* 481-483.

Anand, K.J.S. & Craig, K. D. (1996). New perspectives of the definition of pain. *Pain, 67,* 3-6.

Apley, J. & Naish, J. (1958). Recurrent abdominal pains: A field survey of 1000 school children. *Archives of Diseases in Childhood, 33,* 165-170.

Becker, M. (1988). Idiopathisch rezidivierende Bauchschmerzen. In R. Pothmann (Hrsg.), *Chronischer Schmerz im Kindesalter. Diagnose und Therapie* (164-178). Stuttgart: Hippokrates.

Besken, E. & Mohn, U. (1994). Verhaltensmedizinische Behandlung chronischer Kopfschmerzen. In F. Petermann (Hrsg.), *Schmerz im Kindesalter* (191-211). Göttingen: Hogrefe.

Bille, B. (1962). Migraine in school children. *Acta Paediatrica, 51 (Supplement),* 135-151.

Bille, B. (1997). A 40-year follow-up of school children with migraine. *Cephalalgia, 17,* 488-491.

Birbaumer, N. & Schmidt, R.E. (1996). *Biologische Psychologie* (3. Auflage). Berlin: Springer.

Bolles, R.C. & Fanselow, M.S. (1982). Endorphines and behavior. *Annual Review of Psychology, 33,* 87-101.

Borge, A. I., Nordhagen, R., Moe, B., Botten, G. & Bakketeig, L. S. (1994). Prevalence and persistence of stomache ache and headache among children. Follow-up of a cohort of Norwegian children from 4 to 10 years of age. *Acta Paediatrica, 83,* 433-437.

Bury, G. (1987). A study of 111 children with recurrent abdominal pain. *Australian Paediatric Journal, 23,* 117-119.

Christensen, M. & Mortensen, O. (1975). Long term prognosis in children with recurrent abdominal pain. *Archives of Diseases in Childhood, 50,* 110-134.

Denecke, H., Glier, B., Klinger, R., Kröner-Herwig, B., Nilges, P., Redegeld, M. & Weiß, L. (1997). Qualitätssicherung in der Therapie chronischen Schmerzes. X. Instrumente zur Erfassung von Schmerz bei Kindern. *Der Schmerz, 11,* 120-125.

Derra, C. (1997). Entspannungsverfahren bei chronischen Schmerzpatienten. *Der Schmerz, 11,* 282-295.

Diener, H.-C. (1994). *Migräne – Informationen und Ratschläge.* München: Piper.

Diener, H.-C. (1996). Technische Zusatzuntersuchungen bei Kopfschmerzen: Was ist notwendig und erforderlich? *Der Schmerz, 10,* 135-139.

Droste, H.J. & Büttner, W. (1992). Schmerzphysiologie bei Säuglingen und Kleinkindern. *Kindheit und Entwicklung, 1,* 6-12.

Ernst, A. R., Routh, D. K. & Harper, D. C. (1984). Abdominal pain in children and symptoms of somatization disorder. *Journal of Pediatric Psychology, 9*, 77-85.

Essau, C., Conradt, J. & Petermann, F. (1999). Prevalence, comorbidity and psychological impairment of somatoform disorders in adolescents. *Psychology, Health and Medicine, 4,* 169-180.

Finney, J. W., Lemanek, K. L., Cataldo, M. F., Katz, H. P. & Fuqua, R. W. (1989). Pediatric psychology in primary health care: Brief target therapy for recurrent abdominal pain. *Behavior Therapy, 20*, 283-291.

Flor, H. (1991). *Psychobiologie des Schmerzes*. Bern: Huber.

Flor, H. (1996). Verhaltensmedizinische Grundlagen chronischer Schmerzen. In H.-D. Basler, C. Franz, B. Kröner-Herwig, H.P. Rehfisch & H. Seemann (Hrsg.), *Psychologische Schmerztherapie* (3. Auflage; 123-139). Berlin: Springer.

Flor, H., Breitenstein, C. & Schlottke, P. (1994). Psychobiologische Grundlagen. In F. Petermann, S. Wiedebusch & T. Kroll (Hrsg.), *Schmerz im Kindesalter* (47-59). Göttingen: Hogrefe.

Flor, H., Elbert, T., Knecht, S., Wienbruch, C., Pantev, C., Birbaumer, N., Larbig, W. & Taub, E. (1995). Phantomlimb pain as a perceptual correlate of cortical reorganization following arm aputation. *Nature, 375*, 482-484.

Flor, H. & Heimerdinger, K. (1992). Erfassung des Schmerzverhaltens. In E. Geissner & G. Jungnitsch (Hrsg.), *Psychologie des Schmerzes* (99-105). Weinheim: Psychologie Verlags Union.

Fordyce, W.E. (1976). *Behavioral methods in chronic pain and illness*. St. Louis: Mosby.

Fritz, G.K., Fritsch, S. & Hagino, O. (1997). Somatoform disorders in children and adolescents: A review of the past 10 years. *Journal of the American Academy of Child and Adolescent Psychiatry, 36*, 1329-1338.

Garber, J., Walker, L. S. & Zeman, J. (1991). Somatization symptoms in a community sample of children and adolescents: further validation of the children's somatization inventory. *Psychological Assessment, 3*, 588-595.

Garber, J., Zeman, J. & Walker, L. S. (1990). Recurrent abdominal pain in children: Psychiatric diagnoses and parental psychopathology. *Journal of the American Academy of Child and Adolescent Psychiatry, 29*, 648-656.

Geissner, E. (1992). Psychologische Modelle des Schmerzes und der Schmerzverarbeitung. In E. Geissner & G. Jungnitsch (Hrsg.), *Psychologie des Schmerzes* (25-41). Weinheim: Psychologie Verlags Union.

Geist, R. (1989). Use of imagery to describe functional abdominal pain as an aid to diagnosis in a pediatric population. *Canadian Journal of Psychiatry, 34*, 506-511.

Gerber, W.-D. (1994). Schmerzzustände. In F. Petermann & D. Vaitl (Hrsg.), *Handbuch der Entspannungsverfahren. Band 2: Anwendungen* (74-89). Weinheim: Psychologie Verlags Union.

Gerber, W.-D. (1996). Migräne. In H.-D. Basler, C. Franz, B. Kröner-Herwig, H.P. Rehfisch & H. Seemann (Hrsg.), *Psychologische Schmerztherapie* (3. Auflage; 339-361). Berlin: Springer.

Gerber, W.-D., Kropp, P., Schocnen, J. & Siniatchkin, M.S. (1996). „Born to be wild oder doch gelernt?" – Neue verhaltensmedizinische Erkenntnisse zur Ätiopathogenese der Migräne. *Verhaltenstherapie, 6*, 210-220.

Göbel, H. (1997a). Beratung und Schulung des Migränepatienten. *Der Schmerz, 11*, 44-51.

Göbel, H. (1997b). *Die Kopfschmerzen – Ursachen, Mechanismen, Diagnostik und Therapie in der Praxis*. Berlin: Springer.

Göbel, H., Ensink, F. B. M., Krapat, S., Weigle, L., Christiani, K. & Soyka, D. (1993). Objektive und standardisierte Kopfschmerzdiagnostik mit dem PC auf der Basis der IHS-Klassifikation. In H. Göbel & D. Soyka (Hrsg.), *Leitsymptom Kopfschmerz (1.0)*. Lünen: physis-software.

Goodman, J. E. & McGrath, P. J. (1991). The epidemiology of pain in children and adolescents: A review. *Pain, 46*, 247-264.

Griffiths, J.D. & Martin, P.R. (1996). Clinical- versus home-based treatment formats for children with chronic headache. *British Journal of Health Psychology, 1*, 151-166.

Guidetti, V. & Galli, F. (1998). Evolution of headache in childhood and adolescence: An 8-year follow-up. *Cephalalgia, 18*, 449-454.

Guidetti, V., Galli, F., Fabrizi, P., Giannantoni, A.S., Napoli, L., Bruni, O. & Trillo, S. (1998). Headache and psychiatric comorbidity: Clinical aspects and outcome in an 8-year follow-up study. *Cephalalgia, 18*, 455-462.

Harbeck, C. & Peterson, L. (1992). Elephants dancing in my head: A developmental approach to children's concepts of specific pain. *Child Development, 63*, 138-149.

Hermann, C. & Blanchard, E.B. (1998). Psychophysiological reactivity in pediatric migraine patients and healthy controls. *Journal of Psychosomatic Research, 44*, 229-240.

Hildebrandt, J. & Pfingsten, M. (1993). Nomenklatur und Definitionen. In M. Zenz & I. Jurna (Hrsg.), *Lehrbuch der Schmerztherapie* (77-84). Stuttgart: Wissenschaftliche Verlagsgesellschaft.

Hildebrandt, J., Pfingsten, M., Maier, C., Klinger, R. & Hasenbring, M. (1992). Zum Problem der Klassifikation chronischer Schmerzsyndrome. *Anästhesiologie, Intensivmedizin, Notfallmedizin, Schmerztherapie, 27*, 366-373.

Hodges, K. & Burbach, D. J. (1991). Recurrent abdominal pain. In J. P. Bush & S. W. Harkins (Eds.), *Children in pain* (251-273). New York: Springer.

Hotopf, M., Carr, S., Mayou, R., Wadsworth, M. & Wessely, S. (1998). Why do children have chronic abdominal pain, and what happens to them when they grow up? Population based cohort study. *British Medical Journal, 316*, 1196-1200.

International Association for the Study of Pain (IASP) (1979). Pain terms: A list with definitions and notes for usage. *Pain, 6*, 249-252.

International Headache Society (1988). Classification and diagnostic criteria for headache disorders, cranial neuralgies and facial pain. *Cephalalgia, 8, (7. Supplement)*, 1-96.

Johnston, C.C., Stevens, B., Craig, K.D. & Grunau, R.V.E. (1993). Developmental changes in pain expressions in premature, full-term, two- and four-month-old infants. *Pain, 52*, 201-208.

Kaube, H. & Limmroth, V. (1996). Tiermodelle und ihre Konsequenzen für die Therapie der Migräne. *Der Schmerz, 10*, 114-120.

King, N.J. & Tonge, B.J. (1996). Behavioural assessment and treatment of chronic headaches in children. *Journal of Pediatrics and Child Health, 32*, 359-361.

Klinger, R., Hasenbring, M. & Pfingsten, M. (1992). Klassifikationsansätze bei chronischem Schmerz. In E. Geissner & G. Jungnitsch (Hrsg.), *Psychologie des Schmerzes* (205-223). Weinheim: Psychologie Verlags Union.

Knecht, S., Henningsen, H., Elbert, T., Flor, H., Höhling, C., Pantev, C.N.B. & Taub, E. (1995). Cortical reorganization in human amputees and mislocalization of painful stimuli to the phantom limb. *Neuroscience Letters, 201*, 262-264.

Kroll, T. (1994). Schmerzmessung und Schmerzdiagnostik. In F. Petermann, S. Wiedenbusch & T. Kroll (Hrsg.), *Schmerzen im Kindesalter* (157-178). Göttingen: Hogrefe.

Kröner-Herwig, B. (1992). Kopfschmerz und psychologische Kopfschmerzbehandlung: Übersicht und kritische Würdigung von Biofeedbackverfahren. In E. Geissner & G. Jungnitsch (Hrsg.), *Psychologie des Schmerzes: Diagnose und Therapie* (329-349). Weinheim: Psychologie Verlags Union.

Kröner-Herwig, B. (1994). Schmerzprobleme bei Kindern. In F. Petermann & D. Vaitl (Hrsg.), *Handbuch der Entspannungsverfahren. Band 2: Anwendungen* (90-105). Weinheim: Psychologie Verlags Union.

Kröner-Herwig, B. (1996). Biofeedback. In H.-D. Basler, C. Franz, B. Kröner-Herwig, H.P. Rehfisch & H. Seemann (Hrsg.), *Psychologische Schmerztherapie* (3. Auflage; 577-591). Berlin: Springer.

Kröner-Herwig, B. (1997). Chronischer Schmerz aus psychologischer Sicht. In R. Weikunat, J. Haisch & M. Kessler (Hrsg.), *Public Health und Gesundheitspsychologie* (257-263). Bern: Huber.

Labbe, E.E. (1995). Treatment of childhood migraine with autogenic training and skin temperature biofeedback: a component analysis. *Headache, 35*, 10-13.

Lander, J. & Fowler-Kerry, S. (1991). Age differences in children's pain. *Perceptual and Motor Skills, 73*, 415-418.

Lang, E. & Kupfer, P. (1995). Der Schmerz – aus physiologischer und internistischer Sicht. *Zeitschrift für Gerontologie und Geriatrie, 28*, 318-327.

Larson, B.S. (1991). Somatic complaints and their relationship to depressive symptoms in Swedish adolescents. *Journal of Child Psychology and Psychiatry and Allied Disciplines, 32*, 821-832.

Lazarus, R. S. & Folkman, S. (1984). *Stress, appraisal and coping.* New York: Springer.

Linton, J., Melin, L. & Götestam, K.G. (1985). *Behavioral analysis of chronic pain and its management.* New York: Academic Press.

Ludin, H.P. (1997). Der Spannungstyp-Kopfschmerz – Diagnostik und Therapie. *Therapeutische Umschau, 54*, 59-63.

Manne, S.L., Jacobsen, P.B. & Redd, W.H. (1992). Assessment of acute pediatric pain: Do child self-report, par-

ent ratings and nurse ratings measure the same phenomenon? *Pain, 48*, 45-52.

McGrath, P. J. (1983). Psychological aspects of recurrent abdominal pain. *Canadian Family Physician, 29*, 1655-1659.

McGrath, P.J. (1990). *Pain in children.* New York: Guilford.

McGrath, P.J., Cunningham, C.J., Lascelles, M.A. & Humphreys, P. (1990). *"Help Yourself": A treatment for migraine headaches.* Ottawa: University of Ottawa Press.

McGrath, P.J. & Feldman, W. (1986). Clinical approach to recurrent abdominal pain in children. *Journal of Developmental and Behavioral Pediatrics, 7*, 56-61.

McGrath, P.J., Goodman, J.T., Firestone, P., Shipman, R. & Peters, S. (1983). Recurrent abdominal pain: A psychogenic disorder? *Archives of Diseases in Childhood, 58*, 888-890.

McGrath, P.J., Humphreys, P., Keene, D., Goodman, J.T., Lascelles, M.A., Cunningham, S.J. & Firestone, P. (1992). The efficacy und efficiency of a self-administered treatment for adolescent migraine. *Pain, 49*, 321-324.

McGrath, P.J. & McAlpine, L. (1993). Psychologic perspectives on pediatric pain. *Journal of Pediatrics, 122*, S2-S38.

Meßlinger, K. (1997). Was ist ein Nozizeptor? *Der Schmerz, 11*, 353-366.

Miller, S., Breuker, D. & Petermann, F. (1996). „Help Yourself" – Ein Selbstlernprogramm zur Bewältigung chronischer Kopfschmerzen. *Kindheit und Entwicklung, 5*, 249-255.

Mortimer, M. J., Kay, J. & Jaron, A. (1993). Clinical epidemiology of childhood abdominal migraine. *Developmental Medicine and Child Neurology, 35*, 243-248.

Mühlig, S. (1997). *Schmerz und Schmerzbehandlung bei Kindern und Jugendlichen.* Weinheim: Psychologie Verlags Union.

Mühlig, S. & Petermann, F. (1997). Idiopathischer Bauchschmerz im Kindesalter – Ergebnisse, Defizite und Perspektiven empirischer Forschung. *Der Schmerz, 11*, 148-157.

Mühlig, S., Petermann, F. & Breuker, D. (1994). Familiäre Einflüsse bei der Bewältigung medizinischer Maßnahmen. In F. Petermann, S. Wiedebusch & T. Kroll (Hrsg.), *Schmerz im Kindesalter* (281-300). Göttingen: Hogrefe.

Nyholt, D.R., Lea, R.A., Goadsby, P.J., Brimage, P.J. & Griffiths, L. R. (1998). Familial typical migraine: linkage to chromosome 19p13 and evidence for genetic heterogeneity. *Neurology, 50*, 1428-1432.

Olson, A. (1987). Recurrent abdominal pain: An approach to diagnosis and management. *Pediatric Annals, 16*, 834-842.

Osborne, R. B., Hatcher, J. W. & Richtsmeier, A. J. (1989). The role of social modeling in unexplained pediatric pain. *Journal of Pediatric Psychology, 14*, 43-61.

Øymar, K., Rosendahl, K. & Sykehus, H. (1993). Residiverende abdominalsmerte: En prospektiv undersolelse av 68 barn. *Tidskrift for Den Norske Laegeforeningen, 113*, 2566-2568.

Paulus, W. & Schöps, P. (1998). *Schmerzsyndrome des Kopf- und Halsbereichs.* Stuttgart: Wissenschaftliche Verlagsgesellschaft.

Payne, B. & Norfleet, M. A. (1986). Chronic pain and the family: A review. *Pain, 26*, 1-22.

Petermann, F., Mühlig, S. & Breuker, D. (1994). Verhaltensmedizinische Grundlagen der pädiatrischen Schmerzbehandlung. In F. Petermann, S. Wiedebusch & T. Kroll (Hrsg.), *Schmerz im Kindesalter* (249-280). Göttingen: Hogrefe.

Petermann, F., Wiedebusch, S. & Kroll, T. (Hrsg.) (1994). *Schmerz im Kindesalter*. Göttingen: Hogrefe.

Petermann, U. (1999). *Entspannungstechniken für Kinder und Jugendliche*. Weinheim: Beltz.

Petermann, U. & Petermann, F. (2000). Entspannungsverfahren bei Kindern und Jugendlichen. In D. Vaitl & F. Petermann (Hrsg.), *Handbuch der Entspannungsverfahren. Band 1: Grundlagen und Methoden* (2. erweit. Auflage; 392-415). Weinheim: Psychologie Verlags Union.

Pfaffenrath, V. (1993). Kopfschmerzen. In M. Zenz & I. Jurna (Hrsg.), *Lehrbuch der Schmerztherapie* (358-404). Stuttgart: Wissenschaftliche Verlagsgesellschaft.

Pothmann, R., v. Frankenberg, S., Müller, G., Sartory, G. & Hellmeier, F. (1994). Epidemiology of headache in children and adolescents: Evidence of high prevalence of migraine among girls under 10. *International Journal of Behavioral Medicine, 1*, 76-89.

Pothmann, R., Plump, U., Maibach, G., v. Frankenberg, S., Besken, E. & Kröner-Herwig, B. (1991). *Migränetagebuch für Kinder*. München: Arcis.

Reinhardt, D. (Hrsg.) (1997). *Therapie der Krankheiten im Kindes- und Jugendalter* (6. Auflage). Berlin: Springer.

Robinson, J. O., Alverez, J. H. & Dodge, J. A. (1990). Life events and family history in children with recurrent abdominal pain. *Journal of Psychosomatic Research, 34*, 171-181.

Routh, D. & Ernst, A. (1984). Somatization disorder in relatives of children and adolescents with functional abdominal pain. *Journal of Pediatric Psychology, 9*, 427-437.

Sanders, M. R., Morrison, M., Rebgetz, M., Bor, W., Dadds, M. & Shepard, R. (1990). Behavioral treatment of childhood recurrent abdominal pain: Relations between pain, children's psychological characteristics and family functioning. *Behaviour Change, 7*, 16-24.

Sanders, M. R., Sherperd, R., Cleghorn, G. & Woolford, H. (1994). The treatment of recurrent abdominal pain in children: A controlled comparison of cognitive-behavioral family intervention and standard pediatric care. *Journal of Consulting and Clinical Psychology, 62*, 306-314.

Schaible, H.-G. & Schmidt, R.F. (1997). Nozizeption und Schmerz. In R.F. Schmidt & G. Thews (Hrsg.), *Physiologie des Menschen* (26. Auflage). Berlin: Springer.

Scharrf, L. (1997). Recurrent abdominal pain in chidren: a review of psychological factors and treatment. *Clinical Psychology Review, 17*, 145-166.

Singh, S. B., Nigam, A. & Srivastava, J. R. (1986a). Treating abdominal pain through behavioral approach. *Indian Journal of Clinical Psychology, 13*, 35-38.

Singh, S. B., Nigam, A. & Srivastava, J. R. (1986b). Abdominal pain – behavioral approach. *Indian Journal of Clinical Psychology, 13*, 107-110.

Tamminen, T. M., Bredenberg, P., Escartin, T., Kaukonen, P., Puura, K., Rutanen, M., Suominen, I., Leijala, H. &

Salmelin, R. (1991). Psychosomatic symptoms in preadolescent children. *Psychotherapy and Psychosomatics, 56*, 70-77.

Tryba, M. & Zenz, M. (1993). Unterschiede zwischen akutem und chronischem Schmerz. In M. Zenz & I. Jurna (Hrsg.), *Lehrbuch der Schmerztherapie* (335-343). Stuttgart: Wissenschaftliche Verlagsgesellschaft.

Turkat, I., & Rock, D. (1984). Parental influences on illness behavior development in chronic pain and healthy individuals. *Pain, 20*, 15.

Vaitl, D. (2000). Psychophysiologie der Entspannung. In D. Vaitl & F. Petermann (Hrsg.), *Handbuch der Entspannungsverfahren. Band 1: Grundlagen und Methoden* (2. erweit. Auflage; 29-76). Weinheim: Psychologie Verlags Union.

Vaitl, D. & Petermann, F. (Hrsg.) (2000). *Handbuch der Entspannungsverfahren. Band 1: Grundlagen und Methoden* (2. erweit. Auflage). Weinheim: Psychologie Verlags Union.

Violin, A. & Giurgea, D. (1984). Familial models for chronic pain. *Pain, 18*, 199-203.

Violin, A. (1985). Family etiology of chronic pain. *International Journal of Family Therapy, 7*, 235-246.

Walker, L. S. & Greene, J. W. (1991). Negative life events and symptom resolution in pediatric abdominal pain patients. *Journal of Pediatric Psychology, 16*, 341-360.

Walker, L. S., Garber, J. & Greene, J. W. (1991). Somatization symptoms in pediatric abdominal pain patients: Relation to chronicity of abdominal pain and parent somatization. *Journal of Abnormal Child Psychology, 19*, 379-394.

Walker, L. S., Garber, J. & Greene, W. (1993). Psychosocial correlates of recurrent childhood pain: A comparision of pediatric patients with recurrent abdominal pain, organic illness, and psychiatric disorders. *Journal of Abnormal Psychology, 102*, 248-258.

Walker, L. S., Garber, J., van Slyke, D. A. & Greene, W. (1995). Long-term health outcomes in patients with recurrent abdominal pain. *Journal of Pediatric Psychology, 20*, 233-245.

Walker, L. S., Guite, J. W., Duke, M., Banard, J. A. & Greene, J. W. (1998). Recurrent abdominal pain: a potential precursor of irritable bowel syndrome in adolescents and young adults. *Journal of Pediatrics, 132*, 1010-1015.

Wassermann, A., Whitington, P. & Rivara, F. (1988). Psychogenic basis for abdominal pain in children and adolescents. *Journal of the American Academy of Child and Adolescent Psychiatry, 27*, 179-184.

Wiedebusch, S. (1994). Die Entwicklung des Schmerzbegriffs im Kindesalter. In F. Petermann, S. Wiedebusch & T. Kroll (Hrsg.), *Schmerz im Kindesalter* (133-156). Göttingen: Hogrefe.

Wöber-Bingöl, C., Wöber, C., Wagner-Ennsgraber, C., Karwautz, A., Vesely, C., Zebenholzer, K. & Geldner, J. (1996). IHS criteria for migraine and tension-type headache in children and adolescents. *Headache, 36*, 231-238.

Wood, B., Watkins, J. B., Boyle, J.T., Nogueira, J., Zimand, E. & Carroll, L. (1989). The „psychosomatic family" model: An empirical and theoretical analysis. *Family Process, 28*, 399-417.

Zenz, M. & Jurna, I. (Hrsg.) (1993). *Lehrbuch der Schmerz-therapie*. Berlin: Springer.

Zighelboim, J. & Talley, N. J. (1993). What are functional disorders? *Gastroenterology, 104*, 1196-1201.

Zimmermann, M. & Seemann, H. (1986). *Der Schmerz – ein vernachlässigtes Gebiet der Medizin?* Berlin: Springer.

Zimmermann, M. (1994). Schmerz beim Kind und Fetus. In F. Petermann, S. Wiedebusch & T. Kroll (Hrsg.), *Schmerz im Kindesalter* (25-45). Göttingen: Hogrefe.

Verzeichnis der Mitautoren

Dagmar Breuker, Dr. phil.
Klinische Psychologie der Universität Göttingen
Goßlarstraße 14
37073 Göttingen

Manfred Döpfner, Prof. Dr. sc. hum.
Klinik für Kinder- und Jugendpsychiatrie der
Universität zu Köln
Robert-Koch-Straße 10
50931 Köln

Cecilia A. Essau, Priv.-Doz. Dr. rer. soc.
Psychologisches Institut I der Universität Münster
Fliednerstraße 21
48149 Münster

Günter Esser, Prof. Dr. phil.
Institut für Psychologie der Universität Potsdam
Postfach 60 15 53
14415 Potsdam

Manfred Fichter, Prof. Dr. med.
Klinik Roseneck
Am Roseneck 6
83209 Prien

Dietmar Heubrock, Priv.-Doz. Dr. phil.
Zentrum für Klinische Psychologie und
Rehabilitation der Universität Bremen
Grazer Straße 2 und 6
28359 Bremen

Klaus Hurrelmann, Prof. Dr. phil.
Fakultät für Gesundheitswissenschaften
der Universität Bielefeld
Postfach 10 01 31
33501 Bielefeld

Michael Kusch, Dr. phil.
Sulo-Stiftung – Klinikum Kreis Herford
Abteilung für Psychoonkologie
Schwarzenmoorstraße 70
32049 Herford

Gerd Lehmkuhl, Prof. Dr. med.
Klinik für Kinder- und Jugendpsychiatrie
der Universität zu Köln
Robert-Koch-Straße 10
50931 Köln

Stephan Mühlig, Priv.-Doz. Dr. phil.
Zentrum für Klinische Psychologie und
Rehabilitation der Universität Bremen
Grazer Straße 2 und 6
28359 Bremen

Gerhard Neuhäuser, Prof. Dr. med.
Zentrum für Kinderheilkunde der Universität Gießen
Abt. für Sozial- und Neuropädiatrie
Feulgenstraße 12
35392 Gießen

Kay Niebank, Dipl.-Psych.
Zentrum für Klinische Psychologie und
Rehabilitation der Universität Bremen
Grazer Straße 2 und 6
28359 Bremen

Meinolf Noeker, Dr. phil.
Zentrum für Kinderheilkunde der Universität Bonn
Adenauerallee 119
53113 Bonn

Franz Petermann, Prof. Dr. phil.
Zentrum für Klinische Psychologie und
Rehabilitation der Universität Bremen
Grazer Straße 2 und 6
28359 Bremen

Ulrike Petermann, Prof. Dr. phil.
Fakultät Rehabilitationswissenschaften
Lehrstuhl für Rehabilitation und Pädagogik
bei psychischen und Verhaltensstörungen
der Universität Dortmund
Emil-Figge-Straße 50
44221 Dortmund

Ellen Roth, Dr. phil.
Klinik und Poliklinik für Kinder- und
Jugendpsychiatrie und Psychotherapie der
Universität Würzburg
Füchsleinstraße 15
97080 Würzburg

Herbert Scheithauer, Dr. phil.
Zentrum für Klinische Psychologie und
Rehabilitation der Universität Bremen
Grazer Straße 2 und 6
28359 Bremen

**Martin H. Schmidt,
Prof. Dr. med. Dr. rer. nat.**
Zentralinstitut für Seelische Gesundheit
J 5
68159 Mannheim

Wolfgang Settertobulte, Dr. phil.
Fakultät für Gesundheitswissenschaften
der Universität Bielefeld
Postfach 10 01 31
33501 Bielefeld

Hans-Christoph Steinhausen,
Prof. Dr. med. Dr. phil.
Zentrum für Kinder- und Jugendpsychiatrie der
Universität Zürich
Neumünsterallee 3
CH-8032 Zürich

Andreas Warnke, Prof. Dr. med.
Klinik und Poliklinik für Kinder- und
Jugendpsychiatrie und Psychotherapie der
Universität Würzburg
Füchsleinstraße 15
97080 Würzburg

Petra Warschburger, Priv.-Doz. Dr. phil.
Zentrum für Klinische Psychologie und
Rehabilitation der Universität Bremen
Grazer Straße 2 und 6
28359 Bremen

Anne Wyschkon, Dipl.-Psych.
Institut für Psychologie
der Universität Potsdam
Postfach 60 15 53
14415 Potsdam

Sachregister

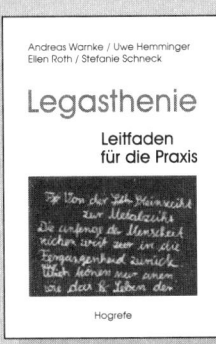